BIBLIOTHÈQUE
DE L'ÉCOLE
DES HAUTES ÉTUDES

PUBLIÉE SOUS LES AUSPICES
DU MINISTÈRE DE L'INSTRUCTION PUBLIQUE

SCIENCES PHILOLOGIQUES ET HISTORIQUES

CENT-VINGTIÈME FASCICULE

L'ALSACE AU DIX-SEPTIÈME SIÈCLE, PAR RODOLPHE REUSS

II

PARIS
LIBRAIRIE ÉMILE BOUILLON, ÉDITEUR
67, RUE DE RICHELIEU, AU PREMIER
1898

(Tous droits réservés)

othèque de l'École des Hautes Études; section des sciences philologiques et historiques. Liste des fascicules parus jusqu'à ce jour :

a stratification du langage par Max Müller, traduit par L. Havet. — La chronologie dans la formation des langues indo-européennes, par G. Curtius, traduit par A. Bergaigne, membre de l'Institut. 4 fr.

udes sur les Pagi de la Gaule, par A. Longnon, membre de l'Institut, 1re partie : l'Astenois, le Boulonnais et le Ternois. Avec 2 cartes. (Épuisé.)

otes critiques sur Colluthus, par Ed. Tournier. 1 fr. 50

ouvel essai sur la formation du pluriel brisé en arabe, par Stanislas Guyard. 2 fr.

nciens glossaires romans, corrigés et expliqués par F. Diez. Traduit par A. Bauer. 4 fr. 75.

es formes de la conjugaison en égyptien antique, en démotique et en copte par G. Maspero, membre de l'Institut. 10 fr.

a vie de saint Alexis, textes des XIe, XIIe, XIIIe et XIVe siècles, publiés par G. Paris, membre de l'Institut, et L. Pannier. 15 fr.

udes critiques sur les sources de l'histoire mérovingienne, 1re partie. Introduction, Grégoire de Tours, Marius d'Avenches, par G. Monod et par les membres de la Conférence d'histoire. 6 fr.

e Bhâmini-Vilâsa, texte sanscrit publié avec une traduction et des notes par A. Bergaigne, membre de l'Institut. 8 fr.

xercices critiques de la conférence de philologie grecque recueillis et rédigés par Ed. Tournier. 10 fr.

udes sur les Pagi de la Gaule, par A. Longnon, membre de l'Institut, 2e partie : Les Pagi du diocèse de Reims. Avec 4 cartes. 7 fr. 50

u genre épistolaire chez les anciens Égyptiens de l'époque pharaonique, par G. Maspero, membre de l'Institut. 10 fr.

a procédure de la Lex Salica. Étude sur le droit Frank (la fidejussio dans la législation franke ; — les Sacebarons ; la glosse malbergique), travaux de R. Sohm, professeur à l'Université de Strasbourg, traduits par M. Thévenin. (Épuisé.)

néraire des Dix Mille. Étude topographique par F. Robiou, avec 3 cartes. (Épuisé.)

ude sur Pline le Jeune, par T. Mommsen, traduit par C. Morel. (Épuisé.)

u C dans les langues romanes, par C. Joret. 12 fr.

icéron. Epistolæ ad Familiares. Notice sur un manuscrit du XIIe siècle, par C. Thurot, membre de l'Institut. 3 fr.

udes sur les Comtes et Vicomtes de Limoges antérieurs à l'an 1000, par R. de Lasteyrie. 5 fr.

e la formation des mots composés en français, par A. Darmesteter. Deuxième édition, revue, corrigée et en partie refondue, avec une préface par G. Paris, membre de l'Institut. 12 fr.

uintilien. Institution oratoire, collation d'un manuscrit du Xe siècle, par E. Chatelain et J. Le Coultre. (Épuisé.)

ymne à Ammon-Ra des papyrus égyptiens du musée de Boulaq, traduit et commenté par E. Grébaut. 22 fr.

leurs de Philippe le Solitaire, poème en vers politiques publié dans le texte pour la première fois d'après six mss. de la Bibliothèque Nationale, par l'abbé E. Auvray. 3 fr. 75

aurvatât et Ameretât. Essai sur la mythologie de l'Avesta, par J. Darmesteter. 4 fr.

récis de la déclinaison latine, par M. F. Bücheler, traduit de l'allemand, par L. Havet, enrichi d'additions communiquées par l'auteur, avec une préface du traducteur. (Épuisé, nouvelle édition sous presse.)

nis-el-'Ochchâq, traité des termes figurés relatifs à la description de la beauté, par Cheref-eddin-Râmi, traduit du persan et annoté par C. Huart. 5 fr. 50

es Tables Eugubines. Texte, traduction et commentaire, avec une grammaire et une introduction historique, par M. Bréal, membre de l'Institut. Accompagné d'un album de 13 pl. photogravées. 30 fr.

uestions homériques, par F. Robiou. Avec 3 cartes. 6 fr.

latériaux pour servir à l'histoire de la philosophie de l'Inde, par P. Regnaud, 1re partie. 9 fr.

rmazd et Ahriman, leurs origines et leur histoire, par J. Darmesteter. (Épuisé. Il reste quelques exemplaires sur papier fort.) 25 fr.

es métaux dans les inscriptions égyptiennes, par C. R. Lepsius, traduit par W. Berend, avec des additions de l'auteur et accompagné de 2 pl. 12 fr.

istoire de la ville de Saint-Omer et de ses institutions jusqu'au XIVe siècle, par A. Giry. 20 fr.

ssai sur le règne de Trajan, par C. de la Berge. 12 fr.

tudes sur l'industrie et la classe industrielle à Paris, au XIIIe et au XIVe siècle, par G. Fagniez. 12 fr.

latériaux pour servir à l'histoire de la philosophie de l'Inde, par P. Regnaud, 2e partie. 10 fr.

lélanges publiés par la section historique et philologique de l'École des Hautes Études pour le dixième anniversaire de sa fondation. Avec 10 pl. gravées. 15 fr.

a religion védique d'après les hymnes du Rig-Véda, par A. Bergaigne, membre de l'Institut. T. Ier. Épuisé ; ne se vend plus qu'avec les t. II et III. Les 3 vol. 60 fr.

BIBLIOTHÈQUE
DE L'ÉCOLE
DES HAUTES ÉTUDES

PUBLIÉE SOUS LES AUSPICES

DU MINISTÈRE DE L'INSTRUCTION PUBLIQUE

SCIENCES PHILOLOGIQUES ET HISTORIQUES

CENT-VINGTIÈME FASCICULE

L'ALSACE AU DIX-SEPTIÈME SIÈCLE, PAR RODOLPHE REUSS

II

PARIS
LIBRAIRIE ÉMILE BOUILLON, ÉDITEUR
67, RUE DE RICHELIEU, AU PREMIER
1898

(Tous droits réservés)

CHALON-SUR-SAONE
IMPRIMERIE FRANÇAISE ET ORIENTALE DE L. MARCEAU, E. BERTRAND, SUCCESSEUR

L'ALSACE

AU DIX-SEPTIÈME SIÈCLE

L'ALSACE
AU DIX-SEPTIÈME SIÈCLE

AU POINT DE VUE

GÉOGRAPHIQUE, HISTORIQUE, ADMINISTRATIF
ÉCONOMIQUE, SOCIAL, INTELLECTUEL ET RELIGIEUX

PAR

RODOLPHE REUSS

MAITRE DE CONFÉRENCES A L'ÉCOLE DES HAUTES ÉTUDES
ANCIEN BIBLIOTHÉCAIRE DE LA VILLE DE STRASBOURG

TOME DEUXIÈME

PARIS
LIBRAIRIE ÉMILE BOUILLON, ÉDITEUR
67, RUE DE RICHELIEU, AU PREMIER
1898

(Tous droits réservés)

PRÉFACE

Le présent volume complète et termine le tableau de l'Alsace au XVIIe siècle, dont les quatre premiers livres ont paru l'année dernière. Au récit des événements politiques et militaires qui ont déterminé le sort de la province depuis la lutte trentenaire jusqu'à la paix de Ryswick, à l'exposé méthodique de ses divisions territoriales, de son organisation administrative, avant et après la conquête, à celui de ses ressources économiques, vient s'ajouter ici, comme nous le promettions dans la préface, une esquisse de l'histoire de la civilisation alsacienne à cette époque.

On y trouvera la description détaillée et, je l'espère, fidèle des mœurs et des idées de la société d'alors. Ses groupes divers, gentilshommes, bourgeois et paysans, passeront successivement sous les yeux du lecteur, qui pourra faire plus ample connaissance avec leurs us et coutumes et leur vie de famille, avec tous les règlements innombrables qui déterminaient en ces temps, d'une façon si méticuleuse, tous les actes de leur existence quotidienne, depuis le berceau jusqu'au cimetière. Nous avons également consacré des chapitres spéciaux aux œuvres de défense sociale contre les épidémies, si meurtrières à cette époque, contre la maladie et la misère, le vagabondage et la mendicité; à tous les services, en un mot, si rudimentaires encore, qui se rattacheraient, de nos jours, à la salubrité ou à l'assistance publiques.

Un livre tout entier s'occupe de la vie intellectuelle de l'Alsace. Nous y parlons de ses écrivains, de ses artistes et de ses savants, pour autant que le malheur des temps lui a permis d'en produire ou de leur donner asile; nous y avons réuni aussi les rares indications que nous avons pu trouver sur l'étude et sur l'usage du français parmi les populations allemandes de la province, avant comme après la prise de possession du pays. Le tableau de l'enseignement à ses différents degrés, depuis les modestes écoles de village jusqu'à la célèbre Université de Strasbourg, a été retracé avec tous les développements que comportait le plan général de l'ouvrage. En exposant l'activité scientifique des professeurs et la vie des étudiants, les études faites dans les gymnases et les collèges, le rôle insignifiant de l'école primaire, étroitement contrôlée par les Églises, je n'ai pu m'empêcher d'en signaler les défectuosités multiples, mais j'ai tâché de rester équitable dans mon jugement sur les hommes et les choses de ces milieux scolaires, si différents de ceux qui nous entourent aujourd'hui.

J'ai fait en finissant, — et je devais faire, — une large part dans ce tableau à l'Alsace religieuse. J'ai déjà dit pourquoi, dans l'introduction de mon premier volume; il importe de le redire ici. C'est que le XVIIe siècle, dans la majeure partie de son cours, appartient encore à l'ère des grandes luttes confessionnelles. Plus exaspérées peut-être, plus visibles en tout cas à tous les regards, au XVIe siècle, les antinomies religieuses sont aussi profondes, à vrai dire, aussi déterminantes pour la politique de la plupart des princes, au siècle suivant, encore que ces causes de conflit soient mêlées à des problèmes d'une toute autre nature et souvent voilées par eux. Ne pas étudier à fond la situation religieuse d'un pays à cette époque, c'est s'exposer gratuitement à ne rien comprendre à son histoire. Ce serait tout particulièrement le cas pour l'Alsace où l'antagonisme entre les deux cultes a été violent dès l'origine et n'a cessé d'être un écueil ou du moins un embarras pour tous les gouvernements divers qui s'y sont succédé depuis la Réforme jusqu'à ce jour. Dans cette étude sur la situation matérielle et morale de l'Église catholique et des Églises dissidentes d'Alsace et sur leurs rapports mutuels, je me suis efforcé d'être strictement impartial et de tout comprendre, afin de pouvoir tout expliquer. Je n'ose me flatter d'y avoir constamment réussi, et d'ailleurs, pour enlever certains suffrages, il faudrait applaudir les partis jusque dans les conséquences extrêmes de leurs passions religieuses. Cela n'est pas donné à tout le monde, et pour ma part, quand il s'agit de pareils coups de force, de quelque côté qu'ils viennent, et d'oppression des consciences, sous quelque bannière qu'elle se commette, je me trouverai toujours d'instinct du côté des vaincus.

Je ne répéterai pas ce que j'ai dit dans la préface du premier volume sur ma ferme volonté de traiter une question d'histoire plus ou moins délicate, — laquelle, d'ailleurs, ne l'est point par quelque côté ? — dans un esprit strictement scientifique. Ceux qui voudront bien parcourir cette seconde partie de mon étude, d'un œil non prévenu, pourront aisément se convaincre que j'ai recherché partout à ne donner que des faits exacts et à traduire fidèlement les impressions du temps, pour autant que les sources me permettaient d'y prétendre, en évitant de mêler, — ce qui aurait été si facile ! — l'histoire contemporaine à celle du passé. Je prends aujourd'hui congé d'une œuvre, bien fragmentaire encore et bien imparfaite, mais qui n'en a pas moins occupé toutes mes veilles et tous mes loisirs depuis de longues années déjà ; c'est le fruit d'une affection profonde pour cette terre natale, qui n'est plus la patrie, mais qui me reste toujours chère. Aussi je serais heureux qu'on lui fît bon accueil des deux côtés des Vosges, en tenant compte à l'auteur de la difficulté sérieuse, d'avoir été le premier à traiter avec quelque détail un si vaste sujet. Il doit se trouver, il se trouve assurément de nombreuses lacunes, des erreurs de faits, des erreurs aussi de jugement dans un travail de si longue haleine. Je n'ai donc pas besoin de dire que je me sentirai l'obligé des critiques érudits qui, d'une façon plus ou moins bienveillante, s'appliqueront et s'appliquent déjà à les signaler dans l'intérêt de la pure science. Mais je me dois à moi-même, je dois à l'effort constant et souvent pénible, que j'ai fait pour rester toujours historien, rien qu'historien, dans mon récit, de protester contre les insinuations de ceux qui se sont cru permis de mettre en doute jusqu'à la sincérité de mon désir d'être impartial.

Versailles, 19 octobre 1893.

BIBLIOGRAPHIE[1]
(ADDITIONS)

A. M. P. INGOLD, Miscellanea alsatica, troisième série. Paris, Picard, 1897, 1 vol. 18°. (Renferme l'autobiographie d'un vigneron d'Eguisheim, Mathias Herzog, 1617-1635, bien curieuse pour le tableau des misères de la guerre de Trente Ans.)
La Chronique strasbourgeoise du peintre Jean-Jacques Walter, pour les années 1672-1679. Texte et traduction annotée par Rod. Reuss. Paris et Nancy, Berger-Levrault, 1898, 1 vol. 8°.
A. HUBER, Geschichte Huningens von 1679-1698. Basel, 1894, broch. 8°. (Dissert. acad.).
Th. LUDWIG, Die deutschen Reichsstænde im Elsass und der Ausbruch der Revolutionskriege. Strassburg, Trubner, 1898, 1 vol. 8°.

F. LE PELLETIER DE LA HOUSSAYE, Mémoire sur l'état présent de l'Alsace (1701), publié par le Dr Henri Weisgerber. (Revue d'Alsace, 1897-1898.)
P. SCHLUMBERGER et G. GIDE, Organisation militaire de Mulhouse et son système de défense contre les incendies, 1260-1798, t. Ier. Rixheim, Sutter, 1897, 1 vol. 8°.

A. GASSER, Histoire de la ville de Soultz et de son bailliage (suite). (Revue d'Alsace, 1896-1898.)
E. WOLFF, Chronik des Gebirgsgemeinde Dossenheim. Strassburg, Druck der *Heimat*, 1896, broch. 18°.

L. OHL, Geschichte der Stadt Münster und ihrer Abtei im Gregorienthal, Vorbruck-Schirmeck, Hostetter, 1898, 1 vol. 8°.
Die Gebweiler Chronik des Dominikaners Fr. Seraphin Dietlers herausgegeben von Johann von Schlumberger. Gebweiler, Boltze, 1898, 1 vol. 8°.

---

1. Voy. la *Bibliographie* au vol. I, p. X-XXXVI. — Nous ajoutons ic quelques travaux oubliés dans ce catalogue, et les principales publications relatives à notre sujet parues depuis l'année dernière, en ne mentionnant que celles, bien entendu, qui ont réellement élargi nos connaissances sur la matière.

Sophie von JAKUBOWSKI, Beziehungen zwischen Strassburg, Zürich und Bern im XVII Jahrhundert. Strassburg, Heitz u. Mündel, 1898, 1 vol. 18°.

Rod. REUSS, Correspondance intime d'Ulric Obrecht, préteur royal de la ville de Strasbourg et de Jean-Baptiste de Klinglin, syndic (1684-1698). (Revue d'Alsace, 1898-1899.)

Jos. BECKER, Die Verleihung und Verpfændung der Reichslandvogtei Elsass von 1408-1634. (Zeitschrift für Geschichte des Oberrheins, N. F., vol. XII. (1897.)

Jos. BECKER, Das Beamtentum der Reichslandvogtei Hagenau, vom Anfang des XIV Jahrhunderts bis zum Uebergang den Landvogtei an Frankreich, 1648. (Bulletin des mon. historiques d'Alsace, XIX, 1.)

A. WALTZ, Chronik des Colmarer Kaufhauses. Colmar, Sailé, 1897, 1 vol. 8°.

FOLTZ, Souvenirs historiques du vieux Colmar. Colmar. Lorber, 1887, 1 vol. gr. 8°.

A. KASSEL, Adelsverhæltnisse zu Ingweiler vom 16-18 Jahrhundert. (Jahrbuch des Vogesen-Clubs, 1897, 8°.)

Jos. FURSTENBERGER, Mulhauser Geschichten bis zum Jahre 1720. (Le vieux Mulhouse, t. II.) Mulhouse, imprimerie Bader, 1897, 1 vol. 8°.

E. GOTHEIN, Die oberrheinischen Lande vor und nach dem dreissigjæhrigen Kriege. (Zeitschrift für Geschichte des Oberrheins, 1897.)

E. MUHLENBECK, Histoire des mines de Sainte-Marie (côté d'Alsace). Sainte-Marie-aux-Mines, Cellarius, 1898, 1 vol. 8°.

J. DIETRICH, La Sorcière de Münster, 1631. Colmar, Barth, 1869, 1 broch. 8°.

J. WALTER, Die Hexenplætze der Rufacher Urkunden. (Jahrbuch des Vogesen-Clubs, 1896.)

E. LINGER, La Peste de 1628 dans la vallée de Masevaux. (Revue catholique d'Alsace, 1886.)

Hans Witte, Zur Geschichte des Deutschtums im Elsass und im Vogesengebiet. Stuttgart, Engelhorn, 1897, 1 vol. 8°.

Ph. A. Grandidier, Fragments d'une *Alsatia litterata*. (Nouvelles œuvres inédites publiées par l'abbé A. M. Ingold. tome II.) Paris, Picard, 1898, 1 vol. 8°.

Griechische Dramen in deutschen Bearbeitungen von Wolfhart Spangenberg und Isaac Frœreisen, herausgegeben von Oskar Dæhnhardt. Tübingen, Litterarischer Verein, 1890-1897, 2 vol. 8°.

Joh. Wirth, Moscheroschs Gesichte Philanders von Sittewalt nebst biographischem Anhang. Erlangen, 1887, broch. 8°. (Dissertation académique.)

L. Pariser, Beitræge zu einer Biographie von Moscherosch. München, 1891, broch. 8°. (Dissertation académique.)

A. Schricker, Ordnungen der Strassburger Malerzunft. (Jahrbuch des Vogesen-Clubs, III.)

G. Knod, Die alten Matrikeln der Universitæt Strassburg, 1621-1793. Strassburg, Trübner, 1897, 2 vol. 8°.

R. Reuss, De scriptoribus rerum alsaticarum historicis inde a primordiis ad sæculi XVIII exitum. Argentorati, Bull, 1898, 1 vol. 8°.

M. Schickelé, État de l'Église d'Alsace avant la Révolution, II° partie : Le diocèse de Bâle, fascicule I. Colmar, Hüffel, 1897, 1 broch. 8°.

L. Winterer, Quelques saints de l'Alsace et les principales époques de sa vie religieuse, Rixheim, Sutter, 1897, 1 vol. 18°.

(A. Erhard), Kurze Geschichte der Wallfahrt zu unserer lieben Muttergottes von Altbronn im Elsass, von einem elsæssischen Geistlichen. Ergersheim (Würzburz, Gœb), 1898, 1 broch. 16°.

A. Ernst und Joh. Adam, Katechetische Geschichte des Elsasses bis zur Revolution. Strassburg, Bull, 1897, 1 vol. 8°.

Dag. Fischer, Étude sur l'histoire des Juifs dans les terres de l'évêché de Strasbourg. Metz, typ. Rousseau-Pallez, 1867, broch. 8°.

L'ALSACE AU XVIIᵉ SIÈCLE

LIVRE SIXIÈME

LA SOCIÉTÉ ALSACIENNE AU XVIIᵉ SIÈCLE

CHAPITRE PREMIER

Observations générales

Ce n'est pas chose facile que d'esquisser en traits généraux le tableau des mœurs d'une époque sans mêler maladroitement les couleurs et sans confondre parfois les dates et les milieux. La tâche devient encore plus délicate quand il s'agit d'un territoire limitrophe de grands Empires, où des coutumes et des traditions opposées produisent des mélanges ou des contrastes bizarres, quand le tableau doit s'étendre à un siècle tout entier et que ce siècle a vu des guerres si longues, et ce pays tant de bouleversements politiques, économiques et religieux. Aussi n'est-ce pas sans un très vif sentiment des difficultés inhérentes à la tâche, que nous abordons cette partie de notre sujet : décrire les mœurs et les habitudes diverses de la population alsacienne au XVIIᵉ siècle, étudier dans leur existence matérielle et morale les différentes couches sociales qui la composaient alors, donner, en un mot, l'impression exacte et fidèle de la *vie alsacienne* à cette époque.

Évidemment le fond du tableau restera le même, depuis le commencement de la période qui nous occupe, jusqu'à sa fin et, prise dans son ensemble, la population de l'Alsace en 1700 ne nous paraîtra guère moins homogène que celle de 1601. Si certains changements se sont produits, si l'influence des modes françaises et de la langue est déjà sensible dans les classes supérieures, il n'en est pas de même pour la moyenne bourgeoisie des grandes et des petites villes, ni surtout pour les habitants des bourgs et des campagnes. Celles-ci se ressentent à peine de l'existence d'un ordre nouveau et n'ont que de rares points de contact avec les représentants de cet ordre de choses. Seulement, il y a, si je puis m'exprimer ainsi, de plus fortes ombres au tableau. Ce n'est pas sans de sensibles souffrances que l'Alsace a passé par un demi-siècle de luttes, trop souvent engagées sur son propre territoire ; comment n'auraient-elles pas laissé leurs traces profondes dans la vie morale des Alsaciens aussi bien que dans leur existence matérielle ? Dans les vingt premières années du siècle, le pays infiniment plus peuplé, mieux cultivé, plus riche en réserves accumulées comme en produits réguliers du sol, présentait à ceux qui le visitaient un aspect bien plus riant, et possédait une sève vitale autrement abondante. Malgré les violents contrastes d'opinion qui divisaient alors déjà les habitants d'un même territoire, on peut affirmer qu'il y régnait une humeur plus joviale, une disposition plus générale aussi à la manifester au dehors.

Puis surviennent les misères de la lutte trentenaire, l'épuisement absolu de l'Alsace, les difficultés inhérentes à tout changement de régime, les invasions répétées qui trahissent le dessein persistant de l'Empire de reprendre à tout prix les territoires perdus, le trouble matériel que ces guerres nouvelles mettent dans l'existence des uns, le trouble moral que la réaction religieuse met dans l'existence des autres : tout cela assombrit le caractère des populations et les empêche de se sentir vivre et de se réjouir de vivre, comme elles le faisaient avant 1620. Enfin, dans les dernières années du siècle, le repos matériel de la majeure partie de l'Alsace étant garanti désormais par l'occupation de Strasbourg, l'administration tutélaire du gouvernement nouveau ayant remis de l'ordre dans les finances, réparé les maux de l'agriculture, encouragé les débuts de la grande industrie, une ère nouvelle de prospérité s'annonce, qui durera pendant la majeure partie du siècle suivant. Si nous avions donc à raconter, très en détail, l'histoire de la civilisation alsacienne au XVII° siècle, c'est en ces trois chapitres, chronologiquement distincts, que nous partagerions volontiers notre récit. Mais pour l'esquisse plus sommaire dont on devra forcément se contenter ici, il ne nous semble point nécessaire de le diviser en périodes distinctes [1].

Avant d'entrer dans le détail des rubriques sous lesquelles force

---

1. Là où l'observation de l'élément chronologique serait nécessaire pour éviter une erreur d'appréciation, nous ne manquerons pas d'y rendre attentif le lecteur.

nous est bien de systématiser ce tableau, afin de nous y reconnaître, on trouvera dans ce chapitre introductoire quelques jugements généraux contemporains qu'il nous paraît utile de donner ici dans leur ensemble, sans les démembrer, pour ainsi dire, et qui méritent de figurer en tête d'une étude sur les mœurs alsaciennes ; ils émanent en effet d'observateurs sagaces, bien à même d'apprécier la population dont ils parlent, et d'autant plus disposés à nous donner un avis sincère que leur opinion, formulée dans un document officiel, ne devait pas être connue de leurs administrés.

Voici donc ce qu'écrivait sur les Alsaciens M. de La Grange, en 1697, après avoir vécu au milieu d'eux durant près de vingt-cinq années : « Les habitants originaires du païs, sont bons et d'une humeur docile ; ils veulent être un peu guidés et ne quittent pas volontiers leurs anciennes coutumes. Ils n'ont pas naturellement l'esprit processif, aiment la paix. Mais les différents changements arrivés depuis la guerre, ont changé beaucoup leur naturel. L'abondance du païs les rend paresseux et peu industrieux. Ils sortent rarement de leur province et, sans le secours des Suisses, ils auraient de la peine à cultiver leurs terres, à faire leurs foins, leurs récoltes et leurs vendanges, ce qui fait sortir assez d'argent de la province. Ceux des environs de Strasbourg et de la Basse-Alsace sont plus industrieux et plus laborieux. Les femmes et les filles labourent et mènent elles-mêmes la charrue, faute de domestiques, dont la province est tout à fait dépourvue et épuisée depuis la guerre[1]. » Il avait déjà dit, un peu plus haut, dans son *Mémoire :* « Les Alsaciens ne sont pas assès vifs, ni assès industrieux et il est certain que d'autres auroient mieux profité qu'eux des avantages de la guerre, à cause du voisinage de la frontière et auroient mieux fait leurs affaires, mais ils n'aiment pas rien risquer et n'ont aucune ambition. Ils veulent du bien pour vivre commodément, mais ils ne demandent pas de fortune considérable, ni pour eux, ni pour leurs familles, ce qui fait qu'ils ne sont ni riches ni pauvres et qu'ils s'entretiennent dans une médiocrité qui ne surpasse pas ce qui leur est nécessaire pour vivre en repos, chacun selon son état et sa condition[2]. »

Cette même simplicité de goûts, cette même indifférence pour les richesses, toute à l'éloge des habitants de l'Alsace, avaient été signalées, un quart de siècle auparavant, par le spirituel Parisien si souvent déjà cité dans les livres précédents de cet ouvrage. Le

1. *Mémoire* de La Grange, fol. 246.
2. La Grange, *Mémoire*, fol. 240.

fonctionnaire subalterne, cantonné dans un coin de la province et l'intendant qui a gouverné le territoire tout entier, se rencontrent dans leur appréciation d'ensemble ; voici, en effet, ce que le receveur des fermes d'Alsace dit du caractère des populations qu'il avait connues aux environs de Thann, d'Altkirch et de Belfort : « Je les trouve, généralement parlant, lents au travail et prompts à se mettre en colère, faisant des imprécations terribles pour de très petits sujets. Le plus ordinaire est de souhaiter que le tonnerre frappe ceux qui les fâchent ; leur grand juron est par le Sacrement. A cela prés, ils sont fort amis du repos et de la bonne chère et grands babillards. C'est l'ordinaire des buveurs et des gens simples, qui ont le cœur sur les lèvres ; aussi sont-ils... de bonne amitié, fidèles, ouverts, agissant sans déguisement, caressants... La première civilité que le maître et la maîtresse d'une maison font aux nouveaux venus, c'est de leur toucher dans la main en disant : Wilkomen mein herr[1] ! »

Et voici maintenant ce que nous lisons dans le *Mémoire sur l'Alsace* qu'a fait rédiger en 1702, l'un des successeurs de La Grange, M. Le Pelletier de la Houssaye : « Les habitans d'Alsace sont assez portez à la joye ; ils n'ont aucune ambition, ils sont fort adonnés au vin et c'est un de leurs plus grands défauts. Ils aspirent volontiers aux magistratures des corps de ville, qui sont les seuls employs où ils bornent leur fortune, mais ce n'est pas tant pour s'y enrichir que pour se donner quelque relief dans le monde, sur les autres. Ils ne demandent qu'à vivre avec douceur, sans embarras ; ils ne s'inquiètent pas pour l'avancement de leurs enfans. Les garçons apprennent des métiers et les filles ne se marient qu'avec des personnes de mesme profession. Elles ont beaucoup de liberté jusques à leur mariage, mais alors elles se renferment entièrement dans leur domestique. La dot des enfans des plus riches bourgeois n'est ordinairement que de quatre mil livres. Un père riche de cinquante mil écus de bien suit cet usage et jouit de ce qu'il a jusqu'à sa mort. A l'égard des artisans, ils travaillent toute la semaine pour aller le dimanche au cabaret, à la promenade et à la dance. Les femmes ont un ou deux habits à l'allemande, dont on ne voit pas la fin, les modes ne changent pas et rien ne peut leur produire aucune augmentation de despence. Les nouveautez troublent ces

---

1. « Soyez le bien venu, Monsieur ! » Voyez les *Mémoires de deux voyages*, p. 193. — En 1710, Fr. d'Ichtersheim disait également de ses compatriotes : « *Die Landes-Inwohner seynd affabel und hat man gern mit ihnen zu thun.* » *Elsässische Topographie*, I, p. 4.

peuples et ils sont grands amateurs de leurs usages, bons ou mauvais[1]. »

C'est précisément cet attachement profond aux vieux usages, « bons ou mauvais », qui permet d'entreprendre, sans risque de confusions trop violentes, un tableau d'ensemble s'étendant sur toute une période séculaire. Ce qui serait déjà fort dangereux pour le XVIIIe siècle, ce qui serait impossible et de la plus absurde inexactitude pour le XIXe siècle, aux changements si rapides et si profonds, et par suite aux aspects si divers, peut fort bien se tenter encore pour une époque aussi *conservatrice* par excellence, au point de vue des mœurs, que l'a été le XVIIe siècle, sinon sur les rives de la Seine, au moins sur les bords de l'Ill et du Rhin.

1. *Mémoire de 1702*, fol. 5b - 6a.

CHAPITRE DEUXIÈME

La Noblesse alsacienne

(PRINCES ET SEIGNEURS)

Il n'y avait point en Alsace, au XVIIe siècle, de cour princière qui présentât à la noblesse du pays un centre naturel de vie élégante et d'attractions mondaines. Les personnages de premier rang n'y établissent que rarement leur résidence ; les archiducs d'Autriche qu'il faudrait nommer en première ligne comme régents de la Haute-Alsace et du Sundgau, et comme possesseurs du grand-bailliage de Haguenau, n'ont visité qu'à de longs intervalles Ensisheim ou telle autre de leurs localités cis-rhénanes. Leur véritable domicile était à Vienne ou à Innsbruck, et après la première invasion suédoise aucun d'eux n'a plus franchi le Rhin. Les princes-évêques de Strasbourg, eux aussi, ont rarement traité leurs villes d'Alsace autrement que comme un lieu de halte passager. Ni Charles de Lorraine, ni Léopold et Léopold-Guillaume d'Autriche, ni les deux Furstemberg n'ont résidé d'une façon quelque peu suivie soit à Molsheim, soit à Saverne, soit (après 1681) à Strasbourg[1]. Les dynastes les plus importants après eux, les Hanau-Lichtenberg, les Wurtemberg-Montbéliard, les Ribeaupierre, les représentants des branches secondaires de la maison palatine, étaient d'assez petits princes, qui, soit dit à leur louange, ne se souciaient guère d'avoir des ambassadeurs, ni même des pages autour d'eux. D'ailleurs la plupart d'entre eux séjournaient le plus souvent en dehors de leurs domaines d'Alsace. Les comtes de Hanau se sentaient plus à l'aise et surtout plus en sûreté dans leurs domaines de la Wettéravie qu'au château de Bouxwiller, et c'est à Montbéliard et non à Riquewihr ou Horbourg, que les Wurtemberg avaient leurs habitudes. On ne peut leur en faire un reproche, car leurs demeures seigneuriales d'Alsace, pour autant qu'elles subsistent encore, n'ont rien de bien imposant, ni par leurs formes, ni par leur étendue[2]. Ils ne pouvaient pas

---

1. Charles de Lorraine habitait alternativement Metz et Nancy, Léopold d'Autriche d'ordinaire Fribourg, ou Innsbruck, Léopold-Guillaume Vienne, François-Égon de Furstemberg Cologne, son frère et successeur Guillaume, Paris. Ce ne sont que les Rohan, au XVIIe siècle, qui ont refait de Saverne une véritable *résidence* épiscopale et princière.
2. Le château de Ribeauvillé, bâti à la fin du XVe siècle, et qui, de nos

abriter une domesticité bien nombreuse ; encore moins aurait-on pu y loger un entourage de dignitaires officiels ou de compagnons d'existence journaliers, digne d'être qualifié de cour.

Les revenus de ces petits princes et seigneurs étaient d'ailleurs relativement modestes, et beaucoup d'entre eux avaient même des dettes considérables[1]. Mais, même quand ils avaient de l'argent, ils préféraient l'employer à leur confort personnel plutôt que de s'entourer d'un éclat purement extérieur que nul ne leur demandait, à vrai dire, et dont nul ne leur eût été reconnaissant. En ces temps désastreux, où les châteaux princiers étaient presque aussi souvent pillés que les chaumières des paysans et les maisons bourgeoises des petites villes, la tentation ne pouvait être grande d'ailleurs de dépenser beaucoup d'argent pour l'ameublement des demeures et l'entretien d'un personnel d'apparat, absolument inutile[2]. On devait préférer quelques bons mercenaires, aux bras robustes, à toute une troupe de chambellans, de pages et d'écuyers tranchants ; du reste on n'avait guère d'argent pour des courtisans quand on laissait en souffrance jusqu'aux gages des précepteurs de la famille[3]. Si dans quelques cas rares nous pouvons constater néanmoins un luxe véritable tant pour l'ameublement que pour l'argenterie, le nombre des domestiques, etc., c'est toujours d'un personnage officiel, représentant d'un monarque, qu'il s'agit. Le baron d'Erlach, dont on nous détaille le riche mobilier et le service de table massif, les nombreux laquais à livrée verte, aux revers écarlates, et les lits de parade, en velours vert, en taffetas violet, en

jours, a été longtemps un pensionnat de jeunes filles, ne fait exception que par sa belle situation au haut de la ville ; celui de Bouxwiller était une lourde bâtisse, dont les pavillons seuls ont survécu à la Révolution ; celui de Riquewihr, datant du XVIe siècle, abrite les écoles communales de la petite ville : on voit que ce n'étaient pas de bien vastes palais.

1. On est stupéfait de voir quelles grosses sommes les comtes de Hanau-Lichtenberg, par exemple, ont empruntées aux abords de la guerre de Trente-Ans, tant aux villes de Strasbourg et de Bâle qu'à de nombreux particuliers de la première de ces villes. (Archives de la Basse-Alsace, E. 2892, 2904, 2907, 2915, 2973.)

2. Mlle de Montpensier raconte, dans ses *Mémoires*, en parlant de la visite du prince de Montbéliard à Louis XIV, que « toute sa cour tenait dans un même carrosse ». Nous avons eu entre les mains un *État de l'ameublement et de la vaisselle* du château de Ribeauvillé (A.H.A., E. 2662); sauf quelques pièces d'orfèvrerie rare, il n'y a vraiment rien qui puisse frapper l'imagination la plus modeste. Quand on parcourt le catalogue de la bibliothèque du château, on la trouve bien médiocre aussi.

3. Le malheureux Pierre-Édouard Burcklin, qui avait été *præceptor domesticus* des jeunes seigneurs de Ribeaupierre, de 1639 à 1641, réclamait encore 91 thalers de gages en 1654. (A.B.A., E. 2905.)

satin de Chine, venus de Paris[1], offrait l'hospitalité fastueuse du château de Brisach, au nom du roi de France et, sans doute aussi, à ses dépens. Nos dynastes alsaciens vivaient d'une manière infiniment plus modeste et le luxe de leurs vêtements ne dépassait guère celui de leurs demeures[2]. Ils paraissaient même ridicules de simplicité aux seigneurs et aux dames de l'entourage de Louis XIV. Tel le prince Georges de Montbéliard qui s'en vint, le 12 janvier 1672, présenter ses hommages au souverain, « habillé comme un maître d'école de village » sans épée, avec un méchant carrosse noir et quelques laquais « vêtus de jaune, avec des garnitures de rubans rouges », comme le constate avec une horreur bien sentie la grande Mademoiselle[3].

Dans leur jeunesse, nous voyons ces princes et comtes voyager pendant plusieurs années pour se former aux belles manières et pour acquérir une teinture des langues étrangères et des beaux-arts. Ils visitent avec leurs pédagogues et quelque gentilhomme de confiance Paris et les Universités de la France méridionale, vont ensuite en Italie admirer les chefs-d'œuvre antiques et modernes, reviennent par Genève et parfois se rendent encore de là aux Pays-Bas, plus rarement en Angleterre[4]. Mais une fois rentrés au bercail, ils quittent rarement le territoire du Saint-Empire, et se bornent d'ordinaire à circuler de l'une de leurs modestes résidences à l'autre, ou à faire quelques visites de bon voisinage[5]. La vie dans leurs châteaux leur plaît avant tout, parce que, grâce aux impôts et aux pres-

---

1. A. von Gonzenbach, *Hans Ludwig von Erlach*, III, p. 425-427.
2. Il appert des comptes de l'intendant Daniel de Pielhe que le comte de Ribeaupierre dépensait en 1664, pour un habit de gala la somme de 179 florins et 23 kreutzers, qui, vu le luxe des broderies, des galons et des dentelles du temps, semble plutôt modeste. (*Documents concernant Sainte-Marie-aux-Mines*, p. 303.)
3. Mémoires de Mlle de Montpensier, cités par la *Revue d'Alsace*, 1879, p. 102.
4. Il existe aux Archives de la Haute-Alsace (E. 723) un très intéressant dossier qui mériterait d'être publié *in extenso*. Ce sont les lettres du *magister* Hændel, écrites au vieil Éverard de Ribeaupierre, pendant qu'il voyageait en France avec les deux fils de ce seigneur (1614-1615). Après avoir séjourné successivement à Lyon, Avignon, Marseille, Toulouse, Montpellier et Bourges, l'argent leur manque, et ils doivent vivre à crédit pendant six mois à Poitiers, avant qu'on pût leur faire parvenir la somme nécessaire au retour.
5. Quand on se rappelle les nombreuses « Entrées » auxquelles se complaisaient les princes au XVIe siècle, et non pas les empereurs seulement et les rois, on est frappé au premier abord, de l'absence à peu près complète de cérémonies de ce genre au XVIIe siècle. C'est à peine si l'on signale par exemple l'entrée solennelle de l'évêque Léopold à Saverne, en 1608 et la présentation d'une coupe de vermeil par le Magistrat (Fischer, *Zabern*,

tations en nature, ils peuvent s'y livrer, sans de trop grosses dépenses, à leurs penchants gastronomiques. Car s'ils aimaient à bien manger et surtout à bien boire, on peut dire que leurs goûts n'étaient pas trop raffinés, et qu'ils se contentaient de ce que leur offraient leurs propres domaines. En dehors des plaisirs de la table, l'existence de ces petits cénacles, que nous ne pouvons pas appeler des cours, devait être assez maussade, ce me semble. Les femmes s'y occupaient de jardinage, d'œuvres de charité ou de théologie ; les hommes organisaient de grandes battues dans les forêts seigneuriales ou exhibaient, dans leurs pesants carrosses [1] leurs personnes et celles de leur famille aux yeux de leurs sujets émerveillés. Parfois, en été, une promenade sur l'eau [2], une partie de traîneau en hiver [3], venaient varier la monotonie de cette existence quasi rurale, coupée à de longs intervalles par quelque séjour à Colmar, Ensisheim, Riquewihr, et surtout à Strasbourg où la plupart de ces hauts personnages possédaient soit un hôtel, soit un pied à terre plus modeste. On y banquetait, on y dansait, on y jouait avec la noblesse locale ou les visiteurs étrangers. On y cherchait parfois aussi des distractions moins innocentes et qui amenaient des conflits avec la justice, soit pour infractions à la morale [4], soit pour outrages et voies de fait contre les particuliers et les représentants de la force publique [5]. En général, on a l'impression que la vie privée de la

p. 39), ou celle de François-Égon de Furstemberg à Strasbourg en 1681. Mais cela s'explique en partie par l'appauvrissement général, en partie par ce fait que les principales villes d'Alsace ayant passé à la Réforme, les souverains catholiques ne se souciaient plus de les visiter.
1. Les routes étaient si mauvaises qu'il fallait souvent raccommoder ces lourdes machines. (Comptes des dépenses des Ribeaupierre, 1633. A.H.A., E. 1220.)
2. Voy. la description d'une pareille promenade sur l'Ill, organisée en 1627, en l'honneur d'Agathe-Marie de Hanau, la jeune femme de Georges-Frédéric de Ribeaupierre. (A.H.A., E. 1219.)
3. C'est ainsi que l'évêque Léopold arriva le 18 janvier 1608 à Strasbourg, par un froid très vif, ayant fait le trajet de Molsheim à la ville en traîneau, comme l'a soigneusement noté le chroniqueur. (*Kleine Strassburger Chronik*, éd. Reuss, p. 33.)
4. C'est ainsi que ce même Frédéric-Georges de Ribeaupierre eut, en 1639, une fort vilaine affaire avec le Magistrat de Strasbourg, pour avoir séduit une jeune bourgeoise, Cléophé Schell, et, l'ayant rendue mère, lui avoir conseillé, d'abord de se faire avorter, puis de désigner un autre comme le père de l'enfant. Par arrêt du 14 mars 1639, il fut condamné à payer 200 thalers d'amende à la Maison des orphelins, à verser 400 thalers à la jeune fille et de fournir, pendant dix ans, 4 rézaux de seigle et un demi-foudre de vin pour la subsistance de l'enfant.
5. Ce sont surtout les comtes de Hanau-Lichtenberg qui semblent avoir eu un penchant héréditaire à malmener par paroles et gestes leurs interlocuteurs nobles ou roturiers. En 1617, nous voyons Jean-Regnard Ier, pour-

plupart de ces personnages était rangée, et dans un siècle où la licence des mœurs était grande, la rumeur publique ne nous a conservé que peu d'histoires scandaleuses sur leur compte [1]. Mais il ne faudrait pas se les figurer comme des parfaits gentilshommes, selon le type convenu des chevaliers courtois du moyen âge. Ils ont quelque chose de très roturier, de vulgaire parfois, et l'on est frappé de l'absence de dignité personnelle que trahissent certains de leurs « traits d'esprit ». Nous n'en citerons qu'un seul exemple, mais assez caractéristique, emprunté à un contemporain, fort bien informé d'ordinaire.

Le Père Recteur des Jésuites d'Ensisheim, Français nouvellement arrivé en Alsace, alla faire visite « à un grand seigneur de ce païs-ci [2] », qui l'invite à souper. « Mais le Révérend Père fut bien surpris quand, dès l'entrée du repas, cette Altesse allemande se fit apporter un grand coq de vermeil, tenant environ trois chopines de Paris, et qu'après en avoir ôté la tête qui se démonte à visse, elle le vuida ou fit semblant de le vuider à sa santé, en sa qualité de nouvel hôte. » Le Père Recteur « pensa tomber de son haut lorsqu'il vit un échanson lui apporter ce formidable coq pour le vuider à son tour. Il ne manqua pas d'employer ses plus élégantes phrases latines pour s'en excuser (car il ne savait pas d'allemand), mais le

suivi pour injures par le Magistrat de Strasbourg. (Archives municipales, AA. 1749.) En 1620, le comte Philippe-Wolfgang échange par écrit, à la suite d'une orgie, les paroles les plus grossières avec Georges-Thierry de Wangen. Nous avons publié cette correspondance, qui donne une idée de la brutalité des mœurs d'alors, dans l'*Alsatia* (année 1872, p. 407-408). En 1665, le comte Jean Regnard II, s'étant pris de querelle avec le baron de Stubenberg, à l'hôtellerie du *Bœuf*, et l'aubergiste ayant fait venir le guet, il s'ensuivit une véritable bataille, la suite du comte chargeant la police, l'épée à la main, jusqu'à ce que les soldats, appelés à la hâte du corps de garde voisin, abattissent d'une salve de mousqueterie l'écuyer et le cuisinier de l'irascible personnage. Le comte s'échappa sur un cheval sellé à la hâte, avant qu'on pût le prendre au collet. (Archives municipales, AA. 1773; voy. aussi Reisseissen, *Aufzeichnungen*, p. 62.)

1. Il y eut cependant parfois des écarts de conduite qui excitèrent l'indignation publique. Ainsi, en 1622, alors que Mansfeld était aux portes de Strasbourg, dévastant le pays aux alentours, au moment où, du haut de toutes les chaires, on exhortait les bourgeois à faire pénitence de leurs péchés, des orgies scandaleuses se célébraient à l'hôtel de Hanau. où les jeunes comtes faisaient danser leurs invitées en costume d'Ève. Le Magistrat adressa, le 4 juillet 1622, une lettre des plus irritées au comte régnant, leur père. (Archives municipales.)

2. Il ne peut être question, dans ce récit, d'une autre « *Altesse allemande* » que du prince Chrétien de Birckenfeld, l'héritier des comtes de Ribeaupierre. Le tour qu'il jouait au P. Recteur était d'autant plus répréhensible qu'officier général au service de France, Chrétien savait certainement, quand il le voulait, s'exprimer en français.

prince parut choqué de son refus, de sorte qu'il fit effort pour boire cet énorme gobelet... Il fallut demeurer à table quatre ou cinq heures de temps, et on l'obligea de faire encore raison de toutes les santés que les autres convives lui portèrent. Enfin l'heure de se lever de table arriva; mais pour lors le bon Recteur ne pouvait plus se régir lui-même, la tête lui tourna quand il fut debout et pendant le peu de conversation qu'il eut après le repas avec ce seigneur, il lui prit un mal de cœur si pressant, qu'il ne put le dissimuler. Il fut contraint, malgré lui, de soulager la plénitude de son estomac en présence de l'Altesse qui était ravie de l'aventure. Tout ce qu'on put lui dire pour le consoler ne servit de rien. On tâcha de lui faire entendre que cette éjection n'avait rien de honteux en Allemagne, qu'au contraire cela faisait honneur au maître de la maison. Il ne se rassura même pas aux obligeantes paroles du seigneur qui l'avait régalé : « *Tou non es filious meous*, lui dit-il, *si te poudeat evomouisse.* » ... Il s'en retourna à son collège d'Ensisheim, si pénétré de confusion, qu'il se mit au lit à son arrivée et il mourut de chagrin au bout de quelques jours. Tout le monde sait cette histoire dans le país, et au lieu de plaindre ce bon Jésuite d'avoir été un martyr de complaisance, la plupart n'en parlent qu'en le raillant de son peu de courage et comme d'un homme qui s'est laissé mourir faute de savoir vivre [1]. »

Tous les principicules alsaciens du XVIIe siècle n'étaient pas assurément d'aussi féroces buveurs ; il y en avait qui n'étaient ni débauchés ni joueurs [2]. Quelques-uns, bien peu, s'occupaient de littérature et s'exerçaient même à faire des vers [3] ; d'autres, plus nombreux et suivant l'impulsion générale, se passionnaient pour les controverses théologiques. Tel ce Georges de Montbéliard (1626-1699) dont les contemporains parlèrent longtemps avec une stupéfaction mêlée d'un certain respect [4]. Le prince avait lu, dit-on, quinze cents fois la Bible entière d'un bout à l'autre ! il en méditait chaque jour soixante chapitres, récitait douze prières et chan-

---

1. *Mémoires de deux voyages*, p. 177-178.
2. On semble avoir parfois joué bien gros jeu au château de Ribeauvillé. Dans la seule année 1640, c'est-à-dire au plus fort des misères de la guerre de Trente Ans, les comptes du bailliage de Zellenberg portent comme perdue au jeu la jolie somme de 3,528 florins, ce qui équivaudrait aujourd'hui à plus de 22,000 francs. (A.H.A., E. 2895.)
3. Parmi eux il faut citer Éverard de Ribeaupierre. Le poète Rompler de Lœwenhalt affirme dans le poème funéraire qu'il consacre à ce seigneur, qu'il ne tournait pas mal les vers. (*Reimbgebüsch*, p. 101-114.)
4. « Les Wurtembergeois ont un prince bien singulier, » disait l'auteur des *Miscellanea Colmariensia*, « on en pourrait écrire des volumes ».

tait douze cantiques; si l'on en croyait la tradition, l'une de ces prières, composée par le prince lui-même, durait trois heures. Il rédigea un commentaire sur l'*Apocalypse*, en 1667[1], et travailla sans succès à la fusion des deux principales Églises protestantes, en correspondant avec Philippe-Jacques Spener, Pierre Dumoulin et Moïse Amiraut. Sa femme, Anne de Châtillon, arrière-petite-fille de l'amiral de Coligny, n'était guère moins bizarre. Si ce qu'en raconte Tallemant des Réaux, ce bavard médisant qui n'épargne personne, est vrai[2], elle aurait d'ailleurs l'excuse d'hérédités morbides, transmises à ses propres descendants[3]. Calviniste de naissance, convertie par son époux au luthéranisme, elle s'abîma dans les rêveries mystiques, faisait assister aux fêtes du culte son page déguisé en ange, etc. Elle finit par devenir folle et l'était depuis longtemps quand elle mourut en 1680. Leur fille à tous deux, la princesse Anne, fut, pendant des années, la terreur des sujets et des fonctionnaires de la petite principauté et tint tête parfois, avec une obstination rare, aux intendants de la province eux-mêmes[4].

Mais c'est assez parler de ces petits dynastes, si peu nombreux d'ailleurs en Alsace, et dont l'existence journalière, pour autant qu'elle nous est connue, ne présente pas un intérêt bien considérable. Si nous passons à l'étude de la vie quotidienne de la noblesse alsa-

---

(Rathgeber, *Colmar und Ludwig XIV*, p. 85.) Voy. sur lui Ed. Ensfelder, *Le château de Riquewihr*, dans la *Revue d'Alsace* de 1879, et P. E. Tuefferd, *Biographie du prince Georges de Montbéliard et de sa femme, Anne de Coligny*, dans la *Revue d'Alsace* de 1885.

1. Les deux plus curieux ouvrages sortis de sa plume ne seront jamais publiés sans doute. L'un est conservé à Besançon, l'autre aux Archives Nationales. Voici ce qu'en dit M. Tuefferd qui les a eus entre les mains : « Le premier est un *Journal* embrassant une période de dix années (1662-1672) où, à côté de quelques détails de gouvernement, il relate tous les actes de sa vie privée et religieuse et où il pousse la franchise jusqu'à indiquer les jours et les heures où il accomplissait ses devoirs conjugaux. Dans l'autre, intitulé : *Dialogue du ménage d'un seigneur*, le comte Georges raconte les tribulations que sa femme lui faisait supporter, et prête à celle-ci un langage qui est d'une impudicité révoltante. Cet opuscule est plus digne de l'Arétin que d'un homme pieux et moral; quant au style, il est lourd, diffus et souvent inintelligible. »

2. Tallemant de Réaux, *Historiettes*, V, p. 211. Il prétend que, dans ses accès hystériques, la jeune fille « gravissait le long d'une tapisserie comme un chat ». Il en dit bien pis encore.

3. Sa fille Henriette se laissa mourir de faim, au château de Riquewihr, pour ne pas survivre à sa mère. (Tuefferd, *op. cit.*, p. 386.)

4. Nous rencontrerons plus d'une fois encore dans certains chapitres de ce volume ce très excentrique personnage. En 1698, son frère, le duc régnant de Montbéliard, ayant nommé à Riquewihr un surintendant ecclésiastique qui lui déplaisait, elle courut à l'église, un coutelas à la main, pour l'arracher de la chaire. (Rathgeber, *op. cit.*, p. 85.)

cienne proprement dite, la première chose qui nous frappe, c'est qu'elle est encore presque rurale au XVIIe siècle et qu'en l'absence d'une cour élégante, qui puisse lui servir de centre naturel, ses représentants demeurent encore, presque tous, dans leurs châteaux, à la campagne. C'est vers la fin du XVIIe siècle seulement que s'opère la fusion des deux couches supérieures de la société provinciale, formées par la noblesse indigène et les hauts fonctionnaires de l'ordre civil et militaire. C'est à ce moment que Strasbourg devient, en effet, dans une certaine mesure, la capitale de la société alsacienne. Mais au début de la période qui nous occupe, rien de semblable n'existait encore et, même dans les dernières années du siècle, le mouvement se dessinait à peine. Les familles titrées, pour autant qu'elles n'appartenaient pas au patriciat urbain, résidaient tranquillement sur leurs terres, et si elles possédaient dans la grande ville la plus voisine une résidence familiale, celle-ci constituait plutôt un lieu de refuge pendant la guerre qu'un domicile véritable pendant la paix[1]. C'est dans la seconde moitié seulement du XVIIe siècle que l'on voit certains groupes nobiliaires, apparentés à la noblesse des villes, séjourner plus longuement derrière les murs d'une cité, même en temps de calme parfait. On y passe alors d'ordinaire les tristes mois d'hiver, trop maussades à la campagne. Et quand une fois Strasbourg, après la capitulation de 1681, est devenu le centre officiel du pays, quand le Directoire de la Noblesse y a rétabli son siège administratif, une accoutumance de plus en plus générale y ramène chaque automne un plus grand nombre de familles. Les dames et les demoiselles veulent s'initier aux modes nouvelles, leurs fils, frères et maris s'exercent à faire leur cour au beau sexe, dans les salons du maréchal commandant la province, de l'intendant ou du gouverneur de Strasbourg. On y joue, semble-t-il, encore plus qu'on n'y cause, et les nouveaux venus initient les autochthones aux mystères « de la bassette, du hoce, du pharaon, barbacole, banque-faillite et autres jeux », contre lesquels M. de La Grange est obligé, d'ordre de Sa Majesté, d'édicter des pénalités sévères, tant la passion du jeu fait de victimes [2].

Mais ces progrès d'une civilisation plus raffinée, avec ses avan-

1. Assurément on les voit arriver en ville pour assister à quelques représentation de gala, organisée par leurs pairs ; ainsi lors des courses de bagues (*Ringelrennen*) célébrées au Marché aux chevaux de Strasbourg, en mai 1624 (Walter, *Chronique*, éd. Reuss, p. 18), ou du brillant carrousel que le duc de Mecklenbourg et le comte Torstenson donnèrent, sur le même emplacement le 8 décembre 1652, en l'honneur de Christine de Suède ; mais c'étaient des exceptions.
2. Ordonnance du 15 juin 1691 : Les joueurs payeront mille livres d'amende,

tages et ses défauts, ne se remarquent que tout à fait à la fin du siècle, dans les rangs de la noblesse alsacienne. Généralement, elle est restée simple, même un peu rustique dans ses manières, et il y a une excellente raison pour qu'il en soit ainsi ; c'est qu'elle est plutôt pauvre, du moins, quand on la compare à la noblesse d'autres pays, surtout à celle de l'Angleterre ou des Pays-Bas. Mais elle est très fière aussi de ses origines et « quelque indigente qu'elle fût, aimant mieux épouser une pauvre demoiselle que de prendre une bourgeoise avec une grosse dot ». Elle tire vanité de ses « arbres généalogiques sans fin, de ses armoiries à vingt quartiers, timbrés de trois ou cinq casques sommés de cimiers, si embrouillés de lambrequins, si bisares dans leurs émaux, qu'ils mettraient à quia le bonhomme de la Colombière avec son gros livre de blason ». Notre narrateur parisien, qui n'est, lui, que de noblesse fort mince, puisqu'il occupe un « emploi de maltôte », ajoute sur un ton peu respectueux : « Si les preuves du blason ne me contentoient pas, on m'ouvriroit ensuite les Archives, qui sont des lieux voûtés, tout de pierre, fermans à portes de fer, crainte du feu et des rats, où l'on m'étalleroit plus de parchemins gothiques qu'un déchiffreur n'en pourroit lire en dix ans. Et pour convaincre davantage mon incrédulité, ils feroient publier leur noblesse par les oiseaux mêmes, en me faisant remarquer qu'en leur païs les cicognes qui font leurs nids sur les clochers, ne s'établissent jamais que sur des églises seigneuriales. Le moyen de résister à des témoignages si authentiques[1] ! » Ces personnages, si entichés de leur noblesse, « sont néanmoins faciles, obligeans, caressans, bons et familiers jusqu'à leurs domestiques mêmes ; ils ne se font pas scrupule de les admettre à leurs tables ; du moins celle des valets est dressée dans le même lieu que celle du maître, et une partie mange pendant que l'autre sert. C'est ce que j'ay vu chez le baron de Reynach et chez d'autres personnes de qualité de ce pays là[2]. »

Dans un milieu aussi patriarcal, la simplicité des mœurs et celle des costumes resta longtemps fort grande. Non pas, certes, à la ville, où dès 1620, nous voyons les dames de la noblesse adopter les modes françaises[3], exemple qui ne fut suivi que beaucoup plus tard

---

ou feront quatre mois de prison, ceux qui auront donné à jouer sont frappés d'une amende de six mille livres ou bien d'un emprisonnement d'un an. (*Ordonnances d'Alsace*, I, p. 189.)

1, *Mémoires de deux voyages*, p. 178-179.
2. *Ibid.*, p. 180.
3. C'est le diplomate hollandais Constantin Huyghens qui, passant par Strasbourg en 1620 et assistant à la bénédiction d'un mariage à la cathé-

par les hommes[1]. Mais les gentilshommes campagnards et leurs épouses choquaient encore les étrangers, dans le dernier tiers du XVII° siècle comme « n'étant jamais à la mode, parce que leurs habits durent trop longtemps[2] ». Encore en 1680, dans le bailliage d'Altkirch, où cependant résidaient plusieurs familles nobles, une perruque était chose absolument inconnue. Un soir que le jeune Parisien, auquel j'emprunte une partie de ces détails, causait dans cette ville sur le pas de sa porte, avec « une jeune fille de ses amies » qui se moquait de son mauvais allemand, il lui jeta, par manière de plaisanterie, sa perruque à la tête. Aussitôt toutes les voisines qui se trouvaient là, s'enfuirent effarées en criant : « *O Jesus, o Jesus, potz tausent! der herr hat sein kopf geschnidet ab* [3] ! »

La pauvreté relative de la noblesse alsacienne influe également sur son nombre. Car elle est, en effet, proportionnellement peu nombreuse. La plupart des fils cadets sont obligés de quitter le pays pour chercher fortune au dehors, dans les armées de l'Empire, celles des Provinces-Unies, de la Suède ou de la France, selon les époques et leurs affinités religieuses ou politiques, tandis que les filles qui ne trouvent pas à se marier, entrent dans quelque chapitre noble d'Alsace ou du reste de l'Allemagne. Ces jeunes gens, une fois partis, ne revenaient guère au foyer paternel, soit qu'ils aient semé leurs os sur les innombrables champs de bataille du XVII° siècle, soit qu'ils aient fait fortune à l'étranger[4]. Les aînés eux-mêmes se laissèrent parfois attirer au dehors par quelque brillante position militaire ou administrative et s'éloignèrent de l'Alsace, pour entrer au service de la maison d'Autriche ou de quelque autre

---

drale, observe qu'il y eut « un assez grand train de filles et de femmes nobles, toutes habillées à la française, qui honorèrent de leur présence l'exécution de ces pauvres condamnés ». (*Bijdragen en mededeelingen van het historisch Genootschaap te Utrecht*, 1894, p. 146.)

1. C'est Pélisson qui lors du voyage de Louis XIV en Alsace (1681) remarque, un des premiers, dans ses lettres à Mme Deshoulières que « *la plupart* des hommes s'y habillent à la française ». — Le *Mémoire* de 1702 confirme la métamorphose ; « la noblesse s'habille à la françoise ; si elle n'était pas si pauvre, elle aimeroit assez à paroistre ». (Fol. 6.)

2. *Mémoires de deux voyages*, p. 184.

3. *Ibid.*, p. 186. (« O Jésus, Jésus! Mille bombes! Le monsieur a coupé sa propre tête! »)

4. Il est une remarque qui s'impose cependant à tous ceux qui parcourent les notices généalogiques de la noblesse alsacienne de ce temps; c'est le petit nombre de ceux qui sont parvenus à une position un peu exceptionnelle au dehors; que de braves et vaillants soldats morts capitaines ou lieutenants-colonels pour un général comme Annibal de Schauenbourg, ou comme Jean-Henri de Reinach, le défenseur de Brisach (1638), ou pour un haut fonctionnaire de cour, comme Gérard de Mullenheim, le grand-veneur du roi de Pologne!

prince allemand. Puis, de tous les jeunes seigneurs qui partent pour
« le grand tour d'Europe », il en est plusieurs qui ne rentrent jamais, enlevés en route par la maladie, ou dépêchés en terre étrangère par le coup d'épée d'un rival jaloux[1]. On attachait alors une
importance capitale à ces « études mondaines », à ce « tour du parfait cavalier », du moins dans la seconde moitié du siècle, témoin ce
curieux passage de l'auteur des *Mémoires de deux voyages en Alsace:*
« Lorsque ces jeunes gens, dit-il, partent de leur païs, on peut dire
que ce ne sont que de belles statues; ils paraissent décontenancés
comme s'ils ne savaient où mettre leurs bras. Mais quand ils ont
roulé quatre ou cinq ans dans les cours étrangères, et surtout en
France, où ils apprennent d'ordinaire leurs exercices, comme ils
sont la plupart grands et bien faits, leur corps étant dressé par d'habiles maîtres à la danse, aux armes, et à monter à cheval, et leur
esprit orné de la connaissance des langues..... ce sont des hommes
accomplis. » Quelque bonnes qualités qu'ait un gentilhomme qui
n'a pas vu le monde, « on dira toujours de lui : « Quel dommage que
ce gentilhomme n'ait pas été à Paris ! » C'est pourquoi « les pères
de famille les moins accomodés mettent chaque année quelque
somme en réserve pour fournir aux frais de voïage de leurs enfants,
afin qu'ils le fassent d'une façon utile et honorable[2]. »

Naturellement, tout le monde n'était point unanime pour approuver
cette façon d'éduquer la jeune noblesse, et bien des auteurs patriotes signalent la dépravation des mœurs et la déformation du langage résultant de ces longs séjours à l'étranger[3], mais leurs critiques
amères ne pouvaient rien contre l'entraînement général et le goût
du jour.

En dehors de ce déchet naturel, si je puis m'exprimer ainsi, il semblerait que le XVIe et le XVIIe siècle aient été pour la noblesse d'Al-

1. On peut trouver le récit très vivant, et pris assurément sur nature, des
dangers de pareils voyages « d'éducation sentimentale» dans les chapitres
du *Simplicissimus* qui racontent les aventures du « Bel Allemand » à Paris.
Grimmelshausen, *Simplicianische Schriften*, éd. Kurtz, I, p. 367 suiv.
2. *Mémoires de deux voyages*, p. 180. Nous aurons à revenir sur ces
voyages d'études, au chapitre des Universités.
3. Autrefois, dit l'auteur d'un ouvrage intitulé *Teutscher Sprache Ehrenkrantz*, imprimé à Strasbourg en 1644, « autrefois nos gentilshommes allemands
appuyaient leurs discours de tels mots (il cite une demi-douzaine de jurons
teutoniques); maintenant on n'entend plus que des *par ma foy, Ventre-Dieu, Corbleu, morbleu, sambieu, morgoy*, etc... En buvant, ils ne disent
pas : Dieu vous en fasse profiter ! mais : *bon prou face, monsieur, à la santé
de votre maitresse, à toy camarade, fay moy raison*, etc. » (*Ehrenkrantz*,
p. 106.) Qui ne connait les lamentations de Moscherosch, au chapitre *A la
mode Kehrauss*, dans ses *Visions de Philandre de Sittenwaldt?*

sace un « grand climatérique » à franchir. Est-ce le bouleversement économique amené par la découverte du Nouveau-Monde, est-ce le bouleversement des idées produit par la Renaissance et la Réforme qui ont agi le plus vivement dans ce dépérissement marqué de l'aristocratie du moyen âge ? Je ne sais, mais le fait lui-même est incontestable. Pour s'en assurer on n'a qu'à parcourir les listes données vers la fin du XVIe siècle par Bernard Hertzog dans sa *Chronique d'Alsace*[1], ou la nomenclature des familles éteintes dans la première moitié du siècle suivant, dans la *Topographie* dite de Mérian[2], ou bien enfin les volumes de l'*Alsace noble* de M. Lehr[3]. Vers la fin de la période qui nous occupe, les vieilles races nobiliaires sont bien décimées et remplacées soit par des familles d'origine étrangère, soit par d'autres de noblesse parfois très récente, qui ne figurèrent jamais à la matricule de la Noblesse immédiate et dont plusieurs auraient eu peut-être beaucoup de peine à faire leurs preuves avant la Révolution[4].

Assez pauvres pour la plupart[5], ces familles nobiliaires vécurent, encore bien plus que les familles princières, loin des villes, dans leurs modestes châteaux, pendant la majeure partie du XVIIe siècle. Ce n'étaient plus les castels du moyen âge et moins encore les villas élégantes de l'aristocratie contemporaine. Certaines de ces résidences ont conservé longtemps, quelques-unes même jusqu'à ce jour, l'aspect qu'elles pouvaient avoir déjà aux temps de Louis XIV et de Léopold Ier. Moitié fortins et moitié maisons de plaisance, ces demeures étaient entourées de fossés plus ou moins profonds, parfois desséchés, parfois aussi remplis d'eau et où des carpes centenaires menaient une vie contemplative, au pied des vieilles murailles ; massives à leur base, elles étaient percées seulement de quelques fenêtres étroites et flanquées d'une ou plusieurs tours ou tourelles, avec un donjon particulièrement solide, qui protégeait le chartrier féodal, et pouvait servir de point de ralliemen

---

1. *Edelsasser Chronick*, livre VI, p. 151-231 : *Von abgestorbenen adenlichen Geschlechtern*.
2. *Topographia Alsatiæ*, éd. 1663, fol. V[a].
3. *L'Alsace noble et le Livre d'or du patriciat de Strasbourg*, Paris, Strasbourg et Nancy, Berger-Levrault, 1870, 3 vol. folio.
4. C'est au XVIIIe siècle seulement que la vieille noblesse alsacienne, envahie par la noblesse de robe et les roturiers anoblis, réclama du Gouvernement français la confirmation de son titre de baron du Saint-Empire ; auparavant elle n'avait attaché que peu d'importance au *titre*, veillant avant tout à la pureté de la *race*.
5. Voy. ce que nous avons dit à ce sujet dans le chapitre sur les possessions territoriales de la noblesse immédiate, vol. I, p. 526.

ou de refuge suprême contre une surprise de partisans pillards, sinon contre des forces régulières. Les étages supérieurs avaient un cachet moins exclusivement militaire, mais ne pouvaient guère passer pour des chefs-d'œuvre d'architecture, et le moindre millionnaire moderne dédaignerait ces demeures modestes qui abritaient, il y a deux siècles, les plus illustres familles de la province[1].

Les possesseurs de ces manoirs y coulaient, semble-t-il, une existence assez douce, mais passablement insignifiante. Ils chassaient, — c'était la distraction dominante, — ils allaient à la pêche[2], ils s'offraient les uns aux autres de succulents festins et y vidaient de nombreux hanaps, *Wilkomm-becher* ou *vidrecomes*. Ils charmaient leurs nombreux loisirs en réglant les comptes, souvent fort embrouillés, du bailli du village, ils administraient la justice à leurs sujets, jusqu'au moment où Louis XIV défendit à ces « législateurs-nés », ignorant d'ordinaire les principes du droit, de disposer de l'argent et de la vie d'autrui[3]. Les bons seigneurs s'intéressaient au sort de leurs paysans, essayaient de relever leur niveau intellectuel et moral, en inspectant l'enseignement scolaire et en surveillant l'école du dimanche, en créant même des espèces de cours d'adultes, en exhortant le curé ou le pasteur à veiller avec soin à la conduite de leurs ouailles[4]. Les mauvais ne se préoccupaient guère de choses pareilles; ils ne songeaient qu'à leurs plaisirs et peut-être même abusaient-ils trop souvent de leur puissance sei-

---

1. On trouvera soit dans les planches de l'*Alsace noble* de M. Ernest Lehr, soit dans celles du volume de Mme Valérie Kastner, *Demeures amies en Alsace* (Strasbourg, Le Roux, 1895), des vues de plusieurs de ces châteaux d'Alsace qui remontent au XVIIe et même au XVIe siècle : celui de Jungholtz appartenant aux Schauenbourg, celui de Schoppenwihr, aux Berckheim, tous deux dans la Haute-Alsace; ceux de Grunstein, d'Ittenwiller, d'Ostheim, dans la Basse-Alsace ; on peut y joindre encore celui d'Orschwihr, près Soultz. (Rothmüller, *Musée*, planche 93.)
2. Pour la chasse et la pêche, l'importance économique de la matière nous engage à leur consacrer un chapitre spécial, faisant suite à celui-ci.
3. De quelle nature était parfois cette justice, on peut s'en rendre compte entre autres, par la lecture d'une requête adressée par vingt-quatre paysans de Sundhausen au duc Léopold-Frédéric de Montbéliard, contre leur seigneur immédiat, M. de Wangen, en 1659. Non seulement il s'est approprié une partie de leurs terres, il leur retient la cloche de l'église, il ne fait dresser aucun compte des recettes et dépenses de la communauté, mais il leur a fait même défense, sous peine de deux ducats d'amende, de porter plainte au duc de sa conduite et de celle de ses employés. (A.H.A., E. 80.)
4. On peut voir dans l'oraison funèbre de l'ammeistre François Reisseissen, prononcée en 1710 par le pasteur de Furdenheim, tout ce qu'un petit seigneur de village (Reisseissen était co-propriétaire de Furdenheim) pouvait faire sous ce rapport, s'il prenait ses devoirs au sérieux. (*Aufzeichnungen*, p. 11 et 17.)

gneuriale pour séduire leurs sujettes et pour tyranniser leurs sujets[1]. Ils vivaient aussi parfois fort mal avec le clergé local qu'ils auraient dû soutenir, surtout quand celui-ci se permettait de censurer leurs écarts de conduite[2].

La vie intellectuelle ne semble pas avoir été fort intense dans ces sphères de la société d'alors. Les documents nous manquent pour établir si l'on lisait beaucoup dans ces châteaux, pour charmer les longs loisirs des soirées d'hiver, et ce qu'on pouvait bien y lire en dehors des gazettes hebdomadaires ou des recueils de sermons. Toujours est-il que je n'ai jamais rencontré de témoignage contemporain me permettant d'affirmer pour l'Alsace l'existence de bibliothèques particulières un peu considérables, en dehors de celles des savants et des ministres des deux cultes. Alors qu'on met encore parfois aujourd'hui en vente de très belles collections de livres provenant de châteaux de Silésie, de Bavière ou de Westphalie, et qui remontent visiblement à trois siècles en arrière, rien de pareil ne semble avoir été tenté par la noblesse de notre province. En dehors de la bibliothèque des Ribeaupierre, déjà citée, nous n'en connaissons aucune autre ; faut-il croire que les collections antérieures ont été détruites par la guerre de Trente Ans, et que d'autres, créées plus tard, ont disparu dans la tourmente révolutionnaire sans laisser de trace ? Nous sommes plutôt tenté d'admettre qu'elles n'ont jamais existé, et que, durant le XVIIᵉ siècle tout au moins, d'autres poursuites avaient plus de charme aux yeux de la noblesse alsacienne que celle des lettres et des arts. On ne voit pas que cette société, essentiellement rurale pendant la majeure partie du siècle, ait jamais vécu en un contact un peu suivi avec les esprits d'élite, poètes ou penseurs, de l'une ou l'autre des deux sphères littéraires, allemande ou française, qui étaient à sa portée, et je crains bien que les noms d'Opitz et de Corneille, de Descartes et de Leibnitz n'aient jamais eu de signification bien précise pour bon nombre d'entre ses membres.

1. A quels stupides passe-temps se livraient certains de ces personnages, c'est ce que nous montre l'exemple de M. de Botzheim dans son village d'Illkirch ; il faisait avaler des chandelles, assaisonnées de sel, aux enfants de ses sujets et n'avait pas même l'honnêteté vulgaire de leur donner l'argent qu'il leur avait promis pour accomplir ce haut fait. (Cf. Dannhauer, *Bericht über die Kirchen und Schulvisitation*, 1663, chez F. Horning. Dannhauer, p. 236.)

2. Nous citerons l'exemple du sire de Landsperg, co-propriétaire du village de Lingolsheim, qui, en 1613, maltraita indignement le pasteur Pierre Rumelius et menaça même de l'assommer, puisqu'il s'était permis de faire quelques observations sur la conduite peu décente du seigneur. Le Convent ecclésiastique dut intervenir pour faire protéger le collègue ainsi menacé. (*Acta conventus ecclesiastici*, extraits de T. G. Rœhrich.)

Mais si elle était intellectuellement bornée, plus bornée dans ses horizons que la bourgeoisie des villes, si elle semble avoir vécu un peu terre à terre, si même les superstitions vulgaires paraissent avoir trouvé chez elle un terrain propice[1], cette noblesse alsacienne mérite aussi qu'on signale la pureté de ses mœurs. Assurément, il y eut quelques exceptions scandaleuses[2]; mais la réputation de vertu des femmes est établie, pour autant que ces choses peuvent s'établir, non seulement par le témoignage de leurs oraisons funèbres, mais par l'émoi même que produisent autour d'elles les rares exceptions, signalées par les chroniqueurs du temps. Les « belles et grandes dames » de la cour de France ou d'Angleterre n'eurent guère d'émules dans les rangs de ces femmes d'Alsace qui sortaient peu de leurs terres et voyaient peu le monde, présidant patriarcalement aux soins de leur ménage, tandis que pères, maris ou fils servaient dans les armées de l'Empereur ou du Roi. Les grandes passions leur étaient inconnues et la crainte de détruire la belle symétrie de leurs arbres généalogiques empêchait également les mésalliances[3]. On se mariait entre soi, catholiques et luthériens, chacun dans sa sphère; ce n'est que vers la fin du siècle, et dans des cas assez rares, qu'on voit des conversions s'opérer en vue d'un mariage, et des demoiselles nobles luthériennes abjurer pour trouver un mari[4]. Généralement,

1. Cet élément superstitieux se rencontre assez souvent dans les récits du temps. L'un des plus curieux en ce genre est celui de la fin du dernier des Bollwiller, mort en 1639, telle qu'elle est racontée par le P. Malachie Tschamser, dans les *Annales de Thann*, II, p. 482.
2. Les procès-verbaux du Magistrat de Strasbourg (XXI, 18 janvier 1614) ont conservé le souvenir de la faute de la jeune Cléophé de Rathsamhausen, séduite par le secrétaire intime de son père; ayant eu la malencontreuse idée de venir accoucher à Strasbourg, le Magistrat la frappa de 200 florins d'amende. Le sire Jean-Gaspard de Rathsamhausen trouva que la punition était trop forte et demanda un rabais, sous prétexte que la faute n'avait pas été commise sur le territoire de la République. Après de longues négociations, il obtint une réduction de cent florins. — Une autre dame de la vieille noblesse, que nous ne nommerons pas, puisque la famille existe encore, fut arrêtée à Strasbourg en 1668, pour infanticide après adultère notoire, commis avec un gentilhomme italien à Dourlach. Condamnée à mort, puis graciée, elle récidive en 1685: elle allait être exécutée sans doute, quand Louvois intervient, défend de publier la procédure et la fait condamner seulement à la réclusion perpétuelle dans la maison paternelle. (Archives municipales, F.F. 1.)
3. Les mésalliances sont fort rares; je n'en connais guère qu'une seule, encore date-t-elle de la fin du XVIe siècle. La veuve d'un gentilhomme de la Basse-Alsace, Jean Stumpf de Simmern, épouse en 1575 le valet de son mari; mais elle garde son nom et le nouveau *consort* reste dans les registres paroissiaux « le Jean de Mme Stumpf » (*Der Stumpffin Hanss*).
4. C'est ainsi que le registre paroissial de la communauté de Berstett porte, à la date de février 1691 : « *Ist fraeuleim Esther Veronica von Berstett umb Juncker Philipp Wilhelm Bechtold von Mittelhausen, pontificiae religio-*

on trouvait compagne ou compagnon d'existence sans sortir de la province ; aussi la plupart des familles nobles plus anciennes étaient assez étroitement alliées l'une à l'autre, la surveillance réciproque était plus facile, l'esprit de corps venait en aide aux préceptes de la morale et de la foi religieuse[1].

Une autre constatation, toute à l'honneur de la noblesse alsacienne de ce temps, c'est qu'elle n'a point sacrifié, dans une mesure sensible, à la manie du duel qui a fait d'innombrables victimes au XVIIe siècle. Elle était cependant d'une bravoure reconnue et ses représentants se trouvaient alors presque tous, plus ou moins longtemps, au service. Cela ne veut pas dire, évidemment, que jamais gentilhomme alsacien n'a vidé des affaires d'honneur ou prétendues telles, l'épée ou le pistolet à la main ; mais on est frappé du nombre relativement insignifiant de faits analogues, enregistré par les chroniques contemporaines, qui, semblables aux *reporters* de notre presse quotidienne, prenaient soigneusement note, en ce temps, de chaque incident de ce genre. La plupart des cas de duel, mentionnés dans nos sources, ne sont pas du fait des habitants du pays, mais d'étrangers de passage, gentilshommes, étudiants ou soldats [2]. Il est vrai que les lois contre les duels étaient sévères ; à Strasbourg, par exemple, l'ordonnance du Magistrat, du 9 février 1650, renouvelant celles de 1609 et de 1628, frappe d'une amende de 200 thalers toute provocation à un combat singulier, ordonne l'emprisonnement jusqu'à payement de l'amende et, s'il y a mort d'homme, punit le vainqueur comme homicide [3].

Après la capitulation de Strasbourg, les officiers de la garnison française sont à peu près les seuls que nous voyons encore tirer

---

nis, catholisch geworden. » (Bresch, *Aus der Vergangenheit*, p. 97.) Nous rappelons que les mariages mixtes et la conversion des catholiques au luthéranisme étaient sévèrement défendus par édits royaux et que la réciproque était donc impossible.

1. La comtesse Marie-Juliane de Linange épousait en 1662 au château de Rauschenbourg, le sire Ernest-Louis Roeder de Dierspurg, qui avait su, depuis plusieurs mois, se mettre en possession de ses charmes. Ses parents vinrent assister à la noce, mais dès le lendemain, elle dut quitter le pays avec son époux. (Letz, *Ingweiler*, p. 28.)

2. Un des plus singuliers duels dont les chroniques strasbourgeoises aient conservé le souvenir est celui qui eut lieu en 1644 entre le capitaine de Pless et le jeune Antoine de Lutzelbourg. Celui-ci se tenait à la fenêtre de son logis, dans la rue Sainte-Madeleine, le pistolet à la main ; Pless, à cheval, dans la rue, armé de même. Le capitaine fut tué. (Reuss, *Justice criminelle*, p. 162.)

3. A. Erichson, *Das Duell im alten Strassburg*, Strassb., 1897, 8°, *passim*. L'auteur a réuni dans ce travail tous les documents rencontrés dans les dépôts publics sur la matière, et nous renvoyons pour tous les détails à sa substantielle étude.

l'épée, et leurs duels sont toujours entre camarades. Soustraits à la juridiction du Magistrat de la ville libre royale, ils vaquaient à leurs petites querelles, sans que celui-ci pût les en empêcher[1]. Quant aux membres du patriciat urbain, même s'ils portaient l'uniforme, ils se querellaient bien parfois et même en venaient aux coups, mais la crainte des justes lois et les sévérités de l'opinion publique les empêchaient toujours d'en appeler aux armes[2].

La plupart des membres de la noblesse alsacienne, de même qu'ils vivaient aux champs, ont désiré y mourir ou du moins y reposer après leur mort. Aussi sont-ils généralement enterrés au XVIIe siècle, soit dans la chapelle de leur château, s'il en existe, soit dans l'église de leur village. Là, dans le chœur[3], parfois aussi dans la nef, on voit encore dans quelques-uns des édifices religieux de nos campagnes, se dresser au mur la simple dalle qui porte leurs armoiries, un court éloge funèbre latin ou bien un verset biblique. Les membres du patriciat urbain eux-mêmes, qui possédaient quelque terre seigneuriale, préféraient y chercher leur sépulture, assurés d'un lendemain pour leurs cendres, alors que dans les grandes villes, les mœurs très puritaines sous ce rapport, défendaient tout monument funèbre au cimetière. Cependant quand un membre de la noblesse, surtout étrangère, mourait à Strasbourg, il y avait toujours grande affluence de tout le monde officiel, et les musiques funèbres, les carrosses drapés de noir, les chants des étudiants dans leurs longs manteaux de deuil, les banquets solennels dressés, après la cérémonie religieuse, au poêle du *Miroir*, attiraient les badauds et fournissaient un sujet de conversation inépuisable aux commères bourgeoises, qui voyaient rarement se déployer pareille pompe funèbre[4].

Nous avons dit plus haut que la plupart des nobles alsaciens por-

1. La procédure contre ces duels militaires était instruite à Strasbourg, mais par un délégué du Conseil souverain de Colmar. On en trouve une liste assez complète dans les *Notes d'arrêt du Conseil souverain* (Colmar, 1742), p. 373-375.
2. On trouvera des exemples topiques de ces querelles peu chevaleresques, racontés d'une façon bien solennelle (et bien amusante) par le bon ammeistre Reisseissen dans son *Mémorial*, p. 112, et ses *Notes*, p. 71.
3. C'était là, primitivement, la place obligée de toutes les tombes seigneuriales. Quand par ordre de Louis XIV, entre 1680 et 1690, tant d'églises protestantes furent changées en églises *mixtes*, le clergé catholique prétendit éloigner les tombes de tous les seigneurs *protestants* du chœur de leur propre église et, comme on le verra dans le chapitre relatif au culte, il déposséda, parfois de la façon la plus violente et sans respect pour les morts, la famille du seigneur de sa place accoutumée.
4. Reisseissen nous a laissé (*Aufzeichnungen*, p. 115) une description très détaillée d'une cérémonie funèbre de ce genre, en décrivant les obsèques du

taient les armes au XVIIᵉ siècle, les uns pendant toute leur vie, les autres pendant quelques années seulement, et moins par vocation profonde que pour obéir à une tradition de famille ou à un préjugé de caste. Ils servaient dans la première moitié du siècle selon leurs affinités politiques et religieuses dans l'un ou l'autre camp, soit l'Empereur ou la Ligue catholique, soit l'Union évangélique, le roi de Suède ou le duc de Weimar. La signature du traité de Westphalie ne les amena pas tous immédiatement sous les drapeaux du roi de France; longtemps encore nous voyons certains d'entre eux préférer le service des Habsbourgs[1]; d'autres flottent indécis, passent des armées de France aux armées du Saint Empire, sous l'influence de sentiments qui ne sont pas exclusivement politiques[2]; d'autres enfin semblent s'être enfermés dans une intransigeance absolue vis-à-vis du régime nouveau[3]. Mais ce furent des exceptions très rares en tout cas, et l'on peut affirmer, je crois, sans crainte de se tromper, qu'au point de vue politique, la presque totalité de la noblesse alsacienne, en 1700, était sincèrement ralliée à la France[4], et que beau-

comte Innocent Sigefroi de Luttichau, chambellan de l'électeur de Saxe, qui eurent lieu à l'église Saint-Thomas, le 26 novembre 1676.

1. Ichtersheim (*Topographie*, I, p. 71-72) a dressé une liste, assez incomplète sans doute, d'Alsaciens, au service civil et militaire de l'Empire, durant la seconde moitié du XVIIᵉ siècle.

2. On peut citer comme un exemple bien curieux de ce genre la carrière du comte Philippe-Louis de Linange-Westerbourg, né en 1652. Né luthérien, il se convertit pour épouser la belle Gabrielle de Ruzé, dont le père était gouverneur de Haguenau, entra dans l'armée française, puis, devenu veuf, il se refit protestant, se mit au service de la maison d'Autriche et fut tué comme lieutenant-feld-maréchal à la bataille de Cassano (1705) par une balle française. Son fils, le comte Jean-Charles, resta capitaine français. (Brinckmeier, *Genealogische Geschichte des Hauses Leiningen*, Braunschweig, 1891, I, p. 185-188.)

3. M. l'abbé Ingold, dans la seconde série de ses intéressants *Miscellanea alsatica* (Paris, Picard, 1895, p. 117), nous a conservé le témoignage d'un représentant de cette foi exclusive à l'ancien état des choses, dans un fragment autobiographique de la dernière d'Andlau-Wittenheim, morte abbesse à Fribourg-en-Brisgau. Elle y dit : « Les d'Andlau de Wittenheim restèrent attachés aux empereurs d'Allemagne. Se renfermant dans leur fidélité, ils renoncèrent à toute fonction publique; ils se renfermèrent à Wittenheim et à Ensisheim, partageant du fond de leur âme la haine profonde de la plupart des Alsaciens pour ce qu'ils appelaient les parvenus français... à la tête desquels étaient, bien entendu, Louis XIV et son ministre Louvois. Ces sentiments de répulsion furent inculqués à mon grand-père dès sa jeunesse. Ce ne fut qu'après le mariage de l'archiduchesse Marie-Antoinette qu'il permit à ses fils d'entrer au service de la France. »

4. Nous voyons cependant qu'au temps de la guerre d'Espagne, en 1702, on procède à la confiscation des biens d'un certain nombre d'Alsaciens, hostiles à la France et réfugiés en Allemagne, un Zorn de Plobsheim, un baron de Hostein, un sieur Barth, un sieur Matern, un baron de Schœnau, etc. (Archives municipales de Strasbourg, A.A. 2248.)

coup la servaient déjà de très bon cœur, soit dans les régiments de milice provinciale, soit dans les régiments étrangers au service du roi[1]. Le mouvement s'accentua de plus en plus au siècle suivant et vers 1750 la jeune noblesse d'Alsace faisait presque tout entière son apprentissage professionnel, pour quelques années au moins, sous les drapeaux fleur-de-lisés de la maison de Bourbon.

1. Voy. l'ouvrage de M. Ganier sur les régiments et milices d'Alsace, déjà cité au tome I, livre III, chapitre IV, *Organisation militaire*.

CHAPITRE TROISIÈME

Chasse et Pêche au XVIIe siècle[1]

De tout temps la chasse fut le passe-temps favori de la noblesse allemande, et le plaisir de poursuivre le gibier à travers les forêts de la montagne et de la plaine était fort goûté, dès le moyen âge, par les habitants des châteaux d'Alsace. Mais la seconde moitié du XVIe siècle et surtout les vingt premières années du XVIIe semblent avoir été la période la plus brillante pour les amateurs d'exploits cynégétiques dans les Vosges et la vallée du Rhin. Devenue presque exclusivement l'apanage de la noblesse ou des hauts fonctionnaires, la chasse est regardée comme la distraction aristocratique par excellence et c'est affirmer sa supériorité sociale que de l'exercer avec éclat. Les armes à feu perfectionnées, qui commencent à être en usage[2], facilitent l'abatage des fauves en diminuant les dangers d'une lutte corps à corps, et substituent aux éreintements de la chasse à courre les plaisirs moins fatigants de l'affût. Et cependant l'existence des vastes forêts sur les bords du grand fleuve, celle des nombreuses vallées presque solitaires encore de la chaîne des Vosges, permet à ces hôtes des bois de se reposer des poursuites de leurs persécuteurs, de se multiplier en paix et de leur fournir de la sorte de nouvelles victimes.

La guerre de Trente Ans vint changer cet état de choses. « Elle ruina la chasse en Alsace, comme elle ruina l'agriculture, les forêts et la noblesse elle-même. La misère publique, les aventuriers, les soldats, le braconnage, l'anarchie avaient épuisé toutes les espèces animales qui ont besoin de la protection de l'homme, et n'avaient laissé debout que les espèces carnassières et nuisibles. A aucune époque on ne vit plus d'animaux sauvages et moins de gibier. Les chasseurs contemporains du traité de Westphalie pouvaient tirer

---

1. Ce chapitre aurait pu peut-être se fondre avec le précédent, mais il en aurait quelque peu détruit les proportions et le sujet m'a semblé assez intéressant en lui-même pour le traiter un peu plus en détail; encore qu'il n'y ait pas seulement eu des nobles parmi les chasseurs d'Alsace, c'étaient eux pourtant qui prenaient la plus large place parmi les disciples de saint Hubert.

2. Le fusil à briquet (*Feuersteinschloss*) n'a été inventé, dit-on, qu'en 1630. (Kahl, *Forstgeschichtliche Skizzen*, p. 61.)

dix renards avant de rencontrer un lièvre, et ils n'atteignaient un chevreuil qu'après avoir abattu une demi-douzaine de loups[1]. »

Cette situation s'améliore quelque peu quand une fois l'autorité royale est solidement établie en Alsace. Louis XIV y soumet partout l'exercice de la chasse aux prescriptions générales de l'Édit de 1669, qui en restreint l'usage aux gentilshommes et à certains personnages privilégiés en raison de leurs fonctions publiques. Il autorise les gouverneurs militaires des villes et forteresses de la province à se livrer à cette distraction, dans le rayon d'une lieue autour de la place qu'ils commandent. Quant aux chasses dans les grandes forêts domaniales, il les amodie aux gouverneurs et commandants généraux de la province, au baron de Montclar, au maréchal d'Huxelles, etc. Ceux-ci tirent finance de ce privilège général, en y concédant des permis de chasse aux nobles qui ne possèdent pas ou ne possèdent plus de terres propres où ils puissent se livrer avec fruit à leur exercice favori. Il se reforme ainsi lentement des catégories de gibier, plus précieuses pour le chasseur gastronome que les troupes de carnassiers, qui par moments avaient envahi jusqu'au plat pays, vers le milieu du siècle et, bien plus rapidement encore, les loups, les ours, les chats sauvages disparaissent du territoire, sauf dans quelques recoins escarpés des Vosges.

Il est vrai que les guerrres du Palatinat ramenèrent momentanément, au moins pour la Basse-Alsace, une situation presque aussi fâcheuse que celle de 1650. En 1700, M. de Vorstedt, le contrôleur du duc de Mazarin, grand-bailli de Haguenau, se plaignait amèrement de ce que, malgré l'organisation de la maîtrise des eaux et forêts, la Forêt-Sainte restait sans surveillance. « Autrefois, dit-il, cerfs, chevreuils et sangliers y pullulaient ; à l'heure qu'il est, *depuis huit mois*, les gardes de M. de Mazarin n'ont pas réussi à tirer *un seul* sanglier[2]. »

Nul ne paraît avoir dépassé, dans le premier tiers du XVIIe siècle, les archiducs d'Autriche, comme grands chasseurs devant l'Éternel. Dans les immenses forêts du Sundgau, de la Hardt et de Haguenau, ils avaient, il est vrai, des réserves de gibier formidables, et ils entretenaient un équipage de chasse des plus somptueux[3]. L'archi-

---

1. Ch. Gérard, *Faune historique de l'Alsace*, p. 255.
2. Ney, *Der heilige Forst*, II, p. 87.
3. On trouverait sur cette matière de nombreux documents aux Archives de la Haute-Alsace, par exemple sur les chasses des archiducs à Belfort et Ensisheim en 1623 (A.H.A., C. 16), sur leur équipage de chasse de la Hardt et son entretien, en 1627 (A.H.A., C. 784.)

duc Léopold en particulier, évêque de Strasbourg jusqu'en 1625 et gouverneur général des territoires de l'Autriche antérieure, dépensait des sommes considérables pour les gages de ses gardes forestiers et de ses piqueurs et pour l'entretien de sa meute splendide au château d'Ensisheim [1]. Dans la forêt du *Judenhut*, près de Murbach, l'archiduc avait également un rendez-vous de chasse, où il allait guetter les coqs de bruyère et se mettre à l'affût des cerfs, au temps de leurs amours [2]. Plus tard, dans la seconde moitié du siècle, les meutes de l'évêque Léopold-Guillaume étaient tenues au Münchhof, grande maison forestière près de Molsheim, au centre d'un district abondant en sangliers [3].

Les chanoines-comtes du Grand-Chapitre n'étaient pas moins friands de ce noble exercice. Il s'y livraient dans les vastes forêts autour d'Erstein, car c'était dans cette petite ville qu'ils avaient leur *Lustwohnung* ou résidence d'été [4]. L'un d'entre eux, un comte de Wied, paya même de sa vie sa passion pour la chasse ; on le découvrit un jour dans la forêt de Guémar, la tête percée d'une balle qui l'avait frappé par derrière, et l'on ne sut jamais comment il avait trouvé la mort [5].

Quant aux seigneurs laïques, il est bien inutile d'affirmer qu'ils étaient, eux aussi, de fervents disciples de saint Hubert. Les sires de Ribeaupierre montaient chaque année dans leurs vastes domaines des Hautes-Vosges pour y tirer le coq de bruyère et les misères de la guerre de Trente Ans ne les détournaient pas toujours de ce plaisir coûteux [6] ; ils chassaient en outre plus modestement le castor et le canard sauvage, dans les couverts et les marécages de l'*Illwald*. Souvent ces nobles chasseurs se prenaient de querelle avec leurs voisins non moins ardents pour la défense de leurs droits respectifs, passablement embrouillés parfois [7].

1. On l'y entretenait encore durant la terrible famine de 1636. Alors que les hommes mouraient par centaines en Alsace, nous voyons la Chambre des comptes d'Ensisheim requérir des livraisons de grains pour la nourriture de ces animaux de luxe. (Voy. les comptes du garde-chenil, Paul Straub, A.H.A., C. 698, 699.)
2. Ichtersheim, II, p. 35.
3. *Ibid.*, I, p. 29.
4. *Ibid.*, I, p. 49.
5. *Ibid.*, II, p. 14. La *Topographie* fut publiée en 1710 et l'auteur dit que le fait s'est passé il y a un peu plus de quarante ans.
6. Voy. sur les chasses d'Éverard de Ribeaupierre au Hohnack en 1612, 1614, 1621, 1631, les archives de la Haute-Alsace. (E. 1587, 1588, 1590, 1591.)
7. On peut citer comme exemple le ban du Büchelberg, au comté de la Petite-Pierre, où le droit de chasse appartenait, par tiers, à l'évêque de

Les grandes chasses annuelles de plaine, dans la Haute-Alsace, étaient surtout dirigées contre les sangliers, qui y pullulaient alors et abîmaient les récoltes. Le *Landvogt* y convoquait au nom de l'archiduc les membres de la noblesse médiate et ceux des différents corps administratifs, conseillers, juges et secrétaires. On peut voir encore aux archives de Colmar les circulaires au bas desquelles ceux de ces graves jurisconsultes qui voulaient participer aux émotions d'une *Schweinhatz* étaient invités à apposer leur signature. Ce n'était pas d'ailleurs un plaisir sans alliage, car en y mettant leur griffe, ils s'engageaient à supporter eux-mêmes une partie des frais de ces battues[1]. L'archiduc autorisait le premier venu à détruire les ours et les loups, mais il avait expressément réservé les sangliers à ses plaisirs princiers[2]. Aussi ces grandes traques fournissaient-elles des résultats matériels appréciables; en 1627, on abattit en une chasse plus de six cents sangliers; le gibier dut être bon marché à Ensisheim, ce jour-là[3]. Après la guerre de Trente Ans ces tueries colossales ne se répétèrent plus, semble-t-il; quand l'évêque François-Égon de Furstemberg offrit au dauphin la distraction d'une chasse avec ses chiens courants célèbres, aux environs de sa résidence de Saverne (octobre 1681), on ne put occire que six à sept de ces pachydermes, et encore la partie fut jugée très belle[4].

Ce qu'il y a de curieux, et de peu flatteur en même temps pour eux, c'est que la chasse vraiment dangereuse contre les ours et les loups ne semble pas avoir attiré du tout les grands seigneurs[5]. Ils l'abandonnaient volontiers aux bourgeois et même aux paysans, soit qu'ils la trouvassent trop fatigante, soit qu'elle leur parût trop exposer leurs personnes[6]. Les habitants du plat pays et surtout ceux

Strasbourg, au comte palatin, et au chapitre de Saint-Jean-des-Choux. (A.B.A., E. 272.) Il devait être bien difficile de s'entendre sur l'exercice de ce droit.
1. On partageait d'ordinaire ces frais de manière à ce que le représentant du prince payât un tiers, les membres de la Régence et de la Chambre des comptes couvrissent les deux autres tiers de la dépense. La battue de 1606, par exemple, coûta 234 livres 5 batz 8 deniers. (A.H.A., C. 801.)
2. Archives de la Haute-Alsace, C. 866. — En 1628, le procureur fiscal d'Ensisheim poursuivait le noble Ferrette de Karspach, pour avoir chassé le sanglier dans sa propre forêt. (A.H.A., C. 810.) Malheureusement le jugement n'est pas au dossier.
3. Ch. Gérard, *L'ancienne Alsace à table*, p. 7.
4. *Le Mercure Galant*, novembre 1681, p. 24.
5. Nous n'avons trouvé qu'une seule mention d'une chasse au loup, offerte en 1661 par le comte de Ribeaupierre au comte de Waldeck, dans la forêt de Benuwihr. (A.H.A., E. 2898.)
6. Lorsque les communautés du bailliage de Thann se plaignirent, le

qui demeuraient près des montagnes et qui tenaient à conserver leurs troupeaux intacts profitaient volontiers de l'autorisation qui leur était donnée d'abattre ces maraudeurs dangereux[1], d'autant plus qu'ils recevaient d'ordinaire une prime de la seigneurie, par tête de loup apportée au bailli. En 1654, on donnait à Sainte-Marie-aux-Mines (côté de Lorraine), une moyenne de deux francs par animal, et le chiffre était resté le même, soixante ans plus tard, en 1715[2]. De l'autre côté de la Liepvre, l'administration des Ribeaupierre accordait, en 1684, la somme, sensiblement plus grosse, de douze francs par pièce, sans qu'il nous soit possible d'expliquer une si grande différence dans une même localité[3]. L'heureux chasseur avait en outre-droit au pelage de la bête et retirait de plus un petit bénéfice de la vente des dents de l'animal aux orfèvres des villes[4].

Outre la chasse à courre, on pratiquait parfois aussi la chasse au filet, dans les plaines d'Alsace[5]. On dressait des haies et des palissades qui forçaient le gibier à se diriger sur les filets qui l'attendaient et on l'y abattait à coups de lance ou bien d'épieu. Parfois encore on le poussait vers de larges fosses couvertes de branchages, où il était facile de l'achever sans aucun danger[6]. Les grands

16 juillet 1629, des ravages faits dans leurs champs et leurs vignes par les sangliers, et du danger créé par les nombreux loups (le berger de Thann en avait compté jusqu'à *quinze* qui rôdaient autour de son troupeau), l'archiduc les autorisa à courir sus à ces derniers, mais leur défendit de toucher aux premiers. (A.H.A., C. 866.) Ces loups étant parfois enragés, il était très dangereux de les rencontrer et d'être assailli par eux. En 1663, deux habitants d'Ingwiller moururent des morsures d'un pareil animal (Letz, *Ingweiler*, p. 72), et le P. Tschamser nous conte l'histoire d'un autre loup enragé qui surgit de la vallée de Masevaux en 1672, et mordit une foule de personnes; elles commençaient à rire et ne cessaient qu'en mourant. (*Annales*, II, p. 622.)

1. Voy. la liasse des autorisations accordées par la Régence de Bouxwiller aux habitants de Brumath pour la chasse aux loups (1452-1712), aux archives de la Basse-Alsace. (E. 1760.)

2. C'était aussi le prix qu'on payait dans le comté de Hanau-Lichtenberg, à la même époque. A Balbronn, en 1713, le *Schussgeld* était d'un florin par bête. (Kiefer, *Balbronn*, p. 268.)

3. D. Bourgeois, Les loups dans le val de Liepvre au XVIe et au XVIIe siècle. (*Bulletin de la Société d'histoire naturelle de Colmar*, 1894, p. 75.)

4. La *Chronique de la Douane* de Colmar raconte, à la date de 1607, l'escroquerie commise par un nommé Jean Frœhlich et son fils qui vendirent à un orfèvre des dents de chien à la place de dents de loup, à raison de quatre batz (1 fr. 12 c.) par dent. (A. Waltz, *Chronik des Colmarer Kaufhauses*, Colmar, 1897, p. 27.)

5. Dans un compte des dépenses de chasse des sires de Ribeaupierre, datant du commencement du siècle, on mentionne *Siebenhundert verschiedene stück garn, strick und andere jagdstück*.

6. Kahl, *Forstgeschichtliche Skizzen*, p. 61.

seigneurs se payaient également le luxe de la chasse au faucon et de l'entretien d'un fauconnier[1]. On s'envoyait entre « bons frères et grands amis » des oiseaux de proie bien dressés[2]; mais ils paraissent avoir été rares, à en juger par la peine qu'on se donnait pour en ravoir les exemplaires perdus[3], et dans la seconde moitié du siècle on n'en entend plus parler.

Parmi le gibier d'eau, on mentionne encore assez fréquemment au XVIIe siècle le castor, soit qu'il habite les bords de l'Ill[4], soit qu'on le chasse sur les bords de la Thur[5]. Les chroniqueurs nous parlent même d'un flamant, tué dans la forêt de Haguenau[6] et d'un cygne abattu dans le Ried, près de Colmar[7], mais ce ne sont là, évidemment, que des rencontres fortuites de chasseurs favorisés par le sort. De toute cette catégorie, les canards sauvages sont les seuls qui paraissent en nombre; mais aussi guettait-on leur arrivée dans les vastes canardières, aménagées dans le voisinage des cours d'eau de l'Ill et du Rhin[8], et soigneusement surveillées par des gardes dressés à cette chasse spéciale[9], et, quand le moment était venu, on en faisait de formidables hécatombes[10].

Pour mieux protéger leur passe-temps favori, les seigneurs terriens avaient, on le pense bien, promulgué les règlements les plus sévères. Princes et magistrats continuaient au XVIIe siècle la lutte, entreprise dès le XVIe, pour la défense de cette prérogative si détestée des paysans. L'opinion de ces derniers n'avait pas changé davantage. Ils enrageaient de voir leurs semis endommagés et leurs récoltes plus que décimées par les cerfs, les sangliers et

---

1. MM. d'Erlach et de Tracy chassaient au faucon, dans les environs de Brisach. (Gonzenbach, III, p. 429.) En 1633, le comte de Ribeaupierre avait un fauconnier, Jean Ploschel, aux gages de trente florins par an. (A.H.A., E.1223.)
2. C'est ainsi que le margrave Frédéric de Bade en faisait parvenir un couple à Éverard de Ribeaupierre, le 25 octobre 1616. (A.H.A., E. 723.)
3. L'archiduc Léopold ayant perdu l'un des siens pendant une chasse, fit circuler partout un ordre urgent pour qu'on s'emparât du fugitif et qu'on l'envoyât à Rouffach. (A.H.A., C. 801.)
4. On en signale en 1628 dans l'Ill, à Illhæusern. (A.H.A., E. 1219.)
5. En 1645, on en prit trois à la fois, dans la Thur, dont l'un pesait cinquante livres. (Chronik des Colmarer Kaufhauses, p. 44.)
6. Archives de la Basse-Alsace, C. 87.
7. Chronik des Colmarer Kaufhauses, p. 50.
8. Les plus connues étaient celles de Guémar, l'Entenfang près de Strasbourg, etc.
9. Archives de la Haute-Alsace, E. 1185.
10. Nous ne pouvons citer de chiffres précis pour le XVIIe siècle, mais ils devaient plutôt dépasser encore ceux du XVIIIe, et nous voyons par un compte administratif que d'octobre 1771 à avril 1772 on a pris 6,619 volatiles dans la canardière de Guémar. (A.H.A., E. 1169.)

les chevreuils, et de ne pouvoir au moins se saisir en revanche d'un bon rôti pour le jour du repos. Ce fut un des grands griefs des Rustauds en 1525, car, — on ne le sait pas assez peut-être, — au moyen âge on ne leur avait imposé rien de pareil[1]. Certaines communes luttèrent longtemps pour conserver ce qu'elles regardaient comme un droit et comme une nécessité pour la protection de leurs récoltes[2]. Les paysans finirent par se soumettre en apparence, pour éviter les amendes et les punitions corporelles. Mais, au fond, ils sont si peu convaincus, que le braconnage, dans les premières années du XVIIe siècle, paraît avoir sévi partout, si l'on en juge par les nombreuses ordonnances de police qui le concernent[3]. L'archiduc Léopold en arrive à défendre, non seulement qu'on chasse dans ses forêts, mais même que personne les traverse ou les longe, ayant avec lui un chien ou portant une arme à feu[4]. Les déprédations n'en continuent pas moins, les gardes sont assaillis par les braconniers et parfois tués[5], et les punitions les plus sévères, les plus cruelles même, n'empêchent pas ces actes de violence de se produire[6], jusqu'à ce que l'état de guerre perpétuel

1. Pour ne parler que de l'Alsace, c'est en 1501 seulement que l'évêque de Strasbourg, Albert de Bavière, le comte Philippe de Hanau, le comte Philippe de Deux-Ponts et le grand-bailli de Haguenau s'entendirent pour interdire à leurs sujets, bourgeois ou paysans, l'exercice de la chasse, « afin de les empêcher de tomber dans la misère et la détresse, en négligeant la culture des champs ». (Bonvalot, Chasse et pêche dans le Rosemont, Revue catholique d'Alsace, 1866, p. 248.) En 1528, une législation pareille fut adoptée par les sires de Fleckenstein ; en 1536, par ceux de Ribeaupierre, etc.
2. C'est ainsi que les paysans de Balbronn protestèrent vivement, en 1536 et 1548, contre l'évêque qui prétendait leur interdire l'accès de leurs forêts, pour y chasser. (Kiefer, Balbronn, p. 191-192.) Dans le Sundgau, le landvogt Ulric de Stadion se lamentait de ce que chaque rustre prétendit vivre du produit de sa chasse, et que, sous prétexte d'avoir des chiens de garde, ils eussent des chiens courants vaguant par les bois sans mailloche (Knüttel). « Ils abattent, dit-il dans son rapport du 2 mars 1570, ils abattent non seulement les sangliers nuisibles, mais, selon leur bon plaisir, les chevreuils, les renards, les lièvres, les martres et tout ce qu'ils rencontrent. » Bonvalot, op. cit., Revue catholique d'Alsace, p. 296.)
3. Édits de la Régence d'Ensisheim du 2 septembre, du 9 décembre 1620, du 12 mai 1621, etc.
4. Archives de la Haute-Alsace, C. 821.
5. C'est ainsi que le garde Hilzenberger est abattu d'un coup de fusil par Adam Steinbach, d'Illzach, en avril 1622. (A.H.A., C. 810.)
6. Nous voyons que la Régence autrichienne fait couper à un braconnier de Rougemont, appelé Jean Christian, qui se trouve en cas de récidive, les deux doigts de la main droite et le bannit pour trois ans du territoire alsacien. (A.H.A., C. 601.) Au XVIe siècle, on était encore plus cruel. Le grand-veneur de l'électeur palatin, Sébastien de Botzheim, faisait crever les yeux à un braconnier de Hochfelden, en 1530. (Ney, I, p. 75.)

dans lequel se trouve le pays empêche pour longtemps toute surveillance. Ce n'est qu'après la prise de possession définitive de l'Alsace par la couronne de France qu'on put songer de nouveau à la chasse, aux chasseurs et au gibier.

Pour le gibier de moindre importance, lièvres, renards, canards, petits oiseaux, les habitants de certaines localités avaient conservé le droit de les chasser dans leur banlieue ; c'était le cas, par exemple, pour les bourgeois de Belfort[1], pour ceux de Haguenau[2], etc.

Les laïques n'étaient pas seuls à se livrer à ces distractions cynégétiques. Nous l'avons vu déjà pour les évêques et les comtes-chanoines de Strasbourg ; nous pouvons signaler ces mêmes goûts dans les régions les plus humbles de la hiérarchie ecclésiastique. Dans les fascicules des archives du XVII° et du XVIII° siècle, plus d'un curé, disciple de Nemrod, a laissé sa trace, pour avoir contrevenu tout comme un simple braconnier, aux ordonnances princières et plus d'un s'est vu dresser procès-verbal pour délit de chasse. Tels le curé Tanner, de Rustenhart[3], le curé de Guémar, M° Lefébure[4]; le plus remarqué de ces délinquants, puisqu'il poussa son affaire jusqu'au Conseil souverain d'Alsace, fut M° Nicolas Barbier, le desservant d'Aubure. Il osa réclamer à la princesse Anne de Wurtemberg-Montbéliard, sa « souveraine », le fusil qu'elle avait fait saisir au presbytère. L'avocat de la princesse déclara devant le tribunal suprême que le curé ne faisait d'autre métier que de courre les bois et de lui tuer tout son gibier, malgré les défenses. Il ajoutait, fort sensément à notre avis, que la chasse ne devait pas être l'occupation d'un homme de son caractère. L'avocat de l'inculpé essaya de le tirer d'affaire en faisant remarquer que « jamais la petite chasse ne fut défendue aux prêtres et aux curés dans la province ». Il paraît cependant que le Conseil acquit la conviction que le gros gibier, lui aussi, se rencontrait parfois sous le canon du fusil de M° Barbier, car son arrêt du 12 mai 1703,

---

1. Règlement de 1617. (A.H.A., C. 588.)
2. Le règlement de cette ville (*Ordnung des kleinen waydwercks*), promulgué en 1606, renouvelé en 1609, fixe d'ailleurs avec une extrême minutie les conditions auxquelles les citoyens de Haguenau pourront satisfaire à leur goût pour la chasse. Le lièvre ne peut être inquiété depuis le carnaval jusqu'au 15 mai, les perdreaux sont protégés du carnaval à la Saint-Ulric (4 juillet). Les moineaux seuls et les étourneaux ne jouissent en aucune saison de la protection de la loi. D'ailleurs, tout le gibier abattu devra être vendu dans la ville même et à prix fixe.
3. Archives de la Haute-Alsace, E. 1336.
4. *Ibid.*, E. 1172.

déboutait le curé de sa plainte et lui faisait défense formelle d'exercer dorénavant ses talents de bon tireur sur les terres de la princesse[1].

Il peut sembler assez naturel, il doit paraître excusable en tout cas, de terminer ce chapitre sur la chasse par quelques mots sur la pêche en Alsace, tant les matières sont analogues, encore que la chasse et la pêche n'aient pas été d'ordinaire exercées par les mêmes personnes. On ne saurait prétendre qu'au XVIIe siècle, — et il n'en est guère autrement au XIXe, — l'aristocratie se soit passionnée pour ce *sport* éminemment pacifique. Tout au plus les chanoines des abbayes vosgiennes s'amusaient-ils, au retour du printemps, à prendre les belles truites de leurs lacs « avec un hameçon terminé par une sorte de plume ressemblant à une mouche[2] ».

Mais s'ils ne poursuivaient pas eux-mêmes les habitants des eaux, grands et petits, poissons, anguilles ou écrevisses, les seigneurs alsaciens en appréciaient vivement les mérites gastronomiques[3] ; ils les voyaient figurer avec plaisir sur leurs menus, et ce n'est pas humilier leur noblesse que de résumer ici en quelques lignes ce qu'il importe de savoir sur l'ichthyologie provinciale au XVIIe siècle.

Comme les lacs et les ruisseaux des montagnes, les eaux courantes de la plaine étaient riches alors en poissons que les engins perfectionnés des pêcheurs et surtout les substances chimiques des fabriques modernes n'avaient point encore exterminés comme de nos jours. Vers 1630, la *Chronique strasbourgeoise* de Trausch énumère dix espèces qui peuplaient le Rhin, vingt-deux espèces que l'on rencontrait alors dans l'Ill[4] ; un âge d'homme plus tard, le vieux Léonard Baldner compte jusqu'à quarante-cinq espèces différentes dans son curieux *Fischbuch*, fruit de longues années d'observation patiente et de pratique assidue[5]. Depuis le modeste

1. Notes d'arrêt du Conseil souverain, p. 252.
2. *Diarium de D. Bernard de Ferrette*, p. 37.
3. Pour s'en assurer, on n'a qu'à voir dans les comptes de Daniel de Pilhe, bailli des Ribeaupierre à Sainte-Marie-aux-Mines, quelles quantités de poissons et d'écrevisses il envoyait au château de Ribeauvillé, durant les années 1662, 1663, 1664, etc. Il est vrai qu'ils n'étaient pas chers, puisque cinquante truites ne coûtaient que deux florins vingt kreutzer en 1662. (*Documents concernant Sainte-Marie-aux-Mines*, p. 301-304.) — On peut voir aussi la joie naïve qu'exprime le bon chanoine de Murbach quand on apporte à sa collégiale, le 21 juin 1709, une truite, qui vidée, pesait encore vingt-huit livres ! « Je pus goûter et regoûter de ce poisson et m'en régaler à cœur joie. » *Diarium*, p. 48.
4. *Fragments des Chroniques d'Alsace*, par L. Dacheux, III, p. 47.
5. F. Reiber, *L'Histoire naturelle des eaux strasbourgeoises de Léonard Baldner* (1666) suivie de notes. Strasbourg, 1888, 8°.

R. REUSS, *Alsace*, II. 3

goujon, l'alose et la perche, jusqu'aux truites, aux carpes, aux brochets souvent énormes[1], il y en a pour toutes les bourses et pour tous les goûts. Des bancs de saumon considérables continuaient à remonter le Rhin à certaines époques de l'année[2], et l'esturgeon lui-même se hasardait encore dans les parages alsaciens, bien que ce géant d'eau douce y fût infiniment plus rare qu'autrefois[3].

Pour autant qu'on peut se fier à l'impression, plutôt vague, que laissent les rares textes afférents à la matière, — à cause même de l'absence de textes contemporains un peu précis, — il semble que la pêche en Alsace n'ait été pratiquée le plus souvent au XVII° siècle que par des *professionnels*. L'amateur, qui s'y consacre sans esprit de lucre et n'y voit qu'une distraction honnête, existait peut-être déjà alors sur les bords de l'Ill, comme aujourd'hui, mais il n'a point laissé de traces suffisantes dans les règlements de pêche ou dans la littérature pour que nous osions affirmer son existence d'une façon bien catégorique[4]. Fournir le marché des villes de poissons d'eau douce était avant tout une entreprise industrielle et commerciale et les entrepreneurs se groupaient d'ordinaire en confréries professionnelles, comme à Strasbourg, Erstein, etc., pour exploiter les rivières, ruisseaux ou canaux voisins. Les eaux courantes ou dormantes appartenaient au seigneur territorial qui en abandonnait l'exploitation soit à des individus isolés, soit à des syndicats, qui, contre une redevance fixe, disposaient des poissons capturés dans leur lot[5]. C'est ainsi que les eaux et les bras stagnants du Rhin, de l'Ill, de la Bruche, etc., sont allotis à des pêcheurs plus

1. En 1621, on prenait à Illhæusern un brochet pesant dix livres. (A.H.A., E. 1249.)
2. En 1647, au mois d'avril, les poissonniers de Strasbourg débitèrent 143 saumons en un seul jour ; il est vrai qu'en automne 1648 la livre de ce poisson ne coûtait que 4 pfennings! (Friese, *Historische Merckwurdigkeiten*, p. 179.) — Quelquefois les saumons remontaient même l'Ill ; en 1640, il s'en échoua un, long de deux aunes, près des moulins de Colmar. (*Chronik des Colmarer Kaufhauses*, p. 43.)
3. D'après le *Fischbuch* de Baldner (Reiber, *op. cit.*, p. 63), le plus grand qu'on ait pris près de Strasbourg avait neuf pieds de long (1624). De 1604 à 1624, on n'en captura que *trois*, de 1684 à 1685, *treize*.
4. Dans les règlements de police il n'est évidemment jamais question d'autres pêcheurs que des gens du métier ; mais rien non plus dans la littérature alsatique, ni en prose ni en vers, ne semble indiquer chez les gens du XVII° siècle un état d'âme analogue à celui du bon Isaac Walton, qui rédigeait alors, de l'autre côté de la Manche, le *Parfait pêcheur*, justement célèbre par la naïveté charmante de son style et son enthousiasme professionnel.
5. C'est ainsi qu'un pêcheur de Schirmeck affermait en 1634 la pêche de la moitié de la Bruche, entre Rothau et Wische, pour une somme de 12 florins; entre les deux endroits il y a environ 9 kilomètres de route. (A.B.A., E. 5529. Comptes du bailli André Zœlling, de Schirmeck.)

ou moins aisés, et prenant à bail, en conséquence, une surface d'eau plus ou moins considérable [1]. Parfois aussi le seigneur requérait les pêcheurs riverains pour une corvée ; il s'agissait de lui prendre, au filet, les poissons qu'il s'était réservés lui-même, sur une certaine étendue de son territoire. Les baillis de l'évêché, par exemple, organisaient cette pêche par corvée, dite *Seigenfahrt*, sur le cours inférieur de l'Ill, entre le ban d'Ebersheimmunster et celui de Graffenstaden [2].

Pour faciliter la surveillance de la pêche, des règlements communs aux divers riverains avaient été délibérés entre eux. Pendant presque tout le XVIIe siècle, la police de l'Ill se fit en vertu d'une convention, arrêtée en 1607 par la Régence épiscopale, le Grand-Chapitre, la ville de Strasbourg, les Ribeaupierre, Colmar, Schlestadt, l'abbaye d'Ebersheimmunster et la Noblesse immédiate de la Basse-Alsace ; il est vrai que cet accord ne fut pas toujours respecté et nous voyons que les braconniers d'eau douce n'étaient pas moins fréquents, au cours de ce siècle, que ceux de terre ferme. En 1687, le bailli épiscopal de Benfeld en appelait à l'intendant de la province pour faire respecter les règlements méconnus par ceux « qui dépeuplent la rivière et font un dommage notable au public [3] ». Aux maraudeurs humains venaient se joindre aussi des loutres, très nombreuses encore à cette époque dans tous les cours d'eau de l'Alsace [4], et très friandes de poisson. Celles-là, tout le monde avait le droit de les traquer et de les exterminer et leur fourrure, également recherchée par les paysans des campagnes et les pelletiers des villes, rapportait à ceux qui se livraient à cette chasse un gain plus appréciable que la pêche de la nase ou du barbeau.

1. En 1640, la ville de Lauterbourg tirait un revenu annuel de 535 florins pour le fermage de quelques vieux bras du Rhin, situés sur son territoire. (Bentz, *Description de Lauterbourg*, p. 81.)
2. Voyez la lettre du bailli de Marckolsheim sur la Seigenfahrt de 1621 (dat. Epfig, 31 août 1621), avec d'autres missives sur le même objet (1595-1621) aux archives de la Basse-Alsace, G. 1256.
3. Lettre du bailli de Benfeld, Oberlin, à l'intendant de La Grange, du 12 septembre 1687. Il se plaint qu'on ne respecte plus la convention d'après laquelle « les prochetons et les barbottes de la mesme année ne seront pas pris avant la feste de la Nativité de Nostre-Dame ». Il n'ose agir directement contre les coupables, mais il le prie de bien vouloir le faire, « comme on ne reconnaît maintenant que vous, Monseigneur, en Alsace qui y puisse donner et observer de bonnes ordonnances pour la police publique ».
4. Le nom allemand de la loutre se retrouve dans de nombreuses dénominations topographiques dans la Haute et la Basse-Alsace, Otterbach, Ottersbrunn, Ottersthal, Otterswiller, etc.

CHAPITRE QUATRIÈME

La Bourgeoisie alsacienne

Réunir aujourd'hui dans un même et unique tableau les mille traits de la couche sociale qui s'appelait hier encore les classes bourgeoises, serait une entreprise d'autant plus malaisée que personne ne sait plus au juste où elle commence et où elle finit, et qu'elle est fractionnée de nos jours en groupes plus distincts et plus séparés les uns des autres qu'ils ne le sont eux-mêmes, soit des anciennes classes dirigeantes d'avant la Révolution, soit des couches nouvelles du prolétariat. Dans un pays où le chef même de l'État est un simple bourgeois, et où les chefs les plus avancés du socialisme sont fréquemment traités de bourgeois par leurs adhérents soupçonneux, ce mot n'évoque plus aucune idée précise. Il caractérise les ci-devant d'autrefois, comme le paysan à l'aise et l'ouvrier devenu patron. Aujourd'hui la bourgeoisie, c'est tout le monde. Mais au XVIIe siècle il n'en était pas ainsi; en Alsace, comme partout ailleurs, elle comprend la catégorie du corps social qui domine de haut ou s'imagine dominer les populations rurales à l'abri des murs de ses villes grandes ou petites, sans avoir l'honneur de toucher à la noblesse, de quelque degré qu'elle soit.

Sans doute, il existe déjà une *haute*, une *moyenne*, une *petite* bourgeoisie; mais toutes se touchent encore de près et se connaissent; le modeste artisan, dans son corps de métier, coudoie le petit industriel et le négociant en gros, sans être humilié par leurs dédains ou écrasé par un luxe qu'ils ne connaissent point encore. Il n'y a pas, dans les populations urbaines d'alors, cette effrayante disproportion des fortunes qui est la plaie douloureuse des nôtres; il n'y a pas non plus entre l'habitant de la grande cité et celui de la petite bourgade cette énorme différence du développement intellectuel et moral qui fait naître les antipathies réciproques et les malentendus. Des villes alsaciennes, les unes sont un peu plus grandes que les autres, un peu plus peuplées; chez les unes la culture des intelligences est assurément plus étendue, chez d'autres les relations commerciales sont plus développées; mais, au fond, elles se ressemblent toutes par les mœurs, les traditions et les mille règlements qui déterminent leur vie quotidienne. Elles ont à ce moment une même physionomie. C'est ce qui nous permet de réunir ici, en un tableau d'ensemble, les traits caractéristiques de la bourgeoisie alsacienne au XVIIe siècle, sans trop nous exposer au reproche de mêler ainsi les couleurs et de faire œuvre de fantaisiste plutôt que d'historien.

La bourgeoisie des villes d'Alsace a tout d'abord cet air de famille parce qu'elle a en effet une commune origine ; elle s'est formée partout d'une façon analogue, au moyen âge, dans les petites localités, ceintes de murailles, qui appartenaient à des seigneurs ecclésiastiques ou laïques ; elle a été émancipée plus tard, à peu près de la même manière, tant par ses propres efforts qu'avec l'aide des rois et des empereurs. Puis, après avoir éliminé du sein de la cité l'élément nobiliaire ou lui avoir enlevé tout au moins la prépondérance, là où il ne disparaissait pas tout à fait, elle s'est appuyée surtout sur les larges couches de l'industrie populaire, sur les corporations d'arts et métiers. Artisans dans les grandes villes, artisans et petits propriétaires agriculteurs ou viticulteurs dans les localités de moindre importance, ces travailleurs solides ont imprimé à toute la couche intermédiaire de la société alsacienne les qualités et les défauts caractéristiques qu'elle conservait à cette époque et qu'on peut même encore discerner en elle aujourd'hui. Honnêtes et laborieux, difficiles à décourager, mais sans horizon bien vaste, manquant un peu d'élan dans leurs affaires particulières comme dans leurs visées politiques, sans force imaginative et sans verve créatrice, — du moins à l'époque dont nous avons à parler, — les bourgeois de Strasbourg ne me paraissent pas différer essentiellement au point de vue social de ceux de Colmar ou de Wissembourg, de Thann ou de Ribeauvillé, bien que les uns habitent de petites républiques municipales et que les autres soient restés sujets d'un seigneur, et leurs cités présentent à l'observateur les mêmes ressemblances qu'eux-mêmes.

Sans doute, la grande ville a sa cathédrale et les petites seulement leurs églises conventuelles et paroissiales ; seulement c'est parfois un chef-d'œuvre de l'art roman, comme à Rosheim, un bijou de l'art gothique, comme à Schlestadt ou à Thann. Mais toutes ont leur Hôtel-de-Ville, Ensisheim comme Mulhouse, Obernai comme Strasbourg ; toutes ont les mêmes rues étroites et tortueuses, les mêmes hautes maisons aux étages successifs en saillie, aux pignons élancés, les façades en bois sculpté, bariolées de couleurs[1], leurs murs d'en-

---

1. Certaines maisons conservées ou restaurées de nos jours, comme la maison Kammerzell au coin de la place de la Cathédrale, à Strasbourg, ou la maison Pfister et la « Maison des têtes » à Colmar peuvent donner une idée de l'aspect extérieur des demeures d'alors.

ceinte plus ou moins vastes, plus ou moins solides, entourés d'un simple ou double fossé, aux portes massives surmontées de hautes tours carrées. Il y a un demi-siècle, on trouvait encore, même dans le moderne Strasbourg, des coins isolés au Marais-Vert ou à la Krutenau, qui rappelaient celui du XVIIe siècle et dans mainte villette perdue dans la plaine d'Alsace ou vers les contreforts des Vosges, en dehors des grandes lignes des chemins de fer, on peut se croire reporté, par moments, en traversant les rues désertes par une belle nuit d'été, à l'époque de Mansfeld, de Bernard de Weimar ou de Turenne.

Cela ne veut pas dire qu'elles fussent toujours agréables à habiter, encore qu'elles nous paraissent, aujourd'hui, infiniment pittoresques. Les amateurs du confort moderne répéteraient sans doute ce qu'écrivait, en 1674, le spirituel Dijonnais qui vint en Alsace avec l'arrière-ban de la noblesse bourguignonne : « J'ay trouvé qu'en ce pays-là on entend mal celui de tous les arts qui est le plus en usage, je veux dire l'architecture. Car leurs maisons quoique solides et bâties d'une manière assez recherchée, ne sont pourtant pas aussi commodes qu'elles pourroient l'être. Les chambres sont en plusieurs endroits bâties avec un retour en potence; les cheminées sont en un coin quelquefois si reculé qu'on a peine à y voir en plein midi. Les écuries et l'appartement du maître sont souvent sous le même toit, et le toit est en plusieurs maisons couvert de tuiles rangées les unes sur les autres en droite ligne et qui ne portent point sur celles qui sont à côté, en sorte que quand on est dans les greniers on voit le jour à travers de longues raies qui règnent entre les tuiles, depuis le faîte jusqu'à la corniche, et quand il pleut l'eau entre dans les greniers et pourrit les bois de leurs couverts [1]. »

L'intérieur du logis est le plus souvent modeste, même chez les personnes fort aisées. Les maisons ont rarement plus de deux étages, outre le rez-de-chaussée [2]; beaucoup n'en ont qu'un, mais sont surmontées par contre de toits en pente fort rapide, couvrant deux ou trois étages de greniers. « A moins que ce ne soient des maisons à boutiques, on n'habite guère le bas étage ; il est réservé pour les écuries ou pour faire des magasins. Les logis de distinction ont presque toujours leur escalier de pierre dans une tourelle hors d'œuvre; mais dans les maisons du commun on trouve sous la porte un escalier de bois par où l'on monte au poêle, qui est une

---

1. Claude Joly, *Relation du voyage*, etc., p. 55-56.
2. On voit à Strasbourg des maisons du XVIIe siècle qui ont trois étages, mais elles sont rares.

salle boisée tout autour, haut et bas, et percée de grandes fenêtres qui souvent règnent tout le long d'un des côtés et qui sont en quelques endroits diversifiées par des balcons en saillie et tout vitrés, d'où l'on peut voir, sans être vu, tout ce qui se passe dans la rue, non pas cependant à travers toutes les vitres, car les panneaux ne sont qu'un assemblage de ronds de verre, appelés *tibles*, de quatre à cinq pouces de diamètre, dont les veines circulaires empêchent de discerner les objets. C'est pourquoi on met au milieu de chaque panneau d'autre verre uni, pour la nécessité de regarder dehors. La plupart de ces grands vitrages sont ornés de peinture, ce qui rend ces poêles-là fort gais en tout temps, mais en hiver surtout ce sont des paradis pour les Allemans, parce qu'il y a un grand fourneau de fonte ou de terre vernie que l'on chauffe par le moyen d'une ouverture qui est dans le mur répondant à la cuisine, de sorte qu'on ne voit point le feu, quoique l'on en sente la chaleur jusque dans les endroits les plus éloignés du fourneau, et comme d'ordinaire il est orné de bas-reliefs [1]..... et couronné de divers feuillages..... cela passe d'abord dans l'esprit d'un étranger, qui n'en a jamais vu, pour une armoire à la mode du païs [2]. »

Ces « poêles » ou *Wohnstuben*, si nettement décrits par le touriste parisien de 1675, étaient comme le centre de la famille et le théâtre modeste où se déroulait l'existence quotidienne dans l'habitation bourgeoise d'alors; ils remplaçaient à la fois la salle à manger, le salon d'apparat et le boudoir de la maîtresse de maison, voire même le fumoir du mari, quand une fois l'usage du tabac se fut répandu par toute l'Alsace dans le cours du XVIIe siècle. Employées à tant d'usages divers, surchauffées en hiver, ces pièces frappaient désagréablement le visiteur étranger par leur atmosphère lourde, où l'on respirait avec peine. Aussi c'était un usage général, chez les personnes aisées « d'ouvrir les fenêtres du poêle dès qu'on a mangé et d'y brûler du bois de genièvre dans un réchaut, qu'une servante porte en marchant tout autour de ce lieu, ce qui le remplit... d'une fumée aromatique. Mais chez les petites gens... il est presque impossible d'y durer, car ils y couchent, ils y mangent, ils y sèchent leur linge, et ils gardent du fruit, ce qui cause une puanteur détestable. Joignez à cela une quantité importune de

---

1. Nous en avons parlé déjà dans le paragraphe sur la métallurgie, à propos des forges de Zinswiller, qui fabriquaient surtout ces plaques aux sujets bibliques. Voyez t. Ier, p. 613.
2. *Mémoires de deux voyages*, p. 188-189.

mouches et de puces qui s'y conservent toute l'année et l'on pourra se faire une idée assez juste de ces vilains chaufoirs ¹ ».

L'ameublement du logis n'était pas alors chose aussi compliquée que de nos jours, et les ménages les plus cossus ignoraient les raffinements du confort moderne. Peu de tapisseries aux murs, qu'elles fussent de cuir ou d'étoffes; chez les plus riches seulement, quelques tableaux à l'huile, groupes mythologiques, natures mortes ou saintetés, se détachant sur les panneaux sombres de la boiserie. Au fond de la pièce, un buffet de chêne ou de noyer, chargé de hanaps et de tasses d'argent ou de « *wilkome* en vermeil » chez les notables, plus modestement couvert de cruches en grès à formes bizarres ou de vaisselle d'étain, chez les petits bourgeois ². De larges bancs de bois bruni couraient le long des murs; au milieu de la chambre une massive table en chêne poli, aux pieds tors ou des tables d'ardoises plus petites, enchâssées dans des bordures en marqueterie. Tout autour de la pièce des chaises au siège en bois, au dossier raide et percé d'un trou, pour y passer la main, quelquefois tout unies, le plus souvent ornées de sculptures, dont l'aspect rigide n'invitait guère au repos. Dans un coin privilégié, tout contre le poêle ronflant, le lourd fauteuil, revêtu d'étoffe ou de cuir, où l'aïeule essaie de réchauffer ses membres engourdis par l'âge, où le chef de famille se livre à de graves méditations, que nul n'ose troubler. Contre les murs, un ou plusieurs de ces gigantesques bahuts, soigneusement ciselés et datés, dans lesquels s'entasse le volumineux trousseau jadis apporté par la mère et s'accumule déjà, par un labeur assidu, celui de ses filles, les mariées futures.

Dans les chambres à coucher peu de meubles aussi, sauf le grand lit « enfermé de menuiserie », qui est dressé dans un des coins de la chambre; on y grimpe, non sans peine, par une espèce « de porte ou de fenêtre, au bas de laquelle il y a deux degrés de la longueur du lit ». Le chevet en est très haut et très large, mais « on y dort entre deux lits de plumes, où l'on fond en sueur; c'est à cause de cela que j'imagine que les Allemans couchent sans chemise, puisqu'il faut tout dire ³ ».

1. Bien entendu, notre voyageur ne peut parler ici que de certaines maisons de paysans du Sundgau et non des maisons bourgeoises, où l'extrême propreté fut toujours un article de foi pour les ménagères de ce temps. (*Mémoires de deux voyages*, p. 190.)
2. Les ustensiles de ménage étaient généralement très simples aussi, les cuillers en étain, les fourchettes (à deux dents seulement), en fer. On mangeait encore fréquemment sur des assiettes en bois, les « tranchoirs quarrés et ronds » de la *Taxordnung* de 1700.
3. *Mémoires de deux voyages*, p. 191.

Sur la façade des maisons l'architecte n'inscrivait pas seulement la date de leur construction, coutume qui s'est conservée jusqu'au XVIIIe siècle, mais on y sculptait aussi souvent quelque invocation protectrice, quelque dicton pieux ou quelque adage populaire [1]. A l'intérieur de ces maisons d'apparence modeste, vivait, étrangère au luxe à bon marché qu'affichent aujourd'hui ses descendants, mais plus au large qu'eux assurément [2] une population laborieuse et affairée. Il y avait peu de rentiers oisifs dans la bourgeoisie alsacienne d'alors. Les plus riches faisaient du négoce, exploitaient leurs domaines ou se vouaient aux fonctions publiques, les autres exerçaient une profession plus ou moins lucrative, et ne pouvant consacrer à leur intérieur que le temps non absorbé par l'atelier ou la boutique, ils appréciaient davantage l'attrait d'un *home* où ils étaient les maîtres respectés. Soit qu'il y présidât aux repas quotidiens, entouré de tous les siens [3], au milieu de ses commis, de ses apprentis et d'une domesticité plus ou moins nombreuse [4], soit qu'il y décidât, sans qu'on eût osé le contredire, telle question d'avenir pour son fils, telle alliance matrimoniale pour sa fille, soit qu'il dirigeât, le soir et le matin, les exercices de piété ou le culte domestique, le chef de la famille mettait dans ces actes de l'existence

1. En voici quelques exemples : *Das haus steht in Gottes hand* | *Es ist dem Diewolt Moerbach wol bekant* | *1607* (Munster). — *Mit Gottes hilf und beistand* | *Gott behied mich vor feyer und brandt* | *Vor allen unglück und schandt* | *1613* (Riquewihr). — *O welt, o welt* | *Wie saur ist dein gelt* | *1663* (Rouffach). — *Eh veracht* | *Als gemacht* | *1626* (Colmar). Voy. K. Mündel, *Hæusersprüche und Inschriften im Elsass*, Strassburg, Schmidt, 1883, 8°.
2. On n'a qu'à voir les escaliers plus larges et les vastes paliers de ce temps pour s'en assurer; il est vrai qu'on passait une partie de la journée sur ces paliers, espèce d'antichambres ouvertes, mais meublées dont le nom allemand local (*Hausehren*) indique l'importance. De plus, il était rare qu'on eût des locataires dans sa maison, sauf dans les grandes villes comme Strasbourg; chacun demeurait pour soi, comme en Angleterre, et tout au plus logeait-on le fils ou le gendre avec sa famille.
3. On peut se faire une idée assez exacte de ces repas d'une famille bourgeoise en regardant la jolie vignette qui orne l'opuscule de Jean-Michel Moscherosch, sur l'éducation des enfants (*Insomnis cura parentum, d. i. Christliches Vermæchtniss*, etc. Strassburg, 1643 et 1647, 16°), et qui représente le célèbre écrivain assis à table avec sa femme et ses sept enfants.
4. Un des traits caractéristiques de la vie de famille au XVIIe et même encore au XVIIIe siècle, c'est la participation directe des servantes (il n'y avait guère de domesticité mâle dans les villes à cette époque, en dehors des garçons de labour) à l'existence commune. Si la maîtresse de maison passe une bonne partie de la journée à la cuisine, la servante, de son côté, une fois sa tâche finie, prend son rouet et vient s'asseoir dans le poêle ou parloir, écoutant les conversations, participant au culte domestique et vieillissant souvent sous le même toit qui l'a vue jeune. Cependant, alors déjà, les maîtresses se plaignaient de leurs servantes.

journalière au foyer commun une gravité, souvent extérieure sans doute, mais qui ne laissait pas de l'affermir et de le maintenir lui-même dans la bonne voie[1]. Il aspirait plutôt à une honnête aisance qu'à la richesse ; il lui aurait été d'ailleurs bien difficile d'y parvenir à une époque où l'on ne connaissait ni traitements considérables pour les fonctionnaires les mieux rétribués, ni spéculations effrénées du commerce ou de la banque, et où la grande industrie n'était pas encore née. Des gens possédant un capital d'une centaine de mille francs (valeur actuelle) passaient alors pour être riches ; s'ils arrivaient au double, leur fortune semblait prodigieuse[2]. Aussi les dots que les plus notables bourgeois de Strasbourg donnaient à leurs enfants, vers le milieu du XVII° siècle, sembleraient-elles absolument mesquines dans les sphères sociales analogues d'aujourd'hui[3].

Si même par suite de quelque chance heureuse, héritage ou entreprise commerciale, une famille arrivait à constituer un capital un peu considérable, sa situation privilégiée n'était guère durable, car on contractait mariage de bonne heure à cette époque et les unions étaient généralement fécondes[4] ; dès la seconde génération, le superflu redevenait le nécessaire. Si les familles, comme celle de

1. Assurément il y avait bien des pères de famille qui se dérangeaient et bien des fils de famille peu respectueux ; mais nous parlons ici de l'ensemble et non pas des exceptions plus ou moins nombreuses.
2. On nous signale encore, en 1715, l'héritage des enfants de l'ammeistre Jacques Wencker comme fort considérable, chacun des six héritiers ayant eu pour sa part 7,045 thalers 9 schellings 11 deniers. Cela ne fait en tout qu'un peu plus de 42,000 thalers, soit un peu plus de 200,000 francs.
3. Reisseissen a noté dans son journal les apports et les dots de nombreux conjoints de sa parenté, appartenant presque tous au patriciat strasbourgeois. Lors du mariage Richshoffer-Wencker (1665), les deux pères de famille donnent ensemble aux mariés 3,500 florins, plus un capital de 500 florins, et le marié offre en plus une *morgengab* de 100 ducats. Lors du mariage Wencker-Spielmann (1665), les apports sont de 2,500 florins, plus un appartement dans la maison paternelle, un capital de 800 florins et 100 ducats de *morgengabe*. Lors du mariage Junta-Camehl (1666), les apports ne dépassent pas 1,500 florins, plus une *morgengab* de 300 florins. Lors du mariage Bernegger-Schneuber (1667), les apports sont de 1,500 thalers et la *morgengab* de 100 florins, etc., etc. (Reisseissen, *Aufzeichnungen*, p. 62-64.)
4. C'était un usage fort répandu au XVII° siècle de faire imprimer des épithalames latins ou allemands, en l'honneur de nouveaux mariés de sa connaissance. Entre 1620 et 1640, ces *Ehestandssegen*, tirés sur une feuille in-folio, sont souvent accompagnés d'une vignette gravée, toujours la même, représentant un couple qui se tend la main ; au-dessus d'eux plane un cœur enflammé, derrière eux, quatre enfants en échelle descendante, le dernier encore au berceau. Il est permis de croire que c'était le chiffre adopté comme normal par l'opinion publique d'alors.

l'ammeistre Wolfgang Schœtterlin († 1612[1]), ou comme celles de l'ex-sénateur Chrétien Rœderer († 1670), de Strasbourg[2], du conseiller Hold, de Brisach[3], du syndic Mogg, de Colmar[4], étaient presque aussi rares alors qu'aujourd'hui, les chiffres plus modestes, mais respectables encore, de six à huit enfants se rencontrent fréquemment dans les oraisons funèbres et chez les chroniqueurs locaux.

Les femmes étaient généralement bonnes ménagères, même dans les familles les plus aisées; peu sollicitées par les distractions du dehors, peu autorisées, d'ailleurs, par les mœurs, à se produire en public, elles s'occupent à la maison, ne dédaignant pas les petits détails du ménage et donnant ainsi le bon exemple à leurs domestiques. La petite bourgeoise surtout est toujours « la première levée et la dernière couchée »; elle fait son marché, travaille à la cuisine, pétrit son pain, soigne sa lessive, bêche même son jardin. « Les mères allaitent leurs enfans elles-mêmes, car c'est un grand affront à une Allemande de mettre ses enfans en nourrice. En un mot, elles sont infatigables, plus mâles et plus vigoureuses que leurs maris mêmes que j'ay souvent vu bercer et badiner avec leurs enfans pendant que leurs femmes se tuaient de travailler. Ce n'est pas qu'elles n'ayent des servantes comme dans les autres païs, mais elles n'en prennent que pour leur aider. Dans quelque régal que ce soit, la mère de famille ne se met jamais à table qu'avec le dessert, c'est-à-dire que, quand elle arrive dans la compagnie, on juge qu'il n'y a plus rien à ordonner ni à apporter de la cuisine. Il est aisé de croire que des femmes si laborieuses et qui ont si peu de soin de leurs personnes, ne durent pas longtemps jolies[5]... » La réflexion finale, quelque juste qu'elle puisse être, n'est pas faite précisément pour donner aux femmes la passion du travail; mais l'observateur parisien, grand admirateur des grâces féminines, n'en conclut pas moins que les Alsaciennes sont de « véritables femmes fortes », comme celles des Saintes-Écritures, et qu'il « ne peut s'empêcher d'en faire l'éloge ».

Cette admiration raisonnée de la part du jeune étranger se com-

1. Mort à 92 ans, Schœtterlin avait vu naître 17 enfants, 108 petits-enfants, 111 arrière-petits-enfants, 2 arrière-arrière-petits-enfants, soit 238 descendants.
2. Chrétien Rœderer avait eu de ses trois femmes, trente enfants, 45 petits-enfants et 4 arrière-petits-enfants.
3. Le conseiller Hold avait 22 enfants, « tous vivants, que madame son épouse a tous nourris de son lait ». (*Mémoires de deux voyages*, p. 130.)
4. Jean-Henri Mogg eut de ses deux femmes dix-sept enfants.
5. *Mémoires de deux voyages*, p. 185-186.

prend; il y a, l'on ne saurait le nier, dans les masses profondes de la bourgeoisie alsacienne d'alors, un fonds de simplicité grave et même d'austérité qu'on peut expliquer par les circonstances extérieures, et même les misères prolongées des longues guerres, comme par la règle sévère qui, dans tous les domaines de la vie quotidienne, surveille les individus, contient leurs passions et en réprime sévèrement les écarts. D'autres en verront peut-être le motif dominant dans la crainte d'un jugement futur, autrement efficace sur les esprits en ce siècle théologique par excellence que dans notre société moderne.

C'est certainement, avant tout, cette peur d'un jugement à venir, née de la ferveur des sentiments religieux contemporains, qui a rendu, pendant tout le XVIIe siècle, les cas de suicide si rares. Au milieu de maux toujours renaissants qui, de nos jours, auraient poussé des milliers de malheureux à rompre leur collier de misère, on n'osait en finir avec la vie parce qu'on craignait d'affronter la présence du Tout-Puissant en état de péché mortel. Le pouvoir civil, secondant celui de l'Église, entourait, de son côté, le suicide d'un appareil si lugubre, qu'il fallait être absolument désespéré, ou plutôt aliéné[1], pour se détruire soi-même et infliger aux siens une honte aussi cruelle. Le corps de ceux qui avaient mis fin volontairement à leur existence était diversement traité, selon les territoires, mais avec une égale barbarie. Parfois, on les faisait brûler, comme les sodomites et les sorcières[2]; parfois, — c'était le mode préféré à Strasbourg, jusque vers le milieu de la guerre de Trente Ans, — on plaçait le cadavre dans un tonneau vide et on confiait cette cargaison macabre aux caprices du Rhin[3]. En 1666, un boulanger de Thann, évidemment aliéné, qui s'était fendu le ventre avec un grand coutelas, fut traîné sur la claie de l'exécuteur des hautes œuvres au champ où il enfouissait la charogne (*Kaibacker*) et enseveli lui-même entre son chien et un veau mort apportés par le bourreau[4].

1. Tous les cas de suicide, rencontrés par nous dans les sources, sauf quelques rares cas de *suicide d'amour*, commis par des jeunes filles, sont le fait d'esprits hypochondriaques, maniaques ou véritablement fous.
2. Voy. la correspondance de la Régence de Hanau avec Jean-Georges de Brandebourg, administrateur de l'évêché, au sujet de la crémation du corps de Cornelius de Schwindratzheim, qui s'est suicidé dans la prison de Niederbronn. (A.B.A., E. 2870.)
3. Encore en 1633, une femme Gradt qui s'était pendue en prison, a été « *in ein fass geschlagen und in den Rhein geworfen* ». (Walter, *Chronique*.) Plus tard, les suicidés furent amenés à la salle de dissection de la chapelle Saint-Érard, à côté de l'hôpital, quand le professeur Albert Sebiz l'eut fait créer, dans la seconde moitié du XVIIe siècle.
4. Tschamser, *Annales*, II, p. 603.

Quelquefois un fonctionnaire plus humain intercédait auprès des ecclésiastiques et leur demandait de ne pas refuser au défunt un coin du cimetière, puisqu'il était notoire qu'il était « mélancolique[1] ». Mais même quand cette requête était admise par l'autorité supérieure, il arrivait que le ministre du culte refusât de parler à l'église ou sur la tombe[2], et parfois les héritiers étaient même condamnés à payer une amende[3].

Catholiques et protestants d'Alsace remplissent, en général, avec un zèle soutenu, leurs devoirs religieux; il est peu d'oraisons funèbres du temps où l'on ne nous retrace, avec des détails minutieux, évidemment véridiques, la ferveur de la foi du dignitaire de la cité, du négociant actif, du professeur célèbre, de la matrone pieuse, nous peignant leur participation régulière au culte public et privé, les bonnes œuvres fondées, soutenues ou restaurées par leurs soins[4]. Et cependant les obligations de piété pesaient d'un poids autrement redoutable sur les fidèles d'alors que sur ceux de nos jours! Le XVIIe siècle est, grâce à la recrudescence de ses âpres luttes théologiques, une époque d'activité zélatrice par excellence. Comme nous le verrons plus tard, chez les catholiques les fondations de couvents se multiplient, les pèlerinages refleurissent, les associations laïques et les *sodalités* de tout genre foisonnent; pour les protestants, les services divins de la semaine succèdent à ceux du dimanche, ceux de l'après-midi à ceux du matin, sans compter toutes les réunions de prières tenues avant l'heure du sermon[5]. Jamais la religion ne semble avoir pris une place plus considérable dans l'existence et n'avoir essayé plus énergiquement de modeler les

---

1. Lettre du bailli de Brumath, du 13 mai 1614, à propos du suicide de Melchior Human, de Geudertheim. (A.B.A.)
2. Quand la femme du maître d'école, Georges Zipp, de Fürdenheim, se noie, le 27 mai 1665, dans un accès de folie, le président du Convent ecclésiastique, Dannhauer, permet au seigneur du lieu de la faire enterrer au cimetière « *weil die Unglückliche ein gutes zeugniss hat* », mais le pasteur du lieu refuse à Reisseissen de parler à l'église. (Reuss, *Fürdenheim*, p. 12.)
3. A Mulhouse, par exemple, les héritiers de Georges K... sont condamnés à payer cent écus d'amende pour le défunt (3 août 1637). *Bulletin du Musée historique*, 1877, p. 18.
4. Il faudrait citer d'innombrables oraisons funèbres, prononcées durant tout le XVIIe siècle à Strasbourg, Colmar, Mulhouse, Ribeauvillé, etc. Chacune d'elles renferme d'ordinaire la biographie, le *Lebenslauf*, du défunt ou de la défunte. Nous en possédons nous-même un grand nombre dans notre collection d'*Epicedia alsatica*; il serait trop long de les énumérer ici. — Voy. aussi la biographie édifiante du bourgmestre Bildstein, dans l'*Histoire de la ville de Haguenau*, de M. le chanoine Guerber, I, pp. 262-275 et *passim*.
5. Dans la *Chronique strasbourgeoise*, dite d'Osée Schad, il est dit que dans la seule année 1613, on prêcha 3,787 sermons dans les sept églises luthériennes de la ville.

esprits et les mœurs à l'image de la règle ecclésiastique. Sans doute, les ordonnances des seigneurs et des magistrats contribuaient pour beaucoup à ce triomphe apparent de la morale et de la foi ; sans doute aussi, la fréquentation du culte et la participation à la vie religieuse n'est pas également intense partout. Certaines mesures de police, inspirées par l'Église ou par le clergé luthérien permettent à l'observateur impartial de constater un courant d'opposition plus ou moins marqué, une tendance à la révolte contre le joug un peu trop pharisaïque qu'on prétend imposer à la mondanité des générations nouvelles. Si, dès 1610, on se voit obligé de numéroter les stalles des membres du Magistrat de Landau, pour pouvoir constater plus facilement leur présence au culte [1] ; si, à Wissembourg, dès 1613, on frappe d'une amende ceux qui se promèneraient durant les heures du service divin [2] ; si, à Belfort, vers 1650, les bourgeois sortant de la ville, avant la messe de la paroisse, doivent payer trois livres d'amende, s'ils n'exhibent une autorisation du prévôt du chapitre [3] ; si, à Turckheim, en 1655, nous voyons également des bourgeois punis pour n'avoir point assisté à la messe [4] ; si, en 1680, le Magistrat de Strasbourg fait fermer les portes de la ville pendant plusieurs heures le dimanche, de peur que le prêche ne soit déserté par certains contempteurs de la volonté divine, qui s'en vont godailler et danser ce jour-là dans la banlieue [5], toutes ces mesures prouvent, avec évidence, que *tous* les citoyens des villes alsaciennes n'étaient pas pénétrés de cette religiosité profonde que nous signalions tout à l'heure. Mais elle n'en devait pas moins être générale pour que l'on supportât patiemment des prescriptions de police qui feraient pousser, de nos jours les hauts cris aux plus dévots et ne pourraient être maintenues un instant contre la poussée de l'opinion publique.

La vie quotidienne était donc plutôt sévère et les distractions bien moins fréquentes qu'elles ne le sont de nos jours. Celles qui se présentent le plus souvent se rattachent d'ordinaire à des fêtes intimes, aux fiançailles, aux noces, aux baptêmes. C'est encore un hommage à la famille ; c'est dans son sein qu'on cherche le plus volontiers les délassements et les plaisirs honnêtes. Mais aussi, dans ces délassements, l'on s'en donnait à cœur joie, les bourses s'ouvraient largement et les estomacs, autrement robustes que les

---

1. Lehmann, *Geschichte von Landau*, p. 169.
2. *Erneute Polizeiordnung der Statt Weissenburg in Jahr MDCXIII*, Strassburg, Martin, 1614, in-folio, chapitre 1ᵉʳ.
3. H. Bardy, Documents inédits sur Belfort. (*Revue d'Alsace*, 1869, p. 390.)
4. Chronique de J.-B. Hun. (*Revue d'Alsace*, 1872, p. 530.)
5. Ordonnance du 9 octobre 1680.

nôtres, faisaient des prodiges. D'innombrables ordonnances ont codifié, pour ainsi dire, au XVIe et surtout au XVIIe siècle, sur ces divers points, les us et coutumes de la bourgeoisie alsacienne. Les plus détaillées, les plus minutieuses, sont celles de la République de Strasbourg, dont l'intendant La Grange disait avec un enthousiasme vraiment administratif : « Il n'y a rien de plus beau que les ordonnances de police de la ville de Strasbourg ; l'on peut dire que la règle qui y est prescrite pour les moindres choses est sans égalles[1]. » Elles marquent, par leurs fluctuations et leurs divergences la tolérance plus ou moins grande des gouvernants, leur austérité temporaire ou leur relâchement partiel, selon les temps plus ou moins orageux qui les virent naître. Les villes libres impériales protestantes d'Alsace, pour autant que nous connaissons leurs règlements imprimés, les ont toutes plus ou moins calquées sur les lois somptuaires adoptées par leur métropole. Les villes catholiques semblent n'avoir pas été également sévères ou, pour mieux dire, elles n'ont jamais songé à réunir leurs ordonnances multiples en un code d'ensemble, une *Policeyordnung*, comme celles de Strasbourg ou de Colmar. Il n'est pas exact de dire qu'elles n'ont pas connu cette réglementation de la vie privée par l'autorité publique[2], mais cette dernière ne paraît point avoir veillé d'un œil aussi sévère à la mise en pratique quotidienne de la loi. D'ailleurs, étant presque toutes de beaucoup moindre importance, le luxe y était nécessairement moins développé.

Il ne nous est pas possible, on le comprend, d'entrer dans le menu détail de ces prescriptions innombrables grâce auxquelles une autorité paternelle s'imaginait pouvoir protéger ses sujets contre la corruption du siècle et les mauvais penchants de leur propre cœur. Il faudrait pour cela des volumes ; mais on peut donner au moins un aperçu d'ensemble de cette législation somptuaire du XVIIe siècle, en tant qu'elle s'applique à la vie bourgeoise de cette époque, et c'est ce que nous allons essayer de faire[3].

En parcourant celles de ces ordonnances relatives aux noces qui

1. La Grange, *Mémoire*. (Migneret, *Description du Bas-Rhin*, I, p. 539.)
2. Ch. Gérard, *L'Alsace à table*, p. 252.
3. Les archives municipales de Strasbourg renferment en une longue file de volumes et de cartons, la série complète des *Verordnungen*, manuscrites et imprimées, émanant du Magistrat, du XIVe à la fin du XVIIIe siècle. Mais les règlements imprimés, — et ceux du XVIIe siècle le furent à peu près tous, — se trouvent dans les bibliothèques publiques et de nombreuses collections particulières eu Alsace, car on les distribuait aux intéressés, pour qu'ils ne pussent alléguer leur ignorance.

datent du commencement du siècle, on se sent encore en contact avec les contemporains de Rabelais et de Fischart. Il est permis de convier à ces fêtes de famille une soixantaine de convives et elles durent trois jours. Puis vient la guerre de Trente Ans et son cortège de misères; dorénavant les noces ne dureront plus qu'un seul jour, elles se célébreront à l'auberge pour qu'on puisse en contrôler les menus, et le nombre des convives ne pourra plus dépasser vingt-quatre. En 1603, le repas principal *(Mittagsimbiss)* se servait de dix heures du matin à quatre heures du soir, puis, après le bal, le souper *(Abendimbiss)* reprenait à six heures pour se prolonger jusqu'à dix heures et demie. En 1664, l'autorité trouve que dix heures d'exploits gastronomiques sont de trop et défend de prendre plus d'un repas, qui pourra, il est vrai, durer de onze heures du matin à cinq heures du soir; les menus compliqués, autorisés par cette ordonnance, déjà bien restrictive pourtant, n'auraient pu être absorbés sans doute en moins de temps[1].

S'ils conservaient toujours de la sorte le droit d'abîmer leurs estomacs, les convives étaient étroitement surveillés dans leurs autres faits et gestes, même les plus insignifiants en apparence. Le règlement de 1684 défendait, par exemple, aux jeunes gens de s'asseoir auprès des jeunes filles, car tout *flirt* était interdit et l'aubergiste qui aurait permis qu'ils quittassent la table à eux assignée était passible de trente livres d'amende. Pour qu'ils ne pussent se livrer à la chorégraphie d'une façon trop émancipée, les pauvres danseurs étaient également tenus de garder leurs manteaux, et les jeunes filles étaient mises à l'amende si, quittant leurs chaperons ou leurs bonnets de fourrure, elles s'avisaient de danser « en cheveux ». Il était interdit d'offrir des rafraîchissements à sa danseuse et de la serrer de trop près[2]. A dix heures, tous les convives devaient se retirer sans tapage et le gargotier avait à rédiger un rapport cir-

1. Le règlement très sévère de 1664 défendait qu'il y eût plus de quatre services : I : Coq de bruyère ou dinde, pâtés de poulet ou de pigeon, quatre potages divers. II : Poule bouillie, bœuf frais et salé, choux, raves, navets. III : Carpes, brochets, goujons frits et saumonneaux. IV : Huit espèces de rôti, beignets, tartes aux fruits. Le vin ordinaire était à discrétion ; deux mesures de vin d'honneur étaient allouées par table. Un repas de noces pareil coûtait cher. Celui de Daniel Wencker, le fils de l'ammeistre Jacques, célébré à l'auberge de la *Lanterne* en 1698, coûta 230 livres pfenning, c'est-à-dire environ 2,800 francs de notre monnaie.
2. « *Sie ohngebührlich angreiffen.* » Ce que les autorités défendaient surtout, c'étaient les danses sur les places publiques (*Gassentaenz*); ménétriers et danseurs étaient frappés d'une amende. Voyez par exemple, la défense du Magistrat de Colmar, 1601, chez Auguste Stœber, *Aus alten Zeiten*, p. 191.

constancié sur l'attitude de ses hôtes; s'il négligeait de déposer, tous les quinze jours au moins, ces « bulletins de noces » *(Hochzeitszeddel)* à l'Hôtel-de-Ville, il y allait pour lui de quinze livres d'amende[1]. Dans les petites localités où ces cérémonies étaient moins fréquentes et où les « autorités » étaient généralement de noce elles-mêmes, on était moins rigide et les réjouissances de la veille recommençaient le lendemain, parfois durant une semaine tout entière[2].

Il serait très tentant de profiter en cet endroit des nombreux documents que nous fournissent les règlements, les chroniques et les traités professionnels contemporains pour esquisser ici le tableau gastronomique de l'Alsace, à ce moment de son histoire. Mais on ne se décide pas volontiers à revenir sur des sujets traités de main de maître, et parler de ces matières en détail après l'érudit et spirituel auteur de *L'Alsace à table* témoignerait vraiment d'une présomption ridicule; on ne saurait mieux dire ni mieux faire qu'il ne l'a fait[3]. Tout au plus y aurait-il lieu de défendre un peu ses compatriotes contre l'accusation de gourmandise que la succession des nombreux chapitres de son livre, avec tous les mets succulents, tous les raffinements culinaires qu'il décrit, ne peut manquer d'éveiller dans l'esprit du lecteur. On y attire trop l'attention sur les menus des jours d'apparat, sur les bombances rares, et il est permis de croire qu'avec tout leur penchant naturel pour la bonne chère, le plus grand nombre, parmi les Alsaciens du XVIIᵉ siècle se sont nourris plus simplement et sans se servir souvent du manuel du parfait cuisinier que l'une des plus hautes autorités de l'Église d'Alsace ne dédaigna pas, à ce qu'on affirme, de rédiger à cette époque[4].

1. Voir pour les détails les ordonnances nuptiales (*Hochzeitsordnungen*) des 2 février 1603, 4 octobre 1625, 14 avril 1634, 22 juin 1650, 10 avril 1654, 12 mars 1664, 3 avril 1680, 6 août 1685. Comparez aussi la *Ernewte Policeyordnung* de Wissembourg (chap. IV, des noces, chap. VIII, des baptêmes) et la *Hochzeit-Ordnung* de Colmar, de 1654, in-4°. Celle de 1668, promulguée dans cette dernière ville, est reproduite dans le volume d'Aug. Stœber, *Aus alten Zeiten*, p. 103, suiv.
2. Voir le récit très amusant et très mouvementé d'une noce à Altkirch, dans les *Mémoires de deux voyages*, p. 167-176.
3. Ch. Gérard, *L'Alsace à table*, Paris et Nancy, Berger-Levrault, 1877, 2ᵉ édit. gr. 8°. Le regretté Ch. Gérard, cet esprit si français et si profond connaisseur des choses alsaciennes, avait réuni, durant trente ans de recherches, les matériaux de son livre, et il venait de le refondre et de le perfectionner, peu avant de succomber à la nostalgie de la terre natale sur le sol même de la patrie.
4. *Kochbuch sowol für geistliche als für weltliche Haushaltungen, durch einen geistlichen Küchenmeister des Gotteshauses Lützel*. Molsheim,

Si Béatus Rhenanus, le savant enfoncé dans ses manuscrits classiques, déclarait au XVIe siècle que les Alsaciens « race modeste et simple, étaient un peu trop sur leur bouche [1] » un bon pasteur de Colmar, qui les fréquentait de plus près, affirme, cent ans plus tard, « qu'une bonne platée de choux leur semble meilleure que les plats les plus raffinés [2] », et il l'explique d'une façon fort plausible en ajoutant : « C'est qu'ils se fatiguent et se tracassent par un travail continu, si bien que tout leur paraît délicieux, et qu'en outre ils sont toujours bien portants. » Un médecin parisien qui a longtemps habité l'Alsace vers la fin du XVIIe siècle et a tenu note de ses impressions professionnelles durant son séjour dans cette province, corrobore ce témoignage d'un autochthone et rend hommage à la simplicité de la cuisine alsacienne : « Les Alsaciens, dit-il, ne sont pas friands de bonne chère ; leurs viandes sont mal apprêtées, et leurs ragoûts sans délicatesse, leur rôti sec. Ils mangent peu de viande ; ils font une soupe d'une ou de deux livres de bœuf, qui se promène quelques temps dans un baquet d'eau bouillante ; les herbes n'y cuisent pas... S'ils mangent peu de bonne viande, ils en mangent beaucoup de mauvaises... Que peut produire un genre de vie tel que celui des Alsaciens, qu'un sang grossier, épais, froid et mal travaillé [3] ? »

Le tableau n'est pas flatteur assurément, non plus que le passage de Me Maugue qui suit immédiatement le premier et se rapporte aux habitudes potatoires des habitants : « L'on ne peut disconvenir qu'ils n'ayment à tenir longtemps à table, s'y amusans à l'imitation de l'ancienne simplicité, avec un grand gobelet de vin qu'ilz portent vingt fois à la bouche, pour en avaler autant de gorgées sans dire mot, ou, s'ilz parlent, c'est pour faire beaucoup de bruit, mais il faut pour cela qu'ilz ayent longtemps et largement bû [4]. » Il me paraît difficile de faire passer des gens aussi simples et si contents de peu pour des Lucullus ni même pour des Trimalcions.

1671, 8°. Ce *Küchenmeister* ne serait autre que Dom Bernardin Buchinger, abbé de Lucelle, membre du Conseil souverain d'Alsace ; j'avoue que j'ai quelque peine à le croire, malgré l'autorité de Grandidier. (*Nouvelles Œuvres inédites*, éd. Ingold, II, p. 102.)
1. « *Populus tenuis ac simpleœ, præterea commessationibus paulo addictior.* » (*Rerum germanicarum libri tres*, Basileæ, 1537, folio, p. 137.)
2. « *Welchen ein gerächt kraut besser schmecket als die groessten delicatessen.* » (Nicolas Klein, *Chronica Colmariensis*, dans Rathgeber, *Colmar und Ludwig XIV*, p. 57.)
3. Maugue, *Histoire naturelle de la province d'Alsace* (manuscrit de la Bibliothèque Nationale), II, p. 128-130.
4. Maugue, *op. cit.*, II, p. 131.

S'il pouvait rester quelque doute là-dessus dans les esprits, on n'aurait qu'à lire encore la page suivante, empruntée au consciencieux observatenr, si souvent déjà cité, au Parisien de l'Hermine, écrite une vingtaine d'années auparavant. « Leurs repas ordinaires ou de ménage, dit-il, sont mesquins et fort peu appétissans. Ils ne font guère cuire la viande de la marmite, et on ne sait ce que c'est d'y mettre des herbes potagères. Mais ils en font un plat à part, de sorte que leur bouilli est toujours accompagné d'une espèce d'entremets de choux, de navets ou de betteraves. Aussi regardent-ils les productions de leurs jardins comme l'ordinaire de leur subsistance. Aux jours maigres, qui sont en Allemagne d'une maigreur étrange, ils font souvent des bignets de diverses façons ; quelquefois ils sont filés comme de la bougie entrelacée en couronne et, ce qui paraîtra incroyable, on y en fait même avec des écrevisses et des feuilles de sauge. Ils font outre cela frire des bouletes de pâte beurrée de la grosseur d'une savonnette, qui est un détestable mets. Un homme qui est bourré de trois de ces bales là en a du moins pour deux jours à faire digestion. Les Allemans se piquent surtout de bien accomoder le poisson d'eau douce ; mais, ne leur déplaise, leurs longues sausses sont des solécismes de bonnes chères et le poivre noir et le saffran qu'ils y fourrent sans mesure est un vray barbarisme de bon goût. Joignez à cela la vaisselle fort malpropre, des ronds de bois qui servent d'assiettes, on avouera en France que cela n'est guères ragoutant. Pour moi, je ne puis le dissimuler, le cœur me bondissait de voir un pareil service[1]. »

Il n'y a pas lieu, on le voit, de trop exalter la cuisine alsacienne du XVIIe siècle; si l'on se laisse trop souvent aller à vanter l'extravagante opulence des repas de cette époque, c'est qu'on la juge à tort d'après les menus des grands jours. Les plats sucrés, les pâtisseries et les confitures abondaient sans doute quand on réunissait le ban et l'arrière-ban des familles à ces noces dont nous venons de parler; c'est alors qu'apparaissent au dessert toutes ces créations aux dénominations plus que bizarres et difficiles à traduire, les *Fülliwiwerkiechle* (galettes des femmes paresseuses), les *Nonnefirtzle* (pets de nonnes), les *Schwôwebreedle* (pains à la souabe), les *Hüresckenkele* (cuisses de p....), etc., énumérés par les classiques de la table alsacienne, d'après les livres de cuisine et les recueils manuscrits de recettes provenant de leurs arrière-grand'-mères[2]. Mais combien modeste est en réalité le menu hebdomadaire

1. *Mémoires de deux voyages*, p. 181-182.
2. Voy. l'énumération tout homérique de ces plats doux et entremets.

du petit bourgeois, tel que le consciencieux Maugue nous l'a conservé ! Le lundi, il mangeait des fruits secs, cuits à l'eau ; le mardi, des navets ; le mercredi, des haricots ou des pois ; le jeudi, du riz ou de l'orge ; le vendredi, des épinards ; le samedi, des lentilles et le dimanche, de la choucroute au lard[1] ! C'est le mets favori du petit et du gros bourgeois. Ils sont si friands de ces choux confits durant trois ou quatre mois dans le sel, le vinaigre et la graine de genièvre « qu'ils ne croient pas avoir été régalés si les *Sauerkraute* y manquent[2] ».

Nous sommes loin de la gourmandise raffinée, reprochée parfois de nos jours aux Alsaciens de cette époque. Il serait beaucoup plus exact d'affirmer qu'ils mangeaient en général fort médiocrement ; mais il est licite d'ajouter qu'ils mangeaient en revanche beaucoup quand l'occasion s'en présentait, ce qui n'arrivait pas tous les jours. Si le paysan faisait quatre repas quotidiens, déjeunant, dînant, goûtant et soupant, le citadin se contentait de trois repas d'ordinaire. « L'heure du repas est à dix heures très précises en Alsace, écrit M. de l'Hermine, parce que ce n'est pas la coutume d'y déjeuner et que le souper est à six heures[3]. »

Mais il est temps de revenir en arrière, après cette digression qui ne m'a point semblé inutile, et de reprendre l'analyse des épisodes principaux de la vie bourgeoise d'alors, que nous essayons de grouper autour de son centre naturel, la famille.

Les fêtes baptismales ne prêtaient pas moins que celles des noces à des prouesses gastronomiques sur lesquelles nous n'avons plus à revenir ; elles n'étaient pas moins surveillées et contrôlées, jusque dans les moindres détails, afin de sauvegarder « l'antique simplicité » des mœurs. Nous ne parlons pas ici, bien entendu, de la partie religieuse de la cérémonie, mais seulement des prescriptions minutieuses de l'autorité civile. L'attention des autorités se portait même sur les cadeaux échangés à cette occasion entre parrains,

---

sucrés chez Gérard, *L'Alsace à table*, p. 198-202. Nous ferons remarquer que toutes ces bonnes choses étaient infiniment trop chères pour être à la portée de tous. On voit par la *Taxordnung* de 1646 qu'une simple tarte coûtait dix schellings, c'est-à-dire environ cinq francs de notre monnaie, et une tarte aux amandes 15-16 schellings, soit 7 fr. 50 à 8 francs.
1. Maugue, *op. cit.*, tome I, p. 128.
2. *Mémoires de deux voyages*, p. 174.
3. *Ibid.*, p. 184. — On supprimait donc la soupe matinale du paysan, car il n'était pas question au XVIIe siècle de café au lait, ni, à plus forte raison, de thé ou de chocolat, même chez le patriciat des villes; ces excitants se trouvaient tout au plus dans les pharmacies. Outre le livre de M. Gérard, on peut aussi consulter sur ce chapitre l'opuscule de M. A. Klenck, *L'ancien Mulhouse à table*, Mulhouse, 1868, 8°.

marraines et filleuls. Défense, sous peine de vingt-cinq livres d'amende, de dépasser la somme d'un thaler pour la future tire-lire de l'enfant; défense également d'offrir un présent de valeur à sa mère ; pas de bonbons et quatre schellings au plus de gratification à la nourrice. Détail curieux : Pour être bien sûr que ses prescriptions seraient obéies, le Magistrat ordonnait aux sages-femmes, qui assistaient à la cérémonie, d'ouvrir les petits paquets offerts ce jour-là par les parents, les parrains et les amis, afin d'en vérifier le contenu, et chaque mois elles avaient à présenter à ce sujet un rapport au tribunal de police, à peine d'être révoquées de leurs fonctions [1].

La même simplicité, aggravée de ce je ne sais quoi de rude et d'austère, se marquait, pour le dire en passant, à la sortie du monde comme à son entrée. On n'était point libre du tout d'honorer ses morts à sa guise, et des règlements sévères déterminaient la durée du deuil et ses formes spéciales. Les patriciens seuls avaient droit au manteau noir à traîne, le journalier ne pouvait porter qu'une rosette de crêpe au chapeau, la mère n'était pas autorisée à pleurer son enfant plus de huit semaines, s'il n'avait dépassé l'âge de douze ans. Les couronnes de fleurs artificielles, les images en cire sont absolument interdites sur les tombes ; les parents et les grand-parents, les parrains et les marraines peuvent déposer une branche de romarin, un bouquet de fleurs naturelles sur le tertre funéraire d'un fils, d'un petit-fils ou d'un filleul ; mais si un simple cousin, un neveu, quelque ami, suivait cet exemple, il payerait ce témoignage d'affection spontanée de cinq livres d'amende [2].

Il fut un point cependant sur lequel toute la ténacité des gouvernants ne put jamais obtenir entièrement gain de cause, bien que les ordonnances y relatives succédassent aux ordonnances durant tout le XVIIᵉ siècle : c'est celui des costumes. C'est, on le devine, du costume féminin qu'il s'agit avant tout. Le besoin de paraître et de plaire, le désir de faire valoir ses charmes ou de dissimuler

---

1. *Kindtauff-Ordnung* du 23 avril 1664, de 1687, etc., in-folio. *Verbott das Gœttelgeldt betreffendt*, 12 mars 1621.
2. *Leichenordnung* du 20 février 1673, in-folio. — *Revidierte Leichen-Traeger-Ordnung*, du 2 décembre 1665, in-fol. Le docteur Maugue écrivait, il est vrai, dans son *Histoire naturelle d'Alsace*, en parlant des enterrements, que « lorsqu'il meurt quelque enfant ou quelque vierge, on couvre le cercueil de fleurs artificielles qu'on y laisse en les enterrant, dépense aussi grosse qu'inutile ». Mais ce passage cité par M. Nerlinger dans la *Revue d'Alsace* (1898, p. 217) se rapporte à des habitudes du XVIIIᵉ siècle (vers 1720) et spécialement catholiques. Même à cette date, l'orthodoxie luthérienne ne tolérait pas encore les fleurs artificielles.

leur absence rendit le beau sexe alsacien tout à fait rebelle aux règlements somptuaires dirigés contre le luxe des toilettes. Il ne faisait d'ailleurs que continuer l'opposition acharnée de ses devancières aux siècles précédents. C'est un chapitre bien curieux de l'histoire des mœurs que cette guerre, aussi vaine qu'incessante, des autorités civiles et de l'Église contre les caprices de la mode. Mais ce qui doit sembler le plus bizarre, c'est que les magistrats du XVIIe siècle oublient complètement les reproches et les règlements analogues de leurs prédécesseurs et, se répandant en doléances sur les « mœurs anti-germaniques » de leurs sujets, leur reprochent de « ne plus imiter du tout la louable constance que leurs ancêtres tudesques ont manifestée jadis, à leur gloire toute spéciale, en tout ce qui concernait le costume[1] ». Quand on lit certaines descriptions, presque satiriques, de leurs édits, qu'on y rencontre ces élégants aux bottes à l'écuyère, aux éperons immenses, aux cheveux nattés, tressés, entremêlés de rubans ou de bagues, gages d'amour de leurs adorées, ces dames aux robes trop courtes, aux guimpes trop transparentes, aux talons surélevés, aux rubans trop larges à leurs jarretières, on comprend, à leur ton chagrin, combien tout cela « répugne absolument aux esprits chastes, germaniques et chrétiens ». Mais il est permis de douter que la réglementation à outrance ait été le remède le plus raisonnable et surtout le plus efficace.

La grande Ordonnance sur le costume, la *Kleiderordnung* strasbourgeoise de 1628, est probablement le monument législatif le plus scrupuleusement élaboré et le plus complet qui ait été consacré à cette question délicate en Alsace et peut-être même ailleurs. Toutes les classes de la bourgeoisie locale y sont distribuées en six catégories, et pour chacune de ces catégories un chapitre spécial établit les formes et la matière de l'habillement, avec défense sévère de s'écarter à l'avenir du programme officiel. Ce n'est pas tant sur la valeur intrinsèque des choses que l'on chicanait les gens, et la servante à laquelle on permettait de porter une robe de drap à deux écus l'aune (c'est-à-dire environ seize francs) avait en réalité un vêtement plus cossu que bien des bourgeoises de nos jours[2]. Le but principal du législateur était de fixer extérieurement les

---

1. *Kleiderordnung* de 1628, chapitre VIII de la *Policeyordnung* de la ville de Strasbourg.
2. Il ne faut pas oublier d'autre part qu'en cas d'achat d'une étoffe aussi chère, le vêtement qu'on en confectionnait durait, comme habit de dimanche, une existence entière; il n'était pas question d'en acheter un second, et beaucoup de petites bourgeoises imitaient en cela les servantes.

démarcations sociales et d'empêcher les humbles de se hisser au niveau des notables. Aussi les personnes de la dernière catégorie, domestiques, couturières, garde-malades, n'auront que des robes d'étoffe sombre, du linge de corps en toile écrue, pas de dentelles ni de ruban de soie, pas de talons à leurs souliers, et ne porteront aucun bijou, pas même en imitation. Les mêmes défenses à peu près s'appliquent aux personnes de la seconde catégorie, femmes de journaliers, de bûcherons, de forts de la halle, de commissionnaires, etc. Un peu plus de latitude est accordée au troisième groupe, celui des artisans, jardiniers, petits employés de la Ville ; ils pourront dépenser jusqu'à trois écus l'aune pour leurs vêtements de drap, mais ils ne porteront ni velours ni soie, point de nœuds de rubans, point de dentelle au justaucorps ou à la culotte ; la dentelle des collerettes féminines ne coûtera pas plus de huit à dix pfennings l'aune et les pelisses des deux sexes devront valoir au plus vingt écus. Deux ou trois bagues sont tolérées, à condition qu'on ne les porte qu'aux fêtes de famille, noces et baptêmes ; le prix du chapeau masculin ne dépassera pas trois florins, celui des femmes pouvant aller à quatre, sans la façon.

La quatrième catégorie du règlement comprend les artisans d'un ordre plus relevé, les artistes, les commis négociants, les aubergistes, certains fonctionnaires de l'État. On leur concède le droit de porter des vêtements de drap à quatre florins l'aune et des bas de soie : leurs épouses pourront également porter des robes de soie, mais unie et non pas brochée, et sans aucun volant. Le prix de leurs fourrures ne dépassera pas 30 florins, leurs bijoux ne pèseront pas plus de douze onces d'or fin et leurs bagues pourront bien être ornées de grenats et de topazes, mais il leur est défendu d'y faire enchâsser des diamants ou des rubis. Les commerçants notables, les docteurs des différentes Facultés, les licenciés, les fonctionnaires d'un rang élevé, ainsi que leurs femmes sont assez libres dans le choix de leur costume. L'or ni le velours sur la soie ne sont plus prohibés, sauf qu'il est défendu de doubler en velours les manteaux de drap et de rehausser les habits de galons d'or ; les femmes s'abstiendront aussi de broder leurs robes de perles, d'y adapter plus de sept volants, de porter des agrafes d'or ou des tabliers en dentelle de Cambrai. Quant à la sixième catégorie, qui comprend seulement la noblesse et les Conseils secrets de la République, tout est permis à leurs heureux représentants des deux sexes. Plus de menaces d'amende, plus de défense sévère et grondeuse. Le législateur s'exprime à lui-même l'espoir qu'il prêchera d'exemple et se distinguera par la

simplicité de sa mise, mais il n'a garde de rien prescrire et autorise les dames à porter jusqu'à neuf volants à leurs robes d'apparat[1].
Il en fut de cette tentative de législation comme de toutes les précédentes. Les petites gens respectèrent l'ordonnance dans une certaine mesure, parce qu'ils craignaient l'amende et que d'ailleurs leur bourse ne leur permettait pas souvent de l'enfreindre, mais la classe aisée n'en eut cure, car le nouveau règlement de 1660 débute par l'affirmation que les prescriptions de 1628 sont à ce point méconnues qu'à peine les différentes classes des citoyens se distinguent encore par leur costume[2]. Aussi refait-il le classement systématique des professions bourgeoises[3] et ajoute-t-il quelques prohibitions nouvelles aux anciennes[4], sans être mieux obéi.

Le Magistrat ne se décourage pas cependant; en 1678, au milieu des plus grands embarras politiques, alors que Créquy manœuvrait tout près de la ville, dans la plaine d'Alsace, il promulgua une nouvelle ordonnance contre le « luxe excessif » des coiffures des Strasbourgeoises, contre les bonnets de fourrures et les *Schneppenhauben*, espèce de petits casques d'argent ou d'or, chez les riches, d'étoffe brodée de jais chez les pauvres. Il provoqua de la sorte une agitation violente, et les maris eux-mêmes proférèrent, disent les chroniqueurs, des menaces contre le gouvernement. Le bon François Reisseissen, qui était alors ammeistre en régence, mais avait néanmoins voté contre la mesure, se lamente dans ses *Mémoires* qu'on ait choisi un pareil moment pour jeter aussi gratuitement la discorde dans la cité et cite éloquemment un passage de Quinte-Curce plus ou moins relatif à l'affaire[5].

L'ordonnance du 23 juin 1685 reprend, un quart de siècle plus tard, les mêmes doléances en y opposant, sans meilleur résultat,

1. *Policeyordnung der Stadt Strassburg*, 1628, in-folio, chapitre VIII, *Kleiderordnung*.
2. *Revidierte Kleiderordnung*, 1660, in fol. Déjà plus de quarante ans auparavant, la *Policeyordnung* de Wissembourg avait fait la même réflexion mélancolique, au chapitre XIII, concernant les domestiques.
3. Le classement est fait d'une façon qui semble assez bizarre à nos idées modernes. La femme du trompette municipal y figure au même rang que celles des maîtres de l'Université et des professeurs du Gymnase, et les instituteurs publics sont rangés au-dessous des sages-femmes et des barbiers.
4. Ainsi le Magistrat défend de porter des fausses nattes, considérant la chose « comme le comble de l'impudence pour une femme mariée ».
5. Reisseissen, *Mémorial*, p. 71-72. Ajoutons qu'alors comme de nos jours, il y a toujours des privilégiés. Dès l'année suivante, le margrave Frédéric de Bade-Dourlach intercède pour la femme de l'aubergiste du *Cheval-Noir* pour qu'elle puisse porter un bonnet de fourrures en zibeline, et on lui accorde sa demande. (Archives municipales, A. A. 1209.)

les mêmes remèdes. Le changement général de la situation politique se répercute jusque dans ce règlement somptuaire. Dans l'espoir d'arrêter « l'extravagance insensée » des toilettes de ses ressortissants, le Magistrat ordonne que les femmes mariées et les jeunes filles adoptent le costume français et quittent les bonnets et vêtements qualifiés communément de mode de Souabe, de Ratisbonne et de Strasbourg. Même les petites filles au-dessus de neuf ans devront dorénavant être vêtues à la française. Mais cette injonction fut encore moins suivie que les autres; il y faut voir d'ailleurs bien plutôt un acte de politesse à l'adresse de l'intendant La Grange, qui, vers la même époque, rendait une ordonnance analogue pour l'Alsace tout entière, qu'une mesure administrative sérieusement voulue. Aucune des deux prescriptions ne fut jamais mise en vigueur, et bientôt l'on n'en entend plus parler. Ce n'était pas d'un édit, mais d'un changement du goût seul qu'on pouvait espérer une modification des toilettes féminines; car pour l'habillement masculin, il se rapproche déjà bien plus du costume de « l'honnête homme » également porté dans tous les pays civilisés d'alors. Ce changement ne se fit que très lentement d'abord, les Strasbourgeoises tenant à leur costume traditionnel, que les Parisiennes avaient trouvé fort laid, tout en admirant le teint frais et les « traits bien faits » de celles qui le portent[1]. Si elles adoptent bientôt certains articles de provenance française, il fallut pourtant la Révolution et un ordre plus laconique que celui du Conseil des XXI pour quitter enfin leurs toquets séculaires[2].

Nous avons insisté spécialement sur les ordonnances de Strasbourg, parce qu'elles sont les plus détaillées; mais des prescriptions analogues existaient plus ou moins dans les autres villes d'Alsace; à Mulhouse, par exemple, un arrêté du 22 juin 1665 réglait la forme des vêtements masculins et défendait en particulier aux citoyens de paraître au prêche autrement qu'en « culottes à la Suisse[3] ».

Si l'autorité paternelle des Magistrats avait tant de peine à faire éviter l'écueil du luxe à la modestie féminine, il n'était guère plus heureux dans ses efforts pour protéger contre celui du cabaret la

---

1. « Elles attachent leurs jupes jusqu'au milieu du dos, ce qui empesche que leur taille ne paraisse avantageuse, » dit le *Mercure galant*, en racontant les impressions des dames de la cour, venues avec Louis XIV à Strasbourg. (Nov. 1681, p. 20.)

2. On connait l'arrêté de Lebas et de Saint-Just, du 5 brumaire an II : « Les citoyennes de Strasbourg sont invitées de quitter les modes allemandes puisque leurs cœurs sont français. »

3. « *In Schweizerhosen.* » (*Alsatia*, 1867, p. 259.)

sobriété des hommes. Dans les grandes villes, le Gouvernement trouvait un certain appui, une certaine garantie de bonne conduite dans le groupement professionnel de ses bourgeois. Réunis dans leurs *poêles* d'arts-et-métiers, le sentiment du respect de soi-même devait empêcher les artisans de se trop abandonner devant leurs pairs ou compères, d'autant que le vice de l'ivrognerie n'était pas seulement condamné du haut de la chaire, mais encore sévèrement puni par les lois[1]. Mais c'était un vice difficile à réfréner et surtout à constater. Car tous les règlements de police sur le contrôle des aubergistes, n'empêchaient pas ceux-ci de donner à boire à des malheureux qui avaient déjà trop bu, ou de laisser rentrer par une porte dérobée les consommateurs qu'on venait d'éloigner ostensiblement à l'heure de la clôture officielle des cabarets[2]. Celle-ci n'était d'ailleurs obligatoire que pour les indigènes, et les étrangers logés dans les hôtelleries conservaient le droit d'inviter leurs « amis et connaissances » à boire avec eux. Sans doute aussi des rondes de police nocturnes arrêtaient les individus rencontrés dans les rues en état d'ivresse, surtout s'ils se faisaient remarquer par leurs « brailleries bestiales[3] »; mais la fréquence même des arrêtés relatifs à ces vacarmes nocturnes et aux querelles, souvent sanglantes, des ivrognes avec le guet, prouve bien qu'ils n'effrayaient guère les coupables.

La guerre de Trente Ans devait amener et amena en effet une forte recrudescence de l'ivrognerie en Alsace, et surtout dans les villes, car les paysans, absolument ruinés, n'avaient plus d'argent pour acheter du vin, et le plus souvent leurs vignobles étaient détruits. Beaucoup ayant devant leurs yeux les épidémies meurtrières, les pillages répétés, désespéraient de conserver leurs provisions, vidaient leurs caves et cherchaient dans l'ivresse l'oubli de la misère générale ou de leurs soucis individuels[4]. Aussi les règlements se succèdent à Strasbourg et montrent par leur fréquence l'extension de ce vice déshonorant; ils chargent aussi l'aubergiste de surveiller ses clients, pour empêcher qu'ils ne blasphèment ou pour leur faire

---

1. *Erneuerte Polizeyordnung der Statt Weissenburg*, 1613, folio, chap. III, *Von dem Zu- und Volltrincken*. — *Der Statt Strassburg Policeyordnung*, 1628, fol., chap. VII, *Gastordnung*.
2. A Strasbourg, l'on fermait officiellement les auberges à neuf heures en hiver, à 10 heures en été, on sonnait alors la cloche de la cathédrale pour engager les citoyens à regagner leurs pénates; à Landau, la *Weinglocke* se faisait entendre à 9 heures.
3. « *Viehisches næchtliches Jauchzen und Jæhlen.* » Ordonnances du 22 décembre 1618, 21 avril 1619, 22 février 1630, etc. L'ordonnance disait même que si un membre des Conseils était jamais convaincu de pareil délit il serait doublement puni.
4. Ordonnances de 1616, 1620, 1622, 1628, etc., etc.

payer l'amende[1], pour noter surtout les paroles suspectes qu'ils pourraient proférer dans leur ivresse ou les expressions peu respectueuses pour l'autorité politique ; il était tenu de les rapporter sans délai à l'ammeistre en régence, sous les peines les plus sévères[2].

Il est juste d'ajouter que l'état d'ivresse, quand il n'était pas le résultat d'une habitude, ne paraissait pas aux contemporains aussi choquant qu'il le paraît de nos jours à des races plus sobres. Loin de s'en offusquer, les dames elles-mêmes en plaisantaient à l'occasion, comme le prouve l'histoire d'un brave envoyé de la ville de Colmar, le notaire impérial Jonas Walch, qui, sortant de l'hôtellerie du *Corbeau*, trop bien lesté, comme il le raconte lui-même, alla rendre visite à une dame du patriciat urbain, laquelle, sans manifester aucune surprise de son équilibre compromis et du décousu de ses discours, en rit beaucoup et le félicita de sa gaieté[3]. Dans les banquets d'apparat, la gravité des personnages n'empêchait pas toujours leur mise hors de combat et l'art de vider les coupes officielles, conservées dans les hôtels-de-ville et les châteaux, faisait partie de l'apprentissage diplomatique[4]. Ce n'est donc pas au XVIIe siècle qu'on serait venu démentir en Alsace le vieux dicton allemand :
« Qui n'a jamais été gris, celui-là n'est pas un brave homme ! »

Ce qui fournit une preuve plus concluante de l'état des mœurs à cette époque, c'est un examen rapide de ce que nous appellerons d'un mot la moralité publique. Il est permis de croire que la moralité générale du XVIIe siècle, sans valoir peut-être celle de la seconde moitié du siècle précédent, était pourtant supérieure à la moralité

---

1. A Landau, il y avait dans chaque salle d'auberge un tronc (*Strafbüchse*) dans lequel le client blasphémateur devait aller porter l'amende sur l'injonction du maître de céans, « quand celui-ci l'avait entendu jurer »; peut-être était-il sourd à certains moments. (Lehmann, *Landau*, p. 226.) A Wissembourg, on déposait également, pour le même délit, un *batz* dans une espèce de tire-lire. (*Revue d'Alsace*, 1859, p. 416.)
2. Il est vrai qu'avant de les dénoncer il devait d'abord « les dissuader avec bienveillance » de dire du mal du Gouvernement. Mais l'ordonnance du 5 mai 1673 menace d'expulsion, avec femme et enfants, tout hôtelier, cabaretier ou brasseur qui ne se ferait pas incontinent dénonciateur de tout propos dangereux.
3. « *Mit einem guten rausch*, » dit Walch lui-même dans une lettre au secrétaire Mogg (1634). Voy. *Bulletin du Musée historique de Mulhouse*, 1886, p. 54.
4. En 1700, Ulrich Obrecht, accusé de ce travers par des rivaux envieux, écrivait à Louis XIV : « Je suis né sobre et je le suis toujours quand il n'est pas question du service (de Votre Majesté)... Si je ne buvais pas avec ces gens-là, je ne saurais jamais rien... Le vin est la question des Allemands et je la leur donne. » (Grandidier, *Œuvres inédites*, t. V, p 190.) Il est vrai qu'en la donnant aux autres, il l'infligeait à lui-même et, moins robuste que ses victimes, il y succomba le premier.

générale de la bourgeoisie de nos jours. Là aussi les guerres continuelles ont favorisé le désordre croissant des mœurs et le libertinage de beaucoup de ceux qui furent entraînés par le tourbillon de ces luttes incessantes. Mais la forte éducation religieuse, la sévérité des châtiments, la difficulté même de *pécher*, et, d'autre part, la facilité relative à se créer de bonne heure un foyer domestique[1], les sommes peu considérables nécessaires alors pour se mettre en ménage, tout cela endiguait et refrénait encore la corruption grossière apportée du dehors par les soudards étrangers[2] ou par une noblesse militaire plus ou moins licencieuse. Assurément, il y a des « viveurs » dans la bourgeoisie des villes, alors comme aujourd'hui, mais loin de tirer vanité des irrégularités de leur existence, ils se cachent et n'ont pas tort de se cacher, car leur inconduite les expose non seulement au blâme des honnêtes gens, mais encore aux punitions ecclésiastiques et à la vindicte des lois. Encore les coupables appartiennent-ils plutôt, soit aux classes dirigeantes, au patriciat, soit aux couches très inférieures, aux irréguliers de la société. Quand il y a scandale public, la justice intervient et frappe avec une dureté qui nous semble parfois extrême[3]. Mais, en somme, les cas ne sont pas fort nombreux et le soin même avec lequel les chro-

1. Il n'est pas rare de voir les jeunes gens, non seulement ceux des campagnes, mais aussi ceux des villes, se marier à cette époque, à 22, 23, 24 ans, et généralement avec des femmes de même âge, qui les dirigent et les dominent. Sans doute, on rencontre aussi la mention d'unions fort disproportionnées, comme celle du chirurgien J.-G. Krauss, qui épousait en 1685 une veuve de cinquante-deux ans. Cité en justice pour l'avoir battue, il avoue le méfait en expliquant aux juges « que c'était un châtiment modéré et nécessaire pour réprimer l'intempérance de la langue de sa femme et les convices dont elle l'excédoit ». *Notes d'arrêts*, p. 125.

2. C'est à cette soldatesque étrangère, ramassis des pires vauriens de tous pays, qu'il faut attribuer la fréquence relative des crimes contre nature, qui n'étaient guère connus en Alsace avant la guerre de Trente Ans, tandis que, de 1647 à 1671 seulement, la *Chronique* de Walter énumère une douzaine d'individus brûlés vifs ou décapités à Strasbourg pour ce fait.

3. Nous en citerons quelques exemples seulement, empruntés à la *Chronique* contemporaine de Walter. En 1611, Henri Büchssner, l'un des stettmeistres de Strasbourg, est déposé de sa charge pour « impudicité » et frappé d'une amende de mille florins. En 1618, une affaire scandaleuse amène devant la justice, dans cette même ville, 27 hommes mariés, dix-huit célibataires et trois veufs, tous dénoncés par une même femme galante. En 1633, on tranche la tête à un notaire impérial, Daniel Strintz, pour crime d'adultère; en 1649, Lazare Zetzner, membre du Conseil des XV, est emprisonné pour le même motif. En 1656, le docteur Scheydt, le docteur Ziegler, le docteur Welper, sont incarcérés pour « paillardise »; en 1665, la femme d'un pasteur étranger est battue de verges, puis expulsée, pour inconduite; en 1670, une dame de mœurs équivoques « M*me* Hœrlerin », est mise en prison et frappée d'une forte amende, etc.

niqueurs les inscrivent sur leurs tablettes prouve bien qu'ils n'étaient pas d'ordre quotidien.

La prostitution publique n'existe pas ou plutôt n'existe plus en Alsace au XVII° siècle. Les dernières maisons de tolérance, si nombreuses au XV° siècle, ont disparu à Strasbourg en 1540[1]. Vers la même époque, disparaissaient aussi celles de Schlestadt[2]. Partout les règlements de police traquent la prostitution clandestine; le concubinage (*das zur unehe sitzen*) est puni de prison, d'amendes, d'expulsion, et même, dans certains cas de récidive, de la peine de mort[3]. Les jeunes filles qui ne vivent pas dans leur famille et refusent de s'engager comme domestiques pour rester « indépendantes [4] », sont chassées dans telle ville, comme Mulhouse, afin de les empêcher de mal tourner ou de séduire la jeunesse[5]. A Landau, celles qui sont convaincues d'avoir mené une vie déréglée sont obligées de porter « la pierre à scandale », le *Læsterstein*, à travers les rues[6]; ailleurs, avant de les expulser ou de les mettre en prison, on leur faisait faire trois fois le tour des puits sur la place publique, et on leur coupait les longues tresses dont les Alsaciennes étaient alors si fières[7].

Il y a d'ailleurs une preuve évidente de la moralité plus grande de cette époque, comparée à la nôtre, c'est le chiffre si restreint des naissances illégitimes. S'appuyant sur des matériaux fragmentaires, mais assez nombreux pourtant, on a pu en établir une statistique comparative pour Strasbourg, de tous les centres urbains le plus exposé, certes, à la contagion du mal[8]. Il ressort des chiffres réunis dans les Archives municipales que, de 1600 à 1611, la proportion moyenne des enfants naturels a été de 3 0/0 ; de 1648 à 1660, de 1 0/0 ; de 1662 à 1673, de 1 1/2 0/0 sur le total des naissances[9],

---

1. Un rapport officiel de la fin du XV° siècle en énumérait près de quatre-vingts pour une population d'un peu plus de 20,000 âmes. Voy. aussi J. Brucker, *Polizeiverordnungen der Stadt Strassburg im XIV und XV Jahrhundert*, pp. 456-468.
2. Kentzinger, *Mémoire*, p. 53.
3. La *Constitution und Satzung... wie das Gotteslestern... Eebruch, Nodtzog, Jungkfrauen schwechen, Hurerey, u. s. w. gestrafft werden soll*, de 1529, reste en vigueur pendant tout le XVII° siècle.
4. « *Die für sich selbsten sein wollen.* »
5. Ordonnance du 8 septembre 1652. (*Alsatia*, 1867, p. 258.)
6. Lehmann, *Landau*, p. 214.
7. *Alsatia*, 1867, p. 254.
8. Krieger, *Statistiche Beitræge*, II, p. 84.
9. Cela donne 30 naissances illégitimes par année, en moyenne, sur un chiffre moyen de 980 naissances, 8 sur 793, 11 sur 754. J'ai pris les trois séries indiquées dans le texte, parce que ce sont les seules périodes un peu longues pour lesquelles nous ayons les données complètes.

alors que de 1860 à 1869, le rapport proportionnel était de 28 0/0. A Wissembourg, il n'y eut pas, de 1596 à 1620, une seule naissance illégitime. Le premier bâtard inscrit à cette dernière date est celui de la servante d'un seigneur étranger, et le second, qui naît en 1635, figure également au registre paroissial, comme né d'une mère venue du dehors¹.

Ceux qui s'étaient rendus coupables d'impudicité trouvaient des censeurs sévères dans leur voisinage immédiat, comme dans leurs supérieurs. Nous avons lu, aux Archives de la Haute-Alsace, la supplique lamentable du vieux bailli de Heitern, Paul Wœlfflin, à la Régence d'Ensisheim, qui l'a révoqué pour avoir « fauté » avec sa domestique², malgré vingt ans de fidèles services, et alors que son père avait occupé déjà la même charge pendant plus de trente ans³. En 1683, un membre du Magistrat d'Ensisheim eut la malencontreuse idée d'intenter un procès pour injures à l'un de ses concitoyens, devant ses collègues. L'accusé déclara qu'il avait dit, en effet, que l'accusateur « avait engrossé sa servante », mais que ce n'était point là une injure, puisque le fait était constant. Non seulement le Magistrat s'empressa de relaxer l'accusé, mais il destitua « le fornicateur », le déclarant incapable d'exercer à l'avenir aucune charge publique, et lui imposa une amende de 83 livres pour le fisc et de 5 livres de cire pour l'Église⁴.

L'opinion publique et la législation d'alors étaient si sévères sur ce chapitre que le mariage lui-même n'effaçait pas la faute, fût-il célébré bien antérieurement à l'apparition des suites de cette dernière. Le clergé veillait avec un soin jaloux sur l'honneur virginal des futures épouses, à la ville comme à la campagne, et ne se faisait pas faute de protester quand l'autorité civile, pour éviter quelque scandale, autorisait certains couples à faire bénir leur union à domicile, afin d'échapper au moins à la censure publique⁵. Presque partout, nous voyons les amendes et même la prison frapper les

1. T. G. Rœhrich, manuscrit n° 734, tome II, de la Bibliothèque municipale de Strasbourg.
2. « Sich mit seiner magdt, dass gott erbarm, ubersehen. »
3. A.H.A., E. 1355.
4. *Notes d'arrêts*, p. 3. C'est assurément sous cette forme quasi patriarcale que le désordre des mœurs se présente le plus souvent en Alsace. A la ville comme à la campagne, les maîtres abusent de leur domesticité féminine. (Voy. un dossier dans lequel se trouvent une série de cas analogues pour les années 1592-1685, aux Archives de la Haute-Alsace, E. 1635.)
5. C'est ainsi qu'en 1621 le Convent ecclésiastique de Strasbourg présente aux XXI un mémoire virulent contre cette tolérance coupable à l'égard de ceux qui anticipent leur mariage; il réclame le maintien de toutes les pénalités en vigueur contre l'immoralité.

personnes trop pressées de jouir de leur bonheur conjugal[1], sans préjudice de la punition plutôt morale que leur infligent les représentants de l'Église[2]. Même une simple promesse de mariage, légèrement oubliée ou, plus légèrement encore, faite successivement à plusieurs personnes, pouvait amener pour l'étourdi des punitions sévères[3].

Tout cela ne garantissait pas toujours, évidemment, le bonheur ni la paix domestique aux ménages bourgeois du XVIIe siècle. Il s'y rencontrait bien des maris ivrognes et débauchés qui battaient leurs femmes; il s'y trouvait des femmes qui négligeaient leurs devoirs et même les oubliaient parfois, pour se venger de leurs époux[4]; il y avait, plus fréquemment encore, des couples qui se querellaient par incompatibilité d'humeur, sans avoir rien de bien grave à se reprocher, et qu'un tiers charitable avait toutes les peines du monde à réconcilier[5]. Mais ces écarts, quelque nombreux

[1]. A Wissembourg (1628), c'est vingt florins qu'il en coûte à une femme accouchée cinq semaines trop tôt; à Obernai (1716), la somme est réduite à dix florins. Il est vrai que le coupable est l'ancien bourgmestre de la ville. Sur ce curieux procès, voy. *Essay d'un recueil d'arrêts*, Colmar, 1740, p. 281. — A Ingwiller (1608), on enferme d'abord les fiancés, on les extrait de prison pour les marier par ordre et immédiatement après on les expulse de la ville. (Letz, *Geschichte von Ingweiler*, p. 28.) A Strasbourg, le carnet d'audience de l'ammeistre Jean-Jacques Reisseissen (1649), que j'ai publié à la suite des *Notes* de son fils, énumère une série de cas de ce genre, assez différemment punis. (Reisseissen, *Aufzeichnungen*, pp. 121-137.)

[2]. Tandis qu'à Strasbourg on considérait comme une faveur la bénédiction nuptiale à domicile, accordée aux coupables, à Wissembourg, au contraire, c'était une punition d'être marié, non à l'église, mais dans la maison du pasteur. (Rœhrich, manuscrit 734, II.) A Landau, nous voyons une jeune fille, rendue mère, obligée de se marier à l'église, son bébé sur le bras. (Lehmann, *Landau*, p. 214.) A Münster, encore en 1665, le règlement prescrit que des fiancés qui n'auront pas attendu jusqu'au mariage, seront unis sans cérémonie, ni annonce préalable, et « portant des couronnes de paille sur la tête ». (Hecker, *Münster*, p. 182.) Il est clair que des mesures pareilles, sévèrement observées devaient, plus encore que tous les bons conseils, empêcher bien des inconséquences.

[3]. En 1634, un jeune homme de Wissembourg est mis et tenu assez longtemps en prison pour « avoir promis mariage à plusieurs », sans qu'on lui reproche autre chose. A Strasbourg, en 1670, un vicaire, nommé Wild, est réprimandé par le Convent ecclésiastique, puis destitué pour n'avoir plus voulu de sa fiancée, après en avoir trouvé une plus riche.

[4]. Le carnet judiciaire de Jacques Reisseissen, que nous citions tout à l'heure, permet de nous rendre assez nettement compte de la moralité de la population de Strasbourg, vers le milieu du XVIIe siècle; il ne comprend, il est vrai, que des cas de police correctionnelle comme nous dirions aujourd'hui; mais les cas graves figurent dans les chroniques.

[5]. Cette dernière tâche est échue d'ordinaire au conseiller ecclésiastique de la famille, à quelque culte qu'elle appartînt. Mais le clergé catholique l'emportait vraisemblablement de beaucoup, dans cette activité absolument intime, sur ses collègues luthériens ou réformés, bien que les pasteurs s'occu-

qu'ils fussent, — et que nous ne songeons pas à nier, — n'empêchent pas qu'on ne puisse affirmer que la vie intime d'alors était plus calme et moins orageuse, la fidélité conjugale plus généralement respectée, la morale religieuse autrement influente sur les masses et les individus qu'elle ne l'est aujourd'hui sur l'opinion publique.

Si la famille est le centre absorbant de l'existence bourgeoise au XVII° siècle, ce n'est pas d'ailleurs uniquement à une moralité plus sévère que cela est dû. En dehors d'elle, la vie quotidienne présentait alors singulièrement peu de distractions mondaines ou même plus sérieuses. Le sentiment de la nature était très peu développé, et le soin de leurs intérêts matériels seul amenait d'ordinaire les habitants de la ville à la campagne, pour gérer leurs propriétés et diriger leurs récoltes. Sauf de très rares exceptions, personne ne songeait à visiter les montagnes ou les forêts, s'il n'était chasseur, —et la chasse, nous l'avons vu, était réservée à la noblesse, — ou si les médecins ne l'envoyaient faire une cure à quelque source minérale des Vosges ou de la Forêt-Noire. Sans doute, les habitants plus aisés avaient un jardin, grand ou petit, près des murs de la ville, pour s'y égayer les jours d'été, sous la tonnelle. La plupart des autres allaient le dimanche, après le culte, et surtout aux grands jours de fête, dans les guinguettes et les restaurants de la banlieue, mais c'était plutôt dans un but gastronomique que pour jouir des beautés d'un site champêtre. Les belles promenades publiques n'étaient pas encore à la mode; si le *Herrengarten* de Ribeauvillé remonte au XVII° siècle, c'est après la reddition de Strasbourg seulement que Le Nôtre plante les allées de la Robertsau dont les ormes séculaires survivent à tant de cataclysmes politiques. Les forêts, même celles avoisinant les villes, ne semblent guère avoir été un but de promenade pour les citadins en rupture de ban, comme elles le sont aujourd'hui pour les habitants de Strasbourg, de Mulhouse, de Barr ou de Saverne.

Les voyages d'agrément proprement dits n'étaient pas moins étrangers aux mœurs de la bourgeoisie d'alors. Les jeunes gens partaient, il est vrai, le compagnon de métier pour faire son tour

---

passent fréquemment, eux aussi, à cette époque, de ce métier de confesseur intime de leurs ouailles. En parcourant le *Journal des Jésuites* de Schlestadt, récemment publié, on est frappé de leur zèle sur ce point. La phrase: « *in componendis conjugum odiis nostrorum sudavit industria* » (p. 233), y revient fort souvent. Dans la seule année 1668, dans le petit Schlestadt, les R.R. P.P., n'ont pas « réconcilié » moins de trente-six couples. (Voy. aussi p. 137, 153, 156, 173, 179, 189, 205.)

d'Allemagne ou d'Europe[1], le jeune commis-négociant pour apprendre au dehors les mystères du trafic[2], l'étudiant pour acquérir un savoir plus vaste aux autres Universités de l'Empire, dans celles de France et parfois aussi dans celles d'Italie ou des Pays-Bas ; mais ce n'étaient pas là des courses de touristes. Le compagnon, revenu chez lui, — s'il revenait, — et passé maître, ne sortait plus guère de l'enceinte des murs, et il en était de même de l'étudiant, devenu pasteur, médecin, jurisconsulte dans sa ville natale ou sur le territoire de son seigneur[3]. Les savants, tout au plus, allaient encore à travers pays, mais beaucoup moins qu'au siècle précédent, car les temps étaient peu propices aux études et les chemins peu sûrs. Les voyageurs qui visitent alors les grandes villes d'Alsace, Strasbourg, Colmar, Mulhouse, sont ou bien des princes, des représentants de la noblesse étrangère, des diplomates en tournée, des officiers en congé ou en quête d'une position nouvelle ; nous n'avons rencontré que très rarement la mention d'illustrations littéraires ou scientifiques[4], encore moins celle de simples amateurs bourgeois, et nous en devons conclure qu'il en était de même pour les couches similaires des villes alsaciennes. Les négociants en gros visitaient assurément les foires importantes du voisinage, ceux de la Basse-Alsace allant jusqu'à Francfort une ou deux fois par an ; ceux de la Haute-Alsace fréquentaient aussi souvent celles des territoires de Bâle ou de Zurich, mais c'étaient de fatigantes tournées d'affaires[5], indéfiniment les mêmes, et leurs femmes d'ailleurs ne les accompagnaient jamais dans ces expéditions commerciales[6] ; en général, les événements et l'habitude

1. Ils allaient parfois assez loin. A la Bibliothèque de l'Université de Strasbourg se trouve le *Journal*, assez curieux, d'un compagnon tailleur du val de Lièpvre, Jean Gotthardt, qui visita de 1607 à 1612 l'Italie et nota ses impressions vénitiennes et romaines.
2. On peut se faire une idée de l'éducation des jeunes commerçants d'alors en parcourant les Mémoires d'André Ryff, de Bâle († 1604), bien qu'ils remontent au dernier tiers du XVI° siècle. (Voy. Rod. Reuss, *Les Mémoires d'un commis-négociant strasbourgeois au XVI° siècle*, Revue d'Alsace, 1872.)
3. Naturellement il s'en rencontre un certain nombre qui sont appelés plus tard comme théologiens, prédicateurs, conseillers de justice, professeurs en pays étrangers ; mais c'est, en somme, une infime minorité.
4. C'est vers la fin du siècle seulement qu'on voit arriver l'évêque Burnet, Dom Ruinart, etc.
5. Il arrivait parfois aux voyageurs, même dans les localités aisées, comme Rouffach, d'être obligés de coucher à l'auberge sur la paille, avec leur selle pour traversin. (*Mémoires de deux voyages*, p. 40.)
6. Les femmes étaient obligées de voyager à cheval, tout comme les hommes. En 1680, M. de l'Hermine chevaucha deux jours de suite avec une dame qui allait de Cernay à Ribeauvillé avec sa petite fille de sept ans, également à cheval derrière un valet bien armé.

rendaient alors la race infiniment plus casanière qu'elle ne le fut plus tard [1].

En dehors des voyages, les promenades d'été ou d'hiver étaient rendues difficiles par l'absence de véhicules accessibles aux classes moyennes, car l'usage des lourds carrosses était réservé à la noblesse, aux cortèges de gala, lors des entrées d'ambassadeurs étrangers, etc. [2], et les quelques coches qui reliaient certaines cités à intervalles plus ou moins réguliers [3] ne pouvaient servir à des excursions dans le voisinage ; il fallait emprunter en ce cas la pesante charrette d'un jardinier de la ville ou d'un paysan. L'emploi des traîneaux aurait permis sans doute les sorties d'hiver et les distractions multiples qui s'y rattachaient, alors déjà, dans certaines contrées plus septentrionales. Mais ce divertissement n'était pas en honneur dans les cercles municipaux officiels, et le Magistrat de Strasbourg en particulier paraît avoir considéré les courses en traîneau comme une occupation « frivole et voluptueuse » ; aussi il les défend parfois pour les motifs les plus bizarres, tantôt parce que la neige est tombée, sans discontinuer pendant dix jours, et que ce serait blasphémer Dieu que de sortir pour s'amuser par un temps pareil [4], tantôt parce que les « temps sont trop tristes [5] », tantôt parce qu'ils « faut plaire à Dieu par une vie calme [6] », ou bien enfin parce qu'une grande comète, « signe manifeste du courroux céleste », a paru à l'horizon [7]. Comme il y allait de 5 à 25 livres pfennings d'amende (de 85 à 375 francs de monnaie actuelle), on peut supposer que les contraventions n'étaient pas très fréquentes.

Les grandes fêtes populaires sont rares au XVIIe siècle ; les gouvernants n'ont pas d'argent pour les organiser et les gouvernés ont rarement le cœur à la joie. Les plus répandues sont toujours encore les fêtes de tir. Nous avons vu qu'il existait dans presque toutes les villes des sociétés d'arbalétriers et d'arquebusiers [8] ; elles

---

1. Cela ne veut pas dire qu'il n'y ait pas d'Alsaciens à cette époque très au loin. On pourrait citer le Colmarien Decker qui fit le tour du monde sur une flotte hollandaise, Sébastien Schach qui gravit le Sinaï, Ambroise Richshoffer, de Strasbourg, qui servit au Brésil sous Maurice de Nassau, contre les Portugais, Georges-François Müller, de Rouffach, surnommé l'*Indien*, qui légua sa collection de curiosités à Colomban d'Andlau (1689), etc.
2. Les carrosses de gala qui ne servaient qu'aux occasions solennelles, sont mentionnés déjà en 1628 à Strasbourg, lors de l'entrée des envoyés de l'empereur Ferdinand II. (Dacheux, *Fragments de chroniques*, III, p. 175.)
3. Voy. vol. 1er, p. 648, le chapitre sur l'organisation postale.
4. Procès-verbaux des XXI, 30 décembre 1605.
5. XXI, 4 décembre 1620.
6. XXI, 5 mars 1674.
7. XXI, 5 janvier 1681.
8. Voy. tome Ier, p. 337, au chapitre sur l'organisation militaire.

donnaient volontiers rendez-vous aux associations voisines et même à celles du dehors sur leur *Schiessrain* ou champ de tir. Mais ce n'étaient plus des milliers de visiteurs accourus de Suisse ou du reste de l'Allemagne méridionale, comme autrefois. Il n'y a pas eu de pendant au célèbre tir strasbourgeois de 1576, immortalisé par la bouillie de mil des Zurichois et le poème de Fischart, et resté cher à la mémoire de tout enfant de l'Alsace, parce qu'à trois siècles de distance, les descendants des confédérés d'alors sont venus porter aide et secours aux petits-neveux de leurs alliés de Strasbourg, à travers les projectiles ennemis. Mais on ne s'amusait pas moins en plus petite compagnie, et dans le premier tiers du siècle surtout, ces exercices se répètent fréquemment et durent chaque fois une série de jours[1]. A Strasbourg, après comme avant la réunion, les bourgeois sont fiers de voir les princes de passage ou immatriculés à l'Université, les hauts fonctionnaires civils et militaires assister au *Vogelschiessen*, au tir solennel d'automne et s'exercer même à abattre l'oiseau traditionnel perché sur le mât planté devant la porte des Juifs[2]. Dans les endroits situés sur un cours d'eau plus important, on organisait aussi parfois des joutes nautiques ou des régates. La corporation des bateliers à Strasbourg célébrait chaque année le « Jeu de l'Oie » (*Gænselspiel*), ainsi nommé parce qu'on essayait de s'emparer d'un malheureux volatile attaché à la corde tendue à travers la rivière, pendant qu'on passait à toutes rames au-dessous[3]. Il y avait aussi les loteries officielles, organisées généralement par un particulier autorisé par le Magistrat d'une ville, en des temps de calme et de bien-être général, avec le concours d'un comité de surveillance. Bien différentes de celles de nos jours, le tirage s'en faisait avec une lenteur extrême, pour faire durer le plaisir; celui de la loterie strasbourgeoise de 1609, par exemple, se prolongea du 24 octobre au 23 novembre pour un total de 400 numéros gagnants, objets d'orfèvrerie divers, depuis la chaîne d'or

---

1. C'est ainsi que la fête de Thann dura huit jours en 1603. Le Magistrat offrit comme prix un demi-foudre de son meilleur vin, le fameux Rangen, un bœuf gras à chaque corne duquel était fixé un thaler, une coupe d'argent, un gobelet du même métal et cinq mesures de bon vin. (Tschamser, *Annales*, II, p. 294.)

2. Reisseissen, *Memorial*, p. 129 et *passim*. — M. de Chamilly a décrit l'une de ces fêtes dans une lettre à Louvois du 27 novembre 1681. (Coste, *Réunion*.

3. Le peintre Léonard Baldner, composa en 1665 un tableau représentant le *Gænselspiel* strasbourgeois. L'original existe encore entre les mains de M°° Ch. Fréd. Schnéegans à Strasbourg. M. Adolphe Seyboth l'a reproduit dans son ouvrage, *Das alte Strassburg*, p. 232.

d'une valeur de 300 florins jusqu'au petit dé d'argent[1]. Les billets s'en vendirent non seulement dans le voisinage, à Brumath et à Colmar, à Kaysersberg et à Haguenau, mais à Cologne et à Brunswick, à Leipzig et à Nuremberg, à Genève et à Zurich, voire même à Metz, Bourges et Vesoul[2], et l'on peut constater à quel point ces *Glückshafen*, comme on les appelait, étaient populaires, en parcourant la liste des heureux gagnants. Seigneurs, patriciens et grandes dames, chanoines catholiques et pasteurs protestants, bourgeois cossus et pauvres mercenaires, pâtres et cuisiniers, aubergistes, manouvriers et trafiquants israélites, s'y rencontrent en un bizarre pêle-mêle[3].

Plus rares encore étaient les fêtes occasionnées par quelque événement politique. Il ne semble pas qu'on ait organisé beaucoup de réjouissances publiques de ce genre, avant la période française. Les gouvernants jugeaient sans doute qu'il y avait déjà assez de fêtes locales[4], fêtes patronales, fêtes au renouvellement du Magistrat (*Schwœrtag*), fêtes religieuses, etc. Il aurait d'ailleurs été bien difficile de s'entendre, en ces temps de dissensions politiques et religieuses, sur des thèmes de réjouissance nationale, comme on dirait aujourd'hui[5]. Seul, l'avènement d'un empereur nouveau, celui de Léopold Ier surtout, amenait quelquefois des manifestations plus générales, au moins dans les villes libres impériales. Quand Louis XIV eut occupé Strasbourg, l'usage s'établit de célébrer dans la capitale de la nouvelle province des réjouissances publiques à l'occasion de la naissance des princes de sang royal[6], lors des

---

1. Ces détails sont tirés d'une plaquette fort rare de la Bibliothèque municipale de Strasbourg, *Beschreibung des Glückhafens welcher im Jahr 1609 aussgangen ist*. Strassburg, Carolus, 1609, in-16°.
2. *Glückhafen, passim*. La vente des billets avait, il est vrai, duré près de deux ans.
3. *Glückhafen, passim*. Un résumé de la plaquette se trouve dans les *Affiches de Strasbourg*, 12-19 mars 1879. Une autre loterie de ce genre fut tirée à Strasbourg, au poêle des Fribourgeois, le 16 août 1666. Pour les détails, voir Reisseissen, *Aufzeichnungen*, p. 65.
4. Quelquefois ces fêtes semblent avoir été célébrées sans autre motif que celui de fortifier des sentiments réciproques de bienveillance et d'affection entre les participants. C'est ainsi que le jour de la Saint-Urbain 1667, le seigneur de Soulzmatt « a offert une tournée à tous les bourgeois » qui vidèrent à sa santé treize tonnelets de vin. (*Alsatia*, 1872, p. 201.)
5. La plupart des fêtes de ce genre gardaient, même quand elles étaient du domaine politique, un caractère exclusivement religieux. C'est ainsi que la paix de Nimègue fut fêtée à Strasbourg, le 1er juin 1678 uniquement par un *Te Deum*, des sonneries de cloches et des prières. (Reisseissen, *Mémorial*, p. 87.)
6. C'est ainsi que le 13 août 1682, la naissance du duc de Bourgogne fut célébrée par une illumination générale de la Cathédrale et des édifices

victoires remportées par les armées françaises[1], lors de la signature des traités de paix, etc.[2].

En dehors de ces grandes cérémonies publiques, on pourrait mentionner enfin comme distractions bourgeoises plus notables du temps[3], les exhibitions des compagnons de certains métiers, autorisés, à de longs intervalles, par le Magistrat, à faire admirer en public leurs danses traditionnelles, celles des charpentiers, affublés de copeaux teints en différentes couleurs, le *Schreinerspiel;* celles des tonneliers qui faisaient des passes artistiques à travers leurs cerceaux enrubannés, le *Küblertanz;* celles des armuriers enfin, dont le *Schwerttanz* groupait les exécutants en poses plastiques, l'épée à la main[4]. Quant à des récréations d'un ordre plus élevé, il faut bien dire qu'en dehors de la littérature théologique les lettres ne pénétraient alors guère jusque dans les couches de la petite et moyenne bourgeoisie[5]; elle ne lisait certes pas autant qu'au siècle précédent, qui avait été celui du réveil de l'esprit humain, et l'on n'écrivait plus autant pour elle qu'alors. Il n'y

---

publics, par la distribution de pains et de gâteaux, par de grands feux de joie, des fontaines de vin blanc et de vin rouge qu'on fit couler sur les places publiques, etc. (Schmuck, *Freudenfest*, etc., 1682, 4°.)

1. Toutes les victoires de la guerre du Palatinat furent ainsi célébrées à Strasbourg et dans les autres places fortes d'Alsace. Voy. Reisseissen, *Mémorial*, p. 131, 151, 208, etc.

2. La plus célèbre de ces fêtes fut celle que le Collège des Jésuites de Strasbourg organisa le 10 février 1698 pour la commémoration du traité de Ryswick. Les illuminations splendides en furent immortalisées par le burin, et une description détaillée mise au jour. Elle est reproduite en partie dans la vaste et peu recommandable compilation de M. Leroy de Sainte-Croix, *L'Alsace en fête*, tome I (seul paru), p. 199-214.

3. Nous ne parlons pas, bien entendu des distractions vulgaires quotidiennes, des jongleurs, maîtres d'armes, danseurs de corde qui s'exhibaient. Vers la fin du siècle, la plupart de ces derniers paraissent avoir été des professionnels de l'intérieur : Claude de Walon (1683), Restier de Paris, (1698), etc.

4. Sur le *Schreinerspiel* de 1667, voy. *Bulletin des mon. historiques d'Alsace*, XV, p. 53. Sur le *Küblerreiftanz* de 1680, *ibid.*, XVIII, p. 181. Ces danses furent exécutées, avec un luxe infiniment plus grand, devant Louis XV, lors de son voyage à Strasbourg. Voy. les planches XIV et XV de l'album de Weis, *Représentation*, etc.

5. Je ne veux point dire par là que les petits bourgeois étaient tous ignorants ou indifférents à la culture intellectuelle ; il y en avait beaucoup qui étaient à la fois intelligents et très instruits. Au XVIIe siècle, une masse d'artisans écrivaient leur *Journal* (Voy. les chapitres afférents de mon travail *De scriptoribus rerum Alsaticarum*) ; le chroniqueur Kleinlawel était un simple relieur ; on vient de publier le catalogue de la petite bibliothèque d'un vitrier strasbourgeois, Laurent Fritsch (vers 1625) ; il témoigne d'une grande ouverture d'esprit. (E. Martin, *Jahrbuch für Gesch. u. Litt. von Elsass-Lothringen*, XIII.)

avait point de galeries publiques à visiter, non plus que des concerts; en dehors de la musique d'église et de quelques airs de danse, l'art n'avait donc pas accès dans ces sphères et quant aux rares représentations théâtrales que l'on pourrait mentionner ici, elles trouveront leur place naturelle dans le chapitre consacré plus loin à la littérature de l'époque.

CHAPITRE CINQUIÈME

Les Paysans d'Alsace au XVIIe siècle

Nous avons présenté dans l'un des livres précédents l'exposé véridique et détaillé des misères subies par la population rurale de l'Alsace durant les longues guerres du XVIIe siècle. Elles ne nous autorisent pas cependant à tracer un tableau trop désolant de la condition générale des paysans alsaciens à cette époque, considérée dans son ensemble. Il paraît certain qu'avant la guerre de Trente Ans et durant les dernières années de notre période le sort des classes rurales était à peu près satisfaisant dans presque toute l'étendue de la province, que le travail agricole était rémunérateur, les vivres abondants, l'administration des seigneurs généralement supportable, les charges, impôts, dîmes ou corvées, nullement accablantes. Dans les récits satiriques et les anecdotes de la littérature populaire du temps, le paysan n'est jamais l'objet de la commisération, mais plutôt d'une certaine jalousie de la part du citadin pauvre, moins assuré de sa nourriture quotidienne. On s'y moque souvent de sa naïve bêtise, on inculpe plus souvent encore sa ruse et sa mauvaise foi dans ses transactions commerciales ; presque nulle part il ne nous apparaît comme une victime, digne de la compassion d'autrui [1].

Cette situation plutôt prospère change assurément au commencement des grandes guerres, alors que l'Alsace devient, sinon toujours un champ de bataille, du moins une grande route où passent et repassent incessamment amis et ennemis, guère moins néfastes les uns que les autres. Mais, même en ces temps si troublés, tous les villages d'Alsace ne sont pas déserts ou en ruines ; il en est un certain nombre qui n'ont souffert ni des invasions ni des pillages, il y en a davantage qui ont réparé déjà, grâce à l'activité de leurs habitants, les dégâts des guerres passées et font sur l'étranger, traversant la plaine rhénane, une impression des plus favorables.

---

1. Ce n'est que vers la fin de la lutte trentenaire que se manifestent des sentiments de commisération officielle à l'égard des pauvres ruraux, comme dans le préambule de la *Erneute Tax-Ordnung* du 22 juin 1646, à Strasbourg, où il est dit que les citadins exploitent par trop les paysans, au point de les anéantir, « *so dass entlich der feld- und ackersmann ganz zu scheutern gehen und erliegen müsste* ».

Sans doute, il ne faudrait point croire que tous les villages de la province ressemblaient à celui que nous dépeint M. de L'Hermine dans son premier voyage ; il a soin d'ajouter lui-même que c'est un des meilleurs, et l'on doit rappeler en outre que les localités du Sundgau ont moins souffert que celles de la Bassse-Alsace durant la guerre trentenaire, et surtout durant celles qui suivirent. Son croquis n'en est pas moins exact et prouve la prospérité de certaines communautés rurales, au moment même des campagnes de Turenne. « Pour donner, dit-il, une fois l'idée des meilleurs villages de ce païs, il faut se figurer une longue et large rue, dont la charpente des maisons qui est posée en croix, sautoirs, bandes et barres est peinte ordinairement en brun et les intervalles de ces pièces de bois sont remplis de briques ou du moins de terre enduite de blanc et tracée de rouge pour représenter la brique. Ajoutez à cela que les maisons de distinction, telles que sont celles des habitans aisés et des hôtelleries, ont des balcons saillans en demi-cercle vitrés... et que d'ailleurs ces maisons ne se touchent point l'une l'autre, mais qu'elles sont toutes séparées par un passage rempli de hauts arbres verts, vis-à-vis desquels il y a d'espace en espace, des puits publics, d'où l'on tire de l'eau avec une longue perche ferrée, qui est posée à balance sur un poteau assez élevé. On avouera que ce papillotage de diverses couleurs et d'objets donne à la vue un spectacle champêtre fort agréable et qui ne sent point la nécessité. Il y a quelques autres rues de traverse dans ces villages, mais elles ne sont ni si larges, ni si belles que celle du grand passage[1]. »

Au moyen âge, beaucoup de villages alsaciens, ceux-là surtout qui s'élevaient dans la région des collines, étaient entourés d'un mur de défense ou du moins on en construisait un autour de l'église et du cimetière qui formait une espèce de réduit, dans lequel les paysans se retranchaient en cas d'attaque avec ce qu'ils avaient de plus précieux. On peut étudier encore aujourd'hui dans certaines localités de la Haute et de la Basse-Alsace ces cimetières fortifiés, qui disparurent plus tard en majeure partie, quand on trouva le sanctuaire trop éloigné du village même et quand la sécurité devint

---

1. *Mémoires de deux voyages*, p. 67-68. — Les vastes cheminées des cuisines, « ressemblant assez bien à la forge d'un serrurier », semblaient particulièrement commodes au visiteur français. (*Ibid.*, p. 193.) — Il faut noter aussi, par contre, l'absence de toiture en tuiles dans les villages plus pauvres et plus rapprochés de la montagne. Encore en 1678 un règlement des seigneurs de Rosen défendait de revêtir les granges et les étables de oits de chaume. (Wolff, *Dossenheim*, p. 56.)

plus générale. Cependant il y avait encore, dans la seconde moitié du XVII° siècle, de simples villages ayant des enceintes pareilles et l'on en construisait même parfois de nouvelles, comme celle que Reinhold de Rosen fit donner au bourg de Dettwiller [1]. Défendus par des hommes courageux, des murs de ce genre pouvaient bien empêcher le pillage subit par une bande de « chenapans », ils ne protégeaient pas contre une attaque plus sérieuse. Aussi voit-on durant tout le siècle, les populations effarées des campagnes se précipiter vers les villes, et de véritables migrations se produire, quand arrive la nouvelle d'une invasion plus formidable : Mansfeld en 1621, les Suédois en 1632, les Lorrains en 1652, Turenne et Bournonville en 1674 [2]. Les paysans s'enfuient alors, la mort dans l'âme, abandonnant leurs chaumières et leurs récoltes aux risques d'une destruction probable. Mais ils n'osent affronter le danger d'un contact avec la soldatesque brutale d'alors, qu'ils ont trop appris à connaître à leurs dépens et contre laquelle ils ressentent une haine mélangée de peur, qui les pousse eux-mêmes aux pires violences, quand ils peuvent l'assouvir sur elle sans avoir à craindre des représailles. Ils se traînent, misérables, dans les rues des cités et campent parfois de longs mois à l'abri des remparts, ou bien vivent, plus péniblement encore, au fond des forêts ; plus d'un y a succombé au froid, à la faim et aux attaques des bêtes féroces. Mais nous n'avons pas à revenir sur ces tableaux attristants et lugubres. Voyons plutôt ce qu'était le paysan alsacien d'alors, en dehors de ces moments de troubles aigus, quand son existence s'écoulait, laborieuse et routinière, dans l'ornière des travaux quotidiens et dans l'observation scrupuleuse des coutumes du passé.

On peut dire, en général, que les paysans alsaciens étaient une race à la fois travailleuse et fort accessible aux distractions bruyantes, fort soumise à ses autorités légitimes et même à celles que leur imposaient les caprices du sort, sans manquer pourtant, à l'occasion, d'une fermeté tenace quand on touchait à ce qu'ils regardaient comme leurs droits. D'un tempérament très conservateur [3], ils étaient plus grossiers peut-être, en même temps que plus dociles dans le Sundgau, un peu plus cultivés, mais aussi plus remuants dans la Basse-Alsace, où le grand nombre des territoires divers diminuait forcément le respect que devait inspirer à ses sujets un

1. E. Lehr, *La Famille de Rosen*, p. 16.
2. Voy. par exemple, le *Journal des Jésuites de Schlestadt*, publié par M. l'abbé Gény, I, p. 97, et la *Chronique de Walter*, fol. 281a.
3. J'entends plus conservateurs encore que d'autres populations rurales, car en réalité elles le sont toutes.

seigneur plus puissant. Les paysans du Hattgau, dans le comté de Hanau-Lichtenberg, passaient tout particulièrement pour « gâtés, rebelles et sournois, ne se souciant guère de leur autorité légitime[1] ». Ceux du bailliage de Westhoffen, dans la même seigneurie, étaient encore pires, au dire de leur bailli, Haffner de Wasselnheim, car il écrivait à leur sujet : « On ne peut rien en obtenir par de bons procédés... il faut tout leur extorquer par la force[2]. »
Plusieurs districts, tels que celui du Kochersberg, se distinguaient, alors déjà, — comme encore de nos jours, — par leur costume et leur dialecte spécial[3]. C'étaient également ceux où les mœurs avaient conservé le plus de leur rudesse primitive. Dire de quelqu'un qu'il est un paysan du Kochersberg équivalait, si l'on en croit un contemporain, à dire qu'il était « un être grossier, rustique et maladroit[4] ».

Au point de vue politique, les paysans de l'Alsace méridionale, plus rapprochés des territoires de langue française, plus maltraités çà et là par leurs anciens maîtres[5], plus directement touchés par le nouveau régime et complètement orientés, dès 1648, sur leurs destinées politiques, se sont faits de bonne heure à l'autorité du gouvernement de Louis XIV[6]. Un témoin peu sujet à caution, parce qu'il était originaire du pays et servait la politique impériale, certifie la fidélité des paysans du Sundgau à la couronne de France et note qu'ils s'emploient volontiers aux charrois de l'armée jusque dans le Palatinat et le Brisgau[7]. Dans d'autres régions de la province, les souvenirs de la domination impériale étaient restés plus vivaces, et l'on serait presque tenté de croire que, dans certains recoins du pays, le fait même du changement de la souveraineté politique échappa longtemps à la perception des populations rurales. C'est ainsi que nous voyons, vingt ans après les traités de Westphalie, deux braves paysans de Plobsheim faire itérativement le voyage de Vienne pour protester auprès de Léopold 1er, au nom de leurs concitoyens, contre la cession de leur village faite à un autre sei-

1. Merian, *Topographia Alsatiæ*, édition de 1663, p. 25.
2. Lettre du 25 avril 1665. Kiefer, *Balbronn*, p. 291.
3. « *Haben eine altfrænkische distincte sprach und vor einigen iahren auch an kleidungstracht gehabt.* » Ichtersheim, p. 3.
4. Han, *Seelsagendes Elsass*, p. 149.
5. C'est ainsi qu'on voit les serfs de la seigneurie de Ferrette se soulever contre l'autorité en 1634. (F. Blanc, *Revue d'Alsace*, 1869, p. 515.)
6. Il n'y a d'ailleurs eu nulle part en Alsace, de tentative de soulèvement durant aucune des guerres qui précédèrent la paix de Ryswick, comme il y en avait eu contre les Suédois, au moment où ils pénétrèrent dans la partie méridionale de la province.
7. Ichtersheim, II, p. 58.

gneur, sans le consentement exprès du suzerain, bien que Plobsheim fût fief impérial [1].

L'apparence extérieure des habitants des campagnes, telle que la représentent les albums de costumes gravés, fort à la mode au XVIIe siècle, témoigne d'un bien-être incontestable, comme aussi les ordonnances de police locale relatives aux costumes. Sans doute, c'est parée de ses plus beaux atours que la « mariée du Kochersberg » s'est présentée devant l'artiste chargé de reproduire sa couronne massive, et les innombrables plissés de sa jupe [2], tout comme de nos jours la jeune paysanne de ces mêmes villages n'arbore le papillon gigantesque de sa coiffure et sa gorgerette de soie aux paillettes de cuivre doré, qu'en des occasions solennelles. Mais nous avons d'autres planches de ces mêmes recueils, où les villageois se produisent sous leur costume de travail quotidien. On y voit le paysan, chaussé de grosses bottes, remontant à mi-cuisse, la tête couverte d'un grand bonnet de fourrure, orné de plumes de coq, dans sa chaude jaquette de futaine, le couteau à la ceinture, le fouet à la main, stationnant la mine goguenarde, au Marché aux grains de Strasbourg, appuyé sur un sac de blé, tel qu'un crayon réaliste l'a reproduit d'après nature [3]. On y voit aussi la robuste paysanne, nullement flattée d'ailleurs, se dirigeant vers la ville, vêtue de sa lourde mante, sous laquelle elle porte une courte jaquette et une jupe plus courte encore, à petits plis, les cheveux couverts d'une coiffure mi-chapeau, mi-bonnet de fourrure, un voile ou fichu roulé tout autour de la tête. Un trousseau de toutes sortes d'ustensiles de ménage pend à sa ceinture, et tenant à la main une cage à poulets bien remplie, tandis que sur sa coiffe repose un immense panier plat, chargé de pots de lait, de crème et de beurre, elle marche posément, trop vieille pour sauter comme Perrette [4].

Voici encore une description passablement détaillée des costumes villageois tels que les a vus le narrateur, vers 1680, dans la Haute-Alsace : « Les jours de fête, les hommes et les femmes portent le noir,

---

1. Lettre de Jean Heupel, pasteur de Plobsheim, au Convent ecclésiastique de Strasbourg, du 22 décembre 1670. (Archives de Saint-Thomas.)
2. Oscar Berger-Levrault, *Costumes strasbourgeois*, planche LVII.
3. Même ouvrage, planche XXII. L'image et l'attitude sont restées stéréotypées pendant tout le XVIIe siècle, depuis qu'elle a paru pour la première fois dans l'*Evidens Designatio* de 1606, ce qui prouve que le costume masculin, tout au moins, n'a guère changé.
4. O. Berger-Levrault, *Costumes*, planche LVIII. Dans son rapport sur la visite des paroisses, en 1663, le président du Convent ecclésiastique, Dannhauer, se plaint de ce que les paysannes portent des souliers à talons pointus, des galons d'argent et des fourrures précieuses.

au moins par le haut du corps, car ceux-là ont un pourpoint à longues basques et celles-cy portent un corset si court qu'il ne leur va qu'à la moitié du dos ; le devant n'en est attaché que par une agrafe sur le sein et laisse voir, en s'écartant en triangle, la pièce rouge et le lacet noir qui serre sur l'estomac. Leurs manches sont étroites et longues jusque sur le poignet. La juppe qui est en quelque grosse serge de couleur jaune ou verte, est attachée au défaut du corset et ne descend que jusqu'à mi-jambe, de sorte qu'on leur voit des bas blancs, jaunes et des souliers à double semelle, Elles portent, de même que les hommes, de petites fraises courtes, cousues autour de leurs gorgeretes, qui sont quarrées et piquées d'un million d'arrière-points, et leur tête est couverte d'un petit chapeau ou plutôt d'un bonnet, qui n'est pourtant ni l'un ni l'autre, car il n'a point de bords et la tête n'entre point dedans. Quoi qu'il en soit, cet habillement de tête est de feutre noir. Elles portent ordinairement autour du corps un demi-ceint de cuivre, où pendent par devant un trousseau de clefs et une bource...... Pour revenir à l'habit des hommes de vilage, ils portent des culotes de toille fort larges à la cuisse et des bas gris, une petite fraise, cousue au colet de la chemise, un chapeau pointu, à forme de pain de sucre, dont le cordon, composé de plusieurs bouts de rubans de couleur, est toujours hors de sa place, et pour accompagner cette parure, ils ont la tête absolument rasée et laissent croître leurs barbes à la manière des capucins. On ne sait ce que c'est que des sabots en ce pays-là [1]. »

Ce n'est que vers la fin du siècle que les modes nouvelles, « à la française », paraissent avoir pénétré dans les villages du plat pays, et tout à fait par exception [2].

Cette aisance extérieure du paysan, comme son attitude relativement indépendante s'expliquent par sa situation légale vis-à-vis de son seigneur. Au XVIIe siècle, le servage, c'est-à-dire la servitude personnelle et réelle des serfs, d'hommes de corps, apparte-

1. *Mémoires de deux voyages*, p. 187-188.
2. C'est ainsi que dans les registres paroissiaux de Stützheim (Basse-Alsace) on note à l'année 1686, que Georges Siffert et Brigitte Jacobshauser, ont été mariés « induti vestibus gallicis... » (J. Hoehe. *Das Kochersbergerland*, p. 18.) — Ambroise Müller, chroniqueur colmarien très hostile aux Français (il avait été élevé à Heilbronn, en Souabe), prétend, à l'année 1686 (*Stamm und Zeitbuch*, p. 32), que ce costume fut rendu dès lors *obligatoire* (*haben die Hochzeiterinnen französisch müssen auffziehen und ihr Kleidung nimmer dœrffen œndern, so wol in stœtten als in dœrffern*), mais certainement sa plainte ne se rapporte qu'à l'ordonnance de La Grange de 1685, qui ne fut jamais mise à exécution. D'ailleurs, on n'a pas besoin de recommander les modes nouvelles aux femmes par ordonnance de police.

nant en toute propriété au seigneur, à titre d'objet, de revenus immobilisés dans le territoire où il sont nés, n'est plus qu'exceptionnellement en vigueur en Alsace. On ne saurait nier cependant qu'il ne fût encore la condition d'une partie des populations agricoles dans les territoires de la maison d'Autriche[1], et même çà et là, en Basse-Alsace, par exemple dans les domaines des sires de Fleckenstein[2]. Mais, en général, les paysans étaient libres de leur personne et souvent ils trouvaient moyen, lorsqu'une guerre ruineuse ne survenait pas, de faire des économies et de disposer ainsi de capitaux qu'on peut qualifier d'assez considérables pour l'époque. Ainsi, quand le comte de Hanau-Lichtenberg voulut créer, en 1616, un nouveau village sur ses terres, celui de Reinhardsmünster, il accepta les offres faites par une espèce de syndicat, formé par une vingtaine de paysans de Hirschland, de Drulingen, Ottwiller, Niederstinzel et autres endroits voisins : il les dispensa, pour dix ans, de tout impôt et de toute corvée, leur accordant à chacun deux arpents pour y établir maison et jardin, et leur concéda le glandage gratuit pour leurs porcs. Mais les preneurs s'engageaient à bâtir chacun une bonne et solide maison, une grange et une étable; ils versaient au comte en échange des bois à défricher dans la banlieue du nouveau village, une somme de 2,500 florins, payable en deux ans, et nul ne pourrait y prendre le droit de bourgeoisie s'il ne justifiait, en outre, d'un apport liquide de 300 florins. Cela fait une somme de 9,400 florins, soit, au pouvoir moyen qu'avait alors l'argent[3], un capital d'environ 87,000 francs de notre monnaie, dont pouvaient disposer ces vingt-trois chefs de famille, en dehors des sommes dépensées pour la construction de leurs demeures, de leur avoir en bétail, de leur mobilier, etc.[4].

Dans la Haute-Alsace aussi, l'aisance des classes rurales devait être assez générale, à en juger par les plaintes formulées à la fin

1. Voyez les textes nombreux, tirés des correspondances des fonctionnaires du Sundgau de 1580 à 1603, par M. Félix Blanc, archiviste du Haut-Rhin, dans son étude: *Le Servage dans les possessions alsaciennes de la maison d'Autriche au XVI° siècle et au XVII° siècle.* (*Revue d'Alsace*, 1869, p. 513, 1870, p. 46 et 88.)
2. Dans les procès-verbaux de la *Kirchenvisitation* de Dossenheim, en 1600 (Rœhrich, manuscrit de la Bibliothèque municipale, n° 734, I), on se plaint de ce que les enfants de cette commune deviennent serfs, en se mariant sur les terres de Fleckenstein : *werden « ettliche burgerskinder in die leibeigenschaft in benachbarte orte, als gen Weitersweiler unter den Herren von Fleckenstein verkuppelt.* »
3. En 1616, le florin valait 9 fr. 25 c.
4. Contrat du 8 novembre 1616. (*Ecclesiasticum Argentinense*, 1891, supplément, p. 81-84.)

du XVIe siècle par les officiers de la régence d'Ensisheim. En signalant l'amour du luxe, le gaspillage, la goinfrerie de ses subordonnés, l'un d'eux écrit : « Le paysan veut porter, comme le gentilhomme, culotte et veste de soie, un chapeau de même étoffe, surmonté de deux plumes... On consacre vingt livres à célébrer des fiançailles, cent livres aux noces ; on voit des communautés dépenser jusqu'à deux cents couronnes pour organiser la *kilb* ou fête patronale, etc.[1]. »

Certains des villages d'Alsace étaient aménagés avec un confort dont ne jouissaient pas toutes les petites villes d'alors, ni même celles d'aujourd'hui. Il y en avait qui possédaient des étuves ou des établissements de bains chauds, comme Westhoffen[2] ; beaucoup ont, dès le milieu du XVIIe siècle, leurs corps de pompiers[3]. Dans chaque village du comté de Ferrette, le bourgeois nouvellement admis devait fournir un seau en cuir pour le service des incendies dans la commune[4].

Le travail agricole occupait personnellement la population rurale tout entière ; hommes et femmes vaquaient ensemble aux travaux des champs, les femmes et les filles labourant et menant elles-mêmes la charrue, au dire de La Grange, faute de domestiques[5]. Peut-être qu'alors déjà le sexe fort faisait galamment le plus gros de la tâche, comme un siècle plus tard, où, selon l'affirmation d'un touriste sentimental, « dans les campagnes d'Alsace, le mari laboure, la femme sème ; il porte une lourde faux, elle une faucille légère ; elle ne fait que ramasser les noix tombantes sous les coups vigoureux de la perche ; ses fardeaux sont des fleurs ou des fruits[6] ». Ce qui est moins poé-

1. Bonvalot, *Coutumes de Ferrette*, p. 230.
2. Kiefer, *Balbronn*, p. 241. Cependant la propreté ne régnait pas toujours dans ces demeures et le manque de soins hygiéniques permettait à certaines maladies de se propager. Dans la correspondance du professeur Samuel Gloner, de Strasbourg, nous avons trouvé une lettre du 2 mai 1625, dans laquelle il est dit, à propos d'une jeune bonne nouvellement engagée à la campagne, qu'elle a la gale, « comme cela arrive généralement aux jeunes filles de son âge. » (Archives de Saint-Thomas.)
3. A Balbronn, par exemple, il y avait en 1634 deux *Brandmeister* et seize pompiers ; celui qui n'arrivait pas à la première réquisition, payait cinq schellings d'amende. (Kiefer, *op. cit.*, p. 260.)
4. Bonvalot, *Coutumes*, p. 52.
5. Mémoire de La Grange, dans la *Description du Bas-Rhin*, I, p. 556. L'intendant ajoute que la « province en est tout à fait dépeuplée et épuisée depuis la guerre ». Il est donc possible qu'auparavant le travail des femmes ait été moins dur.
6. (Marquis de Pezay), *Soirées alsaciennes, helvétiques et francomtoises*, Londres, 1772, p. 56. C'est le même touriste, aussi inflammable qu'hyperbolique, qui écrivait en parlant des paysannes autour de Colmar, entrevues durant les travaux de la fenaison : « Que nos Alsaciennes veillent ou

tique, mais plus exact peut-être, c'est que les mères emportaient aux champs leurs nourrissons, ficelés danc un panier d'osier et les posant « à l'ombre d'un arbre pendant qu'elles travaillent, elles leur donnent à teter de temps en temps, sans les ôter de leurs petits berceaux[1] ». Malheureusement ces pauvres petits, soit qu'ils fussent emportés au dehors, soit surtout qu'ils fussent abandonnés à la maison, pendant que le reste de la famille travaillait aux champs, étouffaient parfois dans leur manne ou s'étranglaient aux ficelles qui les y retenaient et que leurs efforts pour crier faisaient glisser jusque sur leur gorge[2].

Le travail agricole était naturellement très différent selon la nature du sol et selon les traditions de la contrée. Outre les champs et les prés appartenant à chaque famille, il y avait les communaux (*Allmend*) qui servaient surtout à l'élève du bétail. Dans certaines localités, ils restaient indivis, et chaque bourgeois[3] avait le droit d'y envoyer paître un nombre fixe de têtes de gros et de menu bétail. Dans d'autres communes on procédait, au commencement de l'année, à l'allocation, soit par le sort, soit le plus souvent aux enchères publiques, des parcelles de grandeur différente qui constituaient le fonds commun. Les lots restaient dans ce second cas au dernier offrant[4]. Dans la Haute-Alsace, et même çà et là en Basse-Alsace, le morcellement indéfini des terres était empêché par le droit de *juveignerie*, qui forme comme la contrepartie du droit d'aînesse des familles seigneuriales; le plus jeune des fils légitimes prend possession de la maison et de l'exploitation rurale, à la mort du père, après estimation préalable de la valeur de l'ensemble, et verse en argent comptant, à chacun de ses frères, sa part d'héritage. S'il y a deux immeubles, celui des fils qui précède le cadet, est envoyé en possession du second[5].

dorment, le repos de tout voyageur bien portant qui les verra est perdu. » On rencontre cependant, çà et là, même dans ces milieux rustiques, une certaine déférence pour l'élément féminin : ainsi dans le val d'Orbey les maris étaient autorisés à pêcher du poisson pour leurs femmes enceintes ; ailleurs, les bouchers étaient tenus de leur fournir tout morceau qu'elles demanderaient, étant dans un état intéressant.

1. *Mémoires de deux voyages*, p. 192.
2. Dannhauer, *Kirchenvisitation* de 1663. (Archives de Saint-Thomas.)
3. Nous rappelons qu'il y avait des *bourgeois* à la campagne, comme à la ville, si l'on entend ce mot dans le sens d'habitants jouissant de tous les droits civiques et des profits matériels inhérents à cette situation légale.
4. Ainsi dans le village de Ballersdorf (Sundgau) on voit que, lors de la location de l'*Allmend*, faite le 3 janvier 1600, elle a été partagée en 49 lots, sans doute un par famille, et que le plus grand a trouvé preneur pour 13 livres un schelling, le plus petit pour 1 livre un schelling. (Th. Walter, *Geschichte des Dorfes Ballersdorf*, Altkirch, 1894, 8°.)
5. Bonvalot, *Coutumes de Ferrette*, p. 234-235.

Nous avons vu tout à l'heure que l'exploitation des petites propriétés devait se faire par les soins du possesseur et de sa famille, parce qu'il était difficile de se procurer un nombre suffisant de travailleurs gagés des deux sexes. Avant les grandes guerres, la plupart de ces domestiques étaient des enfants du pays. Mais quand il s'agit après la lutte trentenaire, de regagner à la culture une énorme étendue de terres en friche, dans une province horriblement dépeuplée, les bras des natifs ne suffirent plus de longtemps à la besogne, et c'est alors que nous voyons commencer une immigration régulière, provenant en majeure partie des cantons helvétiques, dont les sujets arrivent comme valets de labour ou comme vignerons, comme moissonneurs ou pâtres pour le bétail[1]. Cette migration, d'abord temporaire, se changea en une immigration durable pour beaucoup et ne cessa plus pendant toute la seconde moitié du XVII° siècle. Les Suisses catholiques offraient leurs services principalement dans la Haute-Alsace, les calvinistes au nord du Landgraben. On n'était pas toujours fort content d'eux; on se plaignait de leur insolence, de leur inconduite ; on les accusait même parfois de méfaits plus graves[2], mais, au demeurant, on ne pouvait se passer de leurs services et, quels que fussent leurs défauts, ils ne boudaient pas la besogne. « Ils ne sont ni vifs ni prompts, écrivait un observateur sagace, qui les avait vus souvent à l'œuvre, mais ils supportent aisément la fatigue, et ils travaillent d'un pas égal depuis la pointe du jour jusqu'au soir. C'est ce que j'ay vu en Alsace où ils viennent par grosses troupes en été, pour y faucher les foins et y battre les bleds après la moisson. C'était un régal pour moi, après souper, de voir ensemble à une table longue une dizaine d'hommes de différents âges, larges d'épaule et de râble, la plupart de haute taille, la tête rasée couverte d'un vieux chapeau pointu, la barbe longue et négligée, qui, sans dire un mot, ouvrant de grands yeux et une plus grande bouche, mangeaient de pleines terrines de pain bis trempé dans du lait aigre, dont chacun avalait bien pour sa part un volume de trois ou quatre pintes, en suite de quoy, ils s'allaient coucher dans des granges ou des greniers, où ils dormaient tranquillement sans penser aux peines du lendemain. » Le mérite principal de ces braves gens, le plus apprécié du moins par leurs patrons, était cependant autre,

---

1. Ils menaçaient d'incendier les maisons si on ne les traitait pas bien, dit le procès-verbal de la *Kirchenvisitation* de 1660 (*drohten mit dem rothen hahn*). Rœhrich, Manuscrit de la Bibliothèque municipale, n° 730.
2. *Mémoires de deux voyages*, p. 95.

si nous en croyons notre auteur. « Leur génie, dit-il, ne s'étend pas jusqu'à savoir leur compte ni à connaître l'argent qu'on leur donne. » Or, les réclamations continuelles des salariés des deux sexes, réclamant une augmentation de leurs gages, faisaient le désespoir des petits propriétaires campagnards de la seconde moitié du XVIIe siècle[1]. On était donc charmé d'avoir affaire, par moments, à des gens moins civilisés, partant moins avides. Pour combattre ces prétentions croissantes, bien modestes pourtant, alors qu'on les compare aux revendications actuelles, les gouvernements du XVIIe siècle édictent à l'envi des règlements fixant les salaires et frappent d'une amende ceux des domestiques qui seraient assez audacieux pour en exiger davantage[2]. Ces taxes présentent naturellement des chiffres très variables, selon qu'il s'agit de valets de labour et de servantes de ferme, travailleurs gagés pour l'année entière[3], ou d'ouvriers agricoles, embauchés pour la durée de la moisson seulement, quelquefois aussi pour une tâche spéciale, le labourage d'un champ, le sarclage et le binage d'une pièce de vigne, etc. Sur les terres de Strasbourg un bon maître-valet avait droit à 20-24 florins de salaire[4] ; il recevait en outre trois aunes d'étoffe de laine, une chemise, deux paires de souliers, plus un demi-thaler comme denier à Dieu. Un valet de ferme ordinaire touchait 15-18 florins[5], et le reste. Un jeune gars, chargé de surveiller les chevaux au pâturage (*Rossbub*) avait de 5 à 8 florins[6]. A la Wantzenau, territoire épiscopal dans le voisinage de Strasbourg, on donnait aux valets de labour un salaire annuel équivalant à 108 fr. 50 centimes de monnaie actuelle, plus les habits et une paire de souliers (1655). Dans la Haute-Alsace, les prix semblent avoir été plus faibles, peut-être à cause de la concurrence suisse. Aux environs de Mulhouse, les bons valets de ferme touchaient, dans les premières années du XVIIe siècle, de 72 à 95 francs de

---

1. M. Hanauer cite (II, p. 513) une pétition très curieuse présentée en octobre 1579 par des sujets de la seigneurie de Hoh-Landsberg, contre l'insolence croissante des domestiques. Ceux-ci, y est-il dit, s'enrichissent, tandis que leurs maîtres, obligés d'entamer leur capital, descendent à la condition de journaliers; les servantes courent les foires, tandis que leurs maîtresses sont forcées de soigner le bétail ; au moindre reproche, elles boudent et menacent de quitter, etc.
2. Il faut lire le préambule très vif de la *Tax-Ordnung* strasbourgeoise du 19 décembre 1643, pour se pénétrer de l'indignation de l'autorité paternelle d'alors.
3. Encore y a-t-il là des différences, selon que l'on fournissait les vêtements et la chaussure, ou non.
4. De 125 à 150 francs de notre monnaie.
5. De 93 fr. 75 à 112 fr. 50 c.
6. De 31 fr. 25 à 50 fr.

R. REUSS, *Alsace*, II. 6

monnaie actuelle par an, les médiocres, de 40 à 54 francs seulement [1].

Les femmes étaient naturellement beaucoup moins bien payées. Avant 1650, elles avaient de 25 à 29 francs de gages dans la Haute-Alsace. Plus tard, les salaires des uns et des autres allèrent en augmentant. Dans la seconde moitié du XVIIe siècle, la moyenne du salaire d'un bon garçon de ferme atteignait 120 francs, celui d'une servante atteignit et dépassa 50 francs. Certains valets demandaient qu'on leur accordât, en dehors de leurs gages[2], l'un ou l'autre champ du maître, dont le produit leur appartiendrait. Il est curieux de constater que le *Règlement sur les domestiques strasbourgeois* interdit formellement aux patrons de prendre des arrangements pareils, qui font des domestiques, en quelque sorte, des copropriétaires du sol[3].

Pour les ouvriers agricoles, momentanément engagés seulement, les conditions d'existence étaient un peu autres et la rémunération proportionnellement un peu plus forte, puisque les chances de travail étaient plus aléatoires. La taxe des batteurs en grange, promulguée par le Magistrat de Strasbourg, le 26 août 1640, décide que ceux qui sont nourris par le patron toucheront en outre deux schellings (1 fr. 25) s'ils sont payés à la journée. S'ils ne sont pas nourris et s'ils travaillent à la tâche, on leur donnera par quartaut de froment quatre schellings (2 fr. 50), par quartaut d'orge trois schellings quatre pfennings (2 fr. 06), par quartaut d'avoine ou de pois deux schellings (1 fr. 25). Il est juste de faire remarquer à ce propos que la nourriture n'était plus aussi substantielle qu'elle l'avait été au siècle précédent, où les valets de labour paraissent avoir eu de la viande tous les jours[4]. Ceux d'entre les journaliers qui voudraient s'engager pour un salaire en nature auront droit chaque fois au

---

1. On trouvera une foule de chiffres analogues réunis dans l'ouvrage de M. l'abbé Hanauer, t. II, p. 511, etc. (Chapitre XIII. *Domestiques et journaliers.*)
2. Naturellement les gages étaient réduits d'autant. Si l'on comprend que les propriétaires fussent peu portés à un mode d'exploitation qui forcément devait empêcher les serviteurs de mettre tout leur entrain au service du maître, on comprend moins bien pour quelle raison l'État intervenait dans un contrat de ce genre, alors que le patron, pauvre en numéraire, mais riche en terres, aurait pu préférer l'arrangement prohibé.
3. *Strassburger Gesinde-Ordnung* de 1643.
4. Nous voyons qu'en 1520 on proposait, comme une notable économie dans l'exploitation d'un domaine des Hanau-Lichtenberg, de ne plus donner de la viande que trois fois par semaine, plus une grillade chaque fois qu'on tuera un porc, un rôti tous les jours de fête et un quartier de lard à chacun par trimestre. (A.B.A., E. 2687.)

treizième boisseau de céréales, mais à rien d'autre. Quiconque ne trouverait pas ces salaires assez rémunérateurs pour se mettre au travail sera frappé d'une amende et, s'il est étranger, immédiatement expulsé du territoire. Si l'on songe qu'on pouvait se sustenter au début du XVIIe siècle et même étancher aussi une soif non immodérée pour la somme de trente centimes par jour et que, même au milieu de cette période, un individu, dans les années d'abondance, pouvait ne pas dépasser sensiblement ce chiffre[1], on peut dire que ces salaires étaient acceptables. Celui des moissonneurs, qui s'élevait en moyenne à 86 centimes de 1601 à 1625, ne dépassait pas 1 fr.17 durant le dernier quart de siècle avant 1700[2].

L'activité des populations rurales ne se bornait pas à la mise en culture de leurs champs et de leurs vignobles et une notable partie de leurs fatigues et de leurs dépenses provenait des corvées seigneuriales qu'ils avaient à supporter. Selon le caractère du seigneur et les usages locaux, ces corvées pouvaient être plus ou moins lourdes et très diverses. Au point de vue théorique, les dynastes grands et petits de la province semblent avoir soutenu, dans la première moitié du siècle, et même plus tard, qu'elles pouvaient être illimitées et dépendaient uniquement des volontés du maître[3]. Ces volontés étaient parfois singulièrement arbitraires. Ainsi l'on voit, en 1620, les villageois du Hattgau se plaindre de ce que le comte Jean-Regnard de Hanau les force à conduire ses blés aux marchés de Haguenau, Heidesheim, etc., et qu'il exige ensuite qu'ils stationnent assez longtemps dans ces localités pour qu'on puisse vendanger les raisins des domaines voisins et reconduire le moût dans les caves seigneuriales[4]. Le même comte de Hanau prétendait encore en 1656, qu'il avait le droit d'imposer comme corvée aux femmes de ses villageois le filage de tout le chanvre récolté sur les terres seigneuriales[5].

Dans l'étendue des terres autrichiennes, moins morcelées et gouvernées dès alors d'après des principes administratifs plus modernes, une décision de la Régence d'Ensisheim, en date du 12 dé-

---

1. M. Hanauer assure qu'un ouvrier rural pouvait vivre, en 1649, pour 14 pfennings (32 centimes) par jour. (*Études*, II, p. 312.)
2. Hanauer, II, p. 555.
3. Ce n'était pas de la théorie pure, puisque l'édit de 1683 affirme que les seigneurs de la Basse-Alsace réclamaient de leurs sujets, non pas cinq ou huit corvées, mais 15, 20, 25 et même 30 par an. — Encore en 1660, les habitants de Bischwiller se plaignaient d'avoir à fournir, trois ou quatre jours de corvée, l'un à la suite de l'autre. (Cullmann, *Geschichte von Bischweiler*, p. 60.)
4. Kiefer, *Pfarrbuch*, p. 208.
5. Kiefer, *op. et loc. cit.*

cembre 1626, fixe les *périodes* de corvée à trois, « sçavoir une à la moisson, la seconde à la fenaison et la troisième aux regains », mais sans indiquer combien de jours embrassait chacune de ces périodes de travail obligatoire. Le seigneur était dès alors tenu de fournir aux gens de corvée la nourriture nécessaire[1]. Un arrêt interprétatif de cette dernière prescription était donné soixante-dix ans plus tard par le Conseil souverain ; il enjoignait aux corvéables « de se contenter de deux livres de pain par jour », pour toute nourriture, « sauf pour le cas où ils auraient à sortir des terres propres du seigneur, auquel cas il leur donnera du vin pour eux et de l'avoine pour les chevaux[2] ».

Quand il s'agissait de travaux extraordinaires, réparations de routes, ruptures de digues, ou de réquisitions militaires, pour démolir ou reconstruire des fortifications par exemple, les prestations pouvaient atteindre des proportions extraordinaires aussi, et les corvées devenaient vraiment illimitées[3]. Les désastres de la guerre de Trente Ans amenèrent forcément de grands désordres dans l'exercice du droit de corvée. Tant de terres étaient incultes que les survivants avaient à peine le loisir nécessaire pour labourer celles qui leur appartenaient en propre. Aussi beaucoup de communautés offrirent-elles, dans les années qui suivirent, d'acquitter dorénavant leurs prestations en argent[4]. Les seigneurs n'avaient aucune raison pour refuser une offre pareille ; ce furent généralement les paysans eux-mêmes qui, bientôt las de se séparer d'écus sonnants, préférèrent reprendre, en plus d'un endroit, les anciennes prestations en nature[5]. Il y eut pourtant des accords partiels durables entre communautés et seigneurs, afin de fixer d'une façon légale leurs droits et leurs obligations réciproques. C'est ainsi que nous voyons se signer, le 11 novembre 1658, une convention entre

---

1. *Essay d'un recueil d'arrêts notables du Conseil souverain d'Alsace*, p. 205.
2. Arrêt du 12 juillet 1696. *Essay*, etc., p. 206.
3. Je n'en citerai qu'un exemple. Le rhingrave Othon-Louis, général au service de la Suède, s'adressait le 12 juin 1633, à tous les bailliages de la Haute et Basse-Alsace, depuis Thann jusqu'à Marckolsheim, Andlau et Villé, pour obtenir une équipe régulière de 320 hommes et 31 voitures, destinée à réparer les murs de Colmar. Chaque escouade devait venir avec les outils nécessaires et apporter pour trois jours de vivres; au bout de ce temps, elle serait remplacée par un autre détachement de même force, et ainsi de suite. Les travaux durèrent fort longtemps. (Mossmann, *Matériaux, Revue d'Alsace*, 1877, p. 450.)
4. C'est ainsi que les habitants du val Saint-Amarin offrirent, par supplique du 14 février 1657, un *abonnement* de 300 livres bâloises pour trois ans de corvées et de voiturages. (Gatrio, *Murbach*, II, p. 379.)
5. C'est ce qui eut lieu par exemple, à Murbach, dès 1660. (Gatrio, *loc. cit.*)

Dagobert de Wurmser et les préposés de la commune de Sundhausen, convention d'après laquelle chaque paysan aisé, possédant un nombre de champs plus considérable, payerait par an dix florins pour se racheter de toute corvée ; les laboureurs moins fortunés verseront cinq florins qu'ils pourront acquitter en deux termes. De plus, chaque journalier dans la commune serait tenu de façonner une corde de bois pour le seigneur et les laboureurs auront à la voiturer au château. De plus encore, chaque laboureur fera filer deux livres de chanvre, chaque journalier deux livres d'étoupes pour le seigneur, et tout habitant de la commune devra l'accompagner à la chasse comme traqueur, au moins une fois par an. Un dernier article, — ce n'était pas le moins important de tous, — portait que M. de Wurmser se réservait de changer ces articles quand bon lui semblerait [1].

Tout cela laissait ample place à l'arbitraire, et l'un des grands mérites de l'administration française est d'avoir sérieusement tenté de l'écarter autant que possible. Colbert de Croissy fut le premier intendant qui essaya de formuler des règles à ce sujet et décida que les corvées dues au seigneur seraient de cinq journées par an [2]. Par une série d'arrêts, la cour d'Ensisheim fixa, pour ainsi dire, ce principe nouveau [3]. Les seigneurs terriens durent accepter pour un temps cette limitation fort restrictive. Elle est encore admise, par exemple, dans l'accord que le baron de Montclar, commandant militaire de la province, négocia le 15 avril 1681, en sa qualité de seigneur de Hoh-Landsberg, avec la communauté de Kientzheim pour l'évaluation de ses corvées [4]. Peu après cependant, l'administration royale s'aperçut sans doute que les cinq jours de corvée

1. Archives de la Haute-Alsace, E. 80.
2. On n'en peut fixer la date exacte, car le document ne figure pas au recueil des *Ordonnances d'Alsace*, et dès le XVIIIe siècle il ne se trouvait plus aux Archives du Conseil souverain. (*Essay*, etc., p. 201.) Peut-être l'en avait-on fait disparaître, comme gênant *en droit*, puisqu'il était caduc *en fait*.
3. Arrêt du 2 juin 1674 entre les habitants d'Hirsingen et le baron de Montjoie; arrêt du 16 juin 1674 entre les habitants de Montreux et le baron de Reinach. (*Essay*, etc., p. 201-203.)
4. Un manouvrier devait payer par an pour les cinq corvées : 2 livres et 1 sol ; un laboureur avec un cheval et un bœuf : 3 livres 6 sols 8 deniers ; un laboureur avec deux chevaux : 4 livres 3 sols 4 deniers; avec trois chevaux ou bœufs : 5 livres; avec quatre, ou plus : 6 livres. Montclar ayant appris que M. de La Grange parvenait à tirer davantage de ses propres paysans d'Oberbergkheim, refusa de ratifier cet arrangement, en fin de compte, et afferma ses corvées pour trois et six ans. Mais sur la réclamation de plusieurs communes, le Conseil souverain, par arrêt du 26 mars 1700, força la fille de Montclar, la marquise de Rébé, de revenir à l'arrangement de 1681. (*Essay*, etc., p. 214.)

n'étaient pas suffisants, et surtout elle constata qu'on n'observait nullement l'ordonnance de Colbert, spécialement en Basse-Alsace, où bon nombre de seigneurs prétendaient jouir du droit d'en établir arbitrairement le nombre. C'est de cette double constatation qu'est sortie l'ordonnance du 4 avril 1683, par laquelle le Roi en son conseil fixa des obligations uniformes pour toute l'étendue de la province. Cette ordonnance est assez singulièrement motivée par les plaintes des paysans de la Basse-Alsace qui doivent avoir déclaré que leurs seigneurs « les surchargent depuis quelques années de corvées qu'ils prétendent illimitées, *en haine du changement de domination et gouvernement* ». « Il n'est pas juste, continue le préambule, qu'un seigneur dispose de ses sujets et les oblige de le servir à sa volonté, sans observer aucune règle et mesure¹. » Le monarque défend en conséquence qu'à l'avenir personne exige plus de *dix* corvées par an, sauf l'évêque² et la Noblesse immédiate³, dont les privilèges spéciaux sur ce point sont confirmés un peu plus tard, c'est-à-dire qu'ils pourront toujours encore réclamer *douze* corvées à leurs sujets. Mais, là comme ailleurs, les intéressés seront libres de les fournir à leur gré, soit en argent, soit en nature. Chaque charrue attelée de deux chevaux ou bœufs payera trente sols par jour, ce qui fait pour l'année quinze livres ou cinq écus ; ceux qui n'ont qu'un cheval, payeront la moitié, et une charrue à quatre bœufs équivaudra à deux chevaux⁴. Un certain nombre des habitants du village, le prévôt (*Schultheiss*), les membres du jury (*Mænner des Gerichts*), quelquefois aussi le mari de la sage-femme, le berger, etc., étaient exemptés de toute corvée⁵. Les heures de corvée pour ceux qui

---

1. Quelques années plus tard, l'avocat général du Conseil souverain, Le Laboureur, disait dans son réquisitoire du 9 février 1702 : « Comme nous ne reconnaissons plus l'esclavage..., puisque nous naissons tous libres, il n'est pas juste que ces sortes de corvées soient indéfinies et qu'au premier caprice d'un seigneur ses sujets y soient soumis... » (*Essay*, p. 240.) On voit que nous entrons dans le courant d'idées du XVIII° siècle.
2. Lettres patentes du Roi à l'évêque de Strasbourg, de septembre 1682 et du 4 mars 1684. (*Ordonnances d'Alsace*, I, p. 139.) Dans l'évêché, les habitants payent en même temps *pour leurs personnes* et *pour leurs chevaux*, c'est-à-dire qu'il y a des corvées d'habitants et des corvées de chariots. C'est le seul territoire d'Alsace où cela ait lieu, comme le remarque le *Mémoire* de 1702 (fol. 24 B). Le tarif, à cette époque, est de 30 sols par corvée de charrue, de 15 sols par corvée de cheval, de 10 sols par corvée personnelle, ce qui équivaut à un impôt annuel de 7 livres 10 sols, de 3 livres 15 sols, ou de 50 sols. (*Mémoire* de 1702, fol. 24 A.)
3. Lettres patentes du Roi à la Noblesse immédiate, du 24 décembre 1683. (*Ordonnances d'Alsace*, I, p. 136.) Cela équivalait à une surcharge assez notable pour les prestations en argent.
4. *Ordonnances d'Alsace*, I, p. 126.
5. Kiefer, *Steuern und Abgaben*, p. 34-36.

s'exécutaient en prestations directes, étaient, pour les propriétaires de chevaux ou de bœufs, de cinq heures à dix heures du matin et d'une à six heures du soir ; pour les journaliers, ils étaient tenus de travailler de cinq heures du matin à sept heures du soir, « à la réserve des heures destinées pour leurs repas, ainsi que de coutume[1] ». Nul doute cependant que les seigneurs n'aient préféré, en général, les prestations en argent à celles en nature et n'aient essayé de les obtenir; cela pouvait représenter pour les propriétaires de plusieurs villages populeux une somme assez considérable[2].

Il n'y avait pas cependant que des labeurs pénibles et des corvées dans la vie des habitants des campagnes ; la dureté même du travail quotidien faisait d'autant plus apprécier aux populations rurales les délassements de leurs jours de repos et de leurs jours de fête. Nous parlerons dans un autre chapitre des jours de repos ordinaires, puisqu'ils appartiennent avant tout à l'Église, nous bornant à dire ici quelques mots des fêtes villageoises proprement dites (*messti, kilb*), qui se rattachent aux fêtes patronales instituées dès le moyen âge[3]. Elles ont conservé naturellement leur cachet mi-religieux, mi-profane dans les contrées demeurées catholiques ; elles sont devenues plus entièrement laïques dans les localités passées à la Réforme. Les excès et les désordres qui s'y produisaient presque à coup sûr ne les faisaient pas voir d'un bon œil par les autorités ecclésiastiques des deux cultes, et les administrations civiles elles-mêmes les ont interdites par moments comme blâmables[4], ou les ont tolérées pour des motifs qu'on ne peut s'empêcher de trouver bizarres[5]. En bien des endroits ruinés par les guerres elles tom-

1. Arrêt du Conseil souverain du 28 août 1700. (*Essay*, etc., p. 215.)
2. Dans le très petit village de Furdenheim, les droits de corvée rapportèrent à l'ammeistre Reisseissen, de la Noël 1683 à la Saint-Jean 1684, la somme de 101 thalers, soit environ 1,800 fr. de notre monnaie par an.
3. Ainsi le village de Dossenheim, passé au protestantisme depuis deux générations et plus, continuait à fêter la Saint-Léonard (Wolff, *Dossenheim*, p. 33), et il en était de même pour la plupart des villages luthériens d'Alsace.
4. C'est ainsi que les sires de Rathsamhausen avaient supprimé la fête de Quatzenheim. Ce n'est qu'en 1706 qu'elle fut rétablie par les Oberkirch, leurs successeurs. Le prévôt de Hurtigheim défendait, en 1685, de célébrer le *messtag*, à peine de 6 livres d'amende. (Rœhrich, Manuscrits de la Bibliothèque municipale, n° 734, I.)
5. Nous avons trouvé aux Archives de la Haute-Alsace une lettre bien curieuse du conseiller de régence Daser, de Ribeauvillé, au bailli Faber, de Wihr-au-Val (19 juin 1669), ordonnant qu'on défende aux sujets de la seigneurie de se rendre à la fête de Soultzbach, d'où ils reviennent trop souvent les têtes ensanglantées, le seigneur de ce lieu, M. de Schauenbourg, ayant pour principe de ne pas empêcher les rixes chez lui, parce qu'elles lui rapportent de beaux deniers comme amendes. (A.H.A., E. 2239.)

bèrent d'ailleurs en désuétude, sans qu'on eût besoin de les interdire, et nous apprenons, par exemple, que lorsqu'on rétablit à Furdenheim, le *messti* traditionnel, le jour de la Saint-Gall, il y avait un demi-siècle qu'il n'avait plus été célébré[1], et le seigneur du lieu, l'ammeistre Reisseissen, ne manqua pas de noter sur ses tablettes, avec quelque étonnement sans doute, qu'il s'était passé sans coups ni blessures[2].

Le centre de la fête était d'ordinaire l'auberge, car dans les petites localités il y en avait rarement plus d'une[3], et c'était soit dans la grande salle même de la maison, soit devant l'édifice, sous un tilleul séculaire ou quelque noyer au large branchage que s'organisaient les danses de la jeunesse, tandis que les vieux se consolaient de n'être plus ingambes, en vidant de leur mieux force cruches ou canettes. Quelquefois, à la danse, on joignait des exercices de tir ; ceux-ci semblent avoir été bien plus fréquents dans la Haute-Alsace et le Sundgau que dans le nord de la province[4] ; les seigneurs encourageaient ces joutes en accordant des prix aux meilleurs tireurs. Mais, comme elles avaient lieu d'ordinaire le dimanche ou les jours de grandes fêtes religieuses, elles suscitèrent les colères du clergé, qui s'efforça de les empêcher ou de les abolir. On a conservé le souvenir d'un conflit de ce genre entre messire Gaspard Barbault, seigneur de Granvillars, et Mᵉ Fouchard, curé de cette localité, grâce à l'arrêt du Conseil souverain du 3 décembre 1688. Le prêtre y est condamné à « restituer un pot d'étain, par luy enlevé, qui avoit été mis pour prix à qui tireroit le mieux » ; mais, pour le consoler de cette condamnation, le Conseil décidait qu'à l'avenir les exercices commenceraient seulement après le service divin et ne

---

1. Reuss, *Furdenheim*, p. 14.
2. « Gieng ohne schlægerei ab .» Reuss, *Furdenheim*, *loc. citat.*
3. L'auberge se trouvait généralement sous le même toit que la maison commune, où siégeait à l'occasion le conseil, le jury, etc. D'ordinaire la *Stube*, c'est-à-dire son exploitation commerciale, était mise aux enchères, au commencement de l'année et tout citoyen bien famé pouvait en devenir adjudicataire. Seulement l'autorité fixait le prix des consommations qui ne pouvait être dépassé. A côté de la salle commune, il y avait, dans les villages plus considérables, un *Nebenstüblin*, où se rencontraient les notables de l'endroit avec le bailli et autres fonctionnaires civils et même ecclésiastiques.
4. Il y en avait cependant aussi en Basse-Alsace ; nous apprenons que c'est lors d'une fête de tir, célébrée à Lohr (canton de la Petite-Pierre), le 16 novembre 1619, qu'à propos d'un veau promis au vainqueur, advint une bataille qui se termina par un coup de couteau mortel. M. Auguste Stœber a publié la déposition du meurtrier, Jacques Meyer, dans les documents relatifs au droit d'asile de Bergheim (*Neue Alsatia*, 1884, p. 130) ; elle nous donne une image très vivante du tumulte de ces réjouissances populaires.

pourraient jamais avoir lieu « aux quatre fêtes solennelles et à celle du Patron [1] ».

Il existait en outre, parmi nos populations rurales, une foule de cérémonies et de traditions locales, restes mystérieux ou vagues réminiscences du vieux culte germanique qu'il serait trop long d'énumérer toutes ici, même en passant, et qui subsistent en partie jusqu'à nos jours [2]. Lors de la fête des Trois-Rois, les enfants déguisés parcouraient la commune pour chanter et recueillir des dons dans les maisons ; ils allaient aussi quelquefois continuer leur pèlerinage poétique d'un village à l'autre [3]. Le mardi-gras, on lançait dans les airs, au sommet d'une colline, des disques en bois, allumés aux flammes d'un grand bûcher, après les avoir fait tournoyer avec une vitesse toujours croissante, au bout d'une baguette de coudrier [4]. A la Saint-Jean, on se rendait également en cortège, avec flûtes, fifres et tambours, sur la colline la plus proche, pour y allumer de grands feux, par-dessus lesquels les gars faisaient sauter les filles, et pour y tirer des pétards [5].

Ce qu'il y a peut-être de plus curieux dans ces coutumes, ce sont les privilèges que la tradition locale accorde aux femmes en divers endroits, à certains moments de l'année. Soumises d'ordinaire à une règle sévère, il leur est permis, ces jours-là, de s'émanciper pour un instant. A Sundhoffen, par exemple, elles se rendent le mardi après la Pentecôte au cabaret, y gaspillent toutes leurs économies, chantent, crient, se querellent, et, — si nous devions prendre au mot leur austère dénonciateur, — « s'y livrent à tous les excès [6] ». Dans certains villages du comté de Hanau-Lichtenberg, c'est le mercredi des Cendres que les femmes ont le privilège

1. Notes d'arrêts, p. 26.
2. La rédaction du *Jahrbuch des Vogesen-Club's* a réuni dans les treize volumes déjà parus de cet annuaire de nombreux et précieux matériaux sur ces coutumes et traditions du passé, comme Auguste Stœber l'avait fait dans l'*Alsatia* pendant de longues années. Il serait temps de tenter un tableau raisonné et détaillé du folklore alsacien.
3. En 1605, trois pauvres enfants d'un des villages de la République de Strasbourg, s'étant aventurés dans le voisinage, furent ensevelis par une bourrasque de neige. On les retrouva morts dans un fossé, l'un ayant la figure encore toute noircie pour mieux jouer son rôle. (Reuss, *Kleine Strassburger Chronik* (1424-1615), Strasb., 1889, p. 31.)
4. Aug. Stœber, *Alsatia*, 1851.
5. C'est à l'occasion de cette fête qu'un enfant de quinze ans fut tué par un autre à Guebwiller, en 1657.(*Chronique de Guebwiller*, éd. Mossmann, p. 297.)
6. Lettres du pasteur Scheurer, de Sundhoffen et du surintendant Walther de Riquewihr sur les désordres de conduite des paroissiens de Sundhoffen (17 mai 1664). — A.H.A., E. 406.

de pénétrer dans les maisons, d'en tirer les habitants et surtout ceux du sexe fort ; ceux qui ne se rachètent pas avec quelque pièce de menue monnaie sont saisis aux bras et aux jambes et jetés en l'air[1]. Une autre fête très populaire dans tout le comté, se célèbre le dimanche de Pentecôte. Après le service divin, tous les jeunes gens du village, munis de longs fouets, traversent la grand'rue, en les faisant claquer avec le plus de bruit possible, et le plus habile à manier cet instrument est proclamé roi (*Pfingstkœnig*). Puis, le lendemain, les gars circulent, la figure noircie de suie, précédés d'un beau *mai* orné de rubans et tout enrubannés eux-mêmes, quêtant de maison en maison des œufs, du lard et du vin. La jeunesse féminine les attend sous les tilleuls ou les ormes devant l'église ; elle a, de son côté, préparé des gâteaux d'une fabrication particulière (*Motzen*), et l'on improvise avec les offrandes une collation commune. Le repas terminé, chaque jeune homme détachait un ruban du *mai* et l'offrait à une jeune fille ; si elle acceptait le cadeau, le donateur était son amoureux officiel jusqu'à la fête prochaine[2].

Tout ceci est presque une idylle ; mais le *Weibertag*, la « fête des femmes » des villages de Wihr, Walbach et Zimmerbach, à l'entrée du val de Munster, ressemble à s'y méprendre à une bacchanale et les origines en remontent certainement au paganisme. A l'un des jours du mois de février, les femmes de ces trois localités appartenant aux sires de Ribeaupierre, se réunissaient sur la place du marché de Wihr, masquées pour la plupart, pour être moins gênées dans leurs ébats et munies chacune de quelques provisions de bouche, l'une portant un pot rempli de légumes, l'autre, plus riche, une oie à la broche, etc. Elles allaient chercher à la cave seigneuriale deux tonnelets de vin, qui leur sont dus par tradition et, qu'on plaçait sur le bât d'un cheval, conduit par une femme masquée, agitant des sonnettes. On parcourait alors les rues des villages ; chaque boulanger et chaque aubergiste étaient tenus de fournir une miche de pain ; la caisse communale versait en outre à la masse une somme de douze florins. C'est avec cet argent que les braves femmes de Wihr, transformées pour un jour en ménades, achetaient un grand bouc, qu'elles ornaient desdites sonnettes. On s'établissait ensuite sur un communal, au croisement des routes ; on cuisait des beignets avec le beurre fourni par la cense seigneu-

---

1. *Kirchenvisitation* de 1600, dans Rœhrich, manuscrit n° 734, I. On appelait cette espèce de brimade *schlottern*. (Rathgeber, *Hanau-Lichtenberg*, p. 167.)
2. Rathgeber, *Hanau-Lichtenberg*, p. 168-169.

riale, on vidait les deux tonnelets et d'autres encore, on arrêtait tous les passants, pour les forcer à danser autour du bouc, en poussant de grands cris. Défense aux maris de se montrer avant la tombée de la nuit; ils accouraient au crépuscule pour avoir leur part du festin, et finalement leurs épouses [1], plus ou moins ivres, rentraient, en titubant dans les rues, cassant les vitres et scandalisant tout le monde [2]. Il n'est pas étonnant que les représentants de l'Église aient protesté contre des scènes aussi peu édifiantes, et le curé Henri Fœrster finit par obtenir de l'autorité civile la suppression de ces saturnales annuelles. Par arrêt du 24 février 1681, le bailli de Wihr avertit ses administrées que toutes celles qui seraient vues, ce jour-là, sur la voie publique, payeraient cinq couronnes d'amende, et enjoignit aux « forts de la halle [3] » de la localité de faire, la hallebarde à la main, des rondes dans les trois villages et de fustiger sévèrement toutes les femmes qu'ils trouveraient en contravention [4].

Ce serait d'ailleurs une erreur complète de s'imaginer qu'il fallait aux paysans alsaciens des jours de fête spéciaux pour pouvoir s'amuser et même pour abuser de leur droit au plaisir. Sans doute leurs distractions n'étaient guère relevées, mais ils s'en contentaient telles qu'elles étaient et n'en désiraient pas de meilleures. La principale, sans contredit, était de vider des gobelets, en nombre illimité, dans l'auberge du village. Nous n'aurions pas tant et de si minutieuses prescriptions sur la fermeture des cabarets, si les gouvernants n'avaient vu là le danger capital pour les travailleurs des campagnes. Aussi l'autorité politique et l'Église combinent-elles leurs efforts pour les détourner du vice de l'ivrognerie. La grande ordonnance sur la police rurale, publiée par le Magistrat de Strasbourg, le 9 mars 1660, porte que tous les soirs un des membres du conseil presbytéral de la paroisse se rendrait à l'auberge pour sommer l'aubergiste de fermer boutique et d'éloigner ses clients quand l'heure de la fermeture officielle aurait sonné. De Pâques à la Saint-Michel la clôture se fera à dix heures, et dès neuf heures de la Saint-Michel à Pâques [5]. Si les clients ne rentrent

---

1. Il n'est pas dit que les jeunes filles aient participé à ces bizarres orgies et l'on n'a pas de peine à croire qu'elles en aient été écartées par l'autorité ecclésiastique et civile.
2. *Curiosités d'Alsace*, I, p. 82.
3. Nous traduisons ainsi le mot *Fasstraeger* (porteurs de tonneau) de l'arrêté.
4. A.H.A., E. 2238.
5. D'autres étaient plus sévères encore; le Magistrat de Landau faisait

pas « modestement et honnêtement » chez eux, si l'aubergiste leur verse encore à boire, les coupables seront passibles pour chaque contravention d'une amende de six schellings [1]. Dans la Haute-Alsace, nous voyons qu'on défend à l'aubergiste de donner à boire à crédit à qui que ce soit, pour une somme dépassant cinq schellings [2]. Défense au consommateur de porter des toasts à ses camarades, pour les forcer à lui faire raison et hâter ainsi le moment de l'ivresse. L'aubergiste devra sévèrement défendre pareille conduite, et si quelqu'un faisait la sourde oreille, dénoncer le coupable. Il est à peine besoin de dire que l'entrée du cabaret est interdite le dimanche, pendant la durée de l'office ou du sermon. En cas de contravention, aubergiste et buveur payeront dix schellings à la caisse des aumônes [3]. Dans certaines localités la loi défendait même aux femmes l'entrée de l'auberge, « alors que c'est déjà trop, disent les *Coutumes de Ferrette*, qu'elle soit fréquentée par les hommes ». Elles devaient payer une livre dix schellings par contravention; mais la défense n'était pas difficile à tourner, car la femme n'était pas punissable « si l'aubergiste l'invitait ». Or, quel cabaretier n'aurait pas été assez galant pour inviter le beau sexe à se rafraîchir sous son toit, tout comme le père de M. Jourdain offrait du drap à ses amis ? Tout ce qu'on demandait aux femmes, en ce cas, c'était la promesse de ne pas s'enivrer; cela ne devait pas leur être très facile, puisque le règlement défendait de leur servir à dîner et à souper plus d'un demi-pot de vin [4].

Tous ces règlements étaient-ils bien efficaces? Il est permis d'en douter, en voyant qu'on les renouvelle sans cesse et en notant les doléances que renferment les procès-verbaux des *visitations* ecclésiastiques au sujet de l'ivrognerie de trop nombreuses ouailles. Ceux-là même qui devaient donner l'exemple de la vertu deviennent souvent une pierre d'achoppement pour autrui [5].

évacuer les auberges de ses trois villages dès huit heures, et tout individu qu'on y surprenait plus tard payait quatre *batz* d'amende. (Ordonnance de 1608.) Ce n'est qu'en 1661 qu'il consent à attendre jusqu'à 9 heures. (Lehmann, *Landau*, p. 224.)
1. C'est-à-dire cinq à six francs de notre monnaie, un petit capital pour un paysan.
2. Bonvalot, *Coutumes de Ferrette*, p. 64.
3. *Landpolicey-Ordnung* de Strasbourg, 1660. Même l'étranger n'était servi qu'après le prône; cependant on consentait à lui donner à manger pour qu'il ne mourût pas de faim. Durant le service de l'après-midi, il n'était permis de verser à boire qu'aux *passants*.
4. Bonvalot, *Coutumes*, p. 218-219.
5. Dans le *Kirchenvisitaionsbericht* de 1664 Dannhauer a constaté par exemple que le prévôt d'Ittenheim reste à boire au cabaret jusqu'à trois

Une autre distraction fort à la mode dans les campagnes et qui amenait également les paysans au cabaret, c'étaient les jeux de diverse nature, prohibés ou permis. Le jeu n'était pas absolument interdit en principe ; les gouvernants les plus puritains n'osèrent pousser l'austérité jusque-là. Les dés et les cartes étaient autorisés quand on jouait « pour le seul plaisir » de jouer et, tenant compte des faiblesses de la nature humaine, l'Ordonnance de police rurale de Strasbourg permettait même les enjeux d'*un pfenning* par partie, ou d'un litre de vin[1]. Mais ceux qui dépassaient ces limites étaient inscrits au « livre des amendes » (*Frevelbuch*) ou mis au ceps[2]. Certains seigneurs traitaient plus sévèrement encore leurs sujets ; ainsi Reisseissen défendait absolument aux paysans de Furdenheim de jouer aux cartes ou aux dés pour de l'argent, à peine de cinq livres d'amende[3].

Les danses étaient généralement permises, à condition d'être « honnêtes, simples et pudiques[4] ». Mais elles ne l'étaient pas pourtant d'une manière absolue, et dans certaines localités on préférait écarter tout danger et tout mal naissant des exercices chorégraphiques en les supprimant eux-mêmes[5]. Si les uns parmi les adversaires avaient principalement en vue les indécences et les désordres attentatoires à la morale, les autres craignaient surtout qu'elles ne fussent la cause première de désordres matériels et de « batailles » entre jeunes gens d'un même village ou, plus fréquemment, entre les gars de deux villages voisins. Ces jeunes gens venaient souvent au bal, armés de coutelas et d'épées (*Wehr*) et quand ils étaient gris, la jalousie aidant, ils en venaient aux mains[6] ou bien ils terminaient la soirée, tout comme de nos jours, en allant provoquer leurs rivaux par leurs cris et par des chansons moqueuses[7]. Sans

heures du matin ; à Mittelbergheim, c'est le fils du prévôt qui ne dégrise pas « durant un mois » (*vier Wochen lang toll und voll*). Archives de Saint-Thomas.
1. *Landpolicey-Ordnung* de 1660.
2. « *In die Geige spannen.* » Nous avons expliqué déjà, tome I*er*, p. 328, ce qu'était *le violon* du XVII*e* siècle, fort différent de celui que les ivrognes de notre temps connaissent seul aujourd'hui.
3. Arrêté du 20 décembre 1667. Reuss, *Furdenheim*, p. 13.
4. *Landpolicey-Ordnung* de 1660. Du moins la défense était absolue pour les dimanches.
5. La *Kirchenvisitation* de 1663 nous apprend que depuis *trente-huit ans* on n'avait plus permis de danser aux paysans d'Illkirch, les dimanches et jours de fête.
6. Ce fait curieux de jeunes paysans portant l'épée, — je ne sais si on le retrouverait ailleurs à cette époque, — ressort par exemple d'une affaire criminelle advenue à Dorlisheim, le 25 août 1627, au sortir du bal de la *Kilb* locale. (Aug. Stœber, *Neue Alsatia*, p. 136.)
7. C'est ainsi qu'en 1663 douze gars de Lingolsheim viennent, l'épée à la

doute tous ces excès étaient sévèrement punis quand on réussissait à s'emparer des coupables, mais le difficile était précisément de saisir les fauteurs de ces désordres nocturnes et l'on trouvait plus simple d'empêcher ceux-ci de se produire[1].

Ce qui semblait plus dangereux encore aux autorités que ces rixes entre jeunes gens à la sortie du bal, c'étaient les « veillées » d'hiver et d'été (*Kunkelstuben*) où garçons et filles se réunissaient pour filer, causer, chanter et boire, d'ordinaire en dehors de toute surveillance de la part de leurs aînés et où s'ébauchaient une foule de relations intimes qui parfois tournaient au plus mal. Il faut que la décence ait été parfois rudement compromise dans ces réunions nocturnes pour que des législateurs se soient cru obligés de formuler certains paragraphes de leurs règlements sur les mœurs rurales[2]. D'ailleurs, il fallait rentrer de la veillée, et si, en reconduisant son amoureuse, on prenait ostensiblement congé d'elle sur le seuil de la demeure paternelle, trop souvent on se retrouvait ensuite sous la fenêtre de la jeune fille où des échelles complaisantes facilitaient les catastrophes. Le Magistrat de Strasbourg s'est élevé, à plusieurs reprises, avec une indignation malheureusement fort peu efficace, contre ces visites nocturnes[3]. Pour les empêcher, l'autorité punissait les coupables, même quand le mariage réparateur intervenait avant la révélation publique de la faute, et c'est à la prison qu'on cherchait le délinquant pour le mener à l'autel[4]. Toute mariée enceinte était privée de la couronne nuptiale et la

main, provoquer un soir la jeunesse masculine d'Illkirch. (G. Horning, *Dannhauer*, p. 234.)

1. Il semblerait que, vers la fin de la période qui nous occupe, on se soit un peu relâché de cette sévérité quasi puritaine ; d'ailleurs nous ferons remarquer que presque tous les détails cités plus haut se rapportent à des territoires luthériens, et nous sommes tentés de croire que les seigneurs catholiques ont été moins stricts sur ce point, dès le début.

2. Un des articles de la *Freceltax*, dressée pour les terres de la Noblesse immédiate de la Basse-Alsace, en 1650, après avoir mentionné les *Kunckelstuben*, ajoute textuellement l'alinéa suivant : « *Entblœssung mœnnlichen gliedes vor weibspersohnen in offenen gesellschaften,— 2 Gulden.* » (A.B. A., E. 1330.)

3. On lit, par exemple, dans les procès-verbaux du Conseil des XXI, année 1661, fol. 22 : « *Das leitersteigen der jungen bursch bei nœchtlicher weil, dadurch viel bœses verübt wird.* »

4. Registres paroissiaux d'Ingwiller, au 14 mars 1680, chez Rathgeber, Hanau-Lichtenberg, p. 158. On était généralement fort expéditif en ces affaires de mœurs. A Westhoffen, un couple est saisi en flagrant délit, le soir à huit heures, le jour de Noël. Conduits en prison et mis à l'amende, les coupables sont extraits de la geôle le 30 décembre, amenés devant le bailli, escortés par lui à l'église, mariés et expulsés (*ordentlich eingesegnet und auss der kirchen stracks auss der herrschafft fortgeschickt*). Rœhrich, manuscrit n° 734, II.

bénédiction (si l'on peut encore employer ce mot en cas pareil) des jeunes époux se faisait d'après un formulaire spécial, et avec un appareil humiliant qui semblerait bien cruel aujourd'hui[1]. Quelquefois les sujets bien notés obtenaient la permission d'aller se faire marier ailleurs, afin d'échapper à la honte d'une situation pareille[2]. L'expérience amena pourtant peu à peu un certain relâchement dans cette sévérité draconienne, puisqu'on s'aperçut que toutes ces punitions, sans cesse répétées, n'arrivaient pas à empêcher les faiblesses humaines et que le nombre des délinquants ne diminuait nullement malgré l'application la plus stricte des règlements civils et des censures ecclésiastiques. Il faut ajouter d'ailleurs que ces règlements ne pouvaient être maintenus en vigueur qu'en temps de paix complète, alors que l'administration des campagnes suivait sa marche hiérarchique régulière. Au milieu des tourmentes de la guerre de Trente Ans et de toutes celles qui suivirent, la moralité des villageois d'Alsace devait péricliter tout autant que leur bien-être matériel. Ce n'est certainement pas un cas isolé que celui que nous relate le pasteur Kumprecht d'Obermodern, en notant dans son registre paroissial, à l'année 1633 : « Cette année, personne n'a cru nécessaire de venir à l'église pour faire bénir son union. *Silet enim inter arma omnis honestas*[3]. » Même en des temps plus calmes, la justice était lente parfois à intervenir dans les affaires criminelles les plus graves, quand il s'agit de délits commis dans des localités éloignées des grands centres[4], et l'on peut en

1. On lit dans le registre paroissial de Mietesheim, à l'année 1660, à propos d'un mariage de cette catégorie : « *Es sind nachfolgende* (je passe les noms qui ne font rien à l'affaire) *in fleischlichen wollüsten zusammengekrochen, in einem strohkrantz zusammengegeben.* » (Kiefer, *Pfarrbuch*, p. 261.)
2. C'est ainsi qu'en 1690, Marguerite Oertel, fille de l'ancien prévôt d'Illwickersheim, compromise par une prélibation de ce genre, obtient du syndic Güntzer la permission de se marier à Plobsheim, où l'on peut faire semblant d'ignorer sa faute. (Archives paroissiales d'Illkirch, citées par Rœhrich, manuscrit n° 736.)
3. Kiefer, *Pfarrbuch*, p. 316. Il parle de son annexe Schalkendorf. Il y avait pourtant certaines communes où les mœurs semblent avoir été relativement pures. Ainsi nous savons par les registres paroissiaux de celle d'Eckwersheim que, de 1600 à 1737, il n'y a presque pas eu de naissances illégitimes, et à Berstett on en comptait en moyenne une tous les cinq ans. F. Bresch, *Aus der Vergangenheit*, etc., p. 57.
4. Parmi les dossiers criminels que nous avons parcourus nous citerons celui d'un certain Jean Zimmermann, de Fertrupt, poursuivi pour bigamie, assassinat et « pour avoir séduit et rendu enceintes près de trois cents femmes et filles, dont il avait pu détruire le fruit au moyen de charmes et de sortilèges ». Le bailli de Sainte-Marie-aux-Mines instruisit le procès de 1610 à 1616, si bien que l'accusé put mourir tranquillement dans son lit. (A.H.A., E. 2053.)

induire que la voix publique ne s'y élevait pas avec une grande énergie contre les coupables, partant que les sentiments de moralité publique n'y étaient guère vivaces[1]. Parfois aussi, comme pour rattraper le temps perdu, les représentants de la morale publique et de la loi agissaient avec une rapidité qui n'était guère moins blâmable que leur lenteur en d'autres circonstances[2].

De ce tableau, nécessairement un peu sommaire, mais aussi complet que le permettait le plan général de notre travail, il semble licite de conclure que si les paysans d'Alsace ont été horriblement foulés pendant les longues guerres du XVIIe siècle, s'ils ont été infiniment plus misérables alors qu'ils ne l'ont jamais été depuis, leur condition générale, soit avant 1621, soit dans les vingt dernières années du siècle, n'a point été malheureuse, ni même, en général, pénible. Sévèrement surveillés par une autorité quasiment paternelle, protégés dans une certaine mesure contre leurs propres défauts et leurs écarts par les règlements multiples et minutieux de ce temps, ils semblent plutôt avoir été mieux partagés, en somme, que ceux de nos jours, soit que leurs goûts fussent plus simples, soit parce qu'ils trouvaient à meilleur compte autour d'eux tout ce qu'il leur fallait pour vivre. Exposés à des crises épouvantables qui ont failli les anéantir et les ont plus que décimés, ils ont eu pourtant certains avantages sur leurs descendants : une population moins dense, un sol moins épuisé, des impôts moins lourds leur faisaient une existence, non pas meilleure sans doute ni moralement plus relevée, mais peut-être moins troublée par les soucis du lendemain que celle dont les classes rurales se plaignent aujourd'hui.

1. Ce qui prouve aussi combien la moralité des campagnes était faible, c'est la fréquence des cas de sodomie et de bestialité qui paraissent, à partir de la guerre de Trente Ans, dans les chroniques et les archives paroissiales. Les mœurs ignobles des soudards de tout pays, des Italiens et des Espagnols surtout, ont infecté de ce vice les populations rurales où on les signale très rarement pour les temps antérieurs. Je cite au hasard le procès de deux jeunes frères de Fessenheim (1660), d'un jeune paysan de Dossenheim (1666), d'un homme de Geudertheim (1673), etc. On décapitait d'abord les coupables, puis on brûlait leurs cadavres avec les corps des animaux sur lesquels ils avaient assouvi leurs passions brutales. Voy. entre autres dans la liasse de procès analogues du comté de Linange (A.B.A., E. 4325), celui du berger de Zinswiller, d'août 1658.
2. Ainsi nous voyons en 1668 une paysanne d'Olwisheim arrêtée pour adultère le 27 juin, jugée, condamnée et décapitée le 30 juin sur la place du village. (Registres paroissiaux d'Olwisheim, chez Rœhrich, manuscrit n° 734, I.)

CHAPITRE SIXIÈME

Superstitions populaires et Sorcellerie [1]

Passer sous silence ou ne mentionner qu'en passant dans ce tableau de la vie sociale au XVIIe siècle, le chapitre des superstitions populaires et de la plus effroyable de toutes, la foi en la sorcellerie, serait y laisser une lacune énorme. Si d'autres époques ont été peut-être aussi superstitieuses, si l'ignorance a été parfois bien plus générale et plus profonde, il n'y a pas eu de siècle où cette lugubre maladie qu'on nomme la croyance aux sorciers ait sévi avec une intensité analogue ni fait autant de victimes. Dans sa première moitié surtout, le XVIIe siècle est l'ère des procès de sorcellerie, des tortures et des bûchers; tous ceux qui ont étudié de plus près les grandes épidémies mentales de l'humanité le savent. Mais c'est seulement en cherchant à se rendre compte de leur développement dans un cadre restreint qu'on s'aperçoit nettement de toutes les horreurs qu'elles ont accumulées dans les limites d'une seule province, et plus on explorera les archives locales, pour s'occuper de l'histoire des mœurs, encore trop négligée partout, plus on exhumera de documents nouveaux sur les ravages de ce fléau.

La superstition est partout au XVIIe siècle, dans les rangs de la noblesse et dans ceux de la bourgeoisie comme parmi les paysans; elle n'épargne pas plus le clergé que les laïques, elle sévit sur les sectateurs de Luther comme sur les disciples de Loyola, et ceux-là même qui combattent par charité les actes cruels des bourreaux n'osent pas nier la réalité des faits reprochés aux victimes [2]. Il y a sans doute bien des degrés dans la superstition populaire. Le curé qui force son sacristain à mettre en branle, de jour et de nuit, la cloche du village pour chasser l'orage, ne fait que partager des préjugés absurdes, qui n'ont pas encore disparu partout de nos

---

1. Nous avons placé ce chapitre à la suite de celui des paysans, parce que dans les classes rurales les superstitions sont plus grossières et plus brutales, mais au fond elles se retrouvent dans toutes les couches de la société d'alors.
2. Les plus connus parmi les adversaires de la pratique courante, le Dr Wier au XVIe siècle, le P. Jésuite Frédéric de Spée au XVIIe, n'ont jamais contesté qu'il y eût des sorcières et qu'on pût signer un pacte avec le démon.

jours[1]. Le secrétaire de l'abbaye d'Ebersheimmunster, Thiébaut Rothfuchs, qui tire l'horoscope de chacun de ses enfants et note consciencieusement dans sa Chronique qu'ils sont nés sous l'ascendant de Saturne, de Mars ou de Vénus, sous le signe des Gémeaux ou du Lion, est un homme intelligent, instruit et très bon catholique[2]. Les annalistes les plus raisonnables et les théologiens les plus éminents de l'époque répètent à chaque apparition d'une comète à l'horizon de l'Alsace qu'elle annonce de graves perturbations politiques et les châtiments terribles du Très-Haut. Ils découvrent au firmament, non seulement les traînées lumineuses que nous y voyons encore aujourd'hui dans des occurrences pareilles, mais des bras armés d'épées ou de verges, ou même des armées de feu s'entrechoquant à la voûte céleste[3]. Les esprits frappeurs[4], les apparitions insolites[5] ne rencontrent pas d'incrédules parmi les représentants d'une culture supérieure.

La superstition s'accentue, en devenant active, comme lorsqu'elle s'efforce de trouver la guérison de certaines maladies par des procédés plus ou moins magiques. Les bonnes femmes de Strasbourg, tout hérétiques qu'elles sont, portent en secret des bouillies et des breuvages aux religieuses du couvent de Sainte-Madeleine, afin qu'elles les consacrent par leurs prières et qu'ainsi bénies elles rétablissent leurs proches[6]. Les paysannes luthériennes de la Basse-Alsace font de même des pèlerinages clandestins à Sainte-Agathe (près de Weitbruch), à Saint-Jean (près de Saverne), à Sainte-Odile, à Marienthal, à la source d'Avenheim (au Kochersberg) et y prononcent des formules mystérieuses pour rétablir leur propre santé ou celle de leurs enfants et de leurs parents[7]. Quand elles ne

---

1. Plainte d'un bonnetier de Saint-Léger (bailliage d'Altkirch), qui est en même temps sacristain, et que son curé empêche, pour cette raison, d'assister à une assemblée de ses confrères professionnels. Voy. *Bulletin historique de Mulhouse*, 1894, p. 31.
2. *Revue d'Alsace*, 1888, p. 80, 81, 83.
3. Sur les comètes de 1618, 1621, 1661, 1664, 1672, voy. Friese,*Historische Merckwürdigkeiten des Elsasses*, p. 117-118.
4. Ils sévissaient déjà au XVIIe siècle et dans sa *Chronique*, le peintre J.-J. Walter, esprit cultivé cependant et membre du Grand-Conseil de Strasbourg, cite une foule de faits de ce genre arrivés de son vivant dans sa ville natale.
5. Le chanoine Bernard de Ferrette raconte dans son *Journal*, à la date du 17 septembre 1693, que le curé Jean-Georges Bruat, de Saint-Amarin, « homme digne de foi, s'il en fût », a rencontré « le cadavre d'un dragon au pied d'une roche élevée vers la montagne appelée Haag, près de Geishausen. Il est vrai qu'il ajoute : « Le croira d'ailleurs qui voudra. »
6. *Kirchenvisitation* de 1650. Rœhrich, *Mittheilungen*, II, p. 253.
7. Bresch, *Aus der Vergangenheit*, p. 58-59 (1601-1606), et *Kirchenvisitation*

peuvent ou ne veulent pas y aller elles-mêmes, elles chargent de cette mission quelque intermédiaire plus ou moins discrète[1]. C'est aux religieux des couvents de la Haute-Alsace que s'adressent aussi les hérétiques du pays pour recouvrer les objets perdus ou volés[2]. Les Jésuites de Schlestadt, de leur côté, trouvent à chaque instant chez leurs pénitents des formules couvertes de croix et de signes mystérieux, destinées à empêcher les maladies, à guérir les blessures et à faire retrouver les objets perdus. Sans doute, ils les leur arrachent et les jettent au feu[3], mais ils se glorifient eux-mêmes de guérisons non moins mystérieuses. Tantôt c'est saint Gangolphe qui a dissipé des rhumatismes[4] ou saint Valentin des attaques d'épilepsie[5] ; tantôt l'eau bénie sous l'invocation de saint Benoît arrête le cours de la maladie[6] et celle de saint Ignace délivre même les animaux de toutes leurs souffrances[7]. Un capucin de Soultz, le P. Ubalde Thyring, expédie « par chariots » de l'eau bénite aux paysans du Belchenthal, pour en abreuver leur bétail[8], etc. Les RR. PP. de Schlestadt nous racontent également, tout au long, l'histoire d'une de leurs ouailles qui avait des chaussures bien singulières et semblent persuadés de la réalité des tribulations qu'elles lui causent[9]. Les juges et les baillis de l'une et de l'autre confession, les pasteurs luthériens[10] comme les curés

de 1650. (Rœhrich, *op. cit.*, II, p. 254). — *Visitationsbericht* de 1663 dans Horning, *Dannhauer*, p. 231. Ces formules s'adressaient à Saint-Wendelin et s'appelaient *Sankt-Wendelinssegen*.

1. Nous citerons le registre du Consistoire de Sainte-Marie-aux-Mines : « Sera remontré à Sara Domballe... sa faute commise ayant par idolâtrie et superstition envoyée *par commission* vers un certain saint pour pensant recevoir par icelle de lui guérison de quelque maladie. » Délibération du 18 mars 1640, chez E. Muhlenbeck, *Revue d'Alsace*, 1878, p. 369.
2. Condamnation d'un bourgeois de Mulhouse auquel on avait volé trois coupons de drap et qui envoie un tailleur consulter à ce sujet les capucins de Landser. Il doit payer 35 livres d'amende et le tailleur est mis en prison. Mais la nuit d'après, la marchandise est placée devant sa porte. — *Bulletin historique de Mulhouse*, 1877, p. 21.
3. « *Res superstitiosas eripuimus...* » (Gény, *Jahrbücher*, I, p. 38. — « *A culsu chartæ magicæ... Vulcano traditæ.* » (*Ibid.*, p. 28, 43, etc.)
4. Gény, *op. cit.*, I, p. 128.
5. Id., *ibid.*, p. 119.
6. Id., *ibid.*, p. 149.
7. Id., *op. et loc. citat.*
8. Bernard de Ferrette, *Diarium de Murbach* (encore en 1714), p. 58.
9. « *Sandalia Cypridis jure dixisses ;* » chaque fois qu'il les mettait « *in concupiscentiâs arsit* », et dès qu'ils les ôtait « *obscœni œstus posuere* » (1674). Voy. Gény, *Jahrbücher*, I, p. 163.
10. Dannhauer, qui raconte, dans son *Visitationsbericht* de 1663, un malheur de ce genre arrivé au fils du prévôt de Dorlisheim, exprime pourtant un certain doute sur la cause de l'impuissance. « *Ob ligamine magico, ob in affectu morali, kœnne man nicht wissen.* » Voy. Horning, *Dannhauer*, p. 232.

catholiques, ne mettent pas en question la réalité des pratiques criminelles par lesquelles certains mécréants paralysent la virilité des maris ou des amoureux, en leur « nouant l'aiguillette » au moment de la bénédiction nuptiale[1]. La conviction était la même, dans les deux confessions, en ce qui touche aux possessions démoniaques. On nous raconte à ce sujet, les plus singulières histoires. Un jeune étudiant strasbourgeois, nommé Michel Schammæus, se trouvant à l'Université de Wurzbourg, en 1611, avait eu la malheureuse idée de vendre son âme au démon, en signant le pacte de son sang. Conduit à Molsheim, il y est exorcisé par les Jésuites, dans leur chapelle, le 13 février 1613, et au moment où ils l'admettent à la communion, le diable rapporte le document fatal en poussant des cris affreux[2]. Vers la même époque, un gentilhomme, coupable du même péché, est exorcisé dans la même chapelle de Saint-Ignace, à Molsheim, et c'est une cigogne qui rapporte dans son bec le pacte diabolique[3]. Un peu auparavant, le seigneur de Müttersholz, le sire Jacques de Rathsamhausen, avait été frappé de maladie mentale, mais le pasteur du village, Me Georges Huob, persuadé qu'il est possédé du démon, veut procéder à des exorcismes en règle, pour vaincre la *possessio sathanica*[4]. Encore en 1652, à propos d'une polémique entamée au sujet d'une demoiselle Zorn, de Plobsheim, ensorcelée, au dire des siens, mais en réalité pauvre épileptique déséquilibrée, le principal des théologiens luthériens de Strasbourg, Jean Conrad Dannhauer, admettait parfaitement la possession diabolique de la malade[5]. Ce n'était pas aux personnes

1. Dossier du procès de Daniel Thomann, ouvrier mineur, accusé d'avoir empêché la consommation du mariage de Jean Schneider et de Madeleine Obermann, 1615. (A.H.A., E. 623.) — Nous avons trouvé aussi une singulière histoire de ce genre dans une lettre du secrétaire municipal de Guémar, au conseiller Daser, de Ribeauvillé, en date du 11 janvier 1648. Une jeune fille de cette localité, Marie Dibler, avait paralysé un soldat de la garnison, d'après les indications d'une vieille Suissesse. Après l'avoir tourmenté durant deux nuits, elle le « restitua *in integrum* » la troisième, ce qui n'empêcha pas l'amant furieux de l'accabler de coups. De là, plainte et intervention de l'autorité. (A.H.A., E. 625.)
2. D'après les procès-verbaux de l'Université de Wurzbourg, chez Aug. Stœber, *Aus alten Zeiten*, p. 164.
3. Caroli, *Memorabilia ecclesiastica sæculi XVII*, tome I, p. 305. Le fait se passait en 1612.
4. Lettre de Huob à Pappus, 15 juillet 1606. (Archives de Saint-Thomas.) — Le seigneur de Kolbsheim appelait lui-même une sorcière pour se guérir d'une maladie. Rœhrich, *Mittheilungen*, II, p. 255.
5. Dannhauer, *Scheid- und Absagbrieff*, etc., 1667, 8°. Cette polémique avec un Jésuite de Cologne ne portait nullement sur le fait de la possession, mais sur la possibilité, pour les hérétiques, de chasser le démon. Les Jésuites de Schlestadt en avaient expulsé quarante-six à la fois d'une de leurs paroissiennes. (Gény, I, p. 91.)

seulement, c'était aux choses, et même dans l'enceinte sacrée, que s'en prenait Satan. En 1656, le couvent des capucins d'Obernai fut déplacé, parce qu'on découvrit un jour un « grand maléfice », sous forme d'un serpent, enfermé dans l'une des colonnettes de l'autel [1]. On vivait tout naturellement dans l'atmosphère du surnaturel et pour les esprits simples tout semblait vraisemblable ; le pauvre diable essayait de « conjurer » les trésors cachés dans le sol et de les faire monter à la surface [2] et le petit bourgeois, qui voyait son voisin prospérer sans en deviner la cause, l'attribuait à la possession d'un génie familier ou de quelque racine de mandragore [3].

Quoi d'étonnant, après tout, si cette crédulité superstitieuse, répandue dans toutes les couches sociales, s'est attachée tout particulièrement dans la première moitié, si tourmentée, de ce siècle, aux prodiges de la sorcellerie et si les pauvres paysans surtout, trop souvent maltraités au delà de toute expression, désespérés de leur longue misère, ont cru finalement que le Diable ferait plutôt encore des prodiges en leur faveur que le Bon Dieu ?

C'est une question excessivement complexe que celle des origines, de la raison d'être et de la nature même de la sorcellerie ; elle ne saurait nous occuper ici [4]. Il suffira de dire que tout en n'admettant

---

1. P. Fructuosus, *Commentarius de provincia Alsatiæ F.F. Capucinorum*, extrait par Rœhrich, Manuscrits de la Bibliothèque municipale de Strasbourg, n° 730.

2. Dom Bernard de Ferrette nous parle souvent de ces chercheurs de trésors dans son *Journal*. Un jour, il aperçoit à son grand étonnement, un cercle tracé au croisement des routes de Lautenbach et de Murbach. « J'apprends que pendant la nuit de Noël on avait vu à cet endroit... couchées par terre de mauvaises gens évoquant le Diable et écoutant ses réponses... Ce même jour, trois ans plus tard, on creuse la terre de 4-5 pieds... pour trouver de grands trésors, etc. » *Diarium* de Murbach, p. 36, 48, etc. J'ai trouvé la curieuse histoire d'un trésor découvert par un esprit, à « Busweil en Alsace » dans une des dépêches de l'envoyé de France, Nicolas de Baugy, adressées de Vienne à M. de Puysieulx, mars 1620. (Bibl. Nat. Mscr. français 15929.) Voy. aussi une histoire analogue, arrivée en octobre 1693, dans la *Chronique* de J. Furstenberger, *Mulhauser Geschichten*, p. 380.

3. On se figurait ce *Geldmænnlein* comme une espèce d'*homunculus* magique, conservé dans une boîte et enrichissant, malgré lui, son propriétaire. Aug. Stœber rapporte, d'après les procès-verbaux du Conseil de Colmar, un singulier procès, plaidé le 21 mars 1684 : la veuve Scherger accuse son voisin Jonas Muller d'avoir dit qu'elle possède un *Geldmænnlein*, « ce qui est une injure ». Il est condamné à une amende. (*Aus alten Zeiten*, p. 62.)

4. J'ai traité autrefois la question plus à fond dans mon ouvrage : *La Sorcellerie au XVIe et au XVIIe siècle, particulièrement en Alsace, d'après des documents en partie inédits*, Paris, Cherbuliez, 1872, 8°. Je puis me permettre d'y renvoyer le lecteur pour les conclusions théoriques, bien que le progrès des sciences médicales ait facilité depuis l'explication de certains

pas, — cela va de soi, — la réalité *objective* des phénomènes de la sorcellerie, nous sommes disposé à admettre, dans une certaine mesure, sa réalité *subjective;* nous croyons qu'il y a réellement eu beaucoup de gens, au XVII° siècle, qui se sont crus sorciers et qui ont fait des actes de magie, signé des pactes avec le démon, tenté de s'enrichir ou de satisfaire leurs haines et leurs vengeances à l'aide de la puissance surnaturelle qu'ils attendaient de lui. Beaucoup d'entre les sorciers et les sorcières qui ont péri sur les bûchers croyaient à la réalité de leurs hallucinations, de quelque façon qu'elles se soient produites[1]. Parfois même les réunions nocturnes décrites par tant d'interrogatoires, les agapes infernales, célébrées au milieu des cérémonies les plus immondes, ont peut-être eu véritablement lieu sur quelque colline solitaire, au carrefour de quelque forêt[2]. Nous ne croyons pas non plus qu'on doive nier d'une manière absolue la réalité de certains des méfaits reprochés à ces suppôts du diable : les morts subites d'hommes, d'enfants, d'animaux, mentionnées dans tant d'aveux, peuvent avoir été occasionnées, d'aventure, par le poison, aussi bien que par une cause naturelle, étrangère à la volonté des accusés. Mais il ne me semble pas permis de tenir compte de ces facteurs, au delà d'une mesure assez restreinte, dans l'appréciation de la sorcellerie d'alors. Rien ne prouve en effet que, si même ces quelques faits matériels ne s'étaient pas produits, l'ensemble du tableau dût en être notablement changé. C'est une tradition déjà ancienne et fortement établie qui règle la matière; les usages et les pratiques de la sorcellerie étaient enregistrés, si je puis dire, depuis longtemps, à l'époque dont nous parlons, aussi bien que la façon de les combattre. Les prescriptions minutieuses des autorités civiles et ecclésiastiques qui l'ont fixée, ont pénétré du cabinet du jurisconsulte et du confessionnal du prêtre dans l'âme et le cerveau populaires[3]. Dans ces sphères, on se représentait forcément les procédés du Malin, les maléfices des

---

phénomènes qui se rattachent à l'hystérie, l'hypnotisme, la suggestion, etc. J'y renvoie aussi pour une foule de détails descriptifs; ceux que nous employons ici sont presque tous empruntés aux documents nouveaux, réunis depuis 1872.

1. Elles étaient ou bien d'origine purement psychologique ou produites par des onguents et des boissons dont le datura, la jusquiame ou le pavot fournissaient sans doute les éléments principaux.
2. On trouvera la liste plus détaillée des localités de montagne et de plaine spécialement favorisées par la visite des sorcières alsaciennes, dans Aug. Stœber (*Alsatia*, 1856-57, p. 283 et 334), dans W. Hertz (*Deutsche Sage im Elsass*, p. 203) et dans ma *Sorcellerie*, p. 36.
3. Pour se rendre compte du fait que le peuple voyait partout autour de lui de la sorcellerie et des sorciers, on n'a qu'à parcourir la liste des noms

victimes d'une manière quasiment stéréotype, absolument comme les récits de l'histoire biblique ou les enseignements dogmatiques ; le catéchisme du Diable n'était pas moins arrêté que celui de l'Église et son questionnaire également immuable. Une fois que la rumeur publique avait fait planer sur la tête d'un malheureux le moindre soupçon de sorcellerie, malheur à lui si ses nerfs n'étaient pas d'airain ! Pour peu que « l'autorité » tînt à le voir proclamer coupable, le bourreau se chargeait de l'aveu, et nul ne saurait douter que c'est lui le grand pourvoyeur des bûchers et des gibets. Pourvoyeur irresponsable, puisqu'il partageait la folie commune, il ne faisait qu'exécuter les ordres des tristes représentants d'une justice féroce et démente elle-même.

Il y avait plusieurs raisons particulières pour que l'épidémie, générale alors, sévît plus cruellement en Alsace. D'ancienne date, la vallée rhénane fut un terrain favorable aux croyances hétérodoxes et à toute fronde religieuse ; les sectes de tout genre y ont pullulé au moyen âge et le siècle de la Réforme y a vu les anabaptistes. Notre région était entrée dans le XVIIe siècle profondément travaillée par le ferment des discordes religieuses et l'accusation de sorcellerie a été, plus d'une fois, dans l'Allemagne catholique de ce temps, un prétexte commode et décent pour écraser des germes d'hérésie. Des guerres continuelles avaient semé la misère la plus noire dans les campagnes et chez beaucoup de malheureux cette misère opiniâtre doit avoir engendré la folie temporaire ou durable. Bien des aveux insensés, avidement notés au passage par les greffiers stupides dont nous lisons aujourd'hui les procès-verbaux, ne sont que des divagations de pauvres fous. Bien des aventuriers aussi, exploitant le désir ardent de ces misérables, d'être délivrés de leurs maux à tout prix, ont pu profiter des superstitions populaires et jouer au milieu de ces masses moralement et physiquement abruties, le rôle d'émissaires de Satan ou même celui du démon en personne. Enfin l'organisation même de la justice et surtout l'éparpillement de tant de petites justices seigneuriales y favorisaient les plus odieux abus de la force, de l'imbécillité des uns et de la convoitise des autres. Le privilège d'être jugé par ses pairs présentait un surcroît de dangers quand c'étaient quelques villageois profondément superstitieux qui décidaient de l'innocence ou de la culpabilité des malheu-

---

de lieux-dits qu'ils rappellent (Hexenacker, Hexenbaum, Hexenbuckel, Hexengarten, Hexengrub, Hexenhag, Hexenkeller, Hexenmatt, etc., etc.). Voir, pour la Haute-Alsace, le *Dictionnaire topographique* de G. Stoffel (2e édit.), p. 245-246.

reux chargés par la rumeur publique. Comment n'auraient-ils pas condamné, sans hésitation aucune, quand leurs conducteurs spirituels ne cessaient de leur parler, avec une conviction tout aussi complète, des sortilèges pratiqués autour d'eux[1], quand, lors de la visitation des paroisses, les dignitaires de tout culte les interrogeaient solennellement pour savoir si personne, parmi eux, ne se livrait aux pratiques de la sorcellerie[2]?

C'est une consolation relative de pouvoir se dire qu'une partie tout au moins des innombrables victimes de la *folie des sorciers* a été punie pour des méfaits véritables, pour des crimes frappés justement par les lois de tous les temps et de tous les pays. On ne se figurait pas alors que certains actes, répugnant particulièrement à la loi morale, l'empoisonnement, l'inceste, les crimes contre nature, pussent s'accomplir autrement que par l'intervention directe de Satan, et peut-être les coupables le croyaient-ils eux-mêmes. Du moins, dans les nombreux dossiers que nous avons parcourus, les incendiaires[3], les sodomites, les paysans et les bergers inculpés de bestialité, déclarent tout d'abord avoir signé un pacte avec le Malin[4]. Mais pour combien d'autres cette explication ne saurait être valable! Ce ne sont pas de petits enfants ni de vieilles octogénaires qu'on peut charger d'accusations pareilles, et c'est précisément en lisant dans nos pièces d'archives les soi-disant aveux de leurs noces au sabbat, faits par des garçonnets et des fillettes, incapables de rien

---

1. En 1648, le pasteur Widtmann, de Scharrachbergheim, note sur son registre des baptêmes qu'un enfant a été ensorcelé par une parente qui assistait à la cérémonie et supplie toutes les femmes enceintes de la paroisse de redoubler leurs prières pour échapper à pareil maléfice. (Rœhrich, Mscr. Bibl. mun., n° 734, II.) En 1615, le pasteur J.-J. Ruckus, de Romanswiller, dénonce une vieille femme qui demeure dans le Birckenwald et qui séduit ses ouailles et il dit « qu'on devrait bien ne pas la laisser en vie ». Rœhrich, *Mittheilungen*, II, p. 255.
2. Articles de la police ecclésiastique par lesquelz les curez de l'evesché de Bâle ont accoutusmé d'examiner leurs paroissiens, 1664. (*Ecclesiasticum Argentinense*, 1891, p. 17.) — Voy. aussi les extraits de la *Kirchenvisitation* de 1650 chez Rœhrich, *Mittheilungen*, II, p. 253.
3. C'est ainsi qu'une jeune fille de seize ans, qui, en 1611, allume un incendie par lequel le village de Dettwiller est détruit presque en entier (et qui est décapitée et brûlée le 13 septembre 1611), déclare avoir agi à l'instigation d'un Juif, accompagné d'un grand chat noir. Augustin Trensz, qui allume à Strasbourg la maison paternelle, et qui est également décapité, puis brûlé, le 13 juin 1613, déclare avoir signé, dès l'âge de 12 ans, un pacte avec Satan, etc.
4. Procès de Jacques Müller, de Wahlheim, 2 septembre 1615. (A.H.A., C.37.) — Procès de Lucie Ehringer, de Guémar, 1614. (A.H.A., E.623.) — Voy. aussi l'histoire de la petite fille de sept ans, violée par le diable sous forme de valet, pendant qu'il lui met ses bottines. (Gény, *Jahrbücher*, 1, p. 117; Tchamser, *Annales*, II, p. 308; *Alsatia*, 1857, p. 338, etc., etc.)

comprendre aux choses qu'on leur fait dire[1], qu'on se demande si, même pour les autres, les confessions sont véridiques ou si elles sont arrachées, elles aussi, par la torture [2].

Il n'est pas possible d'établir une statistique, même approximative, des victimes alsaciennes de la procédure contre les sorciers, au XVIIe siècle. Il faudrait pour cela dépouiller *une à une* toutes les petites archives locales et encore un grand nombre d'entre elles ont-elles péri ou ont été du moins fortement endommagées, soit pendant les guerres de l'époque, soit pendant la Révolution. Grâce aux nombreux travaux sur l'histoire locale, mis au jour depuis un demi-siècle, on peut se faire pourtant une idée de la fréquence de ces procès dans certains centres de la province et à certains moments de son passé. De ces données multiples, bien que fort incomplètes, il résulte que c'est par milliers que furent immolées les victimes ; que la Haute-Alsace en a vu périr proportionnellement un nombre infiniment plus considérable que la Basse-Alsace, et qu'en Basse-Alsace même les régions catholiques ont fourni plus de sorciers et de sorcières que les régions protestantes[3]. Voici maintenant

---

1. Nous trouvons dans ces procès des enfants de 14 ans, à Bœrsch (Dacheux, *Fragments de Chroniques*, III, p. 176), de 12 à 13 ans, à Schlestadt (Dorlan, *Notices*, II, p. 195), de 5 à 6 ans même (Hecker, *Munster*, p. 94).
2. Nous citerons ici deux dossiers qui nous ont semblé typiques en fait de dépositions enfantines. L'un est celui de deux garçons, Jean Schneiderlin et Christophe Philippi, de Bollwiller, qui furent impliqués dans un procès de sorcellerie en janvier 1641, et dénoncèrent toute une série d'autres enfants. L'un des inculpés (il a onze ans !) raconte (ou on lui fait raconter) qu'il a épousé au sabbat la petite sœur d'un camarade, « *seye hiebsch und weyss gewest, aber gantz kalt am bauch, in winterszeit beschehen, in beisein Michael Zippl's, Grave Anna*, etc. » (*Confessio duorum puerorum zu Bollweiler*, A. H. A., C. 984.) — L'autre dossier est celui de la petite Madeleine Baumeyer, de Bergheim, âgée de 12 ans, qui est convaincue d'être allée au sabbat, au Heuberg, en Souabe. Elle raconte qu'elle y est arrivée dans un carrosse, attelé de huit chats noirs, et quand le diable l'a vue, il lui a dit : « Hoho, voicy ma petite pucelle ! » et il l'a possédée. Le procès eut lieu en juin 1683 ; les actes de procédure sont en français, car le Conseil souverain, heureusement pour les accusés, a voulu reviser l'affaire et la fillette, *condamnée à mort* par le *Malefizgericht* de Bergheim, en fut quitte pour être fouettée et passer six semaines en prison. (A. H. A., E. 1048.)
3. On a quelquefois soutenu le contraire. Récemment encore, M. l'abbé Gatrio affirmait dans son *Histoire de Murbach* (II, p. 301) que les protestants ont brûlé beaucoup plus de sorcières que les catholiques. Cela est discutable quand on parle de tout le Saint-Empire, mais pour l'Alsace seule, c'est positivement erroné. Par ce que nous avons dit plus haut, on voit que la superstition était à peu près partout la même ; ce n'est donc pas précisément par suite de leur tolérance plus grande ou de leur supériorité morale que les luthériens d'Alsace ont été moins ardents à sévir. Mais, *en fait*, il ne saurait y avoir de doute sur la disproportion entre les condamnations, qui diminuent à mesure que l'on descend vers le nord de l'Alsace.

quelques chiffres caractéristiques relevés dans les chroniques ou les archives locales : nombreux procès à Altkirch, de 1607 à 1615[1] ; à Thann, de 1602 à 1620, *cent et une* exécutions[2] ; dans les possessions de l'abbaye de Murbach et les terres du Mundat supérieur, dans la seule année 1615, 54 personnes brûlées[3] ; à Bergheim, de 1582 à 1630, 33 femmes et un homme condamnés au feu[4]. Disons en passant que cette extrême prédominance des femmes, que nous rencontrons partout, s'explique *théoriquement* parce que Satan avait besoin d'épouses (bien qu'il eût aussi des accointances contre nature) et qu'on ne songeait donc pas autant à incriminer les hommes ; elle s'explique *en fait* par la circonstance que les principales victimes des procès de sorcellerie sont de pauvres vieilles, veuves pour la plupart, sans appui dans la paroisse et dont les nerfs affaiblis supportent aussi moins bien les épreuves de la torture. A Colmar, les exécutions sont peu fréquentes au XVII° siècle ; on en signale cependant quelques-unes[5] ; mais à Ensisheim, siège de la Régence autrichienne, il y eut 79 femmes et 9 hommes mis à mort avant 1622[6] ; à Guebwiller, 18 personnes périrent de 1615 à 1623[7] ; dans la vallée de Munster de nombreux procès eurent lieu de 1596 à 1632[8] ; à Schlestadt le zèle des tribunaux locaux fit, du 1er juin 1629 au 12 février 1642, 91 victimes[9]. Dans le petit village de Gerstheim,

1. A.H.A., C. 37.
2. Tschamser, *Annales*, II, p. 290-377, *passim*. De mars à novembre 1616, il y eut dans cette petite localité 22 exécutions.
3. Dag. Fischer, d'après les Archives du tribunal de Saverne, *Revue d'Alsace*, 1870, p. 324.
4. Inventaire des Archives communales de Bergheim, F.F. 3, case 32.
5. Il y eut, p. ex., une exécution le 31 août 1637. (*Revue d'Alsace*, 1876, p. 273.) Mais en général on ne semble pas avoir été aussi sévère à Colmar qu'autre part. Un bourgeois, nommé Pancrace Müller, convaincu de s'être adressé à un sorcier pour gagner le cœur d'une jeune fille et celui de sa future belle-mère, en fut quitte pour 200 florins d'amende et huit jours de prison. (*Rathsprotokoll* du 13 avril 1602, cité *Alsatia*, 1872, p. 350.)
6. Mercklen, *Histoire d'Ensisheim*, II, p. 114 et suiv.
7. Gatrio, *Murbach*, II, p. 301.
8. Hecker, *Munster*, p. 66-96. En 1617, il y en eut sept à la fois. Le procès de la femme Furst, de Günspach, jugée en 1631, est surtout curieux. Le pasteur de Munster, Samuel Israël, qui passa avec la condamnée les derniers cinq jours et la nuit avant le supplice, se fait payer quatre florins pour cet office de cure d'âmes, et il accepte en plus une housse de lit bleue pour son fils Pierre, qui est filleul de la mère de cette malheureuse. (A.H.A., E. 621.)
9. Sur ce nombre, il n'y a que cinq hommes. (Dorlan, *op. cit.*, II, p. 195, suiv.) C'est le seul fragment du *Malefizregister* qui soit conservé ; nul doute que les immolations n'aient continué après la dernière de ces dates. Mais ce qui est bien suggestif, quand on étudie cette liste en détail, c'est de voir que dès que les Suédois s'emparent de la ville, en 1632, les sorciers semblent disparus ; plus de procédures. Dès qu'ils ont évacué la place, les condamnations recommencent.

près Erstein, en mai et en juin 1630, on brûla 19 hommes et femmes[1] ; à Obernai, on signale l'exécution d'une série de sorcières en 1618, 1628, etc.[2]. A Barr, seigneurie strasbourgeoise, il y eut une véritable épidémie de sorcellerie dans les années 1628 à 1630[3] ; à Haguenau, on brûla 8 femmes en 1616 ; en 1627, 21 personnes périrent de septembre à novembre[4] ; il y eut encore d'autres victimes en 1658[5]. Dans les deux villages de Westhoffen et de Balbronn, il y eut, de 1659 à 1663, *vingt-trois* procès de sorcellerie[6] ; dans la seigneurie de Diemeringen, de 1671 à 1673, il n'y eut pas moins de 17 exécutions capitales pour le même crime[7]. A Saverne, il y eut 15 sorcières brûlées de 1614 à 1615, et 19 de 1628 à 1639[8]. A Strasbourg enfin, si les procès de ce genre ne furent pas nombreux, il y en eut néanmoins un certain nombre[9], et la métropole de l'Alsace n'a nullement mérité l'éloge qu'on lui accorde parfois de n'avoir jamais accueilli de procédures pareilles devant ses tribunaux[10]. Nous arrêterons ici ce lugubre martyrologe qu'il serait trop facile d'allonger encore par la citation de maint dossier inédit[11].

1. Exceptionnellement, le prévôt du village fut englobé dans la procédure (*Der Schultheiss selber war auch dabey*). Rœhrich. Mscr. de la Bibl. mun., n° 734, I.
2. Inventaire des Archives communales d'Obernai, C.C. 87. Voy. Gyss, *Histoire d'Obernai*, II, p. 41, 174.
3. Dacheux, *Fragments de chroniques*, III, p. 175. Reuss, *Sorcellerie*, p. 179 et 199.
4. Guerber, *Haguenau*, I, p. 284-286, et A.H.A., C. 123. — Voy. aussi le volume de M. Klélé, *Hexenwahn in der Landvogtei Hagenau*, passim.
5. A.H.A., C. 123.
6. Nous avons surtout utilisé le *Maleflzprotokoll* de ces deux localités en écrivant certains chapitres de notre *Sorcellerie en Alsace*; voy. aussi Kiefer, *Balbronn*, p. 47-64.
7. Extraits des registres paroissiaux de Diemeringen, dans l'*Alsatia*, 1857, p. 338.
8. Dag. Fischer, *Geschichte von Zabern*, p. 45 et 55 suiv., d'après les dossiers conservés aux archives de Saverne.
9. Les dossiers eux-mêmes n'existent plus ; versés autrefois aux archives du tribunal civil, ils ont péri avec le Palais de Justice pendant le bombardement de 1870. Mais nous voyons par les vieux répertoires du Conseil des XXI, sous la rubrique *Hexenprocess und Executiones*, qu'il y eut des procès de sorcellerie en 1630, 1631, 1634, 1637, 1640, 1641, 1642, 1644, soit dans la ville même, soit dans les bailliages ruraux de la République. Nous voyons par une notice des Annales des Jésuites de Schlestadt (Geny, *Jahrbücher*, II, p. 13) qu'en juin 1633, « puer magnus Argentinæ combustus, contra Jesuitas enuntiavit et morte confirmavit ». La *Chronique de Walter* note (fol. 238 B) à l'année 1660 la condamnation au bûcher de Catherine Heim, femme du maître d'école de Dorlisheim ; la malheureuse, à laquelle les tortures avaient arraché l'aveu qu'elle était sorcière, se pendit dans son cachot. Une autre fut brûlée vive en 1615 pour avoir ensorcelé le chapelain de l'hôpital.
10. A. Réville, *L'histoire et la doctrine du Diable*, Strasbourg, 1869, 189.
11. Nous avons trouvé encore des renvois à des procès de sorcellerie ou

La genèse des procès de sorcellerie, les procédés employés pour obtenir des aveux, la nature de ces aveux eux-mêmes, sont à peu près partout identiques. Contrairement à ce qu'on pourrait supposer de prime abord, tous ces dossiers recueillis du sud au nord de l'Alsace, sont d'une extrême monotonie, et il est bien rare que l'imagination plus active ou plus lubrique d'un juge ou d'un témoin les fasse sortir de l'ornière traditionnelle. Pour bien se rendre compte avec quelle redoutable facilité une accusation de sorcellerie pouvait être mise en train, on n'a qu'à parcourir l'*Instruction pour découvrir les indices* rédigée par une commission spéciale, sur l'ordre de l'évêque de Strasbourg et remise pour les guider, à tous les prévôts urbains et à tous les baillis ruraux[1]. Seront regardés comme suspects de sorcellerie, dit ce document si caractéristique, toute personne « que la majorité de la population regarde comme telle », s'il est fourni des raisons suffisantes de cette croyance ; toute personne qui, se sentant menacée, *prend la fuite* ; toute personne qui *cause à l'écart* avec une sorcière ; toute personne ayant menacé hommes ou bêtes, si plus tard des maléfices viennent les frapper ; toute personne (accusée) qui *niera*, variera dans ses dépositions ou *montrera une grande frayeur;* toute personne qu'on rencontrerait de nuit en des endroits suspects ; toute personne *incrédule ;* toute personne ayant été dans sa jeunesse une femme de mauvaise vie et toute autre dont la mère aurait été sorcière elle-même[2]; tous ceux enfin qui ne porteraient pas sur eux un *Agnus Dei* ou un rosaire. On le voit, les mailles du filet judiciaire étaient assez serrées pour que chacun pût y être pris, pour peu qu'il eût quelque part des ennemis ou des jaloux. Une conversation de deux commères au four banal ou à la fontaine publique, un radotage de deux paysans ivres au cabaret suffisait pour mettre une rumeur malveillante en train. Les imbéciles ne manquaient pas

des dossiers y relatifs pour *Altkirch*, 1601-1618 (A. H. A., C. 36, 37, 41); *Ballersdorf*, 1624-1630 (Walther, *Geschichte von Ballersdorf*); *Benfeld*, 1617 (*Nouvelle Revue catholique d'Alsace*, VIII, p. 451); *Châtenois*, 1619 (A.B.A., G. 3168); *Hochfelden*, 1612 (A. H. A., C. 122); *Marmoutier*, 1611 (A.B.A., G. 3169; E. 2839); *Munzenheim* (A.H.A., C. 123); *Ribeauvillé*, 1627 et *Hachimette*, 1619 (A.H.A., E. 624-625); *La Poutroye*, 1632 (A.H.A., E. 622); *Rosheim*, 1628-1630 (A.B.A. C. 41); *Saint-Hippolyte*, 1605-1627 (A.H.A., C. 622); *Munchhausen, Surbourg*, etc., etc.

1. Elle a été réimprimée par Dag. Fischer, *Geschichte Zaberns*, p. 42 et suiv.

2. On trouve fréquemment dans les dossiers cette tare héréditaire qui pèse lourdement sur les malheureuses accusées et suffit généralement pour amener une condamnation ; elles n'avaient souvent, d'après leurs aveux, que 7, 8, 9, 10 ans quand leurs mères ou leurs sœurs aînées ont été brûlées ; on ne pouvait donc guère leur enseigner encore le péché de sorcellerie. (Voy. par exemple le procès d'Ursule Semler, de Bergheim, 1633. (A.H.A., E. 1048.)

pour la propager, les envieux pour l'envenimer, sans que l'accusé
en sût rien; puis, un matin, elle éclatait par tout le bourg ou le village.
S'il essayait de fuir, sachant ce qui l'attendait, l'inculpé, par cela
seul, s'avouait coupable; coupable encore si l'effroi paralysait sa
langue ou s'il essayait de nier. On peut suivre dans certains dossiers
l'incubation lente du procès, le grossissement rapide des récits
primitifs, tout le développement de la bêtise et de la cruauté humaines
acharnées contre une victime sans défense[1]. Parfois un phénomène
naturel des plus simples suffit pour tourner la tête à une population
entière. Le 13 et le 14 avril 1603, une violente gelée sévit dans la
Marche de Marmoutier et les vignes périssent. Après constatation
du désastre, les bourgeois de Marmoutier courent à l'église, sonnent
le tocsin, se réunissent à l'Hôtel-de-Ville et déclarent que le dégât
est le fait des sorciers, qu'ils veulent les brûler et qu'ils sont décidés
à exposer corps et biens pour ce faire[2]. Afin de calmer les esprits,
l'autorité arrête trois femmes mal famées et le suffrage universel
consulté les ayant déclarées magiciennes, on les enferme dans un cachot. Le lendemain, une pauvre femme de Reutenberg, de réputation
équivoque elle aussi, prise de peur, décampe; elle est poursuivie
et arrêtée; puis, le 17 avril, c'est le tour d'un jeune garçon de seize
ans. On le charge de chaînes, puis il dépose *volontairement* qu'il a
été deux fois au sabbat sur le sommet du Schnéeberg, avec les trois
femmes emprisonnées, qu'elles ont pris, en passant, trois mesures
de vin à un paysan de Reinacker, etc.

Dès lors les témoignages surgissent en foule, les uns plus saugre-
nus que les autres, et finalement c'est un dossier des plus volumineux qu'on soumet à l'appréciation d'une des sommités du barreau
strasbourgeois d'alors[3].

Que peut faire devant une telle avalanche de témoins convaincus[4],

1. On peut citer, comme exemple, l'interrogatoire et les dépositions du
procès de la femme Sophie Türckenschneider, de Bœrsch (1619), que nous
avons publiés dans l'appendice de notre *Sorcellerie*, p. 159 et suiv. — Il y
faut remarquer la pusillanimité du curé qui ne veut pas l'écouter, quand
dans sa terreur elle l'appelle à son secours.
2. «*Entschlossen leib und gut daranzu setzen.*» On comprend qu'en présence
de gens aussi résolus l'autorité ne se préoccupait guère de défendre une
innocence à laquelle elle ne croyait peut-être pas elle-même. (*Acta besa-
gend wie einige Burger zu Maursmunster... wegen einiger der Hexerey
verdæchtigen Weibspersonen einen Aufruhr... erwecket haben*, 19 avril
1603. A. B. A., E. 2839)
3. Le *Facti species* de Georges Obrecht, mort avocat général de la République de Strasbourg, daté du 31 mai 1603, se trouve au même dossier.
4. Les premiers témoins sont toujours des ennemis, des prétendues victimes
de l'accusée; elle a tari leur lait ou celui de leurs vaches, elle leur a donné
des rhumatismes, elle les a chevauchés la nuit, etc.

irrités, l'inculpée, soit ahurie, soit déjà résignée [1] ? Sans doute, elle niera d'abord, mais elle ne pourra nier longtemps, car à la *confrontation* simple avec les témoins (*gutliche befragung*) succède immédiatement la *question*, et l'aveu, refusé d'abord aux sollicitations des juges, est bien vite accordé d'ordinaire au bourreau. Les supplices de la torture étaient à peu près partout les mêmes en Alsace. Les inculpés étaient hissés au haut d'une échelle, ou bien au plafond, à l'aide d'une poulie, les mains attachées derrière le dos par une corde, qui supportait tout le poids du corps ; les bras, disloqués de la sorte, devaient porter encore le poids supplémentaire de lourdes pierres de vingt, trente, ou même quatre-vingts livres. Puis on laissait retomber brusquement le patient, et il était rare qu'il pût résister à la triple estrapade qu'autorisaient les règlements pour une seule et même séance de torture. Il y avait d'ailleurs encore les brodequins (*spanische stiefel*) pour déchirer les muscles et briser les os des pieds, les vis (*beinschrauben*) appliquées soit aux mollets, soit même aux os du bassin ; il y avait, ressource suprême du tribunal contre les criminels endurcis ou particulièrement protégés du démon [2], le « tourment de l'insomnie », durant lequel le patient était maintenu sur un siège étroit (*sedes vigiliarum*), pendant dix, douze ou vingt-quatre heures au besoin, sans autre appui qu'un collier de fer étroit, garni de longues pointes acérées à l'intérieur, qui déchiraient la gorge ou la nuque de la malheureuse victime, quand elle succombait au sommeil. On a vu quelquefois des inculpés robustes refuser de s'avouer coupables après la torture de l'estrapade ; il est sans exemple qu'on ait pu résister au *tormentum insomniæ*, quand il était appliqué par des juges résolus à obtenir un aveu.

Quoi d'étonnant à ce que tant d'accusés et d'accusées, détachés de l'appareil de torture et sachant que celle-ci recommencerait le lendemain, plus terrible, aient cherché à y échapper, et à se soustraire au bûcher par un suicide [3] ! Quoi d'étonnant encore que, per-

1. Il y a de ces accusations qui planent, en effet, pendant des années sur la tête des malheureuses ; elles le savent, protestent à l'occasion contre ces bruits infamants, mais n'osent se sauver, car ce serait avouer leur crime.
2. On sait que l'un des articles de foi des tortionnaires d'alors était que le diable pouvait rendre ses adhérents insensibles à la douleur. C'est pourquoi, avant de procéder à la torture « *propter suspicionem initi cum diabolo pacti insensibilitatis, der locus torturæ zuvor exorcisirt, auch die gefangene mit gantz newen gebenedeiten kleidern, darinn auch particula de agno Dei genæhet gewesen, angelegt worden.* » Procès Türckenschneider. (Reuss, *Sorcellerie*, p. 176.)
3. Il y en a de nombreux exemples dans nos dossiers. Nous avons déjà cité celui de la femme Heim, de Dorlisheim ; nous citerons encore le procès de la femme Jordan, d'Altenach, 1613 (A.H.A., C. 37), et celui de la femme Marillat de Favernach. (A.H.A., C. 123.)

suadées de l'inutilité de leurs plaintes et de leurs larmes, désespérant de la justice des hommes et de la miséricorde divine, beaucoup de ces prétendues sorcières se soient déclarées prêtes à avouer tout de suite ce qu'elles étaient censées avoir commis de crimes et de méfaits ? La tâche n'était pas bien difficile, chacun sachant au XVIIe siècle ce que faisait Satan et quels services il réclamait de ses suppôts. La série des questions adressées aux accusés n'était pas moins constante que les procédés de la torture[1]. La curiosité du juge s'informait d'abord de la façon dont ils avaient fait connaissance avec le Diable et de la façon dont avait été conclu le pacte infernal. Il voulait entendre, avec tous les détails possibles, le récit des noces diaboliques et l'impression faite sur la néophyte par son terrible amant. Qui avait présidé la fête du sabbat, quels avaient été les joueurs de fifre ou de violon, quels étaient les danseurs et les danseuses ? Qu'avait-on mangé et bu dans ces agapes horribles ? N'avait-on pas résolu de faire périr l'enfant d'un tel ou la vache d'un tel autre ? N'est-ce pas là que dans leurs chaudrons elles avaient préparé les maléfices nécessaires pour amener telle grêle ou telle gelée ? N'y avait-il pas, ce jour, au sabbat telle voisine et la fille de telle autre ? N'était-il venu personne du village le plus proche ? Il fallait répondre par des dates, des noms de lieux et de personnes, sous peine de voir recommencer indéfiniment le supplice. Il ne suffisait pas de nommer des défunts, des complices déjà jugés et condamnés ; et l'on désignait alors à côté des morts auxquels l'on ne pouvait plus rien faire, les premiers noms venus qui surgissaient dans la mémoire, des ennemis sans doute aussi, qui vous avaient dénoncé peut-être, qui s'étaient réjouis de votre malheur et que, dans une rage impuissante, on voulait au moins entraîner au bûcher. Chaque nouvelle accusée, torturée à son tour, nommait d'autres victimes, et c'est ainsi que des petites villes et des villages, une fois contaminés, voyaient leur population décimée par la peur des victimes et par l'ineptie des bourreaux[2]. Combien de fois peut-être aussi le greffier notait-il certains noms que le juge *voulait* entendre et qu'il suggérait opiniâtrement aux patients jusqu'à ce que leurs lèvres eussent proféré l'accusation fatale[3] !

---

1. On ne peut entrer ici dans le détail souvent grotesque et répugnant, le plus souvent monotone, de ces aveux. Nous renvoyons aux ouvrages d'Aug. Stœber et de Klélé, ainsi qu'au nôtre, cités dans la *Bibliographie* (tome I, p. xxx).
2. Dans le procès monstre de Ballbronn et de Westhoffen (1659).
3. Cette supposition est parfaitement licite quand on voit que ce ne sont pas du tout de pauvres femmes seulement, mais des gens riches pour l'époque,

Il ne faudrait pas dire que tant de confessions presque identiques[1] prouvent d'une manière irréfutable les faits monstrueux qu'elles relatent. Ce qui se débite dans tous les procès-verbaux des causes de sorcellerie, non seulement en Alsace, mais par toute l'Europe, en Béarn comme aux Pays-Bas, en Autriche comme en Suède, ce sont les lieux communs du catéchisme de la sorcellerie ; la plus ignare paysanne a su, dès son jeune âge, ces bizarres légendes ; elle y croit de toute son âme, elle n'a pas besoin de faire le moindre effort d'invention pour réciter la kyrielle de ses aveux, sous l'étreinte de la torture[2]. Ces dossiers forment, nous l'avons déjà dit, une littérature infiniment monotone, où le canevas est toujours le même[3] et où l'on ne rencontre que bien peu de détails originaux, même dans l'horrible[4]. Tous les méfaits commis rentraient ou bien dans la rubrique des crimes vulgaires (empoisonnements, assassinats, infanticides[5], adultères, actes de bestialité, destruction d'animaux), et peut-être ceux-ci étaient-ils parfois réels, ou bien ils appartenaient au domaine irrationnel, soit qu'ils fussent le produit d'hallucinations momentanées ou simplement de suggestions judiciaires. En dernier lieu, se placent les phénomènes météorologiques (gels nocturnes dans la banlieue, orages terribles ravageant les moissons et les vignobles), les maladies épidémiques, les pestes bovines, etc., catastrophes trop

qui sont traduits en justice et qu'on sait que les biens des condamnés étaient confisqués par les autorités et partiellement gaspillés en banquets des juges et en frais de justice.
1. Çà et là dans le Midi, l'imagination plus lascive des populations se trahit par l'abondance des détails obscènes (Voy. les ouvrages de Pierre de Lancre sur les sorciers basques, Paris, 1612); en Alsace, la note érotique est bien plus effacée, comme dans les pays du Nord en général.
2. L'archiduc Léopold, évêque de Strasbourg, avait prescrit, par ordonnance du 12 janvier 1612, de réunir les relations de tous les procès de sorcellerie, jugés sur ses terres, en un grand *Malefltzbuch*, projet qui ne fut pas réalisé. Il nous aurait conservé sans doute de nombreux dossiers aujourd'hui perdus, et appris de la sorte le nom de bien des victimes, mais sans nous apprendre rien de plus sur le fond même de la question.
3. Le *Journal* si curieux des R.R. P.P. Jésuites de Schlestadt, que nous devons à M. l'abbé Gény, renferme une foule d'affaires de sorcellerie (I, p. 32, 33, 43, 100, 103, 117, 131, 132, 146, 169, etc.); on y lit en latin plus ou moins élégant ce que nous avions lu déjà en mauvais allemand, mais il n'y a guère de traits nouveaux.
4. Il y en a parfois qui dénotent une bêtise indicible. Dans le procès d'Ursule Semeler (1683), un témoin dépose que l'accusée lui envoyait toujours des puces dans sa chaumière et s'en plaint amèrement. Pour le calmer, Ursule lui répond : « Je ne vous feray plus de puces ; je les enverray dans les maisons des Juifs. »
5. La mortalité des petits enfants et des femmes en couches était énorme à cette époque; de là le très grand nombre de sages-femmes impliquées dans les procès de sorcellerie. On les accusait d'être les pourvoyeuses d'enfants pour les banquets du sabbat.

véritables pour les malheureux qu'elles frappaient, mais naturelles et nullement magiques.

L'aveu une fois arraché aux inculpés, rien ne servait de le rétracter en descendant de la sellette ; une aussi criminelle obstination ne pouvait que ramener à la salle de torture celui qui venait d'en sortir, mais n'innocentait nullement ceux qu'il avait désignés à la justice et qui devaient prendre place à ses côtés dans la « Tour aux sorcières » manquant à peu de bourgs et de villettes d'Alsace[1]. L'exécution se faisait d'ordinaire là où était domicilié l'accusé, quelquefois aussi dans le chef-lieu administratif voisin. Le bûcher formé de bois sec, de bottes de paille et de fagots, entassés autour d'un pieu solide, fiché dans le sol, se dressait sur la place publique du bourg ou du village, et c'est généralement sans aucune possibilité d'appel, la procédure fort sommaire étant close[2], que le condamné subissait le supplice du feu devant ses concitoyens consternés ou furieux[3]. D'ordinaire les malheureux perdaient la vie dans les flammes et quelques-uns seulement, par grâce spéciale, étaient étranglés sur le bûcher même, avant qu'on l'allumât. Dans la seconde moitié du siècle cette exception devint la règle, afin d'abréger les souffrances[4], et dans certains cas même, le bourreau procédait par décollation[5]. Immédiatement après le supplice, quelquefois

---

1. Le *Hexenthurm* ne logeait pas d'ailleurs exclusivement des sorciers. Ce qui est curieux, c'est de voir les efforts faits par le diable, au dire de nos sources, pour en arracher ses affidés. Voy. Reuss, *Sorcellerie*, p. 112.

2. Quelques bourgeois étaient çà et là assez riches ou assez influents encore pour obtenir une révision de leur procès (Voyez le procès d'Ulric Tretsch, de Rosheim, A.B.A., C. 41) mais c'est une exception rarissime. Cela ne changea qu'avec l'institution du Conseil souverain d'Alsace. Nous avons rencontré des exemples d'arrestations opérées un jour et la condamnation survenant dès le lendemain. (Cf. Walter, *Chronique*, fol. 238 b.)

3. Quelquefois on les tenaillait encore d'abord aux seins avec des pinces ardentes, etc. (Dag. Fischer, *Zabern*, p. 56, 57.)

4. Dès 1630, Anne Moll était décollée à Châtenois, avant d'être brûlée. (A. B.A., E. 1405.) En 1641, une sorcière de Thann, Anne Morgin, finit de même, mais après avoir passé par de cruelles souffrances. Obéissant aux ordres de Satan, dit le chroniqueur, elle se frappa de deux coups de couteau en prison et le bourreau crut ne jeter qu'un cadavre sur le bûcher. Soudain on la vit se dresser au milieu des flammes en invoquant la Sainte-Vierge, demandant un confesseur ; retirée à demi rôtie, elle raconta qu'elle était morte déjà, mais que sa patronne l'avait ressuscitée pour qu'elle pût par une confession plénière échapper à la damnation éternelle. Ayant reçu l'absolution, elle fut décapitée pour la récompenser de ce miracle. (Tschamser, *Annales*, II, p. 492.)

5. Le chanoine Jean Glesse, membre de la commission épiscopale contre les sorciers, a inscrit de sa propre main au *Malefizbuch* de Saverne l'histoire d'un pauvre enfant de seize ans, auquel il avait fait avouer que Satan le séduisit et le fit servir à ses hideuses amours. Par grâce, il le fit décapiter *de nuit* dans les greniers de l'Hôtel-de-Ville. (Fischer, *Zabern*, p. 49.)

pendant qu'il durait encore, juges, jurés et confesseurs se réunissaient à l'auberge et se reposaient de leurs émotions et de leurs fatigues par de succulents festins, arrosés de bon vin, le tout aux frais du fisc, c'est-à-dire des victimes[1]. Dans le dossier d'un procès de sorcellerie, jugé à Châtenois en 1630, nous avons trouvé l'un à la suite de l'autre les deux comptes, celui de Martin Freund, bourreau dudit lieu, et celui de l'aubergiste de la *Couronne*, l'un portant les frais de torture et d'exécution[2], l'autre détaillant le menu du repas servi au tribunal[3].

Malheur à qui prenait trop vivement la défense d'une accusée, soit avant que les aveux eussent été obtenus, soit surtout après la confession de ses crimes! C'était presque se dénoncer soi-même comme coupable du crime de sorcellerie[4]. Il faut donc vraiment admirer le courage des hommes moins ignorants et moins peureux, que les choniqueurs nous signalent, en fort petit nombre, comme ayant essayé parfois de disputer quelque malheureux au bourreau[5]. Cette alternative terrible d'abandonner à la vindicte publique des proches ou de périr peut-être avec eux, explique aussi, sans l'excuser, la lâcheté avec laquelle parents, frères, enfants, se détachent des membres de leur famille, une fois qu'ils les voient entre les mains de la justice. Et ce ne sont pas seulement de pauvres paysans ignorants et sans influence aucune qui désertent de la sorte un devoir sacré; quand on voit à Thann la mère du jurisconsulte Weitenbach[6], à Saverne la belle-mère du chancelier épiscopal Joseph Bilonius[7], à Schlestadt deux femmes de bourgmestres de la ville[8], à Ensisheim

1. Lors du procès d'Apollonie Henck, jugée à Benfeld, en 1617, le tribunal, présidé par le grand-bailli Ascagne Albertini d'Ichtratzheim en personne, but pour plus de 160 francs de monnaie actuelle, le jour du supplice. (*Nouvelle Revue catholique d'Alsace*, 1889, p. 450.)
2. La quittance datée du 15 juin 1630, mentionne pour frais de torture, 15 schellings; pour frais de décollation, 2 livres 2 schellings; pour incinération du cadavre, 2 livres 10 schellings.
3. Le menu du repas offert aux « *geistlichen und andren zugehoerigen* » le même 15 juin 1630, comporte des rôtis, un plat d'écrevisses, de la morue, du beurre frais, des goujons frits, des fraises, etc. Le total des dépenses (mais sans le vin) se monte à 7 livres un schelling deux deniers. (A.B.A., E. 1405.)
4. M. l'abbé Mercklen (*Ensisheim*, II, p. 231) mentionne l'histoire d'une femme qui eut l'imprudence de dire que son amie avait été injustement mise à mort comme sorcière; elle fut condamnée à la rétractation publique, à porter le *Klapperstein* et à la prison.
5. C'est ainsi qu'on mentionne le receveur du couvent de Saint-Jean, Ulric Schweitzer, comme ayant pris à plusieurs reprises la défense d'accusées devant le tribunal de Saverne. (Dag. Fischer, *Zabern*, p. 47.)
6. Tschamser, *Annales*, II, p. 350.
7. Dag. Fischer, *Zabern*, p. 46.
8. Dorlan, *Schlestadt*, II, p. 195.

la femme d'un avocat-syndic du clergé[1] conduites à ce supplice infâmant des sorciers, on se demande si leurs fils, leurs gendres et leurs époux étaient assez superstitieux pour croire à leur crime ou seulement trop pusillanimes pour oser les défendre ? C'est qu'il y avait, outre la honte, une question, secondaire assurément pour les victimes, mais de la plus haute importance pour leurs héritiers naturels. Les biens des sorciers et des sorcières étaient saisis au profit du fisc, et ce n'étaient pas des sommes à dédaigner pour des gouvernements besogneux. Dans la seule année 1618, l'argent qui rentra de la sorte à Guebwiller, chef-lieu des terres de Murbach, se montait à 3,362 livres[2]. Les biens d'Hélène Schilling exécutée à Châtenois, en 1630, sont estimés à 3,628 livres cinq schellings[3]. Une femme de Soultz, ayant été brûlée vers la même époque, il y eut contestation pour ses dépouilles entre le prince-abbé de Murbach et la Régence autrichienne, et nous voyons que l'archiduc Léopold céda sa part, qui était de *huit mille florins*, aux Pères Jésuites de Molsheim et d'Ensisheim[4]. Sur ces confiscations, les seigneurs accordaient parfois des gratifications considérables à leurs courtisans ou à leurs fonctionnaires[5], et l'on comprend qu'entre les mains de subalternes peu scrupuleux ou bien encore désireux de faire leur cour, ce détail économique, à lui seul, ait pu faire pencher la balance dans plus d'un procès de sorcellerie. Ce n'est point là une supposition gratuite, puisque nous trouvons même des fonctionnaires qui, ne se contentant pas de saisir les biens des condamnés et d'en frustrer les héritiers, essayent d'atteindre les collatéraux eux-mêmes par des procédures fiscales[6].

1. Mercklen, *Ensisheim*, II, p. 123.
2. Gatrio, *Murbach*, II, p. 301.
3. *Joh. Georg. Brackelmanns, Amtsschaffners zu Kestenholtz, Quittung vom Vermœgen von Hanss Schillings und Catharina Jacob Staehelins justificierten haussfrawen*, 1629-1630. (A.B.A., E. 1405.)
4. Archives de la Haute-Alsace, C. 952. — A Saverne, les biens et le mobilier d'une sorcière, brûlée en 1630, Anna Lœffler, furent vendus ou restitués à ses héritiers pour une somme totale de 1,495 florins 4 schellings 5 deniers. (D. Fischer, *Zabern*, p. 59.)
5. L'archiduc Maximilien est sollicité, le 24 octobre 1609, par Jean-Conrad Schenk de Gravenberg, médecin de S. A. Catherine-Anne de Mantoue, douairière d'Autriche, de lui accorder mille florins de gratification sur la succession d'une sorcière brûlée à Altkirch. (A.H.A., C. 36.)
6. Nous citerons le cas d'un boucher de Heitern, nommé Marc Obermeyer, qui fut obligé d'actionner en justice le bailli de cette localité, Jean-Christophe Truchsess de Rheinfelden, parce qu'il avait osé prononcer la confiscation des biens dudit Obermeyer, sous le prétexte que *son frère* avait été brûlé comme sorcier. (A.H.A., E. 1355.)

D'ordinaire cependant les représentants de l'autorité locale consentaient à entrer en pourparlers avec les ayants droit des victimes, pour s'éviter l'ennui de procéder à des ventes judiciaires, parfois peu fructueuses, et les héritiers rachetaient les propriétés qui leur seraient revenues sans frais dans le cours naturel des événements. Des pauvres gens, le seigneur ne pouvait évidemment tirer grand'-chose, une fois les frais du procès payés sur la succession, car ces frais étaient toujours relativement élevés [1]. On voit, par les documents de nos dossiers, que dans certains cas, il se contentait de 12 livres, 60 livres, 100 livres, 150 livres, etc. D'autres fois, le rachat entraîne le versement de sommes plus considérables. Mais que ce fût peu ou beaucoup, il fallait toujours présenter requête et solliciter comme une faveur qu'un mari pût garder, en le rachetant, le bien de sa femme, ou les enfants les propriétés paternelles [2]. On ne lit pas sans une émotion mêlée d'un peu de mépris, — il nous est si facile de mépriser aujourd'hui ces malheureux que nous aurions imités peut-être, — certaines de ces suppliques, qui permettent de prendre sur le vif les faiblesses humaines, mêlant à de timides regrets pour les parents disparus un vif amour de leur argent qui reste [3].

Quelquefois, mais bien rarement, on le conçoit, la constitution physique des accusés résistait à la torture, même répétée; ils avaient des nerfs assez solides pour supporter les brodequins et l'estrapade, et tous les jurys criminels n'étaient pas assez barbares pour faire recommencer indéfiniment la question ordinaire et extraordinaire. Parvenait-on à résister aux souffrances de trois interrogatoires successifs, avec application à la torture, on était à peu

---

1. Nous avons donné, très en détail, dans l'un des appendices de la *Sorcellerie*, les comptes des frais d'un procès de sorcellerie, qui eut lieu à Turckheim, de 1571 à 1576 (p. 184-190). Au XVIIe siècle, les frais avaient plutôt augmenté. (A.B.A., C. 44.)
2. Entre beaucoup d'autres, nous citerons les pétitions de Morand Schuller, de Ballersdorf, 1630 (A.H.A., C. 41), de Pierre Dieterich, de Limersheim, 1631 (A.B.A., G. 433), de Barbe Winter, de Benfeld, dont le mari, bourgeois de cette ville, a été supplicié l'année précédente. Dans cette lettre éplorée, la pauvre veuve, mère de cinq petits enfants, prie la Régence de Saverne qu'on lui fasse au moins rentrer l'argent prêté par son mari à plusieurs seigneurs étrangers. (Lettre du 9 sept. 1631. A.B.A., G. 433.)
3. La lettre d'un nommé Nicolas Lamprecht, adressée à la Régence de Ribeauvillé, en 1612, nous a paru surtout caractéristique de cet état d'esprit, puisqu'il s'agit d'une personne non pas exécutée, mais seulement incarcérée comme sorcière. D'abord le père essaye bien de défendre sa fille Catherine contre la terrible accusation qui pèse sur elle, mais la majeure partie de son épitre est employée à démontrer que, si sa fille est coupable, son argent, à elle, doit revenir en première ligne à son père, et à lui seul. (A.H.A., E. 621.)

près sûr d'avoir la vie sauve. Mais on n'était pas toujours remis en liberté pour cela. Plus d'une fois les juges condamnent des inculpés de ce genre, auxquels ils n'ont point arraché d'aveux, soit à la prison perpétuelle[1], soit au moins à la détention à vie dans leur propre domicile[2]. Parfois cette dernière mesure ne semble pas assez dure encore et le malheureux qu'elle frappe doit porter des chaînes dans la demeure qui n'est plus qu'un cachot[3]. Dans d'autres parties de la province, en Basse-Alsace surtout, on expulsait les accusés qui n'avaient point été condamnés, soit qu'on ait voulu leur permettre de recommencer ailleurs une vie nouvelle et sans tache, soit plutôt qu'on ait craint que les populations souffrissent encore de leurs maléfices, et les dénonciateurs de leur vengeance. Aussi leur faisait-on prêter serment d'oubli (*urphede schwœren*) avant de les mettre dehors. Les quelques malheureux relâchés de la sorte n'osaient protester bien haut contre les tourments qu'on leur avait fait subir, et c'était plus rarement encore qu'ils se risquaient à réclamer une indemnité pour ces souffrances matérielles et morales[4].

Quand l'action du gouvernement français commence à se faire sentir en Alsace, elle s'exerce dès l'abord, — même avant la signature des traités de Westphalie, — dans le sens de la prudence et de la modération, en ce qui concerne les procès de sorcellerie. On peut signaler, dès la date du 4 mai 1641, une ordonnance de la Régence de Brisach, défendant à un juge criminel de son ressort de se mêler de procédures de ce genre sans un ordre exprès, émanant de l'autorité supérieure, « attendu que dans ces procès, il faut apporter plus de circonspection que du temps de la Régence d'Ensisheim[5] ». Ce ne fut pas là seulement un vœu platonique, car nous voyons, peu après, le gouvernement suspendre une procédure commencée par le Magistrat de Thann contre une de ses administrées inculpée de magie[6]. Peu à peu, grâce à cette surveillance nouvelle, les accusations de ce genre n'équivalent plus, de prime abord, à des condamnations capitales et si l'on continue malheu-

---

1. Dossier de Léger Boillé et d'Alison sa femme, mars 1625. (A.H.A., C. 123.)
2. Dossier d'Antoinette Heitzmann, 1623. (A.H.A., C. 123.)
3. Procès du boucher Ammon Mann, de Saverne, 1618. (Dag. Fischer, *Zabern*, p. 48.)
4. Nous avons pourtant trouvé une supplique de Pierre Reis, de Morlingen, datée du 4 janvier 1611, dans laquelle il demande qu'on accorde des dommages-intérêts à sa femme, appliquée trois fois à la torture, sans avoir fait d'aveux. (A.H.A., C. 123.)
5. Archives de la Haute-Alsace, C. 984.
6. Affaire de Gertrude Hirt, janvier 1643. (A.H.A., C. 988.)

reusement encore à brûler, de temps à autre on acquitte[1]. Le Conseil souverain d'Alsace, une fois établi, révise certains procès, réduit les peines ou diminue le nombre des condamnés, et gouvernements et cours de justice, à tous les degrés, ont désormais moins à cœur de faire preuve d'un zèle dévorant dans leur lutte contre l'Ennemi de Dieu que d'assurer la paix de leurs sujets contre des calomnies meurtrières[2]. Dès que les mauvaises langues se sentent surveillées, dès que les faux dénonciateurs sont atteints par la vindicte des lois[3], les dénonciateurs se font rares et, — suite naturelle, — les procès de sorcellerie se font rares aussi. On n'en rencontre plus guère dans les dernières années du XVIIe siècle, et je ne crois pas qu'on en puisse citer, pour l'Alsace, un seul exemple qui se rapporte au XVIIIe [4].

La justice légale désarme d'ailleurs, il faut l'avouer, bien avant les masses populaires. On ne saurait nier que, jusqu'au bout de l'époque que nous étudions ici, la croyance aux sorciers ne soit restée vivace chez les habitants des campagnes et même chez ceux des villes alsaciennes. En 1692, une pauvre vieille, d'aspect repoussant, mais absolument inoffensive, fut brûlée vive dans les fossés des fortifications de Colmar par quelques soldats, ivres sans doute, sans que personne songeât à les troubler dans ce plaisir barbare[5].

---

1. Procès d'Odile Schæffer, d'Ammerschwihr, 1654. (A.H.A., C. 123.)
2. Dès 1663, à une époque où l'on brûlait encore beaucoup de sorcières en Alsace, l'ammeistre Reisseissen, seigneur de Furdenheim, frappait d'une lourde amende les dénonciateurs de deux femmes de son village, aperçues par eux, de nuit, sur la route de Marlenheim et qu'ils prétendaient en conséquence avoir préparé des sortilèges nocturnes. (Reuss, *Furdenheim*, p 10.)
3. Je citerai, parmi de nombreux faits analogues, la plainte portée par le tonnelier Feyel, de Colmar, contre un apprenti qui prétendait que la femme de son patron était sorcière et qu'on lui avait coupé, une fois qu'elle s'était métamorphosée en chatte, deux doigts de la main. Le Conseil de Colmar condamna le calomniateur à l'amende et à la rétractation publique, le 31 janvier 1657. (Aug. Stoeber, *Aus alten Zeiten*, p. 82.) En 1664, on condamnait le nommé Jacques Berrau, de Sainte-Marie-aux-Mines, à un florin d'amende, pour avoir taxé de sorcière la femme d'un de ses voisins. (*Documents sur Sainte-Marie-aux-Mines*, p. 30.)
4. Il y a bien à l'Inventaire imprimé des Archives du département du Bas-Rhin, de M. Louis Spach, des fascicules énumérés comme renfermant des dossiers de procès en sorcellerie, pour 1749 (A.B.A., E. 3721) et même pour 1769 (A.B.A., E. 1403), mais nous avons vérifié qu'il s'agit de tout autre chose ; l'expression de *Malefizcosten*, portée sur les anciennes chemises a fait croire à un rubricateur trop superficiel qu'il était question de sorcellerie, alors que ces pièces se rapportent à des affaires criminelles ordinaires.
5. « Es nahm sich ihrer niemand an, » dit la *Petite Chronique de Colmar*. (Rathgeber, *Colmar und Ludwig XIV*, p. 42.)

Il n'y a point lieu de s'étonner de la persistance de ces superstitions à une date assez reculée, alors que nous rencontrons encore, à chaque pas, chez les représentants des générations antérieures à la nôtre, et peut-être même parmi ceux qui nous suivront, des symptômes affligeants de la ténacité de ces folles croyances du passé.

CHAPITRE SEPTIÈME

Hygiène publique et Organisation médicale

§ 1. LES ÉPIDÉMIES

Les maladies épidémiques ont été l'une des plaies populaires du moyen âge en Alsace, comme partout en Europe, et les chroniques locales ont conservé le souvenir, exagéré parfois, mais terrifiant, des hécatombes que la peste noire, la suette anglaise et d'autres fléaux de ce genre ont coûtés à la vallée rhénane. Mais elle ne fut guère épargnée davantage au XVI° et au XVII° siècle, bien que ces épidémies soient infiniment moins connues. En 1541, par exemple, une peste maligne enlevait à Strasbourg 3,200 personnes[1], à Colmar 2,969[2], dans la petite localité de Rouffach 278 victimes, etc[3]. Durant l'année 1563-1564, les chroniques nous parlent encore de 4,318 personnes, la septième partie de la population tout entière, succombant à Strasbourg, de 900 morts à Schlestadt, de 840 à Colmar. En 1587, une nouvelle pestilence fauche 2,714 malheureux dans la seule capitale de l'Alsace. Chaque fois qu'en temps de guerre la population des campagnes reflue vers les villes, on constate une recrudescence de la mortalité générale, déjà suffisamment élevée d'ordinaire. Aussi ne s'étonnera-t-on pas que l'état de lutte presque continuel où se trouve la province au XVII° siècle ait contribué d'une façon notable à développer sur son sol les fléaux épidémiques. C'est ainsi que la campagne, assez courte pourtant, des princes de l'Union protestante contre l'évêque Léopold de Strasbourg, campagne qui se rattache à la querelle de Clèves et de Juliers, eut, de 1609 à 1611, une répercussion directe sur l'état sanitaire du pays et y déchaîna l'une des épidémies les plus intenses dont l'histoire provinciale ait conservé le souvenir. Si déjà en Basse-Alsace la mortalité fut considérable[4], elle atteignit en Haute-Alsace des proportions telles

---

1. G. Hedio, *Chronik*, p. 187.
2. Tschamser, *Annales*, II, p. 100. Le bon P. Franciscain constate à cette occasion que les hérétiques ont aussi voulu arrêter le fléau, comme les catholiques avec leurs processions, « en braillant leurs psaumes luthériens », mais que cela n'a pas servi à grand'chose.
3. Voyez aussi Krieger, *Beitræge*, I, p. 102-104.
4. Dans le très petit Ingwiller, il mourut, du 20 août au 31 décembre 1609, cent onze personnes. (Letz, *Geschichte von Ingweiler*, p. 24.)

et la contagion y fut si rapide, que la Régence d'Ensisheim dut interdire les enterrements publics, où les morts contaminaient les vivants[1]. A Ensisheim même, à Colmar, à Rouffach, à Soultz, à Cernay et ailleurs, on vit des familles entières s'éteindre et des maisons complètement vidées par le fléau. Pour d'autres localités assez voisines, comme Thann, la mortalité fut presque insignifiante d'abord, mais elles finirent cependant par fournir les victimes par centaines[2]. Dans la seule année 1611, Colmar, qui comptait alors au plus dix à onze mille âmes, vit périr quatre mille personnes de tout âge, « plutôt plus que moins », dit le narrateur contemporain[3].

On constate une nouvelle coïncidence de la guerre et de la peste en 1622, lors de l'invasion subite de Mansfeld dans la Basse-Alsace. Une foule de paysans se sauvèrent derrière les murs des places fortes pour échapper aux violences et aux exactions de ses soudards ; à Strasbourg on compte, à cette date, 23,000 réfugiés étrangers. Immédiatement la contagion se met dans ces agglomérations mal nourries, mal abritées, tourmentées par mille soucis divers, et la mortalité dans la ville libre monte à 4,388 personnes pour cette seule année. Mais certains villages enregistrent des pertes plus énormes peut-être ; nous citerons celui de Weitbruch, dont les registres paroissiaux comptent, pour 1622, cent huit décès causés par la peste[4].

En 1629, ce sont les troupes impériales qui apportent de Pologne et de Hongrie les germes d'une épidémie nouvelle. Durant l'automne, le fléau se répand par toute la Haute-Alsace ; « il ne sera plus nécessaire d'agrandir nos églises, dit le chroniqueur de Thann ; désormais tout le monde y trouvera de la place ; » dans le modeste monastère des R.R. Frères Mineurs de cette ville douze conventuels sont enlevés en dix-sept mois. Encore en janvier 1630, il meurt tous les jours de trois à huit pestiférés dans la petite localité[5]. Dans le village de Sewen, le curé constate dans ses registres mortuaires le décès de 136 adultes et de 109 enfants, pour un laps de temps de neuf mois[6]. A Ribeauvillé, ville de quelques milliers d'âmes seulement, il y a, de 1630 à 1631, près de seize cents morts des deux sexes et de tout âge[7].

La pestilence reprend de plus belle avec l'arrivée des Suédois en

1. Mercklen, *Ensisheim*, II, p. 235.
2. Tschamser, *Annales*, II, p. 324, 339, 340.
3. Chronique de la Douane de Colmar, *Revue d'Alsace*, 1876, p. 263.
4. Kiefer, *Pfarrbuch*, p. 171.
5. Tschamser, II, p. 434, 437, 441.
6. Lintzer, *Revue Catholique d'Alsace*, 1886, p. 746.
7. Luck, *Annales*, II, fol. 462-463. (Archives de la Haute-Alsace.)

Alsace (1632), pour atteindre son apogée dans l'été et l'automne de l'année suivante. Du 14 septembre au 30 décembre 1633, on ensevelit 4,018 victimes à Strasbourg[1]; à Obernai, on compte une douzaine de décès par jour, soit un total de plus de 1,600, de juin à décembre ; le procès-verbal de la séance du Conseil, du 12 décembre 1633, constate que sur vingt-sept chefs de *tribus*, il n'y en a plus que treize de vivants[2]. A Mulhouse, il y a des morts jusque dans les rues où la charrette mortuaire, le *totenkærlin* va les ramasser[3]. Dans la vallée de Sainte-Marie-aux-Mines, la mortalité a pris de telles proportions en octobre que le bailli charge en toute hâte un forgeron de Bréhagoutte de fabriquer des houes pour creuser les tombes des pestiférés, que l'on conduit sommairement à leur demeure dernière dans un véhicule réquisitionné, et durant six semaines deux hommes sont constamment occupés, contre une rémunération très élevée, à enfosser les victimes de la contagion[4].

A partir de ce moment, et durant plusieurs années, le fléau reste endémique dans nos parages; on l'y retrouve un peu partout, de 1634 à 1638[5]. C'est l'époque où Français et Lorrains, Espagnols, Weimariens et Impériaux se disputent avec acharnement les territoires rhénans, où le pays est horriblement foulé de Wissembourg à Belfort et ne jouit plus d'un instant de répit. Aussi la mortalité devient-elle extrême, la famine hâtant partout les progrès de la maladie[6]. Puis enfin, l'on peut constater une diminution de la crise ; après la conquête de Brisach, la France occupe l'Alsace presque tout entière, le tumulte des batailles cesse, les bandes de maraudeurs diminuent, les paysans retournent au travail : avec le calme relatif qui se produit, les épidémies disparaissent pour un temps.

Pendant toute cette première moitié du XVII° siècle, nous ne voyons pas qu'on ait sérieusement tenté d'utiliser les ressources de l'art médical pour arrêter le mal, ni prescrit les mesures hygiéniques générales que la prudence la plus vulgaire suggérerait aujourd'hui

---

1. Friese, *Historische Merckwürdigkeiten*, p. 207.
2. Détail caractéristique : le Conseil ordonne de prier pour le salut des âmes de ceux qui sont morts, mais il ne sait que faire pour empêcher les vivants de mourir. (Gyss, *Obernai*, II, p. 126.)
3. J. Furstenberger, *Mulhauser Geschichten*, p. 276 (année 1634).
4. Luck, *Annales*, fol. 463.
5. Pour les détails, voy. Krieger, *Beitræge*, I, p. 125.
6. Dans ce même petit village de Sewen, que nous nommions tout à l'heure, perdu dans un coin des montagnes de la Haute-Alsace, les registres mortuaires comptent pour les années 1634 à 1636 une nouvelle fournée de 456 décès. La moyenne des décès, pendant les trente années qui suivent n'est plus que de six par an. (Lintzer, *op. cit.*)

pour enrayer le fléau [1]. Assurément les médecins dans les grandes villes, les seules où il y en eût à poste fixe, ont essayé de guérir leurs clients ; mais dans les localités de moindre importance et dans les campagnes, il semble bien qu'on ait laissé aller les choses à la grâce de Dieu ; tout au plus le clergé s'efforçait-il de faire son devoir avec un courage méritoire et de sauver au moins les âmes, en distribuant les sacrements aux malades et aux moribonds [2]. Quelquefois cependant les représentants attitrés de la religion eux-mêmes songeaient avant tout à se mettre à l'abri du danger. C'est un règlement passablement égoïste que promulgue l'abbesse des religieuses de Masevaux, au chapitre général du 15 mai 1630. La noble dame Catherine Blarer de Wartensée y défend de chanter l'office au chœur, parce qu'il pourrait y pénétrer des miasmes insalubres ; il sera défendu au peuple, qui d'ordinaire l'envahit tous les dimanches, d'y pénétrer désormais ; les paysans qui fournissent de vivres l'abbaye, n'en franchiront plus le seuil. Les œufs et les poules nécessaires seront envoyés dorénavant de Dannemarie, les moutons pour la cuisine seront livrés par les colongers de Guewenheim, localités indemnes ; comme la distribution hebdomadaire des aumônes pourrait introduire l'épidémie dans le monastère, ce ne sera plus le personnel de l'abbaye, mais le Magistrat de la ville qui sera chargé de les faire tenir aux pauvres. On ne donnera plus le linge des religieuses à laver au dehors, mais par contre on emmagasinera une bonne provision de bois de sureau et de frêne pour faire des fumigations quotidiennes dans l'église, dans les chambres des religieuses et dans la cour de l'abbaye [3]. On ne saurait dire que ces prescriptions, assurément curieuses dans leur égoïsme naïf, constituent un règlement d'hygiène publique.

Nous n'avons rencontré aucun arrêté, émanant d'une autorité séculière contemporaine et prescrivant des mesures pareilles ou analogues, pour le plus grand bien de ses administrés, avant la date de la signature des traités de Westphalie. On ne peut guère alléguer, en effet, l'ordonnance du magistrat de Colmar, du 6 avril

---

1. Sans doute, il existait çà et là une organisation de surveillance rudimentaire. A Strasbourg, par exemple, nous trouvons, dès le XVIIe siècle, deux membres du Conseil des XXI, les *Contagionsherren*, préposés à la surveillance des maladies épidémiques ; mais nous ne trouvons guère de traces de leur activité.
2. Le curé de Sewen a soin de noter que « tous les adultes ont reçu les sacrements, sauf quelques négligents ». (*Revue catholique d'Alsace*, 1886, p. 746.)
3. Lintzer, *Revue catholique*, 1886, p. 741.

1639, faisant savoir aux corps de métiers, à l'occasion d'une épidémie de fièvre chaude, qu'il a fait composer par le « physicien » de la ville, le docteur Jean Faber, un médicament spécial, à bon marché, afin que chaque bourgeois puisse se traiter lui-même. C'est un conseil paternel qu'il donne, ce n'est pas une obligation qu'il impose[1].

C'est en 1650 que nous voyons la Régence de la seigneurie de Ribeaupierre ordonner la distribution de médicaments à ses sujets frappés de la peste, quand celle-ci reparaît au moment des invasions lorraines. Ces distributions semblent avoir été faites sur une assez grande échelle et ont dû entraîner des dépenses considérables pour l'époque et pour un territoire aussi complètement épuisé[2].

A partir du moment où l'autorité de la France devient effective dans ces parages, une amélioration notable s'opère dans l'attitude des administrations vis-à-vis du danger de la contagion. On voit que le gouvernement royal comprend la nécessité de sauvegarder la santé publique et, grâce à son influence, les gouvernements locaux, même ceux qui ne sont pas encore soumis au contrôle de Louis XIV, se pénètrent de plus en plus de leurs devoirs à l'égard de leurs sujets. Cela se marque avec évidence lors de la grande peste qui sévit en Alsace de 1666 à 1667 et qui, après l'avoir entamée d'abord du côté des Pays-Bas, y pénétra plus tard également du côté de la Suisse. Dès le début de l'épidémie en Allemagne, le magistrat de Strasbourg défend le trafic avec les contrées infectées, il interdit l'entrée de la ville à ceux qui en arrivent, ainsi qu'à leurs marchandises ; il prescrit l'usage de passeports sanitaires[3]. Quand la contagion est parvenue aux portes même de l'Alsace, quand elle sévit à Worms et lieux circonvoisins, on construit un lazaret dans l'ancien couvent de Saint-Nicolas-aux-Ondes, on y installe un praticien, célèbre alors à Strasbourg, le docteur Schilling, on lui adjoint comme aides un chirurgien et un ancien pasteur de Kehl, le ministre Gerold ; on décide que tous les bateliers remontant le Rhin avec leurs marchandises seraient mis en quarantaine avant de pouvoir entrer en ville[4]. Cependant les intérêts commerciaux priment toujours encore les intérêts sanitaires, ce qui n'a rien d'étonnant pour nous, qui voyons, à la fin du

1. X. Mossmann, *Mélanges alsatiques*, p. 157.
2. Pour la seule commune de Bennwihr, les frais se montèrent à 87 florins. (A.H A., E. 2897.)
3. M. Krieger (*Beitræge*, I, p. 163) reproduit un de ces passeports.
4. Reisseissen, *Aufzeichnungen*, pp. 69-70.

XIX° siècle, les Anglais laisser pénétrer jusque chez nous le choléra plutôt que de gêner un peu leur trafic des Indes. Bien que la peste soit à Bâle, le Magistrat de Strasbourg qui, en septembre 1667, défendait la tenue de la foire de Noël, cède aux réclamations du commerce local et décrète qu'elle aura lieu pourtant, ordonnant, il est vrai, quelques mesures de précaution, mais qui auraient fort bien pu être absolument illusoires[1]. A Mulhouse aussi, l'on décrète des mesures préservatrices, mais un peu plus tard seulement, quand déjà le fléau sévit à Colmar[2]. De même le Magistrat de Saverne ordonne certaines précautions en vue du danger qui menace du côté du Palatinat[3].

Les dossiers conservés aux archives de la Haute-Alsace permettent de se rendre compte de la manière énergique, presque inhumaine, dont la contagion fut circonscrite dans les domaines de la maison de Ribeaupierre, de celle de Wurtemberg et celles des seigneuries environnantes, plus directement soumises à l'influence de l'intendant de Brisach. Dès le début de l'épidémie, en été 1667, Charles Colbert défend, sous les peines les plus sévères, tous les rapports avec les localités contaminées[4]. Il renvoie les gens de Guémar, — l'un des foyers de la peste, — qui travaillaient aux fortifications de Brisach et défend de lui en envoyer d'autres qui pourraient apporter les germes de la maladie. En même temps, il réclame des renseignements fréquents et détaillés sur la marche du fléau[5]. Plus tard, il est vrai, une prudence exagérée lui fit craindre que cette correspondance elle-même pût lui apporter les dangereux microbes jusqu'au delà du Rhin, et il enjoignit au prévôt de Guémar, Frédéric Gœppfert, de lui écrire moins souvent ; une lettre expédiée toutes les quatre semaines suffirait pour le tenir au courant[6].

Les localités ainsi frappées étaient soumises à l'isolement le plus rigoureux. Alors qu'à la date du 15 novembre, 125 habitants de Guémar avaient déjà péri, on empêchait absolument leurs conci-

1. Reisseissen *Aufzeichnungen*, p. 75.
2. Mieg, *Geschichte von Mulhausen*, II, p. 31-32. Voy. aussi la *Chronique* de J. Fürstenberger, p. 331. Pendant six semaines, les habitants de la commune mulhousienne d'Illzach furent absolument séquestrés chez eux.
3. Procès-verbaux du Conseil, 1667-1670, fol. 38, aux archives de Saverne. (Dag. Fischer, *Zabern*.)
4. Lettre d'Euchaire Néron, greffier d'Ammerschwihr, 3 août 1667. (A.H.A., E. 1139.)
5. Lettre de Colbert, Brisach, 2 août 1667 (même dossier).
6. Lettre de M. de Berckheim, Jebsheim, 17 août 1667 (même dossier). On n'abusait pas encore de la correspondance administrative, on le voit, même en des cas d'urgence.

toyens affolés de quitter l'enceinte de leurs murs, sinon pour aller cultiver les champs situés immédiatement autour de la ville. Mais quand ils demandèrent à pouvoir procéder aux vendanges, les gens de Saint-Hippolyte s'opposèrent avec énergie à cette demande, les chariots des gens de Guémar devant traverser pendant quelques centaines de mètres la banlieue de la première de ces localités, pour arriver à certains vignobles. A défaut de vin, on faisait parvenir aux malheureux pestiférés des remèdes plus ou moins efficaces, notamment un élixir désigné dans nos sources sous le nom de *Schwitzwasser*, et que le prévôt de Guémar vante comme ayant fait merveille[1]. On employait aussi des fumigations pour désinfecter les maisons où la mort avait passé[2]. Ce n'est que le 22 février 1668 que l'intendant accorde aux habitants des environs la libre pratique avec Guémar, le fléau ayant cessé d'y sévir depuis plusieurs semaines[3]. Il s'était fait sentir avec une égale violence à Ostheim, Munzenheim, Colmar, etc. Dans le petit village de Munzenheim, le pasteur Bapst, manquant de papier, en avait fait demander à son collègue Pistorius, de Kunheim; la petite fille d'un habitant de Riquewihr, âgée de treize ans, alla le lui porter, à un endroit situé en dehors de la localité; néanmoins, elle se plaignit en rentrant de violents maux de tête, et le second jour elle était morte. La Régence de Wurtemberg-Montbéliard s'empressa de défendre, par ordonnance du 18 octobre 1667, qu'aucun habitant de Munzenheim sortît dorénavant du village et qu'aucun étranger y pénétrât[4].

Un peu plus tard, en automne 1668, la peste éclate à Ribeauvillé, soit qu'elle ait été apportée du dehors, soit qu'elle ait continué à couver dans les environs mêmes. L'intendant Colbert se rend aussitôt en personne sur les lieux pour combattre l'épidémie, et c'est de Ribeauvillé qu'est datée son instruction du 2 septembre. Il fait réunir tous les malades dans l'une des églises convertie en hôpital[5]; deux hommes sont engagés pour les soigner; on leur donnera six florins de salaire par mois et un peu plus de la moitié (3 florins 9 *batz*) aux femmes chargées de les seconder dans cette

1. Lettre du prévôt au conseiller J. Thomas Stoltz, de Ribeauvillé. (A.H.A., E. 1139.)
2. Il est question de balles désinfectantes (*Kugeln die hæusser zu beræuchern*), dans une lettre du 15 mars 1668. (Même dossier.)
3. A.H.A., E. 42.
4. A.H.A., même dossier.
5. C'est sans doute à cette occasion et en prévision de cas analogues, que l'on construisit le *lazaret* hors la porte basse de Ribeauvillé, afin qu'il servît de lieu de quarantaine en cas de contagion. (Bernhard, *Ribeauvillé*, p. 281.)

tâche dangereuse¹. Le régime des malades, fixé par le règlement, est substantiel et causera peut-être quelque surprise aux médecins de nos jours : une livre et demie de viande, une livre du meilleur pain, une pinte de vin, « au cas qu'ils en puissent boire ». L'aubergiste à l'*Étoile* est chargé du service des vivres et la ville lui fera pour cela une première avance de 150 livres. Deux grands poêles seront placés dans l'église et on y entretiendra continuellement un bon feu, pour lequel le prévôt devra faire voiturer douze chariots de bois sec. Tous les malades « nouvellement affligés » seront cherchés chaque jour à domicile et conduits à l'hôpital, puis on fera soigneusement « parfumer » leurs maisons par les infirmiers, qui toucheront quatre batz de rémunération extraordinaire pour ce service accessoire².

On le voit, c'est déjà presque le service administratif moderne, dans sa netteté un peu sèche, mais plus philanthropique au fond que les très sincères, mais très vagues homélies des générations précédentes, qui ne savaient comment s'y prendre pour enrayer le mal. On est frappé de ce contraste, en lisant une lettre écrite par le Magistrat de Strasbourg, à ce moment même, et qui est comme l'écho de cet esprit des temps passés. Le comte de Ribeaupierre lui avait demandé conseil sur les mesures à prescrire contre la contagion de la peste ; on reste étonné de voir les chefs d'une grande cité, siège d'une Faculté de médecine, d'une Université célèbre, répondre par de purs lieux communs, sans conclusions pratiques, comme si les souhaits pieux et les prières, à elles seules, eussent pu faire disparaître le fléau³.

Colbert retourne plus tard une seconde fois à Ribeauvillé pour constater en personne l'extinction de l'épidémie. Par lettre du 14 février 1689, il autorisait le conseiller Daser à permettre aux bourgeois de reprendre leurs communications avec le dehors, en lui recommandant encore une fois de veiller à ce que toutes les maisons où il y avait eu des malades, fussent bien aérées, purifiées et blanchies à la chaux⁴. Il ne se montra pas moins rigide vis-à-vis de Colmar. Des décès s'y étant produits par suite de l'introduction de laines contaminées, cette ville avait été mise en interdit par la Régence de Riquewihr, de la Noël 1668 au 2 mai 1669. La nouvelle de la con-

---

1. Le personnel était en même temps nourri par la ville, et recevait chaque jour une livre et demie de viande, une pinte de vin et du pain à discrétion.
2. A.H.A., E. 666.
3. Lettre du 13 mars 1668. (A.H.A., E. 2462.)
4. A.H.A., E. 666.

tagion s'étant répandue, personne ne voulut plus trafiquer avec les habitants de Colmar, fort ennuyés et irrités de cette interruption de leur commerce[1]. La Régence montbéliardaise finit par se rendre à leurs doléances; mais Colbert, en apprenant cet acte de bon voisinage qu'il jugeait prématuré, maintint l'isolement de Colmar en mettant également Riquewihr en quarantaine, et la Régence épiscopale de Saverne faisant mine de ne point vouloir respecter ces prescriptions, il menaça les terres de l'évêché d'une mesure analogue[2].

La guerre de Hollande, l'invasion des Impériaux et des Brandebourgeois en Alsace, les campagnes de Turenne en 1674 et 1675 amenèrent de nouvelles épidémies dans nos contrées. Une fièvre typhoïde des plus malignes, qui couvrait le corps de taches noirâtres et amenait des transports au cerveau et de véritables accès de folie, si nous en croyons les chroniqueurs contemporains[3], ravagea les villes et les campagnes. Les soldats périrent en grand nombre, mais la population civile ne fut pas moins éprouvée[4]. L'imprudence des uns et la cupidité des autres fut une cause fréquente de décès. Des pillards pénétraient dans les maisons abandonnées ou occupées par des malades incapables de se sauver, y enlevaient le mobilier, les habits, le linge et jusqu'aux vieux chiffons[5], pour venir ensuite revendre ce butin aux brocanteurs des villes, y introduisant la maladie en même temps que leurs marchandises. Le Magistrat de Strasbourg, plus prudent que d'autres, ordonna aux prévôts et aux échevins de ses villages d'empêcher le pillage des immeubles délaissés, et défendit aux porte-consignes et aux douaniers de laisser pénétrer en ville les individus porteurs de pareils ballots. Celui qui tenterait de violer ce règlement devait être immédiatement mis en prison et frappé d'une amende de trente schellings[6].

1. Le Magistrat de Colmar avait commencé, le 26 septembre, par défendre aux gens de Ribeauvillé, d'Andolsheim, etc., d'entrer en ville. Mais, quand il se vit suspecté, à bon droit, par tous les voisins, il se fâcha et intenta un procès à un malheureux Bâlois, devenu bourgeois de Colmar, comme ayant propagé de faux bruits sur l'état sanitaire de la cité. « Pour que cela lui servît d'avertissement et d'exemple aux autres, » il fut condamné à vingt livres d'amende, le 19 janvier 1669. (Mossmann, *Mélanges alsatiques*, p. 142.)
2. Nicolas Klein, dans sa *Chronique de Colmar*, publiée par Rathgeber, *Ludwig XIV und Colmar*, p. 55-56.
3. Reisseissen, *Aufzeichnungen*, p. 105-106. Walter, *Chronique*, fol. 288b, 289b, 296b.
4. En une seule semaine de février 1675, 130 personnes moururent à Strasbourg du typhus. Reisseissen, *Aufzeichnungen*, p. 107.
5. « *Auch salva venia lumpen* ».
6. Ordonnance du 9 janvier 1675.

A partir de la paix de Nimègue, le fléau des grandes épidémies tend à disparaître dans la province, soit que l'absence d'armée manœuvrant sur son sol protège les habitants du pays, soit que la surveillance officielle devienne de plus en plus générale et sévère. Sans doute, on en signale encore quelques apparitions durant la guerre de la Succession palatine[1], comme aussi lors de la guerre de la Succession d'Espagne, mais on ne voit plus en Alsace ces hécatombes que l'ignorance des gouvernements et des gouvernés laissait immoler avec une résignation pieuse ou une impuissante terreur.

§ 2. L'ORGANISATION MÉDICALE

Ce n'est guère qu'à partir du XVIe siècle qu'on peut constater en Alsace l'existence d'un personnel spécial, ayant fait des études scientifiques et consacrant d'une façon suivie son temps et son savoir au soulagement de l'humanité souffrante. Encore ne trouvons-nous ces médecins que dans les villes les plus importantes, et c'est bien plus tard seulement, dans la seconde moitié du XVIIe et au XVIIIe siècle, qu'on semble avoir songé à en doter les campagnes[2]. Auparavant, c'était ou bien à des membres du clergé, ou bien à des savants juifs, plus ou moins compétents, que s'adressaient les riches et les puissants de ce monde ; quant aux autres, ils appartenaient de droit aux empiriques, aux rebouteurs, bourreaux, bonnes femmes ou sorcières. Dans les deux catégories, certains clients en réchappaient parfois, grâce à leur robuste nature ; les autres se résignaient à mourir sans médecin.

La formation d'un corps médical commence dans nos villes d'Alsace, comme un peu partout, vers le milieu du XVIe siècle, par la vocation formelle qu'adresse l'autorité politique de telle ou telle cité, à un savant recommandé, soit par ses écrits, soit par ses cures antérieures[3]. Ce fonctionnaire d'ordre nouveau devient le surveillant officiel de la santé publique, le conseiller du Magistrat en cas d'épidémie, etc. Au XVIIe siècle, ce personnage (*archiater, poliater,*

---

1. En 1680, la peste fut assez violente dans la Haute-Alsace pour qu'on ordonnât des prières publiques avec exposition du Saint-Sacrement, tous les dimanches. (Schickelé, *État de l'Église d'Alsace*, II, p. 27.)
2. Nous voyons cependant que le Magistrat de Strasbourg nommait un médecin salarié par lui (*landtphysikus*), dès 1637, pour son bailliage de Wasselonne. Le docteur Goller devait loger à Wasselonne même. (Ph. Wirth, *Beitræge zur Geschichte Wasselnheims*, II, p. 21.)
3. Nous rappellerons, sans évoquer le séjour de Rabelais à Metz, les noms bien connus de Gonthier d'Andernach à Strasbourg, de l'humaniste Toxites à Haguenau, de Laurent Fries à Colmar.

stattphysikus) est généralement, dans les villes universitaires comme Strasbourg, une des notabilités du corps enseignant ; on l'appelle d'ordinaire de loin, afin que des considérations de parenté ou des relations sociales ne l'empêchent pas de signaler et d'attaquer les abus. C'est ainsi que Melchior Sebiz, à Strasbourg, vient de Silésie ; Jean Lucas Chmiletzki, à Mulhouse, est un Polonais d'origine, antérieurement établi à Bâle[1], etc. Cependant leurs services ne paraissaient pas encore indispensables; même à l'époque de la guerre de Trente Ans nous les voyons quitter parfois leur résidence, en missions prolongées[2].

Peu à peu, au cours de ce siècle, d'autres médecins se fixent dans les localités plus importantes, et la concurrence professionnelle s'établit[3]. Les petits dynastes alsaciens attachent, eux aussi, des hommes de l'art (*leibmedici*) à leur personne, mais assez tard, ce me semble[4]. Dans d'assez petites localités, comme Rouffach et Thann, il y a un médecin dès 1633 et 1636[5] ; dans d'autres, prospères cependant, résidences princières comme Bischwiller, c'est après la guerre de Trente Ans seulement qu'on nous signale la venue d'un représentant du corps médical[6]. On ne semble pas encore avoir attaché, à cette époque, l'exercice de la profession à des conditions de nationalité ou de bourgeoisie locale. C'est ainsi qu'un Italien alors célèbre, le Milanais Francesco Giuseppe Borri, résida pendant plusieurs années à Strasbourg et y obtint des succès retentissants[7]. Le Magistrat lui confia même l'éducation professionnelle d'un jeune citoyen, Jean-Jacques Klipffel, auquel on s'intéressait dans les sphères académiques de la ville libre, et on lui paya

1. *Bulletin du Musée historique de Mulhouse*, 1879, p. 21.
2. C'est ainsi que Bernard de Weimar amène à Delle le *stattphysikus* de Colmar, en 1638, et demande au Magistrat, comme chose toute naturelle, de le garder encore quelque temps auprès de lui. (*Revue d'Alsace*, 1880, p. 356.)
3. Ainsi, dans Landau, nous trouvons toujours, dans la seconde moitié du siècle, à côté du *Stattarzt*, un et même deux médecins. (Lehmann, *Landau*, p. 212.)
4. Encore en 1628, les seigneurs de Ribeaupierre, par exemple, s'adressaient au médecin de Colmar, bien qu'ils eussent une petite cour assez nombreuse. (A.H.A., E. 1806.) Voyez aussi, pour la carrière d'un *physicus ordinarius* de Colmar, mort en 1659, après avoir été médecin des Ribeaupierre, l'oraison funèbre du docteur Jean-Valentin Will, prononcée par Joachim Klein. (Strasbourg, Spoor, 1659, 4°.)
5. *Tomus Miraculorum S. Theobaldi*, éd. G. Stoffel, p. 183.
6. Culmann, *Geschichte von Bischweiler*, p. 138.
7. Dans une lettre du 6 juillet 1660, Benjamin Coraisien, de Sainte-Marie-aux-Mines, le recommande à Jean-Jacques de Ribeaupierre, qui souffrait de la gravelle, comme un opérateur merveilleux, « fort désiré de Son Éminence à Paris. » (A.H.A., E. 524.)

un écolage à condition que le novice, une fois bien éduqué, restât à la disposition des autorités[1]. On doit faire remarquer pourtant que, même là où résident des médecins, une partie de la population ne semble avoir aucune confiance en leur talent et préfère recourir aux miracles plutôt qu'à leurs services, même pour des maux dont les plus dévots croyants ne demanderaient plus aujourd'hui la guérison qu'à la Faculté[2].

Cette méfiance n'existait pas seulement dans les classes inférieures de la société. Nous en retrouvons la trace dans la littérature du temps[3] et jusque dans les manuels de conversation, imprimés sous l'œil de la censure vigilante du Magistrat de Strasbourg[4].

Nous n'avons pas à parler ici de la science médicale d'alors ni des théories en honneur au XVIIe siècle ; outre que la compétence nous manque absolument pour aborder un pareil sujet, il est certain qu'il n'y aurait guère de profit à étudier de plus près, à notre point de vue spécial, les gros in-folio d'Israël Spach[5] ou les volumineux in-quarto de Melchior Sebiz[6], les plus célèbres médecins

1. Procès-verbaux du Conseil des XIII, 17 septembre 1658.
2. C'est en touchant une médaille de saint Ignace que se guérit un malade qui souffre cruellement d'un calcul de la vessie; c'est encore ce saint qui réduit la hernie d'un jeune homme de Schlestadt. (Gény, *Jahrbücher*, I, p. 32, 53, etc.)
3. Quand mourut à Colmar, en 1662, le directeur du Gymnase, Joachim Klein, un de ses amis, le pasteur Martin Pabst, de Künheim, fit imprimer, selon la coutume d'alors, un poème sur le défunt, et il y exprima, entre autres, l'opinion peu aimable que les médecins n'avaient pas été l'une des moindres causes de sa mort. Le corps médical de la ville impériale porta plainte au Magistrat, qui fit confisquer, en effet, la pièce et cita le délinquant à comparaître. Mais celui-ci se garda de quitter son village et les hommes de l'art, satisfaits de la suppression du « libelle », n'insistèrent pas. (E. Waldner, *Aus dem alten Colmar*, p. 30.)
4. Dans le dialogue sur les médecins, Daniel Martin mentionne d'abord « un tas de femmes » qui pratiquent aussi la chirurgie, « guérissent les mamelles ou poictrines, les apostumes, le mal des dents, les rompures des petits enfants... en quoy elles gaignent beaucoup d'argent, car, d'une poignée d'herbes qu'elles achettent possible dix-huict deniers ou deux sols des herboristes... elles en refont un risdale ou deux florins». Un interlocuteur l'arrête : « Que vous semble de ce qu'on connive à telle pratique et que l'on laisse hazarder la vie des personnes entre les mains de gens sans estude ? » Voici la réponse : « Que voulez vous qu'on y face ? Il faut que chacun vive... *Nous courons bien pareil risque entre nos médecins rationnels... car la pluspart n'y coid goutte et par leur ignorance envoyent des peuplades au royaume des taupes*. Mais le bonheur de ces gens-là est que la terre couvre les fautes qu'ils commettent... et sont mesme richement recompensez de leur meurtre si le deffunt est quelque vieux Juif, etc. » (Daniel Martin, *Parlement nouveau*, Strasbourg, 1637, p. 742-744.)
5. Israël Spach, né à Strasbourg, en 1560, professeur de médecine *et d'hébreu* à l'Académie de cette ville en 1589, mort en 1610.
6. Il y a eu successivement trois professeurs de ce nom, le père, le fils, le

strasbourgeois du temps, ouvrages que nous avons respectueusement feuilletés pourtant. Il est plus que probable que leurs notions exactes et leurs erreurs furent également celles de la plupart de leurs confrères contemporains et, par suite, les traits distinctifs feraient défaut pour les différencier des médecins de Suisse, d'Allemagne ou des Pays-Bas[1]. Tout ce qu'on peut affirmer ici, c'est qu'il ne semble pas qu'ils les aient dépassés, ni pour la science, ni pour le sens humanitaire, si je puis m'exprimer ainsi. Le traitement des aliénés, par exemple, reste barbare, et même quand ces malheureux possèdent quelque aisance, on ne connaît que la chaîne pour les maîtriser, hommes ou femmes. C'est ainsi qu'en 1614 la veuve du pasteur de Saint-Thomas, Barthélemy Nasser, vit enchaînée à l'hôpital de Strasbourg[2]; en 1622, une femme de Schlestadt reste chargée de chaînes pendant cinq ans, avant d'être guérie par les Pères Jésuites[3]. Quand la guérison d'un fou est tentée, c'est rarement le médecin, plus souvent un ecclésiastique qui fait l'effort, parfois couronné de succès[4].

Une catégorie de praticiens infiniment plus nombreux que les docteurs en médecine, ces aristocrates de la profession médicale au XVIIe siècle, c'étaient les chirurgiens (*chirurgi, bader*), simples « barbiers » ou « baigneurs » le plus souvent, auxquels l'art de la ventouse et de la saignée, pratiqué depuis des siècles dans leurs étuves et leurs boutiques, permettait de se produire, aux yeux du populaire, comme véritables disciples d'Esculape[5]. Dans un pays de vignobles, où les rixes avec sévices graves étaient à l'ordre du jour, où de vieilles traditions, fidèlement suivies, prescrivaient l'usage des saignées, des purges et des ventouses à intervalles réguliers, même aux plus valides, où les gens de guerre circulaient incessamment, le métier de chirurgien devait être souvent plus lu-

petit-fils, à l'Université de Strasbourg; l'aîné, venu de Silésie, y professa de 1586 à 1625; le second, de 1612 à 1674; le troisième, de 1695 à 1704.
1. On consultera d'ailleurs avec fruit sur la matière l'ouvrage de Frédéric Wieger, *Geschichte der Medizin in Strassburg*, Strassburg, 1885, 1 vol. 4°.
2. « War wegen Tollheit in Ketten. » *Bericht von den Juntha'schen Hændeln*. Manuscrits Rœhrich, Bibl. municipale, n° 730.
3. J. Gény, *Jahrbücher*, I, p. 40.
4. C'est ainsi qu'en 1649, un paysan de Blotzheim, coupant du bois dans la forêt, est mordu par un loup enragé; on le met à la chaîne pour l'empêcher de dévorer ses voisins. Les médecins ne s'en occupèrent plus; c'est le curé d'Ottmarsheim qui le guérit (*Revue d'Alsace*, 1874, p. 443.)
5. Ces ventouses préventives, auxquelles se résignaient riches et pauvres au XVIIe siècle, étonnaient fort les étrangers. Voy. la description qu'en donne l'auteur des *Mémoires de deux voyages*. p. 195. Le même observateur attentif a également noté là une description du clystère alsacien, qu'il trouve bien différent de l'instrument immortalisé par Molière.

cratif que celui de médecin, encore qu'il fût infiniment moins considéré. En effet, les chirurgiens n'étaient parfois que des domestiques de bonne maison[1], voire même des marchands de chevaux[2]. Quelquefois aussi c'étaient des chirurgiens étrangers qui profitaient de la pénurie de représentants de la science médicale dans les petites localités pour s'y créer une espèce de clientèle itinérante, assez précaire du reste[3]. Il ne faut donc pas trop s'étonner de l'ignorance dont font preuve certains de ces prétendus hommes de l'art. C'est le chirurgien de Bergheim qui fait venir les Pères Jésuites de Schlestadt, en 1620, pour guérir sa fille malade. Ils lui déclarent qu'elle est empoisonnée par un quartier de poire (*segmen pyri*) et par une pilule (*bolus*), façonnée comme un minuscule enfant, que lui ont fait avaler les sorcières. Après force exorcismes, elle réussit à rejeter d'abord le fruit, puis le bébé magique, que des chats diaboliques, envoyés par lesdites sorcières, mettent malheureusement en pièces avant qu'on ait pu l'examiner de plus près[4].

La seconde moitié du XVIIe siècle vit se développer d'une façon notable l'influence des médecins, à mesure que les progrès des sciences naturelles relevaient aussi le niveau de la science médicale. A Strasbourg en particulier, l'organisation spéciale du corps professionnel atteint un degré de perfection relative très remarquable, dont on peut se rendre compte en parcourant la grande ordonnance sur le « Collège médical de Strasbourg » et celles qui regardent les médecins chirurgiens et les apothicaires[5]. Cette ordonnance de 1675

1. Les comptes de Daniel de Pilhe, lieutenant des Ribeaupierre à Sainte-Marie-aux-Mines, mentionnent, en 1663, un « Johannes qui a esté lacquay à Son Excellence, présentement apprentif pour estre chirurgien ». (*Documents relatifs à Sainte-Marie-aux-Mines*, p. 302.)
2. Cela ressort d'un curieux procès intenté par un M[e] De Wert au Magistrat d'Ensisheim par-devant le Conseil souverain. Il s'intitulait « médecin de la ville » et réclamait ses honoraires officiels dus depuis dix ans (1684-1694). Le Magistrat explique qu'il ne lui a jamais promis de gages et ne lui avait accordé le droit de bourgeoisie « qu'à charge de ne plus faire le trafic des chevaux ». (*Notes d'arrêts*, Colmar, 1742, p. 75.)
3. C'est ainsi que nous voyons un « chirurgien de Paris », Antoine Agier, s'adresser à la Régence de Brisach, en 1654, pour la prier de le faire rembourser des soins donnés et des médicaments fournis par lui, durant les deux années de son séjour en Alsace, à des habitants de Bergheim et autres lieux voisins. (A.H.A., C. 1002.) — Quelques-uns de ces empiriques faisaient d'ailleurs « des cures remarquables, remettant sur pied, avec quelques poudres, en huit ou dix jours, des personnes abandonnées des autres médecins et à qui on apprestoit déjà la bière ». (D. Martin, p. 741.)
4. J. Gény, *Jahrbücher*, I, p. 25.
5. Voy. le mémoire de M. E. Strohl, autrefois professeur à la Faculté de médecine de Strasbourg : *L'organisation de la pratique médicale et pharmaceutique à Strasbourg dans le XVIIe et le XVIIIe siècle*. Strasbourg, Schultz, 1883, 8°.

institue à la fois un Conseil supérieur d'hygiène pour la petite République, conseil composé de hauts fonctionnaires de l'État et de spécialistes, et un tribunal disciplinaire pour le corps médical[1]. Elle prescrit aux médecins une taxe fixe pour leurs visites[2]; elle ordonne aux chirurgiens de dénoncer sans retard les clients qui réclameraient leurs soins pour la guérison des plaies ou blessures reçues dans une rixe[3].

C'est à la nature, beaucoup plus qu'à l'art des médecins, que les autorités s'en rapportaient pour la mise au jour des citoyens futurs. Sans doute, il y a des sages-femmes dans toutes les villes, les bourgs et même dans la plupart des villages, au XVIIe siècle, mais on ne peut s'empêcher de tenir en fort médiocre estime leur savoir professionnel. A Strasbourg seul, elles sont, dès 1635, soumises à une certaine surveillance médicale, partagées, selon leur mérite, en sages-femmes de première et de seconde classe[4], et elles ont à subir un examen plus ou moins sérieux devant un jury officiel[5]. Mais à Saverne, par exemple, c'est tout simplement le curé qui rédige le règlement des sages-femmes de la résidence épiscopale, en 1640[6]. Encore vers la fin du siècle, et dans des localités aussi importantes que celles de la vallée de Sainte-Marie-aux-Mines, on pouvait devenir titulaire de l'emploi, sans aucune étude préparatoire. Des femmes veuves ou même mariées le postulaient comme gagne-pain, et l'on regardait beaucoup moins à leurs aptitudes spéciales qu'à ce qu'elles fussent « femmes honnêtes et craignant Dieu ». Sans doute, on désire « qu'elles aient fait apprentissage auprès de celles qui ont fait la fonction avant elles ou par livres, pour ce lus ou étudiés ». Mais comme le règlement ajoute que, si elles ne se sentent pas assez sûres d'elles-mêmes, elles

---

1. *Strassburgisches Collegium medicum sampt beygefügten Ordnungen der Medicorum und Apothecker.* Strassburg, 1675, 1 vol. fol.
2. La première visite sera payée un florin par les gens riches, puis, pour chaque semaine de maladie (à trois visites par semaine), encore un florin. C'est aussi le prix d'une visite urgente, faite de nuit. Les petits bourgeois payeront cinq schellings par consultation ; les pauvres seront soignés gratuitement.
3. L'ordonnance de 1654 exige formellement cette violation du secret médical, que le Magistrat de Strasbourg se refusait à reconnaître. — Voy. aussi « Du Barbier et chirurgien » dans Daniel Martin, p. 252.
4. Il y en a six de première et six de seconde classe, ce qui n'est pas exagéré pour une ville de 25 à 30,000 âmes. (*Hebammen-Ordnung* de 1635, renouvelée en 1688.)
5. Ce n'est qu'en 1728 qu'on créa, sur la proposition du professeur Frid, l'École d'accouchement bientôt devenue célèbre.
6. Ce règlement se trouve au registre baptismal de la paroisse (années 1608-1685), déposé aux archives de la ville de Saverne.

doivent « avoir recours à quelques autres femmes entendues », il est évident que l'autorité civile ne leur demandait de justifier ni de grandes connaissances théoriques, ni même de la routine pratique [1]. L'autorité religieuse, au contraire, veillait partout à la qualification morale avec une intransigeance absolue. C'est ainsi que le Consistoire de Sainte-Marie-aux-Mines ne demandait pas seulement aux candidates de « s'abstenir de tout discours lascif et déshonnête », mais encore de se servir toujours dans leur profession de sentences édifiantes et tirées des Saintes-Écritures, « lesquelles elles estudieront expressément par lecture de la parole de Dieu ou par enseignement auprès de MM. les Ministres [2] ».

La raison de cette surveillance spéciale est facile à comprendre ; de même que les chirurgiens étaient les auxiliaires assermentés de la police civile, de même les sages-femmes devaient être les auxiliaires des corps ecclésiastiques et leur faciliter le contrôle de leurs ouailles aussi bien que la censure des délits de moralité. Elles étaient regardées comme coupables si elles ne remplissaient pas cette partie de leur ministère [3]. Il n'est pas étonnant qu'avec des secours aussi médiocres, au moment des grandes crises de leur existence, les mères de famille en Alsace, et surtout dans l'Alsace catholique, aient compté beaucoup plus sur le secours du Ciel et sur l'appui de ses saints que sur l'habileté des représentantes de l'art médical. De là ces nombreuses et si longues prières pour femmes enceintes ou prêtes à accoucher, que nous rencontrons dans les livres de piété et les recueils de cantiques protestants du XVIIe siècle, de là ces médailles et ces images bénites, que les religieux franciscains, capucins ou jésuites distribuent aux femmes, au moment de leurs couches, et parfois même, dans des cas graves, l'apport des reliques de quelque saint particulièrement secourable [4].

1. Procès-verbal de l'installation de la sage-femme d'Échery, 30 août 1677. (*Documents concernant Sainte-Marie-aux-Mines*, p. 284.)
2. *Documents*, etc., p. 285.
3. Le 9 mai 1660, la sage-femme Barbel de Sainte-Marie est censurée par le Consistoire « pour avoir recueilli l'enfant de Nicolas Herment, venu trop tôt, et n'avoir point averti » les ministres. (*Revue d'Alsace*, 1878, p. 372.)
4. Les *Litterae Annuae* des Jésuites de Schlestadt, publiées par M. l'abbé Gény, sont remplies de détails curieux à cet égard. (Voy. p. 26, 28, 29, 37, 40, 43, 52, etc., etc.) Ce qui est particulièrement intéressant, c'est que, même en pareille matière, la mode exerce son influence. D'abord, c'est saint Ignace, qui règne sans partage ; à partir de 1670 environ, saint François Borgia lui fait concurrence et les femmes semblent préférer ce dernier (p. 154, 158, etc.). L'attouchement de la robe de saint Ignace rendait aussi parfois fécondes les femmes jusque-là stériles. (*Ibid.*, p. 51.)

Les pharmacies ont existé en Alsace bien longtemps avant le corps médical lui-même. Cela s'explique aisément quand on se rappelle tout ce que l'apothicaire du XVIe et du XVIIe siècle vendait au public, en dehors des médicaments proprement dits; il remplaçait à la fois le droguiste, le liquoriste et le confiseur modernes [1]. Sa clientèle était donc assurée, même alors que la santé publique était florissante, et l'exercice de la pharmacie n'impliqua qu'assez tard une préparation vraiment scientifique à cette carrière, restée lucrative après tant de révolutions en médecine. Le nombre des pharmaciens était limité dans les villes (et il n'en existait que là) [2] par les ordonnances du Magistrat et eux-mêmes étaient assermentés par-devant l'autorité civile et soumis à son contrôle. Mais ce contrôle ne devint effectif, au point de vue scientifique, que dans la seconde moitié du siècle et s'exerça tout d'abord uniquement au point de vue mercantile, pour empêcher la concurrence par l'ouverture de trop nombreuses officines. A Landau, il y avait deux pharmacies vers la fin du siècle [3]; on en comptait trois à Colmar jusqu'en 1670 [4], quatre à Strasbourg avant 1675, et cinq plus tard [5]. Ce chiffre semble avoir été le chiffre normal des grandes villes d'Allemagne à cette époque; on n'en compte pas davantage à Augsbourg, Ulm ou Francfort. On peut se faire une idée très nette, et très amusante en même temps, d'une pharmacie alsacienne vers le milieu du XVIIe siècle, en parcourant le chapitre spécial de Daniel Martin, dans son *Parlement nouveau* [6]. On y embrasse du regard l'officine avec « le grand fonds qu'il faut pour dresser une boutique », avec ses mortiers d'airain et leurs pilons, ses « boüettes,

---

1. Cela dura fort longtemps, car, encore au début du XIXe siècle, c'est chez tel pharmacien que s'achetait le meilleur chocolat de Strasbourg. (Voy. Reuss, *Charles de Butré, Un physiocrate tourangeau en Alsace*, p. 190.)
2. Encore y avait-il des villes qui n'eurent des pharmacies qu'assez tard. Celle de Bischwiller, par exemple, ne fut créée qu'en 1681 par un Duvernoy de Montbéliard. (Culmann, *Bischweiler*, p. 138.) — Dans certains territoires mieux administrés, il y avait cependant, vers la fin du siècle, des pharmacies de campagne, car, en 16*8, le Magistrat de Strasbourg nommait le docteur Bœcler pour les reviser deux fois par an. Mais, à sa mort, cette place de *landphysicus* fut supprimée par économie. (XXI, 23 février 1688 et 25 avril 1701.)
3. Lehmann, *Landau*, p. 212.
4. Waldner, Médecins et Pharmaciens d'autrefois. *Bulletin historique de Mulhouse*, 1889, p. 96. — Le 18 juillet 1670, le Magistrat de Colmar autorise Martin Kœnigsmann, de Strasbourg, à établir une quatrième pharmacie. (*Notes d'arrêts*, p. 289.)
5. En 1683, Balthasar Scheid présentait une pétition aux Conseils pour en ouvrir une sixième. Mais le 6 août 1683, sa demande fut repoussée.
6. Daniel Martin, p. 745 et suiv.

pots, balances, bassins, passoires, tamis, espatules, poêles, poëlons, escumoirs, alambics, cruches, presses, pressoirs et trépieds » ; puis derrière, la « chambre aux drogues » (*Material-Kammer*) et la « chambre aux simples » (*Kræuterkammer*) ; on y voit arriver les clients, « qui viennent quérir de grand matin ce qu'ils ont commandé le soir », l'honnête bourgeois qui réclame sa purgation de *Diacydonium lucidum* laxatif, la fillette qui demande deux onces de sirop de pavot, sans doute pour endormir son petit frère, le gentilhomme, ayant bu trop de bon vin de Hambach la veille et qui demande « un pot de bon julep pour se refreschir », la servante que sa maîtresse envoie quérir des noix confites et des écorces de citron et d'orange. Un valet affairé accourt dire que « M. N. attend avec impatience qu'on luy vienne donner son clystère » ; une mère demande « un suppositoire pour son garsonnet qui ne peut aller à la sellette » ; un vieux monsieur entre se faire « remettre de la civette ou quelques grains de musque dans sa pomme de senteur » ; une jeune fille désirerait « pour un batz d'onguent contre la gale », et une autre s'écrie : « Et à moy, donnez moy de l'onguent à poux, nous avons un garson qui en fourmille ! » A quoi l'apothicaire réplique, peu galamment : « Il me semble à voir vos cheveux si bien parez de perles de gueux, que vous en avez aussi bon besoin ! » Un étudiant se fait apporter « une bouteillette d'huile de mille pertuis, pour graisser son bras, qui est tout foulé et bleu d'avoir joué au ballon », etc. En parcourant les prix courants, comme nous dirions aujourd'hui, des pharmacies strasbourgeoises, vers l'époque de la guerre de Trente Ans, on peut se rendre également compte des substances bizarres qu'on offrait alors au public crédule, et qui trouvaient sans doute un meilleur débit que des remèdes plus sérieux. A côté des saphirs, des améthystes et des lapis-lazuli, on y voit figurer des fragments de momie et des crânes humains, l'*oleum scorpionum* et l'*axungia hominis*, l'*aqua spermatis ranarum* et l'*unicornu verum*[1]. Le triomphe et la principale source de revenus des pharmaciens d'alors étaient les médecines composées d'une foule d'ingrédients divers et qu'on jugeait d'autant plus merveilleuses qu'elles nécessitaient un travail plus compliqué et coûtaient plus cher[2]. Mais ils rencontraient une double concurrence, celle des

1. *Designatio precii tam simplicium quam compositorum quæ in officina Caroli Ringleri*, etc., 1623. Imprimé par M. G. Pfersdorff, d'après l'original des Archives municipales dans le *Journal de pharmacie* de Strasbourg. Encore en 1722, la *Pharmacopea Argentoratensis* mentionne *Priapus tauri*, *Buffones exsiccati*, *Cranium humanum*, *Pulmones vulpis*, etc.
2. Lors de la révision de l'*Apothecker-Ordnung*, le 23 avril 1675, les méde-

médecins eux-mêmes[1] et celle des herboristes et des chirurgiens, dont les uns préparaient leurs prescriptions dans leurs laboratoires particuliers et dont les autres vendaient des « herbes bienfaisantes » et des breuvages salutaires à meilleur marché. Souvent on voit les apothicaires s'adresser au Magistrat pour réclamer sa protection contre de pareils rivaux qui ruinent le métier[2]. Les docteurs en médecine se plaignent, en revanche, de ce que les apothicaires ne les traitent pas avec le respect voulu, de ce qu'ils exercent illégalement la médecine ; ils signalent le danger que court la santé publique par suite de la légèreté des pharmaciens en titre, quittant leurs boutiques pendant de longues heures pour bavarder avec les voisins ou fréquenter l'auberge, abandonnant le travail professionnel à des garçons apothicaires peu recommandables, qui n'avaient pas une année de stage et qui, loin de bien connaître le latin, ne savaient pas même lire et écrire couramment l'allemand[3]. L'autorité civile essayait de maintenir la balance égale, autant que possible, entre les deux adversaires ; elle défendait aux pharmaciens d'empiéter sur le domaine médical, les autorisant tout au plus à purger et à inspecter les urines de leurs proches ; elle interdisait aux médecins de préparer eux-mêmes les remèdes qu'ils prescrivaient à leurs malades[4]. Tous ces règlements officiels, édictés dans la seconde moitié du XVIIe siècle, sont à peu près les mêmes, à Colmar, à

cins de la ville firent décider que quand les pharmaciens prépareraient ces *compositiones magnas*, telles que thériaque, mithridate, antidote de Mathioli, etc., ils ne pourraient *mélanger* les substances qu'après que le doyen du *Collegium medicum* aurait examiné les ingrédients. Dans de nombreuses oraisons funèbres du temps, on appuie sur le prix élevé des médicaments qui n'ont pas été ménagés pour sauver les défunts.

1. La concurrence des médecins devait priver, en effet, certains pharmaciens de notables revenus. Nous avons trouvé aux Archives de la Haute-Alsace une série de petits mémoires présentés de 1625-1627, par le docteur Christophe Heinrich, de Colmar, à son client, le sire de Ribeaupierre. Il se faisait payer pour ses électuaires (*Griesswasser*, *Frühsuppenpülverlin*, *Latwergen*) des sommes assez rondelettes. (A.H.A., E. 1806.)

2. Dans leur pétition au Magistrat, les pharmaciens de Strasbourg disent, en 1646, avec une mélancolie profonde, que maintenant se réalise la triste vérité des vers de Mathiolus :

*Fingunt se medicos quivis idiota, sacerdos,
Iudœus, monachus, histrio, sartor, anus.*

3. Déclaration des médecins de Colmar, 1670. (Waldner, *op. cit.*). — D. Martin insinue aussi (p. 748) que les pharmaciens sont surtout des étudiants en médecine, trop paresseux pour continuer ou trop sots pour terminer leurs études.

4. *Apothecker-Ordnung* révisée de Strasbourg, 1675. — La première que nous connaissions date du 19 décembre 1579. Elle avait été revisée une première fois par les « médecins de la ville » (*stâdtphysici*) J. R. Saltzmann et M. Sebitz, en 1651.

Strasbourg ou Ribeauvillé, et paraissent avoir ressemblé d'ailleurs à ceux de la plupart des autres États et villes d'Allemagne[1]. Mais il est évident que les pharmaciens n'ayant point fait encore, en général, d'études savantes, étaient regardés par les médecins comme des êtres inférieurs et leur étaient administrativement subordonnés. Le règlement promulgué par le Magistrat de Colmar, le 18 juillet 1670, autorise, par exemple, les médecins à inspecter à l'improviste, et plusieurs fois par an, les officines locales. Un nouveau règlement, du 4 mai 1686, confirmait ces mesures, exigeait que les pharmacies fussent mieux fournies de drogues que par le passé, mais défendait aussi aux chirurgiens, à peine de dix livres d'amende, de vendre des remèdes pour des maladies internes[2]. La grande ordonnance de 1675 édicte pour Strasbourg à peu près les même mesures de contrôle, qui n'étaient pas toujours mises en pratique avec une égale sévérité, puisque les mêmes plaintes se renouvellent sans cesse[3].

En dehors de ces représentants attitrés et sédentaires de l'art de guérir, on rencontre en Alsace de nombreux charlatans, des empiriques hasardeux, qui se promenaient d'un endroit à l'autre et ce n'étaient pas eux, sans doute, qui faisaient les plus mauvaises affaires. Un arrêté du Magistrat de Colmar, témoignant d'un libéralisme assez sceptique, les autorisait à débiter leurs drogues, mais aux foires annuelles seulement, et abandonnait la fixation du prix des denrées à la conscience du débitant[4]. A Strasbourg aussi, le Magistrat laisse débiter ainsi sur la place des Carmes des paquets de *poudre blanche* contre les souris, et de l'*onguent vert* pour les blessures[5], et autorise parfois des « opérateurs », dont les noms indiquent pour la plupart l'origine française[6], à se consacrer à l'allè-

---

1. Cela ressort, à notre avis, du fait que le Magistrat de Ribeauvillé, ayant à installer un nouveau pharmacien, mais n'ayant pas trouvé dans ses archives la formule du serment à prêter et l'ayant réclamée à la Régence des Ribeaupierre, momentanément établie à Strasbourg, celle-ci expédie au bailli le 19 juillet 1675, l'*Apothecker-Ordnung* de la ville de Brême, avec ordre de s'en servir pour y prendre le *juramentum* du titulaire. (A.H.A., E. 1806.)
2. *Notes d'arrêts*, p. 289.
3. En 1682, les pharmaciens strasbourgeois pétitionnaient auprès du Conseil des XV contre « les chirurgiens établis dans presque toutes les rues de la ville, qui achètent des simples auprès des herboristes et composent ensuite des médicaments qu'ils distribuent surtout aux officiers et aux soldats » de la garnison française.
4. Eug. Waldner, *op. cit.*
5. Daniel Martin, *Parlement*, p. 280.
6. Par exemple, Jean Couppard (XXI, 5 juillet 1698), « Gervais l'arracheur de dents » (XXI, 1699, fol. 35), etc. Avant 1637, D. Martin signalait un nommé Jean Potage (p. 280).

gement des souffrances du petit peuple, pourvu qu'ils ne pratiquent ni ne vendent leurs remèdes les dimanches et jours de fête. Il y a là une contradiction, au moins apparente, aux prescriptions générales, contradiction qui s'explique peut-être par la conviction du Magistrat que la clientèle ordinaire de ces individus ne s'adresserait en aucun cas aux médecins et aux pharmaciens en titre[1]. Ces charlatans se risquent parfois à faire des opérations dangereuses ; à Sainte-Marie-aux-Mines, l'un d'eux en pratique une « dont la personne est morte le lendemain ». Cependant, il ne fut condamné qu'à deux florins d'amende par le bailli des Ribeaupierre[2]. A Mulhouse, le gouvernement semble avoir été un peu plus sévère ; non seulement il faisait défense au bourreau de vendre des médicaments, à peine de vingt livres staebler d'amende, mais il expulsait aussi de la localité l'un ou l'autre de ses collègues d'occasion[3]. Il autorisait par contre la femme de l'exécuteur des hautes-œuvres à guérir « certains maux, sans faire concurrence aux médecins et aux chirurgiens » et en se bornant à « ses bons amis[4] ». On voit que les règlements étaient singulièrement élastiques.

Parfois même ces excentriques de la médecine trouvaient des protecteurs aussi puissants qu'inattendus. C'est le fait que nous voyons se produire dans un procès pour exercice illégal de la médecine, plaidé dans la Haute-Alsace, vers la fin du XVIIe siècle ; dans cette affaire, la justice ne se prononça nullement pour les représentants de la science officielle. Il existait alors à Ribeauvillé un « guérisseur », cloutier de profession, nommé Jean Koch, qui avait réussi à se faire une clientèle d'adhérents dévoués et assez nombreux pour exciter la jalousie des médecins, chirurgiens et apothicaires de Sainte-Marie-aux-Mines. Ils l'accusèrent de concurrence illicite, et le bailli de Ribeauvillé lui défendit d'entreprendre encore des cures, à peine de dix livres d'amende. Comme il n'en continuait pas moins à attirer à lui les impotents et les malades, il fut derechef condamné administrativement, le 16 juin 1694, ce qui ne l'amena

---

1. Les pauvres gens, ceux de la campagne surtout, achetaient rarement leurs remèdes à la pharmacie. Dans les contrées catholiques, ils préféraient l'eau bénite à tout autre remède. Encore en 1678, les Pères Jésuites de Schlestadt écrivaient dans leur Journal : « *Ignatianæ aquæ tam frequens est apud nos usus ut una fere pauperum medicina esse videatur.* » Gény, *Jahrbücher*, I, p. 182.
2. Encore n'est-il pas absolument sûr que ce Claude Le Bru fût puni pour sa maladresse, car le jugement énonce qu'il avait opéré un dimanche, « pendant qu'on estoit dans les églises. » (*Documents concernant Sainte-Marie*, etc. p. 306.)
3. Arrêté concernant Jérôme Brucker, 7 mars 1683. (*Alsatia*, 1867, p. 264.)
4. Décision du 25 janvier 1682. (*Alsatia, loc. cit.*)

point à résipiscence. Les médecins, de leur côté, s'entêtèrent ; le 21 juin 1695, ils firent pratiquer chez lui une saisie. Mais on ne trouva dans son modeste domicile que sept volumes allemands, des livres de médecine sans doute, quelques onguents, six bouteilles d'eau distillée, et le registre, fort exactement tenu, de ce qui lui était dû par ses clients. Assigné en justice, Koch déclara qu'il n'exerçait point la médecine et qu'il guérissait avec des simples, et plutôt par charité, « donnant pour dix sols ce qui coûtait chez les apothicaires un écu ou quatre francs ». Un chirurgien de Schlestadt et un apothicaire de Ribeauvillé furent alors commis pour examiner ses drogues, et la nature dangereuse de certaines d'entre elles (vitriol, soufre, sels, etc.) ayant été constatée, il fut condamné une troisième fois, mais en appela au Conseil souverain en août 1695. Le célèbre avocat-général Le Laboureur fit devant la Cour l'éloge de la sagacité de l'inculpé dans la recherche des simples et de son talent à les employer. « Ce serait un mal, s'écria-t-il, à la grande indignation sans doute des médecins de Colmar, présents à l'audience, que de priver le public des secours presque gratuits d'un homme dont le ministère est plus utile par ses succès que ne l'est l'étude méthodique des docteurs. » Ainsi recommandé par l'organe même de la justice royale, Koch fut acquitté le 24 janvier 1697, à la seule condition de ne pas « professer publiquement la médecine et la chirurgie, mais seulement de donner chez luy des remèdes composés de simples [1] ».

Il nous reste à dire quelques mots des sources thérapeutiques de la province pour terminer ce chapitre relatif à la médecine en Alsace. Elles sont assez nombreuses aujourd'hui, comme on sait, et de temps à autre on en découvre même de nouvelles. Mais toutes n'avaient point encore été signalées au XVIIᵉ siècle et plusieurs de celles qu'on connaissait n'étaient guère utilisées, vu le peu d'efficacité de leurs eaux. Les plus fréquentées elles-mêmes ne jouissaient pas d'une réputation bien étendue. Dans la Basse-Alsace, il n'y en avait aucune qui pût rivaliser avec Niederbronn. Cette localité, sur le territoire des comtes de Hanau-Lichtenberg, au pied de la chaîne des Vosges septentrionales, possédait des sources minérales riches en sels de cuivre et en soufre ; on les recommandait surtout contre la goutte, l'herpès, la gale et en général, aux personnes d'un tempérament lymphatique. Les médecins y envoyaient les femmes stériles pour faciliter leur maternité future[2]. Très fréquentée

---

1. *Notes d'arrêts*, pp. 104-108.
2. *Niederbronner Bades Art, Eigenschafft, Wirckung und Gebrauch*

dès le milieu du XVIe siècle[1], la petite localité avait été l'objet des soins intelligents des comtes Philippe V et Jean-Regnard de Hanau, au commencement du siècle suivant ; ils avaient fait curer et restaurer les puits principaux et réparer la vieille maison des baigneurs[2], qui tombait en ruines. Aussi le nombre des visiteurs semble-t-il avoir été assez considérable pendant les courtes périodes de paix[3], et l'on y voyait parfois des personnages princiers[4]. Les malades qui ne pouvaient se rendre aux bains faisaient même venir des tonnelets d'eau de Niederbronn, afin de suivre la cure à domicile[5]. Après Niederbronn, on peut nommer encore en Basse-Alsace les eaux de Soultz, près de Molsheim, « peu estimées », au dire de La Grange[6], mais néanmoins assez fréquentées au XVIIe siècle, à cause de la proximité de Molsheim et de son Académie, et du voisinage de Strasbourg, dont les habitants moins aisés ont longtemps continué à patronner cette villégiature modeste et à bon marché. Les établissements balnéaires, aux sources légèrement sulfureuses, avaient été « très proprement renouvelés » vers 1675[7]. Celles-ci étaient surtout recommandées pour la cure des galeux[8] et c'est pourquoi on y voyait arriver beaucoup de Juifs, qui étaient naturellement parqués dans une piscine particulière[9]. A un moment donné, on essaya aussi de créer un établissement de ce genre dans le voisinage de Schirmeck, vers le milieu de la vallée de la Bruche[10]. La Régence épiscopale, dans une lettre du 18 septembre 1660, proposait à l'évêque Léopold-Guillaume de dépenser une somme de 300-

---

beschrieben von Salomon Reiseln, hochgræflichen hanauischen Leibmedico zu Buchsweiler. Strassburg, J.-Ch. Nagel, 1644, 1 vol. 18°. Sur le titre sont figurées les deux piscines.
1. Le règlement des bains, avec les menus et le tarif (*Ordtnung des Bades zu Niederbronn* 1585), se trouve aux archives de la Basse-Alsace, E. 2843.
2. Par contrat du 18 mars 1608, la *badtherberg* fut concédée à Adam Jæger. (A.B.A., E. 2842.)
3. Merian, *Topographia*, éd. 1663, fol. 8. Voy. aussi La Grange, *Mémoire*, p. 241.
4. C'est ainsi qu'une lettre du comte Jean-Regnard, du 8 mars 1666, annonce l'arrivée prochaine du « vieux duc de Birckenfeld ». (A.B.A., E. 2842.)
5. M. de Werwenne, colonel lorrain, gouverneur de Bitche, se faisait envoyer des tonneaux d'eau de Niederbronn pour guérir ses rhumatismes. (Lettre du 17 mai 1644. A.B.A., E. 2842.)
6. *Mémoire*, p. 241.
7. G. Bernegger, *Descriptio particulæ territorii Argentinensis*, p. 55.
8. De là le nom populaire de *Grind-Bad*, qu'a longtemps porté la localité.
9. Grandidier, *Œuvres inédites*, VI, p. 390.
10. Relation exacte faite à Mgr l'archiduc Léopold, évesque de Strasbourg, et à S. A. Sérénissime Mgr de Rohan (sic), au sujet des eaux minérales trouvez (sic) dans les montagnes de Schirmeck. (A.B.A., G. 1162.)

400 thalers pour organiser l'exploitation des sources nouvellement découvertes. Un mémoire signé Feigenthal, en recommandait en 1669 les vertus médicinales [1] et en 1671 le bailli Kæstler était autorisé à signer un bail pour leur exploitation avec un certain Jean-Michel Fried, de Colmar [2]. Mais depuis on n'en entend plus parler et rien ne rappelle aujourd'hui que la petite ville industrielle sur les bords de la Bruche ait été jamais une station balnéaire.

La plus fréquentée de ces stations dans la Haute-Alsace au XVIIe siècle était Soultzbach, située sur les terres des barons de Schauenbourg, à l'entrée du val de Munster. « Les eaux minérales de Sultzbach... sont fort fréquentées pour les paralisies, faiblesses des nerfs et gravelles, » dit La Grange [3]. Elles ont été visitées et vantées par maint personnage ecclésiastique et laïque de ce temps qui en avait tiré profit. Témoin le savant chanoine de Saint-Dié, Jean Ruyr, l'auteur des *Recherches des saintes antiquitez de la Vosge*, qui dit dans cet ouvrage : « Au-dessous de Munster, vers le midy, est une bourgade nommée Solspach, où l'on a trouvé une fontaine acide fort recommandée par les personnes langoureuses, lesquelles usans de cette eau, trouvent remède à leurs infirmitez, en estant moy-mesme, qui escris en témoin oculaire et d'expérience [4]. » Le journal intime de Dom Bernardin Buchinger, abbé de Lucelle et conseiller d'Église au Conseil souverain d'Alsace, nous fait assister en détail aux préparatifs et au développement d'une cure à Soultzbach, telle qu'on la pratiquait en 1655. Elle durait d'ordinaire trois semaines ; on commençait par prendre médecine *pro futuris acidulis*, et on terminait de même, « pour dissiper les eaux [5]. ». Les plus fanatiques s'administraient encore une troisième dose au cours du traitement balnéaire lui-même, ce à quoi se prêtaient admirablement les deux sources distinctes de l'établissement, le *Badbrünnlein* et le *Purgirbrünnlein* [6]. Cela n'empêchait pas d'ailleurs d'y mener joyeuse vie ; on y mangeait des truites exquises, on y buvait frais en

---

1. *Discursus de aquis salinosis in Episcopatu Argentinensi repertis*. (A.B.A., G. 1162.)
2. A.B.A., G. 1162. — Le bail fut signé le 20 juin 1671.
3. *Mémoire*, p. 241. — Elles ne semblent guère avoir été connues avant le XVIIe siècle. S. Billing (*Kleine Colmarer Chronik*, éd. Waltz, p. 98) indique l'année 1603 comme celle où l'on commence à en exporter les eaux.
4. *Antiquitez*, 2e édition (1633), p. 82.
5. *Diarium* cité par M. le chanoine Vautrey, dans la *Revue catholique d'Alsace*, 1869, p. 442.
6. *Kurtzer Unterricht vom Saur-Bronnen zu Sultzbach in S. Gregorii Thal... durch Christ. Scherbium, Med. Doct.* Getruckt zu Colmar, Decker, 1683, 31 pages in-12°.

jouant aux quilles, et l'on dansait même à l'hôtel de la Couronne, pour dissiper plus sûrement les humeurs malignes[1].

A côté des bains de Soultzbach, il n'y aurait guère à mentionner dans la Haute-Alsace que ceux de Wattwiller, sur le territoire de l'abbaye de Murbach ; leurs eaux étaient recommandées pour l'usage interne aux asthmatiques, à ceux qui souffraient des reins, des entrailles, etc. L'auteur de la *Topographie d'Alsace*, éditée par Merian, en vante les effets salutaires pour un échauffement du foie qu'il y a guéri[2]. Prises en bains, les eaux de Wattwiller étaient également prônées contre la gale, maladie extrêmement répandue alors, grâce à la malpropreté et à l'incurie générale des classes inférieures. Peut-être aussi contribuaient-elles, pour leur part, à répandre encore davantage cette repoussante infirmité, puisqu'il était permis aux pauvres, désireux de profiter d'un bain, de s'y plonger à prix très réduit, quand le baigneur plus aisé en serait sorti[3].

Quelle qu'ait été d'ailleurs la réputation locale de certaines de ces eaux alsaciennes, il importe d'ajouter qu'aucune ne pouvait rivaliser, aux yeux des Alsaciens eux-mêmes, ni comme réputation médicale ni comme affluence de visiteurs, avec certaines des sources minérales d'outre-Rhin situées dans la Forêt-Noire centrale. Les Strasbourgeois en particulier se rendaient de préférence à Griesbach ou à Pétersthal, dont le *Sauerbronnen* était si célèbre que La Grange, peu enclin à louer les produits de l'Allemagne, appelle « merveilleuses » ces eaux « au-delà du Rhin, dans les Montagnes-Noires, près d'Oberkirch[4] ». Elles se trouvaient également sur territoire quasi alsacien, puisqu'elles appartenaient à l'évêché de Strasbourg[5].

§ 3. HYGIÈNE PUBLIQUE

En dehors des questions médicales proprement dites (prophylaxie des épidémies, surveillance des pharmacies, etc.) les gouvernants alsaciens du XVIIe siècle ne se sont pas beaucoup occupés ni préoc-

1. F. Kirschleger. Les eaux de Soultzbach au XVIIe siècle. (*Revue d'Alsace*, 1860, p. 260.)
2. *Topographia*, éd. 1663, p. 65.
3. Taxe et règlement des bains de Wattwiller, promulgués par S. A. S. le prince abbé de Murbach, le 13 juin 1720.
4. *Mémoire*, p. 241.
5. On trouve une description contemporaine des bains de Pétersthal et de Griesbach dans l'*Itinerarium* de Martin Zeiller, p. 203, et des détails amusants et certainement croqués sur le vif, sur la vie des baigneurs, dans le *Simplicissimus* de Grimmelshausen, qui fut longtemps bailli épiscopal du district d'Oberkirch.

cupés des questions multiples de surveillance et de salubrité que
nous groupons aujourd'hui sous le terme général d'hygiène publique.
La prompte rentrée des impôts, l'observation docile des
préceptes de l'Église, ce sont là les deux points capitaux sur lesquels
ils concentrent leur attention particulière ; pour le reste, il
était avec le ciel et même avec la police des accommodements. Tourmenter
les gens pour les forcer à avoir des demeures vastes et bien
aérées, les empêcher de vivre à leur guise et pêle-mêle sous un
même toit avec leur petit bétail, comme tant de paysans irlandais le
font encore de nos jours, séparer les morts des vivants et ne plus
agglomérer les cadavres sous les dalles des églises où viennent
s'agenouiller les fidèles, veiller à ce que personne ne soit enterré
vivant, en empêchant les inhumations précipitées[1], tout cela sont
des visées relativement très modernes, puisque, aussi bien, dans
nombre d'États de notre continent d'Europe on ne songe encore
nullement à les mettre en pratique.

Il se peut d'ailleurs que le besoin de ces mesures de salubrité
si vivement préconisées par les hygiénistes, n'ait pas encore existé
chez les populations d'alors. Même l'habitant d'une grande ville
comme Strasbourg trouvait naturel, au XVIIe siècle, de vivre dans
d'étroites ruelles, où nous étoufferions aujourd'hui, en y partageant
le peu d'air respirable avec une quantité de cochons et d'oies qu'il
engraissait à peu de frais, et dont l'embonpoint réjouissant lui faisait
oublier les cris désagréables et l'odeur nauséabonde[2]. Nombre
de maisons donnant sur les bras de rivière et les canaux, encore si
nombreux à cette époque dans cette ville, avaient des latrines (*Sprochhüser*)
surplombant les voies navigables ; on y déversait partout
sans scrupule les eaux ménagères et le reste. Leurs propriétaires
étaient d'ailleurs des privilégiés, car beaucoup d'habitants n'avaient
pas cette ressource et utilisaient tout simplement la voie publique
comme fosse de vidange[3]. Les soldats de la garnison, méridionaux
sans doute, surpassaient, à ce qu'on nous raconte, le sans-gêne de

---

1. Il semblerait qu'à la campagne tout au moins, l'enterrement des défunts
se serait toujours fait le lendemain du décès. Voy. Bresch, *Aus der Vergangenheit*, p. 23.
2. Une ordonnance du Magistrat, de 1628, défendait d'engraisser plus de
deux porcs et de vingt-quatre oies par famille, dans les maisons de la ville.
3. Dans les maisons où se trouvaient les « retraits » nécessaires, on ne se
gênait pas pour procéder à la vidange « en plein midi » ; il faut voir le chapitre
de Daniel Martin, dans le *Parlement nouveau*, intitulé « Du cureur de
privez », pour se faire une idée approximative de l'indicible malpropreté de
ce service et des malheureux qui en étaient chargés (p. 375).

la population civile[1]. Si d'honnêtes bourgeois s'accommodaient d'une existence pareille, ils devaient faire fi, bien certainement, d'une foule de choses qui nous semblent indispensables.

Le soin de la propreté personnelle, tout d'abord, semble avoir été passablement négligé, et non pas seulement parmi les gens très pauvres. Les maisons des baigneurs, si nombreuses à Strasbourg au XVe siècle, et mal famées, non sans raison, pour tout ce qui s'y passait, sous prétexte de bains à prendre, ont presque disparu depuis l'époque de la Réforme. Vers le milieu de la guerre de Trente Ans, il n'y en a plus que deux, ouvertes aux hommes, et cela seulement trois fois par semaine[2]. A lire la description qu'en donne l'honnête Daniel Martin, on comprend d'ailleurs que les gens faciles à dégoûter ne les fréquentassent pas avec plaisir[3]. Trois autres établissements étaient réservés, depuis 1631, aux femmes ; une ordonnance du Magistrat défendit à cette date, à la demande d'un prédicateur de la ville, que les établissements balnéaires pussent être fréquentés simultanément par des personnes des deux sexes[4], car « par cy-devant, dit Martin, hommes et femmes s'y baignoient pesle-mesle, non sans scandale ; mais le sage Magistrat, induit par l'esprit de saincte chasteté, a réformé ce villain et impudique désordre[5]. »

Pour ce qui est des bains froids de rivière, le Magistrat, bien plus préoccupé de faire respecter les préceptes de la décence que ceux de l'hygiène, ne les favorisait nullement. Il a promulgué, au cours du XVIIe siècle, toute une série d'ordonnances sévères contre ceux

---

1. Pour les détails, fort peu ragoûtants, on consultera le travail amusant et fait sur les sources contemporaines, de M. E. Strohl, *Le Conseil d'hygiène de la ville de Strasbourg au commencement du XVIIIe siècle*, Strasbourg, 1879, in-8°.

2. D. Martin, *Parlement nouveau*, Strasbourg, 1638, p. 361. Les deux « étuves » qu'il mentionne, le *Rosenbad* et le *Spirerbad* existent encore aujourd'hui sur l'ancien emplacement. On les chauffait, à l'usage du public, le lundi, le mercredi et le samedi.

3. « Je n'ay, dit l'un des interlocuteurs dans Martin, pierre ponce pour frotter la crasse dessus ma pauvre peau et ne veux pas qu'un valet me vienne (selon l'ordinaire), gratter aves ses ongles longues et tranchantes, bordées de velours noir et pleines de la villainie de quelque rogneux ou demi-ladre. » *Parlement nouveau*, p. 359.

4. L'ordonnance avait été précédée d'une enquête, qui établit que « les maris tenaient à être avec leurs femmes pour pouvoir s'entr'aider au besoin l'un l'autre » (Hanauer, II, p. 594), mais on craignit sans doute qu'il ne s'y introduisît des couples apocryphes et la défense devint générale. La taxe était modérée ; le bain coûtait 20 centimes et, pour une somme à peu près égale en sus, on était ventousé ; il semble bien qu'on ne se soit baigné d'ordinaire qu'au moment d'une ventouse ou d'une saignée.

5. *Parlement nouveau*, p. 362.

de ses administrés, qui, enfants, jeunes gens ou hommes faits, se permettaient de prendre un bain, le soir, le long des berges ou des quais de la rivière[1], sans vêtements protecteurs, et comme il craignait ne pas avoir une autorité suffisante, il appelait à son aide les foudres ecclésiastiques[2]. Dans d'autres localités également, les scrupules de décence semblent l'avoir emporté sur les considérations de santé ; à Riquewihr, par exemple, le règlement scolaire de 1649 défend absolument aux élèves de se baigner. Si l'on peut constater encore l'existence d'établissements de bains à Saverne[3], à Ribeauvillé[4], à Lauterbourg[5] et même dans des localités moins importantes, comme Ingwiller[6] et Hochfelden[7], ou dans de simples villages, comme Romansweiler[8], il n'est pas prouvé qu'on en ait fait grand usage[9]; pour d'autres localités comme Colmar ou Haguenau, nous n'avons trouvé aucune mention de bains publics qui fût relative au XVII° siècle et l'impression générale, un peu vague, je l'avoue, qui résulte de nos recherches à ce sujet, c'est que, malgré le nombre des grandes et des petites rivières, on ne se

1. On voit par Martin, p. 365, que les bourgeois descendaient simplement dans l'eau « derrière leurs maisons », quand il y passait un bras de rivière, et traversaient « souvent l'Ill à la nage ». Il paraîtrait pourtant, d'après certaines ordonnances (1652, 1657) tout au moins, que plus tard il fut absolument interdit de se baigner dans l'intérieur de la ville, même quand on n'offensait pas la morale publique.
2. Les ministres de Strasbourg se mêlaient au XVII° siècle de ces questions avec un zèle ardent; en 1603, le diacre Pancrace Kefelius somma le Magistrat de défendre aux Strasbourgeois et aux Strasbourgeoises d'aller prendre un bain le jour de la Saint-Jean (le seul peut-être que beaucoup prissent de toute l'année), parce que cela se rattachait à une vieille coutume païenne. Le 22 juin 1603, le Conseil frappait en effet d'une amende de dix livres celui qui, dorénavant, procéderait à ces ablutions chez les baigneurs de la ville.
3. On ne leur défend pas seulement de se baigner dans le lavoir public, à l'entrée de la ville, ce qui serait fort compréhensible, mais en général. (*Revue d'Alsace*, 1878, p. 84.)
4. Grandidier, *Œuvres inédites*, VI, p. 244.
5. Bernhard, *Ribeauvillé*, p. 144.
6. Bentz, *Lauterbourg*, p. 120.
7. Letz, *Ingweiler*, p. 25. L'établissement bâti par le Magistrat en 1581 était loué à un « baigneur » (*Bader*), qui avait la jouissance d'une prairie, dite *Badstubenmatt*.
8. Dag. Fischer, *Die ehemalige Herrschaft Romansweiler*, p. 23. La commune fit bâtir la *Badstube* en 1606. On y prenait surtout des bains de vapeur (*Schwitzbœder*), avant la séance annuelle de ventouse prescrite par les almanachs populaires. De là le nom de *Schrœpfbœder*, que ces étuves rurales portent également.
9. On voit, par exemple, que les deux entrepreneurs des bains publics de Lauterbourg font successivement faillite, en 1658 et 1663, et le Magistrat reconnaît si peu la nécessité de ces établissements, qu'il finit par les faire démolir.

baignait pas beaucoup en Alsace, à cette époque, moins qu'au siècle précédent en tout cas, et beaucoup moins qu'au nôtre.

La préoccupation de la santé publique s'est fait sentir un peu plus tôt dans d'autres directions, par exemple dans l'établissement d'une inspection des viandes de boucherie, puisqu'on touchait là au commerce et à l'organisation des corporations de métiers; mais si, dans les grandes villes, on frappait de punitions sévères les vendeurs de viandes insalubres[1], des faits analogues se passaient, à coup sûr, dans les campagnes sans que personne en prît souci; on se rappelle que les malheureux paysans dévoraient parfois, durant les guerres du XVIIe siècle, des choses infiniment plus repoussantes que la chair d'animaux malades. C'est aussi dans l'intention louable de veiller à la salubrité des maisons particulières que l'on construisit, à la fin du XVIe et au XVIIe siècle, des abattoirs publics[2]. Mais il ne faudrait point songer, en les mentionnant, aux vastes constructions modernes de ce genre, et l'on n'a qu'à jeter un regard sur les estampes qui nous représentent les « Grandes-Boucheries » et les « Petites-Boucheries » de Strasbourg[3], au premier tiers du XVIIe siècle, pour s'étonner que des bâtisses et des hangars de ce genre n'aient pas été des foyers permanents de maladies pestilentielles, au moins pendant les mois d'été.

Le curage des rivières ne semble avoir été entrepris que lorsque leur envasement par les herbages ou le limon gênait la navigation; celui des puits publics, les seuls qui existassent d'ordinaire dans les grandes villes[4], est un peu plus fréquent, et il n'en pouvait guère être autrement, avec leur fond à ciel ouvert et leurs seaux exposés à toutes les souillures; mais comme ce travail devait être exécuté à frais communs, par le groupe des voisins, on requérait le moins souvent possible le maître-pompier juré auquel incombait cette besogne[5]. Il fallait déjà qu'un chat s'y fût noyé ou qu'un

1. La chronique inédite strasbourgeoise, ordinairement attribuée à Osée Schad, raconte, à l'année 1613, l'histoire d'un boucher d'Eckbolsheim et de sa femme qui furent mis au pilori, et leurs deux valets en prison, pour avoir amené à Strasbourg de la chair d'une vache crevée.
2. Les Petites-Boucheries à Strasbourg en 1621, l'abattoir public de Lauterbourg en 1613, etc. (Bentz, *Lauterburg*, p. 123.)
3. Voy. Seyboth, *Das alte Strassburg*, p. 2, et Piton, *Strasbourg illustré*, I, 142. Ces *Petites-Boucheries*, où l'on abattait le menu bétail, situées au milieu d'un quartier élégant, n'ont disparu qu'en 1838.
4. Ils se trouvaient sur les places ou à l'angle de deux rues; c'est au XVIIIe siècle seulement qu'on creusa de nombreux puits dans l'intérieur des maisons.
5. Ce que pouvaient être certains de ces puits, c'est ce que dit la servante à sa maîtresse dans un des dialogues de D. Martin. Elle l'avait chargée de

mauvais drôle eût sali le puits de manière à inspirer quelque dégoût à ceux qui devaient y boire, pour qu'on pût les forcer à faire procéder au curage. Dans les villes, il y avait d'ordinaire des membres du Conseil chargé de la surveillance des puits et de leur matériel, mais ces *Bronnherren* s'occupaient bien moins de la salubrité publique que du contrôle des chaînes, des seaux, etc., au point de vue du service des incendies[1]. Et quand une fois par hasard les citoyens pris d'un beau zèle, voulaient nettoyer inopinément leurs puits, l'autorité supérieure les en empêchait au nom de la religion même, en citant les canons des conciles[2].

La surveillance de la voirie n'était guère moins défectueuse. On était arrivé, dès la fin du XVIe siècle, à établir certains règlements de police dans les localités plus importantes, afin de maintenir une propreté relative dans les rues et la possibilité d'une circulation plus ou moins facile. Ainsi, à Bouxwiller, la petite résidence des comtes de Hanau, il était enjoint aux bourgeois de mettre tous les déchets de leur ménage devant la porte de leur maison, en y balayant aussi la boue ; puis le varlet chargé de ce service, circulait par les rues, le samedi soir, avec son tombereau et conduisait le tout hors ville. Le lendemain, dimanche, l'inspecteur de police parcourait à son tour les rues et frappait d'une amende de six pfennings quiconque n'avait point balayé soigneusement la rue devant la façade de son immeuble[3]. A Strasbourg aussi, le Magistrat avait, dès le XVIe siècle, prescrit quelques mesures de propreté aux citoyens. Quand les tas de fumier devant leurs portes devenaient trop considérables, ou quand on attendait des visiteurs étrangers pour les foires ou des fêtes publiques, il ordonnait le déblayage des principales artères[4]. Mais, si l'on en croit un chroniqueur contemporain, il fallut la crainte d'une épidémie en 1666, pour amener le Conseil

---

quérir le puisatier ; l'autre répond : « Il vaudrait mieux attendre le printemps... alors il fera bon curer et nettoyer les puits lorsque les crapauds et les grenouilles frayeront. » (*Parlement nouveau*, p. 664.) La façon dont on procédait au curage, en mettant le puisatier tout nu au fonds du puits, ne contribuait pas peut-être à le clarifier. Il est vrai qu'on laissait ensuite reposer l'eau pendant vingt-quatre heures, avant de l'utiliser. (*Ibid.*, p. 668.)

1. *Revidirte Bronnenordnung*, de Strasbourg, 4 février 1665.
2. C'est le 7 octobre 1677, que le Conseil provincial de Brisach défendit aux habitants de Ribeauvillé, très bons catholiques pour la plupart, de curer leurs puits et de les nettoyer, contrairement aux conciles d'Orléans et de Châlons, les jours de fête ordonnés par l'Église, à peine de 100 livres d'amende. (*Ordonnances d'Alsace*, I, p. 52.)
3. Kiefer, *Pfarrbuch*, p. 45.
4. Par exemple, à l'occasion du grand tir de 1576, lors de la venue des Zurichois. (XXI, 29 avril 1576.)

à faire balayer pour *la première fois* la place Saint-Martin[1], située sous les fenêtres même de l'Hôtel-de-Ville, et qui servait de marché aux légumes ; les émanations putrides de tant de détritus divers ne l'avaient point incommodé jusque-là[2].

Cet ordre de balayage fut l'un des premiers actes de la commission sanitaire (*Collegium sanitatis*), sortie des « surveillants des épidémies » (*Contagionsherren*) que nous avons mentionnés plus haut. Augmentant leur nombre, ils prirent en décembre 1666 le nom de « MM. les Députés à la santé[3] » et restèrent en fonctions sous ce titre jusqu'en 1789. Ils formèrent le premier, et longtemps l'unique Conseil d'hygiène qui ait fonctionné en Alsace. Ils devaient surveiller non seulement le service de la salubrité dans l'enceinte de la ville, mais encore le nettoyage de la banlieue[4]. Détail curieux et bien caractéristique, ce *Collegium sanitatis* ne renfermait d'abord pas un seul médecin ! Il avait à empêcher que la chair des animaux malades ou abattus *in extremis* fût mise en vente ; à surveiller l'équarrisseur, qui devait enfouir les chevaux et les chiens crevés ; à poursuivre l'exercice illégal de la médecine ; à faire exécuter les ordonnances sur les enterrements, qui prescrivaient, depuis la Réforme, de ne plus ensevelir personne dans les églises[5]. Mais sa tâche principale et quotidienne était de faire travailler au déblayement de la voie publique, à l'enlèvement de la neige et de la glace en hiver, à celui de la poussière et de la boue en été, à celui des immondices de toute nature pendant les douze mois de l'année. C'est un service assez primitivement organisé d'ailleurs ; chaque propriétaire devait son concours à l'entrepreneur des déblais, au *Horblohner*[6], et était tenu de balayer, deux fois par semaine, devant sa maison, à sept heures du matin, et de mettre ensuite les balayures en tas, au mi-

1. La place Gutenberg actuelle.
2. Dacheux, *Fragments de chroniques*, III, p. 53.
3. *Die Herren Deputirten von der Sanitæt.*
4. « *Zur reinhaltung der allmend.* »
5. Il est vrai que, durant la guerre de Trente Ans, le Gouvernement de la petite République permit l'inhumation de nombreux officiers suédois, weimariens, etc., dans les églises ; plusieurs de ces pierres tombales existent encore aujourd'hui. En 1678, le Magistrat autorisait à titre exceptionnel, les Repenties à ensevelir leur confesseur, le P. Baldtauff, dans leur église. (XXI, 1678, p. 369.) Mais après la capitulation de 1681, il eut à lutter contre les nombreux ordres monastiques installés dans la ville et qui voulaient garder tous leurs morts, chacun dans son enclos. Il dut faire de nombreuses démarches auprès du grand-vicaire de l'évêque pour obtenir qu'on ne continuât pas ces cimetières particuliers au milieu de la cité et le Gouvernement n'appuya que mollement ces réclamations qui paraissent assez fréquemment après l'occupation, dans les procès-verbaux des XXI.
6. *Horb* est un vieux mot allemand signifiant *immondices*.

lieu de la rue¹. Plus tard, le tombereau municipal passait et conduisait le tout à l'eau la plus voisine. Mais du samedi à six heures jusqu'au lundi, à dix heures, le respect du repos dominical immobilisait ces déchets de toute nature, soit dans les rues même, soit dans l'intérieur des maisons. Dans les artères plus larges qui aboutissaient à l'Hôpital, ces agglomérations de fumier séjournaient bien plus longuement encore, sans que le Conseil d'hygiène réussît à faire changer cet état de choses, si tant est qu'il ait bien vivement insisté pour l'abolir. Encore faut-il bien se dire que le service ne fonctionnait probablement d'une façon régulière qu'en temps de paix, et s'arrêtait court quand des milliers de paysans fugitifs encombraient les places et les rues de la ville avec leur bétail, comme cela eut lieu en 1674, 1675 et les années suivantes².

S'il en était ainsi à Strasbourg, qui pourtant passait, à bon droit, pour être plus novatrice et plus civilisée que les autres villes de la province, on se figure aisément que la situation n'était pas plus satisfaisante ailleurs. Nous voyons qu'à Colmar, par exemple, un épicier, nommé Jean Burger, se chargeait, en 1692, de tout le service de salubrité locale contre une rémunération de 36 florins par an. Pour cette modeste somme, il s'engageait à débarrasser ses compatriotes « de tout leur fumier et leurs immondices »; il lui était licite d'en faire ce qu'il jugeait à propos³, et de plus, il touchait les amendes que payaient les propriétaires récalcitrants⁴. On peut supposer que ses tombereaux ne circulaient pas trop souvent dans les rues et l'ordonnance du Magistrat du 4 mai 1720 laisse deviner l'état dans lequel elles devaient se trouver une vingtaine ou une trentaine d'années auparavant, puisqu'à cette dernière date encore on devait interdire aux habitants de vider leurs marcs de raisin et leur fumier devant leurs portes, et de déverser leurs urines par les fenêtres. On leur enjoignait de transporter désormais leurs immondices dans le Muhlbach, mais seulement après dix heures du soir⁵.

1. Les trottoirs modernes étaient inconnus au XVIIe siècle.
2. Voy. le travail déjà cité de M. Strohl, rédigé sur les procès-verbaux du Conseil d'hygiène. Il est vrai que ceux-ci n'existent plus actuellement aux Archives municipales que pour les années 1701 à 1731. Mais si tous ces abus existaient encore en 1701, à plus forte raison devaient-ils se faire sentir les années précédentes.
3. « Mag er hinthun wo er will. » Il vendait sans doute cet engrais aux paysans, car on ne voit pas comment il aurait pu se tirer d'affaire sans un bénéfice de ce genre.
4. J. Joners, Notanda, éd. J. Sée, p. 24.
5. Petite Gazette des tribunaux d'Alsace, éd. par E. de Neyremand, Colmar, III, p. 191.

En tenant compte de toutes les circonstances diverses que nous venons d'énumérer, absence de médecins, ignorance des sages-femmes, confiance exagérée du populaire en tous les charlatans possibles, contamination des puits, entassement des immondices dans des rues étroites, obscures et dans des maisons souvent humides, absence enfin des habitudes de propreté les plus élémentaires, on ne s'étonnera plus du terrible déchet de vies humaines qu'entraînait forcément ce mépris absolu des préceptes hygiéniques. La natalité était certes alors considérable ; mais ces familles si nombreuses, — et non pas les familles pauvres seulement, — étaient aussi ravagées par une mortalité souvent effrayante[1], et qui ne s'explique que par l'ignorance ou la négligence des règles qu'il faut suivre pour protéger l'existence des faibles et des petits.

Plusieurs des graves lacunes dans l'activité des pouvoirs publics disparaissent en partie dans les premiers lustres du siècle suivant. Mais ce ne fut que lorsque le Gouvernement central eut définitivement absorbé les forces vitales des territoires plus ou moins autonomes en Alsace, et lorsqu'il eut été lui-même régénéré par l'esprit humanitaire et philosophique des temps nouveaux, que la mise en pratique des principaux préceptes de l'hygiène publique fut l'objet d'une attention soutenue de la part des intendants royaux.

Il faut descendre jusqu'à la seconde moitié du dernier siècle pour rencontrer ces circulaires officielles, précises et détaillées, sinon toujours absolument compréhensibles pour des esprits ignorants et grossiers, qui témoignent tout au moins de la sollicitude de l'absolutisme « éclairé » pour le bien-être des populations confiées à ses soins. Ces petits manuels, *Avis concernant les personnes noyées* (1772), *Instruction concernant les personnes mordues par une bête enragée* (1778), *Instruction sommaire pour le traitement des maladies vénériennes dans les campagnes* (1787), etc., marquent une conception toute nouvelle des devoirs de l'administration publique; aucune

---

1. Je prendrai comme exemple une famille du patriciat strasbourgeois et une autre du patriciat colmarien : l'ammeistre François Reisseissen, mort en 1710, à 79 ans, avait vu naître huit enfants, trente trois petits-enfants, un arrière-petit-fils; mais il vit mourir aussi avant de descendre lui-même dans la tombe, quatre de ses enfants et dix-sept de ses petits-enfants. Le stettmeistre Burger, de Colmar, décédé en 1665, à 82 ans, avait eu sept enfants, vingt-trois petits enfants, seize arrière-petits-enfants; mais avant son décès il avait perdu cinq enfants, quatre petits-enfants, sept arrière-petits-enfants. (J. Haas, *Leichenpredigt von Herrn Johann Burger*, etc. Strasbourg, Spoor, 1665, 4°.) Le vieil ammeistre Wolfgang Schœtterlin, mort en 1612, avait été plus malheureux encore ; il vit 97 de ses descendants le précéder dans la tombe.

préoccupation semblable ne hante les gouvernants du XVIIᵉ siècle, et l'on n'est pas en droit de leur en faire un reproche [1].

1. Toutes ces pièces et beaucoup d'autres documents analogues sont réunis aux Archives municipales de Strasbourg, dans le *fonds du préteur*, cartons A.A. 2417, 2473, 2572.

CHAPITRE HUITIÈME

L'Assistance publique

§ 1. HÔPITAUX, HOSPICES ET LÉPROSERIES[1]

La charité individuelle, née de la profonde ferveur religieuse du moyen âge, suppléait, dans une large mesure, à l'absence de toute organisation officielle dans le domaine de l'assistance publique. De bonne heure, elle a fondé en Alsace de nombreux asiles pour les malades, les délaissés et les nécessiteux. On peut dire que, sur ce point, le XVIIe siècle ne fut que l'héritier, parfois peu scrupuleux, des siècles antérieurs et que le nombre des refuges ouverts aux vieillards, aux pèlerins, aux vagabonds, aux lépreux, y a été vraisemblablement plus nombreux avant qu'après la Réforme. Fait bien naturel d'ailleurs, puisque le zèle pieux des pèlerins diminuait, peu à peu, que la lèpre disparaissait et que la police essayait d'enrayer le vagabondage. Puis il y a eu, dès le XVIe siècle et encore au XVIIe, de nombreuses *désaffectations* de ces anciennes fondations charitables, opérées aussi souvent par les princes et les gouvernements catholiques que par ceux qui avaient adhéré aux doctrines nouvelles. Ils faisaient don des bâtiments ou des fonds qui servaient à les entretenir à des ordres religieux qui poursuivaient un but tout différent, aux Capucins ou aux Jésuites, par exemple[2]. Les Bourbons continuèrent sur ce point la façon d'agir des Habsbourgs; ils ont supprimé, eux aussi, de nombreuses maladreries en Alsace, en réunissant leurs revenus à ceux des hôpitaux les plus importants du voisinage[3].

---

1. On trouvera quelques renseignements historiques, assez clairsemés pour notre époque, dans l'ouvrage de M. Reboul-Deneyrol, *Paupérisme et Bienfaisance dans le Bas-Rhin* (Paris, Berger-Levrault, 1858, 8°), très complet pour le XIXe siècle. Mais pour traiter la matière à fond, il faudrait recourir partout aux archives municipales, fort peu exploitées encore sous ce rapport.

2. C'est ainsi que la léproserie de Molsheim fut donnée par l'évêque Jean de Manderscheid aux Jésuites, dès 1582, celle de Belfort, par Léopold aux Capucins de la province de Bourgogne, en 1609. V. Bardy, Coup d'œil sur les hôpitaux dans le canton de Belfort, *Revue d'Alsace*, 1851, p. 81.

3. V. à ce sujet une série d'édits royaux, de 1701 à 1703. (*Ordonnances d'Alsace*, I, p. 321, 322 et 340.)

L'obligation d'héberger, de nourrir et, si possible, de guérir les malheureux frappés par la misère ou la maladie, ne semble pas avoir été d'ailleurs également reconnue partout par les populations ou par les pouvoirs publics. Tandis que nous trouvons des localités infimes dotées d'hospices et de maladreries par la charité de quelque fidèle, il se rencontre des localités bien plus importantes qui n'ont jamais possédé ni hôpitaux, ni hospices[1].

Les plus anciens de ces établissements d'assistance publique étaient certainement les *léproseries*, fort nombreuses en Alsace, où l'on signale dès le VIIIᵉ siècle des malheureux affectés de la lèpre. La plus importante fut toujours celle de Strasbourg, dont on a pu reconstituer l'histoire détaillée depuis le XIIIᵉ siècle, et qui était située entre la ville et le village de Schiltigheim, près d'une chapelle, appelée l'*Église Rouge*. D'après des recherches récentes, le nombre de ses habitants n'a guère dépassé la soixantaine, et il est allé diminuant depuis le XIVᵉ siècle[2]. Bien que moins répandue, la lèpre continuait à sévir dans la province, puisque le médecin strasbourgeois Melchior Sebiz pouvait écrire, en 1640, qu'il avait examiné d'office, depuis trente-neuf années, *quatre cent quatre-vingt-dix* personnes suspectes de lèpre[3]. On peut supposer que la majeure partie des malades, tout au moins ceux qui provenaient des districts protestants de l'Alsace, étaient groupés alors autour du *Gutleuthaus*[4] de Strasbourg, mieux outillé que les petits établissements ruraux, et nous voyons le Magistrat de la ville impériale provoquer lui-même cette concentration, désirable au point de vue humanitaire et hygiénique[5]. Mais il y avait encore, néanmoins, un certain nombre de lépreux disséminés dans le pays; c'est ainsi qu'on mentionne

---

1. C'est ainsi que la correspondance de l'abbé Grandidier renferme une lettre du curé Lefebvre, de Guémar, qui lui assure « qu'il n'y a jamais eu d'hôpital » dans cette ville. (*Revue d'Alsace*, 1858, p. 489.)
2. Schmidt, Notice sur l'Église Rouge, *Bulletin des monuments historiques d'Alsace*, 1878, p. 236. J. Krieger, *Beitræge*, I, p. 6. Un heureux hasard nous a conservé le catalogue des lépreux de l'Église Rouge pour 1545-1585; durant ces quarante années on y interna 113 personnes. Sur ce chiffre, 8 seulement sont de Strasbourg, d'autres viennent de Haguenau, de Saverne, de Ribeauvillé. Il y en a d'originaires de Heidelberg, de Montbéliard, du Wurtemberg, etc., ce qui prouve qu'on y recevait aussi des pensionnaires payants, venus de l'étranger.
3. *Speculum medicinæ practicæ*, Argentorati, 1641, p. 3010. — Tous les *suspects* n'étaient pas sans doute infectés de l'horrible maladie.
4. Proprement *Maison des Bonnes Gens*; c'est par l'euphémisme de *Gute Leute* qu'on désignait les lépreux.
5. Lettre du Magistrat, du 23 juin 1641, demandant le transfert de la léproserie d'Odratzheim à Strasbourg. (A.B.A., E. 2552.)

ceux d'Ingwiller, en 1632 et même en 1637, alors que la léproserie de cette ville était déjà détruite[1].

Encore près de quarante ans plus tard, la maladie n'avait pas disparu entièrement de nos contrées, ainsi qu'en témoigne le récit de l'auteur anonyme des *Mémoires de deux voyages en Alsace*, qui y a vu, vers 1675, des lépreux. « Il y en avait même, dit-il, une famille dans la ville d'Altkirch, où j'ai demeuré. Elle était composée du père, de la mère et de trois enfants, logés dans une petite maison seule, hors du fauxbourg... Ces pauvres ladres d'Allemagne sont des gens d'un teint livide et plombé, qui ont les yeux rouges toujours chassieux, la démarche lente. Leurs enfants étaient maigres et laids comme des rats écorchés. Il leur est défendu de hanter personne, et même d'entrer dans les églises. Ils sont obligés de s'arrêter hors de la grande porte qu'on laisse ouverte exprès, afin qu'ils puissent voir de loin le prêtre à l'autel et entendre la messe. Ils n'osent pas non plus parler pour demander l'aumône; ils ont à la main un instrument composé de trois petits morceaux de planches, attachés ensemble à charnières et qui tiennent à un manche de bois. Ils remuent ces cliquètes au lieu de parler, parce qu'on craint jusqu'à leur haleine[2]. »

Vers le milieu du XVIIe siècle, le chiffre des lépreux avait néanmoins diminué à tel point en Alsace, qu'une bonne partie des établissements destinés à les recevoir tombait en ruines[3]; d'autres avaient été démolis par ordre supérieur[4]. Les derniers lépreux de Strasbourg semblent avoir disparu entre 1685 et 1700; d'après un rapport médical signé des professeurs Albert Sebiz et Marc Mappus, le 6 décembre 1685, il n'en existait plus en effet qu'un nombre minime; et l'édit du 11 février 1701, réunissant la léproserie à l'hôpital général, n'a pu être rendu qu'après la disparition totale de ces malheureux. D'ailleurs, à ce moment, on logeait déjà à l'Église

---

1. Letz, *Ingweiler*, p. 59. En 1601, le pasteur y bénissait même un mariage entre deux lépreux.
2. *Mémoires de deux voyages*, p. 166.
3. Ainsi Schlestadt, dès 1654 (Dorlan, *Notices*, p. 182); le terrier de Weyersheim (Basse-Alsace) mentionne également la léproserie de Gutleutberg comme déserte, dès 1656. (Note manuscrite de M. le curé Siffer, Archives de la Société des monuments historiques d'Alsace.)
4. Une partie de la maladrerie de Strasbourg fut abattue en 1678. A Ribeauvillé, la destruction avait eu lieu bien auparavant déjà, à raison des violences exercées par les lépreux sur les voyageurs, pour leur extorquer des aumônes; on avait même trouvé un cadavre dans le puits du bâtiment, situé sur la grande route, hors de la ville. Le comte de Ribeaupierre ordonna de le faire disparaître. (Productions faites le 30 octobre 1676 devant M. du Vallier, conseiller au Conseil souverain d'Alsace. (A.H.A., E. 2766.)

Rouge les malades des troupes du roi, ce qu'on n'aurait pas fait en un lieu prêtant à des infections dangereuses [1].

En dehors de Strasbourg, les léproseries existant encore comme fondations spéciales, sinon comme établissements exclusivement occupés par des lépreux, se trouvaient, pour la Basse-Alsace, à Wissembourg, Landau, Saverne, Dannbach, Ingenheim, Brumath [2], Haguenau, Westhoffen, Marmoutier, Molsheim, Odratzheim, Obernai, Matzenheim, Rosheim, Schlestadt [3]. Dans la Haute-Alsace et le Sundgau, celles de Ribeauvillé, Riquewihr, Beblenheim, Ammerschwihr, Rouffach, Soultz, Turckheim, Guebwiller, Cernay, Thann, Masevaux, Ensisheim, Altkirch, Hagenbach figurent également toutes dans les édits royaux de février, avril et mai 1701, et de février et mars 1703 [4].

Leurs revenus avaient été attribués dès le mois de décembre 1673, par Louis XIV à l'Ordre de Notre-Dame-du-Carmel et de Saint-Lazare, ainsi qu'il l'avait fait antérieurement déjà pour les biens-fonds de toutes les léproseries de France. Un commissaire spécial, M. de La Brosse, contrôleur de l'artillerie, avait été envoyé en Alsace avec une procuration délivrée par les hauts dignitaires de l'Ordre par-devant maîtres Guichard et Le Koy, notaires au Châtelet, « pour rechercher en Haute et Basse-Alsace toutes les aumôneries, maladreries et autres établissemens hospitaliers ». Ces revendications donnèrent lieu à de nombreuses réclamations, à Strasbourg surtout, et les procès-verbaux du Conseil des XIII pour 1685 et 1686 sont remplis de vives discussions à ce sujet [5]. Le Gouvernement royal, après d'assez longues hésitations, ne vit pas d'autre remède pour apaiser l'émotion causée par un transfert si contraire aux traditions locales, que de prononcer de nouveau la séparation de ces fondations d'avec les autres propriétés de l'Ordre

---

1. A.B.A., E. 5816.
2. Quand les revenus de la léproserie de Brumath furent attribués à l'hôpital de Haguenau, les fonctionnaires et bourgeois de la localité furent avertis, par ministère d'huissier, d'avoir à diriger dorénavant leurs malades sur l'établissement de la ville impériale, où ils seraient soignés gratuitement jusqu'à concurrence du montant de ces revenus. (Bostetter, *Brumath*, p. 95.)
3. Il y en avait certainement encore d'autres au XVIIe siècle; ainsi l'on mentionne un *Gutleuthaus* au village d'Ottersthal, en 1614. (Adam, *Die drei Zaberner Steigen*, Zabern, 1896, p. 8.)
4. Celle de Colmar avait été détruite pendant la guerre de Trente Ans. — Les édits se trouvent *Ordonnances d'Alsace*, I, p. 322. Cf. aussi Grandidier, *Œuvres inédites*, VI, p. 329.
5. Pour les détails, voy. Reuss, *Louis XIV et l'Église protestante de Strasbourg*, Paris, 1887, p. 197.

du Carmel, ce qui fut fait par une série d'ordonnances, rendues en mars, avril et août 1693. Le roi attribua alors leurs recettes, redevenues libres, aux hôpitaux de Wissembourg, Landau, Saverne, Molsheim, Obernai, Schlestadt, Ensisheim, Strasbourg [1] et Rouffach [2].

Le nombre des hôpitaux proprement dits, c'est-à-dire les asiles exclusivement destinés aux malades d'une localité ou de plusieurs localités voisines, pour y être traités et soignés à frais communs, ou sur les revenus de fondations pieuses, ne paraît pas avoir été considérable. La plupart de ceux qui sont mentionnés sont également des hospices ou asiles de vieillards, de pauvres et d'orphelins, même des dépôts de mendicité, pour employer une expression moderne ; ces groupes d'habitants, fort dissemblables, y vivaient ensemble, sinon sous le même toit, du moins dans le même enclos, et il n'est pas sans intérêt de constater qu'il est parlé bien rarement des malades dans les sources où nous avons pu puiser.

Plusieurs de ces fondations, largement dotées par leurs créateurs et par leurs patrons successifs, ecclésiastiques ou laïques, étaient des établissements d'importance et bien connus, même au dehors. Les étrangers qui passaient par Strasbourg manquaient rarement de visiter le Grand-Hôpital (*Mereren Spital*) [3] et d'admirer, sinon les salles et les cellules des malades, du moins les vastes caves de l'établissement où le maître cellerier leur faisait déguster, contre pourboire, les vieux crûs du pays [4]. Il est présumable que les pensionnaires pauvres n'en buvaient guère de ceux-là, ni même les malades. Cependant le bien-être matériel de la population hospitalière, qui était très satisfaisant au XVIe siècle, paraît l'avoir été encore au début du siècle suivant [5]. Mais au point de vue adminis-

---

1. La fusion de celle de Strasbourg avec l'hôpital civil fut prononcée en mai 1701, avec effet rétroactif jusqu'au 1er janvier 1698. (*Ordonnances d'Alsace*, I, p. 320.) — La lettre du roi est datée du 11 février 1701. (Archives municipales, AA. 2239.)
2. Certaines de ces léproseries avaient des revenus minimes. Ainsi celle de Cernay n'avait que 131 livres de recettes en 1612; il est vrai que les dépenses ne dépassaient pas 17 livres. (Archives communales de Cernay, G.G. 35.)
3. *Hospitium majus*, puisqu'il y avait encore d'autres hospices moins importants dans la ville ; après la capitulation de 1681, on l'appela aussi *Hôpital civil* ou *Bürger Spital*, pour le distinguer de l'*Hôpital militaire* (*Welscher Spital*) établi pour la garnison. On consultera pour l'historique la *Notice sur l'hôpital civil* de J. D. Hagen (Strasbourg, 1842, in-4°), faite d'après les riches archives de l'établissement.
4. Zeiller, *Itinerarium, Continuatio*, p. 214.
5. Le règlement de 1533 qui fut suivi pendant près d'un siècle (*Statuta*

tratif et sanitaire la confusion était grande dans les services, et les vieillards hospitalisés, les malades ordinaires, ceux atteints de fléaux contagieux, les aliénés et même des lépreux, auraient cohabité sous le même toit[1]. Ce qui nous frappe plus encore, c'est l'insuffisance absolue du personnel médical; encore en 1698[2] l'Hôpital comptait bien un receveur, trois commis et deux chapelains, mais seulement *un* médecin, *un* chirurgien, *un* opérateur adjoint et *un* baigneur, pour surveiller et traiter toute sa population, tant sédentaire que flottante, avec le concours, il est vrai, de 14 valets de salle et de 29 servantes. Or, à ce moment, il s'y trouvait 48 pensionnaires[3] et 255 pauvres et malades[4], ce qui était une situation exceptionnellement favorable, puisque nous relevons des chiffres bien plus considérables pour plusieurs des années précédentes[5]. Le nombre des employés subalternes semble hors de proportion avec celui des véritables destinataires de la maison[6], surtout quand on le voit se maintenir à des moments où la guerre avait terriblement compromis l'équilibre financier de l'établissement.

L'Hôpital disposait en temps ordinaire de grandes ressources, puisqu'en dehors de ses vastes biens-fonds datant du moyen âge, il était l'héritier naturel de tous ceux qui y décédaient, sans avoir à

---

hospitalis maioris) prescrivait le menu suivant: potage, viande bouillie, vin ou œufs, poissons, fromage et fruits pendant la semaine, viande rôtie et plat sucré (bouillie au lait), le dimanche; c'était mieux que le dîner d'un artisan modeste. Au point de vue hygiénique, on peut s'étonner de voir les malades nourris de choucroute, choux rouges, cerises, bière, etc. (J. Krieger, *Beitræge*, I, p. 54.)

1. C'est ce qu'affirme Lévin von der Schulenbourg qui le visita en 1607 et l'admira d'ailleurs beaucoup. (Hassel, *Aus dem Tagebuch eines mœrkischen Edelmannes*, p. 41.)
2. Le personnel était déjà le même en 1660 d'après Künast. (*Bulletin des mon. hist.*, XVIII, p. 155.)
3. Outre les pauvres diables (*arme pfründner*) hospitalisés aux frais de la ville, il y avait parfois des gens aisés (vieux garçons, veuves, vieilles filles) qui entraient comme pensionnaires de 1re et de 2e classe à l'hôpital dans ce qu'on appelait « la prébende des riches » (*die reiche pfründe*), et payaient un prix équivalant à leurs prétentions pour la nourriture et le logement.
4. Les pauvres n'étaient pas admis avant l'âge de 60 ans, à moins qu'ils ne fussent infirmes ou malades.
5. Nous relevons dans un rapport rétrospectif de l'économe Nauendorff, du 24 février 1696, des chiffres autrement élevés: 305 en 1689, 325 en 1692, 464 en 1694, 380 en 1695. (A.A. 2239, Archives municipales.)
6. En 1700, il y av..it 68 domestiques pour 310 pauvres et 26 pensionnaires, ce qui ne s'explique que par le fait que beaucoup des habitants (fous, épileptiques, contagieux, etc.) occupent des cellules et des chambrettes isolées, comme le dit déjà Schulenbourg. (Rapport du 16 mars 1700, Arch. munic., A.A. 2239.)

payer de droits d'hérédité. Seulement la plupart des biens donnés ou légués à l'Hôpital étant situés en Basse-Alsace, et les revenus étant livrés en nature à l'administration[1], chaque fois que les armées, amies ou ennemies, occupaient et ravageaient le pays, les rentrées étaient en majeure partie supprimées, et il fallait recourir pour vivre à des avances de fonds consenties par le Magistrat. En mars 1700, l'économe Jean-Pierre Nauendorff évaluait les revenus réguliers à 1,210 sacs de froment, 1,735 sacs de seigle, 629 sacs d'orge, 246 sacs d'avoine, 50 foudres de vin et à 13,559 livres en argent. Or, sur cette dernière somme 4,155 livres étaient seules rentrées l'une des années précédentes; comme la dépense dépassait 50,000 livres [2], et que les céréales n'avaient point été livrées, il y avait eu, cette année-là, un déficit de 45,845 livres, alors qu'il existait déjà un découvert antérieur de 34,062 livres[3]. On comprend que, dans de pareilles circonstances, l'administration déjà fort difficile[4] en elle-même, le devenait encore davantage quand elle se compliquait de questions étrangères, et particulièrement de celle de l'*alternative*, introduite dans la direction, après la capitulation de la ville[5]. Ajoutons-y l'obligation d'admettre à l'Hôpital la population catholique des bailliages épiscopaux environnants, au moins durant

1. Le Magistrat tenait beaucoup à ce que les fermages de l'État et des institutions publiques fussent réglés en nature, puisqu'il pouvait remplir de la sorte ses immenses greniers et ceux des couvents, des collégiales, des hôpitaux, etc., en vue d'une famine ou d'un investissement subit. Le système était d'ailleurs trop commode pour les fermiers eux-mêmes pour ne pas subsister au delà de la tourmente révolutionnaire elle-même.
2. En voici le détail, d'après une pièce des archives (A.A. 2239), qui ne donne, il est vrai, qu'environ 49,000 livres :

« Ouvriers et gens du mestier..................... 3.342 livres.
« Cuisine.............................. 4.127 »
« Médicaments................................. 2.978 »
« Bestiaux (viande de boucherie?).................. 22.228 »
« Vin .... 4.044 »
« Appointements.............................. 2.615 »
« Chauffage .... 4.434 »
« Autres dépenses............................... 5.161 »

3. Archives municipales, A.A. 2239.
4. Pour le détail de l'administration intérieure, on pourra consulter le règlement du 8 mars 1694, *Des Schaffners im mehrern Hospithal allhier ordnung*, dans le même fascicule des archives de la ville.
5. Par un ordre du roi, daté de Versailles, 5 avril 1687, interprété d'ailleurs de la façon la plus arbitraire par l'intendant et le préteur royal, on avait introduit dans toutes les administrations publiques de la ville libre un *roulement* entre protestants et catholiques, qui fut appliqué, dès lors, fort partialement à l'administration de l'hôpital. On peut voir dans Reisseissen (*Mémorial*, p. 172-173) par quelles « comminations » l'économe catholique, J.P. Nauendorff, nommé plus haut, fut imposé au Magistrat, comme nouveau converti, bien que son prédécesseur déjà eût été catholique. Dès le 22 no-

certaines années de guerre[1], et l'on comprend qu'en 1697, il fallut faire une collecte publique pour assurer les services[2]. Les documents conservés dans les archives et les bibliothèques se rapportant davantage à l'administration proprement dite de l'Hôpital qu'à son activité sanitaire ou médicale, il est difficile de parler de cette dernière en parfaite connaissance de cause pour une époque où la science académique n'avait, pour ainsi dire, encore aucun rapport avec les hôpitaux et dédaignait presque de s'en occuper. Ce n'est en effet que vers la fin du siècle qu'on en vint à désigner d'ordinaire un professeur de l'Université comme *medicus ordinarius* du Grand-Hôpital[3]. Une quinzaine d'années auparavant, en 1670, le professeur Albert Sebiz avait pu obtenir l'installation d'un *Theatrum anatomicum* dans la chapelle Saint-Érard, attenante à l'édifice, et jusqu'en 1690 les explications pratiques ne s'y faisaient que sur des cadavres de suppliciés ; encore en 1695 les étudiants désireux de faire des dissections plus fréquentes, en étaient réduits à *voler* les corps à l'Hôpital[4]. En temps d'épidémie, le bâtiment devait être comble, car les décès y étaient nombreux, et nous voyons, par exemple, qu'en 1628, sur 1,513 personnes décédées à Strasbourg, plus du tiers (514) étaient mortes dans l'établissement[5], mais on peut admettre que, dans le nombre, il y avait beaucoup d'étrangers[6]. C'est à l'hôpital de Strasbourg aussi que venaient accoucher certaines femmes pauvres de la ville ou de la campagne, mais surtout

vembre 1683, on avait commencé à dire la messe dans la *Kranckenstube*, c'est-à-dire dans la salle commune des malades. (*Bulletin des Monuments historiques*, XVIII, p. 49.)

1. Ce dernier fait ressort avec évidence d'une espèce de rapport statistique dressé le 13 mars 1698 par le P. Jérôme, chapelain. Il y est dit qu'on a fait entrer à l'hôpital 553 catholiques en 1691, 444 en 1692, 605 en 1693, 722 en 1694, etc., chiffres absolument inexplicables, vu celui de la population catholique de la ville, si l'on n'admet une introduction en masse d'éléments étrangers durant la guerre palatine. Après la paix de Ryswick, en effet, le nombre des hospitalisés catholiques n'est plus que de 97. (A.A. 2239.)

2. Un autre grave ennui menaça l'équilibre des revenus de l'hôpital à cette époque. Louis XIV ayant dispensé du paiement des impôts pendant trois ans les nouveaux convertis, de nombreux fermiers refusèrent d'acquitter leurs redevances. Le préteur royal Ulric Obrecht les débouta pourtant, le 24 mai 1686, de leurs prétentions.

3. Le professeur d'anatomie Jean-Valentin Scheid, qui occupa le poste de médecin principal de 1686 à 1694, fut le premier universitaire qui y parvint.

4. F. Wieger, *Geschichte der Medicin in Strassburg*, p. 82-84.

5. Silbermann, *Historische Merckwürdigkeiten des Elsasses*, p. 205.

6. En effet, la mortalité ordinaire à Strasbourg, pour les années où ne règne aucune épidémie et où la guerre ne fait pas refluer en ville les habitants des campagnes, est pour les années 1601-1630 d'environ 900 à 1,100 âmes seulement.

R. REUSS, *Alsace*, II. 11

les filles-mères[1]; elles n'étaient pas cependant en grand nombre, si nous devons en juger par les quelques chiffres conservés par un chroniqueur local du premier tiers du XVIIe siècle, car de 1601 à 1615, les naissances, à ce que nous appellerions aujourd'hui la clinique d'accouchement, n'ont jamais dépassé 130, et sont descendues jusqu'à 55 par an[2].

C'était également un hospice plutôt qu'un hôpital que l'établissement créé à Bouxwiller par le comte Philippe III de Hanau-Lichtenberg. La charte de fondation, datée du 6 octobre 1528, le destinait comme asile « à tous les citoyens nécessiteux que l'âge ou la maladie empêche de gagner leur subsistance par le travail[3] ». La plupart des revenus de la maison consistaient en dîmes ou en redevances en nature et étaient consommés sous cette forme par les pensionnaires de l'hospice. La guerre de Trente Ans ayant ravagé les villages et stérilisé les champs, les ressources manquèrent bientôt d'une manière absolue et l'administration n'ayant plus de quoi nourrir ses protégés, dut se contenter de les loger et de les chauffer. Plus tard, quand l'ordre fut un peu rétabli dans les finances du comté, l'hospice de Bouxwiller faillit être englobé dans les donations faites à l'Ordre de Saint-Lazare, et ce n'est qu'en 1681 que l'administration en fut remise de nouveau au Consistoire, l'autorité supérieure ecclésiastique du territoire. Le comte Philippe lui en avait confié jadis la gestion, les revenus de l'établissement ayant été grevés de charges diverses (traitements de pasteurs, entretien de certains temples, etc[4].) au profit de l'Église du comté.

A Saverne, union semblable de l'hôpital et de l'hospice, voire même de la léproserie, ce qui semble bien prouver qu'il n'y avait plus là de lépreux. Les règlements, établis ou revisés en 1607 nous montrent qu'il s'agit avant tout à Saverne de pensionnaires d'un asile, et non

1. Le chroniqueur Saladin, auquel Silbermann emprunte les chiffres que nous citons (sa chronique inédite a péri dans l'incendie des bibliothèques de Strasbourg en 1870) donne pour quelques années le chiffre des naissances illégitimes parmi les accouchements faits à l'hôpital. Il y en a 37 en 1607 sur 98 ; 51 en 1608 sur 108 ; 51 en 1609, sur 130 ; on voit que c'est plus que le tiers.
2. Le total des naissances strasbourgeoises varie, pendant les années 1601-1615 entre 742 et 990; c'est donc la neuvième partie des naissances à peu près qui s'opérait à l'hôpital.
3. J. Rathgeber, *Die Grafschaft Hanau-Lichtenberg*, p. 84-86.
4. *Ubersichtlicher Bericht des Streites zwischen dem Spital von Buchsweiler und einigen Kirchen*, etc. Strassburg, Schultz, 1873, in-8°. — Voy. aussi E. Hœffel, *Bericht über den Bau eines Spitals... zu Buchsweiler*, etc. Strassb., Schultz, 1881, in-8°. On prenait également à Bouxwiller des pensionnaires payants; il y en avait qui obtenaient l'autorisation de demeurer à l'hospice en lui abandonnant tout leur avoir.

pas de malades[1]. Il ne doit pas même y avoir eu de limite d'âge pour l'admission des prébendiers, car on aurait jugé sans doute inutile d'interdire à des vieillards « l'adultère et la paillardise, sous peine d'expulsion immédiate[2] ». Chacun des *Pfründner* doit posséder un gobelet d'argent ; on leur distribue des œufs de Pâques[3], on leur sert du rôti à la Saint-Michel, à la Saint-Gall et à la Noël, et la quantité de vin qu'on leur donne est honnête quand on suppute le nombre de pensionnaires que pouvait avoir l'hospice d'une petite localité comme l'était alors la résidence épiscopale[4].

A Haguenau, se trouvait le grand hôpital de Saint-Martin, fondé au XVe siècle, l'un des plus riches de la province, puis l'hôpital de Saint-Nicolas, doté, dit-on, par Frédéric Barberousse en 1189[5] ; ils furent détruits dans la nuit de l'Assomption 1677, avec la ville presque tout entière, sur l'ordre des généraux français[6]. Les malades furent logés longtemps dans des maisons particulières, puis transférés au petit hospice de Saint-Jacques qui était primitivement un hospice de pèlerins, mais avait été employé, dans le cours du XVIIe siècle, à héberger les soldats blessés ou malades de Mansfeld, des Impériaux et des Suédois, et qui resta l'hôpital militaire après l'occupation française[7]. A Obernai, l'hospice de Saint-Érard, fondé dès 1315[8], était également réputé fort riche au XVIIe siècle et possédait des biens-fonds dans un grand nombre de villages voisins ; il reçut encore des legs assez nombreux à cette époque, et de la part de pensionnaires de l'établissement même[9], ce qui

---

1. *Spittal- und Guttleuth-Ordnungen, 1607.* (A.B.A., G. 1718.)
2. Un des articles défend « *Ehebruch und Hurerey under den Pfründnern, bey verlierung ihrer Pfründen... Sollen stracks aus dem spittal gestossen werden.* »
3. Voy. les comptes de l'économe Othmar Merxburger pour 1602. (A.B.A., G. 1720.)
4. En 1617, on a bu à l'hospice huit foudres, dix mesures de vin. Les recettes se montent à 623 livres 8 schellings 10 deniers, les dépenses à 537 livres, 17 schellings, et la commission de révision s'est empressée de boire 10 livres sur les 75 du reliquat actif, à la buvette de l'Hôtel-de-Ville. (A.B.A., G. 1725.)
5. Ney, *Der heilige Forst*, I, p. 17. — Voy. aussi sur les hôpitaux de Haguenau, A.B.A. G., 1923.
6. Guerber, *Haguenau*, II, p. 77. — Voy. en général sur les hospices de Haguenau, l'ouvrage cité, p. 268-289.
7. Guerber, *op. cit.* II, p. 288. — La promiscuité des soldats et des civils se retrouve aussi ailleurs à cette époque. Ainsi l'on plaçait longtemps les garnisaires de Belfort à l'hôpital de Sainte-Barbe, fondé par une confrérie de marchands en 1558. Ce n'est qu'en 1708 que l'hôpital royal militaire fut inauguré. — *Revue d'Alsace*, 1851, p. 495.
8. Gyss, Inventaire des archives communales d'Obernai, G.G. 45.
9. Gyss, *op. cit.* G.G. 80, 81, 86.

prouve bien qu'il n'abritait pas seulement des prolétaires et des mendiants. A Benfeld, l'hôpital construit ou reconstruit en 1625, hébergeait également plus de pensionnaires âgés et pauvres que de vrais malades [1]. A Schlestadt, la ville possédait un hôpital fort mal placé sur un terrain humide et comme enclavé dans les fortifications. Aussi fut-il endommagé durant le siège de la ville par les Suédois (1632) et tout à fait démoli lorsque Louis XIV fit élever les nouveaux remparts. On en rebâtit un autre, en 1687, qui devait servir surtout à la garnison française [2].

Des localités plus petites encore avaient leurs hôpitaux ou leurs hospices ; celui de Rhinau, fondé en 1351 par l'évêque Berthold de Strasbourg, « pour les pauvres et les infirmes [3] » ; celui de Marckolsheim, établi en 1472 par l'évêque Robert de Bavière [4] ; il s'en trouvait à Mutzig [5], à Molsheim [6], et peut-être même dans quelques autres localités, moins importantes encore, de la Basse-Alsace [7].

Dans la Haute-Alsace, on trouve mentionné plus particulièrement, au XVIIe siècle, l'hospice de Ribeauvillé, fondé en 1342, rebâti et agrandi en 1542 [8], et richement doté, comme le prouvent les dossiers relatifs à ses biens, ses rentes et sa comptabilité, conservés aux archives départementales [9] ; par malheur, ses ressources diminuèrent si fortement pendant les longues guerres du temps, qu'il ne possédait plus, vers 1680, que 175 florins 8 batz de revenus en argent, et 45 mesures de vin, plus deux chapons de revenus annuels en nature [10]. Celui de Colmar, fondé au XIIIe siècle, doté par Rodolphe Ier, en 1288, transféré à l'époque de la Réforme (1543) au couvent des Carmes déchaux, était également considérable ; vers la fin du siècle, on y réunit, dans le même enclos, mais dans des bâtiments divers, l'hôpital civil et l'hôpital militaire ; l'édifice de façade, l'*hôpital fran-*

---

1. Nap. Nicklés, *Der Spital von Benfeld*, Mulhausen, 1866, 8°, p. 7.
2. Dorlan, *Notices*, p. 183.
3. Archives de la Basse-Alsace, G. 1864. — La bulle pontificale de Clément VI autorisant et dotant cette œuvre pie en 1345, est accompagnée d'une traduction vidimée allemande du notaire Meyger, en date du 22 avril 1626.
4. Abbé Schickelé, *État de l'Église d'Alsace*, I, p. 91. — Voy. aussi les pièces relatives à cet hospice, A.B.A., G. 1893.
5. Schickelé, I, p. 110.
6. On trouve de nombreuses pièces sur l'hôpital de Molsheim au XVIe et au XVIIe siècle, aux archives de la Basse-Alsace, G. 1830-1833. On peut consulter aussi aux mêmes archives (G. 1910) un *État des hôpitaux de l'Évêché*, rédigé vers 1700.
7. C'est ainsi que M. Schickelé mentionne un hôpital pour Andlau (p. 3) ; existait-il déjà au XVIIe siècle ?
8. Bernhard, *Ribeauvillé*, p. 125, 279.
9. A.H.A., E. 1780, 1781, 1782, 1792, 1793.
10. A.H.A., E. 2768.

çais, servait aux soldats, le bâtiment au fond de la cour, l'*hôpital allemand*, était celui des bourgeois [1]. L'hôpital d'Ensisheim, qui datait de 1452, n'eut de revenus un peu conséquents que lorsque l'arrêt du Conseil d'État du 11 février 1701, y eut réuni ceux des léproseries de Hagenbach, Altkirch, Masevaux, Thann et Cernay. Il était, lui aussi, avant tout un hospice, comme le prouve le règlement enjoignant au varlet de service (*Spitalknecht*), de faire trois rondes par jour à travers les rues de la ville, pour surveiller les pauvres et les mendiants et pour expulser de la localité les vagabonds et les filles de mauvaise vie [2]. Il n'est question ni de malades ni d'infirmes qu'il lui incomberait de soigner [3]. A Rouffach, les biens de l'hospice avaient été adjugés, par arrêt de la Chambre de l'Arsenal, à l'ordre du Carmel et de Saint-Lazare [4] et, le 12 avril 1684, le sieur de La Brosse était venu avec le sergent royal Vernier, pour s'en saisir en son nom. Le Magistrat avait bien protesté, mais un nouvel arrêt du 12 mars 1686 avait enjoint à la ville de Rouffach d'abandonner les revenus de sa maladrerie à l'Ordre. Cependant, quinze ans plus tard, ils lui furent restitués, ainsi que nous l'avons déjà dit plus haut. L'hospice de Cernay, quoique fort ancien (il fut créé en 1277), ne semble pas avoir été bien important [5], non plus que ceux de Munster [6] ou de Saint-Hippolyte [7] sur lesquels nous n'avons aucun renseignement de détail.

L'administration de ces établissements était généralement confiée, selon leur importance et le chiffre de leurs revenus, soit à une commission de deux, trois ou quatre notables (*Pfleger*), soit à un seul administrateur délégué (*Spitalmeister*). Ces personnages surveillaient la gestion financière de l'hospice, selon les temps, de près et avec soin, ou de loin, sans beaucoup de zèle. Celui-ci avait comme surveillant immédiat et résident un directeur, qui parfois porte, lui

---

1. S. Billing, *Kleine Chronik der Stadt Colmar*, éd. A. Waltz, p. 189.
2. Mercklen, *Ensisheim*, I, 325.
3. Cela peut s'expliquer ici, comme ailleurs, par un fait d'ordre général. Alors la médecine, en admettant qu'il y eut partout des médecins dans ces hôpitaux, ce qui ne me paraît pas absolument certain, ne connaissait pas encore l'art de tirer en longueur, en les combattant énergiquement et de bonne heure, les maladies les plus meurtrières de nos climats, phtisies, fièvres, etc. Les éléments morbides agissaient rapidement et bien souvent, sans doute, les pauvres, tombés malades, n'avaient plus le temps ni surtout la volonté, de se faire transporter à l'hospice.
4. L'arrêt imprimé du 9 mai 1673 se trouve aux archives de la Basse-Alsace. (G. 1910.)
5. *Revue d'Alsace*, 1872, p. 208.
6. Schœpflin-Ravenez, V, p. 280.
7. Schickelé, *État*, I, p. 175.

aussi le titre de *Spitalmeister*, assisté d'un économe (*Schaffner*[1]); le plus souvent les commissaires officiels assistaient à la reddition des comptes annuels, prenaient part au banquet qui suivait cet acte administratif et se souciaient médiocrement des pensionnaires eux-mêmes abandonnés aux soins de l'économe et du clergé local. La bonne administration de ces établissements devait être rendue parfois difficile et même impossible par la misère des temps; la pénurie absolue de ressources, signalée par une chronique locale pour l'hôpital de Schlestadt, a dû se reproduire plus d'une fois en Alsace, au cours de la guerre de Trente Ans[2]. Mais même en dehors de ces cas de force majeure, la gestion de ces abris charitables laissait beaucoup à désirer, comme on le peut voir par une décision judiciaire provoquée par le procureur-général auprès du Conseil souverain d'Alsace, le 9 septembre 1676. Ayant appris que « dans la plupart des dits hôpitaux, hôtels-Dieu et léproseries de la province les pauvres sont peu assistés dans un temps misérable, ce qui les oblige de se retirer dans cette ville de Brisach, qui en est toute remplie, pour chercher leur subsistance, qu'ils devraient trouver dans les lieux de leurs demeures », la Cour ordonne que tous les administrateurs seront appelés devant le Conseil pour lui présenter un aperçu de leurs revenus et justifier à quels usages ils sont employés[3].

Nulle part, avant le XVIIe siècle, les hôpitaux n'ont été bâtis rationnellement en vue de leur destination sanitaire; ce sont d'ordinaire d'anciens cloîtres, plus ou moins délabrés, plus ou moins appropriés à cet usage, qu'on utilise depuis la Réforme. Ce n'est guère que sous l'impulsion de l'administration française et dans les dernières années du siècle, qu'on voit s'élever en Alsace des bâtiments plus vastes et mieux ordonnés, principalement des hôpitaux militaires.

Quant à la tenue matérielle des hôpitaux, aux principes d'hygiène et de simple propreté qu'on y faisait, ou plutôt qu'on n'y faisait pas observer, ceux d'Alsace ne devaient pas différer beaucoup des autres hôpitaux d'Europe, dont l'aspect, on le sait, était presque partout lamentable. Naturellement, on ne rencontre pas là-dessus de détails dans les dossiers officiels, mais les quelques renseigne-

---

1. De même à la tête des léproseries se trouvaient les *Gutleuthauspfleger* et sous eux le *Gutleutmann*. (Gyss, *Obernai*, II, p. 62.)
2. Le receveur de l'hospice annonce, en mars 1636, aux pensionnaires, aux orphelins, aux domestiques qu'il n'a plus un sol ni un quartaut de blé à leur donner: « *soll ein jeder sehen wie er das brot bekompt.* » Chronique de Balthasar Beck, citée par l'abbé Gény, *Jahrbücher*, I, p. 397.
3. *Ordonnances d'Alsace*, I, p. 53.

ments que nous fournissent nos sources ne sont pas pour démentir une manière de voir un peu pessimiste. Le règlement de la léproserie de Strasbourg croyait satisfaire à toutes les réclamations raisonnables du public en défendant aux pensionnaires de vider leurs déjections de toute nature par les fenêtres de l'établissement entre Pâques et la Saint-Michel, parce que les Strasbourgeois allaient se promener sur la route de Schiltigheim au printemps et en été; mais il ne voyait aucun inconvénient à permettre cette vidange sommaire sur la même voie publique, durant les mois de l'hiver[1]. Que de fois aussi le *Journal* des Pères Jésuites de Schlestadt parle de la malpropreté et de la puanteur de l'hôpital de leur ville[2] ! Ce n'est pas assurément pour faire ressortir davantage leur dévouement personnel qu'ils en font les repoussantes descriptions que nous trouvons dans leurs *Lettres annuelles*, où l'on voit les grabats à ras de sol, encombrés de malades des deux sexes, gisant pêle-mêle, hérétiques et croyants, remplissant les salles au point qu'on pouvait à peine y circuler, dans d'étroits couloirs, obstrués par des vases répandant une odeur nauséabonde[3].

Si déjà les hospices et les hôpitaux ordinaires présentaient aux âmes sensibles des spectacles aussi affligeants, il devait en être de même, à plus forte raison, dans les hôpitaux où se traitaient les malades spéciaux que, pendant longtemps, l'autorité, moralisatrice à sa manière, ne voulut pas abriter dans une même enceinte avec les autres malades. Nous ne connaissons au XVIIe siècle qu'un seul établissement pour la guérison des maladies vénériennes en Alsace, c'est le *Blatternhaus* (l'Hospice des véroleux) de Strasbourg[4]. Il avait été créé en 1503 par un digne philanthrope, Gaspard Hoffmeister, navré de voir des centaines de malheureux, couchés sur la paille par les rues et dans les chapelles, et abandonnés de tout le monde. Établi loin du centre de la ville, dans un cul-de-sac près de

---

1. Ch. Schmidt, L'Église Rouge. (*Bulletin des monuments historiques* 1878.)
2. *Fœda illuvies ac turpis pœdor hospitalis domus.* » Gény, *Jahrbücher*, I, p. 13.
3. « *Hospitalis domus... quod non tam numero languentium, qui angulos omnes oppleverant quam sordibus eorumdem obsitum, squallebant adeo ut ad conclavia viæ pateret aditus. Singula senis pluribusve spondis humilibus instructa, quibus acatholici et catholici, viri fœminæ promiscua clade decumbebant. Interjectum singulis cubiti spatium vas ejectionibus corporis destinatum habebat.* » (Gény, I, p. 163.) — Et ailleurs: « *Xenodochium gallicum non sordibus modo et pœdore sed morbis etiam periculosis horridum.* » (Gény, p. 184.)
4. Il existe aux Archives municipales (A.A 2248), sur l'origine et l'organisation de l'hôpital des syphilitiques, un mémoire rédigé au XVIIIe siècle.

Saint-Marc[1], puis réuni à l'aumônerie de Saint-Marc en 1631, cet asile spécial avait eu dès le XVIᵉ siècle une clientèle considérable, pour autant que nous pouvons en juger par les rares données réunies jusqu'à ce jour. Située sur la grande route que suivaient les lansquenets revenant d'Italie et de Suisse pour se diriger vers la Basse-Allemagne, l'Alsace avait été de bonne heure infectée par la contagion qu'on appelait le « mal de Naples », en France, et le « mal français » (*die Franzosen*), sur les bords du Rhin. Dès 1495 et 1496, au lendemain de l'expédition de Charles VIII, le chroniqueur de Rouffach, le curé Materne Berler, en signalait la présence dans le pays[2]. Quand une fois le bruit se répandit que les malheureux infectés de la maladie nouvelle, et abandonnés à eux-mêmes un peu partout, pouvaient trouver un asile ou un traitement médical plus ou moins efficace à Strasbourg, on les vit arriver en grand nombre dans la ville impériale. Cette affluence continuait au XVIIᵉ siècle. Deux chroniqueurs qui compilaient leurs annales locales entre 1600 et 1620, nous ont conservé là-dessus quelques données statistiques, empruntées sans doute à des rapports officiels de l'époque. Il en ressort que, parmi tant de malades, une infime minorité seulement appartenait à la population strasbourgeoise[3]; il en ressort aussi que les médecins chargés de les traiter et de les guérir purent enregistrer de brillants succès[4].

Nous n'avons pas trouvé de mention qui permit d'affirmer qu'il y ait eu des établissements analogues dans d'autres villes d'Alsace, au moins pendant la majeure partie du XVIIᵉ siècle, soit que les malades fussent tous dirigés sur celui de Strasbourg, soit qu'ailleurs on les

---

1. En 1687, le *Blatterhaus* fut transféré dans un nouveau local sur les bords de l'Ill, près des Ponts-Couverts. On l'appela dans les couches populaires, *Zum Franzœsel* (Au petit vérolé), ce qui, par une singulière erreur de traduction fit donner plus tard à ce quai le nom de *Petite-France* qu'il porte encore aujourd'hui. (Seyboth, *Das alte Strassburg*, p. 164.)
2. Code diplomatique de Strasbourg, 1848, II, p. 105. Voy. G.C. Koch, Observations sur l'origine de la maladie vénérienne et son introduction en Alsace, etc. (*Mémoires de l'Institut*, Sciences morales et politiques, Paris, an XI, in-4°.
3. La Chronique de Saladin (Silbermann, *Historische Merckwürdigkeiten*, p. 196) rapporte les chiffres suivants: *1608*; 369 personnes traitées, dont 16 Strasbourgeois; *1609:* 406, dont 8 Strasbourgeois; *1611:* 372, dont 24 Strasbourgeois; *1612:* 359, dont 15 Strasbourgeois; *1613:* 306, dont 21 Strasbourgeois. En 1617, l'établissement compta jusqu'à 566 clients.
4. On trouve dans la Chronique strasbourgeoise inédite, attribuée d'ordinaire à Osée Schad (Bibliothèque municipale de Strasbourg), les chiffres suivants : En *1608:* 12 décès, 369 guérisons. En *1609:* 19 morts, 406 guérisons. En *1611:* 14 morts, 362 guérisons. En *1612:* 10 décès, 359 guérisons. En *1613:* 13 décès, 306 guérisons.

traitât dans les hôpitaux ordinaires, soit enfin qu'ils aient été installés çà et là dans les anciennes léproseries, délaissées depuis la disparition de leurs hôtes primitifs. Dans les dernières années du siècle, alors que des hôpitaux militaires eurent été installés dans plusieurs villes de la province[1], les soldats des différentes garnisons tout au moins y furent traités sur place, et peu à peu la population civile contaminée cessa, elle aussi, d'affluer à Strasbourg, à mesure que la science médicale se répandait dans les petits centres eux-mêmes.

§ 2. AUTRES ÉTABLISSEMENTS CHARITABLES MENDICITÉ, VAGABONDAGE, ETC.

Si déjà, par leurs origines, leurs ressources, leur mode d'administration, la plupart des hospices mentionnés dans le paragraphe précédent peuvent être caractérisés comme des établissements de charité, il en est de même, à plus forte raison, pour une autre série de fondations, dont la création remonte assez haut dans le moyen âge, comme presque toutes les institutions de ce temps qui rentrent dans la sphère des idées et des besoins religieux.

Les asiles de pèlerins pauvres ont été fréquents en Alsace ; ces asiles où *Ellendtherbergen*[2] se rencontraient dans la plupart des centres plus importants de la province, et même dans des localités fort modestes, mais situées près de quelque lieu de pèlerinage, tant on s'était senti obligé jadis à faciliter aux âmes pieuses la visite des sanctuaires où pouvait se gagner le pardon des péchés. Des donateurs en grand nombre ne cessaient de fournir le nécessaire pour l'entretien des troupes de pèlerins qui descendaient ou remontaient

1. Avant les guerres de Louis XIV, il ne semble pas qu'on ait eu l'idée de séparer les malades civils d'avec les soldats des localités où se trouvaient les hôpitaux. Quant à ceux des armées en campagne, il était rare qu'on s'occupât des blessés et des malades, à moins qu'ils ne fussent officiers. Durant les guerres de Turenne en Alsace, il est fait mention de son « hôpital » qui ne semble avoir été qu'une « ambulance » très vaste, campant tantôt en telle ville, tantôt ailleurs. Au commencement de la guerre de Hollande, le Magistrat de Strasbourg, ne voulant point recevoir dans ses murs le gros des blessés, soit Impériaux, soit Français, fit arranger devant la porte de l'Hôpital un vaste lazaret, où les blessés des deux armées et leurs malades furent admis. En 1683, ce même lazaret, réparé tant bien que mal, devint le premier hôpital militaire, qui fut reporté plus tard en ville, dans le voisinage de la Citadelle. (Voy. aux Archives municipales de Strasbourg un *Mémoire sur l'organisation des hôpitaux en Alsace.* A.A. 2607 ; 1695-1790.)

2. Proprement, il faudrait dire *Herberge der Elenden*; l'usage a fait prévaloir le raccourci peu grammatical.

la vallée rhénane afin de se rendre à Trèves ou à Cologne, à Einsiedeln ou à Lorette, surtout au printemps et durant les mois d'été, alors qu'il n'était plus si dur de cheminer par monts et par vaux et que le sentiment du péché, se réveillant avec le péché lui-même au sein de la jeune nature, poussait plus vivement à en chercher le pardon. Mais le mouvement de la Réforme et ses conséquences prochaines avaient nécessairement modifié le cachet traditionnel de bon nombre de ces établissements en Alsace. Dans les localités restées fidèles à l'ancienne foi, ces hospices de pèlerins conservèrent leur ancienne allure et leurs règlements traditionnels; nous en retrouvons de pareils au XVIIᵉ siècle, à Benfeld, à Ribeauvillé, à Haguenau, etc. C'étaient des « auberges du bon Dieu » plus ou moins primitives, où les voyageurs pauvres recevaient le coucher et les vivres, à peu près ou tout à fait gratis, mais pendant un laps de temps forcément très court, c'est-à-dire un ou deux jours tout au plus. Durant leur séjour dans l'établissement, ils étaient soumis au règlement défendant les jurons, les blasphèmes, les rixes et l'ivresse. Un économe, désigné par l'autorité locale, était chargé de maintenir l'ordre et de surveiller les distributions. Une cuisinière, une servante l'aidaient dans cette besogne, et ce personnel modeste était suffisant dans les petites localités où l'affluence n'était sans doute jamais considérable. La nourriture était des plus simples ; les comptes de l'*Ellendtherberg* de Benfeld énumèrent surtout des achats de haricots, de pois et de lentilles, de sel, de farine d'avoine, d'huile et de vinaigre. On y trouve rarement mentionnés la viande et le vin[1].

Dans les localités devenues protestantes, les asiles avaient forcément cessé, au cours du XVIᵉ siècle, d'être « l'auberge des pèlerins », puisque les Magistrats se refusaient à favoriser « l'idolâtrie papiste », mais ils n'avaient point disparu pour cela, au contraire. Leur importance s'était singulièrement accrue, dans les grandes villes tout au moins, et leur utilité restait incontestable après leur transformation en bureaux de bienfaisance, représentants de la charité publique, ouverts non plus seulement aux *pèlerins pauvres*, mais à *tous les pauvres* étrangers à la localité. Dans les années de guerre et de famine, ils venaient en foule affluer aux portes des cités pour y trouver un abri passager et un morceau de pain. La plus célèbre de ces *Ellendtherbergen* alsaciennes, la plus fréquentée de toutes, était celle de Strasbourg. Fondée en 1360 par un prébendier de la cathédrale, maître Oettelin d'Utenheim, elle

1. N. Nicklès, *Der Spital zu Benfeld*, p. 4.

avait été ouverte d'abord dans un quartier excentrique, rue Sainte-Élisabeth, mais elle fut établie plus tard au centre de la ville, où elle se trouvait encore durant la majeure partie du XVIIe siècle[1]. Dans les années qui suivirent la Réforme, elle resta tout d'abord une hôtellerie pour les pauvres de passage, administrée dans un esprit fort large et d'après des principes hygiéniques, alors rarement observés. Le surveillant commençait en effet par faire prendre un bain à chaque nouvel arrivant, comme dans nos asiles de nuit modernes, puis on servait à chacun un potage, du pain, des légumes, une portion de viande et un tiers de litre de vin[2]. Les brusques mouvements des populations en fuite, durant les guerres de la fin du siècle[3], forcèrent le Magistrat à modifier quelque peu ce régime patriarcal. Il ne s'agissait plus de passants pauvres isolés, mais de milliers de paysans affolés qui envahissaient à certains moments la ville pour échapper aux mauvais traitements des soudards ravageant et affamant le plat pays. La charité de la petite République fut vraiment inépuisable dans ces cas de détresse extrême ; grâce à ses immenses greniers d'abondance, approvisionnés, comme nous l'avons vu, pour de longues années de famine[4], elle put, sans ruiner ses finances, sustenter tous ces malheureux qui n'étaient pas présents pour un ou deux jours seulement, mais qui, pendant de longues semaines parfois, réclamaient un abri et un morceau de pain. On peut supposer que le confortable menu de 1539 n'était plus guère servi à ce moment, quand le chiffre des bouches à nourrir atteignait ou dépassait en une année *cent mille*[5] !

En présence d'une affluence aussi énorme, une mesure d'ordre s'imposait ; on ne pouvait songer à laisser inoccupés tant de bras robustes et à ne tirer aucun profit d'un capital de forces pareil, dont les détenteurs étaient trop heureux de trouver le placement. Le Magistrat fit donc opérer un triage parmi les fugitifs. Les femmes, les enfants, les vieillards trop faibles pour travailler restèrent

---

1. Ce n'est que vers la fin du XVIIe siècle qu'elle fut transférée à l'ancien cloître des Augustins.
2. *Ordnungen der Ellendtherbergen*, 1539. Archives municipales.
3. La « guerre des Voleurs » (1587), celle des Évêques (1592-1595), celle des princes de l'Union contre l'évêque Léopold (1610), etc.
4. Voy. vol. I, p. 418.
5. En 1581, les statistiques officielles relevaient 99,748 visiteurs, en 1586, 109,573, en 1587, lors de la réunion des reitres de Dohna, destinés à Henri de Navarre, dans la Basse-Alsace, il en vient 132,049! De ceux-là 58,361 furent nourris à l'asile des pèlerins, 73,688 occupés par la nouvelle aumônerie. Ce n'étaient pas seulement des Alsaciens ; pour l'année 1581, on a noté dans les chroniques l'arrivée de 8,978 *Welches*, sans doute des Lorrains affamés, qui venaient jusqu'à la grande ville pour ne pas mourir de faim.

attribués à l'*Ellendtherberg;* tous les jeunes gens et les hommes valides furent groupés en escouades de travailleurs et occupés à augmenter et à remanier les fortifications de la ville. Un premier règlement, élaboré dès 1572[1] et remanié plus d'une fois dans la suite, fut donné aux directeurs de cette nouvelle institution hospitalière, connue désormais sous le nom de la « Nouvelle Aumônerie » (*Das Neue Allmosen*), dont les clients dépassèrent fort souvent en nombre ceux de l'*Ellendtherberg*. On expulsait dorénavant avec une juste sévérité ceux qui, assez forts pour travailler, se refusaient à gagner leur nourriture. Dans les années moins agitées qui suivirent, le nombre des quémandeurs diminua considérablement, du moins celui des pauvres qui étaient nourris gratuitement, sans fournir en échange une besogne de terrassiers ou de manœuvres. Car, si l'*Ellendtherberg* n'a, par exemple, que 7,906 clients en 1603, cette même année, le *Neues Allmosen* en compte 29,659. En 1604, la proportion est de 5,784 contre 29,629 ; en 1607, de 4,790 contre 21,763. Mais, à la mort de Henri IV, quand commencent les troubles de Juliers, nous comptons 16,843 visiteurs à l'asile, et en 1612, 16,263 invalides contre 15,876 travailleurs[2]. En 1617, à la veille de la guerre de Trente Ans, les deux groupes réunis fournissent un chiffre total de 31,820 assistés. On avait même essayé d'arrêter l'invasion par un moyen assez bizarre. Les pauvres valides étaient assimilés, par une ordonnance de 1615, aux mendiants de profession, condamnés pour vagabondage et occupés, sous la surveillance d'agents spéciaux, à divers travaux publics ; ces condamnés étaient reconnaissables aux chaînes légères qu'ils portaient et à une espèce de cercle de métal, agrémenté d'une clochette qu'on fixait à leur coiffure, pour signaler partout leur présence et empêcher leur fuite[3]. C'est sur ce dépôt de mendicité que devaient être dorénavant dirigés les arrivants valides ; leur situation matérielle restait abso-

1. Fragment de Künast dans le *Bulletin des monuments historiques d'Alsace*, XVIII, p. 89.
2. Tous ces chiffres, empruntés aux chroniqueurs contemporains ou à des bulletins imprimés par ordre du Magistrat, ont été réunis dans les *Historische Merckwürdigkeiten* de Silbermann, publiées par Friesé, p. 188, etc., et par Aug. Stœber. (*Neue Alsatia*, 1884, p. 271.) Les chiffres ne cadrent pas toujours, parce que l'un publie certains chiffres pour l'*Ellendherberge* seule, tandis que l'autre énonce, d'après d'autres sources, le chiffre total de tous ceux qui ont profité de l'assistance publique strasbourgeoise.
3. C'est à cette coiffure, décrite par Künast (*Bulletin des monuments historiques*, XVIII, p. 90), que le dépôt de mendicité dut son appellation officielle de *Schellenwerk*. Primitivement, elle ne fut portée, semble-t-il, que par les filles publiques, conduites en prison. Mais l'usage s'en généralisa par la suite.

lument la même, mais le Magistrat croyait sans doute que l'idée d'avoir à travailler côte à côte avec des repris de justice empêcherait les gens du dehors de venir désormais en aussi grand nombre. Cependant, quand une fois la guerre reprit, plus terrible que jamais, en Alsace même, des considérations de ce genre n'étaient pas pour empêcher l'invasion rurale; d'ailleurs, aucun règlement ne s'observait plus à ce moment, le désarroi était partout. En 1632, l'année de l'invasion suédoise, il n'était encore venu que 2,280 fugitifs; en 1634, on en hébergea et nourrit 41,244; en 1635, 60,171, et il ne faut point oublier que la ville était alors bien plus pauvre et moins peuplée qu'un demi-siècle auparavant. Dans les deux premiers mois de 1636, l'année de « la grande famine », elle avait déjà reçu 39,600 visiteurs, quand le Magistrat, à bout de ressources, voyant ses greniers presque vides et ses bourgeois épuisés, se vit obligé de publier l'ordonnance du 19 mars 1636, dont nous avons déjà parlé[1], par laquelle il fermait les portes de la ville aux mendiants du dehors pour sauver l'existence de ses propres citoyens.

Bientôt après, l'occupation définitive de l'Alsace par les Français amena une accalmie, les misères de la guerre et de la famine, sans disparaître, devinrent moins aiguës, et après 1679 surtout, les migrations des campagnards affolés n'eurent plus de raison d'être. Nous n'avons malheureusement pu retrouver de données précises pour la crise de 1674 à 1678, durant laquelle le nombre des fuyards entassés derrière les murs de la ville libre fut encore une fois très considérable; il est douteux cependant qu'il ait atteint, même de loin, les chiffres indiqués plus haut[2]. Vers la fin du XVIIe siècle, l'*Ellendtherberge* n'est plus guère qu'un bureau de bienfaisance, exclusivement consacré aux bourgeois et aux sujets de la ville même, doublé d'un dépôt de mendicité, dont les préposés envoient les exploiteurs valides travailler au *Schellenwerk* et plus tard à la Maison de force, au *Raspelhaus*, car l'esprit de charité cède la place à l'esprit administratif et la misère devient de plus un délit, en même temps que l'égoïsme local se borne à soutenir désormais les pauvres jouissant du droit de bourgeoisie. Loin de secourir encore les malheureux du dehors, on néglige même les *protégés* sédentaires, et c'est en 1767 seulement que le Magistrat se décide à

---

1. Voy. tome I, p. 113.
2. La *Chronique* de Walter, le *Mémorial* de Reisseissen, donnent des impressions très vives, mais n'ont pas d'indications statistiques, comme leurs prédécesseurs.

bâtir une maison de refuge (*Armenhaus*) pour les « manants » de la ville libre[1].

La charité publique s'attacha de bonne heure aussi à soutenir l'enfance abandonnée, et à recueillir les orphelins. On la voit à l'œuvre en Alsace, dès le XVe siècle déjà ; dans les petites localités, pour autant qu'elles avaient des hospices, c'est d'ordinaire à l'administration hospitalière qu'incombe ce service, à l'époque qui nous occupe ; un même économe surveille les vieillards, les malades et les enfants. Dans les grandes villes, la séparation s'était forcément introduite de bonne heure ; il n'est aucun de ces orphelinats qui ait atteint, fût-ce de loin, l'importance de celui de Strasbourg, aucun sur lequel nous possédions des documents aussi complets[2], et qui nous permettent au moins d'esquisser l'administration de « l'Hospice des Orphelins » au cours du XVIIe siècle. C'est de l'année 1500 que date le règlement fondamental de la maison, règlement qui n'a jamais été complètement abandonné jusqu'à la Révolution. Le Magistrat y désignait deux de ses membres comme directeurs de l'œuvre[3] et leur enjoignait de ne plus y recevoir que des orphelins nés en légitime mariage et de parents, bourgeois de Strasbourg. Sous leur contrôle, un économe et une surveillante, le *Waisenvater* et la *Waisenmutter*, dirigeaient l'établissement, qui fut transféré, quelques années après l'adoption de la Réforme, au couvent de Sainte-Catherine, sécularisé par le Magistrat (1534). Les propriétés du monastère, ainsi que celles du couvent de Sainte-Claire, servirent à doter la maison. Elle touchait également une partie des amendes infligées pour rixes et blessures et alimentait encore son budget par les legs pieux[4] et surtout par des collectes régulières, faites par les orphelins eux-mêmes. Les tout petits enfants étaient mis en nourrice, puis confiés à des gens du dehors, choisis par les administrateurs ; ils n'entraient à l'établissement que lorsqu'ils étaient en âge d'être conduits à l'église et à l'école[5]. On les y gardait jusqu'à ce qu'ils eussent appris un métier ou fussent

---

1. J. F. Hermann, *Notices*, II, p. 258.
2. L. Schnéegans, *Mémoire sur la Maison des orphelins*, Strasbourg, 1845, in-8°.—T. W. Rœbrich, *Das Waisenhaus zu Strassburg*, 1843, 8°— Reboul-Deneyrol, *Paupérisme et Bienfaisance*, p. 326 suiv.
3. Leur activité n'était rémunérée que par deux fromages fournis à la Noël et à la Saint-Jean.
4. Il y en a de touchants, comme celui de Claude Berer qui lègue une partie de ses biens à l'orphelinat, à charge de donner à chaque enfant, le jour de la Saint-Nicolas, une bonne paire de bottines, « chauffant les mollets », une pomme *rouge* et un denier *neuf*.
5. Le règlement, tel qu'il fut révisé en 1629, fixait pour l'entrée l'âge de

assez grands pour entrer en condition; le droit de bourgeoisie leur était accordé gratuitement lors de leur majorité [1]. Les collectes (*Umgænge*) se faisaient d'abord cinq fois par an, au Nouvel-An, à Pâques et lors des trois grandes foires urbaines. En 1609, ces collectes furent réduites de cinq à trois ; plus tard, on ne conserva que celle de Pâques, en décidant que, par contre, le sachet circulerait au service du matin, dans toutes les églises, au profit des orphelins [2]. Sur certaines gravures contemporaines, on peut suivre ces tournées de collectes des petits Strasbourgeois qui s'en vont, chantant des cantiques par les rues, les garçons marchant devant, les fillettes après, leurs gants fourrés suspendus au cou, escortés de la « Mère des orphelins », portant un grand panier déjà rempli d'œufs, tandis que le « Père des orphelins » marche gravement derrière, une longue gaule à la main, une boîte en fer-blanc (*Blechbüchss*) à la ceinture, pour y loger les offrandes en numéraire, tandis qu'un serviteur ferme la marche, une énorme hotte sur le dos, pour emmagasiner les dons en nature [3].

Ces quêtes ambulatoires offraient cependant certains inconvénients, et surtout elles ne rapportaient plus grand'chose au milieu des troubles de la guerre de Trente Ans. Une nouvelle décision du Magistrat supprima définitivement, en 1633, le dernier *Umgangstag* conservé jusque-là, le remplaçant par une quête annuelle qui aurait dorénavant lieu à la Pentecôte, dans les sept paroisses de la ville [4]. A partir de ce moment nous ne voyons plus guère de changements à marquer dans son organisation extérieure, jusqu'à la fin du siècle. D'après une note, non signée, datée de décembre 1693, la population de la Maison des orphelins avait été, durant les derniers lustres de 150 personnes en moyenne, en temps de paix ; en temps de guerre, elle avait monté à 200, puis dépassé ce chiffre. A certains moments on était même parvenu au chiffre de 300 [5]. A la fin de l'année 1693, le nombre des orphelins, les domes-

---

douze ans. Il interdisait aussi l'admission d'enfants malades. En 1692, il y avait 29 enfants, placés de la sorte en pension au dehors. (*Bericht vom 16 Junii 1692*, Archives municipales, AA. 2244'.)

1. Procès-verbaux des XXI, 3 avril 1613.
2. *Ibid.*, 22 novembre 1613.
3. *Evidens Designatio*, etc. Argentorati, 1606, planche XIX. Une peinture sur verre du temps, conservée à l'Hospice, représente également la collecte. (Piton, II, 34.)
4. Chronique de Saladin, extraite par Silbermann, *Historische Merckwürdigkeiten*, p. 97. La quête de la première année rapporta 1,356 livres pfenning.
5. Archives municipales, AA. 2244.

tiques de l'établissement y compris, atteignait 161. Le personnel dirigeant et enseignant comprenait trois ministres des différents cultes, un médecin, un receveur, un apothicaire, un précepteur, un chirurgien, un aide-chirurgien (*Bader*) et les deux surveillants-généraux, le *père* et la *mère* des enfants des deux sexes. La dépense annuelle était pour lors de 10,200 livres, plus 600 sacs de blé et 261 mesures de vin employés en nature[1].

On a vu que la maison des Orphelins ne recevait que les enfants issus de l'union légitime de bourgeois de la ville; les enfants naturels et ceux des étrangers en restèrent donc exclus pendant tout le XVIIᵉ siècle, et c'est bien plus tard seulement, en 1748, que le Magistrat, en fondant, sous l'influence des doctrines humanitaires nouvelles, l'hospice des enfants trouvés, combla une véritable lacune dans la série des établissements de bienfaisance de la cité[2]. C'était aux enfants abandonnés par contre qu'était destiné l'hospice des enfants trouvés de Stephansfeld près de Brumath, l'un des plus connus parmi les asiles de l'Alsace catholique. Stephansfeld, auquel une tradition absolument erronée donne pour fondateur le père même du pape Léon IX[3], le comte Étienne d'Éguisheim, mais qui existe au moins depuis le XIIIᵉ siècle, avait été confié par son créateur aux religieux hospitaliers de l'ordre du Saint-Esprit, institués vers la fin du XIIᵉ siècle par Guy de Montpellier pour le soulagement des enfants trouvés ou abandonnés. Le couvent devint bientôt la commanderie de l'ordre pour les territoires du Saint-Empire romain[4], et les empereurs du moyen âge, comme ceux du XVIᵉ siècle, lui confirmèrent ses privilèges. Mais comme l'établissement était situé en rase campagne et passait pour riche, il eut souvent à souffrir des attaques, incendies et pillages répétés qui le désolèrent et le détruisirent même complètement à plusieurs reprises. Les comtes de Hanau-Lichtenberg qui en étaient les avoués, puis les protecteurs, ne purent pas le garantir contre de nouvelles dévastations durant la guerre de Trente Ans. L'administration intérieure de cet hospice ne nous est pas autrement connue pour l'époque qui nous intéresse particulièrement ; au XVIIIᵉ siècle, elle donna lieu à de si justes critiques que les chanoines du Saint-Esprit furent dépossédés et la direction de l'hospice confiée à des sœurs de charité, sous l'autorité

1. Rapport du 21 décembre 1693.
2. Hermann, *Notices*, II, p. 253.
3. Silbermann, *Historische Merckwürdigkeiten*, p. 158. Déjà le fait que le chroniqueur place au XIIᵉ siècle le père d'un pape mort en 1054, montre le peu de créance qu'il mérite.
4. En Alsace, l'hospice de Rouffach dépendait de celui de Stephansfeld.

du prince-évêque de Strasbourg. Les administrateurs avaient à ce point oublié, dit-on, le but même de leur établissement qu'ils n'acceptaient plus volontairement de pupilles, à moins qu'on ne versât une somme assez considérable pour leur entretien. Leurs anciens statuts les obligeaient à recevoir tous les enfants qu'on déposerait soit devant la porte principale du couvent dans une espèce de berceau de pierre, soit même sur le domaine en général. Aussi dès que la cloche se faisait entendre à l'entrée du monastère, annonçant la présence d'un enfant, l'un des valets de l'hospice montait à cheval pour donner la chasse aux déposants et s'efforçait de les rejoindre pour les obliger à reprendre le petit malheureux[1]. En était-il de même au siècle précédent? Nous espérons le contraire sans pouvoir l'affirmer, tout aussi peu que nous pouvons garantir l'exactitude de l'anecdote elle-même.

A côté des malades, des vieillards, des orphelins, des enfants trouvés, les gouvernants du XVIIe siècle, comme ceux du nôtre, avaient à s'occuper des pauvres qui ne trouvaient pas un travail suffisant pour se sustenter ou que les misères publiques privaient subitement de leur gagne-pain. L'assistance publique était obligée, dès alors, à une lutte quotidienne contre une mendicité éhontée et trop souvent frauduleuse, et pas plus qu'aujourd'hui, bien que la vie fût infiniment moins compliquée, les administrations ne venaient à bout du paupérisme sans cesse renaissant. On peut suivre cette lutte dans ses menus détails, à Strasbourg, pour tout le cours du XVIe et du XVIIe siècle. Le nombre d'ordonnances que le Magistrat de cette ville libre a promulguées pour réglementer les secours aux vrais nécessiteux et pour refréner la mendicité locale et étrangère est très considérable, mais leur fréquence même montre combien elles étaient impuissantes et leur effet illusoire. Et cependant il n'y eut pas de localité à cette époque où l'on se soit autant préoccupé de ces graves questions, où l'on ait aussi richement doté les bureaux de bienfaisance, où la charité privée ait aussi volontiers répondu aux appels des gouvernants en des moments de misère générale. Fondé dès 1523, le bureau de secours prit et a gardé jusqu'à ce jour le nom d'aumônerie de Saint-Marc[2], quand il fut mis en 1529, en possession des biens de ce couvent sécularisé par le Magistrat. Il disposa durant tout le XVIIe siècle de capitaux considérables, et surtout de revenus en nature qui permettaient d'amples distributions de

1. Silbermann, *Historische Merckwürdigkeiten*, p. 150.
2. On disait d'abord *Das Almosen* ou *Das gemeine Almosen* (l'aumônerie publique), plus tard d'ordinaire *Sankt-Marx*.

pain continuées encore de nos jours[1]. Les administrateurs de l'œuvre étaient choisis parmi les membres des Conseils, mais la gestion proprement dite appartenait à un receveur (*Schaffner*), qui avait sous ses ordres quatre varlets (*Almosenknechte*) chargés de parcourir les différents quartiers de la ville, plusieurs fois par semaine. Ils portaient une boîte de fer-blanc au cou pour y recevoir les dons en argent, et sur le dos une hotte, surmontée d'une sonnette, afin d'y placer le pain et les autres dons en nature qu'on venait leur remettre[2]. Le bureau dressait la liste des bourgeois nécessiteux ; ceux qui sollicitaient un secours de Saint-Marc devaient mener une vie rangée, et il leur était interdit à eux, à leurs femmes et à leurs enfants, de se montrer à l'auberge ; le règlement de 1615 leur interdisait également de nourrir ni chiens ni porcs. L'ordonnance de 1628, pour diminuer un peu leur nombre sans doute, imposait à tous les assistés le port d'un insigne distinctif, consistant en une espèce de brassard (*Spang*) ; ceux qui dissimuleraient cette marque d'indigence ou s'abstiendraient de la porter, seraient rayés de la liste de l'aumônerie. Les pauvres dignes d'intérêt étant ainsi pourvus, on essayait de se débarrasser des mendiants professionnels. Il était sévèrement défendu aux bourgeois de rien donner à ceux qui venaient sonner à leur porte et d'encourager ainsi leur fainéantise ou leurs mensonges[3]. Il leur est enjoint par placards et du haut de la chaire, de les renvoyer à Saint-Marc, où des secours sont distribués aux nécessiteux, mais tous les mendiants robustes seront envoyés aux chantiers de la ville, et s'ils sont étrangers et refusent de travailler, immédiatement expulsés des murs[4]. Les âmes charitables n'avaient qu'à déposer leurs dons au fond du « panier noir »

1. J. D. Hagen, *Notice historique sur l'aumônerie de Saint-Marc*, Strasbourg, s. date, in-8°.
2. On peut voir le cortège de ces fonctionnaires, avec leur tirelire et leur hotte, la culotte ornée aux armes de la ville, dans le recueil de gravures, *Evidens Designatio*, 1606, planche XX.
3. Les chroniqueurs et les dossiers d'archives renferment plus d'une anecdote sur d'habiles escrocs qui savaient toucher les cœurs des naïfs bourgeois, tout comme les coquins contemporains. L'un collectait pour rebâtir une ferme brûlée qu'il n'avait jamais possédée et était arrêté, l'escarcelle bien remplie (1609, A.H.A., E. 1635); l'autre se disait envoyé par le duc de Wurtemberg pour réunir des souscriptions en faveur de la ville de Weinsberg (Walter, Chronique, *ad annum* 1668) ; en 1690, on enterrait à Schlestadt un vieux mendiant de 80 ans qui se nourrissait de rogatons de pain dur, ou de soupe au suif ; dans son grabat on découvrit plus de 1,000 florins amassés par ce Melchior Muller, dont le nom fut inscrit sur le mur de l'hôpital, en mémoire de son astuce.
4. *Bettelordnung* du 17 janvier 1615.

si elles désiraient seconder les efforts du Magistrat[1], ou à verser leur offrande dans le sachet d'église[2]. Le nouveau règlement de 1670, en réitérant les anciennes défenses, chargeait un membre des conseils de siéger comme commissaire-délégué, tous les jours, de 10 à 11 heures à la chambre de police, d'examiner avec le concours d'un des fonctionnaires subalternes du tribunal, les pauvres qu'on y amenait et de leur accorder, après examen, les secours nécessaires[3]. Reisseissen affirme, dans son *Mémorial* qu'à partir de ce moment les quêtes rapportèrent plus du double. Mais cela n'empêchait pas les mendiants de circuler dans les rues et d'importuner les bourgeois[4].

Dans toutes les localités plus considérables de la province, les autorités avaient édicté des règlements analogues contre la mendicité et tâchaient de diminuer la misère de leurs citoyens ou de leurs sujets, en distribuant des aumônes aux pauvres honteux. A Saverne, il existait une Caisse d'aumônes, fondée par l'évêque Érasme de Limbourg, en 1563, et alimentée depuis par des legs pieux ; mais les capitaux furent engloutis durant la tourmente trentenaire qui éprouva d'une façon toute spéciale la résidence épiscopale[5]. Dans d'autres villes catholiques, à Ribeauvillé, par exemple, certaines confréries, les *Raitbrüderschaften* constituées en l'honneur de la Vierge-Immaculée-des-Cieux, représentaient, dans une certaine mesure, l'assistance publique. Non seulement leurs membres, unis par d'étroits liens spirituels, priaient pour leurs morts et accordaient des secours en argent, voire même des prêts plus considérables à ceux d'entre eux qui étaient dans le besoin, mais leurs statuts leur prescrivaient aussi, plusieurs fois par an, d'abondantes aumônes générales[6].

A Mulhouse, une mesure ingénieuse, mise en vigueur en 1676, permettait de satisfaire au devoir de la charité, tout en ménageant le Trésor public et la bourse des contribuables. Chaque dimanche, deux bourgeois notables faisaient une quête par la ville, au profit des pauvres du dehors. Avec l'argent recueilli de la sorte, on

---

1. *Strassburger kleine Chronik*, éd. Reuss, p. 38.
2. *Almosenordnung* du 14 mai 1670.
3. Reisseissen, *Mémorial*, p. 24.
4. Il faut dire pourtant, qu'au XVIIe siècle aucune ville d'Alsace ne présentait le contraste effrayant des grandes villes modernes, l'extrême misère et le luxe insolent ; la charité privée, plus sérieuse, et la charité publique, moins préoccupée par d'autres devoirs administratifs, parvenaient à maintenir les populations urbaines sédentaires au-dessus de la misère noire du prolétariat contemporain dans certaines métropoles.
5. D. Fischer, *Zabern*, p. 215.
6. Bernhard, *Ribeauvillé*, p. 222-224.

commandait du pain chez les boulangers, et deux fois par semaine, le dimanche et le jeudi, les portes de la cité s'ouvraient aux mendiants que la police dirigeait sur l'Hôtel-de-Ville, où chacun d'eux recevait une grande miche de pain bis. Ce n'était pas assez pour les engager à revenir, à moins d'une nécessité pressante, mais toujours assez pour les empêcher de mourir de faim[1]. D'autres autorités plus sévères, le Magistrat d'Ensisheim par exemple, interdisaient catégoriquement l'entrée de leur ville aux mendiants du dehors et menaçaient d'expulsion les bourgeois et les habitants pauvres qui se livreraient eux-mêmes ou dont les enfants se livreraient à la mendicité[2].

Dans les petites localités, il n'existait pas ce qu'on pourrait appeler des bureaux de bienfaisance ; c'étaient les autorités ecclésiastiques d'ordinaire qui soulageaient de la caisse d'aumônes les malheureux qui venaient solliciter quelque secours, soit que le curé ou le pasteur eût la disposition directe de ces fonds, généralement peu considérables, soit que ce fût le receveur de la fabrique ou le receveur du Consistoire qui eût à délivrer ce modeste viatique[3].

Mais à côté des véritables nécessiteux, à côté des mendiants inoffensifs, les campagnes d'Alsace étaient infestées de rôdeurs isolés et de bandes parfois assez nombreuses, qui constituèrent un danger continuel pour les populations rurales, longtemps après que le fléau de la guerre eût cessé de désoler directement la province. Les criminels en fuite, venant de l'intérieur, y cherchaient un refuge[4] et les vagabonds du dehors y trouvaient un trop facile accès. Encore vers la fin du XVIIe siècle, le Conseil souverain était obligé de décréter les mesures les plus sévères pour faire décroître la mendicité, le vagabondage et les délits qui s'y rattachent. Une ordonnance du 28 janvier 1687, portait que tous les mendiants vagabonds se-

---

1. Mieg, *Mülhausen*, I, p. 257.
2. Arrêté du 3 février 1690. Mercklen, *Ensisheim*, II, p. 300.
3. M. Letz, dans son *Histoire d'Ingwiller* (p. 21) a reproduit quelques détails caractéristiques notés dans les comptes de la paroisse protestante, à l'époque de la guerre de Trente Ans ; ce sont des allocations bien minimes pour la plupart : « A un Lorrain chassé pour cause de religion, 2 schellings. — A deux habitants du Valais, affectés d'hernies, 1 schelling. — A un homme de Gundershoffen dont l'enfant a été blessé par un sanglier, 8 pfennings. — A un pasteur exilé de Hongrie, 2 schellings. — A un homme pour avoir tué un loup, 2 schellings. — A un homme de Wœrth dont la grange a brûlé, 1 schelling 4 pfennings, etc. »
4. L'ordonnance de l'intendant La Grange, du 15 janvier 1685, porte que tout homme qui sera rencontré avec le nez et les oreilles coupés, et marqué de deux fleurs de lis aux joues, sera arrêté et constitué prisonnier pour être ensuite conduit aux galères.

raient envoyés aux galères, les femmes fustigées, flétries et bannies du royaume. Ceux qui ont un domicile légal seront une première fois avertis de ne pas récidiver ; s'ils désobéissent, ils seront fustigés, marqués au fer rouge et bannis, et en cas de nouvelle récidive, livrés également aux galères. Quant aux mendiantes, femmes ou filles, qui rompraient leur ban, une autre ordonnance, du 27 avril 1685, les condamnait à être «enfermées dans les hôpitaux-généraux les plus prochains » à temps ou à perpétuité, selon que les juges l'estimeront meilleur[1].

C'étaient surtout les Bohémiens qui, parmi les vagabonds de nationalités diverses, étaient poursuivis avec le plus d'énergie par la vindicte publique, puisqu'ils apparaissaient en plus grand nombre et qu'ils étaient d'incorrigibles récidivistes en fait de vols, de rapts et d'assassinats. Depuis qu'ils avaient fait leur première apparition en Alsace, en 1418[2], on les avait vus revenir bien souvent dans la fertile plaine rhénane[3], bordée par le Jura, les Vosges, la Hardt, les Ardennes, le Hundsrück et la Forêt-Noire, dont les vastes forêts leur offraient un refuge assuré en cas de poursuite, et ils semblent avoir été particulièrement nombreux au XVIIe siècle, durant les longues guerres où tant de villages étaient vides et où le butin se rencontrait partout. Mais auparavant déjà, en pleine paix, ils circulaient à travers la province[4], et formaient l'objet de nombreuses délibérations des États de la Basse-Alsace, qui s'efforcèrent en vain d'en débarrasser leur territoire[5]. Ces efforts se renouvelèrent après la guerre de Trente Ans, avec plus ou moins de succès[6]. Ils furent soutenus avec une égale énergie par les nouvelles autorités françaises, mais avec des moyens

---

1. *Ordonnances d'Alsace*. I, p. 164. On voit ici une nouvelle utilisation de l'hôpital comme lieu de prison temporaire ou perpétuelle.
2. *Collectanées de Specklin*, éd. Reuss, p. 417.
3. En 1566, il y en avait des bandes assez nombreuses sur le territoire de Strasbourg pour que la douairière de Lorraine adressât officiellement au Magistrat la demande d'empêcher qu'elles n'envahissent le territoire lorrain. (Archives municipales, AA. 1798.)
4. Une lettre du greffier de la seigneurie d'Isenheim, du 7 juillet 1615, signalait, par exemple, la présence d'une bande de *cent cinquante* Bohémiens, campant à cette date dans les bois de la seigneurie.
5. Le 28 avril et le 19 juillet 1605, les États de la Basse-Alsace réunis à l'Hôtel épiscopal de Strasbourg discutent les mesures à prendre contre le vagabondage et les Bohémiens. D'autres réunions ont lieu pour le même motif, le 9 octobre 1610, le 2 juillet 1611, le 21 juin 1614, le 13 juin 1615. On voit que la question figurait en permanence à l'ordre du jour. (Archives municipales de Strasbourg, AA. 1986.)
6. Voy. aux Archives municipales de Strasbourg (AA. 1995) les missives du Magistrat aux baillis *extra-muros*, relatives aux mesures à prendre contre les Bohémiens (1621-1668), et une correspondance du même avec la Régence épiscopale de Saverne (1672-1676), sur la même matière. (AA. 1668.)

d'action autrement considérables. L'intendant Colbert défendit à toutes les communes soumises directement ou indirectement à son autorité, de donner dorénavant asile aux Bohémiens, à peine de 200 thalers d'amende, et dans une lettre particulière au conseiller Daser, membre de la Régence de Ribeauvillé, il déclarait qu'il ne voulait absolument pas de cette *nation* dans le pays « pour l'inclination naturelle qu'elle a de se porter plustost au mal qu'au bien [1] ». Tous les curés et tous les ministres durent annoncer au prône ou au service divin l'interdiction absolue faite aux campagnards d'héberger aucun de ces terribles pillards [2]. Mais pendant longtemps encore les mesures administratives les plus sévères ne parvinrent pas à refouler ces bandes de vagabonds pillards ; il fallut recourir à la promulgation d'une nouvelle ordonnance royale, enregistrée à Brisach en 1682. Cet édit du 12 juillet prescrivait des mesures draconiennes pour l'extirpation des Tsiganes. Tous les hommes adultes qu'on réussirait à saisir seraient attachés à la chaîne des forçats pour servir à perpétuité sur les galères ; toutes les femmes « trouvées menant la vie de bohémiennes, devaient être rasées et, en cas de récidive, fustigées et chassées du territoire. Les enfants seraient enfermés dans les hôpitaux les plus voisins. Tout seigneur qui leur accorderait un abri sur ses terres était déchu de ses droits, et ses domaines réunis à ceux du roi [3].

Ces ordres rigoureux, rigoureusement exécutés, semblent avoir écarté, tout au moins pour un temps, les hordes ambulantes qui parcouraient la province, car elles ne paraissent plus dans les ordonnances et règlements promulgués dans la suite, pour autant qu'ils nous sont connus [4].

Des mesures de police répressive ne pouvaient pas être cependant, aux yeux d'une administration éclairée, l'unique moyen de faire disparaître le fléau de la mendicité ; elle en rechercha d'autres, et vers la fin du siècle nous rencontrons un arrêt du Conseil souverain qu'il est permis de considérer comme une première tentative pour

---

1. Lettre datée de Brisach, 4 décembre 1663. Daser ne demande pas mieux que d'obéir, mais il fait remarquer à Colbert combien il sera difficile d'empêcher les sujets de conniver au passage et même au séjour clandestin des Tsiganes, « parce qu'ils font peur aux paysans en plusieurs endroits par leurs menaces ». Lettre de Ribeauvillé, 26 décembre 1663. (A.H.A., E. 708.)
2. Lettre du curé d'Orbey, 15 décembre 1663. (A.H.A., E. 708.)
3. *Ordonnances d'Alsace*, I, p. 116.
4. Il est naturellement question plus d'une fois encore de vagabonds en rupture de ban (l'arrêt du 15 janvier 1685, par exemple, ordonnait l'arrestation de tout homme « rencontré avec le nez et les oreilles coupés »), mais plus de Tsiganes.

introduire en Alsace une réglementation plus uniforme de l'assistance publique. Daté du 14 novembre 1693, cet arrêt commence par décréter des peines sévères contre les mendiants pullulant dans la province, menaçant ceux qui sont valides du carcan, du fouet et des galères et ordonnant d'enfermer dans les hôpitaux ceux qui sont estropiés ou malades. Puis il continue : « Dans les villes murées où sont plusieurs paroisses, les curés, marguilliers, les anciens et les plus notables habitants de chacune desdites paroisses s'assembleront le premier dimanche après la publication de cet arrêté, pour pourvoir, ainsi qu'ils le jugeront à propos, à la subsistance de tous ceux de la paroisse qu'ils jugeront en avoir besoin, jusques au 20 juin de l'année prochaine 1694. A cet effet, ils en feront un rôle ensemble de la somme nécessaire pour la subsistance desdits pauvres et de ce que chacun des habitans de la paroisse y devra contribuer selon ses facultés, en cas que par sa bonne volonté il ne fasse pas des offres raisonnables dans ladite assemblée. »

Dans les autres villes, où il n'y a qu'une paroisse, dans les bourgs et les villages, les juges feront « en présence du curé, du procureur fiscal, du syndic et de deux habitants qui seront nommés par les autres, au sortir de la grand-messe... un rôle de ceux qui ont besoin d'assistance, à cause de leur âge, de leurs infirmités et du trop grand nombre d'enfants dont ils sont chargés... Toutes personnes séculières et régulières ayant du bien dans la paroisse contribueront, à la réserve des *hôpitaux* en exercice et des *curés*, au sou la livre des deux tiers de ce qu'ils possèdent. Faute à ceux qui sont ainsi taxés, de payer, ils seront *contraints*, et même au payement d'une somme double, dans la quinzaine suivante. Dans toutes les villes, bourgs et villages, ceux qui auront fait les rôles s'assembleront tous les dimanches à l'issue des vêpres pour adjuger au moins-disant la fourniture du pain qui sera donné, et pourvoir à tout ce qui regardera la subsistance des pauvres et l'exécution desdits rôles ».

L'arrêt faisait très expresse défense de donner aux pauvres *valides* aucune subsistance, lorsqu'il y aura des ouvrages sur les lieux, auxquels ils pourront gagner suffisamment de quoi vivre. Il sera donné aux femmes et aux enfants dans chaque lieu, *autant que possible*, le moyen de travailler, à la charge de rendre sur le produit de leur travail, le prix des filasses et autres choses fournies à cet effet[1].

Il y a, dans ce document, plusieurs idées heureuses, un appel au *self-government* local, assez curieux de la part d'un gouvernement absolu, l'établissement de comités de travail, embrassant les deux

1. *Ordonnances d'Alsace*, I, p. 216.

sexes, le principe de l'*obligation* civique de s'occuper des indigents. Nous regrettons d'autant plus de n'être point renseigné sur le point, si important, de savoir dans quelle mesure ces prescriptions ont passé de la théorie dans la pratique. On ne peut douter en tout cas qu'elles ne fussent utiles et même urgentes, puisque, deux ans plus tard, en 1695, une statistique officielle portait le nombre des nécessiteux et des pauvres des deux sexes réduits à demander l'aumône dans la province d'Alsace, au chiffre formidable de 23,343 personnes. C'était la onzième partie environ de la population de tout le pays[1].

1. Voy. tome I, p. 25.

LIVRE SEPTIÈME

L'ACTIVITÉ INTELLECTUELLE EN ALSACE AU XVIIe SIÈCLE

CHAPITRE PREMIER

La Langue française en Alsace

On a vu, dans notre introduction historique, comment, du IVe au VIe siècle, l'Alsace romaine a été germanisée par les invasions successives des Alamans, des Burgondes et des Francs[1]. Le terrain gagné par la race conquérante à l'ouest des Vosges a été reperdu peu à peu durant les siècles du moyen âge, mais en deçà de cette barrière, ce n'est que dans les régions méridionales du pays que les populations romanes ont sérieusement repris le dessus et réinstallé leurs dialectes romans en face des dialectes tudesques. Des travaux consciencieux et récents ont réussi à fixer les particularités linguistiques de la prise de possession allemande le long de la crête vosgienne vers la trouée de Belfort et de la réaction en sens contraire qui s'est produite jusqu'au XVIe siècle, encore que ses progrès n'aient plus guère été sensibles depuis le XI[e][2]. Quoi qu'il en soit d'ailleurs de ces légères rectifications des frontières linguistiques, qu'on peut encore poursuivre pour certaines communes, jusqu'à l'époque qui nous occupe[3], il n'est pas contestable que, prise en

1. Voy. tome I, p. 1.
2. Les travaux antérieurs de MM. Nabert, Bœckh et Kiepert, qui, d'ailleurs, s'appliquaient essentiellement à la situation linguistique contemporaine (1850-1870), ont été contrôlés et rectifiés depuis par ceux de MM. Constant This (*Die deutsch-französische Sprachgrenze im Elsass*, Strassburg, 1888), Ch. Pfister, *La Limite de la langue française et de la langue allemande en Alsace-Lorraine, considérations historiques*, Nancy, 1890), et tout récemment par M. Hans Witte (*Zur Geschichte des Deutschtums im Elsass und im Vogesengebiet*, Stuttgart, 1897), dont les conclusions, pour la partie plus ancienne de ses recherches, ne sauraient soulever à notre avis aucune polémique, tant elles sont prudemment et sagacement déduites. On ne peut malheureusement décerner le même éloge à la seconde partie de son travail.
3. C'est en effet au XVIIe siècle seulement que quelques villages de la Haute-Alsace, comme Courtavon (Ottendorf) et Levoncourt (Luffendorf) ont été gagnés définitivement à l'idiome roman.

son ensemble, l'Alsace au début du XVIIe siècle soit un pays absolument allemand. Ce n'est donc pas une vérité qu'il soit nécessaire de démontrer longuement, que la langue nationale de l'Alsace à ce moment est presque exclusivement la langue allemande et qu'elle le reste durant le XVIIe siècle. Si l'on fait abstraction de quelques contrées du Sundgau, telles que la seigneurie de Belfort, de quelques cantons des Hautes-Vosges, tels que le val d'Orbey, le val de Villé, la vallée supérieure de la Bruche, une partie de celle de Sainte-Marie-aux-Mines, où l'on parlait soit le français proprement dit, soit des patois romans[1], la langue allemande était seule en usage en Alsace au moment où Louis XIV la réunissait aux autres provinces de la monarchie française. Les territoires que nous venons d'énumérer étaient bien trop petits, bien trop insignifiants surtout comme centres intellectuels, pour exercer une attraction linguistique un peu marquée sur les populations limitrophes ; leurs habitants, au début du siècle, étaient beaucoup plutôt exposés eux-mêmes à l'invasion germanique, soit par le fait que l'administration supérieure des territoires autrichiens se faisait en allemand, soit par l'établissement de colonies de mineurs, venus d'outre-Rhin dans les régions vosgiennes[2].

C'est bien avant tout cette impossibilité d'une communication directe avec les habitants du pays qui donnait aux Français de l'intérieur la sensation d'être en terre étrangère quand ils arrivaient en Alsace, longtemps après la signature des traités de Westphalie. Quand l'arrière-ban de la noblesse y eut été conduit en 1674, et réclama l'autorisation de rentrer dans ses foyers, les gentilshommes de l'Ile-de-France députèrent à Turenne le vicomte d'Arcy, l'un des seigneurs du royaume, « ayant le plus d'esprit et de savoir », pour lui exposer que la noblesse avait passé la frontière sans répugnance, « quoiqu'elle n'ignorât pas les anciennes ordonnances qui portaient qu'on ne pourrait la faire sortir du royaume », mais que maintenant « ils s'ennuyaient en Allemagne[3] ». Un peu plus tard, quand le spirituel Parisien, auquel nous devons tant de curieuses et

---

1. Encore les Français d'alors ne se rendent-ils pas compte, semble-t-il, du fait que ces patois sont des enfants de leur propre langue à eux. En parlant de celui de Belfort, l'un d'eux déclare qu'il « n'est ni françois ni allemand, qui tient pourtant de tous deux, et que tous deux n'entendent point ». (*Mémoires de deux voyages*, p. 216.)
2. Toute la correspondance administrative de la Régence d'Ensisheim se faisait en allemand au XVIIe siècle. Les mineurs du val de Liepvre, ceux de Giromagny, de Plancher-les-Mines, etc., parlaient aussi, en majeure partie, l'allemand, dans une région pour le reste toute française.
3. Claude Joly, *Relation de l'arrière-ban*, etc., p. 62.

piquantes remarques sur les hommes et les choses du temps en Alsace, descend, près de Bussang, le chemin « dans la montagne de Vauge », il ne manque pas de signaler la borne qui sépare « les États de Lorraine d'avec l'Alsace, province d'Allemagne, *Elsass in Deutschland* », comme il ajoute, pour montrer qu'il a réussi à apprendre la langue du pays [1].

En effet, la connaissance du français était alors encore peu répandue en Alsace, chez ceux qui n'ayant point immigré, soit au XVIIe siècle, soit au siècle précédent, ne l'auraient point parlé comme leur langue maternelle [2]. Pour les paysans, cela va de soi ; pour les gens de métier, presque tous, en faisant leur tour de compagnonnage, franchissaient le Rhin et bien peu les Vosges ; ce n'est donc guère que dans la sphère restreinte de la noblesse, des savants et du patriciat bourgeois que l'on rencontrait, au moment de la guerre de Trente Ans, un nombre limité de personnes capables de soutenir une conversation en français ou une négociation politique en cette langue [3]. Cette guerre elle-même, et surtout l'occupation prolongée de nombreuses villes alsaciennes à partir de 1634, changea assez rapidement l'état des choses dans les couches supérieures de la société, encore que, même dans les classes dirigeantes, la connaissance de cette langue ne parût pas, dès ce moment, tout à fait indispensable [4]. Mais dans les petites localités, dans les bourg et les villages, l'idiome étranger ne pénétra presque partout, semble-t-il, qu'avec une lenteur extrême [5].

1. *Mémoires de deux voyages*, p. 35.
2. Ces groupes d'immigrants sont surtout des huguenots, venus de France ou de Lorraine, et établis principalement à Strasbourg, Bischwiller et Sainte-Marie-aux-Mines. L'auteur que nous citons tout à l'heure raconte que depuis cinq mois qu'il était en « Allemagne », il n'avait pas encore entendu « deux mots de bon français ». (*Mémoires*, p. 51.)
3. Il y avait, par contre, dans cette petite minorité, des personnes maniant fort bien la langue. Le pasteur Selbmann, de Jebsheim, affirme dans son oraison funèbre d'Éverard de Ribeaupierre, qu'il parlait le français tout aussi couramment que l'allemand. (*Christliche Leichpredigt*, Strassburg, Repp, 1638, in-4°, fol. G.ii.)
4. Encore en 1685, nous voyons le Magistrat de Haguenau, ville occupée par une garnison française dès 1634, refuser un congé au sieur Wurtz, secrétaire de la ville, puisque, lui parti, il n'y aurait en cas d'affaire urgente personne dans toute la cité sachant assez de français pour servir d'interprète. (Ney, *Der heilige Forst*, II, 34.) — Encore en 1697, un chanoine de Murbach, parlant du chancelier du prince-abbé, homme habile d'ailleurs, notait dans son journal que « la langue française était restée lettre morte pour lui. » (*Diarium* de D. Bernard de Ferrette, p. 19.)
5. L'auteur des *Mémoires de deux voyages en Alsace* (p. 42), ayant affaire officiellement avec le bourgmestre d'Ammerschwihr, constate que lui et sa femme, « bonnes grosses gens, ne savent pas un mot de français, ni l'un

Ce n'est pas que l'importance de la langue française et son utilité pratique n'aient été comprises de bonne heure en Alsace, et longtemps avant que les événements politiques eussent fait de sa connaissance une nécessité pour les classes dirigeantes. On peut constater au contraire, depuis le commencement du XVIIe siècle, l'attraction croissante exercée par le parler et la littérature d'outre-Vosges sur les esprits cultivés, savants ou politiciens. Dès 1603, on peut lire dans la préface d'une grammaire française, rédigée en latin par Jean Serreius, de Baudonvilliers, candidat en médecine à Strasbourg, cette recommandation chaleureuse de la langue française, signée d'un nom alors célèbre, celui de Jean-Louis Hawenreutter, professeur de physique à l'Académie : « Qui donc ignore, je vous le demande, que la connaissance de la langue française doive être recherchée partout, à moins qu'il ne se terre à perpétuité, à la façon des lapins, dans les souterrains de sa patrie ? Si nous parcourons en effet le vaste et puissant royaume de France, l'Angleterre, la Belgique, la Lorraine, la Franche-Comté, une bonne partie de la Suisse, la Savoie, quel autre langage entendrons-nous que le français ? Si nous visitons les cours des électeurs, des princes, des grands seigneurs de l'Allemagne, quel autre idiome frappera nos oreilles aussi souvent que celui des Français ? Celui qui l'ignore, devra ou bien se taire, ou se résigner à passer pour un barbare[1]. »

En 1611, on publie à Strasbourg un catéchisme français « pour les ministres, maîtres d'eschole, pères de famille, jeunes et enfants de Strasbourg et d'autres lieux[2] », avec le texte allemand en regard, dédié aux Conseils des XIII, XV et XXI ; l'auteur, Mosimmanuel Le Gresle, explique, dans sa « préface au lecteur », que la connaissance des deux langues est utile et nécessaire (*gantz notwendig und nützlich*), à cause des rapports fréquents avec les contrées voisines, de la correspondance et des contrats d'affaires, et se

---

ni l'autre », en ajoutant, il est vrai : « Mais le mari savait bien boire. » Bentz, auteur généralement consciencieux, va jusqu'à affirmer dans sa *Description historique de Lauterbourg* (p. 103), qu'il n'y eut, de 1680 à 1720, qu'un seul Lauterbourgeois sachant le français !

1. *Johannis Serreii* (Serres?) *Grammatica gallica*, Argentorati, apud bæredes Laz. Zetzneri, 1629, p. 8-9. Nous citons d'après cette *sixième* édition. Mais la préface est datée des ides de juin 1603.

2. *Le Catéchisme, c'est-à-dire l'Instruction chrestienne ou tableau de doctrine, compris sommairement en six points principaux*... translaté *d'Allemand en François*, etc. Strasbourg, J.-J. Carolus, anno 1611, 12°. Sur ce volume très rare, voy. Adam et Ernst, *Katechetische Geschichte des Elsasses* (Strasbourg, 1897), pp. 138-139.

vante qu'on apprendra dans son volume à la fois le français et la pure doctrine[1].

En général, le nombre des grammaires, des manuels de conversation, des recueils d'exercices, publiés à Strasbourg dans le premier tiers du XVIIe siècle est très considérable[2]. En 1607, c'est un maître de langues d'Orléans, Philippe Garnier, qui met au jour ses *Præcepta gallici sermonis*, réimprimés en 1618 et en 1624 ; vers 1615, c'est un autre immigré huguenot, Daniel Martin, « linguiste » de Sedan, qui vient se fixer dans la capitale de l'Alsace et s'y livrer pendant plus de vingt ans à une propagande active en faveur de sa langue maternelle. Dans son *Favus linguæ gallicæ*, imprimé à Strasbourg en 1622, il disait : « Mon destin m'ayant porté en ces quartiers où nostre langue est autant de requeste que chose qui soit, j'y ai trouvé que les esprits ne respirent que l'estude d'icelle. Ce livret servira de phanal et de boussole à ceux qui, pour parvenir aux charges et aux honneurs, s'embarquent sur l'Océan français, car pour l'heure, c'est la route la plus commune, ce chemin est le plus battu[3]. » Vingt ans plus tard, le professeur en médecine Melchior Sebiz, recteur de l'Université, répète avec insistance, « qu'on ne saurait se passer de la connaissance du français[4] ».

Ce ne sont pas seulement des maîtres de langue, prêchant pour leur paroisse ou quelques savants isolés qui s'expriment de la sorte. Les pouvoirs publics sont si persuadés de l'utilité d'un enseignement de ce genre, qu'ils essayent de l'organiser officiellement. Dès 1604, lors de la révision des statuts de l'Académie, on introduit dans le plan d'études de la célèbre école strasbourgeoise un *præceptor linguæ gallicæ*[5], avec un programme d'enseignement et de

---

1. C'est en effet un catéchisme luthérien, non pas un catéchisme calviniste pour des réfugiés d'origine française ; comme il n'y avait point alors de communautés luthériennes de langue française en Alsace, le but de l'auteur était bien évidemment de favoriser l'étude du français parmi les Alsaciens, tout en respectant leurs scrupules religieux, en leur fournissant pour leurs exercices de lecture des textes d'une orthodoxie irréprochable.
2. Voy. sur ces ouvrages le substantiel travail de M. Charles Zwilling, *Die französische Sprache in Strassburg*, dans la *Festschrift des prot. Gymnasiums*, Strasbourg, 1888.
3. *Favus linguæ gallicæ*, p. 5. Sur Daniel Martin, on pourra consulter aussi, outre le travail de M. Zwilling, les notes de M. E. Martin, *Beitræge zur elsæssischen Philologie*, dans le *Jahrbuch* du Club Vosgien, vol. XIII.
4. *Strassburgischen Gymnasii Jubelfest*, 1641 : *Melchioris Sebizii Appendix chronologica*, p. 300.
5. *Ordnung, ampt und befehl des præceptoris gallicæ linguæ*. Se trouve dans M. Fournier et Ch. Engel, *Université de Strasbourg et Académies protestantes*, I, p. 321. Dès 1592, on avait nommé à l'Académie un certain Firmin Morel, de Clermont, et s'il quitte ce poste de maître de français, c'est

lectures curieux[1]. Si le programme n'est pas mis à exécution, si le professeur n'est pas nommé, c'est avant tout à l'opposition des théologiens luthériens qu'il faut l'attribuer ; ils ont trop l'horreur de l'hérésie calviniste pour souffrir qu'on réintroduise par une porte dérobée le loup huguenot dans leur bercail, alors qu'il ont à peine réussi à le chasser de l'Église[2]. C'est à ce violent antagonisme religieux que s'est buté pendant longtemps le désir de répandre la connaissance du français dans les villes protestantes de l'Alsace et surtout à Strasbourg. Le corps pastoral, si influent alors, même en dehors de sa sphère propre, y a été généralement hostile jusqu'au moment où l'on a pu trouver dans le pays de Montbéliard, appartenant au domaine de la Confession d'Augsbourg, des maîtres de langue qui ne lui fussent pas suspects[3]. Malgré cette opposition, l'étude de la langue ne cesse de progresser. Si en 1621 les scolarques refusent de créer une chaire de français à l'Université, c'est que déjà les embarras financiers de la petite République étaient grands, c'est aussi qu'ils pouvaient dire que, « dans cette ville à demi française on trouvait partout des occasions commodes d'apprendre cette langue[4] ». Les langues vivantes ne figuraient pas d'ailleurs dans les programmes universitaires ni dans ceux de l'enseignement secondaire du temps, et l'allemand n'était pas plus favorisé que le français, puisque le latin était l'idiome officiellement prescrit aux maîtres comme aux élèves[5].

Des écoles privées françaises pour les enfants sont ouvertes éga-

chose significative! parce qu'il y a tant de maîtres privés lui faisant concurrence, qu'il ne vient plus assez d'élèves payants chez le professeur officiel. (*Appendix chronologica*, p. 299.)
1. Il exercera ses élèves à lire et à écrire, à faire des thèmes, en lisant les Colloques de Barlæmont les Vies de Plutarque, traduites par Amyot, des chapitres de la Bible, et en leur faisant chanter des psaumes.
2. Pendant presque tout le XVIIe siècle (comme au XVIe), les professeurs et maîtres particuliers sont des émigrés huguenots, fort mal notés pour leurs hérésies.
3. Encore en 1667, par exemple, le Magistrat ayant autorisé deux frères calvinistes, Charles et Jean Ducloux, à ouvrir une école française, le Couvent ecclésiastique s'empresse de protester, puisqu'ils sont calvinistes. (XXI, 4 août, 14 septembre 1677.)
4. Lettre du professeur Mathias Bernegger, du 1er mai 1625. (Bünger, *M. Bernegger*, p. 10.) Ce témoignage est corroboré par la déclaration d'un collègue, de Joachim Clutenius, qui, dans un mémoire du 12 mars 1613, adressé aux scolarques, déclare que les jeunes seigneurs étrangers et leurs précepteurs s'arrêtent à Strasbourg principalement pour arriver à la connaissance du français. (Archives de Saint-Thomas.)
5. Le règlement de 1637 ordonne aux professeurs du Gymnase de parler latin à leurs élèves, et encore en 1699 le pédagogue de l'internat de Saint-Guillaume force les étudiants à parler entre eux cette langue. (Zwilling, p. 23.)

lement dès cette époque à Strasbourg. L'une d'elles est dirigée par un certain Jean de La Grange qui ne sait pas un mot d'allemand et enseigne en latin[1]; c'était donc un établissement pour les enfants des familles cultivées qui fréquentaient le Gymnase : mais l'école de Daniel Martin, ouverte en 1616 dans la rue du Dôme, compte des élèves qui ne payent que quatre schellings par semaine[2]; celle d'un ancien imprimeur, Daniel Cohendon, ne coûte qu'un demi-thaler par mois[3]; ce sont des institutions pour la moyenne et petite bourgeoisie. A Bischwiller, il y a également un maître d'école français dès 1618[4]. Si par moments, l'autorisation d'établir un nouvel enseignement de ce genre est refusée par le Magistrat de Strasbourg, c'est sur la demande des maîtres de langue déjà en exercice, jaloux de toute concurrence nouvelle. C'est ainsi que le 5 novembre 1655, le droit de faire des cours de langue française est réservé aux sieurs Piot, Materne et Philémon Fabri, « Parisien ». Mais dès le 26 novembre, plusieurs étudiants réclament en faveur d'un autre « linguiste », Henri Holzwarth, dont ils apprécient davantage les leçons[5]. En octobre 1665, Jean-Antoine de Mirabeau obtient l'autorisation d'organiser un cours de français à domicile[6], et dans la même année le Magistrat de Colmar charge le recteur de son École latine de donner dorénavant trois leçons de français par semaine dans les deux classes supérieures[7]. Dans certaines villes d'Alsace, on le voit, et particulièrement dans la plus importante de toutes, l'occasion d'apprendre la langue était offerte à tous ceux qui pouvaient y mettre le prix, et l'on en profitait, bien avant que le grand changement politique eût lieu vers le milieu du siècle. Seulement, c'est dans un cercle toujours restreint et sur un nombre de points plus restreint encore que s'exerce le zèle des maîtres et se produit le travail des élèves.

Le bouleversement opéré dans la situation politique de l'Alsace devait naturellement hâter, pour les générations nouvelles, l'en-

1. XXI, 27 septembre 1613.
2. *Parlement nouveau*, p. 7. — On trouvera dans le dialogue « du Maistre d'Escole » tout le programme du bon Martin, naïvement exposé.
3. XXI, 1er septembre 1628.
4. *Acta die bestellung eines franzœsischen Pfarrers und Schulmeisters gehn Bischweiler betreffent, 1618 biss 1664.* (A.B.A., E. 20.) Ministres et pédagogues étaient fournis d'ordinaire à cette communauté d'émigrés huguenots par l'entremise de l'Église française de Bâle.
5. Zwilling, p. 14, d'après les pièces aux Archives de Saint-Thomas.
6. XXI, 7 octobre 1665. — Quelques années plus tard, en juillet 1670, il protestait à son tour, avec son collègue Louis de True, contre la foule des personnes « qui se meslent d'enseigner ; nous perdons nos élèves, puisque le monde va de préférence à ce qui est nouveau ».
7. E. Waldner, *Aus dem alten Colmar*, p. 53.

traînement vers l'étude du français, au moins dans les milieux où cette étude pouvait dès lors assurer des avantages pratiques, procurer une position officielle, faciliter un avancement plus rapide, etc. Les écoles primaires elles-mêmes sont désertées, là où la chose est possible, non pas tant au profit d'un enseignement fait en français, mais de l'enseignement *du français;* nous possédons les rapports de plusieurs des maîtres des sept écoles paroissiales de Strasbourg, dans lesquels ils ont consigné leurs doléances au sujet des « nombreuses écoles clandestines calvinistes », qui de 1680 à 1683 ont fait diminuer de moitié, dans certaines écoles, leurs visiteurs [1]. Dans l'enseignement secondaire, on essaye tout au moins d'introduire l'enseignement du français, « si nécessaire actuellement », à titre facultatif [2], et si cette tentative n'est pas continuée, c'est que la plupart des parents aisés font donner de préférence des leçons particulières à leurs enfants, afin que cet enseignement soit plus fructueux [3].

Mais on ne se contentait pas des leçons qu'on pouvait avoir à domicile; on allait aussi chercher la connaissance pratique de la langue au dehors. Dès la fin du XVI° et surtout au XVII° siècle, nous voyons un grand nombre de jeunes Alsaciens de bonne famille, après avoir étudié théoriquement le français chez eux, faire le tour de France ou de Suisse pour apprendre à s'en servir. On relèverait ce détail dans presque toutes les oraisons funèbres, *Epicedia* latins et notices académiques publiées alors au décès d'un citoyen marquant ou dans les autobiographies de ces personnages eux-mêmes. Jonas Walch, de Turckheim, obristmeistre à Colmar, né en 1588, y apprend le français, comme enfant [4], Mathias Goll, stettmeistre de la même ville, né en 1576, est envoyé à Metz

---

1. C'est ainsi que le *magister* Gærtner, du Temple-Neuf, qui avait eu 80-90 élèves, n'en a plus que 30-40 en 1683. Rapport du 29 septembre. *Strassburger Schulvisitationes* (manuscr. n° 514 de la Bibliothèque municipale). Il ne peut être ici question que de maîtres et de maîtresses de *langue française*, car les bourgeois n'auraient pas songé à envoyer leurs enfants chez les dissidents, si ce n'avait été pour qu'ils pussent apprendre leur langue.
2. En 1681, quelques semaines après la capitulation de Strasbourg, les autorités universitaires désignaient le magister David Wild pour enseigner le français au Gymnase (une heure par jour!); mais Wild fut appelé bientôt à d'autres fonctions et n'eut pas de successeur officiel avant Pâques 1751. L'explication de ce fait, en apparence si bizarre, est assez facile: la révocation de l'Édit de Nantes empêchait de trouver dorénavant de bons maîtres de français protestants.
3. « *Halten ihren sœmptlichen lieben Kindern præceptores domesticos und sprachmeister,* » dit avec une amère ironie un des pauvres maîtres d'école cités tout à l'heure : « *die teutsch schul ist ihnen viel zu gering.* »
4. J. Haas, *Conversatio cœlestis*, Colmar, Spanseil, 1645, in-4°, p. 19.

à 15 ans¹, pour y acquérir cette connaissance indispensable. Ambroise Richshoffer est envoyé dans ce but, en 1627, chez le correspondant paternel, Moïse Grandidier, à Sedan, avant de s'enrôler dans les troupes hollandaises au Brésil²; François Reisseissen voyage pendant deux ans à Genève, Lyon, Orléans, Paris, en Angleterre et aux Pays-Bas (1653-1655)³. Son fils, Jean-Jacques, séjourne d'abord deux ans à Metz « pour y apprendre le français », puis va se perfectionner à Paris où il reste une troisième année ⁴. Le futur ammeistre Jean Wencker réside pendant un an à Grenoble (1658); puis il va à Saumur et à la Flèche. Daniel Wencker, qui occupera la même position, habitait dès 1642 Paris, « bien versé dans la plupart des bons auteurs français » ; il s'y rencontre avec le fils de l'ammeistre Brackenhoffer, qui parle la langue avec une assurance complète ⁵. Dominique Dietrich, l'un des signataires de la capitulation de 1681, retrouve également à Paris des concitoyens et visite, avant de revenir en Alsace, les côtes de la Normandie et les bords de la Loire (1642-1643)⁶. Quelquefois ce sont de véritables enfants qu'on expatrie pour leur permettre d'acquérir plus rapidement l'idiome étranger. Tobie Stædel, né en 1590, est envoyé en France à l'âge de quinze ans ; Jean-Léonard Frœreisen, né en 1629, part à dix ans pour Metz ; Daniel Richshoffer, né en 1640, n'a que 14 ans quand on le place comme apprenti dans une maison de commerce de Lyon⁷. Tous ceux que nous venons de nommer sont des bourgeois et, au point de vue chronologique, ils ont acquis leur connaissance du français antérieurement à la période où la France s'est décidément établie sur les bords du Rhin. Nous avons cité une demi-douzaine de noms seulement, parce qu'il faut bien se borner à quelques exemples; mais le nombre est considérable de ceux qui ont séjourné plus ou moins longtemps dans le royaume, comme touristes, commerçants, étudiants, etc. Aussi longtemps qu'existèrent les Académies protestantes de Die, de Saumur et de Sedan, qu'il y eut de nombreuses congrégations calvinistes à Metz, à Orléans et ailleurs, le chiffre des jeunes Alsaciens non catholiques visitant la France et s'initiant à ses mœurs et à son langage fut infiniment plus élevé que

---

1. J. Klein, *Leichpredigt*, Colmar, 1645, in-4°, p. 14.
2. Ambr. Richshoffer, *Brassilianisch... Reyss-Beschreybung*, p. 55.
3. Reisseissen, *Mémorial*, pp. XVIII-XIX.
4. Id., *Aufzeichnungen*, p. 18.
5. Dacheux, *Fragments de chroniques*, III, p. LXXX.
6. Id., *op. cit.*, p. LXVII.
7. O. Berger-Levrault, *Souvenirs strasbourgeois*, p. 16, 18, 19.

plus tard, quand les persécutions partielles commencèrent pour aboutir à la révocation de l'Édit de Nantes. Là aussi, le contre-coup fatal de la question religieuse se retrouve comme partout. A plus forte raison, la jeune noblesse de la province se rendait-elle en nombre à Paris, pour y apprendre le beau langage et y prendre les belles manières. Nous en avons déjà parlé plus haut [1] ; inutile d'y revenir ici.

Certains parents, il est vrai, plus timorés ou plus prudents, craignaient le contact de mœurs moins sévères et peut-être aussi les grosses dépenses d'un voyage si lointain; ils se contentaient d'expédier leurs fils, soit à Genève, dont l'austère discipline les rassurait davantage, soit à Montbéliard [2], territoire de langue française, soumis à un prince allemand et peu fourni d'attraits dangereux pouvant corrompre la jeunesse. Nous voyons aussi des familles, dont les chefs, en habiles politiques, disséminaient leur progéniture en deçà et au delà des frontières, afin d'être en passe d'arriver un peu partout. On en peut citer un amusant exemple dans la personne de ce Hold, conseiller au Conseil supérieur de Brisach, père de vingt-deux enfants, « que Madame son épouse avait tous nourris de son lait »; il avait ses fils au Collège ou à l'Université, à Vienne en Autriche, à Paris, à Rome, à la Flèche et à Padoue [3].

Il faut bien avouer, en historien fidèle, que ce penchant pour la langue étrangère, si répandu alors en Alsace, comme par toute l'Allemagne, provoquait d'amères réflexions chez les bons patriotes teutons [4]. Mais les circonstances et les besoins pratiques l'emportaient le plus souvent sur ces considérations sentimentales et ceux-là même que leur situation de fortune trop modeste empêchait de payer ces séjours dispendieux au dehors s'arrangeaient pourtant de manière à procurer à la génération nouvelle un avantage dont ils

---

1. Voy. vol. II, ch. II, sur la Noblesse. — Le jeune de Bernhold, pour ne citer qu'un exemple, fils du stettmeistre de ce nom, reste quatre années entières à Paris, avec son précepteur, le candidat en théologie, Sébastien-Luc Ritter (1672-1676), qui, Francfortois de naissance, y apprend assez bien la langue pour devenir, en 1680, le premier prédicateur de la nouvelle Église française de Strasbourg. (Reuss, Notes sur l'Église française, p. 77.)
2. C'est ainsi que le savant jurisconsulte Obrecht, le premier préteur royal de Strasbourg, a passé plusieurs années de sa jeunesse à Montbéliard et y acquit une connaissance parfaite de la langue qu'il écrivit et parla plus tard avec facilité.
3. Mémoires de deux voyages, p. 130.
4. « Il faut que tout soit aujourd'hui italien, espagnol ou français, » dit Martin Zeiller, dans l'introduction de son Itinerarium Germaniæ (Strasbourg, 1674, p. 6), « et le dicton reste vrai : *Ein Büffel ist zogen über Rhein, Und ein Esel gewandert wieder heim.* »

n'avaient pu jouir eux-mêmes; ils échangeaient leurs enfants contre des enfants de territoires français désireux d'apprendre l'allemand. Cette opération du « troc » (*auf den Tausch geben*), qui se pratiquait encore en Alsace à la fin du siècle dernier, reposait sur cette vérité économique élémentaire que là où il y a de quoi nourrir quatre bouches, on en peut toujours rassasier une cinquième. Il n'y avait donc guère d'autres frais à couvrir que celui du déplacement des garçons ou des jeunes filles qu'on dirigeait sur un centre plus considérable de coreligionnaires; les protestants allaient à Montbéliard, Genève, Sedan, Metz, etc., ou seulement dans une des petites enclaves du territoire transvosgien, comme la principauté de Salm; les catholiques se rendaient de préférence à Metz, Nancy, Besançon, Belfort, Saint-Dié, Senones et autres lieux [1]. Dans les vingt dernières années du siècle, de simples artisans font partir leurs fils pour l'intérieur du royaume, afin d'y apprendre à la fois la langue et s'y perfectionner dans leur métier [2].

Tout cela sans doute ne se produisait que dans une sphère assez restreinte; le gros de la population alsacienne était à peine atteint par le mouvement des esprits éclairés et son caractère général n'en était aucunement changé. Cependant il faut bien que le courant qui entraînait les classes cultivées vers l'esprit français et les lettres françaises ait eu une certaine intensité pour que, dès 1630, un des plus énergiques opposants à cette tendance gallophile, le poète Jean-Michel Moscherosch, ait correspondu en français avec certains de ses amis [3] quand rien ne l'y forçait et que, vers la même époque aussi, l'on demandât déjà dans l'Allemagne d'outre-Rhin, de jeunes précepteurs strasbourgeois, forts en latin, mais surtout sachant bien le français [4].

---

1. « Comme ils [les gens de Mulhouse] sont luthériens de religion, ils ont grande liaison avec ceux de Montbéliard et s'envoyent réciproquement leurs enfans en échange, durant trois ans, afin que les uns apprennent à parler allemand et les autres français. C'est, à mon gré, une coutume bien utile pour des nations différentes qui habitent leurs frontières. » *Mémoires de deux voyages*, p. 73. — Voy. aussi ce que dit le médecin Isaac Habrecht dans sa *Janua linguarum bilinguis* (Argentorati, 1629), sur l'utilité de cet usage, qui permet d'apprendre le français à fond en deux ans, « *und offt anders darneben ohne mühe...streich und besondern lehrmeister* » (p. 21).
2. *Strassburger Schulvisitationes*, manuscrit de la Bibl. municipale de Strasbourg.
3. Voy. par exemple la lettre de Philippe Bœcklin de Bœcklinsau, bailli hanovien, dans son recueil d'épigrammes. (*Moscheroschii Epigrammatum centuria tertia*, Francofurti, 1665, p. 124.)
4. Lettre du célèbre prédicateur de Stuttgart, Valentin Andreæ, à son ami, Samuel Gloner, de Strasbourg, 1631. (*Gloneri Epistolæ*, manuscrit des archives de Saint-Thomas.)

Une autre preuve, assez concluante également, de l'extension croissante de la langue des nouveaux maîtres de l'Alsace, c'est l'organisation des services religieux en cette langue, soit dans les localités catholiques soumises au roi, comme Schlestadt[1], soit dans des localités protestantes indépendantes de la couronne, comme Mulhouse[2] et, un peu plus tard, Strasbourg[3]. La littérature courante de la capitale pénétrait déjà dans des localités sans grande importance; vers 1675, nous trouvons dans l'obscure bourgade d'Altkirch, des gens qui se font acheter par leurs amis et connaissances, les livres nouveaux et les estampes qu'on met en vente à Paris et qui apprennent le français « par la seule lecture des livres [4] ». Bien auparavant déjà les hommes d'étude et les érudits dans les centres plus considérables, se tenaient au courant des nouveautés scientifiques, paraissant à Paris. J. Wencker se faisait expédier en 1646 par le secrétaire de la ville, Gaspard Bernegger, tout ce qui avait été publié de plus récent sur l'histoire de France, les livres de Scipion Dupleix, de Mézeray, d'André Duchesne, etc. Il demandait jusqu'aux pamphlets échangés entre les docteurs de la Sorbonne et les RR. PP. Jésuites et les brochures politiques du jour[5].

Ce qui donna, dans les vingt dernières années du siècle, une impulsion plus générale à l'étude du français et contribua surtout à en répandre l'emploi, même en dehors des villes, ce fut le nombre croissant de fonctionnaires militaires, civils et ecclésiastiques venus de l'intérieur et disséminés par la province, et qu'on rencontre jusque dans de très petits villages. Il n'existe nulle part de listes, même incomplètes, de cette armée de subalternes établis, soit sur les territoires immédiatement soumis au roi, soit sur ceux des princes étrangers, possessionnés en Alsace et relevant du contrôle indirect des intendants d'Alsace. On se souvient que dès 1686, Louis XIV avait prescrit que tous ses fonctionnaires, même ceux des seigneuries protestantes, baillis, receveurs, notaires

---

1. Voy. Gény, *Jahrbücher*, I, p. 93. Les premiers prônes en français « *ad populum* », se font en 1649.
2. C'est en 1661 qu'on ouvre à Mulhouse, dans le chœur d'un ancien cloître, un lieu de culte réformé, dont un gentilhomme huguenot, Constantin de Roquépine, fut le premier desservant. (Mieg, *Geschichte von Mülhausen*, II, p. 31.)
3. L'Église française est organisée en 1680, *avant* la capitulation de la ville. (Procès-verbaux des XXI, 20 mars, 22 mars, 17 avril 1680.)
4. *Mémoires de deux voyages*, p. 209, 123.
5. Dacheux, *Fragments*, III, p. LXVIII.

royaux, huissiers, devaient être catholiques[1]; il allait de soi qu'ils devaient également *comprendre* tout au moins la langue officielle, sinon la parler couramment. Bien peu d'Alsaciens natifs étaient en état de satisfaire au début, à cette double condition d'éligibilité pour les postes nombreux, devenus vacants partout ou créés par suite de l'organisation judiciaire et administrative nouvelle. Mais, si nous n'avons point de catalogue général des fonctionnaires en activité de service durant les premiers lustres du régime français, nous pouvons y suppléer dans une certaine mesure. On a publié, par exemple, la liste complète de toutes les personnes de la province qui, se conformant à l'édit royal de 1696, se firent délivrer des armoiries nouvelles ou confirmer celles qu'elles avaient antérieurement adoptées. En relevant dans cet *Armorial d'Alsace*[2] tous les noms français, on constate non sans étonnement, combien pour certaines catégories de fonctionnaires le nombre d'immigrés est déjà considérable. En ne tenant compte que des localités en territoire allemand, l'on trouve des *baillis* français à Haguenau, Marckolsheim, Masevaux, Mutzig et Villé : des *prévôts* français à Bantzenheim, Bolsenheim, Gundershoffen, Habsheim, Hipsheim, Hohfranckenheim, Kirwiller, Mænnolsheim, Mittelwihr, Morschwiller, Neugartheim, Offendorff, Russ, Schirmeck, Souffelweyersheim, Uberach, Wasselonne, Wingersheim, Wolxheim ; des *greffiers* d'origine française à Dachstein, Mutzig, Saint-Hippolyte ; des *notaires* venus de l'intérieur à Landser, Landau, Mutzig ; des *receveurs* pareils à Rouffach et Saverne ; des *bourgmestres* français à Bergheim, Colmar, Landau, Munster, Wissembourg ;. des *curés* surtout, en grand nombre : l'*Armorial* mentionne ceux de Beblenheim, Biesheim, Bœrsch, Brunstatt, Châtenois, Diebolsheim, Elsenheim, Hilsenheim, Lutzelhouse, Monswiller, Oberbergheim, Osthoffen, Pfettisheim, Ribeauvillé, Rumersheim, Saint-Hippolyte, Schlestadt, Stotzheim, Steinbourg, Walf et Westhausen ; il y a enfin des chanoines ou des abbés, également nombreux, dans les

---

1. Voy. tome Ier, p. 334, 400. L'Édit ne se trouve pas dans la collection des *Ordonnances d'Alsace*. Son existence est prouvée par les mesures prises contre les baillis protestants de Strasbourg, etc., à la date indiquée ; il n'est *officiellement* avoué que par l'arrêt du 17 mai 1697 qui le présuppose.
2. L'*Armorial d'Alsace* a été publié par M. A. de Barthélemy (*Armorial de la généralité d'Alsace, Recueil officiel*, etc., Paris, Aubry, 1861, 8º), malheureusement sans la moindre tentative pour corriger les innombrables et grossières erreurs d'orthographe pour les noms de personnes, sous prétexte que « l'orthographe de l'original... si défectueuse qu'elle soit, va rarement jusqu'à les rendre méconnaissables ».

collégiales ou les abbayes de Colmar, Haslach, Lucelle, Neuwiller, Ottmarsheim, Saverne, Strasbourg et Surbourg[1].

Ce personnel, répandu dans tant de localités diverses, chargé d'une tâche officielle qui le mettait forcément en contact avec toutes les couches de la population, savait-il l'allemand, comprenait-il la langue des gens au milieu desquels il devait agir et vivre ? Il est permis d'en douter, d'après les rares renseignements qui nous sont parvenus à cet égard. On cite toujours comme un fait curieux la connaissance de quelques bribes d'allemand de la part d'un fonctionnaire civil ou militaire, même à une époque où l'usage du français était beaucoup moins répandu encore en Alsace que plus tard[2]. Mme Hold, la femme du vieux conseiller au Conseil souverain de Brisach disait, en 1675, qu'elle n'avait connu, de mémoire d'homme, que deux Français ayant appris assez d'allemand pour pouvoir se mêler à la conversation ; notre touriste, si souvent déjà cité, confirme ce dire en racontant que son collègue de la ferme d'Altkirch, après cinq ans et demi de séjour en Alsace n'avait pu apprendre « deux mots » de cette langue[3]. Il y avait donc nécessité pour les populations nouvellement soumises de se familiariser, dans une certaine mesure, avec l'idiome parlé par leurs supérieurs temporels et spirituels, de même qu'on peut admettre qu'à la longue, les Français vivant au milieu de populations exclusivement allemandes, ont fini par apprendre ce qu'il leur fallait absolument savoir de cette langue pour communiquer avec leurs administrés ou leurs ouailles. Il devait en être de même pour les employés du fisc, pour le nombreux personnel de l'administration militaire dans les petites places de la frontière, etc.[4].

1. Ces listes constituent seulement un *minimum* de noms français, car nous ignorons combien d'autres immigrés de ces catégories n'ont pas jugé à propos de « lever » leurs armoiries, et j'ai laissé de côté les simples bourgeois et particuliers d'origine française qui figurent à l'Armorial. Il pouvait y en avoir beaucoup ; à Fort-Louis, par exemple, toutes les personnes inscrites (p. 194-195) sont indubitablement des immigrés.
2. On cite comme un phénomène le commandant de Colmar, M. du Claussier, qui après avoir habité cette place pendant sept ans comme lieutenant du roi, avait appris à s'exprimer non sans peine en allemand. (*Revue d'Alsace*, 1883, p. 399.)
3. *Mémoires de deux voyages*, p. 208. — Il faut relever cependant l'assertion de Dom Bernard de Ferrette, qui écrivait, il est vrai, bien plus tard. Il assure que beaucoup de personnes, surtout les soldats et les ecclésiastiques, « possédaient un usage parfait des deux langues. » (*Diarium de Murbach*, p. 42.)
4. On pourrait s'étonner de ce que, avec une infiltration pareille d'éléments français pour toute la province, les progrès de la *francisation* n'aient pas été plus rapides. Mais il faut songer que cette immigration de fonctionnaires venus de l'intérieur ne dura pas si longtemps, en définitive. Dès la

Si donc les documents statistiques font défaut pour établir d'une façon bien précise un tableau de l'usage de la langue française en Alsace et de ses progrès au XVIIe siècle, on peut au moins affirmer, en termes généraux et sans risque d'erreur, que dans le premier tiers de ce siècle, en dehors de groupes de populations assez insignifiants, le français n'a été compris et surtout parlé dans la province que par de rares individus et dans une sphère sociale très restreinte de gentilshommes et de hauts fonctionnaires, auxquels s'ajoutent quelques savants et quelques commerçants des grandes villes. Dans la seconde période qui s'étend depuis l'entrée des troupes françaises en Alsace (1632) jusqu'à la fin de la guerre de Hollande (1679), les progrès sont assez rapides dans les couches supérieures de la société alsacienne; l'occupation de beaucoup de villes par des garnisons royales, la circulation incessante des armées de Louis XIV dans la Haute et Basse-Alsace, le contrôle direct ou indirect de l'autorité nouvelle et de ses représentants divers sur tous les territoires, favorisent l'extension de l'idiome d'outre-Vosges et l'imposent, par la force des choses,—non point par autorité légale, — à certaines catégories au moins de la population. Mais ce n'est pourtant que dans les vingt dernières années du siècle que le mouvement s'accentue après les arrêts de réunion de 1680. Une nouvelle génération, déjà née sous la protection des lis de France, obéissant à l'impulsion générale de l'époque qui fait du français la langue universelle des couches sociales supérieures, se met sérieusement à cette étude, sans abandonner pour cela l'allemand comme langage du foyer domestique, des affaires et des devoirs religieux. Au commencement du XVIIIe siècle, beaucoup de personnes, dans les rangs de la moyenne bourgeoisie, sont capables de se faire comprendre en français ; elles ne songent pas à le parler entre elles et n'ont pas même l'occasion de s'exercer souvent ailleurs, puisque le monde des immigrés, fonctionnaires civils ou militaires, ne se mêle guère avec la bourgeoisie locale et que les nouveaux venus du tiers-état n'arrivent que tard, tout à la fin du XVIIe siècle, et grâce seulement à l'*alternative* imposée par le roi, à se frayer un chemin vers les honneurs municipaux[1]. La langue administrative *interne*

génération suivante; il y eut déjà suffisamment de jeunes Alsaciens catholiques disponibles pour les services administratifs, judiciaires, etc. Ils parlaient le français avec leurs supérieurs, mais, le gouvernement royal étant fort indifférent à la question nationale, ils préféraient parler l'allemand aux administrés; c'est ainsi que le stimulant de la nécessité disparait pour les classes inférieures et elles cessent volontiers, comme on pense bien, cet effort intellectuel trop grand d'acquérir une langue étrangère.

1. A Colmar, il est vrai, l'intendant fit entrer dans le Conseil, comme

est restée partout, même dans les villes, l'allemand. A Strasbourg, les procès-verbaux des séances du Magistrat sont rédigés dans cette langue jusqu'à 1789. A Saverne, occupé par les Français dès 1634, siège de la Régence épiscopale, très dévouée depuis l'avènement des Furstemberg, à la France, c'est en 1699 seulement que les comptes de la ville sont rédigés pour la première fois dans les deux langues[1]. L'intendant La Grange nous paraît avoir fort impartialement résumé la situation vers 1698, en disant : « La langue commune de la province est l'allemand ; cependant il ne s'y trouve guère de personnes un peu distinguées qui ne parlent assez le français pour se faire entendre, et tout le monde s'applique à le faire apprendre à ses enfants, en sorte que cette langue sera bientôt commune dans la province[2]. » Le sagace administrateur se garde bien d'exagérer ; il ne dit pas qu'on parle beaucoup le français en Alsace ni qu'on le parle bien ; il ne dit pas non plus que ce sera le langage *universel* de la génération prochaine, mais seulement que ce sera chose ordinaire de l'y entendre parler, et cette prédiction modeste était absolument réalisée vers 1720.

Ce développement de l'usage de la langue française, fort lent d'abord, mais qui va s'accentuant à mesure que le XVIIe siècle approche de sa fin, est d'autant plus intéressant à suivre qu'il s'est produit d'une façon plus normale et ses résultats peuvent être regardés comme d'autant plus satisfaisants qu'ils ont été obtenus en dehors de toute ingérence officielle sérieuse, en dehors de ces pressions violentes et violentant la conscience publique, dont le spectacle ne nous est pas épargné par certains gouvernements modernes[3]. Ce n'est pas faire œuvre de polémiste, mais simplement constater une vérité indiscutable, que d'appuyer sur ce fait que la monarchie française, depuis la paix de Westphalie

bourgmestre un tisserand gascon, dès 1680 (Ambros. Müller, *Stamm- und Zeitbuch*, p. 26), mais à Strasbourg le premier Français d'origine (catholique amené par l'*alternative*), Paul-Roger Sibour, qui pénètre au Grand-Conseil, n'y parvient qu'en 1695, et de 1695 à 1713, il n'y a pas plus de quatre immigrés en tout parmi les vingt conseillers élus tous les deux ans.
1. Archives de Saverne. Liasse 145 ; Comptes de 1696-1699 (Dag. Fischer, *Gesch. von Zabern*).
2. Lagrange, *Mémoire*, fol. 246-247.
3. Certains historiens allemands ne cessent de citer l'arrêt du Conseil d'État du 30 janvier 1685 sur l'emploi exclusif de la langue française dans les jugements et les actes publics, comme aussi l'ordonnance de M. de La Grange du 25 juin 1685 sur l'adoption des modes françaises, pour prouver les procédés « tyranniques » du gouvernement contre la langue et les mœurs allemandes. Tout le monde sait pourtant que ce ne furent là que des déclarations théoriques et que jamais ces prescriptions ne furent mises à exécution. (Voy. tome 1er, p. 726.)

jusqu'à la Révolution, n'a jamais songé à entraver l'usage de la langue allemande en Alsace[1], ni considéré sa suppression comme un moyen utile ou désirable pour hâter la mise en œuvre de l'assimilation de la province[2].

1. C'est le 17 juin 1788 seulement que le gouvernement de Louis XVI, frappé de ce que, même dans la capitale de la province, la langue allemande était « la seule que la plupart des gens du peuple parlent et entendent à Strasbourg », prescrivait, — non pas la suppression des écoles allemandes, — mais l'établissement de « plusieurs écoles où la langue française soit enseignée ». Il avait donc attendu *plus d'un siècle* après l'annexion pour prendre une mesure aussi simple et si peu oppressive. (Voy. cette pièce (*Revue d'Alsace*, 1856, p. 420.)

2. C'est ce que des écrivains foncièrement hostiles à la France et désireux de signaler tous ses « attentats », comme M. H. Rocholl (*Zur Geschichte der Annexion des Elsasses*, p. 147), ont été obligés de reconnaître.

CHAPITRE DEUXIÈME

Imprimerie et Librairie

Quoi qu'il en soit de la tradition généralement admise de nos jours qui fait de Strasbourg le berceau de l'imprimerie[1], il est certain que l'Alsace et en particulier sa métropole, puis Schlestadt et Haguenau [2] et pour un temps fort court aussi Colmar, jouèrent un rôle éclatant dans l'histoire de cet art au XVe et au XVIe siècle. On n'a imprimé qu'assez tard à Molsheim, et fort peu de volumes intéressants ; il en a été de même à Mulhouse, et quant à la plupart des autres villes de la province, il serait impossible, je crois, d'établir qu'elles ont possédé des imprimeries quelconques, soit au XVIe, soit au XVIIe siècle[3]. Mais par le fini des travaux typographiques que ses officines mirent au jour, par les riches illustrations qui souvent y furent jointes, par l'importance scientifique des nombreux écrits publiés dans les différentes branches des connaissances humaines, Strasbourg tient assurément un des premiers rangs parmi les villes du Saint-Empire et même de toute l'Europe, de 1550 à 1600. Au début du XVIIe siècle, le mouvement industriel et artistique de l'imprimerie locale se ralentit déjà, soit que la concurrence plus active de maint centre analogue ait affaibli le trafic et le débit des produits typographiques de l'Alsace au dehors, soit que la productivité de ses savants ait diminué ou que la valeur scientifique de leurs travaux ait subi le contre-coup du formalisme croissant en matière de doctrines religieuses et autres. Il reste néanmoins une série d'imprimeurs et d'éditeurs, très honorablement connus au loin, dignes héritiers des Gruninger, des Pruss, des Rihel, des Jobin, leurs prédécesseurs plus ou moins immédiats. On peut nommer parmi eux Antoine Bertram, qui fut pendant un demi-siècle imprimeur de

---

1. Les plus récents travaux sur la matière ont été bien résumés et complétés dans un esprit de critique prudente et sagace par M. Karl Schorbach, *Strassburgs Antheil an der Erfindung der Buchdruckerkunst* (*Zeitschrift f. G. d. Oberrheins*, 1892-93.)
2. Après le début des luttes religieuses, l'importance de Haguenau comme centre scientifique diminue rapidement, et au XVIIe siècle, cette ville, si célèbre un moment dans les annales de la typographie, ne compte plus.
3. Même Ensisheim, siège du gouvernement archiducal, ne paraît pas avoir eu d'officine typographique au XVIIe siècle, pour publier les ordonnances officielles.

l'Académie, puis de l'Université de Strasbourg (1582-1641); Paul Ledertz (1611-1651); Lazare Zetzner et ses héritiers (1587-1676); Éverard Welper et ses successeurs (1627-1763); Jean Carolus et ses héritiers (1605-1686); Jean-Philippe Mulb, Josias Stædel et ses héritiers (1638-1724), bien connus de tous ceux que leurs recherches érudites ont amenés à feuilleter un nombre plus considérable d'ouvrages scientifiques parus au XVII siècle [1]. Et cependant, quand on compare les volumes sortis de leurs presses, imprimés sans goût sur mauvais papier, le plus souvent sans autres illustrations que des bois grossiers à demi usés, avec les beaux in-folio illustrés, aux belles marques d'imprimerie du siècle précédent [2], on se rend bien compte de la décadence déjà marquée de l'art typographique. Le nombre des publications reste toujours considérable, avant et même pendant la guerre de Trente Ans. En dehors des fournitures courantes, calendriers, livres de prières, recueils de cantiques, recueils de farces, modèles de correspondances commerciales et amoureuses, livres de classe, etc., on relèverait dans les catalogues généraux des foires de Francfort un contingent tout à fait respectable d'ouvrages parus à Strasbourg, relatifs à la médecine, à l'histoire, à l'érudition philologique, à la controverse théologique, des sermons, des poésies néo-latines et allemandes, des œuvres de littérature légère, surtout des traductions d'auteurs italiens ou français, voire même des traités d'alchimie.

Après l'établissement d'un certain nombre d'officines à Strasbourg, le gouvernement avait adjoint les imprimeurs à l'une des confréries de métiers, à la tribu de l'Échasse, qui renfermait toutes les professions artistiques, enlumineurs, peintres, orfèvres, etc. Ils avaient bien été obligés d'obéir au Magistrat, mais ils supportèrent toujours à contre-cœur cette affiliation qu'ils trouvaient dégradante, prétendant que l'imprimerie était une profession libérale [3]. En fait, ils n'avaient pas comme les autres corps de métiers, des règlements spéciaux (*Ordnungen*); leurs apprentis n'étaient pas tenus de se soumettre aux engagements habituels, leurs compagnons n'avaient point à fournir de « chef-d'œuvre », etc. Au commencement du XVII° siècle, la ville libre comptait six officines; en 1621, il y en avait dix, et c'était là un chiffre très élevé, quand on voit qu'à la même date Bâle

---

1. O. Berger-Levrault, *Imprimeurs strasbourgeois* (Nancy, 1893), 8°.
2. Il y a quelques exceptions, mais elles sont bien rares. Voy. Paul Heitz, *Originalabdruck von Formschneiderarbeiten des XVI u. XVII Jahrhunderts aus Strassburger Druckereien*, Strassb., 1890-1894, 2 vol. fol.
3. « *Eine freie Kunst.* »

n'avait que quatre imprimeurs et Francfort six seulement[1], alors que le nombre des ouvrages publiés y était certainement plus considérable. Ces dix maîtres imprimeurs n'employaient qu'un personnel de 23 compagnons, dont dix seulement étaient mariés, c'est-à-dire fixés d'une manière définitive à Strasbourg. On voit que le nombre des typographes était minime, eu égard au travail fourni, puisque certains établissements n'avaient qu'un ou deux ouvriers. Mais si ce chiffre nous paraît presque dérisoire aujourd'hui, patrons et salariés le trouvaient encore trop élevé et réclamaient auprès des Magistrats une limitation du nombre des officines et de leurs employés, ce qui aurait octroyé, de fait, une espèce de monopole aux imprimeries existantes[2]. Le conseil des XV refusa cette demande en 1621, puis une seconde fois en 1628, et une troisième plus tard. Encore en 1708, il émettait l'avis que toute réglementation nouvelle sur la matière était inutile, puisque l'*Ordonnance de police générale* lui fournissait tous les moyens légaux nécessaires pour faire exécuter sa volonté[3].

Beaucoup d'imprimeurs étaient également libraires; ils acquéraient le privilège de l'être en payant un double droit annuel à leur tribu[4]. D'autres industriels se contentaient d'être libraires-éditeurs et faisaient imprimer les auteurs qu'ils éditaient par d'autres, avec lesquels ils ne réglaient pas toujours leurs comptes à l'amiable[5]. Pendant la guerre de Trente Ans, les communications avec le dehors étant souvent coupées et les personnes ayant encore de quoi acheter des livres se faisant rares, l'imprimerie strasbourgeoise périclita lentement. Il n'y avait pas plus de quinze typographes en tout, maîtres et compagnons, dans la ville libre, en 1640, lorsqu'on y célébra le second centenaire de l'invention de Gutenberg, en pré-

1. Supplique des imprimeurs au Conseil des XXI, du 21 juillet 1621. Voy. W. Stieda, *Zur Geschichte des Strassburger Buchdrucks und Buchhandels*, Leipzig, *Archiv für Gesch. des deutschen Buchhandels*, tome V, 1880, p. 50. Nous avons beaucoup emprunté pour ce chapitre à la substantielle monographie de M. Stieda, entièrement composée avec les pièces des Archives municipales de Strasbourg.
2. Procès-verbaux des XXI, 3 novembre, 17 novembre, 5 décembre 1621.
3. Le titre XV de la *Policeyordnung* du 1er décembre 1628 (*Von Buchdruckern und deren Verlegern*) donnait en effet au Magistrat la possibilité de limiter le nombre des imprimeurs, puisque aucun ne pouvait s'établir sans une permission des conseillers délégués, les *Ober-Druckerherren*.
4. Ordonnance du 25 juin 1629. (Stieda, appendice XIV.)
5. En 1642, l'un des éditeurs strasbourgeois les plus connus, Lazare Zetzner, membre du Conseil des XV, fut destitué de ses fonctions publiques et mis à l'amende pour avoir envahi le domicile de l'imprimeur Simon et lui avoir administré une formidable raclée, *hat ihn mit einem stecken abgeschmieret*, dit la *Chronique de Walter*, p. 37.

sentant au Magistrat, le 22 août, un ouvrage composé par le Dr Adam Schrag et intitulé : *Rapport sur l'invention de l'imprimerie*[1]. A ce moment, Leipzig lui-même ne comptait que seize participants à sa fête locale et d'autres villes universitaires allemandes étaient infiniment plus mal loties [2]; avec son personnel si restreint Strasbourg jouissait donc d'une prospérité relative. Plus tard, quand les temps furent redevenus un peu plus calmes, le total des ouvriers remonta quelque peu, mais le chiffre des officines resta presque toujours inférieur à celui de 1621 et plusieurs d'entre elles ne possédaient qu'une bien pauvre clientèle. En effet, les imprimeurs-éditeurs strasbourgeois avaient perdu en partie celle des savants et du public allemand, sans pouvoir la remplacer encore par un public français, et cet état de choses se prolongea pendant toute la première moitié du XVIIIe siècle. Voici ce qu'on lit à ce sujet dans un mémoire officiel rédigé en 1735 : « Au surplus, les livres imprimés à Strasbourg sont de peu de conséquence et ne consistent qu'en de petits ouvrages, des thèses des Universités catholique et luthérienne, des programmes, harangues, petites pièces de poésie, livres de classe et de prières, almanachs, etc. Les principaux livres qui s'impriment à Strasbourg sont ceux de droit public et romain, de médecine et de théologie, la plupart composez par ceux de la Confession d'Augsbourg, mais très sévèrement censurez à l'Université avant d'être mis sous presse... A l'égard des autres imprimeurs qui se trouvent dans les villes de Colmar, Schélestat et Molsheim, ils n'impriment que quelques livres de classe, programmes de Jésuites, livres de prières à l'usage du peuple et des almanachs [3]. »

Tout manuscrit remis à un imprimeur ou à un libraire pour être mis au jour, devait d'abord être porté par lui à la Chancellerie de la République, où le secrétaire d'État, le *Stadtschreiber*, était à l'origine chargé de l'examiner à fond. Plus tard, quand la besogne devint trop absorbante pour un seul fonctionnaire, qui avait d'ailleurs des occupations plus urgentes que celle de déchiffrer des traités de dogmatique ou de droit, on adjoignit au secrétaire deux membres des Conseils permanents, les *Ober-Truckerherren*, plus

---

1. *Bericht von Erfindung der Buchdruckerey*. Le Conseil des XXI répondit à cet hommage, le 9 novembre 1640, par un cadeau de 24 rixdales.
2. A Iéna, par exemple, il n'y avait alors qu'un seul imprimeur avec un ouvrier unique.
3. Mémoire du sieur Peloux, secrétaire de l'intendant Feydeau de Brou, extrait d'un manuscrit de la Bibliothèque Nationale (fonds français, 8152) par M. Aug. Krœber. (*Revue d'Alsace*, 1867, p. 342.) Aussi n'y avait-il plus à Strasbourg, en 1786, que cinq imprimeries.

spécialement chargés dorénavant de la censure préalable[1]. Comme il pouvait arriver, — et ce devait être le cas bien souvent, — que ces commissaires ne se sentissent pas compétents pour apprécier les défauts ou les inconvénients d'un ouvrage, ils avaient le droit de déléguer leurs fonctions à un professeur de l'Université, généralement au doyen de la Faculté à laquelle ressortissait la matière, mais ils agissaient de la sorte sous leur responsabilité personnelle. Quiconque imprimait clandestinement une plaquette ou une brochure, surtout une brochure politique[2], était passible non seulement d'une grosse amende et de la prison, mais risquait encore de voir fermer son officine par ordre supérieur. Le plus souvent d'ailleurs, les *Ober-Truckerherren* n'osaient prendre sur eux d'autoriser l'impression des écrits qui touchaient de près ou de loin aux questions du jour, politiques ou confessionnelles, et l'on peut constater de la sorte, dans les procès-verbaux des Conseils, avec quelle inquiétude le Magistrat surveillait l'expression des opinions individuelles[3], et s'efforçait, sans y réussir toujours[4], à ne se mettre mal avec personne. Avant 1648, on s'ingénie surtout à éviter ce qui pourrait troubler les bons rapports avec les princes voisins

---

1. Il existe aux archives de la ville de Strasbourg (A.A. 2350) un précis historique rédigé par l'archiviste Wencker en 1720, qui expose le régime appliqué à l'imprimerie et à la librairie avant la soumission de la ville à Louis XIV et jusqu'à l'année 1707.
2. De là l'indication de localités fictives sur le titre de certaines brochures, indubitablement imprimées dans la ville libre, par exemple: *Bey Strassburg, unter blauem Himmel, Eleutheropolis, Augustæ Treboccorum, Helicone juxta Parnassum,* lors même que ces écrits répondaient aux sentiments intimes des gouvernants eux-mêmes.
3. Nous en avons trouvé un amusant exemple dans les procès-verbaux des XIII, du 24 juillet 1624. L'un des membres, François-Rodolphe Ingold, se plaint de ce qu'on vende dans les auberges des pamphlets dangereux, tels que les *Acta Mansfeldica*, et dénonce l'imprimeur Jean Carolus, comme ayant dû imprimer une plaquette diffamatoire intitulée *Maladie bavaroise.* Là-dessus l'un des censeurs, Pierre Storck, se fâche et s'écrie : « *Was heimlich gedruckt wird sei censoribus zu observiren unmœglich.* » Si Carolus nomme celui qui lui a offert le manuscrit, on pourra examiner la question de plus près. Il accuse à son tour un autre imprimeur, Jean Andreæ, comme dangereux (*schœdlich*), acceptant toute besogne, manquant de déférence vis-à-vis des censeurs et les molestant sans cesse. Il est en ligue secrète avec les imprimeurs de Molsheim, et quand on lui refuse la permission d'imprimer ici, il fait mettre le factum sous presse là-bas et le répand ensuite en ville. On voit que le métier de censeur n'était pas toujours facile.
4. En 1668, à la foire d'automne de Francfort, il arriva que le Dr Sperling, commissaire impérial, confisqua comme « écrit scandaleux », un traité du célèbre théologien Balthasar Bebel, *De antiquitate Ecclesiæ Argentinensis,* que personne n'avait cru compromettant à Strasbourg.

ou scandaliser les coryphées des doctrines du pur luthéranisme[1]; après 1681, ce qui tourmentait le plus les censeurs, c'était la crainte de laisser passer quelque expression qui pût choquer les hauts fonctionnaires français ou être interprétée comme une attaque contre l'Église catholique.

Les gravures, les cartes et les plans étaient soumis à la même censure préventive. Sur ce point, on avait été très sévère dès le XVIe siècle, et l'on comprend au besoin que durant les longues guerres politico-religieuses de cette époque on n'ait pas voulu que les adversaires de la ville libre pussent se procurer des plans exacts des fortifications, pour tenter quelque escalade, comme celle qui faillit réussir contre Genève[2]; mais il est assez difficile de saisir les motifs qui firent citer, par exemple, devant le Conseil et réprimander, en 1613, le dessinateur Jacques van der Heyden, pour avoir gravé sur cuivre et mis en vente une vue du pont du Rhin, que traversaient chaque année des milliers d'étrangers[3].

L'imprimeur devait déposer à la Chancellerie de la ville un exemplaire gratuit de tout opuscule sortant de ses presses ; c'est par ce dépôt légal que la Bibliothèque de l'Université réussissait à s'agrandir un peu chaque année, malgré ses très modestes ressources. En échange du don d'un ou de plusieurs exemplaires d'ouvrages de prix[4], le Magistrat permettait aussi parfois de faire figurer au titre la mention : *Cum gratia et privilegio Senatus Argentinensis ;* mais cet énoncé d'un privilège spécial est assez rare et se rencontre surtout sur des éditions scolaires destinées au Gymnase, etc., qu'on désirait évidemment soustraire au danger d'une contre-façon frauduleuse[5]. Cette dernière était sévèrement réprimée par de lourdes

---

1. « *Theologica sollen ohne vorwissen der Herren Censoren nicht gedruckt werden.* » (XXI, 1644, fol. 108.) — Comme exemple de préoccupations politiques au temps où Strasbourg était encore un État du Saint-Empire, nous relevons au procès-verbal des XIII (31 janvier 1661), le rapport de Dominique Dietrich, exposant à ses collègues, d'un air consterné, que l'ex-résident français, Jean Frischmann, faisait imprimer une brochure (*ein Tractœtlein*) intitulée *Acclamationes anniversariæ ad Regem Christianissimum;* dans le chapitre *Acclamationes germanicæ*, il y a toutes sortes de choses compromettantes (*bedenckliche Sachen*). Le Conseil décide que les avocats généraux examineront de très près le manuscrit: mais on n'osa pas sans doute se brouiller avec l'admirateur du Grand Roi, et il ne fut plus question de l'opuscule, officiellement du moins.
2. C'est ce qui arriva, par exemple, à l'ingénieur Daniel Specklin, en 1564. (XXI, 19 février 1564.)
3. Dacheux, *Fragments*, III, p. 277.
4. C'est le cas pour Josias Stædel qui offre au Magistrat les sept volumes des *Acta publica* de Londorp. (XIII, 23 août, 18 octobre 1669.)
5. XXI, 23 août, 18 octobre, 27 novembre 1669.

amendes et par la confiscation même de l'ouvrage. On peut s'étonner que dans une ville de grandeur moyenne, des imprimeurs aient entrepris de faire une concurrence déloyale à un collègue, alors qu'elle devait être assez facile à surprendre ; mais il existe une ordonnance, rendue par le Conseil des XXI, le 17 novembre 1619, sur la plainte portée par Jean Carolus contre son confrère Marx van der Heyden, qui prouve que cette façon d'agir n'était pas absolument rare ; on ne l'aurait point imprimée sous forme de placard s'il n'avait semblé désirable d'effrayer les contrefacteurs en l'affichant en public [1].

Si les gros bouquins, signés de noms connus, écrits le plus souvent en une langue morte, étaient l'objet d'un contrôle aussi minutieux, on pense bien que le journalisme anonyme donnait aux gouvernants des soucis plus grands encore. Heureusement pour eux, il n'était pas encore un pouvoir dans l'État, le plus irresponsable et le plus encombrant de tous, et ne devait pas le devenir de sitôt. Mais il y avait néanmoins une presse périodique en Alsace au XVIIe siècle, et la *Gazette hebdomadaire* de Strasbourg est même le premier journal, publié à intervalles réguliers, que l'on puisse signaler en Allemagne. Dès le XVIe siècle, en effet, le nombre de feuilles volantes intitulées *Gazettes* ou *Gazettes extraordinaires* [2], et répandues dans le public par des imprimeurs généralement anonymes, est assez considérable. Mais ce sont des récits d'événements isolés, de catastrophes émouvantes ou de solennités curieuses, et rien ne rattache ces feuilles les unes aux autres. Qu'il y en ait eu de pareilles, imprimées à Strasbourg, rien de plus vraisemblable ; mais leur existence n'est pas démontrée pour le moment. Par contre, il est prouvé que dans les premières années du XVIIe siècle, l'imprimeur-éditeur Jean Carolus, de Strasbourg, faisait paraître une feuille de nouvelles, publiée régulièrement une fois par semaine et alimentée par des correspondances lui arrivant à intervalles réguliers. Un savant distingué, qui s'est beaucoup occupé de l'histoire de la guerre de Trente Ans, feu M. Jules Opel, de Halle, en a retrouvé l'année 1609, à peu près complète, à la Bibliothèque de

---

1. Stieda, *op. cit.*, appendice XII. — En 1655, le Magistrat ne permet la réimpression d'un calendrier paru d'abord à Nuremberg, que si l'imprimeur strasbourgeois s'arrangeait à l'amiable avec son confrère étranger. (XXI, 5 février 1655.)

2. *Zeitung*, *Extraordinari Zeitung*, *Newe Zeitung*, etc.; on ajoutait en gros caractères l'événement raconté, soit en prose, soit parfois en vers dans la brochure.

Heidelberg, il y a une vingtaine d'années[1]. Elle est intitulée : *Relation de toutes les histoires importantes et mémorables qui se pourront passer dans la Haute et la Basse Allemagne, en France, Italie, Écosse, Angleterre, Espagne, Hongrie, Pologne, Transylvanie, Valachie, Moldavie, etc., dans le cours de la présente année 1609, le tout rendu fidèlement d'après les renseignements que je pourrai obtenir et recueillir, et qui seront mis sous presse.* La rédaction même du titre indique qu'il fut composé d'avance et joint au premier numéro. Il est orné d'un encadrement, gravé sur bois, et représentant trois anges, porteurs d'emblèmes (la Foi, l'Espérance et la Charité?) sans aucune indication de localité, d'ailleurs[2]. A la seconde page cependant, nous trouvons une espèce de préface, signée Jean Carolus, dans laquelle l'éditeur prie ses lecteurs d'excuser les erreurs dans les noms propres et les *coquilles* qu'ils pourraient rencontrer, vu la nécessité de composer ce journal d'une façon très rapide et l'obligation d'y procéder parfois pendant les heures de la nuit. Nous y apprenons en même temps que la *Relation aller fürnemen Historien* n'en est plus à ses débuts, mais a commencé à paraître, il y a plusieurs années (*etlich Jahr*), et que lui, Carolus, compte bien la continuer avec le secours de Dieu. Chacun des numéros porte en vedette le mot de *Zeitung* et renferme deux feuillets, de format petit in-quarto, soit quatre pages d'impression plus ou moins compacte ; quelques-uns de ces numéros ont un supplément (soit quatre feuilles en tout), d'autres aussi n'offrent que trois pages de texte et laissent la quatrième en blanc. Il n'y a point d'articles de fonds, ni de premier Strasbourg, bien entendu ; ce sont uniquement des correspondances relatives aux faits, généralement sans appréciations aucunes; elles sont toutes datées et l'on peut constater par là le temps que le service postal mettait à faire parvenir en 1609 à Strasbourg, les lettres de Cologne, Vienne, Prague, Venise et Rome. Car c'est de ces cinq localités que sont expédiées la plupart des correspondances[3]. Lyon n'a fourni pour les cinquante-un numéros de l'année[4] que six *avis*, La Haye également

1. J.-O. Opel, *Die Anfænge der deutschen Zeitungspresse 1609-1650*. Leipzig, Bœrsenverein, 1879, 8°. Le chapitre III est consacré à la *Gazette de Strasbourg* (p. 44-64).
2. M. Opel en a donné le fac-similé dans le volume cité plus haut, planche 1re.
3. Prague, où résidait alors l'empereur Rodolphe II, et où se négociaient les affaires religieuses de Bohême, d'un si haut intérêt pour des lecteurs protestants, tient la tête avec 92 correspondances; Vienne en fournit 77, Venise 52, Cologne et Rome chacune 51.
4. L'année avait bien 52 numéros, mais l'un d'eux a été arraché du volume de la Bibliothèque de Heidelberg, après qu'il eût été déjà relié.

six, Anvers et Bruxelles quatre, Francfort-sur-le-Mein un seul, ainsi qu'une huitaine d'autres localités, assez éloignées en partie, comme Presbourg, Kaschau, Novigrad et Cracovie. Des trois plus grandes villes actuelles de l'Europe, Londres, Paris et Berlin, aucune communication n'est parvenue à l'éditeur strasbourgeois. La plupart des faits relatifs à l'histoire de France lui arrivent par la voie de Cologne.

Le journal strasbourgeois a continué sans doute de paraître depuis, au moins pendant la majeure partie du XVIIe siècle. Il est vrai que nous le perdons de vue par moments, mais pour en retrouver la mention comme d'une institution locale existant de vieille date. En 1627, le professeur Mathias Bernegger, dans son panégyrique de l'ammeistre Pierre Storck, loue ce vénérable dignitaire de la République d'avoir consacré beaucoup de temps à parcourir les épreuves de la *Gazette de Strasbourg* et d'y avoir impitoyablement biffé ce qui aurait pu compromettre la ville vis-à-vis de ses amis ou de ses ennemis[1]. Pour les années 1633 à 1649, on a découvert, dans la Bibliothèque de Zurich, soit des séries entières de numéros, soit du moins quelques numéros isolés de la continuation du journal de Carolus[2]. Les années suivantes n'ont pas été retrouvées encore, mais l'anxiété du Magistrat, manifestée de temps à autre par ses ordonnances, semble bien prouver que les journalistes continuaient à le préoccuper beaucoup et qu'ils gagnaient en influence sur l'opinion publique. On en peut juger par le placard du 6 juillet 1674, où les Conseils déclarent que « ce n'est pas sans un pénible étonnement que nous voyons paraître dans les feuilles périodiques, publiées dans notre voisinage, des correspondances absurdes et même mensongères, relatives à nos affaires intérieures. Cela provient de ce que, de nos jours, tout le monde, sans aucune différence de rang, se mêle d'écrire des gazettes et veut se payer ce plaisir-là. Mais comme il en résulte de grands inconvénients pour la chose publique, nous voulons et ordonnons que tous ceux à qui leur position et leur état ne le permet point spécialement[3], s'abstiennent d'écrire dans les journaux et que les autres n'y mettent rien de dangereux ni de nuisible à notre ville ». Six ans plus tard, il est de nouveau question de la gazette locale

---

1. *Laudatio posthuma Petri Storckii consulis, scholarchœ*, etc. Argentorati, Glaser. 1627, 4°.
2. Opel, *op. cit.*, p. 60-63.
3. Quelle catégorie de personnes était visée par ces paroles, c'est ce qu'il est bien difficile de dire. Probablement le Magistrat n'admettait pas qu'il y eût d'autres correspondants de journaux que ceux qu'il inspirait directement lui-même. Il n'y a point d'ailleurs de sanction à sa défense.

dans les procès-verbaux du Conseil des Treize, le 6 décembre 1680, et en 1682, le même Conseil décide qu'on insérera dans « le journal de la ville » la réfutation d'un fait calomnieux avancé par la *Gazette de Francfort*[1]. Vers la même époque, il existait d'ailleurs à Strasbourg une entreprise, imaginée peut-être dans l'intérêt des bourses moins garnies, et qui semble avoir été établie sur le modèle des *Relations semestrielles* de Leipzig ou de Francfort. Un cahier de cette *Relation véritable des événements les plus importants* existe pour le premier semestre de 1682 à la Bibliothèque municipale de Strasbourg[2]; il ne compte que vingt-quatre feuillets in-quarto, « ornés » de quelques affreuses gravures sur bois par les éditeurs, Jean Welper et Frédéric-Guillaume Schmuck; la politique proprement dite est absolument absente de cette compilation de faits divers, incendies, famines, apparitions de comètes, fêtes royales, naissances monstrueuses, tremblements de terre, assassinats, etc. Sur l'Alsace elle-même et sur Strasbourg, les renseignements de cette catégorie aussi sont fort rares, et l'on voit, en parcourant ces feuillets, que la censure locale faisait consciencieusement sa besogne. Mais l'on ne gagnait pas grand'chose, je le crains, à cette attitude timorée et la sévérité du Magistrat contre ceux qui se permettaient d'être d'un autre avis que lui, n'a pas empêché les dissidences d'opinion de se produire, et cela généralement d'une façon bien plus préjudiciable au repos public. Au cours du XVIIe siècle, comme au siècle précédent déjà, chaque fois que la situation politique fut grave et troublée, la ville libre a vu éclore les produits de presses clandestines, qui surexcitaient l'opinion publique plus que n'aurait pu le faire le plus violent article de journal. Ces pamphlets plus ou moins calomnieux, imprimés sous forme de placards, parfois aussi manuscrits, prose, vers ou gravures, étaient affichés de nuit à la porte de l'Hôtel-de-Ville, à celles des églises, ou jetés par les fenêtres dans l'intérieur des maisons particulières; bien rarement on réussissait à mettre la main sur les coupables, quoique les dénonciateurs fussent assurés d'une récompense honnête et garantis contre toute indiscrétion révélatrice par le Magistrat[3]. En 1658, par exemple, on n'afficha pas moins de « onze pasquins diabo-

---

1. « *Soll in hiesiger statt zeitung eine refutation getruckt werden* » (XIII, 27 janvier 1682.)
2. Nous en avons donné le titre exact et des extraits assez nombreux dans un appendice à notre édition du *Mémorial* de Reisseissen (p. 204-208), mais il nous est impossible de dire si ce recueil périodique a paru pendant longtemps; on n'en connaît jusqu'ici que ce seul fascicule.
3. Voy. la *Policeyordnung*, titre XIV, *von Pasquillen*, et l'édit du 30 octobre 1602 (Stieda, appendice X). Celui du 19 février 1627 promettait 100 thalers de récompense, celui du 11 janvier 1645, 200 thalers.

liques » contre les Conseils, contre le président du Convent ecclésiastique, etc [1]. Il fallut recourir au moyens extrêmes et du haut de toutes les chaires de la petite République, l'anathème retentit contre « les enfants de Bélial endurcis », et l'excommunication fut lancée contre les fauteurs de ces désordres impies. Une fois seulement le coupable fut découvert, grâce à son incroyable maladresse, et paya de sa tête ses attaques anonymes contre le gouvernement, encore qu'elles fussent restées manuscrites [2]; ce n'est pas ici le lieu de raconter en détail l'histoire du docteur Georges Obrecht dont la condamnation capitale en 1672, frappa vivement l'opinion publique et suscita contre ceux qui la demandèrent de violentes et redoutables inimitiés [3].

Il nous reste à dire quelques mots des libraires. Ceux de Strasbourg faisaient partie, comme les imprimeurs, de la tribu de *l'Échasse*. Le commerce de la librairie, à lui seul, ne semble pas avoir été très lucratif, vu la concurrence des nombreux relieurs qui s'emparaient assez naturellement de ce trafic, à une époque où tous les livres à peu près étaient reliés avant d'être mis en vente. Les libraires avaient aussi des rivaux sérieux dans les petits boutiquiers et les petits merciers qui débitaient à leur clientèle rurale des recueils de prières, des calendriers, etc. Aussi beaucoup de libraires étaient-ils à la fois libraires et imprimeurs, débitant pour leur propre compte et imprimant en outre pour celui d'autrui. Les règlements du Magistrat divisaient d'ailleurs les libraires en deux groupes. Les uns, négociants en gros (*Buchhændler, Buchführer*), ne vendaient que leur propre marchandise, comme nos éditeurs modernes, et la débitaient en feuilles (*in albis*) allant la porter eux-mêmes à la foire de Francfort. Ils s'approvisionnaient là-bas des nouveautés de la saison et les mettaient en vente chez eux, à leur retour. Les autres, ayant de petits magasins de détail (*Buchkræmer*), tenaient principalement les ouvrages classiques, les livres de piété, etc. Il était interdit à ces derniers de faire des achats d'ou-

---

1. Il est vrai qu'il s'agissait d'une querelle avant tout ecclésiastique qu'un pasteur fanatique ou peut-être à moitié fou déjà, le docteur Martin Gross, fomentait contre le Magistrat. Voy. Rœhrich, *Mittheilungen*, II, p. 262. — C'est la seule fois d'ailleurs que le gouvernement de Strasbourg recourut à ce procédé emprunté aux querelles du moyen âge.
2. Par contre, il y avait la circonstance très aggravante qu'Obrecht, procureur au Petit-Conseil, était fonctionnaire de l'État dont il calomniait outrageusement les chefs, depuis longtemps déjà.
3. Le récit le plus détaillé de l'affaire se trouve dans le *Mémorial* de Reisseissen (p. 28-32). On en trouvera un résumé dans mon travail sur la *Justice criminelle à Strasbourg*, p. 230.

vrages au dehors pour les revendre en ville[1], et ils étaient tenus de se contenter des impressions faites à Strasbourg même. On devait avoir évidemment quelque difficulté à faire observer un règlement aussi sévère et, s'il est permis de dire, aussi absurde; puisque les ordonnances du 13 juillet 1660 et du 10 février 1665 prescrivent sa remise en vigueur[2], c'est sans doute que les boutiquiers et le public n'en tenaient pas compte. Les expéditions à l'étranger de produits des presses strasbourgeoises ne semblent pas s'être faites en dehors de l'époque des grandes foires de Pâques et d'automne tenues à Francfort-sur-le-Mein[3]. Les ballots de livres, en feuilles, non reliés en peau de truie, étaient expédiés soit à l'aide de roulottes par terre, soit plus fréquemment par voie fluviale. On confiait à la batellerie rhénane les tonneaux bourrés de ces denrées savantes; parfois les barques faisaient eau et la marchandise était avariée ou même perdue[4]. Tandis que ces rapports des libraires strasbourgeois avec leurs collègues d'outre-Rhin continuent, même après la capitulation de 1681, bien que contrôlés de très près au point de vue politique et religieux par le nouveau préteur royal Ulric Obrecht[5], nous

1. Procès-verbaux des XV, 2 décembre 1652.
2. Stieda, *op. cit.*, appendice XX.
3. C'est dans cette ville, centre de la librairie allemande d'alors, comme Leipzig devait l'être un siècle plus tard, que les jeunes commis-libraires faisaient ou parfaisaient leurs études spéciales. Les oraisons funèbres de deux éditeurs et libraires de la ville, Jean Joachim Bockenhoffer et Frédéric Spoor, prononcées par J. G. Wetzel, en 1659 et 1662, et que je possède dans ma collection personnelle d'*Epicedia alsatica*, renferment à ce sujet des détails intéressants.
4. Stieda, *op. cit.*, p. 91.
5. Un des plus curieux épisodes de cette censure inquiète de la librairie strasbourgeoise, exercée par un homme suspect encore aux ultras catholiques, bien qu'il fût nouveau converti plein de zèle, se trouve relaté dans les procès-verbaux du Conseil des XIII, d'août 1685. Le 22 de ce mois, le préteur royal vint signaler à la vindicte publique deux imprimeurs-libraires, Frédéric Spoor et Regnard Wæchtler, comme ayant mis en vente des libelles imprimés en Saxe, concernant l'état présent de la cité. Il caractérisait l'une de ces brochures (que nous ne connaissons pas d'ailleurs), en disant que « c'était, en vérité, l'œuvre du diable ». Dirigé principalement contre les Jésuites, ce pamphlet « attaquait aussi Sa Majesté, lui attribuant des projets horribles et le prenait également lui, Obrecht, à partie, en lui appliquant de la façon la plus frivole, certains passages des Saintes-Écritures... Il faut que les esprits mal faits qui s'amusent à pareille lecture et font circuler ces pièces en cachette, soient traités selon la sévérité des lois ». Le Conseil s'empresse d'ordonner l'incarcération de Wæchtler et la fermeture de sa boutique, puis il adresse une humble missive à Versailles pour exprimer ses regrets et pour demander les ordres du roi sur cette affaire. Spoor, mieux apparenté, fut laissé d'abord en liberté et présenta le 25 une longue défense par écrit. Mais le 27, Obrecht revenait à la charge et signalait une nouvelle brochure intitulée : *Défenses de la religion luthérienne*, non seulement comme vendue (à une cinquantaine d'exemplaires !) mais comme imprimée par Spoor, bien qu'il

n'avons pu constater, même pour la seconde moitié du XVII° siècle, aucun trafic suivi avec la librairie française [1]. Assurément des ouvrages édités à Paris arrivaient en assez grand nombre en Alsace, ainsi que nous l'avons déjà dit au chapitre précédent. Mais autant que nous pouvons en juger par les correspondances officielles ou particulières du temps, ils semblent d'ordinaire envoyés par « occasion » c'est-à-dire par l'entremise d'un voyageur, ou de savant à savant, de fonctionnaire à fonctionnaire [2]. La seule fois où l'on mentionne l'envoi de livres français en ballot, l'on peut catégoriquement affirmer que l'envoi ne provenait pas de l'intérieur du royaume [3].

Les populations des campagnes elles-mêmes, bien qu'isolées des centres intellectuels infiniment plus que de nos jours, n'étaient pas cependant hors de l'atteinte des imprimeurs et des libraires des villes et, quand elles n'étaient pas trop appauvries et misérables, ceux-ci les exploitaient avec fruit. Parfois, les jours de marché, certains paysans, satisfaits de leur recette, se hasardaient à entrer dans une boutique urbaine pour y faire l'acquisition d'un livre de prières ou d'un recueil de prophéties: mais pour atteindre les masses, il fallait aller les visiter chez elles. Aux foires des villages

le nie; or, cette pièce, qui est censée être rédigée pour la consolation des vrais chrétiens persécutés en Turquie, est en réalité dirigée contre la foi du monarque et pleine de violentes calomnies. Le magasin de Spoor est alors fermé, lui aussi, et une instruction judiciaire ouverte contre les coupables. (XIII, 22, 25, 27 août 1685.)

1. Dans l'oraison funèbre du généalogiste Gall Luck, le prédicateur appuie sur les difficultés matérielles et les frais occasionnés au défunt par la nécessité de faire venir de France, « *mit grossen spesen und unkosten* », les ouvrages nécessaires à ses travaux. (J. G. Wetzel, *Genealogia humani stemmatis*, Strassb., Stædel, 1667, 4°, p. 19.)

2. Il devait y avoir cependant certaines relations entre les libraires strasbourgeois et ceux de la capitale du royaume. Dans l'*Arithmetica spiritualis* de Wetzel, sermon prononcé lors des obsèques du libraire Spoor (Strasbourg, 1662, 4°, p. 24), nous voyons que son fils a été envoyé à Paris en 1660, « *um den Buchhandel noch weitter zu ergreiffen* » en même temps que pour apprendre le français.

3. C'est un décret du XIII, du 20 décembre 1669, qui nous apprend l'embargo mis sur tout un ensemble de publications licencieuses, expédiées sans doute de Cologne ou de quelque ville des Pays-Bas. La mise en vente en est sévèrement interdite. On trouve sur cette liste l'*Histoire amoureuse des Gaules*, l'*Histoire du comte de Guiche*, la *Vie de Madame de Brancas*, la *Lettre de Madame de Vaujours*, la *Déroute des filles de joye*, l'*Escole des filles*, le *Parnasse satyrique*, les *Dames galantes* de Brantôme, etc. Les réflexions patriotiques que M. Stieda croit devoir ajouter à cette occasion (p. 61) tombent singulièrement à faux; ce n'est nullement « durant la guerre » qu'on essayait d'inonder les Allemands de cette « littérature malpropre exclusivement française ». Il n'y avait pas de guerre en 1669, et ce n'était certes pas de France, mais d'Allemagne que venaient ces pamphlets, écrits en partie contre Louis XIV.

on peut voir, derrière son étalage en plein vent, le petit mercier venu de la ville recommander à ses clients les bons vieux contes merveilleux imprimés « en la présente année » et les calendriers nouveaux avec tous les pronostics bizarres et les prétendus conseils hygiéniques que le paysan réclame encore de nos jours à cet ami de son foyer. Près de lui, le chanteur de complaintes (*Zeitungssænger*), surveillé d'un œil méfiant par la police locale[1], débite ses couplets relatant un crime récent[2], et tâche d'écouler en même temps dans la foule qui l'entoure, ses placards imprimés enjolivés de gravures grossières.

Le colporteur, lui, n'a pas besoin d'attendre les jours de foire ou de marché; il circule en tout temps par les campagnes, et c'est lui le principal intermédiaire entre le libraire et le public rural; il va chercher chez l'un, sans doute à ses risques et périls, ce qu'il essaye de revendre aux autres[3]. Daniel Martin, dans son *Parlement nouveau*, nous a laissé le croquis fidèle de ce « mercerot » qui parcourt les communes d'Alsace « un panier pendu à son col, garni de rubans de soye, de fleuret ou de laine, lacets, aiguillettes, peignes, petits miroirs, estuys, aiguilles, agraphes et autres semblables chosettes de petit prix. Il y en a d'autres qui portent çà et là des almanachs, livrets d'Abécé, la Gazette ordinaire et extraordinaire, des légendes et petits romans de Mélusine, de Maugis, des Quatre Fils Aymon, de Geoffroy à la grand'dent, de Valentin et Ourson, des Chasse-ennuys[4], des chansons mondaines, sales et villaines, dictées par l'Esprit immonde, vaudevilles, vilanelles, airs de court, chansons à boire, le tout composé par les sacrificateurs et prophètes

---

1. Le *Policeyordnung der Statt Strassburg* de 1628 (titre XV, § 7) ordonne aux agents de police d'expulser du territoire de la République et, le cas échéant, de mettre en arrestation tous ces « *landtfahrer und zeitungssœnger* qui, trop souvent font des menteries aux pauvres gens, leur débitent des nouvelles fausses et des pamphlets injurieux, et font ainsi du grabuge en leur volant leur argent ».
2. Ces complaintes relataient d'ordinaire quelque assassinat récent, si bien que l'expression *Mordthat* est restée synonyme de *complainte* en Alsace jusqu'à nos jours.
3. Nous ne croyons pas, sans avoir, il est vrai, d'arguments décisifs à alléguer, que le colporteur ait été au XVII⁰ siècle ce qu'est aujourd'hui pour l'éditeur le commis-voyageur « faisant » la campagne et récoltant des souscripteurs à des œuvres plus dangereuses que celles énumérées par le bon Martin.
4. Le texte allemand porte *Wendunmuth*, ce qui est le titre d'un recueil de nouvelles et de petits contes, alors célèbre, dû au Hessois Jean-Guillaume Kirchhoff, et qu'on a réimprimé de nos jours. Martin peut avoir aussi songé à un ouvrage français de Caron, récemment traduit en allemand, à Strasbourg, sous le titre de *Emilium melancholicæ*.

d'Apollyon[1], inspirez par cet ange de l'abysme, à l'usage de ceux qui ont dévotion à son service[2] ».

Espérons que nos bons paysans n'ont pas trop abusé de ces chansons scandaleuses qui indignaient si fort le digne huguenot de Sedan, et qu'ils ont acheté de préférence les contes inoffensifs du moyen âge et les calendriers plus inoffensifs encore, *Messagers boiteux* de Bâle, Strasbourg ou Colmar. Ces derniers produits de l'imprimerie alsacienne étaient sans doute l'article qui rapportait le plus aux éditeurs. On le devinerait rien qu'en voyant l'ardeur avec laquelle ils demandaient au gouvernement français de ne plus autoriser la concurrence du dehors. Le 4 septembre 1694, Jean-Jacques Decker, « imprimeur du Roi » à Colmar, adressait une supplique au Conseil souverain pour lui démontrer qu'une grande quantité de livres imprimés en Allemagne et en Suisse passaient en Alsace, et pour demander qu'on le défendît, cela causant un notable préjudice aux imprimeurs du pays. Il appert par l'arrêt du 4 novembre 1702, — on voit que le Conseil a pris son temps pour « informer », — que cette « grande quantité de livres » consistait surtout en almanachs bâlois et autrichiens vendus aux bourgeois et aux paysans de la Haute-Alsace restés fidèles, plus d'un demi-siècle après la paix de Westphalie, à leurs calendriers d'autrefois. On comprend que l'éditeur du *Messager boiteux de Colmar* ait protesté contre une concurrence « qui lui causait grand préjudice, les marchands en faisant venir de grosses provisions pour l'année prochaine ». On l'excusera même d'avoir fait appel, pour déterminer un arrêt favorable, à des considérations patriotiques, et d'avoir affirmé que ces livres et almanachs, venant de l'étranger « ne contiennent rien que des choses contraires au bien de la France ». Le Conseil souverain se laissa persuader ; il défendit l'introduction des « almanachs d'impression étrangère », à peine de confiscation et de cent livres d'amende. Mais il ne semble pas qu'il ait tenu bien sévèrement la main à ce que le fait ne se reproduisît plus, car deux fois encore, au cours du XVIIIe siècle, en 1742 et en 1774, des arrêts du Conseil furent nécessaires ; ils portaient successivement l'amende à 1,000 et à 3,000 livres, les paysans du Sundgau ne pouvant se décider à renoncer au *Messager boiteux de Bâle*, et à se fier à celui de Colmar[3].

---

1. Il ne s'agit nullement d'Apollon. — on pourrait croire en effet à une aute d'impression, — mais de Satan en personne, que l'auteur rend responsable des mauvais vers débités dans les campagnes d'Alsace.
2. *Parlement nouveau*, p. 381-383.
3. *Ordonnances d'Alsace*, I, p. 335.

CHAPITRE TROISIÈME

La Littérature Alsacienne

« C'est un siècle de fer que le nôtre, et non pas un siècle de paperasses [1] », écrivait le théologien Jean-Valentin Andreæ à son ami, le poète strasbourgeois Samuel Gloner, en 1631. Et plus tard, sous l'impression de cette lutte qui semblait ne devoir finir jamais, après avoir duré déjà plus de vingt ans, il lui disait encore : « Nos Muses, la gorge serrée, sont réduites au silence ; nous soupirons après la paix, mais c'est en expirant. » Cette paix, si elle arrive jamais, viendra trop tard ; « en vain l'on offrirait quelque médecine à celui dont on prépare déjà les funérailles et voici, déjà les études sacrées, comme les lettres, sont portées en terre et c'est un *requiem* qu'il nous faudrait, non pas un *introït* [2] ».

C'est avec ces lugubres paroles qu'un écrivain de talent, fort apprécié de son temps, caractérisait l'état des lettres en Allemagne vers la fin de la guerre de Trente Ans. Elles n'ont rien d'exagéré ; si les misères matérielles furent terribles, plus incalculable encore fut la misère intellectuelle produite par la dévastation systématique de toute l'Europe centrale pendant les luttes qui remplissent la majeure partie du XVIIᵉ siècle. Il se produisit là comme un épuisement de sève pour plusieurs générations, comme une fuite de tous les esprits subtils qui vivifient et illuminent l'âme d'un peuple ; c'est un abrutissement, — qu'on me pardonne le mot ! — qui fait non seulement déchoir, mais disparaître pour un temps de l'horizon littéraire une nation qui avait fourni tant de preuves de sa verve poétique, depuis le moyen âge jusqu'au XVIᵉ siècle.

L'Alsace eut sa large part de cette éclipse momentanée du génie de l'Allemagne ; on peut même dire qu'elle en souffrit plus longtemps, puisque, absorbée par la France, elle ne participa qu'assez faiblement plus tard, à la lente résurrection de l'esprit germanique, sans pouvoir s'assimiler encore, au point de vue littéraire, l'esprit de sa patrie nouvelle. C'est assez dire que le XVIIᵉ siècle est une des plus stériles parmi les périodes de sa littérature locale si riche

---

1. « *Ferreum nempe sæculum est, non papyraceum.* » 5 aprilis 1631. (Archives de Saint-Thomas.)
2. Andreæ à Gloner, 2 mart. 1640, id. februarii 1641. (*Ibid.*)

pourtant, si dominante, dirais-je volontiers, dans l'ensemble de la
littérature allemande à d'autres époques.

Il est à peine nécessaire, en effet, de rappeler que les poètes
alsaciens ont été, à deux reprises, les coryphées de cette littérature;
ils le furent une première fois au moyen âge, alors que Gottfrit de
Strasbourg chanta dans ses vers inspirés les amours de Tristan et
d'Iseult, que Tauler était le premier prédicateur de son temps, que
Closener et Kœnigshoven rédigeaient les premières chroniques en
langue vulgaire. Ils venaient de l'être d'une façon plus marquée
encore au XVIe siècle ; à son début, Sébastien Brant avait été à la
fois l'un des champions de l'humanisme savant et le moraliste satirique préféré des couches populaires dans sa *Nef des fous ;* un peu
plus tard, Thomas Murner, le belliqueux franciscain, dépeignait
les vices du temps dans son «Pré des mauvais drôles » (*Geuch-
matt*) et lançait ses traits acérés contre les doctrines nouvelles
dans son *Grand Fou luthérien.* Plus tard encore, répondant à ces
attaques par des attaques non moins violentes, Jean Fischart avait,
pendant de longues années, criblé des sarcasmes de ses élucubrations mi-théologiques, mi-littéraires, l'Église catholique, les
moines, les jésuites et les démons, tout en chantant en strophes
épiques l'arrivée de la *Nef aventureuse des Zurichois,* avec la bouillie
de mil légendaire, et en imitant, dans sa *Geschichtsklitterung,* avec
une faconde étourdissante, le *Gargantua* de Rabelais. A côté de
ces noms célèbres, que d'autres à mentionner ici, poètes théologiens, composant les cantiques populaires de la Réforme, conteurs
amusants et moralistes, comme le franciscain Jean Pauli, de Thann,
avec son recueil d' « Histoires gaies et sérieuses » (*Schimpff und
Ernst*) ; George Wickram, de Colmar, nouvelliste dans son *Gold-
faden*, amateur de joyeux propos dans sa « Carriole de roulage »
(*Rollwagenbüchlein*); poètes dramatiques, Thiébaut Gart de Schlestadt, l'auteur de *Joseph ;* le curé Jean Rasser, d'Ensisheim ; Mathias
Holzwart de Ribeauvillé, et bien d'autres moins connus !

Sans doute, toute cette littérature, si vivante et si actuelle au
siècle qui la vit éclore, nous paraît aujourd'hui, à cause de son
actualité même, bien souvent lourde et pédante et trop fréquemment
incompréhensible. Elle ne peut exercer qu'une faible attraction sur
les esprits délicats et raffinés de nos dilettantes modernes, mais on
ne saurait nier pour cela l'influence puissante de ces écrivains sur
les générations d'alors. Destinées au peuple, leurs créations
furent presque toujours populaires et trop souvent même popula-
cières. Écrits pour être débités et savourés à la taverne et au ca-

baret, selon la remarque d'un critique éminent[1], au milieu des interminables beuveries d'alors, ces contes joyeux[2] y secouaient d'un rire bruyant les bourgeois pansus et délectaient même le beau sexe à domicile. Dans leurs humeurs plus graves, les innombrables pamphlets en vers ou en prose les initiaient aux événements politiques du jour ou, plus largement encore, aux incessantes querelles théologiques du temps[3].

Dès le commencement du XVIIe siècle, on peut constater que la production intellectuelle diminue, que le mouvement littéraire se fige, pour ainsi dire, puis s'arrête. Les luttes deviennent plus âpres, l'antagonisme plus violent. Ce n'est plus avec la plume, c'est avec l'épée que les partis politiques et religieux s'apprêtent à combattre. Les écrivains que nous venons de nommer, animés d'un zèle égal pour des causes très opposées, avaient au moins cela de commun qu'ils étaient nés dans une atmosphère un peu moins chargée d'orages, un peu plus souriante, qu'ils avaient ressenti comme un dernier souffle de cette joie de vivre ou de revivre qu'Ulric de Hutten exprimait d'une façon si intense au commencement du XVIe siècle. Qu'ils fussent partisans de l'ancienne foi ou de la nouvelle, ils avaient mis dans leur œuvre, malgré toute la ferveur de leurs convictions religieuses, un peu de cette verve profane et de cet optimisme païen qui marque l'apogée et comme l'épanouissement plantureux de leur époque, cette seconde « jeunesse du monde ». Maintenant les théologiens sont les maîtres absolus dans les deux camps ; la poésie, auxiliaire fort appréciée naguère, devient également suspecte dans l'un et dans l'autre, à moins de paraphraser purement et simplement les dires de la controverse courante. Un pédantisme de plus en plus alourdi s'étale dans la littérature profane, imitatrice maladroite de l'antiquité, jusque

---

1. J'emprunte cette remarque à W. Scherer, auquel sont dus les chapitres si brillamment écrits sur la littérature et la civilisation alsaciennes, dans l'ouvrage qu'il a publié avec M. Lorenz (*Geschichte des Elsasses*, 3ᵉ édition, p. 148.
2. Il faut insister cependant sur ce fait que, tout grossiers et cyniques que soient certaines anecdotes et certains contes du *Rollwagenbüchlein* de Wickram ou de la *Gartengesellschaft* de Frey et de Montanus, on n'y trouve pas la sensualité raffinée, mille fois plus repoussante, de certains produits littéraires modernes. C'est du *naturalisme* naïf et non pas de la *pornographie* calculée comme celle de trop d'auteurs en vogue contemporains.
3. Assez naturellement, le souvenir de ces *actualités*, quelque brillant qu'ait été leur succès et quelque légitime, s'effaçait rapidement et l'on ne songeait pas à les rééditer. En 1639, Gloner cherchait en vain, pour un de ses correspondants, un seul exemplaire du *Glückhaft Schiff* de Fischart dans tout Strasbourg! (*Festschrift*, p. 211.)

dans sa langue, employée de préférence ; tel est le résultat lamentable auquel aboutit, en fin de compte, en Allemagne l'épanouissement des esprits, si plein de promesses aux beaux jours de la Renaissance.

Aussi, dans les vingt premières années du nouveau siècle, la littérature alsacienne en langue vulgaire continue à se traîner dans l'ornière traditionnelle ; elle compose, avec moins de verve, des pièces de poésie polémique, comme Fischart ; elle imite comme lui, mais avec moins de bonheur, certains produits des littératures étrangères. Les ouvrages écrits en latin l'emportent, à mesure que nous avançons et que les bruits de guerre augmentent et s'approchent. Qui donc, en effet, pourrait encore s'intéresser à des jeux d'esprit au milieu de la grande débâcle, sinon quelques lettrés, érudits de profession, pour lesquels la langue de Cicéron est le véhicule naturel, en même temps que l'interprète le plus noble de la pensée ? De là ce spectacle à la fois touchant et bizarre que nous présentent, au milieu des campagnes dévastées et des États menacés ou détruits, quelques douzaines d'écrivains échangeant leurs hyperboles poétiques, centons d'Ovide ou de Virgile, et continuant à rimer des odes, des satires, des épopées religieuses, des drames profanes ou sacrés, sans véritable public, sans autres admirateurs qu'un groupe d'amis ou qu'eux-mêmes [1].

Nous en sommes donc réduits à glaner çà et là quelques noms, presque tous également obscurs, dans la littérature de langue allemande, pour toute la première moitié du XVIIe siècle. Encore la plupart de ces noms ne sont-ils pas vraiment d'origine alsacienne ; immigrés récents ou simples oiseaux de passage, on serait peut-être en droit d'éliminer la majeure partie des poètes que nous énumérons ici. Le premier est Wolfhart Spangenberg, né vers 1570, à Mansfeld en Thuringe, fils d'un célèbre théologien de l'Allemagne du Nord, Cyriaque Spangenberg, de Mansfeld, chassé

1. On peut se rendre compte de cette situation en parcourant la biographie d'un de ces poètes néo-latins, par exemple celle du Strasbourgeois Samuel Glouer. (*Festschrift des prot. Gymnasiums*, Strasb., 1888, 8°.)
2. Nous laissons de côté Pierre Denaisius ou Denais, né à Strasbourg le 1er mai 1560, d'immigrés lorrains, docteur en droit, conseiller de l'Électeur palatin Frédéric IV et son ambassadeur en Angleterre, en Pologne, etc. Mort à Heidelberg le 20 septembre 1610, il a laissé de nombreux ouvrages de jurisprudence et la réputation d'un ami passionné des lettres. Son biographe, Melchior Adam, affirme qu'on aurait pu opposer ses œuvres poétiques à celles de tous les contemporains italiens ou français ; malheureusement il a brûlé ses manuscrits peu avant sa mort, et il ne subsiste de lui qu'un *Épithalame* adressé à son ami, le Dr Lingelsheim, pièce assez gracieusement tournée d'ailleurs.

de chez lui pour motifs d'hérésie et qui vint mourir à Strasbourg en 1604. Pendant les douze années que Wolfhart séjourna lui-même en Alsace (1599-1611) avant d'être nommé pasteur d'une communauté du Wurtemberg [1], il publia de nombreux opuscules poétiques et des pièces de théâtre applaudies par les spectateurs de la métropole alsacienne [2]. Le plus important de ses poèmes est intitulé « La reine des oies » (*Gansskœnig*) ; il y raconte en six chants comment l'oie de la Saint-Martin fut nommée reine par l'assemblée des oiseaux, abdiqua la royauté, fit son testament, mourut dans les flammes et monta au ciel, où elle est logée à la voûte du firmament [3]. Outre de nombreuses pièces scolaires, imitées ou traduites de l'antiquité, et que nous mentionnerons plus tard, Spangenberg a écrit des comédies populaires. « L'École des maîtres chanteurs » (*Singschul*) est perdue. « La récompense de Mammon » (*Mammons Sold*) est une pièce symbolique qui doit apprendre aux spectateurs comment Dieu punit l'avidité des mondains, et l'on y voit danser la Richesse, la Pauvreté et la Mort avec un usurier, un soldat et un paysan [4]. Moins allégorique et plus amusante est la farce « Changement de fortune » (*Glückswechsel*) qui nous montre un clerc et un lansquenet essayant d'abuser de l'apparente stupidité d'un campagnard, qui finit pourtant par les duper tous deux [5] ; mais si les intentions de l'auteur sont honnêtes, son talent poétique est bien faible, quand on le compare à ses prédécesseurs, et il ne peut vraiment être loué qu'en comparaison des auteurs, plus médiocres encore, qui lui succèdent.

C'est un étranger aussi que Jules-Guillaume Zinckgref, né à Heidelberg, en 1591, qui vécut plus tard à Bâle et parcourut l'Angleterre, la France et les Pays-Bas de 1612 à 1617. Il séjourna souvent et assez longtemps dans la suite, à Strasbourg ; dès 1619,

---

1. Il paraît être mort à Buchenbach, vers 1637, mais on ne sait presque rien de sa vie après son départ de Strasbourg. Voyez l'article de W. Scherer dans les *Strassburger Studien*, II, p. 374, et celui de G. Bossert dans l'*Allg. Deutsche Biographie*, tome XXXV.
2. Les œuvres choisies de W. Spangenberg ont été récemment publiées par M. Ernest Martin. (*Ausgewæhlte Dichtungen von Wolfhart Spangenberg*, Strassburg, Trübner, 1887, 8°.)
3. *Gansskœnig, ein kurtzweilig Gedicht von der Martins Ganss, u. s. w. durch Lycosthenem Psellionoron Andropediacum*. Gedruckt zu Strassburg bey Joh. Carolo, 1607, 8°. En 1621, le même imprimeur strasbourgeois publia son *Anmütiger Weissheit Lustgarten*, qui est une paraphrase allemande du *Hortus philosophicus* de Martin Mylius, de Gœrlitz.
4. *Mammons Sold, eine tragœdische Vorbildung... wie der Abgott Mammon den Weltkindern... pflege zu lohnen*. Nürnberg, Fuhrmann, 1613.
5. *Glückswechsel, ein kurtzweilig Spiel, u. s. w.* Nürnberg, Fuhrmann, 1613. Certaines scènes rappellent la *Farce de Maître Pathelin*.

il y faisait imprimer un recueil, que nous n'avons pu nous procurer, intitulé *Fahnenbilder*, et pendant qu'il y résidait, de 1624 à 1625, comme secrétaire de M. de Marescot, envoyé de Louis XIII auprès des princes du Saint-Empire, il y donna une première édition, non autorisée par l'auteur, des poésies de son ami Martin Opitz [1]. Il y publia enfin, à partir de 1626, le plus connu de ses ouvrages, les *Proverbes allemands* [2]; mais il avait déjà quitté à ce moment, semble-t-il, l'Alsace, et c'est à Saint-Goar, dans la Prusse rhénane actuelle, qu'il est mort de la peste en 1635.

Jean Freinsheim ou Freinshemius, infiniment plus connu comme philologue distingué que comme poète, n'est pas non plus un enfant de l'Alsace, puisqu'il est né à Ulm en 1608 et mort à Heidelberg en 1660. Mais il a habité Strasbourg durant de longues années, après y avoir fait une partie de ses études, et c'est dans cette ville qu'il écrivit et publia son poème épique *Le Miroir des vertus allemandes* [3], dans lequel il raconte les exploits et la mort du duc Bernard de Saxe-Weimar, en alexandrins médiocres, mais avec un mélange singulier d'érudition pédante et d'effusions religieuses, qui caractérise fort bien toute cette époque.

C'est à Strasbourg également que paraissent la plupart des productions littéraires du théologien wurtembergeois, Jean-Valentin Andreæ, longtemps pasteur à Calw, dans la Forêt-Noire, puis prédicateur de la cour à Stuttgart (1586-1655); ce sont des poèmes religieux pour la plupart, soit originaux, soit des traductions comme celle du *Triomphe de la foi* de Guillaume de Salluste du Bartas [4].

Un personnage dont la vie nous est à peu près inconnue, mais qui certainement séjourna longtemps en Alsace et qui peut-être y est mort, c'est Isaïe Rompler de Lœwenhalt, gentilhomme originaire de Neustadt, dans l'archiduché d'Autriche. Ayant fui sa patrie à la suite de l'écrasement du protestantisme dans les terres héréditaires de la maison d'Autriche, il fut quelque temps compagnon de

---

1. *Martini Opicii Teutsche Poëmata*. Strassburg, 1624, 4°.
2. *Der Teutschen scharpfsinnige kluge Sprüch*, etc. Strassburg, Jos. Ribels Erben, tome I, 1626. — Tome II, 1631. — Deuxième édition, Strasbourg, 1639. Voyez sur lui Gœdeke, *Grundriss*, 2ᵉ édit., III, p. 35.
3. *Teutscher Tugentspiegel oder Gesang von dem Stamm und Thaten des alten und newen Hercules*, etc. Strassburg, 1639, folio. — Voy. sur Freinsheim l'article de Halm dans la *Allgemeine deutsche Biographie*, tome VII, p. 348.
4. *Geistliche Kurtzweil*, etc. Strassburg, 1619, 12°. — *Die Augsburgische Confession auf das einfveltigste in ein Kinderspiel gebracht*, etc. Strassburg, 1631, 12°. — Le *Triomphe de la foi*, publié en 1627, était accompagné de morceaux de musique composés par Thomas Walliser, professeur à l'Université de Strasbourg.

voyage d'un jeune duc de Wurtemberg et peut-être est-il venu dans sa suite à Strasbourg, où il fut immatriculé en 1628 et où séjournaient alors d'assez nombreux compatriotes, exilés comme lui. Il a été surtout remarqué par les contemporains, à cause de ses efforts pour expurger la langue allemande de tous les éléments étrangers, travail déjà commencé par Opitz, mais que Rompler entendait poursuivre d'une façon plus radicale, parfois assez capricieuse et ridicule. Pour mener à bonne fin cette tâche ardue, reprise tant de fois jusqu'à nos jours, et non encore achevée, il fonda, vers 1633, à Strasbourg, une association littéraire, la « Société sincère du Sapin » (*Aufrichtige Tannengesellschaft*[1]) dont on ignore la durée exacte et qui ne semble avoir compté qu'un très petit nombre de membres[2]. Le recueil de ses poésies, dont nous ne connaissons que le premier volume[3], témoigne que l'auteur manquait absolument de verve créatrice; sauf quelques pièces d'un caractère religieux, tout ce que l'on possède de Rompler ne s'élève pas au-dessus du niveau de *rimailles* de circonstance. Ses vers n'ont d'intérêt qu'à cause de certaines indications biographiques qu'ils nous ont conservées[4], et au

---

1. On l'appelait aussi parfois, ironiquement sans doute, *die Tannenzapfenzunft*. Le nom a été choisi probablement pour mettre le *sapin*, « l'arbre allemand », en opposition avec le *palmier*, « l'arbre exotique », qui servait de symbole à la Société littéraire, infiniment plus connue, créée par le prince Louis d'Anhalt, la *Fruchtbringende Gesellschaft*. Voy. sur notre association H. Schultz, *Die Bestrebungen der Sprachgesellschaften des XVII Jahrhunderts*, Goettingen, 1888, p. 76-91, et T. W. Rœhrich, *Mittheilungen*, II, p. 155.

2. Elle avait dû cesser dès 1669, puisque Philippe de Zesen dit dans son *Helikonisches Rosenthal*, publié à cette date (p. 14) que c'était une association « excellente, mais qui n'a pas été continuée ». Cependant le souvenir en resta vivant plus longtemps, car en 1630 Christian Weisse, le grand adversaire des sociétés de puristes, se moquait encore d'elle dans sa *Zweyfache Poëtenzunft* sous le nom de *Tannenzapfenzunft*. Si l'oubli avait été complet, personne n'aurait plus compris les allusions de Weisse. Le chroniqueur et topographe strasbourgeois Künast, qui écrivait vers la même époque, en a dit également un mot : « *Sonsten haben sich dieses jar 1633 etliche hochgelehrte personen und freunde zusammengethan... deren vorsatz und absehen gewesen, alter deutscher aufrichtigkeit und reiner erbauung unserer werthen muttersprach sich zu befleissen, und ward Herr Jesaias Rompler von Lœwenhalt, nobil. Austriæ, für den urheber aussgegeben...* » (Dacheux, *Fragments*, IV. *Bulletin des monuments historiques*, XVIII, p. 145.)

3. *Dess Jesaias Romplers von Lœwenhalt Erstes Gebuesch Reim-Getichte*. Strassburg, bey Joh. Phil. Mülb, 1647, 4°. — Il est permis de douter que le second volume ait jamais paru. (Voy. H. Schultz, p. 77-79.)

4. Il y a cependant, çà et là, quelques strophes qui, pour l'époque, sont harmonieuses et d'une correction d'expressions rare. Je mentionnerai celles que reproduit Goedeke dans ses *Eilf Bücher deutscher Dichtung* (I, 355) et qu'on croirait appartenir à la fin du XVIII° et non au milieu du XVII° siècle.

point de vue de la correction ou du moins de la transformation du langage, dont ils nous fournissent en effet des spécimens assez curieux[1].

Parmi ses collègues de la *Société du Sapin* un seul est nommé dans les histoires de la littérature allemande, et certes, il ne mérite pas cet honneur[2]. Né à Mullenhein, dans le pays de Bade, en 1614, Jean-Mathias Schneuber[3] était venu à Strasbourg en 1634, après avoir fait ses études à Montbéliard et Dourlach; il obtint en 1637 une place de professeur au Gymnase, devint rapidement titulaire de la chaire de poésie latine à l'Université (1642) et mourut à Strasbourg en 1665. Ami de J. V. Andreæ, de Moscherosch, de Georges-Philippe Harsdœrfer[4], il fut introduit par ce dernier, en 1648, dans la célèbre Société littéraire fondée à Cœthen, la *Fruchtbringende Gesellschaft*, que je nommais tantôt et qui réunissait tous les beaux esprits de l'Allemagne au commencement de la seconde moitié du XVIIe siècle. Ses vers n'en sont pas moins lamentables, inspirés presque exclusivement par les événements de sa vie privée ou de celle de ses amis; ce ne sont qu'épithalames, vœux de baptême, thrénodies, etc., rédigés en strophes boiteuses ou en médiocres alexandrins[5]. Il n'y a point là l'ombre de poésie, non plus que dans la singulière rhapsodie sur la comète de 1664, dissertation mi-poétique, mi-scientifique qui parut l'année de sa mort et ne donne pas meilleure idée du savant que du versificateur[6]. Le seul mérite que

---

1. Rompler écrit, par exemple, *eutel* et *fœrtig* pour *eitel* et *fertig*; il allonge les mots (*spœhter*, *bruht*, pour *spæter*, *brut*), il affaiblit l'accentuation (*brangend*, *disch*, pour *prangend*, *tisch*); il change les terminaisons (*die fassen* au lieu de *die fœsser*), etc.
2. La *Tannengesellschaft* compta cependant un poète de plus de valeur parmi ses membres, George-Rodolphe Weckherlin (né à Stuttgart en 1584, mort à Londres en 1651), mais il n'a jamais été, que nous sachions, en Alsace autrement qu'en passant.
3. Gœdeke voudrait qu'on écrive *Schneeüber*, mais cette accentuation ne se rencontre nulle part dans nos sources strasbourgeoises et Sebiz, contemporain du poète, ne la connaît pas dans sa notice biographique.
4. Ce poète et conteur nurembergeois, connu encore de nos jours et célèbre de son temps, avait étudié à l'Université de Strasbourg, en 1625.
5. *Johann Mathias Schneubers Gedichte*. Strassburg, bey Joh. Phil. Mülben, 1644, 18e. — Un second volume, que nous ne connaissons pas, parut à Strasbourg, chez Josias Stædel, en 1656. Il n'est pas probable qu'il renferme des pièces plus intéressantes. Rompler lui a rendu en somme un mauvais service en l'excitant à prouver que l'on pouvait encore « de ce côté du Rhin » (*diserseit dess bachs*) chanter en vers haut-allemands (*recht hoch teutsch singen kann*), et Schill était bien aveuglé par l'amitié en lui déclarant, dans la préface, qu'il était inscrit désormais « dans le Livre de l'Éternité ».
6. *Beschreibung des jetz erschienenen Cometen*. Strassburg, Pastorius, 1665, 4e.

l'on puisse reconnaître au professeur strasbourgeois, c'est qu'il est, comme Rompler, l'ennemi mortel de tous les vocables de provenance exotique et s'acharne à « arracher la mauvaise herbe des mots étrangers[1] ». Ses vers latins, également réunis vers la même époque ne valent guère mieux que ses vers allemands[2].

On peut ajouter à ce groupe un jurisconsulte d'origine badoise, Jean-Henri Schill, résidant à Strasbourg et qui y fit paraître, en 1644, un écrit assez bizarre, intitulé *La Couronne d'honneur de la langue allemande*, avec un vocabulaire et des poésies dédicatoires de Moscherosch et de Schneuber[3]. Ce volume de 344 pages renferme peu d'idées originales ; c'est surtout un florilège de ce qui a été dit déjà par d'autres contre l'extrême confusion des langues (*Sprachmengerei*) à cette époque, et une exhortation véhémente à « guérir la langue allemande du mal français[4] ».

Nous aurons terminé l'énumération des littérateurs alsaciens qui ont joui de quelque renom pendant les quarante premières années du siècle en mentionnant un Strasbourgeois, Georges-Frédéric Messerschmid, fils ou descendant d'un autre Messerschmid, qui traduisit au XVIe siècle quelques romans de chevalerie ; il fut lui-même avant tout un traducteur ou plutôt un *arrangeur* de productions littéraires empruntées à l'étranger. Son principal opuscule original est une dissertation satirique et moralisante, *La noblesse de l'Ane et le triomphe de la Truie*[5], de beaucoup inférieure au *Ganskœnig* de

---

1. Il adresse à son ami Chorion (J.-H. Schill) à l'occasion de sa *Couronne d'honneur de la langue allemande*, déjà mentionnée, une poésie, où l'on rencontre la strophe suivante :

Weil aber die sünden Frantzœsisches sinnen
Die straffen anzünden Und wælsches beginnen
So brænnet das feur! Die machen die alte bestændigkeit teur.
Mais les bons Allemands
... Ziehen der sprache
Mit billiger rache
Den hæsslich gestückelten bettelrock ab.
(*Gedichte*, p. 355-356.)

D'ailleurs, comme Rompler, Schneuber introduit une orthographe nouvelle ; il écrira *fæsslen* pour *fesslen*, *mænschlich* pour *menschlich*, *gebœtten* pour *geboten*, *ræcken* pour *recken*, *blomen* pour *blumen*, etc.
2. *Fasciculus poëmatum latinorum*, Argentorati, 1656, 4°. Cf. aussi sur Schneuber l'article de M. E. Martin dans l'*Allgemeine deutsche Biographie*, XXXII, p. 172.
3. *Der Teutschen Sprach Ehren-Krantz darinn der bissher getragene Bettelrock der deutschen sprache auss- und hiergegen sie mit ihren eigenen Kleidern und Zierde angezogen wird*, Strassburg, Joh. Phil. Mülb., 1644, 12°. L'ouvrage parut sous le pseudonyme de *Chorion*. Schill ne figure pas dans la *Allgemeine deutsche Biographie*, où il aurait mérité une petite place.
4. Il y avait intention préméditée de double entente quand l'auteur déclare que sa langue est « coller Frantzosen ».
5. *Von dess Esels Adel und der Saw Triumph, eine sehr artige, lustige*

Spangenberg, œuvre mi-partie prose et vers, pédante et vulgaire pour le fond, au style lourd et trivial. Il a choisi, de préférence, des auteurs italiens pour leur faire subir la transformation, fort à la mode depuis Fischart, qui consistait à les accommoder au goût germanique [1]. Nous nommerons seulement ici l'*Hospidale dei pazzi incurabili* du chanoine Thomas Garzoni (1549-1589) [2] et plusieurs écrits d'Antonio-Maria Spelta, de Pavie, mort en 1632, auteur de nombreux ouvrages italiens et latins, entre autres de la *Saggia e dilette del pazzia*, que Messerschmid translata, plus ou moins directement et librement, avec d'autres écrits du même [3]. Plusieurs traducteurs restés anonymes pour nous, ont vers la même époque, mis en allemand les auteurs français à la mode, Nicolas de Montreux [4] et Honoré d'Urfé [5], dont les romans galants et champêtres, les *Bergeries de Juliette*, la *Sylvanire* et surtout l'*Astrée*, firent pendant près d'un demi-siècle les délices des âmes sentimentales d'outre-Rhin. Plus tard encore, à un moment où la littérature française suivait déjà des sentiers tout nouveaux, on traduisait de préférence en Allemagne et en Alsace les écrivains d'outre-Vosges de l'époque antérieure, l'*Histoire de l'amoureuse Lozie* d'Antoine du Périer [6], l'*Ariane* de

und liebliche Beschreibung, etc., von Griphaugno Fabro-Miranda. Sans lieu (Strasbourg), 1617, 8°. Nous ne sommes pas absolument sûr d'ailleurs que cette longue et pédante facétie, ne soit pas imitée, elle aussi, de quelque modèle étranger.

1. « *In einem teutschen modell vergossen und ungefæhrlich, oben hin, wie man den grindigen lausst in unser Mutterlallen über oder drundergesetzt,* » comme l'exprime, en termes intraduisibles, le titre du *Gargantua* de Fischart.

2. *Spital unheylsamer Narren und Nœrrinnen Herren Thomasii Garzoni... teutsch gemacht durch G. F. M. A.* Strassburg, 1618, 8°.

3. *Sapiens stultitia, d. i. die kluge Narrheit, ein Brunn des Wollusts, ein Mutter der Frewden, ein Herrscherin aller guten Humoren, von Antonio Maria Spelta, auss italiœnischer Sprache in die teutsche versetst durch* G. F. Messerschmid, Strassburg, 1615, 8°. — Il peut avoir utilisé la traduction française de Garon. Il est vrai que l'édition de *La sage Folie* que nous connaissons (Rouen, Cailloué) est de 1635.

4. Nicolas de Montreux, natif du Maine, né vers 1561, mort à Paris bientôt après 1608, écrivait ses livres sous l'anagramme d'*Olénix du Mont-Sacré*. Le plus célèbre est les *Bergeries de Juliette*, dont la traduction (*Die Schæfferey von der schœnen Juliana*) parut à Strasbourg, chez Lazare Zetzner, de 1615 à 1617. On ne se contenta pas de traduire le livre; on en publia des morceaux choisis, espèce de manuel du bon ton, *Schatskammer von allerley der schœnsten, zierlichsten Orationen, Sendbrieffen, Gesprœchen auss den fünff Büchern der Schœffereien von der schœnen Juliana*, etc. Strassburg, Zetzners Erben, 1617, 8°.

5. Une traduction de l'*Astrée* fut éditée et mise en vente à Strasbourg par Paul Ledertz, en 1619, en deux volumes in-8°.

6. *Theatrum amoris ander Theil, darinnen begriefen die Histori der verliebten Loziæ*, etc. Francfort, 1629, 8°.

Des Marets[1], le *Chasse-Ennuy* de Louis Caron, etc.[2]. Ce dernier fut réimprimé plusieurs fois à Strasbourg et jusqu'en 1669[3].

Sans doute il y eut, en dehors des écrivains que nous venons de nommer, bien d'autres rimeurs de vers en Alsace, dans la première moitié du XVIIe siècle. L'usage et les traditions de famille entraînaient une foule de braves gens, nullement poètes, à taquiner la Muse, pour payer leur « tribut d'hommages[4] » aux frères et sœurs, oncles, tantes, cousins, cousines, amis et connaissances, qui convolaient en justes noces, baptisaient les nouveaux arrivants ou enterraient leurs morts. Cette dernière catégorie surtout est représentée par un contingent formidable, et l'on peut dire qu'en Alsace, tout au moins, ce siècle a été l'âge d'or des *Epicedia* en prose et en vers; dès que l'un des dignitaires de l'État, de l'Église ou de l'École fermait les yeux, il n'y avait point de professeur, de pasteur ou de candidat qui ne se crût tenu de déposer au moins quelques vers hébreux, grecs ou latins sur sa tombe, en guise de couronne funèbre, tandis que la plupart des « laïques » se contentaient de lamentations en langue vulgaire. Mais ce ne sont pas là des productions littéraires auxquelles il soit permis de s'arrêter, encore qu'elles soient parfois infiniment précieuses pour l'histoire des familles et l'histoire des mœurs[5].

Nous n'avons pas parlé jusqu'ici d'un groupe important de poètes alsaciens de cette époque ; ce sont les néo-latins. Leurs premières habitudes intellectuelles, leur profession plus tard et leur dédain pour le jargon de la foule ont poussé bon nombre d'esprits distingués à manier de préférence les mètres antiques et à se servir d'une langue qui n'était point alors celle de l'érudition seulement, mais aussi celle des belles-lettres et de la diplomatie. Ces auteurs ont

---

1. *Ariana con Herren Des Marets... teutsch gegeben durch G.A. R(ichter)*. Leyden, 1644, 12°.
2. *Exilium melancholiœ d. i. Unlust-Vertreiber oder zwey tausend lehrreiche... Sprüch... Ausschlœg, artige Hofreden auss Ludovici Caron frantzœsischem Tractat le Chasse-Ennuy*, etc. Strassburg, 1643, 8°.
3. *Exilium*, etc. Strassburg, Jos. Stædel, 1669, 18°.
4. La formule « *zur bezeugung schuldiger ehrfurcht*, ou *schuldigen gehorsams* » manque rarement sur le titre de ces pièces qui n'ont de poétique que le nom.
5. Il en est de même pour des pièces de vers qui n'ont qu'un intérêt purement historique, comme certaines feuilles volantes, pamphlets politiques, etc., encore qu'ils soient volumineux comme l'élégie du pasteur Gaspard Bruno, de Schwindratzheim (*Poetisches doch recht- und schriftmæssiges Perspektiv*, etc.) décrivant la « très attristée et accablée ville libre de Strasbourg » et ses lamentations après la défaite de Nœrdlingen. (Strasbourg, 1634, 4°.)

été assez nombreux, mais leur réputation n'a jamais franchi le cercle étroit de leurs confrères, ce qui s'explique aisément, et par la nature même de leurs œuvres et par l'époque à laquelle ils ont vécu. J'ai déjà mentionné Mathias Schneuber; on peut nommer encore son collègue à l'Université, Robert Kœnigsmann [1]; Nicolas Furich, médecin à Strasbourg [2]; Jean-Michel Moscherosch, dont il sera question tantôt. Samuel Gloner est certainement le plus doué du cercle des néo-latins strasbourgeois ; né en 1598, il est mort prématurément en 1642, après avoir été longtemps professeur au Gymnase, et sans arriver à la chaire universitaire qu'il avait toujours ambitionnée [3]. Gloner a été aussi le plus fécond des poètes de son groupe; il a mis en vers élégiaques de nombreux livres de l'Ancien-Testament, les *Proverbes de Salomon* [4], l'*Ecclésiaste* [5], le *Cantique des Cantiques* [6]; il a composé des poèmes sur la *Nativité du Christ* [7], sur le *Jugement dernier* [8], sur l'*Histoire de la Passion* [9], sur la *Fête séculaire du Gymnase de Strasbourg* [10]. Le meilleur de ses ouvrages au point de vue de l'art, est son récit de la Passion « pleurée en un chant héroïque » et dont les cinq livres décrivent l'institution de la Cène [11], le pèlerinage au Mont des Oliviers, les séances du Sanhédrin, les scènes devant Pilate et le sacrifice suprême au Golgotha. Bien qu'il y ait

1. Né à Strasbourg en 1606; professeur d'éloquence latine en 1650, mort en 1663.
2. Furich doit être né vers la fin du XVIe siècle; ses *Poëmata miscellanea* furent publiés à Strasbourg chez Holland Findler, en 1624. Sept ans plus tard, parut son poème principal sur la pierre philosophale, une des plus obscures productions que j'aie été condamné à parcourir (*Chryseidos libri IV sive poëma de lapide philosophorum*, Argentorati, Welper, 1631, 4°), mais recherchée à cause du titre, gravé par Jacques van der Heyden, et représentant le grand Auditoire (*Brabeuterion*) de l'Université.
3. Nous renvoyons pour les détails à notre étude sur Gloner dans la *Festschrift*, déjà indiquée.
4. *Proverbia Salomonis regis.... paraphrasi elegiaca conversa*, etc. Durlaci, Senfltius, 1621, 16°.
5. *Ecclesiastes Salomonis elegiaco carmine expressus*, etc. Argentorati, Repp, 1626, 16°.
6. *Canticum canticorum Salomonis elegiaco carmine donatum*, etc. Argentorati, Repp, 1627, 16°.
7. *Nativitas Jesu Christi heroico carmine scripta*, etc. Argentorati, Repp, 1626, 16°.
8. *Judicium extremum heroico carmine scriptum*, etc. Argentorati, Rihel, 1625, 16°.
9. *Historia passionis et mortis Domini ac servatoris nostri Jesu Christi heroico carmine defleta*, etc. Argentorati, Repp, 1626, 16°.
10. *Carmen sæculare M. Samuelis Gloneri poëtæ laureati recitatum publice*, etc. (*Christliches Jubelfest*, 1641, p. 159-204.)
11. Notons, comme détail caractéristique pour cette époque, qu'au milieu du récit de la Cène, on trouve (p. 14), une violente sortie contre les calvinistes et leur interprétation des paroles sacramentelles.

souvent un singulier mélange de mythologie païenne et chrétienne dans ces vers généralement harmonieux, on n'y peut méconnaître un certain souffle, religieux plus encore que poétique, qui valut au poète quelques succès de son vivant, mais ne l'a point protégé contre le plus complet oubli. Les vers allemands de Gloner au contraire, qu'ils traitent de matières sacrées ou profanes[1], sont absolument sans valeur [2].

Il en est de même pour un autre des poètes néo-latins de l'Alsace un peu postérieur, le seul d'entre eux, à vrai dire, qui ayant joui de son vivant d'une notoriété considérable, ait su la conserver dans une certaine mesure ou plutôt la retrouver de nos jours : c'est Jacques Baldé. Encore peut-on affirmer, sans lui faire tort et sans offenser en rien la vérité, qu'il doit une partie de sa réputation au fait d'avoir porté la robe de la Compagnie de Jésus et d'avoir été l'aumônier d'une cour souveraine. Il a trouvé dans ces milieux les encouragements et l'appui qui ont fait défaut à d'autres, et l'Ordre qui veilla sur ses premières études, et auquel il appartint de très bonne heure, désireux de fournir aussi bien des poètes que des savants, des diplomates et des martyrs, n'a rien négligé pour mettre en lumière un talent très réel d'ailleurs. Né le 4 janvier 1604 à Ensisheim, dans la Haute-Alsace, où son père était secrétaire de la Chambre des comptes, le petit Jacques commença ses classes à Belfort, puis les continua chez les Révérends Pères de sa ville natale et fut envoyé faire des études de droit à l'Université d'Ingolstatt. A la suite d'une crise intérieure [3] le jeune homme résolut de renoncer au monde et se présenta comme postulant au noviciat dans la Compagnie de Jésus, à Landsberg, en 1624. Deux ans après, Baldé était admis dans l'Ordre à Munich, et tout en continuant ses propres études, il commençait à enseigner au Collège de la résidence électorale. Transféré plus tard à Ingolstatt, chargé de l'éducation d'un

---

1. Il en a mis au bas d'un recueil de gravures bibliques, édité par Christophe van der Heyden en 1625 (voy. Reuss, *Gloner*, p. 27, pour les détails); quinze ans plus tard, il a composé un poème élégiaque sur la mort du duc Bernard de Weimar (voy. *ibid.*, p. 72) et de nombreux épithalames, etc., selon la mode du temps.
2. En dehors de Strasbourg, nous ne voyons guère à mentionner dans ce groupe que Thomas Kessler, de Colmar, qui composa, dès 1608, un poème héroïque analogue, *Natalicium Redemptoris Jesu Christi*, imprimé à Strasbourg. (Grandidier, *Nouvelles Œuvres inédites*, II, 303.)
3. C'est le lendemain d'une soirée passée à donner une sérénade à une jolie fille d'Ingolstatt que le jeune homme de 19 ans doit avoir frappé à la porte du Collège de cette ville. (Voy. G. Westermayer, *Baldes Leben und Werke*, München, 1868, 8°. — L. Spach, *Œuvres choisies*, V, p. 25-59. — Brunner, *Jacques Baldé*, Guebwiller, 1865, 8°.)

prince bavarois, envoyé d'abord à Landshut, puis à Amberg, comme prédicateur, il passa les quatorze dernières années de sa vie à Neubourg sur le Danube, et y mourut le 9 août 1668. Autant ses poésies allemandes, soit religieuses, soit profanes, sont lourdes et indigestes[1], autant la facilité de ses vers latins mérite d'être signalée. Non pas qu'il y ait là une inspiration poétique bien supérieure en elle-même à beaucoup d'autres poètes latins du XVII° siècle ; il est absurde d'appeler Baldé un « génie exceptionnel » et d'affirmer que « ses strophes sont dignes du siècle d'Auguste » ou bien « éthérées comme les chants du *Paradis* de Dante[2] ». Mais il est incontestable que si la langue de Baldé est forcément un pastiche de la littérature classique, ce pastiche est habile et que parfois il fait illusion. Le poète est si pénétré de son sujet, politique ou religieux, qu'il triomphe de l'obstacle que lui oppose la langue morte employée pour émouvoir les vivants et, surtout quand l'enthousiasme religieux et la passion politique l'animent et l'entraînent, ses vers cessent d'être pour lui, et par suite aussi pour nous, de brillants exercices de rhétorique. Son talent de versification reste toujours considérable, alors même que la matière ne l'inspire guère. Et de fait, beaucoup des sujets traités par le jésuite alsacien n'ont en eux-mêmes aucun intérêt, sans qu'on puisse lui en faire un reproche, puisque aussi bien le cycle poétique dans lequel les règles ecclésiastiques et les convenances sociales enfermaient un religieux du XVII° siècle était bien étroit. Sur les quatre-vingt mille vers environ que compte l'œuvre de Baldé, au dire d'un admirateur enthousiaste, qui ne les avait certainement pas tous lus ni surtout comptés, on sacrifierait sans aucun scrupule les trois quarts ; le reste suffirait pleinement pour apprécier d'une manière équitable le poète. Les poèmes satiriques nous paraissent aujourd'hui bien démodés, et l'on trouverait assurément bizarre qu'un prédicateur admiré, un panégyriste de la Sainte-Vierge publiât de nos jours « l'éloge des hommes maigres » (*Agathyrsus*) et « l'éloge des hommes gras » (*Antagathyrsus*), la satire *sur la Comète* et la *Consolation des podagriques*. En lisant son

---

1. On n'a qu'à lire l'*Agathyrsus* (*l'Éloge des gens maigres*) en latin et puis en allemand, ou à comparer les *Odæ parthenicæ* du poète avec son *Ehrenpreiss der allerseligisten Jungkfrawen und Mutter Gottes Mariæ*, pour se rendre compte de la différence, ce qui prouve bien que *l'inspiration* poétique n'est pas grande, car elle aurait dompté la langue rebelle. C'est la noblesse native du latin classique, si supérieur à l'allemand d'alors, qui soutient le poète et l'empêche de trébucher, comme il fait en se servant de l'idiome maternel.
2. L. Spach, *op. cit.*, p. 57.

drame de la *Fille de Jephté*, on est surtout étonné de le voir gâter un aussi beau sujet en le tournant en symbole annonçant la venue du Sauveur, et les deux principaux poèmes didactiques, *De Vanitate mundi* et l'*Urania victrix* nous laissent froids, bien que « les critiques contemporains de Baldé y aient vu l'un de ses titres incontestables à l'immortalité ». Pour apprendre à goûter vraiment Baldé, pour pouvoir lui rendre justice, il faut laisser de côté ces grandes « machines » poétiques, prendre en main les volumes de ses *Sylves* et de ses *Odes* et étudier ses poésies lyriques, politiques ou religieuses. Je ne sais s'il a voulu « jeter le mysticisme chrétien dans le moule d'Horace », mais en tout cas le « mariage des idées païennes et des idées chrétiennes » ne lui a pas toujours également réussi et le mélange continuel des divinités de l'Olympe et du Tartare avec les personnages de la mythologie chrétienne choquera tout lecteur délicat. C'est le défaut de tous ces néo-latins chrétiens, et le luthérien Gloner en est déparé tout autant que son confrère catholique. Mais en dehors de ces fautes de goût, il y a dans ses pièces lyriques religieuses, dans ses Odes à la Sainte-Vierge, des morceaux d'une envergure très belle et qui dépassent tout ce qu'ont fait dans cette langue ses contemporains. Il en est de même pour ses Odes politiques, qui nous fournissent de nombreux exemples de l'entraînement avec lequel le Jésuite alsacien prenait parti pour sa patrie nouvelle[1] et ses chefs. Baldé est le panégyriste ardent du duc Maximilien de Bavière, du vieux Tilly, qu'il alla contempler sur son lit de mort, de l'empereur Ferdinand II, dont il approuve les actes les plus barbares ; il lance ses invectives les plus violentes contre tous ceux qui ne marchent pas sous la bannière de l'Église et des Habsbourgs, contre Wallenstein, le traître, et contre Gustave-Adolphe, l'Attila du Nord. Dans ces pièces au moins, encore qu'il y en ait beaucoup d'obscures, on sent palpiter les éternelles passions humaines sous l'enveloppe latine, et l'on salue le poète, alors même qu'on regrette d'avoir à blâmer le prêtre chrétien.

Il faut d'ailleurs, pour les apprécier, lire ces productions poétiques dans la langue même de l'auteur. On a rendu de nos jours, à notre avis, un bien mauvais service à Baldé, en traduisant une partie notable de son œuvre en vers allemands. En dépouillant ses odes de leur vêture naturelle et du rythme sonore qui fait leur charme prin-

---

1. L'Alsace n'est pas absolument absente de l'œuvre du poète ; il en parle, — à de longs intervalles, — dans ses vers, mais sans insister beaucoup, ce qui ne saurait nous étonner, Baldé n'étant jamais, que je sache, revenu dans la province qui l'a vu naître, après l'avoir quittée à dix-huit ans.

cipal, on amène involontairement le lecteur attentif à y sentir trop souvent le vide de la pensée [1].

On peut mentionner enfin, mais bien en arrière de Baldé, l'œuvre d'un coreligionnaire un peu plus âgé, Guillaume Scher, avocat de l'officialité de Strasbourg, la *Gigantomachia Mansfeldiana*, poème sur le siège de Saverne par Ernest de Mansfeld en 1622. Ce poème de douze cents vers publié à Mayence, en 1629, présente surtout un intérêt historique, bien que l'auteur ait des prétentions littéraires très prononcées [2].

Le seul point de contact véritable que la poésie néo-latine ait eu, en Alsace même, avec le grand public, c'est le théâtre qui le lui a fourni. Dès les débuts de la célèbre École latine fondée par le Magistrat de Strasbourg, en 1538, son directeur, Jean Sturm, avait considéré comme un exercice utile et même indispensable de faire pénétrer l'esprit de l'antiquité dans l'âme de la jeunesse scolaire, non seulement par l'étude *érudite* de ses chefs-d'œuvre oratoires ou dramatiques, mais en faisant *représenter* aux jeunes Strasbourgeois les plaidoyers de Cicéron, les comédies de Térence, les tragédies de Sophocle, d'Euripide ou de Sénèque. Quand l'influence du premier recteur de l'Académie pâlit devant l'autorité grandissante des représentants d'un luthéranisme exclusif, les scrupules vinrent au Magistrat, comme ils étaient venus d'abord aux ministres, sur les dangers d'une éducation aussi païenne, et l'on se mit à remplacer dans les vingt dernières années du XVIe siècle et les vingt premières du siècle suivant les pièces classiques jugées dangereuses pour les mœurs et surtout pour la foi, par des drames plus modernes, écrits par des auteurs qu'on pouvait censurer sans inconvénient ou même supprimer s'ils venaient à déplaire. Cette activité sur le terrain du drame scolaire n'est nullement propre à l'Alsace et on la rencontre partout en Allemagne, vers la même époque. Mais elle a été particulièrement intense à Strasbourg de 1600 à 1620, et c'est là qu'ont été composées des

---

1. Nous ne nous arrêterons pas à donner ici la bibliographie chronologique de l'œuvre de Baldé ; on la trouvera dans l'ouvrage de Westermeyer, déjà cité. Il suffira de dire que les *Opera poëtica* réunis une première fois à Cologne en 1640, y furent réimprimés en 1660 en six tomes in-4°. La plupart des poèmes de Baldé eurent, de 1638 à 1663, plusieurs éditions, presque toutes à Munich, quelques-unes à Amberg. Quand Herder eut, en 1796, rappelé l'attention du public sur le poète absolument oublié, on en fit des éditions choisies modernes qui suffiront amplement aux curieux.

2. Nous avons longuement analysé ce poème dans notre étude *Un Poème alsatique relatif au comte Ernest de Mansfeld*, etc. (*Revue d'Alsace*, 1878.) Voy. aussi sur lui les *Nouvelles Œuvres inédites de Grandidier*, publiées par M. l'abbé Ingold, II, p. 453.

pièces nombreuses qui ont fait ensuite le tour des tréteaux ou des estrades scolaires dans les centres du Nord et du Midi.

On a fait tout récemment encore l'historique fidèle et détaillé de ces représentations brillamment jouées dans la grande cour du Gymnase, avec de beaux décors, grâce à de notables subsides de la ville, par la jeunesse académique, revêtue de riches costumes. A ces premières, — d'ordinaire sans lendemain, — n'assistaient pas seulement les autorités, les étudiants et les bourgeois, mais de nombreux négociants venus pour les foires, des savants étrangers et souvent même des personnages princiers, se déplaçant tout exprès pour jouir d'un pareil spectacle[1]. Nous ne saurions entrer ici dans le détail de ce récit, ni faire l'énumération complète de tous les drames produits sur le *theatrum* du Gymnase ; beaucoup d'ailleurs sont l'œuvre de poètes étrangers, comme le *Jérémie* de Kirchmeyer ou Naogeorgus, le *Plagium* ou l'*Enlèvement des princes saxons* de Cramer, l'*Incendie de Sodome* d'André Saur, le *Balthasar* de Hirtzwig, etc. Nous nous bornerons à mentionner les trois auteurs strasbourgeois qui depuis le début du XVIIe siècle ont fourni des pièces latines nouvelles pour la scène de la ville libre ou des traductions allemandes de ces pièces pour le public non lettré qui s'y rendait en foule. Le premier en date est Wolfhart Spangenberg, dont nous avons déjà parlé, et qui traduit successivement en langue vulgaire le *Jérémie* de Naogeorgus (1603), l'*Alceste* de Buchanan (1604), l'*Hécube* d'Euripide (1605), le *Saül* d'un inconnu (1606), l'*Ajax* de Scaliger (1608), l'*Amphitryon* de Plaute (1608), le *Balthasar* de Hirtzwig (1608). Le second est Jean-Paul Crusius, né à Strasbourg en 1588, professeur au Gymnase depuis 1613, nommé professeur de poésie latine à l'Université en 1627, et décédé deux années plus tard. On joua de lui en 1611 un *Crésus*, tiré du récit d'Hérodote et, en 1617, un *Héliodore*, le premier traduit en allemand par Isaac Frœreisen, le second translaté par George Eck. Le troisième enfin de ces poètes, le plus connu de tous et le plus original, est Gaspard Brulow, né en 1585 près de Pyritz en Poméranie ; venu à Strasbourg en 1609, pour y continuer ses études et retenu sur les bords de l'Ill par ses maîtres qui appréciaient ses talents, il devint professeur au Gymnase dès 1612 et fut promu à une chaire de l'Académie en 1615. Chargé dans la suite de diriger en même temps l'École où il avait débuté (1622), il

---

1. Aug. Jundt, *Die dramatischen Aufführungen im Gymnasium zu Strassburg*, Strassb., Schmidt, 1881, 4°. — Joh. Crüger, *Zur Strassburger Schulkomœdie*. (*Festschrift*, I, p. 305 ss.) — Gœdeke, *Grundriss*, I, p. 416, ss.

occupa encore la nouvelle chaire d'histoire à l'Université (1626) et mourut l'année suivante d'une maladie de poitrine. Ses pièces nombreuses, écrites avec une certaine verve et une grande entente de la scène, en trimètres iambiques, offrent des sujets pris indifféremment dans la Bible, la mythologie antique, la légende et l'histoire. L'action y est accompagnée ou coupée par des chœurs, composés par Thomas Walliser, dont il sera question plus tard. Grâce à cette musique et à la munificence du Magistrat, les drames de Brulow richement mis en scène eurent alors un grand et légitime succès. Il avait débuté par une *Andromède* (1612) qui fut suivie par la « tragédie sacrée » d'*Élie* (1613). L'année suivante, il produisit sur les planches une *Chariclée* dont il avait emprunté le sujet aux *Histoires éthiopiennes* d'Héliodore; en 1615, c'est encore lui qui fournit la pièce annuelle, *Nabuchodonosor*, « comédie sacrée », prise dans le livre de Daniel et dirigée contre toute idolâtrie. En 1616, l'infatigable auteur faisait représenter un *Jules César* qui se prolonge jusqu'à la mort de Cléopâtre et en 1621 enfin, un *Moïse*, « tragicomédie sacrée », racontant la sortie d'Israël de la servitude d'Égypte [1]. La guerre de Trente Ans s'étant brusquement rapprochée de l'Alsace, les pères de la République jugèrent plus nécessaire de salarier des mercenaires que des acteurs et des poètes, et le *Moïse* fut le dernier drame scolaire joué sur le *theatrum*, désormais abandonné, du Gymnase de Strasbourg [2].

Produites en latin devant un public d'élite, ces pièces ne pouvaient intéresser la bourgeoisie que par l'apparat extérieur de la mise en scène, car les *scénarios* en langue vulgaire qu'on distribuait aux assistants leur facilitaient bien la compréhension de l'action dramatique, mais ne suppléaient pas entièrement à leur ignorance de la langue savante et tout le monde ne pouvait pas acheter une traduction complète. Aussi le public cherchait-il volontiers des spectacles plus accessibles, moins solennels et moins érudits; il les trouvait, soit dans les représentations données par des troupes d'acteurs ambulants qui s'arrêtaient à Strasbourg lors des grandes foires annuelles, soit dans celles que lui offrait la corporation des Maîtres chanteurs de la cité même. C'est un épisode fort curieux de l'histoire de l'art dramatique en Allemagne et particulièrement en

---

1. Jauke, *Ueber den gekrœnten Strassburger Dichter Caspar Brülow aus Pyritz*. Pyritz, Giese, 1880, 4°. (Programme du Gymnase de P.)
2. En 1668, trois représentations dramatiques eurent encore lieu, sans doute à l'occasion du centenaire, un peu retardé, de la création de l'ancienne Académie de Strasbourg, mais nous ignorons quelles pièces y furent jouées. (Jundt, p. 48.)

Alsace, que cette apparition des « comédiens anglais » qui, de 1596 à 1618, arrivent par troupes de douze à quinze personnes, sous la conduite de Thomas Sackville, Robert Browne, Richard Machin, John Spencer, etc. Ils représentaient, — mais certainement en allemand et non pas dans leur langue maternelle, — dans les *poêles* des corporations de métiers, des tragédies, des comédies et des pastorales dont les procès-verbaux du Magistrat nous ont transmis tout au moins quelques titres : *Suzanne, Daniel dans la fosse aux lions, Le Fils prodigue, Pyrame et Thisbé, Roméo et Juliette, La Prise de Constantinople*, etc. Mais comme au fond, ce sujet, quelque intéressant qu'il soit, n'appartient pas à l'histoire de la littérature alsacienne, nous ne pouvons que l'effleurer ici [1]. Nous ferons de même pour la mention trouvée dans les comptes rendus des séances du Conseil des XXI, relative à la venue d'un *impresario* de Lyon, nommé Jean Florian qui, arrivant à Strasbourg en 1615, avec une troupe d'une dizaine de personnes et « une bonne musique [2] », demande la permission d'offrir au public « de bonnes pièces morales [3] ».

Une concurrence plus durable au drame scolaire, et qui mérite en tout cas d'être plus longuement signalée dans ce chapitre, puisqu'elle met en lumière des pièces de fabrication locale, c'est celle des Maîtres chanteurs ou *phonasques* de la ville libre impériale [4]. Strasbourg possédait, dès le XVe siècle, une association de *Meistersinger*, composée principalement, comme ailleurs, d'honnêtes artisans, démangés par l'envie de rimer, auxquels venaient se joindre quelques rares savants qu'aucun orgueil de caste n'empêchait de frayer en si modeste compagnie. Bien que la poésie lyrique et didactique fût le champ clos ordinaire de leurs luttes pacifiques, les maîtres chanteurs donnaient de temps à autre des représentations

---

1. M. Jean Cruger a réuni dans une série de feuilletons de la *Strassburger Post* (décembre 1886) tous les textes relatifs à ces comédiens anglais qu'il a retrouvés aux archives de la ville.
2, XXI, 1615, fol. 130a et 176a. Était-ce une espèce de troupe d'opéra ou ce Florian voulait-il jouer des pièces françaises? Les textes n'en disent rien et cela nous paraît peu probable. — Les premiers comédiens français de Paris, qui jouèrent à Strasbourg, se produisirent le 15 mai 1697. (Lobstein, *op. cit.*, p. 128.)
3. La dernière tournée dramatique de ce genre que mentionnent nos sources est celle d'un nommé Hippol, de Hambourg, qui sollicite l'autorisation, lors de la foire d'automne 1700, de jouer une pièce d'origine anglaise, *Le Chêne royal*. (XXI, 1700, fol. 32.)
4. Voy. sur eux *Beitræge zur Geschichte der Musik im Elsass und besonders in Strassburg*, von J. F. Lobstein. Strassb., Dannbach, 1840, 8°, et la brochure de M. E. Martin, *Die Meistersænger von Strassburg*, Strassb., Schultz, 1882, 8°.

théâtrales, soit au poêle des Pelletiers, soit au poêle des Maçons, et faisaient payer au public un droit d'entrée minime, pour en couvrir les frais[1]. C'est pour eux que Wolfhart Spangenberg, membre de l'association, composa sans doute sa comédie *Esprit et Matière*, publiée en 1608[2], peut-être même les autres comédies que nous avons déjà mentionnées plus haut[3]. En 1605, ils avaient joué le *Jugement de Salomon*, en 1607, la tragédie de *Rosamonde*, en 1609 une comédie intitulée *Bonheur et Malheur*, en 1617, le *Meurtre d'Abel*, en 1621, *Jules-César*[4]. En 1633, ils offrent au public un *Dialogue chrétien de la mort de Judas Macchabée*, hommage rendu à la mémoire de Gustave-Adolphe de Suède[5]. D'ordinaire, le Magistrat laissait se produire sans obstacle ces naïves élucubrations, rédigées et jouées par des gens de métier, qui prétendaient contribuer ainsi à la diffusion des vérités religieuses et morales. Parfois il se fâchait pourtant et frappait d'une amende les acteurs et les poètes, quand les pièces étaient données le dimanche et faisaient une concurrence, généralement victorieuse, aux sermons de l'après-midi. Une fois qu'on se proposait de jouer, en 1637, le *Siège de Jérusalem et la captivité du roi Zédécias*, non pas même en travesti, mais en simple « costume allemand », il alla jusqu'à défendre la représentation après avoir fait parcourir à la hâte, par un des censeurs les cinq mille vers dont se composait la tragédie. « Ce qu'il y a de moral dans la pièce, dit l'ordonnance du Magistrat, MM. les Pasteurs se chargeront déjà de le dire du haut de la chaire, et le reste est inutile ; il faut des *prières* à la population frappée par la colère divine, et non pas des *représentations théâtrales*[6]. »

Cela n'empêcha pas les maîtres chanteurs de reprendre plus tard leurs séances dramatiques. Nous voyons qu'en 1650, lors des fêtes célébrées en l'honneur de la signature définitive de la paix, ils

---

1. Il n'y eut pas de véritable salle de spectacle à Strasbourg, avant le XVIIIe siècle. On jouait soit sur les places publiques, dans des baraques, soit dans les auberges ou *poêles* des tribus. Celui des Maçons fut arrangé en 1692, de façon à pouvoir y donner des représentations pour les officiers de la garnison, etc. Il fut incendié en 1700, après la représentation de l'*Avare* de Molière, et c'est en 1701 qu'on construisit le premier théâtre, bien modeste, avec l'argent d'un suicidé. (*Bull. des mon. historiques*, XVIII, p. 166.)
2. *Geist und Fleisch, ein lehrhafftiges Comœdi Spiel, gedruckt zu Strassburg bey Carolo Kieffer*, 1608, 8°.
3. Voy. p. 205.
4. *Urkundliches über die Strassburger Meistersænger* von E. Martin, dans *Strassburger Studien*, 1882, vol. I, p. 82-98.
5. Lobstein, *op. cit.*, p. 15.
6. *Ibid.*, p. 86.

jouèrent une tragicomédie, *Suzanne* ¹. En 1697 encore, ils demandent à représenter un *Holopherne, David et Goliath, La Calomnie punie, La Mère fidèle;* mais ces quatre dernières pièces du XVII° siècle furent sans doute aussi les toutes dernières représentées par leurs soins, car M. le préteur royal Obrecht émit à cette occasion l'avis qu'il fallait en finir une bonne fois avec ces exhibitions et renvoyer ces bonnes gens à leurs métiers ².

Si nous nous sommes étendu tout particulièrement sur la littérature dramatique strasbourgeoise, c'est que les sources font à peu près défaut pour le reste de l'Alsace. Colmar, si riche en représentations théâtrales au XVI° siècle ³, ne semble plus les avoir connues au siècle suivant, sauf quelques représentations de drames scolaires, en 1654 et 1657 ⁴. Les Pères Jésuites de Molsheim firent jouer une tragédie de *Charlemagne,* dont la représentation dura trois jours, lors de l'inauguration de leur Académie, en septembre 1618 ⁵, et sans doute ils offrirent, à intervalles réguliers, soit à Molsheim, soit plus tard à Strasbourg ⁶, des spectacles analogues aux protecteurs de leur Ordre et aux parents de leurs élèves. Mais nous ignorons absolument si ces pièces scolaires ont été composées dans le pays et pour les écoles alsaciennes. Étant donné le caractère cosmopolite de la Société et le transfert continuel des maîtres de l'enseignement d'un pays à l'autre, cela n'est guère probable, cela est même très peu vraisemblable. Il en est de même pour les représentations dramatiques offertes au public dans d'autres collèges de Jésuites de la province, dont les chroniques et les annales de la Société font mention, à Schlestadt, par exemple⁷, ou chez les Fran-

---

1. Dacheux, *Fragments de chroniques,* III, p. 185.
2. *Strassburger Studien,* 1882, p. 96.
3. Voy. X. Mossmann, *Les Origines du théâtre à Colmar.* Colmar, Jung, 1878, 8°.
4. Lors de la fête du Gymnase évangélique, le 1ᵉʳ mai 1654, on représenta une pièce allégorique, « *Colmaria mit den sieben Musis, um welche sieben proci sich beworben haben*», et le 20 mai 1657,on joua dans le même établissement la *Comédie de Suzanne.* (Chronique colmarienne de Nicolas Klein, fol. 152ᵇ.)
5. *Carolus magnus, pius, sapiens, magnanimus, tragicomœdia, ludis augustalibus... data per triduum a studiosa juventute Molshemensi.* Molshemii, typis Hartmann, 1618, 4°.
6. Pour Strasbourg, nous pouvons même l'affirmer catégoriquement, puisqu'il existe à la Bibliothèque de l'Université une série de *libretti* in-4° et même deux véritables affiches de théâtre du Collège des Jésuites pour des pièces jouées vers la fin du siècle : *Agathocles* (1687), *Demetrius, Nabuchodonosor* (1688), *Hermenigildus* (1692), *Eugenia* (1694), *Asmundus et Avitus* (1698), etc. Mais ce sont là des sujets *courants* pour les représentations scolaires et que nous savons avoir été traités et joués partout.
7. V. Gény, *Jahrbücher,* p. 28, 45, etc. (*La Résurrection du Christ, Udon, Thomas Morus,* etc.)

ciscains de Thann¹. Ce n'est donc pas ici que l'on peut en parler, mais c'est dans les chapitres relatifs à l'instruction supérieure et secondaire qu'il conviendra d'y revenir ². On ne saura si la littérature alsatique a vraiment quelque chose à revendiquer de ce côté que lorsque des recherches préliminaires dans les archives des congrégations religieuses ou dans les comptes des dépenses des municipalités, sources également inexplorées, auront fourni les matériaux nécessaires sur ce point spécial³.

Tous les produits littéraires de quelque valeur que nous avons mentionnés jusqu'ici se rapportent, presque sans exception, à la première moitié du siècle. Elle n'a pas été riche, on l'a vu, en écrivains éminents ou simplement passables ; mais la seconde moitié est encore beaucoup plus pauvre en noms connus. La grande misère matérielle, la pénétration croissante des mœurs étrangères, les conflits politiques incessants, avaient amené comme une anémie générale des esprits, et l'Alsace restait privée forcément d'une littérature originale, on pourrait presque dire, d'une vie littéraire quelconque. Même lorsqu'il s'agit de simples traductions, l'absence de tout talent littéraire est frappante. C'est ainsi que, dès 1655, un ancien de l'Église réformée de Strasbourg, Isaac Clauss⁴, a traduit, ou plutôt paraphrasé le *Cid* de Corneille⁵ ; on ne saurait concevoir trahison plus accentuée que celle des vers du poète par sa prose embarrassée et médiocre.

1. Malachie Tschamser, *Annales*, II, p. 696, 705, 712, 715, etc. (*Herménégilde, Virginie martyre, Caligula et Claude, Barlaam et Josaphat*, etc.) Ce sont, comme on voit, les sujets qu'on rencontre dans tous les collèges de Jésuites d'Europe. Même la « comédie sur l'expulsion de tous les huguenots de France glorieusement menée à bout », jouée en 1688, a dû passer alors sur tous les tréteaux scolaires de la Compagnie en Europe.
2. Il se peut fort bien qu'il y ait eu dans les collèges d'Alsace des pièces *originales* composées sur les lieux, et rentrant à bon droit dans la littérature alsacienne ; mais jusqu'ici nous connaissons quelques titres à peine et pas de textes ; quant à des noms d'auteurs, les annalistes désignent assurément le plus souvent comme tel le Rev. Père qui avait été chargé de mettre la pièce en scène. On n'a pas refait trente fois *Herménégilde, Balthasar, Daniel dans la fosse aux lions*, etc.
3. Il y aurait là une très utile et très intéressante monographie à faire pour un jeune ecclésiastique laborieux et sagace qui visiterait les dépôts d'archives des localités où il y eut des collèges de Jésuites et ferait pour le théâtre de ceux-ci ce que MM. Jundt et Cruger ont fait pour le drame scolaire à Strasbourg.
4. Il s'appelait sans doute *Claude* à l'origine, comme les *Dietrich*, également immigrés, donnèrent à leur nom lorrain de *Thierry* une forme allemande.
5. *Teutsche Schaubühne, übersetzt von Isaac Clauss von Strassburg. Erster Theil.* Strassburg, Thiele, 1655, in-16. Nous ne connaissons que ce premier volume, renfermant le *Cid* ; y en eut-il d'autres, comme le titre semble l'indiquer ?

Néanmoins notre province peut revendiquer, dans une certaine mesure, deux des noms les plus connus, les plus justement célèbres au milieu de la profonde décadence littéraire de l'Allemagne d'alors, Christophe de Grimmelshausen et Jean-Michel Moscherosch. L'auteur du *Simplicissimus* et celui des *Visions de Philandre* ont passé une partie de leur vie sur son sol ou du moins au service de dynastes alsaciens. Le peintre si fidèle des horreurs de la guerre de Trente Ans a fini ses jours comme bailli de l'évêque de Strasbourg, sur la rive droite du Rhin ; le satirique dont les croquis pessimistes nous ont laissé une image si peu flattée de la société de son temps, a promené ses pas de l'Ill aux Vosges, de la Sarre au Mein, et a été longtemps procureur fiscal de la République de Strasbourg, après avoir été bailli de Fénétrange et avant de devenir conseiller de régence à Hanau, Mayence et Cassel. Nous éprouvons cependant quelque scrupule à revendiquer pour Grimmelshausen une place dans la littérature alsacienne. Il ne s'est occupé plus spécialement dans ses ouvrages, ni du territoire ni des habitants du pays et, malgré ses fonctions officielles, on fera mieux de ne pas le réclamer pour notre province[1]. Mais les mêmes scrupules ne sont pas de mise pour Moscherosch, bien que lui aussi ne soit pas né sur la terre d'Alsace et qu'il n'y ait pas fermé les yeux.

Jean-Michel Moscherosch naquit en effet, le 5 mars 1600, sur la rive droite du Rhin, à Willstaett, petit bourg situé sur les terres des comtes de Hanau-Lichtenberg, également possessionnés sur la rive alsacienne. Son père, receveur consistorial, descendait-il vraiment d'un noble aragonais, Marculphe de Musenrosch, que le hasard avait poussé vers le Nord, ou était-il le rejeton d'un honnête bourgeois germain nommé *Kalbskopff*, et ses ascendants avaient-ils traduit au XVIe siècle cette succulente, mais peu poétique dénomination, par un équivalent composite, forgé de grec et d'hébreu ? Problème difficile que je ne me charge pas de résoudre et qui d'ailleurs n'importe guère, puisqu'il serait difficile de constater par ses écrits que Moscherosch eût une seule goutte de sang espagnol dans les veines. Fort heureusement doué, il fut envoyé de bonne heure faire ses humanités au Gymnase de Strasbourg, puis il les continua à l'Université nouvellement créée de cette ville, en même temps qu'il s'y appliquait à l'étude du droit. Après avoir conquis le grade de

1. Voy. sur Grimmelshausen et le *Simplicissimus*, outre les introductions de H. Kurtz dans les *Simplicianische Schriften* (Leipzig, 1863), le livre de M. Antoine, Paris, 1883, 8°. Louis Spach lui a également consacré une notice dans ses *Biographies alsaciennes*, tome II, p. 165 ss.

maître ès arts en 1624, il entreprit le tour de France, qui commençait à entrer dans les usages, et séjourna près de deux ans à l'étranger, s'arrêtant particulièrement à Genève, à Orléans et à Paris, surtout dans cette dernière cité qu'il devait encore une fois revoir vingt ans plus tard. Pas plus que d'autres patriotes teutons d'alors et de date plus récente, Moscherosch ne put échapper à l'attraction de la grande ville, comme on le voit par ce qu'il écrivait, en un français des plus corrects et des plus vivants, à son ami le poète Harsdœrffer : « J'ay eu ceste félicité de voir ceste ville de Paris, ce monde, cest univers, ce Paradis terrestre, où tout vient, où tout va, où tout est, et ce que ny l'Allemagne, ny l'Espagne, ny l'Italie, ny l'Angleterre, ny les autres Royaumes pourront fournir ny faire voir, Paris seul vous le présentera [1]! » Savant, spirituel, parfaitement initié à la langue française et aux manières élégantes, il fut recherché par divers seigneurs, et remplit d'abord pendant deux ans les fonctions de précepteur des jeunes comtes de Linange-Dabo, puis il devint bailli des barons de Créhange, dans la petite seigneurie lorraine de ce nom. Marié, père de famille, veuf et remarié, le futur écrivain coulait dans cet obscur coin de terre des jours paisibles, aiguisant à loisir d'inoffensives épigrammes latines, quand la Lorraine fut envahie par les troupes de Louis XIII. Le château de Créhange ayant été à peu près détruit, il prend la fuite avec les siens à travers les Vosges, au cœur de l'hiver, pour chercher un refuge à Strasbourg, et sa femme épuisée meurt en route à la Petite-Pierre. L'année d'après, le duc de Croy et d'Ærschot, seigneur de Fénétrange, lui fait offrir le poste de bailli dans cette petite ville située aux confins de l'Alsace et de la Lorraine ; il accepte, s'y rend en 1636, s'y remarie encore une fois, mais voit bientôt éclater autour de lui toutes les horreurs de la guerre. Trois fois la ville et sa propre demeure sont pillées par des soudards de toute provenance ; la peste et la famine déciment ses administrés [2], et pour ne pas mourir de faim, il doit atteler un valet de labour à sa charrue, — le bétail avait depuis longtemps disparu, — et marcher à ses côtés, l'œil au guet, le mousquet au poing et la mèche allumée. A la longue, la situation n'était pas tenable ; une seconde fois le poète vient se réfugier derrière les murs de Strasbourg. Nous le voyons chargé bientôt après, en 1645, d'une mission officieuse à la

[1]. La lettre est datée de Paris, 18 août 1645 ; elle se trouve dans la collection des *Epigrammata*, p. 102.
[2]. Voy. sur cette situation désespérée la lettre même de Moscherosch à son ami Gloner, reproduite par T. W. Rœhrich, *Mittheilungen*, II, p. 154.

cour de France, par la duchesse douairière de Wurtemberg, mission qui ne fut pas de longue durée[1], puis il est nommé secrétaire et conseiller militaire de la couronne de Suède à Benfeld ; bientôt le bruit continuel des armes dans cette petite forteresse lui déplut et il accepta l'office de procureur fiscal que lui offrit le Magistrat strasbourgeois ; il l'occupa dix ans de la façon la plus honorable, mais en ce temps de misère générale et de morale relâchée, un fonctionnaire intègre et zélé, chargé de surveiller la rentrée des revenus de l'État, devait s'attirer de nombreuses et puissantes inimitiés[2]. Elles l'amenèrent à résigner sa charge en 1656 et à passer au service de son souverain naturel, le comte Frédéric-Casimir de Hanau, qui le nomma membre et président de son Conseil. Desservi par des envieux auprès de son nouveau maître, Moscherosch leur quitta la place et accepta la double charge de conseiller intime de l'Électeur de Mayence et de la landgravine de Hesse-Cassel. Il était en voyage pour visiter des amis et des membres de sa famille à Worms, quand il y tomba malade et y mourut le 4 avril 1669, trouvant enfin dans la tombe le repos et la paix qu'il n'avait guère connus de son vivant.

Si nous avons plus particulièrement insisté sur la biographie de l'auteur des *Visions*, c'est qu'il est nécessaire de la connaître, au moins dans ses contours généraux, pour bien apprécier son œuvre. Cette existence tourmentée suffirait, à elle seule, à expliquer la profonde misanthropie et la colère attristée qui se fait jour presque à chaque page de ses écrits. Comme latiniste, Moscherosch est médiocre et ses *Épigrammes*, comparées de son vivant à celles d'Owen et même de Martial[3], n'ont certes plus de lecteurs. Comme poète allemand, il est d'ordinaire pédant et médiocre, sauf en de rares pièces fugitives d'un cachet particulier[4]. Les écrits de morale et

1. Archives de la ville de Strasbourg, A.A. 1094.
2. Peut-être aussi Moscherosch, à cause de son attitude absolument hostile aux influences françaises, a-t-il dû quitter une position très en vue, au moment où les rapports de la petite République avec le gouvernement de Louis XIV devenaient forcément très fréquents, sinon fort intimes. Il n'y a pas encore de bonne biographie de Moscherosch, établie sur des recherches d'archives. On a beaucoup écrit sur l'écrivain et très peu étudié sa biographie, en dehors des redites empruntées à l'oraison funèbre du pasteur Meigener, de Worms, imprimée en 1669, 4°. Ce qu'il y a de mieux à ce sujet, c'est la dissertation de M. L. Pariser, *Beiträge zu einer Biographie von Moscherosch*, München, 1891, in-8°, mais elle n'est nullement exempte d'erreurs.
3. La première *Centuria Epigrammatum* parut en 1630 à Strasbourg ; il lui fallut dix ans pour terminer la seconde, en 1640. Elles ont été réimprimées à Francfort, en 1665, par les soins de son fils, Ernest-Ladislas.
4. Nous citerons parmi ces exceptions le récit assez plaisant d'une excur-

d'actualité, si curieux qu'ils soient au point de vue biographique[1], ne peuvent plus guère intéresser de nos jours que les littérateurs professionnels et les bibliographes. Mais l'auteur des *Visions de Philandre de Sittewalt* vivra dans l'histoire de la littérature allemande comme un écrivain relativement original, aux inspirations personnelles, poursuivant un but élevé et nettement déterminé à travers les détours multiples de sa prose, tantôt énergique et même éloquente, tantôt lourdement pédante ou ridiculement prétentieuse. Sans doute, cette originalité n'est pas entière, puisque, de même que Fischart, le satirique strasbourgeois[2] du XVII° siècle, a choisi le modèle de son principal ouvrage dans une littérature étrangère. C'est aux *Rêveries* de Quevedo de Villegas, fort à la mode à ce moment, et traduites alors dans la plupart des langues de l'Europe, que Moscherosch emprunte le canevas primitif de son récit[3]. Les *Visions de Philandre* forment une série de tableaux distincts, tirés parfois de la vie réelle, le plus souvent tout à fait fantastiques, dans les-

sion à travers la Forêt-Noire, récit entremêlé de passages en dialecte, que M. J. Bolte a retrouvé naguère dans une plaquette de Berlin et réimprimé dans le *Jahrbuch des Vogesenclubs*. (XIII, p. 151.) Mais le poète n'attachait certainement pas d'importance à ces rimailles, jetées sur le papier par le caprice du moment et qui n'ont pas d'ailleurs, au fond, de valeur littéraire.

1. Le plus intéressant est une espèce de traité de pédagogie chrétienne (*Insomnis cura parentum, christliches Vermæchtnuss oder schuldige Vorsorg eines treuen Vatters*. Strassburg, 1643, 12°), souvent réimprimé au XVII° siècle. Moscherosch a aussi publié, dans un but de propagande patriotique, une traduction allemande de la *Germania* de Wimpheling, écrite jadis par le célèbre humaniste lui-même, et une *Imago Reipublicæ Argentoratensis*, tirée d'une lettre d'Érasme, toutes deux en 1648.

2. Je l'appelle strasbourgeois parce que c'est dans cette ville qu'il termina et publia son œuvre.

3. Quevedo de Villegas vivait encore (il n'est mort qu'en 1645) quand Moscherosch mit au jour ses *Visions*.

On admet généralement que M. (qu'il sût l'espagnol ou non) n'a pas directement utilisé les *Suenos*, mais qu'il les a connus par l'intermédiaire de la traduction française du sieur de La Geneste, publiée à Caen en 1633. Il y a seulement une petite difficulté, comme l'a fait remarquer M. Ch. A. Scholtze dans son étude sur *Philander von Sittewald* (Chemnitz, 1877, 4°). L'édition de La Geneste de 1633 ne renferme que les six premières *Visions;* l'édition de 1641 passe jusqu'ici pour la seconde. Mais celle-ci, Moscherosch ne peut pas s'en être servi, puisque l'impression de son livre était terminée en septembre 1640. M. Scholze, partant de l'idée que cette première édition des *Visions* de M. était déjà complète, se demande comment l'auteur aurait pu ne pas recourir pour les derniers tableaux à l'original espagnol. Mais il ressort d'une lettre de Moscherosch à Gloner, citée dans mon étude sur ce dernier (p. 74), que cette première édition allemande surveillée par le latiniste n'avait également que *six Visions*. Quand l'œuvre de Moscherosch reparut complète (telle qu'elle est aujourd'hui, débarrassée des suppléments apocryphes) en 1643, la traduction de M. de La Geneste avait été complétée depuis deux ans.

quels l'auteur passe en revue les travers, les ridicules et les vices des contemporains, non d'une façon joviale et gouailleuse, comme chez certains des prédécesseurs de Moscherosch au XVI⁰ siècle, mais en les stigmatisant avec une amertume vengeresse. Ce n'est pas sans raison que les *Visions* portent le sous-titre de « réprimandes » (*Straffschriften*); ce sont en effet des philippiques adressées aux contemporains. Bien rarement nous entendons éclater chez l'écrivain le sonore et contagieux éclat de rire qui retentit à travers les pages de Rabelais ou de Fischart ; plus de ces plaisanteries triviales ou naïves, assaisonnées de gros sel, mais éveillant chez les lecteurs de bonne humeur une hilarité franche et communicative. C'est que les temps ont bien changé ; le présent est lugubre, au moment où l'auteur met la plume à la main dans un recoin perdu de la Lorraine ; l'avenir paraît plus sombre encore, quand il la dépose, à l'abri des murs de la ville libre, qui lui a momentanément offert un abri. Écrasée, foulée aux pieds, ne respirant plus qu'à peine après cent batailles livrées sur son sol par tous les peuples de l'Europe, l'Allemagne a perdu dans une lutte trentenaire son prestige, ses richesses et ses provinces. Elle va perdre plus encore, jusqu'au sentiment de son génie fécond, jusqu'à la foi à ses propres destinées. On la verra, se jetant aux pieds des vainqueurs, adopter leur langue et leur costume, leurs idées et leurs travers. En un temps de misère pareille, la tâche d'un écrivain patriote, sincèrement épris des traditions du passé, ne pouvait être que celle d'une lutte désespérée contre l'invasion matérielle et morale du dehors. Il n'a pas le loisir de s'arrêter aux farces joviales dont se gaudissaient ses aïeux ; il n'est pas d'humeur à faire rire les bonnes commères de la veillée ni à délecter de ses lazzis les buveurs des tavernes. Il est trop pressé, trop échauffé par la bataille pour peser ses paroles ; peu lui importe qu'il frappe juste, pourvu qu'il frappe fort. Sa satire est amère, haineuse, exagérée, et trop souvent le bon goût demande grâce devant ses hyperboles prétentieuses et ses imaginations bizarres. L'anathème à jet continu qu'il lance contre l'étranger, les sermons pédantesques dont il poursuit sans répit le vice et les vicieux, deviennent à la longue horriblement monotones[1]. Et cependant il est difficile de ne pas ressentir de la sympathie pour l'honnête homme et l'écrivain courageux qui lutte avec

---

1. Gœdeke parle dans son *Grundriss* (II, p. 497) de la « *schwerfœlligste Schulpœdanterie und ermüdende Breite* » de l'auteur. En général, après l'avoir surfait, et beaucoup surfait, dans les derniers temps, on est plutôt porté de l'autre côté du Rhin, à traiter Moscherosch avec une sévérité exagérée.

une conviction profonde pour la conservation des biens les plus précieux.

Au point de vue purement littéraire, les *Visions de Philandre* sont d'une valeur très inégale et ne constituent d'aucune manière une œuvre d'art. Écrites à plusieurs années d'intervalle, elles n'ont pas toutes [1] la même allure, ni la même valeur comme témoignages historiques, car le lecteur s'intéresse évidemment davantage à ce qu'il voit sur les bords de la Sarre qu'à ce qui se passe au fond de l'Enfer. Chacune des scènes, prise à part, constitue comme une monographie satirique d'un des travers ou des vices de l'époque. Les premières visions, *Le diable sergent de ville, Le monde comme il est, Le jugement dernier, Les fous de Vénus*, s'attaquant à des péchés fort en honneur de tout temps, montrent encore quelques traces d'*humour*. Dans l'*Armée des morts*, la prédication morale s'accentue. La vieille Mort, assise sur son trône lugubre, entourée de petites Morts souriantes et décharnées, harangue avec une âpreté macabre les Allemands qui par leurs multiples excès s'expédient eux-mêmes au tombeau. C'est avec une violence plus concentrée encore, que le poète dans ses *Enfants de l'enfer* nous fait passer en revue les rois cruels, les seigneurs débauchés, les alchimistes trompeurs, Mahomet et (déjà!) les journalistes. C'est dans cette *Vision* que se trouve aussi le plus fréquemment cité des tableaux de Moscherosch, celui de la vie académique d'alors [2], trop semblable parfois à celle de nos jours; espérons au moins que ces écœurantes buveries et ces scènes brutales d'un réalisme si intense, il ne les a pas toutes empruntées à ses souvenirs universitaires de Strasbourg. Mais il est des *Visions* plus célèbres à bon droit, et qui donnent la note vraie de son talent littéraire et de sa pensée patriotique, ce sont *La vie des soudards* et cette autre, au titre intraduisible, d'*A la mode Kehrauss*[3]. Dans la première, l'auteur nous dépeint avec une vérité saisissante la vie scélérate et désordonnée des mercenaires et des maraudeurs d'alors, qu'il a vus rôder si souvent, brigands plutôt que soldats, autour du château de Fénétrange. Il nous fait assister à leurs amusements grossiers, aux tortures infâmes qu'ils infligent à leurs victimes, il

---

1. L'auteur n'a reconnu comme authentiques que les quatorze *Visions* qui se trouvent dans l'édition définitive donnée par lui-même à Strasbourg, chez Ph. Mülb et J. Stædel, en 1650 (2 vol. 16ᵉ), après qu'à Leyde et Francfort eussent paru des contrefaçons avec des suites apocryphes, doublant et triplant le travail primitif.
2. Moscherosch, éd. 1650, tome I, 421-438.
3. On pourrait traduire, par à peu près : *Dernier coup de balai aux modes françaises!*

nous initie même aux mystères de leur argot curieux ; c'est une page d'histoire plus encore que de littérature, la déposition d'un témoin véridique devant la postérité[1].

Le *Kehrauss* est une protestation des plus violentes contre l'invasion des modes françaises et de l'esprit français en Allemagne. L'auteur y charge de malédictions ses compatriotes qui sont aux cinq huitièmes Français, pour un huitième Espagnols, pour un huitième Italiens, et qui ont à peine gardé pour le faible reste le souvenir de leur origine germanique. Il les raille de s'affubler de chapeaux français, de vestes et de bas à la française, de porter leur barbe à la mode de Paris et leur épée à la française, sans avoir d'autre excuse pour leurs lâches complaisances, que ce refrain, éternellement le même : « *Es ist à la mode !* » Sa propre indignation ne lui paraît pas assez puissante pour écraser ces êtres dégénérés. Il fait intervenir les héros éponymes de la race : Arminius, le vainqueur de Teutoburg, Arioviste, Wittekind, Siegfried, le héros des Nibelungen et d'autres preux du « bon vieux temps », réunis au château de Geroldseck, sur les bords de la Sarre : c'est dans ce redoutable cénacle qu'est introduit le poète moraliste, pour y être soumis à un long et pénible interrogatoire. Le sieur Teutschmeyer, personnification de l'Allemand incorruptible et patriote, une espèce de « père Jahn » avant la lettre, examine dédaigneusement sa barbe, son chapeau, sa chevelure, un peu comme Gulliver fut inspecté plus tard à la cour de Brobdignak. On ne se contente pas de lui reprocher sa frivolité ridicule et ses travestissements antigermaniques ; sous le couvert de ces « vieilles barbes », Moscherosch se livre aux plus violentes invectives contre cette France envahissante qui subjugue les esprits et ravit les provinces de son pays.

C'est à ces harangues surtout, restées alors sans écho, que notre auteur a dû, au début de ce siècle, sa réputation renaissante. A cause d'elles, bien des critiques d'outre-Rhin lui ont pardonné la lourdeur de son style, les interminables citations pédantes qui en-

---

1. On peut d'autant mieux se fier à sa déposition que, soit scrupule de sincérité, soit manque d'imagination, Moscherosch a photographié, si je puis dire, les sites et les événements qu'il avait sous les yeux dans son coin des Vosges et de Lorraine. C'est ce qu'a montré tout récemment M. Henri Schlosser, de Drulingen, dans une étude détaillée, *Johann Michael Moscherosch und die Burg Geroldseck im Wasgau* (*Bulletin des monuments historiques d'Alsace*, tome XIV, 1893). C'est dans ce château que notre auteur fait comparaître son héros devant les ancêtres illustres de la Germanie. M. Schlosser établit, contrairement à l'opinion vulgaire, que c'est près du Geroldseck de la Sarre, et non près du château du même nom, près de Saverne, qu'il faut chercher le cadre géographique des récits de Moscherosch.

combrent tant de ses pages ; ils lui pardonnent même ses emprunts continuels à la littérature et à la langue française, dont il a écrit lui-même, en un moment d'oubli : « Je m'en traite comme de la meilleure viande de ma table, car pour l'allemande, vous savez qu'elle me sert de pain ordinaire et la latine de confitures[1]. »

Quand la plus récente des éditions de Moscherosch fut sortie des presses strasbourgeoises en 1677, huit années après la mort de l'auteur, ce fut pour bien longtemps la dernière œuvre littéraire de quelque importance qui se produisit en Alsace. Pendant près d'un siècle, on y constate une éclipse à peu près totale de la vie poétique. Il faut descendre jusqu'à Henri-Auguste Nicolay et à Théophile-Conrad Pfeffel, jusqu'à Léopold Wagner, l'ami strasbourgeois de Gœthe, pour rencontrer une dernière fois notre province contribuant, d'une manière appréciable, au mouvement littéraire de l'Allemagne tout entière, et encore les noms que je viens de citer, bien connus à leur heure, n'ont-ils plus guère aujourd'hui qu'une valeur historique. En énonçant cette disparition de l'élément littéraire proprement dit de l'horizon de l'Alsace durant les trente dernières années du XVIIe siècle, nous n'avons pas prétendu dire, évidemment, qu'il ne se soit plus rien publié, ni en vers, ni en prose, entre les Vosges et le Rhin ; on veut simplement constater que rien n'en subsiste dans l'histoire de la littérature ni dans les souvenirs actuels des plus zélés connaisseurs du passé local. Quelques Alsaciens contemporains de Moscherosch s'étaient expatriés avant lui, comme le jurisconsulte strasbourgeois Jean-Joseph Beckh qui, devenu notaire à Eckernfœrde et puis rentier à Kiel, publia des pièces de théâtre assez nombreuses et des « Œuvres morales » entre 1660 et 1670[2]. D'autres, restés sur la brèche, continuèrent à cultiver les Muses en Alsace même, comme les membres d'une association littéraire, formée vers 1670 et qui s'appelait le *Trifolium poëticum;* composée de licenciés en droit, de docteurs en médecine, de professeurs, voire même de conseillers auliques, cette société « a travaillé avec zèle, comme le prouvent ses écrits, qui existent encore »; mais ce témoignage isolé, échappé par hasard à l'incendie des bibliothèques de Strasbourg[3], est tout ce que nous pouvons rapporter

---

1. C'est également dans une lettre à son ami, le poète Philippe Harsdœrffer, que Moscherosch exprime ce jugement. (*Epigrammata*, éd. Francfort, 1665, 12º.)

2. Voy. sur Beckh, Gœdeke, *Grundriss*, II, p. 488. Il appartient tout entier au groupe des poètes de l'Allemagne du Nord, et jamais on ne l'a revendiqué pour l'Alsace où il semble être resté tout à fait ignoré.

3. C'est dans un fragment de Künast, recueilli par M. le chanoine Da-

aujourd'hui de l'association même et de ses membres ; un seul nous est connu de nom, le jurisconsulte Frédéric Wieger, de Strasbourg, qui sous l'anagramme de Regewius publiait en 1698 un recueil de chants religieux dont aucun exemplaire ne se retrouve dans sa ville natale [1]. Nous ne nous arrêterons pas à mentionner, une fois de plus, la littérature abondante des épithalames et des thrénodies qui continua cependant, — elle seule, — à fleurir pendant la fin du XVII° et tout le XVIII° siècle ; il nous en est passé beaucoup par les mains sans que nous ayons réussi à y rencontrer une seule fois l'accent ému d'un véritable poète [2].

La littérature des complaintes et des chansons historiques populaires, très riche pour l'époque précédente, ne cesse pas non plus entièrement durant les guerres de Louis XIV ; au contraire, certains événements, comme la capitulation de Strasbourg, ont fait naître des pièces assez nombreuses, mais elles sont anonymes et l'on peut affirmer, pour bien des raisons, que ce n'est pas en Alsace qu'elles ont été composées ; la plus péremptoire, c'est qu'on y accuse les Strasbourgeois d'une trahison dont ils ne se sont jamais rendus coupables. Une bibliographie détaillée de la littérature alsatique n'aurait pas le droit de passer entièrement sous silence ces produits antérieurs ou postérieurs à la guerre de Trente Ans, ne fût-ce que comme sources historiques, mais elles n'ont aucun droit à figurer dans un aperçu rapide de l'histoire littéraire de la province [3].

---

cheux, que se trouve la seule mention à moi connue de cette association. (*Bulletin des mon. histor.*, XVIII, p. 145.)

1. *Regewii geistliche Lieder auss denen Sonn- und etliche Festtags-Evangelien.* Strassburg, 1698. (H. Kurtz, *Gesch. der deutschen Literatur*, II, p. 579.)

2. On y rencontre en tout cas des vers et même des strophes entières d'un grotesque achevé. Rien ne montre mieux les variations infinies du goût et les dépravations dont il est susceptible que cette littérature des cantiques mortuaires et des thrénodies, qui faisaient couler les larmes des âmes sensibles du XVII° siècle et nous paraissent aujourd'hui si ridicules. Le *Tombeau* du généalogiste Gall Luck, p. ex., se termine par une pièce de vers du pasteur Jean Balthasar Ritter, invitant le passant à contempler la fosse de ce savant bien oublié de nos jours :

« *Geh, geh, zur Nachfolg schau ins Grab hinein und guck :*
Es ist ja, leider war, der weltberühmte Luck ! »

et dans celui du syndic J. H. Mogg, de Colmar, le poète Specht invite l'Envie à mordre dans la pierre tombale, qu'elle ne pourra briser :

« *Komm, Neid, beiss in den Stein ; diss bleibt Herren Moggens Grab !* »

3. Celui qui s'intéresserait à des recherches de ce genre n'aurait qu'à feuilleter les *Annalen der poetischen Litteratur der Deutschen* de Weller, *passim*, et le recueil de Dietfurth, *Historische Volkslieder*. M. Aug. Stœber a aussi réimprimé quelques-unes de ces pièces historiques dans l'*Alsatia*. (P. ex., 1867, p. 104-108.)

Les calendriers populaires, rédigés quelquefois par des savants, souvent aussi par des pasteurs[1] ou de simples « hommes de lettres », constituent une dernière branche de cette littérature, la plus répandue, mais non la plus relevée de toutes. Ils étaient censurés de près par les Magistrats et leurs auteurs recevaient d'ordinaire une récompense, assez modeste d'ailleurs, quand ils en présentaient le premier exemplaire aux pères de la cité[2]. Ils seraient assurément fort curieux à étudier de près, car ils formaient avec quelques livres de prières, auxquels il faut ajouter la Bible, pour les populations protestantes, la bibliothèque presque exclusive des classes rurales. Malheureusement, il ne nous est pas resté même un seul exemplaire de ces calendriers ou almanachs strasbourgeois et colmariens, remontant jusqu'au XVIIe siècle; ils ont depuis longtemps péri, soit par l'usure du temps, soit par l'incurie de leurs propriétaires. On en peut juger pourtant en parcourant les plus anciens de ces *Messagers boiteux* que nous possédions aujourd'hui, et qui ne remontent guère au delà du milieu du XVIIIe siècle. Ils sont si nuls, si vides d'indications utiles, si remplis de données superstitieuses et ridicules qu'on en peut conclure, sans grand risque d'erreur, à un état de choses moins édifiant encore au siècle précédent.

Après avoir parlé de la poésie latine et de la poésie allemande en Alsace au XVIIe siècle, on s'attend sans doute à ce que nous disions encore un mot des essais de poésie française qui s'y seraient produits à cette époque. Cette partie de notre tâche ne sera pas bien longue à remplir, ce qui ne saurait étonner personne, après ce que nous disions plus haut. Dans le chapitre sur l'usage de la langue française, on a pu voir que certains habitants de la province étaient parvenus, à la fin de notre période, à se servir assez couramment du langage de leurs nouveaux compatriotes pour rédiger, quand il le fallait, des dépêches diplomatiques, des rapports administratifs, des mémoires judiciaires, des traités de controverse théologique, mais ils ne l'employèrent pas à des œuvres littéraires. Les très rares spécimens de vers français que l'on a recueillis pour toute

1. C'est ainsi que le pasteur Jean Heupel, de Breuschwickersheim, est signalé en 1675 comme un « célèbre astrologue et fabricant de calendriers ». Il signait ses produits du nom d'Onophrius Gallus, pseudonyme employé déjà en 1598 par le pasteur Florus, de Schiltigheim, pour une semblable besogne. (Rœhrich, manuscrit 734, I, de la Bibliothèque municipale.)
2. Les procès-verbaux des Conseils de Strasbourg et de Mulhouse mentionnent assez régulièrement des sommes de dix thalers ou de dix florins, accordées aux éditeurs, Everard Welper, Chrétien Schurer, etc., présentant « le nouveau calendrier ».

cette période de cent ans, sont de nature à nous expliquer cette abstention à peu près complète. Ce sont des pièces très courtes, très mal composées, infiniment plus dénuées de vie que les hexamètres latins ou les odes grecques, « chantées » par les mêmes individus. Elles se retrouvent d'ailleurs exclusivement dans le même milieu académique ; ce sont des exercices de style que certains érudits, mieux doués ou plus téméraires, risquent devant des juges incompétents et peu sévères. Le plus ancien morceau de ce genre que je connaisse, — je ne parle point de vers imprimés dans des livres français publiés en Alsace, — est un sonnet du Strasbourgeois Paul Friderici, composé en 1611 en l'honneur du professeur Thomas Walliser[1] ; je pourrais citer encore un petit poème intitulé : *Actions de grâces à Dieu et aux fidèles*, composé en 1644 par un des élèves du cloître de Saint-Guillaume, à l'occasion du centième anniversaire de la création de cet internat théologique[2]. Le Colmarien Emmanuel Binder risque, un peu plus tard, une épitaphe en vers français pour le major général Jean de Rosen[3] ; mais tout cela n'est pas plus de la littérature française que les distiques grecs ou latins des thèses académiques ne font partie des littératures de l'antiquité. Il vaut mieux avouer simplement qu'au XVIIe siècle, — et même au XVIIIe, — aucun autochthone alsacien, à moins d'avoir été dépaysé de bonne heure et d'une façon définitive, ne s'est avisé de faire des vers français pour son plaisir et poussé par un besoin d'épanchements intimes. On en a fait pourtant, comme ceux que la belle et volage comtesse de la Suze composait près de la source de Belfort[4] ; mais ils ne sont nés en Alsace que par un pur effet du hasard et pourraient tout aussi bien avoir été écrits ailleurs. Si maintenant nous jetons un coup d'œil rétrospectif sur cette série de noms propres et d'œuvres bien diverses, mais presque toutes également médiocres, nous constatons qu'au fond l'Alsace, j'entends la race du terroir, y est très faiblement représentée. Tous les noms à peu près de quelque valeur viennent de l'étranger ; Wolfhart Spangenberg est un Thuringien, Brulow arrive de Poméranie, Rompler de Lœwenhalt d'Autriche, Schneuber est un Badois, Moscherosch appartient à la rive droite du Rhin. Le seul Alsacien bien authentique d'origine

---

1. Il a été reproduit par M. Zwilling dans son travail déjà cité, p. 18. Il se trouve en tête du recueil de Walliser, *Musicæ figuralis præcepta* édité à Strasbourg par Ledertz, en 1611.
2. Il a été réimprimé par Rœhrich dans ses *Mittheilungen*, II, p. 41.
3. Strobel, *Geschichte des Elsasses*, V, p. 205.
4. Les poésies de Henriette de Coligny comtesse de la Suze furent publiées à Paris en 1656.

est Jacques Baldé qui a presque toujours vécu loin de son pays, et ce coryphée de la littérature allemande n'a de valeur que lorsqu'il écrit en latin !

En dehors des belles-lettres, le mouvement des esprits en Alsace s'est porté, conformément au caractère général de la race, vers les côtés les plus techniques de la science. L'érudition philologique minutieuse absorbe, à elle seule, l'étude plus large et le culte autrefois si fervent des lettres antiques ; elle peut réclamer les Bœcler, les Bernegger et les Freinsheim ; les études théologiques s'y concentrent de préférence sur les problèmes les plus ardus de la dogmatique et sur les querelles de controverse, où se distinguent les Jean Schmidt, les Dannhauer, les Dorsche, les Sébastien Schmid et les Bebel ; l'étude du droit se borne d'ordinaire à des commentaires plus verbeux que profonds sur le droit féodal ou romain, sans grandes recherches originales nouvelles, jusqu'au moment, où vers la fin du siècle, Jean Schilter succède à Strasbourg aux Biccius, aux Tabor, aux Marc Otto. L'Alsace du XVII° siècle n'a plus connu de géographes comme Sébastien Munster [1], ni d'historiens comme Sleidan, Hédion, ni même, plus tard, comme Osée Schad [2]. Nous avons bien quelques récits de voyage comme celui de Decker [3] ou de Richshoffer [4] ; nous avons surtout une série de chroniques locales, dont quelques-unes curieuses assurément, mais sans vues d'ensemble, celles de Trausch et de Wencker, aujourd'hui presque entièrement perdues [5], celles de Walter (1676) [6] et de Reisseissen (1710) [7] pour Strasbourg, celles d'Irsamer, de Joner et de

---

1. Nous citons Seb. Munster parmi les écrivains alsaciens parce qu'il fut toujours regardé en Alsace comme un compatriote ; mais il est né dans le Palatinat, et il mourut à Bâle. Personne n'a décrit alors l'Alsace plus en détail qu'il ne l'a fait dans sa précieuse *Cosmographie*, l'un des monuments du XVI° siècle.
2. Osée Schad continua, non sans un certain talent, l'ouvrage de Sleidan jusqu'aux débuts de la guerre de Trente Ans, *Sleidani continuati pars prima.... quarta Historische Continuation, Beschreybung allerley Handel*. Strassburg, van der Heyden, 1625, 4 vol. fol.
3. Adolphe Decker a laissé le récit d'un voyage autour du monde qu'il fit avec une flotte hollandaise. (*Diurnal*, etc., Strassburg, 1629, 4°.) — Voy. Grandidier, *Nouvelles Œuvres inédites*, II, p. 144.
4. Ambroise Richshoffer écrivit le récit de ses aventures militaires au Brésil (1629-1632) dans son ouvrage *Brasilianisch- und Westindianische Reisse-Beschreibung*, publié à Strasbourg en 1677.
5. Ce qui en reste a été publié par M. le chanoine Dacheux dans le *Bulletin des monuments historiques d'Alsace*.
6. Sur Walter voy. mon travail *De Scriptoribus rerum alsaticarum historicis* (Argentorati, 1898), p. 136 ss.
7. Sur Reisseissen, Reuss, *op. cit.*, p. 138.

Müller, bien moins importantes, pour Colmar[1], celle de Petri pour Mulhouse[2]. Mais tous ces écrits sont plutôt des notations personnelles que des œuvres littéraires ; ce sont les derniers produits d'une habitude d'esprit et d'une impulsion datant du moyen âge, qui perd toute raison d'être au seuil de l'ère nouvelle, alors que la bourgeoisie locale cesse définitivement d'être un gouvernement et de jouer un rôle politique. La science théorique de l'histoire exposée dans le *Prodromus rerum Alsaticarum* d'Ulric Obrecht[3], les premiers essais de critique scientifique appliquée aux origines de l'Église d'Alsace dans l'*Histoire des évêques de Strasbourg* de Guilliman[4], dans celle du roi Dagobert par le P. Coccius[5], n'ont rien d'assez remarquable pour nous arrêter ici. L'histoire est une science qui a besoin de la liberté pour vivre ; elle ne pouvait s'épanouir en Alsace sous la monarchie absolue ; après la capitulation de Strasbourg, elle se cantonne, et pour longtemps, dans les questions inoffensives et spéciales d'érudition, ou dans l'optimisme imperturbable des panégyriques officiels. Les sciences naturelles, la médecine scientifique sont encore à peine sorties du domaine d'un empirisme grossier et leur rôle reste tout à fait secondaire. Pour autant que les noms que nous venons de nommer ont droit à revivre dans le souvenir des générations modernes, leurs travaux ayant marqué, ne fût-ce que d'une façon presque imperceptible, dans l'histoire des sciences, nous les retrouverons bientôt. Ils ont leur place plus naturellement marquée dans le chapitre des Universités alsaciennes, dont ils ont presque tous été les maîtres, et c'est bien là qu'ont été les derniers foyers de la culture intellectuelle de la province, au milieu des misères de la guerre de Trente Ans et durant toutes celles qui la suivirent.

1. Sur ces chroniqueurs colmariens, Reuss, *op. cit.*, p. 150, 154, 155.
2. Sur Petri, voy. Reuss, *op. cit.*, p. 158.
3. Sur le *Prodromus* d'Obrecht, voy. Reuss, *op. cit.*, p. 166.
4. Sur Guilliman, voy. Reuss, *op. cit.*, p. 161.
5. Sur Coccius, voy. Reuss, *op. cit.*, p. 163.

CHAPITRE QUATRIÈME

Beaux-Arts[1]

La décadence artistique n'est pas tout à fait aussi sensible en Alsace pour cette période que la décadence littéraire. Sans avoir produit des peintres et des dessinateurs aussi remarquables que Martin Schœngauer, Jean Baldung Grien ou Wendel Ditterlin, le XVIIe siècle a fourni néanmoins à l'histoire des beaux-arts une série de noms alsaciens qui y tiennent une place honorable. Il n'est pas difficile de les énumérer ; il l'est extrêmement de parler de leurs œuvres en connaissance de cause, et nous ne songeons pas à dissimuler sur ce point notre insuffisance profonde. Une bonne part de ces créations artistiques a été détruite par les révolutions intérieures ou les guerres du dehors, d'autres ont disparu avec les familles qui les possédaient jadis, ou bien encore elles sont cachées dans des galeries publiques et privées lointaines, qui nous sont personnellement inconnues. On trouvera donc ici bien plutôt un catalogue biographique des artistes de notre province, — et encore sera-t-il passablement incomplet, — qu'une appréciation raisonnée des produits de leur crayon et de leur pinceau, sans que nous ayons la ressource de renvoyer le lecteur, désireux de se mieux renseigner, à des travaux spéciaux plus approfondis. Les études sur l'histoire artistique de l'Alsace au XVIIe siècle sont en effet fort clairsemées, trop souvent fort superficielles, et se réduisent presque toutes à la répétition perpétuelle des mêmes indications vagues empruntées à quelques catalogues de collections d'amateurs ou aux colonnes d'un *Dictionnaire des artistes* plus ou moins bien informé ; encore la plupart de nos artistes ont-ils été trop obscurs pour en forcer les portes[2]. Il faudrait beaucoup de temps et de persévé-

---

1. Je dois remercier tout particulièrement M. Adolphe Seyboth, le dévoué conservateur du nouveau Musée municipal de Strasbourg, de l'obligeance avec laquelle il m'a indiqué les sources à étudier pour ce chapitre et montré les planches des artistes alsaciens de ce temps, réunies par ses soins dans les cartons des collections de la Ville.
2. Il n'y a presque rien en effet sur le XVIIe siècle dans l'ouvrage d'Alfred Woltmann, *Die deutsche Kunst im Elsass* (Strasbourg, Trubner, 1876, 8°); il n'y a pas une ligne sur toute cette période, dans les 550 pages de *L'Art en Alsace-Lorraine* de M. René Ménard. (Paris, Delagrave, 1876, 4°.) Les notices de M. P. E. Tuefferd qui ont paru, sous le titre général de *L'Alsace*

rance, de longs voyages, de pénibles recherches d'archives, un goût éclairé, un amour du sol natal assez vif pour consentir à s'arrêter aux humbles et aux petits, pour arriver à retracer d'une façon satisfaisante l'histoire de l'Alsace artistique au XVIIe siècle ; c'est une esquisse bien sommaire et bien incomplète que nous devons nous contenter de présenter dans notre tableau d'ensemble.

Nous ne citerons ici que les artistes les plus connus de cette époque ; il y en avait cependant beaucoup d'autres, dont parfois le nom seul est venu jusqu'à nous, sans que le souvenir d'aucune œuvre s'y rattache. Il n'y a pas lieu de s'étonner de leur grand nombre, surtout à Strasbourg. Tout d'abord la capitale morale, sinon politique, de la province était alors, toute proportion gardée, infiniment plus fréquentée par des visiteurs de haut rang et de fortune qu'elle ne l'est aujourd'hui ; et les personnages riches qui seuls voyageaient en ces temps-là aimaient assez rapporter quelque souvenir artistique des lieux qu'ils visitaient[1]. Puis, tout à l'entour de la grande cité rhénane résidaient en assez grand nombre des princes et des petits dynastes, qui commandaient volontiers des tableaux aux artistes strasbourgeois ou les faisaient appeler dans leurs résidences pour les occuper sous leurs yeux[2]. Enfin, dans Strasbourg même, il y avait au XVIIe siècle une quantité d'amateurs éclairés ou croyant l'être, qui se complaisaient au rôle de mécènes locaux et réunissaient dans leurs *cabinets de curiosités* ou *Kunstkammern*, avec beaucoup de bric-à-brac, de véritables trésors d'art, dont nous ne pouvons lire la sèche énumération, seule chose qui nous en reste ! sans un sentiment de convoitise et de regret. Ne sacrifiant pas au luxe purement extérieur, à ce besoin de pa-

artistique, dans la *Revue d'Alsace* (années 1882, 1883, 1884, 1885), sont encore la compilation la plus complète, mais purement livresque, sur la matière. Quelques études directes sur les œuvres d'art elles-mêmes, comme celle de M. Eugène Muntz (De quelques monuments d'art alsaciens conservés à Vienne, *Revue d'Alsace*, 1872), seraient bien utiles pour renouveler le vieux fonds d'informations, remontant à Sandrart, Füssli, à J. Fréd. Hermann, ou à l'appendice fourni par Strobel pour le travail de Henri Schreiber sur la Cathédrale de Strasbourg, etc. Ferdinand Reiber avait parlé de quelques-uns de ces artistes dans ses *Petits Maîtres alsaciens*, insérés au journal illustré *Mirliton*. (Strasbourg, 1884-1885.) Les notes manuscrites de feu Louis Schnéegans, archiviste de la ville de Strasbourg, conservées à la Bibliothèque municipale, m'ont fourni quelques données biographiques.

1. Même quand ils ne venaient pas en simples touristes, leurs goûts restaient les mêmes. En 1674, l'Électeur Frédéric-Guillaume de Brandebourg offrit une somme notable pour l'admirable autel en bois sculpté du couvent des Antonites à Issenheim, mais on refusa de le lui céder. (Ichtersheim, *Elsæssische Topographia*, II, p. 30.)

2. C'est ainsi que J. J. Walter travaille à la cour de Bade, son fils à celle de l'Électeur palatin, G. Baur à celle de Vienne, etc.

raître qui nous ruine aujourd'hui, certains patriciens et même de simples bourgeois réussissaient, à force de patience, d'économies et de zèle, à réunir des collections de tableaux, de gravures et de figurines qui vaudraient des millions et qui éveillaient déjà l'admiration des contemporains[1].

Parmi les plus connus de ces *cabinets de curiosités* strasbourgeois du XVIIe siècle, nous mentionnerons seulement celui du baron Bernard de Schaffalitski, réfugié d'Autriche, pour le seul médaillier duquel Gaston d'Orléans fit offrir 24,000 florins ; celui de Sébastien Schach, membre du Conseil des XV, hardi voyageur, qui avait gravi le Sinaï et possédait des milliers de gravures et de dessins précieux, sans compter une mèche des cheveux d'Albert Durer ; celui de l'ammeistre Daniel Richshoffer (1640-1695) ; celui d'Élie Brackenhoffer, vendu aux enchères, en 1685[2] ; celui de Jean-Jacques Walter, le peintre dont nous parlerons tantôt ; celui du libraire Jean-Frédéric Spoor ; celui de Jean-Philippe Mülb, membre du Conseil des XIII, acquis plus tard par le vicaire-général du diocèse, Lambert de Lœr[3], etc. Le plus curieux cependant, le plus riche en tableaux, aquarelles et gravures, paraît avoir été celui de Balthasar-Louis Kunast, simple négociant dans sa ville natale, né en 1589 et qui commença de bonne heure sa carrière de collectionneur, si bien qu'en 1646, quand il dut vendre ses richesses, sans doute à la suite de mauvaises affaires, il était déjà fort connu comme amateur au dehors. Mais le démon de la *curiosité* le tenait, et dès 1649, il reprenait la chasse aux objets d'art et d'histoire naturelle avec une ardeur telle qu'à sa mort, advenue en 1667, il possédait une nouvelle collection tout à fait remarquable. Le catalogue, imprimé l'année suivante[4], énumère entre autres, quatre-vingt-dix

---

1. Hermann a donné le premier un aperçu de ces *cabinets* dans ses *Notices* (II, p. 381), puis M. Arthur Benoît a réuni un grand nombre d'indications dans son travail *Collections et collectionneurs alsaciens*, paru dans la *Revue d'Alsace*, en 1875. — Récemment on a publié les fragments de Kunast relatifs aux collections particulières strasbourgeoises de son temps, dans le *Bulletin des monuments historiques*, XVIII, p. 139-141.

2. Cette vente donna lieu à une querelle des plus vives et à un échange de gros mots et de soufflets, entre le conseiller André Brackenhoffer et un officier du régiment de Normandie qui brisa par maladresse, une statuette antique ; cela faillit aller jusqu'en Cour à Versailles. (XIII, 6 septembre 1685.)

3. *Bulletin des monuments historiques*, XVIII, p. 140.

4. Le seul exemplaire connu se trouve à la Bibliothèque municipale de Strasbourg, *Ordentliche Verzeichniss derjenigen Stück und Raritæten so sich in Balthasar Ludwig Kunasts... Handelsmanns seeligen hinterlassener Kunstkammer befunden*. Strassburg, bey Johann Welpern, anno 1668, 16°. J'ai donné l'analyse de ce catalogue dans une série d'articles des *Affiches de Strasbourg*. (8 septembre — 20 octobre 1890.)

tableaux, dus principalement au pinceau de ses contemporains strasbourgeois, Vogtherr, Jacques van der Heyden, Brentel, J.-J. Walter, Stosskopf, etc., mais on y remarque aussi un Holbein, un Martin Schœn, un Jordaens, un Breughel; soixante-douze aquarelles de Hans Baldung Grien, de Ditterlin, de Walter, Besserer; des dessins à la plume ou au crayon de Tobie Stimmer, d'Albert Durer, etc. Les gravures rares étaient en nombre; « un gros volume in-folio » contenait, à lui seul, 1,920 planches de Schœn, Durer, Schæufelin, Baldung, Cranach, Callot, Burgmayer, et en dehors de ce recueil on mentionne plus d'une centaine de cartons avec des gravures de vieux maîtres, et une collection de 2,300 portraits d'hommes célèbres[1].

En voyant, grâce à ce petit catalogue, mal imprimé sur papier grisâtre, de telles richesses amoncelées entre les mains d'un simple bourgeois, — et le tout acquis dans le court espace de dix-huit années, — on comprend mieux que beaucoup d'artistes aient pu vivre et prospérer à Strasbourg, même au temps de la guerre de Trente Ans et de celles de Louis XIV.

Le plus ancien, dans l'ordre chronologique, des artistes strasbourgeois du XVIIe siècle, est Frédéric Brentel; il était originaire de Lauingen en Souabe, où, depuis un siècle sa famille faisait de la peinture[2]. Né en 1580, il vint s'établir de bonne heure à Strasbourg, s'y maria en 1601, et y vécut très honoré pendant un demi-siècle († 1651), s'alliant avec le patriciat urbain par un second mariage, contracté en 1639 avec Anne, sœur de l'ammeistre Joachim Brackenhoffer[3]. Peintre et graveur à la fois, ce fut avant tout un miniaturiste, soit qu'il peignît des paysages, des sujets religieux, des groupes allégoriques ou des scènes historiques. Le Musée de Vienne conserve de lui une *Prédication de saint Jean-Baptiste;* Kunast possédait de lui plusieurs tableaux traitant également des

---

1. A côté de ces objets d'art, le *cabinet* de Kunast, comme la plupart de ces collections strasbourgeoises, contenait des antiquités romaines, des animaux empaillés, des plâtres, des ivoires, des objets en verre, des idoles asiatiques et africaines, des hamacs et des vêtements d'Indiens, des instruments de musique, des armes anciennes, etc. L'objet le plus hétéroclite qu'on y rencontre, provenant sans doute du *cabinet* de Schach, qui avait visité la Palestine, était « l'empreinte du premier pas qu'avait fait l'ânesse portant Jésus à son entrée à Jérusalem ». Un particulier de nos jours, à moins d'être plusieurs fois millionnaire, ne pourrait loger le prodigieux amas d'objets disparates qu'avait accumulés Kunast.
2. Voy. Andresen, *Der deutsche Peintre-graveur*, Leipzig, 1874, tome IV, p. 185-213.
3. Seyboth, *Strasbourg historique et pittoresque*, p. 587.

scènes bibliques[1]; tout récemment on en vendait deux à Strasbourg, petits médaillons sur parchemin, une *Adoration des Bergers* et un *Baptême du Christ*[2]. Mais la principale de ses œuvres, travail de patience plutôt que d'inspiration, c'est une série de réductions de tableaux célèbres d'Albert Durer, de Jordaens, de Rubens, de van Dyck, etc., exécutées pour orner un Livre d'heures du margrave Guillaume de Bade, président de la Chambre impériale de Spire. Ce manuscrit, in-octavo, intitulé : *Orationes selectæ et officia quædam particularia, ad usum Guilielmi marchionis Badensis variis, authore Friderico Brentel, ornatæ picturis*, terminé en 1642, compte quarante miniatures, plus un frontispice et un portrait du peintre lui-même[3]. Comme graveur, Brentel est connu surtout par les planches représentant les fêtes de la cour de Stuttgart, lors du baptême du prince Ulric de Wurtemberg, en 1617[4], et par une autre série de planches, retraçant d'après les dessins du peintre de la cour, Claude de La Ruelle, la « pompe funèbre de Charles III de Lorraine » et l'entrée du duc Henri II à Nancy (1609-1611[5]). Il a également gravé le titre de plusieurs ouvrages publiés à Strasbourg, entre autres celui de la *Policeyordnung* de 1628. Son fils, appelé Jean-Frédéric, né à Strasbourg en 1602, se distingua comme miniaturiste, mais il vécut presque toujours hors de l'Alsace et mourut plus tard à Vienne. Il en fut de même de sa fille Anne-Marie, née en 1613, et mariée à un graveur d'Augsbourg, Israël Schwartz ; Kunast avait dans son cabinet des tableaux et des dessins de ces deux enfants de Brentel.

Wendelin Grapp, dit Ditterlin, natif de Pfulendorf, dans le pays de Bade[6], le dernier grand dessinateur du XVIe siècle, mort en 1599, avait laissé également à Strasbourg toute une dynastie d'ar-

---

1. Nous croyons inutile d'énumérer longuement tous ces tableaux dont l'*indication* seule, sans aucune *appréciation* ni *description*, est venue jusqu'à nous. Voy. Tuefferd. *Revue d'Alsace*, 1883, p. 516; Hermann, *Notices*, II, p. 351; Schreiber-Strobel, p. 78.
2. Iconographie alsatique. *Catalogue des estampes de Ferdinand Reiber*, Strasbourg, 1896, n° 4639. M. Reiber possédait aussi (n° 4481) un magnifique album de 1,305 armoiries en un vol. in-folio, peintes de 1590 à 1630, et attribué à Brentel.
3. Lors de la vente des effets de la princesse Auguste-Sibylle de Bade, en 1775, le manuscrit fut acheté, à Offenbourg par le chanoine Rumpler pour 250 florins et revendu 6,000 francs au prince de Conti. Il se trouve actuellement à la Bibliothèque Nationale.
4. *Aigentliche warhafftige Delineation der Hoffeste bey Tauffe des Prinzen Ulrich von Wurtemberg*, July 1617, 92 feuillets in-fol. obl.
5. Reiber, *Iconographie*, p. 292.
6. M. Seyboth a été le premier (*Strasbourg historique*, p. 648) à retrouver le vrai nom de Ditterlin.

tistes de mérite d'ailleurs fort inégal et dont aucun ne fut aussi célèbre que lui. Son fils, Hilaire Ditterlin, a peint des tableaux allégoriques [1] et religieux. Il exécuta en 1620 dans l'église des Dominicains un diptyque, *Jésus au Mont des Oliviers* et *Jésus dans la maison de Caïphe*, qui ornait plus tard la grande salle des séances académiques et disparut pendant l'orage révolutionnaire. Mais il avait été copié et gravé par le fils de l'artiste, Barthélemy, alors âgé de onze ans, et cette planche fut dédiée par le père, très fier de ce génie précoce, à l'empereur Ferdinand II [2]. Outre ce Barthélemy dont on cite encore plusieurs tableaux et gravures [3], Hilaire eut deux autres fils, également artistes, l'un nommé Georges, qui naquit en 1616, l'autre appelé Wendelin comme son grand-père, mais le moins connu de tous [4]. Un arrière-petit-fils, Jean-Pierre Ditterlin, né en 1642, est l'auteur d'un album de costumes strasbourgeois, gravé par Martin Hailler et édité avant 1680, par Frédéric Guillaume Schmuck [5]; il vivait encore en 1683 [6].

Sébastien Stosskopf est un contemporain de Brentel, dont les œuvres furent également fort recherchées par les amateurs; né à Strasbourg en 1599, il avait acquis dès sa quinzième année une réputation locale suffisante pour justifier l'allocation d'une bourse de voyage par le Magistrat [7]. Après avoir eu des leçons de son père Georges Stosskopf, le jeune Sébastien alla se perfectionner en Alle-

1. On mentionne, entre autres, la « *Politique s'appuyant sur la Sagesse et la Justice* ». Tuefferd, *Revue d'Alsace*, 1883, p. 389. — Hilaire vivait encore en 1622.
2. Elle se trouvait dans la collection Reiber (*Iconographie*, n° 4724) et a été reproduite dans le *Mirliton* du 1er juin 1884. Cf. Aimé Reinhard, *Notice sur le Temple-Neuf*, p. 32, et Tuefferd, *op. cit.*, p. 390.
3. Entre autres, une *Passion* en 13 planches et une *Crucifixion* avec 112 figures. On prétend même qu'il acheva dès 1623, un tableau de Hans Baldung Grien, *Le Déluge*, courage bien téméraire pour un garçon de treize ans. Il avait d'ailleurs certainement du talent; nous avons vu de lui, au Musée municipal de Strasbourg une planche, datée de 1624; elle représente un enfant faisant une bulle de savon sur une tête de mort; à côté une lampe placée sur un sablier. Au-dessous l'inscription : *Vanitas vanitatum. Homo bulla*. L'idée n'est pas de lui, mais le faire est singulièrement original pour le crayon d'un artiste qui vient d'entrer dans sa quinzième année.
4. Né en 1602, il est signalé dans différents actes notariés, depuis 1653 jusqu'en 1680. (Seyboth, *Verzeichniss der Künstler*, etc.)
5. Voy. Oscar Berger-Levrault, *Costumes strasbourgeois*, introduction.
6 Seyboth, *Strasbourg*, p. 370.
7. XXI, 27 décembre 1615. Le Magistrat resta fidèle à ce sentiment de protection pour les artistes. Encore en 1699 il accordait une bourse de perfectionnement à un jeune homme, Ulric Hartenauer, resté d'ailleurs obscur, comme ayant « *sunderliche lust zu der edlen mahlerey* ». (XXI, 17 août 1699.)

magne, fit le tour de France et d'Italie et revint se fixer dans sa ville natale où il s'adonna principalement à la peinture des natures mortes ; il réussissait surtout, dit-on, les coupes d'or et d'argent chargées de fruits, les cristaux et les vases de Venise, etc. On raconte également que le comte Jean de Nassau ayant fait voir à l'empereur Ferdinand III un des tableaux de l'artiste, représentant une gravure attachée par un peu de cire au chevalet du peintre, gravure sur laquelle se jouaient une nymphe et un satyre, le souverain fut si bien attrapé par ce trompe-l'œil qu'il essaya de décoller la gravure qui couvrait, croyait-il, le reste du tableau; et revenu de son erreur, acheta l'œuvre de Stosskopf pour le Musée de Prague[1]. Strasbourg lui-même possédait avant la Révolution des peintures murales, dues à son pinceau, dans la grande salle du Conseil à l'Hôtel-de-Ville[2]; mais elles ont disparu durant la tempête révolutionnaire. Quatre petits panneaux baroques, ayant orné le Poêle des Jardiniers, et déposés aujourd'hui au Musée municipal, sont peut-être tout ce qui reste de son œuvre, aux lieux où il a vécu[3]. Malgré sa célébrité au dehors, les confrères de Stosskopf voulurent le forcer à présenter un « chef-d'œuvre » avant de l'inscrire à la tribu de l'Échasse et de lui permettre de se livrer à l'exercice de sa profession. Mais le Magistrat jugea qu'il avait fourni des preuves suffisantes de son talent et lui accorda une dispense[4]. L'artiste vivait encore en 1649, mais on ignore l'année exacte de sa mort[5].

Né en 1600, à Spire, Jean-Jacques Besserer vint s'établir à Strasbourg et y acquit le droit de bourgeoisie en 1640. Il y mourut en 1657 et semble avoir peint surtout des aquarelles ; on cite de lui des paysages, une *Madone*, un *Balthasar*[6].

Jean-Jacques Arhardt, architecte de la ville ou de l'Œuvre Notre-Dame doit être de quelques années plus jeune que les artistes énumérés plus haut. S'il dessinait déjà en 1648,— un portrait à la plume de la collection Reiber, porte cette date[7], — c'est après 1660 seulement qu'il est mentionné dans les documents d'archives[8]. Il ne semble pas

1. Tuefferd, *loc. cit.*, p. 528.
2. M. Tuefferd traduisit le nom allemand de l'Hôtel-de-Ville (*die Pfalz*) par « Hôtel du Palatinat ! »
3. Seyboth, *Strasbourg*, p. 518.
4. XV, 15 septembre 1641.
5. Seyboth, *op. cit.*, p. 518.
6. Schreiber-Strobel, p. 92.
7. *Iconographie*, n° 4511. Buste en médaillon, folio « *Joh. Jacob Arhardt Ingenieur fecit, anno 1648.* »
8. Seyboth, *Verzeichniss der Künstler welche in Urkunden des Strassburger Stadtarchivs erwæhnt werden*, dans le *Repertorium für Kunstwissenschaft*, Stuttgart, 1892, tome XV, p. 37.

qu'il existe encore des productions inédites de son crayon en Alsace même. Les cartons de la Bibliothèque de l'Université de Gœttingue renferment des paysages de la Forêt-Noire dessinés par lui ainsi que des vues de la Cathédrale et de diverses églises de Strasbourg. D'autres dessins à la plume et à l'encre de Chine sont conservés à l'*Albertine* de Vienne; ils sont datés de 1670-1673, et se rapportent également à la Cathédrale[1].

C'est à l'*Albertine* aussi qu'il faut aller étudier le faire artistique d'un homme plus célèbre de son vivant que Besserer ou Arhardt, le Strasbourgeois Jean-Jacques Walter. Né soit à la fin du XVIe, soit au début du XVIIe siècle, Walter est plus connu de nos jours comme chroniqueur que comme peintre ; mais il était fort apprécié des contemporains et comptait de nombreux princes dans sa clientèle : l'évêque de Strasbourg, Léopold-Guillaume d'Autriche, le margrave Guillaume de Bade-Bade, le margrave Frédéric de Bade-Dourlach, le comte Jean de Nassau-Sarrebruck, etc. Revenu dans sa ville natale après de longs voyages en Allemagne, aux Pays-Bas, en France, en Suisse, il s'y marie, mais séjourne fréquemment au dehors ; ce n'est qu'à partir de 1659, date de son entrée au Grand-Conseil de la République, que sa vie devient sédentaire, et qu'il échange le pinceau de l'artiste contre la plume du chroniqueur. Il disparaît de la liste des élus strasbourgeois avec l'année 1676 et tout indique qu'il doit être mort dans les premiers mois de 1677 [2]. Il semble avoir beaucoup travaillé, mais ses créations dispersées de bonne heure sont perdues pour nous. Le tableau de *la reine Tomyris* qu'il avait peint pour la salle des séances du Conseil des Treize a disparu, ainsi que le portrait de Gustave-Adolphe, *Andromède et Persée*, et des vues de Strasbourg qui se trouvaient dans la collection Kunast. Son *Ornithographie*, conservée à Vienne, est une collection d'oiseaux, soit du pays, soit étrangers, peints à l'aquarelle avec beaucoup de naturel et une grande fidélité, parfois sur des fonds de paysages exotiques. Ce fut un travail de longue haleine, car le plus ancien d'entre les cent feuillets qui composent ce bel album porte la date de 1639, le plus récent celle de 1668[3]. Le fils de

---

1. Tuefferd, *op. cit.*, p. 519. C'est Arhardt qui a dessiné la planche des *Antiquitates Germaniæ primæ* de Balthasar Bebel (Argentorati, Spoor, 1669, 4°), représentant le tombeau d'un soldat de la huitième légion, trouvé à Strasbourg le 2 septembre 1663.
2. Voy. Eug. Muntz, *Quelques monuments*, etc., dans la *Revue d'Alsace*, 1872, et mon introduction à la Chronique de Walter. (*Chronique strasbourgeoise du peintre J. J. Walter pour les années 1672-1676*, texte et traduction annotée par Rod. Reuss, Paris, 1898, p. 9-12.)
3. M. Eugène Muntz décrit l'album tout au long et mentionne encore,

Jean-Jacques, Jean-Frédéric Walter, fut peintre comme lui. Né à Strasbourg, il y vécut jusque vers l'époque de la signature du traité de Ryswick, mais en 1696 il vendait la maison paternelle[1] et s'établissait à la cour de l'Électeur palatin, qui prisait fort son talent de miniaturiste; il semble avoir joui d'une renommée égale à celle de son père[2].

Le plus doué des artistes alsaciens du XVIIe siècle est, sans contredit, Jean-Guillaume Baur, né à Strasbourg le 31 mai 1607[3], et sa réputation serait assurément plus grande encore s'il n'était mort à la fleur de l'âge, sans avoir pu donner toute la mesure de son talent[4]. Élève de Brentel, il paraît avoir quitté l'Alsace d'assez bonne heure, car il assistait à Naples à l'éruption du Vésuve qui eut lieu en 1631, et travailla longtemps à Rome, où le duc de Bracciano le prit sous sa protection, le logea dans son palais et fit au jeune homme des commandes nombreuses (1634). Après avoir séjourné quelque temps à Naples où il s'occupe à peindre des marines, il se voit contraint d'après certains de ses biographes, à quitter cette ville par suite d'un amour malheureux, revient à Rome étudier les frais paysages de Frascati et de Tivoli, passe à Venise (1637) et se fixe enfin à Vienne où il devient le peintre attitré de la cour de Ferdinand III. La fécondité extraordinaire de son pinceau lui permettait de jeter sur la toile et sur le parchemin des centaines de tableaux ou plutôt de tableautins qu'il exécutait avec beaucoup de verve et pourtant avec un fini merveilleux. Il réussissait à grouper tant de figures minuscules sur une surface restreinte qu'il faut parfois employer la loupe pour en reconnaître les détails[5]. Il s'exerça également à la gravure et à la peinture sur émail. Ses batailles étaient célèbres[6], comme aussi ses paysages italiens, palais, jardins et ports de mer[7],

---

d'après Nagler, quelques autres œuvres de Walter. Les aquarelles conservées à Strasbourg dans le manuscrit autographe de sa Chronique et l'album de la *tribu de l'Échasse* n'ont pas grande valeur artistique.
1. Seyboth, *Strasbourg*, p. 212.
2. Saudrart, VII, p. 316.
3. La date indiquée ordinairement est 1610; Tuefferd donnait celle de 1600; M. Seyboth a établi (*op. cit.*, p. 334) celle que nous donnons plus haut.
4. Voy. encore sur Baur, F. Reiber, *Les petits Maîtres alsaciens*, Tuefferd, *op. cit.*, p. 517. Meyer, *Allgemeines Künstler-Lexicon*, 1835, tome III, p. 152; Eug. Muntz, *Revue d'Alsace*, 1872, p. 374.
5. On peut voir au Louvre, provenant de la galerie de Mazarin, un *Cortège du Saint-Père au Latran*, et un *Cortège du Sultan à Constantinople*, avec des centaines de personnages, tracés d'un pinceau d'une extrême finesse.
6. *Capricci di varie battaglie*, 1635. Album de 14 planches in-4°.
7. *Joannis Guillelmi Baurn Iconographia, complectens Passionem, Miracula, Vitam Christi, nec non prospectus rarissimorum portuum, palatiorum,*

mais il réussissait moins le nu, n'ayant jamais voulu s'astreindre à étudier à fond, d'après nature, cette partie de son art. « La vivacité de son esprit, son extrême facilité de composition et son entente de la décoration contrastent singulièrement avec la lourdeur de ses devanciers et lui assignent une place à part parmi les peintres ses compatriotes et même parmi tous ses contemporains[1]. » S'étant marié à Vienne, l'artiste y vécut jusqu'à sa mort, qui semble être advenue vers 1642, sans qu'on ait encore pu en fixer exactement la date. L'*Albertine* renferme une série de ses esquisses et de ses tableaux, décrits par M. Muntz[2]; d'autres se trouvent à Munich, d'autres encore au *British Museum*, à Londres[3]. La collection Reiber renfermait aussi plusieurs dessins du maître[4], et surtout l'album sur les feuillets duquel il avait jeté de nombreux croquis, scènes religieuses et mythologiques, paysages, marines et batailles, durant son séjour en France et en Italie (1635-1638)[5]. Un des derniers grands travaux de Baur avait été la série des *Métamorphoses d'Ovide*, dessinées et gravées par lui de 1639 à 1641. Publiées à Vienne à cette dernière date, les 150 planches de cet album in-folio oblong ont été souvent rééditées au XVIIe siècle, et ont reparu même au siècle suivant[6]. Baur a également illustré les *Guerres de Belgique* du jésuite Famianus Strada, et le *Pastor Fido* de Guarini[7]. Le chiffre seul de ses dessins, gravures, aquarelles, miniatures et tableaux, connus aujourd'hui, sans compter tous ceux dont le souvenir est perdu, suffit pour donner une idée de l'activité prodigieuse de cet artiste, mort à trente-cinq ans et dont le talent incontestable mériterait une monographie détaillée.

Tobie Franckenberger est, lui aussi, un élève de Brentel, mais

---

hortorum, historiarum aliarumque rerum quæ per Italiam spectatu sunt dignæ. Augustæ Vindelicorum, Kysell, 1670, 148 planches 4° oblong. — Réimpression de 1671 (126 planches). Édition allemande de 1681 (sans les scènes bibliques), 40 planches.
1. Seyboth, *Strasbourg*, p. 335.
2. De quelques monuments d'art, *Revue d'Alsace*, 1872, p. 375.
3. F. Reiber, *Petits Maîtres alsaciens : Guillaume Baur*.
4. Une *Adoration des Mages*, un *Jésus au Jardin des Oliviers*, un *Combat de deux cavaliers*, *Le Temps*, *Vénus et l'Amour*. (*Iconographie alsatique*, nos 4568-4572.)
5. Cet album de 61 feuillets in-folio, avec 102 dessins, portait le n° 4567 dans la collection Reiber. (*Iconographie*, p. 285.)
6. Augsbourg, Kysell, 1681; Nuremberg, 1685; Augsbourg, Dettlefsen, 1709.
7. *Der Pastor fido inventiert und gezeichnet durch Johann Wilhelm Baur zu Wien inn Œsterreich Anno 1640, jetzo aber zum truck befertert... durch Melchior Küsell in Augspurg, anno 1671*, 42 planches 12° oblong.

beaucoup plus jeune, car il est né à Strasbourg le 1er mai 1627[1]. Ses miniatures attirèrent de bonne heure l'attention des princes étrangers, et dès 1645 le duc Éverard de Wurtemberg le recommandait au Magistrat[2]. Il est probable que ces protections lui valurent l'entrée des honneurs municipaux, bien qu'il n'appartint pas aux familles du patriciat urbain ; président (*Oberherr*) de la tribu des Boulangers et membre du Conseil des XXI en 1651, marié en 1653 à Élisabeth Kolb, il devient membre du Conseil des XV en 1655 et meurt en novembre 1662[3]. Plusieurs de ses miniatures, représentant des scènes de chasse, se trouvent au Musée impérial de Vienne, un album de fleurs et d'insectes, dessiné et peut-être aussi gravé par lui, fut publié à Strasbourg, en 1662, peu de temps avant sa mort[4].

Un contemporain de Franckenberger, Barthélemy Hopffer le Jeune, était apprécié surtout comme peintre de portraits. Il fut reçu à la tribu de l'Échasse en 1656, et les deux ammeistres Wencker et Brackenhoffer déclaraient au Conseil des XV, dès l'année suivante, qu'il n'avait point d'égaux, ni ici, ni même « plus loin », dans l'art d'élaborer un « contrefait » artistique[5]. Aussi comptait-il de nombreux élèves et le Magistrat lui payait une partie de leur écolage sur les deniers publics[6]. Le nouveau Musée de peinture de Strasbourg possède le portrait qu'il fit de Jean-Adam Schrag, avocat général de la République[7]. C'est aussi lui qui fut chargé de peindre le portrait de Louvois pour la grande salle des séances à l'Hôtel-de-Ville[8]. Il vivait encore vers la fin du siècle, car en 1698, il vendait sa campagne de Wickersheim au Magistrat[9].

A peu près vers la même époque, Strasbourg hébergeait dans ses murs Thierry Roos ou Rosa, natif de Wesel selon les uns, originaire du Palatinat d'après les autres, et qui, outre des paysages, (il y en a de lui au Musée de Vienne), et des scènes historiques,

---

1. Notes manuscrites de Louis Schuéegans sur les artistes alsaciens, à la Bibliothèque municipale de Strasbourg.
2. XXI, 24 février 1645.
3. L. Schnéegans, dans ses notes manuscrites, place la mort de Franckenberger au 2 janvier 1664 ; mais Reisseissen (*Aufzeichnungen*, p. 54), dans son *Journal*, fort scrupuleusement tenu, donne la date indiquée dans notre texte.
4. *Newes Blumenbüchlein vor Augen gestellt durch Tobias Franckenberger den Jüngern*, in *Strassburg, anno* 1662, 16 planches 8° oblong. (*Iconographie*, p. 800.)
5. XV, 6 février 1657.
6. XXI, 21 décembre 1671.
7. Seyboth, *Strasbourg*, p. 175.
8. XIII, 5 septembre 1689.
9. XXI, 11 août 1698.

se vouait aussi, de préférence, au portrait. Il fit don au Magistrat d'une toile de grandes dimensions pour la salle des Conseils, en 1667, mais le sujet n'en est point indiqué au procès-verbal des Treize[1]. Après la capitulation de 1681, nombre d'officiers supérieurs français lui commandèrent leur portrait[2].

Le dernier en date des artistes peintres que nous entendons louer par leurs contemporains strasbourgeois, c'est un certain Jean-Martin Billonius, « peintre et receveur des impôts », admis en 1693 à la tribu de l'Échasse ; peut-être était-ce déjà un immigré français et s'appelait-il Billon ; il offre aux Conseils, en 1699, un grand portrait de Louis XIV pour leur salle de séance, et le Magistrat, acceptant le don, lui vote des remerciements et une gratification[3].

Il nous resterait encore à mentionner toute une série de noms de peintres strasbourgeois : Jean Frœbé, qui donnait des leçons de peinture dans sa ville natale en 1626[4], et qui s'y trouvait encore en 1653[5]; Jean-Nicolas Gassner, qui vécut surtout dans le nord de l'Allemagne et dont plusieurs tableaux sont conservés dans les galeries de Vienne[6] ; Mannlich, mentionné dans les notes de Louis Schnéegans[7]; Jean-Jacques Kraut (1603-1634) ; Jean-André Knoderer (1604) et Philippe Knoderer (1611); Élie Hugwarth, élève de Brentel (1602-1657) ; Balthasar Gebhardt (1631-1638) ; Georges Messerschmid (1636)[8] ; Jean Mock (1619-1661); Philippe-Jacques Christ (1641-1681), tous exhumés par M. Seyboth des registres de la Chambre des contrats de la République[9]. Mais aussi bien ce

1. XIII, 14, 17 juin 1667. Le Magistrat lui fit, à cette occasion, un cadeau de seize thalers.
2. Schnéegans, *Notes manuscrites.* (Bibliothèque municipale.) C'est à son pinceau que sont dus les deux portraits des célèbres jurisconsultes et diplomates du XVIIe siècle, les frères Jean-Jacques Frid († 1676) et Jean-Ulric Frid († 1678), qui furent successivement syndics de la République de Strasbourg, et qui existent, l'un dans la salle des séances du Chapitre de Saint-Thomas, l'autre chez un particulier. M. Seyboth les a reproduits dans son *Strasbourg historique*, p. 618.
3. « *Eine ergœtzlichkeit.* » (XXI, 4 janvier 1700.)
4. Procès-verbaux de la Chambre des contrats, 1626, fol. 63ᵃ. Le secrétaire du Grand-Conseil, Textorius, lui paie une somme de 125 florins pour apprentissage de son fils pendant cinq ans.
5. XXI, 23 juillet 1653.
6. Tuefferd, *op. cit.*, p. 520, et Hermann, *Notices*, II, p. 342. Schreiber-Strobel, p. 82. Il y avait des peintures de lui dans la collection Brackenhoffer.
7. Schnéegans renvoie pour les détails aux notes manuscrites de Schœpflin (II, fol. 274ᵇ), sur l'*Alsace littéraire*, aujourd'hui perdues.
8. Peut-être un frère du littérateur mentionné plus haut, peut-être aussi le traducteur lui-même de Garzoni, Spelta, etc.
9. Seyboth, *Verzeichniss der Künstler*, etc. (*Repertorium für Kunstwissenschaft*, tome XV.)

sont là pour nous de vaines ombres auxquelles ne se rattachent aucun renseignement biographique plus précis, ni aucune donnée certaine sur les œuvres qu'ils ont pu créer ; l'obscurité même qui les enveloppe doit être regardée, jusqu'à preuve du contraire, comme un témoignage négatif sur leur valeur artistique.

En dehors de Strasbourg, la moisson de personnalités, même secondaires, est naturellement bien moins considérable dans le domaine de la peinture. L'art ne pouvait constituer nulle part ailleurs, en Alsace, une carrière rémunératrice ; si dans les districts catholiques de la province, la peinture religieuse trouvait plus facilement l'occasion de s'exercer que dans l'hérétique capitale, il ne faut pas oublier que les sanctuaires religieux y possédaient bien des chefs-d'œuvre du XVe et du XVIe siècle, et à ce moment ni les communautés, ni les fidèles n'avaient l'argent nécessaire pour faire de larges commandes aux artistes. En ce siècle de luttes continuelles, on dévastait, on incendiait beaucoup d'églises, mais on n'en construisait guère, et surtout l'argent manquait pour les orner de peintures. Néanmoins, les quelques artistes dont nous avons pu trouver la mention dans nos sources, passablement inconnus d'ailleurs, furent avant tout des décorateurs d'églises et des peintres de « saintetés ». Schlestadt semble en avoir possédé plusieurs, à l'époque qui nous occupe. C'est un de ses citoyens nommé Melchior Beutel, qui décore l'Hôtel-de-Ville d'Obernai de peintures murales en 1604[1] ; peu après, en 1610, la salle du Conseil y est également ornée de grandes fresques, représentant les *Dix Commandements* et le *Jugement dernier*, par Zébédée Muller de Strasbourg et Jean Bartenschlager[2]. C'est encore un peintre de Schlestadt que le comte de Ribeaupierre charge de décorer les salles de son château de Zellenberg, en 1669[3]. Colmar ne paraît pas avoir produit beaucoup d'artistes. Nous parlerons plus loin du graveur Ertinger ; mais les peintres semblent y avoir été assez rares, puisque c'est à un Bâlois, Nicolas Bock, que s'adresse en 1611 le Magistrat, pour certains travaux dont le règlement amena de longs conflits avec lui tout d'abord, puis avec les autorités même de la ville voisine[4]. C'était un Colmarien d'origine pourtant, que ce Pettinus, établi plus tard à Berne comme calligraphe-enlumineur, qui dédia, en 1644, au Conseil de Mulhouse un album de vers,

1. Gyss, *Inventaire des Archives communales d'Obernai*, C.C. 81.
2. *Ibid.*, C.C. 83.
3. On lui paya pour ces fresques la somme de 275 florins. (Archives de la Haute-Alsace, E. 2899.)
4. Voy. sur cette curieuse histoire, X. Mossmann, *Mélanges alsatiques*, p. 135.

illustré de dix-neuf planches in-folio, intitulé *L'Horloge spirituelle*[1].
Il y avait également des artistes peintres à Ensisheim, siège de la
Régence autrichienne ; c'est un *professionnel* de cette localité qui
peignit les deux tableaux du maître-autel de l'église de Soulzmatt[2].

Dans le Sundgau qui faisait partie, comme on sait, du diocèse de
Bâle, les églises semblent avoir été ornées surtout de peintures
dues à des pinceaux suisses. C'est ainsi qu'en 1671, Zachée Sidler,
de Porrentruy, peint aux frais du bailli de Saint-Amarin, Robert
d'Ichtratzheim, une vingtaine de tableaux dans le cloître des frères
mineurs de Thann[3]. En 1690, « le célèbre M. Studer » peint un
Saint-Dominique pour l'église de Guebwiller et Henri de Rapper-
schwyl un autre tableau pour la même église[4]. Un peu plus tard
(1693), les murs de la basilique de Murbach sont décorés par Fri-
dolin Thurneyser, « frère convers de Mariastein et de plus excellent peintre », que son abbé veut bien céder à celui de Murbach,
pour y reproduire les traits de tous les saints de l'ordre de Saint-
Benoît et pour orner le chœur de scènes tirées de la vie de saint
Léger[5]. Il y avait cependant aussi des artistes laïques dans cette
région. Nous avons retrouvé aux archives départementales de Colmar la naïve requête d'un citoyen de Rouffach, Jérôme Schœpffer,
qui demande, en 1625, à l'archiduc Léopold de lui donner la com-
mande des peintures pour un nouvel autel, ayant fait ses preuves,
dit-il, en fournissant « une belle Madone » au prieuré de Saint-
Valentin[6].

Une autre branche de l'art se rattache intimement à la peinture
religieuse, c'est celle de la peinture sur verre. Elle était depuis
longtemps sur son déclin, et vers la fin du siècle, elle est à peu près

---

1. « *Die geistliche Uhr.* » (*Curiosités d'Alsace*, 1, p. 77-81.) Ces dédicaces étaient depuis longtemps à la mode. En 1585, un calligraphe bâlois, Ulric Schilling, avait également apporté à Strasbourg, pour l'offrir au Magistrat, une grande pancarte calligraphiée avec des devises artistiques, qui fut placée dans la salle des Conseils. C'était une façon de se faire connaître et surtout d'obtenir une « douceur » en échange de son cadeau, plus ou moins précieux.
2. L'artiste, dont nous ignorons le nom, se fit payer en nature (25 mesures de vin). (*Sultzmatter Thalbuoch*, dans l'*Alsatia*, 1872, p. 203.)
3. T'schamser, *Annales*, II, p. 618.
4. X. Mossmann, *Chronique de Guebwiller*, p. 317.
5. *Diarium de Murbach*, publié par M. Ingold, p. 47.
6. Il ajoutait naïvement que le sculpteur demeurait porte à porte, ce qui serait bien commode pour travailler de concert. J'ignore s'il était un grand artiste, mais, en tout cas, ledit Schœpffer avait l'une des plus jolies écritures que j'aie vues. (A.H.A., G. 1910.)

abandonnée. Cependant, dans les années qui précèdent la guerre de Trente Ans, elle possède encore quelques représentants distingués en Alsace et en 1618 on comptait jusqu'à sept maîtres peintres verriers à Strasbourg[1]. Les plus connus des artistes de cette période appartiennent à la famille des Linck. C'est Barthélemy Linck[2] qui peignit en 1607 les vitraux de l'Hôtel-de-Ville d'Obernai, avec leurs beaux blasons et y représenta la donation de Hohenbourg à Sainte-Odile par son père, le duc Étichon[3]. C'est Laurent Linck qui, de 1621 à 1631, fournit avec ses collaborateurs la longue série de cent quatorze vitraux pour les fenêtres de la Chartreuse de Molsheim. Elles représentaient « la Passion et les Mystères de Jésus-Christ, ainsi que les vies des saints Pères dans le désert », et sont peintes, en partie, d'après les planches dessinées et gravées par Raphaël Sadeler, en 1600. Elles ont été commandées par de nombreux personnages ecclésiastiques et laïques, chanoines de la Cathédrale, prélats étrangers, nobles et bourgeois de différentes localités de l'Alsace ; le plus souvent les armoiries du donateur sont jointes au vitrail offert par lui[4]. Transportées, lors de la Révolution, à Strasbourg, ces belles peintures dont nous avons souvent admiré les paysages originaux et le coloris harmonieux, avaient été placées plus tard aux fenêtres du second étage de la Bibliothèque de la ville dans le chœur du Temple-Neuf; elles s'abîmèrent avec elle dans l'immense brasier du 24 août 1870[5].

Le réfectoire des Pères Franciscains de Schlestadt possédait également une série de seize vitraux, peints de 1626 à 1630, dont quelques-uns portaient la signature de Laurent Linck[6]. Silbermann

---

1. Friesé, *Historische Merckwürdigkeiten*, p. 125. — Silbermann, d'après la Chronique de Stædel, dit vingt-et-un, ce qui nous paraît peu probable.

2. M. Seyboth donne comme dates extrêmes retrouvées par lui pour l'activité de Barthélemy, les années 1586-1625. (*Verzeichniss*, etc.)

3. Gyss, *Histoire d'Obernai*, II, p. 77.

4. L'archéologue André Silbermann, l'auteur de la *Topographie de Strasbourg*, mort en 1783, avait décrit dans ses manuscrits les vitraux de la Chartreuse de Molsheim. Louis Schnéegans nous a conservé au moins quelques fragments de ce texte, également détruit par le bombardement de 1870, et M. le chanoine Dacheux les a publiés dans ses Fragments de chroniques, *Bulletin des monuments historiques d'Alsace*, XVIII, p. 107-108. De nos jours, M. le baron Paul de Schauenbourg en a parlé dans son *Énumération des verrières les plus importantes conservées dans les Églises d'Alsace*. M. Tuefferd a reproduit ce passage, *Revue d'Alsace*, 1883, p. 526.

5. Par un heureux hasard, un de ces panneaux était resté entre les mains de M. de Schauenbourg, qui le faisait copier; il représente aujourd'hui, à la nouvelle Bibliothèque municipale, l'unique débris de cette œuvre de longue haleine, la dernière exécutée par les maîtres-verriers alsaciens du XVII° siècle.

6. Il y avait aussi un vitrail signé Laurent Linck, au poêle des Bouchers,

les y a vus encore dans la seconde moitié du XVIII° siècle, mais il dit qu'ils étaient « peu appréciés[1] ». A Strasbourg, M. Seyboth a relevé les noms des peintres verriers Georges-Jean-Gastelius (1604-1611) et Emmanuel Gastelius (1662-1690), ceux de Jonas Schaller (1607), de Jean-Henri Geiger (1609), d'Antoine Kleiber (avant 1623)[2], mais leurs œuvres nous sont inconnues et n'ont pas eu sans doute une grande valeur artistique. « Car bientôt après, comme le dit l'archéologue André Silbermann, commença la guerre dite de Trente Ans, qui a donné le coup final à l'art de peindre sur verre, parce-qu'en ce temps on ne bâtissait ni ne réparait plus d'églises, de sorte que les maîtres-verriers n'avaient plus d'ouvrage[3]. »

Une branche de l'art infiniment plus florissante, c'était la gravure. Alors qu'on ne bâtit plus d'églises, qu'on n'achète plus de tableaux, qu'on se contente de vitres ordinaires, on achète encore des estampes pour orner les murs de son appartement et l'on cède à la tentation vaniteuse de se faire immortaliser par le burin d'un artiste. La gravure sur bois, si riche autrefois en produits admirables, ne sert plus qu'aux œuvres de librairie courante[4], aux calendriers populaires, et dans les œuvres d'art la gravure sur cuivre domine en maîtresse absolue. Parmi ses nombreux représentants à Strasbourg, il faut mentionner tout d'abord deux familles, j'allais dire deux dynasties, qui se sont maintenues dans l'exercice de leur profession durant la majeure partie du siècle, les Van der Heyden et les Aubry.

Les Van der Heyden, ainsi que leur nom l'indique, sont d'origine flamande. Leur chef de file, Jean Van der Heyden, né à Malines, fuyant l'Inquisition espagnole, vint à Strasbourg vers 1590, après avoir vécu quelque temps à Cologne et y acheta le droit de bourgeoisie en 1600[5]. Il était peintre de son métier et a peint un

à ce que dit Silbermann; mais c'était un travail médiocre, et il l'attribue à un fils de l'artiste de Molsheim. (*Bulletin des monuments*, XVIII, p. 178.)
1. *Ibid.*, p. 108 : « *Wenig geachtet.* » Cela ne signifie pas qu'ils fussent mauvais; mais, à ce moment, le goût était singulièrement dépravé.
2. Seyboth, *Verzeichniss*, etc.
3. *Bulletin des monuments historiques d'Alsace*, XVIII, p. 178.
4. Même quand on réimprime les livres de luxe, comme les Tite-Live in-folio de l'officine de Ribel, ce sont les bois du siècle passé qu'on réemploie. Il y a fort peu de bois nouveaux gravés pour le XVII° siècle, et ils n'ont pas de valeur artistique réelle. Voy. les intéressants volumes de M. Paul Heitz. (*Originalabdrücke von Formschneiderarbeiten des XVI und XVII Jahrhunderts aus Strassburger Druckereien*. Strassb., Heitz u. Mündel, 1890. — *Neue Folge*, 1894, 2 vol. fol.)
5. Il fut patronné par Lazare Zetzner, l'imprimeur-éditeur connu, qui était peut-être déjà en relations d'affaires avec lui. (XXI, 27 septembre 1600.)

assez grand nombre de « contrefaits » de ses nouveaux compatriotes. Il doit être mort avant 1644, puisque à cette date nous
voyons ses enfants régler le partage des biens paternels conservés aux Pays-Bas[1]. Ce sont ses deux fils, Jacques et Isaac,
qui ont fait connaître au loin le nom de leur famille, le premier comme dessinateur et graveur, le second comme peintre
et comme graveur également. Sa fille Sarah épousait en 1616
un artiste strasbourgeois, Isaac Brunn, dont nous parlerons
tout à l'heure. Deux autres Van der Heyden, Christophe et Jean-
Pierre, fils ou petits-fils de Jean, possédaient une imprimerie, dans
la première moitié du XVIIe siècle et pouvaient éditer de la sorte
les ouvrages illustrés par leurs parents[2]. Jacques Van der Heyden,
qui était déjà né à Strasbourg (1590) a été un dessinateur très actif
et a gravé une longue série de portraits d'hommes « célèbres » au
moins dans le microcosme strasbourgeois. De 1610 à 1634[3], il s'est
occupé tour à tour des chefs de l'État, comme les ammeistres Jean
Heller et Pierre Storck; des seigneurs étrangers comme Éverard
de Ribeaupierre, Jacques de Hohgeroldseck, Jean de Salm, Jean-
Regnard de Hanau[4]; des jurisconsultes comme Gaspard Bitschius,
Denis Godefroy; des poètes morts et vivants, comme Sébastien
Brant et Gaspard Brulow; des médecins comme Melchior Sebiz et
Jean Kueffer; des théologiens comme Jean Schmidt, Isaac Frœreisen, Thomas Wegelin; des pédagogues comme Jean Sturm; des historiens comme Sleidan, des physiciens comme Hawenreutter, etc.[5].
Plusieurs des personnages portraiturés par lui, l'ont aussi été par
son frère Isaac, et par d'autres artistes contemporains[6]. C'est cependant à ses vues et à ses paysages que je donnerais la préférence
si mon opinion pouvait être de quelque valeur; les planches

1. Seyboth, *Strasbourg*, p. 323.
2. Seyboth, *op. cit.*, p. 484.
3. Ce sont les dates extrêmes sur ceux de ses portraits gravés qui sont
datés et qui se trouvent dans l'*Iconographie* de Reiber.
4. Il fut même quelquefois appelé à leur cour; ainsi, le landgrave Georges
de Hesse le réclama pour quelques semaines en 1626. (Seyboth, *Strasbourg*,
p. 324.)
5. Il a aussi gravé les portraits de nombreux étrangers. (*Iconographie*,
n°s 4898-4964.)
6. C'est un fait très curieux que l'on constate en dépouillant une collection un peu complète, comme celle de Ferdinand Reiber. Des personnages
obscurs, parfois de simples pasteurs, se sont successivement fait buriner par
deux, trois, voire quatre artistes. On distribuait évidemment en ce temps-là
des portraits gravés à ses amis et connaissances, comme de nos jours des
photographies. Peut-être aussi les étudiants tenaient-ils à emporter les portraits de leurs maîtres en quittant l'Université, car les professeurs dominent
dans l'œuvre de Van der Heyden et d'Aubry.

consacrées soit à la Cathédrale soit aux environs de Strasbourg, et parues de 1613 à 1615, le pont du Rhin[1], Schiltigheim, le Champ du tir, la Hohwart, etc., sont très réussies. Un intérêt d'un autre genre et plutôt historique, s'attache au *Speculum Cornelianum* publié en 1608, qui nous présente, en une série de planches, la vie d'étudiant, je veux dire de certains disciples de Minerve, car alors, pas plus qu'aujourd'hui, les étudiants studieux n'auraient pu fournir la matière d'un album illustré[2]. Très curieux au point de vue de l'histoire des mœurs, le *Speculum* l'est moins au point de vue de l'art, le dessin y est souvent fautif et l'ensemble laisse l'impression d'un travail entrepris bien à la hâte. Jacques Van de Heyden a gravé aussi des planches ou des frontispices pour de nombreux ouvrages du temps, en particulier pour les écrits du mystique D. Sudermann, parus à Francfort en 1622 et 1623[3].

L'œuvre d'Isaac est moins considérable; il n'a gravé sans doute que quand son pinceau n'était pas occupé et le nombre des planches dues à son burin est relativement peu considérable. D'ailleurs, il était le marchand d'estampes de la famille et devait s'occuper avant tout de faire marcher son commerce.

Si les Van der Heyden venaient des Pays-Bas, les Aubry venaient de France, poussés à s'expatrier par les mêmes motifs religieux. Le 1er mai 1609, Pierre Aubry, de Frandeville (?) en Champagne[4], présenté au Magistrat par un compatriote déjà établi à Strasbourg, le graveur Germain Vallois, demandait à être reçu à la bourgeoisie, et le 18 juillet, donc après mûr examen, il était fait droit à sa requête[5]. Élève du graveur lorrain Herman de Loye, on a peine à croire qu'il ne soit né qu'en 1596[6], car jamais l'on n'accordait le privilège en question à ceux qui n'avaient pas encore atteint l'âge d'homme. En général, la chronologie de la famille Aubry n'est pas encore fixée, et les dates groupées jusqu'ici autour du nom de Pierre s'appliquent

---

1. Cette planche lui valut une admonestation du Magistrat, qui prétendit qu'elle faciliterait l'attaque du front de défense à des ennemis. (XIII, 18 novembre 1613.) — Voy. aussi *Bulletin des monuments historiques*, XV, p. 277.
2. Ce volume, devenu presque introuvable, a été reproduit en photolithographie par E. Stribeck, il y a quelques années. Il eut une seconde édition en 1620.
3. Gœdeke, *Grundriss deutscher Dichtung*, III, p. 30.
4. C'est comme cela qu'il faut lire le nom de la localité dans notre texte, mais je ne trouve rien d'approchant dans les dictionnaires géographiques.
5. Livre des Bourgeois (*Bürgerbuch*), à la date indiquée. (Archives municipales.)
6. C'est la date qu'indique M. Seyboth. (*Strasbourg historique*, p. 670.)

de toute nécessité à deux, peut-être même à trois individualités distinctes[1].

On rencontre également un Abraham Aubry, qui semble contemporain du fils plutôt que du père[2], mais nous ne connaissons qu'un petit nombre de ses planches; était-ce un second fils, ou bien un neveu du premier? Il reste, on le voit, bien des recherches préliminaires à faire dans les registres paroissiaux du XVII° siècle, recherches qui sont indispensables si l'on veut arriver à débrouiller l'œuvre considérable signée Pierre Aubry et attribuer sa part légitime à chacun des porteurs de ce nom[3].

On a, sous ce vocable ambigu, comme pour les Van der Heyden, des vues de monuments, de paysages, des portraits en grand nombre, des albums de costumes et de paysages strasbourgeois, etc. Les vues (Cathédrale de Strasbourg, environs de la ville, pèlerinage de Dusenbach près Ribeauvillé, et autres), pour autant qu'elles sont datées, indiqueraient plutôt comme auteur le *second* Pierre Aubry[4]. Il en est de même pour le *Trachtenbüchlein* de 1660, pour une autre édition, modifiée çà et là, du *Speculum Cornelianum* (vers 1650)[5], pour le *Ritus depositionis*, de 1666, ce singulier recueil dont les planches permettent de suivre les cérémonies bizarres de la *déposition*, c'est-à-dire du passage des jeunes écoliers ou *béjaunes* à la dignité de l'étudiant[6].

Quant aux nombreux portraits, dont ceux qui sont datés et que nous connaissons, s'espacent entre 1637 et 1680, il faut sans doute les

1. M. Seyboth fait mourir Pierre Aubry (l'aîné) en 1666. (*Strasbourg, loc. cit.*) Ailleurs (*Verzeichniss*), il groupe autour de ce nom les dates 1616, 1638, 1673, 1677, 1681, 1682, et indique comme date de décès le 23 décembre 1686. Mais dans son grand ouvrage (p. 670), il a dit que Pierre Aubry, « qui paraît après 1682 », doit être le fils ou le neveu du premier. Pourquoi après 1682 seulement et pas après 1666? Il y aurait donc un troisième copartageant? On voit que tout cela est encore bien obscur.
2. Du moins parmi les pièces qui figuraient dans la collection Reiber et qui lui sont attribuées, il y en a une qui est datée « vers 1666 » (n° 315).
3. Ce qu'il y a de certain, c'est que l'officine, le magasin d'estampes de la maison Aubry, a subsisté depuis 1616 dans la rue du Parchemin, jusque vers 1700, et que la raison sociale n'a pas changé.
4. Elles sont datées de 1650 à 1667 et montrent sensiblement la même facture.
5. Il ne faudrait point s'étonner de ce qu'un même sujet fût traité si souvent avec de légères variantes; c'était là un article de vente courante dans une ville d'Université; chaque étudiant en emportait sans doute un exemplaire en quittant Strasbourg, les uns pour se remémorer ce qu'ils y avaient fait, les autres pour prouver chez eux combien ils avaient eu de mérite à rester sages. — L'exemplaire de la collection Reiber (*Ironographie*, n° 4519), est, dit-on, le seul exemplaire connu de cette édition.
6. *Ritus depositionis. Argentorati, apud Petrum Aubry*, 1666, 12°. On en a fait une reproduction photolithographique, il y a quelques années. L'original est fort rare; il existe à la Bibliothèque municipale de Strasbourg.

attribuer à deux artistes différents. Encore reste-t-il une question très embarrassante à résoudre ; comment se fait-il que de cet artiste, reçu à la bourgeoisie dès 1609, nous ne trouvions pas un seul portrait antérieur à la première des dates citées plus haut ? Ce serait encore un argument pour l'hypothèse qu'il y aurait eu trois Pierre en réalité. Le premier, graveur modeste, auquel nous devrions, par exemple, les planches de la *Sylloge numismatum* de J.-J. Luck, éditée à Strasbourg, en 1620, puis un second homonyme, mort en 1666, qui aurait été, de 1637 à 1666, le plus actif de tous en divers genres et auquel reviendrait le gros de l'œuvre des Aubry ; en dernier lieu, un troisième, mort en 1686, et qui aurait clos la série des artistes de ce nom. Quoi qu'il en soit de ce détail chronologique, ce ne sont pas seulement des personnages strasbourgeois qui ont posé devant les Aubry ; nous rencontrons parmi leurs clients l'archiduc Charles-Ferdinand d'Autriche ; les comtes régnants Jean-Regnard et Frédéric-Casimir de Hanau ; l'évêque de Strasbourg, François-Égon de Furstemberg ; le comte Jean-Jacques de Ribeaupierre ; Jean-Henri Mogg et Jean Balthasar Schneider, les délégués de Colmar aux négociations de Munster ; le poète satirique Jean-Michel Moscherosch ; de nombreux professeurs de l'Université, des pasteurs, des médecins[1]. Puis encore des princes et des ducs bavarois, badois, hessois, wurtembergeois, saxons, des généraux suédois comme Gustave Horn, des généraux français comme le marquis de Feuquières, des savants hollandais, etc.[2]. Il y a de ces portraits qui ne manquent pas de charme, mais il y en a d'autres qui n'ont pas dû coûter beaucoup de travail à leur auteur et qu'on peut à peine appeler des œuvres d'art[3].

Un autre graveur strasbourgeois, Isaac Brunn, est plus connu du grand public, au moins en Alsace, parce qu'il a été le principal collaborateur d'Osée Schad pour sa « Description de la Cathédrale » (*Münsterbüchlein*), parue en 1617[4] et restée populaire dans le monde des bibliophiles. Fils d'un peintre qui vivait encore en 1620, et

1. On trouvera la plupart de ces portraits d'Aubry énumérés dans le catalogue de la collection Reiber, selon l'ordre alphabétique des personnages alsatiques. Le répertoire des artistes permet de les retrouver facilement d'après leurs numéros.
2. Les portraits non alsatiques des Aubry sont — sans doute moins complètement — groupés dans l'*Iconographie*, n°s 4524-4554.
3. Il y a souvent quelque chose de lourd et d'empâté dans le trait, soit que les exemplaires à nous connus aient été tirés sur des cuivres déjà usés, soit que la main de l'artiste ait été appesantie par l'âge.
4. *Summum Argentoratensium templum d. i. aussfuhrliche Beschreibung des viel künstlichen und berühmtem Münster zu Strassburg*, etc. Strasb., 1617, 4°.

s'appelait François, Isaac Brunn, dont on constate l'existence pour les années 1612 à 1657, a dessiné, outre ses grandes planches d'ensemble, des vues intérieures et de détail de la Cathédrale, puis d'assez nombreux portraits d'universitaires et de théologiens strasbourgeois; quelques dessins autographes se trouvaient aussi dans la collection Reiber et représentent des scènes de la vie locale, un *Tir à Strasbourg*, une *Boutique de barbier*, un *Écrivain public*, etc.[1].

Il faut voir sans doute un frère d'Isaac dans le François Brunn *junior*, qui a dessiné une série de onze portraits pour un ouvrage illustré sur les guerres des Pays-Bas, et dont on possède également un portrait du jurisconsulte Jean Limnæus, daté de 1648[2].

Les deux Greuther, le père et le fils, ne peuvent être mentionnés ici qu'en passant, car l'un quitta de bonne heure le sol de l'Alsace et l'autre ne l'a peut-être jamais foulé. Mathias Greuther naquit à Strasbourg vers 1566, mais il alla très jeune continuer ses études ou gagner sa vie en France, séjourna d'abord à Lyon, ensuite à Avignon, puis il vint à Rome avant 1600; il dessine les sites et monuments de la Ville éternelle (1613-1623), et il y meurt en 1638. Son premier essai fut, semble-t-il, la gravure d'une vue de Strasbourg dessinée par Specklin en 1587[3]; à son séjour en Alsace se rattache encore une planche allégorique, *Mundum trahit pecunia*, qui date de 1589, et cette même année il grava le tableau de Wendel Ditterlin l'*Ascension d'Élie*. Mais les planches de son *Oraison dominicale* sont déjà exécutées à Lyon (1598)[4], et son *Annonciation de la Vierge* a été faite à Rome, en 1622. Son fils, Jean-Frédéric Greuther, né à Rome en 1600, plus connu par ses reproductions des tableaux de Lanfranc, Tempesta, Simon Vouët, etc., meurt également dans cette ville en 1668, et son œuvre n'a aucun point de contact avec l'art alsacien[5].

Le dernier des graveurs strasbourgeois du XVIIe siècle, — il empiète déjà sur le siècle suivant, — est Jean-Adam Seupel, né en 1660, mort en 1714[6]. Cet artiste de beaucoup de talent et dont la manière marque une époque nouvelle, je ne dis pas supérieure, mais en tout cas

---

1. *Iconographie*, n° 4668, etc. — Cf. Tuefferd, *op. cit.*, p. 535; Seyboth, *Strassburg*, p. 396.
2. *Iconographie*, nos 4666-4667.
3. M. Seyboth l'a reproduite en tête de son ouvrage, *Das alte Strassburg*. (Strasb., 1890, 4°.)
4. *Iconographie*, n° 4793.
5. Tuefferd, *op. cit.*, p. 513.
6. Tuefferd, *op. cit.*, p. 537.

fort différente, de la gravure alsacienne, débuta dès 1677 par un *Specimen artis chalcographicæ* en six planches in-4°, qui ne laissait guère deviner ses mérites futurs. Il a dessiné et gravé des vues d'ensemble et des plans de Strasbourg [1], une belle façade de la Cathédrale, plusieurs des planches illustrant la *Chronique* de Kœnigshoven, publiée par Schilter en 1698, une *Pompe funèbre* de la comtesse de Hanau [2], et surtout de nombreux portraits, d'un format généralement plus grand que ceux des Van der Heyden ou des Aubry, et travaillés avec une minutie plus scrupuleuse, sinon d'une inspiration plus géniale. Ils ont tous un certain air de ressemblance, comme d'ailleurs les personnages eux-mêmes, avec leurs immenses perruques, leurs rabats de dentelles, les attributs de leurs dignités officielles, également solennels, raides, presque maussades, mais ne laissant pas d'avoir grand air. L'une des plus grandes et des plus soignées de ses planches est celle qui représente Ulric Obrecht, le premier préteur royal de Strasbourg ; c'est un splendide spécimen de la manière de Seupel ; on peut citer encore les portraits des ammeistres Wencker et Reisseissen et celui du marquis de Chamilly, premier gouverneur militaire de la ville et citadelle de Strasbourg.

D'autres noms, retrouvés dans les documents d'archives par les recherches patientes de Louis Schnéegans et de M. Seyboth n'ont pas à figurer ici, puisque aussi bien nous ignorons, pour ainsi dire, tout de leur vie et de leur œuvre [3].

Parmi les graveurs originaires d'autres localités de l'Alsace, — il y en a sans doute eu plusieurs, — un seul a su acquérir une renommée plus considérable. C'est François Ertinger, né à Colmar en 1640 [4] et dont on retrouve les traces jusqu'en 1694. Ertinger doit avoir quitté de bonne heure l'Alsace pour vivre à Paris, et c'est dans la capitale de la France qu'il a développé son talent, très en dehors des influences de son pays natal. Outre des scènes mythologiques, comme *Achille et le Centaure Chiron* (1679), ou bibliques, comme le *Serpent d'airain* [5], il a surtout gravé toute une série des « batailles »

1. Voir le répertoire des artistes dans l'*Iconographie* de Reiber.
2. *Hochfürstliche Leichprocession*, etc., de la comtesse Anne-Madeleine de Hanau-Lichtenberg, née princesse palatine. Hanau, 1694. in-folio. (*Iconographie*, n° 5247.)
3. On pourrait nommer Hans Müller (1570-1625), Albert Christophe Kalle (1630-1670), Jean-Christophe Nagel (1609-1630), Jean Mantz (1652), Jean-Pierre Joch (1668-1670), Jean-Jacques Wehrlin (1685), etc.
4. Foltz, *Souvenirs historiques du vieux Colmar*, Colmar, 1887, p. 246-247. Tuefferd, *op. cit.*, p. 536.
5. On dit qu'il a gravé également une partie du recueil de Raimond la Fage publié à Paris, chez Van der Bruggen, en 1689.

bien connues de Van der Meulen. Je ne vois à signaler parmi ses planches comme sujet alsatique que la « Bataille d'Ensheim près Strasbourg, gagnée par l'armée du Roy[1] ». Ertinger a été jugé assez défavorablement par un critique aussi compétent que M. Eugène Muntz[2], et le peu que nous connaissons de son œuvre ne nous dispose pas à en appeler de cette appréciation sévère.

Si l'on recherche quels noms de sculpteurs l'Alsace du XVIIe siècle peut produire à côté de ses peintres et de ses graveurs, on est obligé de confesser qu'il n'en est presque aucun qui soit venu jusqu'à nous, — non pas qu'il n'y ait eu, alors aussi, des maîtres sculpteurs attachés, par exemple, à l'Œuvre Notre-Dame,—mais ils n'ont rien fait pour que la postérité pût s'occuper de leurs travaux[3]. C'est à peine si l'on peut mentionner sous cette rubrique Hilaire Ditterlin, déjà nommé plus haut, comme ayant restauré la chaire de la Cathédrale, en 1617[4]; Jacques Spitz, qui construisit, en 1615, le beau puits d'Obernai, qu'on voit encore sur la place du Marché[5], Jean Frauler, qui dans les premières années du siècle était mis à réquisition pour sculpter les dalles funéraires des seigneurs de la Haute-Alsace[6].

L'architecture, si richement représentée encore en Alsace au XVIe siècle, l'architecture civile tout au moins, participe plus que toute autre branche des beaux-arts, à la décadence universelle. Le siècle qui nous occupe a vu tomber en ruines bien des édifices du moyen âge, églises, cloîtres et châteaux forts ; il en a réparé quelques-uns, il n'en a point édifié de nouveaux. De la fin du XVIe au commencement du XVIIIe siècle, aucune église un peu remarquable par ses proportions ou par la beauté de ses formes n'a surgi de terre, aucun édifice public n'a été construit pour des usages profanes, si ce n'est quelques hôpitaux et quelques casernes. Il faut faire excep-

1. *Iconographie*, n° 4081.
2. *Revue d'Alsace*, 1872, p. 375.
3. On peut supposer d'ailleurs que le XVIIe siècle, celui du luthéranisme strict par excellence, ne se préoccupa pas beaucoup de maintenir au complet le peuple de statues qui couvrait les flancs de la Cathédrale et de refaire les anges, les diables et les saints qui succombaient soit à la foudre, soit aux intempéries des saisons.
4. M. X. Kraus (*Kunst und Alterthum in Elsass-Lothringen*, I, p. 414) nomme Wendelin Ditterlin à cette occasion et lui attribue seulement la nouvelle dorure de la chaire.
5. Gyss, *Histoire d'Obernai*, II, p. 17. — Spitz vivait encore en 1647.
6. En 1604, on lui payait quarante florins pour une pierre tumulaire à Guémar (A.H.A., E. 1216). M. Seyboth nomme encore (*Verzeichniss*, etc.) les noms suivants de sculpteurs strasbourgeois, restés ou redevenus absolument inconnus : André Kœbel (1604); Michel Spæner (1610); Hilaire Ostermeyer (1638); Jean-Michel Ehinger (1659); Auguste Hoffmann (1666).

tion, dans une certaine mesure, pour Strasbourg, où les fréquents dégâts causés à la Cathédrale par le feu du ciel[1] ont entretenu forcément l'activité des architectes et des maçons de l'Œuvre Notre-Dame. Certains de ces accidents ont été si désastreux qu'ils ont nécessité des travaux considérables : c'est ainsi qu'après le coup de foudre de 1655, il a fallu démolir cinquante-huit pieds de la pyramide pour les refaire à fond, mais ce fut une restauration servile de l'état de choses antérieur, et quand l'architecte Jean-Georges Heckhler, désireux d'immortaliser son nom, proposa, en 1665, de bâtir la seconde tour, prévue par le plan primitif, le Magistrat s'empressa, — non sans raison d'ailleurs, — de rejeter une proposition si hardie. Il permit malheureusement, en 1682, la mutilation de la Cathédrale à l'intérieur, alors que pour la commodité des services religieux on vit abattre le beau jubé, les tribunes latérales, le maître-autel et mutiler la belle colonnade, privée de ses chapiteaux antiques, véritable œuvre de barbares, comme l'appelle avec raison l'un des derniers historiens de l'édifice sacré[2]. Le sens intime de l'architecture gothique avait disparu parmi les continuateurs de l'œuvre d'Erwin; les architectes chargés de la « rénovation » de l'église Saint-Thomas à Strasbourg (1679) n'agirent pas avec moins d'inintelligence et sous prétexte d'embellir la vieille église du XIIIe siècle, ils la ravagèrent, démolissant là aussi un magnifique jubé et couvrant la pierre de taille vosgienne d'un badigeon jaunâtre, à la grande satisfaction des hommes de goût d'alors[3].

Nous ne connaissons qu'un seul architecte alsacien, jouissant d'une notoriété véritable durant toute cette période ; c'est le Strasbourgeois Georges Ridinger. Encore n'a-t-il exercé son art qu'en dehors de l'Alsace. Architecte de l'Électeur de Mayence, l'archevêque Jean-Suicard de Kronenbourg, il a dressé les plans et dirigé les travaux de construction de la résidence électorale d'Aschaffen-

1. La Cathédrale fut plus ou moins endommagée par la foudre ou par des incendies causés par l'imprudence en 1611, 1617, 1623, 1624, 1625, 1640, 1648, 1651, 1655, 1667, 1682, 1684. (Voy. Kraus, *Kunst u. Alterthum*, p. 414-417.)
2. Kraus, *op. cit.*, p. 417-418. — Cf. Grandidier, *Essais sur la Cathédrale*, p. 297.
3. Voy. ce qu'en dit Reisseissen dans son *Mémorial* (p. 197) et l'inscription latine d'Obrecht en l'honneur de cette *rénovation*, chez L. Schnéegans, *L'église de Saint-Thomas*, p. 198. — Dans les campagnes même on se scandalisait alors des spécimens de l'art naïf du moyen âge. Un rapport du *visitateur* de l'église de Ballersdorf (Haute-Alsace) exprimait en 1603 le regret de ce que dans cette église si élégante se trouvassent « des images grotesques qu'il faut éloigner ». (*Nouvelle Revue Catholique d'Alsace*, 1898, p. 191.)

bourg, le château de Saint-Jean[1]. On pourrait mentionner encore, avec quelques éloges, l'artiste inconnu qui construisit en 1609, à Colmar, la maison désignée jusqu'à ce jour sous le nom de *Kopfhaus* (maison des têtes), parce qu'elle est ornée d'une série de figures qui sont peut-être des portraits[2].

Les sculpteurs sur bois (*Formenschneider*), semblent avoir disparu encore avant le cataclysme trentenaire[3]; il en est de même des « imagiers » (*Kartenmaler, Briefmaler*[4]), évincés par les typographes et les graveurs[5]. L'orfèvrerie artistique résiste un peu plus longtemps aux influences désastreuses des guerres continuelles. Elle était fortement organisée, du moins à Strasbourg, et grâce aux fêtes publiques, tirs, loteries, carrousels, etc., beaucoup d'objets d'art étaient commandés, soit par le Magistrat, soit par des particuliers; dans chaque famille se conservaient des coupes, des vases, des gobelets en métal précieux, legs des ancêtres, et dont on était fier d'augmenter le nombre en vue des fêtes de famille; c'était comme un petit capital, placé provisoirement sans intérêts, mais qu'on était toujours sûr de retrouver dans les moments d'extrême pénurie[6]. Il existe encore des produits assez curieux de l'art des orfèvres à cette époque. Nous citerons l'*ostensoir* ogival fait en 1629 pour Saint-Georges de Haguenau par l'orfèvre strasbourgeois Jacques Weiss et qui est aujourd'hui conservé dans le trésor de cette église[7].

Mais les produits analogues les plus intéressants, au point de vue

---

1. Il a publié ses croquis à Mayence, chez Jean Albin (1616, in-folio). Voy. *Catalogue Lobris*, p. 136.
2. Elle a été dessinée par J. Rothmüller dans son *Musée pittoresque* (Haut-Rhin), planche 70.
3. M. Seyboth dans son *Verzeichniss* ne nomme que le seul Jean Fuchs (1611-1617).
4. Il n'y a également qu'un seul artiste nommé dans le catalogue de M. Seyboth, Jean Braun (1603-1634).
5. Il y avait cependant encore de ces « imagiers », établis avec leurs petites boutiques entre les contreforts de la Cathédrale et vendant des dessins, des estampes, des miniatures, etc., aux visiteurs de l'édifice. On l'apprend par la demande de location faite par un nommé Georges-Pierre Gansser, qui se dit *Puppenmaler;* mais un concurrent le dénonce au Magistrat comme vendant « *offtmals allerhand liederliche sachen so sich nit wolgeziemen bey der Kirchen feyl zu haben* », et l'évince de la sorte. (Procès-verbaux des *Oberberbauherren* du 15 février 1606.)
6. En 1674, une partie de l'impôt extraordinaire fut payé par l'apport à l'Hôtel de Ville de ces souvenirs de famille, comme le raconte Walter dans sa *Chronique*.
7. V. Guerber, *Histoire de Haguenau*, II, p. 49. — Mis en gage, en 1642, par le Magistrat de Haguenau, dans un moment de cruelle misère, il fut racheté bientôt par une souscription publique.

de l'art comme de l'histoire, sont les médailles frappées, à peu près exclusivement à Strasbourg, soit à la Monnaie de la ville, soit par des particuliers[1]. Beaucoup de médailles du XVII° siècle se rapportent à l'histoire d'Alsace, sans pouvoir figurer ici, puisqu'elles ne sont pas l'œuvre d'artistes de la province et n'y ont pas été frappées ; telle toute la série des pièces commémoratives des victoires remportées en Alsace et des constructions de forteresses ordonnées par Louis le Grand[2], qui sont nées dans la capitale même. La belle médaille d'or, présentée par le Magistrat de Strasbourg au roi, le 1er avril 1687, pour perpétuer le souvenir de l'achèvement de la Citadelle, a bien été payée par le Conseil de la ville libre royale, mais le travail artistique en a été fait à Paris par le graveur Bernard[3]. On peut revendiquer par contre pour les médailleurs locaux les nombreuses pièces et jetons produits à l'occasion des grands jubilés religieux de la Réforme, en 1617 et en 1630[4], les médailles topographiques de Jean-Georges Lutz, mises en circulation en 1627, 1628, 1629, et représentant, avec des attributs divers, une même vue d'ensemble de la cité[5]. On peut citer encore la médaille commémorative de la paix de Nimègue (1679) et la belle médaille d'or que le Magistrat fit frapper à l'occasion du passage de la princesse Marie-Christine de Bavière, la future dauphine, au mois de février 1680, médaille qu'il présenta lui-même à l'illustre voyageuse dans une boîte d'émail, renfermée dans un coffret de filigrane d'argent[6].

1. Lorsque vers 1630 le maître monnayeur de la ville, Gaspard Mock, voulut interdire aux graveurs Frédéric Fecher et Jean-Georges Lutz de se servir de presses et de balanciers pour l'exécution des coins gravés par eux, l'autorité judiciaire refusa de soutenir ses prétentions. (Hanauer, *Études*, I, p. 311.)
2. Occupation de Belfort (1654), Bataille d'Enzheim (1674), Prise des forts du Rhin (1678), Réunions en Alsace, construction de Huningue (1680), capitulation de Strasbourg (1681), Construction de la Citadelle (1683), Construction de Neuf-Brisach (1699), etc. — Toutes ces médailles figurent néanmoins — et à bon droit — dans les cabinets de médailles alsatiques; elles se trouvent dans celui déjà bien connu des amateurs, de mon parent et ami, M. Maurice Himly, négociant à Strasbourg.
3. J'ai publié récemment la relation officielle de la remise de cette médaille au roi par M. Le Correur, agent de la ville à la cour de Versailles. (*Revue d'Alsace*, 1897, p. 460.)
4. On trouvera la description et la représentation de toutes ces pièces, et de bien d'autres, dans le beau volume de MM. Arthur Engel et Ernest Lehr, *Numismatique de l'Alsace*, Paris, Berger-Levrault, 1887, 4°.
5. Ces médailles, produits de l'industrie privée, retouchées de temps à autre et modifiées pour leur conserver le charme de la nouveauté, étaient certainement vendues aux touristes étrangers plus riches, comme souvenir de voyage.
6. XIII, 26 janvier 1680. Cf. Reisseissen, *Mémorial*, p. 98.

Il nous resterait à parler de la musique alsacienne ou, tout au moins, de la musique en Alsace au XVII⁰ siècle. Malheureusement, les éléments nécessaires pour apprécier le mouvement musical d'alors, en connaissance de cause, nous font à peu près défaut, soit qu'il s'agisse de musique profane, soit même de musique religieuse, et nous devons réclamer tout particulièrement l'indulgence du lecteur pour les quelques maigres données recueillies çà et là dans nos sources[1]. Il n'est pas douteux que les Alsaciens aient beaucoup aimé le chant et la danse ; on en peut justement inférer qu'ils s'intéressaient à l'art musical. Mais c'était sans doute sous sa forme la plus démocratique et la moins savante qu'ils le cultivaient de préférence, et leurs simples mélodies populaires, comme les vieilles ritournelles des danses de leurs aïeux, suffisaient à leur bonheur. Il y a eu certainement des compositeurs alsaciens au XVII⁰ siècle ; il y en eut même que leurs contemporains appelèrent illustres, mais aucun d'eux n'a laissé à la postérité d'œuvres immortelles et leur nom même est à peu près oublié partout. La plupart d'ailleurs se sont occupés de musique sacrée et ont mis leur talent au service de l'une ou de l'autre des Églises d'Alsace, pour rehausser l'éclat du culte et y attirer les fidèles.

Ce fut en particulier le cas de celui d'entre eux que l'ordre chronologique nous amène à nommer tout d'abord, Mᵉ Christophe Thomas Walliser, né à Strasbourg le 17 avril 1568 ; il revint en Alsace après de longues pérégrinations à travers l'Allemagne, la Hongrie, la Suisse et l'Italie (1599), devint professeur de huitième et de chant au Gymnase de sa ville natale, en 1600, et bientôt après « musicien ordinaire de l'Académie ». Éliminé de l'enseignement après trente-quatre années de loyaux services, quand les énormes dépenses de la guerre de Trente Ans firent diminuer le personnel de l'école, réduit à son salaire de « chef de musique », Walliser traîna désormais une existence assez misérable et mourut dans une extrême pauvreté, le 27 avril 1648[2]. Non seulement le professeur

---

1. Il est vraiment regrettable que, dans une contrée si riche en amateurs de bonne musique et en historiens locaux, il ne se soit encore trouvé personne pour s'occuper de son passé à ce point de vue spécial. Le livre de J. F. Lobstein (*Beitræge zur Geschichte der Musik im Elsass*), publié en 1840, reste après plus d'un demi-siècle, le seul qui touche à quelques-uns des chapitres qu'il faudrait écrire; mais d'ordinaire les mélomanes fuient les archives et les archivistes n'ont pas le temps de s'occuper de musique.
2. *Christoph Thomas Walliser* von August Bæhre. (*Festschrift des prot. Gymnasiums*, 1888, p. 357-384.) Cette courte, mais substantielle monographie, exclusivement faite sur les sources, et que feu M. Aug. Bæhre, professeur de chant au Gymnase, a consacrée à la mémoire de son prédécesseur, serait un excellent modèle à suivre pour des travaux analogues.

et « chorège » strasbourgeois maintint dans l'ordre, pendant de longues années, les chœurs d'enfants et d'adolescents qui figuraient aux représentations théâtrales, aux solennités académiques et religieuses [1], ce qui lui valut plus d'éloges que d'écus, mais encore il se distingua comme théoricien de son art et comme compositeur. Sa *Musica figuralis* fut le manuel d'enseignement de plus d'une génération de jeunes Strasbourgeois [2]. Ses recueils de mélodies religieuses, ses *Ecclesiodiæ*, comme il les appelait, semblent avoir été fort appréciés de son temps [3], comme aussi la musique écrite pour les chœurs d'*Andromaque*, de *Chariclée*, etc. Le *Te Deum* qu'il composa pour la fête de la Réforme et qui fut chanté avec musique instrumentale et jeu d'orgue à la Cathédrale, le 1er novembre 1617, recueillit tous les suffrages [4] et le psaume *Fons Israëlis*, qu'il fit exécuter en 1638, pour la célébration du premier centenaire du Gymnase, a pu être exécuté deux cent cinquante ans plus tard, lors d'une fête semblable, sans trop effaroucher les oreilles modernes, habituées à une orchestration bien différente [5]. Walliser avait eu comme confrère ou comme rival pour l'étude théorique de l'art musical un autre Strasbourgeois, Jean Lipp, théologien de profession, né le 24 juin 1586, et mort à Spire, au retour d'un voyage qu'il avait fait à l'Université de Giessen, le 24 septembre 1612, dans sa vingt-septième année. Soit immédiatement auparavant, soit après sa fin prématurée seulement, parut à Strasbourg, en 1612, sa *Synopse de la musique nouvelle* [6], dédiée aux jeunes ducs de Saxe-Weimar et

---

1. Dès 1605, il faisait chanter tous les samedis à ses élèves des chœurs à quatre et à huit voix dans l'ancienne église des Dominicains et ces auditions, espèce de *concerts spirituels*, furent longtemps suivies avec sympathie par le public.
2. *Musica figuralis, præcepta prævia, facili ac perspicua methodo concepta et ad captum tyronum accommodata... studio et opere M. Christophori Thomæ Walliseri Argentinensis.* Argentorati, P. Ledertz, 1611.
3. *Teutsche Psalmen und Kirchengesæng mit funff stimmen*, etc. Nurnberg, Dietrich, 1602, 4°. — *Ecclesiodiæ d. i. Kirchengesæng... componiert durch* Th. W. Strassb., Ledertz, 1611. — *Ecclesiodiæ novæ, d. i. Kirchengesæng ander Theil*, etc. Strassb., Max van der Heyden, 1625, 4°. — En même temps presque que Walliser un autre compositeur Jean Donfridus, faisait paraître à Strasbourg des recueils de musique religieuse (*Concentus ecclesiastici*. Argent., 1622 ss.), mais j'ignore si c'était un Alsacien.
4. *Das uhralt Kirchengesang Te Deum Laudamus... uffs new gesetzt... auf vorstehendes Jubelfest sonderlichen im Münster zu musiciren angestellt.* Strassb., 1617, 4°.
5. *Fons Israëlis, octo vocum harmonia..., pro seculari Scholæ Argentoratensis jubilæo... celebratus*, etc. Argentorati, 1641, 4°.
6. *Synopsis musicæ novæ omnimovæ atque methodicæ universæ, et incentæ disputatæ et propositæ omnibus philomusis*, etc. Argentorati, 1612, 8°.

dans laquelle il « examine les règles de la musique, suivant les premiers principes de l'harmonie[1] ».

Un autre compositeur alsacien, qui a dû commencer ses travaux alors que Walliser terminait les siens, c'est Valentin Strobel, de Strasbourg. Il a mis en musique des poésies de ses compatriotes alsaciens et des chansons populaires, mais son recueil de *Mélodies*, publié dans sa ville natale en 1654, est actuellement introuvable; il m'est donc impossible de parler ici plus longuement de l'homme et du compositeur[2]. Quelques années plus tard, on mentionne Jean-Georges Meyerhoffer, directeur des domaines de l'Évêché, en résidence à Saverne vers 1660, comme ayant composé une espèce d'oratorio pour six voix[3], qui existait encore en manuscrit vers 1840, mais que notre source n'apprécie pas. Jean-Ernest Rieckh, organiste à l'église de Saint-Thomas depuis une vingtaine d'années, faisait paraître à Strasbourg, en 1658, un recueil de danses : « Nouvelles Allemandes, giques, ballets, etc.[4] », ce qui ne laisse pas d'étonner un peu pour une époque où Terpsichore et l'Église vivaient en très mauvais rapports. Un collègue catholique de Rieckh, l'organiste de la Cathédrale, Jean-Georges Rauch, natif de Soultz, dans la Haute-Alsace, publiait en 1690 un recueil de musique sacrée, les *Nouvelles Sirènes*[5]; il fut plus tard le successeur, comme maître de chapelle, de l'abbé de Brossard, qui ne fit que passer, il est vrai, dans le monde strasbourgeois, mais qui ne doit point être omis dans l'énumération des notabilités musicales de ce milieu[6]. Sébastien de Brossard, né vers 1654, à Caen, était prêtre du diocèse du Mans et vivait à Paris, plus occupé de musique que de théologie, quand il

---

1. Grandidier, *Nouvelles Œuvres inédites*, éd. Ingold, II, p. 328.
2. *Melodien, bey dem authore zu finden in Strassburg*, 1654, fol. Nous empruntons ce titre, certainement incomplet, à Gœdeke, *Grundriss*, II, p. 466.
3. Lobstein, p. 67. D'après lui on y voyait paraître Abraham, Lazare et *Ricco*, c'est-à-dire sans doute le Riche en enfer, ce qui semble également indiqué par le récitatif cité : *Quam horribilis, quam miserabilis*, etc.
4. Lobstein, *op. cit.*, p. 60. — Il faut dire à ce propos qu'au XVIIe et même encore au XVIIIe siècle, les organistes catholiques sont généralement plus connus et plus appréciés à Strasbourg que ceux des paroisses luthériennes; cela s'explique aisément par le fait que les premiers sont d'ordinaire des hommes d'âge mûr, installés à poste fixe, les autres des candidats en théologie fort jeunes et qui quittent dès qu'on peut leur donner une place de pasteur.
5. *Novæ Sirenes sacræ harmoniæ sive mottettæ tam instrumentis quam vocibus concertantes*, etc. Argentorati, 1690, 4°. Rauch resta maître de chapelle jusqu'en 1703 et mourut en 1710.
6. M. Michel Brenet nous a donné une excellente biographie de Brossard, d'après ses papiers inédits, dans les *Mémoires de la Société d'histoire de Paris*, vol. XXIII, 1896.

fut nommé, en 1687, vicaire à la Cathédrale de Strasbourg. Il exerçait ces fonctions, purement ecclésiastiques, quand le maître de chapelle, Mathieu Fourdaux, de Metz, ayant quitté son poste, il y fut promu en mai 1689. Mélomane enthousiaste et nullement exclusif, Brossard se mit à étudier l'allemand pour pouvoir comprendre les auteurs et les compositeurs du pays et des contrées voisines, et profita de sa situation sur la frontière nouvelle pour former une belle collection musicale, qui existe encore à la Bibliothèque Nationale. Mais malheureusement les dépenses du Grand-Chapitre étaient grandes, ses revenus bien diminués par la guerre, et Brossard eut la douleur de voir congédier son orchestre, qui ne fut reconstitué qu'en 1694[1]. Il s'en consola en cultivant d'autant plus l'art profane, formant et dirigeant une *Académie de musique*, c'est-à-dire une Société de concerts où il faisait exécuter des fragments de nouveaux opéras français, tels que le *Triomphe d'Alcide* de Louis de Lully et Marais, *Céphale et Procris* d'Élisabeth Jacquet de la Guerre, une *Messe funèbre* de G.-B. Colonne, sans oublier vraisemblablement ses compositions personnelles. Il publiait à Paris, en 1691, un *Recueil d'airs sérieux et à boire*[2]. « La soutane de Brossard, a dit son biographe, ne lui était point un embarras pour chanter, discrètement d'ailleurs, les choses légères et faire alterner les tendres brunettes et les chansons bachiques. Selon toute apparence, il versifiait lui-même les textes de certains de ces petits morceaux, au moins de ceux où il trahissait son dédain des usages alsaciens et son peu de goût pour cette lointaine résidence[3]. » De 1694 à 1698, notre maître de chapelle, — car il l'était redevenu, — publia encore cinq volumes de pièces analogues ; il se trouve, dans le troisième, des morceaux « sur le passage des Allemands en Alsace ». En 1695, il signait de son nom et de son titre, des *Élévations et Motets à voix seule avec la basse continue*, dédiés à l'abbé comte d'Auvergne, chanoine du Grand-Chœur. Brossard quitta Strasbourg en 1698, pour devenir grand-chapelain et maître de chapelle à Meaux, où il est mort bien longtemps après[4].

1. Brossard n'avait guère laissé de souvenirs à Strasbourg que celui de sesquerelles avec d'autres prébendiers de la Cathédrale, querelles consignées dans plusieurs factums imprimés, quand M. Brenet est venu lui découvrir des titres plus sérieux dans le domaine des alsatiques.
2. Il y mettait d'ailleurs presque son nom (...par M. B[rossard] .V. P. (vicaire prébendé) E[t] M.D.C. (maître de Chapelle) D[e] L[a] C[athédrale] D[e] STR[asbourg], Paris, Christophe Ballard, 1691. L'*avis au lecteur* le nommait en toutes lettres et le disait « aussi connu dans Paris qu'il l'est dans les pays éloignez ».
3. Brenet, *Brossard*, p. 14.
4. Le 10 août 1730.

Parmi les compositeurs alsaciens dont il avait fait son profit, on signale un vicaire du chapitre de Saint-Pierre-le-Jeune à Strasbourg, nommé François Rost, qui fut également chanoine de l'église de Bade; les héritiers de ce dignitaire ecclésiastique vendirent à Brossard « un grand recueil manuscrit de musique instrumentale » qu'il avait achevé en 1688 [1].

On a pu deviner déjà, par ce qui vient d'être dit, que la musique religieuse était l'objet de soins particuliers de la part des autorités ecclésiastiques et que beaucoup d'entre les organistes et maîtres de chapelle, ceux tout au moins appelés à fonctionner dans les églises du chef-lieu provincial, étaient des hommes de valeur. Durant tout le XVIIe siècle, nous voyons le Magistrat se préoccuper de développer le chant d'église en le fortifiant et en le guidant par un accompagnement instrumental. Dès 1607, il avait fait établir dans la Cathédrale, à côté de l'orgue, une tribune spéciale pour les artistes appelés à rehausser par leur concours l'éclat des grandes fêtes religieuses [2]. Les pasteurs se plaignirent souvent, il est vrai, de l'inattention du public plus nombreux, venant pour entendre les mélodies nouvelles, et admirer le son des orgues [3] se mêlant aux accents des hautbois et de la viole, au lieu de songer à la repentance et à la confession sincère de ses péchés. Le Magistrat tint bon et le public aussi partageait ses goûts artistiques, comme on peut en juger par les legs que plusieurs bourgeois firent par testament au chœur de leur paroisse [4]. On se cotisait également pour acheter les instruments et la musique nécessaires et pour payer les exécutants; c'est ainsi qu'en 1675 seulement, la paroisse de Saint-Nicolas n'acheta pas moins de cinquante-

---

1. Brenet, *op. cit.*, p. 11.
2. Lobstein, *op. cit.*, p. 28. — Un demi-siècle plus tard, le 6 août 1660, il ordonnait de prendre sur le montant des amendes une somme annuelle de cinquante florins, afin de pouvoir renforcer l'orchestre et le chœur de la Cathédrale.
3. Les orgues des églises strasbourgeoises furent toutes refaites au cours du XVIIe siècle, ce qui n'empêcha pas qu'au siècle suivant la plupart durent être signalées comme hors d'usage. Les facteurs d'orgues du temps semblent avoir été plus nombreux qu'habiles. Il serait oiseux, par conséquent, de nommer ceux qui sont énumérés par Lobstein, *passim;* aucun n'eut la réputation des Silbermann, qui construisirent ou réparèrent tant d'orgues d'Alsace de 1707 à 1783.
4. C'est ainsi que Daniel Steinbock, membre du Grand-Conseil et riche négociant en vins, légua une somme de 200 florins à chacune des sept paroisses protestantes de Strasbourg, pour mieux entretenir leur chœur. Mais sa fortune ayant été confisquée par le Magistrat en 1658 pour fraudes anciennes sur les droits d'octroi (Reisseissen, *Aufzeichnungen*, p. 31), il y eut de longues contestations avec les héritiers naturels, qui ne prirent fin qu'en 1688.

trois partitions nouvelles[1]. Nous avons conservé pour quelques autres paroisses la liste des instruments variés qui formaient leur orchestre[2]. En 1685, le Magistrat désigna même un inspecteur général des chœurs et des corps de musique ecclésiastiques de la ville, nommé Hartwig Zysich, qui devait surveiller et stimuler leurs labeurs[3] et pour renforcer son autorité il instituait peu après un *Collegium musicum*, espèce de conférence hebdomadaire, qui devait siéger à l'Œuvre Notre-Dame, puis à Saint-Guillaume, discuter les améliorations à introduire dans l'organisation des chœurs et l'achat du matériel indispensable[4]. On se tromperait d'ailleurs en mettant ce beau zèle uniquement sur le compte des goûts artistiques des pères de la cité. Encore qu'aucun texte officiel ne l'affirme, il est assez probable pourtant qu'un des motifs du Magistrat, tout protestant encore à ce moment, fut d'empêcher que le menu peuple, attiré par la pompe des cérémonies du culte catholique, réintégré à la Cathédrale[5] et dans d'autres églises, ne désertât trop facilement le prêche luthérien; pour l'y retenir on voulait lui faire entendre de la belle musique, puisque aussi bien les sermons seuls n'exerçaient plus sur les masses une attraction suffisante.

Si nous n'avons pu dire grand'chose de la musique religieuse en Alsace, il est plus difficile encore de se renseigner sur la musique profane pour cette époque, tellement les documents sont clairsemés sur la matière. Nous avons parlé plus haut, au point de vue littéraire, des représentations théâtrales des maîtres-chanteurs de Strasbourg et de Colmar. Ils s'attachaient aussi, cela va sans dire, à cultiver dans leurs réunions la musique vocale; mais si leurs poésies étaient lamentables, l'accompagnement, harpe, cithare ou viole, était plus misérable encore, vu qu'ils ne connaissaient pas, pour la plupart, la notation musicale; c'est en 1773 seulement, sept ans avant la dissolution de leur société, qu'ils se mirent à apprendre

---

1. Lobstein, p. 85. — La paroisse de Saint-Guillaume payait au *chorège* 2 florins par trimestre, à chaque chanteur, 1 florin, à chaque violoniste, 2 florins. (*Ibid.*, p 89.)
2. L'orchestre du Temple-Neuf se composait de 6 violons, 2 violes, 2 violoncelles, une contrebasse, une flûte, un hautbois, deux cors, deux trompettes, etc. (Lobstein, p. 87.) Évidemment, tous ces artistes n'étaient pas mis en réquisition chaque dimanche, mais seulement aux fêtes religieuses, aux mariages, peut-être aux enterrements.
3. XXI, 17 mars 1685. Il lui était alloué cent thalers de traitement, douze quartauts de blé, douze cordes de bois, etc. Mais la charge ne subsista pas longtemps; d'autres dépenses semblèrent, non sans raison, plus urgentes.
4. XXI, 21 décembre 1685.
5. Dès 1637, le chiffre des membres de la maîtrise de la Cathédrale se montait à 46, instrumentistes et chanteurs réunis. (Lobstein, p. 30.)

le déchiffrement des notes[1]. Leurs séances au Poêle-des-Maçons n'ont dû laisser qu'une impression pénible aux amateurs délicats. Quant à la musique théâtrale, sauf les chœurs de certains drames scolaires, nous avons déjà dit qu'il n'y en eut pas à Strasbourg, — et à plus forte raison dans les villes moins importantes d'Alsace, — avant la fin du XVIIe siècle[2]. Une première troupe d' « opéristes » allemands apparaît en 1701; quelques mois plus tard, le 13 juin 1701, une troupe française, la « Compagnie de l'Académie royale de musique », dirigée par Jean Billien et René Charrière, commence ses représentations pour liquider bientôt en faillite[3].

Nous sommes un peu mieux orientés sur les représentants de la musique populaire, mais au point de vue juridique plutôt que professionnel, grâce aux nombreuses études consacrées à la singulière organisation féodale qui rattachait tous les ménétriers d'Alsace à l'obédience des sires de Ribeaupierre[4]. C'est en 1481 qu'une charte de l'empereur Frédéric III avait accordé à ces dynastes de la Haute-Alsace la royauté sur tous les violoneux entre la Forêt-Sainte de Haguenau, la Birse et le Jura. Leurs statuts, maintes fois remaniés l'avaient été encore par Éverard de Ribeaupierre, le 16 mars 1606. Ce règlement obligeait « tous ceux qui par fifres, tambours, trompettes, harpes et autres instruments sont employés à faire danser le public », à s'affilier à la *Confrérie des ménétriers d'Alsace*. Chacun d'eux devra porter sur lui, comme signe distinctif, une médaille, « une image de la très immaculée Mère de Dieu », du poids d'une demi-once. Il ne pourra être admis dans la confrérie que s'il est de naissance légitime, et devra faire deux années d'apprentissage avant de pouvoir exercer sa profession pour son propre compte; durant ce temps, il versera la somme de douze schellings de Strasbourg[5]. Puis il paiera encore un droit d'entrée de deux florins, et chaque année, à la fête obligatoire, douze *batz* de redevance au seigneur[6]. A la mort d'un ménétrier son meilleur instrument appartient au

---

1. Lobstein, *op. cit.*, p. 7.
2. Il est bien question dans les *Notes* de Reisseissen (*Aufzeichnungen*, p. 51), d'un ballet dansé avec accompagnement de musique au poêle du Miroir, le 18 décembre 1661, mais on doit supposer que le duc de Mazarin, lequel en fit la galanterie au Magistrat, avait amené les musiciens comme il avait amené les danseurs.
3. Lobstein, p. 129.
4. B. Bernhard, *Ribeauvillé*, p. 345 ss. — E. Barre, *Ueber die Brüderschaft der Pfeifer*, etc., Colmar, 1873, 8°. — Heitz, *Die Herren von Rappolstein und das elsaessische Pfeifergericht*. (*Alsatia*, 1857.) — Grandidier, *Œuvres inédites*, V, p. 143 ss.
5. Cela équivalait, en 1606, à environ 4 fr. 80.
6. Douze *batz* représentaient à peu près 3 fr. 15.

« roi des fifres » (*Pfeifer-Kœnig*), titre dont est honoré le protecteur de l'association. Les membres de la confrérie ne pourront jouer aux noces d'un juif que s'il leur paie un florin d'or. Chacun d'eux fera dire, une fois au moins par an, une messe pour le salut des âmes de ses frères défunts.

On le voit, à cette date, les statuts portent encore tout à fait l'empreinte de leur origine semi-religieuse, comme toutes les confréries du moyen âge, bien que le « roi des fifres », pour sa part, ait déjà passé à la doctrine nouvelle. En 1624, dans une assemblée plénière des ménétriers, tenue à Ribeauvillé, la confrérie fut partagée en trois groupes distincts : la *Confrérie supérieure*, embrassant le Sundgau, la *Confrérie moyenne*, cantonnée dans le reste de la Haute-Alsace, la *Confrérie inférieure*, au nord du Landgraben. A chacun de ces groupes on assigna des lieux de rendez-vous différents, afin d'éviter sans doute à l'avenir que tant d'individus fort sujets à caution ne vinssent affluer, à jour fixe, en un seul et même endroit où les moyens de contrôle et les agents de police étaient également rares. Les ménétriers du Sundgau devaient se rencontrer à Thann, le mardi après la Nativité de la Sainte-Vierge, ceux de la Haute-Alsace étaient convoqués à Ribeauvillé pour le jour même de cette fête ; ceux de la Basse-Alsace alternèrent d'abord entre Rosheim et Mutzig, où ils se rencontraient le 15 août, à la fête de l'Assomption de la Sainte-Vierge. Plus tard, en 1687, quand les comtes palatins de Birckenfeld eurent hérité de ce privilège comme de tous les autres biens des Ribeaupierre, ils obtinrent du roi la permission d'assigner à leurs féaux leur petite résidence de Bischwiller comme rendez-vous ; ils les y voyaient affluer du 15 au 17 août de chaque année [1], et ce singulier hommage féodal, doublé du paiement d'une rente perpétuelle, dura jusqu'à la veille de la Révolution.

Les statuts que nous venons d'analyser ne nous apprennent rien malheureusement sur la carrière professionnelle proprement dite des associés. On doit supposer néanmoins que la plupart de ces ménétriers menaient une existence nomade, allant de village en village, dans les limites de leur district, selon l'échéance des fêtes patronales, en restant chez eux quand une noce, un baptême, une réjouissance publique quelconque leur promettait de l'ouvrage à domicile. Sans faire d'eux de petits saints, le contrôle annuel permettait cependant, dans une certaine mesure, de surveiller leur conduite, car le *Roi des fifres* avait des délégués dans chaque district qui examinaient les querelles de ses « sujets » entre eux, les plaintes

1. *Ordonnances d'Alsace*, I, p. 166.

portées contre eux par le public, et comme il avait le droit de frapper les coupables d'amendes et même d'exclure de la confrérie les membres indignes, il régnait un certain ordre dans ce menu peuple de vagabonds, plus ou moins artistes, et plus ou moins honnêtes. Il est d'ailleurs permis de croire, — sans qu'on puisse préciser les dates, — que pendant les longues et terribles guerres de ce siècle, il y eut bien des interruptions dans ces assemblées périodiques et certainement plus d'un chenapan pillard et débauché vint se mêler parfois aux violoneux patentés, pour faire sauter la jeunesse sous l'orme et le tilleul devant l'église du village.

Les ménétriers, tributaires des Ribeaupierre, n'exerçaient guère leur « art » que dans les campagnes ; dans les villes il y avait des musiciens d'un ordre plus relevé, qui se trouvaient au service direct du Magistrat (*Stadtpfeiffer*, *Stadtmusikanten*, etc.) ou qui se sustentaient en exerçant leur profession au service des particuliers. Ils figuraient aux banquets solennels, aux entrées des princes étrangers, aux carrousels, aux tirages des loteries, aux fêtes scolaires et autres. Dans les localités protestantes, c'étaient eux qui, du haut de la tour des églises ou de la plate-forme de la Cathédrale, entonnaient avec accompagnement de fanfares, les chorals sacrés, le matin des grandes fêtes religieuses. Mais la plupart des cités alsaciennes se défirent, avant le milieu du XVIIe siècle, de ces musiciens officiels, solide noyau d'un orchestre municipal flottant, et recruté pour certaines occasions seulement. Quand une fois la guerre de Trente Ans fut venue, ravageant et appauvrissant le pays et que le clergé récrimina plus fort que jamais contre toutes ces vanités mondaines, qui excitaient le courroux divin, les *Stadtpfeiffer* furent licenciés et leur bel uniforme n'orna plus les fêtes officielles. Les instruments multiples et bizarres des orchestres d'alors furent emmagasinés dans les caveaux de la Tour aux Pfennings et eurent le temps de s'y couvrir de poussière et de toiles d'araignées avant qu'il y eût lieu de les reprendre pour célébrer les bienfaits de la paix[1].

---

1. Par décision du Magistrat (XXI, 28 octobre 1616), une commission fut désignée pour inventorier et surveiller ce dépôt. Quand dans la seconde moitié du XVIIIe siècle, le *Pfenningthurm* fut démoli, on transporta ces témoins, depuis longtemps muets, d'une époque musicale antérieure, à la Bibliothèque de la ville. Lobstein les y a vus encore en 1840, les a énumérés et en partie dessinés. On en trouvera le catalogue dans son ouvrage (p. 142-147), mais je me sens bien trop incompétent en cette matière pour risquer une translation de toutes les désignations techniques accumulées dans cet inventaire archéologique.

CHAPITRE CINQUIÈME

Universités et Académies d'Alsace

§ 1. L'UNIVERSITÉ DE STRASBOURG

Un jeune humaniste de la fin du XVe siècle, Strasbourgois lui-même de naissance, reprochait aux habitants de sa ville natale un goût plus prononcé pour la guerre et la bonne cuisine que pour la science[1]. Peut-être avait-il raison pour ses contemporains ; mais s'il avait pu revivre un siècle plus tard, il ne se serait pas exprimé, je pense, d'une façon si blessante pour l'amour-propre de ses compatriotes. En effet, bien peu de villes d'Allemagne jouissaient alors d'une réputation égale dans le domaine des sciences, des lettres et des arts, et le centre incontesté de cette vie intellectuelle dans la ville libre rhénane, c'est, dès le milieu du XVIe siècle, son école latine, devenue bientôt Académie et dont Ferdinand II va faire une Université de plein exercice en 1621.

Une esquisse de l'enseignement supérieur en Alsace au XVIIe siècle sera donc, avant tout, une histoire de l'Académie et de l'Université de Strasbourg. On a pu lui opposer, pour des motifs politiques et religieux, d'autres corps enseignants, décorés du même titre ; on n'a jamais réussi à lui faire perdre, même aux yeux de ses adversaires les plus acharnés, le rang qu'elle occupe dans le pays, dès l'origine, et qu'elle conservera durant deux siècles, en des moments de véritable décadence, et jusqu'au jour où elle sombrera dans l'orage de la Terreur.

L'Université de Strasbourg, pour l'appeler tout de suite de ce nom, qu'elle mérite au fond dès avant la fin du XVIe siècle[2], est sortie tout naturellement, comme le fruit de la graine, de l'École latine, fondée en 1538 par le Magistrat, sous la double impulsion de l'Humanisme et de la Réforme. Dès le début, son illustre créateur et premier recteur, Jean Sturm, lui avait destiné un rôle bien

---

1. « *Ubi est amplior epulis atque armis locus quam litteris.* » *Petri Schottii Lucubraciunculæ*, Argentinæ, 1498, 4°, fol. 7.
2. En effet, la promulgation des nouveaux statuts de 1621 ne changea pas grand'chose aux dehors et rien au fond de l'enseignement. Le nombre des chaires ne fut pas augmenté, les locaux continuèrent à rester les mêmes et les professeurs aussi.

supérieur à celui d'une simple école secondaire, et de véritables cours académiques y avaient été professés, par des savants célèbres de tout pays, dans les salles basses du vieux cloître des Dominicains, qui furent le berceau du Gymnase et abritèrent l'Université jusqu'en 1792. Calvin, Baudouin, Hotoman s'y sont rencontrés dès les premières années de son existence, avec Jérôme Zanchi, Hédion, Brunfels et Pierre Martyr de Vermigli. Élevée au rang d'une Académie par l'empereur Maximilien II en 1566, et tout en conservant des rapports intimes avec ses classes préparatoires, excellentes pépinières d'étudiants futurs, l'École de Strasbourg (*Schola Argentinensis*) avait vu croître son influence au dehors avec le nombre de ses maîtres et la variété de son enseignement. Bien qu'elle ne possédât officiellement que les deux Facultés de théologie et de philosophie, elle ne laissait pas d'avoir des cours de droit, de sciences et même de médecine[1]. Après la triste disgrâce de Jean Sturm, amenée en 1581 par l'intransigeance dogmatique des théologiens de Strasbourg et par l'humeur batailleuse du vieux recteur lui-même[2], on avait pu craindre un instant pour la prospérité matérielle de l'Académie; mais cette inquiétude n'avait pas été de longue durée. Si les étudiants réformés de Suisse et de France n'arrivaient plus en nombre aussi considérable et finirent même par disparaître peu à peu, ce déficit fut comblé par le chiffre croissant des jeunes néophytes d'outre-Rhin qui venaient chercher à Strasbourg chez un Jean Pappus, un Bechtold, un Wegelin et leurs collègues, les oracles de la pure et impeccable orthodoxie luthérienne.

Aussi le Magistrat, désireux à juste titre de marquer également par quelque avantage extérieur l'incontestable éclat de sa Haute-École, s'adressa-t-il à plusieurs reprises et de la façon la plus pressante, à l'empereur Rodolphe II, pour obtenir enfin des privilèges universitaires complets. Mais ses requêtes de 1601 et de 1608, quoique fortement motivées[3], ne furent pas exaucées, grâce à l'influence sans doute des PP. Jésuites, tout-puissants, on le sait, à la cour du personnage à peu près dément, qui portait alors la cou-

---

1. Les candidats à la licence ou au doctorat en droit et en médecine étaient obligés, par suite du manque de Facultés *officielles*, d'aller soit à Heidelberg, soit à Bâle, soit à Tubingue, pour y soutenir leurs thèses, après avoir suivi les cours à Strasbourg, ce qui occasionnait des frais supplémentaires et empêchait naturellement beaucoup d'étudiants de fréquenter l'Académie.
2. Voy. la *Vie et les travaux de Jean Sturm*, de M. Charles Schmidt (Strasbourg, 1855), ouvrage qui est encore toujours la monographie la plus complète sur le grand humaniste (p. 178-205).
3. Fournier et Engel, *Gymnase, Académie, Université de Strasbourg*, p. 271, 345.

ronne de Charlemagne. Le successeur de Rodolphe II, l'empereur Mathias, ne se montra pas plus disposé à une faveur de ce genre. L'Académie de Strasbourg avait célébré avec trop d'enthousiasme le jubilé de la Réformation en 1617, pour trouver beaucoup de protecteurs à la cour de Vienne[1]. Il fallut la rébellion de Bohême et les premières crises de la guerre de Trente Ans pour mener à bonne fin des négociations qui traînaient depuis si longtemps. Ferdinand II, désireux de voir se dissoudre au plus vite l'Union protestante, et sachant fort bien que l'argent et le crédit des villes libres lui conservaient seuls encore un reste de vitalité, ne crut pas payer trop cher la satisfaction de voir sortir Strasbourg de cette association politique, en lui octroyant en échange de nouveaux privilèges universitaires. A la suite des négociations d'Aschaffenbourg[2] le précieux document fut en effet signé par l'empereur, le 16 février 1621[3], et l'Alsace eut, à partir de ce jour, une Université complète avec ses quatre Facultés. Des fêtes splendides, où l'on prodigua les harangues, les cortèges, les *Te Deum*, les représentations théâtrales[4] et les cantates, furent données par le Magistrat pour célébrer cet évènement si impatiemment attendu[5]. Sans doute, quelques-uns des coryphées de l'Académie avaient déjà disparu. L'énergique théologien Jean Pappus était mort dès 1610, et Louis Hawenreutter, le professeur de physique tant admiré et même chanté par les contemporains, venait de s'éteindre en 1618. Mais la nouvelle Université n'en comptait pas moins à ce moment plusieurs noms encore célèbres et la plupart des maîtres étaient honorablement connus dans le monde savant d'alors. A côté du vieux jurisconsulte Denis Godefroy, dernier représentant des huguenots français, autrefois

---

1. Voy. les deux volumes du *Jubilæum Lutheranum Academiæ Argentoratensis*, publiés par Paul Ledertz en 1618, 4⁰. Les fêtes avaient duré sept semaines, du 8 novembre au 24 décembre, chaque semaine voyant se produire des sermons, des soutenances, des panégyriques interminables. Chaque professeur voulut y contribuer par un opuscule, et partout la note polémique et confessionnelle est fortement accentuée, peut-être encore plus chez les laïques que chez les théologiens. Le jurisconsulte Bitsch, le philosophe Clutenius, le poète Brulow, l'historien Bernegger déploient une combativité qui étonne et qui détone dans un milieu scientifique; il faut dire que les Révérends Pères de l'Académie de Molsheim leur donnaient l'exemple et la réplique sur un ton tout semblable.
2. Voy. mon travail sur Strasbourg et l'Union évangélique de 1618 à 1621, dans l'*Alsatia* de Stœber, 1867.
3. Fournier-Engel, p. 382.
4. C'est à cette occasion que fut joué le *Moïse* de Gaspard Brulow.
5. Erichson, *Das Strassburger Universitætsfest vom Jahr 1621*. Strassburg, Schmidt, 1884, 16⁰.

plus nombreux[1], on nommait avec respect ses deux collègues de la Faculté de droit, Gaspard Bitsch, de Haguenau[2], et Juste Meier, de Nimègue[3]. Le vieux Melchior Sebiz, Silésien d'origine, ancien élève d'Ambroise Paré, en fonctions à Strasbourg depuis plus de trente ans, était une autorité pour l'interprétation d'Hippocrate et de Galien[4]; le Poméranien Gaspard Brulow, professeur de poésie, écrivait les poèmes dramatiques latins les plus admirés de l'Allemagne savante[5], et Mathias Bernegger, Autrichien de naissance, le plus distingué peut-être, le plus sympathique, à coup sûr, des maîtres strasbourgeois de l'époque, l'ami enthousiaste et dévoué de Képler, le traducteur de Galilée, appliquait à toutes les branches du savoir humain son ardeur à l'étude et ses connaissances encyclopédiques, s'occupant à la fois de polémique religieuse, de politique, de philologie, d'histoire ancienne, de mathématiques et d'astronomie[6].

Si les théologiens, qui assistèrent aux fêtes et aux solennités académiques de 1621, ne sont pas, — et de loin, — aussi connus[7] que leurs prédécesseurs du XVIe siècle, les Hédion, les Bucer, les Calvin, les Marbach et les Pappus, ils allaient être remplacés bientôt par une pléiade de nouveaux venus qui déjà terminaient ou tout au moins avaient commencé leurs études à Strasbourg, la « triade johannique », comme les appelaient leurs admirateurs, Jean Schmidt, de Budissin[8] en Lusace, appelé à y enseigner en 1622; Jean-Georges Dorsche, nommé professeur en 1627[9]; Jean-Con-

1. Né à Paris le 17 octobre 1549, mort à Strasbourg le 7 septembre 1622.
2. Né en 1579, mort en 1636.
3. Né en 1566, mort en 1622. Nous empruntons toutes ces dates aux *Annales des professeurs* de M. Oscar Berger-Levrault, fruit de persévérantes et patientes recherches, secondées par de nombreux collaborateurs bénévoles, dont le concours efficace a permis à M. Berger-Levrault de réunir, en un espace de temps relativement court, une véritable mine de renseignements exacts et précis, qu'on cherchait en vain dans les dictionnaires biographiques ordinaires.
4. Né en 1539, mort en 1625.
5. Né en 1585, mort en 1627.
6. Nous avons eu récemment sur Bernegger une excellente monographie de M. K. Bünger (Strassburg, Trübner, 1893, 8°), qui sera fort utile à ceux qui voudront étudier l'histoire de l'Université avant le milieu du XVIIe siècle.
7. « *Was florirt weniger als die theologia?* » écrivait Brulow dans un mémoire confidentiel de 1619. « *Das wissen die Jesuiter gar wol und erfarens genueg, wann niemand vorhanden der ihnen begegnen und widerstehen solt.* » (Fournier-Engel, p. 376.)
8. Sur Jean Schmidt, voy. l'esquisse biographique de M. G. Horning. (*Beitræge sur Kirchengeschichte des Elsasses*, Vierteljahrschrift, Strassburg, 1882-83.)
9. W. Horning, Dr *Johann Dorsch*, Strassburg, Vomhoff, 1886, 8°.

rad Dannhauer, qui devient leur collègue en 1629[1]. Ces noms qui ne réveillent plus maintenant qu'un vague écho dans la mémoire de ceux-là même qui se sont le plus occupés de l'histoire littéraire et scientifique du XVIIe siècle, étaient alors aussi illustres que peuvent l'être aujourd'hui les plus éminents représentants de l'enseignement supérieur de n'importe quel pays.

Malheureusement les évènements du dehors se montraient tout à fait contraires au développement ultérieur de l'Université et l'empêchèrent de conserver la réputation européenne dont avait joui déjà la Haute École de Sturm. A partir du moment où l'Alsace devient, elle aussi, le théâtre de la guerre (1632), la décadence est même rapide, l'argent faisant désormais défaut pour salarier d'une façon convenable et retenir par là les maîtres d'élite. Le chiffre des étudiants, qui n'a d'ailleurs jamais été aussi nombreux qu'on se l'imagine parfois[2], diminue; leur zèle pour les études se ressent de plus en plus des distractions et des calamités de la guerre; les professeurs eux-mêmes, découragés, se relâchent de leur application ordinaire, s'occupent plus volontiers des travaux promis aux libraires que des progrès de leurs auditeurs, employant leur temps à rédiger des manuels scientifiques ou des brochures polémiques pour vivre, quand la triste nécessité ne les obligeait pas à se livrer à des occupations plus étrangères encore à leur profession[3]. Peu à peu, les notabilités du dehors, sauf les jurisconsultes, dont le Magistrat avait trop besoin pour les affaires de l'État, ne furent plus que rarement appelées à Strasbourg, où les membres de l'Académie et de l'Université avaient formé jusque-là un petit groupe vivant assez en dehors de la population, sauf, bien entendu, ceux des professeurs en théologie qui étaient en même temps pasteurs. Sans doute, les universitaires étaient tous inscrits à l'une ou à l'autre des *tribus* d'arts et métiers, mais ils ne participaient guère à la vie politique commune et restèrent longtemps à l'écart des luttes d'influence et des querelles intérieures de la cité [4]. Ceux des jurisconsultes qui

1. W. Horning, *Spener und Dannhauer*, Strassb., Vomhoff, 1883, 8°.
2. Depuis que M. Gustave Knod a publié en 1897 les registres matriculaires de l'ancienne Université, de 1621 à 1793 (Strassburg, Trübner, 2 vol. 8°], nous pouvons nous faire une idée *à peu près* exacte de cette fréquentation, encore qu'il y ait bien des lacunes dans ces registres officiels. Nous parlerons tout à l'heure du chiffre de la fréquence des étudiants au XVIIe siècle.
3. C'est ainsi que le professeur d'éthique, Laurent Walliser, dut entreprendre un commerce de fleurs et de plantes diverses pour sustenter honorablement sa famille. (Bünger, *Bernegger*, p. 131.)
4. On peut voir dans le *Mémorial* de Reisseissen (p. 55) combien le digne

étaient appelés aux honneurs, à une charge d'avocat général par exemple, quittaient d'ordinaire, au préalable, leur chaire académique. Peu à peu, il se forma des coteries dans le Magistrat et dans l'Université même, qui tâchèrent de faciliter l'arrivée de leurs compatriotes[1], protégés et parents, en faisant miroiter aux yeux des gouvernants l'avantage d'avoir ces savants à meilleur marché, en les empruntant de nouveau au pastorat ou bien à l'enseignement secondaire du Gymnase, comme cela avait été le cas aux premiers temps de l'Académie.

C'est ainsi que le XVII° siècle vit se former ces dynasties des Sebiz, des Marbach, des Bœcler, dont les générations se succèdent dans l'enseignement, parfois pendant la durée de tout un siècle. Pourtant, grâce à la réputation de quelques uns de ses maîtres, l'Université conserva sa vieille renommée, plus d'un âge d'homme après les traités de Westphalie. Sa Faculté de théologie surtout était appréciée dans tous les pays protestants du Saint-Empire comme le champion dévoué de la cause luthérienne vis-à-vis de l'attitude de plus en plus agressive du catholicisme en Alsace. Ce fut avec un certain éclat que la Ville et l'Université célébrèrent, le 1er mai 1667, le centenaire de la création de l'Académie ; ce n'étaient plus la pompe et la magnificence de 1621, mais du moins y eut-il des concerts, des sermons, des discours à profusion et même une représentation théâtrale[2]. A ce moment, le corps enseignant comptait encore quelques noms bien connus : Sébastien Schmid, le savant orientaliste, qui donna de la Bible entière une nouvelle version latine[3], Balthasar Bebel[4], l'historien de l'Église, le polémiste toujours en éveil, étaient venus rejoindre et remplacer à la Faculté de théologie les Jean Schmidt, les Dannhauer et les Dorsche. Le plus célèbre des théologiens de l'Alsace protestante au XVII° siècle, Philippe-Jacques Spener, de Ribeauvillé, ne figura jamais que comme agrégé libre, et pour peu de temps seulement, à l'Université de Strasbourg, où il

---

ammeistre est irrité de ce que le professeur en droit Rebhan se soit fait nommer membre du Conseil des Échevins : « *ist res mali exempli,* » dit-il, « *und laufft wider die politic unseres staats.* »

1. C'est ainsi que le docteur Jean Schmidt, une fois installé à Strasbourg comme professeur de théologie, y fit arriver successivement à l'Université, en un temps relativement court, trois de ses concitoyens. Sur *seize* professeurs, ils étaient *quatre* enfants de Budissin !

2. Voy. A. Erichson, *Der alten Strassburger Hochschule erstes Jahrhundert.* Strassburg, Bull, 1897, 8°.

3. W. Horning, Dr *Sebastian Schmid von Lampertheim*, Strassb., Vomhoff, 1885, 8°.

4. W. Horning, Dr *Balthasar Bebel, Prof. der Theologie*, etc. Strassb., Vomhoff, 1886, 8°.

avait fait ses études. Si le « père du piétisme » avait suivi la carrière académique, ainsi qu'il le voulait d'abord, la puissante influence de sa personne et de sa parole aurait répandu sans doute beaucoup plus tôt, dans son pays natal, les idées dont les échos affaiblis n'y parvinrent que longtemps après, vers le moment de sa mort[1]. Des jurisconsultes comme Othon Tabor[2] et Jean Schilter[3], des historiens comme Ulric Obrecht[4], le futur préteur royal, des botanistes comme Marc Mappus[5], auraient été considérés partout comme des représentants très autorisés de la science académique d'alors. Mais dans les dernières années du siècle, après la capitulation, quand le roi eut fait connaître sa volonté de ne plus voir des étrangers appelés à enseigner à l'Université protestante, la médiocrité, honnête ou non, l'emporta d'une façon définitive, puisque c'était aux seuls candidats nés dans l'Alsace protestante qu'on en était réduit en droit, et que, de fait, on se bornait volontairement à ceux de Strasbourg, grâce aux complaisances réciproques de l'oligarchie directrice de la ville libre[6].

Mais il est temps de jeter un regard sur l'organisation de cette Université si célèbre et d'expliquer, aussi brièvement que possible, le mécanisme de ses rouages, en analysant son règlement qui a peu varié depuis la promulgation des statuts de 1604, malgré plusieurs révisions successives[7]. L'Université était placée sous la tutelle et le contrôle suprême du gouvernement de la petite République, qui se faisait représenter dans le Conseil de l'Université ou *Convent acadé-*

---

1. Grünberg, *Philipp Jakob Spener*, Gœttingen, Vandenhoek, 1893, 8°.
2. Né à Budissin en 1604, professeur de droit à Strasbourg (1634-1656), mort à Francfort, 1674.
3. Né à Pegau en Misnie, en 1632, professeur à Strasbourg en 1686, mort en 1705.
4. Né à Strasbourg en 1646, professeur d'histoire, 1673, préteur royal, 1685, mort en 1701.
5. Né à Strasbourg en 1632, professeur de botanique et de médecine, 1670, mort en 1701.
6. Le dernier professeur de théologie appelé du dehors le fut dès 1633; le dernier professeur de droit, en 1686 ; on voit encore *exceptionnellement* un médecin, Henninger, arriver du pays de Bade, en 1702, et J. Ph. Bartenstein, né à Lindau, parvenir la même année à une chaire de philosophie. Mais il était professeur au Gymnase depuis 1679, et avait été auparavant précepteur dans quelques familles patriciennes de Strasbourg.
7. Voy. Fournier-Engel, p. 133, les Statuts de l'Académie de juin 1568 ; p. 291, ceux de 1604 ; p. 397, les Statuts de la nouvelle Université, révisés en 1621. — Une seconde révision doit avoir été faite à l'époque des grands remaniements scolaires de 1634, sans avoir été solennellement ratifiée de suite. C'est celle qui m'a servi pour mon travail : *Les Statuts de l'ancienne Université de Strasbourg.* (*Revue d'Alsace*, 1873.) Elle était observée, mais non encore confirmée en 1658.

mique par les deux curateurs ou *scolarques* et par le *chancelier*[1], nommés tous trois à vie et tirés du Conseil des Treize ou de celui des Quinze. Il s'y trouvait en outre trois autres assesseurs, représentant le Magistrat, mais temporaires seulement, car ils devaient être remplacés tous les deux ans ; on les choisissait parmi les Vingt-Un et les membres du Grand-Sénat. A côté d'eux siégeaient le recteur, les doyens et tous les professeurs titulaires. Bien que plus nombreux, les membres du corps enseignant ne pouvaient rien décider sans le Magistrat, ni surtout contre le Magistrat[2]. Recteur et doyens n'étaient en exercice que pendant la courte durée de six mois, sans doute pour que chacun pût avoir plus souvent l'honneur d'occuper ces charges[3]. On procédait aux élections le jour de la Saint-Marc (25 avril) et le jour de la Saint-Luc (18 octobre); elles se faisaient à haute voix, chaque Faculté fournissant à tour de rôle le *rector magnificus*. Le Convent nommait en outre les inspecteurs des internats théologiques (*visitatores collegiorum*) qui étaient renouvelés tous les trois ans. Les membres du corps enseignant étaient choisis par le Convent académique, chaque fois qu'une chaire devenait vacante et leur candidature donnait lieu à une discussion approfondie ; il était sévèrement défendu aux électeurs de se laisser influencer par des considérations personnelles et les statuts leur signalent comme les points principaux dont ils doivent tenir compte dans l'appréciation des concurrents : leur attachement sincère à notre vraie religion, un nom honoré dans le monde savant, une conduite privée irréprochable, un esprit de support mutuel ; à mérite égal (*cæteris paribus*), il leur est recommandé de donner la préférence à ceux qui sont nés à Strasbourg, ou du moins y ont fréquenté le Gymnase et l'Université, et à ceux qui sont déjà ou précepteurs ou professeurs, soit titulaires, soit agrégés, d'une autre chaire, tant au premier qu'au second de ces établissements[4].

1. C'était toujours un membre de la noblesse, un *stettmeistre*, qui devait tenir les sceaux.
2. En parcourant les procès-verbaux, on pourrait relever plus d'un exemple du fait qu'un vote du Convent, désapprouvé par le Magistrat, fut simplement mis de côté par celui-ci, et qu'il n'en fut plus question.
3. Ce changement si rapide parmi les dignitaires universitaires fut la cause d'un affreux désordre dans les *Actes* des Facultés ; les feuilles volantes de leurs registres matriculaires ont été si fréquemment perdues que le mot *vacat* revient avec une persistance peu flatteuse pour MM. les Doyens dans les volumes de M. Knod, pour le XVII° siècle.
4. On voyait alors, — on vit plus souvent encore au XVIII° siècle, — un jurisconsulte, un théologien, un médecin se résigner à enseigner d'abord la philosophie ou l'éloquence, afin d'arriver plus vite à une position officielle. C'est ainsi que le jurisconsulte Philippe Glaser (†1601), enseigna suc-

Le nombre de ces chaires a quelque peu varié pour l'époque dont nous nous occupons ici. Le chiffre le plus élevé de *titulaires* au XVIIe siècle a été de 19; il est souvent descendu à 18 et à 17, même parfois à 16, quand les fonds disponibles étaient épuisés. A plus forte raison, le total des professeurs *extraordinaires* ou *adjoints* a-t-il varié selon les circonstances, sans jamais atteindre, ce me semble, à la moitié de celui des titulaires. On trouvera sans doute aujourd'hui que c'était là un chiffre presque dérisoire de savants pour représenter l'universalité des sciences, même telles qu'on les connaissait alors ; mais il y avait bien peu d'Universités qui comptassent un plus grand nombre de chaires. La Faculté de philosophie avait d'ordinaire six professeurs : celui d'éloquence (*orator*) ; celui de philosophie morale (*ethicus*) ; celui de logique (*dialecticus*) ; celui de mathématiques (*mathematicus*) ; celui de physique (*physicus*) ; celui d'histoire (*historicus*)[1]. On ne laissait pas cependant de s'occuper de certaines branches de la science, non représentées au programme, quand il se rencontrait des étudiants demandant sur la matière un cours privé et payant un *privatissimum*, comme on dit encore aujourd'hui de l'autre côté du Rhin. Ainsi l'astronomie n'était pas officiellement enseignée ; cela n'empêchait pas l'historien Bernegger d'en faire beaucoup avec des auditeurs bénévoles. Outre ces six chaires, la Faculté en comptait trois autres qui, pour être appelées extraordinaires, n'en étaient pas moins permanentes : celle de poésie, celle de grec et celle d'hébreu. Par moments, plusieurs de ces enseignements étaient réunis dans la même main, pour faciliter une nouvelle nomination du dehors ; l'éloquence et la poésie, le grec et l'hébreu n'occupent plus qu'une seule et même chaire. En tant qu'il touche à la philosophie, l'enseignement est encore soumis à la tradition du moyen âge. Le Stagirite domine tout ; le professeur de dialectique explique son *Organum* et sa *Métaphysique*, le professeur de morale son *Éthique à Nicomaque*, le professeur de physique sa *Physique*,

---

cessivement les *Institutes*, puis occupa la chaire de grec, passa à celle d'histoire et finit par revenir aux Pandectes.
1. Le cours d'histoire n'était ni de l'*histoire érudite*, ni de la *philosophie de l'histoire*, mais un exposé de maximes gouvernementales, avec des rudiments d'économie politique, à l'usage des futurs fonctionnaires d'État, des diplomates, etc. Il ne fallait guère de science spéciale pour préparer un cours pareil, qui se rattachait d'ailleurs le plus souvent à la lecture des historiens classiques ou se présentait comme une série d'aperçus généraux. (Voy. p. ex. ce que Clutenius expose en 1619 comme programme pour le *historicus* : « flenge darnach an Historiam Imperatorum Romanorum, tractierte dieselbe erstlich Historice, darauf Ethice, Politice, Œconomice, etc.» (Fournier-Engel, p. 370.)

les traités *du Ciel* et *du Monde, de la Génération,* etc. Mais les autres professeurs aussi sont obligés de se mouvoir presque exclusivement dans la sphère de l'antiquité classique) ; le professeur d'éloquence lit avec ses auditeurs Cicéron et Quintilien, et leur apprend, par la lecture de ces modèles, à bâtir leurs périodes oratoires[1] ; le professeur de mathématiques commente Euclide et Ptolémée ; le professeur d'histoire interprète les historiens grecs et latins recommandés par ses collègues. La plupart de ces cours, assez élémentaires, à en juger d'après le titre XXVII des statuts, semblent faits plutôt pour des rhétoriciens que pour des étudiants, tels que nous les comprenons aujourd'hui ; c'est qu'en effet, pour l'âge tout au moins, les élèves de la Faculté de philosophie d'alors étaient plutôt moins avancés.

La Faculté de théologie comptait quatre professeurs, qui devaient être en même temps, autant que possible, prédicateurs, afin de pouvoir toucher un traitement plus considérable ; l'un d'eux était d'ordinaire président du Convent ecclésiastique, c'est-à-dire le chef, tout au moins nominal, de l'Église de Strasbourg. On leur imposait naturellement, comme d'ailleurs à tous les membres du corps universitaire, jusqu'à la Révolution, l'adhésion formelle à « la saine et pure doctrine » contenue dans la Confession d'Augsbourg de 1530 et la Formule de concorde de Wittemberg, promulguée en 1536. L'enseignement de l'exégèse scientifique et de l'histoire ecclésiastique cède le pas[2], dans le programme d'alors, à celui de la dogmatique, de l'apologétique, de la polémique sacrée surtout, car tous ces théologiens strasbourgeois du XVIIe siècle furent avant tout d'infatigables controversistes, toujours partis en guerre, soit contre les catholiques, soit contre les calvinistes[3], soit même contre les infidèles, et des prédicateurs d'une fécondité non moins prodigieuse. Ils formaient

---

1. Melchior Junius, le vrai type du professeur d'éloquence à la fin du XVIe et au commencement du XVIIe siècle, avait cultivé ces *exercitia declamatoria* avec passion. Il fit réunir en 3 volumes (Strasbourg, Zetzner, 1605-1606), qui ne comptent pas moins de 3741 pages in-8°, les *discours* de 640 de ses élèves ; ceux qui auraient la patience de les feuilleter, trouveraient là tous les matériaux nécessaires pour se faire une idée du genre.
2. Balthasar Bebel écrivit pourtant une série de dissertations, intitulées *Antiquitates ecclesiasticæ*, où après avoir traité de l'*Ecclesia Antediluviana* et de l'*Ecclesia Noachica*, il essaya de raconter aussi les origines du christianisme en Alsace et à Strasbourg.
3. Le plus fécond et le plus belliqueux de ces polémistes fut Dannhauer, très érudit d'ailleurs, « une bibliothèque ambulante », au dire des contemporains. Il composa p. ex. une *Hodomoria spiritus Papæi* (Argentorati, Spoor, 1653) de 2528 pages in-4°, et une *Hodomoria spiritus Calviniani* (Argent., P. ab Heyden, 1654), plus longue encore, car elle ne compte pas moins de 3388 pages in-4°.

en même temps une autorité quasi juridique, un *Spruchcollegium*, donnant des consultations et des décisions de principe aux princes et aux villes libres qui les consultaient sur quelque point de doctrine et de droit ecclésiastique.

La Faculté de droit possédait également quatre chaires. Le titulaire de la première expliquait le Code Justinien et, en outre, le droit féodal. Deux autres commentaient les Pandectes, l'un en examinant le détail de chaque chapitre, l'autre en ne donnant que des aperçus d'ensemble; le premier enseignait à côté de cela le droit public; l'autre le droit canon. Le dernier professeur interprétait les *Institutes* et dirigeait des exercices pratiques pour initier la jeunesse à la procédure judiciaire. La Faculté de droit, elle aussi, formait un *Spruchcollegium* ou collège juridique, auquel les princes et les particuliers pouvaient demander des consultations payantes sur des points de doctrine litigieux ou sur des procès en suspens.

La Faculté de médecine, la moins favorablement traitée, — elle ne l'était pas mieux ailleurs, — ne comptait, en droit, que deux titulaires, dont l'un enseignait la médecine *théorique* et l'autre la médecine *pratique*, et qui tous deux devaient, en première ligne, interpréter à leurs élèves des textes grecs et latins. Mais ils avaient généralement à côté d'eux un professeur *extraordinaire*, appartenant à la Faculté de philosophie et muni du titre de docteur en médecine[1] ; parfois aussi le médecin juré de la ville (*Stadtphysikus*) faisait un cours complémentaire, si le besoin s'en faisait sentir. Il faut constater que, malgré le chiffre dérisoire du personnel enseignant, la Faculté de médecine fut une des premières en Allemagne à organiser un « théâtre anatomique » dans la chapelle de Saint-Érard, à l'hôpital civil, afin que les futurs médecins pussent y apprendre à disséquer. C'est aussi à la Faculté de médecine que furent faits les premiers cours de chimie, dès 1685, grâce au bon vouloir du professeur d'anatomie, Valentin Scheid[2].

En dehors des professeurs titulaires des différentes Facultés et des professeurs extraordinaires qui se rencontrent, selon les époques, en nombre variable, mais toujours assez restreint, l'Université de Strasbourg connut également au XVIIe siècle, les agrégés libres ou *privatim docentes* des Universités modernes. Mais ils ne jouissaient en aucune façon des privilèges du corps académique proprement

---

1. C'est ainsi que le botaniste Marc Mappus, commença un cours de médecine en 1670, le vieux Melchior Sebiz (deuxième du nom), âgé de *quatre-vingt-treize ans*, « ne pouvant plus bien fonctionner » comme le dit naïvement Reisseissen. (*Aufzeichnungen*, p. 88.)
2. F. Wieger, *Geschichte der Medizin in Strassburg*, p. 62.

dit et il faudrait plutôt les considérer, semble-t-il, comme des espèces de répétiteurs à l'usage des étudiants zélés et désireux de se perfectionner dans une branche spéciale des sciences. Les renseignements réunis par nous sont trop insuffisants pour que nous puissions nous faire une idée bien nette et précise de leur enseignement ; ils devaient obtenir en tout cas l'autorisation de la Faculté pour annoncer et faire leurs cours, qui pouvaient s'étendre aux matières les plus variées et, tout comme de nos jours, beaucoup ne dépassaient jamais cette première étape de la carrière académique[1].

Tous ces cours, sauf les exercices anatomiques, que nous venons de mentionner, se faisaient pendant tout le XVIIe siècle, comme déjà au XVIe, dans les salles de l'ancien cloître des Dominicains, contiguës aux salles de classe du Gymnase ; elles étaient renfermées, les unes et les autres, dans l'enceinte de l'Internat qui, après 1660, s'appela l'Internat de Saint-Guillaume (*Collegium Wilhelmitanum*) et où logeaient les boursiers académiques[2].

Les émoluments officiels des professeurs n'étaient point considérables. Dans certains pays privilégiés d'Europe, le moindre maître d'école s'estimerait aujourd'hui mal rétribué s'il ne touchait que les honoraires énoncés dans les lettres de vocation de telle illustration d'alors. Sans doute, le *pouvoir* de l'argent était infiniment plus considérable que de nos jours[3] ; mais même en tenant compte de ce fait, on ne saurait nier que des traitements de quelques centaines de florins ne fussent bien modestes, quand il s'agit de célébrités scientifiques. C'est que les fonds mis à la disposition du Magistrat pour

---

1. C'est ainsi que le Poméranien Joachim Stoll, chassé de Tubingue, où il étudiait, par la défaite de Nœrdlingen, vint à Strasbourg en 1634 ; il y vécut comme étudiant d'abord, puis comme candidat, se fit connaître en prêchant à la ville et à la campagne, en assistant aux *disputations* académiques, puis il demanda à la Faculté de philosophie l'autorisation « *collegia offentlich zu halten und unverhinderlich zu profitiren, da er dann alle scientias und neben der histori partes philosophicæ theoreticas et practicas, meistens zu mehreren malen durchgangen, einige collegia privata nicht weniger in theologicis gehalten und.... bey der studierenden jugend herrlichen nutzen geschaffen.* » J. H. Otho, *Gloriosa fidelium introductio... bey Begræbnuss Joachimi Stollii*, etc. (Franckfurt, Zunner, 1668, 4º.) Ces succès n'empêchent pas le jeune savant de quitter enfin Strasbourg en 1647, puisqu'il ne se voyait aucune chance d'avancement, et d'aller comme pasteur à Ribeauvillé.

2. Une de ces salles de cours est représentée dans le *Speculum Cornelianum* de J. van der Heyden ; on y voit le professeur, chapeau en tête, encastré dans une haute et étroite chaire, en face de ses auditeurs, serrés les uns contre les autres, également couverts, le manteau sur leurs épaules et les tablettes à la main pour noter les *verba magistri;* en constatant cette installation si peu confortable, on comprend que beaucoup de jeunes gens aient préféré jouir de leur liberté académique, en dehors des salles de cours.

3. Voy. tome I, p. 687-688.

l'entretien des établissements d'instruction supérieure et secondaire étaient en réalité d'assez faible importance. Ils étaient formés par les revenus d'un certain nombre d'anciennes fondations monastiques, sécularisées au cours de la Réforme, parmi lesquelles il faut mentionner en première ligne le Chapitre de Saint-Thomas[1], dont les chanoines avaient presque tous adhéré aux nouvelles doctrines en 1529, et dont les prébendes, à partir de 1539, avaient été assignées successivement aux membres du nouveau corps enseignant, de sorte qu'au XVIIe siècle ladite fondation de Saint-Thomas payait les traitements de treize professeurs et de trois pasteurs de la ville. Jusqu'à la Révolution, ces canonicats, attribués à la mort d'un titulaire, au plus ancien ou au plus notable des professeurs non encore pourvus, constituaient leur salaire officiel. Mais comme il y en avait moins que le nombre des titulaires de l'Université, c'était un avantage très disputé que d'arriver à l'une de ces prébendes, car on était confortablement logé, tout en pouvant sous-louer une partie de la manse canonicale ou y recevoir des pensionnaires, et le traitement, quoique variable[2], était suffisant quand il était payé. Pour le surplus du corps enseignant, titulaires ou adjoints, la provende était maigre; quelquefois le Magistrat puisait à telle ou telle caisse spéciale[3] pour les encourager et leur faire prendre patience, en leur versant de petits à-comptes; il leur attribuait aussi quelques quartauts de blé sur les revenus d'une fondation pieuse. Mais le total restait toujours plus que modeste, et dès la fin du XVIIe siècle, il n'était guère possible de viser la carrière académique, à moins d'être d'une famille aisée ou d'avoir encore une autre occupation plus lucrative que celle de faire des cours. Même sans la défense émanant de la volonté royale, cette pénurie financière aurait empêché les illustrations scientifiques du dehors d'accepter une chaire à Strasbourg. Il y avait, il est vrai, un remède assez efficace parfois, à cette situation fâcheuse. Le professeur, qui jouissait d'une réputation de science bien établie et qu'on venait entendre de loin,

---

1. On peut consulter pour les détails Ch. Schmidt, *Histoire du Chapitre de Saint-Thomas au moyen âge*, Strasb., 1860, 4°. — G. Knod, *Die Stiftsherren von Sankt-Thomœ*, Strassb., 1892, 4°. — *Notice sur les fondations de Saint-Thomas*, Strasb., 1854, 4°.

2. Comme les revenus des prébendes étaient livrés en nature, le traitement variait naturellement selon les mercuriales, parfois au profit, parfois au détriment de l'usufruitier.

3. Il y avait les droits d'examen, dont nous parlerons tout à l'heure, les droits d'immatriculation, etc. Un prince payait 3 livres pfennings pour son immatriculation, un comte 2 livres, un noble ou patricien dix schellings, un roturier cinq schellings seulement.

trouvait dans ses cours payants le moyen de balancer facilement son budget. En effet, à côté des cours *publics* que chaque titulaire était obligé de faire, et qui devaient être *gratuits*, il y avait ceux qu'il professait, à la demande de ses auditeurs et contre honoraires. Parfois, la misère des temps y poussant, les premiers étaient fort mal faits, ou même complètement abandonnés, afin de forcer les étudiants à demander un *privatissimum* sur la matière. Le Magistrat se vit contraint de rappeler aux professeurs que leurs fonctions les obligeaient à enseigner la jeunesse plutôt qu'à écrire des livres, que la lecture des auteurs commencés dans un semestre devait être menée à bonne fin, même au prix de leçons supplémentaires, etc. Parfois aussi c'étaient les affaires publiques qui entravaient l'activité de certains membres du corps enseignant. Ainsi le théologien Jean Schmidt se plaignait amèrement en 1638, « d'être obligé de s'occuper des affaires de l'État » comme président du Convent ecclésiastique et d'être empêché de la sorte de faire régulièrement ses cours[1]. D'autres avaient à composer au nom du gouvernement des pièces officielles ou des panégyriques, comme Mathias Bernegger[2], et cela prenait du temps.

Les conflits entre deux professeurs sur les matières d'enseignement ne manquaient pas, bien que les statuts défendissent sévèrement d'embaucher les élèves d'un collègue[3] ou d'interpréter dans des leçons payantes les auteurs commentés par un autre dans les siennes. Il n'est pas nécessaire de rappeler ici que ces cours se faisaient exclusivement en latin, sauf peut-être certains cours privés ; il n'y avait d'exception officielle que pour ceux de chirurgie, s'adressant à des barbiers, baigneurs et apprentis ignorant la langue classique. On n'a pas conservé, que je sache, de cahiers de cours provenant de l'Université de Strasbourg au XVII° siècle[4] ; mais on peut se faire une idée assez nette de la façon d'enseigner d'alors, en parcourant certains ouvrages de Bernegger, par exemple, ou de Sébastien Schmid, qui ne sont guère que des cahiers de cours revisés et

---

1. Procès-verbaux de l'Université du 13 octobre 1638. (Archives de Saint-Thomas.)
2. Le panégyrique de Louis XIII (du 25 octobre 1632,) et l'oraison funèbre de Gustave-Adolphe, du 10 décembre de la même année, tous deux en latin.
3. « *Ablocken.* » (Titre IV.)
4. Il y en avait certainement dans l'ancienne bibliothèque de l'Université, devenue celle du Séminaire protestant, mais ils ont péri dans l'incendie de 1870, et les manuscrits analogues conservés actuellement à la Bibliothèque de la ville ne datent que de la seconde moitié du XVIII° siècle ; ils sont d'ailleurs rédigés, eux aussi, en latin, même les cours de médecine.

livrés à l'impression, après avoir été coupés en tranches pour les besoins d'une série plus ou moins longue de soutenances académiques [1]. Le texte des auteurs sacrés ou profanes y est accompagné d'une glose courante, commentaire à la fois philosophique et historique, appuyant volontiers sur les points de politique pratique, avec des échappées assez inattendues sur d'autres matières et des *excursus* érudits ou purement théoriques. L'ensemble nous dépayse, pour ainsi dire, et nous laisse une impression un peu singulière, mais on ne saurait mettre en doute le zèle ni l'érudition des professeurs.

Ces *disputationes* ou colloques, auxquels chaque membre du corps enseignant était tenu de fournir son contingent annuel [2] avaient lieu régulièrement le jeudi matin devant les autorités et la jeunesse académique, dans le chœur de l'église des Dominicains, à l'Auditoire, disparu avec l'église elle-même dans le bombardement de 1870. Trois heures durant, le candidat et ses *opposants* (généralement ses meilleurs amis), argumentaient sur les thèses, placées à la fin de la dissertation qui, sauf de très rares exceptions, était l'œuvre du professeur présidant la soutenance. A la fin, le professeur prenait lui-même la parole, haranguait à son tour le public pendant une heure, en un latin plus ou moins classique et la cérémonie était close. Mais ce n'était plus là qu'une formalité, car l'examen proprement dit, qui seul permettait à l'impétrant d'obtenir le diplôme de sa Faculté, avait déjà eu lieu, et pour autant qu'on peut en juger par les règlements afférents, il semble avoir été assez sévère [3]. Par moments cependant, le désir de toucher les droits d'examen [4] inspirait une miséricorde trop accentuée aux examinateurs et leur faisait accorder des parchemins académiques à des gens qui n'en étaient nullement dignes [5].

Le nombre des thèses strasbourgeoises au XVIIe siècle est consi-

1. Nous citerons, comme exemples, les *Diatribæ in Suetonium* de Bernegger ou ses *Observationes miscellæ*. (Cf. les analyses de M. Bünger dans son *Bernegger*, p. 294-332.) Sur les *Disputationes* de Sébastien Schmid, voy. Horning, *op. cit.*, p. 36-43.
2. Chaque professeur devait présider au moins deux thèses par an. Mais d'ordinaire il y en avait bien plus, car c'était pour le maître une occasion excellente de produire ses travaux scientifiques en les faisant imprimer aux frais de ses élèves. Il n'avait plus qu'à faire brocher ensemble les chapitres épars de son œuvre pour constituer un volume, qu'il vendait à un libraire.
3. *Statuts*, titres XXXIII XXXVI.
4. L'examen théologique rapportait 40 florins ; celui de droit 13 écus d'or; celui de médecine 12 livres pfennings ; celui de philosophie six livres seulement; on payait autant pour le diplôme de poète lauréat.
5. Ainsi nous voyons la Faculté de philosophie décider, le 23 mars 1636, de

dérable; il l'est beaucoup moins cependant qu'au siècle suivant. C'est que Strasbourg, séjour volontiers recherché par la noblesse et par les étrangers de distinction, n'était pas et ne pouvait être en somme une Université très fréquentée, quand on la compare à d'autres centres d'études analogues du Saint-Empire à cette époque, étant trop proche voisine des Universités de Bâle, de Fribourg, de Tubingue et de Heidelberg. En compulsant les registres d'immatriculation publiés récemment par les soins de M. Knod, on arrive à la conviction que la moyenne annuelle des inscriptions nouvelles au XVII° siècle a oscillé entre 130 et 150 étudiants[1]. En 1622, la seconde année pour laquelle nous ayons des chiffres précis[2], il y en a 121; en 1630, le chiffre est monté à 205; il est redescendu à 140 en 1650, atteint le maximum en 1670 avec 253 immatriculations nouvelles et n'est plus que de 130 à la veille de la capitulation de 1681. On ne peut donner de chiffres exacts, ni pour 1640, après les grandes famines et pestes de 1636-37, ni pour les années 1690 et 1700, puisque, à ces dates, la négligence des doyens ou du recteur a laissé perdre les feuillets de plusieurs Facultés. La fréquentation respective des différentes Facultés est aussi variable que les chiffres de la fréquentation totale. La Faculté de philosophie comptait en 1622, 56 nouveaux élèves; en 1625, 113; en 1634, 98; puis elle descend à 17 en 1635, à 15 en 1637, à 8 en 1638, pour remonter graduellement jusqu'à 112 en 1649. En 1678, année de guerre, tout autour de Strasbourg, il n'y a que 13 *philosophes* nouveaux immatriculés; en 1681, on en compte 42, en 1686 un seul. Le siècle clôt avec le chiffre de 16 pour 1700. En tout, de 1622 au début du XVIII° siècle, nous comptons 3,576 étudiants inscrits sur les registres de la Faculté de philosophie, dont 1,758 y sont venus de 1622 à 1648, 1,490 de 1649 à 1681, 328 seu-

---

refuser deux candidats, afin qu'on ne répète pas sans cesse au dehors qu'elle fabrique des « *magistros misericordiœ* ». (*Acta Universitatis*, Archives de Saint-Thomas.)

1. G. Knod, *Die Matrikeln der Universitæt Strassburg*. (Strassb..Trübner, 1897, 2 vol. 8°.) L'éditeur a laissé aux lecteurs le soin de tirer au clair toutes ces données plus générales; il n'a fourni nulle part les chiffres d'ensemble qu'on s'attendrait à trouver dans un travail si utile d'ailleurs et si consciencieux. Certains de ces chiffres ne peuvent être considérés évidemment que comme approximatifs, puisqu'il manque, ainsi que nous l'avons dit, des semestres entiers dont les immatriculations sont perdues. Mais dans l'ensemble, ils suffisent pour marquer les fluctuations du public académique.

2. Tous les registres antérieurs à la création de l'Université proprement dite sont aujourd'hui perdus (voy. l'*Introduction* de M. Knod), et même le *Matricula generalis maior* n'existe plus qu'à partir de 1766. Il faut additionner les chiffres des registres matricules des Facultés, si remplis de lacunes eux-mêmes, pour arriver à des données générales.

lement de 1682 à 1700. On voit quelle chute profonde marque, pour la fréquentation de l'Université, l'annexion de la ville libre de Strasbourg.

La Faculté de théologie a 707 étudiants inscrits de 1622 à 1648; 988 immatriculés de 1649 à 1681; 197 seulement de 1681 à 1700[1]. La Faculté de médecine compte bien moins d'auditeurs; nous en trouvons 239 de 1621 à 1648, 204 de 1649 à 1681, 32 seulement de 1682 à 1700. Il y a des années où nous ne voyons que très peu de médecins arriver à l'*Alma Mater Argentinensis*; s'il y en a 25 en 1621, il n'en vient que 10 en 1624, 3 en 1632, 4 en 1636, 3 en 1638, 2 en 1640, etc.[2]. La Faculté de droit enfin compte 38 nouveaux venus en 1621 ; 120 en 1626; 30 en 1634; 4 en 1638; 43 en 1650; 107 en 1670; 44 en 1680; 8 en 1690; 48 en 1700. De 1621 à 1648, il y a 1,406 inscriptions ; de 1649 à 1681, 1,975; de 1682 à 1700, 532 seulement.

Enfin, si nous résumons tous ces chiffres partiels (en réservant les erreurs forcées provenant des lacunes de nos registres), nous avons pour les quatre-vingts années, depuis la création de l'Université plénière jusqu'à la fin du siècle, un contingent total de 3,576 *philosophes*, 1,892 *théologiens*, 475 *médecins*, 3,913 *étudiants en droit*, soit un total général de 9,856 étudiants, ce qui ne fait qu'un contingent annuel moyen de 120 à 125 nouveaux venus. En défalquant les années de prospérité et de décadence extrêmes, en ajoutant le chiffre approximatif des étudiants de la *Matricula serenissimorum*[3] qui n'existe qu'à partir de 1657, les inscriptions de la *Matricula didascalorum et servorum*[4], en tenant compte des quelques centaines de noms, égarés par la faute des dignitaires acadé-

1. Ces chiffres sont encore plus sujets à caution que les autres, puisque M. Knod a démontré que les étudiants, *nés à Strasbourg*, manquent presque complètement dans le registre matriculaire de la Faculté de théologie. (I, p. xxvii.)
2. Mais quelle confiance peut-on accorder encore à tous ces chiffres, quand nous voyons M. Oscar Berger-Levrault, qui les a tenues entre les mains, indiquer pour cette période 581 thèses de médecine, par exemple, alors que le registre d'immatriculation ne porte que 475 noms! Il est évident que la négligence des doyens a été particulièrement fréquente chez MM. les Médecins.
3. La *Matricula serenissimorum et illustrissimorum* (Knod, I, p. 1), a été ouverte en 1657; auparavant les princes et seigneurs s'inscrivaient dans la *Matricula generalis maior*, avec les simples roturiers. De 1657 à 1700, on y compte 150 noms, ce qui ferait à peu près 300 noms pour tout le XVII° siècle.
4. Ouverte en 1692, la *Matricula didascalorum et servorum* (Knod, I, p. 205) ne compte, jusqu'en 1700, que 20 personnes, maîtres de danse, de langues, d'escrime, écuyers et valets de chambre princiers, etc. Cela grossissait le chiffre des immatriculations et le chiffre des recettes.

miques[1], on verra que nous avons très largement compté en attribuant une fréquence moyenne de 130 à 150 nouveaux arrivants à la Haute École strasbourgeoise au XVII° siècle. Si l'on admet en outre que la durée *moyenne* des études ait été de trois ans[2], on ne s'éloignera pas beaucoup sans doute de la réalité en accordant à l'Université de Strasbourg, au XVII° siècle, une population oscillant d'ordinaire entre 400 et 500 têtes, ne les ayant jamais dépassées peut-être[3], et ayant positivement été bien au-dessous du premier de ces chiffres, à certains moments de crise (1634-1637, 1682-1684, 1691-1693).

Il serait oiseux d'entrer ici dans des détails plus circonstanciés sur l'origine de la population académique, d'autant que, même en se livrant à un dépouillement fastidieux de nos registres, nous n'aurions pas de données suffisamment exactes, vu leurs nombreuses lacunes et le fait, aujourd'hui constaté, de l'absence d'une partie de la jeunesse académique, de celle qui nous intéresse le plus, la jeunesse de la cité même, sur ces registres. On peut dire en général, que l'Université de Strasbourg resta jusqu'à la capitulation de 1681 une institution confessionnelle, non seulement par ses statuts et son corps enseignant, — sous ce rapport elle ne changea pas jusqu'à la Révolution, — mais par l'ensemble de ses visiteurs. On ne voit pas, avant cette date, dans les registres, des noms qu'on puisse revendiquer avec certitude pour des catholiques[4]; ce n'est que vers la fin de notre période que le changement se produit et que le chiffre des

---

1. Il manque les immatriculations (pour la période qui nous occupe) de *13 semestres* de la Faculté de philosophie ; *11 semestres* de la Faculté de théologie ; *34 semestres* de la Faculté de médecine ; *10 semestres* de la Faculté de droit, soit, *approximativement*, 130 philosophes, 100 théologiens, 70 médecins, 50 jurisconsultes, au total 350 étudiants, plus 300 *serenissimi*, 25 *didascali*, ce qui constituerait un ensemble d'environ 700 à joindre au total obtenu par l'addition des données des quatre matricules spéciales, soit un total de 10,531 pour les 79 années (1621-1700), et une *moyenne annuelle de 133 nouveaux arrivants*.

2. Nous savons fort bien que certains étudiants strasbourgeois étudiaient quatre, cinq et même huit ans à l'Université, mais beaucoup d'étudiants étrangers, — et c'était la majorité, — ne restaient qu'un an, deux ans peut-être, en Alsace ; le chiffre indiqué est une moyenne vraisemblable.

3. Si M. G. Knod cite un mémoire du 3 février 1614 (I, p. xxv), où il est dit que Strasbourg compte « *uff die 500 frembde studenten* », il ne faut pas oublier qu'il est question non seulement des étudiants (*publici*), mais encore des élèves du Gymnase (*classici*), depuis la dixième classe, jusqu'à la première. Or, beaucoup de parents du dehors mettaient leurs enfants en pension pour suivre les leçons du Gymnase.

4. Les Alsaciens restés fidèles à l'Église romaine allaient suivre les cours de l'Université de Fribourg-en-Brisgau ou d'Ingolstadt ; après 1618, ceux qui ne recherchaient qu'une culture générale et n'entendaient pas faire d'études spéciales de droit ou de médecine se contentaient des cours de l'Académie de Molsheim.

juristes et des médecins, venant de contrées autres que luthériennes, augmente assez rapidement pour y occuper une large place au XVIIIe siècle. L'Alsace protestante [1], le margraviat de Bade et le Palatinat, le duché de Wurtemberg [2], les petits territoires princiers et les villes libres de la Souabe fournissent les contingents principaux ; au temps de la grande célébrité de la Faculté de théologie (1640-1650), nous voyons arriver beaucoup d'étudiants saxons, poméraniens, mecklembourgeois ; la noblesse est surtout représentée par des familles de la Souabe, de la Franconie, de la Wetterawie, de la Thuringe et de la Poméranie. Peu de Brandebourgeois, peu de natifs des contrées rhénanes inférieures et des duchés de Brunswick ; jusqu'au moment des persécutions religieuses dans les domaines des Habsbourgs (1624-1628), beaucoup d'Autrichiens, surtout nobles, de Silésiens, de Moraves et de Bohêmes ; des Hongrois et des Polonais protestants, des Danois en petit nombre. Très peu de Suisses, tant à cause du grand nombre des académies helvétiques que parce que ces « hérétiques zwingliens » étaient très mal vus dans un milieu d'une fervente orthodoxie luthérienne. En tout cas, les étudiants étrangers à l'Alsace sont infiniment plus nombreux que les enfants du pays [3], mais leur détail est soumis à des fluctuations considérables, selon les circonstances politiques du moment, la célébrité de tels ou tels professeurs qui attiraient leurs compatriotes, etc.

C'est en parlant des thèses académiques que nous avons été amené à établir cette statistique sommaire ; il est temps d'y revenir. Ce qui nous frappe tout d'abord, c'est la proportion minime des candidats à un diplôme, pour le chiffre total des étudiants de chaque Faculté. Cette différence est déjà considérable quand on prend les données réunies par M. Oscar Berger-Levrault, dans son *Catalogue des thèses de l'Université* [4] ; elle le devient plus encore quand on s'en

---

1. Cependant beaucoup d'entre les protestants de la Haute-Alsace allaient étudier à Tubingue, et l'on trouve aussi bien des noms alsaciens dans les registres des Universités de Heidelberg et de Bâle.
2. M. K. Barack, le savant directeur de la bibliothèque de l'Université de Strasbourg, a pris la peine de relever les noms de ses compatriotes wurtembergeois sur les registres de l'*Alma Mater Argentinensis* ; il en a compté 1,213 venant des territoires actuels du royaume, en y joignant, il est vrai, ceux du pays de Montbéliard. (K. Barack, *Würtenberger auf der Strassburger Universitæt, 1612-1793*. Stuttgart, Kolhammer, 1879, 4°.)
3. Cela est vrai, bien entendu, pour le XVIIe siècle en général ; mais pour certaines périodes de guerre, par exemple pour le temps des guerres du Palatinat et de la Succession d'Espagne, le contraire est exact. De 1688 à 1697, de 1701 à 1714, il vient fort peu d'Allemands d'outre-Rhin (un septième à peine du total des étudiants, et peut-être moins encore).
4. O. Berger-Levrault, *Annales*, p. 265-288.

tient à la *Matricule spéciale* des candidats, livrée à l'impression par M. Knod. Nous avons vu que le registre de la Faculté de philosophie comptait, de 1621 à 1700, 3,576 jeunes gens inscrits ; le catalogue du premier donne là-dessus 690 thèses imprimées, et vérifiées par lui [1] ; la *Matricula candidatorum primæ laureæ*, celle des bacheliers ès arts, ne compte que 400 inscriptions ; celle du *Magisterium* ou doctorat en philosophie, 832 [2], tous les *magisters* ayant naturellement commencé par être bacheliers, soit à Strasbourg même, soit ailleurs. La différence entre les deux chiffres peut s'expliquer par le fait qu'un certain nombre de magisters n'ont pas fait imprimer leurs thèses, ou bien encore que M. Berger-Levrault n'a point réussi à les découvrir. Pour la Faculté de droit, sur un ensemble de 3,913 étudiants, elle n'a vu soutenir que 751 thèses, d'après M. Berger-Levrault [3], et les registres de l'Université ne connaissent même que 629 licenciés en droit [4]. Pour la Faculté de médecine, la matricule donne, nous l'avons vu, 475 auditeurs ; M. Berger-Levrault consigne le chiffre de 581 thèses [5], et la matricule spéciale ne connaît que 212 candidats au diplôme de cette Faculté [6]. La Faculté de théologie enfin, sur ses 1,892 élèves, n'a vu soutenir que 752 thèses pour la maîtrise [7], auxquelles viennent s'ajouter ou plutôt se superposer 14 thèses pour la licence et 25 pour le doctorat en théologie [8]. Quelque difficile ou plutôt impossible qu'il soit d'accorder entre elles ces données opposées, dont la divergence est causée vraisemblablement par l'extrême négligence des dignitaires académiques [9], il en ressort en tout cas que les étudiants séjournant assez longtemps à Strasbourg pour y terminer, d'une façon régulière, leur stage

1. Berger-Levrault, *op. cit.*, p. 266-267.
2. Knod, I, p. 461 et p. 518.
3. Berger-Levrault, *op. cit.*, p. 278-280.
4. Knod, II, p. 493.
5. Berger-Levrault, p. 284-286.
6. Knod, II, p. 123.
7. Berger-Levrault, *op. cit.*, p. 272-274.
8. Knod, I, p. 701. — Remarquons à propos des thèses théologiques que, bientôt après la capitulation, la Faculté fut placée sous un contrôle des plus sévères ; en mars 1686, il fut enjoint aux professeurs de ne plus faire imprimer de thèse ni d'en permettre la soutenance avant qu'elle eût été soumise au préteur royal Obrecht, qui venait de se convertir au catholicisme, et «censurée » par lui. (Schauroth, *Vollstændige Sammlung aller Conclusorum*, ... *dess Corporis Evangelicorum*, Regensburg, 1751, tome I.)
9. Il paraît d'ailleurs, qu'il y avait des « étudiants » qui ne se gênaient pas pour passer des mois (*schon eine lange zeytt*) à Strasbourg sans se présenter au recteur pour être immatriculés, et qu'ils s'en allaient sans avoir jamais figuré au registre (*etlichegar ohneyngeschriben weggezogen*). Séance du Convent académique du 14 juin 1616, citée par Knod, I, p. XXIII.

académique, étaient certainement une minorité, puisque sur un
chiffre total de 10,000 inscriptions en chiffres ronds, pour les
quatre-vingts dernières années du XVII⁰ siècle, nous n'arrivons pas
à un total de 2,800 actes académiques[1]. Cela ferait une moyenne
annuelle de 35 thèses pour les quatre Facultés, mais ce chiffre ne
répond en rien à la réalité, les années ayant été fort dissemblables,
et l'activité des Facultés très différente aussi[2].

L'Université possédait, outre son corps enseignant, deux attractions considérables pour les savants et les étudiants sérieux, sa
Bibliothèque et son Jardin botanique; pour ceux qui l'étaient
moins, son École d'équitation l'emportait sans doute encore en
intérêt. La Bibliothèque[3], créée sur la proposition des scolarques,
dès le lendemain de la Réforme, était restée insignifiante jusqu'à la
mort du stettmeistre Jacques Sturm (1553), qui lui légua une partie de
ses collections particulières ; mais, même longtemps après, elle ne put
être vraiment utilisée, à cause du manque d'un local convenable et de
son règlement absolument défectueux. Les nouvelles salles destinées
à la recevoir, et où elle resta jusqu'à sa destruction par les obus
allemands en 1870, ne furent prêtes qu'en 1609, et c'est en 1612
seulement que le Magistrat nomma comme bibliothécaire provisoire
un jeune savant mecklembourgeois, Joachim Clutenius, domicilié
depuis quelque temps à Strasbourg. Après des travaux d'installation
et d'organisation qui traînèrent en longueur, Clutenius, promu professeur à l'Académie, put enfin annoncer, le 3 février 1619, que la
bibliothèque serait ouverte au public érudit de la ville, dans le
chœur de l'ancienne église des Dominicains. Enrichies déjà par le
dépôt légal des imprimeurs strasbourgeois, par les dons d'étudiants
nobles et des princes étrangers qui visitaient Strasbourg, les collections universitaires prirent une extension considérable au cours du

---

1. Dans son discours prononcé lors de la célébration du premier centenaire, le 27 mai 1667, le doyen de la Faculté de philosophie, Valentin
Scheid, exposait que, de 1567 à 1667, celle-ci avait créé 1,495 maîtres ès arts,
1,340 bacheliers ès arts et 15 poètes lauréats.
2. Ainsi (O. Berger-Levrault, *passim*) il y eut 37 soutenances de thèses à
la Faculté de théologie en 1628 et *une* seulement en 1639 ; 43 soutenances à
la Faculté de philosophie en 1643 et *une* seulement en 1641; 19 soutenances
de droit en 1628 et deux seulement en 1694 ; 89 soutenances à la Faculté de
médecine en 1632 et *une* seulement en 1680.
3. Voy. C. Schmidt, *Zur Geschichte der ältesten Bibliotheken Strassburgs*,
Strassb., 1882, 8⁰ — R. Reuss, *Les Bibliothèques publiques de Strasbourg*,
lettre à M. Paul Meyer. Paris, 1871, 8⁰ — J. Rathgeber, *Die handschriftli-
chen Schætze der Bibliotheken Strassburgs*, Gutersloh, 1876, 8⁰ — Cf. aussi
ma *Note sur la première bibliothèque publique de Strasbourg*, dans Fournier-Engel, p. 160-161.

XVIIᵉ siècle ; parmi les plus importantes acquisitions, nous notons la bibliothèque du théologien Jean Pappus (1614)[1], celle des Jésuites de Bouquenom, en Lorraine, achetée aux Suédois en 1634, une partie de celle de l'historien Mathias Bernegger (1640)[2], celle du théologien Dannhauer (1668), du jurisconsulte Rebhan († 1689) et de l'avocat général Marc Otto († 1674), l'un des négociateurs de Strasbourg aux traités de Westphalie. On trouvera dans certains des ouvrages que nous venons de citer en note, des renseignements plus détaillés sur les richesses scientifiques et sur les manuscrits que la bibliothèque universitaire contenait dès cette époque.

L'utilisation de ces richesses était d'ailleurs bien compliquée encore au milieu du XVIIᵉ siècle. On ne pouvait consulter les ouvrages de la Bibliothèque que trois fois par semaine, de neuf heures à onze heures du matin, et les dimanches, entre les services religieux. Le local n'était pas chauffé en hiver, la salle de lecture aussi mal éclairée qu'étroite. Sans doute les professeurs, les régents de Gymnase, les étudiants « connus pour avoir une conduite irréprochable », et même les bourgeois notables qui désiraient étudier plus à loisir un ouvrage, étaient autorisés à l'emporter chez eux, contre reçu ; mais ils ne devaient le garder qu'une quinzaine au plus. Il n'était pas permis d'emprunter à la fois plus de deux infolio, ni plus de trois ou quatre autres volumes de moindre format[3]. Ces prescriptions semblent avoir été violées au moins aussi souvent que respectées, si l'on en juge par ce que dit le titre XXVIII des statuts, qui oblige le bibliothécaire à payer de sa poche les ouvrages égarés ou perdus par sa négligence et le manque de contrôle, et surtout par ce que déclarait, en 1635, le théologien Dorsche, successeur de Clutenius[4].

En dehors de la Bibliothèque de l'Université, il y avait encore celle du *Collegium Wilhelmitanum* ou de l'Internat théologique, qui

---

1. Cette bibliothèque, remarquable pour l'époque, ne comptait pas moins de 4,282 volumes, et la moitié des volumes étaient alors encore des in-folio.
2. Bernegger, outre les livres de sa propre collection, avait acheté encore les bibliothèques du médecin Israël Spach et du mathématicien Conrad Dasypodius, pour plusieurs milliers de florins. Il possédait des manuscrits grecs que Richelieu voulut acheter et que lui envieit le duc Auguste de Brunswick, le créateur de la belle bibliothèque de Wolfenbuttel. Il mettait toute sa fortune dans ses livres, ce qui lui faisait dire : *Ego præter libros et liberos opes nullas habeo.* » Son gendre Freinshemius emporta le gros de la collection en Suède, où elle resta.
3. Reuss, *Statuts*, p. 31-36, titre XXVII : *Du bibliothécaire.*
4. Ch. Schmid, *Zur Geschichte der ælteren Bibliotheken*, p. 193.

subsiste jusqu'à ce jour[1]. Celle du Grand-Chapitre de la Cathédrale avait été misérablement dispersée pendant les querelles du Bruderhof et la guerre des Évêques (1583-1593) ; quelques-uns de ses manuscrits précieux furent donnés ou vendus à la Bibliothèque de l'Académie, d'autres à Jacques de Bongars, l'envoyé de Henri IV auprès des princes protestants d'Allemagne dont les collections sont aujourd'hui à la bibliothèque de Berne[2]. La belle collection de la Commanderie de Saint-Jean-de-Jérusalem, située dans « l'Ile-Verte », à l'entrée des eaux de l'Ill dans l'enceinte strasbourgeoise, était riche en manuscrits des mystiques du moyen âge et continuait à exister, sinon à servir, entre les mains des représentants de l'Ordre, sans être accessible au public[3]. Elle ne fut d'ailleurs vraiment connue de lui qu'après la publication des catalogues de Weisslinger et de Witter[4], vers le milieu du XVIIIe siècle. Réunie, au moment de la Révolution, à la bibliothèque de la ville, elle a péri dans le même cataclysme[5].

1. Cfr. Thiaucourt, *Les Bibliothèques de Strasbourg et de Nancy* (Paris, 1893, 8°), p. 49-51.
2. Ch. Schmidt, *op. cit.*, p. 10.
3. Elle comptait 899 manuscrits, dont 164 sur parchemin.
4. Witter, *Catalogus codicum manuscriptorum in bibliotheca Ordinis hierosolymitani*, imprimé à la suite de l'*Armamentarium catholicum* du curé Jean-Nicolas Weislinger. (Strasbourg, 1749, folio.)
5. C'est peut-être ici l'endroit le plus convenable pour dire quelques mots en passant des autres bibliothèques d'Alsace, je ne dis pas publiques, — car elles ne l'étaient pas, — mais appartenant à des villes ou à des corporations. Nous savons très peu de chose sur ce chapitre, si intéressant pourtant, du mouvement intellectuel en Alsace. On peut admettre que les collèges de Jésuites fondés au XVIe et au XVIIe siècle en Alsace avaient tous leurs bibliothèques, et la plupart des autres couvents de la province ont dû en posséder une également, puisque les bibliothèques des villes de Colmar et de Strasbourg reçurent des milliers de volumes de cette provenance, dont beaucoup d'incunables et de manuscrits, durant la période révolutionnaire. Mais nous n'avons de renseignements précis sur aucune d'elles, pour le XVIIe siècle, pas même sur celle de l'antique collégiale de Murbach, ni sur celle, plus moderne, de l'Académie de Molsheim. La splendide collection de manuscrits et d'imprimés, légués à la ville de Schlestadt par l'humaniste Béatus Rhenanus († 1547) fut plus ou moins négligée, dilapidée en partie, pendant les deux siècles qui suivirent sa mort, et n'a été sérieusement inventoriée (c'est-à-dire ce qui en reste) que sous le règne de Louis-Philippe. (Cf. le travail de M. l'abbé Gény et de M. G. Knod, *Die Stadtbibliothek von Schlettstadt*. Strassb., 1889, 8°.) Il y avait, dit-on, une belle bibliothèque dans la résidence des sires de Ribeaupierre, à Ribeauvillé, qui doit avoir été également transférée à Colmar pendant la Révolution. Les Consistoires luthériens de Colmar et de Riquewihr possédaient aussi des bibliothèques renfermant principalement des livres théologiques. Celle de Colmar existe encore ; celle de Riquewihr, léguée par le surintendant Nicolas Cancérinus à la fin du XVIe siècle, subsistait au moins quand Grandidier rédigeait son *Dictionnaire des Alsaciens célèbres*. (Cf. *Nouvelles Œuvres iné-*

Le Jardin botanique (*Hortus medicus*) fut créé en 1619 sur la proposition de l'ammeistre Pierre Storck, l'un des scolarques, par un vote du Magistrat et établi sur l'emplacement de l'ancien cimetière du couvent de Saint-Nicolas-aux-Ondes. Il n'en existait alors dans toute l'Europe que dans les villes universitaires de Bologne, Pise, Montpellier, Leipzig et Leyde. Dès 1623, le célèbre botaniste G. Bauhin, de Bâle, le désignait par l'épithète de « splendidissime ». Enrichi par les dons en nature d'étudiants princiers et par la cotisation spéciale de six livres que chaque docteur en médecine, nouvellement reçu, payait pour son entretien, il se développa rapidement sous l'intelligente direction de Jean-Rodolphe Salzmann († 1652). Les premières serres y furent établies en 1638 et les touristes sérieux qui passaient à Strasbourg ne manquaient jamais de le visiter[1]. Après avoir périclité vers la fin de la guerre de Trente Ans, il reprit, grâce aux soins de son nouveau directeur, Albert Sebiz († 1685). Quand le premier catalogue en fut publié en 1691 par Marc Mappus, il contenait plus de seize cents variétés de plantes indigènes ou exotiques[2].

Après avoir parlé des professeurs, il nous faut parler des étudiants qui ne nous retiendront pas exclusivement sur le terrain de la science pure, car c'est à d'autres titres surtout qu'à celui de futurs savants que les autorités du XVIIe siècle se sont occupées de leurs faits et méfaits. La jeunesse académique de Strasbourg, ainsi que nous l'avons déjà remarqué plus haut, représentait plutôt, dans son ensemble, une société plus choisie, je ne dis pas plus distinguée, que celle d'autres Universités du Saint-Empire romain germanique. Elle passait auprès des buveurs et bretteurs incorrigibles de Leipzig ou de Iéna pour une « Académie de princes et de barons », une *Fürstenschul*, comme ils disent avec une ironie dédaigneuse, c'est-à-dire que les jeunes seigneurs et les fils du patriciat des villes protestantes du midi de l'Allemagne y tenaient le haut du

---

dites par M. l'abbé A. Ingold, II, p. 145.) Les manuscrits précieux de la bibliothèque de la Collégiale de Wissembourg « n'échappèrent que par un hasard à la destruction, vers la fin du XVIIe siècle et furent sauvés dans la bibliothèque de Wolfenbuttel », ce qui signifie sans doute, qu'en quittant l'Alsace, les Impériaux pillèrent Wissembourg et enlevèrent les 103 manuscrits dont on signale la présence dans la cité brunswickoise. (Cf. O. Hartwig, *Die Bewegungen auf dem Gebiet des internationalen Bibliothekswesens*, *Cosmopolis*, 1897, tome VI, p. 554.) D'autres augmenteront, j'espère, cette maigre notice.

1. M. Zeiller, *Itinerarium Germaniœ*, Strassb., 1674, fol., p. 217.
2. A. Fée, *Note extraite de l'histoire du jardin botanique de Strasbourg*. Strasb., Simon, 1858, 8°.

pavé. Ils le tenaient avec d'autant moins de difficulté que les étudiants pauvres, les boursiers, peut-être leurs égaux en nombre, étaient internés pour la plupart ou si occupés à lutter pour l'existence en donnant des répétitions particulières, qu'ils ne pouvaient guère participer à ces distractions plus ou moins relevées qu'il est convenu d'appeler, jusqu'à ce jour, la « vie académique ». Ils n'avaient donc pas tout à fait les manières brutales que tant d'écrivains contemporains nous signalent dans d'autres centres académiques d'alors et, même au fort de la guerre de Trente Ans, on leur reconnaissait, dans le reste de l'Allemagne, une certaine discipline morale, plus de tenue et plus de retenue dans leurs manières [1]. Ce n'était pas à leur seule vertu qu'ils devaient cet éloge plus ou moins mérité; il y avait une raison péremptoire qui les obligeait à se modérer dans leur conduite. Quand le Magistrat avait sollicité de Ferdinand II de nouveaux privilèges universitaires, il s'était bien gardé de demander pour sa Haute École l'octroi de la juridiction académique qui, ailleurs, mettait toute l'activité disciplinaire et le droit de punir aux seules mains du recteur et du Sénat, c'est-à-dire trop souvent à des gens incapables de se faire respecter et de se faire obéir. Encore que les étudiants en fussent fort marris [2], les Conseils avaient résolu de traiter les étudiants sur le même pied que leurs bourgeois et de leur appliquer la même jurisprudence devant les mêmes juridictions. Ce n'étaient pas les bedeaux pacifiques et trop souvent pusillanimes, mais les archers du guet, à la poigne solide, qui appréhendaient les délinquants quand ils troublaient l'ordre public par leurs cris et leurs querelles nocturnes, et si on leur laissait la liberté de ne pas payer leurs dettes, c'était un risque volontaire que couraient leurs créanciers, dûment avertis de ne point faire crédit, ni de prêter aucun argent à MM. les Étudiants [3].

1. En 1642, le Dr Wismar, surintendant des Églises d'Oldenbourg, écrivait au Dr Jean Schmidt qu'il allait lui envoyer son fils, parce que Strasbourg se distingue, et par le zèle des professeurs et par les bonnes mœurs des étudiants, de toutes les autres académies allemandes. (W. Horning, *Spener*, p. 41.)

2. « *Dass Rector gar keine jurisdiction, seye den studiosis œrgerlich,* » disait un des mémoires rédigés en 1619 par les professeurs de l'Académie. — Il faut voir, par contre, avec quelle énergie le bon Daniel Martin, dans son *Parlement nouveau,* approuve « la seigneurie de ceste ville » d'avoir « retranché tant de pernicieux privilèges qui ouvrent la porte à tous vices, et à retenir entre leurs mains la camorre des escoliers afin d'imposer amendes, les emprisonner, chastier, bannir et supplicier selon la qualité de leurs délicts et crimes, parce qu'on oyait à tous coups parler de meurtres commis en d'autres académies, lesquels demeuroient impunis par la négligence, pusillanimité ou faveur des recteurs ». (P. 291.)

3. Ordonnance du 9 mars 1600, fréquemment renouvelée. Encore au

D'ailleurs, l'éloge qu'on en pouvait faire était au fond très relatif, et pour s'en convaincre on n'a qu'à prêter l'oreille aux plaintes générales des professeurs sur leurs auditeurs ou, pour parler exactement, sur ceux qui auraient dû l'être. « On ne sait vraiment plus, écrit le médecin Salzmann en 1619, si ce sont des étudiants ou des soldats que l'on a devant soi. Ils font partout un vacarme, comme s'ils avaient tué Goliath. Quand les professeurs vont à leurs cours, ces beaux cavaliers viennent à leur rencontre bottés, éperonnés, la cravache à la main, et ne se gênent pas pour faire de l'escrime sous le nez même de leurs maîtres, qui parfois ne savent plus comment passer. Beaucoup ne viennent ici que pour s'amuser et ne savent même pas assez de latin pour comprendre les lois académiques [1]. » A la même date, Bernegger se lamente de n'avoir pas de moyens assez énergiques pour « brider cette jeunesse indomptable », et de ce que, depuis le jour où le manège a été en vogue, les cours ont été négligés et tournés en ridicule [2]. C'est également au manège que Melchior Sebiz attribue une bonne partie des défauts académiques ; non seulement les étudiants riches dépensent un argent fou avec leurs chevaux et leurs jockeys, mais ils séduisent encore de braves jeunes gens et les entraînent dans l'abîme où ils se perdent eux-mêmes [3]. Brulow rapporte les doléances que lui a faites un seigneur de son pays d'origine, la Poméranie, vivement irrité de ce que son rejeton fréquente si assidûment le jeu de paume, le manège, les auberges et les confiseries. « Il a été envoyé à Strasbourg non pour apprendre à monter à cheval ou à envoyer sa balle à travers les airs, talents qu'il pourrait acquérir à moindres frais à la maison, mais pour faire des études. Et avec cela, il gaspille plus d'argent en un trimestre, que je n'en dépensais en toute une année [4] ! »

Si les plus grossiers abus de la vie académique d'alors ont été relativement rares à Strasbourg, il suffit de feuilleter les procès-verbaux du Sénat et les chroniques contemporaines pour constater que la conduite de MM. les Académiciens, ces « bandits emplumés

XVIIIe siècle, les étudiants regardaient cette permission comme une précieuse conquête, ainsi qu'on peut le voir par la thèse de J.-H. Gol, *De Privilegiis studiosorum*, Argentorati, 1737, 4°.
1. Archives de Saint-Thomas, pièce citée par M. Bünger, *Bernegger*, p. 212.
2. Fournier-Engel, p. 363.
3. Id., *ibid.*, p. 374.
4. Id., *ibid.*, p. 374-375. Brulow est si monté contre les « élégants », les *stutzer*, qu'il va jusqu'à déclarer que tous ces *exercitia corporis* rendent les étudiants paresseux et mauvais sujets et jettent le discrédit sur l'Université où on les pratique.

et sans manteaux », comme les appelle le professeur Marc Florus[1], laissait pourtant beaucoup à désirer pendant la majeure partie du siècle. Il est vrai qu'il y avait en ces temps agités, où la surveillance de la police était difficile, bien des individus, moines en rupture de ban, vagabonds de profession, et « autre pareille vermine » qui se disaient étudiants, se promenaient dans les rues et se gobergeaient dans les hôtelleries, et qui ne savaient pas assez de latin, comme disait une plainte du Conseil académique, « pour décider un chien à sortir de derrière le poêle[2] ». Mais certains étudiants, très authentiquement immatriculés, ne valaient guère davantage ; nous sommes bien obligés de croire que leurs maîtres ne les calomniaient pas tous en les montrant ivrognes, bretteurs et débauchés, à toutes les époques du XVIIe siècle[3] ; nous sommes bien obligés de croire aussi que toutes les ordonnances du Magistrat dirigées contre leurs « clameurs bestiales » (viehisch næchtlich schreyen und jæhlen) et leurs courses nocturnes, où ils entremêlaient galamment les coups de pistolet au son des cors, répondent à des réalités, surtout parce que l'on est forcé de les renouveler sans cesse[4]. Les séductions de jeunes filles, les mariages clandestins, les plaintes en paternité se rencontrent assez fréquemment dans le monde académique du Strasbourg d'alors[5], et préoccupèrent souvent les législateurs de la cité[6].

1. « Plumati et dispallati lurcones. » Se montrer sans manteau passait alors pour le comble de l'indécence dans le monde académique ; on inculque aux étudiants que « tous ceux qui aiment Dieu, la vertu et l'honnêteté » portent manteau (Ordonnance du 16 mai 1662) et les bourgeois doivent dénoncer au Magistrat ceux de leurs pensionnaires qui n'en porteraient pas.
2. Fournier-Engel, p. 266.
3. Voy. un tableau des mœurs académiques, vers 1630, brossé très en noir par le pinceau pessimiste du Dr Jean Schmidt dans l'oraison funèbre de son collègue Wegelin. (Oratio parentalis... Argentorati, Ledertz, 1630, 4°.) Vingt ans plus tard, nous avons celui de Moscherosch, qui dépeint les répugnantes orgies de son temps dans les Visions de Philandre. On peut consulter aussi l'ouvrage d'un syndic de Ratisbonne, Georges Gumpelzheimer, ancien élève de l'Alma Mater Argentinensis, écrit à Strasbourg même et réimprimé par Moscherosch dans cette ville, en 1652. (Gymnasma de exercitiis Academicorum, éd. J.-M. Moscherosch, Argentorati, Zetzner, 1652, 16°). C'est un traité sur l'escrime, l'équitation, le jeu de paume, la natation, le patinage, la danse, les promenades en traîneau, les représentations théâtrales, les jeux d'échecs, de dés, etc., avec force exhortations contre les pièges de Vénus et de Bacchus, écrit en prose latine, entremêlée de vers allemands.
4. Ordonnances du 28 décembre 1618, 21 avril 1619, 22 février 1630, etc., etc.
5. Reisseissen, Aufzeichnungen, p. 128-129. — Reuss, Gloner, p. 73. — Chronique de Walter, passim.
6. L'ordonnance du 2 septembre 1644, remise en vigueur à plusieurs reprises, finit par défendre aux étudiants de demeurer en garni chez des

Les dessinateurs et graveurs du temps nous ont laissé, nous le disions dans un chapitre précédent, dans leurs albums spéciaux la représentation au vif des rixes nocturnes d'étudiants sur la place de la Cathédrale et de leurs agressions contre les gens du guet sur la place d'Armes[1] ; ils attaquaient parfois des gens infiniment plus haut placés dans l'échelle sociale, des bourgeois cossus, des régents du Gymnase[2] et jusqu'aux illustrations universitaires elles-mêmes[3]. Quelquefois — fort rarement il est vrai, — ces violences allaient jusqu'au meurtre, sans entraîner pourtant de condamnation capitale[4].

Il était difficile qu'il en fût autrement, puisque les étudiants regardaient comme un droit indiscutable d'avoir toujours l'épée au côté. Le Magistrat avait beau leur défendre le port d'autres armes dangereuses, dagues, stylets ou pistolets de poche[5], leur interdire toute provocation d'un adversaire, même indirecte[6], sous peine d'une amende de 200 florins, cela ne changeait rien à l'humeur batailleuse de ceux qui étaient duellistes dans l'âme. Il est certain pourtant qu'on s'est beaucoup moins battu à Strasbourg que dans la plupart des autres universités allemandes, même au fort de la recrudescence de barbarie dans les mœurs, amenée par la guerre de Trente Ans ; plus tard, vers la fin du siècle, quand la noblesse allemande n'y fut plus autant représentée, les duels disparurent presque tout

---

veuves ou des femmes seules; mais celles-ci, privées de leur gagne-pain, réclamaient bientôt la permission de reprendre des locataires et le Magistrat cédait jusqu'à ce qu'un nouveau scandale le ramenât à la décision première.

1. Voir le *Speculum Cornelianum* de Jacques van der Heyden, dont nous avons parlé au chapitre des *Beaux-Arts*.

2. C'est ainsi que le poète Samuel Gloner, professeur de rhétorique au Gymnase, fut grossièrement insulté en 1640, par un baron de la Carniole, Antoine de Beschowitz ; pour toute punition celui-ci dut lui faire des excuses en présence du bedeau de l'Université. (*Protocollum Universitatis*, 13 octobre 1640, archives de Saint-Thomas.)

3. En 1649, deux étudiants, Frédéric de Langenau et Georges Stoffel, furent arrêtés au moment où ils allaient se jeter sur le docteur Jean Schmidt, président du Couvent ecclésiastique, porteurs de gourdins cachés sous leurs manteaux. Ils en furent quittes pour cinq jours de cachot ! (Reisseissen, *Aufzeichnungen*, p. 132.)

4. En 1634, un étudiant venu d'Iéna, Pierre Samuel Thiederich, fut tué à Strasbourg. Rompler de Lœwenhalt fit une poésie sur sa mort. (*Getichte*, p. 78.) — En 1671, en plein banquet «doctoral », un candidat de Ratisbonne, Érasme Lœschkohl, perça de son épée le jeune Flatt. de Leipzig, qui lui avait jeté un verre d'eau à la tête. Il fut bien condamné à mort, mais gracié, sous condition d'aller guerroyer dix ans contre les Infidèles. (Reisseissen, *Mémorial*, p. 22.)

5. Ordonnance du 16 juin 1654.

6. Il était défendu « d'inviter l'antagoniste à une promenade hors la porte, en lui présentant poliment un gant ». (Ordonnance du 30 mars 1671.)

à fait dans les sphères académiques[1]. Une certaine insolence joviale vis-à-vis du « bourgeois » persista plus longtemps et n'a pas encore entièrement disparu dans les villes universitaires plus insignifiantes d'outre-Rhin ; on voyait les étudiants plus ou moins lancés pénétrer dans les maisons des particuliers, à l'occasion de quelque fête de famille, noce ou baptême, ou bien envahir une salle d'auberge, retenue par une société privée, et scandaliser les vieilles dames par leur costume débraillé, et les jeunes filles, qu'ils arrachaient à leurs danseurs, par leurs propos trop galants[2].

Il va sans dire que les étudiants, boursiers à l'ancien couvent ou collège des Guillemites, ne participaient point à de pareilles fredaines, ne fréquentaient ni le Jeu de Paume, ni le Manège et ne se battaient point en duel[3]. Non seulement ils étaient surveillés de près dans leurs vieux bâtiments délabrés, par le directeur de l'Internat ou *pédagogue* qui présidait à leur existence, fort économiquement réglée[4], mais encore l'argent nécessaire à cette vie « élégante » leur faisait d'ordinaire défaut, quand ils n'en gagnaient pas en donnant des leçons particulières ou bien en suivant le convoi funèbre des gens aisés, pour chanter au cimetière[5]. Ils étaient généralement une trentaine de pensionnaires dans l'ex-cloître de la Krutenau, le *Collegium Wilhelmitanum* primitif; en 1660, alors que la toiture percée et pourrie ne les protégeait plus que très imparfaitement dans les cellules des anciens moines, on transféra les « Guillemites » au couvent des Dominicains, dans l'enclos duquel était installé le Gymnase et où se faisaient les cours universitaires. Il se trouvait déjà dans ce bâtiment un nombre à peu près égal de pensionnaires académiques[6], mais plus aisés et mieux nourris, car la plupart étaient des internes

---

1. Voy. Erichson, *Das Duell im alten Strassburg*, passim.
2. Ordonnance du 16 juin 1662.
3. Sur l'Internat de Saint-Guillaume nous possédons une excellente monographie de M. Alfred Erichson, le directeur actuel de cet établissement. (*Das theologische Studienstift Collegium Wilhelmitanum, 1544-1894*. Strassb., Heitz, 1894, 8°.)
4. On ne leur donnait pas même de chandelles pour travailler le soir dans leurs cellules; ils n'avaient qu'à se lever de bon matin (Erichson, p. 78); en 1637, on y mangeait encore dans de la vaisselle en bois (*Ibid.*, p. 137.)
5. D'après le tarif de 1624, cela rapportait au chœur, formé de six étudiants, des honoraires de 30 schellings, et le double lorsqu'on escortait le défunt jusqu'à Kehl ou la Robertsau. (Erichson, p. 112.)
6. En 1602, il y avait 33 internes au cloître des Dominicains, dont les cellules et les longs corridors sombres ont subsisté, à peu près intacts, jusqu'au terrible incendie du 29 juin 1860 qui réduisit le vieil édifice en cendres et fit transférer encore une fois les pénates des « Guillemites » au quai Saint-Thomas, où ils habitent un bâtiment tout moderne.

payants. Dorénavant le quart à peu près de tous les étudiants demeura dans cette vieille enceinte qu'avait habitée Albert le Grand et où revenaient, disait-on, les ombres de maître Eckart et de Tauler. Ce n'étaient pas, comme de nos jours, exclusivement des théologiens, mais encore des étudiants des autres Facultés, qui habitaient le nouveau « Collège de Saint-Guillaume ». On comprend que la perversion des mœurs, signalée chez les étudiants riches et libres, ne pénétrait que bien difficilement dans un internat surveillé à toute heure par un directeur rigide, administré par un économe digne de ce nom, soumis à des règlements minutieux et contrôlé au nom de l'Université par des inspecteurs spéciaux, les *Visitatores Collegiorum*. Bien que, là aussi, la turbulence naturelle de la jeunesse poussât parfois à la révolte, les scandales majeurs furent toujours évités[1].

A côté de l'attrait matériel que présentait à la jeune noblesse allemande le séjour dans une grande ville [2] dont les distractions semblaient merveilleuses, surtout à des hobereaux venus du Nord, elle y trouvait encore un attrait plus relevé qu'il ne faudrait pas oublier de mentionner ici, bien que nous en ayons déjà dit un mot dans le premier chapitre de ce livre[3]. Dès le début du XVIIe siècle, — et même auparavant, — l'occasion de s'initier à la langue[4] et, dans une certaine mesure, aux manières élégantes de la nation française était offerte à la jeunesse académique[5]. Il n'y avait point alors d'Univer-

1. Nous renvoyons pour les détails au volume de M. Erichson, qui a minutieusement dépouillé les procès-verbaux des *Visitateurs* et du Convent académique et en a tiré une foule de renseignements curieux pour l'histoire scientifique, ecclésiastique et pour celle des mœurs en Alsace.
2. Il ne faut pas oublier que Strasbourg, avec ses 25,000 habitants, était alors probablement de beaucoup la plus importante localité d'Allemagne ayant une Université protestante et parmi les catholiques, Vienne était peut-être seule à le dépasser.
3. Livre VII, chapitre 1er : *La Langue française en Alsace*.
4. Dès 1613, Joachim Clutenius déclarait dans un mémoire confidentiel que les précepteurs des princes, comtes et barons arrivant à Strasbourg ne faisaient plus d'études proprement dites, ayant achevé leur « *cursum studiorum* », et ne s'y arrêtaient qu'à cause de leurs élèves qui voulaient y acquérir quelques connaissances utiles et celle de la langue française. (Zwilling, *Die franzosische Sprache in Strassburg*, p. 7.) — Tout en les blâmant, Jean Schmid répète la même chose en 1638, dans un de ses sermons, quand il dit que quiconque sait bien monter à cheval et parler un peu le français et l'italien est honoré. (Zwilling, *op. cit.*, p. 16.) — Un autre professeur de l'Université, Bernegger, écrivait en 1635 : « Nos jeunes gars ont grand plaisir à se rendre en France. » (Bünger, *Bernegger*, p. 383.)
5. Dans l'une des poésies jointes à l'oraison funèbre de Jean Henri Mogg, stettmeistre de Colmar, décédé en 1668, on lit ces vers:
« .... *Was Franckreich gutes weiset,*
« *Das von der sondern Weis in Sitten wird gepreiset,*

sité dans tout le Saint-Empire qui pût songer à rivaliser avec Strasbourg sous ce rapport. D'assez nombreuses familles d'origine huguenote résidaient dans la ville ; des maîtres de langue s'y trouvaient ainsi que d'autres « artistes » d'outre-Vosges, maîtres de danse et de musique, désireux de se vouer, contre rémunération suffisante, au rude travail de dégrossir et de former en vue du tour de France futur, qui devenait de mode, les pupilles de l'Université rhénane. On peut se faire une idée de leur manière de faire comme de leur manière de penser, en parcourant le *Tableau des actions du jeune gentilhomme* que l'un d'eux, le sieur Bernard de Genève, fit paraître à Strasbourg, en 1607, et dont les dialogues forment à la fois un cours de morale, de français et de bonnes manières [1].

C'étaient surtout les visiteurs un peu plus mûrs de la Haute École strasbourgeoise, les jeunes magisters ou docteurs qui, leurs études professionnelles terminées chez eux, venaient encore y séjourner quelque temps avec une bourse de voyage, pour étudier telle question spéciale [2], les précepteurs particuliers (*informatores*) des jeunes seigneurs étrangers, qui appréciaient le plus ces facilités de la vie sociale, fréquentaient le monde des professeurs, logeaient sous leur toit et dînaient à leur table, tandis que leurs pupilles s'occupaient plus volontiers à dépenser les écus paternels qu'à méditer les Institutes ou les textes de l'antiquité classique. Ils étaient pleinement satisfaits quand on leur réservait un rôle marquant dans quelque cérémonie d'apparat et les harangues latines qu'ils prononçaient en ces occurrences sortaient sans doute de la plume de leur cornac, voire même de celle du professeur d'éloquence, et non de la leur [3].

« Mit was die Stadt Paris für andern Staedten prangt,
« Und hoch erhaben ist, das hat Ihn auch verlangt
« Zu wissen, sampt der Sprach....... »
(Haas, *Gerichts und Trostspiegel Gottes*, etc. Strassburg, Tiedemann, 1669, 4°, p. 47.)

1. *Tableau des actions du jeune gentilhomme, divisé en forme de dialogues*, etc. Strasbourg, Ledertz, 1607, 12°. Réimprimé dans la même ville en 1624, le livre est dédié à ses élèves, les jeunes comtes de Hohenlohe-Langenbourg. L'auteur fut employé pendant quelques mois par les ambassadeurs français allant à Ulm, en 1620. (Voy. le troisième volume des *Mémoires d'Estat* en suite de ceux de M. de Villeroy, Paris, Thiboust, 1623, 12°, p. 633.)

2. C'est à eux que les professeurs faisaient alors des *privatissima*, bien payés, négligeant trop les cours publics.

3. C'est ainsi que le jeune comte Conrad-Christophe de Kœnigsmarck prononça le 6 décembre 1652, une harangue solennelle dans le grand Auditoire, lors de l'anniversaire de la reine Christine de Suède (*Solemnia vota pro salute Dominæ Christinæ, Suecorum Reginæ*, Argentorati, Stædel, 1652, fol.).

La prise de possession de Strasbourg, en 1681, ne sembla pas devoir modifier tout d'abord les conditions d'existence de l'Université, ni les allures du corps enseignant. Elle-même et ses fondations annexes, le Chapitre de Saint-Thomas et le Gymnase, avaient été placés sous la protection du roi par les articles III et IV de l'acte du 30 septembre, confirmé par Louis XIV, et rien ne fut changé provisoirement à l'autonomie du corps enseignant, dont l'activité professionnelle s'exerçait à ce point en dehors des émotions politiques du moment qu'il n'y avait point lieu d'en appréhender la moindre contrariété. Tout au plus, le Magistrat crut-il devoir rassurer par une ordonnance spéciale les étudiants étrangers contre la crainte d'être forcés à un service militaire quelconque (21 novembre 1681). C'est en 1685 seulement qu'un acte du souverain s'occupa, d'une manière assez inattendue, des affaires intérieures de l'*Alma Mater*. Des lettres patentes du 21 mai, rendues « pour le rétablissement et maintien des droits et privilèges de l'Université de la ville de Strasbourg », décidaient qu'afin « de la rendre plus florissante, le sieur Obrecht, préteur royal, serait chargé de veiller et s'employer au rétablissement des droits de ladite Université,... pourvoir à l'administration de ses biens et revenus, empêcher qu'ils ne soient pas employés à d'autres usages, ni les charges, dignités et honneurs de ladite Université conférés qu'à des personnes capables et bien intentionnées à notre service [1] ».

Ce n'est pas précisément au point de vue politique que cette ordonnance royale, secrètement sollicitée par Obrecht, inquiéta les autorités et les maîtres de l'Université ; de fait, ceux même des professeurs ayant des sympathies allemandes notoires ne furent pas inquiétés par le nouveau *curateur*, placé désormais au-dessus des scolarques [2]. Mais on crut deviner une arrière-pensée confessionnelle dans les fonctions de surveillance attribuées au nouveau converti sur la vieille école protestante, à laquelle il avait professé lui-même, alors que, dans son *Prodromus rerum Alsaticarum*, il contestait encore les droits de Louis XIV sur l'Alsace entière. La mesure parut plus singulière encore et plus significative quand, quelques mois plus tard, le préteur royal demanda au Convent

---

1. *Ordonnances d'Alsace*, I, p. 149.
2. C'est ainsi que le professeur de droit, Frédéric Schrag, le futur auteur de la *Libertas Argentoratensium stylo Ryswicensi non expuncta* et de la *Nullitas iniquitasque reunionis Alsatiœ*, resta tranquillement en place jusqu'à ce qu'il fut appelé en 1698 à la Chambre impériale de Spire, et son collègue, Godefroi Stœsser, ne quitta qu'en 1686 pour devenir conseiller intime de l'électeur de Brandebourg.

académique, en s'appuyant du vœu du monarque lui-même, de vouloir bien user des privilèges de la collation des grades conférés jadis à l'Université par Ferdinand II en faveur du Collège royal des PP. Jésuites, récemment fondé à Strasbourg. On y posséderait ainsi le droit de créer dans ses deux sections des docteurs en philosophie et en théologie, afin qu'après avoir été examinés par les Révérends Pères, « *iisdem privilegiis et juribus fruentur quibus fruuntur ii qui in ipsa Universitate creati et promoti sunt*[1]. » C'était une demande bien grosse de périls, mais on n'osa pas la refuser catégoriquement[2], bien que le but poursuivi fût évident pour tout le monde ; les novices sortant du Collège royal auraient été à l'avenir pour le grand public « docteurs de l'Université de Strasbourg » tout comme les autres, et le caractère exclusivement protestant de la Haute École aurait été aboli de la sorte d'une manière efficace, quoique indirecte. La translation de l'Académie de Molsheim dans l'ancienne ville impériale, et son érection en Université épiscopale, modifia, quelques années plus tard, la situation délicate dont les membres du Magistrat n'avaient pu sortir que par une décision ambiguë, qui ne sauvegardait nullement leurs droits au point de vue des principes.

Les membres du Convent académique avaient montré plus d'énergie, — l'adversaire étant moins dangereux, — quand il s'était agi naguère de leurs intérêts particuliers. Plusieurs maîtres français avaient annoncé, « sous prétexte d'enseigner leur langue », des cours de mathématiques et de physique qui « nuisaient à MM. les Professeurs », c'est-à-dire leur enlevaient des élèves. Ils protestèrent avec une telle véhémence que le Magistrat défendit aux nouveaux venus de continuer leurs leçons et leur enjoignit de respecter le monopole universitaire[3]. M. de La Grange, en homme pra-

1. Dans une conversation que l'ammeistre en régence eut avec l'intendant La Grange, celui-ci s'exprima d'une façon plus catégorique encore : « Le roy veut que l'Université de la ville de Strasbourg lui donne le pouvoir de créer des docteurs en théologie et en philosophie. » (XIII, 5 novembre 1685.)
2. Il fut décidé « *in collegio scholarchali* », d'accord avec Obrecht, que « pour éviter que Sa Majesté ne confère à Messieurs les Jésuites de sa propre et souveraine autorité, tous les privilèges qu'ils demandent », le Conseil ferait la concession demandée, de manière toutefois que l'acte n'émanât pas de l'Université elle-même, mais parût un don gracieux du gouvernement en personne. Ce serait donc, au nom du roi, que le chancelier, s'appuyant sur les privilèges accordés jadis par l'empereur et confirmés par Sa Majesté très chrétienne, octroierait aux Jésuites le droit de conférer les grades en question. » (XIII, 10 novembre 1685.) Au fond, les Révérends Pères obtenaient tout ce qu'ils voulaient.
3. XXI, 1685, fol. 124.

tique, voyait précisément dans la facilité offerte aux étrangers d'apprendre la langue des nouveaux maîtres du pays une raison de prospérité future pour la vieille école strasbourgeoise. « L'une des principales voies, disait-il en 1698, pour attirer l'argent des étrangers dans la ville a été l'Université, par le grand nombre de noblesse d'Allemagne et de Suède qui y venait pour y faire ses études et ses exercices. Cela recommencera à la paix, la ville de Strasbourg restant au roi, particulièrement à cause de la langue française qui y est déjà fort commune[1]. »

La prophétie de l'intendant d'Alsace ne devait point tarder à se réaliser, sinon au point de vue de la pure science, du moins à celui de la fréquentation, et le XVIIIe siècle vit, pendant une partie tout au moins de son cours, affluer vers la vieille école de Sturm une nombreuse et brillante jeunesse académique. Si les premières années, jusqu'à la paix d'Utrecht et de Rastatt furent une époque de décadence intellectuelle et matérielle, si, aux approches de la Révolution, la sève de l'Université protestante semble près de tarir, pendant plus d'un quart de siècle, de 1750 à 1780 environ, les noms de Schœpflin, Koch, Spielmann, Lobstein, Lauth, et Blessig attirèrent à Strasbourg la noblesse allemande et française, et de nombreux représentants de toutes les nationalités de l'Europe, Allemands, Suisses, Hollandais, Anglais et jusqu'aux sujets de Gustave III de Suède et de Catherine de Russie.

§ 2. L'ACADÉMIE DE MOLSHEIM

L'Académie de Molsheim, l'antagoniste catholique de l'Université luthérienne de Strasbourg au XVIe siècle, est sortie du Collège des Jésuites de la petite ville épiscopale, dont nous aurons à parler dans le chapitre suivant. Une bulle pontificale du pape Paul V, promulguée le 1er février 1617[2], confirmée par un édit de l'empereur Mathias, du 7 septembre 1617, accordait cette transformation aux prières de l'évêque Léopold d'Autriche, afin d'en faire, selon les termes mêmes de l'édit, « un instrument de rétablissement et de propagande de la religion catholique orthodoxe dans le diocèse et dans toute la province d'Alsace[3] ». La nouvelle Académie devait

---

1. *Mémoire*, fol. 291.
2. M. Berger-Levrault a deux fois (p. cviii et cxi) daté la bulle de Paul V de l'année 1612, erreur de lecture d'autant plus évidente qu'elle appartient « à la *douzième* année du pontificat » d'un pape élu en 1605.
3. Archives de la Basse-Alsace, G.1467. *Diploma Cæsareum*, imprimé chez Berger-Levrault, p. cviii.

surtout combattre l'influence néfaste de l'Académie strasbourgeoise, « qui avait contaminé tant d'âmes par les hérésies impies de Luther[1] ». Comme l'ancien Collège, elle restait aux mains de la Compagnie de Jésus, mais ne comprenait d'ailleurs que deux Facultés, celles de théologie et de philosophie, les seules qu'on jugeait nécessaires pour entamer avec succès la lutte contre une influence rivale. Les jurisconsultes, pour autant qu'il en fallait absolument de gradués, allaient chercher leurs diplômes à Vienne, à Fribourg ou à Louvain et, quant aux docteurs en médecine, nous avons vu qu'il n'y en avait pas encore beaucoup au commencement du XVII° siècle, et qu'ils ne jouissaient pas surtout, dans la société d'alors, de l'influence qu'ils y acquirent plus tard. Les maladies de l'âme préoccupaient les hommes de ce temps infiniment plus que les maladies du corps, et le confident intime était, en ces temps-là, le confesseur et non pas le médecin.

L'inauguration de la Haute École catholique alsacienne eut lieu, au milieu d'un concours immense de population, le 6 septembre 1618. Elle commença par une messe solennelle dite par le suffragant de Léopold, Adam Peetz, devant l'évêque lui-même, son collègue, le prince-évêque de Bâle et le doyen du Grand-Chapitre, le comte Hermann-Adolphe de Salm. Les bourgeois de la ville avaient revêtu pour la dernière fois le casque et la cuirasse[2], afin de former la haie tout autour des illustres visiteurs qui admiraient la nouvelle église et les splendides bâtiments, appuyés en rectangle contre l'édifice sacré, entourés de leurs beaux jardins où le monogramme de la Compagnie figurait sur les plates-bandes en semis artistiques[3]. Puis le discours d'apparat fut prononcé par le R. P. Josse Koch ou Coccius, de Trèves, l'historien du roi Dagobert et l'un des très rares professeurs de l'Académie dont le nom soit resté dans la mémoire des érudits d'Alsace[4]. Il avait été nommé docteur en théolo-

---

1. Nous citons les paroles de la bulle elle-même, reproduites d'après le même fascicule des Archives : «... *quod dicta civitas Argentinensis supra cæteras hæresi infectas, omnes ciusdem civitatis ecclesias, monasteria et capellas occuparit vel diruerit et ad usum scholarum publicarum, ex quibus non tantum incolæ eiusdem civitatis impio Lutheri dogmate fomentantur sed etiam tota Alsatia populosissima eadem hæresis peste contaminatur.* »
2. *Archiducalis Academia Molshemensis, Apostolica Cæsareaque auctoritate firmata et explicata panegyrico quem... Leopoldo fundatori dixit, dicavit... Collegium academicum Societatis Jesu.* (Molshemii, M. Hartmann, 1618, 4°, avec une vue du Collège), p. 15.
3. Ce jardin est dessiné dans le détail sur une grande planche gravée que le peintre J.-J. Walter a collée dans sa chronique strasbourgeoise, vis-à-vis du récit, à l'année 1618.
4. Il ne professa à l'Académie que durant trois ans et mourut à Rouffach

gie quelques jours seulement avant la cérémonie, et son *Oratio panegyrica* eut beaucoup de succès auprès des auditeurs capables d'apprécier les fleurs de sa rhétorique latine. Un bœuf, qui rôtissait depuis vingt-quatre heures dans la cour du Collège, éveilla[1] sans doute un enthousiasme plus grand encore auprès des masses populaires, qui s'en disputèrent les morceaux pendant que deux fontaines, l'une de vin blanc, l'autre de vin rouge, arrosaient ce banquet en plein vent[2]. Puis, la faim apaisée, seigneurs et manants, groupés sur les tribunes, aux fenêtres et jusque sur le toît des édifices voisins, assistèrent avec une curiosité recueillie à une représentation théâtrale, montée avec cette entente de la scène qui distinguait les Révérends Pères ; des *libretti* écrits en vers allemands et résumant la pièce, permettaient de suivre l'action à ceux-là mêmes, — et c'était assurément le plus grand nombre, — qui ne comprenaient pas le texte latin. La représentation de cette trilogie, intitulée *Charlemagne*, n'occupa pas moins de trois journées, et formait un ensemble de neuf actes[3]. Fidèles à leur méthode habituelle de faire valoir leurs relations aristocratiques, c'était parmi leurs élèves les plus titrés que les directeurs du spectacle avaient choisi les jeunes acteurs. Le baron de Marcuard d'Eggenberg déclama le premier prologue, Antoine du Châtelet, baron de Bulgneville, le second, Rodolphe-Eusèbe, baron de Montjoie, le troisième. Le rôle de la Sainte-Vierge était tenu par Rodolphe de Reinach ; Guillaume de Wangen remplissait celui de l'archange saint Michel, Arnaud d'Andlau, Jean-Christophe de Landsperg figuraient parmi les anges. Cependant les rôles de Charlemagne et du pape Léon, qui nécessitaient sans doute un effort de mémoire trop pénible pour de jeunes seigneurs, avaient été confiés à deux bourgeois, Georges Biner et Joseph Schellhammer.

Les discours prononcés durant les trois jours des fêtes que nous venons de narrer étaient entièrement en harmonie avec l'idée fondamentale exprimée dans l'acte qui créait l'institution nouvelle. On ne saurait s'en étonner ; à peine éprouvera-t-on quelque surprise de voir la haine brûlante contre les doctrines de la Réforme et ceux qui les représentaient se produire avec un sans-gêne aussi absolu

---

dès 1621. Voyez sur son livre mon travail *De Scriptoribus rerum alsaticarum*, p. 163.

1. *Primitiæ Archiducalis Academiæ Molshemianæ*, etc. Molshemii, Hartmann, 1618, 4°.
2. *Archiducalis Academia*, p. 16.
3. *Carolus Magnus pius, sapiens, magnanimus, tragicomœdia, ludis augustalibus data... per triduum a studiosa juventute Molshemensi*, Molshemii, typis Hartmann, 1618, 4°.

devant des personnages politiques qui entretenaient des relations officiellement courtoises avec les puissances territoriales hérétiques du pays et ne dédaignaient pas de solliciter parfois très vivement les secours de la principale d'entre elles, la République de Strasbourg. C'était au lendemain de la révolte de Bohême et chacun sentait que la lutte décisive entre les deux grands partis qui divisaient non seulement le Saint-Empire mais la chrétienté tout entière, était engagée. Mais en lisant la harangue inaugurale du futur docteur en théologie, Théodore Warin, natif de la Lorraine, contre Martin Luther, « le pire des scélérats », ou les vers chantés contre « la cruelle et atroce Hérésie » dont le poète, en son lyrisme pindaresque, fait tour à tour un Cerbère et une Gorgone, on comprend aussi l'indignation que provoquèrent ces attaques dans le monde protestant d'Alsace et le ton virulent dont les pamphlétaires luthériens répondirent aux pamphlétaires jésuites. Il y eut, entre Molsheim et Strasbourg surtout, une lutte acharnée, à la fois répugnante et grotesque, où la prose et les vers, l'allemand et le latin furent employés de part et d'autre avec un oubli complet de toute courtoisie, à diffamer et à ridiculiser les antagonistes. Les Jésuites d'Innsbruck vinrent en aide à ceux de Molsheim contre les jurisconsultes et les pasteurs strasbourgeois et les professeurs de l'Université protestante, qui s'étaient mis absolument au diapason de leurs adversaires. De ces brochures batailleuses, devenues fort rares aujourd'hui, quelques-unes à peine ont échappé à l'oubli, grâce à leurs titres extravagants, tels que le *Fromage au pot évangélique* du P. Forner, la *Pierre à fusil des prédicants* du P. Rœst, la *Réplique au vendeur d'amadou de Molsheim* d'Osée Schad, le *Beignet strasbourgeois*, etc [1]. En lisant aujourd'hui ces grossièretés trop souvent insipides et ces accusations haineuses, calculées pour exaspérer l'adversaire, on sent que déjà la guerre de Trente Ans est déchaînée et qu'une moitié de l'Allemagne attend, frémissante, que le moment propice soit venu pour se jeter sur l'autre moitié et pour l'anéantir. Jamais l'odieuse « rage théologique » n'a rendu les hommes plus semblables à des bêtes fauves qu'à cette période néfaste de l'histoire où, des deux côtés, l'on parlait avec tant d'emphase de la vraie foi [2].

---

1. *Evangelischer Hafenkæss, Prœdikanten Feuerzeug, Abfertigung des unverschœmpten Molsheimischen Zundelmanns, Strassburgische Fastnacht-Küchlein, Prassent einer elsœssischen Martinsgans für Pater Rœsten*, etc. (Cf. Strobel, IV, p. 487, suiv.)

2. Cette haine aurait même dépassé chez certains esprits plus fanatisés, la sphère des sentiments pour se manifester dans le domaine des faits. Du moins nous trouvons au troisième volume de la grande compilation bien

L'Académie de Molsheim, établie dans une petite ville à peu près ouverte, ne fut pas d'ailleurs longtemps sans souffrir elle-même des suites de la lutte passionnée qu'elle avait été chargée de soutenir en Alsace. Après une courte période de succès, elle connut les vicissitudes de la fortune ; menacée une première fois lors de l'invasion de Mansfeld, elle se crut obligée de fermer ses portes, à l'arrivée des Suédois dans la province et renvoya ses élèves, pour la sécurité desquels elle craignait. De 1632 à 1653, les Révérends Pères ne jugèrent pas prudent de rouvrir leurs auditoires, et c'est après l'invasion lorraine seulement, et quand les troubles de la Fronde furent à peu près terminés que les « études furent reprises » sur l'ordre du P. Nithardt Biber, provincial de l'Ordre [1].

L'organisation des cours de la nouvelle Académie était semblable à celle de tous les établissements analogues de la Compagnie de Jésus. Ainsi la Faculté de philosophie comportait trois cours annuels consécutifs de logique, de physique et de métaphysique, plus un cours de mathématiques [2]. Après cela, les élèves qui se destinaient à la carrière ecclésiastique abordaient les études à la Faculté de théologie, suivant les quatre cours de théologie morale, de théologie scolastique (deux années) et d'exégèse. Il est d'ailleurs assez difficile de se faire une idée nette de l'enseignement de cette Académie molsheimoise, les documents manquant à cet égard ou, du moins, n'étant pas accessibles dans les dépôts publics. Il semble qu'il ait à peine dépassé le niveau de celui des collèges secondaires qui se dirigeaient nécessairement d'après la *Ratio studiorum* de saint Ignace, et celui des séminaires épiscopaux qui commençaient à fournir alors

---

connue du *Theatrum Europœum*, une singulière histoire d'un procès jugé à Strasbourg en mars 1633, et dont le principal personnage était un étudiant de l'Académie de Molsheim, venu pour empoisonner par une poudre magique le docteur Jean Schmidt, président du Convent ecclésiastique. Je n'ai trouvé d'ailleurs dans mes recherches aux Archives rien qui corroborât le récit très détaillé du *Theatrum*, résumé dans ma *Justice criminelle* (p. 271-272), et c'est ce qui me fait douter très fort de la réalité de l'histoire.

1. «*Placuit studia renovare 1653*,» dit un mémoire intitulé *Acta et Electiones facultatis ab anno 1653*, qui a été écrit en 1702. Il y est bien dit « *quanquam ab importato ferro Suecico in Alsatiam leges academiæ et studia cum philosophica tum theologica Molshemii non omnino siluerint, quin et meriti honores nonnullis collati* », mais, en fait, cette collation de grades semble s'être réduite à une promotion unique, faite en 1650. (A.B.A., D. 10.)

2. L'enseignement des mathématiques et de la métaphysique était parfois réuni, comme en 1657-58, 1659-60, 1667-68 ; à partir de 1685, le cours de physique fut fusionné avec celui de métaphysique ; cette dernière disparaît du programme.

des vicaires et des curés à la ville et à la campagne. Les ouvrages scientifiques des maîtres, les thèses des disciples sont d'ordinaire, quand les programmes détaillés ou les cahiers de cours font défaut, les documents sur lesquels on essaie d'établir un jugement critique. Or, d'ouvrages scientifiques des professeurs, il n'y en a pas, à vrai dire, au XVII⁰ siècle, mais seulement quelques pamphlets polémiques ou quelques ouvrages de théologie pratique. On s'est donné la peine, assurément fort louable, de recueillir, au prix de longues recherches, les noms de tous les professeurs de Molsheim [1] ; mais il n'y en a pas une demi-douzaine qui aient eu, même de leur temps et même dans leur ordre, un commencement de célébrité pour leur savoir ou leur érudition. D'ailleurs, ils n'ont fait que passer, presque tous, dans notre Académie. Au bout de deux ou de trois ans [2], on les voit quitter l'Alsace, pour réciter ou dicter leurs mêmes cahiers de cours dans cinq ou six Académies diverses : à Bamberg, Aschaffenbourg, Mayence, Trèves, Wurzbourg, etc.[3], pour faire place à des nouveaux venus qui disparaissent à leur tour au bout de fort peu de temps [4]. S'il n'y avait de la sorte aucun esprit de suite, ni aucune originalité dans leur enseignement, il ne pouvait s'y rencontrer davantage une érudition spéciale, car nous voyons les mêmes hommes enseigner indifféremment, durant leur carrière professorale, toutes les rubriques que comportait le programme, assez peu varié d'ailleurs, de ces établissements [5]. Quant aux dissertations académiques, — sans aborder ici la question de savoir si elles étaient l'œuvre des maîtres ou des élèves, — nous constatons seulement que les persévérantes recherches de M. Berger-Levrault, aidé par les hommes les plus

1. Dans l'énumération des professeurs des *Universités alsaciennes* de M. Berger-Levrault, ils absorbent, légion d'inconnus, avec leurs collègues de l'Université épiscopale, moins oubliés en partie, près de la moitié de sa liste.
2. En étudiant leur notice particulière, on constate que beaucoup n'ont fonctionné qu'une *seule* année à Molsheim, d'autres y ont enseigné pendant deux ans, la majorité durant trois ans, d'abord la *logique*, puis la *physique*, puis la *métaphysique*; quelques-uns ont encore fait une quatrième année d'enseignement théologique.
3. Durant tout le XVII⁰ siècle, les professeurs de Molsheim appartenaient à la province rhénane de la Compagnie de Jésus; ils sont originaires des évêchés de Cologne, Trèves, Mayence, Spire, etc. Quelques-uns seulement sont nés en Alsace (Biegeisen, d'Altkirch, Haan, de Schlestadt, Held, de Dambach. etc.), et quelques autres en Lorraine.
4. Il est fort rare de les voir revenir plus tard une seconde fois; cependant le P. Hansler, de Trèves, après avoir enseigné la théologie morale de 1628 à 1631, la professe encore une seconde fois de 1657-1661.
5. Ainsi, le P. Gérardt enseigne successivement la *logique* (1667-68), la *physique* (1668-69), la *métaphysique* (1669-70), la *théologie morale* (1672-74) et la *théologie scolastique* (1674-75), et le P. Jobart de même.

compétents sur la matière, n'ont réussi qu'à en découvrir cinq en tout[1], alors que celles de l'ancienne Université de Strasbourg se comptent par milliers ; nous manquons donc absolument des éléments nécessaires pour apprécier plus en détail la valeur de l'enseignement donné par l'Académie de Molsheim au XVIIe siècle. Mais l'absence même de tous travaux scientifiques venus jusqu'à nous permet de conclure sans injustice, que l'activité des Révérends Pères dans le domaine des hautes études n'a pas pu être très considérable. L'édit de translation de Louis XIV lui-même confirme cette manière de voir, puisqu'il y est dit que « l'Université de Molsheim est presque entièrement tombée, ne s'y faisant que rarement des docteurs et le nombre des étudiants y étant extrêmement diminué [2] ».

Les statuts imposés aux étudiants sont assez sévères, comme on l'attend, du reste, d'une institution éminemment ecclésiastique[3]. En dehors des prescriptions purement religieuses qu'ils renferment (défense de lire des livres lascifs, hérétiques ou magiques, obligation d'aller à confesse tous les mois, etc.), on y trouve toute une série de prohibitions relatives à la façon de vivre. Défense d'entrer chez les cabaretiers pour boire ; défense de porter des épées, poignards ou pistolets ; défense de demeurer dans la même maison qu'une « femme de pudicité suspecte » ; défense de célébrer des bacchanales ; défense même de circuler dans les rues, après huit heures en hiver, en été après neuf heures du soir. Était-ce par un sentiment de pudeur exagérée ou par crainte du danger que l'article 13 défendait aux étudiants de se baigner ? Les petits cours d'eau du voisinage n'offraient pourtant guère le risque d'un accident sérieux[4]. Malgré cette surveillance sévère, bien facile à exercer dans une si petite localité[5], la jeunesse académique n'avait pas toujours une conduite exemplaire ; il y avait à réprimer non seulement de légères peccadilles, mais parfois même de graves méfaits. Un de ceux qui fit le plus de bruit dans la paisible cité, fut l'assassinat du prieur de la Chartreuse de Molsheim, Jean Luck, tué à coups de hache en 1629, par un étudiant à l'Académie, son propre neveu[6].

1. Annales des professeurs, p. cxvi. C'est en effet le bibliographe le plus érudit de la Compagnie, un savant aussi universellement connu que le R. P. Carlos Sommervogel, qui a fourni à M. Berger-Levrault la plupart des renseignements sur l'Académie de Molsheim.
2. Édit de novembre 1701. *Annales*, p. cxxv.
3. « Statuts de l'Université épiscopale de Molsheim » (*sic*). (A.B.A., G. 1467.)
4. Berger-Levrault, *op. cit.*, p. cxiii.
5. Encore à la fin du siècle Molsheim ne comptait que 1400 âmes.
6. A. Ingold, Les Chartreux en Alsace (*Revue catholique d'Alsace*, 1894, p. 722).

Un des traits caractéristiques de la vie universitaire à Molsheim, ce sont les nombreuses confréries ou *sodalités* qui s'y développèrent sous l'influence de la Compagnie de Jésus. Dès 1580, les Révérends Pères avaient établi pour les élèves du Collège une *Sodalitas Beatæ Virginis Mariæ Annuntiatæ;* plus tard, il y eut une *Sodalitas angelica* pour les petits garçons, une *Sodalitas civica* pour les bourgeois; elles exercèrent bientôt une telle influence, qu'en 1612 déjà, un habitant de la ville s'étant permis quelque propos frondeur à leur égard, au cabaret, fut condamné à la prison, après avoir fait amende honorable à genoux[1]. En 1617, ce furent les nobles de la ville même et du voisinage, les fonctionnaires épiscopaux, etc., qui se groupèrent en une *Sodalitas major Virginis Beatæ Annuntiatæ* et les élèves des classes supérieures formèrent la *Sodalitas minor* placée sous la même invocation. En 1618, on organisa tout naturellement une *Sodalitas academica*. Un demi-siècle plus tard, en 1670, la confrérie bourgeoise se scinda en deux groupes, celui des *vieux*, c'est-à-dire des hommes mariés, et celui des *jeunes* artisans (*Sodalitas juniorum opificum Beatæ Mariæ Virginis purificatæ*). On voit avec quelle habileté l'influence de l'Église savait pénétrer dans les sphères si diverses de la société d'alors, laissant chacun à ses goûts particuliers, au milieu de ses pairs, et sachant faire concourir pourtant toutes ces forces variées à la réalisation de son plan d'action dans le monde[2]. Chaque année, il y avait une assemblée générale de la Congrégation académique, à la fête de l'Annonciation; on célébrait une messe solennelle, puis il y avait procession, sermon, banquet. Les élections du préfet de la Congrégation et de ses autres dignitaires se faisaient annuellement lors de la fête de l'Immaculée-Conception, et chaque année aussi, il se publiait comme cadeau et souvenir pour tous les associés, un petit volume en latin, traité ascétique ou mystique, dédié d'ordinaire au chef de la sodalité[3]. Par le *pacte marianique* de 1666, les membres de l'association s'engageaient à faire dire une messe pour le salut de l'âme de chaque collègue trépassé[4].

1. Paulus, La grande Congrégation académique de Molsheim. (*Revue catholique d'Alsace*, 1886, p. 96.)
2. Les « cercles catholiques » contemporains n'ont pas été inventés d'hier comme certains se l'imaginent; ils existaient déjà au XVIIe siècle, comme ils ont existé, sous d'autres noms et sous des formes en partie différentes, dès les derniers siècles du moyen âge.
3. Il subsiste un très grand nombre de ces petits livrets de la Sodalité marianique dans les bibliothèques publiques d'Alsace, mais pour le XVIIIe siècle seulement; ceux du XVIIe ont à peu près tous disparu.
4. Voy. Paulus, article cité de la *Revue Catholique d'Alsace*, 1886.

De tout ce que nous venons de voir, il ressort, ce me semble, que l'influence de l'Académie de Molsheim sur le développement intellectuel des populations catholiques de l'Alsace n'a pas pu être bien considérable, puisque d'une part, la préparation aux carrières publiques ne pouvait s'y faire en l'absence d'une faculté de droit, et que d'autre part le niveau des études littéraires n'y dépassait pas sensiblement celui des autres collèges de Jésuites, disséminés dans la province, à Haguenau, Schlestadt, Ensisheim, etc., dont nous parlerons au chapitre suivant[1].

Il ne faudrait pas cependant trop déprécier l'influence de l'Académie de Molsheim sur les destinées de la province au XVII° siècle. Si les maîtres n'ont guère fait avancer la science, on peut croire que ce n'était pas là précisément le but qu'ils se proposaient d'atteindre. Ils en poursuivaient un plus pratique : réunir et retenir sous leur influence spirituelle la jeune noblesse et les fils de la bourgeoisie aisée, les grouper pendant un temps suffisant, loin de toute influence contraire, pour arriver à modeler, par une direction à la fois très ferme et très paternelle, leur pensée philosophique et religieuse, imprimer à ces esprits dociles un cachet indélébile et les habituer en même temps à travailler en commun, dans leurs sodalités respectives, et sous la conduite de l'Ordre, à l'avancement de la puissance de l'Église. Je m'assure que cette méthode, systématiquement expérimentée dans tous les pays de l'Europe par des éducateurs habiles, a eu en Alsace le même succès qu'ailleurs et que l'enseignement de l'Académie de Molsheim, — que ses cours aient été médiocrement faits ou non, — a été pour beaucoup dans la cohésion plus complète, dans l'ardeur grandissante pour la lutte, dans le dévouement plus entier à l'Église, signalés dans les couches supérieures de la société catholique d'Alsace, durant le dernier tiers du XVII° siècle.

Au point de vue *professionnel*, l'importance de Molsheim doit être cherchée plutôt, à notre avis, dans son Grand-Séminaire épiscopal, qui forma, durant la majeure partie du siècle, un contingent notable du clergé de la province[2].

La translation de l'Académie dans la nouvelle capitale de la pro-

---

1. C'est donc de ces collèges plus voisins que se contentaient les familles catholiques du pays, sans faire prolonger les études de leurs enfants à Molsheim, sacrifice inutile, puisqu'à cette époque un grand nombre des ecclésiastiques des villes et des campagnes appartenait encore aux Ordres religieux.
2. Nous en dirons un mot au chapitre consacré à l'Église catholique (livre VIII).

vince ne rentre plus, à vrai dire, dans le cadre de notre travail, parce qu'elle ne s'est accomplie qu'en 1702. Mais elle se rattache assez intimement à notre sujet, sinon au point de vue de l'histoire de la pédagogie alsacienne, du moins à celui de la politique, pour que nous en disions encore quelques mots. Les professeurs de Molsheim étaient restés, après comme avant 1648 et 1680, des Jésuites de la province du Rhin supérieur, c'est-à-dire des Allemands qui ne faisaient généralement, ainsi que nous venons de le voir, qu'un séjour de courte durée en Alsace, pour retourner ensuite aux Universités de la Compagnie en Allemagne. La présence d'un personnel à peu près exclusivement étranger, dans le haut enseignement catholique ne devait guère être du goût du gouvernement de Louis XIV, au moment où il allait s'engager dans la guerre de la Succession d'Espagne contre l'Europe presque tout entière et, si le désir de ranimer les hautes études littéraires et théologiques dans un centre plus propice, a pu peser dans la balance[1], il est assez probable que l'intention de faire passer cet enseignement entre les mains de régnicoles y pesa bien davantage. Le roi ordonna donc, en novembre 1701, le *transfert* de l'Académie au collège des Jésuites de Strasbourg, dirigé par des Pères de la province de Champagne[2]. Sur les protestations de l'évêque Guillaume-Égon de Furstemberg, froissé de ce qu'il n'avait point été consulté sur un acte de cette importance, les premières lettres patentes furent légèrement modifiées pour le satisfaire et l'*union* des deux corps réalisée, en février 1702[3], par l'ouverture de la nouvelle *Université épiscopale*. Quand le recteur de l'Académie, le R. P. André Huck, se répandit en plaintes sur ce qu'il était bien dur de devoir quitter ainsi son bien, ses collègues français lui répondirent : « *Durum non debet videri, sed suave, quod Rex imperat*[4]. » Quelques jours après, il les vit arriver avec un appariteur pour chercher les masses, le sceau, les registres matriculaires et les archives de l'Académie. « *Sic translata gloria de Molsheim*, » dit mélancoliquement l'annaliste de la Chartreuse[5].

1. L'édit de 1701 disait sans doute que c'était dans l'espoir que la ville de Strasbourg « en serait plus riche et plus peuplée, à cause du concours des écoliers qui viendront, tant des provinces de notre domination que des pays étrangers. » Mais cet espoir, assez illusoire du reste, n'était pas le seul motif.
2. *Ordonnances d'Alsace*, I, p. 126.
3. *Ibid.*, p. 331.
4. *Annales Carthusiæ Molshemensis*, citées par O. Berger-Levrault, p. cxxvi.
5. Molsheim fut maintenu néanmoins comme école secondaire et, après de longues discussions, on laissa même à ses professeurs le droit de dé-

Dix-huit ans auparavant, d'ailleurs, le roi avait déjà pourvu dans Strasbourg à peine occupé, aux besoins d'un enseignement spécial théologique qui permît à la fois le recrutement du clergé et la lutte contre l'hérésie dans la ville libre elle-même. D'accord avec Louis XIV[1], l'évêque Guillaume-Égon de Furstemberg avait créé, le 8 juillet 1683, un second Séminaire épiscopal, afin « de nettoyer son diocèse encore infecté d'une hérésie sordide[2] ». Il y avait appelé douze Pères Jésuites de la province de Champagne, qui devaient à la fois enseigner la théologie, prêcher, faire de la controverse et entendre à confesse. Cet établissement, le premier d'enseignement supérieur appartenant à l'Église installé dans la ville, comptait une chaire de logique, une de physique, une de théologie morale, deux de théologie scolastique, une d'exégèse et une de droit canon[3]. On voit que la réunion de l'Académie de Molsheim n'apportait pas de grands changements au programme des études déjà confiées aux Révérends Pères champenois. La nouvelle Université épiscopale eut, comme celle de Molsheim, son enseignement de logique, de physique et de mathématiques pour la Faculté de philosophie ; elle eut, comme elle, sa chaire de *théologie morale*, ses deux chaires de *théologie scolastique*, un professeur enseignant alternativement l'*exégèse* ou la *théologie positive*, et un autre la jurisprudence canonique[4]. C'est toujours la même série de matières enseignées de la même façon, d'après les mêmes cahiers, que cet enseignement se fasse au Collège, à l'Académie, au Grand Séminaire ou à l'Université ; c'est toujours aussi le même manque absolu de liberté, non pas seulement pour le fond de l'enseignement, mais pour la méthode, ce qui fait que le personnel de la nouvelle école reste obscur comme celui de l'ancienne, malgré son mérite individuel probable. Les quelques noms qui surnagent parmi tant d'autres, inconnus ou bien oubliés, sont précisément ceux de

livrer le grade de maître ès arts, tandis qu'ils pourraient, en tant qu'ils possédaient eux-mêmes les diplômes supérieurs, venir à Strasbourg, comme une espèce de commission mixte, aider à conférer les grades théologiques à leurs anciens élèves. (Voy. Berger-Levrault, p. cxxi suiv.)

1. Voy. la lettre de Louvois à La Grange, du 10 janvier 1683, sur les bourses royales à y fonder. (A.B.A., G. 1465.)
2. «*Hæretica adhuc pravitate infectum.*» (Berger-Levrault, p. cxvii.) — La confirmation royale est datée de Fontainebleau, 14 août 1683. (A.B.A., G. 1466.) — Dans le même fascicule se trouve une pièce, *Kurzer Extract wass jeder ort dess cleri Strassburger Bisstumbs dem Seminario...beitrœgt* (3 Junii 1684), où sont énumérés les revenus du nouvel établissement.
3. Ce dernier enseignement n'a jamais existé à l'Académie de Molsheim, sans doute parce qu'au moment de sa création, on ne voulait pas avoir l'air de faire concurrence à l'Université autrichienne de Fribourg.
4. Outre ces neuf professeurs, l'Université épiscopale comptait, comme celle de Molsheim, un *recteur* et un *chancelier*.

quelques recteurs de l'Université épiscopale qui n'eurent aucune part à l'enseignement qui s'y est donné. Si les P.P. Dez[1] et Scheffmacher[2] brillèrent de leur temps comme controversistes; si le P. Laguille[3] reste dans l'historiographie alsacienne comme le premier auteur d'une histoire de la province écrite en langue vulgaire et remarquablement bien documentée pour un homme ignorant l'idiôme du pays, assez impartiale même pour un auteur revêtu de la robe qu'il portait, ce sont des faits qui ne se rattachent que de très loin à l'histoire des Académies alsaciennes.

En dehors de celles-ci, il faudrait parler aussi, pour être tout à fait complet, des cours de théologie et de philosophie institués dans un certain nombre d'abbayes et de monastères de la province, où les novices recevaient une instruction professionnelle plus ou moins routinière ou plus ou moins scientifique et se voyaient conférer, à la fin de ces études, des titres académiques plus ou moins sérieux. On a pu constater un certain nombre de ces cas, presque tous, il est vrai, pour le XVIIIe siècle seulement, relatifs aux Dominicains de Guebwiller, aux Bénédictins d'Ebersmunster, de Pairis, de Murbach et d'Altorf, aux Franciscains de Schlestadt, aux Augustins de Colmar, aux Cisterciens de Lucelle, aux Récollets de Saverne, de Rouffach et de Strasbourg[4], et il n'est pas absolument certain que cette liste soit épuisée par les mentions précédentes. Il ne reste guère de traces, il est vrai, des thèses, diplômes ou programmes imprimés de ces labeurs académiques, mais on voit par les quelques notices glanées dans les documents du XVIIIe siècle, que c'étaient là des usages traditionnels, bien antérieurs par leurs origines aux temps où les chroniques les ont notés[5] et pour les plus anciens tout au moins de ces monastères

---

1. Jean Dez, né en 1643 près de Sainte-Menehould, mort à Strasbourg en 1712 (Berger-Levrault, p. 54.)
2. Jacques Scheffmacher, né à Kienzheim en 1658, mort à Strasbourg en 1733. (*Ibid.*, p. 210.)
3. Louis Laguille, né à Autun, en 1658, mort à Pont-à-Mousson, en 1742. (*Ibid.*, p. 134.)
4. M. Berger-Levrault connait une douzaine de thèses de ce genre pour le XVIIIe siècle (p. CLIV.)
5. Ainsi la chronique de Pairis rapporte que quatre profès de l'abbaye ont soutenu en 1656 des thèses de philosophie sous la présidence du P. Antonin Schrüst, leur professeur. (*Revue catholique d'Alsace*, 1869, p. 144.) Ainsi la *Chronique des Dominicains* de Guebwiller raconte (p. 358) que, le 11 septembre 1719, le P. Fischer a été promu *Magister sacræ theologiæ*, après un enseignement continué pendant quatorze années; elle mentionne à cette occasion deux *lecteurs en théologie* et un *lecteur en philosophie*, dans le couvent. Cependant le chroniqueur ajoute que cette promotion était un cas rare, « *ein schœner und seltzamer casus* ».

il faut admettre que ces usages remontaient jusqu'aux études conventuelles du moyen âge.

Enfin nous devons rappeler, au moins en passant, que ce n'était pas seulement sur le sol de l'Alsace même que les études supérieures pouvaient être cultivées par les enfants du pays. Des fondations pieuses de leurs compatriotes leur facilitaient le séjour à certaines Universités du dehors[1]. Celle d'entre toutes la mieux dotée sous ce rapport était l'Université de Fribourg-en-Brisgau, non seulement la plus rapprochée géographiquement de l'Alsace, mais aussi la plus naturellement indiquée aux populations catholiques de la province par le gouvernement commun de la maison d'Autriche avant 1648, et plus tard par l'occupation française de 1677 à 1697. C'est ainsi que l'abbé de Saint-Martin de Nevers, Thiébaut Henning, natif de Dannemarie, léguait en 1636 à l'Université un capital de dix mille florins, qui devait fournir quatre bourses, de cent florins chacune, à des jeunes gens bien doués, qui seraient soit parmi ses parents, ou ses concitoyens de Dannemarie, soit parmi ses compatriotes de la seigneurie de Thann. Le choix des études était libre, on ne demandait aux candidats que des mœurs irréprochables et une confession mensuelle, suivie de communion[2].

Il résulte clairement de tout ce que nous venons de voir dans ce chapitre qu'en Alsace, ainsi que partout en Europe, les progrès de la science furent relativement médiocres au XVIIe siècle ; les désastres matériels qui vinrent frapper la province, la violence des crises politiques et religieuses qui s'y produisirent en même temps, la timidité de la pensée humaine, enserrée de toutes parts par des barrières tyranniques, tout vint entraver le mouvement des esprits qui s'était annoncé si brillamment au XVIe siècle. Il y a toujours des savants distingués à l'Université de Strasbourg, mais ils ont bien de la peine à s'affranchir de la routine du passé et plus encore de la tutelle de la théologie. Puis, quand une fois l'annexion de Strasbourg est un fait accompli, les hommes de mérite qui venaient d'outre-Rhin sont remplacés désormais par des indigènes souvent obscurs, et qui ne

---

1. Nous voyons, par exemple, le jeune François-Thiébaut Rothfuchs, d'Andlau, quitter les Jésuites de Schlestadt pour faire sa philosophie chez ceux de Besançon et puis se rendre, en 1662, à l'Université de Dôle et en 1666 à Fribourg. (*Revue d'Alsace*, 1888, p. 76.)
2. Leroy, Thiébaut Henning, *Revue catholique d'Alsace*, 1866, p. 344. — Voy. aussi X. Mossmann, La fondation de J.-H. de Landeck, 1572, dans le *Bulletin du Musée historique de Mulhouse*, 1891.

sont poussés aux chaires vacantes que par la protection d'en haut ou par leurs relations de famille. Les méthodes de l'enseignement sont encombrantes et défectueuses, les matières d'enseignement elles-mêmes souvent mal distribuées, le but immédiat et pratique à atteindre fait oublier presque toujours aux maîtres comme aux élèves le but idéal de toute étude, la recherche de la vérité scientifique pour elle-même. D'ailleurs soyons justes ; ce n'est pas au XVIIe siècle que des efforts pareils étaient possibles dans une Université d'Europe. Ni Descartes, ni Spinoza, ni Leibnitz, ni Newton n'ont fait partie d'un corps enseignant officiel, et pour Galilée, qui avait cet honneur, on sait ce qu'il lui a coûté.

Quant aux Écoles, Académies ou Universités de l'Alsace catholique, quel que soit le nom qu'on leur donne et le titre dont on les décore, la science est ce qui préoccupe le moins ceux qui y enseignent et ceux qui les écoutent. Elles n'ont au XVIIe siècle qu'un seul but et une seule raison d'être, comme instruments actifs et dévoués de l'Église militante ; elles doivent compléter l'œuvre matérielle, commencée par les armes et aider à réaliser le triomphe de la contre-réformation universelle. C'est là le grand rêve de l'époque, également poursuivi par les papes, les empereurs et les rois catholiques et c'est pour arriver à ce résultat surtout, que ces Académies ont été créées. On n'est pas absolument équitable à leur égard, en ne les jugeant pas à ce point de vue, car ce n'est pas leur faute, à coup sûr, si ce rêve n'est pas devenu une réalité.

CHAPITRE SIXIÈME

L'Enseignement secondaire en Alsace

§ 1. LE GYMNASE DE STRASBOURG

Lorsqu'on parle de l'enseignement secondaire en Alsace au XVIe et même encore au XVIIe siècle, c'est au Gymnase de Strasbourg qu'on songe tout d'abord, c'est lui qu'il faut nommer en premier lieu[1]. Sans doute, à l'époque dont nous avons à nous occuper, l'éclat dont il avait brillé grâce au nom et aux travaux de son fondateur et premier recteur, Jean Sturm, était obscurci quelque peu; des établissements imitant sa méthode et rivaux de sa gloire avaient surgi en grand nombre en Allemagne, et il en existait même en Alsace. On n'y voyait plus cette cohue aristocratique que la mode amenait jadis auprès de la chaire de l'illustre humaniste[2], mais le Gymnase de Sturm, la *Schola Argentinensis*, prolongée, si je puis dire, depuis 1566, par son Académie, n'en restait pas moins, au début du siècle, l'une des « merveilles » du monde pédagogique d'alors. De nombreux parents du dehors rêvaient, en pleine guerre de Trente Ans, d'y envoyer leurs fils, pour y acquérir une science philologique plus profonde, qu'on ne pouvait puiser que là seulement, à la source d'une tradition séculaire[3].

Nous n'avons pas besoin de rappeler ici longuement les origines du Gymnase; après que le Magistrat de la ville libre eut décidé, dès 1536, de suivre les conseils des réformateurs strasbourgeois, et de créer une grande école latine à la place de toutes celles, assez médiocres, qui existaient déjà[4], il s'occupa de gagner un savant de

---

1. En dehors de l'ouvrage un peu vieilli de Strobel (*Histoire du Gymnase protestant*, Strasb., 1839), on peut renvoyer aux nombreux travaux provoqués par le jubilé de 1888, les études de MM. Engel et Veil, sur les origines du Gymnase, celles de M. Bunger sur Bernegger, de M. Bæhre sur Walliser, et la mienne sur Glaser. Enfin MM. Fournier et Engel ont donné une foule de pièces relatives au Gymnase dans le tome IV de la collection des Statuts et privilèges des Universités françaises, 1895, 4°.
2. En 1578, la Haute-École comptait parmi ses élèves, 3 princes, 24 comtes et plus de deux cents nobles.
3. C'est une pensée souvent exprimée dans les correspondances avec des savants strasbourgeois de ce temps.
4. Voy. le travail si complet de notre regretté ami M. Charles Engel, *Das Schulwesen in Strassburg vor der Gründung des protestantischen Gymnasiums*, Strassb., 1887, 4°.

mérite, pour réaliser ce projet. A son appel, Jean Sturm quittait Paris, où il enseignait avec succès, en janvier 1537, et le 22 mars 1538 s'ouvrait, dans les locaux de l'ancien cloître des Dominicains, l'établissement qui devait immortaliser son nom. Le Gymnase était divisé dès l'origine en deux grandes sections; l'une, la division inférieure, comptait neuf, puis dix classes, recevait les élèves dès l'âge de six ans et répondait à notre enseignement secondaire; la division supérieure était aménagée en vue de cours continués encore pendant quatre années et représentant, dès les débuts, la future Académie, l'Université du siècle suivant. Les deux premiers cours devaient y être consacrés aux études plus ou moins préparatoires, de philosophie, de philologie, d'histoire, de sciences naturelles et mathématiques; les cours des deux années suivantes s'adressaient par contre aux amateurs de droit, de médecine ou de théologie. Le passé de cette seconde section du Gymnase rentre, on le voit, tout entier dans l'histoire de l'enseignement supérieur, et c'est en effet dans le chapitre précédent que nous avons rappelé quelques noms d'hommes célèbres ou du moins connus qui ont enseigné à l'École de Sturm, ceux de Calvin, de Pierre Martyr, de Bucer, de Capiton, de Baudouin, de Zanchi, etc., longtemps avant que le diplôme du 30 mai 1566, octroyé par Maximilien II, eût érigé cette division supérieure en Académie, sans la détacher encore entièrement du Gymnase[1].

Cette faveur impériale, quelque désirée qu'elle fût d'autre part, devait nuire à l'École primitive, en ce sens du moins, qu'à l'avenir Jean Sturm lui-même s'intéressait davantage au corps académique, toujours dirigé par lui, qu'à la section préparatoire dont les meilleurs professeurs quittaient aussi vite que possible le fauteuil du pédagogue pour la chaire de l'érudit. Le Gymnase entrait néanmoins dans le XVII° siècle, sous les auspices des doctrines de l'illustre humaniste, si longtemps inculquées par lui, et maintenues, même après sa disgrâce, par ses successeurs immédiats. Ce n'était pas le philologue émérite qu'avaient combattu en lui les chefs du luthéranisme strasbourgeois, mais l'antagoniste religieux, le cryptocalviniste détesté. Pourvu que la « saine doctrine » de la Confession d'Augsbourg fût enseignée dans les classes, la plupart des théologiens d'alors n'avaient aucune objection à faire contre le maintien d'un programme d'enseignement exclusivement classique. L'École comptait un personnel assez nombreux de dix régents (*præceptores classici*), aidés de deux agrégés (*vicarii perpetui*), dont l'un fonc-

1. Voy. plus haut, p. 288.

tionnait d'une façon régulière comme *collaborateur* du maître des plus petits, en dixième, tandis que l'autre suppléait les professeurs absents ou malades dans les quatre classes supérieures. Pour faire le même service dans les classes inférieures, il y avait encore deux jeunes magisters, qui touchaient un salaire fort modeste (six et dix livres par an) et jouissaient d'un logement gratuit à Saint-Guillaume.

Chaque semaine, pendant dix à douze heures, le matin, les élèves se consacraient à la dialectique et à la rhétorique, expliquant sous forme de catéchisme, par questions et réponses, les *Partitiones oratoriæ et dialecticæ*, jadis composées par Sturm pour l'usage de son École ; durant les huit heures de l'après-midi, on appliquait les principes théoriques à l'étude des auteurs grecs et latins, de Cicéron et d'Horace, de Démosthène et de Pindare, et les devoirs écrits étaient immédiatement corrigés par les maîtres. Inutile de dire que tout l'enseignement, y compris celui des mathématiques, se faisait en latin, et que l'emploi de la langue allemande, même entre élèves, était puni comme une contravention à la règle scolaire[1].

Les exercices dramatiques, pièces classiques et drames latins modernes, sacrés ou profanes n'avaient pas cessé non plus ; ils avaient même atteint l'apogée de leurs succès extérieurs dans les vingt premières années du siècle[2]. Néanmoins, l'École était certainement dans un état de décadence intellectuelle assez marquée pour que le fait ne pût se soustraire aux yeux d'observateurs tant soit peu attentifs et sérieux. Le souffle vivifiant de l'humanisme primitif avait entièrement disparu ; cette préoccupation généreuse de l'antiquité classique, cet enthousiasme pour ses trésors, qui avaient à l'origine expliqué, presque justifié le cadre si restreint des études secondaires, n'animaient plus guère les esprits. On marchait dans l'ornière de Sturm, refaisant ses exercices, suivant servilement ses manuels, sans les comprendre toujours, sans parvenir surtout à les faire goûter aux générations nouvelles. Dans un mémoire rédigé par le jurisconsulte Joachim Clutenius, en 1619, il raconte qu'on rencontrait alors en *première* (ce qui serait notre *philosophie*) des élèves faisant vingt grosses fautes de grammaire et de syntaxe dans un

---

1. On se demande si les leçons pratiques d'arpentage que donnait le mathématicien Joseph Lang (converti au catholicisme en 1604 et mort professeur à l'Université de Fribourg) se donnaient également dans la langue de Columelle et de Varron.
2. Nous ne nous y arrêterons pas, en ayant longuement parlé au chapitre de la *Littérature*.

seul exercice latin¹. Et cependant ils ne faisaient pour ainsi dire que du latin pendant dix ans!

Les jeunes nobles, de leur côté, regardaient comme au-dessous de leur dignité de faire du grec, trouvant le latin déjà suffisamment ennuyeux et difficile, et on n'osait pas y contraindre ces *generosi domini* qui, dans les classes, occupaient des bancs à part et jouissaient de privilèges notables, surtout celui de travailler à volonté, en simples amateurs. D'ailleurs, ils n'étaient pas seuls à ne rien faire, et leurs camarades roturiers, quand on essayait par les moyens alors en usage, de les amener à montrer plus de zèle, se révoltaient à leur tour et, dit le professeur Florus dans une note, conservée parmi les papiers de la Haute École, « pour peu que l'enfant arrivât à la maison les yeux humides, le père et la mère menaçaient le maître de représailles ² ».

Il faut bien avouer aussi que les professeurs ne faisaient pas grand effort non plus pour rendre cet enseignement traditionnel attrayant pour la jeunesse. Ils dictaient leurs cahiers de cours et ressassaient ensuite leurs dictées par des interrogatoires scolastiques, toujours les mêmes. Ils ne mentionnent la méthode plus rationnelle de l'enseignement librement parlé, la leçon faite de vive voix, que pour la condamner. C'est « parler en l'air » dit naïvement Crusius dans le mémoire déjà allégué³. Le plus distingué des savants strasbourgeois d'alors, Mathias Bernegger, consulté, lui aussi, sur les remèdes à employer pour relever le niveau des études, est le seul à demander qu'on force chaque élève à réunir ses exercices dans un cahier, afin que le maître puisse les emporter à domicile et les y corriger⁴; il est le seul encore qui ose recommander d'enseigner l'arithmétique et la géométrie au tableau noir, en mettant la craie aux mains des élèves eux-mêmes ; les notions les plus élémentaires de tout système pédagogique étaient donc, semble-t-il, tombées dans un entier oubli⁵.

---

1. Bünger, *Bernegger*, p. 215. Un autre des professeurs du Gymnase, Paul Crusius, cite lui-même le soi-disant vers : « *Argentorenses mali grammatici,* » comme une preuve de la médiocre estime en laquelle on tenait, en 1618, les philologues de Strasbourg. (*Ibid.*, p. 220.)
2. Bünger, *Bernegger*, p. 217.
3. *Ibid.*, p. 220.
4. *Ibid.*, p. 231. Il recommande également de faire corriger les cahiers en classe, par d'autres élèves, les stimulant à qui trouverait le plus de fautes chez son voisin.
5. Le programme de l'enseignement de l'arithmétique montre avec quelle lenteur inouïe l'on avançait. En Xᵉ on apprenait à compter jusqu'à 100; en IXᵉ jusqu'à 1,000. La VIIIᵉ était consacrée au livret; en VIIᵉ on étudiait l'ad-

Les modifications au plan d'enseignement que proposaient d'autres personnages, admis à offrir leurs conseils au Magistrat, n'étaient pas précisément de nature à remédier à cette décadence générale. Le théologien Tobie Speccer, devançant certains confrères plus connus du milieu du XIXe siècle, proposait de renoncer avant tout au paganisme démoralisateur que l'étude des littératures classiques [1] inculquait trop visiblement à la jeunesse scolaire. Il demandait qu'on remplaçât Horace et Virgile par Ésope et les *Psaumes* de Buchanan, Isocrate, Démosthène et Lucien par S. Athanase, S. Damascène, Théodoret, S. Chrysostôme et S. Basile [2]; il affirmait avec une sérénité parfaite, qu'étudier la Confession d'Augsbourg, traduite dans la langue d'Homère, serait un exercice aussi salutaire au point de vue de la science qu'à celui de la foi.

Une partie tout au moins de ces conseils fut mise en pratique. Quand le Poméranien Gaspard Brulow eut été nommé directeur du Gymnase en 1623, il entreprit une série de modifications dans le programme de l'établissement, modifications qui diminuèrent assez sensiblement l'importance des études classiques, sans grand profit d'ailleurs pour le travail des élèves dans les branches omises ou négligées jusque-là. Ne pouvant réussir à leur faire goûter les beautés du grec, on se résigne à leur en faire apprendre le moins possible. Les œuvres de Démosthène, Thucydide, Platon, Euripide, Homère et Pindare disparaissent de la liste des auteurs expliqués et commentés dans les classes supérieures. Un choix de fragments de Pères de l'Église (*Sylloge optimarum sententiarum*) les remplace. Sur les vingt-quatre leçons données par semaine en « première », la moitié appartient désormais à la dialectique et à la rhétorique; le grec, les poètes latins, les mathématiques, la musique et la religion se partagent le reste. Les autres disciplines scolaires actuelles n'existaient pas. Pour complaire au corps pastoral, on renforce l'enseignement religieux; chaque jour les classes commencent par des prières et des cantiques; la fréquentation du culte du dimanche est obligatoire pour les élèves; on leur explique la Confession d'Augsbourg et la Formule de Concorde; ces dernières leçons ont cela de particulier que, grâce à elles, l'allemand, la langue

---

dition et la soustraction, en VIe la multiplication, en V^e la division, en IVe la règle de trois; en IIIe enfin l'on abordait les fractions. (Bünger, *Bernegger*, p. 266.)

1. « *So wenig nuts und erbauung auf sich haben.* » (Fournier-Engel, *op. cit.*, p. 379.)

2. « *Darauss sie phrases, idiotismos und zu gleich auch pietatem et religionem khœnnten schœpffen.* » (*Ibid.*, p. 380.)

maternelle, rentre dans l'École, dont Sturm l'avait impitoyablement bannie. Quelques nouveaux manuels scolaires sont rédigés, une *Dialectique* par Rixinger, une *Rhétorique* par Florus, un manuel de mathématiques élémentaires par Malléolus ; une nouvelle édition, très modifiée, de la *Grammaire latine* de Golius est arrangée par Bernegger lui-même; mais, en somme, l'enseignement est plutôt abaissé que fortifié par les mesures prises à cette date. Un détail suffirait pour expliquer le mortel ennui d'un enseignement pareil pour la jeunesse ; on passait parfois *tout un semestre* à interpréter et à paraphraser trois ou quatre pages d'un auteur[1] !

Extérieurement pourtant le Gymnase se soutenait et, durant les premières années de la guerre de Trente Ans, le nombre des élèves était encore fort satisfaisant. En 1627, dans le programme de Pâques, Brulow annonçait qu'on comptait, en ce moment, dans les dix classes, 410 élèves, dont 177 venaient d'être promus dans une classe supérieure[2]. Ces promotions d'une classe à l'autre se faisaient alors deux fois par an, le jour avant le dimanche des Rameaux et après la rentrée d'automne, et l'on y procédait souvent bien à la légère, sans que les élèves eussent fait la preuve des connaissances nécessaires pour une *ascension* pareille[3]. Mais quand l'effort des adversaires politiques et de leurs armées se fut porté sur l'Alsace, quand la misère y devint toujours plus grande et que les élèves cessèrent d'arriver du dehors, tandis que, d'autre part, la République avait besoin de toutes ses ressources pour payer ses mercenaires, pour refaire ses remparts et sustenter ses bourgeois appauvris, une nouvelle « réforme du Gymnase » se produisit, née peut-être, à l'origine, du besoin de faire des économies, bien plus que du désir de réaliser quelques progrès pédagogiques. Cependant, comme le Magistrat chargea de cette opération difficile trois hommes de mérite, le coryphée de l'Université d'alors, Mathias Bernegger, à la fois historien, philologue et mathématicien, et deux jeunes théologiens, devenus célèbres, eux aussi, bientôt après, Dannhauer et Dorsche, cette « réforme », malgré les motifs financiers, ne laissa pas, dans une certaine mesure, de tourner au profit de l'École de Sturm, encore qu'elle la diminuât dans son cadre extérieur.

1. Bünger, *Bernegger*, p. 285.
2. Programme de Pâques 1627. (Archives de Saint-Thomas.)
3. « *Aber wie wirt das gesetz gehalten ?* » disait Brulow lui-même en 1619. « *Da komen die discipuli oftmal für die class mit den eltern: Mein sohn ist gross, ist ein gants iahr allhie gesessen, also soll und muss er progrediren. Gott gebe was das gute sœhnlein kann !* » (Fournier-Engel, p. 374.)

Nous avons vu que le Gymnase comptait jusque-là dix classes ou *curies*. Après la réforme de 1634, il n'y en eut plus que sept. La Xe et la IXe formèrent dorénavant la *septième*, la VIIIe devenait la *sixième*, la VIIe la *cinquième*, la VIe la *quatrième*. La Ve et la IVe combinées s'appelèrent dorénavant la *troisième*, l'ancienne IIIe devint la *seconde* et les IIe et Ire d'autrefois formèrent la nouvelle *première*. Cette diminution du nombre des classes devait être fatale à l'enseignement secondaire strasbourgeois comme à l'enseignement supérieur, parce qu'elle ne fut pas accompagnée d'un correctif absolument nécessaire, savoir la fixation d'une limite d'âge plus élevée pour entrer à l'École. Aucun petit Strasbourgeois ne commença ses études plus tardivement après 1634 qu'avant cette date. On ne sut pas davantage être un peu plus sévère qu'autrefois pour les élèves qui demandaient à être promus d'une classe à l'autre et le résultat inévitable du nouvel arrangement fut que, désormais, les « étudiants » de 14 à 16 ans se rencontrent nombreux dans les rangs de la jeunesse académique et le restèrent jusqu'après la Révolution. On comprend qu'il était difficile d'approfondir avec de pareils « rhétoriciens » ou « philosophes » n'importe quelle branche de la science, sur les bancs de l'école et plus difficile encore de les initier, dès le début, aux études universitaires, telles qu'on les comprend aujourd'hui [1].

Les sept classes nouvelles continuèrent à être divisées en deux groupes, dont l'un était formé par les trois classes inférieures ou élémentaires, l'autre par les quatre curies supérieures. Le nombre des maîtres fut naturellement diminué, lui aussi, mais en même temps ils virent leurs attributions modifiées. Le Gymnase supérieur compte dorénavant cinq professeurs, dont l'un porte également le titre de directeur (*gymnasiarcha*) ; c'est le professeur de logique (*logicus*) ; après lui venaient le professeur de rhétorique (*rhetoricus*), celui de grammaire grecque (*grammaticus graecus*), et deux professeurs de grammaire latine (*grammatici latini*), dont l'un était chargé de traduire et de commenter les prosateurs et l'autre les poètes. Des chargés de cours spéciaux enseignaient les mathématiques, le catéchisme et la musique. Les trois classes élémentaires avaient chacune son titulaire qui y était chargé de l'enseignement tout entier [2]. C'était

1. Ce fut la raison principale pour maintenir pendant tout le XVIIe et le XVIIIe siècle la tradition qui exigeait des étudiants trois à quatre années d'études philosophiques générales et d'ordinaire aussi le grade de maître ès arts, avant qu'ils pussent aborder leurs études spéciales de théologie, de médecine ou de droit.
2. *De reformatione et restauratione Gymnasii Argentoratensis auctoritate et decreto Senatus Reipublicae... facta.* Argentorati, typis Glaser, 1634, 4°.

une économie notable de temps pour les élèves qui désiraient parcourir toutes les classes de l'École ; il y avait également économie de professeurs et, sous ce rapport, le budget de l'État et les finances des parents étaient incontestablement soulagés. On peut constater de plus un certain progrès dans la distribution des matières d'enseignement et les règlements nouveaux portent très visiblement la trace des efforts faits par Bernegger pour fortifier les études et les améliorer. Mais que peuvent les meilleurs règlements contre la routine, une fois qu'elle a poussé de trop profondes racines ? L'esprit d'initiative fait défaut au corps enseignant; il ne sait plus se plier à de nouvelles méthodes et, de prime abord, elles l'effrayent.

Il restait d'ailleurs un grave inconvénient auquel la réforme de 1634 avait à peine touché. L'enseignement du Gymnase pouvait répondre, à la rigueur, aux besoins de ceux qui voulaient suivre une carrière scientifique. Mais c'était, en somme, une minorité dans la jeunesse strasbourgeoise. Pour les fils de bourgeois qui, désireux d'obtenir un peu mieux que l'enseignement primaire, — on verra tantôt combien ce dernier était élémentaire ! — suivaient les cours du Gymnase, cette accumulation de leçons au service des langues mortes ne pouvait être d'aucune utilité, et cependant c'était l'unique école secondaire de la République. On comprend fort bien que beaucoup de pères de famille aient trouvé le programme suivi très peu pratique et que plus d'un des maîtres eux-mêmes, dans son for intérieur, ait douté de l'utilité de l'enseignement qu'il était obligé de donner. N'en sommes-nous pas également un peu là, de nos jours ?

Ces essais de réforme furent d'autant moins poursuivis au milieu de la barbarie croissante et de toutes les horreurs d'une guerre qui semblait ne devoir finir jamais, que l'indifférence du public pour les questions pédagogiques était forcément plus grande au moment où chacun risquait de mourir de faim. On avait tant de peine à maintenir un peu de discipline parmi les écoliers, en ce temps d'agitations incessantes et profondes, qu'on renonça facilement à des améliorations coûteuses ou très discutées. Surtout après que Bernegger fut mort (1642), l'influence croissante des théologiens de la stricte observance n'eut plus de contrepoids, et une orthodoxie sans tache suffit désormais pour couvrir, aux yeux du Convent ecclésiastique et du Magistrat, toutes les lacunes scientifiques, pédagogiques et autres qu'on aurait pu signaler dans le programme et la marche de l'École. Encore se trouvait-il parmi eux des zélateurs pour affirmer qu'on s'y occupait toujours trop des philosophes et des poètes païens, ne consacrant au Christ que quelques heures par semaine dans le catéchisme et tous les trois mois seulement un sermon [1] !

Dès le commencement du XVIIe siècle et sans doute auparavant déjà, on avait été obligé de recommander la modestie aux élèves et l'amour de l'ordre aux professeurs. Certains maîtres restaient parfois de longs quarts d'heure à déambuler sous les arceaux ombreux du vieux cloître des Dominicains, pour faire la causette, alors qu'ils auraient dû siéger dans leur chaire; des élèves arrivaient en classe, en pourpoints à la militaire, chapeaux à plume, collerettes godronnées, leurs cheveux élégamment bouclés et plus semblables à des cavaliers et à des soldats qu'à des disciples des Muses. Il fallait les menacer du cachot et des verges pour les empêcher d'entrer en classe, le poignard à la ceinture [2] ! Ils fréquentaient aussi déjà les brasseries, les confiseurs et les pharmaciens [3]. Plus tard, sous l'influence de l'atmosphère ambiante, ce fut bien pis. On avait beau conduire cette jeunesse au culte tous les dimanches, composer pour son édification des sermons scolaires spéciaux (*Schulpredigten*), elle laissait beaucoup à désirer, non seulement au point de vue du zèle, mais aussi de la conduite [4], et les surveillants rigides de la morale publique affirment qu'on pourrait remplir des volumes entiers de plaintes à son égard et « qu'elle craint beaucoup plutôt les solécismes en grammaire qu'en éthique [5] ».

Combien l'École avait perdu déjà de son ancien éclat, de sa vitalité même, on put s'en rendre compte lors de la célébration de son premier jubilé séculaire, en 1638. C'était au lendemain des terribles famines qui avaient désolé l'Alsace ; les temps étaient trop durs pour qu'on voulût fêter ce jour solennel par des représentations dramatiques ou par d'autres fêtes coûteuses. Mais c'est moins l'éclat purement extérieur que l'entrain moral, la foi confiante en l'avenir, qui font défaut. Malgré la pénurie du Trésor public, une joie légitime

---

1. Un sermon *spécialement prêché* pour l'École, car nous venons de voir que la fréquentation du prêché était obligatoire tous les dimanches pour les écoliers.
2. Règlement de 1604. Fournier-Engel, p. 340.
3. Pour comprendre ce détail, il faut se rappeler qu'au XVIIe siècle on allait chez l'apothicaire déguster un vin épicé, quelque liqueur étrangère, ou grignoter un fruit confit.
4. On peut consulter pour l'époque de 1630 à 1640 le recueil de sermons du professeur Jean Schmidt, *Vom geistlichen Schulbrunnen* (Strassburg, 1641, 4°) prêchés en 1638, et celui de son collègue plus jeune, Sébastien Schmid, imprimé à Strasbourg en 1687, intitulé *Die rechte Kinderzucht*.
5. Horning, *Dannhauer*, p. 202.

aurait pu réchauffer les cœurs ; mais dans les innombrables discours tenus dans l'enceinte académique par J.-H. Bœcler, le recteur de l'Université ; par le directeur du Gymnase, Bach; par Samuel Gloner, l'un des doyens du corps enseignant de l'École, comme dans les sermons prononcés à la Cathédrale par le président du Convent ecclésiastique, le docteur Jean Schmidt, c'est la note élégiaque et mélancolique qui domine, la crainte de voir périr bientôt aussi cette vieille création des ancêtres, « alors que tant d'académies et d'écoles célèbres ont sombré déjà, nefs en détresse, sur les flots furieux de la guerre présente », le sentiment troublant de la juste et légitime colère de Dieu, visitant les péchés des pères coupables sur les enfants dégénérés[1].

On n'a pas tenté, pendant tout le reste du XVIIe siècle, de modifier encore une fois, plus profondément, la marche et les programmes du Gymnase. Il est resté jusqu'à la fin une *école latine*, où toutes les branches de l'enseignement actuel, en dehors des deux langues classiques, des mathématiques élémentaires et de la religion, étaient à peu près absentes. Le conservatisme à outrance, qui est le signe particulier du microcosme strasbourgeois durant la seconde moitié du XVIIe et presque tout le XVIIIe siècle, n'est nulle part plus apparent que dans le domaine scolaire. La réunion à la France, en 1681, ne modifie en rien l'état de notre école ; tout au plus empêche-t-elle de faire venir dorénavant, — ainsi que cela arrivait encore assez souvent jusque-là, — des maîtres et des directeurs du dehors. Les livres d'enseignement restent toujours les mêmes. Un demi-siècle après la rédaction des rapports présentés par les hommes les plus compétents sur la nécessité de les changer, on réimprime encore les antiques manuels, datant en partie d'avant Sturm, les *Distiques* de Caton avec les notes du grand humaniste, les *Rudimenta* de la grammaire latine et l'*Epitome* de Théophile Golius, les *Questions et Réponses sur les six chapitres du catéchisme de Luther*, etc.[2]. On peut même affirmer que nous les retrouverions tous ou à peu près tous, en nous avançant d'un second demi-siècle vers les temps modernes.

C'est en 1734 seulement, après plus de cinquante années de domination française, que l'on se mit à discuter plus à fond la question de savoir si l'enseignement du français ne serait pas désirable ou même

---

1. *Strassburgischen Gymnasii Christliches Jubelfest, 1638*. Strassb., Zetzner, 1641, 4°. Le Magistrat était si pauvre à ce moment qu'il dut attendre trois ans avant d'avoir les fonds nécessaires à la publication de la relation officielle du Jubilé.
2. Demande d'un nouveau privilège pour l'impression de ces volumes faite par Josias Stædel. (XXI, 23 août 1669.)

nécessaire, et c'est en 1753 que, pour la première fois, plus d'un siècle et demi après le départ de Morel[1], il prend ou reprend sa place au programme. Il a fallu la Révolution et la Terreur pour que l'histoire, la géographie, l'allemand, un peu d'histoire naturelle et de mythologie vinssent figurer à leur tour sur le tableau des leçons de l'école[2].

§ 2. AUTRES ÉTABLISSEMENTS PROTESTANTS D'ALSACE

Il est assez indiqué de parler d'abord des autres établissements d'instruction secondaire protestants en Alsace, parce que tous ils ont été plus ou moins établis, bien que dans des proportions plus modestes, sur le plan de celui de Strasbourg. Parmi eux, le *Gymnase évangélique* de Colmar occupait sans contredit la première place au XVIIe siècle. Il est sorti de l'École de la Cathédrale (*Münsterschule*) qui fut l'école secondaire ou latine de la ville impériale au siècle précédent ; ouvert en 1604, sous la régence du stettmeistre Wetzel, sur la proposition des deux scolarques Linck et Schott, et de l'avis du pasteur principal Socin, ainsi que le rappelle une inscription contemporaine[3], il fut installé dans les bâtiments de l'ancien hôpital, aménagés par un architecte de Stuttgart. Il était naturellement soumis à l'autorité du Magistrat et régulièrement inspecté par des *visiteurs* ecclésiastiques et laïques, désignés par lui. Issu du mouvement de la Réforme si longtemps contrarié à Colmar, il portait dans son programme et ses règlements le cachet de son origine et partagea toutes les vicissitudes des doctrines nouvelles dans la cité. Après l'édit de Restitution, les Capucins et les Jésuites occupèrent l'établissement en 1629, et c'est en mars 1633 seulement, après la prise de la ville par les Suédois, que l'enseignement régulier put y recommencer[4].

Les humanités, au sens restreint de ce mot, et la théologie se partageaient les heures des élèves et le travail des maîtres, dirigés par un *gymnasiarque*, qui semble avoir été, jusqu'à la Révolution,

---

1. En 1592, François Morel avait été chargé d'un cours de langue française à l'École, mais faute d'auditeurs payants, il quitte Strasbourg bientôt après. (*Strassburgischen Gymnasii... Jubelfest*, p. 299.)
2. Voy. Rod. Reuss, *Histoire du Gymnase protestant de Strasbourg pendant la Révolution*. Paris, 1891, 18°. — A plus forte raison, les exercices corporels n'existent pas au programme d'alors.
3. Elle existe encore aujourd'hui au Musée de Colmar. (Kraus, *Kunst und Alterthum in Elsass-Lothringen*, II, p. 2.) — Voy. aussi J. Liblin, *L'ancien Gymnase de Colmar*, Colmar, Decker, 1865, 1 broch. 8° avec planche.
4. Billing, *Kleine Chronik von Colmar*, p. 117.

un homme d'église. Les élèves étaient groupés en quatre classes ; ils avaient six leçons par jour, dont trois le matin et trois l'après-midi, qui se donnaient de six à neuf heures en été, de sept heures à dix heures du matin en hiver, et le soir de midi à trois heures, en tout temps. Chaque journée scolaire commençait et se terminait par une prière. Le latin et le grec formaient le fond du programme ; on faisait faire de nombreux exercices écrits aux élèves, on les astreignait à former des cahiers d'expressions (*florilegia*), qui leur fournissaient des adages, des comparaisons, des métaphores, utilisables pour leurs compositions écrites ou leurs exercices oratoires ; ceux-ci se produisaient d'ordinaire tous les quinze jours, sous la forme d'une *disputation* ou d'une *déclamation*. A côté des langues classiques, l'enseignement religieux occupait une partie notable du temps des collégiens. On répétait à fond les différentes rubriques du catéchisme de Luther, d'après le manuel explicatif de Dietrich [1] ; chaque jour les élèves devaient lire à domicile au moins quatre chapitres de la Bible et en noter les plus beaux passages, pour les réciter ensuite en classe, au début de la leçon. Les futurs théologiens étaient tenus en outre de suivre le cours d'hébreu, qui se donnait une fois par semaine. Le dimanche, on les menait quatre fois à l'église et le professeur qui les y surveillait devait les examiner ensuite pour voir s'ils avaient attentivement suivi le prédicateur. Les sciences exactes ne figuraient point au programme, pas plus à Colmar qu'ailleurs, ni l'histoire, la géographie, les langues modernes ; nous le rappelons ici pour la dernière fois, car c'est le trait universel et constant de l'enseignement secondaire au XVIIe siècle.

Le Gymnase évangélique de Colmar possédait, en dehors et au-dessus de ses quatre classes, une classe supérieure, qui, sans donner un enseignement très approfondi, ni très développé, dépassait pourtant les rubriques ordinaires. Elle était destinée sans doute à fournir aux jeunes Colmariens, trop peu fortunés pour visiter les Universités voisines, une teinture générale des sciences. Dans cet *ordo publicus*, — c'est ainsi qu'on nommait la *Supérieure*, — on inculquait aux élèves la logique et la rhétorique, puis, on passait, « brièvement mais de façon claire et lucide », à la physique, à la métaphysique, aux mathématiques, à l'éthique, à l'économie politique et domestique et à la politique elle-même [2]. Nous ignorons malheureusement comment un

1. Il s'agit probablement des *Institutiones catecheticæ* du théologien hessois, Conrad Dietrich, né en 1575, professeur à Giessen, puis surintendant des Églises d'Ulm (1614) et directeur du Gymnase de cette ville, où il est mort en 1639.
2. *Colmarer Kirchen- und Schulordnung*, 1648, 4e, p. 238. Il existait un

si vaste programme se réalisait dans la pratique et quel profit en tiraient les petits Colmariens d'alors. Il est certain que la ville impériale a produit, au XVII° siècle, beaucoup de gens instruits et même distingués. On n'a qu'à rappeler quelques-uns de ses hommes politiques de l'époque de la guerre de Trente Ans, les Schott, les Mogg, les Balthasar Schneider, mais elle n'a guère produit de savants dont le développement ultérieur puisse fournir une preuve concluante de l'excellence des études qu'on faisait dans cette ville. Deux de ses directeurs ont joui d'une certaine réputation au XVII° siècle ; l'un est Christophe Kirchner, natif de Smalkalde, qui dirigea l'École de 1604 à 1627, et mourut à Bâle en 1628, après avoir été chassé par le parti catholique; sa *Chronique* inédite est conservée à la Bibliothèque de la ville de Colmar. L'autre est Joachim Klein, de Leipzig, auteur également de *Miscellanées colmariennes*, continuées par son fils Nicolas[1]; il mourut en 1662, après avoir dirigé le Gymnase pendant vingt ans « avec honneur et grande réputation ».

Une école plus modeste, mais qui, grâce à sa situation géographique, joua un rôle assez important dans la Haute-Alsace, c'est l'*École latine* de Riquewihr. Centre scolaire d'une petite enclave protestante au milieu de territoires tout catholiques, elle avait déjà derrière elle ses plus brillantes années au commencement du XVII° siècle. Fondée en 1536 par le duc Georges de Wurtemberg-Montbéliard, elle avait eu, depuis 1547, comme directeur, un savant bien connu de ce temps, Jean Ulstetter, Wurtembergeois de naissance. Mais plus tard, soit manque de fonds, soit manque d'élèves, elle baissa considérablement, si bien qu'à l'époque de la guerre de Trente Ans, elle ne semble plus avoir été qu'une école ordinaire[2]. Une réforme fut tentée; l'ancien régent fut dégradé et réduit au rôle de « maître d'école allemand » des petits garçons et des petites filles[3], tandis qu'un nouveau venu, Christophe Malacander (Süssmann?), était chargé de réorganiser l'enseignement classique, avec

règlement antérieur, imprimé chez Spanseil, à Colmar, en 1637, mais tous les exemplaires paraissent en avoir péri. — On jouait aussi parfois à Colmar des drames scolaires latins. (Voy. Billing, *Kleine Colmarer Chronik*, p. 98.)

1. Voy. sur Kirchner et Klein comme chroniqueurs, Reuss, *De Scriptoribus rerum alsaticarum historicis*, p. 151-152.

2. Il existe aux Archives de la Haute-Alsace (E. 468), une lettre du duc Louis-Frédéric, datée du 20 mars 1629, qui s'exprime de la façon la plus énergique sur « le triste et misérable état » de l'établissement et sur l'incapacité du directeur.

3. « Si au bout d'un an, dit le rescrit, il ne s'est pas corrigé, il sera définitivement renvoyé comme une *pestis scholarum et scholariorum*. »

le concours d'un « collaborateur », sur le modèle du collège de Montbéliard[1]. Mais malgré son beau nom, ledit Malacander ne réussit pas mieux que son prédécesseur et, les misères de la guerre augmentant, l'état de l'École latine, vers 1637, tel que nous le dépeint un rapport curieux, n'était guère plus satisfaisant qu'en 1629[2]. Elle était incorporée alors à une véritable école primaire, et les deux sections se réunissaient dans le même local, mais à des tables séparées. Il y avait deux maîtres, le directeur (*præceptor*) et son aide (*collaborator*), Wurtembergeois d'ordinaire tous les deux et théologiens ayant fait leurs études à l'Université de Tubingue. Le second de ces fonctionnaires, pour arrondir son maigre salaire, était généralement aussi diacre ou pasteur auxiliaire à Riquewihr.

La section latine ne comptait pas, en moyenne, plus de dix élèves. On leur enseignait les éléments de la grammaire, puis on passait aux parties du discours, et « *pro captu puerorum* », on leur faisait lire aussi des morceaux d'auteurs classiques. Les plus zélés d'entre les élèves tiraient de ces lectures de beaux sujets de composition[3] et se livraient à des « exercices de musique », ce qui signifie probablement qu'on leur apprenait à chanter. Mais les maîtres ne suivaient aucune méthode et la discipline faisait défaut au point que les parents se payaient un précepteur à domicile. On nous raconte que parfois les maîtres s'en allaient tout simplement en donnant des vacances ou que, durant les leçons, ils quittaient la classe pour aller boire et jouer aux cartes dans la chambre de l'un d'eux. Pendant ce temps, les passants effrayés ou surpris percevaient un vacarme affreux et les plus sauvages clameurs retentissaient dans le local scolaire abandonné. On nous assure aussi qu'il se passait quelquefois des semaines sans que les cahiers des élèves fussent examinés ; quand une fois, par hasard, le professeur, irrité de leur désobéissance, se fâchait et saisissait son bâton, les parents réclamaient, non sans raison, auprès de la seigneurie, contre ses coups de canne, ses coups de pied et les épithètes violentes dont il gratifiait leur progéniture[4].

En 1649, on promulgua derechef des règlements pour relever l'École au niveau de celle de Montbéliard ; elle devait employer dorénavant les mêmes livres scolaires, *Exercitia etymologiæ et syntaxeos*,

1. On lui offrait un traitement de 52 florins en argent, 13 quartauts de blé, et un foudre de vin. (A.H.A., E. 413.)
2. *Gravamina über die Reichenweyler'sche Schul*, 1637, dans Ed. Ensfelder, L'École latine de Riquewihr. (*Revue d'Alsace*, 1878, p. 78 ss.)
3. C'est ainsi que je comprends les mots « *feine argumenta componirt* ».
4. Il les appelait enfants du Diable (*Teufelskinder*), etc.

afin que les petits Alsaciens qui iraient apprendre le français là-bas, et les jeunes Comtois qui viendraient étudier l'allemand dans la seigneurie de Horbourg, pussent entrer sans trop de difficulté dans les classes parallèles de l'un et l'autre établissement. Les leçons avaient lieu comme à Colmar, de sept à dix heures, le matin, et de midi à trois heures. Deux heures d'arithmétique par semaine étaient l'unique concession faite aux sciences exactes ou naturelles. Chaque classe avait son *coryphée* qui surveillait ses camarades et leur faisait réciter leurs leçons. Là aussi les élèves de la section classique étaient tenus de parler entre eux le latin ; il leur était même défendu, pour cela, de frayer avec ceux de la section allemande. Le règlement leur prescrit encore de ne pas garder leurs couvre-chefs pendant les leçons ; de ne pas manger en classe (sauf les tout petits qui pouvaient assouvir leur faim) ; de ne pas raconter à la maison ce qui se passait à l'école, ni surtout de se plaindre des professeurs. Les élèves sont également astreints à bien se laver et à se peigner ; les enfants « affectés de gale, d'épilepsie, ou révérence parlant, de poux », ne doivent pas être admis.

L'enseignement religieux prenait sa large part du tableau des leçons. On lisait et on apprenait en classe les psaumes, les proverbes de Salomon ; on y récitait aussi les chapitres du catéchisme composé par le théologien wurtembergeois Jean Brentz, et des passages choisis de la Bible. Le dimanche les élèves étaient conduits au culte, puis interrogés sur le sermon qu'ils venaient d'entendre. Signalons un détail que nous n'avons point rencontré ailleurs. Le jeudi et le samedi après-midi on les menait à la promenade, parfois du côté de la colline qui s'appelle encore aujourd'hui la Butte aux Verges (*Ruthenbückele*) ; c'est là qu'on allait quérir au printemps, quand la sève nouvelle gonflait les ramures des bouleaux, la provision des instruments nécessaires au maintien de la discipline dans l'école.

Dans la Basse Alsace, en dehors de Strasbourg, le plus important des établissements secondaires protestants était le Gymnase de Bouxwiller. C'est en 1612 que le comte Jean-Regnard Ier de Hanau-Lichtenberg réalisa le projet de donner aux populations de ses territoires alsaciens un centre d'instruction scientifique. Les débuts en furent bien modestes ; il n'y eut d'abord que trois professeurs, dont l'un portait le titre de *recteur*. Mais en 1614 déjà, on leur adjoignit un quatrième précepteur, qui devait, il est vrai, fonctionner en même temps comme organiste à l'église paroissiale[1]. Placé sous le

1. Kiefer, *Pfarrbuch*, p. 26. Ce dernier venu avait un traitement de 10 florins en argent, de 4 quartauts de froment, 6 quartauts de seigle, un demi-foudre de vin, et le logement gratuit.

contrôle d'une commission administrative composée de deux ou trois conseillers de la Régence de Bouxwiller, du pasteur et du diacre de la localité, le nouvel établissement fut d'abord assez prospère, mais la guerre de Trente Ans, qui amena de fréquentes occupations et plus d'un pillage de la petite résidence hanovienne, lui fut fatale, comme à tant d'autres établissements analogues. De 1640 à 1647 on peut à peine dire que l'école existe encore, car elle n'a plus qu'un seul maître; les autres sont morts ou ont quitté. Ce n'est qu'en 1648 qu'on trouve les fonds nécessaires pour en nommer un second ; en 1658 on réinstalle le troisième, et en 1660 enfin le chiffre de 1614 est atteint de nouveau, le directeur étant doublé dès lors par un directeur-adjoint ou *conrecteur*. Louis XIV désirant que les souverains étrangers possessionnés n'y appelassent plus à des fonctions publiques que des régnicoles, la plupart des professeurs furent, à partir de ce moment, des enfants du pays, et presque tous des théologiens. Aussi le Gymnase de Bouxwiller devint-il et resta-t-il pendant fort longtemps une pépinière d'étudiants en théologie pour l'Université de Strasbourg et de pasteurs pour toute l'Alsace protestante. C'est très exceptionnellement qu'il produisit d'autres hommes distingués, du moins au XVIIe siècle[1]. Cette direction spéciale, plus accentuée peut-être encore au XVIIIe, fit de l'École hanovienne comme une sœur cadette de celle de Sturm ; quand, en 1720, on lui adjoignit deux nouveaux professeurs, quand surtout, en 1735, le dernier comte de Hanau-Lichtenberg, Jean-Regnard III, porta le chiffre des membres du corps enseignant à huit, les deux écoles marchèrent presque de pair, sinon pour le chiffre des élèves, du moins pour leur réputation professionnelle. En tout cas, le programme des leçons de la cadette ressemble assez à celui de l'aînée pour que nous n'ayons pas besoin de nous y arrêter ici; ce serait presque une répétition de ce que nous avons dit du Gymnase de Strasbourg.

A Wissembourg, il y avait également, au XVIIe siècle, une école latine, qui paraît avoir été fort insignifiante et, simple prolongation de l'école primaire, n'avoir point eu de classes superposées plus nombreuses. Il est certain qu'elle ne comptait d'ordinaire qu'un seul maître ; celui-ci n'était même pas toujours domicilié dans l'enceinte de la ville impériale, ce qui prouve bien que sa tâche n'était pas très absorbante. Vers 1620, c'était un Hessois, Jean Ort, qui remplissait ces fonctions, tout en étant pasteur à Schweigen, localité du voisi-

1. On peut nommer pourtant le naturaliste Balthazar de Lindern, l'auteur de l'*Hortus alsaticus*, mort en 1755.

nage. En 1640, c'est un Badois, Pierre Bilfinger, qui s'intitule « recteur de l'École latine », sans que nous sachions s'il occupait, lui aussi, des fonctions ecclésiastiques à côté de son poste scolaire. En tout cas, l'on peut affirmer que ses prédécesseurs, comme lui-même, et sans doute aussi ses successeurs, ont été des théologiens protestants, tout au moins jusqu'aux arrêts de réunion de la Chambre de Brisach.

L'École latine de Landau était beaucoup plus considérable. Fondée au XVIe siècle, après que la ville eut passé à la Réforme, elle possédait dès 1561, trois classes et trois régents, dont le plus ancien portait le titre de recteur. Il jouissait d'un traitement de cent florins, tandis que ses deux collègues n'en touchaient que cinquante-cinq et quarante-cinq par an; chacun d'eux encaissait en plus le tiers de l'écolage. Deux des membres du Magistrat, prenant le titre de *scolarques*, étaient chargés de la surveillance de l'établissement, et nommaient, aux places vacantes conjointement avec les pasteurs de la localité[1]. A Landau d'ailleurs, comme à Wissembourg et comme à Riquewihr, les professeurs avaient aussi des fonctions pastorales à remplir, le second était ministre à Queichheim, le troisième desservant à Dammheim, deux villages appartenant à la ville de Landau. L'un des deux maîtres jouissait d'un modeste supplément de dix florins par an pour donner des leçons de chant aux élèves qu'on employait comme choristes au service dominical. Les malheurs continuels qui frappèrent Landau pendant presque toute la durée du XVIIe siècle, amenèrent forcément la décadence et la ruine de l'école qui, dès 1603 d'ailleurs, donnait peu de satisfaction aux gouvernants, car ils chargèrent les ecclésiastiques alors en fonctions d'élaborer un plan de réformes[2].

Il se pourrait qu'en dehors des établissements d'instruction secondaire luthériens que nous venons d'énumérer, il y en ait eu l'un ou l'autre encore, durant la période qui nous occupe ici. Mais en tout cas, s'ils ont existé, ils n'eurent qu'une sphère d'activité infiniment restreinte et n'ont marqué en aucune façon dans l'histoire de l'instruction publique de notre province.

§ 3. ÉTABLISSEMENTS CATHOLIQUES DIVERS

L'enseignement secondaire dans les contrées catholiques de l'Alsace, tel que nous le rencontrons dans les établissements existant au XVIIe siècle, est d'origine plus récente que la plupart des écoles

1. Lehmann, *Landau*, p. 145-151.
2. Id., *ibid.*, p. 166.

énumérées plus haut. Ce n'est pas, bien entendu, que l'Alsace catholique n'ait possédé des écoles latines longtemps avant la Réforme ; tout le monde connaît celle de Schlestadt, si célèbre. On pourrait nommer encore celle de Haguenau, sans compter les diverses écoles claustrales de Strasbourg lui-même, existant avant le XVIe siècle. Mais les collèges dont nous avons à parler maintenant ne remontent pas si haut et ne se rattachent nullement par une tradition constante à ces centres d'éducation du moyen âge. Ainsi l'école de Schlestadt a péri, soupçonnée d'hérésie et son dernier directeur dut émigrer à Strasbourg[1]; l'École de Haguenau, si connue et d'une foi catholique si irréprochable, sous la direction de Jérôme Guebwiler (✝1545)[2], a passé dans la seconde moitié du XVIe siècle entre les mains des hérétiques, etc. Les vrais créateurs de l'enseignement classique en Alsace, parmi leurs coreligionnaires, ont été, comme partout, les Pères de la Compagnie de Jésus, et ils n'y ont ouvert leurs premiers établissements scolaires qu'assez tard, dans les deux dernières décades du XVIe siècle; la plupart ne datent même que du siècle suivant. En dehors des collèges des Jésuites, il y a bien eu quelques autres écoles latines, mais d'une importance trop secondaire pour que nous ne parlions pas tout d'abord de ceux-là.

Dans la Basse Alsace nous trouvons les collèges de Molsheim, de Schlestadt et de Haguenau, dans la Haute Alsace ceux de Colmar et d'Ensisheim, auxquels l'on peut joindre encore la classe latine de la résidence de Rouffach.

Le *Collège épiscopal* de Molsheim est le premier en date. Il a été fondé par les soins de l'évêque de Strasbourg, Jean de Manderscheid; fervent adversaire de l'hérésie, bien qu'il fût né d'une mère protestante, le comte Jean de Manderscheid s'était adressé, par lettre du 4 février 1579, au R. P. Hermann Thyræus, supérieur de la province du Rhin, à Cologne, pour le prier de venir conférer avec lui dans sa résidence de Saverne, au sujet de la création d'une pépinière de jeunes lévites. Le R. P. François Coster, successeur du P. Thyræus, envoya bientôt deux de ses subordonnés à l'évêque, pour accepter la mission qu'il entendait leur confier, et l'un d'eux, le P. Adrien Luff, fut dirigé sur Rome, afin de solliciter le consentement du

---

1. Voy. G. F. Walther, *Histoire de la Réformation et de l'École littéraire à Sélestadt*, Strasb., 1843. 4°. — W. Strüver, *Die Schule zu Schlettstadt*, Leipzig, 1880, 8°. — P. Kalkoff, *Jakob Wimpheling und die Erhaltung der katholischen Kirche in Schlettstadt.* (*Zeitschrift f. G. d. Oberrheins*, 1897-1898.)

2. Sur Guebwiler voy. Charles Schmidt, *Histoire littéraire de l'Alsace*, II, p. 165 ss., et Reuss, *De Scriptoribus rerum alsaticarum*, p. 80 ss.

général de l'Ordre. L'autorisation ayant été obtenue, le nouvel établissement fut organisé et son règlement arrêté sous la date du 12 mars 1580. Quelques jours après, le R. P. Jacques Ernfelder, de Spire, ouvrait les cours du collège de Molsheim avec trois élèves, dans les salles de l'ancien hôpital de la petite ville épiscopale ; il avait été offert par Jean de Manderscheid, comme local scolaire, en sus d'une dotation de 2,000 florins de rente[1].

Tels furent les modestes débuts d'une école destinée à devenir au siècle suivant, le boulevard du catholicisme en Alsace. Dès le début, on avait courageusement prévu cinq classes de grammaire, de rhétorique et d'humanités ; on n'avait pas eu tort, car à la rentrée du 3 novembre 1580 on comptait 84 élèves dont plusieurs, appartenant à des familles nobiliaires de la province, devaient vite attirer la vogue aux habiles professeurs de la Compagnie. Les deux traits distinctifs de leur système pédagogique se marquent dès ces premiers pas, à Molsheim, comme ailleurs ; pour plaire aux esprits plus mondains, ils font jouer à leurs élèves une comédie devant leur protecteur l'évêque ; pour satisfaire au sentiment de mysticisme et de dépendance religieuse, ils les groupent en une Congrégation de la Sainte-Vierge.

Mais le nouveau Collège était appelé à de plus hautes destinées. Dès 1592, il était transformé, ou plutôt on lui superposait un Grand-Séminaire, sous le rectorat du P. Théodore Busæus ; cependant cet établissement ne fut définitivement fondé que par une charte du cardinal-évêque Charles de Lorraine, datée du 30 mai 1607 et fut installé dans les bâtiments de l'ancienne Monnaie épiscopale. On devait y recevoir les jeunes gens de quinze à seize ans, nés en légitime

---

1. Celui qui voudra quelque jour écrire en détail l'histoire du Collège de Molsheim trouvera de nombreux matériaux aux Archives de la Basse-Alsace, correspondance de Jean de Manderscheid avec le P. Thyræus, ébauches des statuts primitifs (D. 3), correspondance avec le général de l'Ordre, Acquaviva, pour avoir des régents (D. 7), actes, programmes, etc., de 1605 à 1713 (D. 10, 11, 15). On y trouve aussi en quatre volumes in-folio (D. 176, 177, 178, 179) les titres de toutes les rentes et revenus du Collège. Il existait une relation historique très complète, l'*Historia Collegii Societatis Jesu Molshemici*, qui allait des origines à 1765 ; mais le premier volume (1580-1704) semble perdu aujourd'hui. Quant au second (1704-1765), il subsiste, mais M. l'abbé Paulus, qui en parle, ne dit pas en quel endroit. Il existe sur le sujet un autre travail manuscrit, la *Synopsis ortus et progressus Collegii Societatis Jesu Molshemici, 1577-1636*, 4°, cité par M. Paulus, *Nouvelle Revue catholique d'Alsace*, 1886, p. 94. L'*Histoire du Collège épiscopal de Molsheim* insérée dans l'ancienne *Revue catholique d'Alsace* (1867, p. 325, 472 ; 1869, p. 389, 464) n'est que la première partie d'un manuscrit intitulé *Recueil des principaux événements du Collège épiscopal de Molsheim*, rédigé vers 1780, et que M. l'abbé P. Mury voulait publier en entier.

mariage sur les terres de l'évêché de Strasbourg et disposés à embrasser la vie ecclésiastique[1]. Pour augmenter les ressources de l'établissement, un ordre de l'évêque Léopold, successeur de Charles, ordre daté de Saverne, 15 juillet 1613, décidait que toutes les amendes dont seraient frappés les ecclésiastiques du diocèse serviraient à créer des bourses pour les étudiants pauvres[2]. Enfin, comme nous l'avons vu au chapitre précédent, une bulle du pape Paul V, du 1er février 1617, transforma le collège épiscopal en une Académie, sur la demande du même archiduc Léopold d'Autriche. A partir de ce moment, le Collège s'efface tout naturellement devant l'institution plus importante, installée dans la même localité, mais il continue néanmoins à prospérer, et s'il souffre, comme l'Académie, des luttes et des misères de la guerre de Trente Ans, il sait se procurer aussi, de bonne heure, des protecteurs puissants[3] et arrive, bien doté[4] et suffisamment fréquenté, jusqu'aux premières années du XVIIIe siècle. Même après le tranfert de l'Académie à Strasbourg (1701), l'établissement secondaire reste dans la petite localité qui fut son berceau et y vit, tranquille et prospère, jusqu'à la suppression de l'Ordre en Alsace.

Un heureux hasard nous a conservé l'un des programmes d'enseignement de Molsheim, datant de la fin du XVIe siècle[5]. On sait avec quelle persévérance la Compagnie maintenait ses traditions pédagogiques et autres; il est donc permis d'admettre qu'au XVIIe siècle aussi, la marche des études n'était guère différente. Dans la cinquième classe (*seu Infima*), les élèves apprendront les premiers rudiments du latin, le catéchisme de Pierre Canisius et se

---

1. O. Berger-Levrault, *Universités*, p. civ. — Une copie s'en trouve aux Archives de la Basse-Alsace, G. 1465, avec la Règle et l'*Ordo domus*.
2. « *Ut omnes mulctæ a personis ecclesiasticis persolvendæ in Leopoldianum nostrum derivantur.* » (A.B.A., G. 1465.)
3. Aux Archives de la Basse-Alsace (D. 9), on ne trouve pas moins de trois lettres de recommandation ou de protection pour le Collège, signées par Louis XIII, l'une adressée au rhingrave Othon et au duc de Longueville, de Chantilly, 30 août 1634, l'autre, datée de Châlons, 19 septembre 1635, la troisième de Saint-Germain-en-Laye, 19 avril 1641.
4. On peut se rendre compte des terres léguées et des revenus considérables advenus au Collège en moins de quarante ans, en feuilletant aux Archives de la Basse-Alsace (D. 176) le volume *Index titulorum originalium... et onerum Collegii Societatis Jesu Molsemii quæ habuit initio anni Domini 1617*. A côté des redevances en nature (céréales, vins, bois, fourrages) il y a une vingtaine de colonnes de débiteurs, auxquels on a prêté de l'argent.
5. Archives de la Basse-Alsace, G. 1829. Grand placard imprimé (1582), portant au haut les images de la Sainte-Vierge, de saint Arbogast et de saint Georges, au bas les armes de l'évêché.

livreront à différents « exercices scolaires ». Durant les quatre derniers mois, on leur expliquera quelques règles générales d'étymologie. En quatrième (*seu Etymologia*), on expliquera les genres d'après Despautères[1], on lira quatre livres de *Lettres choisies de Cicéron*, on fera des exercices, en répétant les rudiments du latin, et dans les quatre derniers mois on étudiera certaines règles de syntaxe. En troisième (*seu Syntaxis*), on étudiera la *Syntaxe* de Jean Despautères, les *Epistolæ familiares* de Cicéron, les *Tristes* d'Ovide; on fera des exercices et, vers la fin de l'année, on abordera la *Prosodie* de Despautères. En seconde (*seu Poëtica*), on reprendra cette même *Prosodie*; on lira le troisième et le cinquième livre de l'*Énéide*, le *De Officiis* de Cicéron, l'*Histoire* de Justin; durant les quatre derniers mois on entamera la *Rhétorique* du P. Cyprien Soarius[2]; en première (*seu Rhetorica*), explication de Cicéron, surtout les discours *Pro Milone*, *Pro domo sua*, *Ad Quirites post reditum*, le *De Oratore*, l'*Histoire* de Florus, la *Rhétorique* de Soarius, et, dans les derniers mois, la *Dialectique* d'Augustin Hunnæus[3]. L'étude du grec commençait en seconde seulement; on y étudiait la *Grammaire* de Nicolas Clénard[4] et on lisait en même temps le traité de Plutarque sur l'*Éducation des jeunes gens;* en rhétorique, on continuait le cours par l'étude de la *Syntaxe* de Clénard et par la lecture des *Olynthiennes* de Démosthène, ainsi que du premier chant de l'*Iliade*. Ce n'était pas, on le voit, pousser bien loin la connaissance de l'une ni de l'autre des littératures classiques. Le samedi de chaque semaine était consacré principalement aux leçons de religion; on y interprétait le catéchisme et l'Évangile du dimanche suivant; d'ailleurs, les élèves étaient tenus d'assister tous quotidiennement à la messe, « afin que leurs études fussent basées, avec l'aide de Dieu, sur le fondement de la vertu et de la vraie foi catholique[5] ».

L'enseignement donné par les Révérends Pères dans leurs

1. Grammairien flamand, mort en 1520, dont les *Grammaticæ institutionis rudimenta*, le *Libellus de carminum generibus*, etc., ont été souvent réédités et restèrent en usage, plus ou moins transformés, jusqu'au XVIIIe siècle.
2. Le P. Cyprien Soarius, ou plutôt Suarez, était un Jésuite espagnol, né vers 1520, qui professa à Évora, puis à Alcala et mourut à Plaisance en 1593. Il s'agit ici, soit de son livre *De Arte dicendi*, soit de ses *Fabulæ rhetoricæ*.
3. Augustin Hunnæus, né à Malines, en 1521, professeur à Louvain, mort en 1577.
4. Nicolas Clénard, humaniste brabançon, professeur à Louvain, puis à Salamanque, mort à Grenade, en 1542.
5. « *Atque ut hic studiorum labor et vero catholicæ fidei probatisque fundamento et divino auxilio nitatur, omnes quotidie sacrosanctum missæ officium, catechismi etiam*, etc. » (A.B.A., G. 1829.)

collèges est connu dans tous ses détails, comme leurs méthodes d'instruction et leur système pédagogique, partout semblables d'un bout de l'Europe catholique à l'autre. Ils l'ont appliqué en Alsace avec le même succès qu'autre part, se créant par leurs mérites incontestables comme aussi par leurs graves défauts, une clientèle nombreuse, influente et dévouée. On peut dire, sans rien exagérer, que c'est la Compagnie de Jésus qui a façonné l'esprit et la conscience des nouvelles générations catholiques de la province, au moins parmi les classes dirigeantes, dans la seconde moitié du XVIIe et pendant la majeure partie du XVIIIe siècle [1].

Le second collège des Jésuites en Basse-Alsace est celui de Haguenau. L'école latine de cette ville a passé par de curieuses péripéties au XVIe et au XVIIe siècle, tout comme la population de cette ville elle-même. Après avoir été dirigée par de fervents catholiques, jusque vers le milieu du siècle, nous la voyons entre les mains de régents luthériens vers 1575, mais elle ne cesse pas, semble-t-il, d'être mixte par sa population scolaire. Peu avant ou peu après 1600, — vraisemblablement en 1602, — les catholiques recommencent à y prendre pied, d'une façon très modeste, il est vrai, dans la personne d'un maître agrégé (*collaborator*). On comprend que cela ne leur ait pas suffi longtemps. Dès 1604, des membres catholiques du Magistrat de la ville impériale entrèrent en négociations avec les Jésuites de Molsheim et leur demandèrent de venir fonder un nouveau collège à Haguenau. Les Révérends Pères ne jugèrent pas, sans doute, le moment propice pour une création de ce genre, car ils déclinèrent ces ouvertures et jusqu'en 1607 la situation antérieure se prolongea, c'est-à-dire que l'École latine eut un *recteur* évangélique, assisté de deux aides ou *proviseurs*, appartenant aux deux cultes. Mais le recteur étant alors tombé gravement malade et son aide catholique étant mort à ce moment, le Magistrat décida que l'un et l'autre seraient remplacés par des Pères Jésuites, et appela le P. Edeling comme recteur à Haguenau. A côté de ces deux nouveaux venus, on laissa provisoirement en fonctions

---

1. En effet, même après la suppression de l'Ordre, ce furent principalement d'anciens Jésuites qui continuèrent à professer, sous un autre nom, dans les collèges d'Alsace, grâce à la connivence protectrice de l'évêque, l'avant-dernier des quatre cardinaux de Rohan. — On voit d'ailleurs que les Révérends Pères avaient pleinement conscience de leur mérite comme professeurs ainsi que des résultats obtenus. Un *Mémoire pour les Collèges des P.P. Jésuites de la province du Haut-Rhin, à Molsheim, Haguenau et Sélestat*, écrit après 1727 (A.B.A., D. 3) s'étend éloquemment et très justement sur les services rendus par les maîtres de la Compagnie dans la lutte si difficile et si longue contre l'enseignement hérétique.

le second régent protestant, Jean Becker, de Lientzingen[1], et il y enseigna, en effet, jusqu'à sa mort, advenue en 1611. Seulement, il fut tenu d'appliquer le nouveau règlement scolaire élaboré par les Jésuites et de se plier à leur méthode d'enseignement. Après qu'il eut disparu, l'on ne tint plus aucun compte de la minorité, très considérable encore, des bourgeois protestants de la ville, et il fut également remplacé par un membre de la Compagnie[2]. Sans doute, les autorités municipales avaient promis, en 1607, que l'École resterait ouverte aux luthériens et que leur foi ne serait pas mise en danger, mais on pense bien que la promesse ne fut pas tenue et, dans ces temps-là, elle ne pouvait pas l'être. Les enfants protestants furent bientôt gênés dans la récitation de leurs psaumes allemands et de leur catéchisme, et les parents « avertis, comme ils le disent eux-mêmes, par l'exemple des nations voisines », et qui se seraient résignés peut-être à voir un maître laïque catholique faire l'éducation de leurs enfants, ne purent se décider « à exposer leurs fils au danger évident d'une éducation jésuitique[3] ».

L'ancienne École latine resta donc, pour ainsi dire, d'elle-même, entre les mains des Révérends Pères. Elle comptait en 1608 trois classes et plus de deux cents élèves[4]. Ce chiffre baissa sans doute quelque peu par la sortie des enfants protestants, mais de nombreuses admissions d'élèves du dehors firent remonter assez rapidement le nombre des écoliers, et le Magistrat, charmé de ce succès, accorda mille florins de traitement au personnel enseignant. Sur les réclamations énergiques du groupe protestant qui, tout en étant devenu minorité, représentait encore les familles les plus riches de la cité[5], le Conseil sembla se décider, un instant, pour une mesure équitable, qui aurait permis aux dissidents de faire instruire leurs enfants sans les envoyer au dehors. Il votait en effet, en 1614, la création d'une École latine évangélique, fort modestement subventionnée par différents fonds de fabrique, et qui serait dirigée par un recteur, secondé par un proviseur et un maître élémentaire

1. Lettre du pasteur Wolmar, du 9 décembre 1607.
2. Rœhrich, *Mittheilungen*, II, p. 476. Voy. aussi *Revue d'Alsace*, 1859, p. 553-554.
3. Lettre du stettmeistre Jérôme Capiton, de Jacques de Botzheim et Adam Wilwisheim, membres du Magistrat de Haguenau, au docteur Jean Hartlieb, avocat de la ville de Strasbourg, des 18/28 février 1608. (Archives de Saint-Thomas.)
4. *Diarium* des Jésuites de Haguenau, cité par l'abbé Guerber, *Histoire de Haguenau*, II, p. 155.
5. Voy. sur la situation politique à Haguenau, vers cette époque, le tome I, p. 458.

(*alphabetarius*). C'était tout ce que demandaient les luthériens de Haguenau. Malheureusement cette concession fut on ne peut plus précaire. Bientôt des prédicateurs furibonds ameutèrent la populace contre l'établissement nouveau, et le Magistrat lui-même s'avisa d'un moyen fort efficace, sinon fort honnête, pour le faire disparaître sans bruit. Il refusa de payer plus longtemps le traitement des maîtres et, comme le disait naïvement, un peu plus tard, la supplique des bourgeois protestants de Haguenau à l'Union évangélique, « ils s'en allèrent alors d'eux-mêmes et cherchèrent un moyen d'existence plus assuré[1]. »

Le dernier recteur évangélique ayant été assez heureux pour obtenir une place analogue à Worms, en 1617, les membres du Conseil presbytéral et du Conseil de surveillance de l'École essayèrent de le remplacer; il leur avait été enjoint jusque-là par le Magistrat de traiter eux-mêmes toutes ces affaires internes, la majorité catholique ne voulant pas y être mêlée d'office. Subitement il affecta de se montrer offensé de ce qu'on avait procédé, en dehors de lui, à une vocation pareille, refusa d'agréer le nouveau régent que les membres de la communauté entendaient pourtant payer de leurs deniers, et pour montrer son courroux, destitua le pasteur, le conseil de l'Église et les inspecteurs (*visitatores*) scolaires[2].

A partir de ce moment, le Collège des Jésuites fut le seul, dans une cité qui était devenue, grâce à eux, et resta l'un des foyers les plus ardents de l'exclusivisme religieux. Ce n'est pas qu'il n'eût à subir, lui aussi, de nombreuses tribulations dans les longues guerres qui suivirent. Il fut obligé de fermer ses portes en 1622, pendant l'occupation de Mansfeld; il vit ses revenus diminuer notablement par suite de la misère générale des habitants; il put craindre en 1650, la résurrection d'une école rivale qui avait été promise à la minorité protestante, aux conférences de Nuremberg. Mais les commissaires du Corps évangélique ne purent obtenir l'acceptation de ce vote par la ville, parce qu'on avait fait disparaître des procès-verbaux du Magistrat le feuillet relatant l'arrêté conciliatoire de 1614 sur lequel il se basait[3]. La destruction systématique de Haguenau en 1677 fit aussi disparaître le Collège, installé depuis 1627 dans

---

1. *Gravamina der Religionsverwandten von Hagenau*, 18/28 avril 1619, aux archives de Saint-Thomas, reproduits en partie par Rœhrich, *Mittheilungen*, II, p. 489.
2. Plainte des protestants de Haguenau du 13/23 décembre 1617. (Archives de Saint-Thomas.) Voy. Rœhrich, *op. cit.*, II, p. 490.
3. *Protocolle der evangelischen Commissarien*, etc., 1650. (Archives de Saint-Thomas.)

le vieux palais impérial de Barberousse ; il fut démoli, comme on sait, par la sape et la mine et les Révérends Pères ne trouvèrent pas immédiatement les fonds nécessaires pour réparer ce désastre. Leur établissement resta fermé de 1677 à 1681, et quand ils le rouvrirent en 1682, ce fut avec neuf élèves seulement[1]. Mais ils ne tardèrent pas à en rencontrer de nouveaux et à construire pour eux un vaste édifice, converti de nos jours en caserne de cavalerie.

Les Pères Jésuites arrivèrent à Schlestadt en 1615 et, dès le mois de mai de cette année, ils y ouvrirent une école qui ne comprenait d'abord que deux classes élémentaires. Mais ils surent bientôt gagner les sympathies de la bourgeoisie de la ville et des populations environnantes, et quand ils eurent fait jouer à leurs élèves, sur la place du marché, quelques-unes de leurs pièces mi-religieuses, mi-romantiques, comme le drame de la *Résurrection du Christ* ou la tragédie d'*Udon*[2], ils virent s'accroître rapidement le nombre de leurs écoliers et purent installer bientôt des classes supérieures. En 1624, ils en comptaient déjà quatre, dont une d'humanités ; en 1626, ils ouvraient la cinquième, ce qui constituait le chiffre normal dans la plupart de leurs collèges. Auparavant déjà, en 1623, le Magistrat avait acheté pour 3,000 florins deux maisons particulières, « *in quibus juventus erudiretur* », et s'était engagé à fournir au Collège le bois de chauffage nécessaire. En 1626, les autorités municipales lui firent également cadeau d'une partie de la bibliothèque de Béatus Rhenanus[3]. En 1628, un professeur de grec vint se joindre aux cinq collègues déjà en fonctions ; la représentation de la tragédie *Thomas Morus* fit une telle impression sur le public et les pères de la cité, qu'ils décidèrent l'achat de trois nouvelles maisons pour le prix de 4,700 florins[4] ; c'est sur l'emplacement ainsi gagné dans l'étroite enceinte du Schlestadt d'alors que fut édifié le vaste bâtiment destiné aux maîtres et à la jeunesse nombreuse qui s'y initiait aux études et s'y préparait à la vie religieuse[5].

La venue des Suédois en Alsace et la prise de la ville par Gustave Horn vint contrecarrer pendant un temps ce développement si brillant et si rapide. Les officiers du vainqueur furent logés au Collège,

1. V. Guerber, *Histoire de Haguenau*, I. p. 493.
2. Gény, *Jahrbücher der Jesuiten zu Schlettstadt*, I, p. 28.
3. Gény, *Jahrbücher*, I, p. 37.
4. Id., *ibid.*, p. 45.
5. Ce qui est curieux c'est de voir que l'influence des anciens Ordres religieux, si puissants à Schlestadt, balance chez les disciples des Jésuites eux-mêmes, celle de la Compagnie ; en 1628, sur 8 élèves du Collège qui se vouent à la vie religieuse, cinq se donnent à saint Dominique et 3 seulement à saint Ignace. (Gény, *op. cit.*, I, p. 42.)

ses revenus saisis, le personnel lui-même rudoyé parfois par la soldatesque ennemie. Les deux classes élémentaires continuèrent seules à fonctionner, les élèves plus âgés s'étant dispersés devant la tourmente[1]. Encore en 1638, alors que déjà les Français avaient remplacé dans la ville les Suédois hérétiques, le *Journal* des Révérends Pères signale la pénurie d'écoliers[2]. Ce n'est qu'en 1641 qu'il leur vint de nouvelles recrues de Lorraine. Néanmoins, ils jouèrent en 1640 une pièce de circonstance symbolisant l'œuvre immense accomplie par l'Ordre depuis sa création ; cependant le nombre des maîtres avait été notablement réduit et, encore en 1650, on n'en comptait que deux, avec un aide[3]. Mais déjà quatre ans plus tard, les cinq classes étaient de nouveau au complet, et quand il fut question un instant, en 1658, de fermer le Collège et d'en licencier les habitants, puisque la maison était trop endettée, le Magistrat s'empressa de détourner un pareil malheur par une subvention considérable[4].

A partir de ce moment, jusqu'à la fin du siècle, aucun événement extérieur de quelque importance ne vint plus troubler la marche de l'établissement dirigé par des maîtres habiles et dévoués[5]. Les *Annales* des Jésuites de Schlestadt nous énumèrent les pièces de théâtre jouées[6] par les élèves, les expulsions amenées de temps à autre par l'inconduite de l'un ou l'autre d'entre eux[7], quelques traits de vertu qui parurent au personnel enseignant[8] dignes d'être notés, mais rien qui puisse nous arrêter plus longuement ici[9].

Le plus récent en date des collèges de l'Ordre en Basse Alsace, et de beaucoup, c'est celui de Strasbourg. Louis XIV parut hésiter pendant quelques années, après la capitulation, s'il en créerait un au sein d'une population toute protestante et qui ressentait pour les

---

1. « *Quod alii studiosi dilapsi essent.* » (Gény, *Jahrbücher*, I. p. 65.)
2. « *Pauculorum studiosorum exigua manus.* » Gény, *Jahrbücher*, p. 80.
3. Gény, *Jahrbücher*, p. 94.
4. Id., *ibid.*, p. 113.
5. Parmi eux le *Journal* loue surtout le P. Marquard Hertenstein, né en 1569, et qui enseignait encore la grammaire à 90 ans, au moment de sa mort, en 1659, et le P. Thomas Streit, professeur de mathématiques, « *qui egregium specimen de incenta quadratura circuli praelo atque orbi dedisset ni fata... invidissent* ». (Gény, I, p. 136.)
6. *Joseph reconnu par ses frères* (1680); *La Chute de l'Homme et son salut par le Verbe incarné* (1682); *Antiochus Épiphane* (1683), *La Victoire de David sur Saül* (1685) ; *Sélim, sultan des Turcs*, joué par Mamnusie (1686) ; etc.
7. Gény, *Jahrbücher*, I, p. 249, 252, etc.
8. Par exemple, Gény, p. 208.
9. On s'étonne que le *Journal*, si détaillé, n'indique jamais le nombre des élèves du Collège.

Révérends Pères une antipathie profonde, mêlée d'une secrète terreur, dont on peut retracer l'origine jusqu'au temps des Fischart, des Schad, des Dachtler et autres poètes satiriques et polémistes du XVI° et du XVII° siècle. Il fut même ouvert par l'évêque à l'ancienne résidence des comtes-chanoines, au Bruderhof, le 8 mars 1684 [1], avant que le monarque eût officiellement exprimé ses volontés à ce sujet, mais sans aucun doute avec son entière approbation. Ce ne fut qu'en août 1685, que les lettres patentes données à Versailles, établissent « un collège en notre ville de Strasbourg... », ayant estimé qu'il était « important pour le bien de notre service que, dans les principales villes de notre royaume, il y eût des collèges pour l'instruction de la jeunesse catholique » et n'en pouvant confier plus utilement la direction qu'aux PP. Jésuites, « pour la satisfaction que nous avons de leur bonne et prudente conduite, ainsi que de leur zèle pour l'accroissement de la religion catholique, apostolique et romaine [2] ». Le roi octroyait aux nouveaux venus, tirés, non plus de la province *allemande* du Rhin, mais de la province *française* de Champagne, non seulement les vastes immeubles du Bruderhof, mais une rente annuelle de 4,000 livres. Le nouveau *Collège royal* [3] devait être d'abord exclusivement consacré à l'enseignement secondaire ; l'on y préparait aux études philosophiques et théologiques futures qui se continuaient au Séminaire épiscopal créé par Guillaume-Égon de Furstemberg, dès 1683. Mais l'ambition des RR. PP. ne se confina pas longtemps dans ce rôle plus modeste, et nous rappelons ici ce que nous avons déjà raconté dans le chapitre précédent, que, dès novembre 1685, ils superposèrent aux classes existantes un cours d'instruction supérieure [4], comprenant une *Faculté des langues* et une *Faculté de philosophie*, et réclamèrent de l'Université protestante le droit de conférer des diplômes. Quand une fois l'Académie de Molsheim eut été transférée à Strasbourg, au début du XVIII° siècle, et qu'elle y fut devenue l'Université épiscopale, le Collège rentra de lui-même dans la sphère propre de son activité, s'effaçant désormais devant sa supérieure hiérarchique.

Le Collège d'Ensisheim, longtemps le plus considérable de la Haute Alsace, avait eu un précurseur dans ce chef-lieu de la Ré-

---

1. Reisseissen, *Mémorial*, p. 118.
2. *Ordonnances d'Alsace*, I, p. 151.
3. C'est le nom qu'il prit dès l'abord, en opposition au Gymnase, qui, dans la langue française officielle du temps était désigné par celui de *Collège de l'Université*.
4. C'est le 4 novembre 1685 que le P. Dez vint notifier le fait à l'ammeistre en régence. (XIII, 5 nov. 1685.)

gence autrichienne dès le milieu du XVI° siècle. C'est en 1551 déjà que l'archiduc Maximilien y fonda l'École latine, dite *Séminaire*, sur les représentations du Magistrat qui se lamentait de ce que la jeunesse de la ville dût croupir dans l'ignorance [1]. Il y institua cinq régents, tant laïques qu'ecclésiastiques, pour y enseigner la religion et les lettres, jusqu'à la rhétorique inclusivement, et la ville témoigna toute sa reconnaissance pour ce bienfait en abandonnant à l'établissement nouveau les anciens bâtiments de l'hôpital, par contrat du 6 mai 1584. L'archiduc Ferdinand créa également des bourses pour les élèves méritants sans fortune [2] et l'affluence des candidats venus du dehors fut bientôt considérable. A propos de la représentation d'une pièce de théâtre composée par Jean Rasser, le curé d'Ensisheim, et jouée par les écoliers en 1573, nous apprenons qu'on y compte 97 acteurs, dont 59 étaient originaires de la ville même, les autres de Thann, Belfort, Brisach, Neubourg, Guebwiller, Colmar, Strasbourg, etc. Il y avait même des natifs de Fribourg-en-Brisgau, de Constance, Bregenz, Porrentruy, Bâle, Lucerne et Schaffhouse, ce qui montre bien la vogue dont l'école jouissait à ce moment [3].

Cependant, « le zèle des régents s'étant insensiblement relâché », le prévôt et le conseil de la cité présentaient à la Régence leurs doléances à ce sujet (23 octobre 1599), et dès alors, il semble bien que leurs vœux allaient vers les RR. PP. Jésuites. Mais l'administration supérieure se contenta d'instituer une commission de surveillance pour le *Séminaire*, déclarant, pour le reste, « qu'il était inutile de discuter présentement la question des Jésuites [4] ». Le Magistrat revint à la charge un peu plus tard, et cette fois, avec plus de succès. Sur sa demande, l'archiduc Léopold ferma l'École en

---

1. Voy. Mercklen, *Ensisheim*, II, p. 190, et surtout F. Gfrœrer, *Die katholische Kirche im œstreichischen Elsass unter Erzherzog Ferdinand II*, inséré dans la *Zeitschrift für Geschichte des Oberrheins* (N. F., vol. X, p. 481-524). Ce travail, fait par un auteur bon catholique sur les pièces d'archives de Colmar et d'Innsbruck, est une contribution très importante à l'histoire d'Alsace dans les dernières années du XVI° siècle.
2. Poussé par le curé Jean Rasser, d'Ensisheim, son principal conseiller en affaires ecclésiastiques et le véritable initiateur de la lutte scolaire contre l'hérésie, dans la Haute Alsace, l'archiduc lui accorda pour cela une somme de 800 florins à prendre sur les amendes que payaient les prêtres désireux de pouvoir tester en faveur de leurs bâtards. (A.H.A., C. 918.)
3. Le règlement de l'École, publié par M. Gfrœrer (*op. cit.*, p. 522) est curieux. Il prescrit aux élèves de se peigner le matin et de rogner leurs ongles. Celui qui parlera l'allemand ou commettra quelque autre action immorale (*oder sonst unsüchtig ward*), sera condamné à porter, suspendue au cou, une planchette, sur laquelle est peint un âne ; tous les mercredis et samedis, les classes seront balayées par un élève pauvre, etc.
4. Mercklen, *Ensisheim*, I, p. 324.

1614 et remplaça les maîtres en exercice par des Pères de la résidence de Fribourg-en-Brisgau. Ils vinrent s'établir à Ensisheim, le 9 février 1615, et l'ouverture de leur nouveau Collège fut sanctionnée bientôt après par une bulle du pape Paul V. L'archiduc-évêque le dota richement de son côté, et plus tard, quand il fut rentré dans le monde, lui continua ses faveurs; sa veuve, l'archiduchesse Claudie, augmenta encore, d'une façon notable, ses ressources déjà considérables[1]. Les années de la guerre de Trente Ans, celles de 1631 à 1640 surtout, furent bien dures pour l'établissement comme pour la ville elle-même, à peu près entièrement détruite. Mais il reprit après la paix de Westphalie et surtout quand, en 1657, le Conseil souverain fut établi dans Ensisheim. Seulement les Pères de la province du Rhin supérieur, qui jusque-là dirigeaient le Collège, en furent écartés peu après. Louis XIV n'aimait pas, on le sait, les prêtres étrangers en fonctions sur son territoire, et il les remplaça, en janvier 1659, par des Pères de la province de Champagne, auxquels furent dévolus peu à peu la plupart des établissements de l'Ordre en Alsace[2]. Le roi leur accorda quelques années plus tard une série de privilèges, « voulant que les peuples nouvellement soumis à son obéissance, en pussent tirer les secours et avantages que les Pères de la Compagnie de Jésus ont coutume de rendre[3] ». Depuis ce temps, le Collège d'Ensisheim fut un des plus riches établissements scolaires de la province. Installé dans de vastes bâtiments, au milieu de jardins spacieux, avec une riche bibliothèque et une belle salle de spectacle, il comptait à la fin du XVII° siècle environ deux cents élèves, dont une partie seulement étaient internes[4]. Il dut perdre quelque peu de son importance, lorsque le Collège de Colmar fut créé en 1698. Un ordre royal du 1er juin enjoignit au Magistrat de remettre aux Révérends Pères le prieuré de Saint-Pierre et de leur fournir une subvention annuelle de mille livres, afin que le Gymnase évangélique de cette ville eût, lui aussi, un concurrent sérieux. Le P. Daubenton, provincial, envoya quelques régents pour diriger les classes inférieures, qui furent ouvertes le 19 octobre 1698. Mais le Magistrat ne consentit à fournir les fonds nécessaires au traitement d'un professeur de

1. On peut voir l'énumération des prieurés, bénéfices, rentes, etc., réunis par le collège d'Ensisheim, chez Mercklen, *op. cit.*, II, p. 194-196.
2. Le cardinal Mazarin écrivait de Calais à Charles Colbert (22 juin 1658) pour lui recommander d'étudier la question de l'établissement d'un collège de Jésuites français en Alsace. (Lettres de Mazarin, VIII, p. 741.)
3. Lettres patentes d'octobre 1663.
4. Mercklen, *Ensisheim*, II, p. 198. Après l'expulsion des Jésuites d'Alsace (1764) le collège cessa d'exister. Les bâtiments ont été convertis au XIX° siècle en un vaste et lugubre pénitencier.

rhétorique qu'en 1702, et le nouveau Collège eut sa classe de philosophie[1] en 1705 seulement. Ce n'est donc qu'au XVIII° siècle que les PP. Jésuites de Colmar prirent place parmi les établissements d'instruction secondaire alsaciens. Enfin la résidence des Pères à Rouffach renfermait également une école élémentaire latine, mais pendant longtemps elle ne semble pas avoir eu une existence assurée ni permanente; le soin avec lequel on mentionne par moments la présence d'un Père chargé d'y enseigner la grammaire, pourrait faire croire en effet que le reste du temps il n'y en avait pas[2]. Vers la fin du siècle pourtant, l'enseignement fut régularisé, car l'intendant La Grange déclare en 1697 que « quatre Pères y tiennent les basses classes[3] ». En tout cas, Rouffach n'a jamais eu de classes supérieures et son École n'a donc pu avoir qu'une utilité limitée et purement locale.

A côté des collèges de la Compagnie de Jésus, l'Alsace comptait encore au XVII° siècle quelques établissements similaires, dirigés par d'autres Ordres religieux, mais ils n'ont jamais joui d'une vogue analogue à celle des premiers.

Nous doutons fort qu'il faille inclure dans le nombre l'école des Bénédictins de Murbach, dont le règlement, daté de 1680, nous a été conservé, parce que les prescriptions de ce document, fort curieux du reste[4], semblent se rapporter à une école où le latin n'aurait été enseigné que pour servir aux usages du culte et qu'il y est beaucoup plus question de chants d'église, de processions, de surplis, de rosaires et de génuflexions que d'études véritables[5].

Les Pères Franciscains de Thann avaient également organisé, vers la fin du XVII° siècle une école secondaire dans cette localité. Les classes inférieures s'ouvrirent le 3 janvier 1687, grâce au concours bienveillant du bailli supérieur, M. de Clebsattel, et à une subvention fournie par le Magistrat[6]. Le Conseil de Brisach autorisa les religieux à mener leurs élèves jusqu'à la rhétorique inclusivement, mais il est assez difficile de se rendre compte de la façon dont ils

1. Mémoires des Révérends Pères Jésuites du Collège de Colmar (1698-1750) publiés par Julien Sée. Genève, Fick, 1872, 8°, p. 1-7.
2. Gény, *Jahrbücher*, I, p. 110 : « *Pater docet grammaticam* » (*ad annum 1656*), etc.
3 La Grange, *Mémoire*, fol. 148.
4. Ainsi le § 13 du règlement prescrivait aux élèves de dénoncer leurs parents, s'ils les entendaient dire du mal des autorités.
5. Gatrio, *Murbach*, II, p. 459. Ce qui semble surtout exclure l'idée d'une école savante, c'est qu'il est question au § 16 de la révérence que les *filles* doivent faire aux images des saints.
6. Cette subvention modeste était de 100 thalers, plus 8 florins pour le chauffage. (Tschamser, *Annales*, II, p. 683.)

remplirent ce programme, puisqu'ils n'avaient que deux régents en tout. L'esprit qui animait les bons Pères et leurs auditeurs se devine rien qu'à l'énoncé du titre de la première *comédie* composée par le professeur de rhétorique, le P. Maximilien Feigenbach, et jouée le 25 septembre 1688, « aux grands applaudissements de l'auditoire ». Elle avait pour sujet «l'expulsion de tous les huguenots de France, expulsion qui avait été entreprise en 1685 et glorieusement menée à bout [1] ». Nous rencontrons dans les *Annales* du couvent des Franciscains de Thann la mention de toute une série d'autres pièces scolaires, composées ou du moins mises en scène par les professeurs de l'établissement et représentées dans les années suivantes [2].

C'étaient aussi les Franciscains qui dirigeaient au XVIIIe siècle l'école latine de Saverne, mais elle ne fut mise entre leurs mains et gratifiée du titre de Collège qu'en 1715 [3]. Auparavant, elle semble avoir été dirigée par des maîtres d'école laïques ou du moins par des prêtres séculiers. Son existence remonte au XVIe siècle, où elle ne faisait d'ailleurs que préparer aux études de rhétorique et de philosophie. Les élèves, boursiers épiscopaux en partie, devaient chanter dans les églises et y servir la messe [4]. En 1573, l'école comptait trente écoliers, dont quatorze natifs de Saverne même et seize venus du dehors. Ils étaient assez sévèrement surveillés, ne pouvaient fréquenter les auberges ni assister aux noces célébrées en ville, sans l'autorisation expresse du maître. Il leur était également interdit d'adopter pour leurs habits la coupe militaire, d'avoir des épées, des poignards ou des pistolets. Malgré toutes ces recommandations, leur conduite laissait, paraît-il, souvent à désirer ; on est obligé de les menacer d'expulsion s'ils fréquentent des femmes de mauvaise vie, et on va jusqu'à leur défendre de prendre pension chez des veuves, « afin que toutes sortes de frivolités et de choses malséantes (*unrath*), qui en sont résultées jusqu'ici, ne se reproduisent plus [5] ». Le maître d'école touchait un traitement de quarante florins en argent, de huit quartauts de froment, huit quartauts de seigle, et douze mesures de vin [6]. Des examens annuels devaient constater le

1. Tschamser, II, p. 689.
2. *Caligula et Claude* (1690); *Herménégilde* par le P. Eutyche Hag (1692); *Barlaam et Josaphat* (1694); *Virginie martyre* par le P. Oswald Troost (1695), etc. (Tschamser, II, p. 696, 705, 712, 715, etc.) Nous disons *composés* par les RR. PP. sans en être bien sûr; ils peuvent avoir emprunté tout aussi bien leurs pièces au répertoire scolaire existant.
3. D. Fischer, *Zabern*, p. 181-182.
4. Pendant la guerre de Trente Ans ces bourses furent perdues, les capitaux ayant été engloutis dans la banqueroute générale de la ville.
5. *Ecclesiasticum Argentinense*, supplément, 1891, p. 21.
6. D. Fischer, *Zabern*, p. 181.

savoir des candidats aux bourses ; en 1614, l'évêque Léopold prescrivit que le directeur de l'école consacrât au moins une heure par jour à la musique instrumentale et au chant grégorien. Évidemment, là aussi, l'utilisation des élèves pour les cérémonies du culte, ou même le développement de la vocation sacerdotale future étaient la vraie raison de l'existence de l'école. Nous avons trouvé dans un dossier d'archives le programme des leçons de l'établissement savernois, sans pouvoir en fixer exactement la date ; il semble appartenir aux premières années du XVII° siècle[1]. Le *ludimagister* et son aide (*provisor*) dirigent trois classes ; dans la plus petite, celle des *alphabetarii*, les enfants apprendront à écrire (*pingere characteres litterarum*) ; en seconde, on les initiera aux rudiments de la grammaire latine, puis ils se mettront à l'étude des *Dialogues* de Sébald Heyden[2]. En première, ils s'appliqueront à l'étude de la grammaire, à la lecture des *Dialogues sacrés* de Castellion[3], puis ils passeront à la syntaxe et à la lecture des *Lettres* de Cicéron. S'il reste un peu de temps libre, les élèves devront discuter entre eux « *de lectionibus auditis* » et traduire leurs leçons en allemand. Chaque séance se terminera par des chants sacrés[4]. Le maître principal touchera 41 livres par an, prélevées sur les fonds personnels de l'évêque, sur celui de l'évêché et sur celui des aumônes ; son aide n'a que douze livres de traitement. En outre de son salaire en argent, l'écolâtre recevra encore 24 quartauts de blé, 3 cordes de bois, 300 fagots et le logement gratuit. En 1688, l'aide a disparu ; l'unique fonctionnaire attaché à l'école est gratifié de 50 florins de traitement, plus six quartauts de céréales et un demi-foudre de vin, ce qui marque une diminution très notable de ses revenus[5].

A Obernai, l'on peut constater également, dès la seconde moitié du XVI° siècle, la présence d'un « maître d'école latin », payé sur les deniers publics, et nous n'avons aucune raison de croire qu'il ait disparu au siècle suivant. Mais il n'y avait certainement pas dans cette ville un établissement méritant d'être rangé parmi les gymnases et les collèges que nous venons d'énumérer[6].

1. « *Ordo scholæ nostræ nunc temporis præsertim quantum ad lectiones et puerorum exercitia breviter conscriptus.* » (A.B.A., G. 1734.)
2. Pédagogue nurembergeois et compositeur de musique sacrée, mort en 1561.
3. Sébastien Castellion, le savant et le théologien bien connu comme défenseur des idées de tolérance contre Calvin. Il est curieux de voir deux auteurs hérétiques choisis pour guider l'enseignement dans une école épiscopale.
4. « *Studia piis cantilenis concludantur.* » Ordo, etc. (A.B.A., G. 1734.)
5. Le maître d'école d'alors, Jacques Churmann (13 août 1688), semble avoir été un laïque. (A.B.A., G. 1734.)
6. Inventaire des Archives communales d'Obernai, C.C. 74.

A Dannemarie, dans la Haute Alsace, il y avait aussi une école latine, doublée d'une école allemande ; son fondateur, un natif du pays, Thiébaut Henning, docteur en Sorbonne et abbé de Saint-Martin de Nevers, avait légué les sommes nécessaires pour que des jeunes gens capables fussent instruits par un jeune chapelain[1] « qui les rendroit scavants et leur feroit assez bien entendre la syntaxe » pour qu'ils fussent admis plus tard sans difficulté à l'Université de Fribourg.[2]

Outre ces établissements publics[3], il y avait encore en Alsace des institutions privées qui ont sans doute rendu des services à la jeunesse studieuse, bien qu'il nous soit impossible de juger de leur importance, soit qu'ils n'aient eu qu'une existence éphémère, soit qu'ils n'aient fonctionné que dans une sphère très restreinte et échappent ainsi plus facilement aux recherches de l'historien. C'est ainsi qu'avant l'ouverture du Collège royal des Jésuites à Strasbourg en 1685, et même après, plusieurs particuliers venus de l'intérieur de la France ou de la Suisse romande, demandèrent l'autorisation d'ouvrir des écoles pour enseigner le latin, en même temps que le français, dans la prévision assez justifiée qu'ils trouveraient sans peine une clientèle désireuse de profiter de ce double avantage, sans se soucier précisément de confier ses enfants aux Pères de la Compagnie de Jésus. Mais nous ne savons rien de ces écoles que le nom de leurs fondateurs et nous ne sommes point à même de rien alléguer au sujet de l'organisation ni de la durée des institutions créées par un Jean-François de Grandmaison[4], ou un Henry Érard, de Porrentruy[5], si tant est qu'elles aient réellement fonctionné dans l'ancienne ville libre.

Parlerons-nous de l'enseignement secondaire des jeunes filles à cette époque ? Cela aurait presque l'air d'un anachronisme. Cependant il est hors de doute que certaines jeunes personnes appartenant à la haute bourgeoisie et à la noblesse poussaient alors déjà

1. Après 1650 ce fut un maître d'école, qui devait être bachelier ès-arts.
2. Nous avons déjà vu, au chapitre précédent, que Henning y avait également fondé des bourses. Cf. Leroy, Thiébaut Henning, dans la *Revue catholique d'Alsace*, 1866, p. 346.
3. C'est peut-être aussi là que nous aurions pu mentionner l'*École des Cadets* à la citadelle de Strasbourg, si tant est qu'il y eût un *corps de professeurs* constitué dès ce moment pour ces jeunes gentilshommes, boursiers du roi. En tout cas, l'on rencontre en 1697 un certain Ennemond Clermont, « ci-devant professeur des mathématiques des cadets gentilshommes de Strasbourg » dans l'*Armorial d'Alsace* (p. 120), édité par M. de Barthélemy.
4. XXI, 12 novembre 1707.
5. XXI, 1711, fol. 57.

leurs études bien au delà des limites étroites de l'instruction primaire[1]. Il y avait au XVII° siècle, en Alsace, sinon beaucoup de femmes savantes [2], du moins bien des femmes cultivées. Mais il est assez difficile de préciser la façon dont elles ont acquis leur savoir. Sans doute, la plupart d'entre elles ont joui d'une solide éducation domestique, soit que, filles de savants ou d'hommes marquants sur un autre terrain, elles aient été éduquées par leurs pères, soit qu'elles aient partagé les leçons particulières données à leurs frères par des précepteurs à domicile, soit enfin qu'elles aient formé leur esprit par des études et des lectures personnelles. Il est vrai que ces études et ces lectures se poursuivaient principalement, alors déjà, comme plus tard, dans la littérature romanesque et sentimentale. « Il y en a beaucoup, dit un auteur, vers le milieu du siècle, qui ont dans leur chambre de beaux volumes dorés sur tranche et recouverts de velours ou de maroquin ; on pourrait croire, en les voyant, que c'est l'*École du catéchisme*, le Psautier, la Sapience, le *Jardin du Paradis*, le *Véritable Christianisme* d'Arnd, etc., mais quand on les ouvre, on voit que c'est l'*Amadis*, l'*Astrée*, *Diane de Montemajor*, le *Chevalier Pontus*, *Mélusine*, la *Prison de l'Amour*, et autres livres pareils[3]. »

Ce que nous venons de dire, en quelques traits généraux, de l'instruction reçue par les femmes d'un esprit plus cultivé, se rapporte plus particulièrement à la partie protestante de la population féminine d'Alsace ; en effet, pour les jeunes filles catholiques de la « bonne société » d'alors, il ne saurait y avoir de doute sur le fait qu'elles recevaient leur instruction, pour autant qu'une éducation supérieure leur était donnée, par les soins de certaines congrégations dont la réputation s'étendait au delà des frontières de l'Alsace, puisqu'il leur arrivait même des pensionnaires de l'étranger. Telles étaient, par exemple, les religieuses de Dusenbach. Nous trouvons quelques renseignements fort intéressants sur cette congrégation dans les *Mémoires de deux voyages en Alsace*, dont l'auteur visita les sœurs en 1680, alors qu'elles habitaient Kaysersberg, après l'incendie de leur couvent. Il y était allé en compagnie d'une dame de Belfort

---

1. Nous disons *certaines* jeunes personnes, car, en thèse générale, ce fut assurément une exception. Tandis qu'on envoyait les fils au dehors, les filles restaient d'ordinaire à la maison, « timides et peu praticables », comme le dit l'auteur des *Mémoires de deux voyages en Alsace*, p. 130.
2. Il y en avait pourtant. Le P. Ingold (*Miscellanea alsatica*, II, p. 183) en signale une dans la personne de Marguerite-Marie Friderici, née à Strasbourg en 1654, morte en 1692.
3. *Teutscher Sprache Ehrenkrantz*, Strassburg, 1644, 18°, p. 303.

qui y menait sa fille, et il fut frappé de rencontrer parmi ces religieuses « une qui parlait si bien français que j'avais peine à croire qu'elle fût allemande [1] ». Telles encore les Dames de la Congrégation de Notre-Dame, établies à Strasbourg, « pour l'instruction des jeunes filles », après la capitulation, et auxquelles Louis XIV fit don de l'ancien hospice de Sainte-Barbe [2] ; telles encore les Dames de la Visitation, venues de la Franche-Comté, également dotées par le roi « à cause du soin qu'elles prennent pour toutes les écoles de jeunes filles... n'y ayant qu'elles de Françaises pour l'instruction des filles et recevoir des pensionnaires [3] » ; telles enfin les « Demoiselles Anglaises » (*Englische Fræulein*) de la Haute Alsace. Mais nous n'avons aucun renseignement précis sur leur façon d'enseigner, et nous pouvons tout au plus supposer, sans risque d'erreur, que leurs programmes étaient un peu moins chargés que celui de nos lycées actuels de jeunes filles.

Si l'on essaye de résumer en une vue d'ensemble tout ce qui vient d'être exposé sur l'enseignement secondaire en Alsace, au XVIIe siècle, on peut dire que, dans les deux camps opposés, c'est à la fois une imitation plus ou moins intelligente de l'ancien humanisme et une note plus particulièrement religieuse et confessionnelle qui en constituent le double caractère. Mais des deux côtés, cette tendance à la culture exclusive des langues classiques, mêlées à un peu de mathématiques, est fortement combattue par la crainte de verser dans le paganisme, crainte que les véritables humanistes du XVIe siècle n'ont guère connue ; on constate également une certaine incapacité à saisir l'esprit de l'antiquité, tout en étudiant ses formes et son langage. Quant au second point signalé tout à l'heure, ce n'est pas précisément l'élément *religieux*, celui qui élève les âmes et les épure, que nous voyons dominer, mais plutôt l'élément *dogmatique* qui nourrit le ferment des haines confessionnelles, qui aigrit et sépare les esprits et y attise le goût des pires violences. Plus encore que dans les sphères universitaires, où du moins la science ne perd jamais tous ses droits, l'enseignement secondaire est incontestablement en décadence quand nous comparons cette époque à celle qui la précède, soit que nous songions aux études elles-mêmes, soit à ceux qui les inspirent et les dirigent. Les circonstances extérieures matérielles y sont assurément pour beaucoup, mais l'esprit général du temps y a bien aussi sa part.

1. *Mémoires de deux voyages*, p. 43.
2. *Ordonnances d'Alsace*, I, p. 320.
3. La Grange, *Mémoire*, p. 135.

CHAPITRE SEPTIÈME

L'Enseignement primaire en Alsace au XVIIe siècle

Si l'Université de Strasbourg resta célèbre pendant tout le XVIIe siècle, malgré les lacunes trop nombreuses de son enseignement et ses méthodes un peu vieillies, si certaines au moins des écoles secondaires de l'Alsace continuaient à grouper dans leurs murs de nombreux élèves, même du dehors, il semble assez difficile de parler avec les mêmes éloges de l'organisation de l'enseignement primaire dans notre province à cette même époque. Cette organisation paraîtra sans doute bien défectueuse à nos pédagogues modernes et la pratique scolaire est évidemment plus défectueuse encore que les théories. Il ne faudrait pas cependant juger avec une sévérité trop absolue les défauts et les travers de cet enseignement un peu primitif d'alors ; sans exagérer le moins du monde, on peut affirmer qu'il est encore aujourd'hui des pays de l'Europe où l'instruction primaire n'est pas à la hauteur de celle de l'Alsace au XVIIe siècle, où l'ignorance des masses est plus générale et les besoins moraux plus négligés encore.

L'instruction primaire n'existait, vers la fin du moyen âge, que dans les principales localités de la province[1] ; il y eut cependant des villes de moindre importance qui, de bonne heure, possédèrent des écoles ; on en signale une à Cernay, par exemple, dès la fin du XIIIe siècle[2], une autre à Saverne, depuis 1386 au moins[3], etc. La Réforme donna là, comme partout en Allemagne, une impulsion vigoureuse aux besoins nouveaux, déjà stimulés par la Renaissance ; Luther attachait, on le sait, une importance majeure à gagner par l'école les générations futures, et il avait recommandé aux seigneurs et aux magistrats des villes, d'en créer, partout où il n'y en aurait pas encore. Comme dans toutes les contrées où les populations appartenaient à des confessions différentes, l'opposition donnait un

---

1. Voyez Charles Engel, *Les Commencements de l'instruction primaire à Strasbourg*, Paris, Delagrave, 1889, 8°. (Publications du *Musée Pédagogique*.)
2. A. Ingold, dans la *Revue d'Alsace*, 1872, p. 215.
3. A.B.A., G. 1734.

stimulant énergique et les antagonistes des doctrines nouvelles ne furent pas des derniers à suivre le mouvement, dans certaines directions pour le moins, et l'Alsace catholique, elle aussi, s'occupa, plus que par le passé, de l'instruction des classes inférieures de la société, tant urbaines que rurales. Vers la fin du XVI⁰ siècle, les villages eux-mêmes, quand ils n'étaient pas trop pauvres, trouvaient, sinon toujours chez eux, au moins dans leur voisinage, les moyens d'instruire la jeunesse. Ces écoles étaient naturellement bien misérables parfois, mais enfin c'étaient des rudiments d'écoles [1], et çà et là les gouvernements se préoccupaient déjà de remédier à l'insuffisance des ressources locales par des taxes plus générales, dont les rentrées étaient applicables à l'instruction publique [2].

On peut donc affirmer qu'au XVII⁰ siècle, l'idée même d'une instruction primaire, mise à la portée de tous, n'était combattue nulle part. Les deux Églises, la catholique comme la luthérienne, l'approuvaient, à une condition, cela va sans dire, c'est qu'elle serait donnée par elles ou du moins sous leur surveillance immédiate et permanente. L'école avait non seulement le caractère confessionnel qu'elle conserve encore aujourd'hui dans la plupart des pays, mais elle était avant tout, si je puis dire, une succursale de la sacristie ; son programme nous paraît beaucoup plutôt celui d'un catéchisme ou d'une instruction religieuse que celui d'une école communale, tel qu'on le conçoit de notre temps [3]. Ce n'est pas qu'au début ces rapports entre l'Église et l'École aient été partout si étroits. A Strasbourg, par exemple, après la Réforme, le Magistrat considéra d'abord les écoles comme des établissements communaux, des

---

1. Ainsi, à Balbronn, en 1585, c'était un tisserand qui, durant les mois d'hiver, réunissait autour de lui la jeunesse du village. Pourtant ce dernier était riche. (Kiefer, *Ballbronn*, p. 279.)
2. Au Kochersberg, territoire de l'évêché, il existait des écoles publiques dans les communes les plus importantes du bailliage ; elles étaient fréquentées par la jeunesse des deux sexes de la localité même et des localités voisines. L'évêque prélevait sur le bailliage tout entier 100 florins d'impôts pour payer les instituteurs. (A.B.A., G. 1434.) Cfr. D. Fischer, *Institutions municipales du Kochersberg*. (*Revue d'Alsace*, 1872, p. 433.)
3. L'idée d'une école *non confessionnelle* n'existait pas à cette époque. Dans certaines localités, il y avait même défense sévère d'envoyer les enfants dans une école de l'autre culte ; à Ribeauvillé, par exemple, les parents catholiques qui envoyaient leurs enfants à l'école protestante devaient payer 100 livres d'amende. (A.H.A., E. 1630.) Même quand ce n'était pas absolument défendu, cela causait un étonnement général ; ainsi, à Strasbourg, lorsque le receveur du chapitre catholique de Saint-Pierre-le-Jeune, n'ayant pas d'école catholique à proximité, demanda à mettre son fils à l'école de la paroisse luthérienne de Saint-Pierre-le-Jeune. (XXI, 25 septembre 1681.)

institutions de l'État¹. C'est le manque d'argent d'une part, le manque d'intérêt de l'autre, qui amena l'abandon de plus en plus complet de l'entretien des écoles aux paroisses, de leur surveillance aux chefs des paroisses et fit des maîtres d'école, en même temps des sacristains, des organistes, des sonneurs de cloches, les mettant ainsi dans la dépendance absolue du clergé.

Au XVIIᵉ siècle, l'école primaire était partout, et depuis assez longtemps, solidement rattachée à l'organisation ecclésiastique.

Dans les grandes villes, où il y avait plusieurs paroisses, chacune d'elles avait la sienne, et c'étaient les curés ou les pasteurs qui en étaient les tuteurs naturels, qui l'inspectaient, critiquaient, admonestaient ou louaient les éducateurs de la jeunesse et se croyaient seuls compétents pour en surveiller ou reviser les programmes. Des conflits entre l'État et l'Église, comme nous les voyons si souvent de nos jours, ne pouvaient se produire à cette époque, l'État n'étant point encore arrivé à la conviction qu'il a charge d'âmes. S'il intervient quelque part dans l'École contre une tendance religieuse, c'est toujours comme mandataire, comme instrument de la tendance religieuse opposée, et non pour son propre compte².

Les écoles paroissiales peuvent donc passer pour la règle à l'époque qui nous occupe; sans être absolument orienté à ce sujet, — car il n'existait pas alors de bureaux de statistique officiels, — nous pouvons admettre que, dans chaque paroisse urbaine et dans la plupart des paroisses de campagne, il y avait, dès 1600, une école ou du moins un enseignement scolaire³. Nous ne disons pas qu'il y ait eu partout des maîtres d'école, du moins au sens moderne de ce mot. Parfois, c'est l'ecclésiastique lui-même qui doit se charger de la besogne, et quand il y a un vicaire ou un diacre dans la localité, c'est souvent lui qui dirige l'école⁴. Là où il y a un maître en titre, dans les petites localités surtout, il semblerait qu'il ait eu d'ordinaire une

---

1. Engel, *op. cit.*, p. 21.
2. Ainsi, quand La Grange supprime par arrêté du 8 mars 1685 l'école luthérienne de Marlenheim, c'est parce que l'Église catholique veut convertir à tout prix le village. (Rœhrich, manuscrit 736 de la Bibliothèque municipale de Strasbourg.)
3. L'enseignement se donnait parfois à l'église ou au presbytère. A Wasselonne, la maison d'école ayant été incendiée en 1592, n'était pas encore rebâtie en 1611. (Roehrich, manuscrit 734, II, Bibliothèque municipale.)
4. A Wasselonne, par exemple, en 1612, c'est le pasteur qui donne une partie des leçons; en 1642, quand on y nomme un diacre, c'est à lui qu'incombe la tâche. (Wirth, *Wasselnheim*, II, p. 19.)

autre occupation encore, celle de chantre, de bedeau, de sacristain, de scribe ou secrétaire du bailli, de receveur local, etc. A Wasselonne, en 1611[1], à Marlenheim, en 1624, il remplit les fonctions de secrétaire de bailliage (*Amtsschreiber*)[2] ; à Erstein, en 1618, il est préposé à la perception des rentes foncières[3]; à Kehl, en 1683, il est greffier du tribunal de police (*Gerichtsschreiber*[4]) ; il est également greffier à la Robertsau, près Strasbourg, et ses occupations l'amenant souvent en ville, c'est sa femme qui, durant ses absences, et bien qu'elle soit illettrée, dirige l'enseignement au milieu d'un vacarme épouvantable[5]. Certains maîtres d'école, sans être officiellement installés dans ces fonctions administratives, en usurpent les privilèges pour améliorer leur sort et rédigent certaines pièces judiciaires, voire même des contrats[6]. D'autres, plus modestes, exercent un métier pour sustenter leurs familles[7].

Les événements de la guerre de Trente Ans bouleversèrent, de la façon la plus désagréable et parfois la plus durable, la situation de l'enseignement primaire, surtout dans les campagnes. Au milieu de la misère générale, les fonds manquèrent pour salarier les maîtres d'école, autant et peut-être davantage que pour rémunérer les curés et les pasteurs et, même après que la paix fut rétablie, il semblerait que plus d'un seigneur territorial ait fait de préférence des économies de ce côté-là[8]. Quant à amener les paysans à payer spontanément, de leurs propres deniers, l'instruction de leurs enfants, c'était là une tentative absolument chimérique il y a deux siècles,

1. Il était même si occupé, d'après le rapport des inspecteurs de 1611, qu'il n'avait pas le temps de se consacrer à l'école. (Rœbrich, manuscrit 734, II.)
2. Rœbrich, *Mittheilungen*, II, p. 430.
3. Bernhard, *Erstein*, p. 140.
4. Horning, *Dannhauer*, p. 128.
5. *Visitationsbericht de 1663*, rédigé par Dannhauer. (Archives de Saint-Thomas.)
6. Plainte de Christophe Hofer, greffier du bailliage d'Altkirch à la Régence d'Ensisheim contre les curés et les maîtres d'école qui passent des contrats à son préjudice. (A.H.A., C. 567.)
7. Jean-Michel Hœrter, maître d'école à Guémar, se fait recevoir dans la corporation des bonnetiers, en 1665. (*Bulletin historique de Mulhouse*, 1894, p. 31.) D'autres exerçaient même le métier d'aubergiste. Encore en 1736, nous voyons l'instituteur d'Andolsheim, sommé par arrêt du Conseil souverain, « d'opter entre le bouchon et l'école » dans les vingt-quatre heures. (Ordonnances d'Alsace, II, p. 148.) Encore en 1762, celui de Jebsheim est remplacé par un *chirurgien*, c'est-à-dire par un barbier ventouseur quelconque. (A.H.A., E. 1442.)
8. Ainsi, par décision de la Régence de Riquewihr, du 10 avril 1636, il n'est gardé *qu'un seul* maître d'école pour tout le comté de Horbourg. (A.H.A., E. 416.)

puisqu'elle est difficilement réalisable même aujourd'hui. Leur indifférence à cet égard, pour ne pas employer une expression plus énergique, est signalée dans tous les documents officiels où cette question est touchée [1].

Aussi dut-on se contenter souvent, pour exercer ce dur métier, des premiers venus qui ne trouvaient d'autre gagne-pain nulle part et qu'on pouvait avoir, par suite, à meilleur marché. Dans la seconde moitié du XVII° siècle, on voit des artisans et des ouvriers sans travail, ouvrir ou rouvrir une école pour échapper à la famine. A Nussdorf près Landau, c'est un tisserand, Étienne Muller, qui se présente en 1653 [2]; à Goxwiller, c'est « un idiot, cordonnier de son état », qui dirige, en 1663, l'école du village [3]; à Grafenstaden, c'est un soldat qui donne les leçons, les jours où il n'est pas de garde [4]; à Furdenheim, c'est le vétéran Georges Fischer, ex-mousquetaire au service de l'empereur, qui rentre chez lui après la paix de Nimègue et qu'on préfère au vieux tailleur qui jusqu'alors instruisait la jeunesse [5]. C'est un scribe fugitif d'Ansbach qui postule, en 1662, la place d'instituteur à Mittelwihr [6]; c'est l'étudiant en médecine Gœler, de la Wantzenau, qui dirige l'école de Bouxwiller [7]; c'est un noble thuringien, épave des guerres antérieures sans doute, Guillaume de Holhœven, qui trouve un abri comme maître d'école à Ingwiller, de 1672 à 1678 [8]. Dans certaines communautés, on ne les engageait même que pour l'hiver, les renvoyant au retour de la bonne saison, et il en était sans doute en maint endroit comme à Olwisheim, où le pasteur notait dans le registre paroissial, en 1698, à propos de maîtres d'école : « Presque chaque année il y en avait un autre [9]. » Dans les grandes villes, comme Strasbourg ou Colmar, où les conditions d'existence étaient meilleures et où l'on avait toujours le choix entre plusieurs candidats, l'autorité pouvait se montrer plus sévère et

---

1. Rapport du bailli Haffner de Wasselnheim à la Régence de Bouxwiller, du 25 avril 1664. (Kiefer, *Balbronn*, p. 291.)
Voir surtout le long rapport de Dannhauer, de 1663, dans sa biographie par M. Horning : « *Nun seindt aber die leuthe so gar halsstarrig und unfleissig die jugendt zu gottes wort und zur schule anzuhalten, damit ja die jungen nicht witziger als die alten werden mœgen... ist in güte, da nicht ein straff angesetzt würd, nichts zu erreichen.* »
2. Lehmann, *Landau*, p. 225.
3. Dannhauer, *Visitationsbericht* de 1663.
4. *Ibidem*.
5. Reuss, *Furdenheim*, p. 16.
6. A.H.A., E. 465.
7. Kiefer, *Pfarrbuch*, p. 26.
8. Id., *ibid.*, p. 236.
9. Rœbrich, manuscrit 734, I, à la Bibliothèque municipale.

écarter comme incapables certains individus qui auraient désiré faire métier d'instituteur officiel ou privé[1], et qu'ailleurs on était trop heureux de voir offrir leurs services.

En dehors de ces « bohêmes » de l'enseignement primaire, ce sont surtout des ecclésiastiques qui, comprenant leur devoir ou poussés par l'autorité supérieure à l'accomplir, s'efforcent de raviver quelques étincelles de culture intellectuelle dans les campagnes ruinées, au milieu de populations abruties, où, selon l'énergique expression du célèbre théologien Dannhauer, dans un de ses rapports scolaires, « les chevaux, les vaches et les veaux sont soignés avec plus de fidélité que le trésor précieux des âmes enfantines. » Si déjà quarante-cinq ans auparavant, au début de la lutte trentenaire, le Convent ecclésiastique de Strasbourg avait cru nécessaire d'adresser un appel spécial et pressant aux cultivateurs et jardiniers de Strasbourg, afin qu'ils envoyassent à l'école leurs enfants « qui s'abrutissaient de corps et d'âme[2] », on peut se figurer aisément combien profonde devait être à ce moment l'apathie des populations rurales. Tous les représentants des Églises ne se mettaient pas de la partie avec un égal entrain, car c'était bien déroger pour eux, d'après les idées du temps, que de manier le bâton du magister et ce devait être une besogne des plus pénibles que d'inculquer les notions les plus élémentaires à ces petits paysans qui avaient poussé à l'aventure, au milieu de la sauvagerie générale et d'une licence effrénée. Aussi ne voit-on pas qu'aucun pasteur ait choisi volontairement, et d'une façon définitive, la carrière d'instituteur[3], bien que beaucoup s'y soient pliés par nécessité temporaire[4].

Ce n'était même pas toujours dans la localité où il exerçait son

---

1. A Colmar, le Magistrat prohibait les écoles libres, en 1641 (Mossmann, *Mélanges alsatiques*, p. 161) et à Strasbourg le Conseil des XXI refusait, en 1646, à un nommé J. Wildt, employé de la chancellerie de Worms, la permission d'ouvrir une école et le renvoyait avec une aumône.
2. *Acta Academica*, 1618, fol. 43. (Archives de Saint-Thomas.)
3. Si, en 1650, le pasteur Koler, de Preuschdorf, est envoyé comme maître d'école à Westhoffen, c'est « puisqu'il ne peut plus desservir sa paroisse, à cause de sa manière indistincte de parler ». (Kiefer, *Pfarrbuch*, p. 335.)
4. Ainsi, lors de la visitation des églises et des écoles faite en 1638, les représentants de la paroisse de Romanswiller demandent à la commission d'inspection qu'on force le pasteur « à tenir école comme ses prédécesseurs, la commune n'étant pas assez riche pour payer un sacristain qui ferait fonctions d'instituteur ». Et les *visiteurs*, n'ayant pas non plus de fonds pour salarier un sacristain, ordonnent au pasteur de se mettre à la besogne, pourvu que la paroisse fournisse le bois pour chauffer la salle de l'école. (Rœhrich, manuscrit 734, II. Bibliothèque municipale.)

ministère que l'ecclésiastique avait à fonctionner comme maître d'école; il devait se rendre parfois dans une commune voisine; c'est ainsi qu'en 1604, et sans doute plus tard encore, le diacre réformé d'Oberseebach était instituteur au village de Schleithal[1]. Nous avons déjà vu que, dans certaines localités, un peu plus considérables, où se trouvent deux représentants du culte, c'est le ministre en sous-ordre qu'on charge de diriger l'école. Il en est ainsi pour des villes aussi peuplées que la petite résidence princière de Bischwiller, où les paroisses luthériennes et réformées allemandes n'obtiennent un véritable maître d'école qu'en 1718[2].

Le cas se présente chez les catholiques comme chez les protestants; le même prêtre qui dessert les villages d'Ottrott et de Bischofsheim, fonctionne aussi comme instituteur à Obernai[3]. Quelquefois aussi, la charte de telle fondation scolaire spéciale, faite par un homme d'Église, stipulait que l'instituteur serait un prêtre, afin d'être bien sûr que son enseignement tournerait au profit de la foi. C'est ainsi que le Thiébaut Henning, déjà mentionné dans les chapitres précédents comme créateur d'une école latine à Dannemarie, y fondait également en 1630, une école primaire, où le chapelain de Saint-Nicolas enseignerait le catéchisme à la jeunesse locale, l'initierait aux mystères de l'écriture et lui inculquerait la crainte du Seigneur, contre un salaire de deux cents florins[4]. C'est ainsi qu'un capucin de Schlestadt, le R. P. Didacus, consacrait sa petite fortune à doter, en 1676, une école primaire (eine Schulmeisterey) dans son village natal de Hirtzbach, au Sundgau, « afin que non seulement les enfants des parents aisés qui peuvent facilement payer une rétribution scolaire, mais aussi ceux des pauvres pussent être éduqués tant dans la doctrine catholique que dans l'écriture et la lecture[5] ».

Dans la seconde moitié du XVIIᵉ siècle, et surtout après la prise de possession définitive du pays par la France, des écoles catholiques sont créées en plus grand nombre; cette augmentation se rattache évidemment au puissant effort fait par l'Église pour raviver la foi des populations démoralisées par la guerre et pour dompter en même temps l'hérésie. Non seulement de très petites communes

1. Rœhrich, Mittheilungen, II, p. 515.
2. Culmann, Bischweiler, p. 139.
3. Gyss, Obernai, II, p. 179. Il est vrai que c'est au plus fort de la guerre de Trente Ans, entre 1630 et 1640, et qu'il y était obligé pour ne pas mourir de faim.
4. Revue catholique d'Alsace, 1866, p. 347.
5. Fues, Hirsingen, p. 217.

rurales bâtissent alors des maisons d'école [1], mais on en construit dans des localités mixtes [2] et même dans des endroits exclusivement protestants jusque-là, comme Balbronn [3]. Ou bien encore, on y place au moins un instituteur catholique comme à Zehnacker [4], ou l'on essaye d'évincer les protestants de leur école, comme à Wolfgantzen [5]. C'est probablement afin d'être mieux à même de résister à cette pression violente, que beaucoup de communautés luthériennes voient alors nommer par leurs seigneurs un maître d'école, pour remplacer le pasteur ou plutôt pour le seconder dans sa tâche; c'est le cas, par exemple, pour Quatzenheim (1671), Hurtigheim (1681), un peu plus tard Printzheim (1700), etc. [6].

L'enseignement primaire n'était rien moins qu'obligatoire au XVI[e7] et au XVIIe siècle [8]. C'est plus tard seulement que nous voyons les autorités administratives prendre en assez sérieuse considération la nécessité d'une culture au moins élémentaire, pour frapper d'une amende les parents et les tuteurs d'enfants qui ne les envoient pas à l'école [9]. Pendant toute la durée du siècle dont nous retraçons ici le tableau, la différence entre le nombre des enfants des deux sexes qui pourraient suivre les leçons et celui des écoliers qui les fréquentent en réalité est très considérable et prouve, à n'en pou-

1 Ainsi le petit village de Ballersdorf, dans le Sundgau, en 1667. (Walter, *Geschichte von Ballersdorf*, Altkirch, 1895, 8°, p. 67.)
2. A Colmar, le lendemain de l'occupation par Louis XIV, en août 1673, le doyen du chapitre de Saint-Martin y ouvre une école catholique, bien que le Magistrat déclare, le 12 janvier 1674, ses agissements contraires aux traités de Westphalie. (Rathgeber, *Colmar u. Ludwig XIV*, p. 141.)
3. Kiefer, *Ballbronn*, p. 280. Cela eut lieu en 1687.
4. On logea les deux maîtres d'école dans la même maison (1701).
5. Lettre de la Régence de Montbéliard, du 5 mai 1686, ordonnant au maître d'école de Wolfgantzen de se maintenir dans son local, jusqu'à expulsion par la force. (A.H A., E. 468.)
6. Rœhrich, manuscrit 734, I, à la Bibliothèque municipale de Strasbourg.
7. En effet, à Strasbourg, en 1535, sur une population de 25.000 âmes environ, il y a en tout 700 élèves; en 1538, après une réorganisation consciencieuse des écoles, 942 élèves, dont 142 filles; en 1546, dans les écoles primaires 442 garçons, au Gymnase 1,066. (Engel, *Les Commencements de l'enseignement primaire*, p. 16, 21, 36.) Plus tard, l'argent et les locaux faisant défaut, la surveillance se relâche et les chiffres baissent.
8. Je vois cependant qu'en 1664, sur le rapport du bailli Haffner de Wasslenheim, la Régence de Bouxwiller décide que les parents récalcitrants seront frappés d'une amende d'une livre et payeront l'écolage double. (Kiefer, *Ballbronn*, p. 291.)
9. Ordonnance d'un bailli des Ribeaupierre, relative aux enfants au-dessus de sept ans; ils fréquenteront les écoles publiques sous peine d'une amende de quatre schellings pour chaque semaine d'absence. (A.H.A., E. 1630.)

voir douter, que la minorité seulement de la population du pays se familiarisait avec les éléments les plus indispensables du savoir. Cette ignorance, dans les campagnes, était si générale que beaucoup d'entre les fonctionnaires subalternes, maires et prévôts, ne savaient ni lire ni écrire, et cependant ils devaient administrer leurs communes et rendre la justice. Les plaintes sont nombreuses à ce sujet[1]. Ce n'est pas d'ailleurs uniquement dans les petites communes rurales que l'on peut constater le fait; il existe même dans une grande ville comme Strasbourg, où l'instruction est cependant plus répandue et l'habitude de l'apprécier plus ancienne que nulle part ailleurs[2]. Ce n'est pas toujours la moitié, c'est parfois le quart seulement, et moins du quart des enfants devant être présents sur les bancs de l'école qu'on rencontre dans les salles de classes. Dannhauer, dans son rapport de 1660, parle même de la cinquième et de la sixième partie du nombre total comme faisant acte de présence[3]. Cette affirmation n'a rien d'extraordinaire, puisque nous connaissons une lettre de M° Jean-Jacques Schnitzler, pasteur à Sainte-Aurélie, dans laquelle cet ecclésiastique strasbourgeois raconte que sa paroisse compte plus de 400 enfants; à Pâques et à Noël, quand il s'agit de faire des distributions de dons divers, il s'en trouve bien 500. Et cependant les *visiteurs* de l'école de Sainte-Aurélie n'y rencontrent que 70-80 enfants en été, 90-100 en hiver[4]!

Si tel est l'état des choses dans la capitale intellectuelle de l'Alsace, on ne s'étonnera pas de ce que les campagnes souffrent du même *absentéisme* scolaire. Un rapport de 1663 nous apprend qu'à Mittelbergheim, sur 290 enfants, soixante tout au plus fréquentent régulièrement l'école; à Heiligenstein, sur 120, il y en a 30; à Goxwiller et à Burgheim, où l'on en compte 280, l'école est fermée en été, et en hiver il n'en vient qu'un « bien petit nombre[5] »; à Wasse-

---

1. Voyez un curieux dossier sur l'ignorance des maires de la seigneurie de Belfort (1591-1636) aux Archives de la Haute-Alsace, C. 591.
2. Ce n'est pas seulement la diminution de la population totale de Strasbourg qui cause cette diminution de la population scolaire. En 1604, on comptait pour les sept écoles paroissiales (*deutsche Lehrhæuser*, en opposition aux *écoles latines*) un millier d'élèves environ (Bünger, *Bernegger*, p. 51); en 1683, je n'y trouve plus, en prenant les chiffres du semestre d'hiver, infiniment plus forts que ceux du semestre d'été, que 700 tout au plus. Voy. le manuscrit *Pfarrschulvisitationen de anno 1683* à la Bibliothèque municipale (n° 514).
3. Rœhrich, *Mittheilungen*, II, p. 281.
4. Lettre du 12 février 1683. (*Pfarrschulvisitationen*, manuscrit.) Il est vrai que la paroisse de Sainte-Aurélie, formée de jardiniers et de maraichers, est presque une paroisse rurale.
5. « *Nur gar wenig.* »

lonne et Brechlingen, où le chiffre des enfants en état de visiter l'école se monte à 440, il en vient 120, en hiver, 70-80 en été; à Dorlisheim, sur un total de 290 il n'en vient, même en hiver, qu'environ 90; à Illwickersheim, sur les 182 enfants de la paroisse, on a constaté la présence de 16 écoliers durant les mois d'hiver et de 8 seulement en été! A la Robertsau, à Kehl, la moitié seulement des élèves inscrits assistent aux leçons. Le maître d'école de la première de ces localités, dans la banlieue même de Strasbourg, n'a plus, une fois la mauvaise saison passée, que 6-7 élèves sur 100 qui pourraient venir[1]! Ces exemples choisis à dessein parmi les villages du territoire de la République de Strasbourg, l'un des mieux administrés et surveillés à coup sûr, permettent de se faire une idée de ce que pouvait être la situation dans d'autres parties de l'Alsace.

Si les gouvernants ne punissaient pas plus sévèrement cette apathie, on pourrait presque dire cette antipathie des parents vis-à-vis de l'école, c'est qu'ils se rendaient bien compte des sacrifices relativement énormes que leur coûterait l'instruction publique, le jour où ils forceraient tous les enfants récalcitrants à profiter de ses bienfaits. Dans toutes les localités rurales et dans les petites villes, il n'y avait jamais qu'un seul maître d'école[2] qui, secondé parfois par sa femme ou, — très rarement, — par un aide[3], devait à la fois maintenir la discipline et inculquer sa maigre science à un chiffre considérable d'écoliers. Comment aurait-on dû s'y prendre le jour où les 440 enfants de Wasselonne et Brechlingen, les 700 enfants de Barr, les 500 de la paroisse de Sainte-Aurélie à Strasbourg, auraient été *forcés* de fréquenter l'école? Quelles dépenses pour les traitements des maîtres, quelles dépenses surtout pour la construction des bâtiments scolaires! Dans bien des localités, c'est dans la chambre même de l'instituteur que se donnaient, fort à l'étroit, les leçons; c'est son logis particulier qu'on chauffait avec le fagot que chaque enfant apportait en hiver, en venant en classe. A tour de rôle, ils arrivaient un peu en avance pour balayer le local et allumer le feu, afin que leurs camarades n'eussent pas trop froid quand la leçon commencerait. Cela pouvait se faire, — et le maître ne deman-

1. *Visitationsbericht* de 1663, aux Archives de Saint-Thomas, reproduit par M. Horning dans sa biographie de Dannhauer, p. 237.
2. Même à Colmar il n'y avait qu'une école protestante pour garçons et une pour filles, pour une population luthérienne de 5-6,000 âmes.
3. L'instituteur de l'école paroissiale de Saint-Thomas, à Strasbourg, était seul, en 1683, pour 140 élèves; celui de l'école de Saint-Guillaume se faisait aider par un étudiant en théologie, qu'il payait lui-même; le maître d'école de Saverne avait un aide, en 1706.

dait pas mieux sans doute, — quand il s'agissait de groupes de dix à vingt enfants[1] ; mais s'il en était venu dix fois plus, l'embarras aurait été grand, et l'on était encore fort loin des temps actuels où la démocratie moderne élève ses palais scolaires sur tous les points de l'Ancien et du Nouveau Monde. Même à Strasbourg, les salles de classes étaient si étroites parfois, que les garçons étaient obligés d'entasser leurs chapeaux dans un coin, derrière la porte, parce qu'il n'y avait ni crochets, ni rayons, ni tables, pour les y poser. On voit tel maître d'école se lamenter pendant dix et vingt ans sur l'exiguïté de son local, sans que l'autorité songe à se mettre en frais pour remédier à des inconvénients pareils.

La tâche des maîtres d'école était assez différente de celle qu'on leur impose aujourd'hui. Les éléments des connaissances qu'il s'agissait d'inculquer à leurs élèves étaient en somme peu nombreux et n'exigeaient pas de bien grandes capacités intellectuelles, ni de la part du personnel enseignant, ni de la part de ceux qui devaient profiter de cet enseignement. Ce que nous venons de dire s'applique aux écoles primaires de l'un et de l'autre culte, avec les modifications nécessaires. Voici, par exemple, le programme de l'école primaire de la ville de Saverne au début du XVIIIe siècle ; n'oublions pas que c'est de la résidence épiscopale qu'il s'agit, d'une localité où il n'y a guère que des familles bourgeoises. Il y est dit que le maître d'école devra mettre tout son zèle à enseigner aux enfants les bonnes mœurs, la prière, l'écriture, le calcul, et comment il faut s'y prendre pour servir la messe[2]. Il essayera d'inculquer quelques mots de latin aux plus intelligents pour qu'ils puissent entrer plus tard chez les PP. Jésuites. Se conformant au décret épiscopal du 11 juillet 1614, il consacrera chaque jour une heure à l'enseignement du chant grégorien, et cela plus soigneusement que par le passé. (Le curé s'était plaint sans doute !) Tous les jours, il mènera ses élèves, par couples, assister à la messe à l'église paroissiale. Il devra punir sévèrement les élèves qui bavarderont ou riront pendant le service[3] et plus sévèrement encore ceux qui, pendant ce temps, s'aviseraient de jouer dans la rue. Les classes com-

---

1. Beaucoup n'atteignaient pas ce dernier chiffre ; ainsi l'école de Zehnacker n'en avait plus que 12 en 1663.
2. « Wie sie die hœndlein beim einschenken halten, etc. »
3. Trente ans auparavant, ils ne se contentaient pas de rire et de bavarder; un rapport du régistrateur épiscopal, Jacques Willemann, qui visita l'école en mars 1670, raconte que leur indiscipline allait jusqu'à se battre à l'église durant le prône (rupffen, rauffen und schlagen). Relation der Visitation von 21 Martii 1670, A.B.A., G. 1734.

menceront à sept heures en été, à sept heures et demie en hiver et dureront jusqu'à dix heures, pour recommencer ensuite de midi à trois heures. Le jeudi après midi restait libre pour s'amuser (*Spieltag*). On payait un demi-batz d'écolage par semaine. Détail à remarquer : chaque élève sera interrogé deux fois par le maître durant les leçons du matin, et deux fois encore à celles du soir[1].

Le maître d'école luthérien n'est guère moins dépendant de son église. Voici le programme de ses devoirs que trace, en 1663, le seigneur de Furdenheim, l'ammeistre strasbourgeois François Reisseissen, à son nouveau maître d'école et sacristain, Georges Zipp : «Son devoir est de tenir son école avec zèle durant tout l'hiver, d'enseigner aux enfants à prier, à lire et à écrire, d'assister au culte, de guider en conscience le chant des fidèles, de sonner à temps les cloches, de bien régler l'horloge, de balayer l'église et de tenir en bon ordre ce qui appartient à la paroisse[2]. »

Il ne semble pas que la conduite des instituteurs ait donné lieu, en général, à des plaintes graves, ou du moins à des plaintes fréquentes. On parle assez souvent, dans les rapports des *visiteurs*, de leur ignorance ou de leur paresse[3] ; on leur reproche d'arriver trop tard à l'école et de la quitter trop tôt, de sorte qu'ils ne peuvent faire réciter tous leurs élèves[4]. Mais il n'est que rarement question de faits moins pardonnables chez un éducateur de la jeunesse. Une fois l'instituteur d'Ingwiller est chassé, d'après ce qu'on nous rapporte, pour la légèreté de sa conduite et sa brutalité vis-à-vis des écoliers (1606) ; mais comme on ajoute qu'il a osé se proclamer cal-

---

1. *Schulvisitation vom 7 December 1706, Ecclesiasticum Argentinense*, 1891, supplément, p. 23-24.
Cette école de Saverne ne semble pas d'ailleurs avoir eu de chance avec son personnel enseignant. Dans un autre rapport, présenté par le curé de Saverne, Jean-Charles Twanger, le 18 février 1669, il est dit : « *Tota civitas conqueritur suam juventutem negligi, nequicquam discere ipsoque facto manifestum... neque in templo neque foro ullam apparere modestiam quod utique defertui disciplinæ ludi magistrorum adscribendum. Accedit quod unus, et superior, loca suspecta cum gravi scandalo frequentat, alter, inferior, lusor sit.* » (A.B.A., G. 1734.)
2. *Prothocollum Virdenhemianum*, dans Reuss, *Fürdenheim*, p. 10.
3. Cette ignorance était parfois à peine croyable. Ainsi, les procès-verbaux du Conseil des XIII, du 26 août 1686, font mention d'un maître d'école catholique nommé à Barr, sur la recommandation de l'intendant, « qui savait à peine lire et était incapable d'enseigner l'écriture ».
4. *Visitationsbericht* de Dannhauer, 1663. Mais, par contre, quand un instituteur était zélé, comme celui de Guertwiller, les parents se plaignaient de ce qu'il retenait leurs enfants à l'école et les empêchait ainsi de les aider aux champs. Horning, *Dannhauer*, p. 229.

viniste, il ne serait pas impossible que ses autres péchés aient été fort véniels, celui d'hérésie suffisant amplement au Consistoire de Bouxwiller pour le destituer[1]. Une autre fois, c'est l'instituteur d'Oberspeckbach qui, s'étant vanté d'avoir eu les faveurs d'une fille de l'endroit, est roué de coups par le frère de la malheureuse et se sauve à Ensisheim, où il s'engage dans la garnison impériale (1627)[2]. Mais ce sont là plutôt de rares exceptions, pour autant qu'il nous est permis d'exprimer un jugement d'ensemble d'après les quelques dossiers qui ont passé par nos mains.

Ce qui paralysait évidemment la bonne volonté des maîtres d'école, — quand ils en avaient, — c'était la difficulté presque insurmontable, semble-t-il, de garder les enfants assez longtemps autour d'eux pour leur apprendre quelque chose, et surtout pour loger ce qu'ils avaient appris, d'une façon tant soit peu solide, dans leur mémoire paresseuse et rebelle. « L'ignorance en matière de religion, disait le théologien Dannhauer, en 1660, au retour d'une de ses tournées d'inspection rurales, a sa raison principale dans l'état des écoles qui se tiennent en hiver, soit qu'elles soient dirigées par les pasteurs, soit par un maître d'école, *quand il peut y trouver sa subsistance*. Mais les écoliers font défaut partout, soit que sur le chiffre total des enfants capables de les fréquenter il n'en vienne que le quart, la cinquième, voire même la sixième partie, soit que, s'ils y viennent, ils ne la fréquentent que tard, à la Saint-Martin, quelques uns seulement à Noël, et n'y restent que jusqu'au commencement de mars, alors que recommencent les travaux des champs[3]. En été, l'on ne tient école que dans un nombre infime de villages[4]. Une conséquence nécessaire d'un état de choses pareil, c'est que beaucoup ne comprennent pas les sermons et restent muets à l'église, la plupart ne sachant point chanter[5]. »

Les mêmes plaintes sont rééditées par le rapporteur de 1663 ; il fait observer avec raison que les pauvres ne *peuvent* pas payer l'écolage, même s'ils le voulaient, et bien qu'il ne soit que de quatre pfennings par semaine. Ce serait chose fort désirable que les or-

1. Kiefer, *Pfarrbuch*, p. 236.
2. Archives de la Haute-Alsace, C. 857.
3. Nos rapports mentionnent fréquemment que les garçons ne peuvent aller ni à l'école, ni à l'église, en été, parce qu'ils doivent surveiller les chevaux au pâturage. Ce qu'ils ont appris durant un court hiver, ils l'oublient de nouveau pendant un long été. (Horning, *Dannhauer*, p. 222.)
4. « *An den allerwenigsten Orten.* »
5. *Relation von der Kirchenvisitation vom Jahr 1660* dans Rœhrich, *Mittheilungen*, II, p. 281.

phelins et les enfants d'indigents pussent recevoir cet écolage d'une caisse quelconque [1].

Il ne semble pas non plus qu'on ait songé à stimuler grandement le zèle des écoliers, ni à leur accorder quelque récompense extraordinaire, au cas qu'ils se fussent montrés bien appliqués à la besogne. Une seule fois, nous avons trouvé mentionnée une mesure analogue dans le rapport des *visiteurs* des écoles de la vallée de Münster, en 1667. Après la tournée dans les classes, pendant que MM. les Inspecteurs s'asseyaient à une table bien garnie[2], on distribuait à tous les élèves des deux sexes des petits pains de *deux* pfennings ; ceux et celles qui avaient su lire couramment, eurent pour leur part, des petits pains de *trois* pfennings[3] ; il faut avouer que, comme stimulant, c'était d'un effet médiocre !

Le traitement des maîtres d'école n'était jamais payé directement par l'État ; il était fourni par les caisses de fabrique, des fondations ecclésiastiques, par les consistoires, etc. Il se composait d'ailleurs, pour une bonne part, de revenus en nature. Ce traitement, bien que très variable selon les localités et les époques, ne semble pas avoir été, en général, trop médiocre en temps de calme et de prospérité matérielle. Ainsi, pour citer quelques exemples, appartenant à des périodes différentes, l'instituteur de Herlissheim, village assez modeste, touchait au XVIIe siècle 40 florins en argent, douze quartauts de blé, le bois de chauffage nécessaire et, de plus, le *minervale*, l'argent de l'écolage[4]. A Strasbourg, en 1623, le traitement du maître d'école de la Cathédrale comprenait 40 florins, le logement gratuit et l'écolage, mais il devait chauffer lui-même sa classe[5]. Dans les villages du comté de Horbourg, les instituteurs recevaient, en sus de la rétribution scolaire, qui était de deux schellings par trimestre[6], de deux à huit quartauts de seigle par an. A Furdenheim (1663), le maître d'école ne touchait aucun traitement en argent ; il était logé, recevait six quartauts de seigle pris sur les dîmes curiales, avait l'usufruit de quelques champs de la commune et

---

1. Horning, *Dannhauer*, p. 216.
2. Leur repas coûte trois florins et trois batz.
3. Hecker, *Münster*, p. 184-185.
4. Kiefer, *Pfarrbuch*, p. 290.
5. Procès-verbaux des XXI, 19 décembre 1621, 18 août 1623. L'instituteur ayant exposé qu'il employait presque tout l'argent à chauffer sa classe, le Magistrat lui accorda « par grâce », dix rézeaux de blé. — Voy. aussi L. Schnéegans, *Mémoire historique sur l'École paroissiale du Temple-Neuf*, Strasb., 1856, 8°.
6. Le schelling valait de 1680 à 1700 environ, 60 c., ce qui fait une rétribution scolaire annuelle de 4 fr. 80 c.

gardait la rétribution scolaire[1]. A Ribeauvillé, le maître d'école catholique touchait 30 florins en argent, un foudre de vin, quatre charretées de bois, plus quatre batz par enfant et par trimestre, ce qui faisait (à quarante centimes le batz) environ six francs, cinquante centimes par tête, chaque année. Comme il avait encore d'autres rentrées assez lucratives[2], le poste ne manquait pas de candidats quand il devenait vacant[3] ; c'était, à coup sûr, un des mieux dotés de toute l'Alsace. A Ballbronn au contraire, en 1702, l'instituteur n'avait que *deux* florins de traitement en argent, en outre de l'écolage (deux schellings par trimestre) ; mais il recevait encore sept quartauts de blé, une mesure de vin et 400 fagots[4].

Pendant les longues guerres du XVIIe siècle, ces traitements manquèrent sans doute bien des fois ; les champs de la commune, attribués en usufruit au maître d'école restaient en friche aussi bien que les autres ; les céréales et le vin qui devaient lui revenir, ne rentraient pas dans les celliers et les greniers officiels, et certainement la maigre rétribution scolaire des élèves disparaissait encore avant ces derniers. Les instituteurs se sustentaient alors, ainsi que nous l'avons déjà dit, soit en faisant quelque autre métier, soit en donnant des leçons particulières, ce qui ne doit guère avoir été possible que dans les villes. Nous apprenons que certains maîtres strasbourgeois se mettaient à cette besogne dès cinq heures du matin, ce qui ne fait pas moins honneur au zèle des élèves qu'à celui de leurs initiateurs[5]. C'est dans ces moments de crise et de misère qu'ils étaient le plus sensibles aux petits profits de la carrière ; ainsi une ordonnance du Magistrat de Mulhouse, — il a dû y avoir des coutumes analogues ailleurs, — déclarait obligatoire pour le marié la présence de l'instituteur à tout repas de noces[6]. On leur accordait aussi volontiers, dans les moments d'abondance, une gratification supplémentaire, surtout s'ils faisaient preuve d'une capacité ou d'un zèle particuliers. C'est ainsi que le maître d'école de Sundhoffen recevait, le 15 mars 1622, une somme de quatre florins, somme très considé-

---

1. Reuss, *Furdenheim*, p. 11.
2. Il touchait 12 batz par mariage et 12 batz par enterrement. — Dans le comté de Sponheim, le tarif était de 5 kreutzer par baptême, 10 kreutzer par mariage, 10 kreutzer par enterrement.
3. En 1645, il y eut sept concurrents pour cette place. (A.H.A., E. 1630.)
4. Kiefer, *Ballbronn*, p. 325. — La plupart du temps les instituteurs avaient également le droit d'envoyer au pâturage communal une vache ou tout au moins une chèvre. (*Alsatia*, 1867, p. 263.)
5. Rapport des visiteurs des écoles de Strasbourg, lu au Conseil des XXI, le 28 novembre 1683.
6. Ordonnance du 7 août 1644. (*Alsatia*, 1867, p. 261.)

rable pour l'époque et pour un aussi modeste fonctionnaire, « puisqu'il s'est montré assidu et de bonne volonté [1] ». Par contre, on ne leur ménageait pas les observations désagréables quand les visites officielles à leurs écoles avaient mis au jour leur négligence ou leur maladresse. On lit plus d'une fois dans les procès-verbaux des dignitaires chargés de ce contrôle, qu'ils ont indiqué aux instituteurs les modifications à apporter dans leur routine scolaire [2].

Après tous les renseignements que nous venons de donner, il est presque inutile d'ajouter que l'instruction primaire n'était pas plus gratuite qu'obligatoire. C'est çà et là seulement que les autorités consentent à un sacrifice d'argent en faveur des enfants pauvres [3].

C'étaient d'ordinaire les autorités ecclésiastiques qui désignaient les maîtres d'école ou qui les recommandaient du moins aux seigneurs des villages. Dans le comté de Hanau-Lichtenberg les pasteurs et les communes présentaient le candidat, dont la nomination se faisait ensuite par le Consistoire général du petit pays [4]. Dans le comté de Sponheim, au Palatinat actuel, le Consistoire de Trarbach les nomme à son gré, et l'inspecteur ecclésiastique se contente de les présenter aux communes intéressées, qui n'ont absolument rien à dire dans l'affaire [5]. Certaines localités exerçaient cependant encore leur droit de nommer leurs instituteurs elles-mêmes ; on peut citer comme exemples les paroisses de Sundhoffen et d'Appenwihr, dans la seigneurie de Ribeaupierre [6]; d'autres réclamaient ce droit, comme Bellenheim, auquel la Régence le contestait [7]. Un cas, spécial à Rouffach, nous montre que la nomination se faisait, dans les terres de l'évêché, par le bailli, qui se mettait d'accord à ce sujet avec le curé du lieu [8]. Mais là aussi, le droit

1. « *Weilen er fleissig und unverdrossen.* » (A.H.A., E. 466.)
2. « *Haben herrn ludimoderatori gewisse correctiones intimirt*, etc. »
3. Ainsi, à Obernai, on payait l'écolage des enfants indigents sur les revenus de l'hospice. (Gyss, *Histoire d'Obernai*, II, p. 317. — Dans le comté de Sponheim, si les parents étaient trop pauvres pour régler le *minervale*, la caisse d'aumônes payait pour eux. Mais il faut ajouter que cette mesure n'est prescrite que par la *Kirchenordnung*, promulguée par le comte palatin Chrétien III, à Bischwiller, le 20 mars 1720. J'ignore si elle existait auparavant. (*Kirchenordnung der Grafschaft Sponheim, Strassburg*, 1720, 4°, p. 361.)
4. Rathgeber, *Grafschaft Hanau-Lichtenberg*, p. 159.
5. *Kirchenordnung*, p. 357. Mais on voit bien que c'est une innovation, car le règlement ajoute qu'il leur est absolument interdit « *eigenmæchtig schullehrer ein- und absusetzen.* »
6. A.H.A., E. 463.
7. *Ibidem.*
8. Lettre du receveur épiscopal Notter à la Régence de Saverne, du 16 mai 1628. Le maître d'école Georges Molitor ayant quitté pour Colmar et

d'élection semble avoir été parfois exercé par les représentants des communes, puisqu'un arrêt du Conseil de Brisach, du 31 mars 1680, défend absolument aux conseils de fabrique d'élire dorénavant des maîtres d'école sans la participation des curés[1].

Peut-être n'était-ce pas un malheur, après tout, pour les instituteurs, de ne pas dépendre absolument des paysans de leurs villages, car ceux-ci avaient parfois le raisonnement assez bizarre. On nous apprend qu'à Guertwiller, en 1663, ils avaient un maître d'école fort appliqué, mais un peu sévère, et dont la voix leur déplaisait. Or, comme le sacristain avait un bel organe, ils demandèrent que l'instituteur fût renvoyé et le bedeau mis à sa place[2]. A Goxwiller, les habitants trouvèrent que deux fonctionnaires coûtaient trop cher et se prononcèrent pour qu'on ne gardât que le sacristain, en licenciant le maître d'école[3]. A Zehnacker, ils portent plainte contre le leur, parce qu'il est obligé de se servir de la baguette de coudrier traditionnelle pour inculquer à leurs fils le respect obligatoire du lieu saint[4]. A Illwickersheim, dès qu'on punit un de leurs garnements « ou qu'on le regarde seulement de travers[5] », les parents maugréent contre le pasteur et retirent l'enfant de l'école[6], etc.

Avec un enseignement aussi sporadique, si je puis dire[7], avec si peu d'encouragement de la part des premiers intéressés, y avait-il beaucoup de garçons et de filles qui sussent écrire et lire convenablement, quand pendant un petit nombre d'années ils avaient fréquenté l'école, durant vingt semaines chaque fois ? Il est permis d'en douter, et la masse des populations rurales devait rester plus ou moins ignorante et sauvage. Sans doute, il y avait des exceptions ; dans certains villages un maître dévoué organisait ce que nous appellerions des cours du soir (*Nachtschulen*) pour ceux que les travaux des champs empêchaient d'assister aux leçons dans la journée. Mais leur succès ne semble avoir été que médiocre, puisqu'à Dorlisheim par exemple,

---

celui de Turckheim, Georges Molventer, postulant la place, il a été jugé apte à remplir ses fonctions à l'Église et ailleurs par le clergé (*die Priesterschafft*) et lui-même, et il l'a, par conséquent, désigné pour ce poste. (A.B.A , G. 1910.)

1. *Ordonnances d'Alsace*, I, p. 88.
2. Horning, *Dannhauer*, p. 220.
3. *Ibid.*, p. 223.
4. « *In der Kirchen mit einem stocklein abgestrafft.* » (Horning, *op. cit.* p. 226.)
5. « *Wann er einen nur sauer ansieht,* » dit le *Visitationsbericht*.
6. Horning, *Dannhauer*, p. 228.
7. Dans certains villages, l'enseignement durant l'été n'est introduit que beaucoup plus tard. A Quatzenheim, par exemple, il date de 1726 seulement. (Papiers Rœhrich, manuscrit 734, I.)

sur près de trois cents enfants, il ne s'en trouvait que cinq ou six pour les suivre¹. En admettant même que tous les écoliers finissaient par maîtriser les mystères de l'alphabet et que leurs doigts calleux eussent appris à tracer une signature grossière, ils n'en étaient guère plus savants pour cela; les éléments du calcul n'étaient pas, enseignés partout², et nous venons de voir ce que pensait Dannhauer du mince profit moral qu'ils tiraient de ce qui prenait la majeure partie de leur temps à l'école, la récitation plus ou moins machinale de cantiques, de versets de la Bible et du petit catéchisme de Luther³.

La situation n'était pas, on le devine, aussi fâcheuse dans les villes, où le plus modeste artisan pouvait se rendre compte de l'utilité de quelques connaissances élémentaires pour faire son chemin dans le monde et où la surveillance des autorités était à la fois plus vigilante et plus efficace. Mais le programme de l'enseignement n'y était guère plus étendu. Apprendre aux enfants à lire, à écrire, à compter, leur inculquer plus spécialement le catéchisme et leur faire réciter par cœur un certain nombre de cantiques, tel est le résumé des devoirs du maître d'école d'après les *Constitutions ecclésiastiques* de Colmar⁴. C'est également tout ce que demandait l'autorité supérieure aux instituteurs de Strasbourg⁵. Mais il faut dire que la moyenne des résultats y était plus satisfaisante. On pourra s'en faire une idée en suivant les *visiteurs* officiels, de mai à novembre 1683, à travers les différentes salles d'école. On aura de la sorte une impression plus immédiate et plus exacte de l'état de l'enseignement primaire dans la ville libre que si nous nous bornions à résumer les données générales de ce volumineux rapport⁶. Le

---

1. *Visitationsbericht*, 1663. (Horning, *Dannhauer*, p. 230.)
2. Encore en 1753 l'enseignement du calcul était facultatif dans les écoles primaires du comté de Horbourg. (Ch. Pfister, dans la *Revue d'Alsace*, 1888, p. 398.)
3. Si nous citons surtout, dans ce chapitre, des renseignements relatifs aux écoles protestantes d'Alsace, c'est pour le motif péremptoire qu'on rencontre bien rarement dans les archives du pays des rapports ou autres documents relatifs aux écoles catholiques, soit que celles-ci aient été l'objet d'une surveillance moins soutenue, soit plutôt que les pièces analogues, adressées aux autorités ecclésiastiques, n'aient jamais été versées dans les dépôts publics actuels.
4. *Colmarer Kirchenordnung*, p. 121.
5. Au XVIe siècle, certains parents retiraient encore leurs enfants des écoles officielles parce qu'ils trouvaient qu'on y faisait trop de catéchisme, et pas assez d'arithmétique, de calligraphie, etc. (*Schulherrenprotokoll* du 25 mars 1546, cité par Engel, *op. cit.*, p. 33.) Au siècle suivant, personne n'aurait plus osé formuler une pareille impiété; on ne la pensait sans doute pas moins.
6. Toutes les données qui suivent sont empruntées au manuscrit n° 514 de

19 mai, les inspecteurs arrivent à l'école du Temple-Neuf. L'instituteur, Jean Gartner, est un brave homme qui se donne beaucoup de peine pour apprendre à lire et à écrire à ses élèves et pour leur faire réciter les prières du catéchisme. Deux fois par semaine il fait aussi l'instruction religieuse. Il se plaint de l'indifférence des parents qui ne lui envoient pas leurs enfants « parce que les écoles allemandes (c'est à dire primaires) leur semblent trop vulgaires » et qui, lorsqu'ils les y envoient, prétendent qu'ils sachent lire tout de suite, sans qu'ils aient appris tout d'abord à épeler consciencieusement. Lorsqu'il se refuse à procéder ainsi, sans méthode, les parents se fâchent, lui reprochant de manquer de zèle, et lui enlèvent ses écoliers pour les placer dans des écoles clandestines (*Winckelschulen*[1]). Ses honoraires ne lui sont pas payés du tout ou fort en retard, et de très mauvaise grâce. Depuis que la Cathédrale est rendue au culte catholique, son école (l'ancienne école de la Cathédrale) située tout à côté, au Bruderhof, a perdu beaucoup d'élèves[2], parce qu'on a dit que le bâtiment serait bientôt annexé par « les adversaires[3] ». Il y a deux ou trois ans, elle comptait quatre-vingts et même cent élèves; maintenant elle n'en a plus que vingt-huit. Et ce ne devaient pas être les meilleurs, car le bon magister déclare qu'ils emploient leurs heures de loisir « à jouer, à brailler et à insulter les gens qui passent ».

Le 28 mai, les inspecteurs ont rendu visite à M⁰ Juste Grungœgel, maître d'école de Saint-Thomas, dont ils louent le zèle et la « dextérité ». Il fait ses classses, matin et soir; le lundi et le mardi matin, ses élèves se livrent à des exercices de lecture ou épèlent dans leur abécédaire; dans l'après-midi, ceux d'entre eux qui savent déjà lire sur l'imprimé sont initiés au déchiffrement des écritures. Le mercredi et le vendredi, matin et soir sont consacrés au catéchisme et à la lecture de l'*Abendmahlbüchlein*, ou manuel préparatoire à la communion; le jeudi, ceux qui savent déjà lire apprennent par cœur le texte des Épîtres expliquées au culte du dimanche, et le samedi celui de l'Évangile du même dimanche. Quant à ceux qui ne savent

la Bibliothèque municipale de Strasbourg, intitulé *Schul- und Kirchenlehrvisitationes in den sieben lutherischen Pfarreyen allhier 1680-1683*, fol.

1. Gartner les énumère; l'une est tenue par la femme d'un soldat, une autre par celle d'un charpentier, une troisième par celle du chantre de la paroisse, une dernière par une calviniste, qui donne des leçons particulières. Ces écoles *féminines* étaient peut-être des « asiles enfantins » préférés par les mères qu'effrayait le bâton du magister.
2. « *Ist in hœchsten verruf gekommen.* »
3. Gartner emploie ce mot (*die Widrigen*), n'osant dire les catholiques.

point encore lire, ils restent à leur alphabet et continuent à épeler. L'après-midi, — les leçons se donnant de une à trois heures, — se passe à copier des modèles d'écriture tracés par l'instituteur. A la fin de la leçon, garçons et fillettes entonnent un cantique, après quoi l'un des premiers, celui qui sait le mieux lire, se place au milieu de la salle et récite quelques paragraphes du catéchisme ou de la pancarte suspendue dans le local (*Haustafel*), qui reproduit des versets des Écritures. Le maître renvoie les enfants après une prière finale. Il compte de cent à cent quarante élèves.

La plus achalandée des écoles paroissiales de Strasbourg était alors celle de Saint-Pierre-le-Jeune. L'instituteur Godefroy Bœhme déclare un chiffre variable de 100 à 120 garçons et de 40 filles ; cela lui fait un total d'environ 150 enfants qui, grâce à sa réputation professionnelle, lui arrivent de tous les quartiers, des Ponts-Couverts et de la place de l'Hôpital (les côtés opposés de la ville), et même des villages de Schiltigheim, Bischheim, etc. Il semble avoir été, en effet, un homme habile à capter la faveur publique, si nous en jugeons par le plan d'éducation qu'il expose aux inspecteurs. Il a partagé ses garçons en cinq divisions superposées les unes aux autres et les fillettes en deux groupes, et il réussit à les faire avancer de façon à ce que les élèves de la première division épèlent et apprennent leur catéchisme par cœur, tandis que ceux de la seconde finissent d'épeler, puis étudient les six rubriques principales (*Hauptstücke*) du catéchisme, quelques cantiques et leurs prières. La troisième section s'exerce alternativement à épeler et à lire des morceaux choisis dans le livre de lecture et dans l'*Abendmahlbüchlein*, tandis que la quatrième remémore son catéchisme et apprend par cœur les Psaumes de la pénitence, puis se livre à des exercices d'écriture. Les plus avancés lisent pendant ce temps dans la Bible et apprennent à déchiffrer des correspondances et autres documents manuscrits. Il y en a qui savent réciter, sans broncher, cinquante, soixante et soixante-dix psaumes. Quelquefois on leur fait des dictées, et on leur enseigne les éléments du calcul ; les plus intelligents arrivent jusqu'à la règle de trois. La leçon se termine à midi par le chant d'un cantique.

L'instituteur de Saint-Nicolas fournit très peu de renseignements détaillés ; il en est un cependant qui est assez curieux. Expliquant qu'il a peu d'élèves, il ajoute que c'est parce que les parents inscrits à cette paroisse, ou bien envoient de bonne heure leurs fils en France, pour y apprendre la langue française, « si nécessaire à leurs métiers ou à l'industrie », ou bien qu'ils les confient à des précepteurs particuliers ou à des maîtres de langue. Le maître d'école de Saint-Pierre-le-Vieux, Daniel Ernst, qui arrive processionnellement à l'église (où se fait la *visitation*), menant ses élèves deux par deux, signale, lui aussi, parmi eux, la présence d'enfants de villages voisins ; c'est surtout en hiver qu'ils lui arrivent, les pauvrets ! Ses meilleurs sujets lisent l'écrit aussi bien que l'imprimé, d'autres ne déchiffrent que les livres d'école. Les plus petits s'exercent à épeler sous la surveillance spéciale de la femme du maître, qui lui sert de monitrice. Trois jours par semaine, le mardi, le jeudi, le samedi, sont consacrés à l'enseignement religieux.

A Saint-Guillaume, on compte 82 enfants ; il y en aurait bien davantage sans les nombreux précepteurs (*Privat-informatores*), « dont quelques-uns, ajoute l'instituteur, prennent, dit-on, jusqu'à quatre pfennings par semaine pour leurs leçons, ce qui nuit beaucoup à l'école officielle ». Il en est d'autant plus navré que son modeste salaire, assigné sur les revenus de l'abbaye de Saint-Étienne, (encore protestante à ce moment), ne lui est pas payé régulièrement et qu'il mourrait de faim s'il n'avait heureusement quelques leçons particulières. L'enseignement se donne chaque jour, pendant deux heures le matin et trois heures dans l'après-midi, sauf le jeudi et le samedi où le maître donne vacances, ce qui se fait aussi dans d'autres écoles. Les enfants sachant déjà lire et écrire, emploient leur temps à apprendre par cœur les psaumes qu'ils auront à réciter au pasteur à l'école du dimanche, ainsi que le catéchisme. Ceux qui prennent des leçons d'écriture sont tenus de faire chaque jour un devoir écrit, puis ils lisent les Psaumes et le Nouveau-Testament et dans l'après-midi on les exerce à déchiffrer des écritures étrangères. Les petits, qui en sont encore à épeler, sont astreints en outre à apprendre par cœur des portions du catéchisme et de la *Haustafel*, la pancarte déjà mentionnée. Quant aux « tout petits » (*den gar Kleinen*), on se contente de leur inculquer les dix commandements et quelques versets de la Bible. Les classes de l'après-midi se terminent par un exercice de chant ; généralement on répète les cantiques en usage pour le culte dominical. Quand les enfants sortent de l'école, on s'efforce de les amener à ce qu'ils observent une attitude décente.

A l'école de Sainte-Aurélie enfin, ce sont les mêmes matières d'enseignement et les mêmes méthodes appliquées ; aussi relèverons-nous seulement les plaintes de l'instituteur au sujet du vacarme fait par les soldats qui travaillent dans le voisinage aux fortifications, et des cris dérisoires et scandaleux (*spœttisch und schændlich geheul*) qu'ils poussent chaque fois que les enfants chantent un cantique après la prière du début. Sur la demande du pasteur, le Magistrat, a dû ordonner que les exercices de chant se feraient dorénavant à l'église même. Cependant les soldats n'étaient pas les seuls à faire du vacarme, car lorsque les élèves quittent l'école, le maître, de son propre aveu, est obligé de se tenir sur le seuil de la porte, pour constater s'ils suivent ses recommandations sur un maintien décent et modeste, et comme ils passent ensuite sous les fenêtres du pasteur de la paroisse, ce dernier peut facilement constater « s'il se commet quelque excès ».

En dehors de ses écoles paroissiales, le Magistrat avait encore organisé dans la seconde moitié du XVIIe siècle une école spéciale, « l'École des pauvres » *(Armenschul)* dans le disciplinaire ou la Maison de force *(Arbeitshaus, Werckhaus)*, installé dans le premier couvent des Guillemites, après que les étudiants boursiers, qui y avaient vécu plus d'un siècle, l'eurent quitté pour le cloître des Dominicains. Servait-elle à l'usage des enfants abandonnés ou de ceux qui ne pouvaient payer aucune rétribution scolaire, ou bien encore à l'instruction d'individus même plus âgés, arrêtés pour vagabondage ou pour des délits insignifiants ? Elle devait renfermer en tout cas un assez grand nombre d'élèves, puisqu'en 1678 on jugea nécessaire d'adjoindre un second précepteur à celui qui dirigeait déjà l'école et de faire une quête régulière aux services religieux du samedi soir, pour lui payer ses gages[1]. Le programme de l'enseignement semble y avoir été plus simple encore que dans les autres écoles primaires; du moins, en 1683, l'instituteur Jean Mertz[2] ne donnait qu'une leçon d'une heure et demie le matin, et une leçon d'une heure l'après-midi, enseignant à lire et à écrire et faisant réciter par cœur quelques prières. A un moment donné, il paraît y avoir eu à côté du maître d'école proprement dit, un maître artisan chargé d'apprendre son métier aux habitants ou aux habitués de l'établissement, puisque, d'après les procès-verbaux du Magistrat, il y en avait un de logé dans le couvent de Saint-Guillaume, qui touchait un salaire d'un ducat par semaine, en dehors du logement gratuit, mais sans le chauffage. « Quant aux outils, est-il dit dans cette pièce, leur achat ne coûterait au plus que cinquante florins[3]. » Il y aurait donc eu là une tentative d'établir une espèce

1. Procès-verbaux des XXI, 1678, fol. 298.
2. *Schul- und Kirchenlehr-Visitationes*, Mscr. 514 de la Bibliothèque municipale de Strasbourg.
3. Procès-verbaux des XXI, 31 décembre 1660.

d'école professionnelle ; mais nous n'avons trouvé aucune autre donnée sur la durée ni sur la réussite de l'entreprise et, comme primitivement le salaire n'était prévu que pour un trimestre, nous doutons qu'elle ait vécu.

Dans les territoires protestants, comme en pays catholique, l'enseignement des garçons n'était pas séparé d'ordinaire de celui des filles ; il ne faudrait pas voir cependant dans cet état de choses l'adoption raisonnée du système américain avant la lettre. Dès l'organisation des écoles primaires au XVIe siècle, les autorités se montrèrent hostiles, en maint endroit, à cet enseignement mixte [1] ; mais la question des dépenses matérielles, qui auraient été trop considérables, fit pencher presque partout la balance en faveur de l'enseignement commun. A Strasbourg aussi, dans la seconde moitié du XVIIe siècle, les enfants des deux sexes se trouvaient dans un même local ; tout au plus veillait-on à ce qu'ils fussent rangés séparément, de façon à ne pouvoir commettre aucune action malhonnête (*Leichtfertigkeit*) [2]. A Colmar, par contre, les filles de la paroisse protestante étaient réunies dans une classe, les garçons dans l'autre [3] ; à Saverne aussi, les filles occupaient seules l'étage supérieur de la maison d'école [4] ; à Rouffach, l'école primaire ne fut séparée en deux classes, d'après les sexes, qu'en 1634 [5].

C'était l'instituteur lui-même qui dirigeait le plus souvent aussi la section féminine de l'école ; parfois cependant, sa femme, si elle était reconnue capable [6], et même quand elle ne l'était pas [7], fonctionnait à ses côtés comme institutrice (*Lehrfrau*), et c'était elle naturellement qui s'occupait alors des élèves de son sexe. Mais il y avait aussi des écoles de filles dirigées par des femmes veuves ou demoiselles [8]. Il semblerait qu'il y ait eu quelque jalousie professionnelle

---

1. Les scolarques de Strasbourg essayèrent de l'abolir d'assez bonne heure ; voy. Engel, *op. cit.*, p. 32. — Dès 1542, le Magistrat admit des femmes *qualifiées* comme institutrices dans les écoles de filles. (*Ibid.*, p. 27.)
2. Procès-verbaux des XXI, 24 novembre 1683.
3. *Kirchenordnung von Colmar*, p. 121.
4. *Ecclesiasticum Argentinense*, 1891, p. 24.
5. Archives de la Basse-Alsace, G. 1910.
6. « *Des orthographischen buchstabierens kündig.* » A l'école de Sainte-Aurélie, à Strasbourg, on ne permit à la femme du maître d'école de donner des leçons que lorsqu'elle eut prouvé que, fille de celui de Saint-Guillaume, elle fonctionnait déjà comme aide de son père (1683).
7. La femme du maître d'école de la Robertsau ne savait pas même lire, ce qui n'empêchait pas qu'elle suppléât son mari.
8. A Riquewihr, par exemple, l'école des filles était dirigée par Mlle Suzanne Pistor, fille du surintendant ecclésiastique de la seigneurie. Elle signe : « *Schulfrau zu Reichenweiller.* » (Ed. Ensfelder, *Revue d'Alsace*, 1878, p. 85.)

dans le monde des instituteurs contre leurs concurrents féminins, car on rencontre, à diverses occasions et dans diverses localités, des dénonciations formelles à leur égard[1]. Quand le mari exerçait sa profession aux côtés de son épouse dans une école de filles, il s'occupait de l'enseignement proprement dit, elle au contraire de la surveillance et de la discipline[2]. L'écolage n'était pas plus élevé dans ces écoles que dans celles de garçons ; à Riquewihr, chaque enfant payait un florin de rétribution scolaire par an, dans la seconde moitié du XVIIe siècle, plus un demi-florin pour le chauffage de la salle. La fréquentation ordinaire de l'école semble avoir été de trois ans pour les filles[3], mais les documents me font défaut pour l'affirmer d'une façon plus catégorique. Dans les contrées catholiques, nous voyons certaines congrégations religieuses (*Schulschwestern*) établir des écoles de filles dans leurs couvents, mais elles apparaissent assez tard et nous n'en pourrions citer aucune avant 1650[4].

L'enseignement qu'on donnait à la jeunesse féminine dans ces écoles élémentaires ne différait pas de celui que recevaient les garçons. Les plus petites apprenaient longuement à épeler, puis à lire, récitaient des psaumes et des cantiques, répétaient leur catéchisme, etc. Un de nos rapports affirme qu'à Strasbourg, et cela vers la fin du siècle, la moitié seulement des « grandes » s'exerçaient à écrire[5]. Ainsi la connaissance de l'écriture n'était même pas considérée comme nécessaire par les parents qui envoyaient leurs enfants à l'école !

Nous avons réservé pour la fin, la question de l'enseignement du français dans l'école primaire au XVIIe siècle. Après ce que nous avons dit plus haut, dans un chapitre spécial sur la langue française en Alsace, nous n'étonnerons personne en affirmant que l'école officielle a ignoré cette branche de l'enseignement, non seu-

1. Ainsi, pour ne citer que quelques exemples, vers la fin du XVIe siècle le maître d'école de Landau dénonce au Magistrat une école de filles fondée par une pauvre veuve et obtient sa fermeture. (Lehmann, *Landau*, p. 159.) En 1602, plaintes du Couvent ecclésiastique contre deux Françaises (*welsche Weiber*) qui ont ouvert une école sans autorisation ; il est vrai qu'on a trouvé le Catéchisme de Genève dans la salle de classes. (Archives de Saint-Thomas.) En 1683, quatre femmes sont dénoncées à la fois comme institutrices clandestines.
2. A Saverne, 1706. (*Ecclesiasticum Argentinense*, 1891, p. 24.)
3. Ed. Ensfelder, *op. cit.*, dans la *Revue d'Alsace*, 1878.
4. La première que nous connaissions est celle des Sœurs du tiers-ordre de Saint-François, au couvent de Saint-Joseph à Haguenau, ouverte en 1651. Guerber, *Haguenau*, II, p. 263.)
5. *Schul- und Kirchenlehrvisitationes*, 1683. (Bibliothèque municipale.)

lement alors, mais encore pendant le XVIII⁰ siècle tout entier. Non pas qu'il n'y ait eu, dès ce temps, des écoles où il fût possible d'apprendre notre langue, mais c'étaient des entreprises particulières, où l'on n'apprenait précisément que le français. Il y avait des maîtres de langue et des maîtresses, plus ou moins achalandés [1] ; il n'y avait pas d'établissement public qui eût inscrit l'étude de cette langue dans son programme scolaire, et les écoles privées de ce genre n'étaient guère à la portée de la bourse des couches sociales vraiment populaires. Si nous voyons, dès 1642, un « maître d'école français » (c'est-à-dire un *maître de français*) nommé à Cernay, ce n'est certes pas pour les élèves de l'enseignement primaire qu'il fut appelé [2]. Le premier maître d'école français de Bischwiller, Jean Bourguignon, venu de Courcelles, près Metz, en 1650 [3], fonctionnait, non pour les autochtones, mais pour les descendants des huguenots immigrés de Lorraine, comme ses successeurs immédiats, natifs de Sedan et du Dauphiné. Quand, en 1663, la Régence de Bouxwiller charge le pasteur de Hattmatt, Jean Henri Wintzenheimer, de donner deux leçons de français par jour à la jeunesse de la résidence hanovienne, c'est évidemment de la jeunesse aisée seule qu'il s'agit; la rétribution d'un florin par trimestre et par élève suffirait à le prouver [4]. L'école *française* ouverte à Strasbourg, le 20 août 1677, n'est pas davantage une école primaire et n'a d'ailleurs aucun caractère officiel [5]. En 1682, le traitement d'un « maître d'école français » est voté par le Magistrat de la ville de Landau [6], mais il ne faut pas oublier qu'elle possède à la fois une forte garnison française et une école latine, et l'activité professionnelle du nouveau-venu se bornait peut-être à cette double sphère. En 1688, nous rencontrons un sieur Noël sur les livres de comptes de l'hospice d'Obernai, également qualifié de « maître d'école français [7] ». Comme l'hospice payait les frais d'écolage des enfants pauvres de la ville, nous avons peut-être là l'un des premiers instituteurs dont l'enseignement linguistique se soit adressé vraiment aux élèves d'une école primaire d'Alsace. Vers la même époque, et même antérieurement déjà, on rencontre

1. Voy. livre septième, chap. 1ᵉʳ, p. 190, ss.
2. A. Ingold, *Revue d'Alsace*, 1872, p. 215.
3. Culmann, *Bischweiler*, p. 140.
4. Kiefer, *Pfarrbuch*, p. 72. Ce Wintzenheimer est natif de Darmstadt, en Hesse, ce qui prouve combien la connaissance du français était répandue dans l'Allemagne d'alors.
5. Wencker, *Chronique*, dans Dacheux, *Fragments*, III, p. 188.
6. Lehmann, *Landau*, p. 239.
7. Gyss, *Obernai*, II, p. 317.

à Ribeauvillé, « comme maistre d'école français », un nommé David Samson, auquel l'intendant La Grange s'intéresse assez pour faire intimer aux membres du Magistrat l'ordre de lui verser la somme de soixante-quinze livres pour ses gages, « à peine d'y estre contraints[1] ». Mais il y avait dans la « capitale » des Ribeaupierre assez de bourgeois aisés pour que ledit Samson n'ait pas été nécessairement un instituteur primaire. On peut affirmer en tout cas que, jusqu'à la fin du XVIIe siècle, cet enseignement conserve un caractère exotique, si je puis m'exprimer ainsi, qu'il reste absolument en dehors du cadre général de l'enseignement secondaire et primaire ; on le voit bien par la lettre du prince palatin, Chrétien III de Birckenfeld, autorisant un sieur Hermann à enseigner la langue française, « mais la langue française, seulement, ne se mêlant point d'autre enseignement, appartenant au maistre d'école establi, et, pour ses gages, il s'en pourroit faire payer par ses escoliers[2] ».

S'il y eut quelque part en Alsace[3] des maîtres d'école d'origine et de langue française dans les districts ruraux, ce doit avoir été sur les terres de l'évêché de Strasbourg, dans le dernier tiers du siècle. Les Furstemberg étaient liés à la cause royale d'une façon si étroite, par maint bienfait personnel et par tant de privilèges politiques, qu'ils ont pu essayer la *francisation* du pays, en certains endroits du moins. C'est une simple hypothèse, je l'avoue, mais qui répond peut-être à la réalité, et qu'on pourrait appuyer en tout cas sur ce fait remarquable que, dans les dernières années du XVIIe siècle (1695-1702) nous trouvons, dans les communes rurales absolument allemandes du Kochersberg, par exemple, des noms d'instituteurs français, tels que Féry Noël, Christophe Pierson, etc.[4].

Après tout ce qu'on vient de lire, est-il besoin de s'arrêter, ne fût-ce qu'un instant, au reproche fait parfois au gouvernement de Louis XIV par des historiens, étrangers à l'Alsace autant qu'aux faits qu'ils prétendent narrer, d'avoir poursuivi, avec une rigueur extrême, la destruction des éléments germaniques dans la nouvelle

---

1. Lettre du 8 janvier 1686 au Magistrat de Ribeauvillé (A.H.A., E. 1630.)
2. Lettre du 7 décembre 1699. (A.H.A., E. 1630.)
3. Nous ne parlons pas, bien entendu, des parties du Sundgau, des districts montueux de la seigneurie de Ribeaupierre, des vallées de la Liepvre et de la Bruche, où la population elle-même parlait le français ou du moins des patois romans. Dans ces régions, l'école primaire était naturellement française, du moment qu'elle y exista.
4. *Ecclesiasticum Argentinense*, 1890. Supplément, p. 73.

province acquise depuis le traité de Munster? S'il est un domaine où les conquérants, pressés de jouir du succès qu'ils craignent de voir leur échapper, se sont toujours hâtés depuis que le monde existe, c'est bien l'usage de la langue des vainqueurs imposé aux vaincus. S'il est une méthode pratique et connue, impitoyablement appliquée, en ce jour même, en plus d'un pays d'Europe, pour arriver à ce résultat désiré, c'est l'instruction publique obligatoire, monopolisée par l'État, pour les deux sexes, à tous les degrés de l'échelle sociale. C'est un instrument de précision, dont l'emploi, pour peu qu'il soit appliqué sans scrupule aux masses profondes, pourrait en effet modifier considérablement, au cours d'un demi-siècle, les sentiments et les idées, l'âme même d'une population tout entière. La France aurait eu certes le droit de faire au XVIIe siècle ce que d'autres vainqueurs n'ont éprouvé aucune hésitation à faire en sens contraire, au XIXe; mais après 1648, ni après 1681, ni après 1697, elle n'a rien voulu et n'a rien tenté de semblable. C'est assurément l'un des traits les plus singuliers de l'histoire d'Alsace au XVIIe et au XVIIIe siècle, que cette absence complète d'efforts pour hâter une assimilation que le temps, à lui seul, eut la mission de mûrir. Dans l'instruction publique, comme dans les autres branches de l'administration, partout où la question religieuse ne vient pas porter le désordre et susciter les haines confessionnelles, nulle trace d'ingérence hâtive ou brutale, ni dans la vie des Universités, ni dans celle des établissements secondaires ou des écoles primaires; aucune tentative de mainmise et d'absorption, aucun bouleversement des programmes, aucun appel à un personnel étranger et nouveau; un respect si entier des traditions scolaires du siècle précédent qu'on est tenté de se figurer par moments tel bon magister de village, végétant loin du monde, en son paisible hameau, et ne se doutant même pas qu'il a cessé d'être le sujet de Léopold Ier pour devenir celui de Louis XIV.

LIVRE HUITIÈME

L'ALSACE RELIGIEUSE AU XVIIe SIÈCLE

CHAPITRE PREMIER

L'Église catholique d'Alsace

§ 1. DIOCÈSES, CHAPITRES, COLLATION DES BÉNÉFICES, ETC.

Au point de vue ecclésiastique, l'Alsace ne présente guère, au XVIIe siècle, un aspect moins composite et bigarré qu'au point de vue politique. La population catholique de la province[1] ressortissait en effet à trois diocèses différents, à celui de Bâle, celui de Strasbourg et celui de Spire. La région méridionale de l'Alsace obéissait aux princes-évêques de Bâle ; la région centrale, à ceux de Strasbourg, de qui dépendait encore une assez large bande de terrain sur la rive droite du Rhin, les régions septentrionales enfin, depuis le Seltzbach jusqu'à la Queich, étaient soumises à l'autorité des princes-évêques de Spire. Ces évêchés, — comme d'ailleurs tous ceux du Saint-Empire romain à cette époque, — avaient cela de commun qu'ils étaient gouvernés tous trois, soit par des représentants de dynasties puissantes, soit par des seigneurs de haute et vieille noblesse, qui, princes de l'Empire, en vertu de leur naissance ou de leur rang, avaient une tâche assez lourde à remplir comme souverains temporels, et particulièrement lourde, alors que tant de graves conflits éclataient sans cesse des deux côtés du fleuve, le long de la fameuse « route des prêtres » (*Pfaffenstrasse*) du moyen âge. Les titulaires de ces sièges épiscopaux, et ceux de Strasbourg moins encore que les autres, résidaient rarement à l'ombre de leurs églises cathédrales, fort occupés de leurs plaisirs ou préoccupés par la politique, et s'intéressaient de très loin seulement à l'administration spirituelle de leurs diocèses, confiée d'ordinaire à

---

1. Nous savons que, d'après La Grange, la population de la province se serait élevée, en 1697, à 257,000 âmes, en chiffres ronds. Là-dessus, il compte 171,000 catholiques. (*Mémoire*, p. 229.)

un coadjuteur d'origine bourgeoise[1]. Nous avons exposé, dans le premier volume, le rôle politique des territoires ecclésiastiques[2]; c'est uniquement de l'organisation ecclésiastique de l'Alsace catholique que nous avons à parler ici.

C'est tout naturellement le diocèse de Strasbourg qui doit nous occuper en premier lieu. Depuis le VIIIe siècle, il était divisé en sept archidiaconés, gouvernés par autant d'archidiacres, choisis parmi les dignitaires de l'église cathédrale et auxquels étaient soumis les doyens ou archiprêtres ruraux[3]. Le premier, celui du *grand-prévôt*, s'étendait sur les chapitres ruraux d'Andlau et de Benfeld; le second, celui du *grand-doyen*, comprenait les archiprêtrés du Haut et du Bas-Haguenau; le troisième était celui du *grand-custode* et embrassait les deux chapitres de Molsheim (autrefois Biblenheim) et de Saverne (autrefois Bettbur). Le *grand-camérier* gouvernait les chapitres de Rhinau et Marckolsheim; le *grand-chantre* était l'archidiacre des chapitres de Schlestadt et d'Obernai, le *grand-portier* celui des paroisses de Strasbourg et des environs; le *grand-écolâtre* enfin administrait les trois chapitres d'outre-Rhin, Offenbourg, Ottersweyer et Lahr. Quand, après la Réforme, certains offices du Grand-Chapitre furent supprimés, qu'il n'y eut plus de *grand-chantre* ni de *grand-portier*, les chapitres de Schlestadt et d'Obernai furent réunis à ceux d'Andlau et de Benfeld, et ceux de Molsheim et Saverne aux environs de Strasbourg, pour autant qu'ils restèrent catholiques. Il n'y avait donc plus au XVIIe siècle que cinq archidiaconés, qui subsistèrent jusqu'en 1686. Le 3 mai de cette année, l'évêque Guillaume-Égon de Furstemberg supprima les charges d'archidiacre, à la suite d'un accord conclu avec le Grand-Chapitre, et unit leur officialité à la sienne[4].

A côté de l'évêque se trouvait le Grand-Chapitre, l'un des plus célèbres parmi ceux du Saint-Empire romain germanique; il était composé de douze chanoines *capitulaires* et de douze chanoines

---

1. Pour l'évêché de Strasbourg du moins, nous ne voyons qu'un seul noble à cette place, le comte Paul d'Aldringen (1627-1646). Tous les autres coadjuteurs, Adam Peetz (1605-1626), Dr Hugo (1646-1656), Gabriel Haug (1656-1668), etc., sont roturiers, jusqu'au premier des Rohan, nommé coadjuteur de Guillaume de Furstemberg, en 1701.
2. Voy. vol. I, p. 384, 414, 415.
3. Bulle du pape Adrien Ier, du 4 avril 774, confirmant les arrangements pris à ce sujet par l'évêque Heddon.
4. Voy. l'ouvrage de M. le chanoine M. Schickelé, *État de l'Église d'Alsace avant la Révolution*, t. I. *Le diocèse de Strasbourg*, Colmar, Lorber, 1877, p. x-xii.

domiciliaires. Ces dignitaires ecclésiastiques s'étaient trouvés dans une situation assez bizarre depuis la seconde moitié du XVIe siècle, séparés qu'ils étaient en deux groupes d'importance à peu près égale, et qui avaient essayé leurs forces dans l'élection de 1592[1]. Les chanoines catholiques étaient allés résider, soit à Molsheim, soit à Saverne, tandis que les membres protestants du Chapitre avaient continué à habiter Strasbourg, sous la protection du Magistrat, conservant les biens du Chapitre *intra-muros*, cooptant de nouveaux collègues, etc. Déclarés intrus par l'Église, déposés solennellement par édit impérial, en 1627, ceux qui restaient alors des chanoines luthériens protestèrent, par-devant notaire, contre cette sentence de déposition[2] et présentèrent en 1645, leurs réclamations motivées aux diplomates réunis à Osnabruck[3]. Leur demande, qu'on laissât autant de chanoines luthériens au Grand-Chapitre qu'il y en avait eu à la date du 1er janvier 1624[4], demande soutenue par les représentants des puissances protestantes[5], fut repoussée par les commissaires impériaux[6]; mais finalement le traité de paix d'Osnabruck, signé le 24 octobre 1648, accorda, dans une certaine mesure et par une concession de peu de durée d'ailleurs, ce que demandaient les maisons de Brunswick et de Mecklembourg; deux des fils du duc Auguste de Brunswick devaient toucher les revenus des deux premiers canonicats qui deviendraient vacants (art. XIII), et les ducs de Mecklembourg devaient également avoir droit aux revenus de deux prébendes, « pour le cas où leur droit à les posséder serait établi » (art. XII[7]). Mais les usufruitiers de ces quatre canonicats n'étaient en aucune façon considérés comme membres du

1. Lors de l'élection des deux princes-évêques successeurs de Jean de Manderscheid, le catholique Charles de Lorraine et le protestant Jean-Georges de Brandebourg. On sait que l'accord de Haguenau (1604) écarta définitivement le prétendant luthérien.
2. Meyern, *Acta pacis Westphalicæ*, tome V, p. 232.
3. Meyern, tome II, p. 24.
4. L'année *normale* des traités de Westphalie.
5. Ces arrangements qui nous paraissent avec raison bizarres aujourd'hui, puisque nous n'admettons pas ce mélange d'intérêts matériels et religieux, se retrouvaient assez fréquemment à cette époque. C'est ainsi qu'une transaction de 1675 partageait les prébendes de l'Oratoire de la Toussaint, à Strasbourg, entre six catholiques et six luthériens. Ces derniers disparurent également plus tard.
6. Meyern, tome IV, p. 92.
7. Meyern, tome VI, p. 63. Le texte de l'article XII est très peu clair : « *Quod deinde ad prætensos duos canonicatus in Ecclesia cathedrali Argentinensi attinet, si quid eo nomine statibus Augustanæ confessionis juxta præsentem transactionem competit, familiæ ducum Mecklenburgensium ex hujusmodi proventibus duorum canonicatuum portiones concedantur, absque tamen præjudicio catholicorum.* »

Grand-Chapitre et ne participaient ni à l'administration temporelle de ses biens ni à ses fonctions ecclésiastiques. Néanmoins, leur existence seule, qui diminuait les revenus de leurs collègues en choquant leurs principes religieux, était malaisément supportée par ceux-ci et, en 1687, un arrêt du Conseil souverain de Brisach débouta les deux maisons princières de leurs prétentions sur ces prébendes, garanties pourtant par un arrangement international, mais auquel manquait la signature de la France[1]. Elles réclamaient encore un dédommagement pour cette perte au moment de la Révolution française. A partir de la date citée, les vingt-quatre chanoines-comtes du Grand-Chapitre furent de nouveau tous, en droit comme en fait, fils de l'Église, sinon ses ministres, car beaucoup d'entre eux n'ont jamais sollicité la consécration de la prêtrise.

Voici ce qu'écrivait l'auteur du *Mémoire* officiel de 1702 sur les différentes catégories des chanoines, sur leurs devoirs et leurs fonctions: « Les *capitulaires* sont ceux qui ont entrée et voix délibérative au Chapitre. Le revenu de leurs canonicats peut être estimé à 6,000 livres, année commune. Les *domiciliaires* n'entrent point au Chapitre et ce sont proprement des places d'attente pour parvenir, par ancienneté, à celles de *capitulaires*, lors de leur vacance. On leur accorde le quart des revenus des canonicats, pourvu qu'ils fassent leur résidence annuelle, limitée à trois mois, de mesme que celle des *capitulaires*.

» Les uns et les autres sont tenus, pour être reçus, de faire preuve de seize quartiers de haute noblesse, huit quartiers du côté du père et huit du côté de la mère. Cette haute noblesse exclut les simples gentilshommes. Il faut une extraction de princes ou comtes de l'Empire pour les Allemands, et les princes, ducs et pairs pour les Français[2]. Les douze chanoines capitulaires ont le droit d'élire leur évêque, en cas de vacance ou de démission. Lorsqu'ils le choisissent entre eux, c'est ordinairement par simple élection, où il ne faut, pour la rendre valable, qu'une simple voix au delà de la moitié de celles des chanoines présents. Lorsqu'ils nomment un étranger, ce ne peut être que par postulation et, dans ce cas, il faut les deux tiers des voix pour la validité de l'acte[3]. »

---

1. Grandidier, *Essais sur la Cathédrale*, p. 129.
2. Voy. aussi La Grange, *Mémoire*, fol. 59. C'est en 1687 que, par un statut nouveau, le tiers des canonicats venant à vaquer fut réservé à des candidats français. On ne se montra pas toujours bien difficile au sujet de leurs preuves de noblesse, ainsi que nous l'avons remarqué déjà (I, p. 229), à propos du prince Camille de Rohan.
3. En 1702, il y avait déjà deux capitulaires français contre dix allemands et trois domiciliaires contre neuf.

Les chanoines étaient tenus d'assister soixante fois par an au service divin et de résider au moins trois mois « dans les terres de l'évêché » pour pouvoir toucher leur compétence [1]. Lorsqu'ils assistaient aux offices de la Cathédrale, domiciliaires et capitulaires portaient également « sous le surplis un habit de velours cramoisy, doublé de fourrure et l'aumusse sur les épaules [2] ».

En dehors du chapitre de la Cathédrale, Strasbourg renfermait encore trois autres chapitres, celui de Saint-Thomas, passé aux mains des protestants, à l'époque de la Réforme, et dont nous n'avons point à parler ici [3], et ceux de Saint-Pierre-le-Vieux et de Saint-Pierre-le-Jeune, qui subsistèrent, malgré le triomphe du luthéranisme dans la cité et comptèrent, après 1681, l'un quinze et l'autre dix-huit chanoines [4]. Parmi ceux du reste de la Basse Alsace, il faut nommer d'abord le chapitre de Neuwiller, petite ville située à deux lieues de Saverne, sur les terres du comté de Hanau-Lichtenberg ; celui de Haslach, « situé dans un pays sauvage sur la Brusche », et mal noté par l'administration française [5] ; ceux de Saverne, de Surbourg, près de Haguenau, et de Saint-Léonard près d'Obernai, moins importants, abbayes de moines bénédictins ou augustins, sécularisées au cours du moyen âge [6].

Nous avons déjà dit plus haut, qu'il existait dans le diocèse de Strasbourg treize chapitres ruraux, trois au delà du Rhin : Offenbourg, Lahr, Ottersweyer, et dix en deçà : Rhinau, Marckolsheim, Benfeld, Schlestadt, Obernai, Biblenheim, Andlau, Bettbur, le Haut et le Bas-Haguenau. Dans chaque chapitre il y avait un archiprêtre, un camérier, deux définiteurs, élus à la pluralité des voix, soit au scrutin secret, soit *auriculariter*, par les curés du chapitre, en présence d'un vicaire général ou d'un commissaire de l'évêque. « L'archiprêtre, dit La Grange, a le droit de veiller sur ses confrères, de les avertir, de les corriger, quand les choses ne sont pas d'une grande conséquence, de régler leurs différends et de rendre compte, de temps

---

1. Cela leur permettait de résider soit à Erstein, soit à Saverne, soit à Rouffach, etc., pour jouir des plaisirs de la chasse pendant leur résidence canonicale. (La Grange, fol. 70.)
2. *Mémoire de 1702*, fol. 7^b, 8$_{ab}$.
3. Voyez d'ailleurs plus haut, p. 299.
4. La Grange, *Mémoire*, fol. 76, 84.
5. « Cette église étant dans les bois et les bénéfices remplis par des gens de toutes nations, ils ne sauraient s'accorder, estant dans des contestations perpétuelles; l'oisiveté et le pays sauvage qu'ils habitent les rend impraticables, tant entre eux qu'à l'égard de leurs supérieurs. » (La Grange, fol. 91.)
6. La Grange, *Mémoire*, fol. 95-97.

R. REUSS, *Alsace*, II. 26

à autre, au grand-vicaire ou à l'évêque de l'état de son chapitre [1]. Le camérier est comme le premier du chapitre ; c'est lui qui a soin de lever les impositions, de recevoir l'argent et de compter des frais communs et de tout ce qui regarde le temporel. Des deux définiteurs, l'un est nommé par le chapitre, l'autre par l'archiprêtre; ils doivent délibérer avec lui sur les affaires concernant le corps ou les particuliers [2]. »

L'évêque de Strasbourg avait gardé longtemps le droit de s'approprier « les héritages et les effets de tous les curés et autres ecclésiastiques du diocèse, sauf les chanoines de la Cathédrale, quand ils n'ont pas testé », ou bien de leur accorder la permission de faire un testament. Le cardinal Guillaume-Égon de Furstemberg fit proposer par son vicaire général, M. de Ratabon, un accord aux membres du clergé de son diocèse. Il leur permettait de disposer librement de leur bien, en payant un *droit d'indult épiscopal* annuel de six livres, en janvier; sinon l'ancien privilège resterait en vigueur. Mais un arrêt formel du Conseil souverain d'Alsace, en date du 3 octobre 1685, se prononça énergiquement contre ce « droit visiblement abusif » et défendit de mettre la mesure à exécution [3].

Le diocèse de Strasbourg comptait en 1697, cent quatre-vingts cures catholiques ; il y avait de plus vingt-huit curés qui desservaient des paroisses mixtes [4].

La Haute Alsace presque tout entière et le Sundgau appartenaient à l'évêché de Bâle, qui ressortissait au siège métropolitain de Besançon. Depuis que la ville de Bâle avait passé à la Réforme, les princes-évêques s'étaient retirés dans leur résidence de Porrentruy, au pied du Jura, et en avaient fait la capitale politique [5] de

---

1. M. le chanoine Schickelé a retrouvé récemment les actes du chapitre rural *citra Rhenum* du diocèse de Bâle pour les années 1662 à 1753 et en a donné de nombreux et curieux extraits dans le second fascicule de son ouvrage, *État de l'Église d'Alsace avant la Révolution*. On peut y étudier en détail l'activité de ces assemblées ecclésiastiques, les questions de discipline portées devant elles, et jusqu'aux frais des banquets par lesquels se terminaient ces réunions. Si nous avions les procès-verbaux des autres chapitres, nous y trouverions sans doute les mêmes faits, ou des détails analogues.
2. La Grange, *Mémoire*, fol. 162.
3. Id., *ibid.*, fol. 62-63. *Ordonnances d'Alsace*, I, p. 154.
4. Pour donner une idée de l'extension rapide du catholicisme, nous dirons que, quatre-vingts ans plus tard, en 1778, Horrer comptait 272 paroisses catholiques, avec 475 églises, 189 chapelles, 8 abbayes, 11 chapitres, 40 couvents, 32 hôpitaux, pour les 195,960 fidèles du diocèse. (Notes du *Mémoire* de la Grange, fol. 164, dans le manuscrit de la Bibliothèque municipale de Strasbourg.)
5. Détail curieux : pour le temporel, Porrentruy appartenait à l'évêché de

leur petite principauté. C'est là que nous trouvons les Blarer de Wartensée (1575-1608), les Rinck de Baldenstein (1608-1628), les Ostein (1628-1646), les Ramstein (1646-1651), les Schœnau (1651-1656), les Roggenbach (1656-1693), qui occupèrent successivement le siège épiscopal dont dépendait l'Alsace méridionale. Le Chapitre de Bâle, qui ne voulait pas trop s'éclipser et disparaître dans le rayonnement de son chef, émigra d'abord à Fribourg-en-Brisgau, puis, quand les Français se furent emparés de cette ville, il alla s'établir dans la petite localité d'Arlesheim, voisine de Bâle. Les archiducs d'Autriche avaient fait généralement bon ménage avec les princes-évêques de Rauracie ; quand ils eurent été remplacés par la France, la situation devint moins cordiale, à cause des prétentions de l'évêque relatives à la suzeraineté du comté de Ferrette. Pour satisfaire aux réclamations réitérées du gouvernement royal, on dut installer une officialité indépendante au siège d'Altkirch, afin que les sujets de Sa Majesté ne fussent pas obligés de comparaître en justice devant un tribunal ecclésiastique étranger [1]. Des expériences antérieures au régime français, mais dont le souvenir n'était point effacé, laissaient paraître peu désirable la continuation d'un état de choses qui pouvait amener à chaque instant un conflit [2].

Outre le Chapitre de Lautenbach, qui, bien que situé sur le territoire de la Haute Alsace, s'était volontairement soumis à la juridiction de l'évêque de Strasbourg, il n'y avait que deux collégiales de chanoines dans cette partie de la province, celle de Saint-Martin à Colmar et celle de Saint-Thiébaut à Thann. La Haute Alsace était divisée en sept chapitres ruraux : celui d'Angeot ; celui d'Altkirch ou du Sundgau ; celui de Landser (*intra colles*) ; celui de Masevaux ; celui de Guebwiller (*citra Ottonis colles*) ; celui de Ribeauvillé (*ultra Ottonis colles*) et celui de Sainte-Croix (*citra Rhenum*). Ils comptaient ensemble 276 paroisses [3].

Bâle, mais au spirituel il relevait directement de Besançon. (Schickelé, *État de l'Église d'Alsace*, II. *Le diocèse de Bâle*, Colmar, 1897, 8°.)
1. La lettre de Louis XIV à l'évêque de Bâle, du 23 avril 1659, demandant qu'un official « soit rétabli à Altkirch ou en telle autre ville de mon pays d'Alsace que vous verrez pour le mieux », se trouve *Ordonnances d'Alsace*, I, p. 9.
2. De fait, ces fonctionnaires ecclésiastiques se mêlaient parfois de choses qui ne les regardaient nullement. Nous en avons rencontré un qui citait, en 1622, par-devant lui, le maire de Zillisheim, pour instruire sur le fait qu'il avait refusé de donner du bois aux habitants de Hochstatt et d'admettre leurs porcs à la glandée. (A.H.A., C. 952.)
3. La Grange, *Mémoire*, fol. 55. Schickelé, *État de l'Église d'Alsace*, II, p. 10. On y trouvera le nom des autres doyennés de l'évêché, en dehors de l'Alsace, qui ne nous regardent point ici.

La partie septentrionale de la Basse Alsace dépendait de l'évêché de Spire, siège épiscopal fréquemment réuni, durant le XVII° siècle, au siège archiépiscopal et électoral de Trèves. L'Église catholique y avait beaucoup perdu au cours du siècle précédent, tant par les sécularisations des Électeurs palatins que par celles des comtes de Deux-Ponts, des sires de Fleckenstein, etc., « ayant embrassé la secte de Calvin ou celle de Luther, et s'étant approprié les biens ecclésiastiques », et ce n'est qu'après la paix de Nimègue que l'œuvre de la contre-réformation y fut reprise avec succès. Comme ces territoires ont été, de plus, très fréquemment ravagés au XVII° siècle et tout particulièrement durant les guerres de Louis XIV, les revenus du clergé y avaient fort diminué et les chapitres subsistants, ceux de Landau, Wissembourg, etc., étaient les plus pauvres de la province. Le nombre de paroisses catholiques que l'évêque de Spire avait sous son obédience en Alsace était de 108, dont 43 étaient mixtes et, si l'on en croit l'intendant La Grange, elles n'étaient desservies en 1697 que par 36 curés[1].

La *collation* des cures et des bénéfices[2], c'est-à-dire leur « concession gratuite par celui qui en a le pouvoir, à un clerc capable de les posséder[3] » était faite le plus souvent, — cela va sans dire, — par le *collateur* naturel du diocèse, l'évêque. Mais certains corps constitués ou des corporations administratives avaient également la collation de cures assez nombreuses. C'est ainsi que l'Université de Fribourg disposait de celles d'Ensisheim, Reiningen, Schweighausen, Lembach et Soppe-le-Haut, en nommait les desservants et touchait une partie des revenus de la cure[4]. Dans le seul chapitre de Bettbur (ou de Saverne) on rencontre comme collateur l'évêque, le Grand Chapitre de Strasbourg, le Grand Chœur, le Chapitre de Saint-Pierre-le-Vieux, les abbés de Schwarzach, de Marmoutier, l'abbesse de Saint-Jean, les collégiales de Haguenau et de Neuwiller, le prévôt de Neuwiller, le couvent de la Visitation de Strasbourg et, en fait de laïques, le roi, le prince de Rohan-Soubise, le comte de Linange-Dabo, les barons de Wangen et de Birckenwald, seize collateurs pour quarante-cinq paroisses[5]! En théorie, le droit canon n'admet pas, il est vrai, l'existence de collateurs

---

1. La Grange, *Mémoire*, fol. 174.
2. « Un bénéfice est le droit de percevoir une certaine portion des fruits des biens d'église, à charge de remplir quelque charge spirituelle. » (*Revue catholique d'Alsace*, 1895, p. 522.)
3. C. H., Le droit de collation laïque et de patronage dans la Haute Alsace sous l'ancien régime. (*Revue catholique d'Alsace*, 1895, *loc. cit.*)
4. Mercklen, *Ensisheim*, II, p. 46.
5. A. Wurdtwein, *Nova Subsidia diplomatica*, VIII, p. 105.

laïques, mais comme le prouve l'exemple que nous venons de citer, il s'en rencontre en Alsace jusqu'au temps de la Révolution, une foule d'églises, de chapelles et de bénéfices ayant été institués et dotés par des seigneurs territoriaux dont les descendants ou les héritiers continuaient à exercer leur prérogative sur cette espèce de fief ecclésiastique. Parfois ils ne s'en étaient pas réservé la collation directe, mais simplement le droit de patronage, c'est-à-dire celui de présenter pour certains bénéfices un sujet idoine à l'évêque, qui ne pouvait se refuser à l'instituer, du moment qu'il possédait les qualités requises[1].

Par suite du changement de religion dans les familles des seigneurs territoriaux, il arrivait assez souvent que des dynastes luthériens eussent à nommer à des bénéfices catholiques. Ils le faisaient directement pendant la plus grande partie du XVII° siècle, mais un arrêt du Conseil de Brisach, du 17 juillet 1677, fit cesser cette anomalie canonique, en déclarant applicable en Alsace l'ordonnance royale du 8 juillet 1651. Celle-ci autorisait les seigneurs de la religion prétendue réformée à continuer de nommer les bénéficiaires sur leurs terres de patronage par l'intermédiaire d'un remplaçant ou procureur catholique[2]. Ce qui était assurément plus singulier encore, c'est que les patrons restés ou redevenus catholiques avaient à nommer parfois des ministres luthériens dans des territoires passés à la Réforme. Mais le comble de la bizarrerie en ce genre, c'est de voir des corps ecclésiastiques catholiques procéder à l'installation de ministres hérétiques[3].

Durant tout le XVII° siècle, comme auparavant et comme au siècle suivant, le clergé seul était chargé de la tenue des registres de l'état civil. Mais il ne semble pas que cet office ait été bien consciencieu-

---

1. Faisons remarquer en passant que les revenus d'aucun de ces bénéfices alsaciens n'étaient acquis, en cas de transmission, ni momentanément, ni partiellement, au Saint-Siège. « Les cures, chapelles et autres bénéfices simples, dit La Grange, ne tombent dans les mois réservés aux Papes par les concordats passés avec le Saint-Siège en aucune partie de l'Alsace, pas même dans le diocèse de Strasbourg, où le concordat est le plus en vigueur; les collateurs et patrons confèrent en tout temps ces différents bénéfices. » (*Mémoire*, fol. 98a.)

2. *Ordonnances d'Alsace*, I, p. 51. — « Ils donnent pouvoir, dit La Grange, à des catholiques de faire les nominations et les présentations, et ceux-ci répondent à la confiance de leurs mandans en nommant le sujet qu'ils ont indiqué. » (*Mémoire*, fol. 98a.)

3. C'est ainsi que le Grand Chapitre de la Cathédrale était resté le patron de la paroisse luthérienne de Wolfisheim (Grandidier, *Œuvres inédites*, VI, p. 468), et que les Chapitres de Neuwiller et de Saverne nommaient à certaines cures hérétiques dans les domaines des Hanau-Lichtenberg. (Kiefer, *Pfarrbuch*, p. 360, etc.)

sement rempli. En octobre 1667, le vicaire général de l'évêque de Bâle, F. Rieden, est obligé d'exhorter les ecclésiastiques à transcrire plus exactement les actes paroissiaux et, près de vingt ans plus tard, la mesure prescrite n'était pas encore partout effectuée. En effet, nous avons trouvé aux Archives de la Haute Alsace une affiche imprimée, portant la date du 31 janvier 1685, par laquelle l'intendant fait savoir que « les prestres et curez de la province d'Alsace *seront* tenus d'avoir trois registres pour y escrire les baptêmes, mariages et enterrements » ; cela indique assez clairement qu'ils ne l'avaient pas fait, pas tous au moins, jusqu'à cette date[1]. En 1706, le curé de Schlestadt, ville pourtant considérable, déclare qu'il n'existe point de registres mortuaires antérieurs à 1675 et que ni lui, ni son prédécesseur, n'ont jamais inscrit dans leurs actes paroissiaux les enfants morts avant d'avoir fait leur première communion. Cet aveu provoqua un arrêt du Conseil souverain du 3 juillet 1706, enjoignant à tous les curés de « tenir bon et fidèle registre des baptêmes, mariages et mortuaires[2] ». D'ailleurs, même quand lesdits registres étaient tenus, ils risquaient, paraît-il, de n'être pas « fidèles », ainsi qu'il appert d'une autre ordonnance du Conseil souverain d'Alsace, portant « défense à tous curés de rien changer à l'avenir, ni ajouter après coup dans les registres de leurs paroisses[3] ».

Durant les soixante années de l'administration des princes-évêques de la maison de Lorraine ou de celle d'Autriche, ceux-ci ne jugèrent pas utile de réunir en assemblées générales les membres du clergé diocésain, comme l'avaient fait quelques-uns de leurs prédécesseurs au XVe et au XVIe siècle, soit pour en obtenir des subsides, soit pour faire adopter par eux certaines réformes dans la discipline et les mœurs ecclésiastiques[4]. Il s'écoula plus de cent ving-cinq ans entre le dernier synode réuni à Saverne, en 1560, par l'évêque Érasme de Limbourg, et ceux qui furent présidés à Strasbourg en 1686 et en 1687 par le vicaire général, M. de Ratabon, d'ordre

1. Cela est directement confirmé par quelques autres données relatives à ce sujet. Ainsi à Bernwiller, dans la Haute Alsace, c'est seulement le curé G. Schielé, nommé en 1635, qui commence à tenir les registres paroissiaux. (Schickelé, Le doyenné du Sundgau, dans la nouvelle *Revue catholique d'Alsace*, 1898, p. 196.)
2. *Ordonnances d'Alsace*, I, p. 365.
3. *Ibid.*, I, p. 392. — Il ne semble pas, du reste, que la situation ait été meilleure dans beaucoup de territoires protestants. Ainsi, nous voyons qu'à Mulhouse, le premier registre mortuaire (*Todtenbuch*), n'aurait été établi qu'en 1679 par les soins du secrétaire de la ville, Josué Furstenberger. (*Le vieux Mulhouse*, II, p. xi.)
4. Archives municipales de Strasbourg, A.A. 1679.

de l'évêque Guillaume-Égon de Furstemberg. La nécessité de diminuer les dettes énormes de l'évêché, et l'espoir d'obtenir du clergé une subvention notable avaient probablement été les premiers motifs pour une convocation pareille, tombée depuis si longtemps en désuétude ; le désir de donner à ce clergé plus de cohésion, une direction plus ferme à la fois et plus énergique, fut sans doute aussi pour quelque chose dans la tenue de ces assises du 3 juillet 1686 et du 18 juin 1687[1]. On y vota une série de mesures relatives à la discipline ecclésiastique, à la lutte contre l'hérésie, qui tracèrent une ligne de conduite uniforme au clergé de la province [2]. Mais, même en dehors de la question financière qui ne put aboutir, à cause de l'opposition du Conseil souverain d'Alsace, ainsi que nous l'avons dit plus haut, il ne semble pas que les résultats obtenus aient été de nature à encourager l'autorité supérieure à renouveler ces réunions synodales, du moins n'en retrouvons-nous plus trace après ces deux dates [3].

§ 2. LA SITUATION MATÉRIELLE DU CLERGÉ

(*Traitement des ecclésiastiques, Dîmes, Administration des Fabriques*)

Il est assez difficile de se faire une idée un peu exacte de la situation matérielle du clergé paroissial d'Alsace au XVIIe siècle. Les documents imprimés font à peu près complètement défaut [4], et je n'ai rencontré que fort peu de renseignements inédits dans les dossiers d'archives qu'il m'a été donné de parcourir. Pour leurs collègues

1. Max Sradlek, *Die Strassburger Diœcesansynoden*, Strassburg, Herder, 1894, 8º.
2. On y conviait les curés à ne prêcher que la parole de Dieu et à ne point porter en chaire d'anecdotes profanes ou des plaisanteries faites pour le théâtre plutôt que pour la chaire ; à combattre l'hérésie, tout en témoignant de l'affection aux hérétiques ; on y faisait défense aux médecins de soigner les malades qui refuseraient de recevoir les sacrements ; aux communes d'avoir d'autres sages-femmes que du culte catholique romain, etc. Voy. les *Mandata promulgata in Synodo habita Argentinæ die 18 Junii 1687*, donnés en appendice dans le travail, cité plus haut, de M. l'abbé Sradlek. (*Strassburger theologische Studien*, tome II, p. 74-84.)
3. On peut penser aussi que l'autorité diocésaine jugea dangereux de soumettre à la discussion préalable de ses subordonnés des règlements qu'elle était assez puissante pour leur imposer d'office.
4. Pendant quelques années, la feuille diocésaine officielle, l'*Ecclesiasticum Argentinense*, a publié des suppléments renfermant des pièces inédites, très curieuses parfois, relatives au passé de l'Église d'Alsace. Nous avons déjà eu l'occasion plus d'une fois de citer ces suppléments, fort appréciés par ceux qui s'occupent de l'histoire locale de la province. Mais il y aurait encore beaucoup à faire dans cette direction.

luthériens ou calvinistes, qui dépendaient d'administrations séculières et qui étaient salariés, comme nous dirions aujourd'hui, par l'État, les indications se rencontrent suffisamment nombreuses dans les dépôts publics; mais il n'y existe pas, pour les membres du clergé catholique, de pièces de comptabilité, si je puis m'exprimer ainsi, qui nous renseignent à souhait sur cette matière. Cela s'explique facilement, quand on songe que le clergé séculier d'alors ne touchait aucune rémunération de ses services de la part des autorités civiles ; chaque curé continuait à vivre, tout comme au moyen âge, soit de son bénéfice, c'est-à-dire des revenus en argent ou en nature provenant des biens-fonds appartenant, de fondation, ou par suite de donations postérieures, au desservant d'une paroisse, soit encore du produit des dîmes des paroissiens, soit enfin du casuel que lui payaient ces derniers, en échange de ses services spirituels. Aucune de ces rubriques n'était de nature à figurer dans les registres des receveurs princiers ou seigneuriaux. Il existait assurément, alors déjà, dans les archives des presbytères ou des fabriques un inventaire des revenus curiaux et des dîmes à toucher, que chaque usufruitier transmettait à son successeur, mais nul n'a encore entrepris la tâche laborieuse de colliger, dans les modestes dépôts paroissiaux des campagnes d'Alsace, ceux d'entre ces inventaires qui peuvent avoir échappé soit aux dangers résultant de tant de révolutions successives, soit à celui, plus réel, de l'indifférence absolue qu'on a longtemps professée pour ces documents obscurs, épaves du passé[1]. Dans la seconde moitié du XVIII° siècle, les autorités supérieures ecclésiastiques, déjà plus familiarisées avec les procédés administratifs modernes, ont fait dresser par leur clergé des relevés statistiques des revenus de chaque curé[2], mais il n'est guère possible d'utiliser des renseignements, relativement aussi récents, pour retracer l'état des choses un siècle plus tôt. Il faut donc nous contenter des quelques indications isolées, et par suite, insuffisantes, que nous avons pu réunir, en attendant des renseignements plus copieux qui seuls permettraient des affirmations générales bien précises.

Ce qu'il y a de certain, c'est que partout le revenu en argent d'une

1. Un membre du clergé serait évidemment seul à même de procéder, avec quelque chance de réussite, au dépouillement de ces archives ecclésiastiques locales, qui renferment certainement beaucoup de renseignements intéressants, sinon pour l'histoire politique générale, du moins pour l'histoire de la civilisation. Il y a là un champ d'activité scientifique, où le plus modeste desservant d'une paroisse rurale peut se rendre très utile.

2. C'est ce que fit, par exemple, l'évêque de Bâle en 1765. M. le chanoine Schickelé, dans le second volume de l'ouvrage cité plus haut, a tiré des renseignements curieux et précis de cette enquête pour la Haute Alsace.

cure formait la moindre partie du revenu total et qu'il ne peut donc servir, à lui seul, quand nous le connaissons, à caractériser la situation matérielle du bénéficiaire. Ce revenu, touché en numéraire, était d'ordinaire peu considérable ; ainsi, d'après une colligende de 1650, il n'était que de 52 florins pour le recteur ou curé de la ville d'Obernai[1]. Mais celui-ci recevait, en outre, comme traitement fixe, cinq foudres de vin de 25 mesures chacun, trente-deux sacs de seigle et seize sacs d'orge. A Dannemarie dans le Sundgau, vers 1660, le curé ne touchait que 44 livres en argent; mais il recevait, à la Saint-Martin, 34 quartauts de blé fournis par la localité même, 50 autres fournis par l'abbesse de Masevaux, plus encore 15 autres quartauts provenant de terres situées ailleurs. Il avait droit à huit voitures de bois que lui amenaient, à la Toussaint, les cinq villages de sa paroisse. A Noël, chaque ménage lui paye deux pfennings, et les veuves un seul. Au printemps, chaque bourgeois lui apporte un fromage (*Maykœs*) ou six pfennings. Il a de plus la jouissance directe de trois prés à Dannemarie même, pour son bétail[2]. A Niedermagstatt, petit village également situé dans le Sundgau, le desservant touchait à la fin du XVIIe siècle un traitement en argent de quatre-vingts livres *stebler*, cent cinquante à deux cents mesures de vin, deux cents livres de chanvre, vingt-quatre sacs de méteil, soixante-quatre gerbes de blé, et deux cents bottes de paille[3]. A Karspach, autre village de la Haute Alsace, qui comptait alors environ une centaine d'âmes, le desservant recevait, en 1665, 103 quartauts d'épeautre, 85 quartauts de seigle, 98 quartauts d'avoine, 6 mesures de vin et vingt livres en argent, plus six livres du couvent d'Œlenberg[4]. A Biesheim, au XVIIIe siècle, les compétences du curé étaient de cent livres en argent, de quarante sacs de blé et de trente-six mesures de vin. A cela venaient s'ajouter, en dîmes, treize rézeaux de grains, trois sacs de pommes de terre, un cent de choux, cent cinquante bottes de paille, cinquante quintaux de foin, un quintal de chanvre, etc., plus cent livres de

---

1. Gyss, *Obernai*, II, p. 55.
2. *Ecclesiasticum Argentinense*, 1891, Supplément, p. 41 ss.
3. Th. Walter, *Niedermagstatt*, intéressante étude d'histoire, comme on voudrait les voir surgir par douzaines, rédigée par le curé de l'endroit, d'après les archives paroissiales et les traditions locales, et publiée dans le *Jahrbuch* du Club vosgien, tome XIII, p. 92. — A Balgau aussi, le revenu en argent est de 80 livres. (Schickelé, II, p. 35.)
4. Schickelé, Le doyenné du Sundgau, *Revue catholique d'Alsace*, 1898, p. 438. — Voy. aussi les détails des revenus de la cure d'Oberburnhaupt, en 1663, tels que les énumère le même auteur (*op. cit.*, p. 431) et formant un total de 1,400 livres.

casuel, le tout évalué à un revenu général de 3,500 livres; mais nous avons certainement là une cure exceptionnellement rentée, et il ne faut pas oublier que c'est après le milieu du siècle, après de longues années de paix et de prospérité que cet état a été dressé[1].

A ces « compétences » en argent et en nature venaient s'ajouter les dons volontaires des fidèles, les dîmes ecclésiastiques, grandes et petites,[2] les fondations d'anniversaires et le casuel courant, baptêmes, mariages et enterrements[3]. Il y avait enfin les amendes que prélevait le clergé lors du baptême d'enfants illégitimes ou lors de la bénédiction d'unions anticipées. Mais cette dernière catégorie de revenus disparut plus ou moins vite, à la suite d'un arrêt du

---

1. Schickelé, *État*, II, p. 39.
2. A Dannemarie, le curé touchait 4 pfennings par poulain et par veau et le dixième cochon de lait lui revenait de droit. (*Ecclesiasticum Argentinense*, 1891, p. 42.) Nous trouvons quelques indications exactes sur un certain nombre de paroisses de l'Alsace occidentale dans l'*État du temporel de quelques paroisses situées en Alsace*, publié par M. Jules Degermann, dans le *Bulletin des monuments historiques d'Alsace* (XVIII, p. 182), et dressé d'après une enquête officielle faite de 1702 à 1713 par l'abbé Antoine Rice. Nous y apprenons que dans le val de Liepvre la dîme se payait seulement au douzième dans les bas-fonds, au treizième sur les hauteurs, et que les revenus des fabriques y proviennent presque exclusivement de fondations de messes; la fondation d'une messe haute coûtait 80 francs, celle d'une messe basse 50 francs. Chacune rapportait dix sols au curé, trois sols au maître d'école, un franc à la fabrique. Dans la petite paroisse de L'Allemand-Rombach, comptant alors cinquante habitants, le curé recevait vingt sacs de seigle et d'avoine; la *menue dîme* (légumes, etc.), lui rapportait en outre trois francs. A Thanvillé, par contre, plus en plaine, la dîme peut valoir quatre-vingts écus. A Liepvre (113 habitants), le curé reçoit soixante-dix rézeaux de grains, vingt charges de vin et un char de foin. A Sainte-Croix, chaque charrue lui doit un boisseau de seigle: ceux qui n'en ont point payent quatre gros et demi. — Tous ces chiffres sont bien modestes quand on les compare, par exemple, avec ceux de la commune de Bantzenheim, dans la Haute Alsace (350 communiants en 1765), où les revenus du curé sont énumérés ainsi : 23 sacs de froment; 27 sacs de seigle; 57 sacs d'orge; 15 sacs d'avoine; 3 sacs de sarrasin; 1 sac de blé de Turquie; 1 sac de lentilles; 20 sacs d'épeautre; 40 sacs de pommes de terre; un cent de choux; 886 bottes de paille; 20 quintaux de foin; 13 agneaux; 14 cochons; 50 poulets; 72 livres d'anniversaires; 20 livres pour droits d'étole ; plus la jouissance d'un potager et d'un jardin. (Schickelé, II, p. 37.) Il n'est pas probable qu'au XVII° siècle aucun curé de campagne ait joui de pareils revenus. Ceux de Fessenheim, quoique d'autre nature en partie, ne laissaient pas d'être également considérables. (Schickelé, II, p. 45.)
3. Nous apprenons par la pièce que je viens de citer, qu'à Dannemarie, par exemple, on payait pour l'enterrement d'une grande personne 18 batz 4 deniers au curé, pour celui d'un enfant, 8 deniers seulement. A Schweighausen le service funèbre se payait une livre ; la messe dite après le trentième jour (*Seelrecht*), deux livres pour un homme, deux schellings pour un enfant; pour chaque mariage, deux livres cinq schellings.

Conseil de Brisach, qui interdit toute amende de ce genre, à peine de saisie du temporel des curés[1].

En 1697, La Grange écrivait à ce sujet : « Toutes les compétences des curés de la Haute et Basse Alsace, en général ne sont pas bonnes; les meilleures ne passent pas 800 livres, les communes 600 livres et les médiocres 3-400 livres[2]. » Mais, abstraction faite du pouvoir comparatif de l'argent à cette époque, l'intendant ne veut certainement parler ici que du revenu fixe des curés, et non pas du casuel (mariages, baptêmes, enterrements, honoraires pour messes)qui, dans ces temps, plus dévots que les nôtres, devaient représenter, dans les paroisses un peu aisées, des sommes relativement considérables[3]. Pour autant qu'il est permis d'en juger, avec des documents aussi incomplets que les nôtres, il ne nous semble pas, qu'en temps de calme et de paix, le clergé catholique d'Alsace ait été matériellement en souffrance[4]. Mais une double restriction peut être formulée à cet égard. Tout d'abord il devait y avoir une extrême difficulté à faire rentrer tous les émoluments de nature si diverse qui constituaient le revenu d'une cure, surtout d'une cure rurale, fractionnés comme il l'étaient en parts souvent minimes[5]; puis il ne faut pas oublier que dans ce XVII° siècle, tourmenté par tant de guerres et semé de tant de ruines, les desservants devaient être trop souvent dans l'im-

1. Arrêt du 14 mars 1679, *Ordonnances d'Alsace*, I, p. 60. — Nous voyons par le *Mémoire* de La Grange (fol. 176), que, malgré cet arrêt, certains curés frappaient encore de pareilles amendes leurs paroissiens en 1697.
2. *Mémoire*, p. 174.
3. Nous possédons le *tarif des droits* du village de Schweighausen, dans la Haute Alsace, rédigé par le curé Albert Grimm, en 1613. D'après ce curieux document le receveur de la fabrique (*Kirchmeyer*) devait verser au desservant du lieu, pour chacune des quatre processions de la semaine des Rogations, 5 schellings ; — pour la bénédiction des fonts baptismaux, deux fois par an, 1 livre ; — pour la procession de la Fête-Dieu, 1 livre ; — pour chercher les saintes huiles à Ammertzwiller, 10 schellings ; — pour la Saint-Nicolas, 1 livre ; — pour les fêtes de l'Assomption, de saint Fabien, saint Sébastien, sainte Barbe, 3 livres. — Huit jours après la Saint-Martin, un repas ou 1 livre, etc. (Waller, *Notice sur Schweighausen*, Rixheim, Sutter, 1870, 8°, p. 94-95.)
4. Ce qui le prouve, c'est que Horrer pouvait ajouter dans ses notes à La Grange qu'en 1778 « les meilleurs allaient à 5,000 livres, les médiocres de 2,000 à 2,500 livres, les moindres de 1,000 à 1,500 livres ». On n'avait pourtant pas « augmenté les traitements », comme nous dirions aujourd'hui ; une population plus dense, une culture plus soignée avait développé la production du sol ; c'est donc la misère des temps bien plus que la médiocrité de la position du clergé en elle-même qui motivait la situation signalée par l'intendant au XVII° siècle.
5. On peut voir ce fractionnement singulier sur toutes les rubriques (numéraire, vin, céréales, etc.), en étudiant les comptes des revenus annuels du curé de Saint-Amarin, en 1674, dans l'*Ecclesiasticum Argentinense*, 1892, p. 63-66.

possibilité absolue de toucher ces compétences provenant de biens restés en friche ou d'obtenir la dîme de leurs paroissiens absolument ruinés ou disparus. Les plus heureux dans une situation de ce genre, c'étaient encore les desservants de postes nouveaux créés par Louis XIV, et dits pour cette raison curés royaux; ils n'avaient pas de biens patrimoniaux ni de compétences anciennes, mais un salaire fixe, d'ordinaire de quatre cents livres [1].

Si déjà la situation des curés des diocèses de Strasbourg et de Bâle ne semblait pas brillante à La Grange, il signale comme moins satisfaisante encore celle des desservants de l'Alsace septentrionale dont « l'avarice » de l'évêque de Spire et de son chapitre avait rogné les revenus. « La compétence de ces vicaires, dit-il, est si petite, qu'il ne peuvent subsister et changent très fréquemment et qu'on est obligé de recevoir toutes sortes de personnes et de toute nation. On peut dire avec vérité que leur condition est plus misérable que celle des païsans et autres personnes dans un état méchanique [2]. »

Les revenus de beaucoup de curés auraient été plus considérables si l'administration des biens ecclésiastiques avait été plus rationnelle et mieux contrôlée. Ces biens étaient souvent assez étendus; dans les contrées que n'avait point effleurées la Réforme, ils représentaient, si je puis dire, l'épargne religieuse des longs siècles du moyen âge, que ce fussent des capitaux, placés en rentes ou sur des immeubles dans les villes, soit, le plus souvent, des terres, champs, prés, vignobles, etc., loués au profit de la communauté religieuse et dont le produit devait être employé à l'entretien du clergé, aux frais du culte, parfois aussi à la réparation des édifices religieux eux-mêmes. Mais dans les villes, les guerres continuelles et les terribles dévastations firent parfois disparaître entièrement les capitaux en question ou du moins les ébréchèrent considérablement quand les immeubles sur lesquels reposaient ces créances étaient détruits ou quand la ville elle-même, à bout de ressources, faisait banqueroute [3]. Dans les campagnes, les biens-fonds étaient ruinés (quand on détruisait, par exemple, les vignobles) ou restaient incultes pendant de longues années, quelquefois même le souvenir de leur destination primitive s'était entièrement effacé dans la mémoire des générations nouvelles, et il fallait des enquêtes et des recherches préalables pour établir leur caractère ecclésiastique. C'est à ce travail de revendication et de

1. Schickelé, II, p. 74.
2. La Grange, *Mémoire*, fol. 167.
3. Ainsi, l'Œuvre Saint-Georges à Haguenau possédait, en 1628, 3,723 livres de revenu; en 1677, après les terribles vicissitudes qui frappèrent cette ville, il lui en restait 306! (Guerber, *Haguenau*, II, 70-71.)

reconstitution des biens de l'Église que nous voyons les autorités religieuses et civiles se livrer avec énergie, après la mort de Mazarin, qui n'aimait pas, on le sait, à soulever inutilement des conflits et respectait, quand il le pouvait, très volontiers le *statu quo*. Dans le courant de 1663, une commission présidée par le docteur Pleister, grand-vicaire de l'évêque François-Égon de Furstemberg, dressa l'état aussi complet que possible des biens usurpés par les hérétiques depuis l'époque de la Réforme [1] et l'année d'après, dom Bernardin Buchinger, abbé de Lucelle, devait fournir également à l'intendant un catalogue de toutes les églises et chapelles de la Haute Alsace, énumérant leurs patrons, leur état de conservation, leurs revenus, etc. [2].

Mais en dehors de ces pertes causées par des événements majeurs, il y avait dans l'administration de ces biens d'église, un coulage continuel, qu'on me permette cette expression familière, qui pour être le fait des administrateurs eux-mêmes et non des ennemis, n'en aboutissait pas moins à une diminution parfois sensible des revenus ecclésiastiques, surtout dans les communes rurales. Déjà vers la fin du XVI° siècle, un procureur fiscal de la Régence d'Ensisheim, Sébastien Reyning, avait dit dans un rapport officiel : « Dans les villages de l'Autriche antérieure, les campagnards administrent avec négligence et dissipent les biens et les revenus de l'Église.... La corde d'une cloche se casse-t-elle, un juré ne veut pas faire un nœud sans les autres, et il faut qu'on dépense quelques livres en consommations. Un marguillier n'achèterait pas des hosties pour un plappart sans qu'on dépensât en consommations neuf à dix plapparts. [3] »
Il en était encore absolument de même un demi-siècle plus tard. Tout prétexte était bon aux campagnards de la Haute Alsace et du Sundgau pour vider des brocs aux frais de la caisse de fabrique qu'ils étaient chargés d'administrer, et cette passion invétérée leur attirait, en 1679, un blâme sévère de la part du Conseil provincial d'Alsace. L'arrêt du 14 mars interdisait, de la façon la plus absolue, à tous les administrateurs de fabriques de détourner ces revenus de leur emploi légitime, en se gobergeant avec l'argent de l'Église. Tous les greffiers du ressort étaient sommés d'envoyer, endéans un mois, au greffe du Conseil, à Brisach, les comptes des fabriques et l'état de leurs revenus. Dorénavant, tous ces comptes devront être régu-

---

1. Voy. la *Succincta adumbratio* signée par lui, dans Théodore de Bussière, *Développement du protestantisme en Alsace*, I, p. 346.
2. Archives de la Haute Alsace, E. 648.
3. Bonvalot, *Coutumes de Ferrette*, p. 175.

lièrement examinés par les officiers de justice, baillis, prévôts, etc., en *présence des curés* et des principaux notables et les reliquats disponibles devront être consacrés à l'achat des choses nécessaires pour le service divin[1]. Nous ne savons pas si ces ordres de la Cour souveraine furent partout suivis d'effet. Mais on comprend que le revenu du desservant d'une paroisse, qui très souvent était tenu de payer avec les émoluments de son bénéfice certains frais du culte, l'huile consacrée, la cire pour les cierges, les ornements sacerdotaux, voire même les réparations à son église[2], fût notablement diminué par une gestion si négligente, si coupable même, des deniers qui lui revenaient de droit[3].

Ces revenus étaient parfois aussi menacés ou diminués d'une autre façon, quand le curé de telle localité se voyait disputer ses compétences par les représentants de quelque Ordre religieux, comme ce fut le cas, par exemple, pour celui de L'Allemand-Rombach, et les Jésuites, en 1694[4]. Par moments, le gouvernement lui-même essayait de s'attribuer une partie des revenus du clergé. Le même intendant que nous venons d'entendre proclamer tout à l'heure l'insuffisance des émoluments touchés par les curés et desservants des paroisses alsaciennes, M. de La Grange, leur ordonnait en 1695 de fournir dans la quinzaine la spécification de tous les biens et revenus d'église pour les taxer. Le cardinal de Furstemberg qui ne s'était pas fait faute de négocier avec eux, quelques années auparavant, sur ce même terrain financier, prit parti cette fois pour ses prêtres et leur défendit de répondre à cette demande, comme n'étant pas de la compétence des autorités civiles. Il finit par avoir raison en principe[5], mais en fait le conflit se termina par l'octroi d'un don gratuit annuel de 50,000 livres fait par le clergé.

1. *Ordonnances d'Alsace*, I, p. 60.
2. C'était encore, par exemple, le cas pour le curé de Chalampé, dans la seconde moitié du XVIII° siècle. (Schickelé, *op. cit.*, tome II, p. 42.)
3. Encore en 1702 le désordre n'avait pas cessé, parce qu'une enquête officielle établissait à cette date « qu'on croit qu'il y a des biens de la fabrique (à Thanvillé) qui ne sont pas connus ». (*Bulletin des monuments historiques*, XVIII, p. 195.) Toutes les fabriques ne périclitaient pas, bien entendu, par une gestion si maladroite; il y en avait qui augmentaient leur patrimoine; ainsi celle de Schweighausen (Haute Alsace) qui avait vingt livres de revenus en 1566, en possédait 221 avant la Révolution. (Waller, *Notice sur Schweighausen*, p. 91.)
4. Gény, *Jahrbücher*, II, p. 157. Les Jésuites ne reculaient pas devant des conflits de ce genre. On peut voir leurs querelles avec les Bénédictins pour les revenus de Saint-Valentin de Rouffach (Gény, *op. cit.*, II, 586) en 1652; il arriva même à leurs deux collèges de Schlestadt et de Haguenau de se quereller, en 1682, au sujet de questions d'argent analogues. (Gény, II, p. 119.)
5. « *Hæc dum peracta gemini in scenam prodeunt Dominus Intendens et*

§ 3. LE CLERGÉ CATHOLIQUE D'ALSACE, SES MŒURS ET SON ACTIVITÉ INTELLECTUELLE

Le XVIIe siècle, et surtout sa seconde moitié, marquent une date importante dans l'histoire de l'Église catholique. Non seulement elle y reprend conscience de sa force, après le terrible ébranlement du siècle précédent, mais aussi elle se met énergiquement à travailler, non sans succès, à sa propre réforme intellectuelle et morale. En Alsace, comme partout ailleurs dans les pays où les deux cultes coexistent, la différence entre le début de cette époque et sa fin est très sensible pour l'observateur, tant au point de vue des connaissances théologiques qu'à celui de la moralité du clergé. D'une part, les nombreuses écoles latines créées par les Jésuites, les Académies, les séminaires épiscopaux installés dans le cours du siècle, ne laissèrent pas d'élever le niveau des études des prêtres futurs, fort insignifiantes jusque-là, malgré les cours de théologie faits dans certains couvents. D'autre part, le souffle vivifiant et régénérateur qui traversait alors l'Église de France et celle d'Allemagne, se fit sentir également dans notre province et surtout dans les districts où les deux confessions étaient le plus mêlées, et où par suite, la hiérarchie, pour peu qu'elle tînt à gagner le respect des populations, devait surveiller plus sévèrement la conduite de ses représentants officiels. On a pu constater alors en Alsace, comme on pourra le faire toujours et partout, la vérité de ce fait d'observation. Le clergé de la Basse Alsace semble avoir offert une bien moindre prise aux reproches d'immoralité que celui de la Haute Alsace, qui n'avait pas à subir, et ne craignait pas autant, en conséquence, le contrôle incessant d'une opinion publique partiellement hostile.

Non pas que l'immoralité fût aussi générale, je dirais presque, aussi naïve, même au commencement du XVIIe siècle qu'elle avait pu l'être au XVe ou au début du XVIe. Mais enfin, elle a été, sans conteste, infiniment plus fréquente à ce moment que cent ans plus tard, et sans attacher une importance exagérée à l'inconduite de telles ou telles personnalités isolées, comme on en rencontrera toujours au milieu de toute association religieuse ou civile, quelle qu'elle soit, on ne peut pourtant, dans un tableau fidèle de l'époque,

eminentissimus cardinalis Furstenbergius... Imperat ille offerri intra diem 14 bonorum omnium et reddituum specificationem. Contra hoc mandatum hic se opponit... Hœc dum scena luditur pendet anxius clerus : pro quo tandem eminentissimus cardinalis triumphat... » (Gény, *op. cit.*, II, p. 161.)

faire abstraction complète des données nombreuses et positives, rencontrées, sans qu'on les ait cherchées, dans les dossiers d'archives [1].

Pour fournir une preuve incontestable de la progression morale du clergé au cours du XVIIe siècle, on n'a qu'à citer la circulaire adressée, le 12 octobre 1591, par la Régence d'Ensisheim aux desservants et curés de territoires de la maison d'Autriche, circulaire relative à leurs concubines, qu'elle leur défend d'entretenir à l'avenir [2]; une pareille pièce officielle n'aurait plus été nécessaire vers la fin du règne de Louis XIV. Aucun curé ne se serait plus présenté, vers 1700, pour disputer ouvertement à la seigneurie la succession de son fils bâtard, comme le fit celui de Bourogne, en 1618 [3]. On ne trouve plus vers la fin du siècle dans les *Annales* des P.P. Jésuites de Schlestadt de notices sur l'inconduite de tel ou tel clerc, « *scandalose cum concubina agendo* », comme on en rencontre pour les premières années de notre période [4], et puisqu'ils tenaient leur journal pour eux seuls, ils auraient sans doute noté tout aussi bien les scandales postérieurs, s'ils avaient continué à se produire. La plupart des cas d'infanticide [5], de tentatives d'avortement [6], de séductions

1. Nous ne citons ici qu'un très petit nombre de faits à l'appui de notre jugement d'ensemble, afin que nul ne puisse nous accuser de nous complaire à scandaliser les âmes pieuses; on voudra bien nous croire, en revanche, quand nous affirmons ici qu'il aurait été facile de citer et d'exploiter encore bon nombre de dossiers compromettants de ce genre, existant aux archives départementales et locales. Il suffit d'ailleurs de noter la phrase du *Mémoire* de l'intendant La Grange, dont nous citerons plus bas la manière de voir *in extenso:* « Ils (le clergé catholique d'Alsace) sont *moins* sujets à la débauche des femmes que les Français et *depuis la réduction de Strasbourg et l'établissement du Séminaire* (c'est-à-dire depuis 1681 et 1683 seulement), on voit *moins de désordres qu'auparavant.* » Une déclaration de ce genre défend absolument à qui tient avant tout à rester fidèle aux sources, d'être trop optimiste.
2. Archives de la Haute Alsace, E. 713.
3. Histoire du curé de Montbouton, Richard Petermann, et de son procès contre la seigneurie de Delle, qui a confisqué les biens de son fils, en vertu du droit de bâtardise. Finalement le curé rachète l'héritage de son fils à la Régence d'Ensisheim, pour soixante-dix livres bâloises, le 11 juillet 1618. (« Mémoire concernant Bourogne, » dans la *Revue d'Alsace*, 1886, p. 268.)
4. Nicolas Terrestre, de Saint-Valentin, à Rouffach (1609), son successeur Nicolas Verdot, etc. (Gény, *Jahrbücher*, 11, p. 605, 611.)
5. Le P. Malachie Tschamser nous raconte dans les *Annales de Thann*, (II, p. 293) la triste histoire d'Apolline Meyer de Niedersoultzbach, noyée à Thann pour avoir tué son enfant, sur l'instigation d'un prêtre, son amant, qui réussit à prendre la fuite : « *Sie hat mit einem pfaffen ein kind gehabt, desselb umgebracht, aus dessen ath...* »
6. Procès d'Ambroise Murb, curé de Ribeauvillé, poursuivi pour avoir séduit Christine, fille de Romain Frey, maître d'école en ce lieu (1611-1612). Il avait essayé de la faire avorter d'abord; la mère trouva en janvier 1611, dans la chambre de sa fille, une fiole (*Flæschlein*) que le curé lui avait

de mineures, où sont impliqués des prêtres[1], appartiennent à la première moitié du siècle et, pour la période française, les indications analogues sont extrêmement rares[2]. Dès auparavant déjà, l'autorité ecclésiastique et l'autorité civile sévissent contre des faits, trop fréquents autrefois pour attirer sur les coupables des punitions légales. En 1629, par exemple, le curé de Niederspeckbach, dénoncé par ses paroissiens, est déposé par l'évêque de Bâle et sa concubine est enfermée, par ordre de la Régence, dans les prisons de Thann[3]. En 1634, le curé de Schlestadt, Jean Pistoris, ne voulant pas se séparer de sa gouvernante et criblé d'ailleurs de dettes, est obligé d'évacuer le presbytère et de quitter la ville[4]. En 1651, le compliment ironique adressé par le général de Rosen, dans une réunion mondaine, au P. Benoît Renner, administrateur de Murbach, comme père de plusieurs enfants, provoque déjà les commentaires irrités d'un confrère[5] ; cependant, vers la même époque, nous avons encore plusieurs procès d'adultère contre des ecclésiastiques, par exemple, celui du curé de Wihr pour séduction de la femme d'un aubergiste de la localité[6], ou celui du curé de Zellenberg, compromis avec l'épouse du greffier seigneurial. Tandis qu'il se met en sûreté par une fuite rapide à Offenbourg, sa complice emprisonnée plaide non-coupable, le prêtre indigne ayant employé des sortilèges

donnée « pour sa maladie ». Elle s'écrie : « *Er hat dich, beim Element, gewis beschlaffen!* » Puis elle se précipite chez son mari : « *Der ehrendiebisch pfaff' hat unser maidlin gefellt!* » Finalement cependant, cette colère s'apaise par une transaction, passée par-devant la chancellerie seigneuriale. Murb s'engage à entretenir l'enfant et à payer à la mère 100 livres *stœbler* pour sa défloration et ses frais de couches. (A. H. A., E. 1637.)

1. Je parle ici des seuls cas que j'ai rencontrés dans les documents que le hasard a fait passer par mes mains ; mais je suppose que la proportion générale doit être à peu près la même.

2. Sans doute un esprit plus sceptique pourrait contester les conclusions que je tire de ce fait incontestable, en disant qu'une génération moins naïve craignait de consigner ces écarts d'une manière officielle, que des habitudes bureaucratiques nouvelles ne permettaient plus la formation de ces dossiers mixtes où les affaires religieuses, administratives et politiques se coudoient, que surtout la crainte de la puissance de l'Église, soutenue par la toute-puissance royale, empêchait les plaintes sur tous les faits analogues. Il se peut que ces raisons ne soient pas absolument sans valeur, mais elles ne m'empêchent pas d'admettre et de constater une amélioration très sensible de la moralité du clergé durant le dernier tiers du XVIIe siècle.

3. A.H.A., C. 857. La sentence épiscopale est du 20 mars 1629.

4. Chronique de Balthasar Beck citée par Gény, *Jahrbücher*, I, p. 388.

5. Lettre de l'abbé de Weingarten, du 22 juin 1651, dans Gatrio, *Murbach*, II, p. 373.

6. A.H.A., E. 2241.

pour la séduire¹. Vers la fin du siècle, les faits analogues deviennent rares, sans disparaître absolument².

Parfois aussi les ecclésiastiques sont accusés de malversations et de mauvaise gestion des deniers d'Église. Ainsi le curé de Ribeauvillé, Jean-Baptiste Stæudlin, est déposé en 1678 et remplacé par le sieur Bucher, parce qu'il a mis dans sa propre poche les legs destinés à l'église et que les « échevins de religion catholique », — ainsi que le jugement tient à le constater, — ont porté plainte contre cet « esprit inquiet³ ». Plus tard, quand sous la protection des lis de France, la suprématie du culte catholique est partout bien établie, on se plaint surtout des violences de langage et même des voies de fait exercées par certains personnages ecclésiastiques, désireux d'établir leur omnipotence dans la sphère de leur action immédiate. A ce point de vue, c'est une étude des plus curieuses que celle du dossier d'un autre curé de Ribeauvillé, Jean-Jacques Pfeffer, qui s'étend sur six années de son ministère (1683-1689) et relate une foule de traits relatifs à son attitude intransigeante vis-à-vis des bourgeois luthériens obligés, par un règlement absurde, d'emprunter le ministère d'un curé pour les actes casuels ; relatifs aussi à ses habitudes d'ivrognerie et aux soufflets⁴ dont il gratifia le pauvre mari qui venait le tirer du cabaret pour administrer le viatique à sa femme mourante. Il nous révèle enfin son apparition sur le lieu de la danse, armé d'un gourdin dont il tapait dru sur les violons, jurant qu'il casserait bras et jambes à ces « Sackermentschelme », etc. On tirerait sans peine de ces pièces officielles, un tableau plus curieux qu'édifiant de la vie cléricale alsacienne, même à la fin du XVIIᵉ siècle⁵. Et cependant le héros de cette enquête ne

1. A.H.A., E. 2355.
2. L'évêque François-Égon de Furstemberg privait, par décision du 21 mai 1680, l'un de ses cousins, le comte Ferdinand-Rodolphe, chanoine du Grand-Chapitre, du tiers de son traitement (punition bien douce assurément!), « quum in sordibus impudicitiæ immundoque concubinatu ne dum unius sed plurium mulierum carnali commercio secreta diversorum prolium suscitatione publica... cum universali fidelium omnium offensione versatus fuerit. » Münch-Fickler, Geschichte des Hauses und Landes Fürstenberg, Karlsruhe, 1847, tome IV, p. 143.
3. A.H.A., E. 1613.
4. Cet arrangement provenait de ce que les archiducs, seigneurs féodaux des Ribeaupierre, ne leur avaient jamais permis de créer une paroisse protestante à Ribeauvillé ; les seigneurs avaient seulement un aumônier au château, dont les bourgeois pouvaient, en temps de paix religieuse, suivre le prêche, mais dont ils ne pouvaient réclamer les services que s'ils étaient attachés, au moins de nom, à la petite cour des Ribeaupierre. Le curé pour ne pas diminuer son casuel, veillait à ce que le règlement fut strictement observé.
5. Nous citerons seulement quelques fragments d'un rapport adressé par

subit pas d'autre châtiment que celui d'une permutation forcée avec le curé Simon de Bernwiller !

Un autre curé légèrement irascible dans ses rapports avec son troupeau, c'est celui de Rhinau, M⁰ Nicolas Puetz, que ses ouailles accusaient, en 1625, de les avoir traitées, le dimanche des Rameaux, du haut de la chaire, de grossiers manants et d'imbéciles. Dans sa défense, il affirme ne les avoir appelés que « gaillards fainéants », puisque le bourgmestre et les membres du conseil communal étaient restés à boire, la veille, à l'auberge jusqu'après onze heures du soir. A quelques années de là, il lui arrivait d'expulser du confessionnal, avec force paroles blessantes, un de ses paroissiens qui se refusait à lui payer une dîme nouvelle et le bourgmestre, pour prendre sa revanche peut-être, le dénonçait, de ce chef, au bailli épiscopal, Jean-Louis Zorn de Boulach[1]. Bien plus tard encore, en juin 1668, nous voyons le curé de Haussen traiter en public le prévôt du lieu, de coquin et de voleur, le frapper et arracher la barbe et les cheveux à quelques-uns des témoins de cette scène peu édifiante[2].

D'autres confrères avaient d'ailleurs tout comme le curé de Ribeauvillé un faible pour les crûs du pays. Vers la même époque, le premier curé de la Robertsau, implanté de force au milieu d'une population toute protestante (il n'y avait dans ce quartier rural de la banlieue de Strasbourg que sept catholiques), et qu'on aurait dû

les officiers de la Régence de Ribeauvillé, en date du 24 mai 1683, à l'abbé Du Lys, conseiller clerc au Conseil souverain d'Alsace. Il s'agit au commencement, de ce qui s'est passé lors du baptême d'une petite-fille de David Papelier, commerçant notable de la localité. « Contre la coustume et usage practiqué par ces derniers, il voulut contraindre les parrains et marraines, qui sont tous de la religion nommée luthérienne et réformée, comme aussi les père et mère de l'enfant, à toucher la bougie ardente de mesme que les catholiques, ce que ne pouvant pas faire en conscience et l'ayant refusé parce que cy devant il avait déclaré que ceux qui touchaient ainsy la bougie s'obligeoient quasy par serment de faire élever et instruire l'enfant baptisé en la religion catholique romaine, le dit curé s'emporta si fort, qu'il jetta le bréviaire qu'il tenait en sa main dans le baptistère, dont il fut mouillé et versa l'ampoulle de la sainte huille, criant à haute voix qu'il protestait, avec plusieurs rudes paroles, entre lesquelles il prononça aussi celle de révolte, qui estoient capables de faire une émeute de sédition populaire, comme en effet, il y avoit déjà quelques-uns parmi les catholiques qui crioient qu'il falloit assommer les hérétiques et les chasser comme des chiens à coups de bastons hors de l'église. » L'histoire de la salle de bal se trouve dans une pièce du 2 avril 1689. (A.H.A., E. 1613.)

1. « *Werde ich angeklagt dass ich am Palmsonntag sie grobe bengell und knœpff gescholten; antworte ich, nit der gestalt, sondern faule gesellen habe ich sie geheissen, weillen der burgermeister und andre auss dem rath auff den heiligen ostersambstag bitz umb 11 uhren in der nacht gesoffen.* » (A.B.A., G. 1865.)

2. A.H.A., E. 2355.

choisir avec soin, ne fût-ce que par politique, était un ivrogne avéré, de l'aveu du préteur royal Obrecht, nouveau converti lui-même, et certes, peu disposé, pour ce motif, à faire des déclarations aussi désagréables[1]. D'autres enfin, jusqu'au début du siècle suivant, choquaient leurs supérieurs par leur costume et se faisaient rappeler le bref de Benoît XIII, défendant aux clercs de porter des vêtements dont la forme et la couleur étaient contraires à la modestie et à la décence cléricale[2].

Il n'est pas nécessaire, je pense, d'affirmer ici d'une façon plus spéciale, qu'à côté de ces personnalités peu recommandables par leurs mœurs, il y en avait beaucoup d'autres, l'immense majorité sans doute, qui avaient su gagner l'affection de leurs ouailles par la régularité de leur conduite, par leur zèle pour la propagation de la foi et leur charité vis-à-vis des pauvres, par toutes les vertus théologales en un mot, qui devraient être partout et toujours l'apanage indiscuté de ceux qui assument la tâche si belle, mais redoutable entre toutes, de consoler l'humanité souffrante en lui parlant de Dieu.

Il est difficile de parler, en connaissance de cause, du degré d'instruction scientifique que possédait alors le clergé, si ce n'est pour affirmer, en termes généraux, comme nous le faisions plus haut, les incontestables progrès accomplis sous ce rapport au cours du XVIIe siècle. C'est qu'en effet les membres du clergé catholique d'Alsace d'alors ne nous ont laissé relativement que fort peu de témoignages écrits de leur savoir ou de leur activité intellectuelle. On ne parle pas seulement ici de travaux scientifiques proprement dits, mais aussi de ces productions plus éphémères, telles que pamphlets, sermons, recueils d'édification, dissertations théologiques, qui permettent de pénétrer dans l'esprit d'une époque plus sûrement peut-être qu'en feuilletant les gros in-folio érudits. Soit que ces écrits n'aient jamais existé, soit qu'ils aient disparu sans laisser de trace, comme tant d'autres produits de l'esprit humain, il est certain que ce qu'on peut appeler la contribution du clergé catholique à la littérature générale alsacienne du XVIIe siècle en tous les genres, est bien modeste quand on la compare à ce qu'il a fourni soit au siècle précédent, soit à celui qui l'a suivi. Plus de poètes, comme le dominicain Thomas Murner, de Strasbourg, ni

---

1. Procès-verbaux des XIII, 23 décembre 1686.
2. Mandement de l'évêque de Bâle, de 1703, cité d'après les procès-verbaux du chapitre rural *citra Rhenum*, par M. Schickelé, *État de l'Église d'Alsace*, II, p. 30.

même comme le curé Jean Rasser, d'Ensisheim; pas encore d'historiens éminents comme le P. Laguille et l'abbé Grandidier. Tout ce qui tient une plume dans le clergé d'Alsace semble appartenir d'ailleurs au clergé régulier et se recruter, non pas dans les presbytères, mais dans les Académies de la Compagnie de Jésus et les couvents. De plus, la plupart de ceux qui ont laissé quelque trace de leur passage dans la bibliographie du temps, ne sont point des enfants de l'Alsace, mais y sont venus tard ou n'y ont séjourné que peu d'années. Le plus connu de ceux que la province a vus naître, le poète néo-latin, le P. Jacques Baldé, dont nous avons parlé en détail [1], a quitté les bords de l'Ill et du Rhin, comme adolescent, pour n'y jamais revenir. Si Dom Bernardin Buchinger, l'abbé de Lucelle (1607-1673), natif de Kientzheim, n'a point quitté le sol natal [2], ses collègues en érudition alsatique, le P. Josse Coccius, l'historien du roi Dagobert en Alsace (1581-1622), est de Trêves [3], le P. Hugues Peltre, le biographe de sainte Odile (1696), est Lorrain [4], le P. Berain (1646-1723), l'auteur des *Mémoires historiques sur les trois Dagobert*, est de Paris, encore qu'il ait vécu plus d'un demi-siècle à l'abri des ombrages de l'abbaye de Haslach [5]. Dans un autre genre enfin, celui de la polémique, le seul nom du P. Pierre Rœst est venu jusqu'à nous pour la première moitié du siècle, grâce à ses démêlés avec les luthériens de Strasbourg; mais il était de Nimègue et n'a fait que passer en Alsace [6]. Celui du P. Dez réclame une attention pareille, mais non supérieure, pour des écrits de controverse dont les circonstances politiques firent le succès; nous aurons l'occasion d'en reparler plus tard [7].

En dehors de ces quelques noms, je n'en vois pas d'autres à citer qui puissent nous aider à caractériser l'activité intellectuelle du clergé d'Alsace au XVII° siècle. Il se peut cependant qu'il y ait là plus d'une lacune à peu près inévitable dans l'état actuel des sources, et ce serait une des nombreuses tâches que nous souhaiterions voir accomplir par quelque représentant du jeune clergé de

---

1. Voy. le chapitre sur la *littérature*, p. 229 ss.
2. Sur Bernardin Buchinger et ses travaux historiques, voy. Reuss, *De Scriptoribus rerum alsaticarum*, p. 176.
3. Sur Coccius, *ibidem*, p. 162, et Oscar Berger-Levrault, *Annales des professeurs*, p. 41.
4. Reuss, *De Scriptoribus*, p. 182.
5. Id., *ibid.*, p. 177.
6. Il séjourna à Molsheim de 1614 à 1618 seulement. (Oscar Berger-Levrault, *op. cit.*, p. 200.)
7. Dans le chapitre III du présent livre, en traitant des rapports des deux Églises entre elles.

notre province qui, depuis une série d'années, à déjà fourni tant de travaux historiques sérieux relatifs à son passé. En fouillant systématiquement les fonds de quelques vieilles bibliothèques universitaires catholiques, comme celles de Fribourg ou de Munich, et surtout les volumes de Miscellanées, de plaquettes contemporaines, on découvrirait peut-être plus d'une brochure, plus d'un traité, sortis de la plume d'un curé ou d'un moine alsacien et curieux sinon comme œuvres d'art ou de science, du moins comme témoignages de l'esprit du temps.

Voici d'ailleurs ce qu'écrivait, vers la fin du XVIIe siècle, un témoin compétent et plus porté assurément à être favorable au clergé d'Alsace que disposé à le juger avec une sévérité outrée :

« A l'égard des mœurs des ecclésiastiques des quatre diocèses d'Alsace[1], on ne peut pas disconvenir que les Allemands ont beaucoup plus de docilité pour les supérieurs que les Français et sont plus aisés à gouverner et à conduire, pourvu qu'on veuille se donner le moindre soin pour les gagner et leur faire entendre raison. Le principal est d'avoir la patience de les écouter et de leur laisser dire plusieurs fois leurs raisons, et quoique ce ne soit pas la même chose, c'est le moïen de les satisfaire, et ils ne trouveront rien à redire à ce qu'on leur ordonne, quand même le jugement serait à leur désavantage.

» Le bas clergé et le commun des curés est plus savant et mieux instruit dans les principes de leur théologie et de la Religion que les curés de campagne du roïaume, dont ceux-là pourroient être les maîtres quoiqu'ils n'aient pas tant de vivacité d'esprit que ceux-ci. Ils sont peu instruits de la discipline exacte pour la vie ecclésiastique et pour l'extérieur, ils ne veulent pas se laisser persuader de porter les cheveux courts avec un habit long et modeste tel que les canons les prescrivent ; s'ils le font, c'est chez la plupart déférence ou crainte des supérieurs, ce n'est pas par un mouvement de cœur. Ils veulent bien être distingués des laïcs, mais cette exacte régularité n'est pas de leur goût. On voit néanmoins qu'ils s'y portent d'eux-mêmes, à l'exemple des curés qui sortent du Séminaire de Strasbourg, qui y a beaucoup contribué.

» Le clergé est plus respecté en Allemagne[2] qu'il ne l'est en France. Si un curé apprend quelque désordre dans sa paroisse, il

1. Ceux de Strasbourg, Bâle, Spire, et celui de Besançon auquel ressortissaient quelques communes de la Haute Alsace.
2. Quand La Grange parle de l'*Allemagne*, c'est toujours de l'*Alsace* qu'il s'agit, quelque bizarre que puisse paraître cette locution dans la bouche d'un intendant de Louis XIV.

ne reçoit point à l'église ceux qui ont fait du scandale qu'il ne leur ait fait faire une pénitence publique ; les autres qui ont fait quelque faute contre le service de Dieu, il les met à l'amende et les punit, sans que qui que ce soit s'y oppose. Ils ont un fonds de religion, sans cependant beaucoup étudier, ni aussi exactement que l'on fait en France, car, à présent encore, ils ne savent ce que c'est que janséniste et moliniste, et jamais ils n'en ont entendu parler dans ces diocèses.

» A proprement parler, c'est la religion du seigneur du lieu qui fait la leur, car ils se relâchent aisément. Ils aiment naturellement le vin et la compagnie, et comme c'est un usage chez les prêtres et les religieux allemands, qui est approuvé par le peuple, il ne faut pas espérer de les faire revenir de ces mauvaises inclinations. Il leur faut une plus grosse portion congrue pour subsister qu'à un curé français, et un Allemand qui n'a que cent écus n'a pas la moitié de ce qu'il lui faut. Ils sont rarement avares, pour ce qui est de donner à manger et à boire, ils le font avec profusion ; pour le reste, ils y regardent d'assez près.

» Le commun des curés étudie ce qui lui est nécessaire pour satisfaire ses supérieurs, sans approfondir exactement les questions, mais ils en savent plus que les Français. Le reste du clergé ne s'applique guère et n'ouvrirait pas un livre toute l'année. Dans toutes les collégiales, il n'y a pas un chanoine qu'on puisse dire savant du commun, si on en excepte une vingtaine d'une capacité ordinaire. Ils sont moins sujets à la débauche des femmes que les Français, et depuis la réduction de Strasbourg et l'établissement du Séminaire, on voit moins de désordres qu'auparavant.

» Les prêtres, d'un diocèse à l'autre, se sont réformés eux-mêmes à l'exemple des autres, et particulièrement de ceux élevés dans les séminaires ; dans les évêchés de Bâle et de Besançon, il y a plus de désordre, ainsi que dans la partie de la Basse Alsace qui dépend de l'évêché de Spire. Rien n'y a plus contribué que la guerre et l'éloignement des grands-vicaires qui n'ont pu y apporter tous les remèdes nécessaires[1]. »

Pour qui lit avec attention ces déclarations d'un administrateur émérite, rédigées après un quart de siècle de séjour en Alsace, il ne sera certes pas difficile de constater que, sous l'optimisme calculé de certaines périphrases, La Grange formule sur le clergé provincial contemporain une opinion sensiblement analogue à la nôtre et peut-être au fond plus sévère. Ni le savoir de ce clergé, encore

1. La Grange, *Mémoire*, fol. 175-177.

qu'il le trouve supérieur à celui de ses collègues français[1], ni sa moralité même n'ont trouvé dans le *Mémoire* un apologiste très convaincu, et certes on ne pourra nous accuser avec équité d'avoir forcé la note, ni assombri le tableau, si nous nous bornons à transcrire, en guise de résumé, ses déclarations officielles.

§ 4. LE CLERGÉ ET LES POPULATIONS

Jusque vers l'époque de la guerre de Trente Ans les populations catholiques de la Haute et Basse Alsace avaient été soigneusement protégées dans la mesure du possible, contre tout contact avec l'hérésie, par les efforts réunis de l'Église et de l'État. Non seulement la Régence d'Ensisheim surveillait de très près l'instruction religieuse de la jeunesse[2], mais elle enjoignait aux ecclésiastiques d'empêcher que leurs ouailles eussent entre les mains des Bibles, surtout de celles éditées par les réformés de Bâle[3]. Une ordonnance de l'archiduc Léopold prescrivait à tous les sujets la communion de Pâques et leur interdisait absolument la lecture d'un livre hérétique[4]. Vers la même époque, l'évêque Guillaume de Bâle défendait aussi tout mariage mixte sous les peines les plus sévères[5]. Il était même interdit aux négociants catholiques d'entretenir aucune relation commerciale avec les villes protestantes[6]. Quelques mois à peine avant que la guerre fût portée en Alsace, le 10 août 1631, un nouveau concordat se signait entre les administrateurs de l'Autriche antérieure et l'évêque de Bâle, pour mieux régler la juridiction ecclésiastique de ce dernier et pour faciliter ainsi la surveillance des esprits[7] ; dans l'année même qui vit pénétrer les

---

1. Il ne peut être question, bien entendu, dans la pensée de La Grange, que du clergé des campagnes, car la science théologique du clergé français, dans ses représentants éminents de toutes nuances, était alors absolument sans rivale sur le versant oriental des Vosges, où d'ailleurs, ainsi qu'il le remarque plaisamment, on l'ignorait d'une façon tellement absolue, qu'on ne savait même pas ce que c'était que les jansénistes, ni les molinistes, ni leurs adversaires.
2. Ordonnance du 15 septembre 1606. (A.H.A., E. 649.)
3. Ordonnance du 26 septembre 1624. (A.H.A., E. 649.)
4. Ordonnance du 13 mai 1624.(A.H.A., E. 650.) — Parmi ces livres hérétiques défendus on mentionne Sleidan, la *Cosmographie* de Sébastien Munster et, — ce qui peut paraître plus étrange, — les Chroniques du catholique Aventin. (A.H.A., E. 649.) — Il était même défendu aux relieurs de relier des livres protestants. (A.H.A.,C. 109.)
5. Ordonnance du 24 septembre 1624. (A.H.A., E. 649.)
6. Un tanneur de Belfort, Pierre Chardouillet, supplie en vain de lui permettre d'aller vendre ses peaux à Bâle (mai 1622); on lui refuse la permission. (A.H.A., C. 109.)
7. A.H.A., E. 649.

Suédois dans le Sundgau, le jeune archiduc Ferdinand faisait défense absolue à ses sujets alsaciens de visiter des universités protestantes, et ordonnait le contrôle minutieux des catéchismes et des livres scolaires [1].

Les mêmes moyens étaient employés dans l'évêché de Strasbourg. On peut se rendre compte de la manière dont on y surveillait la piété des populations rurales en parcourant le règlement, fait pour la paroisse de Jettersweiler, dans le Kochersberg, daté du 6 février 1629 et signé par le bailli épiscopal Jacques de Landsperg [2]. On y apprend que, dans chaque paroisse, le prévôt et les jurés nommaient deux surveillants (*Kirchenrüger*), qui allaient de maison en maison, dès que la sonnerie pour la messe avait cessé, afin de constater s'il y était resté plus d'une personne par ménage, chargée de surveiller le feu et d'envoyer les retardataires à l'église. Si quelqu'un s'avisait de travailler le dimanche, il était dénoncé ; si l'on entrait dans l'église après l'élévation, si on en sortait avant la fin de la messe, on payait huit pfennings d'amende. Le catéchisme de persévérance devait être fréquenté par la jeunesse des deux sexes, les servantes et les valets de labour. Lorsqu'on y manquait une première fois, c'était deux pfennings d'amende, trois pfennings à la seconde fois, quatre à la troisième, etc. Pour assurer la rentrée de ces sommes, le prévôt était avisé qu'il les payerait de sa poche, s'il ne savait pas les arracher aux coupables.

Un moyen très original pour contrôler et surveiller les populations, mais que nous ne croyons pas avoir jamais été employé dans la Basse Alsace, c'étaient les *Assises*, tenues chaque année dans la paroisse. Les fidèles étaient convoqués à l'église où ce plaid annuel se tenait sous la présidence du curé ou de l'archidiacre délégué par l'évêque. Après la messe, on les interrogeait sur tous les faits délictueux, hérésies doctrinales, inobservation des fêtes, abstention des sacrements, actes d'immoralité, etc. Chacun était tenu, en conscience, de dénoncer les cas qu'il connaissait. L'assistance tout entière formait le jury (*Urthelsprecher*). La sentence était sans appel et le condamné qui ne payait pas les amendes infligées étaient saisi et ses biens mis en vente. Ce qui devait affaiblir quelque peu l'effet moral de cette procédure, c'est qu'on pouvait, paraît-il, traiter avec l'Église, de gré à gré, au sujet de l'amende encourue, avant de passer devant les Assises. Ainsi les gars et les jeunes filles inculpés d'inconduite en étaient quittes pour quatre pots de vin donnés au

1. A.H.A., C. 908.
2. *Ecclesiasticum Argentinense*, 1891, Supplément, p. 59-61.

curé ; mais si les coupables étaient gens mariés, chacun d'eux lui devait soixante sols bâlois d'amende [1].

Dans les villes, dans quelques-unes tout au moins, d'étendue minime, des mesures pareilles étaient prises ; c'est ainsi qu'à Kaysersberg, le Magistrat et le curé contrôlaient chaque année le jour de la *Quasimodo* les billets de confession et de communion de tous les habitants, hommes et femmes, « salutaire moyen », dit le R. P. Jésuite qui le rapporte, « pour entretenir la piété dans la ville et la mettre en sûreté contre l'erreur [2] ».

L'invasion des Suédois en Alsace, l'occupation successive du pays par les Français, les Impériaux et Bernard de Weimar, rendirent naturellement une pareille surveillance des esprits désormais impossible. Un certain nombre de communautés furent abandonnées par leurs conducteurs spirituels, effrayés par les excès de la soldatesque ennemie ; beaucoup d'autres durent quitter leurs églises incendiées et leurs villages à moitié détruits ; d'autres enfin périrent, soit de la main des hérétiques, soit de misère ou de maladies contagieuses [3]. La cessation du culte, dans certaines régions de l'Alsace, semble avoir été complète. Quand le Dr Thomas Heinrici, protonotaire apostolique, évêque de Chrysopolis *i. p. i.* et vicaire épiscopal de Bâle, visita la Haute Alsace en 1642, la situation religieuse de ces contrées était infiniment misérable [4]. Sur les dix-huit paroisses du chapitre rural d'*ultra colles Ottonis*, onze n'avaient point de curé, et dans les autres, même aux grands jours de fête, comme le peuple vit au milieu d'hérétiques, il y a peu de monde aux offices. Dans le chapitre *citra colles Ottonis*, sur trente-quatre paroisses, douze seulement étaient pourvues de desservants et le zèle des fidèles avait singulièrement diminué. Souvent, dit le rapport, quand le curé d'Issenheim, qui n'a plus de sacristain, a sonné lui-même les cloches pour les appeler à la messe, il doit renoncer à la dire, puisque personne ne s'est présenté pour l'entendre. Il arriva que, dans certaines régions, voisines de la Suisse, à Huningue par exemple, des enfants furent, du consentement tacite du clergé, portés à des ministres luthériens de Bâle

---

1. Bonvalot, *Coutumes de Ferrette*, p. 116, 227.
2. Laguille, *Histoire de la province d'Alsace*, II, p. 64.
3. Dans la vallée de Saint-Amarin, les Franciscains de Thann desservirent un temps toutes les paroisses, « parce que les curés s'étaient pour la plupart enfuis ou étaient morts de la peste ou de la famine ». Tschamser, *Annales*, II, p. 565.
4. Sur cette tournée pastorale voyez l'étude de Mgr Vautrey dans la *Revue catholique d'Alsace*, 1869, p. 431 ss.

pour recevoir le baptême ; il y eut même des fidèles catholiques qui, pour n'être pas entièrement privés des sacrements, allèrent communier chez les hérétiques[1]. Beaucoup d'églises étaient dans un état lamentable ; à Westhalten, il n'y avait même plus de porte au lieu saint[2], et, quand au cours de sa visite il trouve encore une cloche en place, comme à Soultzbach, le protonotaire apostolique a bien soin de consigner ce fait comme chose très rare[3].

Le manque de desservants était assurément beaucoup moins grand dans le diocèse de Strasbourg, mais pourtant, là aussi, on le constate en plus d'un endroit. C'est ainsi que, tout près de Saverne, résidence épiscopale, le curé de Monswiller doit faire également la desserte de Steinbourg[4]. Aussi l'on n'était guère difficile à cette époque pour le recrutement du clergé. « Les études étaient abandonnées, » dit le P. Malachie Tschamser; « on ne trouvait pas dans le pays les sujets nécessaires. Aussi, pour peu qu'on eût fait sa syntaxe et qu'on comprît le latin, on pouvait être ordonné prêtre et obtenir une cure dès qu'on avait l'âge canonique[5]. »

Deux années après la signature des traités de Westphalie, cette triste situation du culte catholique dans la nouvelle province d'Alsace inspirait de vives doléances au conseil provincial d'Ensisheim; il s'exprimait de la façon suivante dans une ordonnance du 27 mai 1659 :

« Le bon ordre étant rétabli dans cette province pour la justice, il ne reste plus que d'y faire revivre la religion, qui a été grandement altérée par les guerres passées; pour à quoi parvenir il est

1. A.H.A., C. 977. On lit dans ce fascicule une attestation non datée, du curé Balthasar Carolinus : « *Infantes cum mea licentia tempore tumultus Succici, Basileœ apud Acatholicos curavi baptizari*.
2. Il faut pourtant faire remarquer que, dès avant l'arrivée des Suédois dans la Haute Alsace, les *visitations* épiscopales signalaient bien des négligences dans la tenue des églises. Ainsi un rapport du délégué Jean Fabri, curé de Hirsingen, déclarait, en 1603, qu'à Aspach « tout était en pitoyable état, à la sacristie comme à l'église », et frappait le curé d'une amende de trois livres. (*Revue catholique d'Alsace*, 1898, p. 187.) Un autre rapport de 1632 se plaignait qu'à Saint-Amarin même les vases sacrés étaient malpropres (*calde immunda*) ; à Mollau, des toiles d'araignée couvraient les objets du culte; à Villé, la croix du cimetière menaçait ruine, etc. (*Ecclesiasticum Argentinense*, 1892, Supplément, p. 93.) En 1652, le *visiteur* officiel, Pierre Gerram, curé de Thann, déclarait que l'église de Bettendorf ressemblait plutôt à une étable qu'à un sanctuaire, etc. (*Revue catholique*, 1898, p. 198.)
3. *Revue catholique d'Alsace*, 1869, p. 434.
4. Dag. Fischer, Monswiller, dans la *Revue d'Alsace*, 1874, p. 344. — Encore en 1696 d'ailleurs, un même curé dessert les paroisses de Dingsheim, et Stutzheim. (*Armorial d'Alsace*, p. 20.)
5. *Annales*, II, p. 559.

nécessaire de commencer par le rétablissement du service divin dans les paroisses où il est discontinué, *du moins en la meilleure partie d'icelles, depuis un long temps,* par l'avarice des patrons et collateurs des cures, qui se contentaient de percevoir les dîmes et autres revenus... sans pourvoir aux dites Églises de personnes capables... pour administrer les sacrements *aux habitants, lesquels meurent ordinairement sans confession*[1]... Les maisons destinées pour l'habitation desdits curés, ensemble les Églises, se démolissent et tombent en ruines tous les jours... » Pour obvier à cet état de choses, le Conseil décidait que, dans les trois mois, les collateurs et les patrons présenteraient partout de nouveaux curés, à défaut de quoi le procureur-général fera saisir les dîmes, pour les employer à la subsistance des cures et des curés[2].

Malgré les efforts du Conseil provincial et ceux des intendants, la pénurie d'ecclésiastiques ne cessa pas de sitôt et les conséquences d'un tel état de choses pour le moral des populations alsaciennes se firent encore longtemps sentir[3]. En 1660, le chapitre de Landser (*intra colles*) ne comptait que vingt recteurs et vicaires pour 39 paroisses et filiales, et sur ce nombre, la plupart étaient des étrangers du Brisgau, de Porrentruy, Soleure, Fribourg, Zoug, Lucerne, etc., qui, au dire du curé de Habsheim, chargé de les visiter, étaient loin d'être tous recommandables[4] et puisaient dans le sentiment qu'ils étaient à peu près indispensables une étrange liberté d'allures vis-à-vis de leurs supérieurs hiérarchiques. Le délégué épiscopal rapporte qu'il a eu beau citer, à plusieurs reprises, tel d'entre eux ; il n'a pas répondu à l'appel, « *etiam monitus* », de sorte qu'il ne peut rien dire à son égard et ne sait même pas son nom[5].

1. C'est nous qui soulignons cette constatation officielle si significative.
2. Ordonnances d'Alsace, I, p. 10.
3. « *Raro instruitur juventus,* » avait déjà écrit le chanoine Pierre Gerram, en visitant Saint-Amarin en 1652. (*Ecclesiasticum Argentinense*, 1892. Supplément, p. 93.) Mais dans les vallées des Vosges, moins accessibles, l'abandon moral et spirituel des ouailles de l'Église se continua pendant plus d'un demi-siècle encore. Quand le coadjuteur de Murbach envoya en 1714 un Récollet de Rouffach, le P. Gélase Fridel, prêcher une mission aux pâtres et marcaires du Belchenthal, il s'y trouva « des hommes de soixante ans qui avaient oublié les dogmes fondamentaux de la foi et ne connaissaient plus les vérités essentielles au salut. » (*Diarium de Murbach*, p. p. Ingold, p. 57.)
4. Voici, par exemple, ce qu'il dit du curé de Blotzheim, François Graff, de Fribourg : « *Ipsum reprehendi ratione nimiæ familiaritatis seu frequentationis aulæ Tubadelicæ* (le château du colonel Taupadel); *quidquid sit de moribus, quoad doctrinam, ut audio passim et ex quibusdam apparet vix videtur ut tali loco Basileæ tam vicino, esse sufficiens.* »
5. *Designatio seu Cathalogus beneficiorum,* 9 avril 1660. Rapport du curé

Dix ans plus tard, en 1670, le nombre des ecclésiastiques de ce même chapitre *intra Colles* a notablement augmenté, mais sur les trente curés il n'y a toujours encore que dix Alsaciens ; seize sont Suisses et quatre sont natifs de la Souabe et du Brisgau[1]. Trois septuagénaires, un sexagénaire, représentent seuls les générations du passé; presque tous les autres sont des jeunes gens ; sept ont moins de trente ans, onze moins de quarante, etc.[2].

Ce jeune clergé était fourni pour la Basse Alsace par le séminaire épiscopal de Molsheim d'abord, fondé par Charles de Lorraine, dès 1607[3], puis plus tard par celui de Strasbourg[4], ainsi que nous l'avons vu dans le livre précédent. Pour la Haute Alsace, le prince-évêque de Bâle, Jean-Conrad de Roggenbach, approuvait, par mandement du 7 janvier 1663, la création d'un séminaire à Thann, « *pro instructione pleniori ad functiones ecclesiasticas* », dont la direction fut confiée à un prêtre d'origine française, l'abbé René Le Vesque[5]. Mais cet établissement ne fut pas maintenu, soit qu'il parût trop coûteux, soit pour tout autre motif, et nous n'en entendons plus parler. Néanmoins, dans le Sundgau, comme dans la Basse Alsace, les progrès faits par le clergé pour le rétablissement du culte, pour la réintroduction des anciennes fêtes locales, des anciens règlements, etc., furent considérables, partout du moins où des curés énergiques et habiles avaient su gagner de l'ascendant sur leurs ouailles. On remarque bien la différence quand on compare, dans les *Mémoires de deux voyages en Alsace*, le récit du premier séjour de l'anonyme parisien dans le Sundgau et celui de son second séjour à Altkirch, en 1681. Il s'est plu à y noter tous les changements favorables opérés dans la pompe du culte, l'ornementation des églises, le rétablissement des chants en langue vulgaire, l'attitude décente et recueillie des populations[6].

Cette attitude, il est vrai, leur était prescrite de nouveau par des

---

Henri Bryat à l'évêque Jean Conrad, de Bâle, dans la *Revue d'Alsace*, 1872, p. 182 ss.

1. La présence de tant de Suisses s'explique fort naturellement par le fait que la plupart de leurs paroissiens étaient également des immigrés de ces contrées. Ainsi le curé Stænz d'Oberburnhaupt, natif de Zoug, note dans son registre paroissial que toutes ses ouailles, à peu près, étaient « *aus dem Schwaben=Wallisser=Tyrolerland* ». (Schickelé, Le doyenné du Sundgau, *Revue catholique d'Alsace*, 1898, p. 431.)
2. *Venerabilis Capituli Landsehrensis... parochorum nomina, patriæ, ætates, a paschali anno 1670*, etc. (*Revue d'Alsace*, 1872, p. 196.)
3. Acte de fondation, A.B.A., G. 1465.
4. Voy. plus haut, p. 330.
5. *Ecclesiasticum Argentinense*, 1892. Supplément, p. 23-25.
6. *Mémoires de deux voyages*, p. 161-165.

ordonnances dont les pénalités rappellent les règlements du commencement du siècle et ne leur laissaient guère la possibilité d'en adopter une autre. Voici comme exemple le résumé de quelques paragraphes de la *Kirchenordnung* édictée par le prince-évêque de Murbach, le 1er août 1680 :

§ 1. Il est défendu, à peine de dix livres d'amende, de faire n'importe quel transport par voitures ni de travailler aux champs, durant les heures du culte.

§ 2. Quiconque serait vu dans les rues ou bien au cimetière du village (au milieu duquel se trouvait d'ordinaire l'église) pendant la messe, payera trois livres d'amende et une livre de cire.

§ 3. Les habitants ne doivent pas seulement envoyer à la messe leurs enfants, mais encore leurs valets de labour et leurs servantes, jusqu'à l'âge de vingt-quatre ans, et particulièrement ceux qui désireraient se marier bientôt.

§ 4. Les pères et mères doivent veiller à ce que leurs enfants aillent également à vêpres et disent leur rosaire.

§ 5. Une amende de trois livres est imposée à ceux qui joueraient aux cartes ou aux quilles durant vêpres.

§ 6. Si quelqu'un rentre ses récoltes le dimanche, même avant le service, il payera vingt livres d'amende.

Le plus curieux de ces articles est peut-être le septième qui, constatant que certains sujets se laissent entraîner à « boire du tabac » non seulement dans leurs maisons, mais même en allant à l'église, les dimanches et jours de fête, et « empestent » l'édifice sacré « comme des boucs puants », de façon que le prêtre à l'autel et dans sa chaire, comme aussi les locataires des bancs d'église, « obligés de se tenir près de boucs pareils », en sont incommodés, frappe les fumeurs d'une amende de deux livres, en sus d'une livre de cire [1].

Ce qu'on ne remit pas aussi rapidement en bon ordre que le culte et les accoutumances ecclésiastiques des fidèles, ce furent les églises elles-mêmes, car si, même avant la fin de la guerre de Trente Ans, les violences contre le clergé catholique cessèrent en Alsace, les églises, les chapelles et les presbytères ne furent pas davantage épargnés durant les longues campagnes des Français et des Impériaux, et souvent incendiés ou pillés sans distinction confessionnelle. Nous avons des rapports détaillés qui nous renseignent sur l'état lamentable de certains des édifices destinés

1. Gatrio, *Murbach*, II, p. 460-462.

au culte. Un procès-verbal du curé Blum, de Waldolwisheim (22 décembre 1681), nous apprend que le plancher de son église est enlevé et que les bancs ont disparu. La toiture délabrée laisse entrer la pluie, et les soldats ont volé tous les objets nécessaires au service de la messe. A Steinbourg, toutes les fenêtres sont brisées, les stalles et les bancs ont été brûlés, le toit a été démoli et les poutres emportées, la chaire et l'escalier qui conduit au clocher ont servi à faire des feux de bivouac, les portes ont disparu, le baptistère lui-même a été détruit. A Bettbur, la tour menace ruine, le chœur va s'écrouler prochainement, etc.[1].

En présence d'une situation aussi regrettable, le Conseil souverain de Brisach, constatant que « dans cette province... dans la plupart des lieux les églises et les presbytères tombent en ruines », et que « les curés n'ont pas les ornements nécessaires pour y faire le service ou y administrer les sacrements », ordonnait aux patrons et aux décimateurs des paroisses de procéder immédiatement aux réparations nécessaires, à peine d'être privés des dîmes et du droit de patronage[2]. Mais ces ordres accompagnés de menaces n'eurent pas de résultat immédiat, puisque quatre ans plus tard le Conseil était amené à réitérer ses injonctions premières. L'arrêt du 20 août 1686 nous apprend que, « faute de grosses et menues réparations », les églises de la plupart des endroits de la Haute et Basse Alsace dépérissent et tomberont entièrement en ruines[3], s'il n'y est promptement pourvu, « ce qui serait un grand scandale ». La volonté absolue de Sa Majesté est donc que, dans l'espace de trois mois, les seigneurs décimateurs aient à rétablir le chœur, et la communauté la nef desdites églises; quant aux menues dépenses pour l'intérieur, c'est à la fabrique d'y pourvoir. L'intendant M. de La Grange saisira les dîmes des récalcitrants, et si les revenus ordinaires sont insuffisants, seigneurs et communautés devront se cotiser pour couvrir les frais[4].

1. *Ecclesiasticum Argentinense*, 1892, Supplément, p. 3-5.
2. Arrêt du 31 janvier 1682. (*Ordonnances d'Alsace*, I, p. 109.)
3. Ce n'était pas seulement une locution oratoire quand on parlait de la sorte et, de temps à autre, les effondrements prévus se réalisaient. C'est ainsi que l'église d'Oderen, incendiée par les Impériaux en 1639, avait été si mal rebâtie qu'elle s'écroula subitement le 13 mars 1693. (*Diarium de Murbach*, p. 10.)
4. *Ordonnances d'Alsace*, I, p. 161.

§ 5. L'ESPRIT RELIGIEUX DES MASSES

(Processions, Confréries, Pèlerinages)

Toute action violente dans l'histoire de l'humanité produit forcément, tôt ou tard, une réaction semblable ; à la période de la Réforme devait succéder fatalement celle de la Contre-Réformation, aussi bien en Alsace que dans le reste de l'Europe. Seulement, elle y a commencé un peu plus tard que dans d'autres contrées de l'Empire, et surtout elle y a duré bien plus longtemps, grâce aux circonstances politiques. Ce n'est guère qu'après la Guerre des Évêques (1592-1595) que s'accentue dans nos parages le retour en force de l'Église et la reprise des hostilités contre l'hérésie. Elle y atteint son apogée une première fois, entre l'invasion de Mansfeld et la venue de Gustave-Adolphe en Allemagne, vers cette année 1622 où le pape Grégoire XV canonisait à la fois saint Ignace de Loyola, saint François-Xavier, saint Philippe de Néri et sainte Thérèse, et affirmait solennellement l'Immaculée-Conception[1]. A ce moment, l'exaltation religieuse des populations catholiques d'Alsace était grande[2]. Arrêtée pour un temps par les campagnes des Suédois, contenue d'abord par la prudence politique de Richelieu et de Mazarin, alors que les destinées de la province n'étaient point encore fixées, la marche ascendante du catholicisme reprit avec une force nouvelle, après la majorité de Louis XIV, et atteignit une seconde fois son point culminant entre 1685 et 1690, date de la conversion volontaire ou forcée de tant de villages alsaciens, comme nous le verrons plus tard.

Les membres du clergé local, — les desservants des bourgs et des villages et les moines des nombreux couvents, plus encore peut-être que les hauts dignitaires ecclésiastiques[3], — ont travaillé, du-

---

1. Tschamser, *Annales*, II, p. 283.
2. On peut se faire une idée de l'exaltation religieuse de certains milieux catholiques d'Alsace en lisant la biographie du bienheureux Jean-Louis Rosengardt, racontée par M. le chanoine Winterer. (*Revue catholique d'Alsace*, 1868, p. 289 ss.) Né en 1612, fils d'un magistrat de Thann, Rosengardt « auquel des anges montraient des pommes et des roses au berceau » se fabriquait à cinq ans un cilice avec des mailles de fer volées dans la cuisine de sa sœur, convertissait à quinze ans des hérétiques et mourait à vingt ans au couvent des Franciscains de Lucerne (1632), après avoir ruiné sa santé par des austérités inouïes. Ce travail du député alsacien vient d'être réimprimé dans son livre, *Quelques Saints d'Alsace*, Rixheim, 1897, 8°, p. 329.
3. Ils interviennent cependant çà et là, surtout quand ce ne sont plus des

rant tout le XVIIe siècle, à réveiller, à soutenir, à développer la ferveur religieuse des masses par la fréquence des exercices pieux et la pompe des cérémonies du culte, par l'attrait de la musique religieuse[1], par la création de nombreuses confréries de prières, par les fréquentes visites des pèlerins aux sanctuaires restaurés de la province. Ils y réussirent à merveille. Il faut voir avec quelle pompe et quel éclat se célébraient ces fêtes, surtout dans la Haute Alsace, et même dans. d'assez petites localités. Lorsque les restes de sainte Émiliane, sainte Marie, sainte Candide, trois d'entre les Onze mille Vierges de Cologne, furent donnés au couvent des capucins de Thann par le colonel Jean-Henri de Reinach, en 1627, ce fut un immense cortège de huit mille personnes de tout âge et de tout rang qui porta les reliques au cloître, au bruit des salves de soixante-douze pièces d'artillerie[2]. Une *théorie* analogue se développa à travers la plaine d'Alsace quand on eut découvert, en 1653, la tête de saint Valentin, cachée depuis vingt ans à Schlestadt, et qu'elle fut solennellement transférée à l'église de Rouffach, à laquelle appartenait le chef de l'évêque martyr[3]. C'est également l'exode de la population tout entière du val de Saint-Amarin que nous montre le curé Stippich dans son récit de la procession faite à la chapelle de Notre-Dame de Burlingen, le jour de la Sainte-Marie-Madeleine de l'an de grâce 1669[4]. Certaines de ces processions, organisées à l'occasion d'événements néfastes, pestilences, famines ou mauvaises récoltes, devenaient par la suite annuelles : telle la visite processionnelle à la chapelle de Saint-Sébastien de Dambach, que les habitants de Ribeauvillé instituèrent après la peste de 1667-1668[5].

évêques de sang impérial ou princier. Ainsi François-Égon de Furstemberg obtient du pape Alexandre VII, le 4 janvier 1663, un bref accordant des indulgences plénières « *omnibus utriusque sexus Christi fidelibus qui primæ missæ quam in Ecclesia Argentinensi et deinde in aliis locorum insigniorum tuæ diocesis... ecclesiis in pontificalibus celebrabis.* » (A.B.A., G. 198).

1. L'abbé Dulys écrivait au P. Joseph Bernard, supérieur des Antonites d'Issenheim, le 2 novembre 1659 : « Il faudrait qu'il y eut (aux Trois-Épis, pèlerinage célèbre) un religieux qui sçache toucher de l'orgue comme aussi d'autres qui sçachent la musique, les Allemands estant d'un naturel rude, lequel ne peut estre porté à la dévotion que par tels moyens. J'ay l'expérience de tout ce que je vous dis et vous prie de le croire. » (A.H.A., Fonds des Trois-Épis, carton 1, cité par Beuchot, Trois-Épis, p. 56.)
2. Tschamser, *Annales*, II, p. 414-417.
3. Gény, *Jahrbücher*, I, p. 98-99.
4. *Ecclesiasticum Argentinense*, 1892, Supplément, p. 70-72.
5. Bernhard, *Ribeauvillé*, p. 159. Seulement comme Dambach était à cinq lieues de Ribeauvillé, le zèle des habitants se lassa bientôt et l'on transporta le pèlerinage annuel à Notre-Dame de Kientzheim, qui était beaucoup plus rapprochée.

D'autres avaient lieu régulièrement chaque année[1], et leur origine remontait parfois très haut dans le moyen âge. On peut citer la fête de Saint-Blaise, protecteur des troupeaux, célébrée à Niedermagstatt dans le Sundgau, le 3 février de chaque année. On y venait de loin en pèlerinage pour implorer la guérison des animaux malades, comme on le fait encore aujourd'hui[2]. Nous mentionnerons encore la procession annuelle des sodalités bourgeoises de Molsheim à Notre-Dame d'Altbronn[3], la procession du lundi de Pâques à Obernai, la *Bannreitung*, qui offrait cette particularité que les bourgeois en armes y figuraient à cheval et qu'on faisait le tour de la banlieue tout entière, pour procéder en même temps à l'inspection des pierres d'abornement[4]. Les cérémonies purement religieuses étaient d'ailleurs entremêlées de réjouissances plus profanes, et cela ne contribuait pas peu à les rendre populaires. Le banquet de la Fête-Dieu, tel qu'on le célébrait à Saint-Amarin, par exemple, réunissait les autorités civiles et religieuses et la masse des fidèles[5]. Quelquefois la littérature elle-même était de la fête et contribuait à en rehausser l'éclat[6].

Plus importantes encore, au point de vue de l'influence directe et quotidienne de l'Église sur les populations urbaines et rurales, ont été les nombreuses confréries, *sodalités*, associations de prières ou de bonnes œuvres que le XVIIᵉ siècle a vues naître ou renaître en Alsace. Les Pères Jésuites surtout réussirent à rendre les leurs honorées et puissantes, non sans exciter parfois la colère et l'envie

1. Nous ne parlons pas, bien entendu, des processions usitées pour les grandes fêtes religieuses, Fête-Dieu, Rogations, etc., qui étaient partout en usage et rentraient dans la pratique régulière du culte.
2. M. le curé Walter a donné dans son travail déjà cité (*Jahrbuch des V.C.*, XIII, p. 91) la liste des offrandes déposées en 1607, d'après les comptes paroissiaux.
3. Les sept stations de la croix furent dressés à leurs frais en 1613. (Erhard, *Kurze Geschichte der Wallfahrt zu Unserer lieben Muttergottes zu Altbronn*, Würzburg, 1898, 16ᵉ, p. 58.)
4. Gyss, *Obernai*, II, p. 59.
5. Le bailli de la vallée, le curé, son vicaire, le secrétaire de la commune (*archigrammatus oppidi*) et les membres du Magistrat banquetaient à la table d'honneur, servis par l'appariteur municipal. Le chantre, les exécutants, les surveillants et tous ceux qui avaient figuré au cortège occupaient les autres. Les sonneurs de cloches étaient également abreuvés et nourris. Les frais de ces agapes étaient supportés à parts égales, par la ville et la fabrique. (*Ecclesiasticum Argentinense*, 1890, p. 90.)
6. C'est ainsi que l'*Historia Œlenbergensis*, citée par M. l'abbé Waller, rapporte que lors d'un pèlerinage entrepris par plusieurs communes voisines au célèbre monastère, à l'occasion de la paix de Nimègue (1679), « le curé de Bernwiller, M. Schielé, débita en langue allemande une courte pièce dramatique qui fut écoutée avec la plus vive satisfaction. » (*Notice sur Schweighausen*, p. 99.)

des congrégations rivales [1]. Ces associations donnèrent, de l'avis de leurs créateurs, une impulsion considérable aux habitudes de dévotion de leurs membres et, par là même, de la population tout entière. Là, où les jeunes gens mettaient jusqu'alors très peu de zèle à jeûner, où les personnes plus âgées elles-mêmes n'allaient que rarement à la messe ou n'y restaient pas jusqu'au bout [2], la fréquentation du culte s'améliora, l'observation des jours maigres se répandit, quand on en eut fait un devoir de conscience aux associés des confréries et que la perspective d'une récompense céleste fut présentée d'une façon incessante à ceux qui pratiqueraient davantage et livreraient leur chair aux mortifications les plus sensibles [3]. Bientôt les différentes sodalités se piquèrent de rivaliser de zèle religieux comme de pompe extérieure et d'œuvres pies : les unes faisaient dresser des croix ou des groupes de sainteté sur les collines de la banlieue ou le long des grands chemins [4]; d'autres tâchaient de rehausser les fêtes du culte par leurs croix dorées et leurs splendides bannières ; d'autres encore distribuaient aux enfants des images des saints ou s'occupaient à faire venir du dehors [5] des *Agnus Dei* et des rosaires, parce qu'il n'y en avait pas, à l'origine, en nombre suffisant dans le pays [6]. Le clergé avait grand soin de faire mettre comme *préfets* à la tête de ces congrégations des personnages influents et riches, des nobles, des membres du Magistrat, etc., et lors des fêtes ecclésiastiques, ou lors de l'enterrement de leurs associés, elles déployaient un appareil qui ne pouvait que leur attirer de nouvelles recrues. A la voix de leurs directeurs de conscience, on vit à Haguenau, lors de la procession du Vendredi-Saint, MM. du Magistrat se donner publiquement la discipline [7], et à Schlestadt des soudards, momentanément touchés de la grâce, se frapper de verges à l'église, en pleine guerre de Trente Ans [8].

1. « *Sodalitas floruit potissimum vel ad individiam aliorum*, » dit le rapport des Jésuites de Schlestadt pour 1670. (Gény, *Jahrbücher*, I, p. 144.)
2. Gény, *op. cit.*, I, p. 9.
3. On trouve à tout moment dans les Annales des PP. Jésuites de Schlestadt des indications comme celle-ci : « *Reperire nam est teneras virgines quæ illibatam puritatis florem servaturæ ita in corpus sæviunt humi cubationibus, jejuniis, flagellis ciliciisque, ut ægritudines mortemque ipsam accelerare viderentur.* » (Gény, I, p. 197.)
4. C'est à ce trait de paysage qu'on reconnaissait, alors déjà, les contrées catholiques en Alsace. (*Mémoires de deux voyages*, p. 167.)
5. C'est de la Suisse surtout que venaient en 1643, ces articles, et particulièrement de Saint-Gall.
6. Gatrio, *Murbach*, II, p. 365.
7. Guerber, *Haguenau*, II, p. 276.
8. « *Flagellis in corpore pie sævire in templo nostro cœperunt.* » (Gény, I, p. 53.)

La plus grande variété de dénominations régnait d'ailleurs dans ces groupements religieux qui parfois se faisaient concurrence et ne se voyaient pas toujours d'un œil fraternel, puisque, dans les petites localités surtout, le développement d'une association impliquait forcément la décadence de l'autre[1]. A Obernai, nous avons la Confrérie de la Bienheureuse Vierge-Marie et celle de la Visitation de la Sainte-Vierge, confirmée par le pape Paul V, en 1619, et par Innocent XI en 1684[2]; à Haguenau, la Congrégation des Bourgeois (1612), celle des Anges (1612)[3], celle des Jeunes-Ouvriers (1619), la Confrérie de l'Agonie (1658)[4]; à Schlestadt, la sodalité de l'Annonciation (1625) et celle du Christ agonisant (1654)[5]; à Guebwiller, celle du Rosaire[6]; à Rouffach, celle du Christ agonisant (1683)[7]; à Molsheim, la même[8]; à Saverne, la Confrérie de Saint-Michel et celle de Saint-Sébastien[9]; à Dambach, celle du même martyr[10], etc., etc.

Plusieurs de ces confréries devinrent fort riches; car, en dehors des cotisations régulières, certains de leurs membres faisaient des dons notables de leur vivant déjà, pour couvrir les dépenses de l'association et lui assuraient souvent, à leur lit de mort, des legs, soit en numéraire, soit en biens-fonds, qu'administrait un receveur particulier (*Bruderschaftschaffner*), comme à Obernai[11]. Dans certaines localités, les anciennes corporations professionnelles, qui, — nous l'avons vu, — avaient toutes un caractère religieux au

---

1. Ainsi la sodalité « *sub titulo Christi Agonizantis* » se forme à Schlestadt « *etsi contradictores non deessent* » (Gény, *op. cit.*, I, p. 102), et à Haguenau, le recteur de la paroisse de Saint-Georges vit d'abord d'un mauvais œil la création de la confrérie de l'Agonie fondée par les Jésuites en 1658. (Guerber, *Haguenau*, I, 490.)
2. *Ecclesiasticum Argentinense*, 1892, Supplément, p. 110, et Gyss, *Obernai*, II, p. 310.
3. Guerber, *Haguenau*, I, p. 485, 490.
4. Gény, *Jahrbücher*, I, p. 47, 102.
5. C'était celle des élèves des classes inférieures du Collège des Jésuites.
6. Gatrio, *Murbach*, II, p. 365.
7. Gény, *Jahrbücher*, I, p. 213.
8. On peut se faire une idée des exercices de piété de ces confréries en parcourant quelques plaquettes qui nous sont restées de celles de Molsheim, *Schmerzliche Klag-Procession des für das menschliche Geschlecht sterbenden Heylandts Jesu Christi... von der læblichen Herren Bürger-Sodalitæt zu Molssheim*, Strassburg, Dolhopff, 1691, 16°. — *Ordentliche Ausbildung der schmerzlichen Klag-Procession des leydenden und am Creutz sterbenden Sohnes Gottes*, etc. Molsheim, Straubhaar, 1668, 16°.
9. D. Fischer, *Zabern*, p. 171.
10. *Neue Andachtsübungen zu dem heil. Martyrer Sebastiani zu Dambach*, etc. Schlettstadt, sans date, 16°.
11. Gyss, *Obernai*, II, p. 60.

moyen âge, restèrent à la base de ces associations ecclésiastiques, ou les constituèrent même à elles seules, comme à Erstein[1] ou à Saverne[2]. Parfois de très petits endroits avaient la leur, à laquelle la participation bénévole de tel ou tel haut personnage, qu'on était heureux et fier de considérer, — d'un peu loin, — comme un confrère, donnait un lustre particulier. C'est ainsi que la confrérie du Saint-Rosaire, créée au village de Hirsingen, comptait parmi ses membres le comte de Montjoie[3], et que la confrérie de Saint-Sébastien à Mertzheim fut fondée en 1629 par le baron Jean-Béat de Reinach[4].

Cette recrudescence marquée de la ferveur religieuse des populations catholiques en Alsace se manifeste également, surtout après les misères de la guerre de Trente Ans, par la restauration de nombreux lieux de pèlerinage pillés et détruits, non pas seulement par les Suédois que la légende postérieure a chargés seuls du méfait, mais par les soudards de tous les cultes et de toutes les nationalités qui ravagèrent successivement la province. Beaucoup de ces stations et de ces sanctuaires, très fréquentés au XIV⁰ et au XV⁰ siècle, n'existaient plus depuis cent ans et davantage, ayant décliné, puis finalement disparu à l'époque des triomphes de la Réforme[5]. Maintenant, c'est-à-dire dans la seconde moitié de la période qui nous occupe, on essaye, non sans succès, de les faire renaître de leurs cendres ; on y restaure le culte, on les dote ; grâce aux subsides des fidèles, on réussit à y ramener la foule des pécheurs dévots autour des saintes images miraculeusement arrachées aux flammes ou des mains des soudards hérétiques. La plupart et surtout les plus connus de ces sanctuaires locaux étaient naturellement des églises et des chapelles dédiées à la Sainte Vierge. Dans la Basse Alsace, il faut nommer avant tout Notre-Dame de Marienthal, près de Haguenau, fondée au XIII⁰ siècle, supprimée en 1543, rendue au culte et donnée aux Jésuites en 1617. Plusieurs fois saccagée pendant la lutte trentenaire, elle fut restaurée après 1650 et devint bientôt l'un des pèlerinages les plus fréquentés du pays[6]. Mentionnons aussi

1. Bernhard, *Erstein*, p. 134-136. Voy. notre vol. I, p. 593.
2. Les cordonniers y avaient une « Confrérie à la gloire de Dieu et à la louange de la Sainte-Vierge immaculée et de tous les Saints » dont les statuts furent renouvelés le 26 août 1600. (D. Fischer, *Zabern*, p. 171.)
3. Fues, *Hirsingen*, p. 342.
4. Fues, *op. cit.*, p. 208.
5. Sur les pèlerinages d'Alsace en général on peut consulter l'ouvrage du vicomte Théodore de Bussière, *Culte et Pèlerinages de la Très-Sainte-Vierge en Alsace*, Paris, Plon, 1862, 8⁰, et la brochure de M. le chanoine Winterer, *Die Wallfahrten im Elsass*, Rixheim, Sutter, 1875, 18⁰. Il existe en outre une foule de monographies spéciales.
6. Klein, *Die Wallfahrt Marienthal*, Strassburg, 1883, 16⁰.

Notre-Dame de Reinacker, près Marmoutier; Notre-Dame de Monswiller, dont le sanctuaire fut incendié par Mansfeld en 1622, mais dont l'image miraculeuse, une « Vierge noire », fut retrouvée, dit-on, intacte dans les décombres fumants et attira depuis plus de pèlerins et d'offrandes que jamais[1]; Notre-Dame-de-Pitié, bâtie sur le Bischenberg par l'évêque Jean de Manderscheid en 1590[2], Notre-Dame-des-Neiges, dans l'Illwald près de Schlestadt. Dans la Haute Alsace, il faut signaler Notre-Dame de Dusembach, près de Ribeauvillé, célèbre au XIIIe siècle déjà, et détruite en 1632 par les Suédois. Après être restée longtemps en ruines, une pieuse femme découvrit en 1656, sous les ronces et les buissons de l'étroite vallée la statue de la Sainte Vierge qui ornait jadis le sanctuaire, et obtint de l'évêque de Bâle la permission de consacrer sa fortune à la restauration de la chapelle, desservie dorénavant par les Frères Augustins[3]. On peut encore nommer Notre-Dame-des-Trois-Épis, au-dessus de Turckheim[4]; Notre-Dame-du-Schauenberg, près Rouffach, Notre-Dame de Sewen, près de Masevaux, etc.

Parmi les autres lieux de pèlerinage plus connus, mentionnons celui de Saint-Florent à Haslach, celui de Saint-Ulric à Avenheim, au Kochersberg, celui de Sainte-Richarde, à Andlau, celui de sainte Odile, patronne de l'Alsace, au couvent de Hohenbourg, au-dessus de Barr et d'Obernai : c'était l'un des plus fréquentés par les populations catholiques de la Basse Alsace, qui s'appliquaient à chanter à gorge déployée leurs litanies lorsqu'ils traversaient les villages protestants de la seigneurie de Barr, et scandalisaient fort par là les pasteurs de ces localités[5]. Saint Vit, dans sa grotte près de Saverne, guérissait les épileptiques[6] et saint Amand, près de Soultz, exauçait les prières des femmes stériles, qui venaient lui offrir des coqs noirs pour connaître les joies de la maternité[7]. A la chapelle de Holtzheim, près de Dachstein, brûlait une lampe perpé-

1. Notice historique sur Monswiller, par D. Fischer, dans la *Revue d'Alsace*, 1874, p. 326.
2. Schickelé, *État de l'Église*, I, p. 125.
3. Bernhard, *Ribeauvillé*, p. 32. et *Revue catholique d'Alsace*, 1860, p. 124.
4. Pillée par les Suédois en 1632, incendiée en 1636, la chapelle des Trois-Épis fut reconstruite vers 1656, par un chanoine lorrain, Pierre Dulys, de la famille de Jeanne d'Arc, alors curé de La Baroche et qui joua un certain rôle dans les affaires ecclésiastiques d'Alsace. Voy. Beuchot, *Notre-Dame des Trois-Épis*, Rixheim, 1891, 8°.
5. *Kirchencisitation* de 1663, dans Horning, *Dannhauer*, p. 221.
6. Voyez la monographie de M. l'abbé Adam, *Sankt Veit bei Zabern*. (Saverne, Gilliot, 1897, 8°.)
7. Grandidier, *Œuvres inédites*, p. p. Liblin, VI, p. 386.

tuelle dont l'huile ne tarissait pas et fournissait un remède souverain contre les maux d'yeux [1]. Toutes les localités nommées jusqu'ici appartiennent à la Basse Alsace. Parmi les lieux de pèlerinage de la Haute Alsace et du Sundgau, nous nommerons encore celui de Sainte-Régule, à Kientzheim, dont l'histoire a été écrite par Dom Bernardin Buchinger, abbé de Lucelle et natif de la localité ; celui de Saint-Morand à Altkirch, et celui de Saint-Thiébaut à Thann, dont le *Tomus miraculorum*, récemment édité, nous raconte les guérisons merveilleuses et montre la réputation presque universelle dont il jouissait avant le XVIe siècle et qui avait singulièrement diminué depuis [2].

Ce n'est pas d'ailleurs aux seuls pèlerinages locaux que se rendaient les hommes et surtout les femmes d'Alsace. Ils visitaient assez souvent certains sanctuaires plus connus de la Lorraine allemande et française [3] ou du Brisgau ; on en voyait en grand nombre à Notre-Dame d'Einsiedeln, en Suisse [4], et il y en avait fréquemment qui poussaient jusqu'à Lorette. Au commencement du XVIIe siècle, il en partait même encore quelquefois pour la lointaine Espagne et pour le pèlerinage de Saint-Jacques-de-Compostelle [5].

1. Ichtersheim, *Elsassiche, Topographia*, I, p. 39. Au dire de l'auteur très bon catholique, ce village offrait une autre *curiosité* religieuse : « *Man hat auch observiret dass dieser fromme Kirchen-Orth keinen unkeuschen Geistlichen zum Pfarrer... kann leiden, sondern dergleichen Geistlichen allda an Verstand verwirret werden.* »
2. *Tomus miraculorum Sancti Theobaldi, herausgegeben von G. Stoffel.* Colmar, 1879, 8º. Ce curieux recueil ne renferme, pour ainsi dire, rien pour le XVIIe siècle, sauf une guérison miraculeuse pour l'année 1636. De 1521 à 1636, le registre paraphé par l'autorité du bailliage, à cette dernière date, n'a rien noté sur l'activité du patron de Thann.
3. Ils allaient, par exemple, en pèlerinage à Saint-Nicolas-du-Port, ainsi que le prouve une strophe des *Odes sacrées* du bénédictin Dom Pierre Gody, imprimées à Saint-Nicolas, en 1629. Après avoir décrit le pèlerinage lui-même, le poète ajoute :

« *Je vois les bons Allemans*
» *Escorchans notre langage,*
» *Nostre Patron réclamans*
» *Et qui, leurs vœux estans faictz*
» *Se chargent de chappelets.* »
(A. Benoît, L'Alsace miraculeuse, *Revue d'Alsace*, 1874, p. 438.)

4. Ainsi nous voyons que l'église de Saint-Léger (commune de Manspach) ayant été incendiée par la foudre (1669), le curé fit vœu, au nom de la paroisse, d'aller en pèlerinage à Einsiedeln, si le reste du village était épargné. Cela étant arrivé, les délégués des habitants partirent sous la conduite du vicaire. (*Revue d'Alsace*, 1874. p. 44.)
5. En 1609, il y eut toute une caravane de Savernois qui partit pour ce lieu de dévotion ; un bourgeois, nommé Jacques Birch, contracta à cette occasion un emprunt de 10 livres pfenning pour payer sa part des frais du voyage ; ce n'était certes pas cher ! (D. Fischer, *Zabern*, p. 215.)

Parfois, quelques miracles, ou des faits considérés comme tels, venaient surexciter la foi naïve de ces populations si tourmentées, qui trouvaient une consolation aux misères du présent dans ces interventions directes de la Divinité ainsi que dans l'espérance des félicités futures. A Soultz, les cloches des églises, enlevées par la soldatesque ennemie, avaient prononcé les noms de Jésus et de Marie; d'autres laissaient couler une abondante sueur[1] ; à Colmar, les gouttes du Sacré-Sang, conservées dans un vase d'argent, entraient tout à coup en ébullition[2] ; à Soultz encore, un jour qu'un incendie violent menaçait de détruire la ville tout entière, le Magistrat organisait à la hâte une procession avec le Saint-Sacrement, et subitement le feu dévastateur s'éteignait[3]. En feuilletant à ce point de vue les chroniques et les mémoires du temps, on trouverait sans doute encore bien des récits analogues à joindre à ces quelques exemples; mais ils peuvent suffire pour montrer toute la prise que le merveilleux avait alors sur les esprits.

§ 6. COUVENTS ET ORDRES MONASTIQUES

Le moyen âge avait vu, à deux reprises différentes, une splendide efflorescence monastique couvrir de sanctuaires les vallons et les plaines d'Alsace: d'abord et surtout au VII° et au VIII° siècle, alors que les colonies bénédictines étaient venues en défricher le sol inculte et en convertir les habitants, puis au XII° et au XIII° siècle, quand Dominicains et Franciscains avaient établi leurs demeures dans les cités du pays. Dans le prospectus de sa *Germania sacra*, qu'il ne devait jamais écrire, Grandidier énumérait les couvents d'Alsace dont il se proposait de raconter l'histoire[4]. Il en comptait quatre au XI°, quatorze au XII°, vingt-neuf au XIII° siècle. Au XIV°, on en avait encore fondé une dizaine et quatre seulement au XV° siècle. Mais de 1485 à 1580, pas un seul monastère nouveau n'avait été créé entre les Vosges et le Rhin, tandis que beaucoup des anciens disparaissaient dans la tourmente politique et reli-

---

1. En 1634, d'après une chronique latine contemporaine, citée par M. Gasser, dans son *Histoire de Soultz*. (*Revue d'Alsace*, 1894, p. 536.)
2. *Diarium* manuscrit de Dom Bernardin Buchinger, abbé de Lucelle, du 21 novembre 1655, cité par Mgr Vautrey. (*Revue catholique d'Alsace*, 1869, p. 444.)
3. En 1663. Voy. A. Benoit, L'Alsace miraculeuse, dans la *Revue d'Alsace*, 1874, p. 444.
4. *Revue d'Alsace*, 1869, p. 529 ss. M. l'abbé Ingold nous promet du moins ce que le jeune historien avait réuni de matériaux en vue d'une *Alsatia sacra* pour le prochain volume des *Œuvres inédites* de Grandidier.

gieuse. Les gouvernements catholiques, pendant longtemps, ne semblèrent attacher aucune importance à ce qu'il en existât davantage et ne prirent aucune mesure efficace pour en augmenter le nombre [1]. Au contraire; même dans les terres autrichiennes, certains couvents, comme celui d'Œlenberg, devenaient de simples exploitations rurales dont les revenus étaient encaissés par l'administration civile. L'abbé de Munster, Georges Munsinger, n'avait plus, en 1594, un seul conventuel; il en était de même à Pairis. On n'acceptait plus de novices dans certains monastères, pour qu'il y eût plus à dépenser pour ceux qui restaient; on n'entretenait plus les écoles, ce qui aurait également fait des frais, mais on entretenait des concubines. A Lucelle, en 1605, il fallut acheter, à prix d'argent, la résignation de l'abbé Christophe Birr, pour qu'il consentît à déguerpir avec son fils Pierre, après qu'ils eurent longtemps scandalisé tous deux le voisinage [2].

C'est à cet état de choses honteux que la réaction catholique contre l'impulsion de la Réforme vint mettre fin; plus la situation avait été compromise, plus l'action de l'Église, dans ce domaine particulier, fut énergique et fructueuse. Le XVIIᵉ siècle est le siècle monastique par excellence pour l'Alsace. Pour combattre plus efficacement l'hérésie, les princes de la maison d'Autriche et les évêques de Strasbourg appellent le clergé régulier à la rescousse ; vingt-cinq maisons religieuses nouvelles sont établies depuis la Birs jusqu'à la Queich et, de Lucelle à Landau, les monastères, abbayes et couvents, nouvellement dotés ou réorganisés fournissent un état-major actif et nombreux à la milice de l'Église. Il s'augmentera même encore plus tard, car le XVIIIᵉ siècle, si pauvre ailleurs en créations de ce genre, voit l'institution d'une dizaine de nouveaux couvents dans notre province, pendant les dernières années de Louis XIV et durant le règne de Louis XV.

Les plus anciens en date, parmi les monastères d'Alsace sont, on le sait, ceux qui suivaient la règle de saint Benoît. Ces vieilles et riches abbayes de Murbach, Marmoutier, Altorf, Ebersmunster, Lucelle, Munster, Pairis, Neubourg, etc., n'ont plus à l'époque dont nous parlons qu'une importance fort secondaire dans le mou-

---

1. C'est dans les vingt dernières années du XVIᵉ siècle seulement qu'on fonda deux nouveaux monastères dans la province.
2. Tous ces renseignements sont empruntés au travail si solidement documenté de M. Franz Gfrœrer, *Die katholische Kirche im œsterreichischen Elsass*, déjà cité. (*Zeitschrift für Geschichte der Oberrheins, Neue Folge.* Karlsruhe, Bielefeld, 1895), tome X, p. 481-524.)

vement religieux. Avant même qu'elles aient été pillées et ruinées par la guerre de Trente Ans, leur fortune matérielle semble leur avoir enlevé toute ardeur à la lutte et avoir épuisé leur vitalité même. D'autre part, cette fortune avait tenté les hauts dignitaires de l'Église qui s'efforcent de mettre fin à l'indépendance de ces antiques monastères. La mainmise déjà essayée par l'évêque Charles de Lorraine, est réalisée par Léopold d'Autriche qui fait élaborer à Molsheim et à Schuttern une règle nouvelle, plaçant toutes les abbayes du diocèse, en deçà comme au delà du Rhin, dans une étroite dépendance du siège épiscopal. Ces règlements constituent une Congrégation bénédictine spéciale, dite de Strasbourg, sous le titre de l'Assomption de la Bienheureuse Vierge Marie[1]. Ils n'avaient rien de dur ni de trop rigide, sinon qu'ils donnaient aux abbés plus de pouvoir qu'autrefois sur les simples moines, afin de les consoler sans doute d'être eux-mêmes sous l'autorité de l'évêque[2]. Ces statuts nouveaux furent naturellement approuvés par Léopold, puisqu'ils étaient nés de son inspiration directe[3] et furent officiellement promulgués en 1624[4]. Mais les religieux des divers couvents protestèrent en grand nombre et la Congrégation de Strasbourg se vit bientôt en litige continuel avec les supérieurs de la Congrégation de Bursfeld en Souabe, dont les monastères alsaciens avaient été séparés, après en avoir fait partie depuis le temps des conciles de Constance et de Bâle. Pour mettre fin à des discussions continuelles, les abbés de ces monastères demandèrent eux-mêmes leur retour à la Congrégation de Bursfeld, en 1650. Mais ce vœu ne fut pas favorablement accueilli par les nouveaux maîtres de l'Alsace qui ne se souciaient pas de voir se renouer ces relations internationales et la reprise des rapports antérieurs n'eut pas lieu[5]. Bientôt même on eut soin d'affilier les abbayes alsaciennes à des congrégations bénédictines de Lorraine ou de l'intérieur du royaume[6], et peu à peu l'on réussit à leur donner des supérieurs français. C'est ainsi que Dom Charles Marchand devient abbé de

1. La Grange, *Mémoire*, fol. 119-120.
2. La nouvelle règle de la Congrégation se trouve en manuscrit aux Archives de la Basse Alsace, G. 1458. — M. l'abbé Sigrist en a donné une analyse dans la nouvelle *Revue catholique d'Alsace*, IV, p. 487.
3. L'approbation est datée de Rouffach, en 1623.
4. A.B.A., G. 1538.
5. Pour les détails voy. le travail cité plus haut de M. Sigrist sur l'abbaye de Marmoutier dans la nouvelle *Revue catholique d'Alsace*, t. IV.
6. Celles de Saint-Vannes et de Saint-Hidulphe. — La même mesure fut prise aussi pour d'autres Ordres; ainsi les Antonites d'Issenheim furent rattachés en 1658 aux Antonites du Dauphiné.

Munster, dès 1656, Dom Olivier de Foullange d'Auctonville, abbé de Pairis (1665), Dom Virot, abbé de Neubourg (1697), etc. D'importance très diverse d'ailleurs, aucun de ces centres bénédictins n'a joué un rôle un peu marquant dans l'œuvre de réorganisation et de conquête de l'Église d'Alsace au XVIIe siècle. Quant à la vie intérieure de ces abbayes, dans la seconde moitié de notre période, tout au moins, on en trouve le tableau naïf et sincère dans les fragments du *Journal* de Dom Bernard de Ferrette, religieux de Murbach, publiés naguère par MM. Ingold[1]. Ils nous permettent d'assister aux menus détails de l'existence des habitants de ces riches monastères, à leurs déboires culinaires[2], aux scènes de violence qui éclatent parfois quand le vin échauffe les têtes des bons Pères[3]. Ils nous initient aux méfaits plus graves de certaines brebis galeuses, tel ce Dom Pirmin de Fillain, qui occuperait sans désavantage la place du héros dans un roman picaresque[4], comme aux travaux plus sérieux de ses collègues plus respectables. Mais de cette déposition si spontanée d'un témoin irrécusable se dégage l'impression que la vie religieuse dans ces abbayes n'était pas bien vivante, que l'amour de la science, même au point de vue purement théologique, s'y manifestait d'une façon intermittente[5], qu'on y aimait davantage ses aises, qu'on s'y livrait volontiers au péché de la gourmandise[6] et, pour employer une locution originale, empruntée

1. A. M. Ingold, Bernard de Ferrette, *Diarium de Murbach*, 1671-1746. Paris, Picard, 1894, 8°.
2. *Diarium*, p. 7.
3. *Ibid.*, p. 8.
4. *Ibid.*, p. 14-31. Le 23 novembre 1695, ce religieux se sauve une première fois de Murbach parce qu'on voulait l'obliger à changer de conduite. Il ramasse tout l'argent sur lequel il peut mettre la main et vole même cent *philippus* d'or à un pauvre boulanger, en forçant la serrure du sous-prieur. Il se rend d'abord à Genève, « cette sentine de toutes les abominations », mais se dégoûte bientôt du calvinisme et revient en Alsace pour y voler les vases sacrés à Habsheim. Pris et chargé de chaînes, il passe un trimestre au cachot, réduit au pain et à l'eau pour toute pitance. Il rompt ses fers, s'échappe, est repris, fustigé d'importance et remis en prison. Après une nouvelle évasion, il est saisi de nouveau, en mai 1697, et enchaîné dans un réduit de 12 pieds de long sur neuf de large, fermé de toutes parts. Il y reste jusqu'au 17 avril 1702. A cette date, il réussit à se débarrasser encore une fois des chaînes qui le retenaient aux murs de sa prison et s'évade pour la troisième fois, sans qu'on ait su ou voulu le reprendre.
5. Dom Bernard lui-même était un travailleur sérieux; en dehors de sa *Farrago Murbacensis* (c'est là le titre qu'il donne lui-même à ses *Éphémérides*) conservée à la Bibliothèque de Colmar en un gros volume de 618 pages in-folio, il a travaillé sur l'histoire de Murbach et a fourni quelques contributions au *Spicilegium ecclesiasticum* de Lunig. Voy. Reuss, *De Scriptoribus rerum alsaticarum*, p. 186-187.
6. Déjà le P. Paul de Lauffen, dans une lettre du 2 août 1653 se plaint

à Dom Bernard lui-même, en parlant d'un de ses collègues, « que le vin leur semblait plus agréable que l'eau bénite[1] ».

Toute autre était l'activité des ordres monastiques, appelés plus directement à travailler au salut des âmes des populations urbaines et rurales, catholiques et hérétiques de la province. Il faut nommer ici en première ligne la Compagnie de Jésus. Comme partout ailleurs en Europe, elle fut dès la fin du XVI° siècle, mais surtout au XVII°, le champion le plus habile, en Alsace, le plus tenace, — il faut bien ajouter aussi, — le moins scrupuleux de l'Église. Les Révérends Pères avaient fait une première apparition, mais fugitive, dans notre province, bientôt après la constitution officielle de la Société, et le P. Pierre Canisius avait séjourné à Saverne et à Strasbourg de 1555 à 1558. Il n'y eut cependant de résidence de l'Ordre à Saverne qu'en 1571, et c'est plus d'un demi-siècle seulement après que la *Provincia rhenana* créée en 1564, fut divisée en province du Rhin inférieur et province du Rhin supérieur (dont l'Alsace faisait partie), en raison des nombreuses fondations de résidences et de collèges qui y avaient été faites dans les années précédentes. Nous avons déjà vu, dans les chapitres sur l'enseignement supérieur et secondaire, que ce furent surtout les archiducs d'Autriche qui multiplièrent en faveur de l'Ordre les appels et les donations[2]. Dans le *Panégyrique* prononcé à Molsheim, en 1618, à l'occasion de la fondation de l'Académie, l'orateur sacré rappelait que, sur trente-deux provinces de l'Ordre, vingt se trouvaient sur les domaines de cette maison ; que sur 559 résidences de l'Ordre, 371 avaient été fondées directement par les Habsbourgs ou du moins sous leurs auspices ; que sur 13,112 Pères de la Compagnie, 8,018 vivaient sous la protection de cette auguste famille[3]. Après Saverne, c'est Molsheim qui est la plus ancienne maison des Jésuites en Alsace; elle date de 1581 ; puis viennent Haguenau (1604), et Ensisheim (1614), Rouf-

---

avec amertume des « *taegliche Banquetten und Fressereien* » à Murbach. (Gatrio, *Murbach*, II, p. 374.)

1. *Diarium*, p. 54. — C'est la bonne chère des couvents d'Alsace qui faisait écrire si naïvement au P. Bayer, revenant d'un tour de France (1635) chez ses confrères de l'Ordre de Citeaux, et sous l'impression des privations ascétiques subies : « J'aimerais mieux être un chien en Allemagne qu'un moine en France. » P. A. Ingold, *Miscellanea Alsatica*, deuxième série, (Paris, Picard, 1895), p. 103.

2. Ils n'étaient pas les seuls cependant. L'évêque de Bâle aussi disait d'eux, en 1627, « qu'il avait plus d'inclination pour eux que pour aucuns autres religieux et qu'il se fait un plaisir de les favoriser partout ». (Dom Calmet, *Histoire de l'abbaye de Munster*, éd. Dinago, p. 180.)

3. Panégyrique de Coccius dans *Archiducalis Academiœ Molshemensis*, etc., Molshemii, 1618, 4°, p. 226.

fach et Schlestadt, toutes deux de 1615 ; Colmar, une première fois, et tout passagèrement, il est vrai, de 1627, Bouquenom, dans le *Westrich*, de 1630. Après une longue interruption, causée par les guerres, nous voyons s'ajouter encore Strasbourg (1684) et Colmar (1698) aux stations de la milice de Saint-Ignace[1]. Dans plusieurs de ces endroits les PP. Jésuites eurent des résidences avant d'y ouvrir des collèges, mais il comprirent fort bien que c'était le meilleur moyen pour entrer en contact avec les populations urbaines et se hâtèrent partout de se rendre utiles sous ce rapport et de monopoliser l'enseignement secondaire. L'évêque Léopold les comble de bienfaits ; il les appelle à Schlestadt en 1615, et par donation, datée de Guebwiller, le 23 mars 1616, il leur fait abandon des revenus de la prévôté de Sainte-Foy, avec les bâtiments de l'antique monastère qui se rattache jusqu'au XVᵉ siècle à l'abbaye mère de Conques (diocèse de Rhodez) pour devenir partie de la manse épiscopale plus tard. La même année, donation du prieuré de Saint-Valentin de Rouffach, par lettres missives, datées de Saverne, le 27 août 1616. En 1621, l'archiduc leur abandonne le prieuré de Saint-Morand, près d'Altkirch, et un peu plus tard, l'ancien monastère des chanoines réguliers de Saint-Augustin, à Saint-Ulrich sur la Largue. En 1626, c'est le monastère d'Œlenberg dont ils sont dotés, en 1627 le prieuré de Saint-Pierre à Colmar que leur accorde la générosité de leur protecteur. Même quand il est rendu au monde, marié, père de famille, l'ancien prélat n'oublie pas ses protégés favoris ; il leur fait encore don, en 1630, du prieuré de Froidefontaine (Kaltenbrunn) sur la route de Delle à Belfort[2].

Bientôt après, les archiducs d'Autriche sont chassés de l'Alsace et les hérétiques y arrivent victorieux. Mais les événements politiques les plus fâcheux, les changements les plus brusques n'effrayent ni ne découragent les Révérends Pères, dont la constance n'est égalée que par leur merveilleuse souplesse. Là où on leur permet de rester, comme à Schlestadt, ils n'ont garde de quitter la partie[3] ; là où l'adversaire triomphant à son tour, les expulse, comme à Colmar, ils s'en vont, se promettant bien de revenir en des

---

1. Voy. sur ce développement rapide de la Compagnie l'introduction mise par M. l'abbé Gény aux *Litteræ annuæ* des Jésuites de Schlestadt. (*Jahrbücher*, I, p. VIII-XII.)
2. Les Furstemberg continuent d'ailleurs, dans une certaine mesure, les largesses des Habsbourgs. Ce sont eux qui donnent aux Jésuites les revenus des abbayes de Walbourg et de Seltz, le Bruderhof à Strasbourg, etc.
3. A Schlestadt, en 1632, après l'occupation de la ville par les Suédois, ils se décident *«privilegia tueri, defendere ac mordicus, quod liceret; retinere.* (Gény, I, p. 60.)

temps meilleurs. Partout où ils s'implantent, ils se font en peu de temps des partisans enthousiastes, des protecteurs dévoués, et si par hasard, on trouve, tout au début, leurs demandes indiscrètes, cette opposition ne persiste guère. Ainsi, à Schlestadt, en 1621, le Magistrat, quoique bien disposé pour eux, se refuse d'abord à leur céder tout l'emplacement qu'ils réclament pour leur collège, et malgré les menaces du coadjuteur épiscopal Adam Peetz, il persiste dans son refus [1]; encore en 1630, quand les Révérends Pères essayent d'obtenir de l'empereur Ferdinand II certains biens de Sainte-Foy, depuis longtemps administrés par la ville, le Magistrat, après avoir consulté les jurisconsultes de Strasbourg et de Fribourg-en-Brisgau, décide de résister à des réclamations injustifiables [2]. Et cependant, comme il devient par la suite coulant vis-à-vis des moindres désirs de la Compagnie et sous quelles couleurs favorables la population de la petite ville impériale, la population féminine surtout, est décrite, un demi-siècle plus tard, par la plume reconnaissante d'un des bons Pères [3] !

Quand ils ont obtenu de la sorte un bénéfice quelconque, ils ne l'abandonnent plus et c'est un spectacle curieux que celui de l'habileté déployée par ces Jésuites allemands [4], pour tenir tête, même à leurs rivaux français qui leur disputent leur butin, et sachant trouver jusqu'à la cour de France des protections assez puissantes, qui leur permettent de l'emporter sur leurs compétiteurs [5].

Mais aussi quel zèle dévorant développé pour attirer et captiver les foules, quel talent à gagner les classes aisées par la prédication,

1. Gény, *Jahrbücher*, I, p. 375, d'après la *Chronique* inédite de Balthasar Beck.
2. Gény, *op. cit.*, p. 381.
3. « *Devotus ille fœmineus puerperarum Selestadiensium sexus sacra ipsius (S. Ignatii) et nomen et lipsana in ore et sinu prope continuo gerit et sua illi devovet conjugii pignora.... videntur per urbem parvuli Jesuitæ innocenti veste personati incedere, alii in sinu matrum clientelam illius lallare*, etc. » (Gény, *op. cit.*, I, p. 225.)
4. Les Jésuites de Schlestadt sont tous de l'Allemagne moyenne ou de celle du Nord, de Brunswick, Hildesheim, Heiligenstadt, Worms, Bonn, Bamberg, Wurzbourg, etc. (Voy. Gény, *passim*.)
5. Nous songeons avant tout aux différends suscités par le prieuré de Saint-Valentin de Rouffach, dont les revenus avaient été donnés, en 1635, par le roi à un abbé Verdot, et que les Jésuites de Schlestadt eurent le talent de se faire restituer par Richelieu. Le résident français à Strasbourg, Melchior de l'Isle, eut ordre de faire saisir ce Verdot à Colmar pour lui faire rendre même les sommes déjà touchées. (X. Mossmann, *Matériaux*, *Revue d'Alsace*, 1878, p. 478.) — En 1651, la querelle reprit avec le P. Paul Willaume, représentant de l'Ordre de Cluny et les Jésuites qui avaient réoccupé le prieuré. (A.H.A., C. 999.) La Régence de Brisach mit d'abord l'immeuble sous séquestre, mais en juillet 1653, les Pères de la Compagnie de Jésus eurent gain de cause.

par l'enseignement scolaire, par les fêtes brillantes, processions religieuses ou représentations théâtrales, par le confessionnal surtout où ils éclipsent tous leurs rivaux, grâce au doigté subtil que ces hommes, habiles à tout, même à brasser de l'excellente bière[1], savent développer dans le maniement des consciences! Depuis que M. l'abbé Gény a mis au jour les curieuses *Lettres annuelles* des Jésuites de Schlestadt, nous pouvons suivre par le menu cette activité prodigieuse de chaque jour et de toute heure, développée par un de leurs groupes numériquement assez faible, en définitive, dans une même localité. On s'en rendra compte par quelques exemples. Prenons d'abord le succès des prédications des Révérends Pères, établis par la fréquence des communions de leurs ouailles. En 1615, ils comptaient 600 communiants, en 1618, déjà 5,140. Ils sont 6,411 en 1625, et six ans plus tard, en 1628, on en compte 12,000. En 1650, après toutes les misères de la guerre de Trente Ans, quand la population avait tant diminué, ils comptent encore 9,034 fidèles qui font leurs Pâques chez eux; en 1654, ce sont 13,636, en 1667, 16,847. Les anxiétés de la guerre de Hollande, la présence des Brandebourgeois hérétiques, venus comme un châtiment céleste[2], développent, en 1675, la ferveur religieuse dans des proportions inouïes ; à les en croire, — et il n'y a aucune raison pour repousser leurs chiffres, — les Révérends Pères de Schlestadt auraient eu, cette année-là, 45,546 communiants! La paix rétablie, cet élan de repentance diminue naturellement dans des proportions notables, mais les *Lettres annuelles* marquent tout de même pour 1691, 18,310, pour 1699, 20,400 communiants. Ils tiennent un registre aussi exact de leurs succès comme polémistes et comme adversaires du luthéranisme et du calvinisme alsaciens. L'année même de leur arrivée à Schlestadt, ils marquent quatorze conversions ; en 1617, ils enregistrent dix-huit, en 1623 vingt-deux, en 1629 vingt conversions, et dix-huit encore en 1630[1]. Mais après l'arrivée des Suédois dans le pays, le zèle de la controverse s'apaise très vite et l'on ne voit pas qu'ils se soient appliqués à convertir les vainqueurs. Ce n'est qu'en 1651, après que la situation de l'Alsace est bien définitivement réglée, que le nombre des recrues arrachées à l'hérésie dépasse quelques rares unités ; il y en a, par exemple, vingt-trois en 1651, vingt-quatre en 1661, quarante en

---

1. Gény, *op. cit.*, I, p. 145 : *In coquenda cerevisia... cirtutis generosæ fuit frater J. Runsser*. (1671.)
2. Ils font aussi la chasse aux livres dangereux ou réputés tels et les jettent au feu : « *Libri hæretici Vulcano traditi*, » disent les *Litteræ* de 1623. (Gény, *op. cit.*, I, p. 29.)

1669[1]. Dans les années 1685 et 1686 qui furent de véritables années de persécution religieuse pour certains districts de la province, on compte même cent cinquante et quatre-vingt-une ouailles ramenées au bercail de l'Église[2].

Dès 1635, ces Pères allemands de Schlestadt font venir des confrères luxembourgeois pour entendre à confesse les soldats de la garnison française. Ils profitent de ce que le clergé séculier de la ville est moins actif et moins consciencieux[3] pour attirer à eux les fidèles désireux d'être rapidement absous au confessionnal[4]; ils le rejettent dans l'ombre par leur éloquence plus insinuante ou plus soignée et provoquent ainsi des dénonciations jalouses de sa part jusqu'auprès des autorités de la capitale[5]. Mais cela ne les trouble ni ne les décourage. Ils ne perdent aucun de leurs auditeurs, comme ils le notent avec une satisfaction bien évidente, et disputent même aux Pères capucins, malgré leur popularité dans les couches inférieures, les modestes aumônes du petit peuple, les trouvant bien osés de vouloir leur faire concurrence[6]. Les dons généreux en numéraire et en nature[7] ne cessent d'affluer chez eux et leur font des revenus relativement considérables.

1. Quand les hérétiques sont de haut rang, on sait les aborder avec les ménagements les plus habiles. En 1680, les filles de Jean Frischmann, résident du roi à Strasbourg, vinrent en visite à Schlestadt. Elles étaient luthériennes; cela n'empêcha pas les Pères d'aller leur présenter leurs hommages (*a nostris specie quadam humanitatis, re autem vera catholicœ institutionis gratia... visitatœ*). Pour reconnaître cette attention, Mlles Frischmann brodèrent un beau voile à Notre-Dame de Schlestadt; en 1681, elles abjuraient. (Gény, *op. cit.*, I, p. 201, 204.)
2. Certains de ces convertis étaient des malfaiteurs condamnés à mort et qui passaient au catholicisme pour obtenir une commutation de peine. (Gény, *op. cit.*, I, p. 172.) Parfois aussi c'étaient des gens qui voulaient devenir bourgeois et auxquels on répondait que leur demande ne serait admise que s'ils se faisaient catholiques. (Gény, I, p. 259.) Enfin, il y avait parmi ces néophytes de pauvres diables qui mouraient de faim et qui troquaient leur foi religieuse contre un morceau de pain. En 1638, par exemple, sur les quatre convertis, il y avait *duo mendici omnium rerum inopia calamitosi*, qui abjurèrent « *cum fame ferme enecti ab extremo fato prope abessent* ». (Gény, I, p. 80.)
3. Du moins c'est ce que disent les *Lettres* (Gény, I, p. 177), qui accusent entre autres le curé d'avoir fait attendre pendant trois heures les fidèles avant de prendre place au confessionnal.
4. *Prompte adjuti*, dit le rapport de 1678. (Gény, I, p. 177.)
5. Gény, *op. cit.*, I, p. 206. En 1681, le prédicateur jésuite, dénoncé à Paris, « *invidia parochi* », reçoit même l'ordre de quitter la ville, et le Magistrat ordonne aux bourgeois de retourner à l'église paroissiale, mais, disent les *Annales*, « *non cessat nos audire perfrequens civis* ».
6. Il faut voir de quel ton moqueur ces pauvres capucins sont traités. Gény, *op. cit.*, I, p. 231.
7. En 1618, des admirateurs naïfs amenaient à la résidence un bœuf, un

Nous avons retracé plus spécialement le tableau de l'activité religieuse des Jésuites à Schlestadt, puisque nous pouvions le faire avec le plus de détails authentiques; mais on ne saurait douter qu'elle ait été partout la même, et si l'on publie jamais les recueils de lettres analogues pour les résidences de Molsheim, de Haguenau et autres, qui existent en manuscrits, on y trouvera certainement comme une réplique des récits que nous venons de citer. Nous en avons la preuve par les fragments des *Annales* inédites du Collège de Porrentruy, qui ont été mis au jour, il y a une trentaine d'années[1], et dans lesquels est racontée, très en détail, la mission prêchée par les Révérends Pères de ce Collège à Colmar, en 1685. On nous permettra d'en citer encore quelques détails pour montrer le grand rôle des Jésuites comme polémistes et comme prédicateurs en Alsace. « Le Gouverneur général de l'Alsace, disent les *Annales*, M. de Montclar, défenseur dévoué de la religion catholique, pria l'évêque de Bâle d'envoyer à Colmar des hommes apostoliques, capables de ramener au bercail du Christ les brebis égarées dans la voie de l'erreur. » Le prince-évêque, répondant à cet appel, fit partir pour le chef-lieu de la Haute Alsace, deux Jésuites de Porrentruy ; leur arrivée fut annoncée officiellement, et l'on fit lire en chaire et afficher aux portes des églises et des principaux édifices publics l'ordonnance royale les concernant. « Les hérétiques irrités arrachèrent d'abord des portes de leur principal temple l'affiche royale et prirent mille résolutions désespérées dans leurs réunions privées ou publiques, mais ils n'osèrent les mettre à exécution ; ils se contentèrent de déblatérer du haut de leurs chaires contre les Jésuites qu'ils redoutaient plus que tous les autres religieux. »

La Mission ayant commencé le jour de la Saint-Michel 1685, dans la principale église de Colmar, un concours énorme de populaire se présenta pour la suivre, « grâce à l'affluence des habitants de la ville et des villages voisins ». On prêchait tous les jours, le matin et à midi ; « on commença par enlever aux catholiques tous les livres et cantiques hérétiques qu'ils possédaient », ce qui signifie sans doute qu'on leur fit un cas de conscience de les livrer immédiatement aux missionnaires ; « on persuada aux domestiques et aux servantes de ne pas se mettre au service des hérétiques[2] ; on

---

veau et un verrat. Heureusement que les Pères avaient leur cense du Schellenbühl, à proximité de la ville! (Gény, I, p. 19.)

1. Ces extraits ont été pris par Mgr Vautrey et publiés dans la *Revue catholique d'Alsace*, 1869, p. 437-440.
2. La haute bourgeoisie de Colmar était alors en grande majorité luthérienne, le petit peuple catholique, et ou craignait évidemment que la foi des

remet la paix entre les époux[1] » ; on opère aussi quelques guérisons miraculeuses. Une femme tourmentée par d'atroces douleurs, en est délivrée par le contact des reliques de saint Ignace ; une autre femme, presque aveugle, « recouvre à l'instant la vue » en touchant une relique du bienheureux Louis de Gonzague, et « les hérétiques s'étonnent de ce prodige ». Mais leurs cœurs étaient malheureusement trop endurcis pour se convertir, car, seuls parmi tous, « sept hérétiques firent leur abjuration ». Les masses catholiques au contraire furent impressionnées à souhait, et quand il fut question de faire partir de nouveau les Révérends Pères, « de pauvres pêcheurs, des ouvriers, des servantes remirent au premier magistrat une supplique dans laquelle ils promettaient de remettre aux Jésuites leur pauvre salaire pour fournir à leur entretien ». M. de Montclar aussi les « recommanda chaudement à la bienveillance royale », mais on sait que c'est une douzaine d'années plus tard seulement que la résidence de Colmar fut établie, et non pas avec des Jésuites de la province rhénane ni de la Suisse, mais avec des Pères français tirés d'Ensisheim et appartenant à la province de Champagne[2].

Les concurrents les plus heureux des Jésuites auprès du menu peuple d'Alsace furent les Capucins, qui n'apparaissent également dans le pays qu'au XVIIe siècle et qui appartenaient à la province helvétique de leur Ordre jusqu'en 1729, date à laquelle ils durent se former en congrégation autonome par commandement de Louis XV[3]. Ils furent installés d'abord en 1663 à Ensisheim par les archiducs d'Autriche. Un second couvent de Capucins fut créé, dix ans plus tard, à Weinbach, entre Kaysersberg et Kientzheim, un troisième

serviteurs et des servantes ne fût en danger dans les demeures des hérétiques. Il est difficile de croire qu'on ait espéré convertir ces derniers par cette grève d'un nouveau genre, puisqu'ils pouvaient toujours avoir des domestiques luthériens dans les terres voisines des seigneuries de Horbourg et de Riquewihr.
1. Nous avons déjà vu plus haut (livre VI, chapitre quatrième), dans notre tableau des mœurs de la bourgeoisie, que c'était là une occupation favorite des Révérends Pères, et nous citions la locution des *Annales* (*insudare in componendis conjugum dissidiis*), si fréquemment employée à ce sujet.
2. *Mémoires des RR. PP. Jésuites du Collège de Colmar*, éd. J. Sée, p. 2.
3. Voy. *Trifolium seraphicum in Alsatia florens, seu Manuale topologico-historicum ex monumentis provinciæ Alsaticæ... decerptum a Josepho Schweighœuser, notario apostolico*. Argentorati, 1767, manuscrit in-folio de la Bibliothèque municipale de Strasbourg. On peut consulter aussi le récit, assez superficiel du reste, du P. Gratien von Linden, *Die Kapuziner im Elsass, sonst und jetzt*, Fribourg, 1890, 16°.

à Belfort, en 1620, un quatrième à Thann, en 1622. Le Magistrat de Haguenau les appela en 1627, au plus fort de la réaction religieuse, et celui d'Obernai suivit son exemple. La même année, un ordre de la Propagande, en date du 6 février, les envoyait à Colmar « pour combattre le luthéranisme », mais ils ne s'y installèrent qu'en octobre 1629 et y avaient à peine pris pied quand l'arrivée des Suédois les força à fuir en 1632; ils ne revinrent dans cette ville que bien plus tard, en janvier 1698[1]. Le dernier couvent des Capucins créé antérieurement à la réunion de l'Alsace à la France est celui de Soultz (1632); mais les constructions étaient à peine commencées quand elles furent interrompues par la venue des soldats de Gustave Horn et le couvent ne fut achevé qu'en 1651[2]. Après la signature des traités de Westphalie, le nombre des établissements de l'Ordre augmenta rapidement; les Pères se fixèrent à Landser (1654), à Schlestadt (1655)[3], à Molsheim (1659), à Strasbourg (1684), à Wissembourg (1686), et finalement, ainsi que nous venons de le dire, à Colmar. Leur prospérité continua même, dépassant celle des Jésuites, pendant la majeure partie du XVIIIe siècle, puisque, de 1719 à 1779, dix nouveaux monastères de Capucins furent établis dans la Haute et la Basse Alsace[4], tous créés, comme celui de Wissembourg, « *pro faciliori hæreticorum conversione majorique orthodoxæ fidei nostræ catholicæ propagatione* », comme l'écrivait le R. P. Pierre Fructueux, en 1748, dans son Mémoire sur les Capucins d'Alsace[5].

Infiniment moins cultivés que les Pères Jésuites, plus simples de langage, les Pères Capucins étaient plus capables, par leur grossièreté même, de se mettre au niveau des populations rurales, dont ils parlaient le dialecte (étant en majeure partie originaires de la Suisse allemande ou du pays même), tandis que les orateurs de

---

1. Le chapitre du *Trifolium* de Joseph Schweighæuser, relatif aux Capucins de Colmar, a paru, traduit du latin, dans la *Revue d'Alsace*, 1863, p. 271.
2. Grandidier, *Œuvres inédites*, VI, p. 383.
3. D'après Grandidier (IV, p. 321) les Capucins seraient arrivés à Schlestadt en 1655 seulement; d'après le *Mémoire sur Schlestadt* de Kentzinger, publié par M. l'abbé Gény (p. 67), ils seraient venus en 1654 déjà.
4. On trouvera l'énumération de ces créations nouvelles, qui ne rentrent plus dans notre sujet, dans un article de M. le chanoine Schickelé, *Les Couvents de Strasbourg avant la Réforme*. [*Revue catholique d'Alsace*, nouvelle série, 1889, p. 485.)
5. *Petri Fructuosi Commentaria provinciæ Alsaticæ*, 1748, cités par Rœhrich, *Mittheilungen*, II, p. 228. L'ouvrage manuscrit du P. Fructueux ne nous est connu que par quelques extraits conservés par Rœhrich au manuscrit n° 730 de la Bibliothèque municipale de Strasbourg.

la Compagnie de Jésus parlaient un allemand plus littéraire. Leur robe de bure grossière et leur grande barbe les rendaient aussi plus abordables, si je puis dire, aux paysans et plus d'un de leurs confrères acquit, dans les campagnes de la Haute Alsace surtout, une autorité considérable et passa même pour opérer des miracles; tel le P. Chrysostôme Schenk, de Castel, « le capucin à l'Enfant-Jésus », comme l'appelaient les paysans, à cause du petit crucifix en ivoire qu'il portait toujours à la main[1]. Ces Pères Capucins étaient de plus des gens peu renfrognés[2] et leurs couvents exerçaient une hospitalité modeste, mais cordiale, vis-à-vis de leurs visiteurs. On en peut juger par le joli croquis de sa visite à la maison d'Ammerschwihr, crayonné par l'auteur des *Deux voyages en Alsace*, alors qu'il alla saluer, en 1681, les bons Pères, en compagnie de quelques dames. « Elles qui ne buvaient point de vin furent pourtant obligées de baiser le verre pour ne pas se faire d'affaires avec ces Capucins allemands[3]. »

Cette gaieté monastique, visible surtout dans la Haute Alsace, région presque exclusivement catholique, choquait parfois les étrangers vivant dans un milieu plus strict et plus surveillé, mais elle semblait toute naturelle à ces populations aussi rustiques que pieuses et qui entendaient bien s'amuser elles-mêmes. Nous en trouvons un exemple curieux dans les *Éphémérides* de Dom Bernard de Ferrette, où il nous raconte l'inauguration du nouveau couvent des Dominicains de Guebwiller, à la date du 21 septembre 1707 : « Quand on se fut levé de table, dit-il, on se mit à danser, jeunes et vieux, en toute convenance et simplicité bien entendu, mais au grand déplaisir du R. P. Antoine Carrère, vicaire provincial des Dominicains d'Alsace. Il fulmina l'anathème, mais voyant qu'on riait de ses foudres, il se radoucit et rétracta les menaces que la colère lui avait dictées[4]. »

Après les Capucins, il y aurait à nommer les Dominicains, domiciliés à Schlestadt, à Haguenau, à Guebwiller, et à Colmar ; on ne voit pas qu'ils aient joué au XVIIe siècle un rôle de quelque importance dans ces contrées où leurs établissements avaient été jadis si brillants et si nombreux. Plus actifs ont été les Franciscains,

---

1. Dans son *Histoire de Murbach*, M. l'abbé Gatrio nous raconte l'histoire de la rencontre du P. Schenk avec un agneau qui ne voulut plus le quitter et dont l'attachement miraculeux ne contribua pas peu à la réputation du capucin missionnaire. (II, p. 320.)
2. La Grange affirme qu'ils «étaient appréciés des catholiques et des luthériens ». (*Mémoire*, fol. 136.) C'est s'avancer beaucoup.
3. *Mémoire de deux voyages*, p. 42.
4. *Diarium*, p. 44.

dont les principales résidences étaient Schlestadt et Thann, et que nous trouvons assez souvent en guerre avec leurs rivaux plus favorisés, Capucins et Jésuites[1]. Il y avait des Cordeliers à Haguenau et à Sainte-Marie-aux-Mines ; des Récollets à Saverne, à Rouffach, au Bischenberg près de Rosheim, à Schlestadt, à Ehl près de Benfeld, à la citadelle de Strasbourg ; des Chartreux, avec une église dont nous avons mentionné plus haut les belles verrières[2], à Molsheim ; des Augustins à Ribeauvillé, Colmar, Wissembourg et Landau ; des Pères de Saint-Antoine-de-Vienne ou Antonites, à Issenheim près de Soultz et aux Trois-Épis, dans la banlieue d'Ammerschwihr ; des chanoines réguliers de Prémontré, venus de Lorraine, au couvent de Sainte-Odile, etc.[3]. Les Pères de l'Ordre du Saint-Esprit avaient une commanderie à Stephansfeld, près de Brumath, où ils recueillaient les enfants abandonnés[4] ; l'Ordre de Saint-Jean-de-Jérusalem (ou de Malte) avait une commanderie à Strasbourg ; l'édifice détruit en 1633 par ordre du Magistrat, fut par suite d'un arrêté du Conseil de Brisach, remplacé en 1686 par l'ancien couvent de Saint-Marc ; l'Ordre possédait aussi un prieuré à Schlestadt et une commanderie à Dorlisheim[5]. L'Ordre Teutonique possédait des commanderies à Wissembourg, à Rixheim, à Rouffach et à Strasbourg ; cette dernière résidence, donnée par le roi à l'Ordre de Saint-Lazare en 1687, fut restituée à l'Ordre Teutonique par le traité de Ryswick[6]. Beaucoup d'abbayes et de couvents, autrefois célèbres, avaient été aussi réunis, au cours du XVIe et du XVIIe siècle au domaine direct des évêques et avaient ainsi cessé d'exister comme institutions religieuses[7].

Les monastères de femmes étaient comparativement peu nombreux, surtout si l'on en défalque les abbayes à chapitre de cha-

---

1. « *Unsre Feinde die Capuccini*, dit le P. Malachie Tschamser, *unsre falschen Brueder und schelmerischen Verlæumder*. » (*Annales*, II, p. 446.) Quant aux Pères de la Compagnie de Jésus, il abonde en passages peu flatteurs sur leur avidité à guetter les riches abbayes et les monastères, et se réjouit quand ils sont obligés de renoncer à leur butin, « *mussten mit langen Nasen abziehen* ». (II, p. 575.)
2. Voy. le chapitre, relatif aux beaux-arts, p. 266.
3. Pour le détail, dans lequel nous ne pouvons songer à entrer ici, nous renvoyons au *Mémoire* de la Grange, fol. 36-54 et fol. 102-155.
4. La Grange, *Mémoire*, fol. 155.
5. *Ibid.*, fol. 152.
6. *Ibid.*, fol. 153.
7. Ainsi, les pierres de l'abbaye de Baumgarten avaient servi à l'évêque Léopold pour bâtir les murs de Benfeld ; Ittenwiller, Dachstein, avaient été également réunis à la manse épiscopale ; l'évêque de Spire s'était annexé l'abbaye de Wissembourg, etc.

noinesses nobles, comme Andlau[1], Masevaux[2], Ottmarsheim[3], etc., où l'on ne prononçait pas toujours des vœux perpétuels. La plupart de ces dernières avaient beaucoup souffert par les longues guerres et les réquisitions imposées par les amis ou les ennemis[4], et ne possédaient plus qu'une fortune assez médiocre. Parmi les plus connus des cloîtres de religieuses, mentionnons Alspach, à l'entrée du val d'Orbey, Kœnigsbruck, dans la forêt de Haguenau, Sainte-Marguerite-et-Madeleine à Strasbourg, dont les sœurs avaient prouvé leur fidélité au culte catholique durant le siècle et demi qu'avait triomphé l'hérésie dans la ville libre impériale[5], les Annonciades de Haguenau, etc.[6]. Les religieuses de certains de ces couvents de femmes étaient occupées à des travaux manuels, comme celles de Saint-Jean-des-Choux, près de Saverne, qui « travaillaient à la moisson et au foin[7] », ou étaient obligées de quêter pour vivre, comme celles de Biblisheim[8].

Plusieurs de ces communautés féminines d'Alsace se livraient à l'enseignement, comme les sœurs de Saint-Joseph à Haguenau[9] et celles de la Visitation, appelées par Louis XIV à Strasbourg, et dont nous avons parlé dans le chapitre relatif à l'instruction primaire; c'était peut-être aussi le cas des sœurs réformées du tiers-

1. Voy. vol. I, p. 413.
2. Voy. vol. I, p. 372.
3. Ottmarsheim, près du Rhin, sur la route de Bâle à Strasbourg, est connu surtout par son église octogone, bâtie, dit-on, sur le modèle de la chapelle de Charlemagne à Aix-la-Chapelle.
4. Dans une lettre adressée par l'abbesse de Biblisheim à la Régence autrichienne, le 18 avril 1620, elle se plaignait déjà que son « *armes verderbtes Gottesh œuslin* » ne pouvait payer les impôts réclamés par l'archiduc. On trouve dans le même fascicule (A.B.A., G. 1437) toute une série d'autres pièces qui permettent de se rendre compte de la mauvaise situation financière des maisons religieuses d'Alsace, avant même que celle-ci fût envahie par l'ennemi.
5. La Grange, *Mémoire*, fol. 133. — Il existe sur l'histoire de ces deux couvents strasbourgeois une Chronique manuscrite, rédigée au XVIII° siècle, et qui mériterait d'être intégralement publiée; M. Théodore de Bussière n'en a donné qu'un résumé souvent inexact dans son *Histoire du Couvent des religieuses Dominicaines du couvent de Sainte-Marguerite-et-Sainte-Agnès*. Strasbourg, Le Roux, 1860, 12°.
6. La création de ces « *Virgines Beatœ Mariœ Virginis Matris Annunciatœ* » avait été saluée avec joie par la population de Haguenau. Le coadjuteur, Adam Peetz, écrivait à ce sujet à l'évêque Léopold, le 6 novembre 1621 : «... *De cetero magnum speramus fructum novi ordinis. Undique confluunt virgines petentes admitti; interim orabunt nobiscum indefessis precibus pro incremento et conservatione Serenitatis Vestrœ.* » (A.B.A., G. 1923.)
7. La Grange, *Mémoire*, fol. 111.
8. Id., *ibid.*, fol. 112.
9. Elles appartenaient au tiers-ordre de Saint-François. (Guerber, *Haguenau*, II, p. 188-190.)

ordre de Saint-François que nous rencontrons dans la Haute Alsace, à Ensisheim et à Giromagny[1]. En général, on est frappé du rôle si peu actif que la religieuse joue dans la société alsacienne d'alors, soit à l'école, soit à l'hôpital, soit dans la vie ecclésiastique en général, alors que l'on constate pourtant l'influence considérable que les femmes catholiques y ont exercée par moments et dans certains milieux, sur la vie religieuse du temps[2]. Il faut croire qu'à la modestie naturelle de leur sexe, renforcée par les mœurs et l'opinion publique peu favorable encore à l'activité féminine ailleurs qu'au foyer domestique, venait s'ajouter tout le poids du précepte de saint Paul : *Mulier taceat in Ecclesia*, inculqué par un clergé qui n'entendait pas voir s'affirmer, à côté de la sienne, une influence parallèle, sinon rivale.

§ 7. LE GOUVERNEMENT FRANÇAIS ET L'ATTITUDE POLITIQUE
DU CLERGÉ D'ALSACE

Jusqu'à quel point la situation confessionnelle a-t-elle exercé une action sur les sentiments politiques en Alsace, et, tout d'abord, cette influence politique des convictions et des passions religieuses a-t-elle réellement existé? C'est une question très intéressante qu'on est en droit de se poser ici, et à laquelle il n'est pas d'ailleurs fort difficile de répondre. Assurément, le point de vue confessionnel a joué un rôle dans les variations des sentiments politiques des Alsaciens au XVIIe siècle; seulement, il ne faudrait pas exagérer ce rôle. Les transferts de populations et de provinces étaient alors beaucoup trop fréquents et le droit divin des monarques de trafiquer de leurs sujets beaucoup trop peu contesté, les vicissitudes des empires étaient trop généralement regardées comme l'œuvre directe du Très-Haut pour que les émotions populaires se mani-

1. Mercklen, *Ensisheim*, II, p. 225.
2. Il est incontestable qu'au XVIIe siècle les Jésuites, — abstraction faite de l'appui du bras séculier, — ont dû, avant tout, leurs succès en Alsace à l'influence des femmes, gagnées par leur éloquence sacrée et leur savoir-faire mondain ; elles ont à leur tour poussé ou entraîné leurs maris; nous avons déjà cité plusieurs passages qui démontrent la puissance de cette impulsion féminine; on peut également se rendre compte de cette influence de la femme pieuse laïque en étudiant de plus près certaines biographies de l'époque; nous citerons ces deux bourgeoises de Haguenau, Marie Hug, l'épouse du sénateur Graff, et Juliette Würdtkindt, la femme du sénateur Bildstein, dont M. le chanoine Guerber a fait un éloge très mérité, à son point de vue. Cette mère, qui donne ses deux fils, ses enfants uniques, à la Compagnie de Jésus, pour leur assurer le Paradis et le gagner elle-même, nous fait bien comprendre l'intensité du sentiment religieux à cette époque. (Guerber, *Haguenau*, II, p. 317.)

festassent, même de loin, avec l'intensité que provoquent aujourd'hui les coups de force de la politique. Puis des considérations contradictoires, des réflexions secondes contrebalançaient, chez les catholiques comme chez les protestants, les impressions et les impulsions du premier moment. Les catholiques fervents regrettaient et avaient d'excellentes raisons pour regretter le règne des plus récents Habsbourgs[1] ; mais, d'autre part, ils savaient que leurs anciens maîtres avaient expressément stipulé la garantie de leur foi[2], et on leur répétait sans cesse que le Roi Très-Chrétien n'oublierait jamais ce qu'il devait à ses nouveaux sujets comme fils aîné de l'Église. Il montrait en effet bientôt tout son bon vouloir, et peu à peu une autorité de plus en plus impérieuse pour réaliser ce dessein. Retrouver Louis XIV, quand on avait pu craindre le triomphe durable de Mansfeld, de Gustave-Adolphe ou de Bernard de Weimar, c'était un bonheur inespéré dont il fallait être reconnaissant à la Providence[3].

Les protestants alsaciens, de leur côté, n'avaient aucun devoir de reconnaissance vis-à-vis de la maison d'Autriche qui, jusqu'au dernier moment, les avait négligés, rudoyés et, quand elle l'avait pu, persécutés. La France au contraire leur avait fourni des secours répétés, les avait protégés plus tard et avait promis de respecter tous leurs droits, au moment de signer le traité de Munster. Il n'y avait pas lieu non plus, immédiatement après 1648, d'être inquiet au sujet de ces promesses. Un certain trouble dans les esprits, puis une certaine méfiance, de la part des protestants de la province, ne se manifestèrent qu'assez longtemps après que le gouvernement de la France eut passé des mains prudentes de Mazarin à celles, plus impérieuses, de Louis XIV. Mais ce trouble et cette crainte s'accentuèrent quand le monarque, vieilli par les plaisirs et désireux de

---

1. On vit même pendant la guerre de Trente Ans des prêtres saisir les armes pour combattre les hérétiques. Ainsi, l'on amena à Strasbourg, en 1633, après la bataille de Pfaffenhoffen, perdue par Charles de Lorraine contre les Suédois, parmi les prisonniers, un curé, « *ein pfaff, der Gænsspeter genannt so ein wolbekandter gesell und grossen schaden gethan* ». (Walter, *Chronik*, p. 29.)

2. On sait que dans son ultimatum du 29 mai 1646 Ferdinand III n'avait consenti à la cession de ses territoires qu'à la condition que le roi « *ante omnia, fidem catholicam in hac provincia, quemadmodum sub patrocinio Austriaco erat, illæsam conservet novitatesque omnes quæ, durante hoc bello, irrepserunt exstirpet* ». (Meyern, *Acta pacis*, III, p. 34.)

3. Dès 1645, alors que pourtant les protestants allemands lui étaient encore assez nécessaires, Servien déclarait à l'envoyé de Colmar « qu'il posait en principe que *les droits de l'Église doivent passer avant tout* ». Lettre de J.-B. Schneider, du 4 août 1645, dans la *Revue d'Alsace*, 1886, p. 42.

les expier, parut oublier les promesses d'impartiale justice et de tolérance sérieuse, faites en son nom, pour effacer, dans la mesure où cela pouvait se faire sans persécution générale, les traces de l'hérésie dans la province.

On le voit, cette question de l'influence réciproque des tendances politiques et des confessions religieuses en Alsace, pour être exposée avec exactitude et discutée avec fruit, doit être traitée avant tout au point de vue de la chronologie. Aux alentours de 1650 et dans les années qui suivent, le clergé catholique des terres autrichiennes, seul directement soumis au régime nouveau, recruté d'ailleurs en partie sur la rive droite du Rhin et dans les cantons helvétiques, ressent un certain regret de quitter des maîtres aussi dévoués à la cause de l'Église[1] et plusieurs de ses membres le manifestent par des actes d'hostilité ouverte dont nous parlerons tout à l'heure. Le clergé protestant, résidant sur les territoires immédiats de l'Empire, reconnus momentanément tels, en droit et en fait, par la France elle-même, sans aucun pressentiment sérieux des dangers de l'avenir, ne songe pas à manifester des sympathies ou des antipathies pour une domination qui n'existe plus à ses yeux. Ce n'est qu'au cours de la guerre de Hollande et surtout après les arrêts de réunion, que commence la campagne politico-religieuse sur les domaines séquestrés des comtes de Hanau-Lichtenberg et des ducs de Wurtemberg-Montbéliard comme sur les terres des Ribeaupierre, des Fleckenstein et de la République de Strasbourg. A ce moment sans doute, le mécontentement est grand parmi les théologiens et les pasteurs luthériens du pays, dont un certain nombre était autrefois venu du dehors, sur la foi de traditions plus que séculaires et qui se voient tout à coup menacés, tracassés, chassés même en assez grand nombre de leurs paroisses[2]. Mais leur terreur et leur effroi n'est pas moindre et aucun des ecclésiastiques emprisonnés alors ou expulsés d'Alsace par la maréchaussée royale, ne l'a été, pour autant que nous sachions, pour des méfaits

---

1. Il semblerait que bientôt après la prise de possession de la Haute Alsace, et longtemps avant les traités de Westphalie, le gouvernement de Louis XIII ait voulu prendre ses précautions vis-à-vis de ces tendances autrichiennes du clergé. Du moins avons-nous trouvé dans un dossier des archives de Colmar une série de lettres reversales, fournies au commandant de Brisach par des curés s'engageant à être « fidèles au Roy » : Hugo, curé de Liesberg, 22 sept. 1640, — Kauffmann, curé d'Obersteinbrunn, 26 oct. 1640, — Georges Gallus, curé de Cernay, 24 oct. 1640, etc. (A.H.A., C. 977.)

2. Nous ne faisons qu'indiquer ici le fait d'ordre général; on trouvera plus loin, dans un chapitre spécial, le tableau détaillé de ces agissements regrettables et de ces violences trop nombreuses.

d'ordre politique, qu'on n'aurait pas manqué d'incriminer très haut et qui n'auraient point été punis d'ailleurs avec cette modération relative. Si pendant les dernières années du XVII° siècle et une partie du XVIII°, un sentiment très compréhensible et très naturel de méfiance et de mécontentement a continué d'exister dans les cœurs des protestants d'Alsace, s'ils ont accueilli plus tard les premiers actes de la Révolution avec un enthousiasme sincère, c'est à l'attitude de la monarchie des Bourbons à leur égard qu'il faut en faire remonter l'existence et la responsabilité [1].

Voilà, ce nous semble, la vérité sur ce qu'on peut appeler, d'une expression peut-être un peu trop moderne, l'attitude politique des deux clergés d'Alsace. Elle a subi, des deux côtés, un changement en sens contraire, à mesure que les impressions nouvelles effacent les impressions premières. Quand, en 1655, un prêtre du diocèse de Paris, l'abbé Charles Hanoque, publie une brochure, aujourd'hui de toute rareté, une *Prosopopée* à l'occasion du sacre de Louis XIV, il fait pousser à l'Alsace des plaintes amères de ce que les serviteurs de l'Église sont attachés à la « faction autrichienne » et de ce qu'elle leur demande en vain de se montrer dévoués au jeune monarque. « Nous sommes Allemands et Autrichiens, lui répondent-ils ; pourquoi aimerions-nous les Français[2] ? »

1. C'est ce qu'a reconnu dans son travail si remarquable sur *Louis XIV et Strasbourg*, M. A. Legrelle, encore qu'il soit trop disposé, à notre avis, à approuver tout ce qu'a fait le monarque. « Le zèle, dit-il, plus empressé qu'opportun de la propagande catholique que la France entreprenait à l'est des Vosges, y avait paru... menacer la liberté de conscience presque autant que la liberté politique. Les sympathies publiques s'y déplacèrent, par conséquent, assez vite. » (Legrelle, 4° édition, p. 188.)
2. *Nova Francia Orientalis seu Alsatia exhilarata, hoc est Rhetorica Prosopopeia qua inducitur Alsatia*, etc. Parisiis, 1655, 35 pages in-4°. Voici le texte complet, si curieux, tel qu'il est cité par M. l'abbé Beuchot, dans son récent volume sur le prieuré de Notre-Dame-des-Trois-Épis, p. 53 ; c'est l'Alsace qui parle : « *Desideravi pridem sane vehementer ut qui per ministeria sacra Deo perque litteraria scientiis arctius conjunguntur indeque plus auctoritatis ad versandos plebis animos referunt, minus essent in Austriacorum tuenda factione pertinaces et beneficiis Ludovici nostri pœna obruti, ad hanc saltem gratiam eluctarentur ut ex eorum sermonibus gratitudinis magisterium (si non ex factis exemplum) Alsatæ mei sumerent. At heu! frustra id hucusque desideravi, lusa mea vota sunt victricibus eorum technis et vel simplici dictorum inflcitatione credulitatem præfectorum occuparunt, vel solemni ac feroci dicto (et Germani et Austriaci nati sumus; qui Gallos amaremus ?) officii commonentes identidem repulerunt. Optanda ergo post hæc alia venient, ut Alsatæ mei discant amare Ludovicum ut suum, non horrere ut alienum. Qui trans Rhenum sedem affectuum et studiorum suorum locatum habent experiri deinceps non debent in proceribus nimiam felicitatem*, etc. » — Ce Hanoque fut nommé, en 1659, curé d'Ingersheim, dans la Haute Alsace, et put travailler à la réalisation de ses souhaits, s'il eut la patience d'y rester.

Encore vingt ans plus tard, le clergé de la Haute Alsace ne démentait pas absolument ces accusations plus ou moins intéressées. Un de ses doyens d'âge, le curé François Ganser, d'Ensisheim, fut destitué de ses fonctions et chassé du pays, « pour avoir eu l'imprudence, durant environ deux mois que les Impériaux ont tenu cette ville, de leur marquer trop obligeamment la joye qu'il sentait de les revoir. Le transport de son zèle pour l'aigle impériale le poussa à dire qu'enfin ses chères *brebis* étaient rentrées en possession de leurs anciens pâturages, et que Dieu, qui est juste, en avait écarté les *boucs*; c'est ainsi qu'il lui plaisait de qualifier les Français dont il faisait des peintures odieuses pour relever le mérite et les vertus de ces bons Allemands... On peut juger de là combien il faut de temps, ajoute sagement le narrateur, pour faire d'une nation conquise de fidèles sujets, puisque après avoir vécu trente-sept ans sous l'obéissance d'un prince, un ecclésiastique qui devrait être plus soumis qu'un séculier[1] aux ordres de la Providence, qui donne la victoire à qui lui plaît, un curé, dis-je, n'a pu oublier ses anciens maîtres[2] ».

En 1676, un des capucins du couvent de Belfort fut même démasqué comme espion aux gages de l'Espagne et pendu devant la porte de la ville. Tout l'adoucissement que ses confrères purent obtenir fut que, par respect pour leur Ordre, on le dépouilla de l'habit de Saint-François, en lui rasant la barbe et en enlevant sa tonsure, avant de le conduire au gibet[3].

C'est à une pareille disposition de certains membres tout au moins du clergé que répondait le réquisitoire du procureur général près le Conseil provincial de Brisach, demandant qu'on tînt dorénavant la main à ce que tous les bénéfices ecclésiastiques ne fussent plus donnés qu'à bon escient, car s'il importe pour le salut des âmes qu'ils ne soient conférés qu'à des ecclésiastiques probes et capables, « il n'est pas moins important... que les mêmes ecclésiastiques soient bien intentionnés pour le service du Roy, afin d'inspirer aux peuples qui sont sous leur conduite, les devoirs d'amour, de fidélité et d'obéissance qu'ils sont obligés de rendre à Sa Majesté et qui sont inséparables de ceux qu'ils doivent à Dieu ». Le Conseil fit droit à cette demande, en décidant, le 16 septembre 1675, que toute

---

1. Le mot veut dire ici simplement laïque.
2. *Mémoires de deux voyages*, p. 64-65. — Le curé Ganser fut dédommagé par une pension que lui paya la Régence de Brisgau et vécut dorénavant à Fribourg. Les pièces principales de cette affaire assez curieuse, qui traîna près de deux ans (février 1675 à janvier 1677), se trouvent aux Archives de la Haute Alsace, C. 977.
3. *Mémoires de deux voyages*, p. 215.

personne pourvue d'un bénéfice dans la province d'Alsace serait tenue de se présenter à Brisach avant d'en prendre possession, « pour être informé gratuitement... de leur naissance, affection et fidélité au service du Roy, à peine de nullité[1] ». Après les arrêts de réunion, les princes étrangers, possessionnés dans la province, ne durent plus également nommer que des régnicoles dans leurs territoires, à peine de nullité de l'acte[2].

Des mesures analogues furent prises à l'égard des principaux Ordres religieux établis en Alsace et qui, au moment de la réunion à la France, avaient leurs chefs directs (je ne parle point des généraux d'Ordre établis à Rome), en dehors des territoires prétendus par Louis XIV : Pères Jésuites dépendant de la province du Rhin, Capucins de la Congrégation helvétique, Bénédictins désireux de se rallier à la Congrégation de Bursfelde, etc. Nous avons déjà vu dans les paragraphes précédents, comment les Jésuites de Champagne vinrent remplacer, dans une certaine mesure, ceux de l'Allemagne occidentale, comment les Bénédictins furent affiliés à des congrégations françaises, les Capucins constitués en groupe autonome. Le gouvernement français résolut un peu plus tard d'enlever aussi les directeurs de conscience étrangers aux religieuses des couvents d'Alsace, nées sujettes du roi. Ceux qui y résident en cette qualité « doivent s'en retirer incessamment[3] ». Bientôt après, il interdit à des dignitaires ecclésiastiques étrangers de venir en *visiteurs* officiels inspecter les monastères de la province, ne faisant d'exception momentanée que pour les Jésuites[4], du concours actif desquels on avait trop à se louer, et qui avaient des protecteurs très influents à la cour[5]. Louis XIV finit par ordonner que les couvents alsaciens ne pourraient plus recevoir, « pour quelque cause ou sous quelque prétexte que ce soit, des novices ni profès, ni masculins, ni féminins, qui ne seraient pas nés sujets de Sa Majesté, cela étant contraire non seulement au bien de son service, mais même à la tranquil-

1. *Ordonnances d'Alsace*, I, p. 50.
2. Arrêt du 15 janvier 1681. (*Ordonnances d'Alsace*, I, p. 99.)
3. Arrêts du Conseil souverain du 15 janvier 1681 et du 17 juin 1684, ce dernier adressé au supérieur des Dominicains de Colmar et relatif aux religieuses de Schœnsteinbach. (*Ordonnances d'Alsace*, I, p. 99 et 140.)
4. « Sa Majesté m'a commandé de vous faire savoir qu'elle désire que vous ne souffriez pas que ni luy (le P. Provincial des Récollets), ni aucuns autres provinciaux allemands, de quelque Ordre que ce soit, à la réserve des Jésuites, fasse (des visites) en Alsace. » Lettre de Louvois à La Grange, 21 octobre 1686. (*Revue d'Alsace*, 1870, p. 376.)
5. Le R. P. André Frey, de Schlestadt, était devenu l'aumônier de la Dauphine.

lité desdites maisons religieuses, étant nécessaire... que tous les membres de la communauté ayent les mêmes sentiments de soumission aux ordres de Sa Majesté[1] ». Il est pour le moins douteux que cet ordre royal ait été longtemps exécuté avec une exactitude rigoureuse ; la situation de l'évêché de Strasbourg, s'étendant des deux côtés du Rhin, rendait un échange des habitants des cloîtres de la rive gauche et de la rive droite si naturel qu'il ne pouvait être absolument supprimé en fait, et les inconvénients politiques que craignait le gouvernement au XVIIe siècle devaient s'effacer si rapidement au siècle suivant, qu'il est probable qu'on ne « tint plus la main » à l'exécution des arrêts de 1681 et de 1703, malgré la formule catégorique qui en prescrivait la mise en vigueur.

La Cour suprême de la province n'avait pas craint d'ailleurs, à un moment où le roi n'était pas dans les meilleurs termes avec le Saint-Siège, d'étendre la défense de communiquer avec les autorités ecclésiastiques étrangères à la personne même du représentant direct du Saint-Siège. Ayant constaté que le nonce résidant à Lucerne « s'ingère d'écrire des lettres et de donner des ordres aux sujets du Roi », elle faisait défense absolue, par son arrêt du 5 juillet 1686, à tous « tant séculiers que réguliers, d'entretenir aucun commerce avec le Nonce qui est à Lucerne ou de rien exécuter de ce qu'il leur prescrira[2] ».

Mais ces dernières mesures furent, à vrai dire, à peu près inutiles ; le ton avait depuis longtemps déjà changé et la politique religieuse de Louis XIV en France même lui valait les félicitations chaleureuses et l'admiration de tout ce qui touchait à l'Église. Nous le voyons par la teneur d'une des conversations notées en 1681 par le spirituel fonctionnaire des fermes qui se morfondait alors dans Altkirch et tâchait de se désennuyer en étudiant le pays et la race où le sort l'avait jeté. Il fréquentait un Révérend Père Jésuite qui demeurait également dans ce chef-lieu du Sundgau, et nous raconte que le « bon Père élevoit jusqu'au ciel notre Roy Louis-le-Grand, de ce qu'il travailloit à la destruction de l'hérésie de Calvin en France ; je connus par les éloges qu'il donnait à ce prince qu'il étoit meilleur catholique qu'impérialiste, disant même que c'étoit un bonheur pour des sujets d'avoir pour Roy un tel défenseur de la foy orthodoxe[3] ».

Mais si ces sentiments se comprennent fort bien dans la bouche d'un Jésuite, de quels sentiments opposés devaient être agités les

---

1. Ordonnance du 5 mai 1703. (*Ordonnances d'Alsace*, I, p. 342.)
2. *Ordonnances d'Alsace*, I, p. 159.
3. *Mémoires de deux voyages*, p. 209.

protestants de Strasbourg en lisant dans les gazettes officieuses des harangues comme celle du P. Alexis du Buc, Théatin, qui, le premier dimanche de novembre 1681, exaltait, dans une des chaires de la capitale, le roi à peine revenu d'Alsace, ce monarque « qui vient de rétablir le vray culte dans une ville d'où la tyrannie de l'hérésie l'avait banny depuis plus d'un siècle, qui a pris soin de redresser les autels abattus par l'impiété, qui a fait rentrer le véritable Pasteur dans la Bergerie, dont les faux pasteurs s'étaient rendus maîtres ! » Et que de menaces apparentes ou cachées, n'étaient-ils pas en droit d'entrevoir dans cette phrase finale de l'auteur sacré « que rien n'estoit impossible à un prince que le zèle de la maison du Seigneur dévoroit [1] » !

1. *Mercure Galant*, novembre 1681, p. 272-273.

CHAPITRE DEUXIÈME

L'Église protestante d'Alsace au XVIIe siècle

§ 1. SITUATION GÉNÉRALE ; CONSTITUTIONS ECCLÉSIASTIQUES ; MŒURS RELIGIEUSES

Autant le XVIIe siècle est pour l'Église catholique d'Alsace une période de réforme intérieure et surtout de développement et de conquêtes au dehors, autant il marque pour le protestantisme alsacien une époque d'alanguissement et de décadence extérieure. Ce n'est pas précisément qu'il y ait eu diminution ou dépérissement de la foi religieuse, — c'est plutôt le contraire qui est vrai, — mais les circonstances politiques n'ont jamais favorisé que pendant de courts moments la cause protestante, dans cette lutte acharnée des deux religions qui reste, par toute l'Europe, l'un des caractères saillants de ce siècle et, en définitive, les influences victorieuses lui sont nettement hostiles[1]. Aussi n'y a-t-il rien d'étonnant à ce que, sauf lors du triomphe fugitif de Gustave-Adolphe de Suède, le protestantisme en Alsace soit resté sur la défensive et n'ait subi que des pertes de plus en plus accentuées, à mesure que la réaction catholique s'assurait l'appui plus docile du bras séculier. Pendant toute la période de 1600 à 1700, *une seule* paroisse protestante nouvelle est créée dans toute la province[2]. Par contre, sur les 480 communautés luthériennes et calvinistes existant en 1590 et groupées en 200 paroisses avec leurs annexes[3], quinze sont reconquises avant 1648 et soixante-quatre sont recatholisées sous le régime français[4].

---

1. Sauf en Angleterre, où la chute des Stuarts est la conséquence directe des tentatives de Jacques II pour y établir le catholicisme sur les ruines de l'hérésie.
2. Celle de Sundhausen, dès 1601. (Rœhrich, *Mittheilungen*, II, p. 6.) En effet, la création de la paroisse réformée de Wolfisheim, en 1655, n'est qu'un réveil de l'ancienne paroisse réformée de Strasbourg, et l'Église luthérienne de langue française dans cette dernière ville (1680) ne constitue qu'un culte et n'a pas une organisation paroissiale.
3. Là-dessus 54 paroisses étaient sur le territoire des villes libres ; 19 appartenaient au duc de Wurtemberg-Montbéliard ; 90 à Hanau-Lichtenberg ; 35 à Fleckenstein ; 76 à la Noblesse immédiate ; 76 à Deux-Ponts ; 35 aux Nassau ; 14 aux Linange ; 56 à l'Électeur palatin.
4. Rœhrich, manuscrit n° 734 de la Bibliothèque municipale de Strasbourg, vol. 1.

Ces mutations confessionnelles se produisent, dans la première moitié du siècle, par suite du changement de religion du seigneur territorial, ou par ordre de son suzerain, quand il réclame la confirmation de ses droits à ce dernier. Le *jus reformandi* des princes fut, on le sait, reconnu aux catholiques comme aux luthériens, au cours des négociations d'Osnabruck, dans la séance du 27 juillet 1648[1] et quelques jours plus tard (le 1ᵉʳ août), Servien consentait à ce qu'on se référât à l'article en question dans le traité français[2], ce qui eut lieu en effet dans le texte arrêté le 5 septembre 1648[3]. Mais on comprend aisément, qu'en Alsace tout au moins, ce paragraphe ne peut avoir désormais qu'une portée défavorable aux hérétiques, puisqu'il ne s'y trouvera plus ni prince ni Magistrat assez osé pour tenter de convertir au luthéranisme des sujets catholiques. Surtout après que les arrêts des Chambres de réunion auront proclamé de la façon la plus absolue l'entière souveraineté du roi sur tous les territoires de la province, cette souveraineté éclipse et annihile, là où le monarque veut prendre la peine de l'affirmer, toute l'autorité des plus puissants dynastes du pays, l'Électeur palatin, le comte de Hanau, le prince de Montbéliard et, à plus forte raison, les petits propriétaires de la noblesse immédiate de la Basse-Alsace ou les Magistrats des villes libres protestantes. En ces temps d'âpres conflits, un droit cesse bientôt d'être respectable quand on n'a plus les moyens de le faire respecter.

Ce qui devait faciliter encore les empiètements des représentants du pouvoir royal sur le terrain religieux, c'est que l'Église luthérienne d'Alsace ne formait nullement un ensemble, un corps organisé, comme elle le devint après la Révolution, grâce au premier Consul. Au XVIIᵉ siècle, il n'y avait en Alsace, ainsi que dans tout l'Empire, que des Églises territoriales, absolument indépendantes les unes des autres au point de vue administratif et, le plus souvent, sans rapports très intimes entre elles. Sans doute Strasbourg et son Université leur constituaient une espèce de centre intellectuel, et je dirais volontiers que la Faculté de théologie de cette ville était comme un phare moral pour les protestants du pays. La plupart de leurs pasteurs y avaient fait leurs études, au moins pendant quelques semestres et c'est au Convent ecclésiastique de Strasbourg que les petits dynastes luthériens de la Basse Alsace empruntaient leurs ministres, c'est lui qu'ils consultaient sur leur choix.

1. Meyern, *Acta pacis*, VI, p. 151.
2. Id., *ibid.*, p. 298.
3. Id., *ibid.*, p. 381.

Cependant les pasteurs du comté de Horbourg étudient d'ordinaire à Tubingue et relèvent de la Régence de Montbéliard, et ceux des terres palatines viennent de Heidelberg et dépendent de la Régence de Deux-Ponts. Les comtes de Hanau-Lichtenberg avaient leur autorité ecclésiastique particulière, le Consistoire général, à Bouxwiller[1], tout comme la ville impériale de Colmar a le sien, formé de jurisconsultes et de délégués du Magistrat avec quelques représentants du corps pastoral, choisis, bien entendu, par l'autorité politique.

Il n'y avait donc aucun lien administratif entre les différents groupes protestants disséminés, d'une façon passablement irrégulière, à travers la province. Ce qui en tenait lieu, dans une certaine mesure, c'était la communauté de doctrines et la crainte égale des dangers dont tous ces groupes se sentaient menacés par des adversaires plus nombreux et mieux outillés pour la lutte. Le XVIIe siècle est celui de la plus grande fixité de la doctrine luthérienne, celui de l'acceptation complète de la lettre des confessions et des déclarations formulées par les chefs de la foi nouvelle et par leurs épigones, ainsi que de leur interprétation officielle des Écritures. Jamais l'individualisme religieux n'a joué un moindre rôle dans l'histoire interne des Églises protestantes qu'à ce moment. Soit qu'on considère le fait comme un avantage ou comme un inconvénient, on ne peut parler, à vrai dire, de dissidences sérieuses au sein de l'Église luthérienne durant toute cette époque ; la Bible, la Confession d'Augsbourg, la Formule de Concorde fournissent une base de foi commune, et la discipline ecclésiastique la plus stricte veille à ce qu'on ne s'en écarte point, pour aller se perdre dans les régions spéculatives ou mystiques.

Cette discipline ecclésiastique et les formes de la vie religieuse sont fixées, jusque dans leurs moindres détails, par les Ordonnances ecclésiastiques, ou *Kirchenordnungen*[2], dont la plupart datent du XVIe siècle, mais ont été partiellement revues au siècle suivant. La plus ancienne de toutes celles que nous rencontrons encore en exercice dans la période qui nous occupe, est celle des possessions wurtembergeoises de la Haute Alsace, qui date de 1560[3]; puis vient celle du

---

1. Le comte de Hanau-Lichtenberg s'appelle lui-même *Episcopus territorialis*, dans ses ordonnances ecclésiastiques. (*Hanauische Kirchenordnung*, 1659, p. 465.)

2. Nous recommandons, pour une orientation plus générale, l'étude de T. G. Rœhrich, *Die alten lutherischen Kirchenordnungen des Elsasses* dans ses *Mittheilungen*, I, p. 285-350.

3. *Kirchenordnung für die Graf- und Herrschaften Mümpelgart und Reichenweyer*, Tübingen, 1560, 159 pages 4º.

comté de Hanau-Lichtenberg, promulguée en 1573, mais notablement augmentée et remaniée en 1659 par le surintendant de Bouxwiller, Jean-Georges Wegelin, de manière à former un code de droit ecclésiastique très complet, sans compter un appendice de prières[1]. Les Ordonnances ecclésiastiques de la ville impériale de Munster datent de 1575[2] et ont été renouvelées en 1661. Celles de Strasbourg ont été publiées en 1598[3], sous la surveillance du théologien Jean Pappus, le chef incontesté de l'orthodoxie locale en ces temps, mais ne furent pas exclusivement rédigées par lui, comme on l'a prétendu parfois ; elles datent, en substance, soit de la génération des réformateurs eux-mêmes, soit de leurs successeurs immédiats. En 1670, elles furent soumises à une révision qui n'amena que des changements de très peu d'importance et se rapportant à des détails extérieurs[4], puis elles furent solennellement promulguées par le Magistrat, le jeudi 25 août de la même année[5]. C'est cette *Kirchenordnung* strasbourgeoise que, sous ses formes diverses, introduisirent sur leurs territoires les barons de Fleckenstein (1624[6]), les seigneurs de la Noblesse immédiate et la ville impériale de Wissembourg. Les Ordonnances du comté de la Petite-Pierre datent de 1605[7] ; celles de la ville de Colmar ont été mises au jour en 1648[8] ; celles des terres palatines de Deux-Ponts, les plus récemment formulées, les plus modernes aussi de ton, ne furent publiées qu'en 1721 ; mais elles reposent sur des règlements promulgués dès 1557 et révisés en 1600[9]. Les uns plus sommaires, les autres plus

1. *Kirchenordnung für die Grafschaft Hanau und die Herrschaft Lichtenberg*, Strassburg, Müller, 1573, 83 pages 4°. — Réimpression considérablement augmentée, Strasbourg, Nagel, 1659, 552 pages 4°.
2. Elles n'ont jamais été imprimées ; Rœhrich en a donné une analyse d'après le manuscrit aux archives paroissiales de Munster et a cité divers règlements qui les complètent, *Mittheilungen*, I, p. 297.
3. *Kirchenordnung wie es mit der Lehre in der Kirche von Strassburg*, etc. Strassburg, 1598, 4°. Réimprimée sans changement en 1603 et en 1605.
4. *Revidirte Kirchen-Ordnung, wie es mit der Lehre goettlichen Wortes und den Ceremonien*, etc. Strassburg, Carolische Erben, 417 p. 8°.
5. M. Horning a publié le procès-verbal de cette solennité dans sa biographie de Sébastien Schmid (p. 102-108). Le syndic Jean-Jacques Frid y prononce, au nom du Magistrat, un discours pour remercier Dieu de ce que « l'ivraie des erreurs calvinistes, qui s'était montrée si tôt sur le champ de l'Eglise chrétienne de Strasbourg, n'eût pas étouffé et détruit la noble semence du pur Évangile ».
6. Kiefer, *Pfarrbuch*, p. 232.
7. *Kirchenordnung wie es mit der Lehr und Ceremonien in der Grafschaft Lützelstein fürbass soll gehalten werden*. Strassburg, A. Bertram, 1605, 4°.
8. *Forma oder christliche Kirchen-Ordnung der evangelischen Kirchen in der Statt Colmar*, etc. Colmar, Spanseil, 1648, 240 pages 8°.
9. *Kirchenordnung der Grafschaft Sponheim und übrigen Landen*, etc. Strassburg, Heitz, 1721, 394 pages 4°.

détaillés, ces codes ecclésiastiques se ressemblent pourtant; si certaines formes du culte et certains rouages administratifs varient quelque peu de territoire à territoire, l'esprit directeur est sensiblement le même, soit dans les *Credenda*, la partie dogmatique, quand elle existe[1], soit dans les *Agenda* ou prescriptions diverses relatives au culte, à la discipline ou surveillance des mœurs et à l'administration proprement dite. Les théologiens de profession eux-mêmes ne trouveraient guère de divergences de principes à signaler, ni dans les liturgies ni dans les catéchismes, qui tous procédaient plus ou moins directement du catéchisme de Luther.

Ce n'est que dans les toutes dernières années du siècle que les idées théologiques de Jacques-Philippe Spener, le plus illustre des représentants du protestantisme alsacien à cette époque, se répandirent dans son pays natal en revenant d'au delà du Rhin, où lui-même passa la majeure partie de son existence. C'est d'abord à Francfort, à Dresde et à Berlin que ses prédications et ses écrits provoquèrent le mouvement religieux si intense et si vivement combattu qu'on appelle le piétisme et qui fut, à son heure et dans les limites forcées de son temps, un réveil de la conscience individuelle. Mais, à vrai dire, le piétisme alsacien ne date que du XVIII° siècle, car c'est après 1700 seulement qu'il commence à y agiter les Églises par ses conventicules et ses réunions de prières.

Tout en étant le chef suprême de chaque Église territoriale, le *summus episcopus*, le prince ou le Magistrat ne pouvait s'occuper naturellement du détail des affaires ecclésiastiques, et, comme nous l'avons dit déjà, il déléguait ses pouvoirs à un corps administratif supérieur, tout en se réservant le droit de décision souveraine. Ces corps, qui portaient d'ordinaire le nom de *Consistoire* ou de *Consistoire général*, formés d'un nombre variable de fonctionnaires civils et d'ecclésiastiques désignés par le souverain, n'existaient que là où l'étendue du territoire exigeait une surveillance plus suivie et où les intérêts matériels à soigner justifiaient la création d'un rouage spécial. En dehors des Consistoires de Bouxwiller pour les Hanau-Lichtemberg et de Riquewihr pour les territoires des Wurtemberg, il y en avait encore dans les deux villes impériales de

---

1. Plusieurs de ces *Ordonnances* n'ont pas jugé à propos, en effet, de reproduire un enseignement dogmatique proprement dit, puisque la Bible, la Confession d'Augsbourg et les Livres Symboliques sur lesquels il reposait étaient formellement indiqués dans leur préambule comme norme de la foi, et devaient être signés d'ailleurs par chaque pasteur ou professeur à son entrée en fonctions.

Colmar et de Landau. A Strasbourg, les bases du gouvernement de
l'Église étaient en apparence plus démocratiques, puisque le *Convent
ecclésiastique*, qui l'exerçait en théorie, se composait de tous les professeurs de la Faculté de théologie, de tous les pasteurs de la ville
même, de ceux des bailliages extérieurs, et de trois délégués
laïques de chacune des sept paroisses de la cité. Mais en réalité
professeurs et pasteurs de la campagne n'assistaient que très rarement aux séances et les laïques étaient le plus souvent des membres
des différents Conseils du Magistrat ; le Convent n'avait donc guère
en réalité d'autre autorité que celle que le gouvernement lui laissait
prendre ; il le surveillait de près, lui faisait parvenir, quand il
s'agissait de quelque question plus importante, les instructions nécessaires pour obtenir un vote conforme[1] à ses désirs ; quand, par
hasard, une majorité de théologiens prenait une décision désagréable en haut lieu, le Magistrat la regardait comme non avenue.
Surtout après la capitulation de 1681, quand les questions épineuses en fait d'affaires d'Église se présentèrent en nombre croissant, il ne les soumit plus que rarement aux discussions du Convent ecclésiastique, mais les fit examiner et résoudre par les sept
Oberkirchenpfleger qui appartenaient aux Conseils permanents de
la cité.

Pour la surveillance plus spéciale du corps pastoral et l'observation plus stricte des coutumes religieuses, l'autorité supérieure de
certains territoires déléguait une partie de ses pouvoirs à un *inspecteur* ou *surintendant* choisi parmi les ministres, qui siégeait au Consistoire et *visitait* les paroisses. Il y avait des inspecteurs à Bouxwiller, à Riquewihr et à Trarbach[2]. A Strasbourg, tous les pasteurs
étaient censés être égaux ; mais en réalité le président du Convent
ecclésiastique, qui appartenait d'ordinaire à la Faculté de théologie,
était un surintendant comme les autres et, si nous en croyons ses
collègues, parfois un censeur incommode et sévère.

La nomination des pasteurs pouvait se faire, et se faisait en
effet, de différentes manières. Ils pouvaient être choisis par le
gouvernement ou le seigneur territorial ; ils pouvaient être désignés

1. Le *représentant* ou, pour parler d'une façon plus exacte, le *surveillant*
principal de chaque paroisse urbaine, l'*Oberkirchenpfleger*, était obligatoirement un membre du Conseil des XIII ou des XV. Quand l'un d'eux exprimait
une opinion au sein du Convent ecclésiastique, où ils ne se donnaient pas la
peine de siéger chaque semaine, on y savait ce que désirait le gouvernement,
et, d'ordinaire, on n'hésitait pas à le satisfaire.
2. Trarbach, localité du Palatinat actuel, était la résidence du surintendant
des églises du duché de Deux-Ponts et des territoires de la branche palatine
de Birckenfeld, en Alsace. (*Bischwiller*, etc.)

par un *collateur* ou patron ecclésiastique ; ils pouvaient enfin devoir, au moins en apparence, leur position aux suffrages de la paroisse, devant laquelle les divers concurrents avaient fait d'abord des « prédications d'essai » (*Probepredigten*). En réalité, le premier mode était le plus généralement employé pour pourvoir aux postes vacants. C'est d'ordinaire le Consistoire ou le Convent ecclésiastique qui proposait tel ou tel candidat, soit pour un poste de commençant, soit pour une place à la ville mieux rétribuée. Quand la nomination était confirmée par l'autorité suprême, le nouvel élu était présenté à ses futures ouailles qui n'avaient qu'à le recevoir en silence. En théorie, tous les jeunes théologiens ayant terminé leurs études à Strasbourg étaient inscrits sur une liste officielle et se voyaient appelés, d'après leur ordre d'inscription, aux fonctions pastorales comme vicaires, diacres ou pasteurs ; mais fort souvent il se produisait des passe-droits qui ne laissaient pas de rejeter bien en arrière tel pauvre candidat sans protecteur[1]. Les places à la disposition d'un collateur ecclésiastique étaient assez rares ; le chapitre protestant de Saint-Thomas disposait de la cure de Wolfisheim, le chapitre *catholique* de Saint-Pierre-le-Vieux de la cure de Berstett[2], et celui de Neuwiller, catholique également, de plusieurs cures du pays de Hanau[3] ; on pense bien qu'ils nommaient les candidats que leur proposaient officieusement les seigneurs du territoire. Sur les terres de Strasbourg, on consultait presque toujours en ville, et quelquefois dans les campagnes, les notables de la paroisse[4] ; ils pouvaient choisir leur conducteur futur sur une liste dressée par le Magistrat, sauf à ce dernier de confirmer ou de repousser ce choix. Il en était de même pour les villages de la Noblesse immédiate, à certaines occasions, quand il n'y avait pas un candidat favori à faire passer[5]. En réalité, ces « notables » influencés

---

1. Dans les villages de la Noblesse, c'était souvent le précepteur du jeune baron qu'on récompensait de la sorte, sans que le Convent ecclésiastique, tout en déplorant le fait, pût rien faire pour consoler les malheureux aspirants qui ne voyaient rien venir, puisque, en fin de compte, chaque seigneur était maître chez lui.
2. Bresch, *Aus de Vergangenheit*, etc., p. 45.
3. Kiefer, *Pfarrbuch*, p. 360.
4. Voy. un procès-verbal d'élection de la paroisse de Dossenheim, en 1617, chez Wolff, *Dossenheim*, p. 31.
5. M. Bresch nous a donné l'analyse d'un procès-verbal d'élection de la paroisse de Berstett, dressé le 17 mars 1682. Sur les quatre candidats mis sur la liste par le Convent et qui avaient prêché dans le village, l'un n'eut aucune voix, le second deux voix seulement, le troisième treize et le quatrième vingt-six. Ce fut lui qui fut nommé. (Bresch, *Aus der Vergangenheit*, p. 48.)

par le Magistrat, ou ces paysans, plus influencés encore par leur seigneur, n'ont jamais fait acte d'opposition sérieuse aux préférences de l'autorité, pour peu qu'on les leur ait fait connaître.

Le double contrôle exercé sur la conduite des ouailles et celle de leurs conducteurs spirituels au moyen des *visitations* officielles, s'il n'a peut-être pas beaucoup corrigé les faiblesses humaines des uns et des autres, nous a laissé du moins des renseignements précieux pour l'histoire des mœurs et des superstitions de ce temps, ainsi qu'on a pu s'en convaincre par maint détail déjà cité dans nos précédents chapitres. En principe, ces visitations devaient être annuelles, et l'inspecteur ou surintendant était accompagné d'ordinaire dans sa tournée pastorale par quelques autres commissaires, ecclésiastiques et laïques. Ils allaient de commune en commune, questionnant d'abord au presbytère le pasteur sur la conduite de son troupeau, puis réunissant à l'église les paroissiens, pour leur demander (en son absence, s'entend), s'ils étaient contents de leur pasteur. Les renseignements recueillis de la sorte étaient consignés dans des rapports détaillés (*Visitationsberichte*) qui existent encore en assez grand nombre dans les archives, dont quelques-uns seulement ont été publiés et qui mériteraient d'être recueillis et mis au jour dans leur ensemble, comme des témoignages authentiques et curieux d'une civilisation passée. En fait, ces voyages d'inspection furent alors infiniment plus rares qu'ils ne devaient l'être d'après les règlements, car les guerres continuelles les interrompaient à tout moment, et il se passait parfois de « longues années » avant qu'il fût possible de circuler sans danger au dehors ; aussi quand les inspecteurs citadins s'aventuraient de nouveau dans les campagnes, ils y trouvaient naturellement « beaucoup de sujets de scandale[1] ». C'est ainsi que, depuis l'invasion des Suédois jusqu'en 1660, pendant un âge d'homme, le territoire de la République de Strasbourg ne put être *visité* que quatre fois (1638, 1645, 1653, 1660). Après la pacification complète du pays, ces enquêtes sur la foi et la conduite des fidèles furent reprises avec un redoublement d'activité et les relations du professeur Dannhauer surtout, président du Convent ecclésiastique de 1658 à 1666, sont riches en détails sur l'état de nos campagnes. Les plaintes des pasteurs, qui se rapportent aux choses les plus sérieuses comme aux plus misérables vétilles, permettent de juger du zèle religieux des paysans,

1. Chronique de Wencker dans Dacheux, *Fragments de chroniques*, III, p. 181.

et les doléances de certaines communautés[1] font voir ou permettent de deviner les défauts et les faiblesses de leurs guides spirituels. Les ministres se plaignent un peu partout de l'indifférence et de l'apathie de leurs paroissiens, qui s'abstiennent de fréquenter le culte, du moins pendant la semaine[2], ou quittent le temple avant la bénédiction finale ; qui ne font que de maigres aumônes et, le plus souvent, ne mettent rien dans le sachet des pauvres, tandis qu'ils dépensent beaucoup en toilettes et festins; qui se présentent parfois en état d'ébriété aux cérémonies nuptiales ; qui ne témoignent pas un respect suffisant au pasteur et à l'autorité supérieure dont il est le représentant. Ils se lamentent sur les langues affilées (*Kleckzungen*) des jeunes et des vieilles paroissiennes; sur l'hostilité des calvinistes, disséminés parmi les populations luthériennes, et qui se refusent à fréquenter le culte[3] ; sur le peu de zèle que témoignent les vieux à assister au catéchisme, quoiqu'ils aient oublié les leçons d'autrefois. Quand on veut bien leur organiser une heure d'instruction religieuse spéciale, ne les voilà-t-il pas qui protestent, en disant qu'on ne force pas ceux de la ville à se faire examiner de la sorte !

En somme, les contraventions et les délits relevés, pour graves qu'ils soient parfois au point de vue moral, ne touchent que bien rarement au fond de la doctrine. Ces braves gens sont disposés à croire tout ce qu'on leur enseigne, à condition qu'on ne les empêche pas d'aller au cabaret et de s'amuser à leur guise. C'est tout à fait exceptionnellement, — on le voit bien au ton des rapports, — que des rébellions dogmatiques se produisent. A Barr, un charpentier a nié l'existence de Dieu; à Wasselonne, un boulanger, « athée formel et homme brutal », bat sa femme et boit tout son gain ; à Guertwiller, se trouvent « quelques *neutralistes* ou athées qui n'ont de respect pour aucune religion » et qu'il faut « dénoncer aux autorités s'ils ne s'amendent » ; à la Robertsau, l'on a trouvé « un vieil athée de soixante ans » qui n'a plus mis le pied à l'église depuis neuf ans et qui a eu l'audace de dire au pasteur qu'il le dispensait « de s'occuper de son âme[4] ». On le voit, l'esprit de doute

1. Il y en a de bien inoffensives. Ainsi les paysans de Zehnacker se plaignent de ce que les oies de M. le pasteur viennent pâturer sur leurs prés.
2. A Illkirch, on leur fait payer 6 pfennings d'amende s'ils manquent le service (1663).
3. Ce n'est pas bien étonnant, puisqu'ils seraient fréquemment obligés d'entendre toutes sortes d'invectives contre les hérésies de Zwingle ou de Calvin.
4. Je ne puis m'empêcher de noter, comme bien caractéristique, la proposition du rapporteur au sujet de ce mécréant. Il conseille de l'interner

et de révolte n'est encore guère déchaîné dans les campagnes d'Alsace, car ce sont là les seuls cas que mentionnent nos sources.

A Strasbourg même, où la culture intellectuelle plus intense et plus largement répandue engendrait, d'une part, une liberté de penser plus grande et où, d'autre part, les esprits remuants pouvaient être plus difficilement surveillés par les autorités ecclésiastiques et civiles, les contemporains mentionnent, mais pour la première moitié du XVII⁰ siècle seulement, un petit nombre de cas « d'hérésie » ; les coupables sont d'ordinaire des gens du commun, sectaires se rattachant aux doctrines anabaptistes du dernier siècle ou prophètes plus ou moins convaincus de quelque secte nouvelle. En octobre 1605, un typographe, Jean-Frédéric Hoffmann, est cité devant le conseil presbytéral de Saint-Pierre-le-Vieux, parce qu'il ne croit ni à Jésus-Christ ni à la Trinité et ne fait aucun cas du Nouveau-Testament[1]. En 1606, on signale un aubergiste, et en 1626 un tailleur comme adhérents des doctrines de Schwenckfeld[2], et on refuse au premier un sermon funéraire à cause de ses propensions hérétiques[3]. En 1604, un jardinier surgit comme prophète envoyé par Dieu pour prêcher la repentance à ses concitoyens et les ministres le ramènent à grand'peine au sentiment de sa situation véritable dans la société strasbourgeoise[4]. En 1615, le 23 juillet, au moment où le pasteur Jean Scheuring commençait son prêche à la cathédrale, un ancien prédicant de Cologne, Jean Altvatter, se lève subitement, lui impose silence et raconte que Jésus lui était apparu pour le pousser à flageller les vices de ses contemporains ; puis il se met à annoncer, en style apocalyptique,

comme pensionnaire à l'hôpital, qu'il le veuille ou non, — pensionnaire payant, s'entend, — pendant qu'il possède encore quelque [argent. Là, il serait bien obligé d'écouter la parole de Dieu et le chapelain parviendrait peut-être à le mater. (*Mœchte mürb gemacht werden.*)

1. Questionné sur ce qui l'a poussé à professer de si détestables erreurs, il répond que c'est la vie scandaleuse et irréligieuse de tant de chrétiens qui lui a prouvé que leur doctrine ne saurait être la bonne. On lui tint rigueur pendant longtemps, mais en mars 1620 on le réadmit à participer aux sacrements. (*Miscellanea manuscripta*, tome III, aux archives de Saint-Thomas.)

2. Reuss, *L'Église luthérienne de Strasbourg au dix-huitième siècle* (Paris, 1892), p. 13.

3. Gaspard de Schwenckfeld, gentilhomme silésien, mystique pieux, mais fort peu orthodoxe (1490-1561), avait passé plusieurs années à Strasbourg et y avait trouvé des amis et des sectateurs. Les « Schwenckfeldiens » étaient l'un des cauchemars des représentants du luthéranisme rigide. C'est le professeur Wegelin qui dénonça le pauvre tailleur au Magistrat, le 8 septembre 1626.

4. Rœhrich, manuscrit n° 730 de la Bibliothèque municipale de Strasbourg, d'après la Chronique de Wencker, brûlée en 1870.

les châtiments célestes qui sont proches. Il fut d'abord mis en prison, mais le Magistrat se convainquit sans doute qu'il était déséquilibré plutôt que fanatique, car, peu de jours après il le faisait sortir de la ville en lui accordant un modeste viatique[1]. C'est une mesure de prudence analogue que l'on prend en 1616 à l'égard d'un étudiant en théologie du Holstein, Martin Ruæus, qui était arrivé d'Altorf et qu'une lettre du Magistrat de Nuremberg (sur le territoire duquel était située cette Université) dénonçait comme un hérétique dangereux, puisqu'il niait la préexistence divine du Christ. On le cite immédiatement devant le président du Convent ecclésiastique qui l'interroge, et auquel il avoue que, tout en croyant fermement à la divinité de Jésus-Christ, il a des doutes sur le premier point. L'autre lui représente qu'il se perd pour l'éternité, car ce point de doctrine « est le principal article de la foi chrétienne », mais sur la promesse de l'étudiant de ne pas confier à d'autres des doutes aussi répréhensibles, on lui fait grâce d'une punition plus sévère, à condition qu'il quitte bientôt la ville[2]. Un dernier cas analogue nous est rapporté pour l'année 1640. A ce moment, un ancien élève du Gymnase de Dourlach, après avoir longtemps guerroyé comme mercenaire en Italie, vient à Strasbourg pour se faire immatriculer. Mais il a rapporté de ses voyages de singulières opinions dogmatiques, bientôt signalées comme subversives, ce qui le fait appeler, lui aussi, devant le Dr Jean Schmidt, le chef officiel de l'Église de Strasbourg. Il expose à ce dernier que tous les hommes sont également fils de Dieu, au même titre que le Christ, qui ne diffère pas des autres humains; que toutes choses sont de toute éternité; que, dans la sainte Cène c'est la chair de tous les hommes qui est absorbée, etc. Dans le rapport qu'il présente à ses collègues, le 9 décembre 1640, le président du Convent ecclésiastique déclare le coupable inspiré par Schwenckfeld et Michel Servet[3]. Nous ignorons comment se termina l'affaire; sans doute on se contenta de le chasser, car, sans cela, les chroniqueurs contemporains mentionneraient la punition qui serait venue le frapper.

1. Reuss, *Kleine Strassburger Chronik*, p. 39.
2. *Kurtze Relation was mit Martino Ruæo am 1 Junii 1616 gehandelt*, etc. (Archives de Saint-Thomas.)
3. *Gründlicher Bericht betreffend Tobiæ Schneubers Religion und Glauben*, etc. (Archives de Saint-Thomas.) — Ce Tobie Schneuber publia vingt ans plus tard un traité mystique, *Fragen des Geists Gottes und unseres Herrn Jesu an alle Lehrer der Christen, Juden, Türcken und Heiden* (sans lieu d'impression, 1662, 12°), qui se trouve à la Bibliothèque de l'Université de Strasbourg.

Les « rapports de visitation » nous apprennent aussi bien des détails sur les habitudes ecclésiastiques des populations. Ce n'est qu'en 1615 que l'usage des oraisons funèbres est établi dans le comté de Hanau-Lichtenberg ; c'est en 1656 seulement que, dans certaines paroisses de la Basse Alsace tout au moins, on introduisit l'usage de baptiser les enfants à l'église, devant l'autel, tandis qu'autrefois ils recevaient le baptême à domicile, dans leur berceau[1]. Dans certains villages, le pasteur acceptait encore, en 1670, des parrains et des marraines catholiques; on en voit même qui, sur la demande expresse des parents, baptisent des enfants catholiques en danger de mort[2]. Les formes du culte sont en général fort simples (chant, prière, sermon, chant, prière et bénédiction finale), le service divin ayant conservé jusqu'à ce jour, par suite des rapports intimes des premiers réformateurs alsaciens avec ceux de la Suisse, quelque chose de beaucoup plus calviniste que le culte luthérien de l'Allemagne du Nord. Les fêtes religieuses étaient peu nombreuses, précisément pour marquer l'opposition aux innombrables jours de fêtes catholiques, et quelques-unes de celles qui tiennent le premier rang dans les églises luthériennes d'aujourd'hui n'ont même été célébrées, d'une façon un peu solennelle qu'assez avant dans le XVIIe siècle[3].

Dans certaines grandes villes, la musique instrumentale et vocale donnait plus d'éclat au culte, mais ce n'était pas sans protestations sérieuses de la part des esprits plus austères[4]. En 1614, des pasteurs se plaignirent amèrement au Convent ecclésiastique de ce que l'orgue étouffait le chant des fidèles, de ce que la plus grande partie du temps destiné au culte se passait à faire de la musique et qu'on y employait même des violons et des luths, ce qui était scandaleux[5]. Dans les paroisses rurales, non seulement les orgues semblent avoir fait généralement défaut, en ces temps-là (elles étaient rem-

1. Dans le village de Hurtigheim, par exemple, le 16 novembre 1656. (Rœhrich, manuscrit 734, I, de la Bibliothèque municipale de Strasbourg.) — Le baptême des enfants malades ou mourants se faisait souvent au milieu de la nuit (à Olwisheim, par exemple, annexe de Berstett, on cherche le pasteur à deux heures du matin, 1689), pour sauver leurs âmes de la damnation éternelle.
2. Cela se fait, par exemple, à Berstett, en 1669, à Mietesheim, en 1669 et en 1672. (Rœhrich, *Extraits*, dans le même manuscrit.)
3. Le Jeudi-Saint et le Vendredi-Saint n'ont été reconnus comme jours de fête religieux à Strasbourg qu'en 1663. (*Chronique de Trausch* dans Dacheux, *Fragments de chroniques*, III, p. 53.)
4. Voy. au chapitre des Beaux-Arts, p. 282.
5. Délibérations du Convent ecclésiastique, extraites par Rœhrich. (Reuss, *L'Église luthérienne de Strasbourg*, p. 17.)

placées par la voix du chantre), mais encore les fidèles ne doivent pas avoir chanté partout. Ainsi le registre paroissial de Berstett et d'Olwisheim annonce comme une grande nouveauté, à la date du 15 avril 1666, que, ce jour-là, on avait chanté pour la première fois à l'église, ce qui ne s'était jamais fait de mémoire d'homme[1]. En 1685, pour amener les paysans de Hurtigheim à faire entendre leurs voix, on est obligé de les menacer d'un schelling d'amende et, — ce qui est plus fort, — le fidèle qui dénoncera le silence de son voisin de banc ou de stalle, touchera un batz de cette somme[2] ! Dans son rapport de 1660, Dannhauer déclarait même que « dans la plupart des localités, l'auditoire restait en majeure partie muet à l'église quand on entonnait les cantiques, et que plusieurs, « encore qu'ils sachent chanter, regardent comme une honte de le faire, particulièrement les femmes[3] ».

Comme les églises catholiques, les temples des villages protestants avaient beaucoup souffert, eux aussi, pendant les guerres incessamment renouvelées du XVII° siècle. Quand ils n'avaient pas été détruits, leur mobilier avait été brisé ou brûlé, les vases sacrés enlevés, les cloches même volées, lorsque les paroissiens prudents ne les décrochaient pas d'avance pour les emporter dans leur fuite vers les villes[4], et dans mainte paroisse, le sacristain, veuf de sa sonnerie habituelle, était obligé d'aller de maison en maison pour annoncer l'heure du culte. Les caveaux funéraires des seigneurs locaux avaient été violés, leurs pierres tombales dressées contre les parois antérieures, rompues et leur banc d'honneur démoli. Quand l'ammeistre Reisseissen fit restaurer, en 1669, la très modeste église de son village de Furdenheim, cela lui coûta des centaines de florins, et encore avait-il associé à ce travail réparateur plusieurs bons amis qui firent exécuter à leurs frais une petite partie des peintures murales[5], ainsi que le rappelèrent longtemps leurs armoiries placées dans la nef. C'est peu à peu seulement que les dégâts de la guerre disparurent, surtout dans la Basse Alsace, plus exposée que le reste du pays, et que les temples reprirent un aspect décent. Lorsqu'ils n'étaient pas destinés à l'usage simultané

---

1. Bresch, *Aus der Vergangenheit der drei elsæssischen Dœrfer Berstett, Olwisheim*, etc., p. 22.
2. Rœhrich, Notes. (Manuscrit n° 734, I, de la Bibliothèque municipale de Strasbourg.)
3. *Visitationsbericht* de 1660. (Archives de Saint-Thomas.)
4. Les gens de Berstett avaient transporté la leur à Strasbourg et ne la ramenèrent qu'en 1650. (Bresch, *op. cit.*, p. 84.)
5. Reuss, *Aufzeichnungen über Fürdenheim*, p. 13.

des deux cultes[1], ils présentaient un aspect assez nu, ne conservant d'ordinaire aucune trace des tableaux ou des sculptures qui pouvaient les avoir ornés au moyen âge[2], la période initiale de la Réforme ayant été particulièrement hostile à ces « symboles de l'idolâtrie », et les paysans révoltés en 1525 ayant traduit par des faits ces théories iconoclastes[3]. Çà et là subsistait pourtant quelque débris des temps passés et parfois même il était l'objet d'un attachement spécial de la part des fidèles luthériens. C'est ainsi qu'on conservait à Fouday la tête sculptée en bois de saint Jean-Baptiste, l'ancien patron du lieu, et chaque femme qui entrait à l'église allait l'embrasser, nous dit-on, sur l'autel ou lui envoyait du moins, de la main, un salut amical. Le pasteur qui desservait la paroisse vers la fin de la guerre de Trente Ans, un certain Marmet, irrité de cette coutume superstitieuse et plus intransigeant que ses prédécesseurs, fit enlever secrètement la tête; mal lui en prit, car le dimanche suivant, femmes et filles de Fouday, s'apercevant de cette disparition, lui réclamèrent à grands cris le chef de saint Jean-Baptiste et, sur son refus, le chassèrent du village et tentèrent même, si l'on en croit la tradition, de le noyer dans la Bruche[4].

Pour assurer le salut de ses paroissiens en contrôlant leur conduite, le pasteur était assisté de plusieurs conseillers presbytéraux (*Kirchenpfleger*) qu'on appelait aussi quelquefois du nom plus expressif de *Sündschœffen*, ou « échevins-juges du péché »; c'étaient eux qui avaient à veiller à ce qu'on ne profanât pas le repos dominical[5], à ce qu'on ne proférât point de jurons impies, à ce qu'on ne menât point dans le village une vie scandaleuse, en un mot, à ce que tous leurs concitoyens des deux sexes ne franchissent pas les bornes imposées par la discipline ecclésiastique; c'étaient eux aussi

1. Sur le *simultaneum* imposé par le gouvernement de Louis XIV à tant d'églises protestantes, à partir de 1680, voy. le chapitre suivant.
2. Très peu d'édifices furent nouvellement construits au XVI° ou au XVII° siècle pour servir de lieux de culte aux adhérents des doctrines nouvelles; sauf pour celles que les malheurs des temps (incendies par le feu céleste ou par les soldats) réduisirent en cendres, on se contenta des édifices religieux qui existaient déjà, les populations d'un territoire passant d'ordinaire toutes ensemble à la Réforme, en gardant leurs églises.
3. Dans la seconde moitié du XVII° siècle, nous voyons que certaines églises de Strasbourg sont ornées de tableaux empruntés à l'histoire biblique et les revêtements des tribunes égayés par des tableautins et des dorures; c'est l'influence dominante de l'Église rivale qui se fait sentir. Les églises de campagne sont trop pauvres pour se permettre rien de pareil.
4. E. Stœber, *Vie d'Oberlin*, p. 16.
5. Ils devaient circuler à tour de rôle par les rues et dans les champs, durant le service divin, et noter les adultes et les enfants qu'ils rencontreraient en chemin.

qui, sous la présidence du ministre, avaient à punir les contraventions par l'application de cette discipline[1].

C'est avant tout la présence au culte qui est, non pas seulement prescrite, mais imposée à tous, « la parole de Dieu étant l'unique moyen par lequelles hommes puissent trouver le chemin du ciel, et Dieu ayant sévèrement défendu qu'on fasse autre chose en sa sainte journée que de fréquenter la prédication de son Évangile ». Chaque père de famille est tenu d'être à l'église, immédiatement après la sonnerie, accompagné de sa femme, de ses enfants et de ses domestiques, et n'en sortira qu'après la bénédiction finale. Tout retard ou tout départ trop hâtif coûtera six pfennings. Personne ne quittera le village, ni à pied, ni à cheval, avant la clôture du prêche; le boulanger ne mettra pas son pain au four durant le service, et le meunier, sous peine d'une amende de trente schellings, arrêtera la roue de son moulin dès qu'il entendra le second coup de cloche. Les femmes enceintes, les malades, les mères ayant de « tout petits enfants » et les vieillards sont seuls autorisés à manquer le sermon[2].

Ce n'étaient pas de simples menaces seulement ; on trouve dans les registres paroissiaux de l'époque, pour autant qu'ils nous sont connus, de nombreuses mentions de condamnations prononcées par le Conseil presbytéral contre des délinquants plus ou moins coupables[3], et certaines des amendes infligées devaient paraître énormes aux campagnards de ce temps[4]. Ce qu'il y a de plus curieux, ce n'est donc pas, à notre avis, qu'il y ait eu tant de monde alors dans

---

1. On trouve dans la *Land-Policeyordnung* de la ville de Strasbourg, éditée en 1660, au titre II, toute la série des délits passibles des lois civiles et religieuses. Elle exclut de la Sainte-Cène tous ceux qui n'obéissent pas aux autorités, élèvent mal leurs enfants, ne vont pas au culte, ne contrôlent pas consciencieusement leurs domestiques, haïssent leur prochain, sont ivrognes, joueurs, paillards, adultères, usuriers, fainéants, etc.
2. *Land-Policey-Ordnung der Statt Strassburg*, 1660, fol., *passim*. Toutes ces réglementations sont d'ailleurs à peu près les mêmes partout. On trouvera, par exemple, des documents relatifs à la profanation du dimanche dans le comté de la Petite-Pierre (1686-1688), aux Archives de la Basse Alsace, E. 322.
3. Quelques exemples seulement : à Berstett, au culte du Nouvel-An 1607, le prévôt reste à boire à l'auberge oubliant la Sainte-Cène à laquelle il doit assister. — En 1655, les jeunes gens passent la nuit du Jeudi-Saint à boire et se présentent en état d'ébriété à l'acte de la confession générale des péchés qui précède la communion ; en 1663, neuf bourgeois de Furdenheim sont condamnés à l'amende pour avoir fait chercher leurs chevaux au pâturage, un dimanche matin, trois autres pour avoir manqué le prêche, etc., etc.
4. Le 17 novembre 1672, les habitants de Quatzenheim sont avertis qu'ils auront à payer *un florin* d'amende s'ils manquent le culte, et cinq schellings s'ils n'assistent pas à l'*examen* qui le suit. (Rœhrich, mscr. 734, I.)

les églises, mais qu'il s'en soit trouvé encore autant pour déserter le saint lieu[1].

Le culte n'était pas toujours mieux fréquenté à la ville qu'à la campagne et les services de l'après-midi surtout, confiés à de jeunes débutants ou du moins à des prédicateurs d'un rang secondaire dans la hiérarchie locale, là où fonctionnaient plusieurs ecclésiastiques, étaient délaissés plus qu'il n'était agréable à ces derniers. Quand le pasteur Weber, de Munster, fut appelé en 1634 comme « prédicateur de l'après-midi » (*Nachmittagsprediger*) à Colmar, il déclara qu'il n'accepterait cette position que si le Magistrat lui permettait de prendre la parole de temps à autre le matin, « afin qu'il n'eût pas à prêcher seulement aux bancs vides[2] ». Ce qui ne contribuait pas peu à effaroucher les fidèles, c'est l'extrême longueur des services d'alors. L'ensemble durait généralement plus de deux heures, et sur ces deux heures, plus de la moitié était consacrée au sermon. Les ordonnances ecclésiastiques du comté de Hanau-Lichtenberg, les plus raisonnables sous ce rapport, interdisaient au prédicateur d'occuper la chaire pendant plus de trois quarts d'heure; celles de Deux-Ponts et de Nassau-Sarrebruck accordaient une heure, celles de Strasbourg ne prétendaient pas limiter l'éloquence des orateurs sacrés, et de fait, il faut bien admettre que les plus célèbres prédicateurs de l'époque, les Jean Schmidt, les Dannhauer, les Bebel, qui ont illustré la chaire strasbourgeoise, ont usé de la permission de dépasser l'heure et même l'heure et demie, quand on feuillette les gros in-quarto de leurs sermons. On ne débiterait pas la plupart d'entre eux en moins de temps, même en parlant avec une volubilité extrême. On avait essayé, dans certaines paroisses, de réagir contre ce danger, en plaçant sur la chaire un sablier, petit meuble bénévolement offert par quelque paroissien qui songeait peut-être un peu à lui-même, et que le sacristain devait retourner au moment opportun. Chaque tour du sablier marquait l'une des divisions du sermon et la fin du quatrième tour devait correspondre à la péroraison de l'orateur[3]. On comprend qu'en hiver, dans les églises non chauffées, quand le culte, suivi de la Sainte-Cène, durait au moins trois heures

---

1. A Berstett, en 1611, le cinquième dimanche après la Trinité, « tous les hommes manquent au service de l'après-midi ». En 1612, le jour de l'Ascension, « pas une femme n'est à l'église »; elles sont toutes à boire le « vin du sacristain » (*Sigristenwein*) à l'auberge. (Bresch, *Aus der Vergangenheit*, etc., p. 54.)
2. *Bulletin du Musée historique de Mulhouse*, 1886, p. 63.
3. Le *Stundglas* fut introduit à Berstett le 12 juillet 1682. (Bresch, *op. cit.*, p. 16.)

et que parfois le vin de la communion gelait dans le calice sur l'autel[1], il fallait un grand zèle et une santé solide pour remplir ses devoirs religieux. En été, au contraire, la chaleur engendrait la somnolence dans l'auditoire, et tel pasteur, pour la combattre efficacement, était obligé d'annoncer du haut de la chaire, que dorénavant, à cause de cette indigne habitude de dormir durant le prêche, il procéderait immédiatement après à un examen de l'auditoire, jeunes et vieux, sur le contenu de son sermon[2]. Trop souvent d'ailleurs, malgré la bonne volonté des auditeurs, il leur était impossible de suivre les arides discussions théologiques du prédicateur, et quand ils sortaient du temple, ils étaient obligés d'avouer qu'ils n'ont pas compris ce qu'on leur a dit et qu'ils ne sauraient dire, encore moins retenir pour les appliquer plus tard, les exhortations entendues[3].

Dans aucune des communautés luthériennes de l'Alsace, on n'a prêché en français au XVIIe siècle, sauf dans celles du Ban-de-la-Roche, les autres paroisses de langue française, à Bischwiller, à Sainte-Marie-aux-Mines, etc., étant toutes calvinistes. A Strasbourg, où l'église française, fondée en 1538 par Calvin, avait été définitivement fermée comme hérétique en 1576, on avait suppléé, dans une certaine mesure, durant les premières années du siècle, à l'absence d'un culte pour les étudiants étrangers, français, polonais, etc., par une homélie dominicale confiée à l'un ou à l'autre des professeurs de l'Académie ; mais elle fut prononcée pour la dernière fois, le 22 octobre 1622, par le docteur Bæchtold, « *cessante causa* », c'est-à-dire pour cause d'absence d'auditeurs[4]. C'est seulement en 1661 que le Magistrat de Strasbourg autorisa un ex-moine augustin, le P. Timothée de Lannois, passé au luthéranisme, à prêcher une fois par semaine, à la chapelle des Lépreux, au Finckwiller[5]. Quelques jours plus tard, l'ammeistre Christophe Stædel proposa d'établir un culte régulier de langue française, à l'instar de celui de Francfort, ce qui serait une œuvre utile et faisant honneur à la ville[6]. Mais ce

---

1. Cela arriva à Noël 1676, à Berstett. (Bresch, *op. cit.*, p. 102.)
2. « *Wegen des observirten schaendlichen schlafens zwischen der predigt.* » Registre paroissial du Quatzenheim, 25 mai 1673. (Rœhrich, *Extraits*, mscr. 734, I.)
3. « *Weilen jedoch die predigten ultra captum illorum abgefasst... wenn sie aus der Kirchen kommen, bekennen müssen dass sie nichts recht verstehen, behalten, wissen noch sagen kœnnen was gepredigt worden.* » C'est un pasteur qui dit cela dans un « *Bedacht wegen der Kinderlehr, de anno 1680* ». (Manuscrit n° 514 de la Bibliothèque municipale de Strasbourg.
4. Note anonyme sur le traitement du professeur Bæchtold. (Archives de Saint-Thomas.)
5. Procès-verbaux des XXI, 31 août, 4 novembre 1661.
6. *Ibid.*, 11 novembre 1661.

premier essai ne fut pas de longue durée, et ce n'est que dix-huit ans plus tard que, « vu la grande utilité de la chose », un service hebdomadaire français fut installé, quelques mois avant la capitulation de la cité[1]. Seulement, jusqu'à la Révolution, il n'y eut pas de *paroisse* luthérienne française à Strasbourg, l'administration des sacrements et tous les actes casuels restant exclusivement dévolus aux pasteurs des sept paroisses de langue allemande.

Le prêche était suivi de l'instruction religieuse (*Examen*), à laquelle devaient assister, outre les enfants des deux sexes, tous les domestiques, « les grands comme les petits ». Parents et maîtres étaient également tenus d'être là pour constater le degré de savoir et de piété de leur progéniture et de leurs serviteurs. Ceux-ci avaient à se présenter modestement, en tenue décente et à répondre « simplement et pertinemment » aux questions qui leur seraient posées. Comme on ne se fiait pas cependant d'une façon absolue au recueillement de la jeunesse, les anciens de la paroisse étaient chargés de faire taire les bavards et de les maintenir[2]. Les renseignements que nous avons réunis sur cette instruction générale des paroissiens sont assez contradictoires, ce qui peut s'expliquer par le fait qu'ils se rapportent à des périodes différentes. Au commencement du siècle, en un temps de calme au moins relatif, la commission strasbourgeoise visitant les villages de la Noblesse immédiate, constate avec satisfaction que les jeunes époux connaissent bien leur catéchisme et loue surtout les jeunes femmes qui, portant leur bébé sur le bras, ou conduisant un enfant par la main, ont « très bien passé leur examen[3] ». Puis vient la guerre de Trente Ans et, dès 1641, un pasteur de la Basse Alsace nous raconte que beaucoup d'entre ses paroissiens « ne savent plus rien de leur religion et ne peuvent expliquer ce que c'est que Dieu et le diable[4] ». Un autre, quarante ans plus tard, accorde bien que, grâce au concours énergique de l'autorité civile, on arrive à conduire au prêche et au catéchisme, même les valets de labour et les servantes de ferme, mais il ajoute que beaucoup d'entre eux y dorment la plupart du temps ou rêvent à d'autres choses[5], à cause de leur intelligence bornée ou de leur mémoire rétive[6].

1. Procès-verbaux des XXI, 22 mars, 17 avril 1680.
2. *Strassburgische Landpolicey-Ordnung* du 7 mars 1660, titres III et IV.
3. *Visitationsbericht* de 1607, cité par Bresch, *Aus der Vergangenheit*, etc., p. 20.
4. Wolff, *Chronik von Dossenheim*, p. 37.
5. « *Mit ihren gedancken im gerstenfeld zu spatzieren.* »
6. « *Bedacht wegen der Kinderlehr*, 1680. Manuscrit cité, n° 514. (Bibl. municipale.)

A Strasbourg, les deux pasteurs de chaque église, aidés du maître d'école et du sacristain, fonctionnaient d'ordinaire ensemble dans cette rude tâche de la catéchisation dominicale de la paroisse et avaient en outre deux ou trois, voire même quatre étudiants de l'internat de Saint-Guillaume à leurs côtés, pour questionner les fidèles présents et faire réciter le catéchisme à la jeunesse. Trop souvent, ces jeunes gens, qui ne recevaient aucune rémunération de leur fatigant travail, manquaient au dernier moment, et alors la séance, pendant laquelle certains ecclésiastiques faisaient réciter le catéchisme tout entier[1], s'allongeait démesurément; on mettait en fuite, et peut-être pour toujours, une bonne partie de l'auditoire, assez récalcitrant déjà. Le corps pastoral ne se dissimulait pas les inconvénients graves d'un pareil système. Dans une pétition du 2 juin 1680, il priait le Magistrat d'ordonner certaines réformes, d'augmenter le nombre des aides (*Adjuvanten*) en leur accordant une « honnête récompense », de diminuer la longueur des récitations, de punir les parents qui négligent d'envoyer leurs enfants, d'engager des notables à assister aux instructions pour empêcher que « des adultes mal élevés » entrent et sortent pendant la catéchisation et ne causent du désordre par leur continuel bavardage, etc.[2]. Le Magistrat, de son côté, consacre une série de séances à ce problème de pédagogie ecclésiastique. Dans celle du 24 février 1681, on propose d'employer les anciens soldats pensionnés de la garnison, en tant qu'ils seraient encore assez valides, à faire la chasse aux garnements qui polissonneraient dans les rues au moment où se faisait l'instruction religieuse[3].

Pendant deux ans, l'on discuta les mesures les plus efficaces pour remédier à ce relâchement de la piété publique et toute une série de décrets sévères contre les récalcitrants fut votée. Deux ans plus tard, l'avocat-général Ulric Obrecht, — il n'était pas encore converti, ni par suite, préteur royal, — déclarait au Conseil que ces deux décrets avaient produit un excellent effet, que les églises étaient remplies aux heures d'instruction religieuse, mais qu'il craignait fort que « cette ferveur ne fût bientôt éteinte[4] ».

1. Sur les catéchismes en usage dans les Églises protestantes d'Alsace et la méthode de l'enseignement religieux d'alors, on consultera avec fruit le récent ouvrage de MM. A. Ernst et J. Adam, *Katechetische Geschichte des Elsasses bis zur Revolution*, Strassburg, Bull, 1897, 8°, qui est fait sur les sources et traite à fond, pour la première fois, la matière. Il serait à désirer qu'un travail analogue fût fait pour l'Église catholique.
2. Manuscrit n° 514 de la Bibliothèque municipale de Strasbourg.
3. Procès-verbaux des XXI, 24 février 1681.
4. Procès-verbaux des XXI, 23 février, 4 mars 1683.

Ce n'était pas d'ailleurs à l'église seulement que la piété des gouvernés était contrôlée à l'occasion par les gouvernants, mais encore à domicile ; nous en avons trouvé un curieux exemple, qui nous reporte aux débuts de la guerre de Trente Ans. Alors que la nouvelle de l'invasion de Mansfeld dans le nord de l'Alsace vint effrayer les populations de toute la province, les « officiers » de la Régence de Riquewihr ordonnèrent,— comme on l'avait fait autrefois pour les Turcs au XVIe siècle, — des prières et des supplications générales, afin de détourner ce fléau de leur territoire. Chaque jour les cloches sonnaient à midi ; dès qu'ils entendraient la sonnerie, tous les sujets du duc, maîtres, enfants et serviteurs seraient tenus de réciter immédiatement une prière ou tout au moins l'Oraison dominicale, en quelque endroit qu'ils fussent, soit aux champs, soit dans la rue, soit dans leurs maisons. Quiconque négligerait ce devoir pieux, payerait cinq livres d'amende, et les journaliers et les domestiques seraient mis pour trois jours en prison. Le même châtiment devait atteindre ceux qui se permettraient de se moquer de l'ordre de la Régence[1].

§ 2. LE CORPS PASTORAL DES ÉGLISES D'ALSACE

(Mœurs et Activité intellectuelle)

Le corps pastoral des différentes églises luthériennes d'Alsace était nécessairement aussi peu homogène qu'elles l'étaient elles-mêmes. Il y avait, surtout au début du siècle, peu de jeunes Alsaciens qui étudiassent la théologie en comparaison des postes nombreux à desservir et, de là, nécessité d'appeler les ecclésiastiques du dehors. A vrai dire, il n'était guère besoin de les appeler, car ils venaient d'eux-mêmes à Strasbourg, attirés par la réputation de l'Université et peut-être aussi par l'espoir de trouver dans le pays quelque cure, à la fin de leurs études. La plupart arrivaient soit du Palatinat, soit du Wurtemberg, soit d'autres contrées transrhénanes, dont les souverains étaient possessionnés en Alsace et nommaient leurs sujets aussi bien à des postes situés en deçà qu'au delà des limites de la province. Mais il en venait aussi de beaucoup plus loin ; surtout dans la seconde moitié du siècle, après que la guerre de Trente Ans eut détruit dans l'Empire tant de villages, brûlé tant d'églises, fait périr tant de monde, des pasteurs fugitifs originaires de la Lorraine[2], de la Thuringe, du Brandebourg, de la

---

1. Ordonnance du 26 avril 1622. (A.H.A., E. 426.)
2. Il existe aux Archives de Saint-Thomas une lettre d'un ancien élève

Hesse, de la Poméranie, de la Saxe électorale, des ministres exilés des provinces autrefois protestantes de la maison d'Autriche, plus tard encore des pasteurs de Transylvanie et de Hongrie, arrivaient en nombre chercher un gagne-pain dans les contrées moins ravagées ou plus tolérantes. Ils étaient loin d'être tous placés, et la plupart devaient se contenter d'un modeste viatique pour eux et leurs familles, mais le chiffre d'ecclésiastiques étrangers, — au sens local du mot, — employés dans les paroisses luthériennes de la province, n'en reste pas moins assez considérable[1], d'autant plus que le nombre des ministres en Alsace avait diminué d'une façon effrayante durant la grande tourmente, par suite des émotions morales, des misères matérielles et des épidémies[2].

On fut donc bien obligé, pendant un certain temps au moins, de prendre les candidats que l'on avait sous la main, même des moines défroqués[3], de sorte que le corps pastoral alsacien fut alors passablement mélangé, non seulement au point de vue ethnographique, mais encore au point de vue moral. Il ne serait donc pas équitable de le juger dans son ensemble d'après certains détails fournis par nos sources sur quelques-uns de ses membres; les faits qu'on nous présente appartiennent en effet presque tous à cette époque de transition qui prit fin quand, sur les ordres du roi, l'on ne nomma plus aux cures vacantes que des enfants du pays.

Néanmoins, il faut les citer, comme nous avons cité les faits analogues pour le clergé catholique, afin que l'enquête soit complète et le tableau fidèle. On constatera donc un certain nombre de

du *Collegium Wilhelmitanum*, David Hiemeyer, originaire de Nœrdlingen, pasteur à Diemeringen, dans les terres de Sarrebruck, expulsé par les Lorrains qui s'en étaient emparés. Il y supplie le président du Convent ecclésiastique de lui procurer un morceau de pain, partout où pourrait se trouver une petite place pour un pauvre septuagénaire, comme pasteur, *maître d'école* ou *sacristain*, en ville ou dans un village (25 août 1629).

1. Pour citer un exemple typique, — il n'y en eut pas beaucoup, je pense, d'aussi curieux, — la paroisse de Geudertheim dans la Basse Alsace a eu successivement pour pasteurs un fugitif venu de la Carniole (1600), un autre venant de la Poméranie (1638), un Nurembergeois (1669) et un Hessois (1689). (Rœhrich, manuscrit 734, I.)
2. De 1632 à 1638, *dix-sept* pasteurs moururent sur le seul territoire de la petite république de Strasbourg. (Rœbrich, *Mittheilungen*, II, p. 180.)
3. Il est vrai que la plupart des cas à nous connus appartiennent au premier tiers du siècle : Dominique Bischenrath, ex-moine de Stürzelbronn, diacre à Schaafheim (1613); Bartholomé Oeri, de Coire, pasteur à Mundolsheim (1617); François Flosculus à Reitwiller (1622). Mais encore en 1656 nous voyons un ancien prêtre, Jean-Pierre Deyssenhover, pasteur à Wolfisheim.

cas d'immoralité[1]; un cas de bigamie[2]; un cas de vol[3]; quelques cas aussi de conversion au catholicisme[4]. Le vice dominant de l'époque, l'ivrognerie, fait parmi les ministres luthériens les mêmes ravages que parmi les curés de l'Église romaine[5], et il faut la foi robuste et, malgré tout, naïve des gens de cette époque pour se laisser rudoyer et menacer des colères divines, en juste punition de leurs péchés, par des ecclésiastiques qu'ils ont vus se conduire parfois, d'une façon si peu digne de leur ministère. Une relation détaillée sur la longue querelle entre le Convent ecclésiastique et le Dr Jundt ou Juntha, secrétaire de la ville, pourrait fournir quelques croquis de mœurs bien curieux à l'appui de cet énoncé général[6]. C'est là que se trouve l'anecdote du pasteur Speccer, de Sainte-Aurélie, auquel on a fait prendre huit litres de vin, coupés il est vrai, par « une belle oraison funèbre ». C'est là aussi qu'on raconte l'aventure de Me Schilling, diacre de la cathédrale, que deux bons bourgeois ramènent chez lui en état d'ébriété, au sortir d'un repas de noces; blessé au front par suite d'une chute faite sur le seuil même de sa porte, il crie en rentrant à sa femme : « Çà, du vin ! Qu'on apporte du vin ! » Une voisine de ses paroissiennes

1. Mathias Urbanus, pasteur à Hausbergeu, en 1609, et Berthold Fenderich, pasteur à Pfaffenhoffen, en 1670, sont déposés pour inconduite. (*Acta und Verhœr*, aux Archives de Saint-Thomas, et Kiefer, *Pfarrbuch*, p. 297.)
2. Jean Richi, de Geroltzhofen en Franconie, pasteur à Oberbetschdorf, est révoqué « *nachdem offenbar worden dass er in Francken noch ein eheweib hab und doch zu Oberbetschdorf auch eins.* » (Kiefer, *Pfarrbuch*, p. 219.)
3. Le pasteur de Hohenatzenheim, Jean Veit, a volé en 1636 le calice de la communauté, l'a vendu, et a disparu, « *sich darauf absentirt, ohnwissend wo er hinkommen* ». C'était l'année de la terrible famine, et il y avait là peut-être des circonstances très atténuantes. (Kiefer, *Pfarrbuch*, p. 88.)
4. Nous citerons le cas du pasteur Metzler de Reschwoog, qui épousa sa cuisinière catholique, laquelle continuait à fréquenter la messe, puis il envoya son fils au Collège des Jésuites de Bade et finit par abjurer lui-même. (*Gutachten* du Convent ecclésiastique de Strasbourg au seigneur de Fleckenstein sur cette affaire, mai 1677, aux Archives de Saint-Thomas. — Extraits chez Rœhrich, manuscrit n° 736 de la Bibliothèque municipale.)
5. En 1687, le diacre d'Ingwiller, Jacques Habermann ou Avenarius, fut déposé « *ob vitium ebrietatis* ». (Rœhrich, mscr. 734, I.)
6. Le secrétaire du Conseil des XIII, Joseph Jundt, était calviniste d'origine et les pasteurs luthériens de Strasbourg n'avaient pas voulu l'accepter comme parrain. Il porta plainte à ses supérieurs, et cela donna lieu à une longue et ardente polémique, dont la pièce la plus importante est le *Bericht über die Juntha'schen Hœndel*, 1614, rédigé soit par Jundt lui-même, soit par un de ses partisans, et où l'on a tracé un tableau, chargé sans doute, des faits et gestes des théologiens ses adversaires, mais dont on ne pouvait pas songer pourtant à *falsifier* les faits, en présence d'ennemis aussi influents. Rœhrich en a copié de larges extraits dans ses notes. (Manuscrit n° 730.)

ayant déclaré que sa conduite était scandaleuse, il lui réplique qu'il
la dénoncerait au Convent ecclésiastique pour manque de respect à
l'égard de son directeur spirituel, et il eut même l'audace de prêcher
contre elle, du haut de sa chaire[1] !

Mais c'étaient là, somme toute, des exceptions bien peu nombreuses. Un défaut infiniment plus répandu dans le corps pastoral
de cette époque, ce fut un grand orgueil spirituel, commun d'ailleurs
au clergé des deux cultes, orgueil uni à une étroitesse d'esprit et
de sentiments qu'ils auraient dû répudier d'autant plus résolument
qu'ils reprochaient davantage ces travers à leurs adversaires religieux. Le XVII° siècle est en toutes choses le siècle des formules,
des règles et du cérémoniel, et l'habitude, le devoir même, qu'ils
avaient d'appliquer la discipline ecclésiastique, de rappeler à
l'ordre les esprits rebelles par des exhortations et des punitions
publiques, explique, dans une certaine mesure, sans le justifier,
ce ton tranchant des pasteurs. Comme leurs confrères de l'Église
romaine, ils se mêlent de tout, du haut de la chaire, interpellant et
commandant non seulement les simples particuliers, mais les autorités elles-mêmes[2]. Celles-ci, dans les villes libres et impériales
du moins, où la bourgeoisie formait, en théorie, le peuple souverain, se trouvaient fort embarrassées parfois dans leur lutte contre
l'influence des ministres. « Tout le Magistrat de Strasbourg, dit
un de nos documents, a peur des pasteurs, à cause des petits
bourgeois qui leur sont tout dévoués, si bien que les pasteurs eux-
mêmes n'ont plus aucun souci de l'autorité civile et ne se gênent
pas pour déclarer qu'ils n'ont aucun ordre à recevoir d'elle[3]. »
L'exemple le plus frappant de ces querelles généralement sourdes,

1. « Hat sie in der predigt gezüchtigt. » (Mscr., n° 730.)
2. Nous citons quelques-uns des exemples recueillis dans nos dossiers :
Plaintes du Magistrat de Riquewihr de ce que le surintendant Conrad
Jennich ait insulté ses membres du haut de la chaire (21 février 1605). —
Lettre du duc Louis-Frédéric de Montbéliard au pasteur Jean Nægelein,
d'Andolsheim, lui faisant défense de scandaliser la paroisse en excommu-
niant et en excluant de la Cène le receveur et les jurés du village (15 décembre 1628). — Plaintes du commerçant Christophe Fingado, de Jebsheim,
contre le pasteur J. Wurtz, qui l'a insulté et frappé, le 16 janvier 1625, en
présence du maître d'école, de sa femme enceinte et de ses élèves, à propos d'une vache que Fingado lui avait vendue. (A.H.A., E. 1442.) — Destitution de Michel Seiler, pasteur à Hœrdt, révoqué en 1663, « à cause de son
esprit querelleur ». (Kiefer, *Pfarrbuch*, p. 176.)
3. L'auteur ajoute : *Sie sehen auf die bürger, die haben sie erwæhlt und
zu predigern angenommen.* » *Bericht über die Juntha'schen Hændel;* ce
rapport se trouvait dans un manuscrit de la bibliothèque de Schœpflin,
Acta ecclesiastica alsatica, qui a été brûlé lors du bombardement de 1870.
(Rœhrich, mscr., n° 730.)

mais éclatant quelquefois en public, entre le régime autoritaire de l'oligarchie de la ville libre et l'orgueil intraitable d'un de ses ministres, est celui du pasteur Martin Gross, où des deux côtés, le conflit fut poussé jusqu'aux extrêmes. Ce théologien qui sans être bien distingué par son savoir, possédait certains dons oratoires et avait su se rendre populaire parmi le menu peuple, en invectivant les grands, occupait la chaire de la Cathédrale depuis 1651. Jaloux à l'excès du président du Convent ecclésiastique, le Dr Jean Schmidt, qui n'était pas toujours commode dans ses relations avec les collègues et qui, de plus, était d'origine étrangère, Gross entreprit contre son supérieur d'abord, puis contre le Magistrat et plusieurs de ses membres en particulier, une lutte acharnée, ne reculant même pas devant les calomnies les plus odieuses pour décrier ses adversaires. Il se sentait soutenu par l'admiration instinctive des masses qui voient volontiers, surtout à des époques troublées, dans les plus cyniques envieux des défenseurs de la vérité et des martyrs. Pendant des années, Gross se servit de la chaire de la Cathédrale pour tonner contre les vices du monde officiel, ce qui était de son devoir, mais en y mêlant les insinuations les plus personnelles et les moins compatibles avec la charité chrétienne.

Ayant finalement inculpé le stettmeistre Claude-Louis Zorn d'inceste et de sodomie, le Magistrat, dont la patience était à bout, prononça sa destitution[1]. Le lendemain, le prédicateur remontait audacieusement en chaire et recommençait ses déclamations furibondes. On l'enferme alors dans son presbytère ; sa tête se perd, il s'échappe, malgré la surveillance de la police, court les rues, ses pistolets à la main, demandant aux bourgeois de le soutenir par la force. Les Conseils décident enfin son incarcération ; d'abord on le met à la tour Sainte-Catherine, puis on lui donne une chambre parmi les pensionnaires de l'hôpital ; on finit même par le relâcher, en lui conseillant de chercher fortune au dehors. Mais personne, naturellement, ne veut des services d'un aussi dangereux et encombrant personnage, et comme il se remet à ameuter les citoyens, on l'enferme derechef, en 1660, sur la demande même de ses collègues qui ont peur de le voir attenter à leur vie. On le loge dans une cellule de l'ancien hospice, du *Blatterhaus*, dont on fait murer les fenêtres donnant sur la rue, et l'on envoie l'ammeistre en régence visiter successivement les assemblées de toutes les vingt tribus, pour leur expliquer en détail et presque pour excuser cet acte de

1. Procès-verbaux des XXI, 23 décembre 1657.

rigueur indispensable à l'égard d'un malheureux qui certainement était tombé en démence depuis des mois, sinon depuis des années, et souffrait de la folie des grandeurs et de celle des persécutions[1]. Gross resta vingt ans dans cette réclusion complète ; il fut relâché par ordre du gouvernement de Louis XIV, habile à se concilier les sentiments du bas peuple qui n'avait pas entièrement oublié son tribun et qui penchait toujours encore à croire à une odieuse persécution de la part des chefs de la cité. Mais le vieillard était brisé de corps et d'esprit et mourut dès 1682.

En dehors des impulsions d'une vocation sérieuse, très fréquentes encore à cette époque, on peut admettre que c'était aussi la conscience d'un véritable pouvoir à exercer sur les âmes et le désir d'occuper une position sociale universellement respectée, qui amenait d'ordinaire la jeunesse académique à l'étude de la théologie. Malgré les promesses du vers bien connu : « *Dat Galenus opes, dat Justinianus honores,* » beaucoup, après les grandes et dures épreuves de la première moitié du siècle, embrassaient de préférence cette carrière pastorale qui leur assurait une autorité morale infiniment supérieure alors à celle de l'avocat ou du médecin. Le vœu suprême pour mainte mère pieuse, en terre luthérienne, était d'entendre son fils prêcher son premier sermon, de même qu'en terre catholique c'était de le voir célébrer sa première messe.

Le « ministre luthérien », au chapeau de feutre de haute forme, à la grande collerette godronnée, à la toge en drap noir, portée sur un long justaucorps de même couleur, figure dans les recueils de *Costumes strasbourgeois* du temps immédiatement après « l'ammeistre » et avant le *Rathsherr* ou membre du Grand-Conseil. On voit qu'il a le sentiment de son importance et que son influence n'est pas encore contestée[2].

En effet, quand après ses dix années de Gymnase et ses huit années d'études académiques tant générales que spéciales, le nouveau *séminariste* quittait l'Université pour entrer au service de l'Église comme vicaire, diacre, ou pasteur de campagne, il se sentait dans son village ou dans sa petite ville, le représentant naturel de la Re-

1. On trouve aux Archives municipales de Strasbourg de volumineux dossiers et rapports annexés aux procès-verbaux des Conseils, de 1657 à 1660, qui prouvent à quel point cette querelle avec le pasteur de la Cathédrale (*Die Grossischen Hændel*) préoccupait le gouvernement et l'opinion publique. Rœhrich en a donné une esquisse succincte, mais très fidèle dans les *Mittheilungen*, II, p. 262-285. Cependant il y aurait là une monographie bien plus détaillée à rédiger à l'aide de ces documents si nombreux.
2. Oscar Berger-Levrault, *Costumes strasbourgeois*, Paris et Nancy, 1889, 4°, planche 2.

ligion comme de la Science. Ce qui valait mieux encore pour lui, c'est qu'il n'y rencontrait d'ordinaire personne pour lui contester cette qualification, peu méritée peut-être à un point de vue absolu, mais assurément légitime alors, dans l'état défectueux de l'instruction populaire. Dans sa sphère modeste, le jeune pasteur, maître ès-arts et bachelier en théologie, représentait en effet tout le peu de science et toutes les lumières spirituelles qui pouvaient venir éclairer par ricochet les intelligences de ses ouailles. Il nous semble incontestable qu'à ce point de départ de sa carrière, le jeune ministre protestant était généralement mieux préparé, mieux outillé pour sa mission que le jeune desservant de l'Église romaine. Mais restait-il à la hauteur de sa tâche, et ne perdait-il pas dans l'isolement matériel et moral de son existence rustique, l'avantage qu'il avait au début et le contact avec le monde de la pensée? C'est un problème un peu moins difficile peut-être à résoudre que celui qui se posait à propos d'une esquisse de l'activité intellectuelle du clergé catholique, parce que les documents nécessaires font un peu moins défaut ; mais il ne laisse pas d'être fort délicat. En effet, si nous avons pour le XVIIe siècle un beaucoup plus grand nombre d'écrits de toute nature, émanant d'ecclésiastiques protestants, il ne faut pas se dissimuler que la presque totalité de ces écrits sont sortis de la plume de professeurs ou de pasteurs habitant des centres urbains plus considérables ou demeurant dans leur voisinage immédiat. Il n'est donc guère possible d'en tirer des conclusions un peu exactes sur la situation d'esprit et les goûts scientifiques ou littéraires des véritables pasteurs de campagne. Sans doute que, là aussi, le plus prudent serait d'admettre un état de choses différent, selon les différentes périodes. Durant les premiers lustres de ce siècle, une existence moins troublée du dehors, les traditions de l'humanisme plus vivantes, les querelles confessionnelles un peu moins âpres encore, permettent les études sérieuses et de longue haleine, même en dehors de la sphère théologique ; c'est alors qu'un Osée Schad, par exemple, modeste desservant des villages de Hurtigheim, puis de Duttlenheim, se met à traduire non seulement, mais à continuer encore les *Commentaires* de Sleidan, à décrire la Cathédrale de Strasbourg et son passé, à compiler une *Chronique* de sa ville natale[1]. Puis la guerre éclate et devant les incendies, les pillages, les ruines, les pasteurs, pas plus que les curés, n'ont plus le loisir de se livrer à d'autres occupations qu'à celles de leur charge. J'imagine

1. Sur Osée Schad, voy. Reuss, *De Scriptoribus rerum alsaticarum*, p. 128.

qu'à la campagne, dans les presbytères d'Alsace, on ne devait guère lire et moins encore écrire, de 1620 à 1650. Dans les villes, en dehors des brochures de polémique confessionnelle[1] et des traités dogmatiques, des thèses académiques séparées ou réunies en volumes[2], on ne voit guère paraître que des sermons isolés, de circonstance, provoqués par des fêtes officielles ou par des deuils publics et des deuils privés[3], ou bien encore des recueils massifs, d'un millier de pages parfois, apportant aux âmes agitées soit l'écho des menaces et des colères de Jéhovah[4], soit l'assurance de son pardon et de sa miséricorde paternelle à la fin des plus cruelles épreuves. Aujourd'hui que beaucoup considèrent le sermon comme un genre faux et qu'un plus grand nombre s'accorde à le fuir comme ennuyeux, on a quelque peine à comprendre combien, durant tout le XVII° siècle, ce fut la forme littéraire préférée dans le monde protestant, — comme d'ailleurs aussi dans le monde catholique[5], — pour discuter les questions et manifester les passions du jour. On mettait en sermons la pédagogie[6] comme la dogmatique[7], le catéchisme[8] comme la politique[9], le tout naturellement au point de vue de la stricte orthodoxie luthérienne[10]. En dehors

1. Nous avons mentionné quelques-uns des produits les plus curieux de cette polémique au chapitre v du livre VII, en parlant de l'Académie de Molsheim.
2. Nous avons également indiqué, en parlant de l'Université de Strasbourg, quelques-uns de ces écrits de Dannhauer, Bebel, etc., p. 296.
3. Il ne mourait point, je ne dis pas une notabilité scientifique ou politique, mais un notable quelconque, sans que sa famille tînt à honneur de faire imprimer son *Leichensermon*, avec des notices biographiques, qui rendent ces interminables homélies infiniment précieuses pour l'histoire de la civilisation au XVII° siècle.
4. Nous citerons la *Tuba monitoria Jonæ et Michæ oder Warnungsruf* d'Eisen (1625), les *Geistliche Theuerungs-Hunger- und Busspredigten* de Schilling (1657); l'*Englischer Christen Schutz wider den erbfeindlichen Türckentrutz* de Dannhauer (1664), etc., tous publiés à Strasbourg.
5. Nous rappellerons seulement les innombrables volumes du capucin viennois, Ulric Megerlé, plus connu sous le nom d'Abraham a Sancta-Clara.
6. Joh. Schmidt, *Fünf Predigten vom geistlichen Schulbrunnen Israëls*, Strassburg, 1641, 4°.
7. Isaac Faust, *Erinnerung von dem Heil Abendmahl in Predigten*, Strassb., 1687, 18°.
8. Kromayer, *Lautere Catechismusmilch*, et autres recueils analogues.
9. Joh. Schmidt, *Regentenspiegel, sechs und zwanzig Rathspredigten*, Strassb., 1666, 4°.
10. La prédication seule exigeait de la part d'un pasteur consciencieux, à une époque où il devait prêcher *au moins* trois fois par semaine, un travail énorme. Le biographe de Joachim Stoll, prédicateur de la petite cour des Ribeaupierre, à Ribeauvillé (1615-1678), nous raconte que Stoll avait composé et écrit 4,806 sermons. (J.-H. Ottho, *Gloriosa fidelium servorum Domini introductio*, etc. Franckfurt, 1678, 4°, p. 54.

des recueils de sermons, ce sont les traités d'édification populaire qui dominent, recueils de prières, petites brochures à bon marché, etc. Quand une fois le régime français est solidement établi dans tout le pays, quand la paix règne à l'intérieur, certains ecclésiastiques retournent à leurs études archéologiques et savantes en les mêlant d'une façon qui nous paraît aujourd'hui bizarre, à leurs élucubrations de sermonnaires.

C'est ainsi qu'Israël Murschel, pasteur à Bischheim, dans son *Elsæssische Trauer-Predig* et son *Elsæssische Trost-Predig*, publiées toutes deux en 1648, mêle à ses développements religieux des renseignements historiques et jusqu'à des détails sur les fouilles qui révélèrent alors le campement de la huitième légion sous les murs d'Argentorat[1]; il rédige également un peu plus tard, un abrégé de la constitution strasbourgeoise[2]. Nicolas Klein, pasteur à Colmar (1638-1702), compile ses *Miscellanées* et la *Chronique* de sa ville natale[3]; Jean Huber, pasteur de Saint-Guillaume à Strasbourg (1612-1693), réunit dans les appendices de son *Sermon d'action de grâces* prononcé lors de la rénovation de son église, une série de documents sur l'histoire ecclésiastique et profane de l'Alsace au moyen âge[4]. Mais ce sont là des exceptions et la plupart de ceux qui tiennent encore une plume s'appliquent dans les vingt dernières années du siècle, à lutter, assez timidement, il est vrai, contre la propagande de plus en plus hardie qu'entreprennent le clergé séculier, les Jésuites et les Capucins, contre la foi de leurs ouailles. Le siècle qui avait commencé par des assauts de controverse, s'achève aussi par des polémiques religieuses. Cependant, ici encore, ce sont presque exclusivement les professeurs et les pasteurs de Strasbourg qui soutiennent la lutte[5], et le corps pastoral des campagnes, intimidé par la violence de la réaction religieuse, inquiété dans ses personnes, bien suffisamment occupé par les exigences pratiques de la situation nouvelle, s'il accompagne ces efforts de ses vœux les plus ardents, ne semble avoir rien fait pour y participer d'une façon plus directe. Il se sentait non convaincu, mais vaincu d'avance, et sous un régime absolu, les vaincus n'ont qu'un moyen de marquer

---

1. Sur Murschel, voy. Reuss, *De Scriptoribus*, p. 172.
2. *Flos Reipublicæ Argentoratensis*, etc. Strassb., 1653, 4°.
3. Sur Nicolas Klein, voy. Reuss, *De Scriptoribus*, p. 152.
4. *Christliche Danck und Denck-Predigt*, etc. Strassb., 1657, 4°. Voy. sur Huber, Reuss, *op. cit.*, p. 165.
5. Il faut nommer avant tout Balthasar Bebel, professeur à la Faculté de théologie, qui finit par quitter la partie et accepta une chaire à l'Université de Wittemberg, quand la lutte devint à peu près impossible en Alsace (1686).

leur désaccord, c'est le silence. L'activité littéraire dans cette sphère spéciale ne reprend, dans une certaine mesure, que dans les premières années du XVIII° siècle, alors que le luthéranisme orthodoxe voit surgir, en Alsace, l'agitation piétiste, depuis longtemps déjà puissante dans le reste de l'Allemagne protestante, et qu'il fait un effort suprême, mais également infructueux, pour terrasser ce nouvel ennemi.

§ 3. LA SITUATION MATÉRIELLE DES PASTEURS

(*Traitements, Dîmes, Administration des biens paroissiaux*)

Nous avons dit la place distinguée qu'occupait le pasteur, quelque humble qu'eût été sa naissance, dans la hiérarchie sociale du XVII° siècle. Mais, en thèse générale du moins, les avantages matériels de sa situation ne répondaient pas à l'influence morale qu'il exerçait autour de lui. Même les positions les mieux rétribuées dans les villes, et jusque dans Strasbourg, étaient assez médiocres au point de vue pécuniaire, pour engager leurs titulaires à combiner, si possible, une place de professeur à la Faculté de théologie avec leur chaire ecclésiastique, ou pour les forcer; — ce qui était plus facile, — à prendre chez eux des étudiants ou des élèves du Gymnase, comme pensionnaires, à moins que, plus heureux, ils ne possédassent quelque fortune personnelle, soit par héritage, soit par suite d'une alliance matrimoniale. Si aucun de ces cas ne se réalisait, il arrivait, même dans la capitale de la province, qu'un pasteur fût dans une situation très pénible et digne de pitié[1], surtout s'il était chargé d'une nombreuse famille[2]. En effet, le traitement maximum d'un ministre strasbourgeois pouvait se monter à trois cents florins

1. Aux archives de Saint-Thomas se trouve une supplique du diacre Schaller, attaché à la paroisse de la Cathédrale, en date du 3 octobre 1637. Il expose à l'ammeistre qu'après vingt-cinq ans de services dévoués à la plus grande église de Strasbourg, il était à bout de forces, et que pourtant on le laissait souffrir de la faim et plongé dans la misère; que le receveur de l'Église Rouge ne lui payait pas son traitement, etc. Au bord de la pièce, un scribe de la chancellerie l'a résumée en ces mots peut-être ironiques: *Herr Schaller pfarrer am Münster, will hungers sterben.*
2. C'est en effet ce point capital qu'il ne faut pas perdre de vue en comparant la situation matérielle du corps pastoral d'alors avec celle du clergé catholique d'Alsace. On verra que les revenus *moyens* des desservants des deux cultes étaient à peu près les mêmes (30 à 40 florins en argent, et les dîmes et compétences diverses), du moins à la campagne. Mais les ministres protestants avaient une famille, souvent très nombreuse, à nourrir, et ne touchaient pas, comme leurs collègues romains, en dehors du casuel ordinaire, le prix des nombreuses messes que la piété des paroissiens faisait dire d'un bout de l'année à l'autre.

quand il appartenait à l'une des trois paroisses de Saint-Thomas, Saint-Nicolas et Sainte-Aurélie dont le premier pasteur touchait les revenus d'une des prébendes du Chapitre de Saint-Thomas ; c'était aussi le traitement du pasteur principal de la Cathédrale, à la fin du XVIe siècle ; seulement ce dernier touchait encore en dehors de cet argent trente-six quartauts de céréales et un foudre et demi de vin[1]. La plupart des autres pasteurs ou des diacres (pasteurs-adjoints) ne dépassaient pas un total de deux cents à deux cent cinquante florins[2]. A ce traitement en numéraire, venait se joindre,— en dehors du casuel, — un appoint annuel, voté par le Conseil des Quinze, en 1621, de cinq stères de bois, de six cents fagots et d'un demi-quintal de suif pour fabriquer des chandelles[3]. De plus, les desservants avaient la jouissance d'une maison curiale.

Dans les petites villes impériales la situation matérielle du pasteur est bien plus modeste encore ; à Munster, par exemple, le pasteur principal touchait quarante florins seulement en numéraire, plus deux foudres de vin, quelques quartauts de blé, un boisseau de fèves et un boisseau de sel; il avait, en outre, la jouissance d'un presbytère et celle d'un pré, pour y faire paître sa vache, d'un jardin potager (*Krautgarten*) et d'un champ pour y planter le chanvre que fileraient sa femme et sa servante[4].

A Gœrsdorf, bourg assez important du comté de Hanau-Lichtenberg, le pasteur avait en 1630, avant les grands ravages de la guerre de Trente Ans, un traitement de quarante-deux florins en argent, de deux foudres de vin, de vingt-deux quartauts de céréales diverses, deux prés en outre du presbytère, où se trouvait une étable à porcs bien remplie, quatre champs et un jardin ; de plus, le seigneur lui fournissait le bois à discrétion[5]. Mais il faut dire que les cures du comté comptaient alors, et certes avec raison, parmi les mieux dotées de l'Alsace protestante. A la Robertsau, paroisse suburbaine de Strasbourg, l'abbaye de Saint-Étienne qui, devenue chapitre de dames nobles luthériennes, avait à sa charge les frais du culte de la localité, donnait au desservant un

1. Note de J. Pappus fils sur les traitements touchés par son père, rédigée en 1622. (Archives de Saint-Thomas.)
2. Tobie Speccer, diacre de Saint-Nicolas (1593-1600) touchait 170 florins en argent et 24 quartauts de céréales. (Communication obligeante de M. le pasteur Théodore Gérold, de Saint-Nicolas, auquel je dois plusieurs renseignements intéressants qu'il a bien voulu emprunter à une histoire détaillée de sa paroisse, qui va paraître prochainement.)
3. Procès-verbaux des XV, 2 septembre 1621.
4. L. Spach, L'abbaye de Munster, dans ses *Œuvres choisies*, III, p. 131.
5. Kiefer, *Pfarrbuch*, p. 386.

traitement de quatre cents florins, qui était certainement le plus élevé qu'ait touché dans ces temps un ecclésiastique *extra-muros*[1]. D'autres étaient infiniment moins bien partagés; le pasteur de Quatzenheim, par exemple, ne recevait que vingt-deux quartauts de seigle et vingt-deux quartauts de froment[2]. Celui d'Alteckendorf, plus heureux, touchait trente-cinq florins, vingt quartauts de seigle, cinq de froment, deux d'orge et deux d'avoine, avec un demi-foudre de vin (1660). Mais comme c'est aussi lui qui tient, à ce moment l'école, il a de ce chef un supplément de cinquante bottes de paille et de cinquante fagots, et reçoit en plus de chaque enfant un écolage trimestriel de deux schellings et six pfennings[3]. A Ballbronn, le pasteur Samuel Kumprecht (1648-1674) touche trente-six florins, huit quartauts de froment, huit de seigle, huit d'orge et deux foudres de vin[4]. Nous pourrions citer encore toute une série de chiffres analogues, bien qu'assez variables dans leurs détails[5], mais ceux que nous avons donnés nous semblent suffire pour justifier nos conclusions générales sur ce point. On peut dire, à notre avis, que la moyenne du salaire en argent comptant variait, au XVIIe siècle, entre 30 et 60 florins, selon que les compétences en nature étaient plus ou moins considérables. Dans les districts viticoles, il se rencontre naturellement un nombre de mesures de vin plus considérable. Dans la plaine, les céréales dominent, et surtout le seigle; puis viennent le froment, l'orge et parfois aussi quelque avoine. On ne s'éloignera pas beaucoup de la réalité en fixant les compétences

---

1. Rœhrich, *Mittheilungen*, III, p. 313. On comprend que l'un des titulaires, le bon Gaspard Klée, auteur d'un recueil d'édification, beaucoup utilisé dans la première moitié du siècle, le *Conducteur à la vie éternelle* (*Wegweiser zu dem ewigen seeligen Leben*, Strassb., 1603, 4°), ait épanché dans la préface de son livre, sa reconnaissance pour la Providence qui, après bien des épreuves, a fait reverdir ses feuilles de trèfle (*Klee* signifie *trèfle*) si longtemps foulées aux pieds.
2. Rœhrich, *Extraits*, manuscrit n° 734, I, de la Bibliothèque municipale.
3. Kiefer, *Pfarrbuch*, p. 307.
4. Id., *Ballbronn*, p. 306.
5. On a pu s'apercevoir que nous possédons des détails infiniment plus nombreux, et partant des renseignements beaucoup plus précis, pour les paroisses luthériennes que pour les paroisses catholiques, grâce aux monographies consacrées depuis une vingtaine d'années au passé de leurs paroisses par nombre de pasteurs ; grâce surtout au *Pfarrbuch* de M. Kiefer, qui a parcouru toutes les colligendes du comté de Hanau-Lichtenberg aux archives de Strasbourg et de Darmstadt. De pareils travaux, pour modestes qu'ils soient, sont infiniment précieux pour l'historien qui ne peut dépouiller toutes les sources lui-même. — Pour le revenu des églises du comté de la Petite-Pierre, pendant le dernier quart du XVIIe siècle, on trouvera des documents au fascicule E. 317 des archives de la Basse Alsace.

en vin à une moyenne d'un demi-foudre à deux foudres et celles en blé d'ordinaire à vingt ou trente quartauts.

Le casuel pouvait être abondant pour certains pasteurs dans les grandes villes où se rencontraient des paroissiens plus nombreux et plus aisés, mais il ne devait pas augmenter très sensiblement les revenus des pasteurs de campagne. Quand bien même toutes les communautés eussent eu un tarif des actes paroissiaux aussi élevé que Quatzenheim, par exemple, où l'on devait payer pour la célébration d'un mariage un florin, pour un enterrement la même somme et cinq schellings pour un baptême, il n'est pas prouvé du tout que leurs ouailles aient été en mesure de payer en réalité ces sommes, et certainement leurs ministres les baptisaient et les enterraient tout de même. Encore au XVIIIe siècle, la taxe du casuel pour les terres palatines dans le nord de l'Alsace, révisée en 1720, n'accordait aux ministres que vingt kreutzer par baptême, trente kreutzer pour une confirmation, trente kreutzer pour la triple proclamation des bans, un thaler par enterrement ou par mariage[1]. Étant donné le nombre restreint des naissances, des mariages et des décès arrivés dans un de ces petits villages d'alors dont beaucoup ne comptaient que de quinze à trente feux, on calculera facilement quelle ressource médiocre pour le pasteur présentait ce casuel, alors même que tous ceux qui devaient l'acquitter étaient en position de le faire et d'humeur à s'exécuter.

Les paroisses les mieux dotées, au point de vue de l'existence matérielle du pasteur, étaient celles qui possédaient d'ancienne date des biens destinés à l'entretien du culte, et qui avaient eu la chance de les voir entièrement conservés à cette destination, après l'introduction officielle de la Réforme par le seigneur du territoire. C'est ainsi qu'à Furdenheim, en 1639, les biens curiaux comprenaient 60 arpents, produisant 30 quartauts de céréales en redevances[2]; à Hurtigheim, en 1660, ils comptaient 44 arpents[3]. Seulement ces terres mal soignées et mal gardées pendant les longues guerres, s'émiettaient parfois sans qu'on sût bien comment. Le pasteur de Furdenheim cherchait, dès 1654, cinq de ses arpents, que les paysans s'étaient peu à peu appropriés dans les quinze dernières années et dont ils contestaient obstinément l'existence[4]. La perversité

1. *Kirchenordnung der Grafschaft Sponheim*, Strassb., 1720, p. 376-377.
2. *Fürdenheimer Ackerbuch* de 1639, extrait par Rœhrich (manuscrit n° 734, I).
3. Rœhrich, notes (manuscrit 734, I, de la Bibliothèque municipale de Strasbourg).
4. Ils prétendaient que la manse pastorale n'avait jamais occupé que 55 arpents et *un sixième*.

de ces tenanciers ecclésiastiques était parfois si grande et les menaces avaient si peu de prise sur eux que l'on était réduit à recourir pour les convaincre, à des moyens bien peu canoniques[1].

Malheureusement pour le corps pastoral, les biens ecclésiastiques, quelle que fût leur origine[2], avaient été d'ordinaire saisis au XVIe siècle et sécularisés par le possesseur territorial. Il les avait réunis à son « domaine » et n'en appliquait qu'une partie aux besoins du culte. Il en était de même pour les dîmes ecclésiastiques affectées primitivement aux frais de l'église et au traitement du clergé. Ces dernières avaient d'ailleurs passé partiellement en certains endroits comme fiefs, à des seigneurs laïques, dès avant la Réforme. La dîme était donc prélevée le plus souvent au XVIIe siècle, par les représentants du seigneur ou du souverain et non par le pasteur, ni à son profit exclusif. D'ordinaire, elle se payait directement et en nature. Le bailli ou le receveur seigneurial désignait dans chaque commune quelques notables honnêtes qui, lors de la moisson, se transportaient dans le ban de la paroisse, comptaient les gerbes et faisaient placer chaque dixième ou douzième gerbe[3] sur une voiture qui les suivait et déversait de temps à autre sa charge à la grange dîmière (*Zehentscheuer*). Ou bien encore des batteurs en grange assermentés travaillaient en présence du contrôleur seigneurial (*Gegenschreiber*), qui faisait mettre les grains en sacs à la fin de la journée et prélevait chaque dixième sac pour son maître. Quelquefois on louait aussi la dîme locale, soit à un particulier, soit à la commune elle-même, et c'était alors son affaire d'encaisser son dû sans trop de déchet ni de fraude. Il arrivait aussi que l'on fixât d'avance à l'amiable et pour un certain nombre d'années, la quantité de céréales à fournir ; une année, c'était le seigneur qui bénéficiait de l'arrangement, une autre fois ses sujets, et c'était aussi le procédé

1. Le pasteur Fickeisen, de Bischwiller, écrivait, en 1640, au comte palatin Chrétien de Birckenfeld, son seigneur, d'un ton lamentable, que ne réussissant pas à tirer au clair ses droits, il n'avait trouvé d'autre moyen de triompher de la méchanceté de ses ouailles que de les enivrer, « cela étant le seul moyen de faire parler gens de cette espèce, et de faire apparaître les choses qu'ils veulent dissimuler ». (Culmann, *Geschichte von Bischweiler*, p. 53.)
2. C'étaient ou bien des rentes attachées à un autel ou données à une église pour frais de culte (messes des morts, lampes perpétuelles, etc.), appelées *Heiligengafaelle, Heiligengut*, ou bien des biens-fonds destinés à des œuvres de charité (*Das Almosen*), ou enfin à des subventions aux pasteurs émérites et aux veuves des ministres, *Wittumgut*. — Voy. Kiefer, *Steuern und Abgaben*, etc., p. 49-50.
3. Nous avons déjà vu plus haut, à propos du clergé catholique, que dans certaines paroisses d'Alsace on payait la dîme au douzième ou treizième seulement.

le moins vexatoire et le plus facile à réaliser en un temps où l'argent comptant était rare.

Dans les régions viticoles on plaçait les cuves et les foudres seigneuriaux (*herrschaftliche Zehentbütten*) à l'entrée de la rue du village, et le soir, avant l'Angélus, en revenant du vignoble, les vendangeurs étaient tenus de présenter leur récolte au surveillant-juré (*Zehenttrager*), et de chaque cuveau de raisin ou de chaque tendelin de moût, il prélevait la dîme[1] qui était voiturée ensuite au pressoir seigneurial (*Zehenttrott*). Pour la dîme des animaux vivants (*Blutzehent*), des œufs, du lait, etc., un homme de confiance était chargé de dresser avec le concours du berger communal, le catalogue des poulains, veaux, porcelets, brebis, oies et autres bêtes nées dans la commune au cours de l'année, et c'est d'après cette liste qu'était établi le compte de ce que chaque habitant avait à payer pour l'accroissement de la population de ses étables ou de sa basse-cour[2]. Quand on songe qu'il lui fallait encore payer la dîme des objets de moindre rapport, légumes, tabac, chanvre, fruits, etc., ce qu'on appelait, en un mot, « la petite dîme » (*Kleinzehnt*), on comprend que ces dîmes, dans leur ensemble, pesaient lourdement sur le cultivateur et le vigneron[3]. A ce point de vue, il était fâcheux pour le corps pastoral que l'idée d'un impôt ecclésiastique continuât à s'attacher à ces redevances dans l'esprit des paysans, alors qu'une partie, souvent minime, en revenait seule entre leurs mains et leur tenait lieu d'un traitement en argent, presque partout dérisoire[4].

Mais si, dans des années de calme et de prospérité, la position matérielle des ministres pouvait passer pour satisfaisante, alors que la rentrée des dîmes se faisait sans difficulté sous la surveillance des autorités seigneuriales, alors que les terres curiales étaient bien

---

1. Ce n'était pas non plus exactement le *dixième* de la récolte; à Riquewihr, par exemple, on abandonnait aux valets décimateurs un *treizième* de la récolte.
2. Kiefer, *Steuern und Abgaben*, p. 37-40.
3. M. Pfister a calculé qu'elles représentaient en moyenne, pour le comté de Horbourg, un quinzième du revenu *total* des villages agricoles au XVIII⁰ siècle. (*Revue d'Alsace*, 1888, p. 158.)
4. Ce qui permettait alors aux pasteurs de sentir beaucoup moins que de nos jours la médiocrité de leurs revenus personnels, c'est que leurs ouailles, plus pieuses, plus désireuses de se concilier leur guide et leur supérieur, ayant aussi beaucoup moins de débouchés pour les produits de leurs champs, de leurs fermes, de leurs vergers, et par suite, moins habituées qu'aujourd'hui à les transformer en numéraire, donnaient volontiers et largement (des dons en nature s'entend) aux pasteurs qui avaient su gagner leur confiance et leur respect, quand l'année avait été bonne. Ils pouvaient donc vendre leurs propres céréales et en tirer de l'argent.

cultivées soit par les valets de labour et les servantes du pasteur, soit par les paysans auxquels il les louait, la situation changeait brusquement en temps de guerre. A peu près tous les revenus des princes, des villes, des fondations religieuses ou autres étaient représentés par des rentrées en nature. Dès que la culture des champs s'arrêtait, dès que le vignoble n'était plus exploité, les paysans étaient ruinés, les seigneurs appauvris, et les pasteurs comme les curés, dans la même misère. Personne ne leur disputait leur traitement « sur le papier », mais on leur déclarait simplement qu'on n'avait pas les moyens de les payer [1]. Beaucoup de ministres à la campagne furent obligés à ces époques de crise, si fréquentes au XVIIe siècle, d'abandonner leurs presbytères en ruines et leurs champs en friche, que personne ne voulait plus cultiver, pour chercher un asile dans quelque ville voisine, un peu mieux protégée, et de là ils se rendaient, le dimanche, quand les chemins étaient assez sûrs, à leur village pour y prêcher [2]. Dans les environs de Strasbourg il existait encore quelques-unes de ces « paroisses à cheval » (*Reitpfarren*) au moment de la Révolution. Dans la Haute Alsace, les fonds destinés à l'entretien des églises et de leurs conducteurs diminuèrent tellement au cours de la guerre de Trente Ans, qu'on ne put plus payer les traitements des pasteurs du comté de Horbourg. Ceux-ci demandèrent qu'on leur fournît leurs émoluments sur les revenus de la principauté de Montbéliard ou qu'on les autorisât à se retirer pour quelque temps en des endroits étrangers, afin de chercher à s'y sustenter avec femmes et enfants. La première alternative fut repoussée par la Régence de Montbéliard, mais elle chargea ses « officiers » à Riquewihr de retenir trois pasteurs seulement dans tout le territoire wurtembergeois et de « permettre aux autres de chercher leur subsistance où ils voudraient [3] ». Cela se passait en

---

1. Nous voyons un cas de ce genre lors de l'installation du pasteur Pistorius de Saint-Nicolas, à Strasbourg. Le chapitre de Saint-Thomas lui déclare « qu'il lui accorde tout le traitement auquel il a droit sur le papier » (*vœllig auf dem Papier zu weissen gewillt*), mais qu'en ces tristes temps, il est absolument impossible qu'il demande à être paié, et qu'on ne pourra pas non plus fournir les jetons de présence qu'on ne paye actuellement à aucun membre du Chapitre. (Procès-verbal du Chapitre du 19 août 1634. — Communication de M. Th. Gerold.)
2. Par exemple le pasteur de Winzenheim qui se retire à Bouxwiller. (Déclaration des protestants de Marlenheim, du 16 mai 1643, aux archives de Saint-Thomas.)
3. Lettre du 2 mars 1636, A.H.A., E. 416. — Un peu plus tard, on permet aux autres « als welche der frœnzœsischen sprach zimmelich erfahren » de venir au pays de Montbéliard, et en effet l'on trouve l'un d'eux, Conrad Binder, à la cure d'Allenjoye en 1642. (A.H.A., E. 417.)

1636, et encore en 1642 ces derniers représentants du corps pastoral de la seigneurie circulaient, par ordre, de commune en commune, desservant successivement les paroisses auxquelles on ne pouvait toujours pas offrir un ministre y résidant comme par le passé [1]. En Basse Alsace aussi, quand on réorganisa les services religieux, après la paix de 1648, la perte des biens ecclésiastiques et le manque de fonds amenèrent des mesures analogues. Beaucoup de paroisses, autrefois autonomes, furent attribuées comme annexes à des cures voisines, ce qui, tout en imposant un labeur plus grand au pasteur, permettait du moins de lui assigner un revenu à peu près égal à celui qu'il possédait autrefois. C'est plus tard seulement qu'on s'aperçut du danger que cet arrangement nouveau faisait courir à l'Église luthérienne, quand ces annexes, où le pasteur n'apparaissait qu'à certains jours et dans certaines occasions, devinrent pour cette raison même, le terrain d'attaque favori des missionnaires catholiques.

§ 4. LES PAROISSES RÉFORMÉES D'ALSACE

« Le nombre des calvinistes est d'environ douze mille, » écrivait en 1697 l'intendant d'Alsace [2]. Ce chiffre, difficile à vérifier, ne peut en tout cas passer pour approximativement exact que si l'on entend le mot de *calvinistes* dans le sens plus large de *réformés* de toute langue et de tout pays; car pour les membres de l'Église réformée de France, ils ont toujours été dans la province en bien plus petit nombre, et depuis la prise de possession française, surtout depuis la mort de Mazarin, ils n'ont pu qu'y diminuer par l'effet naturel des circonstances politiques [3].

Aux premiers temps de la Réforme, l'Alsace protestante avait été l'un des lieux de refuge les plus recherchés par les disciples de la doctrine nouvelle qui fuyaient les rigueurs des Parlements de France, des magistrats lorrains et de l'Inquisition espagnole des Pays-Bas. Strasbourg, alors centre politique de première importance, avait vu se constituer dans ses murs, dès 1538, une congrégation de langue française dont Calvin lui-même fut, jusqu'en 1541, le premier prédicateur, et un peu plus tard, en 1542, une autre paroisse réformée française avait été constituée à Bischwiller. Assez nombreuses furent aussi les colonies d'exilés réformés

---

1. Ordre de la Régence du 11 mai 1642. (A.H.A., E. 417.)
2. La Grange, *Mémoire*, fol. 229.
3. Horrer, dans ses annotations au manuscrit de La Grange (fol. 164), ne donne plus aux calvinistes d'Alsace, en 1778, qu'un total de 6,395 âmes.

groupés sur les territoires du duché de Deux-Ponts ou du comté de Nassau-Sarrebruck, dans les petits villages du *Westrich* ou de la Lorraine allemande[1]; la partie alsacienne de la vallée de Sainte-Marie-aux-Mines, appartenant aux Ribeaupierre, avait également donné asile aux émigrés du duché voisin[2]. Mais peu à peu les relations, si sympathiques d'abord, entre le luthéranisme alsacien et les réformés s'étaient refroidies, par suite des querelles théologiques incessantes et quand les ministres de Strasbourg eurent été tous, ou presque tous, gagnés aux tendances extrêmes, ils réussirent à forcer le Magistrat de cette ville à mettre des entraves à l'exercice du culte réformé, puis à fermer absolument le temple calviniste, en 1577[3]. Plus tard, le gouvernement de la République poussa l'intolérance jusqu'à défendre aux habitants réformés de se rendre au prêche dans les localités du dehors[4] où subsistait leur culte, et vers le milieu du XVIIe siècle, il n'y avait plus guère qu'une trentaine de familles calvinistes dans la ville principale de l'Alsace[5].

Bischwiller ayant beaucoup souffert de la guerre de Trente Ans, la paroisse réformée y avait également diminué, malgré les nouvelles immigrations lorraines de 1618 et comme Sainte-Marie-aux-Mines, vers la même époque, était à peu près ruiné par la cessation du travail des mines, il n'y avait plus, vers 1650, qu'un nombre très limité de réformés dans toute la province, même en y comprenant Mulhouse et son petit territoire, qui, faisant partie de la Confédération helvétique, ne devrait pas, à vrai dire, être mentionné ici.

Ce qui fit remonter assez rapidement le chiffre de la population réformée de l'Alsace dans les vingt années qui suivirent, ce fut l'arrivée des immigrants relativement nombreux qui répondirent à l'appel adressé par les gouvernements locaux aux agriculteurs des pays voisins, afin de hâter le défrichement des terrains restés si longtemps en jachère et de reprendre l'élève du bétail, autrefois

---

1. Voyez là-dessus le substantiel résumé de M. Fernand de Schickler dans l'*Encyclopédie des sciences religieuses*, XII, p. 817. (Églises du Refuge.)
2. Cf. Muhlenbeck, *Une Église calviniste au XVIe siècle. Histoire de la communauté réformée de Sainte-Marie-aux-Mines.* Paris, Fischbacher, 1881, gr. 8°. — Pour une série de cas particuliers, de la fin du XVIe et du commencement du XVIIe siècle, on peut feuilleter le dossier des archives de la Haute-Alsace, E. 2013.
3. Pour les détails, on pourra consulter Reuss, *Notes pour servir à l'histoire de l'Église française de Strasbourg*, Strasb., Treuttel et Würtz, 1880, 8°.
4. Arrêté du 10 décembre 1597. (*Ibid.*, p. 60.)
5. Mæder, *Notice historique sur la paroisse réformée*, Strasbourg, 1853, 8°, p. 15.

une des richesses de la province. Mais ce ne furent pas, comme au siècle précédent, des « calvinistes » de langue française, ce furent des « zwingliens » de langue allemande venus des cantons protestants de la Suisse, qui fournirent la masse de cette seconde immigration réformée, et dont on parle si fréquemment dans les rapports ecclésiastiques de la seconde moitié du XVIIe siècle. Dans les villes, ce sont des négociants de Bâle, de Berne et de Zurich qui forment le noyau des paroisses « calvinistes », bien plus que les descendants des anciens réformés français, assimilés pour la plupart aux luthériens qui les entourent, soit par des unions mixtes, soit par le désir de participer aux affaires municipales, soit surtout par l'impossibilité matérielle de pratiquer leur propre culte et de persévérer ainsi dans la tradition des ancêtres.

Dans toute la Basse Alsace, Bischwiller fut, pendant près de quatre-vingts ans, la seule paroisse réformée qui eut une existence légale et fut solidement organisée. Ce n'est qu'en 1654 que le comte Frédéric-Casimir de Hanau-Lichtenberg accorde au pasteur Philippi, de Bischwiller et aux anciens Abraham Dauphin et Isaac Clauss, de Strasbourg, l'autorisation de célébrer un culte mensuel régulier dans son village de Wolfisheim, situé à six kilomètres de Strasbourg. Pendant longtemps le Magistrat de cette dernière ville fait tout ce qu'il peut pour entraver la fréquentation de ce prêche ; il défend aux voituriers d'y conduire les valétudinaires, les femmes et les enfants, sous prétexte qu'en roulant ils violent le sabbat; il repousse formellement la demande des calvinistes de Strasbourg « de leur laisser gracieusement leur liberté de conscience[1] ». Quand il a dans ses murs des mercenaires suisses, empruntés à ses alliés et qu'il est bien obligé de les laisser s'édifier à leur guise, il défend sévèrement à ses bourgeois de suivre leur culte temporaire à Saint-Nicolas-aux-Ondes[2], affichant une intolérance religieuse dont il allait bientôt avoir à se plaindre à son tour. On prêchait alternativement dans les deux langues à Bischwiller comme à Wolfisheim, mais une des conséquences les plus inattendues de l'occupation de Strasbourg par la France fut l'abolition de ce culte français. Louis XIV ne voulait pas de prédicants de langue française en Alsace, qui pussent « pervertir » ses fonctionnaires et ses soldats.

En novembre 1685, les deux ministres de Wolfisheim, quoique suisses, furent expulsés[3]; sur les supplications réitérées du Con-

1. Procès-verbaux des XXI, 11 novembre 1661.
2. Procès-verbaux des XIII, 19 mai 1679.
3. Reisseissen, *Mémorial*, p. 124.

sistoire, l'intendant La Grange voulut bien permettre à un nouveau ministre, appelé de Bâle, de reprendre les prédications allemandes, « pourvu toutefois que ledit ministre ne sache pas la langue française[1] ». Désormais assurée de son existence, la paroisse réformée de Strasbourg, grâce à cet influx helvétique continuel, devint assez nombreuse; en 1697, elle comptait 1,528 âmes, femmes et enfants compris[2].

Dans la Haute Alsace, nous trouvons de scommunautés françaises à Mulhouse et à Sainte-Marie-aux-Mines. Celle de Mulhouse, créée en août 1661, par un gentilhomme réformé français retiré dans cette ville, n'eut guère d'importance au XVIIe siècle[3], mais à Sainte-Marie-aux-Mines la communauté réformée française comptait en 1641 environ 500 communiants. Le pasteur de la localité se rendait aussi régulièrement, à cette époque, à Schlestadt, où environ quatre-vingts personnes se réunissaient pour entendre le prêche dans le logis de M. le marquis de Montausier, gouverneur de la place. C'étaient sans doute, en majorité, des militaires protestants de la garnison royale.

A côté de cette communauté de langue française se forme peu à peu, grâce à l'arrivée de mineurs et d'ouvriers suisses, une paroisse allemande dont le premier ministre fut installé en 1666[4]. Ces groupes, assez insignifiants d'ailleurs, et perdus au fond d'une vallée trop dépeuplée par les guerres pour être une seconde fois vidée de ses habitants, ne furent pas persécutés, même après la révocation de l'Édit de Nantes. Louis XIV avait trop besoin de l'alliance des cantons helvétiques réformés, de beaucoup les plus puissants de la Confédération, pour inquiéter leurs compatriotes, et il ne voulait pas non plus blesser inutilement les princes palatins de Birckenfeld, successeurs des Ribeaupierre, sur les terres desquels vivaient ces communautés. Si certaines violences regrettables s'y produisirent, comme le cas du pasteur Mérian, à moitié assommé par la populace, puis destitué sur l'ordre de M. de La

---

1. Lettre de La Grange du 15 janvier 1686. (Mæder, *op. cit.*, p. 63.)
2. Il faut dire, à la honte du Magistrat de Strasbourg, qu'il persévéra jusqu'au bout dans son attitude intransigeante vis-à-vis de ses concitoyens réformés. C'est à la veille seulement de la Révolution qu'un arrêté royal du 14 août 1788 autorisa les calvinistes strasbourgeois à construire un oratoire dans la ville même, pour les dispenser du fatigant pèlerinage de Wolfisheim.
3. Sa fondation est racontée par Josué Furstenberger dans ses *Mulhauser Geschichten*, p. 326, et la liste des pasteurs de la paroisse française se trouve dans le même volume. (*Le vieux Mulhouse*, II, p. 8.)
4. Ch. Drion, Notice historique sur l'Église réformée de Sainte-Marie-aux-Mines. (*Revue d'Alsace*, 1858, p. 162.)

Grange pour n'avoir pas voulu se mettre à genoux sur le passage du Saint-Sacrement (1687)[1], elles ne furent pas nombreuses. Par contre, le gouvernement français fut sans pitié pour les fugitifs calvinistes de l'intérieur qui essayèrent de s'échapper par l'Alsace, et les habitants du pays, impliqués dans des tentatives de sauvetage à leur égard, furent poursuivis selon toute la rigueur des édits et partagèrent les cachots et les galères avec ceux qu'ils avaient courageusement essayé de soustraire à leurs persécuteurs[2].

Les représentants de Louis XIV savaient fort bien qu'ils n'avaient rien à craindre des réformés d'Alsace, tremblant sans cesse pour leur existence ou du moins pour leur repos et poursuivis avec une antipathie tenace par leurs frères ennemis, les luthériens, presque autant que s'ils avaient été turcs ou païens. Cette haine intime, qui datait de loin et avait, plus que toute autre cause, amené la décadence profonde de l'Allemagne protestante durant la première moitié du siècle, se manifeste parfois avec une inconscience parfaite, d'un bout de cette période à l'autre. Certains esprits clairvoyants en gémissaient: « Si seulement nos pasteurs s'appliquaient à instruire nos frères au lieu de les envoyer à tous les diables! » disait le diplomate colmarien Jonas Walch, dans une lettre du 29 juillet 1634; « chacun n'a à répondre que de sa propre âme et c'est à bon droit que Dieu punit celui qui voue celle de ses frères à la damnation éternelle[3]. » Mais quand ils se plaignaient trop haut de cette intolérance, quand ils se permettaient des appels publics à la concorde[4],

---

1. Il faut mentionner expressément qu'il avait « salué le viatique avec respect »; on ne pouvait donc lui reprocher aucune inconvenance, ni une attitude blessante pour le culte catholique. (*Revue d'Alsace*, 1858, p. 167.)
2. Lettre de Louvois à M. Gauthier procureur général au Conseil souverain, du 8 avril 1688, ordonnant l'arrestation de la femme Suzanne Didier, de Bischwiller, pour avoir favorisé l'évasion de la femme Modéra, de Metz. (Van Huffel, *Documents*, p. 147.) — Lettre de Louvois à La Grange, du 16 mai 1688, ordonnant le procès de Jean Schemerberg, de Mulhouse, et de sa femme, pour motif analogue. S'ils sont condamnés à mort, ne pas les exécuter, le roi voulant commuer leur peine en celle des galères. (Van Huffel, p. 148.) Voyez aussi Josué Furstenberger, *Mulhauser Geschichten*, p. 369. — Dans notre livre, *Louis XIV et l'Église protestante de Strasbourg, 1685-1686*, p.127-137, nous avons raconté d'après les procès-verbaux officiels des Conseils, un véritable guet-apens tramé par M. de Chamilly, gouverneur de la ville, pour compromettre, par des agents provocateurs, cadets du Roi, un bourgeois calviniste de Strasbourg.
3. *Bulletin du Musée historique de Mulhouse*, 1886, p. 66.
4. C'est ainsi que Bernegger écrivait dans sa *Tuba pacis*, imprimée sous le voile de l'anonyme, à Strasbourg, en 1623 : « *Qui jam nescit omnes Evangelicos eodem Pontificiis esse gradu, non amplius imprudens atque simplex sed prorsus insanus est. Si scit et dissimulat... proditor patriæ est.* »

ils étaient accablés d'injures, et cela, « non par la lie de la populace, comme le disait, avec un étonnement un peu naïf, le savant et tolérant Bernegger, mais par les orateurs sacrés et les théologiens [1] ». Aussi faisait-il appel au bon sens des gouvernants laïques. « Ce ne sont pas les théologiens, » écrivait-il au docteur Forstner, chancelier de la principauté de Montbéliard, « j'en suis intimement convaincu, qui guériront cette maladie sacrée, puisqu'ils sont les plus malades eux-mêmes ; il faut que des princes courageux s'en mêlent [2] ! » Mais les princes de ce temps partageaient d'ordinaire les haines et les colères de leurs conseillers ecclésiastiques ; si la femme du duc Georges de Wurtemberg-Montbéliard, Anne de Coligny, chargeait son ancien aumônier Jean Mellet, pasteur à Sainte-Marie-aux-Mines, de composer un traité conseillant des concessions réciproques et l'union des Églises protestantes [3], ce fut une inspiration toute personnelle de cette princesse excentrique et malheureuse [4]; les tendances de la petite cour de Montbéliard et de Horbourg étaient bien différentes. La duchesse de la Force ayant fait prêcher devant elle son aumônier Durelle, pendant qu'elle était en visite dans cette dernière résidence, le prince Georges fut « fort indigné » de ce que le sieur Duvernoy, ministre luthérien d'Héricourt, eût osé assister au prêche d'un ministre calviniste [5].

Si telle était l'intolérance des gouvernants, on peut se figurer aisément les dispositions d'esprit des subordonnés et du populaire. On raconte que quand le pasteur réformé de Bischwiller, Antoine Faber, venait pour affaires à Strasbourg, en 1605, on criait dans les rues : « Voyez venir Judas Iscariote ! Veillez à ce que la Barberousse de Bischwiller, ce chien de calviniste, ne vous séduise

---

1. Lettre au pasteur Haugsdorf, du 28 juillet 1623. (Bünger, *Bernegger*, p. 190.)
2. Lettre à Forstner, 16 décembre 1633 : « *Semper habui persuasum... hunc sacerrimum rixandi morbum nunquam a theologicis, hoc est morbosis ipsis iri sanatum; cordati principes interveniant oportet.* » (Bünger, *op. cit.*, p. 205.)
3. Ce livre, fort rare aujourd'hui, et que nous n'avons pu nous procurer, parut en 1664. Cf. Mühlenbeck, *Revue d'Alsace*, 1878, p. 366.
4. Voy. ce que nous avons dit plus haut, p. 12. — Ses tentatives de rapprochement lui valurent d'ailleurs de violentes attaques personnelles. Dans ses *Miscellanea Colmariensia*, le pasteur, Nicolas Klein dénonce avec amertume les *conventicula calvinistica per principessam instituta*, et se plaint de ce que les loups voraces envahissent le bercail du Christ et de ce que même certains membres du Magistrat sont infectés de ces « virus de Calvin ». (Rathgeber, *Colmar und Ludwig XIV*, p. 77-78.)
5. Chronique de J. Perdrix, *Mémoires de la Société d'émulation de Montbéliard*, 1857, p. 122.

point! » Et quand son seigneur, le comte palatin Jean, se plaignit de ces insolences au Magistrat, celui-ci se contenta de répondre que pareilles choses n'arriveraient plus si Faber se dispensait de faire des visites à Strasbourg[1]. Un peu plus tard, c'est le fils du Dr Jean Pappus, le chef du luthéranisme strasbourgeois au début du siècle, théologien lui-même, qui, pendant un repas auquel il assiste, se met à déblatérer contre le margrave de Bade, pour avoir ordonné à son clergé de « prier pour tous les protestants ». Il déclare, à haute voix, qu'il n'est permis de prier que pour les luthériens, mais non pas pour les calvinistes[2]. Vers la même époque, le Convent ecclésiastique adresse des objurgations solennelles au Magistrat parce que dans certains poêles de tribus (dans celui des Boulangers et celui des Fribourgeois en particulier), on donne encore lecture de la Confession de foi Tétrapolitaine de 1530 aux bourgeois, le jour du serment solennel de fidélité, alors que la *Confessio Augustana invariata* est seule l'expression officielle de la foi de la cité[3]. En novembre 1617, lors du jubilé de la Réforme de Luther, célébré par l'Académie, le professeur Gaspard Brulow, un poète pourtant et non un théologien, compose un « poème héroïque » sur Luther, où les invectives violentes contre la papauté sont suivies d'invectives non moins violentes contre Zwingle et Calvin[4]. On en vient à reprocher à Bernegger de loger dans sa maison l'illustre jurisconsulte Denis Godefroy, chassé de Heidelberg par la destruction de l'Université de cette ville, après sa prise par Tilly[5]. Pourtant il avait enseigné lui-même autrefois, à Strasbourg ; mais c'est un hérétique ! La raison politique elle-même n'a pas de prise sur cette bizarre horreur du calvinisme dont le luthéranisme intransigeant d'alors est comme affolé. Au moment où la république strasbourgeoise est au mieux avec l'Électeur de Brandebourg Frédéric-Guillaume, durant cette campagne de 1674 où prince et Magistrat échangent les plus chaleureux compliments, le premier sollicite la permission de faire célébrer une cérémonie religieuse dans la maison particulière qu'il habite, l'hôtel des Dettlingen, préalablement à la levée du corps de son fils aîné, le prince Émile, qui venait d'y mourir. Le Magistrat décide, sans longues hésitations, que la demande serait refusée[6] ; il avait évi-

---

1. Erichson, *Das Collegium Wilhelmitanum*, p. 42.
2. *Bericht von den Juntha'schen Hændeln*, Rœhrich, manuscrit n° 730.
3. *Acta conventus Ecclesiastici ad annum 1611*. (Extraits de Rœhrich.)
4. *Jubilæum lutheranum Academiæ Argentoratensis*. Argentorati, Ledertz, 1618, 4°, fol. K.K. 2.
5. Bünger, *Bernegger*, p. 201.
6. Procès-verbaux des XIII, 12 décembre 1674.

demment peur de ses propres théologiens et de leur action sur le menu peuple de la cité.

La situation n'était pas meilleure dans d'autres localités de l'Alsace. A Colmar, la séparation des deux confessions protestantes était si marquée que lorsque les jeunes gens calvinistes, d'origine suisse, voulaient y épouser une fille du pays, les ministres luthériens exigeaient une abjuration formelle. Comme, bientôt après la prise de possession du pays par la France, un arrêt du Conseil souverain avait défendu qu'on se « pervertît » de la sorte en passant au luthéranisme, les jeunes amoureux assez sérieusement épris pour se résigner à tout, devaient aller faire un petit voyage dans le margraviat de Bade-Dourlach et s'y « convertir ». La Grange, désireux de montrer son zèle, voulait leur enlever cette dernière consolation ; mais Louvois, pour ne pas blesser les confédérés, le lui défendit par une lettre datée de Marly, le 9 mars 1687 : « Le Roy ne juge pas à propos de rien ordonner à l'égard des calvinistes de Colmar qui vont changer de religion au delà du Rhin pour espouser des filles luthériennes de ladite ville [1]. »

La mort elle-même ne parvenait point à désarmer partout ces inimitiés tenaces. Dans certaines localités, on refusait de placer les défunts calvinistes au cimetière parmi leurs frères de la Confession d'Augsbourg, et on leur assignait une place à part qui, sans doute, n'était pas la meilleure [2].

§ 5. LES ANABAPTISTES

L'Alsace, si riche en sectes hérétiques au moyen âge, et qui en avait vu apparaître un certain nombre de nouvelles aux temps de la Réforme [3], avait été si bien assagie et disciplinée dans les deux sphères confessionnelles, par les forces hostiles d'ordinaire de l'Église catholique et de l'Église luthérienne, qu'elle ne renferme plus, au XVII° siècle, qu'un seul groupe, peu nombreux du reste, de véritables *dissidents* religieux ; ce sont les anabaptistes. Ils avaient été, comme on sait, assez répandus en Alsace dans le premier tiers du XVI° siècle, et ces esprits « remuants et fumeux », tribuns socialistes au moins autant que novateurs religieux, parfois franchement communistes et révolutionnaires, y avaient été traqués

1. Van Huffel, *Documents*, p. 145.
2. *Kirchenbuch* de Scharrachbergheim, extrait par Rœhrich. (Manuscrits de la Bibliothèque municipale de Strasbourg, n° 734, tome II.)
3. Cf. C. Gerbert, *Geschichte der Strassburger Sektenbewegung zur Zeit der Reformation*, Strassb., Heitz, 1889, 8°.

par les autorités civiles et ecclésiastiques, comme partout ailleurs, dans les Provinces-Unies, en Allemagne et dans les cantons helvétiques. Les protestants, qu'on rendait volontiers responsables de leur existence, n'avaient pas été moins durs pour eux que la hiérarchie romaine et les princes catholiques. L'un de leurs meneurs, Claude Frey, avait été noyé à Strasbourg, en 1529 ; un autre, plus connu, Melchior Hoffmann, était mort dans les prisons de cette ville en 1543. Sous la tourmente, leurs adhérents s'étaient dispersés un peu partout, mais il devait s'en trouver encore dans la seconde moitié du siècle en Alsace, puisque Égénolphe de Ribeaupierre jugeait opportun de lancer contre ceux de sa seigneurie un mandat comminatoire à la date du 28 juin 1561[1].

Puis on n'entend plus parler d'eux pendant longtemps, soit qu'ils aient renoncé à leurs doctrines, soit qu'ils les aient prudemment dissimulées, soit enfin qu'ils aient quitté le pays pour se réfugier en Suisse. La première trace que nous en ayons retrouvée se rencontre dans une lettre adressée par le pasteur de Sainte-Marie-aux-Mines, Jean Le Bacheller, à Paul Ferry, le ministre bien connu de Metz. Dans cette épître, datée du 12 mars 1643, il est question d'anabaptistes, et on en parle comme étant établis depuis assez longtemps dans le pays, et comme ayant eu autrefois le libre exercice de leur culte dans un bois, entre Sainte-Marie-aux-Mines et Schlestadt ; maintenant ils se réunissent dans un « battant[2] », au-dessus de la première des ces localités. « Ils n'ont aucun ministre, dit Le Bacheller, mais l'un d'eux fait la lecture de l'Écriture en allemand et (ils) chantent nos psaumes selon la version allemande de Lobwasser. Après cela, qui veut d'eux se lève, et, s'il y a quelque chose à dire, le déclare. Et quand ils veulent communiquer, baptiser quelqu'un d'entre eux, après avoir rendu compte de sa créance, et même pour les mariages, ils font venir quelqu'un de la Suisse, qui est homme de métier comme eux. J'en ai vu un qui était faiseur de vans et était habillé de chamois à la Suisse[3]. »

De ce dernier détail on peut conclure que ces nouveaux anabaptistes qui n'avaient plus guère de commun avec leurs farouches prédécesseurs du XVIe siècle que le nom et la pratique de l'immersion des adultes, étaient revenus en Alsace, soit comme agriculteurs, soit comme pâtres peut-être, au temps où les soucis de la

1. A.H.A., E. 2808.
2. Ce mot de patois signifie sans doute une grange ou un fenil dans la montagne.
3. *Documents concernant Sainte-Marie-aux-Mines*, Strasb., 1879, 8°, p. 234.

grande guerre empêchaient tout contrôle sérieux des immigrants. Cependant le gros de la secte, — qui, je le répète, ne fut jamais très nombreuse, — n'est arrivé dans le pays qu'après « la guerre des Suédois », alors que les autorités des cantons de Berne et de Zurich s'étaient mises à scruter de plus près la foi zwinglienne de leurs sujets et que, d'autre part, le gouvernement français facilitait l'immigration de tous les travailleurs valides pour repeupler la province. Leur centre d'activité, si je puis m'exprimer ainsi, fut dès lors, et reste jusqu'à ce jour, la région des Vosges moyennes, avec leurs vallées profondes, celles de la Bruche, de Villé et de la Lièpvre ; ils y vivaient par petits groupes, comme fermiers et se livraient à l'élève du bétail « dans les détours les plus reculés des Vosges ». Leurs familles étaient d'ordinaire nombreuses ; elles comptaient de huit à neuf enfants, d'après le mémoire du curé de Mutzig qui nous a fourni la plupart de ces données[1]. Les anabaptistes vosgiens avaient cependant quelques avant-postes dans la plaine, autour de Schlestadt, à Ohnenheim, à Heidolsheim, à Mutzig, etc. C'est à Ohnenheim qu'ils se réunirent le 4 février 1660, pour s'entendre sur les préceptes généraux de leur foi et sur leur organisation ecclésiastique. Ils se rallièrent à la Confession de foi de Dordrecht, votée le 21 avril 1623 par les mennonites hollandais et à la Confession de foi dressée en français à Amsterdam, en 1660, et intitulée *Confession de foi des chrétiens désarmés*. « Ils s'appelaient eux-mêmes, » nous dit un « État et mémoire des anabaptistes d'Alsace » rédigé par le curé de Mutzig au commencement du XVIIIe siècle, « *Mennonites* de Mennon Simons, ou *Mantzistes*, de Félix Mantz, un de leurs prétendus martyrs[2] ».

Il semblerait que, malgré leur petit nombre, les anabaptistes d'Alsace aient encore trouvé moyen de se fractionner en groupes réfractaires à une vie religieuse commune. Du moins cela semble ressortir d'une notice consignée dans l'*État du temporel*, dressé par Me Antoine Rice, prêtre délégué par le duc de Lorraine, en 1702, pour faire une enquête sur les paroisses lorraines, situées sur le versant oriental des Vosges. Nous y lisons : « Il y a aussi à Sainte-Marie(-aux-Mines) des anabaptistes qui sont encore divisez entre eux en trois différentes sectes, et n'ont aucune communication en fait de religion ; pour se distinguer, les uns portent la barbe longue

1. Grandidier, *Œuvres inédites*, V, p. 156.
2. Le curé affirme avoir dressé ce mémoire sur les indications de trois *anciens* des anabaptistes, délégués, vers lui à cet effet, Henri Karle, Jean Bachmann, et Philippe Hæggi.

et les hommes ny les femmes ne s'habillent jamais que de toile, hyver et esté ; les autres portent la barbe moins longue et sont habillez de gros drap ; et les troisièmes sont à peu près comme les catholiques. Ces anabaptistes n'ont aucun temple, mais s'assemblent dans une de leur maison (*sic*), chacun dans sa secte [1]... »

On essaya à plusieurs reprises de les inquiéter et de les chasser, bien qu'ils fussent les plus inoffensifs des hommes. Dans un Mémoire qu'il composa lui-même ou qu'il inspira, l'abbé de Munster, Dom Charles Marchand, sollicitait le comte palatin de Birckenfeld, l'héritier des Ribeaupierre, d'expulser les anabaptistes d'Ohnenheim, où ils n'avaient été admis jadis qu'à la condition expresse de s'abstenir de tout exercice du culte, à peine de fortes amendes, tandis que, depuis deux ans, ils y tenaient des assemblées publiques et pratiquaient leurs exercices religieux dans le moulin de cette localité. Il demandait au prince de couper le mal par la racine, en édictant de bonnes et sévères défenses que le curé et le pasteur de l'endroit seraient chargés de faire respecter [2]. C'était en effet le curé d'Ohnenheim-Heidolsheim qui avait dénoncé les conventicules en question et celui qui les dirigeait, un certain Hans Orners, en se plaignant de ce qu'il n'y avait presque personne à son prône. Il semblerait qu'à partir de ce moment on ait agi plus sévèrement à leur égard, afin de les forcer à rentrer dans le giron de l'Église. En 1686, les Jésuites de Schlestadt convertissent en effet un couple anabaptiste et ses sept enfants ; en 1700, ils notent encore l'abjuration d'une femme de cette secte [3]. Comme ces cas restaient cependant fort isolés, le gouvernement résolut d'expulser ces malheureux, « comme n'étant pas compris dans les traités de Westphalie ». A cette époque, ils étaient répartis dans seize localités du diocèse de Strasbourg, formant 62 familles qui comptaient 496 âmes. Par une lettre du 9 septembre 1712, l'intendant d'Alsace, M. de La Houssaye, signifiait aux différents baillis que le roi voulait qu'on les écartât du pays. Cependant cet ordre ne fut pas, ou du moins fort imparfaitement exécuté, car le 24 novembre 1727 on envoyait en cour un *État des anabaptistes d'Alsace*. C'est après réception de ce document que M. d'Angervilliers, secrétaire d'État, écrivit au comte Du Bourg, commandant la province, que Sa Majesté voulait bien ne pas persister dans son ordre, « pour ne pas faire trop de

---

1. J. Degermann, État du temporel des paroisses, etc., dans le *Bulletin de la Société des monuments historiques d'Alsace*, XVIII, p. 186.
2. A.H.A., E. 2544. — Le Mémoire de Dom Marchand est d'août 1674.
3. Gény, *Jahrbücher*, I, p. 233, 286.

peine à plusieurs personnes de considération auxquelles ils (les anabaptistes) appartiennent[1] ». La Régence de Ribeauvillé était en effet intervenue pour vanter « le talent extraordinaire » qu'avaient ces braves gens « pour l'art de nourrir les bestiaux et d'en faire trafic, comme aussi de les conserver par des remèdes » ; elle avait dépeint les efforts faits par eux pour transformer en champs bien labourés le val de Lièpvre, « devenu un véritable désert lorsque les mineurs l'eurent abandonné après la guerre de Suède[2] ». Cette activité si méritoire fut leur salut ; ils conservèrent depuis leur réputation d'agriculteurs émérites et de parfaites honnêtes gens pendant tout le XVIIIe siècle[3] et jusqu'à nos jours.

1. Lettre du 7 juin 1728.
2. A.H.A., E. 2808. Le mémoire n'est pas daté, mais comme on y parle de Louis XIV comme du « feu roi » il est rédigé après 1715.
3. Voy. par exemple Pezay, *Les Soirées helvétiennes, alsaciennes et francomtoises*, Londres, 1772, I, p. 32-40.

CHAPITRE TROISIÈME

L'Attitude réciproque des deux Églises

(Prosélytisme et Conversions)

§ 1. CATHOLIQUES ET PROTESTANTS DANS L'ALSACE AUTONOME

Après avoir retracé le tableau sommaire de la situation matérielle et morale des deux Églises qui se partageaient inégalement les populations de l'Alsace au XVII° siècle, il nous reste à parler de l'attitude réciproque des représentants des confessions opposées, de leurs querelles et de leurs polémiques, des luttes enfin, où la soif du prosélytisme et la haine de l'erreur entraînèrent à de regrettables violences, celle des deux Églises dont les événements politiques firent une « Église triomphante ». Ce n'est pas, certes, un spectacle bien réjouissant à placer sous les yeux du lecteur, car on oublia trop souvent, dans l'ardeur du combat, et des deux côtés à la fois, les préceptes non seulement de la charité chrétienne, mais ceux de la plus vulgaire équité et, sur ce terrain brûlant, l'abus odieux du droit du plus fort se donne librement carrière de part et d'autre, sous des prétextes spécieux. Ce n'en est pas moins un chapitre indispensable de cette étude d'ensemble, et l'on ne devra point s'étonner si nous nous y arrêtons avec une certaine insistance. En effet, ce serait s'abuser d'étrange façon que de croire à la possibilité de traiter une question d'histoire un peu générale, relative au XVII° siècle, même quand il s'agit de pays exclusivement catholiques ou tout à fait acquis à la Réforme, sans que la question religieuse y joue un rôle accentué, sinon prépondérant. Ceux qui naguère encore croyaient et proclamaient avec tant d'assurance que les problèmes ecclésiastiques et religieux n'avaient plus leur place marquée dans l'histoire de notre temps, ont pu se convaincre de reste, s'ils ne sont volontairement aveugles, quel rôle immense dans l'État et dans la société joue toujours encore l'Église, et par quelles influences infiniment variées elle sait y faire valoir ses intérêts, ses prétentions et ses droits. A plus forte raison, est-ce le cas pour l'époque dont nous parlons. La tentative de faire abstraction, de parti pris, des « querelles de moines » et des « criailleries de ministres », tout en retraçant le tableau des grands phénomènes historiques du temps et en l'esquissant dans ses détails, équivaudrait à l'action d'un homme éteignant le flambeau conducteur avant de pénétrer dans un profond labyrinthe, ou mieux encore à celle d'un médecin qui se crèverait les yeux avant de procéder à une démonstration d'anatomie. Au XVII° siècle, toutes les discussions politiques, toutes les négociations diplomatiques sont enchevêtrées de considérations ecclésiastiques et, par un côté du moins, parfois encore mal indiqué jusqu'ici, dépendent de questions religieuses internes ou de luttes confessionnelles au dehors. On ne peut donc esquiver ce récit, quelque pénible qu'il soit, sans mutiler l'histoire; mais il importe d'autant plus de le retracer avec une impartialité scrupuleuse, dans un esprit d'équité que ne connurent pas les combattants du XVII° siècle, et avec le désir absolu de rendre à chacun d'eux une égale justice.

En Alsace même, cette période s'ouvre en plein conflit des deux Églises rivales, legs malheureux du siècle précédent, dont les dernières années avaient été marquées par l'un des triomphes les plus décisifs du catholicisme dans l'Empire, par l'issue, si favorable pour lui, de la guerre des Évêques (1592-1595). L'administrateur postulé par les chanoines protestants du Grand Chapitre, Jean-Georges de Brandebourg, avait dû céder la place à Charles de Lorraine, déjà évêque de Metz, malgré l'énergique appui de la République de Strasbourg, et sa défaite inaugurait, pour ainsi dire, la décadence politique, de plus en plus rapide, du protestantisme sur la rive gauche du Rhin moyen. L'intervention discrète de Henri IV, qui ne se souciait pas de voir ses alliés d'Allemagne écrasés par une réaction qu'il avait déjà bien de la peine à retenir dans certaines limites, empêcha seule, pour le moment, que l'Alsace protestante eût trop à pâtir du triomphe de ses adversaires catholiques. Mais après la catastrophe de 1610, cette influence modératrice fait défaut, et dorénavant, jusqu'à la fin du siècle, sauf les quelques années qui séparent la venue de Gustave-Adolphe (1630) de la défaite de Nœrdlingen (1634), l'ascendant des armes et de la diplomatie restera toujours aux adversaires des doctrines hérétiques, qu'ils soient des Habsbourg ou des Bourbons. Cet ascendant, les représentants de l'Église n'ont jamais cessé d'en solliciter l'intervention en leur faveur, tantôt avec une fougue passionnée, tantôt avec une modération apparente, commandée par les circonstances, et on peut dire qu'ils y ont généralement réussi.

Il serait évidemment contraire à l'équité de juger les actes découlant d'une situation pareille d'après les seules idées modernes de tolérance et de justice, répandues de nos jours dans les camps les plus opposés d'ailleurs; mais il faut bien faire ressortir pourtant que ces idées de tolérance réciproque n'étaient pas étrangères à tous les esprits d'alors, qu'elles ont été formulées, même à cette époque, d'une façon nette et lucide et que, par suite, on ne peut défendre ceux qui les ont transgressées, en affirmant simplement qu'elles n'existaient pas de leur temps. Dans une délibération du Magistrat de Haguenau, datée du 3 juin 1614, nous avons rencontré la déclaration suivante : « Désireux de rétablir l'accord et la paix troublée par des querelles religieuses, nous avons réfléchi à ce que nous avions à faire et, après mûre réflexion, nous n'avons point trouvé de meilleur moyen de rendre la paix (à la cité) que de maintenir les deux cultes, sans aucune contrainte des consciences et de permettre à chacun de professer la religion qu'il aura choisie, de le protéger dans l'exercice de son culte, en séparant les deux confessions pour leurs églises et leurs écoles, en attribuant à chacune d'elles séparément ce qu'elle est en droit de réclamer de notre ville pour les besoins de son culte et de son enseignement[1]. » N'est-ce point déjà la doctrine moderne de l'égalité des cultes et du respect des consciences, et pourrait-on mieux dire aujourd'hui? Seulement cette belle théorie ne réussit point à passer dans les faits et le Magistrat de Haguenau lui-même, qui l'avait si correctement formulée, fut des premiers, quelques années plus tard, à faire le contraire de ce qu'il recommandait ici.

C'est qu'une méfiance réciproque, profonde, invétérée séparait les deux camps, et dans ces deux camps se groupait alors la chrétienté tout entière. Le chiffre assez considérable, Dieu merci, d'esprits vraiment tolérants et la foule infiniment plus nombreuse d'indifférents et de sceptiques qui, de nos jours, séparent et départagent alternativement les exaltés et les fanatiques de droite et de gauche n'existaient pas au XVIIᵉ siècle. Tout le monde y était passionnément partial; tout le monde croyait l'adversaire capable des pires menées dont personne ne voulait être dupe. Et ce qui était plus fâcheux encore, c'est que cette méfiance était, dans une certaine mesure, également fondée des deux parts. Le zèle religieux

---

1. A ce moment, le Magistrat de Haguenau comptait encore quelques membres luthériens siégeant à côté des catholiques. On verra plus bas comment cette page, la plus digne de louanges qui ait figuré jamais dans les procès-verbaux de la ville impériale, fut arrachée du registre par les successeurs fanatisés des conseillers de 1614. Le texte de la délibération, conservé heureusement aux Archives de Saint-Thomas, se trouve chez Rœhrich, *Mittheilungen*, II, p. 484.

des catholiques comme des protestants, ou du moins celui de leurs conducteurs spirituels, se complaisait, avant tout, à l'idée de supprimer « l'hérésie » des uns et « l'idolâtrie » des autres. Seulement, dès le début du siècle, les protestants d'Allemagne, grâce à leurs divisions intestines et à la médiocrité de leurs chefs, n'étaient plus en position de prendre l'offensive[1]. Ils étaient d'autant plus inquiets de voir les forces de l'Église s'accroître, ses milices augmenter non seulement en nombre, mais en ardeur au combat, et gagner chaque jour une étape nouvelle; ils avaient conscience de leur faiblesse, à peine protégée par quelques traités déjà caducs et d'autant moins protecteurs que, dans le camp opposé, l'on ne se gênait pas de dire qu'on ne se croyait pas lié vis-à-vis d'eux, même par les serments les plus solennels[2]. C'est cette anxiété que traduit, dès le début de la lutte trentenaire, le savant Bernegger dans son *Clairon de la paix*, sonné en opposition à la trompette de la *Guerre Sainte*[3], quand il rappelle les paroles du cardinal Hosius au roi de Pologne, l'adjurant de ne jamais se regarder comme lié par une promesse quelconque faite aux hérétiques, « un serment ne pouvant jamais être une chaîne d'iniquité », ou quand il cite les paroles récentes d'un autre cardinal, de Melchior Khlesl, le ministre de l'empereur Mathias : « La lumière ne peut habiter avec les ténèbres, la vérité ne peut se réconcilier avec le mensonge; toute promesse de paix, faite aux hérétiques est donc nulle et non avenue de plein droit[4]. » C'est cette crainte, exagérée si l'on veut, mais suffisamment motivée par maint acte des différentes branches de la maison d'Autriche au XVIe et au XVIIe siècle, qui met en fièvre les luthériens de l'Empire et plus encore les calvinistes Ceux-ci, désavoués par leurs frères hostiles de la Confession d'Augsbourg, qui ne les reconnaissent plus comme coréligionnaires (*Confessionsverwandte*) se sentent à la merci

1. La révolte des Bohémiens, qu'on pourrait alléguer, a certainement eu lieu contre le désir de l'immense majorité des protestants d'Allemagne (je ne dis pas de leurs princes), et la Bohême était pour eux une terre étrangère.
2. *Hæreticis non servanda fides.* Cette formule revient incessamment dans les brochures, les sermons, les pamphlets du temps, et si ce n'est pas, à coup sûr, la manière de voir de *tous* les catholiques contemporains, c'est pourtant celle que leur attribuent, de très bonne foi, leurs adversaires.
3. Le *Classicum belli sacri* est l'œuvre la plus significative et la plus connue de Gaspard Schoppe ou Scioppius, un de ces pamphlétaires venimeux comme il en surgit aux époques troublées, et d'autant plus violents qu'ils sont apostats politiques ou religieux. Né à Neumarkt en Franconie, en 1576, il mourut à Padoue en 1649. On peut consulter sur lui la monographie très détaillée de M. H. Kowallek dans les *Forschungen zur deutschen Geschichte*, XI, p. 401-484.
4. *Tuba pacis occenta Scioppianeo Belli Sacri classico, salpiste Theodosio Berenico, Norico* (*Augustæ Trebocorum*, Wyriot, 1621, 4°), p. 80.

d'adversaires puissants qui déjà proclament que vis-à-vis d'eux tout est permis, puisqu'ils ne sont pas couverts par la *paix de religion* de 1555. Il est très compréhensible que l'émoi ait été particulièrement vif en Alsace où les relations avec les princes calvinistes, l'Électeur palatin, le landgrave de Hesse-Cassel, le margrave d'Anspach, etc., étaient assez suivies, où les Habsbourgs ont tant d'influence, à des titres divers, où les pays voisins, la Franche-Comté, l'évêché de Bâle, le Brisgau, la Lorraine, le Luxembourg sont aux mains de fils dévoués de l'Église. Pendant un demi-siècle, de 1580 à 1630, on a soupçonné, craint et rêvé dans les territoires protestants de la province des attentats et des coups de main impériaux, espagnols ou lorrains sur Mulhouse, Colmar et Strasbourg, et les gouvernants de ces cités ont été tenus en haleine par les missives anonymes ou signées qui les avertissaient à tout instant de quelque nouveau danger[1].

Il faut bien se représenter les alternatives de fièvre et d'énervement inhérentes à une situation pareille pour juger avec quelque équité les guerres de plume et les polémiques furibondes qui préludent à la guerre de religion. Elles sont dirigées principalement, dans le camp protestant, contre les Pères de la Compagnie de Jésus, considérés, non sans raison, comme le corps d'armée principal, ou du moins comme la troupe d'élite du Saint-Siège, dans sa lutte contre l'hérésie. Dans cette littérature aussi encombrante que généralement peu connue de nos jours[2], l'Alsace est assez largement représentée, et ce ne sont pas seulement les théologiens qui se mêlent à la lutte, mais les philologues et les jurisconsultes. On nommera seulement ici Théophile Dachtler, secrétaire des Conseils de la ville de Strasbourg qui, sous le nom d'Élychnius, publia la *Leberis Jesuitica*[3], et Mathias Bernegger, dont l'*Idolum Lauretanum*[4] précéda la *Tuba pacis* que nous citions tout à l'heure. Au lendemain des fêtes commémoratives du centenaire de la Réforme, en 1617 et 1618, les brochures les plus acerbes et les moins édifiantes furent

---

1. On n'a qu'à parcourir l'*Inventaire sommaire des Archives municipales de Strasbourg* pour les années afférentes, pour constater l'énorme quantité d'avis de ce genre qui parvinrent alors au Magistrat.
2. M. Richard Krebs a publié, il y a quelques années, un travail intéressant, sinon tout à fait complet, sur ces polémiques. (*Die politische Publicistik der Jesuiten und ihrer Gegner in den letzten Jahrzehnten vor Ausbruch des dreissigjæhrigen Krieges*, Halle, Niemeyer, 1890, 8°.)
3. *Leberis Jesuitica, d. i. Jesuiterischer Schlangenbalg*, Frankfurt, Bringer, 1611, 4°.
4. *Hypobolimæa Diæ Mariæ Deiparæ camera seu Idolum Lauretanum*, Argent., Ch. ab Heyden, 1619, 4°.

échangées entre les professeurs luthériens de Strasbourg et les professeurs jésuites de Molsheim. Les premiers avaient réuni en un volume[1] leurs harangues et leurs dissertations académiques, où se trouvaient bien des paroles blessantes pour les dogmes catholiques et pour les errements passés de la « grande Prostituée de Babylone[2] ». Le P. Pierre Rœst ayant répondu par une brochure également violente, le *Pseudo-Jubilæum lutheranum*[3], un anonyme lui donna la réplique par le *Présent d'une oie de la Saint-Martin, offert au P. Rœst de Molsheim*[4], et Osée Schad continua la querelle par ses *Beignets strasbourgeois*[5]. Il trouva un nouvel adversaire dans la personne du P. Knoll, qui mit au jour un *Briquet des Prédicants*[6], contre lequel fut publié un nouveau pamphlet anonyme, le *Cadeau bien mérité, acheté à la foire pour le Jésuite de Molsheim, en échange de son précieux briquet*[7]. Le professeur d'hébreu de Strasbourg, le docteur Frédéric Blankenburg, crut devoir également élever la voix dans sa *Réponse aux blasphèmes du P. Rœst et à ses grognements de pourceau*[8]. Parallèlement à cette polémique plus « scientifique », et même avant elle, avait commencé une joute « poétique » analogue entre les deux partis. Un curé de Franconie, André Forner, avait lancé à Ingolstatt, dès 1616, une brochure satirique latine contre le futur Jubilé des protestants, et son factum avait été traduit sous le titre de *Fromage au pot évangélique* (*Evangelischer Hafenkæs*) et avait été beaucoup lu, paraît-il, dans les territoires catholiques de l'Empire. C'est à ce pamphlet que répondit en 1617 un Strasbourgeois, Jean Bobhard, dit Schütz, en rimant une *Description du sacré Fromage au pot catholique et romain*[9], qu'il fit suivre l'année d'après, sous le pseudonyme de Publius Æsquillus, d'une *Pacotille jubilaire du Fromage au pot catholique et romain*[10]. Pour avoir une idée de la

---

1. *Jubilæum lutheranum Academiæ Argentoratensis sive Acta sæcularis gaudii*, Argentorati, Ledertz, 1617, 4°.
2. Discours de Tobie Speccer, *Jubilæum*, fol., I, 2ᵇ.
3. Molshemii, Hartmann, 1618, 4°. Il y a raconté les calomnies les plus absurdes sur les origines de la Réforme (pacte de Luther avec le Diable, son suicide, etc.).
4. *Præsent einer elsæssischen Martinsgans für P. Peter Rœst in Molsheim*, etc.
5. *Strassburger Fassnachts-Küchlein*, etc., Strassb., 1618, 4°.
6. *Prædikanten-Fewerzeug*, etc., Molsheim, 1618, 4°.
7. *Wolverdienter Messkram für den kœstlichen Fewerzeug den der Jesu-Wider zu Molsheim gefertigt*, etc.
8. *Antwort auf P. Rœsts Læsterungen und Sœugeschrey*, etc.
9. *Beschreibung des heiligen rœmischen und catholischen Hafenkœss*, etc., Strassb., 1617, 4°.
10. *Jubelkram und Mess dess heiligen rœmischen und catholischen Hafenkœss*, etc., Strasb., 1618, 4°.

« rage théologique » (*rabies theologica*), qui animait alors et qui troublait les esprits, il faudrait parcourir quelques-uns de ces factums aux titres bizarres, plus riches en grossières injures qu'en arguments solides, et que nous n'avons énumérés qu'en partie. Mais ce serait une tâche aussi fastidieuse et rebutante pour notre goût moderne que le sera, dans quelques siècles, le dépouillement de certaines polémiques de la presse contemporaine[1].

Naturellement, ces accusations réciproques, répandues des deux côtés dans un public trop disposé à les accepter comme parole d'Évangile, puisqu'elles provenaient de ses conducteurs officiels, produisaient dans l'esprit du vulgaire des impressions violentes, qui se traduisaient parfois par les brutalités les plus regrettables. Osée Schad se plaint avec amertume, — il en savait quelque chose, comme proche voisin, — des vilenies qu'avaient à endurer les ministres protestants, de la part de la racaille molsheimoise, quand ils avaient à faire dans cette ville[2]. Mais, d'autre part, le recteur de l'Académie de Molsheim, le P. Théodore Rees, se plaignait à l'ammeistre Ulric Murschel, — et sans doute avec autant de raison, — de ce que, par suite des déclamations continuelles des « prédicants », la population strasbourgeoise fût à ce point surexcitée, que les Révérends Pères étaient moins en sûreté dans les rues de cette ville que les Turcs et les Juifs, alors qu'ils n'y venaient cependant que pour y dépenser leur bon argent et enrichir les négociants de la cité[3]. Il ajoutait, en homme pratique, la menace de ne plus revenir; les Pères feraient dorénavant leurs achats autre part, et certainement à meilleur marché. Ces plaintes se renouvelèrent plus d'une fois dans le cours des années suivantes, et nous ne doutons pas qu'elles n'aient été fondées. C'est ainsi qu'en 1627 le comte de Salm, administrateur de l'Évêché, signale au Magistrat les injures adressées par la populace au curé Charles Pistorius, de Beinheim, lors d'une course qu'il fit à Strasbourg[4], et qu'en 1632 le P. Joseph Brincourt, oratorien de la maison de Lixheim, s'étant introduit dans cette ville, « y fut reconnu et tellement battu par quelques hérétiques que, de retour à Lixheim, il y mourut peu de temps après[5] ».

Ce n'était pas seulement contre les catholiques du dehors que les

---

1. Voy. encore sur cette littérature, Rœhrich, *Mittheilungen*, II, p. 164, 202-204.
2. *Fassnachtküchlein*, p. 17.
3. Lettre du 17 janvier 1627. (Rœhrich, *Mittheilungen*, II, p. 205.)
4. Archives municipales de Strasbourg, A.A. 1646.
5. R. P. Ingold, *Les Morts de l'Oratoire*, dans la nouvelle *Revue catholique d'Alsace*, I, p. 411.

populations luthériennes manifestaient leurs antipathies, mais encore contre ceux qui vivaient isolés dans leur sein. Est-ce vraiment une circonstance atténuante que de dire que ces antipathies étaient basées moins peut-être sur la différence de leur foi religieuse que sur la crainte de trahisons perfides qu'ils croyaient toujours possibles de la part de gens prêts à tout entreprendre, « à la plus grande gloire de Dieu »? Encore est-il difficile de croire qu'ils aient sérieusement ressenti cette crainte au sujet de tous ceux qui souffrirent de leur intolérance. C'est avec un véritable acharnement que le Convent ecclésiastique, interprète d'ailleurs de l'opinion publique, réclame du Magistrat de Strasbourg la dispersion des petits groupes catholiques restés dans la ville libre, dans la Commanderie de l'Ordre Teutonique, dans celle de Saint-Jean-de-Jérusalem, dans quelques couvents de femmes, dans quelques maisons de chanoines de Saint-Pierre-le-Vieux et de Saint-Pierre-le-Jeune. Il demande qu'on leur interdise au moins d'y « pratiquer encore toutes sortes d'horreurs papistes, y attirant beaucoup de monde, et particulièrement lors des fêtes de Noël[1] ». Dix ans plus tard, en 1621, le Convent se plaignait de nouveau de ce que les catholiques s'introduisaient clandestinement à Strasbourg, se prétendant d'abord bons luthériens et participant même à la Sainte-Cène, puis, quand ils avaient été admis à la bourgeoisie, se dévoilant tout à coup comme papistes et se rendant à la messe à Saint-Jean[2].

En présence de cette effervescence confessionnelle, les autorités civiles, généralement plus calmes, et se rendant plus nettement compte du résultat possible d'une conflagration générale dans l'Empire, essayaient d'apaiser les esprits et d'enrayer un peu ces logomachies incessantes. Ainsi, le Magistrat de Landau défend, en 1607, aux ministres, sous des peines sévères, d'attaquer les membres du Chapitre catholique[3]. En 1624, celui de Wissembourg enjoint également au pasteur Schipper de cesser ses prêches violents contre l'Antéchrist romain ; il peut réfuter les doctrines de ses adversaires, il ne doit pas les injurier et les traiter de « stipendiés du Diable ». Mais la difficulté était de faire obéir les théologiens, soutenus par l'opinion publique, et nous voyons ce même ministre wissembourgeois répondre insolemment à ses supérieurs, que Luther aussi avait

---

1. *Acta Conventus Ecclesiastici ad annum 1611*. Extraits de Rœhrich à la Bibliothèque municipale. Il demandait aussi que la police prît bonne note de tous ceux qui visiteraient, le dimanche, les couvents de Saint-Jean et de Sainte-Marguerite.
2. *Acta Conventus Ecclesiastici ad annum 1621*. (Extraits de Rœhrich.)
3. Lehmann, *Geschichte von Landau*, p. 167.

dit jadis de dures vérités à ses contradicteurs, et que « le ton modéré trahissait un sectaire de Calvin[1] »!

Ce n'étaient pas d'ailleurs les théologiens seuls qui se livraient aux querelles dogmatiques et les injures et les outrages sur le terrain religieux s'échangeaient également entre simples bourgeois. A Zellenberg, en terre de Ribeaupierre, un négociant de Savoie, Nicolas Deveny, dînait à l'auberge avec un bourgeois d'Échery, nommé Thomas Pihl. Échauffés sans doute par leurs libations, ils « se mirent à disputer ensemble de leurs deux religions... Après une longue dispute, ils se donnèrent la main l'ung l'autre qu'ils n'en auroient point d'offences. Mais après, Pihl auroit recommencé à dire : « Vous papistes faistes si grand cas de Marie, la mère de Dieu; elle n'est rien plus qu'une autre femme et a fait un enfant bâtard. » Le propos fut dénoncé, le coupable incarcéré et condamné par le bailli du lieu à faire publiquement amende honorable à genoux, « demandant pardon à Dieu, au Roi, au Seigneur et aux Juges », à donner 50 livres au seigneur et 25 livres aux pauvres. Il eut l'idée malencontreuse d'en appeler et le procureur général du Conseil souverain informa à son tour contre ce crime de lèse-divinité[2], puis fit confirmer le jugement, sauf que l'amende fut portée de 50 à 75 livres, payables non plus au seigneur, mais au roi lui-même. Pihl devait naturellement aussi payer les frais du procès, qui se montaient à 45 florins[3].

Jusqu'à quel point cet antagonisme religieux, bien constaté pour les classes dirigeantes et pour la moyenne et la petite bourgeoisie des villes, s'étendait-il aux couches populaires dans les campagnes? En l'absence de témoignages assez nombreux, nous hésitons à formuler un jugement général, croyant du reste, qu'il faut faire, en tout état de cause, une distinction marquée, sous ce rapport, entre le Sundgau et les terres autrichiennes de la Haute Alsace, d'une part, et les territoires de la Basse Alsace, de l'autre. Tandis que, pour les premières de ces régions, le fanatisme religieux est aussi intense qu'il peut l'être alors n'importe ailleurs[4], il nous

1. « *Mæssigung sei das Kennzeichen eines Calvinisten.* » (Archives de Saint-Thomas, lad. XXX, Papiers Rœhrich, mscr. 734, II.)
2. A.H.A., E. 3255. Dans une lettre du 8 octobre 1684, le procureur écrivait d'ailleurs très sensément à la Régence de Ribeauvillé : « Je m'estonne que ces gens-là ne prennent pas exemple à ceux de Colmar; ils debvroient parler de leurs négoces et laisser les haines de la religion. »
3. L'arrêt est du 20 novembre 1684. (A.H.A., E. 3255.)
4. On se rappelle les luttes engagées contre les hérétiques suédois en 1633 et la joie avec laquelle les paysans du Sundgau vinrent en 1673, démolir l'enceinte de Colmar.

semble qu'en Basse Alsace, c'est plutôt dans les populations rurales
que règne en ces matières, non pas précisément une largeur de vues
plus évidente, mais au moins une espèce de tolérance mêlée d'indifférentisme[1]. Celle-ci peut s'expliquer soit par le peu de goût témoigné
de tout temps par les paysans pour les questions spéculatives, soit
par l'extrême division des petits territoires dans cette partie de la
province; ce morcellement amenait des rapports constants entre les
voisins, luthériens ou catholiques. D'autres enfin l'attribueront
peut-être, — mais à tort, selon moi, — à l'habitude des changements de culte, imposés d'en haut, par les seigneurs, à des sujets
peu aptes, dans la plupart des cas, à raisonner les principes de la
foi traditionnelle ou des doctrines nouvelles. Il nous paraît bien
douteux qu'un bourgeois protestant de Strasbourg, de Wissembourg
ou de Colmar eût jamais consenti à faire baptiser son enfant par un
curé voisin, ou qu'un bourgeois catholique d'Obernai, de Schlestadt
ou de Turckheim eût songé à laisser ondoyer le sien par un ministre
luthérien. Mais dans une série de villages, les registres paroissiaux
démontrent que dans les années qui suivirent la guerre de Trente
Ans, durant la grande pénurie d'ecclésiastiques des deux Confessions, les paysans luthériens n'hésitaient pas à porter leurs nouveau-nés au prêtre le plus proche, et les paysans catholiques au
pasteur voisin. Nous en avons déjà cité quelques exemples pour la
Haute Alsace, dans un chapitre précédent[2]; on en a relevé d'autres
pour les communes de Hurtigheim, Furdenheim, Illkirch, etc., dans
la Basse Alsace[3]. Nous trouvons également une indication de cette
disposition des esprits dans la réponse que donne un laboureur de
Zehnacker, lors de la *visitation* de 1663. Comme on lui reprochait
d'avoir envoyé sa fille en service à Saverne[4], où elle avait apostasié
peu de temps après, il explique au pasteur qu'il n'avait pu l'empêcher, mais que, par contre, d'autres personnes étaient venues à
Zehnacker se convertir au luthéranisme et qu'il avait d'ailleurs
« l'intention de faire épouser à son fils une jeune fille papiste, afin
de rétablir la balance[5] ».

1. Le mot est employé dans la lettre d'un pasteur envoyé à Eschau en 1636,
qui disait de ses ouailles momentanées qu'elles étaient indifférentes pour
la plupart. (*Die meisten sind gleichgiltig.*) Nous reviendrons tout à l'heure
sur cette pièce, curieuse à plus d'un titre.
2. Voy. p. 427.
3. Rœhrich, *Mittheilungen*, II, p. 411.
4. La *Landpolicey-Ordnung* de Strasbourg (1660) punissait en effet ceux
qui envoyaient leurs enfants servir en contrées catholiques. (*Ihre Kinder
mutwillig und frevenlich ins Papstumb geben und verdingen.*)
5. *Visitationsbericht* de 1663 chez Horning, *Dannhauer*, p. 226 : « *Er*

Le clergé ne voyait naturellement pas avec plaisir un éclectisme pareil, les ministres protestants tout aussi peu que les prêtres catholiques. Les notions de tolérance étaient alors si peu répandues que nous voyons, par exemple, lors de la *visitation* de 1645, le pasteur de Romanswiller se plaindre amèrement de ce que les *papistes* de l'endroit fassent baptiser leurs enfants et bénir leurs mariages au dehors, puis rentrent, comme en triomphe, au village[1]. Et dans leur rapport, les inspecteurs appuient ces récriminations et déclarent que cette attitude des catholiques du village est « une insulte insupportable à l'autorité légitime[2] ». Ailleurs, les sentiments n'étaient guère différents. En 1663, on arrêtait, à Goxwiller, deux braves femmes, allant en pèlerinage à Sainte-Odile, pour leur démontrer « amicalement, et d'après leur propre catéchisme », qu'elles s'adonnaient à la superstition[3]. Le curé de Zimmersheim, réfugié à Mulhouse durant l'invasion suédoise, ayant béni le mariage de sa cuisinière avec un soldat de la garnison, le Magistrat le condamna à cent florins d'amende, malgré l'intervention de l'évêque de Bâle, pour avoir exercé des fonctions ecclésiastiques sur terre réformée[4]. A Sainte-Marie-aux-Mines s'engageait, en 1652, une querelle des plus embrouillées entre le curé de la ville (côté de Lorraine) et les autorités protestantes des Ribeaupierre (côté d'Alsace), au sujet de l'entrée de cet ecclésiastique dans la moitié opposée de la cité, pour y chercher les corps des catholiques qu'il devait ensevelir. On ne voulait le laisser s'avancer que jusqu'au milieu du pont sur la Lièpvre, qui séparait les deux territoires. Il fallut l'intervention de l'intendant et du Conseil souverain pour amener la transaction du 22 janvier 1659, qui autorisait le curé Guillemin à franchir le pont, à condition de ne créer aucun préjudice aux droits souverains des Ribeaupierre[5].

Dans la ville de Strasbourg elle-même, on n'avait pas absolument interdit le culte catholique dans certaines églises conventuelles, nous l'avons vu tout à l'heure. On empêchait même si peu les communications entre les religieuses de Sainte-Marguerite et le dehors,

---

wolle auch eine Tochter aus dem Papstthum an seinen Sohn verheirathen und also jenes wettmachen. »
1. Rœhrich, *Extraits*, manuscrit n° 734, II.
2. D'autres fois ils manifestaient des idées plus raisonnables ; dans le rapport de 1653 il est dit qu'il faut laisser les quelques papistes de Guertwiller tranquilles, pourvu qu'ils soient eux-mêmes convenables et n'outragent pas le culte (*læstern*). (*Ibid.*)
3. *Visitationsbericht* de 1663. Horning, *Dannhauer*, p. 224.
4. *Bulletin du Musée historique de Mulhouse*, 1877, p. 18.
5. A.H.A., E. 2028.

qu'elles purent recevoir, en 1624, la visite du nonce papal, Aloyse Carafa, qui les harangua par l'entremise d'un interprète, les félicita de leur constance et leur distribua des rosaires, des médailles bénites et des indulgences[1]. Il est certain que les quelques habitants catholiques (manants ou protégés) de la ville pouvaient assister au service religieux dans ces églises[2]. C'étaient là des faveurs que jamais les archiducs d'Autriche ni les évêques de Strasbourg n'ont concédées, au XVIIe siècle, à des groupes de dissidents sur leurs territoires ; ils les ont toujours, ou bien expulsés, ou bien convertis de force, comme nous le verrons bientôt. Mais le Magistrat de Strasbourg ne voulut jamais aller plus loin et accorder, d'une manière *officielle*, l'exercice public du culte aux représentants de l'Église ni tolérer, comme un *droit*, le fonctionnement du clergé pour les actes casuels. Dans une lettre que lui adressait le coadjuteur de l'archiduc Léopold-Guillaume, Gabriel Haug, évêque de Tripolis *i. p. i.*, en date du 1er mars 1647, ce dignitaire reconnaissait lui-même avoir exercé maintes fois ses pouvoirs dans la ville, « mais plutôt en particulier qu'en public », et demandait en conséquence qu'on lui accordât l'entrée officielle « de cette capitale de toute l'Alsace et de l'Évêché[3] ». Peu de semaines après, l'évêque Léopold-Guillaume lui-même écrivait de Bruxelles pour se plaindre qu'on ne permettait pas à son coadjuteur de dispenser les sacrements et d'ordonner des prêtres à Strasbourg[4]. Cela nous semblerait naturel aujourd'hui, mais c'était demander alors l'impossible, puisque cela équivalait à une abdication de la souveraineté territoriale[5]. Auparavant déjà, quand après Nœrdlingen, les Suédois, refoulés au nord de l'Allemagne, ne pouvaient plus secourir leurs alliés et que Bernard de Weimar n'avait pas encore solidement établi ses troupes en Alsace, l'évêque avait réclamé la restitution des églises ayant appartenu jadis aux catholiques, et le Magistrat avait un instant hésité s'il céderait[6] ; mais bientôt le courage lui était revenu avec les victoires de ses amis, et finalement l'archiduc avait dû se contenter de réserver ses

1. J. A. Ginzel, *Legatio apostolica P. Aloysii Carafæ episcopi Tricarensis*, etc. Wirceburgi, sumptibus Stehelianis, 1840, 8°, p. 8-9.
2. C'est ce que dit expressément Wencker dans sa chronique contemporaine (Dacheux, *Fragments*, III, p. 177.)
3. A.B.A., G. 198.
4. Lettre du 17 avril 1647, A.B.A., G. 198.
5. Le stettmeistre Rœder de Dierspurg dit à cette occasion au Conseil : «*dass es der Herr Weihbisschoff verhimpelt, indem er bey Herrn Rœth und XXI mit einem hitzigen schreiben einkommen, darinn er ettliche sachen behaupten wollen so wider der statt alte herkommen.* »
6. Il y a plusieurs consultations à ce sujet (*Rechtlich unvorgreiffliche Gutachten*, etc.) dans le fascicule G. 178, aux archives de la Basse Alsace.

droits pour l'avenir[1]. Il ne fut pas plus heureux en sollicitant l'admission des catholiques au droit de bourgeoisie. Encore aux conférences de Nuremberg, tenues en 1649 pour s'entendre sur la mise à exécution des traités de Westphalie, ses commissaires se plaignirent amèrement de ce refus de la ville libre[2]. Nous apprenons par une remarque incidente d'un rapport du docteur Jean Schmidt, que le Magistrat ne recevait même pas de catholiques sous sa protection, sans les avoir préalablement adressés à l'un de ses théologiens, ce qui ne peut guère s'expliquer que par le désir de les convertir à « la vraie foi[3] ». Vingt ans plus tard, quand les circonstances étaient devenues plus favorables, quand Strasbourg isolé conservait à peu près seul en Alsace une autonomie précaire, l'évêque François-Égon de Furstemberg, se sentant appuyé en haut lieu, crut déjà pouvoir réclamer davantage et, dans ses négociations avec la République, il est question de la restitution de la Cathédrale, en outre de l'exercice public du culte catholique apostolique romain[4]. Malgré l'extrême et dévotieuse politesse que l'habile diplomate, chargé par le Magistrat de négocier en cette occurrence, déploya vis-à-vis de l'évêque[5], la demande n'aboutit pas alors et ne pouvait pas aboutir. En 1678, quand, tout autour de Strasbourg, les campagnes étaient dévastées par la guerre, beaucoup de paysans catholiques se sauvèrent dans ses murs; le Magistrat leur permit, « par grâce », d'y rester sous sa tutelle, mais en défendant « tout exercice du culte ». Les baptêmes, enterrements, etc., ne devaient se faire que d'une façon toute privée, et, pour ainsi dire, clandestine[6]. Deux ans plus tard, en 1680, l'évêque revint à la charge, mais sur un ton déjà plus menaçant, et l'examen des procès-verbaux de la commission, chargée d'étudier les propositions épiscopales, fournit la preuve que François-Égon a la ferme volonté d'atteindre le but, même à l'aide de la violence et en s'aidant de l'autorité du monarque français[7].

1. Lettre datée du quartier général de Saalfeld, 16 juin 1640, et signée peu épiscopalement: « General über Kayserl. Mayestæt Armada und gevollmæchtigter Gubernator des Kœnigreiches Boeheim. » (A.B.A., G. 178.)
2. Meyern, Exxecutions-Acta, 1, 116, 229, 435; II, 800, 851.
3. Bericht von Tobias Schneubern, 1640. (Archives de Saint-Thomas.)
4. Archives municipales de Strasbourg, A.A. 1667.
5. Ce diplomate, le syndic J.J. Frid, écrivait le 2-12 janvier 1671: *Ich werde mich hœchst glückselig schætzen wenn ich in dem werck solle erweisen kœnnen mit was eiffer und tiefem respect ich Ihrer hochfürstlichen Gnaden underthænigster demütiger knecht seie.* » (A.B.A., G. 198.)
6. Déclaration du *Præses* et des *Assessores Concilii Ecclesiastici*, donnée au Magistrat, le 22 juin 1678. (*Nisi furtim et per connicentiam licet administrare sacra.*) Archives de la Basse Alsace, G. 198.
7. Ces procès-verbaux des *Verordneten Herren* se trouvent aux archives de la ville, A.A. 1673.

C'est la crainte de s'engager dans des concessions indéfinies vis-à-vis de ces prétentions croissantes, qui empêcha sans doute le Magistrat de concéder certains points de détail, que l'équité la plus élémentaire lui aurait commandé d'accorder, du moment qu'il s'était relâché sur le principe même de l'admission des catholiques romains à la protection (*Schirm*) de la cité. Il était vraiment absurde que des habitants catholiques de la ville libre ne pussent se marier qu'en montant en barque avec le prêtre chargé de la cérémonie, et en descendant l'Ill jusqu'à ce qu'ils fussent arrivés en dehors des limites de la juridiction strasbourgeoise ; on donnait la bénédiction nuptiale en plein air, puis on revenait dîner à la ville[1]. Il en était de même pour le baptême des nouveau-nés qu'il fallait déplacer, au péril de leur vie, en hiver, pour les présenter soit au curé de Souffelweyersheim, soit à celui de Hœnheim, les plus proches sur les terres de l'Évêché[2].

Si une réglementation de ce genre ressemble déjà singulièrement pour nos conceptions modernes, à des tracasseries mesquines, que dirons-nous des efforts faits par certaines autorités territoriales protestantes pour amener des populations récalcitrantes à professer leurs conceptions religieuses[3]? Il faut lire les plaintes du pasteur de Fegersheim contre ses paysans, « ces rustauds *duræ cervicis*... obstinés, méchants, scélérats et irrémédiablement athées » qui, dès le début de la tentative de « réformer » le village, ont déclaré que « le diable devait les emporter s'ils consentaient jamais à entendre

---

1. François-Thiébaut Rothfuchs, d'Andlau, épousant en 1675 une Strasbourgeoise catholique, fut ainsi marié « en plein air » par le révérend Jodoque Freymuth, dans la banlieue de la Wantzenau. (Chronique de Rothfuchs, *Revue d'Alsace*, 1888, p. 79.)
2. Le même Rothfuchs nous raconte le baptême de ses deux enfants, en 1676 et 1678, dans les localités indiquées dans le texte. (*Revue d'Alsace*, 1888, p. 80, 81.)
3. Pour qu'on pût se faire une idée bien nette de la façon dont procédait au XVI° siècle un seigneur alsacien quand il voulait convertir ses sujets, il faudrait imprimer, par exemple, le procès-verbal très détaillé dressé par le notaire Pierre Reisch sur le changement de culte opéré par Sébastien Zorn de Boulach dans son village d'Osthausen, en 1576. Il y a là des scènes de mœurs très curieuses, l'attitude du curé, ses protestations, son expulsion avec sa concubine et son enfant, ses tentatives de retour, etc. La population laïque paraît plutôt indifférente. En 1616, l'intervention armée de l'évêque fait d'Osthausen une paroisse mixte, et en 1693, les possesseurs étant revenus depuis longtemps au catholicisme, les habitants furent ramenés tous ensemble dans le giron de l'Église par les mêmes procédés militaires. Le curieux document en question se trouve aux archives de Saint-Thomas, *Prothocollum was in Sachen edlen resten Sebastian Zornen von Bulach, belangend die Enderung der Religion zu Osthausen sich zugetragen im Jahr nach Christi Geburt 1576*.

leur calotin luthérien, ce coquin d'hérétique[1] ». La grande majorité des paysans de Northeim, eux aussi, se montraient, quelques années plus tard, « indifférents à la pure doctrine » et préféraient, en « adhérents du papisme », suivre les prédications du curé de Fessenheim que celles d'un ministre évangélique[2]. Il importe cependant d'accentuer ici que l'on ne peut signaler, chez aucun des seigneurs territoriaux luthériens de ce temps en Alsace, l'emploi des moyens de conversion brutale qui furent mis en œuvre dans les premières années du siècle par certains vassaux de l'évêque Léopold, et plus tard, par les représentants de Louis XIV. On supprimait le culte catholique, mais on ne forçait pas les sujets à participer au culte nouveau[3]; on leur permettait même, — nous l'avons vu plus haut, par l'exemple des catholiques de Romanswiller, — d'aller au dehors se marier ou faire baptiser leurs enfants. Mais on tâchait de les attirer à la religion « officielle » par des procédés qu'il faut hautement déclarer blamâbles.

Ces procédés sont exposés d'une façon caractéristique et très naïve dans une lettre que le pasteur Jean Thiessberger, d'Eschau, écrivait le jour de la Toussaint 1636 au docteur Jean Schmidt, président du Convent ecclésiastique de Strasbourg, relativement à son village, catholique jusqu'en 1632, puisqu'il appartenait au territoire de l'Evêché, mais dont la couronne de Suède avait fait cadeau à la République strasbourgeoise[4]. Le Magistrat y avait établi un ministre pour travailler à la conversion de ses nouveaux sujets. Thiessberger raconte à son correspondant toute la peine qu'il s'est donnée, depuis son installation, pour amener les âmes égarées à la vraie religion de la Confession d'Augsbourg, dans l'espoir qu'elles viendraient à lui de leur plein gré. Mais jusqu'ici cet espoir ne s'est point réalisé, principalement parce que la question politique n'est pas éclaircie, l'occupation totale de l'évêché n'étant toujours pas décidée; de la sorte Messieurs

1. Les paysans catholiques de Fegersheim avaient été convertis par leur seigneur Jacques de Rathsamhausen, vers 1576. Mais le Grand Chapitre y avait également des droits seigneuriaux et encouragea leur résistance. Finalement, le pasteur Gaspard Klée fut expulsé en 1602 par l'évêque. La lettre que nous citons est adressée au Dr Pappus en 1600, et imprimée dans les *Mittheilungen* de Rœhrich, III, p. 308-309.
2. Cet aveu se trouve dans une supplique des derniers protestants de Northeim adressée en 1643 au bailli de Strasbourg à Marlenheim. (Rœhrich, manuscrit n° 736.)
3. « *In die Kirch mœg kommen wer will,* » dit le notaire Reisch, le 23 juin 1576, aux habitants d'Osthausen, en les réunissant, d'ordre du seigneur, dans une salle du château. On leur défend seulement d'insulter le nouveau ministre luthérien.
4. Cette lettre se trouve aux archives de Saint-Thomas.

du Magistrat ne sont pas considérés et respectés par les paysans comme leurs vrais seigneurs. S'il y a la moindre chance que ces parcelles du territoire épiscopal restent à la ville, il faut agir pour sauver les habitants de l'erreur et de l'athéisme. Sauf quelques vieux, il n'y en a pas beaucoup qui tiennent à entendre la messe. La plupart sont indifférents et lui ont déjà exprimé le désir qu'on les violente quelque peu[1], afin que, si par hasard l'état de choses actuel ne durait pas, il eussent une excuse valable pour se garer contre les amendes que ne manqueraient pas de leur infliger leurs tyrans (*Stockmeister*) habituels. Et là-dessus Thiessberger suggère quelques-uns des moyens d'action qu'on pourrait employer avec fruit. C'est le curé de Fegersheim qui est chargé de la desserte d'Eschau ; or, il est goutteux et ne peut remplir ses fonctions, de sorte qu'il envoie seulement de temps à autre quelque prêtre, renvoyé de chez lui pour inconduite publique, ce dont les paysans catholiques eux-mêmes sont fort mécontents. Si l'on s'entendait quelque peu à leur faire de la musique, ils se mettraient bien vite à danser ! Il conviendrait donc de leur députer un personnage politique de poids, pour leur exposer tous les avantages matériels que leur vaudrait leur obéissance, tout le dommage que leur obstination pourrait leur causer. Ensuite il faudrait faire savoir au curé de Fegersheim que s'il ne remplit pas lui-même les devoirs de son ministère, on ne lui permettra plus de se faire suppléer par d'autres ecclésiastiques. De cette façon, les gens d'Eschau resteraient le plus souvent sans prêtre et sans messe, jusqu'à ce qu'on réussisse à s'en débarrasser tout à fait.

Les événements et surtout la situation prépondérante que prit bientôt après la France en Alsace ne permirent pas la mise à exécution de ce trop ingénieux plan de campagne, tracé avec une si entière conviction et une ignorance aussi absolue des droits de la conscience d'autrui. Mais il devait être précisément celui que Louvois, La Grange et leurs sous-ordres adoptèrent plus tard vis-à-vis des protestants d'Alsace, mêlant les promesses, les menaces et les considérations d'ordre purement matériel à la privation des consolations spirituelles. Il n'y a rien d'étonnant à pareille rencontre ; du moment qu'on abandonne le principe sacré de la liberté des consciences, les fanatismes opposés sont condamnés à se ressembler dans leurs postulats théoriques, alors même que l'un réussit à dépasser l'autre dans la mise en pratique de la persécution[2].

1. « *Man mœge sie doch einiger massen zwingen.* » Cette déclaration peut paraître très sujette à caution.
2. Quand on compare à cette étroitesse de cœur et d'esprit, qui trop sou-

Nous ne voulons pas dire par là, bien entendu, que toutes les conversions enregistrées à cette époque au profit de l'une ou de l'autre des deux Églises, aient été obtenues par des moyens malhonnêtes ou par la seule violence. Ce n'était pas une position brillante, ni même toujours le pain quotidien que pouvaient obtenir par une abjuration solennelle les membres assez nombreux du clergé catholique qui, durant les soixante premières années du XVIIe siècle vinrent déposer le froc ou la soutane dans les églises de Strasbourg[1]. On ne voit pas bien ce que pouvait attendre, sinon une mort prochaine, cette vieille femme nonagénaire de Sainte-Marie-aux-Mines, qui « abjurait la foi papistique », le 25 juin 1651, « Dieu lui ayant ouvert les yeux de la foi, nonobstant qu'elle était aveugle des deux yeux[2] ». Ce n'étaient surtout pas des opportunistes en quête d'une situation meilleure que les rares prosélytes, qui, obéissant malgré les édits royaux, à l'impulsion de leurs convictions intimes, se faisaient recevoir dans une communauté luthérienne, quand ils trouvaient un pasteur assez courageux pour leur prêter son ministère, car dès le lendemain, ils devaient chercher sur la terre d'exil un abri que le sol natal ne pouvait plus leur offrir désormais[3].

Nous avons parlé jusqu'ici, dans ce chapitre, de l'attitude des luthériens vis-à-vis des catholiques et nous n'avons dissimulé ni l'acrimonie de leurs polémiques ni l'étroitesse de leur manière de voir en fait de tolérance, ni les actes qui furent souvent la conséquence de cette façon de penser. Si cependant ces théories et ces procédures doivent choquer à bon droit nos idées modernes, il ne faut pas oublier que les unes et les autres furent empruntées à l'Église dont ils étaient sortis, que les unes et les autres furent également proclamées et mises en vigueur, mais sans ménagements

---

vent caractérise le XVIIe siècle, le langage du siècle suivant, on constate le souffle d'un esprit vraiment nouveau. Voici ce qu'écrivait, par exemple, en 1774, un conseiller de Régence protestant au curé de Reschwoog: « Comme nous abhorrons tous deux le fanatisme, il ne nous sera pas difficile de faire un arrangement qui conciliera les sujets du Roi, qui ne diffèrent qu'en ce que les uns parlent au Bon Dieu en latin, et les autres en allemand. » (Bischwiller, 4 juin 1774. Archives paroissiales de Roppenheim, Rœhrich, manuscrit n° 734, II.)

1. On trouve une liste de huit noms, qui n'est pas complète, pour les années 1612 à 1661, dans les papiers de Rœhrich. (Manuscrit n° 730.)
2. Registre du Consistoire de Sainte-Marie-aux-Mines. (*Revue d'Alsace*, 1878, p. 371.)
3. C'est Spener qui le dit en parlant de son beau-frère, le pasteur Stoll, de Ribeauvillé : « *sie sobald anderswohin geschafft werden mussten.* » Cf. Rœhrich, *Mittheilungen*, II, p. 125.

aucuns, par les gouvernants qui représentèrent le catholicisme en Alsace, dans leurs rapports avec les groupes protestants disséminés dans la province. Si le protestantisme alsacien se vit obligé, durant tout le XVII⁰ siècle, de se tenir sur la défensive, — ce qui explique en partie sa modération relative, — l'Église catholique fut à même, dès le début, et jusqu'à la fin de cette période, de poursuivre ouvertement sa revanche pour les défaites et les échecs subis au temps de la Réforme. Sauf durant les quelques années de l'occupation suédoise, elle rencontra toujours soit une neutralité bienveillante, soit plus souvent le concours actif des puissances politiques qui dominèrent dans le pays. Essayons de montrer par quelques exemples, quelle fut son attitude, aussi longtemps que prédomina par toute l'Alsace l'influence des Habsbourgs ; nous verrons plus tard, avec plus de détails, celle qu'elle réussit à faire prendre au gouvernement des Bourbons.

Sur les terres de la maison d'Autriche, le catholicisme était seul toléré et, depuis la naissance de l'hérésie, le gouvernement des archiducs n'avait jamais permis à des adhérents de Zwingle ou de Luther de résider dans ses domaines. Le simple soupçon de pencher vers les doctrines nouvelles motivait une expulsion immédiate[1], et la surveillance s'étendait non seulement aux roturiers mais même à l'entourage de la noblesse du pays[2]. Si un sujet autrichien émigrait pour trouver autre part la liberté de conscience qu'on lui refusait, on saisissait ses immeubles et parfois sous un prétexte quelconque, on arrivait à le punir personnellement ; tel fut le triste sort d'un certain Nicolas Kuntz, de Cernay, qui s'étant retiré à Colmar pour cause de religion en 1610, vit ses biens saisis par la Régence d'Ensisheim. Colmar ayant intercédé pour son nouveau bourgeois, on lui permit en 1614 de venir chercher ses meubles à Cernay, les immeubles restant sous séquestre. Rien d'étonnant à ce que Kuntz ait conservé une haine marquée contre ses anciens maîtres ; passant par sa ville natale, en juillet 1622, il eut l'imprudence d'y proférer des injures contre l'archiduc Léopold et le duc de Bavière ; arrêté immédiatement, la Régence lui intente un procès et le fait enfermer *comme lunatique*, tandis que ses pro-

---

1. Affaire de Jacques Zünstinger, boucher à Obermichelbach, expulsé par le bailli de Landser, en octobre 1623. (A.H.A., C. 109.)
2. Ordre de la Régence d'Ensisheim au seigneur de Rotberg à Reinwiller, d'avoir à renvoyer un valet de chambre qu'il a depuis trente ans, parce qu'il est soupçonné d'hérésie (1630). A.H.A., C. 109.

priétés étaient livrées à son gendre Claude Rossel, de Belfort, qui eut bientôt gaspillé la fortune du malheureux prisonnier. Après trois ans de prison, et pour recouvrer au moins sa liberté, Kuntz consent finalement à abjurer le luthéranisme ; à peine redevenu catholique, il est relâché par les fonctionnaires autrichiens (novembre 1625), comme ayant retrouvé la raison[1]. Les mêmes maximes intransigeantes régnaient partout où s'étendait l'autorité des Habsbourgs. C'est ainsi que, trente ans plus tard, l'évêque Léopold-Guillaume ordonnait aux chanoines administrateurs de Murbach de forcer à l'émigration tous les non-catholiques, luthériens, réformés ou juifs qui, profitant du désordre des guerres, se seraient établis sur les terres de l'abbaye[2].

Dans les villes impériales de la Décapole restées catholiques, l'influence des grands-baillis de la maison d'Autriche fut également employée tout entière au service de la cause de l'Église. Il est vrai que la haine contre les hérétiques eut à peine besoin, durant tout le XVII° siècle, d'être stimulée par des influences extérieures. Elle était telle que dans Haguenau, Schlestadt, Obernai, les seules d'entre elles où il y eût encore des groupes protestants, pendant les vingt ou trente premières années de cette période, la situation de ces derniers fut lamentable. A Obernai, dès la fin du siècle précédent, les esprits étaient montés à ce point que le Magistrat défendait à tous les boulangers de la ville d'enfourner du pain blanc pour le repas de noces du pasteur voisin d'Oberkirch et que l'aubergiste du *Bouc* qui avait promis de fournir la vaisselle, fut averti que s'il tenait sa promesse, cela lui coûterait cinq livres d'amende. Les jeunes gens bien pensants de la cité venaient de nuit au village, briser les vitres du ministre Schad, et le fanatisme religieux était surexcité à ce point qu'un jour le vicaire de Nidernai se précipita sur le pasteur, un couteau à la main et blessa l'un de ses paroissiens qui l'accompagnait et s'efforçait de le défendre[3]. A Schlestadt,

---

1. A.H.A., C. 877.
2. Le 21 novembre 1644. Gatrio, *Murbach*, II, p. 282. — Cela n'empêchait pas d'ailleurs le haut clergé de solliciter les dons des hérétiques pour ses œuvres, quand l'occasion semblait propice. En 1627, on vit l'évêque de San-Stéphano en Dalmatie demander au Magistrat de Mulhouse de contribuer aux dépenses de l'Ordre de l'Immaculée-Conception, et ces calvinistes abhorrés lui payer ses frais d'auberge et lui voter vingt florins de subsides. (Fürstenberger, *Mulhauser Geschichten*, p. 252.)
3. *Verzeichniss was sich zwischen mir Mag. Daniel Schadten und meinem Gegentheil den Papisten zu Oberehnheim und in der Nachbarschaft zugetragen.* Cette pièce si curieuse pour la psychologie des passions religieuses du temps, écrite vers 1590, citée par Rœhrich, mériterait d'être publiée *in extenso* d'après l'original aux archives de Saint-Thomas.

le Magistrat promulguait, le 10 décembre 1624, une ordonnance défendant non seulement à tous les bourgeois de faire aucun exercice secret du culte hérétique sur le territoire de la ville, — ce qui était son droit strict, — mais encore de visiter aucun prêche au dehors, d'avoir aucun instituteur privé pour leurs enfants, d'envoyer leurs enfants à l'école dans une localité hérétique, *de recevoir chez eux aucun ministre luthérien du voisinage qui viendrait en ville pour achats au marché ou pour autres affaires;* il leur était enjoint en outre d'assister aux processions, de jeûner conformément aux prescriptions de l'Église, etc.[1]. Le Magistrat tenait rigoureusement la main à l'exécution de cette ordonnance et les Révérends Pères l'assistaient de leur mieux; quand ils découvraient une brebis galeuse dans le troupeau, elle était expulsée sur-le-champ[2].

Mais l'endroit où l'on peut le mieux suivre dans tous ses détails la lutte sans merci contre le protestantisme, dans cette première moitié du siècle, c'est la ville de Haguenau, puisque les nombreux documents (pétitions, suppliques, enquêtes, etc.) qui s'y rapportent nous ont été presque tous conservés dans les dépôts strasbourgeois[3]. Longtemps avant le commencement de la guerre de Trente Ans, le Magistrat, poussé par les Jésuites, y employa tous les moyens de compression légale pour se défaire des luthériens qui y avaient été très influents au XVIe siècle et qui étaient encore assez nombreux, surtout dans les rangs de la haute bourgeoisie. On voit la populace urbaine pénétrer dans leur église, y déchirer les nappes d'autel et le drap de la chaire, enfonçant des clous sur les sièges, plaçant des épingles et des épines dans les bancs des femmes, vissant la porte de la chaire pour empêcher le pasteur d'y monter, affichant aux murs des dessins ignobles ou des placards injurieux, sans qu'aucun de ces excès fût puni, alors que tout le monde en connaissait les auteurs. De son côté, le Magistrat, dont on avait écarté les derniers hérétiques, en les remplaçant par des prolétaires ignorants et nécessiteux[4], interdit bientôt aux luthériens de

---

1. Rœhrich, manuscrit n° 739 de la Bibliothèque municipale de Strasbourg. Une copie de cette ordonnance se trouve aux archives de Saint-Thomas.
2. « *Ne ullus unquam alienœ sectœ assecla toleretur.* » (Gény, *Jahrbücher*, I, p. 204.)
3. Rœhrich en a cité de nombreux fragments dans ses *Mittheilungen*, vol. II, p. 450-512. Il en a copié aussi dans ses manuscrits qui sont à la Bibliothèque municipale. Mais les pièces qui se trouvent aux archives de Saint-Thomas en copie ou en original mériteraient d'être mises au jour d'une façon plus complète. Elles proviennent des archives de la paroisse évangélique de Haguenau, déversées, après 1653, dans celles du Convent ecclésiastique.
4. Voy. sur ce point notre volume I, p. 458.

sortir de la ville pour aller aux prêches voisins et défendit aux ministres du dehors d'y entrer pour consoler les malades et les mourants, quand il eut éloigné le dernier pasteur toléré jusque-là dans la ville[1]. Il n'autorisa plus les mariages contractés entre protestants, ne les déclarant valables que si on se reconnaissait catholique et si l'on s'engageait à faire baptiser les enfants par les prêtres de l'Église romaine[2]. Nous avons raconté dans le paragraphe relatif à l'histoire politique de Haguenau, la fin de cette lutte trop inégale pour durer longtemps, et qui se termina par l'expulsion systématique des derniers hérétiques avec femmes et enfants (1628). Mais quand six ans plus tard, les Français eurent occupé la ville placée sous leur protection, plusieurs revinrent de l'exil et essayèrent de se reconstituer en paroisse. Le Magistrat n'avait pas changé d'avis; un arrêté du 17 juillet 1640 remit en vigueur toutes les anciennes lois pénales portées contre les dissidents. Cependant elles ne furent pas appliquées, le gouverneur français, M. de Rasilly, ayant donné une leçon méritée de tolérance à ses protégés, en les forçant de révoquer immédiatement leurs défenses et de publier, dès le 18 juillet, un nouvel édit, portant qu'il était permis à chacun de rechercher et de pratiquer le libre exercice de son culte, où il voudrait, sans avoir à craindre pour la suite une punition quelconque[3]. Le culte luthérien put donc être célébré régulièrement dans une cour domaniale des seigneurs de Fleckenstein, dite le Freyhof, jusqu'en 1648. Mais après la signature des traités de Westphalie, bien que l'*annus et dies decretorius* (1er janvier 1624) semblât leur garantir pour l'avenir le libre exercice de leur religion, les catholiques, sûrs de n'être plus efficacement contrecarrés par le gouvernement nouveau, refusèrent de tolérer encore la présence des hérétiques, et pour se dispenser de les héberger plus longtemps, ils prétendirent tout simplement qu'il n'en existait plus. Sur les instances de plusieurs princes protestants de l'Empire, il fut décidé cependant aux conférences de Nuremberg (1650) que les réclamations des luthériens de Haguenau étaient légitimes et qu'ils auraient une église et une école. Mais quand les commissaires de la République de Strasbourg et du margrave de Bade, chargés par la conférence d'arranger

1. Il le fut par ordre de l'évêque Léopold d'Autriche en sa qualité de *landvogt* (arrêté du 26 octobre 1624). Il restait alors encore plus d'un millier de protestants à Haguenau. (Supplique des bourgeois luthériens à l'empereur Ferdinand II, du 15-25 décembre 1625.)
2. Supplique des bourgeois protestants à l'Électeur de Saxe, 1625.
3. Le Magistrat a soin de répéter deux fois dans la pièce (arch. Saint-Thomas, lad. 22), que c'est pour « obéir comme il le doit » à M. de Rasilly, qu'il rend cet arrêté.

l'affaire avec le Magistrat de la ville, voulurent entamer la négociation, ils se heurtèrent à tous les faux-fuyants possibles ; on finit par leur offrir une vieille grange au village de Surbourg, et deux misérables huttes pour servir d'église et de maison d'école. Entre temps, on défendait aux bourgeois luthériens d'aller chercher du fourrage au dehors pour leur bétail et de sortir de la ville pour cultiver leurs champs, afin de les prendre ainsi par la famine[1]. On les traitait publiquement de voleurs et de coquins, et quand ils portaient plainte en justice, on doublait le nombre de leurs garnisaires[2]; les membres du Magistrat déclarèrent qu'ils accepteraient plutôt encore des Juifs dans leur ville que des hérétiques[3]. La population, le clergé le poussaient d'ailleurs à résister à outrance. Le R. P. Streit, — digne nom pour un aussi belliqueux champion de l'Église ! — faisait jurer aux fidèles réunis autour de sa chaire, de chasser les hérétiques de la ville, quand même l'Empereur et la Diète de l'Empire ordonneraient de les reprendre. La haine confessionnelle alla si loin qu'on imagina le plus odieux et le plus malpropre des complots pour perdre à jamais les quelques luthériens qui restaient à Haguenau. Le R. P. gardien du couvent des Récollets, assisté du R. P. prédicateur et de l'organiste, se mirent en campagne, de nuit, travestis et armés de grands seaux remplis de matière fécale et de pinceaux, et badigeonnèrent de belle façon la façade du Collège des Jésuites. On comptait attribuer cet acte sacrilège aux protestants et amener ainsi leur expulsion, sinon même leur massacre par la populace (9 octobre 1653). Malheureusement pour eux, les Révérends Pères furent surpris en plein travail par quelques bourgeois catholiques qui ne les reconnurent pas sous leur travestissement et les traînèrent au violon[4]. Le scandale fut grand, comme bien on pense, et les coupables furent immortalisés par un pamphlet rimé, dont le titre gravé reste comme un des produits les plus rares et les plus curieux de l'art alsacien de cette époque[5].

1. Mémorial des bourgeois évangéliques de Haguenau au comte Benoît d'Oxenstjerna, à Francfort, mars 1652. Nous ne citons qu'un ou deux faits; il faudrait lire la pièce tout entière pour avoir une idée exacte des procédés employés à l'égard de ces malheureux.
2. Lettre d'Élie Burger, greffier de Wœrth, aux envoyés strasbourgeois à Nuremberg, 1650.
3. Lettre du Dr Jean-Frédéric Schmidt, avocat général de la ville de Strasbourg, du 1er janvier 1651.
4. Le récit de ce haut fait, reproduit dans la plupart des compilations historiques de l'époque, se trouve aussi dans les chroniques locales, par exemple dans la *Chronique strasbourgeoise* de Stædel (*ad annum* 1653).
5. *Hagenauische Geschichte, das ist Wunderseltsame Malerey*, etc. S. l.

Le but poursuivi avec tant de persévérance pendant un demi-siècle était néanmoins atteint; les derniers luthériens de Haguenau finirent par accepter l'asile que leur offrait le comte palatin Chrétien de Birckenfeld, dans son village de Schweighausen, tout près de leur ville natale, et la population put enfin, selon la parole d'un de ses enfants, respirer un air pur de tous ferments hérétiques[1].

Cet esprit d'animosité profonde se retrouve partout dans les villes catholiques de l'Alsace et, sans aucun doute, nous sera révélé par de plus nombreux exemples, le jour où le dépouillement complet des témoignages du passé, s'il se fait jamais, aura été mené à bonne fin. Le malheur est qu'une fois enraciné, il persista longtemps et qu'on le voit parfois renaître jusqu'à l'heure présente. Encore en 1747, nous voyons, par exemple, les habitants catholiques d'Illhæusern, dans le bailliage de Guémar, essayer de tous les moyens pour faire expulser les habitants luthériens de la localité[2]. Assurément, les énergumènes étaient fort rares qui poussaient leur haine jusqu'à vouloir incendier les localités, « afin d'exterminer les huguenots », comme cet individu venu de Lorraine et arrêté à Sainte-Marie-aux-Mines[3]; mais que de cas d'injures grossières comme celui de Mathieu Henold, de Gueberschwihr, appelant Luther un coquin et un voleur (1656)[4]; ou de violences matérielles, comme celui de Jean Schicklin, messager juré d'Altkirch, qui pénètre dans l'église de Mulhouse, en « beuglant, comme une vache », déchirant les nappes de l'autel, appelant le temple « une étable à pourceaux » (1632)[5]! Nous ne nous arrêterons pas à citer des paroles comme celles du capucin de Thann qui, parlant du jubilé de 1617 et de celui que le pape Paul V avait fixé pour la même date, écrivait : « Ils nous ont singé à propos de leur Évangile nouvellement inventé et, pour faire pièce au Saint-Père, ils ont célébré aussi un jubilé, ces imbéciles aveugles...

(Strasbourg?), 1652, 4°. On a réimprimé, il y a une quarantaine d'années, ce factum que les intéressés avaient réussi à faire presque complètement disparaître de la littérature alsatique.
  1. « *Expurgata est igitur... hæc civitas a fermento et pulvere Lutheranorum in tantum ut sub solo Ecclesiæ catholicæ vexillo militat, seclusa, præter Judæos, quacunque alia religione.* » Josephus Schweighæuser, *Trifolium seraphicum in Alsatia florens*, mscr., fol. 101.
  2. A.H.A., E. 1202.
  3. A.H.A., E. 2045.
  4. A.H.A., E., 2239.
  5. Jos. Furstenberger, *Mulhauser Geschichten* (Mulhausen, 1897), p. 258.
— Remarquons que le Magistrat de Mulhouse eut la générosité de relâcher cet individu sur la prière de sa femme enceinte ; il est douteux qu'un Magistrat catholique en eût agi de même avec un profanateur d'église.

comme s'ils n'avaient pas pu dégringoler en enfer sans jubiler[1] ! »
Les deux camps s'injuriaient alors avec une violence égale ; mais si
l'on parlait ainsi, si l'on agissait de la sorte dans les villes, si les
Magistrats des petites républiques alsaciennes employaient de
pareils procédés vis-à-vis de ceux de leurs concitoyens qui professaient des opinions religieuses divergentes, il est facile de se
figurer avec combien moins de ménagements encore les petits seigneurs territoriaux agissaient à l'égard de leurs sujets de la campagne. Même quand ils tenaient eux mêmes leurs fiefs de suzerains
protestants, il y en avait parfois qui essayaient de convertir de force
ou d'expulser les habitants hérétiques de leurs villages. Ainsi le duc
de Wurtemberg-Montbéliard fut obligé de retirer le fief de Sundhausen au sieur de Landsberg pour ce motif, en 1608, ce qui n'empêcha pas le fils du seigneur dépossédé, Melchior de Landsberg,
de réclamer auprès de l'empereur Rodolphe II, tant il trouvait naturelle cette propagande dirigée contre son propre suzerain[2].
Ailleurs, le représentant de l'Église se soulevait directement contre
l'autorité seigneuriale et citait ses « paroissiens » hérétiques devant
les tribunaux ecclésiastiques ou séculiers étrangers, comme le curé
de Wihr, en 1622[3], ou celui de Zellenberg, vers 1670[4]. Quand les
villages avaient des co-seigneurs de culte différent, la situation des
malheureux paysans était encore plus fâcheuse, car il y avait des
luttes d'influence continuelles. Nous n'en citerons qu'un exemple.
La petite localité de Landersheim, près de Saverne, avait été
amenée à la Réforme par les seigneurs de Mittelhausen, dans la seconde moitié du XVIe siècle. Mais outre les Mittelhausen, les Landsberg jouissaient de certains droits seigneuriaux dans le village. Or,
en 1634, le propriétaire meurt et peu après, le château est pillé,
incendié et les habitants terrifiés prennent la fuite, presque tous,

1. Tschamser, *Annales*, II, p. 363.
2. A.H.A., E. 377, 378.
3. Pour comprendre un pareil cas, qui nous paraît aujourd'hui absolument
invraisemblable, il faut se rappeler que les Ribeaupierre, protestants,
tenaient Wihr à fief de la maison d'Autriche; ils pouvaient donc,
en fait, permettre aux habitants de Wihr de suivre le culte à Horbourg, ils
ne pouvaient pas leur bâtir de temple chez eux, ni empêcher le curé de les
poursuivre devant la Régence d'Ensisheim, comme « déserteurs de la foi
catholique ». A.H.A., E. 2363.
4. A.H.A., E. 2361. Le curé avait fourni à la Régence une liste des délinquants (*die rœudigen bœckh so am sonntag gehn Hunaweyler in die sek-
tische kirch lauffen*), en tête de laquelle se trouvait le bailli des Ribeaupierre lui-même. Aussi le curé, ajoutait-il, trahissant sans le vouloir, le
motif principal de son chagrin au sujet de l'hérésie de ce fonctionnaire :
« *So hatt ein Pfarrherr zu Zell von vermeldten gottlosen, sektischen amp-
leuthen, sie seyen gleich todt oder lebendig, nit ein heller genuss.* »

abandonnant leurs demeures. Une garnison française ayant occupé Saverne, le prévôt de cette ville concerte, en août 1645, avec le curé de Willgottheim une expédition dans la localité déserte, pour s'emparer de l'église. L'héritier de M. de Mittelhausen, M. de Merlau, bailli de la Petite-Pierre, se dirige de son côté sur Landersheim, pour en prendre possession, accompagné d'un jeune théologien de Strasbourg qui doit y prêcher. Il y arrive quelques instants avant le prévôt, auquel M. de Pesselières, le gouverneur de Saverne, avait fourni une escorte de soldats ; et heureusement pour lui, il y arrive par un autre chemin que celui où le curé de Willgottheim l'attendait avec seize paysans en armes, pour l'assommer. A peine le ministre a-t-il commencé son sermon que les soldats touchent barre à Landersheim à leur tour et se précipitent en criant dans l'église. Merlau tient bon et fait continuer le prêche ; mais à peine l'autre est-il descendu de la chaire que le curé, survenant, dit de son côté la messe et chacun réclame l'édifice et les paroissiens. Quand Merlau porta plainte à Pesselières, il fut fort mal reçu, et l'intervention énergique du Magistrat de Strasbourg fut nécessaire, — on n'osait pas le froisser à ce moment, — pour que l'usurpation si manifeste ne fût pas maintenue [1].

§ 2. LE GOUVERNEMENT DE LOUIS XIV ET LES PROTESTANTS D'ALSACE

Les faits mentionnés jusqu'ici à titre d'exemples [2] dans ce tableau de l'attitude des deux Églises d'Alsace, se rapportent à peu près tous à l'époque antérieure à la prise de possession de la province par la France, et se sont produits en dehors de toute action, de toute influence de sa part. Mais la situation ne changea pas, elle empira même, — et les populations protestantes du pays ne furent pas

---

1. Dans sa lettre à M. de Pesselières, en date du 22 septembre 1645, les Treize lui exposaient que le seigneur catholique n'ayant jamais payé un denier pour les frais du culte et le traitement du pasteur, n'avait aucun droit sur l'église ; ils ajoutaient que si eux, protestants, voulaient commencer à envoyer des ecclésiastiques dans les paroisses momentanément abandonnées, il y aurait bien des localités où il leur serait facile de semer ainsi le désordre. Toute la correspondance de Merlau avec le Magistrat, le Convent ecclésiastique, etc., se trouve aux archives de Saint-Thomas, et un extrait dans les notes de Rœhrich (mscr. 736). Le village de Landersheim n'échappa d'ailleurs pas au sort que lui avaient destiné les assaillants de 1645. Il fut ramené tout entier à la foi catholique, une quarantaine d'années plus tard par son possesseur d'alors, Luc Weinemer, premier ammeistre catholique de la ville de Strasbourg en 1690.
2. On en pourrait, en effet, mentionner bien d'autres, et le dépouillement systématique des archives locales en ferait surgir un nombre infini.

long à en avoir conscience[1], — quand les traités de Westphalie eurent modifié les conditions de l'existence politique de l'Alsace. Il s'est formé une curieuse légende dans la littérature historique de notre pays sur l'attitude du gouvernement de Louis XIV, comme de celui de Louis XV, plus tard, vis-à-vis de leurs sujets hérétiques, récemment conquis; cette légende date du XVIIIe siècle déjà et ceux qui l'ont mise en circulation ne pouvaient guère invoquer l'excuse d'y avoir cru sérieusement eux-mêmes[2]. Depuis lors, on s'est complu à répéter de bonne foi, que le grand roi, s'il a expulsé les prétendus réformés du reste de la France, a scrupuleusement respecté les droits des luthériens d'Alsace, et que jamais il n'y a menacé la liberté des consciences; que, si des conversions s'étaient produites, c'était grâce à l'éloquence des convertisseurs, et que la force matérielle n'y avait jamais été pour rien. Ces affirmations d'un écrivain de la Compagnie de Jésus, qu'aucun auteur protestant ne se serait hasardé à contester sous l'ancien régime, sont répétées encore et même amplifiées de nos jours, bien que les documents les plus probants publiés depuis un demi-siècle déjà[3], aient démontré le contraire. Tout récemment encore un écrivain distingué, très consciencieux, très au courant de l'histoire diplomatique et militaire de la province, mais moins bien informé de son histoire religieuse, retraçait un tableau, tout de fantaisie, de l'attitude du gouvernement de Louis XIV en matière confessionnelle. « Il s'appliqua, dit-il, à prévenir les excès des deux partis et à pratiquer une politique de juste milieu, qui profita à la tolérance, si elle n'en provint pas toujours et qui attesta du moins combien les traditions et le tour d'esprit de la France étaient supérieurs aux âpres rigueurs de l'oligarchie presque théocratique, habituée jusque-là à faire loi[4]. » Heureuse la mémoire de Louis XIV et surtout heureux les luthériens d'Alsace,

---

1. Le pasteur Klein, de Colmar, notait dans ses *Miscellanées*, dès 1649 : *Pontificii contumacius incipiunt caput extollere et publice contra nos concionare..... Sacrificuli cum magna vehementia, more ipsis solito, in nos invehuntur sed hoc ipsis licitum esse putant.* » (Rathgeber, *Colmar u. Ludwig XIV*, p. 75.)

2. Le mot peut sembler dur, mais il n'est que juste. Quand le P. Laguille, dans son *Histoire d'Alsace* (éd. in-folio, II, p. 278), écrivait que « la violence n'eut jamais part à ces conversions si multipliées », il *savait*, lui le contemporain, le collègue du P. Dez et du P. L'Empereur, que ce n'était pas la vérité.

3. Les *Documents inédits* de Van Huffel ont été publiés à Paris, dès 1840, les études de Rœhrich ont été réunies dans ses *Mittheilungen*, en 1855, la thèse de M. Ch. Bœgner a paru en 1851, celle de M. Kiefer en 1868. (Voy. la *Bibliographie*, vol. I.)

4. A. Legrelle, *Louis XIV et Strasbourg*, 4e édition, p. 588.

si les faits avaient répondu le moins du monde à ce tableau purement imaginaire du rôle joué par l'État dans la question religieuse en Alsace, après 1648 et surtout après 1680. Nous allons voir, par de trop nombreux exemples, quelle fut sa véritable attitude et comment les représentants de la France ont dépassé, de beaucoup, « les âpres rigueurs de l'oligarchie théocratique » qui les avait précédés.

Depuis son enfance, soit qu'il y eût été poussé par une mère bigote, soit qu'il y eût là une disposition d'esprit naturelle, le petit-fils d'Henri IV éprouvait une antipathie marquée pour tous les protestants. Il avait à peine seize ans qu'il écrivait à Mazarin pour lui ordonner d'empêcher, selon l'autorité de sa charge, qu'il n'y eût à Brisach ni dans l'étendue du gouvernement du Brisgau et du Sundgau, « aucun exercice de religion contraire à la catholique, y apportant tout le soin que chose qui regarde la gloire et le service de Dieu mérite [1]. » Il resta fidèle à cette manière de voir jusqu'à la fin de sa vie, regardant comme une insulte à la Divinité, et comme une insulte également à sa propre personne, qu'il y eût dans son royaume des malheureux, assez mauvais serviteurs et sujets pour ne pas abandonner l'hérésie et professer la religion de leur maître. Ce n'est point de cela cependant qu'on songe à lui faire un reproche ; cette manière de voir était celle de beaucoup, de la plupart des esprits de son temps. Mais ce que blâmeront toujours tous ceux qui auront étudié d'une manière vraiment impartiale ce chapitre de son règne, ce sont les procédés employés par lui pour amoindrir et pour étouffer, si possible, l'hérésie. Il y avait bien des moyens de faire disparaître en peu de temps, et par le jeu naturel des lois économiques, l'exclusion qui pesait sur les catholiques dans les très rares villes d'Alsace où dominait encore le protestantisme, et où l'état mixte n'existait pas déjà de fait. Le gouvernement n'avait qu'à décréter que tous les sujets français pourraient s'établir librement sur n'importe quel point du territoire soumis à l'autorité royale, et il ouvrait de la sorte, d'une façon toute légale, les portes des cités les plus récalcitrantes à de nouveaux habitants catholiques. Ceux-ci étaient en forte majorité dans la province ; ils étaient donc assurés de prédominer, dans un avenir plus ou moins rapproché.

Louis XIV aurait pu, d'autre part, proscrire les protestants d'Alsace, comme il proscrivait ceux de l'intérieur ; sans doute, il aurait porté atteinte à des traités solennels, mais la violation du droit n'était pas moins grande en révoquant l'*Édit perpétuel* de Nantes, et pour

1. Lettre du 9 décembre 1654. (Van Huffel, *Documents inédits*, p. 102.)

violente et cruelle qu'elle aurait été, cette façon d'agir aurait été, dans un sens, moins outrageuse pour sa dignité royale, car du moins l'attitude aurait été franche quoique brutale. Il ne voulut ou n'osa pas aller aussi loin. Peut-être hésita-t-il à cause des serments trop solennels qui le liaient à la face de l'Europe. Probablement aussi la coalition des adversaires, alarmés par son ambition croissante, lui parut trop dangereuse pour qu'il fût prudent de leur fournir des alliés possibles dans le pays même, en poussant à bout des populations tout récemment réunies à sa couronne. Mais il résolut, malheureusement pour lui, comme pour l'Alsace protestante, d'arriver aux mêmes résultats par des voies détournées et de saper par des procédés insidieux l'édifice qu'il ne pouvait ou ne voulait abattre en bloc. On suivit, sur ses ordres [1], contre les dissidents de la province, « une politique mesquine, étroite, tout à fait indigne d'un grand roi et d'un grand État. On favorisa à leur détriment l'extension de la religion catholique ; on acheta les conversions ; on donna aux partisans du pape les églises des protestants ; on emprisonna les pasteurs sous les prétextes les plus puérils; l'État se fit missionnaire et par suite, persécuteur [2] ». Ces lignes résument parfaitement le programme d'action des représentants divers du gouvernement français pendant le dernier tiers du XVIIe siècle. Il nous reste à l'établir par une série de faits assez nombreux et assez topiques pour emporter la conviction de tous ceux qui ne sont pas décidés de prime abord à fermer les yeux à l'évidence.

On se rappelle que bientôt après la signature du traité de Munster les troubles de la Fronde absorbèrent l'activité de la reine régente et de son ministre et que plus tard, quand l'ordre matériel eut été rétabli partout, Mazarin fut chargé du gouvernement de l'Alsace, et spécialement investi, par don gracieux du roi, de la presque totalité des terres autrichiennes. Désireux avant tout d'assurer le repos de la province, assez étranger d'ailleurs, par tempérament, aux tracasseries religieuses, le cardinal ne jugea point utile d'innover en matière si délicate. Il se contenta, comme ses prédécesseurs, les archiducs, d'empêcher l'hérésie, qui s'était glissée çà et là dans les localités de la Haute Alsace, à la suite des Suédois et des Weimariens, d'y prendre racine, ainsi que l'y obligeait du reste un para-

---

1. Ou du moins de son consentement. Il est bien difficile de dire en effet ce que le roi *savait* de l'état véritable de son royaume. On a bien su lui faire croire, à ce qu'affirment ses défenseurs, qu'il n'y avait plus de réformés en France, au moment où il révoquait l'Édit de Nantes; il a cru peut-être qu'il n'y avait que peu de luthériens en Alsace.
2. Ch. Pfister, *Le Comté de Horbourg*. (*Revue d'Alsace*, 1888, p. 376.)

graphe formel du traité de 1648. Sans se montrer naturellement hostile le moins du monde aux tentatives isolées de conversion qui se produisaient, dès alors, par l'action directe du clergé catholique, il s'abstint de toute mesure générale ou violente, qui aurait pu d'ailleurs, dans l'état d'immédiateté vis-à-vis de l'Empire dont jouissaient encore plusieurs États de la province, amener des complications sérieuses et provoquer outre-Rhin des mouvements d'opinion qu'il tenait beaucoup à ne point faire naître. Même après la mort du cardinal, la neutralité religieuse du gouvernement parut se maintenir encore durant quelques années. Cependant un observateur attentif aurait pu constater dès lors quelques symptômes avant-coureurs d'un changement d'attitude. On profita de l'abolition temporaire du Conseil supérieur d'Ensisheim et du transfert de ses prérogatives au parlement de Metz, pour introduire en Alsace les premiers édits préludant à celui de la Révocation, entre autres celui du 24 octobre 1665, qui permettait aux enfants de la religion prétendue réformée d'abjurer à douze et à quatorze ans et forçait les parents à subvenir à l'entretien des nouveaux convertis[1]. Comme il n'y avait qu'un nombre minime de calvinistes dans le pays, c'était évidemment avec une arrière-pensée secrète qu'on faisait de cette mesure une loi générale de la province d'Alsace.

La situation s'aggrava durant et après la guerre de Hollande. La résistance au moins passive des villes impériales de la Décapole, la participation momentanée de Strasbourg à la lutte, du côté de l'Empire, irritèrent Louis XIV et comme il jugeait, — à tort, selon nous, — que la situation religieuse des territoires alsaciens exerçait une influence déterminante sur leurs sympathies politiques, il se contraignit moins désormais pour accentuer son mécontentement contre les hérétiques. Le parlement de Metz rendit exécutoire pour l'Alsace l'édit du 13 mars 1679 qui condamnait à l'amende honorable, au bannissement perpétuel et à la perte de tous leurs biens ceux qui deviendraient relaps, après être une première fois rentrés dans le giron de l'Église, qu'ils soient devenus catholiques « dans l'espérance de participer aux sommes que nous faisons distribuer aux nouveaux convertis, soit pour d'autres raisons particulières[2] ». Ce n'est pourtant qu'après les arrêts de réunion de 1680 que les tra-

1. *Ordonnances d'Alsace*, I, p. 26.
2. *Ibid.*, p. 58. — On a prétendu quelquefois que cet édit contre les relaps n'avait jamais été appliqué aux luthériens. Il aurait suffi pourtant, pour voir que cela est faux, de lire la lettre adressée par Louvois, le 10 février 1686, au président du Conseil souverain, Le Laboureur, où il dit : « L'intention du roy est que les relaps de toutes sortes de

casseries directes commencèrent un peu partout sur les territoires protestants de la province, et cela d'une façon systématique, pour ne plus cesser entièrement avant la chute des Bourbons eux-mêmes[1].

Un édit de novembre 1680 défendait les unions entre catholiques et hérétiques, comme « un scandale public et une profanation visible d'un sacrement », la tolérance de pareils mariages « exposant les catholiques à une tentation perpétuelle de se pervertir ». Toute union de ce genre, contractée sous quelque prétexte que ce soit, sera non valable, et les enfants qui en naîtraient sont déclarés d'avance illégitimes. Le Conseil souverain d'Alsace était sommé de veiller à ce qu'on ne contrevînt nulle part à cet édit, de quelque façon que ce fût. Une pareille mesure contrariait notablement les habitudes de certains centres, tout au moins de la population alsacienne. Moins fréquents, à ce qu'il semble, dans la Basse Alsace[2], les mariages mixtes étaient assez nombreux dans plusieurs régions de la Haute Alsace, où les Confessions religieuses étaient mêlées sur un même territoire politique. A Ribeauvillé, par exemple, un *Dénombrement des familles évangéliques*, qui date de 1673, nous montre pour 96 familles énumérées sur cette liste, 67 familles où les deux conjoints sont luthériens, 24 où les maris protestants avaient épousé des femmes catholiques, 5 où le mari était catholique et avait pris une femme luthérienne. Près du tiers des familles appartenant à l'hérésie étaient donc formées, dans cette ville, contrairement aux prescriptions de l'Église[3]. Mais il est évident que cette proportion si considérable s'explique ici par le fait que le gros de la population étant catholique, le seigneur territorial, au contraire, luthérien, les unions mixtes étaient moins mal vues qu'ailleurs, et que les fonctionnaires seigneuriaux épousaient sans doute assez fréquemment des femmes indigènes. Toujours est-il qu'il y eut tout d'abord une tendance à négliger l'édit royal et à fermer les yeux sur son inapplication. En effet, trois ans plus tard, en août 1683, Louis XIV signait à Fon-

---

mauvaises religions soient traités également. Aussi soit que la nommée Anne Simerock soit retombée dans l'hérésie de Luther ou dans celle de Calvin, son procès doit être fait conformément à l'édit de 1679. » (*Ordonnances d'Alsace*, I, p. 157.)

1. Nous ne pouvons dépasser ici le cadre du XVIIe siècle, mais pour orienter le lecteur désireux de s'instruire aussi pour le siècle suivant, nous nous permettons de le renvoyer à notre recueil de *Documents relatifs à la situation des protestants d'Alsace au XVIIIe siècle*. Paris, Fischbacher, 1889, 18°.
2. *Ordonnances d'Alsace*, I, p. 95.
3. A.H.A., E. 1805.

tainebleau un nouvel ordre à ce sujet : « Ordonnons, voulons et nous plaît que nos sujets de l'un ou l'autre sexe, de quelque condition et qualité qu'ils soient, faisant profession de la religion catholique, apostolique et romaine, ne puissent se marier avec ceux ou celles qui font profession de la religion luthérienne ou calviniste, pour quelque cause, raison, prétexte et considération que ce soit. » Non seulement les contrevenants étaient condamnés au bannissement perpétuel et à la confiscation de tous leurs biens, mais encore les notaires qui dresseraient le contrat seront privés de leurs charges, et les ministres qui béniraient le mariage seront condamnés à 1,000 livres d'amende et à l'interdiction perpétuelle de leurs fonctions[1].

Un peu plus tard, Louvois écrivait au Magistrat de Strasbourg pour lui interdire également ce qu'il avait continué à faire jusqu'ici, de prononcer des sentences de divorce à son tribunal matrimonial, et pour défendre qu'on permît aux époux, divorcés antérieurement pour adultère, de convoler en secondes noces[2].

Huit mois après l'édit de Fontainebleau, paraissait l'ordonnance bien connue du 17 juin 1681 fixant à *sept ans* l'âge auquel les enfants hérétiques pourraient embrasser la religion catholique, afin de « seconder le mouvement que Dieu donne à un grand nombre de nos sujets » de reconnaître l'erreur, etc. Ce texte ne fut pas *enregistré* officiellement au Conseil souverain d'Alsace, « mais cependant observé », comme l'affirme un impeccable témoin, M. le président de Boug, l'éditeur du recueil officiel des ordonnances[3]. Ce n'est pas la dernière fois qu'il faudra signaler cette façon d'agir hypocrite et si peu digne d'un gouvernement, même absolu, qui consiste à ne pas même avouer ouvertement les violences qu'on ordonne, mais à les commettre, pour ainsi dire, à la dérobée, tout en proclamant à chaque occasion la justice et l'équité du monarque[4].

---

1. *Ordonnances d'Alsace*, I, p. 130.
2. Archives municipales de Strasbourg, A.A. 1918.
3. *Ordonnances d'Alsace*, I, p. 105.
4. Au point de vue chronologique, il faudrait mentionner à cette place une autre mesure, fort justifiable celle-là et très légitime, mais qui n'en souleva pas moins beaucoup d'émotion dans la population protestante, si routinière, des campagnes, je veux parler de l'introduction du nouveau calendrier. Le calendrier réformé du pape Grégoire XIII avait été mis en vigueur, dans l'évêché de Strasbourg, dès la fin du XVIe siècle ; les villes catholiques de la Décapole l'avaient adopté en 1603, mais les États protestants avaient absolument repoussé cette invention « papiste ». Les chanoines catholiques de Saint-Martin à Colmar avaient essayé d'introduire la nouvelle manière de dater pendant la guerre de Hollande ; mais dès que les Brandebourgeois y furent arrivés, le Magistrat sommait, le 2 novembre 1674, les chanoines de revenir au calendrier julien. Après la prise de possession de

En mars 1683, intervient l'édit de Compiègne qui condamnait les ministres de la religion prétendue réformée à l'amende honorable, à la confiscation de leurs biens et au bannissement hors du royaume, s'ils recevaient un catholique dans leurs temples ou s'ils accueillaient en prêche aucun de ceux de ladite religion prétendue réformée qui l'auront abjurée et embrassé la catholique. Cet édit était enregistré au Conseil souverain de Brisach, le 30 avril 1683, et nous verrons tout à l'heure à quelles violences contre les ministres luthériens il servit de prétexte, bien qu'il ne fût pas, en apparence, dirigé contre eux. Cela, M. de Louvois l'avait affirmé lui-même dans une lettre adressée à l'intendant La Grange, le 2 juin 1686, et qui révèle sa nature brutale et cauteleuse à la fois : « Il est bon, disait-il, de faire un exemple sévère des ministres du bailliage de Germersheim qui ont reçu à leur presche et donné la Cène à des habitants des environs qui s'étoient convertis il y a un an. *Mais comme la déclaration du Roy n'est pas contre les ministres luthériens, il vaut mieux les tenir en prison et les chasser du païs après leur avoir fait payer une grosse amende*[1]. » Et dix ans plus tard, on leur appliquait toujours sans le moindre scrupule cette déclaration qui ne les regardait point[2]. En juin de la même année, est rendu l'édit de Bellegarde, directement adressé cette fois aux populations alsaciennes. Il commence par vanter l'indulgence et la bonté du roi à l'égard de ses sujets nouvellement réunis à son obéissance du côté du Rhin; il leur a accordé « une entière liberté de conscience et de pouvoir continuer l'exercice de la religion qu'ils professaient ». Mais bien qu'il n'ait pas prétendu accorder la permission à ceux de ces sujets qui font profession de la religion catholique de se prévaloir de cette liberté de conscience pour changer de religion, il a été informé que quelques catholiques ont depuis peu passé dans celle de Luther. Pour empêcher la continuation d'un tel scandale, défense est faite à tout sujet du roi, de quelque qualité, condition, âge et sexe que ce soit,

---

Strasbourg, Louvois jugea le moment venu d'unifier la chronologie officielle et prescrivit l'abandon du calendrier seul reconnu jusqu'ici par les luthériens et les calvinistes ; le 12-22 février 1683 fut la date fixée pour franchir d'un bond la série de dix jours qui le séparait alors de son rival perfectionné, et le bouleversement forcé qui s'ensuivit pour les affaires, les fêtes religieuses et les anniversaires de famille donna lieu à bien des mécontentements et à de sincères et naïfs regrets que la génération suivante n'a plus connus.

1. Van Huffel, *Documents inédits*, p. 142.
2. En effet, La Grange écrivait de Landau, le 19 décembre 1692, à M. de Barbezieux : « Je feray exécuter l'ordre que vous me donnés de faire sortir d'Alsace les ministres qui ont donné la Cène au nommé Paul Heringbel, et luy sera mis en prison jusqu'à ce qu'il se soit converty. » (Van Huffel, *Documents*, p. 154.)

de quitter jamais la religion catholique, apostolique et romaine pour embrasser celle de Luther ni de Calvin, ou autre, sous quelque prétexte que ce soit. Les contrevenants sont condamnés à l'amende honorable et au bannissement perpétuel. Les ministres qui les souffriraient dans leurs assemblées seront privés à jamais de leurs fonctions. Mais surtout « *l'exercice du culte des dites religions sera interdit pour jamais dans les lieux où un catholique aura été admis à faire profession d'icelles*[1] ». Pour bien comprendre toute la portée de cette ordonnance royale et le raffinement de cruauté qui se cache sous cette apparente équité, il faut se rappeler, qu'en 1683, la situation religieuse était telle en Alsace, qu'aucun ministre protestant n'eût osé faire de la propagande parmi les catholiques et que ces derniers avaient d'ailleurs tout à perdre, au point de vue matériel, s'ils passaient au luthéranisme. Il aurait donc fallu un zèle de néophyte bien ardent pour aller au-devant des persécutions. Mais aussi ne visait-on nullement par l'édit en question des « apostats » de cette espèce, et s'agit-il de tout autre chose. Nous sommes à la veille de la grande « Mission » de 1684-1687 qui, par la compression morale, par les menaces et les promesses, le travail combiné des Capucins, des baillis et des garnisaires, doit anéantir l'hérésie rurale ; il faut préparer cette campagne, il faut surtout en garantir pour l'avenir les résultats probables. C'est donc contre les relaps *futurs*, contre tous ceux qu'on aura bientôt enregistrés comme *nouveaux catholiques*, qu'est dirigée la mesure. Ils pourraient revenir à l'hérésie, poussés par des remords de conscience, une fois les convertisseurs partis ; un ministre plus courageux pourrait être tenté de consoler, de reprendre ces ouailles un moment égarées par l'intérêt ou par la peur. Il faut l'empêcher à tout prix ; on y réussit en suspendant la menace sur la tête de la paroisse tout entière. Le pasteur n'hésiterait pas peut-être à se sacrifier lui-même pour remplir ce qu'il regarde comme un devoir sacré, mais il n'osera risquer le salut de tant d'autres âmes fidèles en exposant le temple à la fermeture, en provoquant l'interdiction perpétuelle du culte dans son village. Il abandonnera donc les uns, le désespoir au cœur, pour ne pas perdre tous les autres ; c'est bien là ce que les inspirateurs de l'édit ont prévu et voulu.

1. *Ordonnances d'Alsace*, I, p. 126. — En novembre 1683, cette déclaration royale fut également transmise au Magistrat de Strasbourg, qui fit en vain des observations à Louvois. Celui-ci répondit aux doléances du Conseil des Treize que si quelqu'un éprouvait « le besoin de se pervertir », il pouvait le faire ailleurs que sur le territoire de Sa Majesté. (Reisseissen, *Mémorial*, p. 115.)

Cependant ces mesures préventives, ces menaces ne suffisaient pas seules à amener des recrues à l'Église; il faut qu'il y ait un appât matériel pour allécher les indifférents et les indécis. On n'a garde de l'oublier, et l'intendant La Grange, interprète intelligent des désirs de son maître, se charge de l'annoncer aux populations protestantes de l'Alsace. Le 26 août 1683, il promulgue l'ordonnance suivante, avec ordre de la publier partout, de l'annoncer à la grand'messe et de l'afficher où besoin sera : « Sur l'avis qu'il nous a été donné que plusieurs sujets du Roi de la religion prétendue réformée et luthérienne de la province d'Alsace sont dans le dessein de se convertir.... et sont retenus dans l'appréhension qu'ils en ont, que, par le crédit des seigneurs des lieux de leur demeure, les baillis et les officiers d'iceux qui sont des mêmes religions, les surchargent, en haine de leur conversion, de logements de gens de guerre et d'impositions... Nous ordonnons que ceux des sujets du Roi de religions luthérienne, calviniste, juive et autres, qui se sont faits catholiques depuis le premier jour de la présente année et qui se convertiront ci-après, soient et demeurent exempts, pendant le temps de trois années consécutives, non seulement du logement des gens de guerre... mais aussi de toute imposition [1].

Pas d'impôts à payer au roi ni au seigneur, pendant trois ans, pas de garnisaires ruineux, c'est quelque chose assurément, ce n'est peut-être pas encore assez. Aussi, par un arrêté du Conseil d'État, du 4 juin 1685, Sa Majesté accorde à tous ses sujets de la religion prétendue réformée [2] de la Haute et Basse Alsace, qui feront ci-après abjuration de ladite religion, un délai de trois ans pour payer leurs dettes [3]. Des gratifications personnelles devaient être distribuées en outre par les soins de La Grange, qui en soumettrait d'abord la liste au ministre [4].

1. *Ordonnances d'Alsace*, I, p. 130.
2. Il y a ici omission simple des luthériens, le secrétaire-rédacteur du Conseil d'État (qui s'occupait très rarement des choses d'Alsace) ignorant sans doute qu'il y avait en France d'autres hérétiques que des réformés.
3. *Ordonnances d'Alsace*, 1, p. 149. — Cette faveur accordée par le monarque aux nouveaux convertis, aux dépens de leurs créanciers, donna lieu à de singuliers abus. Un négociant de Strasbourg, nommé Barth, avait passé au catholicisme ; il acheta à un marchand de la ville une grosse fourniture de toile, et quand l'autre lui réclama l'argent, il lui notifia sa conversion. Les tribunaux strasbourgeois établirent que la dette avait été contractée, il y avait plus de trois ans, partant était exigible. Barth imagina alors de convertir sa femme et réclama trois nouvelles années de sursis. Mais le Conseil souverain le débouta de cette prétention par arrêt du 11 décembre 1687. (*Notes d'arrêt*, Colmar, 1742, p. 18.)
4. Louvois à La Grange, 16 mai 1688. Van Huffel, p. 148.

Aux convertis de quelque importance on offrait naturellement mieux que cela ; les offices, les gratifications et les pensions étaient en rapport avec leur situation politique ou leur position sociale. On n'attendait même pas le fait accompli, mais on faisait des offres à ceux mêmes qui semblaient disposés à répondre plus tard seulement aux vœux du souverain[1]. « Le roy a appris avec plaisir, écrivait Louvois à La Grange, le 25 novembre 1685, que le sieur Kempfen[2], syndic de la Noblesse de la Basse-Alsace, se soit enfin déterminé de changer la religion. Sa Majesté luy a accordé, en cette considération, mil escus par gratification et trouvera bon que vous portiez la noblesse de l'Alsace à luy augmenter ses appointements de 1,500 livres[3]. » Trois ou quatre traitements à la fois étaient cumulés par Christophe Guntzer, le nouveau syndic royal de la ville de Strasbourg, dont on attendait l'abjuration prochaine, et le roi lui accordait, dès 1682, des gratifications répétées[4]. Le professeur à l'Université et ancien avocat général de la République, Ulric Obrecht, converti par Bossuet, est nommé préteur royal et, par là, directeur effectif de la ville libre en avril 1685, contrairement à la capitulation de 1681. Encore ces faveurs se comprennent-elles : Guntzer et son beau-frère Kempffer étaient des instruments utiles, Obrecht un homme de très haute valeur[5]. Mais quand on voit, en 1686, un loueur de chevaux comme Jean-Georges Hecker, recevoir des lettres-patentes de lieutenant du préteur royal, puisqu'il vient d'abjurer, alors qu'il est incapable au point qu'on n'ose lui en laisser exercer les fonctions[6], il y a lieu de s'étonner. Et l'on s'étonne encore davantage en voyant les représentants de la couronne s'évertuer à faire entrer dans les conseils de la cité, quelque borné que fût dorénavant leur rôle, de « jeunes imbéciles[7] », dont l'unique mérite était d'avoir apostasié ; des ré-

---

1. Mais malheur à ceux qui faisaient naître un espoir décevant sans le réaliser! « Puisque le sieur Mogg, écrit Louvois à La Grange (au sujet d'un membre du Magistrat de Colmar), s'obstine à ne point vouloir se faire catholique, non seulement le roy ne luy accordera rien pour les fonctions qu'il a faites jusqu'à présent, mais encore il faut luy demander la commission qui luy a esté donnée. » (20 janvier 1688. Van Huffel, p. 146.)
2. Il faut lire Kempffer.
3. Van Huffel, *Documents inédits*, p. 133.
4. En une fois il reçut 7,000 florins. (Reisseissen, *Mémorial*, p. 110.)
5. Encore sont-ils toujours un peu suspects. Louvois écrit à La Grange le 15 octobre 1686, après avoir appris que les femmes d'Obrecht et de Guntzer persistent à ne point abjurer : « Il faut que vous leur fassiez entendre que le roy ayant lieu de croire que leurs conversions (celle des maris) ne seraient pas de bonne foy, Sa Majesté ne fît plus payer les pensions qu'Elle a bien voulu leur accorder, aussi ponctuellement. » (Van Huffel, p. 144.)
6. Reisseissen, *Mémorial*, p. 135.
7. Id., *ibid.*, p. 152.

-compenses moins brillantes auraient amené sans doute, pour de pareilles individualités, les mêmes résultats.

Pour opérer avec un succès assuré, il fallait que l'Église obtînt du gouvernement une dernière mesure préalable à son entrée en campagne. Un nombre assez considérable de seigneurs territoriaux étaient encore protestants, et leurs fonctionnaires l'étaient naturellement aussi. Quelque dociles qu'ils fussent d'ordinaire, on ne pouvait espérer qu'ils se livrassent avec entrain à la persécution de leurs coreligionnaires. On résolut donc de s'en débarrasser par une mesure générale. A une date qu'il est impossible de fixer exactement, puisque la pièce en question ne se trouve point dans le recueil des *Ordonnances d'Alsace*, mais qui doit être en tout cas postérieure à 1684 et antérieure à 1686[1], le gouvernement royal fit savoir à tous les princes et seigneurs possessionnés sur les domaines de Sa Majesté, d'avoir uniquement sur leurs terres des baillis, des greffiers et des prévôts catholiques[2]. Tous ceux qui étaient en fonctions à ce moment furent invités à se convertir sans délai, ou à quitter la place, et comme on tenait à ce qu'ils donnassent le bon exemple, on fit comprendre à ceux qui paraissaient indécis, que leur démission dans de pareilles conditions serait regardée comme une impertinence à l'égard du monarque et punie d'une amende de cent à deux cents thalers[3]. Quand on ne comptait pas trop sur leur docilité à toute épreuve, on les invitait plus ou moins poliment à déguerpir[4]. Les représentants du gouvernement à Strasbourg s'empressèrent de réclamer l'exécution de la mesure sur le territoire strasbourgeois,

---

1. Il est assurément significatif qu'un ordre souverain de cette importance n'ait pas eu, pour ainsi dire, d'acte de naissance officiel. Il ne peut avoir été promulgué avant la réunion de Strasbourg, ni après le commencement de 1686 au plus tard, puisqu'il en est longuement question dans le *Pro Memoria... die in denen von Franckreich reunirten Landen vorgenommenen Religionsattentata betreffend*, rédigé le 24 juillet 1686 par les délégués du *Corpus Evangelicum* à la Diète impériale. (Schauroth, *Vollstændige Sammlung aller Conclusorum des Corporis Evangelicorum*, etc., Regenspurg, 1751, I, p. 672 ss.)

2. On alla parfois jusqu'à appliquer cet édit aux chirurgiens et aux aubergistes protestants, sous prétexte qu'ils étaient aussi fonctionnaires (*Kœnigliche Bedienstete*) et beaucoup furent cités devant la Cour de Brisach pour déclarer s'ils voulaient abandonner leur profession ou leur foi. (Schauroth, I, p. 676.)

3. « *Solches zu einer Verachtung der kœniglichen Dienste ausgedeutet und darbey zu verharren bey 100 und 200 Reichsthaler straff gebotten worden.* » (Schauroth, I, p. 675.)

4. Le juge des Ribeaupierre à Sainte-Marie-aux-Mines, le *Landrichter* Fattet, écrivait en 1686 au conseiller de régence Stoltz à Ribeauvillé, « que M. l'Intendant lui avait dit à Schlestadt : « *er sollte entweder katholisch werden oder sein charge quittiren.* » (Continuation des *Annales* manuscrites de Luck, II, p. 515, aux archives de la Haute Alsace.)

bien que la capitulation solennelle, consentie quatre ou cinq ans auparavant à peine, semblât devoir protéger la ville libre contre toute mesure de ce genre. Guntzer s'opposa même à ce qu'on accordât aux fonctionnaires qu'on devait révoquer de la sorte, l'exemption de la taille et des corvées, qu'ils réclamaient comme un léger dédommagement, et Louvois le félicita d'avoir empêché « qu'ils ne jouissent d'aucun privilège pendant qu'ils demeureront dans leur erreur[1] ».

Les uns, parmi ces fonctionnaires, — en assez petit nombre, semble-t-il, à en juger par les indications des contemporains, — préférèrent abandonner leurs places bien rétribuées et l'influence qu'elles leur donnaient sur les populations rurales, plutôt que de mentir à leurs consciences, et plusieurs d'entre eux eurent à souffrir cruellement pour cet acte de courage, dans leurs intérêts matériels et leurs affections[2]. D'autres hésitèrent, refusèrent d'abord, puis se rendirent aux avances du gouvernement, aux prières de leurs administrés; ce furent peut-être les plus habiles à se faire valoir. D'autres enfin furent si pressés de montrer leur zèle qu'ils n'attendirent pas, pour abjurer, que le délai fixé par l'édit fût écoulé[3].

Le grand effort tenté par l'Église catholique, de 1684 à 1688 surtout, pour se débarrasser d'une Église rivale, qui ne pouvait plus lui inspirer la moindre crainte assurément, dans la situation générale de la province, porta sur deux points successifs, si je puis m'exprimer ainsi. Il s'agissait tout d'abord de prendre pied dans les paroisses protestantes, d'une façon quelconque; il s'agissait ensuite, une fois ce premier avantage obtenu, de poursuivre la victoire jusqu'à l'écrasement complet de l'hérésie. Il ne fut pas même nécessaire pour cela de réclamer de nouvelles ordonnances royales ou des arrêts du Conseil souverain d'Alsace. Deux lettres de Louvois suffirent, l'une écrite en 1684, l'autre en 1685, lettres qui

1. Louvois à Güntzer, 10 juin 1686. (Van Huffel, *Documents*, p. 143.)
2. Le *Pro Memoria* présenté à l'ambassadeur français à Ratisbonne, en 1686, raconte que plusieurs de ces fonctionnaires, essayant de quitter un pays où leur foi était ainsi traitée, se virent frustrés même du *jus emigrandi*, parce que l'autorité défendait qu'on leur achetât leurs terres, ou qu'on leur prêtât de l'argent sur hypothèque, ou bien encore on leur défendait d'emmener leurs enfants à l'étranger. (Schauroth, I, p. 676.)
3. Reisseissen, *Mémorial*, p. 128-129. — Les candidats ne manquèrent pas, on le pense bien, pour remplacer ceux qui étaient révoqués, baillis ou simples prévôts (maires) de village. Mais quelques-uns des néophytes alléchés par cette prime terrestre eurent des déceptions. Ainsi le registre paroissial de Berstett mentionne, à la date du 16 février 1687, le nom d'un individu qui était allé à la messe à Rumersheim, pour être nommé prévôt : « hat seine evangelische religion umb das schultzenampt verkauffet, aber nichts erlanget. » (Bresch, *Aus der Vergangenheit*, p. 97.)

ne furent jamais publiées d'une manière officielle, et qui pourtant firent loi pour la province pendant tout un siècle. Dans le premier de ces rescrits ministériels Louvois avertissait La Grange que le roi trouvait bon que, lorsque sept familles catholiques se trouveraient dans une localité protestante, elles pourraient prétendre à la possession du chœur de l'église ; s'il y avait deux églises disponibles, on donnerait provisoirement la plus petite aux catholiques. Cette introduction du *simultaneum*, terme barbare, usité jusqu'à ce jour (ainsi que la chose elle-même, dans certains villages d'Alsace), était en opposition directe avec le § 25 de l'article V du traité d'Osnabruck, qui fixait le 1er janvier 1624 comme date normale, décidant de la propriété des édifices religieux, et nulle part, en cette année 1624, il n'y avait eu de *culte* catholique dans les localités protestantes, sauf en deux ou trois endroits, pour la raison péremptoire qu'il ne s'y trouvait point d'habitants catholiques. Quand, après la grande guerre, les ordonnances royales appelèrent les étrangers à cultiver les terres en friche, en donnant la préférence aux immigrants catholiques, il arriva pour la première fois, depuis la Réforme, des catholiques-romains isolés dans certains villages luthériens, soit comme agriculteurs sédentaires, soit simplement comme valets de ferme, sans que les seigneurs territoriaux aient pu songer à les éliminer (comme cela aurait été leur droit), tant on manquait de bras. Il y avait de la sorte, à la date à laquelle nous somme parvenus, un certain nombre de communautés protestantes, où l'on pouvait espérer former le noyau de fidèles nécessaire pour occuper, de par le règlement nouveau, l'église du village. De 1685 à 1687, l'activité du clergé, vicaires-généraux[1], curés, Jésuites et Capucins, fut donc particulièrement consacrée à *découvrir* partout les sept chefs de famille fidèles ou, pour dire mieux, à les *créer* par tous les moyens possibles, afin de pouvoir déposséder, à moitié du moins, les propriétaires luthériens de l'édifice sacré. Il n'y avait point encore, il est vrai, par cela même, de culte catholique dans la localité, mais le sanctuaire était désormais à la disposition de celui qui venait, desservant temporaire en simple missionnaire, vaquer au casuel de

1. Il faut signaler parmi les plus violents lutteurs ces vicaires généraux français, Martin de Ratabon, de Cartigny, Blouet de Camilly, etc., qui remplaçaient les Furstemberg toujours absents de leur diocèse. Ils mettaient dans leur attitude une affectation d'aigreur et de rancunes qui faisait dire de l'un d'eux, de l'abbé de Hennequin, à Obrecht, dans une dépêche destinée au ministre : « C'est un homme avec lequel on ne peut pas user d'honnêteté, à moins de courir le risque de se faire étrangler. » (Lettre du 12 novembre 1692, dans les *Lettres d'Obrecht*, manuscrit de la Bibliothèque municipale de Strasbourg.)

l'agglomération nouvelle. Pour bien apprécier cette tactique, il importe de ne pas oublier que, très rarement, les sept catholiques étaient des *bourgeois* de l'endroit, gens déjà *domiciliés* et *possessionnés* dans la paroisse ; si cela avait été le cas, on aurait pu admettre, tout en regrettant les frottements inévitables et continuels résultant d'une cohabitation de ce genre, l'usage simultané du temple par les deux confessions, du moment que le seigneur ou la commune ne voulait pas construire une seconde église. Cette mesure aurait pu même paraître tout à fait équitable si on l'avait étendue, par une juste réciprocité, aux petites minorités protestantes qui se seraient formées par la suite, dans des localités absolument catholiques jusque-là. Mais on avait recours à des manipulations frauduleuses pour arriver à cette prise de possession, et dans les localités convoitées l'on créait des fidèles catholiques, à peu près comme on transporte dans l'Amérique du Nord de faux électeurs d'une circonscription à l'autre, afin de l'emporter au scrutin. Parfois on peut reconnaître, rien qu'à leurs noms, l'importation d'étrangers faite subitement dans une paroisse protestante [1]. D'autres fois des rapports précis, des réclamations des autorités compétentes nous renseignent par le menu sur les qualités et la personne des « sept chefs de famille catholiques » qui servaient d'avant-garde au clergé. Voici, par exemple, quels sont les personnages qui amènent en 1690, la confiscation du chœur de l'église de Jebsheim, commune alors entièrement luthérienne de la seigneurie de Ribeaupierre. Le premier est un Suisse immigré, Jean Weimer, converti en 1687, sur la promesse qu'on lui avait faite de le nommer prévôt de l'endroit. Sa famille est encore protestante. Le second, Jean Meyer, est venu de Colmar ; il est converti depuis six mois ; le troisième, Martin Schmidt, est un immigré badois et huit jours avant la déclation du 4 avril, il participait encore à la Sainte-Cène ; maintenant il se dit catholique. Le quatrième est le porcher adjoint arrivé dans la commune depuis un an à peine ; le cinquième est l'ancien porcher en chef, vieillard de quatre-vingts ans, qui n'est pas bourgeois et se nourrit en mendiant son pain ; sa femme est toujours protestante. Le sixième « chef de famille » est une vieille octogénaire, sourde et aveugle, dont le fils et le mari n'ont pas abandonné le luthéranisme. Enfin, la septième individualité du groupe est une mendiante, dont le mari appartient au

---

1. A Ballbronn, par exemple, les noms de Fleury, Mangin, Chabœuf dit la Flamme, etc., indiquent clairement une colonisation artificielle. Aucun Français catholique ne pouvait avoir, de lui-même, en 1687, l'idée de s'établir dans une petite localité rurale hérétique de l'Alsace, où l'on ne parlait qu'allemand. (Kiefer, *Ballbronn*, p. 287.)

culte réformé¹. A Dorlisheim, sur la terre de Strasbourg, il y avait en 1685, et cela depuis peu seulement, trois famillles, non pas de *bourgeois*, mais de manants (*Schirmverwandte*), par conséquent étrangères à la localité. On y joignit cinq garçons de labour ou domestiques, nés dans des villages catholiques voisins, mais se trouvant (non par hasard, sans doute) en condition, à ce moment précis, à Dorlisheim ; ces gars étrangers et célibataires constituèrent les « sept chefs de famille » qui, poussés par le curé de Molsheim et escortés par lui et par le greffier de la ville de Rosheim, forcèrent un beau jour la serrure de l'église du village et s'en emparèrent. Le Magistrat de Strasbourg fut impuissant à obtenir justice : le temple resta soumis au *simultaneum*². A Hunawihr, pour parfaire les sept chefs de famille, on gagne à prix d'argent un vieil idiot aveugle, un sourd, etc. ³. A Munzenheim, le bailli catholique de Riquewihr, nommé Barter, essaye de convertir les habitants, tous luthériens, en compagnie du R. P. Boniface Breden, curé de Widensohlen ; deux d'entre eux seulement se font rebaptiser, dont l'un était simple d'esprit⁴. Le bailli, homme d'expérience, nomme alors pour la paroisse un maître d'école catholique, un veilleur de nuit catholique, un berger catholique, pris dans les communes voisines et constitue ainsi le *quorum* requis par l'ordonnance⁵. Puis, le 1ᵉʳ avril 1687, une cohue de deux cents paysans étrangers, escortant

1. Rapport à la Régence de Ribeauvillé. (A.H.A., E. 1439.) — On trouvait également des catholiques en réclamant comme tels tous les enfants issus de mariages mixtes. Une fois ceux-ci défendus, quand la persécution s'accentua, les curés recherchaient comme ouailles, à eux dévolues, cette catégorie de personnes, avec le concours du bras séculier. Nous avons trouvé aux archives de la Haute Alsace (A.H.A., E. 2245) une correspondance entre le gouvernement et les officiers de la seigneurie de Ribeaupierre, datant de 1685, et relative à trois bourgeois de Griesbach et Gunsbach, qui avaient été élevés dans la religion de leur mère ; réclamés comme paroissiens par le curé de Munster, ils furent forcés sur ordre de La Grange, de se reconnaître catholiques, comme leurs pères l'avaient été.
2. Procès-verbaux des XIII, 27 août, 10 septembre 1685.
3. Rapport officiel du pasteur Chemnitius, de Riquewihr, 15 février 1687, publié par M. H. Rocholl dans ses *Urkunden und Briefe aus der Protestantenverfolgung im Elsass*, Magdeburg, 1886, 8°.
4. Rapport du pasteur G.F. Walther, de Munzenheim, à la Régence de Montbéliard, 1687, aux archives paroissiales de Munzenheim, cité par Rœhrich, *Mittheilungen*, II, p. 422.
5. N'oublions pas de mentionner un autre moyen d'arriver au même résultat, qui, étant donné les mœurs du temps, devait, à lui seul, fournir peu à peu les recrues catholiques nécessaires. L'ordonnance du 13 avril 1682 avait décidé que tous les bâtards des deux sexes seraient élevés dans la religion du roi, « le roy étant seul en droit de leur tenir lieu de père », alors même que père et mère étaient protestants. A un moment donné, le gouvernement et le Conseil souverain prétendirent même mettre la main sur les enfants *nés après mariage*, et sur ceux que légitimait *l'union subséquente* des parents. (Reuss, *Documents*, p. 19, 22.)

le curé et le procureur fiscal, envahissent la commune et prennent possession de l'église au nom du roi. De là ils vont processionnellement au village voisin de Durrenentzen, où il n'y a qu'un seul catholique, le prévôt récemment nommé, et saisissent également le temple de la localité. Il est à peine nécessaire de dire que jamais on n'accordait à des luthériens le droit de bourgeoisie dans une localité catholique, afin qu'ils ne pussent point réclamer un jour le *simultaneum* à leur profit. On ne saurait alléguer un seul cas, non pas seulement au XVIIe siècle, mais jusqu'à la Révolution, où le gouvernement ait songé à offrir aux protestants isolés, disséminés dans les régions catholiques, l'hospitalité qu'on leur arrachait par la violence, en faveur de leurs pires adversaires; encore moins auraient-ils osé la réclamer comme un droit.

On comprend par ces quelques exemples, — que nous pourrions décupler si nous ne craignions de fatiguer le lecteur,— combien il devait être facile de réunir dans une localité quelconque le nombre voulu de catholiques « tels quels[1] », comme disait dans un moment d'expansion Christophe Guntzer, le syndic royal de Strasbourg, nouveau converti lui-même[2], suffisant pour pouvoir occuper les églises de communautés toutes protestantes. Naturellement l'intendant leur y attribuait la plus belle et la plus large part, le chœur qui, dans beaucoup de ces constructions anciennes, dépassait en surface la nef et dans lequel se trouvaient d'ordinaire les pierres tumulaires et les caveaux des seigneurs de la paroisse. On fit disparaître le plus souvent ces monuments du passé comme gênant l'exercice du culte ou comme blessant par leurs inscriptions la foi catholique, et cette opération se faisait parfois avec une brutalité dont on aura quelque idée, en voyant ce qui se fit à Riquewihr. Dans le chœur de l'église de cette petite ville était enterrée une princesse souveraine de Wurtemberg-Montbéliard. Le 29 janvier 1686, le procureur-fiscal Kneyel se présentait dans le temple et intimait à Martin Krugelstein et à quelques autres bourgeois de Riquewihr, l'ordre de démolir la tombe, à peine de cinquante livres d'amende. La princesse Anne de Montbéliard, qui habitait alors le château, s'attendant à une insulte de ce genre, avait fait défense à ses sujets d'obéir. Aussi les intimés refusèrent-ils d'accomplir cet acte de vandalisme. Là-dessus le procureur fait avancer un maréchal-ferrant d'origine française (*ein welscher Schmidt*) qu'il avait amené avec trois cavaliers de la garnison de Colmar; ils brisent la pierre tombale, arrachent les grilles

---

1. « *Saur und faul,* » littéralement « les non-mûrs et les pourris ».
2. Reisseissen, *Mémorial*, p. 157.

de fer et enlèvent le plomb du cercueil. La suivante de la princesse assistait à la scène; elle court au château et raconte ce qui se passe à sa maîtresse. Anne de Montbéliard, femme passablement excentrique parfois, mais qui, ce jour-là, fitpreuve de courage, monte en carrosse, arrive à l'église, chasse procureur, maréchal-ferrant et soldats et fait replacer tant bien que mal le grillage et la pierre funéraire. Mais Krugelstein et ses « complices » sont dénoncés à La Grange, et non seulement l'ordre de démolition est maintenu, mais chacun d'eux est condamné à vingt livres d'amende par l'intendant, le 6 mars 1686[1]. Notons en passant que, dans cette même église de Riquewihr, propriété d'un prince souverain, luthérien lui-même, au moment où l'on se plaignait que les inscriptions des tombeaux froissaient la piété catholique, le curé faisait apposer une plaque commémorative des plus insultantes pour la foi luthérienne de son seigneur et qu'il fut impossible d'en obtenir l'enlèvement plus tard[2].

Une liste, assez incomplète d'ailleurs, des églises protestantes, occupées de la sorte, montre que dans les quinze dernières années du XVIIe siècle seulement, leur nombre dépassait déjà la quarantaine[3]. Il devait augmenter beaucoup au siècle suivant. Mais ces procédés n'étaient que le prélude de violences plus caractérisées. Une seconde lettre de Louvois à La Grange, datée de Versailles 17 août 1686, posait un principe plus inique encore, et d'autant plus révoltant qu'il allait être appliqué clandestinement, pour ainsi dire, et sans qu'on osât le formuler tout haut : « Sa Majesté trouve bon, écrivait Louvois, que, *sans rendre d'ordonnance publique ny en rien mettre par escrit*, vous empeschiez qu'il se fasse plus d'exercice de la religion luthérienne dans les lieux où il y aura les deux tiers des familles catholiques[4]. » En organisant l'immigration factice dans une localité, en y amenant par des moyens que nous apprendrons tout à l'heure à connaître, un certain nombre de conversions intéressées ou forcées, on pouvait dorénavant *supprimer*

---

1. Le dossier très complet de cette affaire se trouve aux archives de la Haute Alsace, E. 436.
2. « Anno 1686, 3 Martii, hac in ecclesia zelo Christianissimi Regis Galliæ Ludovici XIV verus latreuticus cultus olim a nefanda Lutheri secta corruptus, instauratus fuit. » (*Pro Memoria*, etc., dans Schauroth, I, p. 676.)
3. Cette liste se trouve chez Rœhrich, Mittheilungen, II, p. 237-238. — Cf. aussi le manuscrit n° 736 de la Bibliothèque municipale de Strasbourg; Rœhrich, *Notizen über evangelische Gemeinden des Elsasses welche wieder katholisch wurden*.
4. Van Huffel, *Documents inédits*, p. 144.

entièrement, au bout d'un temps plus ou moins long, le culte hérétique et priver de tout réconfort spirituel les habitants restés fidèles à leur foi. Là aussi, nous nous bornerons à citer un seul exemple, mais typique; il concerne Marlenheim, gros bourg mixte du territoire de la ville libre de Strasbourg. En 1643, il y avait dans la localité soixante familles protestantes; en 1683, il n'en reste plus que dix-huit; les autres sont parties, chassées par les vexations continuelles, ou ont été converties. Aussi leur applique-t-on, dès 1687, le règlement clandestin de l'année précédente et leur prend-on leur pasteur. Tout ce que le Magistrat de Strasbourg peut obtenir pour ses sujets protestants de Marlenheim, c'est qu'en cas de maladie grave ils puissent faire venir le ministre de Wangen, le village luthérien le plus proche, et ces rares visites pastorales exposaient le pasteur en question aux plus grossières avanies[1].

On croira peut-être qu'il était au moins permis aux habitants privés de la sorte chez eux du libre exercice de leur culte, de se rendre à celui des localités voisines; c'est une erreur. Quand, en 1687, le village de Bischwihr dans la Haute Alsace eut été « conquis » de la sorte par l'immigration des uns et la conversion des autres, si bien que le tiers seulement des paysans appartenait encore au luthéranisme, on chassa d'abord le pasteur, puis on annonça au nom du Roi, que celui qui irait au prêche dans un village voisin, payerait vingt-trois livres d'amende, et, *en cas de récidive, serait condamné aux galères*[2]. Quelques années plus tard, le ministre du village voisin de Forstschwihr, nommé Schlick, ayant administré de nuit la Sainte-Cène à un malheureux habitant de Bischwihr, qui la réclamait instamment sur son lit de mort, fut dénoncé par La Grange et M. de Barbezieux le fit incarcérer, puis chasser de la province[3].

On peut dire à la louange des pasteurs d'Alsace et à l'honneur

---

1. Ces brutalités, où trop souvent l'on voit paraître la main du curé, avaient encore lieu au XVIII° siècle. Voy. par exemple les procès-verbaux des *Oberkirchenpfleger* de Strasbourg pour 1731, aux archives de Saint-Thomas. — Quand quarante ans plus tard les derniers luthériens de Marlenheim adressèrent une supplique au Magistrat pour conserver au moins le droit de sépulture au lieu natal, le préteur royal d'alors, François-Joseph de Klinglin, fit devant ses collègues une déclaration trop caractéristique pour ne pas être citée dans l'original : « *Er selbst wære zwar nicht darwider, wollte gern dass den guten Leuten geholfen werde, weil aber der Kœnig ein wohlgefallen daran habe, wann ein gantzes dorf oder ein angesehener flecken, wie Marlenheim, vœllig katholisch ist, sehe er nicht wie in dieser sach etwas zu erzwingen sey.* » (Procès-verbaux des *Oberkirchenpfleger* du 15 septembre 1726.)
2. Archives paroissiales de Forstschwihr, citées par Rœhrich, *Mittheilungen*, II, p. 424.
3. Van Huffel, *Documents*, p. 155.

de la nature humaine, que des prescriptions aussi odieuses ne furent pas toujours observées avec une égale soumission. Si beaucoup furent pusillanimes, si quelques-uns allèrent jusqu'à l'apostasie[1], plusieurs tentèrent, dans la mesure de leurs forces, de venir en aide à leurs ouailles opprimées, malgré les procédés vexatoires par lesquels on essayait de les lasser et de les intimider, eux et leurs auxiliaires naturels, les maîtres d'école. Tantôt on les surchargeait de garnisaires, qu'on leur imposait, contrairement à tous les usages, et cela dans des proportions qui équivalaient à leur ruine matérielle[2]. Tantôt on procédait à leur arrestation avec tout l'éclat possible, pour terrifier les populations, et la maréchaussée les traînait dans les prisons de Colmar ou de Strasbourg, pour des délits généralement imaginaires ou pour des actes qui ne seront jamais des délits aux yeux d'un honnête homme. C'est ainsi que le surintendant Otto, de Riquewihr, était conduit prisonnier à Colmar, le 12 février 1687, pour avoir baptisé l'enfant de son collègue, le ministre de Hunawihr, dont le comte palatin de Birckenfeld et son épouse avaient été les parrains[3]. C'est ainsi que le pasteur Samuel Binder, d'Andolsheim, pour avoir exhorté les luthériens de Horbourg de rester fermes dans leur foi, est retenu quatre semaines en prison, condamné à une forte amende, puis transporté par la maréchaussée au delà du Rhin[4]. Le pasteur Christophe Schmidt, de Wolfgangesheim, était arrêté sur la grande route de Colmar, le 26 juin 1686, par le lieutenant-prévôt de Strasbourg, escorté de six archers qui le maltraitent fort en chemin, et gardé pendant plusieurs jours au cachot, puis relâché après payement d'une amende de seize thalers et de six thalers pour frais de nourriture, sans qu'il pût jamais apprendre ce dont il avait été accusé par quelque dénonciateur secret[5]. Jean-Jacques Neubronner, pasteur d'Allenwiller, est expulsé du pays pour avoir donné la Cène au comte de Linange, dans son château de Dabo, ce seigneur l'ayant fait appeler durant sa maladie[6]. Georges Windemius, pasteur à Wintersbourg,

---

1. Par exemple, le pasteur Steck, de Birlenbach, et celui de Rœschwoog, en 1685. (Rœhrich, *Notes*, manuscrit n° 734, I.)
2. La lettre du surintendant de Riquewihr, Jean-Henri Otto, adressée le 16 octobre 1685, au duc Frédéric-Charles de Wurtemberg, décrit d'une façon très détaillée les procédés du subdélégué de Colmar, M. du Vallier, fils d'un juif converti, à ce sujet, bien que le Conseil de ville et le prévôt lui-même lui eussent fait des représentations à cet égard.
3. Pfister, *Le Comté de Horbourg*. (*Revue d'Alsace*, 1888, p. 384.)
4. Schauroth, *Vollstændige Sammlung*, I, p. 672.
5. Id, *op. cit.*, I, p. 673.
6. Id., *ibid.*, p. 672.

est chargé de chaînes et traîné dans les prisons de Metz, en 1688, pour avoir admis dans sa paroisse deux protestants qui se trouvèrent être d'origine réformée[1]. Il suffisait de la moindre dénonciation calomnieuse pour être incarcéré. Tel fut le sort du pasteur Schmidt, de Booftzheim, que sa servante accusa d'avoir jeté au feu une image de saint[2]. Le pasteur Knoderer, de Barr, est également saisi par les archers du grand prévôt parce que, sur la prière expresse des parents, il a ondoyé un enfant catholique en danger de mort[3]. Le nombre de ceux qui furent arrêtés pour avoir « prêché contre les catholiques » fut considérable[4]. Il est vrai que la moindre tentative de répondre ou de résister aux agissements des prêtres et moines qui pénétraient dans les paroisses[5] et les temples était qualifiée de résistance aux autorités et d'insulte à la religion. Le pasteur de Neuwiller, dans le comté de Hanau, fut destitué pour avoir dit en chaire qu'il fallait célébrer la Cène sous les deux espèces, parce que Jésus-Christ l'avait instituée de cette manière[6]. Aux portes de Strasbourg même, on vit mieux encore. Le 20 octobre 1686, le pasteur Hirtz, d'Eckbolsheim, village appartenant au Chapitre protestant de Saint-Thomas, et placé sous la tutelle du Magistrat, venait de commencer le service quand deux Capucins pénétrèrent

1. Rœhrich, *Mittheilungen*, II, p. 371.
2. Il aurait, selon elle, ajouté ces paroles : « Puissent toutes les sorcières être brûlées ainsi ! » (Procès-verbaux des XIII, 22 mars 1683.) — Remarquons que les curés faisaient absolument la même chose, comme cela est prouvé d'une façon infiniment plus authentique. Celui de Wasselonne, par exemple, pénétrait dans les maisons, réquisitionnait les ouvrages hérétiques et les jetait au feu. Ayant arraché à une pauvre servante son recueil de cantiques, il le livra aux flammes en s'écriant tout joyeux : « J'ai brûlé le docteur Luther! » (Rapport du bailli de Wasselonne au Conseil des XIII, séance du 5 février 1685.)
3. Procès-verbaux des XIII, 3 décembre 1685.
4. Nous citerons les pasteurs Gunzlin de Dorlisheim, Frantz, de Heiligenstein, Uuselt, de Mittelbergheim, etc.
5. L'audace de ces *inquisiteurs* était parfois stupéfiante. C'est ainsi qu'en 1682 le pasteur d'Illkirch, Jean Ulmann, vit arriver chez lui, un beau jour, les curés de Diebolsheim et de Rhinau, qui lui déclarèrent venir au nom du roi, pour inspecter les églises et les presbytères. Ils firent appeler le prévôt et le maître d'école, qui étaient aux champs, et exhibant un prétendu ordre royal que le pasteur, ignorant le français, ne put déchiffrer, ils lui firent subir un long interrogatoire sur ses compétences, sur les biens de la fabrique, sur les vases d'église, etc., et lui déclarèrent qu'il avait à se soumettre dorénavant au Chapitre de Rhinau. Dans une lettre du 10 mars 1682, Ulmann s'empressa de faire son rapport au Magistrat de Strasbourg. Celui-ci s'informa ; toute cette enquête était une tentative d'usurpation de pouvoirs imaginée par les deux ecclésiastiques qui avaient tenté la même aventure à Booftzheim et Plobsheim. — La lettre d'Ulmann se trouve aux archives de Saint-Thomas.
6. Schauroth, *op. cit.*, I, p. 672.

dans l'église, et l'un d'eux apostropha le ministre, lui reprochant d'empêcher les paysans de se convertir ; puis il gravit lui-même la chaire et se met à haranguer l'assistance. Hirtz et ses paroissiens trop effrayés pour les expulser, prennent le parti de quitter l'église, à la grande colère du moine qui leur crie : « On vous forcera déjà d'obéir ! »

Et, en effet, le lendemain la maréchaussée arrivait à Eckbolsheim, empoignait le pasteur, sur l'ordre de La Grange, et malgré les protestations du Magistrat[1], il restait plusieurs semaines en prison, d'où il ne sortait qu'après avoir payé vingt-cinq thalers d'amende pour un délit qu'on ne lui notifia jamais[2]. Dans une autre localité voisine de Strasbourg, à Ostwald (ou Illwickersheim, comme on l'appelait alors) le pasteur Jean-Jacques Kieffer est incriminé pour avoir énoncé, dans un sermon sur l'évangile du Pharisien et du péager, cette vérité trop évidente que plusieurs membres de l'Église luthérienne avaient été détournés de leur foi, moins par amour de Dieu que pour s'acquérir quelques titres à l'estime des grands de ce monde. Il est immédiatement déposé et le grand vicaire, M. de Cartigny, qui vient en personne prendre possession du temple, ne lui laisse que trois jours pour déloger du presbytère avec sa famille[3].

Ces pasteurs qu'on incarcère de la sorte, sans que souvent ils puissent seulement avoir connaissance des méfaits qu'on leur impute, étaient simplement gênants ; on les écarte pour mieux pouvoir travailler leurs paroisses en leur absence et y envoyer des représentants de l'Église rivale. C'est ce que nous voyons par l'exemple du village d'Engwiller dans le comté de Hanau. Pendant que le ministre est en prison, l'intendant du pays de la Sarre envoie aux villageois un ecclésiastique auquel il est enjoint de ne pas dire tout d'abord la messe, afin de ne pas effaroucher les gens, mais de se contenter du prône. Quand l'autre pasteur est définitivement déposé et que l'autorité seigneuriale veut procéder à son remplacement, on lui répond que le village a un curé catholique et qu'il restera donc, lui aussi, catholique[4]. Non seulement on ne permet pas aux ministres

1. La Grange se borne à répondre aux représentations du Magistrat: « Que MM. les Pasteurs sachent se bien conduire et M. le Grand-Prévôt ne leur fera pas de visites ! » (XIII, 28 décembre 1686.)
2. J'ai raconté en détail cet incroyable épisode dans mon livre *Louis XIV et l'Église protestante de Strasbourg* (1685-1686), p. 222-233, d'après les procès-verbaux officiels du Magistrat, rédigés sous le contrôle d'un préteur royal catholique.
3. Procès-verbaux des XIII, 19 février 1688.
4. Schauroth, *Vollstœndige Sammlung*, I, p. 674.

luthériens de suppléer leurs collègues incarcérés ou destitués, mais le génie vraiment inventif de Louvois en ces matières imagine un procédé plus rapide pour arriver au but. En janvier 1688, l'intendant La Grange fait savoir au Magistrat de Strasbourg qu'il vient de recevoir de la cour l'ordre formel d'empêcher que dorénavant n'importe quel pasteur de campagne eût un vicaire pour le suppléer, s'il est infirme ou malade[1]. La stupéfaction fut grande, puis quand on comprit le motif de cet ordre, la consternation plus grande encore. Après avoir vainement présenté des requêtes à Versailles, le Magistrat de Strasbourg délégua quelques-uns de ses membres vers Louvois, qui se trouvait alors à Fort-Louis, pour le prier de révoquer la mesure ; mais le ministre refusa catégoriquement, comme on devait s'y attendre[2], puisqu'il savait fort bien ce qu'il faisait en la prescrivant à La Grange. En empêchant les seigneurs territoriaux de donner, comme par le passé, des vicaires aux ecclésiastiques incapables de fonctionner plus longtemps, il les enfermait dans ce dilemme : ou bien de les destituer pour les remplacer par d'autres, ce qui aurait été cruel, ou de les pensionner, ce qui aurait été ruineux pour les caisses d'église, ou de les laisser en place quoique invalides, et de laisser aussi, en même temps, leurs paroissiens abandonnés à toutes les tentatives de conversion des missionnaires catholiques. Heureusement pour l'Église luthérienne d'Alsace on ne jugea pas nécessaire en haut lieu de maintenir cette ordonnance, habile autant qu'inique, après la mort de Louvois.

Après avoir pris connaissance de toutes ces mesures si variées, mais tendant toutes au même but, on ne s'étonnera plus des succès rapides qu'obtinrent ces missionnaires, Pères Jésuites ou Pères Capucins, pour la plupart, quand le signal leur fut donné d'entreprendre avec ensemble la croisade contre l'hérésie. On ne s'attendait pas à une résistance bien énergique, surtout dans les campagnes, puisque dans les villes mêmes le moral de la population protestante était déjà passablement abattu par les tracasseries passées[3]. Il n'y a certes rien d'héroïque, et moins encore de provocateur, dans

---

[1]. Reisseissen, *Mémorial*, p. 139.
[2]. Id., *ibid.*, p. 143.
[3]. On en peut juger par ce passage de la *Chronique domestique* d'un artisan colmarien qui écrit en 1682 : « Ils (les catholiques) nous tracassent où ils peuvent, car ils commencent à être partout les maîtres. Nous serons bientôt obligés de faire tout ce qu'ils voudront ; nous sommes obligés de célébrer tous leurs jours de fête, et lorsqu'ils passent avec leurs processions par les rues de la ville, il ne ferait pas bon pour un luthérien de s'y arrêter, car ils lui chercheraient querelle. » (Mathias Tauberer, *Haussbiechlin*, publié par Rathgeber, dans *Colmar und Ludwig XIV*, p. 70.

l'attitude générale des luthériens d'alors, mais cet effacement même, loin de protéger les dissidents, attirait peut-être sur eux le danger, en donnant à leurs adversaires le sentiment d'assurance hautaine qui se trahit dans la lettre de l'un d'eux à un conseiller de la Régence de Ribeauvillé : « Il faut bien prendre garde d'agir doucement avec les catholiques, et c'est la volonté du Roy qui est maître dans son pays. Les princes d'Allemagne obligent tous leurs sujets d'être de leurs religions[1] et il ne tiendrait qu'au Roy d'en faire de mesme[2]. »

En 1684, alors qu'on faisait à Versailles les derniers préparatifs pour la révocation prochaine de l'Édit de Nantes, on voulut prouver aux hérétiques d'Alsace que le roi, ainsi que le disait l'abbé Du Lys, était « maître dans son pays ». C'est au mois de novembre de cette année que s'ouvre la campagne dans la Basse Alsace et les bailliages « réunis » du Palatinat[3]. Les Pères de la Compagnie de Jésus, L'Empereur et Dez, assistés du vicaire-général Martin de Ratabon, de Mme de Chamilly, la femme du gouverneur de Strasbourg[4], et de quelques autres personnes haut placées, désireuses de faire leur cour au monarque, dirigeaient l'expédition, prêchant et exhortant les masses depuis l'aube jusqu'au milieu de la nuit, au dire des *Annales* de leur maison de Schlestadt[5], et faisant merveille. Dans cette dernière ville seulement, les Révérends Pères affirment avoir gagné à l'Église du 10 au 23 novembre, plus de 4,000 âmes[6]. On ne discutera pas ces chiffres non plus que d'autres[7], que nous n'avons aucun moyen de contrôler et que nous sommes d'ailleurs disposé à tenir pour exacts. Seulement il est nécessaire de montrer par quels moyens ces conversions furent obtenues, et puisqu'il est impossible d'entrer dans le détail de toutes les lamentables violences qui furent

---

1. Cela n'était vrai que des princes *catholiques* de l'Empire. Plusieurs des princes protestants d'Allemagne avaient, alors déjà, des sujets catholiques, par exemple, l'électeur de Brandebourg, l'électeur palatin, etc.
2. Lettre de l'abbé Du Lys du 20 octobre 1683, publiée par M. l'abbé Beuchot, *Le Pèlerinage des Trois-Épis*, p. 46.
3. Cf. le P. Laguille, *Histoire d'Alsace*, II, p. 277.
4. Chamilly avait épousé, en mars 1679, Mlle du Bouchet de Vilfly, riche de près de 800,000 livres, et le *Mercure galant* ajoutait « qu'elle est dans une grande dévotion ainsi que Madame sa mère ». (Avril 1679, p. 80.) Elle fut une des plus déterminées *convertisseuses* de l'Alsace.
5. Gény, *Jahrbücher*, I, p. 223.
6. Il s'agit évidemment de la population rurale des villages seigneuriaux voisins, puisqu'il n'y avait plus d'hérétiques à Schlestadt depuis longtemps.
7. Sur le territoire de Strasbourg on compta, dit-on, de 1685 à 1686, 3,426 conversions. (Reuss, *Louis XIV et Strasbourg*, p. 262.) Laguille dit même 4,060 pour la seule année 1685. (II, p. 278.)

alors commises, nous choisirons, pour en donner une idée précise par un récit un peu détaillé, l'histoire de la commune de Duttlenheim, dans la Basse Alsace, puisque nous avons sur ce qui s'y passa un rapport très circonstancié, que les plus hardis apologistes du gouvernement de Louis XIV n'oseront pas déclarer suspect[1].

Duttlenheim avait passé à la Réforme en 1552. Le luthéranisme y existait donc depuis plus de cent trente ans quand les vexations qui devaient aboutir à son extirpation complète, commencèrent en 1686. On y vit arriver le bailli épiscopal de Mutzig, J. Th. Rütther, pour signifier aux paysans que l'intendant leur ordonnait de se faire catholiques; ils refusèrent. Peu de jours après il revint, accompagné cette fois d'un notaire, chargé de dresser procès-verbal, et recommença son discours, sans avoir plus de succès. Aussi frappa-t-il de lourdes amendes plusieurs des bourgeois, l'un puisqu'il devait avoir dit que la Cène catholique ne ressemblait pas à la Cène luthérienne, l'autre parce que ses garçons de ferme catholiques-romains accusaient leur maître luthérien de les avoir insultés. Puis il arma les *manants* bergers et valets de labour de sa confession (parmi lesquels il n'y avait qu'un unique bourgeois de la localité) et prit possession du chœur de l'église. Ce fut le premier acte de la tragédie. L'année d'après, survint l'édit qui ordonnait à tous les prévôts de village de se convertir ou d'abandonner leur charge. Celui de Duttlenheim se laissa gagner et déclara même, à ce qu'il paraît, que si M. l'Intendant voulait bien donner de sa personne, ses administrés suivraient probablement son exemple. La Grange promit de se rendre dans la localité, accompagné par le syndic de la Noblesse de la Basse Alsace, qui venait de se convertir également. Le 2 avril 1686, Rütther, le bailli de Mutzig et l'abbé du couvent d'Altorf arrivèrent donc à Duttlenheim pour y recevoir le représentant du monarque et essayèrent de lui faciliter la tâche en énumérant aux habitants tous les ennuis qui les attendaient; ils leur citèrent le sort malheureux de l'ammeistre strasbourgeois Dominique Dietrich, récalcitrant comme eux à la volonté royale, et qui venait d'être destitué de ses charges et envoyé en exil pour le

1. En effet, le Mémoire du pasteur Jean-Regnard Brecht (*Historischer Bericht der Religionsverænderung in dem Dorf Duettlenheim im Elsass im Jahr 1686*) a été rédigé pour le Magistrat de Strasbourg, immédiatement après les événements, par un homme qui tenait aux sphères dirigeantes, puisqu'il était le propre beau-frère du préteur royal Obrecht, nouvellement converti; il a donc plutôt adouci qu'exagéré les faits qui se sont passés sous ses yeux, et il n'y a mis que des vérités absolument incontestables, puisqu'il fut nommé professeur au Gymnase pour le dédommager de ses tribulations, et plus tard même professeur à la Faculté de théologie.

seul motif d'avoir refusé de changer de religion, alors que les hommes les plus intelligents et les plus respectables se ralliaient à une Église où chacun pouvait être assuré de son salut.

L'intendant étant survenu avec le syndic Kempffer et le R. P. Wilhelm, nouvelles harangues. Kempffer promet à ses auditeurs de nombreux privilèges et leur annonce qu'en cas de résistance on augmenterait les impôts et qu'on répartirait parmi eux tout un régiment de garnisaires; il leur demande ironiquement qui leur viendra en aide. Un pauvre paysan a le courage de lui répondre qu'il est au ciel un protecteur qui ne les abandonnera pas; on le chasse de l'assemblée. Cependant ni promesses ni menaces ne vinrent à bout, ce jour-là, de la résistance passive des villageois. Alors l'intendant fait arrêter, le samedi après Pâques, le pasteur Brecht, dont l'influence seule, croyait-il, empêchait la conversion de ses ouailles. Six cavaliers de la maréchaussée le conduisirent à la prison de Strasbourg où il fut retenu pendant vingt-quatre jours; il dut payer en outre trente-cinq thalers d'amende. Il avait immédiatement expédié de la ville un candidat en théologie pour prêcher à sa place, mais le bailli de Mutzig interdit absolument tout culte évangélique. Les paysans réduits à eux-mêmes, décidèrent alors d'envoyer une députation à La Grange pour attester qu'ils voulaient un ecclésiastique de la Confession d'Augsbourg, et comme leur requête fut rejetée, l'idée naïve leur vint de s'adresser à l'évêque dans une requête touchante, espérant réveiller en lui quelque sentiment de justice. Le bailli épiscopal répondit pour son maître en faisant incarcérer à Mutzig plusieurs des signataires, condamna l'un d'eux, le plus riche sans doute, à cent thalers d'amende et chacun des autres à cinq livres, puis il leur fixa le dimanche 9 juin, comme dernier délai pour une conversion générale.

Sans appui, sans guide, abandonnés de tous, les malheureux se résignèrent à faire ce qu'on exigeait d'eux. Tous les hommes, sauf trois, vinrent successivement à l'église, ce jour-là, abjurer, la main sur l'Évangile, leurs convictions évangéliques. L'intendant averti de cette victoire donna cinquante thalers aux villageois et leur annonça qu'ils étaient libérés de tout impôt et de toute corvée pour trois ans[1]. Alors seulement on relâcha Brecht, mais Rütther ne lui permit pas de rentrer au presbytère ni de s'entretenir de questions religieuses avec ses anciens paroissiens. C'est à l'auberge, sous les

---

1. Cela n'empêche pas un écrivain récent d'affirmer catégoriquement « qu'il n'est pas question d'affranchissement de corvées » pour les nouveaux convertis. (*Nouvelle Revue catholique d'Alsace*, 1883-1884, p. 283.)

yeux du bailli, qu'il doit régler ses affaires personnelles, et remettre les vases sacrés au nouveau curé, le P. Grégoire Matern, bénédictin d'Altorf. Il eut même l'impudence de lui refuser les voitures pour le transport de son mobilier à Strasbourg, « les villageois étant, dit-il, des hommes libres auxquels il n'avait pas le droit d'imposer pareil labeur. » Cela n'empêcha pas le lendemain les femmes du village, plus fidèles à leur foi que leurs maris, et même bon nombre de ces derniers, d'accompagner en pleurant leur ministre quand il sortit de Duttlenheim pour toujours[1]. Le dimanche suivant, on employa les cinquante thalers de M. de La Grange à boire, afin d'animer un peu les esprits, car ce jour-là le vicaire général M. de Ratabon, l'intendant, le syndic Kempffer et plusieurs Jésuites firent leur entrée solennelle dans le village. On avait dû menacer de la prison quelques jeunes gens pour les décider à monter à cheval et à former ainsi une escorte aux autorités civiles et religieuses, et le tout se termina par le sermon d'un Révérend Père sur saint Luc, XV, verset 1-10; texte qui, après les détails significatifs qu'on vient de lire, paraîtra sans doute à des consciences modernes plus délicates un choix singulièrement blasphématoire[2].

La plupart des villages alors regagnés sur l'hérésie passèrent par des tribulations analogues qu'il serait monotone de relater plus en détail ; dans le riche et douloureux dossier de ces années de persécution véritable, il faut glaner cependant encore quelques renseignements qui nous révèlent l'ingéniosité des convertisseurs à trouver des arguments persuasifs, inconnus aux controversistes antérieurs. C'est ainsi que pour faire « changer », — comme on disait alors, — les communes riveraines du Rhin, Offendorf, Herrlisheim, Rohrwiller et Drusenheim, en 1687, on accabla d'abord les habitants de lourdes corvées, puis on les fit travailler aux redoutes du Rhin qu'ils durent garnir de fascines pendant que les troupes allemandes dirigeaient une violente canonnade sur les positions françaises ; on ne leur permit de quitter ce travail dangereux que lorsqu'ils eurent promis d'abjurer[3]. A Illwickersheim, on envoya des dragons dans le vil-

---

1. A propos d'un autre pasteur expulsé de son village, converti par des procédés analogues, celui de Herrlisheim, le curé, son successeur, écrivait dans son registre paroissial : « *Cum omnes cives in Herrlisheim, abjurata hæresi, se convertissent ad romanam catholicam fidem, lutheranus, pertæsus rei et otiosus discessit,* » ce que M. l'abbé Siegfried traduit spirituellement ainsi : « L'ennui de l'inaction finit par le gagner. » C'est ainsi, qu'alors déjà, on écrivait l'histoire de cette triste campagne.
2. Une copie, certifiée conforme à l'original de Brecht, et faite en 1784, se trouve à la Bibliothèque municipale de Strasbourg. (Manuscrit n° 510.)
3. Rœhrich, *Notes*, manuscrit n° 736. — Cf. Culmann, *Bischweiler*, p. 75.

lage; ils cernèrent les paysans réunis sur la place publique et les refoulèrent lentement vers un marécage dont ceux-là seuls étaient autorisés à sortir qui s'engageaient à une conversion immédiate[1]. Là aussi, le moyen fut efficace; une vingtaine de femmes représentèrent encore pendant quelque temps les derniers vestiges de cette paroisse[2]. Ce fut, en général, le sexe faible qui se montra le plus courageux dans la tourmente, et l'on a conservé le souvenir de quelques actes de constance qui font honneur à la vaillance morale de ces obscures paysannes d'Alsace[3].

Nous avons déjà dit plus haut, que ce qui nous semblait encore plus odieux que toutes ces violences dont nous ne mentionnons qu'une bien faible partie, et qui s'étendirent à des centaines de villages de l'Alsace et des terres contestées du Palatinat, c'était la tentative hypocrite de les cacher ou de les nier à la face de l'Europe. Il convient d'y revenir pourtant, car c'est un des traits qui différencient la réaction catholique en Alsace d'avec les persécutions brutales, mais plus franches au moins, à l'intérieur du royaume. Ce procédé de dissimulation est partout le même; il est évident que c'est un mot d'ordre, et qu'on agit ainsi par système. Dans le comté de Horbourg, le subdélégué de Colmar déjà nommé, le sieur Du Vallier, arrache aux paysans, après les avoir forcés d'aller à la messe, une déclaration formelle, comme quoi c'est librement, sans violence aucune, qu'ils se sont portés vers la religion catholique, apostolique et romaine[4]. A Offendorf, dans le comté de Hanau-Lichtenberg, le pasteur Jacques Heckel écrit en novembre 1687 à la comtesse Anne, sa maîtresse : « Maintenant toute la paroisse a dû consentir, à force de corvées, de garnisaires et de distributions d'argent, à passer à l'Église romaine; mais personne ne doit se permettre de dire qu'il y a été contraint. Au contraire, il faut donner une déclaration

1. Chronique de Wencker, *ad annum* 1688. — Cf. Rœhrich, *Mittheilungen*, II, p. 404-405.
2. En août 1699, il y en avait encore 29 inscrites à la paroisse voisine d'Illkirch.
3. Citons la femme du prévôt de Mittelwihr, nouveau converti, qui conduite devant le bailli Roth, en 1697, refusa d'abjurer ; il la fit jeter en prison, au cœur de l'hiver ; sans feu, sans vêtements chauds, elle y resta sept semaines, supportant le froid et la faim, refusant de mentir à sa conscience. (Pfister, *Le Comté de Horbourg, Revue d'Alsace*, 1888, p. 387.) Mentionnons encore la femme d'un nouveau converti de Wasselonne que son mari maltraitait sans cesse, en l'accablant d'injures, puisqu'elle refusait de se convertir, et que le capucin son convertisseur, lui avait déclaré qu'il serait aussi coupable en vivant maritalement avec une hérétique « que s'il couchait toutes les nuits avec le Diable en personne ». (Rapport du bailli de Wasselonne produit au Conseil des XIII, le 5 février 1685.)
4. Schauroth, *Vollstændige Sammlung*, I, p. 675.

publique qu'on s'est converti librement à la foi catholique, poussé par la soif des cœurs (*aus herzgierigem Verlangen*)[1]. » Louvois lui-même avait écrit de Versailles aux deux grands fournisseurs de l'armée, les sieurs Herff et Hofer, d'origine bâloise, mais domiciliés à Strasbourg : « Messieurs... je ne scay pas sur quoy peut être fondée l'inquiétude que vous avés de ce qui se passe en France contre les gens de la R. P. R. puisque vous devés savoir que Sa Majesté a l'intention de laisser les affaires de ladite religion en Alsace en même estat qu'elles ont esté jusqu'à présent[2]. » Et au moment où il donnait, au nom du souverain, cette affirmation solennelle[3], se préparaient, avec sa sanction pleine et entière, les actes de violence qui de 1685 à 1688 terrorisèrent littéralement les protestants d'Alsace. « *O quænam tempora!* » soupire l'ammeistre Reisseissen en notant dans son *Mémorial* intime, avec des réticences timides, quelques-uns des faits de cette époque troublée[4].

A ce moment même, Louis XIV se faisait d'ailleurs de la persécution des protestants d'Alsace et des pays limitrophes un mérite aux yeux du pape; il tentait de mettre Innocent XI de son côté contre l'empereur, en lui faisant entrevoir l'écrasement complet de l'hérésie dans les pays cédés et à céder à la France, si le Saint-Siège consentait à favoriser les vues du monarque dans la question de la succession palatine[5].

Après une impulsion pareille donnée de si haut, et devant la certitude bien établie qu'il n'y avait de recours contre la pression du clergé, ni auprès du gouvernement civil, ni auprès des seigneurs territoriaux eux-mêmes, dont les terres restèrent d'ailleurs en majeure partie confisquées jusqu'au traité de Ryswick (1697), par suite

---

1. L'original de cette lettre se trouve aux archives grand-ducales de Carlsruhe; elle est imprimée chez Rœhrich, *Mittheilungen*, II, p. 386-388.
2. La lettre est du 17 novembre 1685. Elle se trouve aux archives paroissiales de Bischwiller. (Copiée par Rœhrich, dans ses *Notes*. (Manuscrit n° 730.)
3. On remarquera que ces termes ne s'appliquent, si l'on veut, qu'aux *réformés* d'Alsace, qui d'ailleurs étaient brutalisés et convertis, comme les luthériens, dans les bailliages de Seltz, Germersheim, etc. (Cf. Rœhrich, *Mittheilungen*, II, p. 518-519.)
4. Reisseissen, *Mémorial*, p. 124.
5. Le cardinal d'Estrées écrivait à Louis XIV, de Rome, le 25 février 1687: « Je touchai toutes les raisons... qui auraient dû engager le pape à se faire auteur lui-même de ce projet puisque l'avantage de la religion catholique qui était l'objet essentiel du Saint-Siège et d'un bon pape y était évident... *par l'abolition entière de la religion protestante dans les pays cédés à Votre Majesté.* » Pièces des Archives des affaires étrangères (Rome, vol. 303), publiée par M. Immich dans son ouvrage *Zur Vorgeschichte des Orléansschen Krieges*, Heidelberg, 1898, p. 216.

du refus de reconnaître la légalité[1] des arrêts de réunion, l'œuvre de la reconversion marche, pour ainsi dire, d'elle-même. Les missionnaires allaient de village en village, soutenus par les baillis et les prévôts catholiques, mêlant les promesses aux menaces, d'après le système efficace que nous venons de voir fonctionner à Duttlenheim et gagnant partout du terrain[2]. Si leur activité semble s'arrêter ou du moins notablement diminuer après 1688, c'est qu'alors la guerre du Palatinat a commencé, que l'Alsace est remplie de troupes, qu'elle est sous le coup d'une invasion nouvelle et que, par suite, intendant, baillis et prévôts ont à s'occuper de questions plus urgentes et plus matérielles que le salut des hérétiques. On se contente alors de surveiller les conquêtes déjà faites ; on s'applique à empêcher les nouveaux convertis, vacillants encore dans leur foi[3], de retomber dans l'erreur, à s'emparer surtout de la génération nouvelle, la seule sur laquelle il soit permis de compter. Le 5 juin 1686, Louis XIV avait adressé à M. de La Grange la lettre suivante : « J'ay esté informé que plusieurs nouveaux convertis négligent d'envoyer leurs enfans aux escoles des lieux de leurs demeures, aux instructions et catéchismes qui se font dans leurs paroisses, en sorte qu'ils pourraient rester sans estre instruits de leur religion s'il n'y estoit pourvu... Mon intention est que vous fassiez savoir à mes sujets nouveaux-catholiques, que je désire qu'ils envoient régulièrement leurs enfans aux escoles, aux instructions et catéchismes, et que, s'ils y manquent, je veux en ce cas que lesdits enfans

---

1. Il faut dire que ces seigneurs, qui n'étaient pas assurément de taille à entrer en lutte avec Louis XIV, auraient pu montrer un peu plus de courage, au moins au début de leurs relations avec le gouvernement, alors qu'il n'aurait pas encore été disposé à user de la force. Mais, dès 1650, par exemple, le comte Frédéric-Georges de Ribeaupierre n'ose même pas garder dans sa capitale le culte officiel évangélique, qui y était bien et dûment installé en 1624, et fait du pasteur l'aumônier du château. Pour que quelques-uns des bourgeois pussent assister au culte seigneurial, il fallut créer pour eux une foule de titres et de charges honorifiques qui les rattachaient à la cour. Il y a tout un dossier de suppliques d'habitants de Ribeauvillé, demandant à participer à l'entrée de la chapelle. (A.H.A., E. 1621.) La tradition veut qu'un des recteurs de la paroisse catholique, dans la seconde moitié du XVIIe siècle, se soit tenu, un fouet à la main, au pied du Schlossberg, pour repousser ceux qui auraient tenté d'assister au culte hérétique sans y être autorisés de la sorte. (Rœhrich, *Mittheilungen*, II, p. 121.)

2. Dans la seule commune d'Oberbronn, un moine badois convertit de 1687 à 1695, six luthériens, six calvinistes suisses et un israélite. (Archives paroissiales d'Oberbronn, dans Rœhrich, *Notes*, manuscrit 734, II.)

3. « Les chapelets remis aux convertis furent enterrés par les uns et exposés aux haies vives des jardins par les autres, » dit M. l'abbé Seyfried (*Nouvelle Revue catholique d'Alsace*, 1883-84, p. 285.)

soient mis, de l'ordonnance des juges des lieux, sçavoir les garçons dans les collèges, et les filles dans les couvents, et que leur pension soit payée sur les biens de leurs pères et mères et que s'ils n'ont point de biens, ils soient envoyés et reçus dans les hôpitaux des lieux ou les plus prochains[1]. » Il paraît que, malgré ces défenses, certains nouveaux convertis, plus repentants et plus aisés, désireux de mettre leurs enfants en contact avec leur ancien culte, persistaient à leur faire donner des leçons par des pasteurs ou des instituteurs hérétiques. Le 28 septembre 1691, le Conseil souverain rendit à ce sujet un arrêt qui défendait, sous peine du bannissement et de la confiscation de tous les biens, à toute personne, faisant profession de la foi catholique, d'envoyer ses enfants auprès des maîtres ou ministres faisant profession de la religion luthérienne ou calviniste, soit en dedans, soit au dehors des terres de Sa Majesté, et même au delà du Rhin, chez les ennemis du roi, pour y être élevés, instruits et admis à la Cène[2].

Un chiffre suffira pour apprécier le grand effort de la réaction catholique dans les territoires occupés par la couronne de France, soit depuis plus longtemps déjà, en Alsace, soit, depuis les arrêts de réunion de 1680, dans le Palatinat, le pays de Montbéliard, etc. Quand il s'agit de régler plus en détail la situation religieuse des communes rétrocédées par Louis XIV au traité de Ryswick, l'envoyé français à Ratisbonne, M. de Chamoy, présenta, en 1699, à la Diète impériale une liste de 1951 localités qui, d'après l'article IV du traité[3], devaient rester dans le *statu quo* que leur avait imposé la propagande des vingt dernières années[4].

Dans cet exposé de l'attitude du gouvernement royal vis-à-vis des protestants d'Alsace, nous n'avons guère mentionné jusqu'ici la capitale, la ville libre de Strasbourg. C'est qu'elle occupe dans cette question une situation à part, une situation favorisée; c'est en confondant Strasbourg et le reste du territoire alsacien qu'on a pu si souvent répéter que jamais l'Église luthérienne n'avait été combattue dans la province et que les hérétiques y avaient coulé des jours heureux et tranquilles, au temps même [ou l'on persécutait

---

1. Placard imprimé in-folio (*Collection des Alsatica d'Oscar Berger-Levrault*, II, p. 6); se trouve en copie dans les *Notes* de Rœhrich, manuscrit n° 730 de la Bibliothèque municipale.
2. *Ordonnances d'Alsace*, I. p. 200.
3. Sur la portée de cet article IV, voy. notre tome I, p. 263.
4. Cette liste se trouve au tome I. du grand recueil en quatre volumes du jurisconsulte Adam Cortrejus, *Corpus juris publici S. Romani Imperii Germanici*; il faut dire que plus des trois quarts des localités mentionnées se trouvaient en dehors des limites de l'Alsace.

leurs frères d'au delà des Vosges. A Strasbourg, en effet, la capitulation toute récente, consentie au nom de Louis XIV et ratifiée par sa signature, empêcha, presque complètement, les violences « matérielles » dans l'enceinte des murs de la nouvelle « ville royale [1] ». Mais elle n'empêcha pas, nous venons de le voir, les persécutions dans les bailliages ruraux de l'ancienne République, elle n'empêcha pas surtout le clergé séculier, les Jésuites et les représentants civils et militaires de la couronne, d'exercer sur le Magistrat, impuissant et intimidé, une pression continuelle, afin de lui arracher successivement toutes les concessions possibles, fonctions, églises et revenus, en faveur d'une petite minorité d'immigrants catholiques, qu'on tâchait d'attirer du dehors [2], afin de grossir plus vite le chiffre, assez faible d'abord, des nouveaux convertis. C'est en 1687 seulement, après que Louis XIV eut ordonné, par une espèce de coup d'État, l'introduction de l'*alternative* dans le Magistrat [3], que les conversions des ambitieux devinrent plus nombreuses, étant assurés par ce moyen d'arriver très vite aux charges et aux honneurs de la cité. Il serait oiseux d'entrer dans l'exposé de tous les ennuis que Louvois et La Grange donnèrent aux Conseils strasbourgeois et à leurs sujets, sur le terrain religieux, ni dans celui de toutes les avanies qu'ils leur firent subir, ce récit ayant été déjà fait avec infiniment plus de détails que nous ne pourrions en donner ici [4]. Nous dirons seulement que M. et Mme de Chamilly, invitèrent, bientôt après la nomination du marquis au poste de gouverneur de la ville, plusieurs Pères de l'Oratoire à venir y séjourner quelque temps « pour travailler au règlement de sa famille pour la piété, et à l'instruction des soldats de la garnison ». Mais ils devaient certainement aussi rendre d'autres

---

1. Encore la menace d'un changement d'attitude resta-t-elle toujours suspendue sur sa tête. Louvois écrivait à La Grange le 3 janvier 1686 : « Le roy ne *juge pas à propos* de demander *présentement* le libre exercice de la religion catholique dans les églises (luthériennes) du dit Strasbourg. » Et il écrivait cela alors que non seulement la Cathédrale, mais quatre autres églises étaient déjà cédées à l'infime minorité catholique.
2. « Sa Majesté approuve que vous portiez le Magistrat à réduire au tiers le droit de bourgeoisie qu'il lève sur les familles françaises et étrangères qui vont s'établir dans la ville, faisant entendre au dit Magistrat que s'il ne le faisait pas de lui-même, Sa Majesté pourrait bien le supprimer entièrement. » (Lettre de Louvois, 3 janvier 1686, chez Van Huffel, *Documents*, p. 134.)
3. Voy. là-dessus, vol. I, p. 433.
4. Nous renverrons à l'opuscule de M. Ch. Bœgner, *Études historiques sur l'Église protestante de Strasbourg considérée dans ses rapports avec l'Église catholique* (1681-1727), Strasb., 1851, 8°, et à notre propre livre *Louis XIV et l'Église protestante de Strasbourg* (1685-1686), d'après des documents inédits, Paris, 1887, 8°.

services, d'ordre plus général, ainsi qu'il ressort de la correspondance de l'un de ces commensaux, le R. P. Duguet : « Je ne crois pas, écrivait-il à ses confrères, que je sois en état de rendre aucuns services aux catholiques de cette ville, qui sont tous soldats pour la plupart (sic), et fort éloignés des maximes d'une vie chrétienne, ni aux luthériens qui sont tous en alarmes et sont beaucoup plus fermés maintenant à tout ce que l'on pourrait leur dire.... Les ministres sont uniquement appliqués à affermir le peuple dans ses anciens préjugés contre la Vérité et contre ceux qui peuvent la lui annoncer. Le peuple qui témoigne beaucoup de respect et beaucoup de soumission pour le Roi, fait paraître un attachement à sa religion que ce respect n'empêcherait pas d'éclater à la première occasion. Enfin Mme de Chamilly elle-même a dit au P. de Chevigny qu'il ne devait parler de son voyage que comme d'un voyage de curiosité, qu'il serait dangereux que l'on connût dans la ville qu'il eût d'autre dessein[1]. » Plus encore que « l'attachement à sa religion » de la population protestante, ce fut la méfiance des Jésuites qui se mit en travers de cette mission officieuse des Pères de l'Oratoire. « La jalousie qu'on a contre nous, écrivait un peu plus tard le même P. Duguet, est une nouvelle raison de ne nous mêler de rien ou pour ne nous en mêler qu'en secret. Car il y a peu d'apparence que ceux qui souffrent avec peine que nous paraissions dans les fonctions publiques, où nous sommes établis, vissent avec plaisir que nous eussions quelque succès dans une ville où l'autorité du Roi ne nous en donne point et où l'Évêque ne nous a point appelés. Mais ce qu'il y a de plus évident est, que n'étant que trois, il est absolument impossible que nous entreprenions rien d'éclatant ni de public. Nous sommes trop peu pour exhorter les gens à venir chez nous, parce que nous en serions accablés, et ils sont trop endormis ou dans une vie peu chrétienne, ou dans l'hérésie, pour espérer qu'ils s'adressent à nous[2]. »

Moins pessimistes ou moins modestes, mais en tout cas plus audacieux, les Révérends Pères Jésuites n'avaient garde d'adopter cette attitude un peu effacée des Pères de l'Oratoire. Ils invitaient les gens à venir les voir à leur Collège, y faisaient une propagande

1. Nous empruntons cette correspondance à une intéressante note du P. Ingold, *L'Oratoire en Alsace*, insérée dans la nouvelle *Revue catholique d'Alsace*, 1882-1883, p. 410 ss.
2. Il y a peut-être quelque contradiction dans la pensée du P. Duguet ; si les Strasbourgeois sont si *endormis* et *hérétiques* que cela, on ne voit pas trop qui *l'accablerait* de visites. La cause réelle est indiquée par le P. Ingold : « Les Jésuites redoutèrent de voir s'implanter une congrégation rivale et réussirent à l'en empêcher. » (*Op. cit.*, p. 413.)

passablement dénuée de scrupules[1] et proposaient même parfois à leurs visiteurs, semble-t-il, le trafic direct de leur conscience[2]. Mais ils entamaient aussi hardiment[3] la conversion de la ville hérétique du haut de la chaire, s'ingéniant à dissimuler, par une discussion insinuante et spécieuse, les contrastes et les antinomies de la foi de l'Église et des doctrines nouvelles. A la fin d'octobre 1684, on put lire, placardé partout, même aux portes des temples luthériens, l'avis suivant, tant en français qu'en langue allemande : « On est averty que pendant les mois de novembre et de décembre on expliquera dans la Cathédrale tous les articles de la Confession de Foy de Messieurs les Protestans de Strasbourg, pour faire voir que leur réconciliation avec l'Église romaine est aussi importante et nécessaire qu'elle est facile et aisée selon leurs propres principes. On invite tous ceux qui aiment la paix de l'Église à contribuer de toutes leurs forces à une si sainte œuvre[4]. »

On voit avec quelle onction polie l'on s'approche à Strasbourg de ces hérétiques qui, dans les campagnes, sont amenés à la vraie foi d'une façon moins éloquente, mais plus pratique. Le résumé de ces conférences prêchées à la Cathédrale se trouve dans le livre du R. P. Jean Dez, *La Réunion des protestants de Strasbourg à l'Église romaine également nécessaire pour leur salut et facile selon leurs principes*[5], vrai modèle de l'art d'esquiver les difficultés, art poussé si loin qu'on serait tenté d'éprouver quelque crainte pour la parfaite orthodoxie de ce champion de l'Église, si elle n'était garantie par

---

1. On voit par une enquête du Magistrat, faite le 31 janvier 1686, l'histoire bien singulière d'un cordonnier luthérien, Jacques Wurm, rue Thomann, à l'enseigne du *Jardin aux Roses*, qui était allé au Collège des Jésuites pour parler au P. L'Empereur et lui demander de s'intéresser à ses deux neveux, dont il était le tuteur légal, et qui étaient devenus légalement catholiques, leur père venant d'abjurer. Le R. P. le reçut fort bien, mais il voulut ensuite persuader au pauvre cordonnier qu'il s'était engagé, dans la conversation, à changer également de religion et le réclama comme son ouaille ; Wurm effaré par l'affirmation d'un désir qu'il n'avait jamais ressenti, et d'une promesse qu'il n'avait jamais faite, fit ses doléances à son pasteur ; le Convent ecclésiastique dut s'en occuper, et le Magistrat prescrivit une enquête dont le dossier est aux Archives de Saint-Thomas. (Cf. Rœhrich, manuscrit n° 730.)
2. Rœhrich a publié dans le *Kirchen- und Schulblatt* de Strasbourg (année 1840, p. 35) la lettre effrontément naïve d'un bourgeois de Strasbourg, nommé Jean-Jacques Epp, adressée au P. L'Empereur pour réclamer le salaire qui lui avait été promis pour sa conversion.
3. Étaient-ils, en réalité, bien hardis? On peut même en douter, car ils pouvaient se dire d'avance qu'on n'oserait pas leur donner bien vivement la réplique.
4. Placard imprimé in-folio. (Archives de Saint-Thomas.)
5. A Strasbourg, chez J. A. Dolhopf, 1687, 18°.

l'approbation sans réserve de Bossuet[1]. Mais il faut lire en même temps le panégyrique outré de Louis XIV, qui s'étale dans l'« Épître au roy », l'apologie de « l'extinction du calvinisme dans toute la France » qui le rend « plus grand devant Dieu » qu'il n'est « grand devant les hommes », pour se rendre compte de l'esprit véritable de ce livre qui semble, au premier abord, si plein de mansuétude et de douceur, si prêt à tous les accommodements désirables avec « Messieurs de Strasbourg ». C'est, dirais-je volontiers, si je ne craignais de dépasser ma pensée, c'est la patte de velours que l'on montre avant de faire sentir la griffe[2].

Et que de fois la griffe s'est-elle fait sentir! La conduite de Louvois à l'égard du vieil ammeistre Dominique Dietrich est un des épisodes les plus significatifs et les plus connus de cette persécution froide que le vindicatif et brutal ministre de Louis XIV se complaisait à exercer contre ceux qui ne répondaient pas à ses désirs ou à ses caprices. Dietrich n'était aucunement hostile à l'influence française ; il avait même été, — très à tort d'ailleurs, — soupçonné de machinations en faveur du roi et, par suite, de trahison par l'opinion publique en Allemagne, où on lui reprochait d'avoir trop vite fait son deuil de l'indépendance de Strasbourg. C'était l'un des plus anciens magistrats de la République, et Louvois s'imagina que, lui gagné, surtout après qu'Obrecht aurait donné l'exemple, tout Strasbourg le suivrait à la messe. Il le fait donc appeler à Paris, en mars 1685, et lui conseille d'aller rendre visite à M. de Meaux, qu'on croyait volontiers irrésistible en matière de conversions. Le vieillard décline une controverse qui ne saurait aboutir ; le roi lui fait dire alors qu'il sera destitué s'il ne passe au catholicisme, et sur son refus, on l'exile, malade, au fond des montagnes de la Marche. Là, privé de toute communication directe avec les siens, séparé du fidèle serviteur qui l'avait suivi jusqu'alors, il est assailli

---

1. « La charité y paroist avec la vérité... et on peut espérer un grand bien d'un ouvrage où l'on trouve tant de trésors ramassez dans un si petit volume. C'est le témoignage que nous rendons volontiers à la vérité. Donné en notre chasteau de Germigni, le 14 juillet 1687, J. Bénigne, évesque de Meaux. »

2. Le professeur en théologie Isaac Faust avait, sur la demande de ses collègues, entrepris de traiter, dans une série de sermons, les principaux points controversés, mais craignant quelque mésaventure personnelle en se mettant en avant, il demandait à être couvert par le Magistrat. Les *Oberkirchenpfleger* décidèrent que, « vu la nécessité de ne pas laisser le livre du P. Jésuite sans réponse, et vu que celui de Faust était rédigé d'un ton très modeste et sans paroles blessantes », il serait dit dans la préface que l'ouvrage paraissait de l'aveu des membres du Magistrat. (Procès-verbaux des Oberkirchenpfleger, du 29 mars 1687, aux archives de Saint-Thomas.)

tour à tour par les lettres du P. Tarade, de Strasbourg, et par les visites du P. de Tournyot, à Guéret ; l'un lui insinue que sa famille est à la veille d'abjurer et qu'il fera bien de suivre son exemple ; l'autre écrit à ses enfants que leur père serait immédiatement relâché, s'ils passaient au catholicisme[1]. Intimidés, les membres du Conseil des XIII osent à peine demander quelque adoucissement au sort de leur collègue prisonnier ; Louvois répond que Sa Majesté veut que « le sieur Dietrich soit dorénavant considéré comme s'il était mort[2] » et ordonne qu'on dispose de toutes les charges de l'exilé. Torturé par la goutte et la pierre, se croyant à l'heure de la mort, Dominique Dietrich rédige alors à Guéret, le 4 avril 1686, une confession de foi luthérienne qu'il signe et scelle de son sceau, pour qu'on ne puisse prétendre plus tard qu'il a désavoué les croyances de ses pères[3]. C'est seulement quand on vit qu'on n'obtiendrait rien du pauvre vieillard, que le roi lui accorda la grâce de retourner à Strasbourg, mais à la condition expresse qu'il serait prisonnier dans sa propre maison, qu'il n'en sortirait pas même pour assister au culte et qu'il ne recevrait chez lui que les membres de sa famille[4]. Il pouvait entendre, de sa fenêtre ouverte, les cantiques chantés au temple de Saint-Nicolas, mais il lui était défendu de se joindre aux fidèles ; il pouvait voir passer ses amis dans la rue, mais il lui était interdit de leur serrer la main, tout cela, au mépris d'une capitulation jurée « en foi et parole de roi », qui garantissait au moindre habitant de Strasbourg la liberté de conscience, uniquement pour avoir refusé de devenir un apostat[5] ! Ce n'est qu'en 1692, après la mort de l'implacable ministre, qu'il obtint la faveur de se faire conduire en chaise à porteur, — il était trop

1. Ces lettres du P. Tarade se trouvent dans la biographie de Dominique Dietrich publiée par M. Louis Spach. (Paris et Strasbourg, Berger-Levrault, 1857, 8°.)
2. Procès-verbaux des XIII, 13 mars 1686.
3. Voy. cette pièce, Reuss, *Louis XIV et l'Église protestante de Strasbourg*, p. 238-239.
4. Reisseissen, *Mémorial*, p. 147. Reisseissen était le beau-frère de Dietrich et professait pour lui une haute estime, et cependant il parle de toute cette lamentable affaire d'un ton de consternation timorée, qui montre la terreur qu'inspirait Louvois aux magistrats de la « ville libre ».
5. Louvois ne craignit pas, il est vrai, d'insinuer que Dietrich avait gaspillé les fonds des hôpitaux, mais c'était une calomnie gratuite que les contemporains déclarèrent telle, dès qu'elle se produisit. (Procès-verbaux des XIII, 20 juillet 1685.) — Il est probable que la haine de Louvois contre l'homme qui avait osé lui résister en face fut nourrie et aigrie par Ulric Obrecht, dont le père avait été décapité jadis pour ses pasquinades calomnieuses contre l'ammeistre. (Voy. p. 212.). Ce fut une espèce de vendetta corse poursuivie par le préteur royal quand son heure fut venue.

faible désormais pour marcher, — au service divin, et bientôt après il mourut, accablé par l'infortune plus encore que par les années, « s'éteignant comme un faible lumignon », ainsi que l'écrit son collègue et beau-frère[1]. Mais au delà du sépulcre même sa mémoire fut persécutée par ceux qui l'avaient tourmenté de son vivant. Défense fut faite de publier son oraison funèbre, défense aussi d'imprimer le moindre éloge académique, comme l'Université les consacrait alors aux dignitaires de l'État et aux plus obscurs de ses membres[2].

Les Révérends Pères n'avaient pas réussi à convertir le vieil ammeistre; ils ne désespérèrent pas de convertir le Magistrat tout entier, et la bourgeoisie en bloc, à sa suite. Un des membres de la Compagnie de Jésus établis à Strasbourg, — peut-être bien le P. L'Empereur, le plus remuant et le plus tracassier de tous, — rédigea dans les premiers mois de 1686, un nouveau projet de conversion totale, projet qu'il se plaisait à croire décisif pour la bonne cause. Ce mémoire confidentiel, remis au préteur royal, est venu jusqu'à nous[3] et l'on ne sait, en le lisant, ce qui frappe davantage, l'habileté politique de la machination proposée, ou l'absence complète de tout sentiment religieux. Le rédacteur de la pièce, quel qu'il soit, lorsqu'il propose d'employer une « douce violence » pour ramener les luthériens de Strasbourg dans le giron de l'Église, n'a pas même la triste excuse du fanatisme; celui-ci parle un tout autre langage. Son factum est divisé en treize paragraphes, précédés d'un préambule faisant l'éloge de la conversion d'Obrecht et lui attribuant le mérite d'avoir provoqué toutes celles qui ont suivi la sienne. « La considération que M. Obrecht s'est attirée dans le sénat et dans l'esprit du peuple » permet de croire que son « éloquence naturelle » fera « grande impression, s'il la met au service de la Vérité. » Voici comment. Le Roi commencerait « par avoir la bonté de donner un édit par lequel il déclarerait avoir appris avec douleur que les ministres de Strasbourg, pour empêcher la conversion de ses sujets, emploient tous les jours dans leurs prêches et dans leurs

---

1. Il mourut dans la nuit du 9 mars 1694. (Reisseissen, *Mémorial*, p. 174.)
2. « Tout cela peut encore se faire plus tard, » écrivait le bon Reisseissen, mais il se trompait; dans une monarchie absolue on ne loue jamais un homme que le souverain a persécuté, avant que celui-ci ait disparu lui-même.
3. M. Charles Schmidt l'a publié le premier dans le *Bulletin de l'histoire du protestantisme français*. (Paris, 1854.) Avant lui, J.F. Hermann en avait cité quelques passages, dans ses *Notices historiques sur Strasbourg*. (I, p. 179.) Je l'ai reproduit dans mon livre *Louis XIV et l'Église protestante de Strasbourg*, p. 139-145.

conversations un grand nombre d'impostures et de calomnies contre la religion catholique »; que pour empêcher la continuation d'un si grand mal, Sa Majesté a ordonné au sieur Obrecht d'assembler dans le sénat tous les magistrats, ministres et professeurs protestants de la ville, en présence de M. le Vicaire-général et de M. le marquis de Chamilly, pour leur déclarer ses volontés et leur apprendre les sentiments qu'ils doivent avoir de la religion catholique et de quelle manière ils en doivent parler. « Comme le sieur Obrecht a été protestant lui-même et qu'il a une parfaite connaissance des deux religions, il les convaincra tous, et quand il ne ferait autre chose qu'instruire le Magistrat et les ministres des vérités de notre religion, ce sera toujours les disposer à l'embrasser sans peine, si l'on juge dans la suite qu'il faille les obliger. » Le préteur royal s'adressant tout particulièrement au Magistrat, le priera « de penser sérieusement s'il ne serait pas important de revenir à l'ancienne religion et s'il ne serait pas convenable de faire ce plaisir à Sa Majesté qui, après avoir converti les calvinistes, ne peut avoir de plus grand plaisir que dans la réunion de ses sujets protestants de Strasbourg et qui regarde leur conversion comme la marque la plus infaillible de leur fidélité ».

En même temps le sieur Kempffer, syndic de la noblesse, assemblerait la noblesse luthérienne et lui parlerait à peu près de la même manière, tandis que le sieur Guntzer en agirait pareillement avec les deux ou trois principales tribus de la ville; on l'engagerait par une lettre de M. de Louvois à faire éclater en cette occasion le zèle qu'il doit avoir pour le service du roi[1]. On donnerait ensuite au Sénat, à la noblesse, aux tribus « huit ou quinze jours pour délibérer, pendant lequel temps M. le Gouverneur verrait et traiterait tous les jours une partie des magistrats, MM. Obrecht et Guntzer les principaux des ministres et des professeurs de l'Université et même quelques-unes des tribus. On pourrait encore pendant ce temps établir des divertissements publics qu'on fait en certains temps de l'année en cette ville, pour réjouir le peuple, et, si on le juge à propos, on pourrait même pendant ce temps-là défendre aux ministres de faire aucun prêche et d'aller même dans les maisons des bourgeois,

---

1. On remarquera l'habileté traditionnelle de l'Ordre dans la façon dont l'auteur du *Mémoire* s'arrange, tout en couvrant de fleurs M. le Préteur royal, à faire peser toute la responsabilité d'insuccès possible et probable de l'entreprise sur les épaules des trois nouveaux convertis, Obrecht, Kempffer et Guntzer, et veut les obliger de la sorte à des efforts surhumains s'ils ne se soucient pas d'être les boucs émissaires de la colère du clergé.

sous peine d'être suspendus de leur charge. On travaillerait enfin pendant tout ce temps-là à attirer quelques-uns des principaux par des promesses, des pensions et des charges ». On organiserait aussi, tous les jours, dans trois églises catholiques « des instructions familières et agréables de controverse, tendantes à faire voir que les protestants de Strasbourg peuvent et doivent en conscience rentrer dans l'Église romaine. On pourrait y mêler quelques représentations pour attirer le peuple et les faire par manière de dialogue proposant les doutes et donnant les réponses ». Mais avant toutes ces choses, « il faudrait avoir publié un petit catéchisme en allemand... obligeant même toutes les familles d'en avoir un exemplaire pour empêcher les calomnies qu'on dit contre la religion catholique ». Mais voici le paragraphe le plus curieux de la pièce ; on y propose « pour attirer ceux qui ne sont guères attachés à aucune religion » de publier une brochure « en une ou deux feuilles dans laquelle par manière de dialogue à la façon de Lucien, on fait parler dans les enfers Luther, Calvin, Zwingle et Mélanchthon, et dans laquelle Luther avoue que tout ce qu'il a fait n'a été que pour déplaire au pape et pour se faire plaire au duc de Saxe. Il faudrait que cet ouvrage fût en allemand et qu'il eût tous les agréments de la langue et de la manière de converser de cette nation. Le sieur Obrecht le composera et on lui fournira les mémoires ». On aura soin d'ailleurs de faire défense aux imprimeurs et libraires d'imprimer ou de débiter aucune réfutation de ces écrits[1].

« Après que toutes ces choses seront exécutées... le sieur Obrecht assemblera le Magistrat et leur parlera le plus précisément de la volonté du Roi, comme aussi le sieur Guntzer aux tribus et le sieur Kempffer à la noblesse. Et si on trouve encore de la difficulté, on délibérera s'il faut prier Sa Majesté d'employer les douces violences dont on s'est servi en France pour déterminer ceux qui demandent un prétexte de cette nature pour abandonner une religion dont ils connaissent la fausseté. »

Le nouveau préteur royal, si souple et si docile qu'il fût vis-à-vis du parti qui l'avait placé à la tête du gouvernement politique de la cité, ne voulut ou n'osa pas assumer la responsabilité d'une pareille

---

1. Quand cinq ans auparavant, le savant jurisconsulte rédigeait la préface de son *Prodromus rerum Alsaticarum* (Argentorati, 1681, 4°), où il exalte en termes d'une véritable éloquence le rôle de l'historien : arracher la vérité aux ténèbres, détruire toutes les erreurs que l'ignorance et la superstition ont créées, il ne se doutait pas qu'on lui demanderait bientôt de faire parler Luther et Calvin aux Enfers, d'après des mémoires fournis par un P. Jésuite.

façon d'agir. Sa conscience lui défendit-elle de jouer un rôle aussi odieux ? De tels scrupules peuvent paraître invraisemblables à qui le regarde comme un ambitieux absolument sceptique au plus profond de son âme. Mais c'était aussi une haute intelligence et il ne pouvait s'abuser sur l'inanité de la plupart des moyens proposés par l'auteur du *Mémoire*. Assurément les promesses, les menaces, les faveurs, le désir de « faire plaisir à Sa Majesté » pouvaient, sans même qu'on eût besoin de recourir aux fêtes populaires, aux *Dialogues aux enfers* et autres inventions saugrenues, décider la vocation catholique d'un certain nombre de luthériens très tièdes ou de fortune médiocre.

Mais il savait bien que les meilleurs, les plus estimés de ses collègues ne céderaient jamais à des sollicitations pareilles et que le gros de la bourgeoisie réglerait toujours sa conduite sur la leur. On ne pouvait donc compter que sur la violence matérielle pour arriver au but. Mais, même en faisant abstraction de la note d'infamie résultant de la violation de tant de promesses solennelles, était-il prudent, était-il possible de traiter une ville frontière comme on traitait Nîmes ou Montauban, par exemple ? C'était le moment où la plupart des États du continent formaient contre Louis XIV la *Grande Alliance;* on était à la veille de la guerre du Palatinat, et l'on doit croire qu'Obrecht comprit qu'il y aurait une imprudence suprême à semer des ferments nouveaux de guerre civile, alors qu'on allait avoir à combattre, une fois de plus, toutes les forces coalisées de l'Europe. Le Mémoire des Révérends Pères Jésuites fut mis de côté et l'on se réserva seulement d'en utiliser les propositions les plus pratiques. Nous avons constaté plus haut leur succès ; constatons aussi, pour en finir, qu'ils suscitèrent contre eux, dans la population protestante d'Alsace, grâce à l'intempérante audace des uns, grâce aux intrigues souterraines des autres, une ample moisson de colères légitimes et de haines tenaces. Une de leurs créatures les plus dociles, le préteur royal d'alors, M. de Klinglin, écrivait au ministre en 1719, que les Jésuites se rendaient odieux en n'observant pas au moins une certaine mesure, « outre qu'il gasteront plus les affaires de la religion catholique en cette ville, qu'ils ne les avanceront par un zèle indiscret[1] ». Le reproche était dur, surtout venant d'un adepte, mais il semble bien qu'il ait été absolument mérité.

Il n'est pas étonnant que le souvenir de ces temps d'épreuves douloureuses ne se soit pas effacé de la mémoire des dissidents d'Alsace, d'autant que les mêmes errements funestes furent conti-

1. Reuss, *Documents*, p. 62.

nués par l'arbitraire des ministres successifs, durant tout le long règne de Louis XV et jusque sous celui de Louis XVI. Aussi, quand enfin la chute de l'ancien régime vint briser les entraves qu'une étroite intolérance imposait, depuis plus d'un siècle, aux populations protestantes de la province, ce fut la liberté religieuse qu'elles acclamèrent d'abord avec le plus d'énergie, puisqu'elles l'avaient connue jadis et, par suite, regrettée davantage. Dans leurs adresses aux pouvoirs constitués, dans leurs déclarations publiques, l'exposé des atteintes portées à leur foi depuis 1680, la joie de se voir délivrer de mille chicanes mesquines par le réveil de 1789, se mêle à leurs protestations sincères de patriotisme[1]. L'observateur impartial des hommes et des choses d'Alsace constatera sans peine que, bourgeois ou campagnards, les luthériens et les calvinistes figurent au premier rang des défenseurs[2] des idées nouvelles dans la province, qu'ils les propagent par la plume et la parole, et s'arment pour les défendre[3]. Cet élan général ne naît pas seulement d'un sentiment d'opposition naturelle contre l'attitude peu patriotique du clergé catholique, émigrant et contre-révolutionnaire, mais il est inspiré par une affection profonde et reconnaissante pour cette France nouvelle qui leur promet une ère de tolérance religieuse, d'égalité civile et d'entière liberté.

1. Voy. par exemple l'*Adresse à l'Assemblée Nationale* du Consistoire protestant de Riquewihr (1791), (A.H.A, E. 408), la *Déclaration de plusieurs citoyens de Strasbourg* (décembre 1789). (Reuss, *L'Alsace pendant la Révolution française*, I, 296.)
2. Nous avons cité dans nos *Notes pour servir à l'histoire de l'Église française de Strasbourg (1538-1794)*, (p. 126), toute une série de sermons patriotiques prêchés, de 1790 à 1793, devant des auditoires ruraux et qui parlent avec enthousiasme des principes de la Révolution et de la nécessité de défendre à tout prix l'intégrité du territoire national.
3. Voici ce qu'écrivait, sous le Consulat, le professeur Meiners, de Gœttingue, historien d'une certaine valeur, au retour d'un séjour fait en Alsace : « Les protestants ont été en Alsace, comme dans le reste de la France, les plus ardents amis de la Révolution. Les catholiques n'oublieront sans doute pas de sitôt quels bons services les protestants ont rendus à la Révolution. » (*Beschreibung einer Reise nach Stuttgart und Strassburg*, Gœttingen, 1803, 12°, p. 151.)

CHAPITRE QUATRIÈME

Les Israélites d'Alsace au XVIIe siècle

Il nous reste à parler d'un dernier groupe religieux, le moins nombreux de tous à cette époque : celui des israélites. Nous aurions pu les mentionner déjà, soit dans le chapitre relatif au commerce, soit dans une rubrique spéciale du vaste tableau des mœurs de la société d'alors. Mais comme il semblait désirable de réunir en un paragraphe d'ensemble tous les renseignements qui se rapportaient à leur existence matérielle et morale et que c'est, en définitive, à leurs croyances qu'ils devaient l'exceptionnelle et douloureuse situation qui leur était faite un peu partout dans la chrétienté, nous avons pensé que ce paragraphe trouverait logiquement sa place dans l'exposé de la situation religieuse de l'Alsace au XVIIe siècle. A vrai dire, les Juifs, — nous les désignons par le seul nom qui fût en usage à leur égard, — étaient encore assez peu nombreux dans la province, et ils n'y exerçaient pas encore une influence économique de nature à attirer sur eux l'envie du prochain. Malgré cela, ils étaient chargés, là comme ailleurs, du poids de haines séculaires, qui leur rendaient l'exercice de toute profession sédentaire à peu près impossible et en faisaient, en mainte occasion, les jouets et les victimes de préjugés invétérés et de jalousies sans cesse en éveil[1].

Au commencement du XVIIe siècle, les Juifs étaient admis, à titre toujours précaire, il est vrai, dans la plupart des territoires princiers et seigneuriaux d'Alsace. Depuis le XVe siècle, ils étaient strictement exclus de la ville même de Strasbourg, mais on les tolérait dans les bailliages ruraux de la République. Ils habitaient surtout les terres de l'évêché, celles des comtes de Hanau-Lichtenberg et celles des Ribeaupierre; on en comptait aussi un chiffre relativement considérable dans le grand bailliage de Haguenau et dans les villages de la Noblesse immédiate de la Basse Alsace, chaque seigneur étant désireux d'exploiter à son profit les avantages pécuniaires que

---

1. On consultera surtout, comme travaux d'ensemble, l'*Histoire des Juifs d'Alsace* de M. Élie Scheid (Paris, 1873), et le livre de M. C. Th. Weiss, *Geschichte und rechtliche Stellung der Juden im Fürstbistum Strassburg*, Bonn, 1895, 8°.

l'on pouvait espérer tirer de la présence des enfants d'Israël[1]. Les premiers renseignements un peu complets que nous possédions sur la population israélite d'Alsace, se trouvent dans le *Dénombrement* de 1689[2]. D'après cette statistique, évidemment officielle, on y comptait, tant dans la Haute que dans la Basse Alsace, un total de 525 familles juives[3], ce qui donnait, en admettant la moyenne ordinaire de cinq membres par famille[4], un chiffre d'environ 2,600 âmes pour la province tout entière, chiffre très inégalement réparti d'ailleurs, car 391 familles appartenaient aux territoires situés au nord de l'Eckenbach et 134 seulement à la Haute Alsace et au Sundgau[5]. La plupart de ces israélites habitaient les campagnes; c'est à peine si nous pouvons relever, sur notre liste détaillée, la présence de trois familles juives à Landau, de dix-neuf à Haguenau, de huit à Wissembourg, de dix à Bergheim, de six à Fort-Louis, etc. A Colmar, c'est en 1691 seulement qu'ils purent élire domicile dans la ville, parce qu'on les empêchait auparavant de tuer à l'abattoir les animaux selon le rituel prescrit par la Loi[6]. Soit que ce premier relevé n'ait pas été fait avec tout le soin voulu, soit que la natalité dans les familles juives ait été considérable, soit enfin qu'il se soit produit des immigrations du dehors, nous voyons que, huit années plus tard, ce premier chiffre est augmenté du tiers; en 1697, La Grange comptait 3,655 juifs en Alsace, dont 897 dans la Haute et 2,766 dans la Basse Alsace[7]. Et vingt ans plus tard, leur nombre s'était de nouveau notablement accru, puisque le relevé de 1716 donnait 1,269 familles, soit un total dépassant certainement 6,000 âmes[8].

1. La Régence d'Ensisheim avait expulsé les Juifs des territoires autrichiens en 1574; mais ils y revinrent pendant la guerre de Trente Ans. (*Revue d'Alsace*, 1850, p. 70.)
2. *Dénombrement des familles israélites d'Alsace, 1689*, donné par M. de Neyremand dans la *Revue d'Alsace*, 1859, p. 564 ss.
3. Dans une note de sa copie du *Mémoire* de La Grange, Horrer donne un total de 587 familles pour 1689. (*Mémoire*, fol. 229.)
4. Vu la fécondité des unions juives d'autrefois, cette moyenne est peut-être trop réduite, et le chiffre total pourrait s'élever à 3,000 âmes et davantage.
5. Pour donner quelques chiffres de détail, nous remarquerons qu'il y avait 92 familles sur les terres de la Noblesse immédiate de la Basse Alsace, 60 familles dans le bailliage de Haguenau, 48 dans celui de Brumath, 42 dans celui de Bouxwiller, 32 dans celui de Benfeld, 29 dans celui de Dachstein; dans la plupart des autres bailliages, il y avait moins de dix familles, dans quelques-uns (celui de Bollwiller, par exemple), il ne s'en trouvait aucune.
6. *Kaufhauschronik*, éd. Waltz, p. 58.
7. La Grange, *Mémoire*, fol. 229. — Sur un total de 257,000 âmes, cela faisait 1/70 de la population.
8. *Revue d'Alsace, loc. cit.* — Horrer donne le chiffre un peu plus fort de

L'unique occupation des juifs en temps de paix était alors, comme encore longtemps après, le trafic du bétail et le brocantage d'une foule d'articles, principalement des métaux précieux, trafic auquel venait se joindre, par une association naturelle et presque forcée, le prêt de l'argent à un taux, dénoncé comme plus ou moins usuraire quand ils le prenaient, bien que les banquiers et commerçants chrétiens ne se fissent pas faute, à l'occasion, d'en demander un semblable. En temps de guerre, les juifs d'Alsace se livraient surtout au trafic des chevaux et les services signalés qu'ils rendirent aux chefs d'armées françaises pour la remonte de leur cavalerie[1], contribuèrent certainement pour beaucoup à leur concilier la protection des autorités royales, qui d'abord semblent avoir été peu disposées à les tolérer dans la province. On les voit aussi fréquemment, pendant toute la durée des guerres de ce siècle, à la suite des armées envahissantes; c'est à eux que les mercenaires pillards vendent à tout prix leur butin, les vases d'or, d'argent ou d'étain, les bijoux, les cloches mêmes qu'ils enlevaient dans les châteaux, les couvents et les églises, les vêtements, les meubles, tout ce qui pouvait s'emporter, en un mot, et se revendre, à des moments où la discipline militaire se relâchait ou n'existait plus[2]. On voyait alors ces trafiquants juifs arriver dans les villes, et surtout à Strasbourg, pour y écouler les objets amassés de la sorte, et généralement l'on fermait les yeux sur l'irrégularité des procédés qui les avaient rendus porteurs de métaux précieux, puisque c'était parfois le seul moyen qui restait encore d'en augmenter les réserves officielles[3].

Il ne paraît pas que les nombreuses prescriptions, antérieures au XVIIe siècle, concernant le costume des israélites et les obligeant à porter sur leurs vêtements, justaucorps ou manteau, un an-

---

1,348 familles pour la même date; pour 1750, il note 2,585 familles, pour 1760, 3,045 familles, soit plus de 15,000 âmes. On voit qu'en 70 ans le chiffre des israélites d'Alsace a sextuplé ou à peu près.

1. « Elles (les familles juives) font toutes sortes de commerces, particulièrement celui des chevaux, et l'on peut dire qu'elles sont utiles en tems de guerre et même nécessaires, » écrivait La Grange en 1697. (*Mémoire*, fol. 239.)

2. C'est en vue de ces trafics que dans la *Juden-Ordnung* de Mutzig, du 24 juin 1611, il était expressément défendu aux israélites qui viendraient s'y établir, d'acheter ni de vendre: « *blutig gewandt, nasse wahr, ungedroschene frucht, zerknitschte kelch und kirchenornat.* » (Weiss, *op cit.*, p. 143.) — Moscherosch, les a dépeints dans sa sixième *Vision* (*Soldatenleben*), éd. 1643, p. 799, etc.

3. Parfois aussi ils exerçaient un métier plus dangereux, et plus répréhensible encore ; c'étaient les *indicateurs* et les recéleurs de certaines bandes de voleurs; on peut voir l'histoire d'un procès de ce genre jugé à Strasbourg en mars 1665 dans ma *Justice criminelle*, p. 125.

neau d'étoffe jaune, de la grandeur d'un écu[1], aient été maintenues d'une façon générale, à l'époque qui nous occupe[2]. En tout cas, ces marques distinctives extérieures avaient disparu en 1675, quand l'auteur des *Mémoires de deux voyages* écrivait ce qui suit : « Cette malheureuse nation est reconnaissable entre toutes les autres par le seul air de son visage, car, en Alsace, ils ne portent aucune marque qui les distingue des autres hommes, et cependant personne ne s'y méprend. On les connaît à la pâleur blanche de leur teint ; ils ont la plupart le nez aquilin, les yeux verrons ou tels que ceux des chèvres, les cheveux crespez et courts. Avec cela ils portent tous de la barbe selon la loy mosaïque, qui deffend de la raser. Au reste, ils sont plutost beaux que laids[3]. »

Mais si cette humiliation extérieure leur était épargnée, l'existence des israélites tout entière, là même où on leur permettait de s'établir, n'était le plus souvent qu'une série d'avanies continuelles. Nulle part ils n'étaient aussi répandus que sur les terres de l'Évêché de Strasbourg, fidèles, en cela, aux traditions de leurs ancêtres du moyen âge, et si l'on passe en revue les nombreux édits épiscopaux relatifs aux juifs, promulgués au XVII° siècle, on se rend compte au prix de quels ennuis quotidiens ils achetaient la protection, souvent précaire, de leurs seigneurs territoriaux. L'ordonnance du 22 mai 1613, émanée de l'évêque Léopold d'Autriche et qui constitua pendant longtemps « le Code israélite » de l'évêché[4], défend à tout Juif d'y acquérir aucun immeuble sans autorisation spéciale de la Régence[5] et n'accorde de valeur en justice à une créance réclamée par un Juif que si la créance a été écrite par le prévôt ou le greffier de l'endroit où demeure le débiteur chrétien; elle leur défend de prendre plus d'un pfenning d'intérêt par livre pfenning de capital, etc. Leurs pratiques religieuses y sont contrôlées et des restrictions nombreuses et vexatoires imposées sans autre but, semble-t-il, que de leur faire sentir leur dépendance d'un maître

---

1. Voy. par exemple une ordonnance des Ribeaupierre, de 1561. (A.H.A., E. 699.)
2. Je dois dire cependant que sur une des planches du *Cornelius Redivivus*, de Louis Kœnig, gravé à Bâle en 1617, le juif qui parle, porte encore une rondelle d'étoffe jaune sur l'habit.
3. *Mémoires de deux voyages*, p. 131. Les juifs d'Alsace ne portaient donc point les cheveux longs comme les juifs allemands et polonais.
4. Le texte de la *Judenordnung* de 1613 se trouve dans l'*Ecclesiasticum Argentinense*, 1890, p. 105-118.
5. En 1611, le tuilier de Stotzheim ayant fait banqueroute, le juif Lazare, de Dambach prit sa maison pour se couvrir de ses avances. Immédiatement le bailli de Benfeld le somme de se défaire de cet immeuble endéans un an. (A.B.A., G. 492.)

tout-puissant : défense de célébrer leurs fêtes publiquement, défense d'inviter un chrétien à la cérémonie de la circoncision d'un de leurs enfants, défense aux femmes juives de se rendre à leur bain autrement que le soir ou de très grand matin ; défense d'héberger un coreligionnaire durant plus de quarante-huit heures ; défense d'enterrer un de leurs morts le dimanche ; défense, à peine de trois livres d'amende, d'engager une servante chrétienne à travailler le dimanche ou tel autre jour férié ; défense, à peine d'amende aussi, de causer de religion avec un chrétien ; défense de se montrer dans les rues pendant les fêtes de Pâques et de faire, à ce moment de l'année, un acte de négoce quelconque. A une époque où le moindre paysan portait sur soi des armes pour se protéger contre les chenapans et les malandrins, il était interdit aux juifs, toujours sur les grands chemins, de s'acheter un fusil[1]. Sur un seul point leur liberté n'était point contrariée ; il leur était loisible de contracter mariage à volonté, car à ce moment leur chiffre croissant n'effrayait pas encore les gouvernants. C'est dans la seconde moitié du XVIIIe siècle seulement que le nombre des mariages juifs en Alsace fut réglementé dans un sens restrictif par le bon plaisir royal, comme il devait l'être jusqu'à nos jours dans d'autres monarchies chrétiennes d'Europe[2].

Peut-être les petits groupes d'israélites disséminés par la province n'étaient-ils pas, après tout, aussi sensibles que nous le pensons aujourd'hui, à ces restrictions multiples de leur liberté quotidienne, habitués qu'ils étaient, depuis des siècles, à des traitements encore plus barbares[3]. Ils se plaignaient davantage, sans doute, de toutes les charges matérielles qu'on faisait peser en même temps sur leurs épaules.

En 1616, l'évêque Léopold autorisa le Magistrat de Saverne à prélever sur eux un droit de péage spécial, le *Judenzoll*. Chaque juif étranger voyageant sur le territoire épiscopal payait quatre pfennings s'il était à pied, six pfennings s'il était à cheval, et s'il couchait en ville, huit pfennings. Ceux qui étaient sujets de l'évêque ne versaient que la moitié de ce droit et les enfants au-dessous de dix ans ne payaient rien. Mais les jours de foire et de marché, —

1. Ils ne pouvaient avoir qu'un couteau ou coutelas, « *gewohnliche wehr* ».
2. Ce fut le cas, par exemple, pour les israélites de Bohême jusqu'à la Révolution de 1848.
3. Ce n'est pas que de véritables actes de barbarie ne puissent être signalés encore au XVIIe siècle. Au printemps de 1657, il y eut des malheureux juifs brûlés à Dachstein par la populace chrétienne. (Scheid, p. 119.)

et c'était naturellement alors que leur trafic les amenait en ville, — les droits étaient doublés[1]. Tout israélite qui se retirait, en temps de guerre, à l'abri des murs, était obligé de verser cinq livres pour droit d'asile (*Schutzgeld*) ; en temps de paix le séjour dans la résidence épiscopale leur avait été d'abord interdit tout à fait. Mais en 1622, un juif fugitif d'Otterswiller ayant contribué vaillamment à la défense de la ville contre Mansfeld, obtint la permission d'y établir son domicile et dans la suite des guerres quelques-uns de ses coreligionnaires furent tolérés aussi comme utiles au service de la garnison. Seulement ils étaient tenus de loger dans une espèce de ghetto malpropre, le *Judenhof*, et devaient payer un abonnement annuel de neuf florins pour remplacer les droits de péage ordinaires.

Une ordonnance de l'évêque François-Égon de Furstemberg, du 21 octobre 1669, les chassa de nouveau hors la ville et leur assigna comme résidence un faubourg entièrement dévasté pour s'y construire des maisons. Pour que leur bétail fût admis au pâturage communal, chacun d'eux était de plus obligé de payer une taxe de deux florins, deux schellings et six deniers[2]. Chaque année également, les juifs de la Régence étaient tenus de présenter, à titre de don gratuit, un beau cheval au grand écuyer de l'évêque[3].

Pour l'époque même de la guerre de Trente Ans nous connaissons le règlement concernant les juifs de Dambach, édicté par le résident suédois Mockhel, administrateur temporaire du bailliage de Benfeld, en date du 26 avril 1643. On y voit la méfiance profonde qu'ils inspirent aux populations, par les précautions prises pour se garer à la fois de leur contact et de leurs embûches financières. Il leur est défendu d'occuper plus de quatre maisons dans la petite ville, et elles devront être écartées de l'église. Si par suite de garanties hypothécaires, faillite, etc., une autre maison devait leur échoir, ils ne pourraient y loger que des chrétiens. Ils ne pourront utiliser pour eux et pour leurs bêtes qu'un seul puits, à part de ceux des habitants ; il leur est également défendu de céder à d'autres, soldats ou officiers chrétiens, leurs créances sur un tiers ; de faire régler des dettes des paysans, dépassant dix florins, autrement que par-devant le greffier du bailliage ; de prendre plus d'un schelling d'intérêts annuels par florin prêté, etc. Toutes les

1. Dag. Fischer, *Organisation municipale de Saverne*, *Revue d'Alsace*, 1865, p. 303.
2. *Ibid.*, p. 304.
3. Ce don en nature fut racheté en 1692 par le versement d'une somme annuelle de cinquante thalers. (D. Fischer, *Zabern*, p. 227.)

grosses dettes antérieures devaient être annulées[1]. On le voit, la tolérance et la confiance des autorités protestantes à leur égard n'était guère plus grande que celle des gouvernants catholiques.

Quand l'évêché de Strasbourg fut revenu entre les mains de ses possesseurs légitimes, la situation des juifs n'y fut pas modifiée, et la *Judenordung* de l'évêque Léopold-Guillaume d'Autriche, du 3 mai 1658, ne diffère pas beaucoup de celle de son oncle l'archiduc Léopold. Il leur est permis d'avoir des synagogues, mais elles ne sont pas publiques, c'est-à-dire sans doute qu'on ne pourra reconnaître au dehors leur caractère d'édifice religieux; pour se couvrir de leurs avances de fonds ils pourront occuper les champs et les immeubles chrétiens, mais ils devront s'en défaire dans l'année; ils pourront se marier librement, mais les nouveaux époux ne pourront demeurer plus de six mois au domicile paternel; ils pourront faire abattre du bétail, selon leur rituel, mais il leur est défendu d'en vendre la viande aux chrétiens[2], etc. L'évêque François-Égon ne fit guère que confirmer les prescriptions de ses prédécesseurs par l'ordonnance du 22 février 1663, et Guillaume-Égon de Furstemberg en agit de même par celle du 26 août 1682[3].

Après que la France se fût établie définitivement en Alsace, après la signature du traité de Munster, on avait pu croire un instant que tous les israélites allaient être expulsés de ses nouveaux domaines. En effet, le 26 février 1651, le jeune Louis XIV écrivait à M. de Tilladet, gouverneur de Brisach, la lettre suivante : « Ne désirant pas souffrir que les Juifs demeurent dans Brizac, non plus qu'aux autres lieux de mon royaume, à présent que cette ville est unie à ma couronne, je vous faicts cette lettre pour vous dire... que je trouve bon que vous fassiez sortir de Brizac ceux qui y sont[4]. » Probablement les seigneurs directs des communautés juives, désireux de ne pas perdre une partie de leurs revenus, firent des démarches auprès du gouvernement, au sujet de cette expulsion hors du royaume, car cet ordre ne paraît pas avoir été suivi d'effet. Peut-être les intéressés eux-mêmes firent-ils des démarches analogues; en tout cas, le 25 septembre 1657, survinrent des lettres patentes par lesquelles le roi les prenait sous sa protec-

---

1. A.B.A., G. 492. Le règlement est imprimé chez Weiss, *op. cit.*, p. 145-148.
2. Weiss, *op. cit.*, p. 150. Ce n'est qu'en 1696 que les juifs de Mutzig furent autorisés à débiter à des chrétiens les quartiers de viande de boucherie qu'ils ne pourraient consommer eux-mêmes.
3. Scheid, *op. cit.*, p. 136.
4. Van Huffel, *Documents*, p. 68.

tion[1], et cette protection les garantit encore en 1671, contre l'arrêté d'expulsion lancé contre eux par le duc de Mazarin, gouverneur de la province, pour des motifs que nous ignorons, mais qu'il est facile de deviner[2]. A partir de ce moment les intendants, suivant les errements des anciens maîtres du pays, s'appliquèrent surtout à tirer autant de profit que possible de la présence de ces parias détestés.

En 1672, nous voyons l'adjudicataire général des douanes et fermes du roi en Alsace, maître Pierre Chermont, protester contre les taxes que certains gentilshommes et communautés faisaient payer à leurs juifs, « vu que la religion desdits Juifs n'est tolérée dans les pays que par autorité royale »; il se prétendait en conséquence frustré d'une partie de ses bénéfices, ces taxes rentrant désormais dans « sa ferme ». Les seigneurs territoriaux et les villes impériales répondirent naturellement que, de temps immémorial, sous la maison d'Autriche, puis sous celle des Bourbons, ils avaient paisiblement joui desdits revenus. Que fit alors l'intendant, M. Poncet de la Rivière, comte d'Ablis ? Par ordonnance du 19 août 1672, il enjoignit aux juifs d'Alsace de verser audit Chermont dix florins et demi par famille, pour *droit de protection* annuel, et de donner, comme par le passé, dix florins aux seigneurs particuliers pour *droit d'habitation*, de corvée, de pâture, etc. Il voulait bien défendre, en même temps, à qui que ce fût, de leur en réclamer davantage, à peine de trois cents livres d'amende[3].

Les juifs d'Alsace, accablés de la sorte, à l'improviste, d'un redoublement d'impôts, adressèrent une pressante supplique à M. de La Grange, le successeur de Poncet de la Rivière. Ils lui exposèrent que la taxe des dix florins et demi par famille, plus les dix florins à verser aux seigneurs, faisaient une somme annuelle de plus de deux mille livres[4] qu'ils ne sauraient réussir. En outre, le

---

1. La Grange, *Mémoire*, fol. 239; note de Horrer. — Ils devaient jouir des mêmes droits que les juifs messins.
2. Ordonnance royale du 4 octobre 1671 portant surséance pour trois mois à l'exécution de l'ordonnance de M. le duc de Mazarin par laquelle il leur aurait enjoint de sortir de la province dans trois mois. (*Ordonnances*, I, p. 46.)
3. *Ordonnances d'Alsace*, I, p. 41. — Cela n'empêcha pas certains seigneurs de le faire quand même. Ainsi les juifs de Dettwiller payaient à M. de Rosen douze thalers en argent, plus douze corvées annuelles, rachetables aussi. (Wolff, *Dossenheim*, p. 53.)
4. On se demande s'il n'y a point ici dans le recueil des *Ordonnances* une faute d'impression, pour 20,000 livres. Car à vingt florins, soit 40 livres par famille, la somme de 2,000 livres ne représenterait qu'un total de 50 familles juives pour toute l'Alsace.

receveur des domaines royaux, M. Étienne Chaperon, exigeait d'eux un droit de péage corporel, chaque fois qu'ils sortaient de leur village pour trafiquer au dehors, et ce nouvel et très onéreux impôt, réclamé à neuf *toutes les semaines*[1], était de vingt sols pour un juif voyageant à pied, de quarante sols pour ceux qui se servaient d'une monture. Les pétitionnaires rappelaient que, pour se décharger de cette ancienne redevance onéreuse, ils avaient signé, le 4 juin 1663, avec les receveurs des domaines Barbaut, Facio et Jacquemy, un engagement pour une somme de cent écus par an[2], et que, le 4 janvier 1664, ils avaient obtenu des nouveaux fermiers royaux, Materne et Dischinger, un autre contrat qui les libérait de tout autre droit à payer contre versement de 375 écus blancs pour trois années. Ces engagements avaient été repris et résumés dans un nouveau contrat du premier octobre 1668, signé par Barbaut, Facio et Jacquemy, qui déclarait les juifs d'Alsace quittes de tous droits quelconques à leur égard contre un payement annuel de six cents livres. L'ordonnance de Poncet de la Rivière était donc un abus de pouvoir manifeste. Néanmoins La Grange ne revint pas sur ce qu'avait décrété son prédécesseur ; il se contenta de déclarer les israélites alsaciens déchargés du péage corporel qu'on leur réclamait en sus et fit défense aux commis de la ferme d'en exiger le payement à l'avenir[3].

Une fois le régime français partout établi, les israélites d'Alsace qui possédaient quelque fortune, — ils n'étaient pas nombreux, — trouvèrent aussi l'emploi de leurs facultés commerciales comme agents ou sous-fermiers des traitants. Pour la vente du sel et pour celle du fer, nous avons souvent rencontré des noms israélites parmi les représentants des fermes royales[4].

Une fois encore, vers la fin du siècle, et malgré la protection royale, les juifs d'Alsace, « qui n'y ont pas toujours été bien tranquilles, se sont vus au moment d'être expulsés, et le maréchal d'Huxelles en avait reçu les ordres après la paix de Ryswick et les aurait fait mettre à exécution sans la guerre de Succession ». Les services qu'ils rendirent alors pour l'approvisionnement des armées françaises leur valurent d'échapper à ce dernier danger, et le 31 janvier 1713 le chancelier, M. de Pontchartrain, informait les autorités

---

1. « Et ce, tous les sept jours. » *Ordonnances d'Alsace*, I, p. 46.
2. Cette somme minime s'explique sans doute par le fait que le bail de ces fermiers n'avait plus à courir que fort peu de temps.
3. Ordonnance du 2 mars 1674. *Ordonnances d'Alsace*, I, p. 47. — L'abolition du *Leibzoll* fut confirmée encore le 24 août 1681.
4. Voy. notre volume I, p. 700, *Revue d'Alsace*, 1898, p. 286, etc.

de la province que Sa Majesté n'avait pas jugé à propos de les obliger à en sortir[1].

Dans le comté de Hanau-Lichtenberg, un certain nombre de localités prélevaient également un droit de péage ou *Judenzoll* particulier, en dehors du droit de protection (*Schirmgeld*) que les juifs avaient à payer au seigneur. Pendant le XVII° siècle, ce dernier droit avait été de dix thalers par tête de chef de famille. En 1701, des lettres royales autorisèrent le comte Jean Regnard III d'exiger à l'avenir douze thalers par année de chacun des israélites établis sur ses domaines. Sans un certificat de l'autorité compétente, constatant que ce droit avait été versé à la caisse seigneuriale, nul d'entre eux ne pouvait s'établir dans un village du comté, où ils étaient d'ailleurs passablement nombreux[2]. Quant à la concession d'y tenir une auberge, d'y ouvrir un magasin ou d'y établir une boucherie, il fallait payer en sus une pareille faveur, et encore cette autorisation ne s'obtenait que rarement, à cause des protestations des concurrents chrétiens. Cette dernière prétention surtout des *protégés* juifs est une de celles qui provoquent le plus de récriminations de la part des paysans hanoviens ; dans une supplique de la communauté de Westhoffen, présentée à la Régence en 1639, elle déclare que depuis que les juifs profitent de leur trafic de bétail pour ouvrir des étaux de boucher, il n'y avait plus moyen d'avoir de véritable et bon boucher dans la localité[3]. Nul doute que les merciers et les drapiers n'aient élevé les mêmes plaintes quand des magasins de concurrents israélites s'ouvrirent un peu plus tard à Bouxwiller et en d'autres endroits du comté[4].

Mais c'est surtout dans la Haute Alsace que l'antipathie des catholiques contre les israélites était des plus prononcées, soit que le

1. Notes de Horrer au *Mémoire* de La Grange, fol. 239. On trouvera également (fol. 240ᵃ-240ᵇ) dans ce manuscrit de la Bibliothèque municipale de Strasbourg d'intéressants détails sur l'organisation des communautés juives d'Alsace au XVIII° siècle.
2. Il ne fallait pas seulement payer pour vivre dans le comté de Hanau-Lichtenberg ; il y existait encore pour les juifs un impôt mortuaire (*Begræbnissgeld*) d'un florin, par lequel ils s'assuraient une sépulture décente. A Jungholtz, les seigneurs de Schauenbourg attirèrent une petite colonie juive, en permettant d'enterrer les morts dans les fossés de leur château. (*Revue d'Alsace*, 1898, p. 286.)
3. « *Wodurch wir keinen rechten metziger mehr allhier halten kœnnen.* » (Kiefer, *Ballbronn*, p. 217.)
4. A Saverne, le premier magasin juif « de toute sorte de drap, de soye, et d'espice » fut autorisé seulement le 18 juin 1695 par le cardinal de Furstemberg, malgré les clameurs des commerçants locaux. (Weiss, p. 25.) A Wasselonne, un israélite, soutenu par le bailli Abraham Koch, criblé de dettes et gagné par les juifs, ouvrit un magasin en 1698 et se mit à

souvenir des atroces persécutions du XIVe siècle et des prouesses du féroce Bras-de-Cuir y fût resté vivant, soit que ces populations toutes agricoles y eussent été plus souvent exploitées par les marchands de bestiaux et les prêteurs sur gage qui venaient assister aux foires et fréquenter les marchés du Sundgau[1]. Magistrats et particuliers leur témoignaient une égale rigueur[2]. On en peut citer de curieux exemples; en 1669, un juif de Soultz, protégé payant de l'évêque, voulut échanger de gré à gré sa maison contre celle d'un autre habitant de la petite ville, transaction particulière qui ne regardait personne et que le bailli approuva sans aucun scrupule. Mais le Magistrat protesta pour le motif que le nouvel immeuble était situé dans le voisinage de l'église paroissiale et qu'il serait indécent de faire passer le viatique devant la maison d'un juif, quand on le porterait aux malades. La Régence épiscopale elle-même trouva l'argument peu topique et repoussa la demande des protestataires. Mais le Magistrat s'adresse alors directement à l'intendant d'Alsace et lui expose que le nombre des juifs augmente sans cesse, qu'il dépassera bientôt celui des chrétiens[3] et qu'il fallait aviser au plus vite. La Grange apaisa leur courroux en leur promettant de fixer par un règlement le chiffre maximum de ceux qui pourraient s'établir dans leur inhospitalière cité[4].

L'ordonnance du 26 novembre 1690, par le même La Grange, et les allégations, certainement exagérées, qui lui servent de considérants, montrent aussi combien les haines antisémitiques, calculées ou naïves, couvaient dans les populations de la Haute Alsace. Ce document reproche aux juifs de choisir précisément les dimanches

vendre ses marchandises au marché. Les bourgeois, après avoir vainement porté plainte au bailli, s'adressèrent au Magistrat de Strasbourg et celui-ci donna l'ordre de lui fermer sa boutique. (Wirth, *Geschichte Wasselnheims*, II, p. 25, d'après les archives municipales.)
 1. Cette antipathie a survécu à la Révolution. M. l'abbé Mercklen, dans son *Histoire d'Ensisheim* (II, p. 287), nous raconte que c'est en 1824 seulement que le premier israélite put s'établir dans cette ville.
 2. Notons cependant que les barons de Waldner, de Sierentz, autorisèrent quelques familles israélites à s'établir dans l'enceinte de leur château que pour augmenter leurs revenus. (Gasser, *Histoire de Soultz, Revue d'Alsace*, 1898, p. 286.)
 3. Dans sa propre supplique le Magistrat fixe le nombre des maisons appartenant à des juifs à *huit* seulement. (*Histoire de la ville de Soultz, Revue d'Alsace*, 1866, p. 397.)
 4. Il paraît avoir adopté le *statu quo*, car encore en 1698 il n'y a que neuf israélites domiciliés à Soultz. (Gasser, *Histoire de Soultz, Revue d'Alsace*, 1898, p. 286.)
 Encore plus tard, nous rencontrons des contestations fréquentes de bourgeois de Soultz contre leurs concitoyens israélites, à propos de questions de boucherie, de droits de pâturage, etc.

et les jours de fêtes solennelles pour arriver dans les villes et les villages afin d'y trafiquer, détournant ainsi les paroissiens du service divin, « et même avec grand scandale, comme ils ont fait à Rouffach, le jour de la Fête-Dieu... prenant plaisir à mépriser les saintes cérémonies de l'Église, ne voulant reconnaître aucune fête que leur sabbat, à quoi il est nécessaire de pourvoir pour la gloire de Dieu ». Défense était faite par conséquent aux brocanteurs et aux marchands de bestiaux de se transporter dans les bourgs ou villages pour y faire leur négoce, les dimanches et jours de fête, à peine de cent livres d'amende[1].

Nulle part cependant l'exclusivisme antisémitique ne fut plus conséquent que dans la capitale même de la province. Durant tout le XVIIe et durant la majeure partie du XVIIIe siècle, aussi bien qu'au moyen âge, après l'horrible massacre de 1348, aucun juif ne put être bourgeois ni manant à Strasbourg, ni même passer une seule nuit à l'ombre de sa vieille cathédrale. C'est à peine s'il leur était permis de pénétrer dans l'enceinte des murs et d'y faire quelques courses, sous l'œil vigilant de la police locale ; les prêts d'argent aux citoyens leur étaient absolument interdits, et toute une série d'ordonnances du Magistrat s'appliquaient à susciter sans cesse des entraves nouvelles à ce trafic déjà si réduit. Celle du 21 mars 1639 prescrivait d'interroger tout juif qui se présentait aux portes de la ville sur ce qu'il prétendait faire à Strasbourg et quelles étaient ses marchandises. On ne le laisserait entrer que s'il était porteur de métaux précieux ou d'autres articles de commerce vraiment utiles. Lorsque l'ammeistre, auquel il fallait en référer, aurait autorisé l'entrée, on le ferait accompagner partout par un des hommes du guet qui ne le perdrait pas de vue, et dès que ses affaires de négoce seraient terminées, on le reconduirait aux portes de la ville. Défense leur était faite d'acheter ou d'exporter des chevaux ou du bétail.

Les israélites des régions environnantes imaginèrent alors d'organiser un marché en dehors des remparts, devant la porte des Bouchers, où il se rencontreraient d'une part avec les paysans, d'autre part avec les bourgeois et trafiqueraient, sans payer de droit d'entrée ni d'octroi, soit du bétail, soit des étoffes ; ils firent en effet de la sorte une assez rude concurrence aux drapiers et aux bouchers de

1. *Ordonnances d'Alsace*, I, p. 188. — Il n'est pas besoin d'appuyer sur l'absurdité de cette accusation, dirigée contre une minorité infime et livrée à tous les caprices de l'arbitraire, qui « aurait pris plaisir » à *mépriser* les cérémonies du culte officiel. Quant au trafic du dimanche, les juifs choisissaient sans doute ce jour-là parce que c'était le seul où les paysans ne fussent pas aux champs.

la ville et amenèrent une hausse sensible sur le prix de la viande. Une nouvelle ordonnance du Conseil défendit alors à tous les sujets de la République de s'engager dans un trafic pareil et d'acheter du bétail aux juifs; ceux qui dénonceraient les gens coupables à l'avenir de pareille désobéissance, toucheraient une part de l'amende imposée aux délinquants. Quant aux chevaux, défense de les mettre en vente ailleurs qu'au Marché-aux-Chevaux, dans l'intérieur de la ville. Le seul apport d'objets en or et en argent restait autorisé comme par le passé[1]. La mesure ne fut pas aussi efficace qu'on l'avait espéré. Le Magistrat constata bientôt, avec une douloureuse indignation, que ses concitoyens, empêchés de se réunir sous les remparts même de Strasbourg pour commercer avec les enfants d'Israël, allaient les trouver dans les villages voisins, non soumis à son autorité. Là, ils pouvaient non seulement trafiquer tout à leur aise, mais aussi contracter des emprunts usuraires. Afin de mettre fin à ces agissements, le Conseil déclara, le 12 octobre 1661, que tout contrat signé avec un juif serait regardé comme absolument nul en justice, que tous les citoyens qui n'observeraient pas cette défense seraient expulsés de la ville et que toute propriété quelconque, acquise par un juif sur son territoire, serait confisquée au profit de l'État. Ces mesures draconiennes ne laissèrent pas d'impressionner l'opinion publique et, à partir de ce moment, les rapports commerciaux de Strasbourg avec les juifs d'Alsace furent réduits à bien peu de chose, surtout après 1681; la paix régnant désormais à l'intérieur des frontières, les brocanteurs israélites n'eurent plus de butin de guerre à placer chez les orfèvres de la ville, et ils venaient y chercher surtout la défroque des bourgeois pour la revendre dans les campagnes. Pour la fin du XVIIe et presque tout le XVIIIe siècle, le marchand d'habits, le *Kleiderjud,* fut le seul représentant, — ou à peu près, — de sa race qui pénétrât dans l'enceinte de la ville libre, afin de circuler dans les rues, au cri de *Nix ze handle?* qui n'a cessé d'y être proféré qu'après le milieu du siècle actuel[2]. Quand ces petits brocanteurs établis dans les villages voisins de Hœnheim, Bischheim, Wolfisheim, etc.[3], apparaissaient

1. Ordonnance du Magistrat du 27 avril 1648. Placard in-folio.
2. « N'avez-vous rien à brocanter? » C'était encore un des *cris* les plus connus du Strasbourg de Louis-Philippe.
3. Le Magistrat de la ville libre, fidèle à ses principes ou à ses préjugés, essaya même plus tard de démontrer que les seigneurs de ces villages comme membres de la Noblesse immédiate, n'avaient pas le droit de recevoir les Juifs dans leurs localités, espérant se débarrasser ainsi de ces visites désagréables. (Archives municipales, A.A. 2392.)

à Strasbourg, ce n'était jamais que pour quelques heures, et chaque soir, du haut de la plate-forme de la Cathédrale, les gardiens de la tour sonnaient les deux trompes massives en fer forgé (*Kræusselhœrner*) qui les invitaient à quitter au plus vite l'enceinte de la cité. Conservées comme reliques historiques depuis 1789 et retirées des décombres du Temple-Neuf après le bombardement de 1870, elles ont été déposées à la nouvelle bibliothèque municipale de Strasbourg[1].

Si les israélites étaient ainsi tenus à l'écart dans un sentiment assez complexe de crainte méprisante et de jalousie, né d'une rancune religieuse atavique, en même temps qu'hommage involontaire rendu à leur habileté professionnelle; si dans certaines localités on allait jusqu'à mettre le contact avec leurs personnes sur la même ligne que le contact avec le bourreau, défendant aux gens de métier de travailler chez eux[2], il ne semble pas cependant qu'on les ait directement persécutés, pour motif de croyances religieuses[3]. Sans doute, c'était une grande satisfaction pour le clergé catholique et pour le clergé luthérien quand il pouvait ramener au bercail un des enfants perdus d'Israël, et ces baptêmes se célébraient toujours avec une pompe spéciale et sous les auspices des parrains les plus haut placés qu'on pût procurer aux néophytes. C'est ainsi qu'en décembre 1653, deux juifs sont baptisés à Colmar par le pasteur Haas, ayant le stettmeistre et l'obristmeistre de la ville comme garants de leur foi nouvelle[4]; c'est ainsi qu'un autre israélite, passé au catholicisme vers la même époque, devint après sa conversion, avocat au Conseil souverain, puis bailli de Sainte-Croix, et son fils, Jean-Georges du Vallier, fut même le premier préteur royal de Colmar[5]. A Strasbourg, le chroniqueur Walter ne manque pas de noter, avec une satisfaction visible, que dans les six premiers mois de l'année 1674, quatre conversions juives ont été opérées, et que le stettmeistre M. de Kippenheim, les ammeistres Dominique Die-

1. C'est en 1768 seulement que le Magistrat, sur un ordre formel de Louis XV, se résigna, non sans protester, à faire une exception unique en faveur du munitionnaire royal, Hirsch Bær, de Bischheim, dont le nom fut métamorphosé plus tard en Cerfbeer. Logé en ville, celui-ci fit si bien qu'en 1785 déjà, il réunissait autour de lui, toujours comme une seule famille, *soixante-huit* coreligionnaires des deux sexes.
2. Statuts de la corporation des tailleurs de Marckolsheim, 1707. (Hanauer, *Études*, II, p. 484.)
3. Il faut constater pourtant, qu'en plein XVIII siècle, on arrachait un enfant israélite à sa mère pour le baptiser catholique, à Bergheim. (A.H.A., E. 1066.)
4. *Colmarer Kaufhauschronik*, éd. Waltz, p. 45.
5. Rathgeber, *Colmar und Ludwig XIV*, p. 40.

trich et Brackenhoffer et le comte de Hohenlohe ont figuré comme parrains à la Cathédrale et à Saint-Pierre-le-Jeune[1]. Parfois ces convertis semblent avoir été des aventuriers, spéculant sur la naïveté de ceux qui dirigeaient leur conversion ; dans le *Journal* de Dom Bernard de Ferrette, chanoine de Murbach, il est question par exemple, du baptême d'un nommé Dreyfus et de sa femme, qui eut lieu en 1692, et l'auteur ajoute assez naïvement : « Chose rare, ce converti persévéra jusqu'à la fin[2]. » De même, après la mention du baptême d'un juif d'Uffholtz, célébré en janvier 1697, il écrit : « Le sort de ce néophyte ne fut pas heureux. » Mais s'ils n'ont pas été tous sincères, rien n'établit que ces actes de conversion n'aient pas été tous absolument volontaires. Ce qui peut paraître bien autrement étrange, et ce qui prouve qu'en elle-même la foi mosaïque n'était point considérée comme coupable, c'est le fait qu'au XVIIᵉ siècle il s'est trouvé des personnes en Alsace passant au judaïsme, bien qu'elles fussent nées chrétiennes. C'est ainsi qu'en 1605, le receveur paroissial de Bouxwiller, un sieur Breitenacker, se convertit à la loi de Moïse, malgré tous les efforts des pasteurs de son consistoire, à la suite de la méditation prolongée de certains passages de l'Ancien-Testament[3]. C'est ainsi encore que les *Annales* des Pères Jésuites de Schlestadt mentionnent, à la date de 1681, une femme catholique qui, « poussée par le Diable, s'est associée aux rites et aux croyances des juifs[4] ».

Les seigneurs territoriaux avaient abandonné de tout temps l'organisation religieuse et la discipline intérieure des communautés juives aux rabbins qui en étaient à la fois les prêtres, les administrateurs et les juges. Eux-mêmes étaient nommés par le pouvoir civil; mais, une fois installés, leur autorité sur les coreligionnaires semble avoir été considérable, sinon absolue. Pour les israélites de l'évêché de Strasbourg le siège du tribunal rabbinique était à Moutzig; le rabbin de cette communauté connaissait de toutes les affaires contentieuses de juif à juif. Néanmoins il était permis au demandeur d'introduire, s'il le préférait, son instance devant le juge ordinaire du lieu. En tout état de cause, quand l'affaire était pendante entre israélites seulement, le différend devait être tranché, même devant le conseil de Régence, d'après les

---

1. J. J. Walter, *Chronik*, fol. 274ª, 277ª .
2. *Diarium de Murbach*, p. 10. Ce Dreyfus fut le père de Jean-Michel Dreyfus, nommé curé de Soulzmatt en 1730.
3. Lettre du pasteur J. Hagmaier de Bouxwiller au professeur J. Pappus de Strasbourg, pridie Cal. Januar. 1606. (Archives de Saint-Thomas.)
4. Gény, *Jahrbücher*, I, p. 204.

seules lois mosaïques[1]. Le comte de Ribeaupierre nommait également un « préposé des Juifs pour la ville et le comté de Ribeaupierre[2] ». La ville de Strasbourg, si hostile aux israélites, n'en réclamait pas moins le droit de désigner un rabbin à ceux d'entre eux qui habitaient les bailliages ruraux de la République[3]. Les documents nous manquent absolument pour parler ici de la vie intérieure du judaïsme alsacien à cette époque, des idées et des rêves religieux qui peuvent avoir préoccupé au XVIIe siècle les esprits de ce groupe si misérable et si peu nombreux. La singulière notice que nous trouvons dans la *Chronique de Guebwiller*, à l'année 1666, sur l'attente générale de la venue du Messie et les achats de coraux faits partout par les juifs pour en tapisser la demeure de l'Oint du Seigneur, paraît s'appliquer aux israélites des cantons helvétiques plutôt qu'à ceux de la province[4].

Après les *réunions* prononcées par le Conseil souverain en 1680, le gouvernement français voulut annuler ces différentes autorités locales ou du moins les soumettre à une autorité centrale, pour diriger plus facilement ces petites agglomérations juives éparses dans la province. Par lettres patentes du 21 mai 1681, Louis XIV conféra à Aaron Wormser, natif de Metz[5], le titre de rabbin des Juifs de la Haute et Basse Alsace. Le Conseil souverain enjoignit au nouveau fonctionnaire, par arrêt du 25 juin de la même année, d'établir son domicile dans la Ville-Neuve-de-Saint-Louis-les-Brisach, et « d'y faire les exercices de la religion des Juifs » dans une maison à lui désignée par deux des conseillers[6]. L'autorité de ce nouveau grand rabbin d'Alsace fut d'ailleurs longtemps combattue par les communautés juives elles-mêmes, peu disposées à abdiquer leur autonomie locale. Il y eut, de 1702 à 1704, de nombreuses contestations entre l'un des successeurs de Wormser, nommé Samuel Lévy, établi à Colmar, et certaines de ses ouailles Il se plaignit au Conseil souverain de ce que certaines gens, bien que juifs, refusaient de lui obéir et lui disaient en face qu'ils n'accepteraient jamais d'être corrigés par lui ; quelques-uns l'avaient même menacé de mauvais traitements s'il essayait de le faire. Pour mieux gagner

---

1. Dag. Fischer, *Le Conseil de Régence de Saverne.* (*Revue d'Alsace*, 1865, p. 51.)
2. *Ordonnances d'Alsace*, I, p. 348.
3. Archives municipales de Strasbourg, A.A. 2371.
4. *Chronique des Dominicains de Guebwiller*, éd. Mossmann, p. 304.
5. Des lettres patentes de 25 septembre 1657, avaient créé un rabbinat à Metz, où il y avait alors 96 familles juives d'origine germanique.
6. *Ordonnances d'Alsace*, I, p. 103.

l'oreille des juges, Samuel Lévy ajoutait que, parmi ces mécréants, « il y en avait d'assez hardis pour lui soutenir qu'il suffisait d'être juif pour impunément exiger des intérêts outrés et user de surprise avec les autres nations », et qu'ils avaient tenu « d'autres discours qui mériteraient punition exemplaire ». Par un arrêt du 2 décembre 1704 le Conseil souverain lui reconnut le droit de mettre au ban de la Synagogue tous ses coreligionnaires d'Alsace qui se montreraient récalcitrants à son égard[1].

Parmi les quelques lignes que l'intendant La Grange consacre aux israélites d'Alsace et qui, sans être sympathiques, sont au moins suffisamment impartiales, je relève les dernières, qui les défendent, sans intention directe et, par cela même, d'une façon plus efficace, contre l'accusation si fréquemment répétée depuis, qu'ils appauvrissaient les populations au milieu desquelles ils étaient établis. « Ils prêtent à usure, dit le *Mémoire*, prennent des denrées et autres marchandises en payement, et il n'y a rien où ils ne trouvent quelque tempérament pour leur commerce, qui cependant ne leur produit pas considérablement. Car *il n'y en a que très peu qui soient à leur aise et aucun qu'on puisse dire riche*[2]. »

1. *Ordonnances d'Alsace*, I, p. 360.
2. *Mémoire*, fol. 239.

CONCLUSION

Arrivé au terme que nous avions fixé à cette étude sur l'Alsace du XVIIe siècle, et près de prendre congé de nos lecteurs, s'il en est qui aient eu la patience de nous suivre jusqu'au bout, il peut ne pas paraître inutile de jeter un rapide coup d'œil en arrière sur le chemin que nous venons de parcourir. Il s'agit moins de récapituler les matières traitées dans les huit livres de cet ouvrage que de fixer les principaux résultats acquis dans cette enquête sur l'histoire politique et religieuse, sur la vie sociale, l'existence matérielle et morale des contrées vogéso-rhénanes durant un des siècles de leur passé les plus décisifs pour leur avenir. Cette tâche n'est plus à remplir tout entière, il est vrai ; nous avons été amené par les circonstances à développer certaines considérations générales dès la fin de notre premier volume, afin de ne pas paraître dissimuler, pour ainsi dire, les conclusions historiques de notre étude sur les vicissitudes politiques et les mutations administratives et économiques de l'Alsace, après un demi-siècle de possession par la France. Nous rappellerons donc seulement ici d'un mot, par quelles péripéties douloureuses avait passé le pays, durant la première moitié du siècle. Divisée en territoires incohérents, gouvernés par des pouvoirs trop souvent hostiles les uns aux autres et séparés par des ambitions dynastiques, des rancunes politiques et des haines religieuses, l'Alsace se trouvait sans pouvoir modérateur central, sans protecteur assez puissant pour empêcher que des guerres incessantes vinssent ravager son sol, détruire ses richesses, et décimer ses malheureux habitants. Nous avons vu comment, durant la lutte trentenaire, la France s'était installée sur le sol alsacien comme protectrice et par droit d'alliance d'abord, qu'elle y était restée, une fois la paix signée, comme co-propriétaire, après ses victoires sur la maison d'Autriche, et que, durant un âge d'homme, elle y avait lentement étendu son influence.

Au moment propice, elle avait réclamé l'autorité directe sur les terres restées d'abord attachées à l'Empire, et, grâce aux circonstances politiques, le *dominium supremum* sur l'Alsace tout entière avait été proclamé par les Chambres de réunion de Louis XIV, puis maintenu contre les armes de l'Europe, par ses armées victorieuses. De cette province d'Alsace, une fois indirectement ou directement soumise à l'autorité royale, la France a fait une province riche et prospère, en fortifiant ses frontières, en relevant l'agriculture, en augmentant le chiffre de la population par des immigrations du dehors, en ramenant par les œuvres de la paix l'abondance dans un pays naturellement fertile, où la guerre avait tout paralysé, tout détruit. En conservant l'autonomie au moins apparente de certains des territoires placés désormais sous sa tutelle, en y respectant les us et coutumes, et même parfois les abus du passé, en maintenant les institutions d'autrefois partout où elles n'étaient pas incompatibles avec les conditions d'existence nouvelles, le gouvernement de Louis XIV a créé pourtant les organes indispensables à l'administration d'un État moderne. Nous l'avons vu constituer une hiérarchie judiciaire plus indépendante à la fois et plus efficace, en même temps que plus humaine; nous l'avons vu superposer aux fonctionnaires nombreux des seigneurs territoriaux du pays l'autorité des intendants, guidés eux-mêmes par les volontés de Versailles; nous l'avons vu remettre également l'autorité militaire entre les mains d'un chef unique, désigné directement par la volonté royale, et pourvoir à la défense des frontières, sans fouler ses nouveaux sujets et sans requérir leur concours, sinon par des enrôlements volontaires et la formation de quelques régiments de milices.

Le tableau de l'activité économique du pays, retracé dans tous ses détails, nous a permis, tout en rendant justice à l'activité de l'époque antérieure aux grandes guerres, de signaler les progrès faits dans des directions multiples, sous l'administration française : le développement de l'agriculture et de l'arboriculture; l'aménagement rationnel des forêts; la création de voies de communication nouvelles et meilleures; l'organisation des postes; les premières tentatives de créer la grande industrie, qui se développe puissamment dès le siècle suivant, pour atteindre sa magnifique efflorescence dans le nôtre; le commerce traditionnel avec le reste de l'Empire protégé par la sage mesure qui maintient l'Alsace, sur le terrain économique, comme « province effective étrangère », jusqu'au moment de la Révolution.

Au point de vue matériel, la situation de l'Alsace est donc infiniment plus heureuse à la fin du XVII° siècle qu'au sortir de la guerre de Trente Ans, et s'améliore encore rapidement dans le cours du demi-siècle suivant. Vers 1750, le chiffre des populations a plus que doublé, la richesse du pays est signalée par tous les voyageurs intelligents qui visitent alors la province, et la progression des produits du sol comme celle du rendement des impôts, prouve d'une manière irréfutable le développement sérieux de l'Alsace nouvelle sous la domination des Bourbons[1].

Au point de vue intellectuel et à celui des mœurs, les différences entre le commencement et la fin de cette époque ne sont pas aussi sensibles, le contraste est partout moins grand, et sur certains points peut-être aucun progrès n'est-il visible. C'est que les mœurs sont chose infiniment plus tenace et plus rebelle aux influences du dehors que les lois et les formes administratives, surtout parmi des populations essentiellement rurales, en quelque sorte isolées du reste de la nation par l'absence d'une langue commune. Aussi, d'un bout à l'autre du XVIIe siècle, les changements dans l'existence quotidienne ne sont guère marqués à première vue; la société alsacienne conserve, en 1700, la plupart des traits distinctifs qui la caractérisaient au siècle précédent. Dans ses différentes couches, noblesse, bourgeoisie, paysans, elle reste assez fidèle aux traditions des ancêtres. Elle vit comme eux, mange et boit comme eux, jouit de l'existence et la quitte, selon les rites des temps passés. Peut-être, cependant, ne pense-t-elle déjà plus comme eux, sur bien des choses, et sous le voile protecteur des vieilles traditions, bien des germes de changements futurs ont été semés, qui s'épanouiront tôt ou tard. La vie matérielle des paysans est certainement plus calme et plus heureuse, désormais abritée contre les dévastations incessantes amenées par des guerres perpétuelles. Avec le bien-être qui s'établit dans les chaumières, les superstitions commencent à disparaître, et c'est l'honneur du nouveau régime français d'avoir fait disparaître en Alsace ces hideux procès de sorcellerie qui se multipliaient d'une façon si inquiétante sous le régime des archiducs d'Autriche. L'administration française s'impose aussi la tâche, trop négligée jusque-là, de protéger la santé physique de ses nouveaux sujets; des mesures sévères et bien combinées mettent un terme au fléau de ces terribles épidémies qui, depuis le XIVe jusque dans la première moitié du XVIIe siècle, ont décimé les populations alsaciennes. Cette même administration parvient à nettoyer également la province des vagabonds, mendiants et che-

---

1. Nous avons développé plus longuement ces divers points dans la conclusion de notre premier volume (p. 720-731); il est donc inutile d'insister ici davantage, puisque nous ne pourrions que répéter ce que nous écrivions alors.

napans qui la sillonnent, répandant l'insécurité et souvent la terreur dans les campagnes. Elle réorganise les hospices, elle fonde des hôpitaux, et si la vieille foi du moyen âge, créatrice de tant d'œuvres charitables, fait quelque peu défaut, une administration plus rationnelle et plus pratique rend désormais des services plus considérables à l'humanité souffrante et réprime mieux les mauvais instincts de ceux qui s'appliquent à exploiter leurs semblables.

Sur le terrain des lettres, des sciences et des arts, le XVIIe siècle est, un peu partout en Europe, — sauf en France, — un siècle d'arrêt, voire même de décadence, et l'Alsace n'a point échappé à la loi commune. Les malheurs du temps aidant, elle n'a vu surgir chez elle ni grand écrivain, ni grand artiste, mais on peut dire qu'elle n'est pas restée au-dessous de la moyenne des autres provinces du Saint-Empire pour la valeur, sinon pour le nombre de ses poètes, de ses peintres et de ses savants. Quelques-uns de ces derniers furent inscrits sur la liste des pensionnaires du Grand Roi ; mais, en général, le gouvernement français, préoccupé de bien asseoir son autorité dans le pays, absorbé par sa tâche matérielle, et peu désireux d'ailleurs d'ajouter des devoirs nouveaux et des difficultés nouvelles à tout le travail que lui imposait forcément le bouleversement politique d'alors, ne prend aucune part directe à la vie intellectuelle de la région qu'il a conquise. Il respecte les institutions scientifiques organisées qu'il y rencontre ; il laisse l'ancienne autonomie à l'Université de Strasbourg, comme à l'Académie de Molsheim, aux Gymnases de Strasbourg, de Bouxwiller et de Colmar, comme aux Collèges de la Société de Jésus, à Ensisheim, Schlestadt et Haguenau. Il ne s'enquiert pas des méthodes d'enseignement, ni même, pendant longtemps, de la nationalité des professeurs ; il ne songe pas un instant à prescrire l'abandon du latin ou de l'allemand ou l'introduction du français comme langue de l'enseignement officiel. Si Louis XIV ordonne de créer quelques collèges nouveaux, comme ceux de Colmar et de Strasbourg, où il fait envoyer les Pères de la province de Champagne, c'est beaucoup moins parce qu'il songerait à « franciser » les générations futures que pour procurer aux immigrés catholiques d'outre-Vosges des établissements scolaires pour leurs enfants, dans des centres où l'instruction secondaire était exclusivement jusqu'à ce jour entre les mains des hérétiques. L'enseignement primaire, « cet instrument de règne » des conquérants modernes, n'est pas davantage l'objet de sa sollicitude. Il l'abandonne à la surveillance du clergé des deux cultes, et le laisse vivoter grâce aux maigres dotations des seigneurs territoriaux; mais, par contre, il ne le réglemente par aucune loi, et ne lui impose aucun programme scolaire gouvernemental, contrôlé par des inspecteurs officiels. L'enseignement public, en un mot, ne semble pas exister pour l'État dont l'Alsace fait partie désormais. Il abandonne à l'influence lente des générations qui se succèdent, l'œuvre de transformation nationale ou religieuse que les gouvernements d'aujourd'hui, plus pressés ou moins sûrs de l'avenir, veulent accomplir en un temps limité et par toutes les pressions possibles.

Quoi qu'on en ait pu dire, d'ailleurs, sous l'impression des catastrophes contemporaines, nous n'estimons pas que le gouvernement des Bourbons ait manqué à ses devoirs politiques, en n'employant pas, alors déjà, des procédés semblables pour hâter l'assimilation de la province; peut-être bien agissait-il ainsi par indifférence plus encore que par équité; mais nous n'avons pas le droit de lui enlever le bénéfice de cette attitude si tolérante et si politique vis-à-vis de ses sujets de langue allemande; même si elle eut quelques inconvénients pour l'avenir, — ce qui nous semble douteux, — du moins, elle lui fait honneur pour le passé. Et malgré cette barrière de l'idiome étranger, l'accord ne s'en faisait pas moins peu à peu, très lentement d'abord, mais d'autant plus sûrement aussi, entre les gouvernants de la vieille France et ces nouveaux venus. Il se serait fait plus rapidement encore, plus généralement, à coup sûr, si dans ce travail de reconstruction politique, travail solide d'ailleurs et se poursuivant avec méthode, il ne s'était pas commis une faute, une seule, mais une faute grave, de la part de l'architecte commis à cette œuvre de longue haleine, je veux parler de l'attitude du pouvoir royal dans la question religieuse. Nous avons signalé franchement cette attitude si regrettable de la monarchie des Bourbons vis-à-vis de la minorité dissidente. Le désir de gagner les sympathies d'une majorité, désireuse d'une revanche radicale contre la Réforme, lui a fait suivre une ligne de conduite absolument contraire aux meilleures traditions de la politique de Henri IV et de Richelieu. Nous avons dû exposer, très en détail, — puisqu'il se trouve encore des écrivains incompétents ou de parti pris pour nier la vérité même, — quelles injustices ont commises sous ce rapport les représentants du Grand Roi. Le malheur a voulu que le XVIIIe siècle se soit piqué de continuer, sur ce point, les traditions du XVIIe; le Régent, le duc de Bourbon, le royal amant de la Pompadour et de la Du Barry, ont suivi à tour de rôle les traces de Louis XIV et de Louvois. Ils ont ainsi semé, puis nourri, de gaieté de cœur, la défiance et la crainte dans l'esprit des protestants d'Alsace ; ils ont empêché, par cette pression sur les consciences, le rapprochement, si désirable et si utile, des enfants d'un même sol et d'un même sang, que leur mission aurait été de pacifier et d'unir. Si les dissidents alsaciens n'ont pas aimé d'un amour très vif les Bourbons, à qui la faute ? Mais ils n'ont pas cessé, malgré cela, d'aimer la France, car ils se sont trouvés au premier rang de ceux qui, dès les premiers jours d'une ère nouvelle, ont joyeusement acclamé les grands principes de la liberté politique et religieuse.

D'ailleurs, malgré cette grave faute des gouvernants d'alors, et qui aurait pu avoir des conséquences funestes, ce travail de pénétration entre des éléments d'abord étrangers ou même hostiles, n'en continua pas moins durant tout le XVIIIe siècle. Il n'attira pas, il est vrai, l'attention du grand nombre, tant il s'accomplit d'abord au fond des âmes, avant de se produire à la surface. Rien ne semble français encore en Alsace que la bannière fleurdelisée qui flotte sur nos remparts, la monnaie qui circule dans la province, les groupes d'immigrants plus ou moins nombreux qui commencent à franchir les Vosges. Un observateur superficiel qui parcourrait alors la province pourrait s'y tromper, en effet, puisque le véhicule ordinaire de la pensée individuelle et générale, la langue, n'a pas changé depuis 1648. En entendant encore partout l'idiome germanique frapper ses oreilles, l'Allemand, venu d'outre-Rhin, s'imaginera volontiers que tout en Alsace est resté stationnaire, non seulement les mœurs et les traditions du foyer domestique, mais encore les sympathies politiques ou les aspirations nationales. Il se tromperait pourtant. Ces populations d'origine allemande, amenées à la France par le sort des batailles, juxtaposées d'abord, plutôt que réunies, à la nation voisine, et qui ont subi, sans la souhaiter, cette réunion, vers le milieu du XVIIe siècle, ont bientôt compris que les Bourbons leur apportaient la paix et la sécurité ; elles se sont acclimatées au régime nouveau, si semblable, en bien des choses, au régime du passé, si supérieur en d'autres ; elles l'ont accepté sans arrière-pensée ; plus tard, elles sont arrivées à le servir avec un dévouement sincère. Puis la France elle-même s'est sentie saisie d'un esprit nouveau, que les penseurs, les poètes et les pamphlétaires ont répandu au dedans comme au dehors de ses frontières. Cet esprit critique du XVIIIe siècle, ferment des révolutions futures, s'est infiltré peu à peu dans les couches supérieures de la société alsacienne, puis il est descendu de là, non sans de longs arrêts, dans les classes bourgeoises des grandes et petites villes ; çà et là, peut-être, il a même pénétré jusque dans les campagnes. Chaque génération nouvelle, succédant à son aînée, s'est pénétrée plus avant de cet esprit nouveau, si essentiellement français, et cela d'autant plus facilement, qu'il envahissait alors toute l'Europe civilisée. Ceux d'entre les Alsaciens, — et ils étaient encore nombreux, — qui ne pouvaient puiser directement aux sources du génie français, en recevaient l'écho, pour ainsi dire, par les courants d'idées analogues et les publications, savantes ou populaires, venues de l'Allemagne.

A quelle date s'est produit ce contact mystérieux et fécond de l'esprit français et de l'esprit alsacien? On ne peut guère fixer de moment précis pour cette transmission subtile de certains courants intellectuels, invisibles à leur point de départ et si puissants dans leurs effets. Si jamais quelque historien de la civilisation alsacienne au XVIIIe siècle aborde l'étude critique de cet attrayant et difficile problème, il n'en trouvera la solution qu'après de longues recherches et plutôt par l'effet d'une divination heureuse. Il ne pourra la rencontrer, en effet, dans les dossiers administratifs des archives, et l'Alsace d'alors est bien pauvre en mémoires authentiques, en journaux, en correspondances intimes, en ces révélations de toute nature qui, de nos jours, permettent de dater exactement certains moments du développement psychologique des peuples. Mais le phénomène, pour insaisissable qu'il soit, n'en est pas moins indiscutablement réel. Quand arrive la grande crise du XVIIIe siècle, quand l'ère de la Philosophie devient l'ère de la Révolution, l'Alsace intelligente vibre à l'unisson des provinces de la vieille France. L'immense majorité de ses enfants, bourgeois et paysans, salue avec un enthousiasme naïf l'aurore d'une époque nouvelle, où la liberté, la paix et la fraternité régneront sur la terre.

On répète d'ordinaire que c'est la Révolution qui a fait l'Alsace moderne, qui a provoqué la fusion définitive des éléments contraires, soit dans les premiers beaux jours de la Constituante, soit, — comme on le prétend ailleurs, — dans la fournaise sanglante de la Terreur. On a raison, sans doute, quand on se place au point de vue des faits purement matériels ; c'est la Révolution seule qui balaye les frontières douanières, les privilèges locaux, les constitutions particulières, les derniers restes des souverainetés territoriales. Mais, auparavant déjà, existait une prédisposition des esprits, une communion d'aspirations et de sympathies chez l'élite pensante de la population, seul groupe qui doive compter en définitive dans l'histoire morale des nations. L'être indifférent, inerte, qui reste inaccessible aux grandes idées de son temps, et qui change passivement de patrie comme on change d'habit, peut être un habitant d'un pays, mais ce n'est pas un citoyen. Sans doute, les Alsaciens, plus calmes, plus flegmatiques, n'ont pas accueilli le cataclysme de l'ancien régime et de l'ancienne société avec l'insouciante hardiesse du Gascon ou la bruyante exubérance du Provençal. Très attachés à leurs vieilles coutumes, ils ont désiré conserver celles d'entre elles qui seraient compatibles avec le régime nouveau ; et qui peut dire qu'ils aient eu tort ? Qui peut dire ce que notre France a volontairement perdu, en écrasant la diversité pittoresque de ses provinces sous le niveau uniforme et rectiligne de ses décrets et de ses lois ? Mais sauf quelques rares individus, privilégiés de la naissance ou de la fortune, qui croyaient tomber trop bas en voyant les autres arriver à leur hauteur, l'adhésion de la province aux premières mesures de la représentation nationale fut à peu près unanime ; on se sent à l'unisson des Bretons et des Flamands, des Francs-Comtois et des Lorrains, et c'est bien comme partie moralement intégrante du peuple français que ces masses encore allemandes de langue, acclament la devise nouvelle : « La Nation, la Loi, le Roi[1] ! » Voici dans quels termes s'exprime la population de l'ancienne capitale de l'Alsace, dans son adresse à l'Assemblée Nationale, votée d'acclamation sur la place d'Armes, le 18 mars 1790 : « Réunis sur cette place où nos pères ne se donnèrent qu'à regret à la France, nous venons cimenter par nos serments, notre union avec elle... Nous avons juré et nous jurons de verser jusqu'à la dernière goutte de notre sang pour maintenir la Constitution. Si la ville de Strasbourg n'a pas eu la gloire de donner l'exemple, la première, aux autres villes du royaume, elle aura du moins celle d'être, par l'énergie du patriotisme de ses habitants, un des boulevards les plus forts de la liberté française[2]. »

1. Voici ce qu'écrit, dès le 17 août 1789, l'auteur anonyme d'une feuille strasbourgeoise, qui pourtant regrette, on le devine, la disparition de l'ancienne constitution de la ville libre : « *Treue französische Unterthanen sind wir immer gewesen; in diesem Stücke koennen wir nicht mehr französisch werden als wir es sind.* » (*Fragen und Antworten, den 17. August 1789*. Sans lieu d'impression, 4 pages, in-4°.) — Le clergé catholique lui-même, si radicalement hostile plus tard aux idées nouvelles, n'a pas voulu d'abord, n'a pas osé peut-être se mettre, au début, en travers du courant généreux qui traversait et relevait les âmes. Il l'a sanctionné, sinon du cœur, au moins des lèvres. Voyez par exemple, le discours prononcé par M. de Weitersheim, chanoine de Saint-Pierre-le-Jeune, à l'autel de la Fédération, le 12 juin 1790. (*Procès-verbal de la Confédération de Strasbourg*, Strasb., Dannbach, 1790, 8°.)
2. Adresse à l'Assemblée nationale, du 18 mars 1790. Cf. Reuss, *La Cathédrale de Strasbourg pendant la Révolution*, p. 30.

Voici encore les paroles non moins énergiques, plus accentuées déjà, comme il convient pour des citoyens en armes, que renferme l'appel aux gardes nationales de Lorraine et d'Alsace, lancé pour organiser la fédération des départements de l'Est : « Venez, chers frères, jurer avec nous que l'Empire Français n'aura pas de défenseurs plus fidelles ; venez donner à la brave Nation Allemande le spectacle imposant de citoyens qui jurent de répandre jusqu'à la dernière goutte de leur sang pour maintenir la Liberté et se garantir de toute invasion étrangère ; qu'elle sache que nous n'attaquerons aucune Puissance, mais que nous défendrons nos foyers jusqu'au dernier soupir[1]... »

Et ce n'est pas à Strasbourg seulement, ou à Colmar et dans d'autres villes plus considérables, que ces accents patriotiques se font entendre ; ils ne retentissent pas seulement dans une langue qui, pour la grande majorité des habitants des campagnes, est encore une langue inconnue, et qu'on pourrait arguer, par suite, d'importation étrangère. Dans les petits villages de la plaine d'Alsace, dans les bourgades modestes disséminées le long de la chaîne des Vosges, des accents analogues se font entendre dans l'idiome même des masses populaires. « Aujourd'hui, » s'écrie le ministre luthérien de Heiligenstein, en célébrant l'anniversaire de la prise de la Bastille dans son modeste temple rural, « aujourd'hui, c'est un jour de bonheur, un jour de félicité qui attire les yeux de tous les Français et provoque l'étonnement de tous les peuples de l'Europe. Aujourd'hui, c'est le jour de l'Alliance, le jour où chaque citoyen se réunit au citoyen, chaque province se confédère à la province voisine, pour maintenir les lois nouvelles et les défendre jusqu'à la dernière goutte de son sang ; le jour où nous sommes libérés enfin du dur joug de la servitude, libérés de tant d'impositions, de vexations et de redevances, délivrés de l'insolence et de la rudesse de tant de supérieurs... Aujourd'hui, c'est le jour de l'Amour, de la Paix et de l'Union, le jour où les humbles et les puissants, les riches et les pauvres se réunissent, où toute différence de rang, de caste, même de noblesse, s'efface, où le papiste et le luthérien, le luthérien et le réformé, le protestant et le catholique jouissent des mêmes droits et des mêmes privilèges, où la vertu et l'honnêteté, l'intelligence et le savoir pèsent seuls désormais dans la balance[2] ! »

1. « Les citoyens de la garde nationale de Strasbourg aux gardes nationales des départements, etc., 20 mai 1790. » Feuille volante, in-4°, sans lieu d'impression.
2. *Bundes-Rede welche den 15. Julii in der Kirche zu Heiligenstein vor Ablegung des Bundes-Eides von Mag. Johann Daniel Sieffried, dem evan-*

Et ce même orateur, humble pasteur de campagne, dont le nom est enseveli dans un profond oubli, mais interprète, ce jour-là, d'une émotion, nouvelle encore en Alsace, l'amour de la Patrie, s'écriait quelques semaines plus tard, en paraphrasant le célèbre cantique de Luther: «Qu'ils prennent tout, biens, corps, honneur, femmes, enfants! Sacrifions-les; ils n'en auront profit! L'Empire nous restera, malgré les aristocrates, l'Empire Français, maintenant, sur terre, l'Empire des Cieux là bas, dans l'éternité[1]!» Qui donc, dans ces paroles un peu déclamatoires et marquées au goût de l'époque, ne sentirait vibrer l'accent d'une joie mâle et sincère et comme un hymne de la délivrance?

Moments de paix, d'enthousiasme et de concorde trop fugitifs, hélas! et trop illusoires! Bientôt en Alsace, comme partout en France, la discorde éclate; les querelles religieuses se greffent sur les querelles politiques, enflamment les esprits déjà surexcités où couve l'espoir d'une revanche, alarment bien des consciences droites et sincères, et grâce à l'imprudente initiative de l'Assemblée Nationale et à son vote sur la Constitution civile du clergé, le schisme éclate, engageant entre les prêtres réfractaires et les constitutionnels une lutte âpre et sans merci. Plus on étudiera l'histoire de cette époque et particulièrement celle de notre province, plus on déplorera la faute irréparable commise par le pouvoir législatif, en ajoutant ce ferment de guerre civile à toutes les causes de désunion qui travaillaient déjà le royaume et menaçaient surtout les départements situés sur la frontière. C'est par haine des *jureurs* que tant de paysans catholiques d'Alsace deviennent les adversaires des *patriotes*, les alliés des Rohan, des Mirabeau-Tonneau, des Condé, qui menaçaient déjà le sol de la patrie; c'est pour sauver leur foi qu'ils servent trop souvent d'intermédiaires aux traîtres qui n'attendent que le signal de la lutte ouverte pour déserter à l'étranger.

Cependant, quand l'invasion de la province s'annonce en 1793, quand une lutte d'abord incertaine et par là-même angoissante, s'engage sur le sol de l'Alsace, quand les armées du Saint-Empire s'approchent à quelques lieues de Strasbourg, quand, au dedans de ses murs, les proconsuls de la Convention enfièvrent le pays, dont les souffrances matérielles s'aggravent plus encore par l'incurie et

---

gelischen Pfarrer allda gehalten, etc. (Sans lieu d'impression, ni nom d'imprimeur [Strasbourg?]. 16 pages 12°.)

1. *Trauer-Rede*, etc., par le même, imprimé à la suite de la *Bundes-Rede*, p. 16, et prononcée à l'occasion de la cérémonie funèbre pour les victimes des massacres de Nancy.

l'incapacité des gouvernants eux-mêmes que par la présence de l'ennemi, l'Alsace fait son devoir et, si l'on pouvait jamais aller trop loin quand il s'agit des biens suprêmes, la Liberté et la Patrie, je dirais volontiers qu'elle fait plus que son devoir. Elle donne à la France Kellermann et Kléber, Rapp et Lefebvre, et cent autres chefs militaires, généraux futurs de l'épopée républicaine et impériale; les dons patriotiques affluent; les bataillons de volontaires du Haut et du Bas-Rhin courent des premiers à la frontière, la levée en masse des paysans se groupe sur les flancs des Vosges septentrionales, et c'est en allemand que la *Marseillaise*, née d'hier à Strasbourg, et le *Ça ira* retentissent dans ses rangs[1]. A ce moment, les Alsaciens sont, en immense majorité, bons patriotes français, doublement patriotes, puisque pendant qu'ils souffrent et qu'ils luttent, les suppôts de la Terreur leur infligent mille souffrances morales et l'injure suprême de faire douter la France de leur patriotisme.

On se rappelle avec quelle dureté inique Louis XIV avait fait traiter le vieil ammeistre Dominique Dietrich, le signataire de la capitulation de Strasbourg, parce qu'il refusait de se convertir. Dans cette année lugubre de 1793, son arrière-petit-fils, Frédéric de Dietrich, le premier maire élu de l'ancienne ville libre, administrateur hors ligne, ardent patriote, était déjà dans un cachot, inculpé de *feuillantisme*, et ne devait plus en sortir que pour monter à l'échafaud. Voici pourtant ce que ce descendant d'un homme proscrit par la France, proscrit lui-même par les puissants du jour, écrivait alors dans son testament intime, pour ses deux fils qui combattaient sur la frontière pour la France et pour la République: « L'injustice (de mes accusateurs) ne me rendra pas injuste. Sous le fer des bourreaux, comme sous le poignard des assassins, je formerai encore des vœux pour la Liberté... Mes chers enfants, si je péris, cette injustice vous accablera de douleur. Vous connaissez

---

1. L'esprit qui animait alors les masses rurales et leurs conducteurs habituels se peut connaître en parcourant le sermon prononcé en octobre 1793 au camp de Neudorf, sur les frontières du Palatinat, devant les paysans de la levée en masse, « les citoyens de la patrie française », par Louis Grucker, pasteur à Oberbronn; l'orateur les engage à défendre de sang-froid la Liberté et les Droits de l'homme contre les Barbares, de les abattre de leurs solides poings de montagnards et de les ensevelir dans leurs champs pour fumer la terre de leurs cadavres. Ce n'est pas fort esthétique, ni peut-être très chrétien, mais c'est très clair comme indication des sympathies qui attendaient l'envahisseur. (*Rede gehalten den 15 Herbstmonat im Lager zu Neudœrfel von Ludwig Grucker, Pfarrer zu Oberbronn*. Sans lieu d'impression [Wissembourg], 8 pages 12°.)

ma conduite politique et mes sacrifices ; vous avez vous-mêmes consenti que je les fisse à la patrie. Eh bien, imitez votre père, aimez-la toujours ! Étouffez à l'approche du danger qu'elle court, le cri de la nature. Ne vous en prenez pas à quelques scélérats qui auront immolé votre père. Vengez-moi en continuant à la défendre avec la plus intrépide bravoure[1]... »

Le fils de l'Alsace qui s'élevait à cette hauteur morale, en rédigeant ainsi ses volontés dernières dans sa cellule, était assurément bon Français, encore qu'un tribunal de sang ait fait tomber sa tête par la guillotine, comme celle d'un traître à la patrie. Il n'y a plus là seulement résignation, accoutumance, habitude, tièdes sympathies, douloureux états d'âme que nous avons vus reparaître de nos jours sur la terre natale, il y a l'expression sincère et vibrante de ces convictions qui font vivre et font mourir. A ce moment de son histoire, l'Alsace a tressailli au plus profond de son âme, au contact de l'âme de la France d'alors, remplie de grandes pensées et de dévouements sublimes. Elle s'est sentie embrasée par le souffle des temps nouveaux, et elle a voulu en être la prophétesse inspirée sur les rives du Rhin. C'est vers elle que sont venus les esprits naïfs et rêveurs, les ambitieux et les déclassés que l'Allemagne lassait et rebutait par son indifférentisme politique ou par son obéissance passive, qui voulaient toucher le sol d'un peuple ayant rompu ses fers et voir les miracles de la Liberté.

Ce fut un moment bien fugitif, mais bien glorieux de son existence. Puis vinrent les tristesses et les misères de la guerre civile, la Terreur, les luttes perpétuelles contre l'Europe coalisée ; plus tard encore les préoccupations et les soucis croissants des intérêts matériels ont obscurci pour beaucoup ce passé dont il ne nous reste plus aujourd'hui que le souvenir doux et amer à la fois. Mais il a existé pourtant, ils ont été vécus, ces moments de sainte ivresse dont nos grands-pères nous ont transmis pieusement la mémoire, et nulle puissance terrestre ne pourra jamais enlever ce souvenir aux générations futures. Quoi qu'en puissent penser les Machiavels réalistes et sceptiques de l'Europe d'aujourd'hui, les grandes idées d'alors, ces « vierges pures », comme les appelait un de nos historiens modernes, sont éternelles ; refoulées, obscurcies pour un temps, elles ne sauraient périr. Sans doute, bien des tristesses sont venues depuis, bien des éclipses profondes, et l'insondable avenir n'appartient qu'à Dieu. Mais dans notre histoire,

1. Testament, daté de Besançon, le 7 février 1793. (Voy. Louis Spach, *Frédéric de Dietrich*, Paris, Berger-Levrault, 1857, 8°, p. 113-116.)

il y a eu un jour, une heure, où l'Alsace n'a plus été française par droit de conquête seulement, par indifférence ou par lassitude, mais où son cœur s'est librement donné à cette France qui, sur les ruines du vieux monde féodal, lui révélait un idéal nouveau de fraternité et de justice.

RÉPERTOIRE GÉNÉRAL

DES NOMS DE LIEUX ET DE PERSONNES [1]

A

ACADÉMIES ALSACIENNES, II, 288, 289, 320-330.
AGIER, Antoine, « chirurgien de Paris », à Bergheim, II, 133.
AHAUSEN, Nicodème d', envoyé suédois à Strasbourg, I, 76.
AIGUEBONNE, N. d', gouverneur de Haguenau, I, 87.
ALSACE. Son nom, I, 1. — Son étendue, 2-3. — Description générale, 4-23. — Sa population, 24-32. — Son histoire jusqu'au XVIIe siècle, 33-46.
ALSPACH, couvent de la Haute-Alsace, II, 454.
ALTBRONN, pèlerinage de la Basse-Alsace, II, 434.
ALTECKENDORF, localité B.A., II, 493.
ALTKIRCH, ville et seigneurie de H. A., I, 14, 367, 368, 369, 381, 382, 663, 674, 675. II, 106, 408, 450, 457, 196, 403.
ALTORF, loc. B.A., I, 122. II, 558.
AMMERSCHWIHR, ville H.A., I, 77, 115, 116, 127, 129, 188, 303, 376, 663. II, 157, 187.
Anabaptistes en Alsace, II, 505-509.
ANDLAU, Columban d', religieux de Murbach, I, 408. II, 66.
ANDLAU, rivière, I, 14-15.
ANDLAU, abbaye B.A., I, 35, 113, 414.
ANDLAU, Georges-Frédéric d', I, 324.
ANDOLSHEIM, loc. H.A., I, 507. II, 485.

ANDRÉ D'AUTRICHE, cardinal, prince-abbé de Murbach, I, 281, 363, 406.
ANDREÆ, Jean-Valentin, prédicateur à Stuttgart, II, 195, 217, 222.
ANGEOT, prévôté d', seigneurie de Belfort, I, 371.
ANGERVILLIERS, Baüyn d', intendant d'Alsace, I, 516, 610, 622. II, 508.
ANGOULÊME, Charles de Valois, duc d', I, 54, 68.
ANHALT, Chrétien, prince d', I, 55, 59.
ANNE, princesse de Wurtemberg-Montbéliard, I, 507. II, 550, 551.
ANSBACH, Ernest, margrave d', I, 55.
APPENWIHR, loc. H.A., II, 384.
Archidiaconés de l'évêché de Strasbourg, II, 398.
ARCY, vicomte d', gentilhomme français en Alsace, II, 186.
ARHARDT, J.-J., architecte strasbourgeois, II, 258.
ARNDT DE QUERNHEIM, N., commandant suédois de Benfeld, I, 405.
ASCHAFFENBOURG, traité d' (1621), I, 56. II, 289.
ASFELD, baron d'), colonel français, I, 240, 252, 531.
ASPACH, loc. H.A., II, 427.
ASPRUCH, l', forêt B.A., I, 578.
ASSISE, la mairie de l', seigneurie de Belfort, I, 371.
Assistance publique, organisation de l', II, 177-184.
Associations religieuses et sodalités alsaciennes, II, 327, 434-437.
Association forestière de la Marche commune, H.A., I, 578.

---

1. Pour ne pas l'étendre outre mesure, nous avons éliminé de ce répertoire les noms des personnes nommées dans le texte, mais antérieures au XVIIe siècle, et certaines catégories d'individualités citées surtout dans les notes (étudiants, paysans, criminels, sorciers) ainsi que les noms de lieux étrangers à l'Alsace ou mentionnés seulement en passant. — Loc. signifie localité, B.A. Basse Alsace, H.A. Haute Alsace.

AUBRY, ABRAHAM, PIERRE, etc., artistes strasbourgeois, I, 636. II, 269, 270, 271.
AUBURE, loc. et seigneurie H.A., I, 507.
AUCTONVILLE, Dom Ollivier de Foullange d', abbé de Pairis, II, 443.
AUTRICHE, possessions héréditaires de la maison d', en Alsace, I, 361-383.
AUXELLE-LE-HAUT, loc. H.A., I, 608.
AVAUX, comte d', diplomate français, I, 103, 137, 141, 144, 147, 152, 157, 161.
AVENHEIM, loc. B.A., II, 98.

B

BADE, terres du margraviat de, en Alsace, I, 521.
BADE-DOURLACH, Frédéric, margrave de, I, 251. II, 30, 56.
BÆCHTOLD, J., prof. de l'Université de Strasbourg, II, 479.
BALLBRONN, loc. B.A., I, 131, 539, 555, 560, 566. II, 31, 107, 376, 383, 493, 548.
BALDÉ, R. P. Jacques, poète alsacien, II, 229-232.
BALDNER, Léonard, naturaliste strasbourgeois, II, 33, 34, 67.
BALE, territoires de l'évêché de, en Alsace, I, 415.
Limites du diocèse en Alsace, II, 402, 403.
BALDTAUFF, R. P., aumônier des Filles Repenties à Strasbourg, II, 150.
BALLERSDORF, loc. A.H., II, 79, 108, 275.
BAN DE LA ROCHE, seigneurie du, B.A., I, 516.
BANTZENHEIM, loc. H.A., II, 197, 410.
BAPST, pasteur à Mutzenheim, II, 126.
BARBEAU (ou Barbault), N., seigneur de Granvillars, I, 614. II, 88.
BARBEZIEUX, L. F. M. Le Tellier, marquis de, ministre d'État, I, 264, 265, 710. II, 541, 552.
BARBIER, Nicolas, curé d'Aubure, II, 32.
BARR, loc. et seigneurie B.A., I, 76, 444. II, 107, 380, 471, 554.
BARTER, N., bailli de Riquewihr, II, 549.
BASTBERG, montagne B.A., I, 398.

BATIGLY, N. de, lieutenant du duc de Rohan en Alsace, I, 407.
BAUDOUIN, Denis, conseiller du roi, délégué de l'intendant, I, 275.
BAUGY, Nicolas de, résident de France à Vienne, I, 50-54, 63. II, 101.
BAUR, Jean-Guillaume, artiste strasbourgeois, II, 260, 261.
BAUSSAN, N. de, intendant des armées à Brisach, I, 99, 104, 105, 122, 182, 199, 271, 500, 661.
BEBEL, Balthasar, prof. à l'Université de Strasbourg, II, 206, 292, 296.
BEBLENHEIM, loc. H.A., I, 507. II, 157, 197.
BECHT, docteur N., avocat-général de la ville de Strasbourg,, I, 74.
BECK, Jean, chargé d'affaires de Strasbourg à la cour de France, I, 154, 246, 469.
BECKER, Jean, régent de l'École latine de Haguenau, II, 356.
BECKH, Jean-Joseph, jurisconsulte strasbourgeois et poète, II, 246.
BEINHEIM, loc. B.A., I, 16, 521.
BELCHENTHAL, loc. H.A., II, 99.
BELESBAT, N. de, intendant des armées à Saverne, I, 98, 137.
BELFORT, ville et seigneurie H.A., I, 77, 78, 80, 127, 133, 179, 301, 320, 349, 368, 370, 371, 382, 614, 663, 711. II, 32, 163, 186, 459.
BELMONT, loc. B.A., I, 609.
BENELLE, frères, agents commerciaux de la ville de Strasbourg à Versailles, I, 665.
BENFELD, ville B.A., II, 77, 82, 103, 134, 135, 180, 190, 232, 238, 349, 385, 676. II, 108, 164, 170, 241.
BENNWIHR, loc. H.A., I, 502. II, 124.
BÉRAIN, P., chanoine de Haslach, érudit, II, 421.
Bergeries seigneuriales en Alsace, I, 562-563.
BERGHEIM (ou Oberbergheim), ville H.A., I, 77, 179, 311, 340, 348, 502, 554, 578. II, 105, 106, 133, 197.
BERNEGGER, Jean-Gaspard, secrétaire de la ville de Strasbourg, I, 101, 104; 212, 432. II, 196.
BERNEGGER, Mathias, prof. à l'Université de Strasbourg, I, 427. II, 190, 210, 289, 290, 295, 300, 308, 316, 337, 339, 341, 502, 503, 504, 513, 514.
BERNHARDSWILLER, loc. B.A., I, 487.
BERNHOLD, N. de, colonel des milices, B.A., I, 358.

BERNWILLER, loc. H.A., II, 406, 419, 434.
BERSTETT, Joachim de, stettmeistre de Strasbourg, I, 74.
BERSTETT, Esther-Véronique de, II, 20.
BERSTETT, loc. B.A., I, 285-288. II, 95, 169, 474, 475, 477, 479, 546.
BERTRAM, Antoine, imprimeur à Strasbourg, II, 202.
BESMAUX, N. de, capitaine des gardes du cardinal Mazarin, I, 197, 198.
BESSERER, Jean-Jacques, peintre strasbourgeois, II, 258.
BETTBUR, loc. B.A., II, 431.
BETTENDORF, loc. H.A., II, 427.
BEUTEL, Melchior, peintre à Schlestadt, II, 264.
BETZ, colonel weimarien, seigneur d'Altkirch, I, 381.
BIBER, R. P. Nithard, provincial des Jésuites, II, 324.
Bibliothèques d'Alsace au XVIIe siècle, II, 307-310.
Bibliothèques particulières, leur grande rareté au XVIIe siècle,II,19.
BIBLISHEIM, loc. B.A., II, 454.
BIEGEISEN, docteur N., chancelier de l'évêché de Strasbourg, I, 70-72.
BIENWALD, Le, forêt B.A., I, 8, 565, 568.
Bière, fabrication de la, en Alsace, I, 630-633.
BIESHEIM, loc. H.A., I, 380. II, 197, 409.
BILDSTEIN, B., bourgmestre de Haguenau, II, 45.
BILDSTEIN, Juliette, née Wurdtkindt, sa femme, II, 455.
BILFINGER, Pierre, recteur de l'École latine de Wissembourg, II, 350.
BILONIUS, Joseph, chancelier épiscopal à Saverne, II, 114.
BILLONIUS (Billon?), Jean-Martin, peintre strasbourgeois, II, 263.
BINDER, Conrad, pasteur à Altenjoye, II, 497.
BINDER, Emmanuel, poète colmarien, II, 249.
BINDER, Fréd., avocat-général de la ville de Strasbourg, I, 242.
BINDER, Samuel, pasteur à Andolsheim, II, 553.
BIRCKENFELD, Chrétien II, comte palatin de, I, 123, 353, 501, 514, 552. II, 10, 11, 495.

BIRCKENFELD, Chrétien III, comte palatin de, I, 501, 502, 575. II, 394, 508.
BIRCKENWALD, le, forêt B.A., II, 104.
BIRLENBACH, loc. B.A., I, 125, 513.
BIRR, Christophe, abbé de Lucelle, II, 441.
BIRSIG, la, rivière, I, 416.
BISCHWILLER, ville et seigneurie B.A., I, 15, 513, 514, 548, 549, 552; II, 83, 191, 375, 393, 495, 499, 500.
BISCHWIHR, loc. H.A., II, 553.
BITSCH, Gaspard, prof. à l'Université de Strasbourg, II, 290.
BITSCHWILLER, loc. H.A., I, 127.
BITCHE, comté de, I, 523, 567, 619, 620.
BLANCKENBURG, Frédéric, prof. à l'Université de Strasbourg, II, 515.
BLARER DE WARTENSÉE, Catherine, abbesse de Masevaux, II, 123.
BLARER DE WARTENSÉE, G., abbé de Munster, I, 411.
BLIND, la, rivière, I, 501.
BLOCQUERIE, N. de la, officier français, I, 80.
BLOTZHEIM, loc., H.A., I, 78, 372; II, 132.
BLUM, N., curé de Waldolwisheim, II, 431.
BOCKENHOFFER, Jean-Joachim, libraire à Strasbourg, II, 213.
BOECKLIN DE BOECKLINSAU, Philippe, bailli hanovien, II, 195.
BOECKLIN DE BOECKLINSAU, Wolf, conseiller épiscopal, I, 62.
BOEHME, Godefroy, maître d'école à Strasbourg, II, 388.
BOERINGER, N., pasteur à Obermodern, I, 110.
BOERSCH, loc. et bailliage, B.A., I, 111, 124, 126, 181, 405; II, 197.
Bohémiens en Alsace, II, 181, 182.
Bois-DAVID, M. de, général français en Alsace, I, 461.
BOBHARD, Jean, dit Schutz, pamphlétaire strasbourgeois, II, 515.
BOLLWILLER, loc. et seigneurie, H.A., I, 375, 381, 382; II, 105.
BOLSENHEIM, loc. B.A., II, 197.
BONGARS, Jacques de, résident français à Strasbourg, II, 308.
BONHOMME, col du, Vosges, I, 8, 14, 493, 495, 645.
BONNAY, Louis, procureur fiscal à Ribeauvillé, I, 504.

BORRI, F.-G., médecin à Strasbourg, II, 130.
BOSSUET, Bénigne, conseiller au Conseil provincial d'Ensisheim, I, 324.
BOTZHEIM, N. de, seigneur d'Illkirch, II, 19.
BOTZHEIM, Sébastien de, grand-veneur de l'Electeur palatin, II, 31.
Bourgeoisie d'Alsace. Caractères généraux, II, 41, 42. — Fortunes, 42. — Fécondité des mariages, 42. — Activité des femmes, 43. — Surveillance sévère des autorités, 45, 46. — Règlements somptuaires, 47. — Noces, 48. — Baptêmes, 52. — Enterrements, 53. — Costumes, 54, 56. — Ivrognerie, 58, 59. — Immoralité, 60. — Naissances illégitimes, 61.
BOURGUIGNON, Jean, maître d'école à Bischwiller, II, 393.
BOURNONVILLE, duc de, généralissime impérial en Alsace, I, 223, 225, 226, 229-231.
BOUXWILLER, régence de, I, 400.
BOUXWILLER, ville B.A., I, 80, 236, 398, 552, 690. II, 7, 101, 149, 162, 347, 348, 373, 393.
BRACKELMANN, Jean-Georges, bailli de Châtenois, II, 115.
BRACKENHOFFER, André, membre des Conseils strasbourgeois, II, 254.
BRACKENHOFFER. Elie, numismate strasbourgeois, II, 254.
BRACKENHOFFER, Joachim, ammeistre de la ville de Strasbourg, II, 255.
BRECHLINGEN, loc. B.A., II, 378.
BRECHT, Jean-Regnard, pasteur à Duttlenheim, II, 558, 559.
BREDEN, P. Boniface, curé de Widensohlen, II, 549.
BREITENACKER, N., receveur à Bouxwiller, II, 589.
BRENTEL, Frédéric, artiste strasbourgeois, II, 256.
BRENTEL, Jean-Frédéric, artiste strasbourgeois, II, 256.
BRENTEL, Anne-Marie, femme d'Israël Schwartz, artiste strasbourgeoise, II, 256.
BREUSCHWICKERSHEIM, loc. B.A. I, 65.
BRIENNE, Henri-Auguste de Loménie de, secrétaire d'Etat, I, 142, 143, 146, 148, 149, 152, 154, 168, 181, 468, 469.

BRINCOURT, P. Joseph, oratorien de Lixheim, II, 516.
BRIMSI D'HERBLINGEN, Henri, doyen de Murbach, I, 407.
BRISACH, ville et gouvernement de, I, 78, 92. 94, 135, 146, 149, 182, 187, 190, 217, 230, 232, 236, 237, 264, 355, 377, 380, 691.
BROSSARD, Sébastien de, maître de chapelle strasbourgeois, II, 280, 281.
BROWNE, Robert, directeur d'une troupe anglaise à Strasbourg, II, 235.
BRUAT, Jean-Georges, curé de Saint-Amarin, II, 98.
BRUCHE, la, rivière, I, 15.
BRULOW, Gaspard, professeur à l'Université et poète dramatique strasbourgeois, II, 233, 234, 289, 290, 312, 338, 339, 504.
BRUMATH, loc. B.A., I, 15, 59, 111, 398. II, 157.
BRUNN, loc. H.A., I, 311.
BRUNN, Isaac, graveur strasbourgeois, II, 268, 271, 272.
BRUNN, François, artiste strasbourgeois, II, 272.
BRUNO, Gaspard, pasteur à Schwindratzheim et poète, II, 227.
BRUNSTATT, loc. H.A., I, 230, 329. II, 197.
BRYAT, Henri, curé de Habsheim, II, 428.
BUCHINGER, Dom Bernardin, abbé de Lucelle, conseiller au Conseil souverain, I, 324, 416, 500. II, 50, 143, 413, 421, 439.
BUECHSSNER, Henri, ammeistre de la ville de Strasbourg, II, 60.
BUHL, loc. B.A., I, 125.
BUERCKLIN, P. Ed., précepteur des seigneurs de Ribeaupierre, II, 7.
BURES, Pierre de, contrôleur des domaines d'Alsace, I, 667.
BURGER, Élie, greffier de Wœrth, II, 531.
BURGER, Jean, stettmeistre de la ville de Colmar, II, 152.
BURGER, Jean, entrepreneur de vidanges à Colmar, II, 151.
BURGFELDEN, loc. H.A., I, 446.
BURGHEIM, loc. B.A., I, 444, II, 377.
BURNHAUPTEN, localité et bailliage, H.A., I, 370.
BUSSANG, col des Vosges, I, 7. II, 187.

C

CABARETS, fermeture des, II, 91, 92.
CABINETS de curiosités à Strasbourg. II, 253, 255.
CABILLOT, Jean, bailli de Schirmeck, I, 284.
Calendrier, réforme du, en Alsace, II. 540.
Calendriers populaires, II, 216.
Calvinistes en Alsace, II, 498-505.
Canardières en Alsace, II, 30.
CAPITON, Jérôme, stettmeistre de Haguenau, II, 356.
Capucins en Alsace, II, 450-452.
CARAFA, Aloyse, nonce apostolique, à Strasbourg, II, 521.
CAROLINUS, Balthasar, curé de Huningue, II, 427.
CAROLUS, Jean, imprimeur à Strasbourg, II, 203, 206, 208, 209.
CARRÈRE, P. Antoine, vicaire provincial des Dominicains d'Alsace, II, 452.
CARVE, P. Thomas, capucin et aumônier militaire, I, 6, 131.
CASTEL-RODRIGO, marquis de, résident espagnol à Ratisbonne, I, 186, 197.
Céréales, production et prix des, en Alsace, I, 544-546.
CERNAY, ville H.A., I, 14, 92, 179, 188, 373, 381, 711. II, 157, 465, 393, 527.
CHABOT, comte de, gouverneur français à Schlestadt, I, 90.
CHAMBON, Nicolas, fermier-général des domaines d'Alsace, I, 668.
CHAMILLART, Michel de, secrétaire d'Etat, I, 649.
CHAMILLY, Noël Bouton, marquis de, gouverneur de Strasbourg, I, 254, 255, 355, 356. II, 502, 563.
CHAMILLY, Mme de, née du Bouchet de Vilfly, II, 557.
CHAMP-DU-FEU, montagne des Vosges, I, 14.
Chapitre, le Grand, de l'évêché de Strasbourg, II, 398, 399, 400, 401.
— Ses terres, I, 404, 405.
Chapitres de chanoines en Alsace, II, 401, 403.
CHARLES DE LORRAINE, cardinal, évêque de Strasbourg, I, 45, 50, 388, 444. II, 6.
CHARLEVOIX, M. de, lieutenant du roi à Brisach, I, 178, 185-187, 191, 198.

Chasses princières en Alsace, II, 26-32.
CHATENOIS, loc. B.A., I, 27, 77, 111, 126, 181, 234, 235, 404. II, 108, 197.
CHATILLON, Anne de, princesse de Wurtemberg-Montbéliard, II, 12.
Chaumes, les, plateau supérieur des Hautes-Vosges, I, 6.
CHEMNITIUS, N., pasteur à Riquewihr, II, 549.
CHERMONT, Pierre, adjudicateur-général des fermes en Alsace, II, 582.
CHMILETZKI, Jean-Luc, médecin à Mulhouse, II, 130.
CLAUDINE DE MÉDICIS, régente des terres autrichiennes en Alsace, I, 68, 363.
CLAUSS, Isaac, diacre de l'Église française, auteur strasbourgeois, II, 238, 500.
CLAUSSER, N. du, commandant français à Colmar, I, 468. II, 198.
CLEBSATTEL, N. de, bailli de Thann, II, 363.
CLÉEBOURG, loc. et bailliage B.A., I, 513.
CLÉEBOURG, Adolphe-Jean, comte palatin de, I, 519.
CLÉEBOURG, Charles-Gustave, comte palatin de, I, 521.
Climat de l'Alsace, I, 18-20.
CLIMONT, le, montagne des Vosges, I, 15.
CLUTENIUS, Joachim, professeur à l'Université de Strasbourg et bibliothécaire, II, 190, 289, 295, 307, 316, 336.
COCCIUS, Josse, professeur à l'Académie de Molsheim, II, 321, 421.
COHENDON, Daniel, maître de langues à Strasbourg, II, 191.
COLBERT, Charles, procureur général au Conseil provincial d'Ensisheim, intendant d'Alsace, I, 326, 408, 500, 571, 605. II, 125-128, 182, 362.
COLBERT DE CROISSY, Charles, intendant et premier président du Conseil provincial, I, 199, 200-204, 323-326, 331, 498. II, 85.
Collation des bénéfices ecclésiastiques, II, 404-405.
Collèges des Jésuites en Alsace, II, 351-363.
COLMAR, ville impériale, H.A., I, 13, 14, 33, 69, 74, 77, 82, 103, 116, 126, 127, 133-135, 137, 154, 155, 205, 208, 209, 219, 220, 227, 228, 232, 237, 243, 302, 343, 463-471.

558, 560, 591, 634, 635, 676, 691.
II, 48, 106, 120-121, 123, 125, 127,
128, 136, 157, 164, 191, 197, 309,
344-346, 374, 376, 378, 440, 449.
505.

Condé, Louis de Bourbon, prince de,
I, 105, 217-219, 234, 235, 243, 647,
648.

Confrérie des Bergers d'Alsace, I, 564.

Conseil de Régence, le, de Saverne,
I, 388, 389.

Conseil provincial d'Ensisheim et
Conseil souverain de Brisach et de
Colmar, I, 243, 296, 306, 322-335.
II, 118, 216, 459, 461, 539, 540.

Consistoires luthériens d'Alsace, II,
465-467.

Convent ecclésiastique de Strasbourg,
II, 468, 469.

Corporation des bonnetiers et chaussiers d'Alsace, I, 595-597.

Corporations d'arts et métiers en
Alsace, 1, 586-600.

Costé, Jacques, directeur des domaines en Alsace, I, 667.

Costumes des paysans d'Alsace, II,
75, 76.

Corvées en Alsace, II, 83-87.

Courcelle, N. de, directeur des
postes à Strasbourg, I, 656.

Cours d'eau alsaciens, I, 10-16.

Courtavon, loc. H.A., II, 185.

Crafft, V., bourgmestre de Haguenau, I, 209.

Créhange, F. Ernest, comte de, commissaire épiscopal à Strasbourg, I,
72.

Créquy, F., maréchal de, en Alsace, I,
237-240, 242, 461. II, 56.

Crusius, Jean-Paul, prof. à l'Université de Strasbourg et poète
dramatique, II, 233, 237.

Cuisine alsacienne, II, 49-52.

D

Dabo, comté de, I, 15, 398, 519.

Dachstein, loc. B.A., I, 86, 232, 385.
II, 197.

Dachtler, Théophile (*Elychnius*),
secrétaire de la ville de Strasbourg,
II, 514.

Dambach, loc. B.A., I, 386, 611, 670.
II, 157, 433.

Dammheim, loc. B.A., II, 350.

Dangolsheim, loc. B.A., I, 518.

Dannemarie, loc. H.A., I, 78, 629.
II, 123, 375, 409, 440.

Dannhauer, Jean-Conrad, professeur
à l'Université de Strasbourg, etc.,
II, 100, 290, 296, 308, 339.

Daser, N., conseiller de régence à
Ribeauvillé, I, 190, 500. II, 87,
100, 127, 182.

Dauphin, Abraham, ancien de l'Église
française de Strasbourg, II, 500.

Decker, Adolphe, voyageur et auteur strasbourgeois, II, 250.

Decker, Jean-Jacques, imprimeur
à Colmar, II, 246.

Delle, seigneurie de, H.A., I, 371.

Denaisius, Pierre, jurisconsulte et
poète strasbourgeois, II, 220.

Desmadrys, François, bailli d'Ensisheim, I, 382, 383.

Des Noyers, F. Sublet, secrétaire
d'Etat, I, 97, 104.

Dettwiller, loc. B.A., I, 227, 228,
445. II, 104.

Deucher, Jean-Georges, fabricant à
Strasbourg, I, 628.

Dez, R. P. Jean, professeur à l'Université épiscopale, II, 331, 557.

Didacus, R. P., capucin de Schlestadt,
II, 375.

Diebolsheim, loc. B.A., II, 197.

Diemeringen, loc. du Westrich, II, 107.

Dietrich, Dominique, I, 239, 434. II,
193, 568, 569, 570.

Directoire de la Noblesse de la
Haute Alsace, I, 535.

Directoire de la Noblesse immédiate
de la Basse Alsace, I, 533.

Ditterlin, Wendelin Grapp, dit,
artiste strasbourgeois, II, 256.

Ditterlin, Barthélemy, artiste
strasbourgeois, II, 257.

Ditterlin, Georges, artiste strasbourgeois, II, 257.

Ditterlin, Hilaire, artiste strasbourgeois, II, 257, 274.

Ditterlin, Jean-Pierre, artiste strasbourgeois, II, 257.

Doller, la, rivière, I, 14.

Dominicains, couvents de, en Alsace,
II, 452.

Dorlisheim, loc. B.A., I, 63, 443. II,
93, 378, 385, 549.

Dorsche (ou Dorschaeus), Jean-Georges, professeur à l'Université
de Strasbourg, II, 290, 309, 389.

Dossenheim, loc. B.A., I, 445. II, 87,
96.

Drames scolaires en Alsace, II, 232-234, 237, 238.
DREHER, Jean, fabricant à Strasbourg, I, 638.
Droits de douane en Alsace, I, 658-668.
Du BOURG, L.-M. comte, commandant la province d'Alsace, II, 508.
DRUSENHEIM, loc. B.A., I, 46, 76, 399. II, 560.
DUCLOUX, Charles et Jean, maîtres de langues à Strasbourg, II, 190.
Du FAY, N., commandant de Philippsbourg, I, 222.
DUGUET, R. P. de l'Oratoire, à Strasbourg, II, 566.
Du HAILLY, N., officier français, I, 368.
Du LYS, Pierre, chanoine, I, 208. II, 419, 438, 557.
DURCKHEIM, Cunon Eckbrecht de, maître de forges au Jægerthal, I, 612.
DUPRÉ, N., résident français à Strasbourg, I, 238.
DURRENENTZEN, loc. H.A., II, 550.
DUSENBACH, lieu de pèlerinage, H.A., II, 367, 438.
DUTTLENHEIM, loc. B.A., II, 558, 559, 560.
Du VALLIER, délégué de l'intendant en H.A., I, 208. II, 156, 553, 588.
Du VALLIER, Jean-Georges, préteur royal à Colmar, II, 588.
DUVERNOY, N., pharmacien à Bischwiller, II, 136.
DUVERNOY, N., pasteur à Héricourt, II, 503.

E

Eaux-de-vie, fabrication des, en Alsace, 1, 634, 635. — Leur commerce, 710, 711.
EBERSHEIM, loc. B. A., I, 111.
EBERSHEIMMUNSTER, abbaye B.A., I, 34, 676. II, 35.
ECHERY, loc. H.A., I, 603.
ECKBOLSHEIM, loc. B.A., I, 444. II, 554, 555.
ECKENBACH, L', cours d'eau, I, 2, 14.
ECKWERSHEIM, loc. B.A.. I, 128. II, 95.
EDELING, R. P., recteur de l'École latine de Haguenau, II, 355.
EGUISHEIM, loc. H. A., I, 190, 555.
EHN ou ERGERS, rivière, I, 15, 405, 483, 487.

Élève du bétail en Alsace, I, 555-567.
ELSASSHAUSSEN, loc. B.A., I, 520.
ELSENHEIM, loc. B.A., I, 578. II, 197.
ENGELSBOURG, château de Thann, I, 369.
Enseignement primaire en Alsace, II, 369-395.
ENSINGER, Joachim, maître de forges au Jægerthal, I, 612.
ENSISHEIM, Régence autrichienne d', I, 362-367, 712.
ENSISHEIM, ville et bailliage H.A., I, 77, 78, 129, 188, 193, 202, 227, 373-375, 382, 383, 565, 572, 676, 691. II, 106, 157, 165, 180, 361, 362.
ENTZHEIM, loc. B.A., I, 225.
ERLACH, Jean-Louis d', gouverneur de Brisach, I, 91, 92, 96, 97, 103-105, 147, 177, 179, 407. II, 7, 30.
ERLACH, N. d', colonel suédois, massacré à Ferrette, I, 78.
ERNOLSHEIM, loc. B.A., I, 126.
ERNST, Daniel, maître d'école à Strasbourg, II, 389.
ERSTEIN, localité et bailliage B.A., I, 27, 64, 76, 111, 126, 188, 405, 593, 676. II, 27, 372.
ERTINGER, François, artiste colmarien, II, 273, 274.
ESCHAU, loc. B.A., II, 524, 525.
États provinciaux d'Alsace, I, 277-283, 338, 339, 350.
Étudiants de l'Université de Strasbourg, leur nombre, leurs mœurs et leur nationalité, II, 302-305, 310-316.

F

FABER, Antoine, pasteur à Bischwiller, II, 503.
FABER, Jean, médecin à Colmar, II, 124.
FABER, N., bailli à Wihr, II, 87.
FABRI, Jean, curé à Hirsingen, II, 427.
FABRI, Philémon, maître de langues à Strasbourg, II, 191.
FATTET, Pierre, juge des mines à Sainte-Marie-aux-Mines, I, 552. II, 545.
FAUVILLE, Nicolas, fermier général des domaines d'Alsace, I, 667.

FAVIER, François, avocat général au Conseil souverain, I, 243, 330.
FECHT, la, rivière, I, 14, 239, 463, 495.
FEGERSHEIM, loc. B.A., II, 524, 525.
FEIGENBACH, P. Maximin, régent à Thann, II, 364.
FELDKIRCH, loc. H.A., I, 375.
FERDINAND II, empereur, 1, 49-51, 54-57, 66-68, 84, 87, 135, 269, 363, 466, 597, 664. II, 289.
FERDINAND III, empereur, I, 99, 100, 107, 137, 139, 140, 141-146, 156, 167, 185, 194, 270, 321, 489, 496, 530; 595-597.
FERDINAND DE TYROL, fils de Ferdinand Ier, administrateur des territoires d'Alsace, I, 363, 365.
FERDINAND-CHARLES DE TYROL, fils de l'archiduc Léopold, dernier possesseur de l'Alsace autrichienne, I. 151, 363. II, 425.
FERIA, duc de, général espagnol en Alsace, I, 78.
FERRETTE, loc. et seigneurie, H.A., I, 14, 179, 367-369, 381, 382, 560, 563, 565, 577. II, 79, 92.
FERRETTE, Dom Bernard de, chanoine de Murbach, II, 2, 33, 98, 101, 198, 445, 452.
FERRETTE DE KARSPACH, N. de, gentilhomme alsacien, II, 28.
FERRY, Paul, pasteur à Metz, II, 506.
Fertilité du sol, I, 20-22.
FERTRUPT, loc. H.A., I, 603, 605, II, 95.
FESSENHEIM, loc. H.A., I, 416, II, 96, 524.
FEUQUIÈRES, M. marquis de, envoyé de France en Allemagne, I, 81, 84, 94.
FICKEISEN, N., pasteur à Bischwiller, II, 495.
FILEAU, N., adjudicataire des fermes d'Alsace, I, 661.
FILLAIN, Dom Pirmin de, religieux de Murbach, II, 443.
FISLIS, loc. H.A., I, 557.
FLECKENSTEIN, baronnie de, I, 517, 548. II, 77.
FLECKENSTEIN, Henri-Jacques de, I, 548, 617.
FLECKENSTEIN, Philippe de, I, 578.
FLECKENSTEIN, N. de, colonel weimarien, I, 180
FLORIMONT, seigneurie du, H.A., I, 371.

FLORUS, Marc, professeur à l'Université de Strasbourg, II, 313, 337.
FLORUS, N., pasteur à Schiltigheim, faiseur d'almanachs, II, 248.
FOERSTER, Henri, curé de Wihr, II, 91.
Foires d'Alsace, I, 668-675.
FOLLEVILLE, N. de, gouverneur de Saverne, I, 90.
Forêt-Sainte, la, ou de Haguenau, B.A., I, 2, 8, 565, 568-571.
FORT-LOUIS, ville, B.A., I, 11, 16, 349-350, 684. II, 198.
FORT-MORTIER, près Neuf-Brisach, I, 349-350.
FORSTSCHWIHR, loc. H.A., II, 553.
Forteresses d'Alsace, I, 348, 349.
FOUCHARD, N., curé de Granvillars, II, 88.
FOUCHER, résident de France à Mayence, I, 686.
FOUDAY, loc. B.A., II, 476.
FRAMONT, loc. B.A., I, 609, 642.
Français, usage du, en Alsace au XVIIe siècle, II, 185-201.
FRANCFORT, accord de, (1634), I, 133-134.
FRANCFORT, Congrès de (1682), I, 259-260.
FRANCISCAINS, en Alsace, II, 453.
FRANCKENBERGER, Tobie, artiste strasbourgeois, II, 261-262.
FRANÇOIS DE LORRAINE, évêque de Verdun, membre du Grand-Chapitre de Strasbourg, I, 156.
FRANTZ, Joachim, avocat général de la ville de Strasbourg, I, 252, 432.
FRAULER, Jean, sculpteur alsacien, II, 274.
FRÉDÉRIC V, électeur palatin, I, 52, 64, 65, 418.
FRÉDÉRIC DE HESSE, cardinal, membre du Grand-Chapitre de Strasbourg, I, 212.
FRÉDÉRIC-GUILLAUME, électeur de Brandebourg, I, 224, 226, 229, 231. II, 253, 504.
FREINSHEMIUS, Jean, philologue strasbourgeois, I, 95. II, 222, 308.
FRELAND, loc. H.A., I, 502.
FRÉMONT d'Ablancourt, Nic., résident français à Strasbourg, I, 232.
FREY, Romain, maître d'école à Ribeauvillé, II, 446.
FREY, N., bourgmestre de Schlestadt, I, 220.

FREY, R. P. André, confesseur de la Dauphine, II, 460.
FREYMUTH, Josse, curé à la Wantzenau, II, 523.
FRID, Jean-Jacques, syndic de la ville de Strasbourg, I, 225, 432. II, 263, 466, 522.
FRIDEL, R. P. Gélase, récollet, de Rouffach, II, 428.
FRIDERICI, Paul, poète strasbourgeois, II, 249.
FRISCHMANN, Jean, résident de France à Strasbourg, I, 223, 232. II, 207.
FRISCHMANN, Jean fils, id., II, 244, 252.
FRISCHMANN, Mlles, I, 256. II, 446.
FRITSCH, Laurent, vitrier et chroniqueur strasbourgeois, II, 69.
FROEBÉ, Jean, peintre strasbourgeois, II, 263.
FROEREISEN, Isaac, auteur strasbourgeois, II, 233.
FROEREISEN, Jean-Léonard, ammeistre de la ville de Strasbourg, II, 193.
FROESCHWILLER, loc. B.A., I, 520.
FUGGER, famille des, engagistes de la seigneurie du Hoh-Kœnigsbourg, I, 381, 382.
FUMERON, N., secrétaire particulier de La Grange, I, 274.
FURDENHEIM, loc. B.A., I, 352, 354, 700. II, 87, 88, 93, 373, 380, 382, 476, 477, 494.
FURICH, Nicolas, médecin et poète strasbourgeois, II, 228.
FURSTEMBERG, François - Égon de, prince-évêque de Strasbourg, I, 213, 214, 246, 247, 254, 256, 260, 389, 408, 410, 413, 594. II, 6, 9, 28, 448, 522.
FURSTEMBERG, Guillaume-Égon de, prince-évêque de Strasbourg, I, 213, 246, 260, 261, 389, 390. II, 6, 329, 330, 402, 414.
FURSTEMBERG, Félix comte de, coadjuteur de l'abbaye de Murbach, I, 408.
FURSTEMBERG, Ferdinand-Rodolphe de, chanoine du Grand-Chapitre de Strasbourg, II, 418.
FURSTENBERGER, Josué, secrétaire de la ville de Mulhouse, II, 406.

G

GALLAS, comte de, général impérial en Alsace, I, 86, 88, 89, 90, 131.

GALLOIS, N. de, grand-maître des eaux et forêts d'Alsace, I, 572, 573.
GALLUS, Georges, curé de Cernay, II, 457.
GANSER, François, curé à Ensisheim, II, 459.
GANSSER, Georges-Pierre, imagier à Strasbourg, II, 276.
GANTZER, Élie, négociant à Sainte-Marie-aux-Mines, I, 610.
Garance, culture de la, en Alsace, I, 548.
GARNIER, Philippe, maître de langues à Strasbourg, II, 489.
GARTENER, Jean, maître d'école à Strasbourg, II, 387.
GARZONI, Thomas, auteur italien, II, 226.
GASSNER, Jean-Nicolas, peintre strasbourgeois, II, 263.
GAUTHIER, procureur général au Conseil souverain, II, 502.
GEISPOLSHEIM, loc. B.A., I, 15, 65, 111, 124, 126, 181, 405.
GENAULT, Paul, juge des mines à Sainte-Marie - aux-Mines, I, 605, 606.
GENETAIRE, Nicolas, maître de la Monnaie à Nancy, I, 612.
GEORGES II, prince de Wurtemberg-Montbéliard, I, 503, 507.
GEORGES-GUILLAUME de Brunswick, général impérial, I, 229. 355.
GEORGES-JEAN, comte palatin de la Petite-Pierre, I, 17, 190, 515, 516, 609.
GEROLD, N., pasteur à Kehl, II, 124.
GEROLDSECK, château sur la Sarre, II, 245.
GERRAM, Pierre, curé de Thann, II, 427, 428.
GERSTHEIM, loc. B.A., II, 106.
GEUDERTHEIM, loc. B.A., I, 27, 112, 398. II, 96, 483.
GIROLLES, N., de, intendant à Brisach, I, 104, 182.
GROMAGNY, loc. H.A., et mines du Rosemont, I, 606, 608. — II, 186.
GLASER, Josias, secrétaire de la ville de Strasbourg, puis pensionnaire de la couronne de France, I, 73, 98.
GLASER, Philippe, professeur à l'Université de Strasbourg, II, 294.
GLESSE, Jean, chanoine à Saverne, II, 113.

GLOECKELSBERG, colline, B.A., I, 225.
GOERSDORF, loc. B.A., I, 125, 610, 624. II, 492.
GOLL, Guillaume de, bourgmestre de Schlestadt, puis conseiller aulique à Vienne, I, 195, 476.
GOLL, Mathias, stettmeistre de Colmar, II, 192.
GLONER, Samuel, professeur et poète strasbourgeois, I, 114, 636. II, 78, 195, 217, 228, 229, 314.
GODEFROY, Denis, professeur à l'Université de Strasbourg, II, 289, 504.
GŒPFFERT, Frédéric, prévôt de Guémar, II, 125.
GOEPPEL, Guillaume, maître de poste à Strasboug, I, 655.
GOLLER, N., docteur en médecine à Wasselonne, II, 129.
GONDREVILLE, N. de, gouverneur de Schlestadt, I, 356.
GOTTHARDT, Jean, tailleur et chroniqueur, II, 65.
GOXWILLER, loc. B. A., II, 373, 377, 385, 521.
GRAFF, François, curé de Blotzheim, II, 428.
GRAFFENSTADEN, loc. B.A., I, 443, 664. II, 35, 373.
GRANDFONTAINE, loc. B.A., I, 609.
GRANDHOMME, N. receveur à Sainte-Marie-aux Mines, I, 122.
GRANDIDIER, Moïse, négociant à Sedan, II, 193.
GRAND-VENTRON, le, montagne des Vosges, I, 14.
GRANDVILLARS, seigneurie de, H.A., I, 371.
GRASECK, J. Ph., secrétaire du Conseil des Quinze à Strasbourg, I, 441.
GRAU, R. P. Luc, bénédictin de Saint-Gall, I, 112.
GRAUFTHAL, loc. B.A. I, 515.
GRAVEL, Robert de, envoyé de France à Ratisbonne, I, 207, 209, 210, 231, 454.
GREUTHER, Mathias, artiste strasbourgeois, II, 272.
GRIES, loc. B.A., I, 544.
GRIMM, Albert, curé de Schweighausen, II, 411.
GRIMMELSHAUSEN, Christophe de, bailli de l'évêché de Strasbourg, auteur, II, 239.
GROSS, Martin, pasteur à Strasbourg, II, 212, 486, 487.

GROTIUS, Hugo, envoyé de Suède en France, I, 82, 91.
GRUNGOEGEL, Juste, maître d'école à Strasbourg, II, 387.
GUÉBRIANT, comte de, maréchal de France, I, 92, 94, 97, 102, 104.
GUEBRIANT, Mme de, I, 185, 186.
GUEBWILLER, ville et bailliage H.A., I, 14, 27, 78, 86, 120, 124, 127, 128, 409, 554, 691. II, 89, 106, 157.
GUÉMAR, ville et bailliage, H.A., I, 14, 77, 340, 348, 502, 552, 560, 563, 578, 631, 632, 660. II, 27, 30, 100, 125, 126, 372.
GUERTWILLER, loc. B.A., I, 444. II, 385, 471.
GUEWENHEIM, loc. H.A., II, 123.
GUICHARD, capitaine envoyé par Mansfeld à Paris, I, 63.
GUICHARD, N., notaire au Châtelet, II, 157.
GUILLAUME, margrave de Bade-Bade, commandant impérial dans la H.A., I, 134, 366.
GUILLAUME, margrave de Bade-Bade, président de la Chambre impériale de Spire, II, 256.
GUMPELZHEIMER, Georges, syndic de Ratisbonne, II, 313.
GUNDERSHOFFEN, loc. B.A., II, 180, 197.
GUNSBACH, loc. H.A., I, 502. II, 106, 549.
GUNTZER, Christophe, secrétaire, puis syndic royal de la ville de Strasbourg, I, 238, 242, 245, 432, 433. 686. II, 95, 544, 546, 550.
GUSTAVE-ADOLPHE, roi de Suède, I, 71, 72, 77.
GUSTAVE-SAMUEL, duc de Deux-Ponts, I, 516.

H

HAAG, Georges, cordier strasbourgeois, I, 419.
HABSHEIM, loc. H.A., I, 373. II, 197.
HABRECHT, Isaac, médecin et auteur strasbourgeois, II, 195.
HACHIMETTE, loc. H.A., I, 502. II, 108.
HAERING, N. de, conservateur des forêts à Ribeauvillé, I, 504.
HAESINGEN, loc. H.A., I, 410.
HAFFNER DE WASSELNHEIM, N., bailli de Westhoffen, II, 74, 373, 376.
HAGENBACH, loc. H.A., I, 157.
HAGUENAU, ville impériale, B.A., I, 15, 60, 62-64, 69, 71, 80-81, 218, 220,

234-236, 261, 292, 301, 455-463, 566, 570, 572, 592, 625, 663, 690. II, 32, 107, 157, 162, 187, 197, 335-358, 392, 512, 529-532.

HAGUENAU, grand bailliage ou préfecture de, I, 447-457.

HALIGRE, Étienne d', commissaire du roi en Alsace, I, 660.

HAMMER, Daniel, bailli de Niederbronn, I, 610.

HANAU-LICHTENBERG, le comté de, son administration politique, I, 396-403. — Son organisation ecclésiastique, II, 465-466.

HANAU-LICHTENBERG, Jean-Regnard II, comte de, I, 59, 397, 566, 612. II, 9, 83, 142, 348.

HANAU-LICHTENBERG, Philippe-Wolfgang, comte de, I, 397, 659. II, 10.

HANAU-LICHTENBERG, Frédéric-Casimir, comte de, I, 397. II, 241, 500.

HANAU-LICHTENBERG, Jean-Regnard III, comte de, I, 397, 401. II, 349.

HANAU - LICHTENBERG, Dorothée - Diane, comtesse de, I, 123.

HANAU-LICHTENBERG, Agathe-Marie, comtesse de, II, 9.

HANDSCHUHHEIM, loc. B.A., I, 443.

HANHOFFEN, loc. B.A., I, 513, 548.

HANNONG, Charles-François, fabricant de porcelaines, I, 625.

HANOQUE, Charles, curé d'Ingersheim, I, 200. II, 458.

HANSMETZGER, Abraham, maître de poste à Strasbourg, I, 655.

Haras royaux en Alsace, I, 559.

HARCOURT, Henri de Lorraine, comte d', gouverneur général de l'Alsace, I, 178-180, 186, 190-193, 195-199, 699.

HARDT, forêt de la, H.A., I, 2, 8, 15, 373, 565, 568. II, 26.

HARTENAUER, Ulrich, peintre strasbourgeois, II, 257.

HARTLIEB, Jean, avocat de la ville de Strasbourg, II, 356.

HASEL, la, rivière, I, 15, 414.

HASLACH, loc. et abbaye, B.A., I, 70, 609. II, 198, 401, 438.

HATTEN, loc. et bailliage B.A., I, 398, 578.

HATTMATT, loc. B.A., I, 126. II, 393.

HATTSTADT, seigneurie de la H.A., I, 375.

HATZEL, Jean-Gaspard, sous-bailli de la préfecture de Haguenau, I, 455.

HAUG, Gabriel, évêque *i. p.* de Tripolis, coadjuteur de l'évêque de Strasbourg, II, 521.

HAUGWITZ, N. de, commandant impérial à Dachstein, I, 232.

HAUT-BARR, château-fort, près de Saverne, I, 80, 86, 348, 394.

HAWENREUTTER, Jean-Louis, professeur à l'Université de Strasbourg, II, 188, 289.

HECKHER, Jean-Georges, lieutenant du préteur royal à Strasbourg, II, 544.

HECKHLER, Jean-Georges, architecte strasbourgeois, II, 275.

HEIDOLSHEIM, loc. B.A., II, 507, 508.

HEILBRONN, Union de, I, 79, 80, 133-135.

HEILIGENSTEIN, loc. B.A., I, 444. II, 377.

HEINRICH, Christophe, médecin à Colmar, II, 138.

HEINRICH, J.-G., bourgmestre de Schlestadt, I, 209.

HEINRICI, Thomas, évêque *i. p.* coadjuteur de l'évêque de Bâle, II, 426.

HEITERN, loc. et bailliage H.A., I, 503, 562, 563.

HENNEQUIN, de, vicaire général à Strasbourg, II, 547.

HENNING, Thiébaut, abbé de Saint-Martin, à Nevers, II, 332, 366, 375.

HENRI, duc de Lorraine, I, 61, 514, 566, 699.

HERBIGNY, N. d', diplomate français à Munster, I, 151.

HERFT, Jean-Nicolas, fabricant à Strasbourg, I, 627. II, 562.

HERRLISHEIM, loc. H.A., I, 556. II, 382, 560.

HERMANN, Jean, maître de la Monnaie de Strasbourg, I, 690.

HERRENSTEIN, château-fort dans les Vosges, I, 70-71, 348, 436, 445.

HERTENSTEIN, R. P. Marquard, régent à Schlestadt, II, 359.

HERWART, Barthélemy, banquier de Mazarin, I, 147, 179, 180, 381.

HEUPEL, Jean, pasteur à Breuschwickersheim, II, 248.

HEUSS, Ernest, secrétaire de la ville de Strasbourg, I, 138, 140, 147.

HEYDEN, Christophe van der, éditeur strasbourgeois, II, 229, 267.

HEYDEN, Jean-Pierre van der, id., II, 268.

HEYDEN, Isaac van der, *id.*, II, 269.
HEYDEN, Jacques van der, artiste strasbourgeois, I, 636. II, 207, 267.
HEYDEN, Marx van der, imprimeur strasbourgeois, II, 208.
HILSENHEIM, loc. B.A., II, 197.
HIPSHEIM, loc. B.A., II, 197.
HIRSINGEN, loc. H.A., I, 32, 128. II, 85, 437.
HIRTZ, N., pasteur à Eckbolsheim, II, 554, 555.
HIRTZBACH, loc. H.A., I, 128. II, 375.
HIRTZFELDEN, loc. H.A., I, 565.
HOCHFELDEN, loc. B.A., II, 108, 147.
HOCQUINCOURT, G. d', gouverneur de Schlestadt, I, 87, 342, 474.
HOENHEIM, loc. B.A., I, 102. II, 523.
HOERDT, loc. B.A., I, 128, 398.
HOFFER, N., fabricant à Strasbourg, I, 627. II, 562.
HOFFMANN, Jean-Frédéric, hérétique strasbourgeois, II, 472.
HOHENATZENHEIM, loc. B.A., I, 125.
HOHFRANKENHEIM, loc. B.A., II, 197.
HOHNACK, château-fort des Vosges, I, 87, 190, 349.
HOHENBOURG, seigneurie de, B.A., I, 520.
HOHENBOURG, monastère de, (ou Sainte-Odile) B.A., I, 34. II, 438.
HOHKOENIGSBOURG, seigneurie de, H.A., I, 376, 381.
HOHLANDSBERG, seigneurie de, H.A., I, 179, 376, 382, 471. II, 81, 85.
HOHNECK, le, montagne des Vosges, I, 9, 14.
HOHWALD, vallée des Vosges, I, 15.
HOHWART, la, agglomération dans la banlieue de Strasbourg, I, 240.
HOLD, N., conseiller au Conseil souverain de Brisach, I, 554. II, 43, 194, 198.
HOLTZHEIM, loc. B.A., I, 225.
HOLTZWARTH, Henri, maître de langues à Strasbourg, II, 191.
HONCOURT, abbaye B.A., I, 414.
HOPFFER, Barthélemy, peintre strasbourgeois, II, 262.
HORBOURG, loc. et seigneurie, H.A., I, 506, 507. II, 382, 533.
HORN, Gustave, général suédois en Alsace, I, 76, 77, 81, 120, 347, 416, 466, 474.
HUBER, Jean, pasteur à Dorlisheim, puis à Strasbourg, I, 119. II, 490.

HUCK, R. P. André, recteur de l'Académie de Molsheim, II, 329.
HUGWARTH, Élie, peintre strasbourgeois, II, 263.
HUMMEL, Emmanuel, pasteur à Dinglingen, I, 113.
HUNAWIHR, loc. H.A., I, 507. II, 553.
HUNDSBACH, loc. B.A., I, 513.
HUNINGUE, place forte, H.A., I, 10, 11, 237, 243, 350, 372, 673. II, 426.
HUOB, Georges, pasteur à Muttersholz, II, 100.
HURTIGHEIM, loc. B.A., I, 111, 128. II, 87, 376, 474, 475, 494.
HUXELLES, N. du Blé, maréchal d', gouverneur de l'Alsace, I, 356, 382, 551. II, 26.
HUYGHENS, Constantin, diplomate hollandais, I, 418, 420. II, 14.

I

ICHTERSHEIM, François-Robert d', géographe alsacien, I, 5, 6, 26, 336, 531, 537, 722. II, 4.
ICHTERSHEIM (ou Ichtratzheim). Ascagne Albertini d', grand bailli de Haguenau, II, 114.
ILL, l', rivière, I, 13, 579. — Navigation sur l'Ill, 676, 708. — Pêcheries dans l'Ill, II, 33-35.
ILLFURTH, loc. H.A., I, 14.
ILLHÆUSERN, loc. H.A., I, 14, 578, 660, 676. II, 30, 34, 532.
ILLKIRCH, loc. B.A., I, 252, 443, 444. II, 93, 471, 554.
ILLWICKERSHEIM (Ostwald), loc. B.A., I, 443. II, 95, 378, 385, 535, 560.
ILLZACH, loc. H.A., I, 14, 524. II, 31, 125.
IMBSHEIM, loc. B.A., I, 126.
IMLIN, N., avocat général de la ville de Strasbourg, I, 245.
Impôts en Alsace, I, 291-302.
Imprimeries en Alsace, II, 202-208.
Industries textiles en Alsace, I, 625-627.
INGENHEIM, loc. B.A., II, 157.
INGOLD, François-Rodolphe, membre des Conseils de Strasbourg, I, 57. II, 206.
INGWILLER, loc. B.A., I, 32, 84, 116, 125, 238, 302, 320, 398, 399, 539. II, 63, 120, 147, 156, 180, 373, 380, 484.

Intendance d'Alsace, organisation de l', I, 272-275.
IRSAMER, Christophe, chroniqueur colmarien, II, 250.
ISCHER, l', rivière, I, 15.
ISEMBOURG, château épiscopal près Rouffach, I, 319.
ISRAEL, Samuel, pasteur à Munster, II, 106.
Israélites en Alsace, II, 575-591.
ISSENHEIM, seigneurie de la H.A., I, 375. II, 181, 426.
ISLE, Melchior de l', résident français à Strasbourg, I, 73-76, 83, 92, 133-136, 467.
ITTENHEIM, loc. B.A., I, 443. II, 92.
ITTENWILLER, loc. H.A., I, 488.
ITTLENHEIM, loc. B.A., I, 539.

J

JACQUINET, Pierre, fermier des impôts à Landau, I, 302.
JAEGER, Adam, directeur des mines de Goersdorf, I, 610, 612.
JEAN, comte palatin du Rhin, I, 56, 352. II, 504.
JEAN-GUILLAUME, électeur palatin, I, 263.
JEAN-SUICARD (de Kronenbourg), électeur de Mayence, I, 57. II, 275.
Jardin botanique de Strasbourg, II, 310.
JEBSHEIM, loc. H.A., I, 111, 353, 354, 485, II, 548.
JENNICH, Conrad, surintendant de Riquewihr, II, 485.
Jésuites, résidences des, en Alsace, II, 444-448.
JETTERSWEILER, loc. B.A., II, 425.
JONER, Jean, stettmeistre de Colmar, I, 302. II, 250.
JOOSTEN, Philippe de, chancelier de l'évêché de Strasbourg, I, 391.
JUDENHUT, forêt du, H.A., II, 27.
JUNDT, Joseph, secrétaire de la ville de Strasbourg, I, 281. II, 484-485.
JUNDT, Nicolas, membre des Conseils de Strasbourg, I, 432.
JUNG, Daniel, batelier à Strasbourg, I, 680.
JUNGHOLTZ, château des Schauenbourg, H.A., II, 18.
JUNIUS, Melchior, prof. à l'Académie de Strasbourg, II, 296.

Juridictions locales et supérieures en Alsace, I, 304-312.
Jurisprudence des tribunaux d'Alsace, I, 312-319.
Juveignerie, droit de, dans la H.A., II, 79.

K

KAESTLER, N., bailli de Schirmeck, II, 143.
KALKENRIEDT, Jean-Georges de, abbé de Murbach, I, 407.
KARSPACH, loc. H.A., II, 409.
KATTENBACH, faubourg de Thann, I, 370.
KAUFMANN, N., curé d'Obersteinbrunn, II, 457.
KAYSERSBERG, ville impériale, H.A., I, 77, 111, 181, 188, 493-495.
KEFELIUS, Pancrace, pasteur à Strasbourg, II, 147.
KEHL, fort couvrant le pont de Strasbourg sur le Rhin, I, 207, 222, 223, 239, 244, 258, 264, 420, 679. II, 372.
KELLERMANN, Jean-Christophe, prévôt des marchands à Strasbourg, I, 667.
KEMBS, loc. H.A., I, 372.
KEMPFFER, Nicolas, syndic de la Noblesse de la Basse-Alsace, II, 544, 559, 560.
KESSLER, Thomas, poète colmarien, II, 229.
KIEFFER, J.-J., pasteur à Ostwald, II, 555.
KIENTZHEIM, loc. H.A., I, 376, 551. II, 439.
KIRCHHEIM, loc. B.A., I, 9, 576.
KIRCHNER, Philippe, pasteur à Morsbronn, I, 129.
KIRCHNER, Christophe, directeur du Gymnase de Colmar, II, 346.
KIRNECK, la, rivière, I, 444.
KIRWILLER, loc. B.A., I, 126. II, 197.
KLÉE, Gaspard, pasteur à la Robertsau, II, 493, 524.
KLEIN, Joachim, pasteur à Colmar, II, 130, 131, 346.
KLEIN, Nicolas, chroniqueur colmarien, I, 176, 265, 469. II, 50, 346, 490, 503.
KLINGENTHAL, le, vallée des Vosges, I, 15.
KLINGLIN, Jean-Baptiste, syndic royal à Strasbourg, I, 274.

KLINGLIN, François-Joseph de, prêteur royal à Strasbourg, II, 552.
KNECHT, J.-M., syndic de la ville de Schlestadt, I, 224.
KNITTEL, N., prévôt de Geudertheim, I, 287.
KNODERER, Jean-André et Philippe, peintres strasbourgeois, II, 263.
KNODERER, N., pasteur à Barr, II, 554.
KOCH, Jean, charlatan à Ribeauvillé, II, 140, 141.
KOCH, Jean-Philippe, receveur à Bouxwiller, I, 402.
KOCHERSBERG, le, bailliage de la B.A., I, 75, 80, 81, 190. II, 74, 75, 370.
KOENIG, R. P. Jean, jésuite fribourgeois, géographe, I, 5, 24, 32.
KOENIGSBRUCK, abbaye en B.A., I, 578.
KOENIGSEGG, Léopold-Guillaume de, commissaire impérial à Strasbourg, I, 212.
KOENIGSMANN, Martin, pharmacien à Colmar, II, 136.
KOENIGSMANN, Robert, négociant à Strasbourg, I, 548.
KOENIGSMANN, Robert fils, professeur à l'Université de Strasbourg, poète, II, 228.
KOLBSHEIM, loc. B.A., I, 65, 188.
KRAUT, Jean-Jacques, peintre strasbourgeois, II, 263.
KRAUTH, Balthasar, maître de poste à Strasbourg, I, 651, 652, 654.
KRAUTWEILER, loc. B.A., I, 235.
KUENHEIM, loc. H.A., I, 12.
KULPIS, J.-G., avocat général de la ville de Strasbourg, I, 262.
KUMPRECHT, Samuel, pasteur à Obermodern et Bullbronn, II, 95-493.
KUNTZ, Nicolas, bourgeois de Cernay, II, 527, 528.
KURTZ, Sébastien, commandant impérial d'Ensisheim, I, 129.
KUNAST, Balthasar-Louis, amateur de curiosités et chroniqueur strasbourgeois, II, 254-255.
KUTZENHAUSEN, loc. B.A., I, 521.

L

LA BARDE, N. de, résident de France à Soleure, I, 186, 187.
LA BAROCHE, loc. H.A, I, 502, 576.

LA BROSSE, N. de, commissaire de l'Ordre de Saint-Lazare en Alsace II, 157, 165.
LA BROSSE, chef de partisans français, I, 236, 461, 478.
LA BRUYÈRE, N. de, fermier des impôts à Colmar, I, 302.
LA CHAISE, R. P., confesseur de Louis XIV, I, 265.
Lacs alsaciens, I, 17.
LAER, Lambert de, vicaire-général du diocèse de Strasbourg, II, 254.
LA FERTÉ-SENNETERRE, Henri de, maréchal de France, I, 184, 197.
LA FOND, Claude de, intendant d'Alsace, I, 273, 667.
LA FORCE, Jacques de Caumont, maréchal de, I, 80, 81,83, 87, 135.
LA GOUPILLIÈRE, N. de, intendant de la Sarre, I, 545.
LA GRANGE, Jacques de, intendant d'Alsace, I, 246, 249, 273-275, 283, 298, 355, 394, 408, 434, 435, 515, 531, 532, 573, 663, 666, 667, 696, 701, 711. II, 35, 47, 57, 85, 200, 394, 504, 505, 541, 543, 545, 551, 555,556, 559, 563, 582, 583, 585, 591.
LA GRANGE, Dom Louis de, abbé de Munster, I, 442.
LA GRANGE, Jean de, maître de langues à Strasbourg, II, 191.
LA GRANGE-AUX-ORMES, N. de, envoyé français à Strasbourg, I, 75.
LA GUILLE, R. P. Louis, historien strasbourgeois, II, 334, 535.
LA HAYE, N. de, envoyé français à Strasbourg, I, 67.
LA HOUSSAYE, Félix Le Pelletier de, intendant d'Alsace, I, 359, 668. II, 4, 508.
L'ALLEMAND-ROMBACH, loc. H.A. II, 410.
LA LOUBÈRE, S. de, résident français à Strasbourg, I, 239.
LAMARINE, Jean-Nicolas, bailli de la Petite-Pierre, I, 285.
LAMBERG, comte de, plénipotentiaire impérial à Munster, I, 140.
LAMPERTSLOCH, loc. B.A., I, 23, 125, 129, 610.
LANDAU, ville impériale, B.A., I, 16, 76, 105, 220, 238, 342, 479-483, 539, 592, 684. II, 46, 58, 59, 61, 63, 92, 130, 136, 157, 197, 350, 392, 393, 517.
LANDSCRON, château-fort dans le Jura alsacien, I, 349, 350, 521.
LANDERSHEIM, loc. B.A., II, 533, 534.

LANDSER, loc. et seigneurie, H.A., I, 78, 179, 372, 381, 382, 564. II, 197.
LANDSPERG, L. Jacques de, bailli du Kochersberg, II, 425.
LANDSPERG, Melchior de, II, 533.
LANDSPERG, Sigismond de, I, 674.
LANNOIS, R. P. Timothée de, ex-augustin à Strasbourg, II,479.
LAPLANTE, capitaine, chef d'une bande de chenapans, I, 118.
LA POUTROIE, loc. H.A., I, 502. II, 103.
LARGUE, la, rivière, I, 14.
LAUCH, la, rivière, I, 14, 409, 463, 579.
LAUTER, la, rivière, I, 16, 476.
LAUTERBOURG, ville et comté, B.A., I, 10, 12, 16, 58, 337, 414, 415, 560. II, 35, 147.
LA VAISSE, N. de, gouverneur de Fort-Louis, I, 356.
LA VALETTE, Louis, cardinal de, général français, I, 85, 88, 89.
LE BACHELLER, pasteur à Sainte-Marie-aux-Mines, II, 506.
LE BRU, Claude, opérateur, *ibid.*, II, 140.
LE CORREUR, N., agent de la ville de Strasbourg à Versailles, II, 277.
LEDERTZ, Paul, imprimeur à Strasbourg, II, 203, 289.
LEFEBVRE, Claude, maître de poste à Strasbourg, I, 654.
LEFÈVRE, N., curé à Guémar, II, 32.
LE GRESLE, Mosimannuel, maître de langues à Strasbourg, II, 188.
LE LABOUREUR, Claude, avocat général du Conseil souverain, I, 332, 689. II, 141.
LEMBACH, loc. B.A., I, 518.
L'EMPEREUR, R. P., jésuite strasbourgeois, II, 557, 567, 570.
LÉOPOLD Ier, empereur, I, 208, 209, 216, 217, 223, 234, 240, 241, 246, 252, 259, 260, 262, 263, 270, 389, 408, 436, 474, 496, 531, 593.
LÉOPOLD, archiduc d'Autriche, prince évêque de Strasbourg, puis gouverneur de l'Autriche antérieure, I, 50, 51, 61, 63-65, 68, 69, 319, 363, 364, 388, 407, 414. II, 6, 8, 27, 30, 31, 154, 320, 353, 361, 362, 424, 442, 445, 454.
LÉOPOLD-GUILLAUME, archiduc d'Autriche, prince-évêque de Stras-
bourg, I, 68, 187, 201, 210, 387, 388, 405, 407, 408, 691. II, 6, 27, 142, 521.
LÉOPOLD-FRÉDÉRIC, duc de Wurtemberg-Montbéliard, I, 506.
LE PELETIER, Claude, contrôleur général des finances, I, 666.
LESCOUET, vicomte de, gouverneur de Brisach, I, 219.
LE TELLIER, Michel, secrétaire d'Etat de la guerre, I, 104, 105, 182, 183, 195, 197.
LE VESQUE, René, directeur du séminaire épiscopal de Thann, II, 429.
LEVONCOURT, loc. H.A., II, 184.
LÉVY, Samuel, rabbin des Juifs d'Alsace, II, 590.
LEYEN, les barons de, héritiers de Schwendi dans la H.A., I, 381, 382.
LICHTENBERG, château-fort dans les Vosges septentrionales, I, 349, 350, 396, 399.
LIEBSDORF, loc. H. A., I, 577.
LIÈPVRE, loc. H. A., I, 522. II, 410.
LIÈPVRE, la, rivière, I, 14.
LIGSDORF, loc. H.A., I, 13.
LINANGE, terres de, en Alsace, I, 518-520.
LINANGE - WESTERBOURG, Éverard - Louis, comte de, I, 519.
LINANGE-WESTERBOURG, Marie-Juliane, comtesse de, II, 21.
LINANGE-WESTERBOURG, Philippe-Louis, comte de, II. 23.
LINANGE-WESTERBOURG, Jean-Charles, comte de, II, 23.
LINCK, Barthélemy et Laurent, peintres-verriers à Strasbourg, II, 266, 267.
LINGOLSHEIM, loc. B.A., I, 234. II, 93.
LINSDORF, loc. H.A., I, 577.
LIONNE, Hugues de, diplomate français, I, 184.
LIPP, Jean, théologien et compositeur strasbourgeois, II, 279.
LISOLA, François, baron de, diplomate impérial, I, 185, 186, 191, 197, 198.
Littérature alsacienne au XVIIe siècle, II, 217-251.
LOCHER, Dr Jean, conseiller épiscopal, I, 69.
LOEFFLER, Jacques, vice-chancelier wurtembergeois, I, 82.

LOEWENSTEIN - WERTHEIM, Ph. E., comte de, prince-abbé de Murbach, 1,408.
LOHR, loc. B.A. II, 89.
LONGUEVILLE, Henri-Léonor d'Orléans, duc de, plénipotentiaire français à Munster, I, 97, 140, 141, 143, 180.
LORGES, Guy, comte de, maréchal de France, I, 203, 234, 353.
LORRAINE, terres de, en Alsace, I, 522, 523.
LORRAINE, Charles IV, duc de, I, 92, 99.
LORRAINE, Charles V, duc de, I, 119, 187, 190, 191, 194, 195, 222, 223, 235, 237, 238, 240, 405, 491.
Loteries strasbourgeoises, II, 67, 68.
LOUIS XIII, roi de France, I, 45, 52-54, 63, 67, 70, 73-76, 79, 80, 82, 83, 86, 91, 93, 94, 96, 101, 134-137, 407, 660. II, 353.
LOUIS XIV, roi de France, I, 138, 191, 193, 202-204, 207, 209, 213, 216, 217, 222, 240-242, 246, 247, 250-253, 256, 257, 259, 262, 263, 264, 269, 296, 325, 348, 351,389, 408, 432, 433, 437, 442, 464, 492, 496, 534-533, 542, 590, 607, II, 59, 157, 161, 318, 330, 454, 456,460, 461, 536, 537, 538, 562, 565, 581.
LOUVOIS, F.M., marquis de, secrétaire d'Etat, I, 219, 220, 222, 242, 243, 250-253, 255, 355, 433, 627, 656. II, 502, 505, 540, 541-544, 546, 547, 551, 556, 568.
LUCELLE, abbaye de, II.A., I, 416, 611, 614. II, 198, 441.
LUCK, Gall, généalogiste strasbourgeois, II, 214, 247.
LUCK, Jean, receveur de la Noblesse immédiate de la Basse Alsace, I, 121.
LUCK, Jean, prieur de la Chartreuse de Moisheim, II, 326.
LUMBRES, N. de, envoyé français en Allemagne, I, 500.
LUTTICHAU, Innocent-Sigefroi, comte de, II, 23.
LUTZ, Jean-Georges, graveur à Strasbourg, II, 277.
LUTZELBOURG, Antoine de, II, 21.
LUTZELHOUSE, loc. B.A., II, 197.
LUXEMBOURG, F.H., duc de, maréchal de France, I, 235, 236.

M

MACHIN, Richard, directeur d'une troupe anglaise à Strasbourg, II, 235.
MADAMÉ, Jean-Jacques, stettmeistre de Colmar, I, 302.
MAENNOLSHEIM, loc. B.A., II, 197.
MAGEL, la, rivière, I, 487.
MAGNIN, envoyé français à Strasbourg, I, 74.
Maîtres chanteurs à Strasbourg, II, 235-237, 283, 284.
MALACANDER, Christophe, directeur de l'école latine de Riquewihr, II, 346, 347.
MALMERSBACH, loc. II.A.; I, 127.
MANICAMP, Ch. de, gouverneur français de Colmar, I, 87, 116, 343, 467, 468, 654.
MANSFELD, comte Ernest de, I, 58-68, 120, 340, 341, 409, 514.
MAPPUS, Marc, prof. à l'Université de Strasbourg, II, 156, 293, 297, 310.
MARCHAND, Dom Charles, abbé de Munster, I, 354, 411, 412. II, 442, 508.
MARCHANT, N., bourgmestre de Sainte-Marie-aux-Mines, I, 122.
MARCHEVILLE,H. de, envoyé français en Allemagne, I, 62, 458.
MARCKOLSHEIM, loc. et bailliage, B.A., I, 77, 126, 235, 340. II, 35, 164, 197.
MARESCOT, N. de, envoyé français à Strasbourg, I, 67. II, 222.
MARIENTHAL, loc. B.A., II, 98, 437.
MARLENHEIM, loc. B.A., I, 34, 225, 444, 554, 576. II, 371, 372, 552.
MARMET, N., pasteur à Fouday, II, 476.
MARMOUTIER, marche de, B.A., I, 566. II, 109, 438.
MARMOUTIER, abbaye et loc. B.A., I, 34, 118, 412, 443, 560. II, 108, 109, 157.
MARTIN, Daniel, maître de langues à Strasbourg, I, 632, 636, 746. II, 131, 136, 146, 189, 191.
MASEVAUX, loc. H.A, I, 14, 187, 372, 373, 384, 382, 629. II, 157, 197.
MASEVAUX, abbaye, H.A., I, 416. II, 123.
MASUER, Dom Charles, de l'Ordre de Cluny, à Colmar, I, 468.

MATERN, R. P. Grégoire, curé à Duttlenheim, II, 560.
MATERNE, N., maître de langues à Strasbourg, II, 191.
MATHIAS, empereur, I, 49, 52, 269, 529. II, 320.
MATZENHEIM, loc. B.A., II, 457.
MAUGUE, Dr Benoît, naturaliste à Strasbourg, I, 546, 550, 564. II, 50, 52, 53.
MAXIMILIEN Ier, duc et électeur de Bavière, I, 55, 66, 71, 107, 139, 140, 143, 144, 147, 148, 159.
MAYER, Wolfgang, théologien bâlois, I, 644, 653.
MAZARIN, Jules de, cardinal, ministre d'Etat, I, 100, 102, 103, 105, 107, 144, 145, 149, 152, 154, 155, 157-159, 168, 176, 180, 183, 184, 191, 195-200, 203, 382, 607, 614. II, 362.
MAZARIN, Charles-Armand de La Porte, duc de, gouverneur de l'Alsace, I, 204-208, 218, 243, 331, 408, 542, 570, 671, 607. II, 26.
MEIER, Juste, professeur à l'Université de Strasbourg, II, 290.
MÉLAC, Ézéchiel de, gouverneur de Landau, I, 356.
MELLET, Jean, pasteur à Sainte-Marie-aux-Mines, II, 503.
Ménétriers d'Alsace, confrérie des, II, 284-286.
MÉRIAN, N., pasteur à Sainte-Marie-aux-Mines, II, 501, 502.
MERLAU, N. de, bailli de la Petite-Pierre, II, 534.
MERSCHHAEUSSER, Adrien, ingénieur strasbourgeois, I, 349.
METZLER, N., pasteur à Reschwoog, II, 484.
MERXBURGER, Ottmar, économe à l'hospice à Saverne, II, 163.
MESSERSCHMID, Georges-Frédéric, auteur strasbourgeois, II, 225, 226.
MERTZHEIM, loc. II.A., II, 437.
MEYERHOFFER, Georges, compositeur alsacien, II, 280.
MIETESHEIM, loc. B.A., I, 610. II, 95.
Milices d'Alsace, I, 340, 344, 346, 351, 357, 358.
Mines d'Alsace, I, 603-611.
MIRABEAU, Jean-Antoine de, maître de langues à Strasbourg, II, 491.
MITTELBERGHEIM, loc. B.A., I, 444, 700. II, 93, 377.

MITTELHART, la, forêt, B.A., I, 624.
MITTELHAUSEN, loc. B.A., I, 235, 402.
MITTELHAUSEN, Philippe-Guillaume de, II, 20. — Autres seigneurs de Mittelhausen, 533, 534.
MITTELWIHR, loc. H.A., I, 507, 543, 700. II, 197, 373, 561.
MITSCHDORF, loc. B.A., I, 16, 129.
MOCKHEL, Reinhold, résident suédois à Benfeld, I, 82, 133. II, 580.
MODENHEIM, loc. H.A., I, 524.
MODER, la, (ou MOTTER), rivière, I, 15, 16, 398, 399, 457, 458, 461, 579.
MOGG, Jean-Henri, syndic de la ville de Colmar, I, 114, 133, 135, 136, 147, 467, 552. II, 43, 247, 316.
MOGG, N., membre du Magistrat de Colmar, II, 544.
MOIRONS, N. de, conseiller d'État, représentant du duc d'Harcourt en Alsace, I, 193, 194.
MOLLAU, loc. H.A., II, 427.
MOLSHEIM, loc. B.A., I, 15, 77, 86, 234, 385, 554, 594, 629, 690. II, 100, 157, 164, 202, 206, 321, 324, 326, 327, 351.
Monnaies d'Alsace, I, 687-696.
MONSWILLER, loc. B.A., II, 197, 427, 438.
Montagnes d'Alsace, I, 5-10.
MONTAIGNE, N. de, colonel impérial à Munster, I, 229.
MONTAUSIER, Charles de Sainte-Maure, marquis puis duc de, gouverneur de Schlestadt, puis de Colmar, I, 117, 136, 179, 468, 502, 660. II, 501.
MONTCLAR, Joseph de Pouts, baron de, commandant supérieur, puis gouverneur de l'Alsace, I, 237, 238, 243, 248, 252, 254, 283, 355, 382, 408, 461, 532, 551, 570, 571. II, 26, 85, 449, 450.
MONTENEGRO, Jérôme Carafa, marquis de, général impérial, I, 64.
MONTECUCULI, Raymond, comte de, général impérial, I, 232-235, 461.
MONTEREAU, N. de, envoyé du duc de Nevers à Ernest de Mansfeld, I, 64.
MONTJOIE, N. comte de, colonel des milices de la H.A., I, 358. II, 85.
MONTREUX, seigneurie de, H.A., I, 371.
MONTREUX, Nicolas de, auteur français, II, 226.

MORIMONT, seigneurie de, H.A., I, 368.
MORSBRONN, loc. B.A., I, 125, 399.
MORSCHWILLER, loc. H.A., I, 376. II, 197.
MOSCHEROSCH, Jean-Michel, auteur alsacien, I, 114, 123, 430, 638. II, 16, 41, 195, 239-246, 313.
MOSCHEROSCH, Quirin, pasteur à Offendorf, I, 12.
MOSER, Dom Anselme, abbé de Marmoutier, I, 413.
MORTON, N. de, gouverneur de Belfort, I, 356.
MOSSIG, la, rivière, I, 15.
MOUTERHOUSE, loc. B.A., I, 613.
MÜLB, Jean-Philippe, imprimeur à Strasbourg, membre des Conseils, II, 203, 254.
MUEG, Georges, ammeistre, de Strasbourg, I, 74.
MUHLBACH, le, rivière, II, 151.
MUENCKH, Jean-Jacques, bailli de Thann, I, 201.
MULLENHEIM, Georges-Frédéric de, colonel impérial, I, 120.
MULLENHEIM, Gérard de, grand-veneur du roi de Pologne, II, 15.
MULHOUSE, ville de la Confédération suisse, I, 13, 14, 523-525, 591, 592, 637, 663, 691. II, 57, 61, 122, 125, 140, 179, 180, 196, 383, 501, 520, 528, 532.
MULLER, Georges-François, de Rouffach, voyageur alsacien, II, 66.
MULLER, Ambroise, chroniqueur colmarien, II, 76, 251.
MUNCHHAUSEN, loc. B.A., II, 108.
MUNCHHOF, le, maison forestière épiscopale près de Molsheim, II, 27.
MUNDAT inférieur, le, B.A., I, 415, 476.
MUNDAT supérieur, le, B.A., I, 386.
MUNSTER, abbaye de, H.A., I, 34, 411, 412. II, 444.
MUNSTER, ville impériale, H.A., I, 77, 181, 188, 218, 489-493. II, 106, 197, 382, 492.
MUNSTER, négociations de, en Westphalie, I, 137-169.
MUNZENHEIM, loc. H.A., II, 108, 126, 549.
MURR, Ambroise, curé de Ribeauvillé, II, 416.
MURBACH, abbaye de, H.A., I, 14, 34, 35, 86, 181, 406-410. II, 106, 363, 430, 443, 528.

MURSCHEL, Israël, pasteur à Bischheim, érudit alsacien, II, 490.
MURSCHEL, Ulric, ammeistre de la ville de Strasbourg, II, 516.
MUTTERSHOLTZ, loc. B.A., I, 111.
MUTZIG, loc. B.A., I, 190, 234, 594. II, 164, 197.

N

NAEGELIN, Jean, pasteur à Andolsheim, II, 485.
NAGEL, Bourcard, abbé de Munster, I, 490.
NAMBSHEIM, loc. H.A., I, 375.
NASSAU, Jean, comte de, II, 258.
NASSER, Barthélemy, pasteur à Strasbourg, II, 132.
NAUENDORFF, Jean-Pierre, économe de l'hôpital de Strasbourg, II, 160.
NÉRON, Euchaire, greffier à Ammerschwihr, II, 125.
NEUBRONNER, J.J., pasteur à Allenwiller, II, 553.
NEUENSTEIN, Wolf-Louis de, bailli de Molsheim, I, 655.
NEUF-BRISACH, loc. H.A., I, 380.
NEUGARTHEIM, loc. B.A., II, 197.
NEUHOF, loc. banlieue de Strasbourg, I, 240, 436, 443, 616.
NEUWILLER, abbaye et loc. B.A., I, 34, 125, 398. II, 198, 401, 554.
NIEDERBETSCHDORF, loc. B.A., I, 578.
NIEDERBRONN, loc. B.A., I, 23, 123, 520. II, 141, 142.
NIEDERHAUSBERGEN, loc. B.A., I, 443.
NIEDERMAGSTATT, loc. H.A., II, 409, 434.
NIEDERSCHAEFFOLSHEIM, loc. B.A., I, 623, 624.
NIEDERSPECKBACH, loc. H.A., II, 417.
NIDERNAI (Niederehnheim), loc. B.A., I, 249, 531, 674. II, 528.
Noblesse immédiate de la Basse Alsace, I, 526-536.
Noblesse alsacienne, son existence, ses distractions, etc, II, 17-24.
NOEL, N., maître d'école à Obernai, II, 363.
NORTHEIM, loc. B.A., I, 76, 444, 576. II, 524.
NUSSDORF, loc. B.A., II, 373.

O

OBENTRAUT, Jean-Michel d', colonel de Mansfeld, I, 60.
OBERBETSCHDORF, loc. B.A., I, 578.
OBERBRONN, loc. et seigneurie, B.A., I, 111, 399, 519, 520. II, 563.
OBERHERGKHEIM, loc. H.A., II, 85.
OBERLARG, loc. H.A., I, 14.
OBERMODERN, loc. B.A., I, 110, 126, 240, 563.
OBERLIN, N., bailli de Benfeld, II, 35.
OBERNAI, ville impériale, B.A., I. 15, 65, 76, 89, 112, 120, 121, 181, 220, 234, 298, 304, 305, 310, 337, 342, 483-487, 592. II, 63, 101, 107,122, 157, 162, 365, 375, 393, 409, 434, 538.
OBERSAUSHEIM, seigneurie de la H.A., I, 375.
OBERSEEBACH, loc. B.A., II, 374.
OBERSPECHBACH, loc. H.A., II, 381.
OBRECHT, Georges, procureur fiscal à Strasbourg, I, 216. II, 212.
OBRECHT, Georges, avocat général de la ville de Strasbourg, II, 109.
OBRECHT, Ulric, prof. à l'Université, puis préteur royal de la ville de Strasbourg, I, 265, 273, 275, 433, 667. II, 59, 161, 194, 213, 237, 251, 293, 318, 319, 481, 544, 547.
OCHSENFELD, l', plaine de la H.A., I, 538.
ODEREN, loc. H.A., II, 431.
ODRATZHEIM, loc. B.A., I, 576. II, 155-157.
OEDENWALD, l', forêt de la B.A., I, 576.
OESTRINGER, Sébastien, prévôt de Ribeauvillé, I, 304.
OFFENDORF, loc. et bailliage, B.A., I, 12, 399. II, 197, 560.
OHNENHEIM, loc. B.A., I, 578. II, 507, 508.
OLWISHEIM, loc. B.A., II, 96, 373, 474, 475.
ORBEY, loc. et bailliage, H.A., I, 502, 576, 661. II, 186.
ORGÈRES, N. d', intendant des armées en Alsace, I, 90.
Ordre Teutonique, terres de l', en Alsace, I, 416.
Origines de la population alsacienne, I, 29-32.
ORNERS, Jean, chef des anabaptistes d'Ohnenheim, II, 508.

ORSCHWILLER, loc. H.A., I, 376, 578.
ORT, Jean, régent à l'école latine de Wissembourg, II, 349.
OSNABRUCK, négociations d', I, 138. 142, 143, 151, 155, 158, 161, 162, 192,
OSSA, Jean-Rodolphe d', colonel impérial, I, 59.
OSSA, Wolf d', commissaire impérial en Alsace, I, 70, 72-75.
OSTHAUSEN, loc. B.A., II, 523.
OSTHEIM, loc. H.A., I, 14, 507, II, 126.
OSTHOFFEN, loc. B.A., II, 197.
OTHON-LOUIS, rhingrave, général suédois, I, 76, 78, 82, 119. II, 84.
OTTERSTHAL, loc. B.A., II, 157.
OTTMARSHEIM, loc. H.A., I, 372, 658. II, 132, 198, 454.
OTTO, Marc, avocat général de la ville de Strasbourg, I, 138, 139, 158, 432. II, 308.
OTTO, J.H., surintendant à Riquewihr, II, 553.
OTTROTT, loc. B.A., I, 534. II, 375.
OXENSTJERNA, Axel, chancelier de Suède, I, 80, 82, 83, 411, 467.
OXENSTJERNA, comte Jean, I, 139, 151, 156.
OYSONVILLE, N. d', intendant des armées à Brisach, I, 93, 94, 97, 99, 103, 104, 647.

P

PAIRIS, abbaye H.A., I, 416. II, 441.
PAPPUS, Jean, prof. à l'Université de Strasbourg, II, 289, 308, 524.
PAPPUS, Jean fils, id., II, 504.
Pasteurs, nomination des, II, 468-470.
— Mœurs et activité intellectuelle, 482-491. — Situation matérielle, 491-497.
PAUL, V, pape, II, 320, 362.
PEBLITZ, N. de, colonel mausfeldien, I, 63, 64.
Pêche en Alsace, II, 34. — Sa surveillance, 35.
PEETZ, Adam, coadjuteur du prince-évêque de Strasbourg, II, 321, 446, 454.
PELLISSON, Paul, de l'Académie française, I, 421. II, 15.
Pèlerinages alsaciens, II, 437-439.
PELTRE, R. P. Hugues, hagiographe alsacien, II, 421.
Persécutions religieuses en Alsace, II, 546-574.

R. REUSS, Alsace, II.   40

PESSELIÈRES, M. de, commandant français de Saverne, I, 123. II, 534.
PETERMANN, Richard, curé de Monbouton, II, 446.
PETITE-PIERRE, la, seigneurie et loc. B.A., I, 15, 76, 515, 571, 576, 594.
PETRI, J.H., chroniqueur mulhousien, II, 251.
PFAFFENHOFFEN, loc. B.A., I, 27, 79, 398, 674.
PFEFFER, J.-J., curé de Ribeauvillé, II, 418.
PFEMMERT, Catherine, maîtresse de M. de Montaussier, I, 117.
PFETTISHEIM, loc. B.A., II, 197.
PFITZER, Gaspard, receveur de la Noblesse immédiate, I, 122.
PHILIPPI, N., pasteur à Bischwiller, II, 500.
PHILIPPSBOURG, ville forte du territoire de Spire, I, 82, 105, 142, 148, 150, 151, 183, 186, 197, 234-236.
PILHE, Daniel de, bailli de Sainte-Marie-aux-Mines, II, 8, 33, 133.
PILH, Thomas, bourgeois d'Échery, II, 518.
PIOT, N., maître de langues à Strasbourg, II, 191.
PIRMANCH, Léonard, maître brasseur à Murbach, I, 632.
PISTOR, Suzanne, maîtresse d'école à Riquewihr, II, 391.
PISTORIS, Jean, curé de Schlestadt, II, 417.
PISTORIUS, N., pasteur à Strasbourg, II, 497.
PISTORIUS, N., pasteur à Kunheim, II, 126.
PISTORIUS, Charles, curé de Beinheim, II, 516.
PLANCHER-LES-MINES, loc. de la Franche-Comté, II, 186.
PLEISTER, Dr Jean, vicaire général de l'évêché de Strasbourg, I, 391. II, 413.
PLOBSHEIM, loc. B.A., I, 233, II, 74, 75, 95.
PLOSCHEL, Jean, fauconnier des Ribeaupierre, II, 30.
POLHELM, N. de, chargé d'affaires de la ville de Strasbourg à la cour de France, I, 100, 101, 104.
Polémiques confessionnelles (jubilé de 1617), II, 514-516.

PONCET DE LA RIVIÈRE, intendant d'Alsace, I, 219, 296, 538, 582.
Population de l'Alsace au XVIIe siècle, I, 24-28.
Porcs en Alsace, I, 564-566.
Postes en Alsace, I, 648-658.
PRECHTER, Guillaume, juge à Sainte-Marie-aux-Mines, I, 605.
PREUSCHDORF, loc. B.A., I, 126, 129, II, 374.
PRINTZHEIM, loc. B.A., I, 126. II, 376.
Prisons et maisons de force, I, 318-319.
PUETZ, Nicolas, curé de Rhinau, II, 419.
PUYSIEUX, Pierre Brulart, marquis de, secrétaire d'État, I, 51, 64, 65.
PUYSIEUX, N. marquis de, gouverneur de Huningue, I, 356.

Q

QUATELBACH, le, canal, H.A., I, 16.
QUATZENHEIM, loc. B.A., II, 87, 376, 385, 477, 479, 494.
QUEICH, la, rivière, I, 16, 479, 510.
QUEICHHEIM, loc. B.A., II, 350.
QUINCKELBERGER, Jean-Chrétien, fondeur de canons à Benfeld, I, 346.

R

RASILLY, N. de, gouverneur français de Haguenau, I, 102, 460. II, 530.
RATABON, Martin de, vicaire général de l'évêché de Strasbourg, II, 402, 406, 557, 560.
RATHSAMHAUSEN, seigneuries des, I, 534, 597.
RATHSAMHAUSEN, Mlle Cléophé de, II, 20.
RATHSAMHAUSEN, Jacques de, II, 100, 524.
RATHSAMHAUSEN, Jean-Gaspard de, II, 20.
RATISBONNE, trêve de, 1, 260.
RAUCH, Jean-Georges, compositeur strasbourgeois, II, 280.
REBHAN, Jean, prof. à l'Université de Strasbourg, II, 292, 308.
REES, R. P. Théodore, recteur de l'Académie de Molsheim, II, 516.

Régiments alsaciens ou stationnés en Alsace, I, 356-357.
REGNIER DES MARAIS, abbé, de l'Académie française, I, 421.
RÉGUISHEIM, loc. H.A., I, 131, 375.
REHLINGEN, Max-Conrad, envoyé suédois à Strasbourg, I, 318.
REICHARDT, Étienne, bourgmestre d'Obernai, I, 120.
REICHSHOFFEN, loc. et bailliage, B.A., I, 126, 386, 523.
REINACH, Jean-Adam de, bailli de Benfeld, I, 676.
REINACH, Jean-Béat de, II, 437.
REINACH, Jean-Henri de, feldzeugmeistre impérial, I, 92. II, 15. 433.
REINACH, N. de, major au régiment d'Alsace, I, 614.
REINACKER, loc. B.A., II, 109.
REINHARDT, Jean-Christophe, fermier du monopole du sel, I, 700.
REINHARDTSMUNSTER, loc. B.A., II, 77.
REISSEISSEN, François, ammeistre de la ville de Strasbourg, I, 19, 205, 231, 238, 249, 257, 264, 430, 700. II, 18, 42, 56, 63, 87, 118, 152, 193, 250, 475, 569. 570.
REISSEISSEN, Jacques, ammeistre de la ville de Strasbourg, I, 316. II, 63.
REISSEISSEN, Jean-Jacques, docteur en droit, II, 193.
RENNER D'ALLMENDINGEN, Benoît, administrateur de l'abbaye de Murbach, I, 407. II, 417.
Repos dominical, ordonnances sur le, II, 477.
RESCHWOOG, loc. B.A., I, 518.
REUTENBOURG, loc. B.A., II, 109.
REVEL, André, « directeur des carosses » de Strasbourg à Besançon, I, 657.
RHEINFELDEN, bataille de, I, 91.
RHEINHAUSEN, centre postal pour l'Alsace (grand-duché de Bade actuel), I, 649, 650, 651, 655.
RHIN, le, fleuve ; son cours, I, 10-12. — Navigation sur le Rhin, 676-687.
RHINAU, loc. B.A., I, 12. II, 164.
RIBEAUPIERRE, seigneurie de, H.A., I, 498-505.
RIBEAUPIERRE, Éverard de, I, 51, 53, 54, 123, 279, 340, 500, 552, 566. II, 8, 11, 27, 30, 138, 187.

RIBEAUPIERRE, Georges-Frédéric de, I, 500 503. II, 9, 563.
RIBEAUPIERRE, Jean-Jacques de, I, 204, 500, 501, 695, 699. II, 130.
RIBEAUPIERRE, Catherine-Agathe de, I, 501.
RIBEAUPIERRE, Agathe-Marie de, I, 552.
RIBEAUVILLÉ, ville, H.A., I, 188, 219, 338, 342, 503, 504, 505, 552, 554, 578, 593. II, 6, 7, 64, 108, 121, 126, 127, 139, 147, 149, 156, 157, 164, 179, 197, 370, 380, 394, 539.
RICE, Antoine, prêtre, commissaire lorrain, II, 507.
RICHELIEU, Armand du Plessis, cardinal de, I, 76, 80, 81, 83, 84, 87-89, 92, 93, 100, 135, 136, 467.
Richesses minérales de l'Alsace, I, 22, 23.
RICHI, Jean, pasteur à Oberbetschdorf, II, 484.
RICHSHOFFER, Ambroise, voyageur strasbourgeois, II, 66, 193, 250.
RICHSHOFFER, Daniel, ammeistre de la ville de Strasbourg, II, 193, 254.
RIEDEN, F. vicaire général du diocèse de Bâle, II, 406.
RIEDINGER, Georges, architecte strasbourgeois, II, 275.
RIECKH, Jean-Ernest, compositeur strasbourgeois, II, 280.
RIEDISHEIM, loc. H.A., I, 328.
RIEDSELTZ, loc. B.A., I, 416.
RIESPACH, loc. H.A., I, 577.
RINGLER, Charles, pharmacien à Strasbourg, II, 137.
RINK DE BALDENSTEIN, Amarin, doyen de Murbach, I, 409.
RIQUEWIHR, ville, H.A., I, 87, 118, 342, 506-508, 582, 588, 707. II, 7, 126, 128, 147, 157, 346-348, 391, 392, 482, 550, 551.
RITTER, Jean-Balthasar, pasteur à Strasbourg, II, 247.
RITTER, Sébastien-Luc, pasteur à Strasbourg, II, 194.
RITTERSHOFFEN, loc. B.A., I, 578.
RIXHEIM, loc. H.A., I, 372.
RIZART, N., chanoine à Colmar, I, 219, 220.
ROBELIN, Mathias, capitaine de la maréchaussée, I, 647.
ROBERTSAU, la, loc. banlieue de Strasbourg, I, 223, 443, 680. II 64, 378, 492.

RODOLPHE II, empereur, I, 45, 268, 363, 364, 466, 596. II, 288.
ROEDER DE DIERSBURG, Ernest-Louis, II, 21.
ROEDER DE DIERSBURG, N., stettmeistre de la ville de Strasbourg, II, 521.
ROEDERER, Chrétien, membre du Sénat de Strasbourg, II, 43.
ROEDEREN, loc. B.A., I, 518.
ROESLIN, Élisée, médecin et auteur alsacien, I, 9.
ROEST, R. P. Pierre, prof. à l'Académie de Molsheim, II, 421, 515.
ROETTLIN, Jean-Martin, secrétaire du diplomate suédois M. de La Gardie, I, 155.
ROGNIER, Romary, fermier des revenus de Murbach, I, 440.
ROGGENBACH, Jean-Conrad de, évêque de Bâle, II, 429.
ROHAN, Henri, duc de, I, 84, 86, 418, 425.
ROHAN, Hercule-Mériadec, prince de, I, 518.
ROHR, Zacharie, fondeur de canons à Colmar, I, 346.
ROHRWILLER, loc. B.A., I, 15, 560.
ROMANSWILLER, loc. B.A., I, 436, 445. II, 147, 374, 520.
ROMPLER DE LOEWENHALT, Isaïe, poète strasbourgeois, II, 11, 222-225, 314.
ROOS (ou Rosa), Thierry, peintre strasbourgeois, II, 262.
ROPPE, Melchior de, colonel du régiment d'Alsace, I, 614.
ROQUÉPINE, Constantin de, pasteur à Mulhouse, II, 196.
RORTÉ, N. de, envoyé de France en Allemagne, I, 139.
ROSEN, Jean de, général français, I, 178, 381. II, 249, 417.
ROSEN, Reinhold de, général français, I, 186, 188, 190, 191, 194, 381, 382.
ROSEMONT, le, ou bailliage de Giromagny, I, 371.
ROSENGARDT, le bienheureux Jean-Louis, de Thann, II, 432.
ROSHEIM, ville impériale, B.A., 1, 65, 181, 188, 220, 234, 301, 348, 487, 488, 489. II, 108, 157.
ROSSELANGE, N. de, fonctionnaire lorrain, I, 541, 542.
ROST, François, compositeur alsacien, II, 282.

ROTHAU, loc. B.A., I, 516, 609, 612.
ROTHFUCHS, Thiébaut, receveur de l'abbaye d'Ebersheimmunster, I, 256. II, 98, 332, 523.
ROTTEMBOURG, comte de, seigneur de Masevaux, I, 382, 614.
ROUFFACH, ville de la H.A., I, 9, 77, 87, 119, 130, 190, 301, 348, 386. II, 130, 157, 165, 176, 197, 363, 384, 433.
ROUGEMONT, seigneurie de, H.A., I, 368, 371, 382. II, 31.
ROUSSILLON, vicomte de, envoyé français à Strasbourg, I, 88.
Routes d'Alsace, I, 641-648.
RUCKUS, J.J. pasteur à Romanswiller, II, 104.
RUEIL, traité de, I, 135, 138, 467, 468.
RUMELIUS, Pierre, pasteur à Lingolsheim, II, 19.
RUMERSHEIM, loc. B.A., II, 197, 546.
RUSS, loc. B.A., II, 197.
RUSS, Daniel, batelier à Strasbourg, I, 680.
RUTHER, J. Th., bailli de Mutzig, II, 558, 559.
RUVIGNY, Henri marquis de, agent de Mazarin en Alsace, I, 177.
RUYR, Jean, chanoine de Saint-Dié, II, 143.
RUZÉ, Henri, marquis de, sous-bailli de la préfecture de Haguenau, I, 205, 455.
RUZÉ, Gabrielle de, II, 23.
RYSWICK, négociations de, 1, 262-265, 511-512.

S

SACKVILLE, Thomas, directeur d'une troupe anglaise à Strasbourg, II, 235.
SAINTE-AGATHE, lieu de pèlerinage près Weitbruch, B.A., II, 98.
SAINT-AMARIN, localité et bailliage, H.A., I, 14, 127, 409, 609, 622. II, 84, 411, 427, 434.
SAINT-BLAISE, loc. H.A., I, 603.
SAINTE-CROIX-EN-PLAINE, loc. H.A., I, 14, 471.
SAINT-GENIEZ, marquis de, gouverneur de Brisach, I, 198, 500.
SAINT-GERMAIN, traité de, I, 85.
SAINT-HIPPOLYTE, ville de H.A., 1, 187, 522, 554, 578. II, 108, 127, 197.

RÉPERTOIRE GÉNÉRAL 629

SAINT-LAZARE, Ordre de, en Alsace, II, 157, 162, 165.
SAINT-JEAN-DES-CHOUX, abbaye et loc. B.A., II, 98, 454.
SAINTE-MARIE-AUX-MINES, ville H.A., I, 119, 219, 227, 235, 307, 328, 502, 522, 593, 603-606, 640. II, 122, 134, 135, 140, 499, 501, 507, 520.
SAINTE-ODILE (ou Hohenbourg), couvent B.A., II, 98.
SAINT-PIERRE-BOIS, loc. B.A., I, 541.
SAINT-SIMON, M. de, gouverneur français de Saverne, I, 81.
SALADIN, G., chroniqueur strasbourgeois, II, 162. 168.
Salaires agricoles, II, 81-83.
SALM, Hermann-Adolphe, comte de, gouverneur de l'évêché de Strasbourg, I, 60, 61, 70, 78, 80, 459, 652. II, 321.
SALM, Othon-Louis, comte de, commissaire épiscopal, I, 72.
SALTZMANN, Jean-Rodolphe, médecin et prof. à l'Université de Strasbourg. II, 138, 310.
SALVIUS, Adler, diplomate suédois, I, 103, 155.
SAMSON, David, maître d'école à Ribeauvillé, II, 394.
SARBURGH, Jean, curé de Saint-Pierre, I, 188.
SAUER, la, rivière, I, 16, 517.
SAVERNE, ville épiscopale, B.A., I, 15, 65, 77, 86, 88, 137, 222, 234-237, 301, 342, 354, 393-395, 566, 593, 690. II, 107, 134, 147, 157, 162, 163, 179, 197, 198, 364, 365, 379, 380.
SAVERNE, montée de, col des Vosges, I, 644, 645.
SCHACH, Sébastien, voyageur strasbourgeois, II, 66, 254, 255.
SCHAD, Daniel, pasteur à Oberkirch, II, 528.
SCHAD, Osée, historien strasbourgeois, II, 250, 274, 324. II, 515, 516.
SCHAFFALITZKI, Bernard de, amateur de curiosités strasbourgeois, II, 254.
SCHALKENDORF, loc. B.A., II, 95.
SCHALLER, W., pasteur à Strasbourg, II, 491.
SCHARRACHBERGHEIM, loc. B.A., I, 128. II, 505.
SCHAUENBOURG,, Rodolphe de, I, 540.

SCHAUENBOURG, Jean-Regnard de, conseiller épiscopal, I, 69, 70.
SCHAUENBOURG, Melchior de, I, 279.
SCHAUENBOURG, Annibal de, II, 15.
SCHEER, la, rivière, I, 14, 471.
SCHEFFMACHER, R. P. Jacques, prof. à l'Université épiscopale de Strasbourg, II, 331.
SCHEID, Balthasar, pharmacien à Strasbourg, II, 136.
SCHEID, Jean-Valentin, prof. à l'Université de Strasbourg, II, 161, 297.
SCHELL, Cléophé, maîtresse de Georges-Frédéric de Ribeaupierre, II, 9.
SCHEMERBERG, Jean, de Mulhouse. II, 502.
SCHENK, R. P. Chrysostôme, missionnaire, II, 452.
SCHENK DE GRAEVENBERG, Jean-Conrad, médecin des archiducs, II, 115.
SCHERB, Chrétien, médecin à Colmar, II, 43.
SCHER, Guillaume, avocat de l'officialité de Strasbourg et poète, II, 232.
SCHERWILLER, loc. B.A., I, 376, 541.
SCHEURER, J., pasteur à Munster, I, 314.
SCHEURING, Jean, pasteur à Strasbourg, II, 472.
SCHICKLIN, Jean, messager juré d'Altkirch, II, 532.
SCHILL, Jean-Henri, jurisconsulte strasbourgeois et littérateur, II, 224, 225.
SCHILLING, N., médecin à Strasbourg, II, 124.
SCHILLING, J.C., pasteur à Strasbourg, II, 484.
SCHILTER, Jean, prof. à l'Université de Strasbourg, II, 293.
SCHILTIGHEIM, loc. B.A., I, 223, 443.
SCHIPPER, N., pasteur à Wissembourg, II, 512.
SCHIRMECK, loc. B.A., I, 15, 126, 190, 609, 612. II, 143, 144, 197.
SCHLESTADT, ville impériale, B.A., I, 14, 69, 77, 82, 116, 117, 134, 135, 181, 206, 208, 220, 227, 292, 301, 342, 471-476, 675. II, 61, 64, 106, 120, 157, 164, 196, 197, 309, 406, 417, 447, 448, 501, 529.
SCHLICK, N., pasteur à Fortschwihr, II, 552.
SCHMETTAU, baron de, envoyé de Prusse à la Haye, I, 727, 728.

SCHMID, Sébastien, professeur à l'Université de Strasbourg, 1, 248. II, 292, 3C0.

SCHMIDT, Jean, professeur à l'Université de Strasbourg, président du Convent ecclésiastique, II, 290, 292, 311, 313, 314, 324, 473, 486, 522, 524.

SCHMIDT, Jean-Frédéric, avocat gégénéral de la ville de Strasbourg, I, 69. II, 531.

SCHMIDT, Antoine, maître de langues à Strasbourg, 1, 655.

SCHMIDT, Christophe, pasteur à Wolfgantzen, II, 553.

SCHMUCK, Frédéric-Guillaume, imprimeur à Strasbourg, II, 211, 257.

SCHNEIDER, Jean-Balthasar, syndic de la ville de Colmar, I, 139-141, 147, 150, 151, 156.

SCHNEUBER, Mathias, prof. à l'Université de Strasbourg et poète, II, 224-225.

SCHNITZLER, J. J., pasteur à Strasbourg, II, 377.

SCHOENEBECK, Wolfgang de, seigneur de Cernay, I, 381, 382.

SCHŒNECK, seigneurie de, B.A., I, 520.

SCHŒPFFER, Jérôme, peintre à Rouffach, II, 265.

SCHOPPENWIHR, château de Berckheim, H.A., II, 18.

SCHŒTTERLIN, Wolfgang, ammeistre de la ville de Strasbourg, II, 43, 152.

SCHOTT, Antoine, syndic de la ville de Colmar, I, 208, 209, 288.

SCHRAG, Frédéric, professeur à l'Université de Strasbourg, puis assesseur à la Chambre impériale de Spire, I, 265. II, 348.

SCHRAG, Jean Adam, avocat de la ville de Strasbourg, II, 205, 262.

SCHULENBURG, Lévin de, voyageur brandebourgeois en Alsace, I, 417, 418, 425. II, 159.

SCHULZ, major général au service impérial, I, 222.

SCHURER, Chrétien, imprimeur à Mulhouse, II, 248.

SCHWARZERD, Georges, Philippe, Sigismond, maîtres de forges au Jægerthal, 1, 612.

SCHWARTZ, Dom Frédéric, abbé de Marmoutier, I, 412.

SCHWEIGHAUSEN, loc. H.A., II, 410, 411, 414, 532.

SCHWEITZER, Ulric, receveur de l'abbaye de Saint-Jean, à Saverne, II, 114.

SCHWINDRATZHEIM, loc. B.A., I, 23.

SEBIZ, Albert, professeur à l'Université de Strasbourg, II, 44, 156, 161, 310.

SEBIZ, Melchior, professeur à l'Université de Strasbourg, II, 130, 131, 155, 189, 290, 312.

SÉEBACH, N. de, conseiller de régence à Ensisheim, I, 60.

SEILER, Michel, pasteur à Hœrdt, II, 485.

SELTZ, ville, abbaye et bailliage de, B.A., 1, 16, 222, 513, 685.

SELTZBACH, le, rivière, I, 16, 510, 517.

SÉRAPHON, François, bourgmestre de la ville de Colmar, I, 470.

SERREIUS, Jean, maître de langues à Strasbourg, II, 188.

SERVIEN, Abel, plénipotentiaire français au Congrès de Munster, I, 138, 139, 141, 143, 144, 152, 153, 158, 159, 162, 170, 195. II, 456, 464.

SESSENHEIM, loc. B.A., 1, 518.

SEUPEL, Jean-Adam, artiste strasbourgeois, II, 272, 273.

SEWEN, vallée et loc. H.A., 1, 14. II, 121-123.

SIBOUR, Paul-Roger, membre du sénat de Strasbourg, II. 200.

SIERENTZ, loc. H.A., I. 329.

SIGISMOND-FRANÇOIS D'AUTRICHE, évêque d'Augsbourg, 1, 212, 363.

SIGOLSHEIM, loc. H.A., I, 376.

Silviculture en Alsace, I, 567-582.

SIMON, N., imprimeur à Strasbourg, II, 204.

Sociétés de tir en Alsace, I, 337, 338.

SOETERN, Philippe de, électeur de Trèves, I, 82.

SOLBACH, loc. B.A., I, 609.

Sorcellerie en Alsace, II, 101-119.

SOUFFEL, la, rivière, I, 15.

SOUFFELWEYERSHEIM, loc. B.A., II, 197, 523.

SOUFFELNHEIM, loc. B.A., I, 623.

SOULTZ-SOUS-FORÊTS, loc. B.A., I, 23, 518, 617, 618.

SOULTZ, ville, H.A., I, 21 78, 87, 127, 178. II, 157, 440, 451.

SOULTZBAD, loc. B.A., II, 142.

SOULTZBACH, loc. H.A., II, 87, 143, 144, 427.

SOULTZMATT, loc. H.A., J, 120.
SPARSBACH, loc. B.A., I, 125.
SPACH, Israël, prof. à l'Académie de Strasbourg, II, 131, 308.
SPANGENBERG, Wolfhart, poète strasbourgeois, II, 220, 221, 233, 236.
SPECCER, Tobie, professeur à l'Académie de Strasbourg, II, 338.
SPECCER, Ambroise, pasteur strasbourgeois, II, 484.
SPECHT, N., poète colmarien, II, 247.
SPELTA, Antonio-Maria, auteur italien, II, 226.
SPENCER, John, directeur d'une troupe anglaise à Strasbourg, II, 235.
SPENER, Philippe-Jacques, théologien protestant alsacien, II, 292, 293, 467.
SPIRE, territoires de l'évêché de, en Alsace, I, 414, 415. — Limites du diocèse de Spire en Alsace, II, 404.
SPIRGAU, le, limite de l'Alsace septentrionale, I, 2, 479, 510.
SPITZ, Jacques, sculpteur alsacien, II, 274.
SPOON, Jean-Frédéric, libraire strasbourgeois et amateur de curiosités, II, 254.
SPOOR, Frédéric, imprimeur strasbourgeois, II, 213, 214.
STADION, Jean-Christophe de, président de la Régence d'Ensisheim, I, 59, 365, 381, 606.
STADION, Ulric de, grand-bailli de la préfecture de Haguenau, II, 31.
STAEDEL, Tobie, ammeistre de la ville de Strasbourg, II, 193.
STAEDEL, Christophe, ammeistre de la ville de Strasbourg, II, 479.
STAEDEL, Josias, imprimeur strasbourgeois, II, 203, 207.
STAENTZ, Michel, curé d'Oberburnhaupt, II, 429.
STAEUDLIN, Jean-Baptiste, curé de Ribeauvillé, II, 418.
STEINBACH, loc. H.A., I, 373, 608.
STEINBOCK, Daniel, membre du Sénat de Strasbourg, II, 282.
STEINBOURG, loc. B.A., II, 197, 427, 431.
STEINCALLENFELS, Jean-Marie de, I, 515.
STEPHANSFELD, loc. B.A., II, 176.
STIPPICH, M., curé de Saint-Amarin, I, 609. II, 433.
STOEFFLER, Jacques, pasteur à Berstett, I, 285.

STOESSER, Godefroi, avocat général de la ville de Strasbourg, I, 232, 238, 686. II, 318.
STOLL, Joachim, prédicateur de la cour à Ribeauvillé, II, 298, 489, 526.
STOLTZ, J. Thomas, conseiller de régence à Ribeauvillé, II, 126, 545.
STORCK, Pierre, ammeistre de la ville de Strasbourg, II, 206, 210.
STOSSKOPF, Georges, peintre strasbourgeois, II, 257.
STOSSKOPF, Sébastien, peintre strasbourgeois, II, 257, 258.
STOTZHEIM, loc. B.A., II, 197.
STRASBOURG, ville libre impériale, B.A. — Son histoire, I, 51-64, 67, 69, 72, 73, 76, 77, 88, 97, 100, 101, 103, 106, 117, 217, 222, 223, 225, 237, 238, 240-242, 246-257, 263, 264, 308, 309, 342-349. — Topographie : 416-421. — Population : 422-424. — Constitution : 424-435. — Finances : 435-442. — Bailliages extérieurs : 443-446. — Corporations d'arts et métiers : 586-591. — Sorcellerie à Str., II, 107. — Épidémies à, 120, 122-125, 128. — Organisation médicale : 133, 134, 139. — Hygiène publique : 145, 146, 149-151. — Léproseries : 155. — Hôpitaux : 158-161, 167, 168. — Aumôneries : 170-172. — Assistance publique : 174, 175, 177, 178. — Imprimeries : 202-204. — Censure : 205, 206. — Journaux à, 209-211. — Académie et Université : 287-320. — Gymnase : 333-344. — Ecoles primaires : 386-390. — Organisation ecclésiastique, Eglise luthérienne : 466, 468-473. — Eglise réformée : 500, 501. — Culte catholique partiellement toléré, mais entravé : 520-523. — Israélites : 586-588.
STRASBOURG, évêché de, I, 181, 247, 384-395. II, 86, 398.
STREIFF DE LAUENSTEIN, envoyé de l'Union de Heilbronn à Paris, I, 135.
STREIT, R. P. Thomas, régent au Collège de Schlestadt, II, 359.
STREIT, R. P. (le même), prédicateur à Haguenau, II, 531.
STRENGBACH, le, rivière, I, 14, 502.
STRINTZ, Daniel, notaire impérial à Strasbourg, II, 60.
STROBEL, Valentin, compositeur strasbourgeois, II, 280.
STUMPFF DE SIMMERN, Jean, gentilhomme alsacien, II, 20.

Suicides en Alsace, II, 44-45.
SUNDHAUSEN, loc. B.A., II, 85, 463, 533.
SUNDHOFFEN, loc. H A., I, 128, 507. II, 89, 383, 384.
SURBOURG, abbaye et loc. B.A., I, 16, 34. II, 108, 198, 401.
SUZE, comte de la, gouverneur de Belfort, I, 76, 89, 179, 186, 197,607.
SUZE, Henriette de Coligny, comtesse de la, II, 249.

T

Tabac, culture et fabrication du, en Alsace, I, 548, 549, 635-639.
TABOR, Othon, prof. à l'Université de Strasbourg, II, 293.
TANNER, N., curé à Rustenhart, II, 32.
TARADE, R. P., jésuite à Strasbourg, II, 569.
TAUPADEL, N. de, colonel weimarien, seigneur de Ferrette, I, 179, 381, 382. II, 428.
Terres palatines en Alsace, I, 509-517.
TERRESTRE, Nicolas, curé à Rouffach, II, 416.
THANN, loc. et seigneurie, H.A., I, 14, 32, 78, 301, 367, 369, 370, 382, 554, 691. II, 106, 121, 130, 157, 363, 364, 433, 439.
THANVILLÉ, loc. B.A., I, 522. II, 410, 414.
THIESSBERGER, Jean, pasteur à Eschau, II, 524, 525.
THUR, la, rivière, I, 2, 14, 409.
THYRING, R. P. Ubalde, capucin de Soultz, II, 99.
TILLADET, Gabriel de Cassagnet, marquis de, gouverneur de Brisach, I, 182, 185. II, 581.
TRACY, N. de, intendant des armées en Alsace, I, 137, 204. II, 30.
Traditions et cérémonies populaires en Alsace, II, 89-91.
TRAUBACH, loc. et bailliage, H.A., I, 370.
TRAUSCH, Henri, chroniqueur strasbourgeois, II, 250.
TRAUTMANNSDORF, Max. comte de, plénipotentiaire impérial à Munster, I, 141-143, 148, 149, 156.
TRIMBACH, loc. B.A., I, 125.
TRUCHSESS DE RHEINFELDEN, Jean-Christophe de, bailli de Heitern, II, 115.
TRUCHSESS DE RHEINFELDEN, Christophe de, I, 279.
TRUE, Louis de, maître de langues à Strasbourg, II, 191.
TSCHAMSER, R. P. Malachie, chroniqueur franciscain de Thann, I, 27, 130. II, 29.
TSCHUDI, R. P. Colomban de, administrateur de Murbach, I, 120, 407, 408.
TURCKHEIM, ville impériale, H.A., I, 77, 87, 129, 181, 188, 230, 231, 292, 342, 358, 370, 493-497, 554, 556, 592. II, 157.
TURCKHEIM, Jean de, négociant à Strasbourg, I, 651.
TURENNE, Henri vicomte de, maréchal de France, en Alsace, I, 103, 105-107, 114, 176, 177, 221-233. II, 186.

U

UBERACH, loc. B.A., II, 197.
UFFHOLTZ, loc. H.A., I, 409.
ULRICH, Pierre, brasseur à Pfaffenhoffen, chef de chenapans, I, 118.
ULMANN, Jean, pasteur à Illkirch, II, 554.
Université de Strasbourg, II, 289-320.
Université épiscopale de Strasbourg, II, 329-331.
URBANUS, Mathias, pasteur à Hausbergen, II, 484.

V

VON STOCKUM, marchand de bois de Wesel, I, 572.
VARNBULER, N., conseiller de régence à Bouxwiller, I, 235.
VARNBULER, N., jurisconsulte viennois, I, 69, 71.
VAUBAN, Michel de, maréchal de France, I, 255, 349, 424, 475, 482.
VAUBRUN, N. de, lieutenant-général français, I, 220, 222, 223, 233, 517.
VAUTORTE, N. de, envoyé français en Allemagne, I, 143, 146, 181.
VEIT, Jean, pasteur à Hohenatzenheim, II, 484.
VELDENCE, Louis-Léopold, comte palatin de, I, 516.
VELDENCE, Georges-Gustave, comte palatin de, I, 516, 517.

VENDERICH, Berthold, pasteur à Pfaffenhoffen, II, 484.
VERDOT, Nicolas, curé à Rouffach, II, 416.
VERJUS, Louis de, envoyé français à Ratisbonne, I, 251, 259.
VERNIER, M., colonel impérial à Colmar, I, 77, 87, 467.
Verreries d'Alsace, I, 619-622.
VIGNACOURT, Robert de, seigneur de Morimont, I, 381.
VILLE-NEUVE DE SAINT-LOUIS (les-Brisach), ville H.A., I, 264, 379. II, 581.
VILLE, N. de, envoyé lorrain auprès de Mansfeld, I, 60.
VILLÉ, loc. et seigneurie, B.A., 14, 79, 111, 126, 187, 354, 376, 381, 382, 404, 405, 541, 613. II, 186, 197, 427.
Villes d'Alsace, leur apparence extérieure, II, 37, 38. Maisons bourgeoises, 38-40.
Vins, commerce des, en Alsace, I, 706-710.
VIROT, Dom, abbé de Neubourg, II, 443.
Visitation des paroisses rurales, II, 470, 471.
Viticulture en Alsace, I, 553-557.
VITZTHUM D'ECKSTAEDT, N., commissaire impérial, I, 70.
VOGEL, Nicolas, greffier épiscopal, I, 126.
VOGEL, Romain, percepteur de la Noblesse immédiate, 1, 312.
VOGEL, Dom Grégoire, abbé de Marmoutier, I, 413.
VOLGELSHEIM, loc. H.A., I, 507.
VOLMAR, Isaac, plénipotentiaire impérial à Munster, I, 143, 156, 367.
VORSTEDT, N. de, contrôleur général des terres de Mazarin en Alsace, II, 26.

W

WAECHTLER, Regnard, imprimeur-libraire à Strasbourg, II, 213.
WAHLENHEIM, loc. B.A., I, 235.
WALBACH, loc. H.A., I, 502. II, 90.
WALCH, Jonas, bourgmestre de Colmar, I, 114. II, 59, 192, 502.
WALDERSBACH, loc. B.A., I, 516, 609.
WALDNER DE FREUNDSTEIN, Philippe de, I, 329.
WALDOLWISHEIM, loc. B.A., II, 443.

WALF (ou Valff), loc. B.A., II, 197.
WALLISER, Laurent, professeur à l'Université de Strasbourg, II, 291.
WALLISER, Thomas, professeur et compositeur strasbourgeois, II, 222, 234, 249, 278, 279.
WALTENHEIM, loc. B.A., I, 23.
WALTER, Jean-Jacques, artiste et chroniqueur strasbourgeois, I, 95, 113, 205, 211, 224, 231. II, 98, 250, 254, 259, 260.
WALTER, Jean-Frédéric, artiste strasbourgeois, II, 260.
WALTHER, N., surintendant à Riquewihr, II, 89.
WALTHER, G. F., pasteur à Munzenheim, II, 549.
WANGEN, Christophe de, conseiller épiscopal, I, 387, 566.
WANGEN, Georges-Thierry de, II, 10.
WANGEN, Frédéric de, président du Directoire de la Noblesse immédiate, I, 249, 531.
WANGEN, loc. B.A., I, 444.
WANGENBOURG, loc. B.A., I, 414.
WANTZENAU (la), bailliage épiscopal, B.A. I, 15, 80, 103, 225, 385, 615, 679. II, 81.
WARIN, Théodore, docteur de l'Académie de Molsheim, II, 323.
WASSELONNE, loc. et bailliage, B. A., I, 63, 72, 225, 444, 445, 700. II, 197, 371, 372, 378, 471.
WASSERBOURG, loc. H.A., I, 502.
WATTWILLER, loc. et bailliage, H. A., I, 409.
WATTWILLER, bains de, II, 144.
WEGELIN, Jean-Georges, surintendant à Bouxwiller, II, 466.
WEGELIN, Thomas, prof. à l'Université de Strasbourg, II, 472.
WEIMAR, Bernard, de, duc de Saxe, I, 81, 83-85, 87, 88, 90-95, 136, 373. II, 130.
WEIMAR, Guillaume de, duc de Saxe, I, 96.
WEINEMER, Luc, ammeistre de la ville de Strasbourg, II, 534.
WEISS, Jacques, orfèvre strasbourgeois, II, 276.
WEISS, la, rivière, I, 14, 493.
WEITBRUCH, loc. B.A., II, 121.
WEITENBACH, N., jurisconsulte à Thann, II, 114.
WELCKER, N., auditeur général des armées royales en Alsace, I, 189, 196.

WELPER, Éverard, imprimeur strasbourgeois, II, 211.
WELPER, Jean, imprimeur strasbourgeois, II, 211.
WENCKER, Jean, ammeistre de la ville de Strasbourg, I, 430, 686, 687, 747. II, 48, 193, 196, 250.
WENCKER, Daniel, ammeistre de la ville de Strasbourg, II, 48, 193.
WENGA, Antoine et Jean, fabricants à Sainte-Marie-aux-Mines, I, 628.
WERENTZHAUSEN, loc. H.A., I, 577.
WERWENNE, N. de, gouverneur lorrain de Bitche, II, 142.
WESENER, J. J., membre des Conseils de Strasbourg, I, 312.
WESTHALTEN, loc. H.A., II, 427.
WESTHAUSEN, loc. B.A., II, 197.
WESTHOFFEN, loc. et bailliage, B.A., I, 23, 125, 127, 235, 320, 398, 402, 560, 620. II, 78, 94, 107, 157, 374.
WETZEL, J. G., pasteur à Strasbourg, II, 213, 214.
WETZEL DE MARSILIEN, colonel suédois, I, 80.
WEYERSHEIM, loc. B.A., I, 15, 131.
WEYL, Mathias, fermier du monopole du sel à Westhoffen, I, 700.
WIEGER, Frédéric, jurisconsulte et poète strasbourgeois, II, 247.
WIED, N., comte de, chanoine du Grand-Chapitre, II, 27.
WIHR-AU-VAL, loc. H.A., I, 502. II, 90, 91, 417.
WIHR-EN-PLAINE, loc. H.A., II, 533.
WILDENSTEIN, loc. H.A., I, 14, 105, 409, 622.
WILDENSTEIN, N. de, grand prévôt de l'évêché de Strasbourg, I, 180, 348.
WILL, Jean-Valentin, médecin à Colmar, II, 130.
WILLGOTTHEIM, loc. B.A., I, 594.
WILWISHEIM, loc. B.A., I, 118.
WIMMENAU, loc. B.A., I, 125.
WINDEMIUS, G., pasteur à Wintersbourg, II, 553.
WINGERSHEIM, loc. B.A., II, 197.
WINKEL, loc. H.A., I, 13.
WINTZENHEIM, loc. H.A., I, 376. II, 497.
WINTZENHEIMER, J.-H., pasteur à Hattmatt, II, 393.
WISSEMBOURG, ville impériale, B.A., I, 16, 59, 75, 126, 181, 220, 236,
261, 301, 476-479, 592, 690. II, 46, 58, 62, 63, 157, 197, 310, 349, 350, 517.
WOELFFLIN, Paul, bailli de Heitern, II, 62.
WOERTH, loc. et bailliage, B.A., I, 16, 27, 125, 126, 354, 399, 690. II, 180.
WOLFGANTZEN (ou Wolfgangesheim), loc. H.A., I, 380. II, 376.
WOLFISHEIM, loc. et bailliage B.A., I, 234, 398, 400, 402. II, 405, 469, 483, 500.
WOLFF, Antoine, avocat général de la ville de Strasbourg, I, 57, 62, 432.
WOLXHEIM, loc. B.A., I, 65, 385, 554. II, 197.
WORMS, traité de, (1634), I, 82, 83.
WORMSER, Philippe-Jacques, stettmeistre de la ville de Strasbourg, I, 654.
WORMSER, Aaron, rabin des Juifs de la Haute et Basse-Alsace, II, 590.
WOTTON, sir Isaac, ambassadeur de Jacques Ier à Strasbourg, I, 85.
WURMEL, Jean, maitre de poste à Saverne, I, 656.
WURMSER, Dagobert de, seigneur de Sundhausen, II, 85.
WURTEMBERG - MONTBÉLIARD, terres des, en Alsace, I, 505-509.
WURTEMBERG-MONTBÉLIARD, Georges-Frédéric, duc de, II, 8, 11, 12, 503.
WURTEMBERG - MONTBÉLIARD, Henriette de, II, 12.
WURTEMBERG - MONTBÉLIARD, Anne de Coligny, princesse de, II, 12, 32, 503.
WURTEMBERG-MONTBÉLIARD, Léopold-Frédéric, duc de, II, 19.
WURTEMBERG-MONTBÉLIARD, Louis-Frédéric, II, 346.
WURTZ, Jean-Frédéric, ammeistre de la ville de Strasbourg, I, 439.
WURTZ, N., secrétaire de la ville de Haguenau, II, 187.

Z

ZEHNACKER, loc. B.A., I, 125. II, 376, 379, 385, 519.
ZEILLER, Martin, géographe allemand, I, 644, 684. II, 194.
ZELLENBERG, loc. et bailliage, H.A., I, 502. II, 417, 533.
ZEMBS, la, rivière, I, 15.

ZETZNER, Lazare, imprimeur-éditeur strasbourgeois, II, 60, 203, 204.
ZEYSS, Jean-Georges, bailli de la Petite-Pierre, I, 709, 713.
ZILLISHEIM, loc. H.A., II, 403.
ZIMMERBACH, loc. H.A., II, 90.
ZIMMERSHEIM, loc. H.A., II, 520.
ZINCKGREF, Jules-Guillaume, auteur allemand, II, 221, 222.
ZINSEL, la, rivière, I, 15, 445, 579.
ZINSWILLER, loc. B.A., I, 520, 610, 613. II, 96.
ZIPP, Georges, maître d'école à Furdenheim, II, 45, 380.
ZŒLLING, André, bailli de Schirmeck, II, 34.

ZORN, la, rivière, I, 15, 227, 398, 399, 445, 579.
ZORN DE BOULACH, Louis, bailli de Rhinau, II, 419.
ZORN DE BOULACH, Sébastien, II, 523.
ZORN DE PLOBSHEIM, Claude-Louis, stettmeistre de la ville de Strasbourg, I, 225. II, 486.
ZORN DE PLOBSHEIM, Adam, stettmeistre de la ville de Strasbourg, I, 688.
ZURLAUBEN, baron de, seigneur de Villé, I, 382, 613.
ZYSICH, Hartwig, inspecteur général de la musique religieuse à Strasbourg, II, 283.

TABLE DES MATIÈRES

	Pages
Préface	VII
Bibliographie (Additions)	X

Livre VI. — La société alsacienne au XVIIe siècle

Chapitre premier. Observations générales	1
Chapitre deuxième. La noblesse alsacienne. Princes et seigneurs.	6
Chapitre troisième. Chasse et pêche au XVIIe siècle.	25
Chapitre quatrième. La bourgeoisie alsacienne.	36
Chapitre cinquième. Les paysans d'Alsace au XVIIe siècle.	71
Chapitre sixième. Superstitions populaires et sorcellerie.	97
Chapitre septième. Hygiène publique et organisation médicale.	
§ 1. Les épidémies.	120
2. L'organisation médicale.	129
3. Hygiène publique.	144
Chapitre huitième. L assistance publique.	
§ 1. Hôpitaux, hospices et léproseries.	154
2. Autres établissements charitables; vagabondage et mendicité.	169

Livre VII. — L'activité intellectuelle en Alsace au XVIIe siècle

Chapitre premier. La langue française en Alsace.	185
Chapitre deuxième. Imprimerie et librairie	202
Chapitre troisième. La littérature alsacienne.	217
Chapitre quatrième. Beaux-arts.	252
Chapitre cinquième. Académies et Universités.	
§ 1. L'Université de Strasbourg.	287
2. L'Académie de Molsheim.	320
Chapitre sixième. L'enseignement secondaire en Alsace.	
§ 1. Le Gymnase de Strasbourg.	334
2. Autres établissements protestants d'Alsace.	344
3. Établissements catholiques divers.	350
Chapitre septième. L'enseignement primaire en Alsace.	369

LIVRE VIII. — LA SITUATION RELIGIEUSE EN ALSACE AU XVII° SIÈCLE

Chapitre premier. L'Église catholique d'Alsace.

	Pages
§ 1. Diocèses, chapitres, collation des bénéfices, etc.	397
2. La situation matérielle du clergé.	407
3. Les mœurs et l'activité intellectuelle du clergé.	415
4. Le clergé et les populations.	424
5. L'esprit religieux des masses.	432
6. Couvents et Ordres monastiques.	440
7. Le gouvernement français et l'attitude politique du clergé.	455

Chapitre deuxième. Les Églises protestantes d'Alsace.

§ 1. Situation générale; constitutions ecclésiastiques; mœurs religieuses.	463
2. Le corps pastoral des Églises d'Alsace (mœurs et activité intellectuelle).	482
3. La situation matérielle des pasteurs.	491
4. Les paroisses réformées d'Alsace.	498
5. Les anabaptistes.	505

Chapitre troisième. L'attitude réciproque des deux Églises.

§ 1. Catholiques et protestants dans l'Alsace autonome.	510
2. Le gouvernement de Louis XIV et les protestants d'Alsace.	534

Chapitre quatrième. Les Israélites d'Alsace au XVII° siècle. . 575

CONCLUSION 593

RÉPERTOIRE GÉNÉRAL DE NOMS DE LIEUX ET DE PERSONNES DE L'OUVRAGE. 607

TABLE DES MATIÈRES. 637

37. Histoire critique des règnes de Childerich et de Chlodovech, par M. Junghans, traduit par G. Monod et augmenté d'une introduction et de notes nouvelles. 6 fr.
38. Les monuments égyptiens de la Bibliothèque Nationale (cabinet des médailles et antiques), par E. Ledrain, 1re livraison. 12 fr.
39. L'inscription de Bavian, texte, traduction et commentaire philologique avec trois appendices et un glossaire, par H. Pognon, 1re partie. 6 fr.
40. Patois de la commune de Vionnaz (Bas-Valais), par J. Gilliéron. Avec une carte. 7 fr. 50
41. Le Querolus, comédie latine anonyme, par L. Havet. 12 fr.
42. L'inscription de Bavian, texte, traduction et commentaire philologique, avec trois appendices et un glossaire, par H. Pognon, 2e partie. 6 fr.
43. De Saturnio latinorum versu. Inest reliquiarum quotquot supersunt sylloge, scripsit L. Havet. 15 fr.
44. Études d'archéologie orientale, par C. Clermont-Ganneau, membre de l'Institut. Tome Ier. Avec de nombreuses gravures dans le texte et hors texte. 25 fr.
45. Histoire des institutions municipales de Senlis, par J. Flammermont. 8 fr.
46. Essai sur les origines du fonds grec de l'Escurial, par C. Graux. 15 fr.
47. Les monuments égyptiens de la Bibliothèque Nationale, par E. Ledrain, 2e et 3e livraisons. 25 fr.
48. Étude critique sur le texte de la vie latine de Sainte Geneviève de Paris, par Ch. Kohler. 6 fr.
49. Deux versions hébraïques du Livre de Kalilâh et Dimnâh, par J. Derenbourg, membre de l'Institut. 20 fr.
50. Recherches critiques sur les relations politiques de la France avec l'Allemagne, de 1292 à 1378, par A. Leroux. 7 fr. 50
51. Les principaux monuments du Musée égyptien de Florence, par W. B. Berend, 1re partie. Stèles, bas-reliefs et fresques. Avec 10 pl. photogravées. 50 fr.
52. Les lapidaires français du moyen âge des xiie, xiiie et xive siècles, par L. Pannier. Avec une notice préliminaire par G. Paris, membre de l'Institut. 10 fr.
53 et 54. La religion védique d'après les hymnes du Rig-Véda, par A. Bergaigne, membre de l'Institut. Vol. II et III. 30 fr.
55. Les Établissements de Rouen, par A. Giry, membre de l'Institut, Tome Ier. 15 fr.
56. La métrique naturelle du langage, par P. Pierson. 10 fr.
57. Vocabulaire vieux-breton, avec commentaire contenant toutes les gloses en vieux-breton, gallois, cornique, armoricain connues, précédé d'une introduction sur la phonétique du vieux-breton et sur l'âge, et la provenance des gloses, par J. Loth. 10 fr.
58. Hincmari de ordine palatii epistola. Texte latin traduit et annoté par M. Prou. 4 fr.
59. Les Établissements de Rouen, par A. Giry, tome second. 10 fr.
60. Essai sur les formes et les effets de l'affranchissement dans le droit gallo-franc, par M. Fournier. 5 fr.
61 et 62. Li Romans de Carité et Miserere du Renclus de Moiliens, Poèmes de la fin du xiie siècle. Edition critique accompagnée d'une introduction, de notes, d'un glossaire et d'une liste des rimes, par A.-G. van Hamel. 2 vol. 20 fr.
63. Études critiques sur les sources de l'histoire mérovingienne. IIe partie. — Compilation dite de « Frédégaire », par G. Monod. 6 fr.
64. Études sur le règne de Robert le Pieux (996-1031), par C. Pfister. 15 fr.
65. Nonius Marcellus. Collation de plusieurs manuscrits de Paris, de Genève et de Berne, par H. Meylan, suivi d'une notice sur les principaux manuscrits de Nonius pour les livres I, II et III, par L. Havet, membre de l'Institut. 5 fr.
66. Le livre des parterres fleuris. Grammaire hébraïque en arabe d'Abou'l-Walid Merwan Ibn Djanah de Cordoue publiée par J. Derenbourg. 25 fr.
67. Du parfait en grec et en latin, par E. Ernault. 6 fr.
68. Stèles de la XIIe dynastie au Musée égyptien du Louvre, publiées par A.-J. Gayet. Avec 60 planches. 17 fr.
69. Gujastak Abalish. Relation d'une conférence théologique présidée par le Calife Mâmoun. Texte pehlvi publié pour la première fois avec traduction, commentaire et lexique, par A. Barthélemy. 3 fr. 50
70. Études sur le papyrus Prisse. — Le livre de Kaqimna et les leçons de Ptah-Hotep, par Philippe Virey. 8 fr.
71. Les inscriptions babyloniennes du Wadi Brissa, par H. Pognon. Ouvrage accompagné de 14 planches. 10 fr.
72. Johannis de Capua directorium vitae humanae. Alias parabola antiquorum sapientium. Version latine du Livre de Kalilâh et Dimnâh, publiée et annotée par J. Derenbourg, membre de l'Institut. 2 fascicules. 16 fr.
73. Mélanges Renier. Recueil de travaux publiés par l'École (section des sciences historiques et philologiques) en mémoire de son président Léon Renier. Avec portrait. 15 fr.
74. La bibliothèque de Fulvio Orsini. Contribution à l'histoire des collections d'Italie et à l'étude de la Renaissance, par P. de Nolhac. 15 fr.
75. Histoire de la ville de Noyon et de ses institutions jusqu'à la fin du xiiie siècle, par A. Lefranc. 6 fr.
76. Étude sur les relations politiques du pape Urbain V avec les rois de France

77. Lettres de Servat Loup, abbé de Ferrières. Texte, notes et introduction par G. Desdevises du Dezert. 5 fr.
78. Grammatica linguae graecae vulgaris auctore S. Portio. Reproduction de l'édition de 1668, suivie d'un commentaire grammatical et historique par W. Meyer, avec une introduction de J. Psichari. 12 fr. 50
79. La légende syriaque de Saint-Alexis, l'homme de Dieu, par Amiaud. 7 fr. 50
80. Les inscriptions antiques de la Côte-d'Or, par P. Lejay. 9 fr.
81. Le livre des parterres fleuris d'Aboul-Walid Merwan Ibn Djanah. Traduit en français sur les manuscrits arabes, par M. Metzger. 15 fr.
82. Le roman en prose de Tristan, le roman de Palamède et la compilation de Rusticien de Pise; analyse critique d'après les manuscrits de Paris, par E. Löseth. 18 fr.
83. Le théâtre indien, par Sylvain Lévi. 18 fr.
84. Documents des archives de la Chambre des comptes de Navarre, publiés par J.-A. Brutails. 6 fr.
85. Commentaire sur le Séfer Yesira ou livre de la création par le Gaon Saadya de Fayyoum, publié et traduit par Mayer Lambert. 10 fr.
86. Étude sur Geoffroy de Vendôme, par L. Compain. 7 fr. 50
87. Les derniers carolingiens, Lothaire, Louis V, Charles de Lorraine (954-991), par F. Lot. 15 fr.
88. La politique extérieure de Louise de Savoie. Relations diplomatiques de la France et de l'Angleterre pendant la captivité de François I⁽ᵉʳ⁾ (1525-1526), par G. Jacqueton. 13 fr. 50
89. Aristote, Constitution d'Athènes, traduit par B. Haussoulier, avec la collaboration de E. Bourget, J. Bruhnes et L. Eisemann. 5 fr.
90. Étude sur le poème de Gudrun, par A. Fécamp. 8 fr.
91. Pétrarque et l'humanisme d'après un essai de restitution de sa bibliothèque, par P. de Nolhac. (Épuisé.)
92. Études de Philologie néo-grecque, Recherches sur le développement historique du grec, publiées par J. Psichari. 22 fr. 50
93. Chroniques de Za'ra Yâ 'eqôb et de Ba'eda Maryâm, rois d'Éthiopie de 1434 à 1478 (texte éthiopien et traduction), précédées d'une introduction par J. Perruchon, 13 fr.
94. La prose métrique de Symmaque et les origines du Cursus, par L. Havet. 4 fr.
95. Les lamentations de Matheolus et le livre de Leesce de Jehan Le Fèvre de Resson (poème français du XIVᵉ siècle). Édition critique accompagnée de l'original latin des Lamentations, d'après l'unique manuscrit d'Utrecht, d'une introduction et de deux glossaires par A.-G. van Hamel, Tome Iᵉʳ. Textes français et latin des Lamentations. 10 fr.
97. Le livre de savoir ce qu'il y a dans l'Hadès. Étude sur un papyrus égyptien du Musée de Berlin, par C. Jéquier. 9 fr.
98. Les fabliaux. Études de littérature comparée et d'histoire littéraire du moyen âge, par J. Bédier, seconde édition. 12 fr. 50
99. Eudes, comte de Paris et roi de France (882-898), par E. Favre. 8 fr.
101. Étude sur la vie et le règne de Louis VIII (1187-1226), par C. Petit-Dutaillis. 16 fr.
102. Plauti Amphitruo edidit L. Havet cum discipulis Belleville, Biais, Fourel, Gohin, Philipot, Ramain, Rev. Roersch, Segrestaa, Tailliart, Vitry. 6 fr.
103. Saint Césaire, évêque d'Arles (503-543), par A. Malnory. 8 fr.
104. Chronique de Galawdewos. Texte éthiopien, traduction et commentaire par W. E. Conzelman. 10 fr.
105. Al Fakhri. Histoire du Khalifat jusqu'à la chute des Abbassides. Texte arabe, publié par H. Derenbourg. 25 fr.
106. Jean Balue, cardinal d'Angers (1421?-1491), par H. Forgeot. 7 fr.
107. Matériaux pour servir à l'histoire de la déesse bouddhique Tara, par G. de Blonay. 2 fr. 50
108. Essai sur l'histoire de l'Augustalité dans l'Empire romain, par Félix Mourlot, avec 2 cartes. 5 fr.
109. Tite-Live. Étude et collation du manuscrit 5726 de la Bibliothèque nationale, par J. Diana. 2 fr. 75
110. Philippe de Mézières et la croisade du XIVᵉ siècle, par N. Jorga. 18 fr.
111. Les Lapidaires indiens, par L. Finot. 10 fr.
112. Chronique de Denys de Tell-Mahré (4ᵉ partie). Texte syriaque, avec traduction française, par J. Chabot. 25 fr.
113. Études d'Archéologie orientale, par C. Clermont-Ganneau, t. II. 25 fr.
114. Étude sur le grec du Nouveau Testament comparé avec celui des Septante. Sujet, complément et attribut, par l'abbé J. Viteau. 12 fr.
115. Recherches sur l'emploi du génitif-accusatif en vieux slave, par A. Meillet. 6 fr.
116. L'Alsace au XVIIᵉ siècle, au point de vue géographique, historique, administratif, économique, social, intellectuel et religieux, par R. Reuss, T. Iᵉʳ. 18 fr.
117. La religion védique d'après les hymnes du Rig-Véda, par A. Bergaigne, T. IV, Index par M. Bloomfield. 5 fr.
118. Étude sur l'alliance de la France et de la Castille au XIVᵉ et au XVᵉ siècles, par G. Daumet. 6 fr.

Annuaire de l'École, années 1893 à 1898 contenant, outre les documents et rapports

www.ingramcontent.com/pod-product-compliance
Lightning Source LLC
Chambersburg PA
CBHW050325240426
43673CB00042B/1539